법률가와 금융실무자를 위한

파생상품의 이해와 규제

류혁선

(경영학박사, 법학박사)

머리말

파생상품은 그 용어에서도 알 수 있는 바와 같이 다른 것에 의해 파생되는 즉 다른 무엇과의 연결고리가 반드시 존재하는 금융투자상품이다. 그러하기에 파생상품의 특성을 얘기할 때 항상 등장하는 용어가 다양성과 복잡성이다. 파생상품을 구성하기 위해서는 고도의 수학적 원리가 적용되기에 그 본질을 제대로 이해하고 규제를 정립하는 것이 쉬운 일은 아니다. 하지만 그 근본 원리에 대한 이해를 한다면, 금융공학자로서의 자질에 도달하지 않더라도 충분히 대상물을 분석하고 시시비비를 가리는 것은 가능하다.

저자는 그 동안 금융공학을 전공하고, 자본시장 현장에서 20년 넘게 일하면서 KAIST 금융전문대학원 겸직교수로서 파생상품거래전략 등을 후학들에게 강의하는 기쁨을 즐겨하였다. 또한 자본시장법 등 금융관련 법학을 전공하면서 우리 사회가 파생상품이라는 대상을 보다 정확하게 분석하고 제대로 그 효용가치를 사용할 수 있게 되기를 바라고 있었다.

파생상품의 효용 및 위험성과 관련하여 저자는 '불'이나 '자동차'에 비유하여 설명하곤 하였다. 불의 발견은 인류에게는 엄청난 효익을 가져다주었지만, 불에 대한 지식이 부족하고 불의 속성을 모른 채 쉽게 다루었다가는 재산상의 피해는 물론 인명 피해도 초래할 수 있는 무서운 도구이다. '자동차'도 마찬가지이다. 자동차가 존재하지 않는다면 아마도 어딘가에서 억울하게 희생되는 교통사고 피해자들도 없을 것이다. 이러한 부작용이 있지만, 우리가 불을 이 사회로부터 격리시키자고 한다든지, 자동차를 생산하지 말자는 극단적인 주장을 하지는 않는다. 다만, 운전을 하기 위해서는 일정한 조건의 자격을 취득한 연후에 자동차를 운전할 수 있고, 불도 그 속성을 이해하고 다루는 것을 어려서부터 자연스럽게 배워온다.

기술이 발달함에 따라 단순한 재화인 원자재를 가공 생산하여 경제 구성원에게 더 효용가치가 있는 최종재를 생산한다. 최종 재화의 가치는 생산에 사용된 단순 원자재 가치의 합을 넘어선다. 그것이 바로 부가가치이다. 그리고 부가가치가 더 높은 재화를 생산하는 것은 경제적 효익을 창출하므로 바람직하다. 금융시장에도 이와 마찬가지의 생산이 가능하다. 그것을 가능하게 하는 도구가 바로 파생상품인 것이다. 금융시장에 존재하던 주식, 채권과 같은 단순한 수익구조의 상품을 활용하여 금융소비자의 수요에 보다 적합한 손익구조로 상품을 구조화하여 생산함으로써 투자자산의 위험대비 효익을 증가시킬 수 있다. 즉, 파생상품은 근본적으로 고부가가치적 상품에 해당한다. 다만, 일반 재화와 달리 파생상품은 모든 경제주체에게 적합한 범용 상품이라기보다는 각자의 포트폴리오 위험 성향에 민감한 것이 특징이다.

은행에서 판매된 키코(Knock-in Knock-out, KIKO)라는 파생상품으로 인해 한동안 사회 문제가 된 일이 있었다. 어떤 분은 당시 제조물배상책임을 물어야 한다는 주장을 펼친 분도 있다. 하지만 일반 제조물과 달리, 파생상품은 그 자체로 좋고 나쁨을 논할 수는 없다. 누군가에게는 좋은 것이 다른 사람에게는 좋지 않은 것이 될 수 있고, 그 반대도 가능하다. 즉 범용으로 좋고 나쁜 파생상품은 없다고 보면 된다. 자동차를 구매함에 있어서는 특별히 어떤 사람에게만 해가 되는 일은 일반적으로 없지만(만약 불편이 있다면 다른 사람에게도 불편한 것이고 결국 이는 리콜의 대상이 된다), 파생상품의 경우에는 같은 상품이라고 하더라도 누군가에게는 독이 되고, 누군가의 포트폴리오에는 너무 좋은 약이 될 수도 있다. 그것을 잘 가려 활용하는 능력을 키워나가는 것이 파생상품이 지닌 효용을 제대로 사용하는 것이 된다.

하지만 각각의 금융소비자들에게 그 능력의 배양에 대한 책임을 물을 수만은 없다. 이 사회가 보다 시스템적으로 정비를 해 나가야 한다. 그러하기에 파생상품을 다루는 사람에게 일정한 자격조건을 부과하고 다양한 행위규제를 가하는 것은 어찌 보면 당연한 것이다. 자격 없는 의사가 환자를 해할 수 있는 것과 마찬가지로 자격 없는 파생상품 생산자, 운용자 그리고 권유자 등은 그를 신뢰한 금융소비자의 재산을 해할 수도 있기 때문이다.

저자는 과거 거래소, 금융 규제당국 등에 파생상품 관련 자문 및 강의를 하면서 금융공학자와 규제를 담당하고 있는 정책입안자 내지 법률가의 언어 간에는 엄청난 차이가 존재함을 알게 되었다. 마치 한국어와 중국어를 사용하는 사람이 자신의 언어로만 소통하는 경우에 해당할 수도 있다. 따라서 금융공학을 법률 또는 정책입안자(Rule or Policy Maker)에게 이해시키는 것보다는 그들의 언어를 배워 통역을 하는 것이 사회적 복리를 증진시키는 일이라는 생각에 자본시장법의 논의가 진행될 무렵 법학에 입문하게 되었고, 좋은 스승들을 만나 박사학위까지 받게 되었다.

금융과 법학을 함께 공부한 저자로서 사회로부터 얻게 된 지식을 자본시장 종사자 및 법률가 모두에게 상호 부족한 부분을 채워주고 쉽게 이해될 수 있는 융합된 책을 펴내는 것은 부족한 사람이지만 저에게 부여된 사회적 소임으로 인식하고 있었다. 하지만 현업의 업무가 과중하여 감히 집필을 시도할 엄두를 낼 수 없었다. 그러던 중 미국 로스쿨(University of Utah S.J. Quinney College of Law)에서 Research Scholar로서 1년간 연구할 수 있는 기회를 얻어 기존에 작성했던 논문 등을 기반으로 한국의 법제는 물론 미국, 영국, 일본의 파생상품 관련 법제를 연구하고, 이를 금융공학 이론과 함께 융합하여 소개할 수 있는 책을 집필하게 되었다. 이 기회를 빌려 좋은 연구 환경을 제공해 준 University of Utah 측과 연구를 함에 있어 여러모로 도움을 준 많은 law school faculty들에게 감사의 인사를 드린다.

파생상품은 어느덧 우리 경제활동에 깊숙이 자리매김 되었다. 2008년 금융위기의 원인을 파생상품에서 찾기도 하고, 이미 거래소에 파생상품이 상장되어 거래되고 있음은 물론 KIKO, ELW, ELS 등 다양한 영역에서 법률적 분쟁이 증가하고 있다. 파생상품거래와 관련한 규제의 논의는 주로 금융투자업자가 파생상품을 고객에게 투자권유를 함에 있어 적절한 권유가 될 수 있도록 영업행위를 규제하는 것에 관한 것으로, 이는 전통적으로 금융투자업자에게 요구되는 투자권유자의 책임의 법리로 발전되어 왔다. 또한, 금융위기를 계기로 파생상품으로 인한 금융시스템의 실패 위험을 사전에 차단하고자 새로운 규제 방식이 국제적 공조 하에 추진되고 있다.

파생상품거래와 관련한 다양한 규제를 도입함에 있어 효과적인 규제방안을 모색하기 위해서는 무엇보다도 법적 규제의 대상을 명확히 확정하고 이에 대한 특성을 제대로 이해하는 것이 전제되어야만 한다. 법적 규제의 대상이 되는 파생상품은 본질적으로 생산되어지는 금융투자상품으로, 생산에 따른 위험을 헤지(hedge)하는 손익구조의 복제과정이 반드시 수반된다. 따라서 이와 같은 생산과정이 반영된 규제의 도입이 필요하다. 또한 그 시장의 규모는 어떠한지, 그리고 거래상의 특성은 어떠한지 등 세밀한 이해를 바탕으로 규제에 대한 논의가 이루어져야 하며, 그러할 때 비로소 개입의 효과는 증대될 수 있다.

본 책은 파생상품과 관련한 다양한 논의를 포괄하고 있다. 증권과 동일한 규제를 적용받는 부분에 대해서는 이에 대한 규제의 내용 및 증권에 대한 판례를 당연 포함하였고, 그 밖에도 파생상품 거래 관련 회사법적 이슈는 물론, 파생상품 본질에 대한 독자들의 이해를 돕기 위해 파생상품의 생산과정을 금융공학적 헤지이론을 바탕으로 그 원리를 소개한다. 그러하기에 주제가 특정화되지 못하고 다소 범위가 넓다는 생각도 하게 된다. 다만, 저자는 파생상품 관련 이슈들이 발생하였을 때 본 책이 참고서적으로 이해관계자들에게 도움이 되길 바라는 마음에서 집필하였다. 본 책의 구성은 다음과 같다.

제1장은 일반론으로서 파생상품의 정의, 특성, 기능, 종류 및 규제의 동향에 대한 개괄적인 내용을 소개한다. 제2장은 자본시장법 상 파생상품의 개념과 법적 성질에 대해 구체적으로 살펴보고, 제3장에서는 미국, 일본, 영국 등 선진국의 법률 체계 하에서 파생상품의 정의 규정 및 규제 방법에 대해 살펴본다. 제4장은 파생상품에 대한 근본적인 이해를 돕고자 구조화 상품의 생산 원리 및 다양한 손익 구조를 예시적으로 소개한다. 수학적·금융공학적 이해가 부족한 독자들을 위해 그래프를 통해 직관적으로 설명하고자 하였으며, 그 내용은 위험관리 방법은 물론 차익거래, 헤지거래 및 생산과정의 원리까지 최소한 파생상품 관련 시시비비의 판단을 함에 있어 기본적으로 알아야 할 주요 원리를 소개하고자 하였다. 파생상품에 대한 규제 또는 법률 서비스를 제공하는 독자라면 이에 대한 정확한 이해를 통해 효과적이고 질 높은 서비스를 제공할 수 있도록 고안한

것이다. 제5장은 자본시장법 외에도 다양한 법률에 존재하는 파생상품관련 규제의 내용을 살펴보고 우리 규제의 체계를 정리한다. 제6장은 설명의무, 적합성원칙, 적정성원칙 등 파생상품의 투자권유와 관련한 다양한 영업행위 규제에 대하여 우리나라의 규제 내용과 판례는 물론 미국, 영국, 일본 등 선진국들의 법제 및 판례도 함께 비교 검토한다. 제7장은 시장에서 파생상품거래와 관련한 다양한 불공정거래의 유형과 관련하여 자본시장법 상 규제는 물론 미국, 영국, 일본 등의 입법례도 함께 비교 검토한다. 제8장에서는 금융위기 이후 전개된 장외파생상품거래와 관련한 규제의 내용을 다룬다. 미국, 영국 등이 중심이 되어 진행된 시스템위험 방지 방안 및 우리나라의 규제 동향을 소개한다. 마지막으로 제9장은 회사법적 이슈로서 파생상품거래와 관련한 이사의 의무에 대해 다룬다. 미국의 파생상품거래 관련 경영판단원칙에 대한 이해를 통해 우리에의 시사점을 살펴본다.

본 책은 현행 파생상품거래규제를 소개함은 물론 파생상품에 대한 본질적 이해를 도움으로써, 자본시장 종사자와 법률가 사이에 작은 교량 역할을 하고자 하였다. 그러하기에 다소 광범위하지만, 파생상품관련 주제들을 다양하게 이 책에 담고 싶었다. 그러나 막상 집필을 마치고 세상에 내 놓으려하니 부족한 점, 아쉬운 점이 보인다. 그럼에도 불구하고 파생상품이 이미 우리 금융시장에 깊숙이 들어와 있고 심심치 않게 법률적 이슈가 발생하고 있는 현 상황에서 이를 미연에 방지하고 합리적 금융소비를 진작하며 올바른 법률 서비스를 제공하기 위해서는 미진한 본 책이나마 도움이 될 것으로 판단하여 세상에 내어 놓기로 결심하였다. 더 좋은 책들이 본 책을 기반으로 후속되길 기대한다.

이 책을 집필할 수 있었던 것은 부족한 저자에게 아낌없이 가르침을 주신 감사한 많은 존경하는 스승들이 계셨기 때문에 가능하였다. 이 자리를 빌려 모든 존경하는 스승님께 감사를 드립니다. 특히, 만학도로서 법률에 대한 기본기가 부족한 저자가 현업의 일을 하면서도 법학 공부를 제대로 할 수 있도록 저녁 시간은 물론 주말까지 할애하여 가르침을 주시고 박사학위를 받을 수 있도록 물심양면으로 지도해 주셨으며, 법률 현장에 나오신 현재까지도 세미나 등을 통해 아낌없이 제자들에게 가르침을 주시는 법무법인 율촌의 임재연 변호사님께 깊은 감사를 드립니다. 아울러 편집을 통해 세상에 이 책이 출간될 수 있게 해준 김은중 사장님 및 출판 관계자 분들께도 감사의 인사를 드립니다. 끝으로, 본고가 세상에 나온 이상 독자 여러분에게 유용한 책이 될 수 있도록 앞으로도 독자들의 고귀한 소리를 들어 보완된 책을 지속하겠다는 다짐도 해 봅니다.

Salt Lake City의 파란 하늘과 눈 덮인 산이 절경으로 비춰지는 연구실에서
2018년 12월
류혁선 拜上

목차

제1장 서론 • 1

제1절 파생상품 개관 ····· 3
- 1. 파생상품 정의 ····· 3
- 2. 파생상품 특성 ····· 7
- 3. 파생상품 기능 ····· 11

제2절 파생상품 종류 ····· 15
- 1. 서설 ····· 15
- 2. 선도 및 선물 ····· 16
- 3. 옵션 ····· 17
- 4. 스왑 ····· 20

제3절 파생상품 규제 개관 ····· 25
- 1. 일반론 ····· 25
- 2. 영업행위 규제 ····· 26
- 3. 규제의 동향 ····· 27
- 4. 소결 ····· 30

제2장 자본시장법 상 파생상품 개념 • 33

제1절 금융투자상품 ····· 35
- 1. 서설 ····· 35
- 2. 금융투자상품 정의 ····· 35

제2절 파생상품 ····· 37
- 1. 파생상품 정의 ····· 37
- 2. 기초자산 ····· 39
- 3. 장내파생상품과 장외파생상품 ····· 40
- 4. 증권과 파생상품의 구별 ····· 44
- 5. 파생상품의 법적 개념 ····· 50

제3절 파생상품의 법적 성질 ······ 55
1. 서설 ······ 55
2. 법적 성질 ······ 55
3. 형법상 도박죄와의 관계 ······ 63
4. 보험과의 관계 ······ 67

제3장 파생상품의 개념에 대한 외국의 입법례 • 71

제1절 일본 ······ 73
1. 서설 ······ 73
2. 金商法상 기초자산의 범위 ······ 75
3. 金商法상 파생상품의 정의 ······ 78
4. 파생상품거래의 분류 ······ 80

제2절 미국 ······ 86
1. 서설 ······ 86
2. 규제 관할권 ······ 87
3. 파생상품 규제 연역 ······ 90
4. 파생상품 관련 정의 ······ 92

제3절 영국 ······ 100
1. 서설 ······ 100
2. 파생상품 정의 ······ 102

제4장 파생상품의 이해 • 105

제1절 기본 원리의 이해 ······ 107
1. 시간가치와 위험보상 ······ 107
2. 선물가격의 결정 ······ 108
3. 옵션가격의 결정 ······ 111
4. 옵션의 손익구조 ······ 117
5. 옵션가격에 영향을 주는 요소 ······ 122
6. 옵션 민감도 분석 ······ 127
7. 변동성 ······ 135

제2절 옵션 전략별 손익구조 ···································· 142
1. 합성 포지션(Synthetic Position) ···································· 142
2. 헤지 포지션(Hedge Position) ···································· 146
3. 스프레드(Spread) ···································· 150
4. 버터플라이(Butterfly) ···································· 156
5. 스트래들(Straddle) ···································· 160
6. 스트랭글(Strangle) ···································· 163
7. 비율 스프레드(Ratio Spread) ···································· 169
8. 비율 백스프레드(Ratio BackSpread) ···································· 174

제3절 위험관리 ···································· 180
1. 위험관리 지표로서의 델타 ···································· 180
2. 위험관리 지표로서의 감마 ···································· 188
3. 기타 위험관리 지표 ···································· 194

제4절 파생상품의 생산 ···································· 200
1. 의의 ···································· 200
2. 생산과정의 필요성 ···································· 201
3. 차익거래 ···································· 201
4. 동태적 헤징과 옵션복제과정 ···································· 205

제5장 파생상품거래규제 • 213

제1절 규제의 이론적 근거 ···································· 215
1. 일반론 ···································· 215
2. 경제학적 근거 ···································· 217
3. 법률상의 근거 ···································· 221

제2절 국내 파생상품거래규제 개관 ···································· 224
1. 서설 ···································· 224
2. 자본시장법상 파생상품관련 규제 ···································· 225
3. 은행법상 파생상품관련 규제 ···································· 238
4. 보험업법상 파생상품관련 규제 ···································· 241
5. 외국환거래법상 파생상품관련 규제 ···································· 244

제6장 파생상품 투자권유와 행위규제 • 255

제1절 서설 ······ 257

1. 금융소비자 보호 ······ 257
2. 자기책임원칙과 투자자 보호 ······ 261

제2절 적합성원칙 ······ 268

1. 의의 ······ 268
2. 자본시장법상 적합성원칙 ······ 269
3. 적합성원칙에 대한 외국의 입법례 ······ 274
4. 판례상의 적합성원칙 ······ 297
5. 소결 ······ 308

제3절 설명의무 ······ 315

1. 의의 ······ 315
2. 자본시장법상 설명의무 ······ 315
3. 설명의무에 대한 외국의 입법례 ······ 320
4. 판례상의 설명의무 ······ 335
5. 소결 ······ 342

제4절 적정성원칙 ······ 353

1. 의의 ······ 353
2. 자본시장법상 적정성원칙 ······ 354
3. 영국의 적정성원칙 ······ 355
4. 소결 ······ 357

제5절 기타 영업행위 규칙 ······ 359

1. 의의 ······ 359
2. 자본시장법상 부당권유금지 ······ 360
3. 부당권유금지에 대한 외국의 입법례 ······ 366
4. 소결 ······ 371

제7장 파생상품거래와 불공정거래 규제 • 373

제1절 내부자 거래 ······ 375
1. 단기매매차익반환 ······ 375
2. 소유·보유상황 보고의무 ······ 385
3. 미공개중요정보 이용행위 금지 ······ 389

제2절 시세조종행위 ······ 423
1. 의의 ······ 423
2. 규제 내용 ······ 424
3. 외국의 입법례 ······ 443
4. 위반행위에 따른 책임 ······ 454

제3절 부정거래행위 등 ······ 462
1. 부정거래행위 ······ 462
2. 시장질서 교란행위 ······ 478

제8장 시스템위험과 장외파생상품거래규제 • 485

제1절 의의 ······ 487

제2절 외국의 규제 동향 ······ 489
1. 미국 ······ 489
2. 영국 ······ 497
3. 일본 ······ 500

제3절 국내의 논의 ······ 505
1. 서설 ······ 505
2. 장외파생상품시장의 인프라 개선 ······ 507
3. 자본시장법상 의무청산제도 ······ 513

제9장 파생상품거래와 이사의 책임 • 527

제1절 서설 ······ 529
1. 의의 ······ 529
2. 회사의 목적범위 ······ 530

제2절 이사의 의무 ········· 535
1. 일반론 ········· 535
2. 선관주의의무 ········· 538
3. 충실의무 ········· 544

제3절 이사의 책임과 경영판단원칙 ········· 547
1. 서설 ········· 547
2. 경영판단원칙 ········· 548
3. 적용요건 ········· 553
4. 임원과 경영판단원칙 ········· 560

제4절 파생상품거래와 경영판단원칙 ········· 561
1. 파생상품거래와 경영판단원칙의 적용 ········· 561
2. 사례 분석 ········· 565
3. 우리나라에의 시사점 ········· 571

참고문헌 ········· 576

찾아보기 ········· 592

표목차

[표 1] 선물과 옵션의 특성 비교 ······ 19
[표 2] 옵션 매수자와 옵션 매도자 관계(콜옵션을 중심으로) ······ 19
[표 3] 내가격, 등가격, 외가격 옵션의 조건 ······ 114
[표 4] S전자 주가에 따른 콜옵션의 만기손익구조 ······ 118
[표 5] S전자 주가에 따른 풋옵션의 만기손익구조 ······ 121
[표 6] 기초자산가격의 변화에 따른 콜옵션(117.5 Call @3.10)의 이론가격 ······ 128
[표 7] 콜옵션(67.5 Call @3.10)의 손익구조 ······ 180
[표 8] 전략별 위험지표 ······ 197
[표 9] 현물－선물간 차익거래 ······ 203
[표 10] 옵션 풋－콜 패리티와 차익거래 ······ 204
[표 11] 현물－옵션간 차익거래 ······ 205
[표 12] 장외파생상품 사전심의 대상상품 및 심의내용 ······ 237

그림목차

[그림 1] 옵션의 가치 ········ 115
[그림 2] 만기일의 S전자 주가에 따른 콜옵션의 수익구조(450,000 Call) ········ 119
[그림 3] 콜옵션 매수자의 만기 손익 그래프(450,000 Call @20,000) ········ 120
[그림 4] 풋옵션 매수자의 만기 손익 그래프(450,000 Call @20,000) ········ 122
[그림 5] 변동성과 옵션가격 ········ 125
[그림 6] 기초자산가격의 변화에 따른 옵션가격의 변화 ········ 130
[그림 7] 그래프의 모양에 따른 감마 판별 ········ 132
[그림 8] 옵션가격 결정요인들 ········ 136
[그림 9] 내재 변동성 ········ 139
[그림 10] Volatility Smile v. Volatility Skewness ········ 140
[그림 11] 합성선물의 손익구조 ········ 144
[그림 12] 합성선물(매수 Call @3.0 + 매도 Put @2.0)의 손익구조 ········ 145
[그림 13] 방어적 콜 매도전략 ········ 147
[그림 14] 보호적 풋 매수전략 ········ 148
[그림 15] 강세 스프레드 ········ 153
[그림 16] 약세 스프레드 ········ 156
[그림 17] 강세 스프레드와 약세 스프레드 ········ 157
[그림 18] 매수 버터플라이 ········ 159
[그림 19] 콜 매수와 풋 매수 ········ 161
[그림 20] 매수 스트래들 ········ 162
[그림 21] 매도 스트래들 ········ 163
[그림 22] 매수 스트랭글 ········ 165
[그림 23] 매수 스트래들 vs 매수 스트랭글 ········ 166
[그림 24] 매도 스트랭글 ········ 168
[그림 25] 매도 스트래들 vs 매도 스트랭글 ········ 169
[그림 26] 강세 스프레드 ········ 170
[그림 27] 콜 비율 스프레드(Call Ratio Spread) ········ 171
[그림 28] 약세 스프레드 ········ 172
[그림 29] 풋 비율 스프레드(Put Ratio Spread) ········ 173
[그림 30] 약세 스프레드와 콜 매수 ········ 175

[그림 31] 콜 비율 백스프레드 ········ 176
[그림 32] 강세 스프레드와 풋 매수 ········ 177
[그림 33] 풋 비율 백스프레드 ········ 178
[그림 34] 기초자산의 가격변화에 대한 콜옵션의 가격 ········ 182
[그림 35] 기초자산가격과 접선의 기울기 ········ 183
[그림 36] 행사가격에 따른 콜옵션의 델타 ········ 183
[그림 37] 접점에서의 기울기와 콜옵션 델타 ········ 186
[그림 38] 델타의 한계 ········ 188
[그림 39] 기초자산가격과 감마 ········ 191
[그림 40] 옵션가격과 감마 ········ 193
[그림 41] 감마와 변동성 ········ 193
[그림 42] 옵션 세타와 감마 ········ 195
[그림 43] 무위험 포지션 ········ 197
[그림 44] 옵션복제(option replication)를 위한 동태적 헤징과정 ········ 210

제1장

서론

제1절 파생상품 개관

제2절 파생상품 종류

제3절 파생상품 규제 개관

제1절 파생상품 개관

1. 파생상품 정의

가. 일반론

재무학(Finance) 및 경제학(Economics) 등 학문분야에서는 일반적으로 파생상품(derivatives)을 지칭하여 조건부 청구권(contingent claims)이라고 부른다. 즉 조건에 따라 그 지급액 또는 성과가 달라지는 특성을 반영한 것이다.

파생상품 분야의 대 학자인 Rubinstein[1]은 그의 저서에서 파생상품이란, 두 당사자가 일시(dates), 기초변수의 결과값(resulting values of underlying variables) 등의 조건을 확정하고, 추후 기초변수의 변동에 따라 결정되는 지급액(payments) 또는 성과(payoffs)를 지급하기로 약정하는 계약이라고 정의하고 있다.[2] 보다 직관적으로는 파생상품이란 그의 가치가 보다 기본적인 다른 자산의 가치에 의존하는 금융상품으로 정의된다.[3]

경제학적 개념은 기초자산에 의해 가치가 결정되는 파생상품의 본질적 특성이 강조된 개념이라고 볼 수 있다.

이와 같이 본다면, 우리가 인식하지 못하고 있지만, 사회보장제도(social security) 역시 파생상품으로 볼 수 있다. 일정한 나이가 될 때까지 일정한 금원을 지급하고 정해진 나이 이후에는 정해진 성과(payments or payoffs)을 수수한다는 점에서 그러하다.[4] 또한 주식 역시 그 가치가 기업의 사업 활동에 의한 영업수익 등의 가치에 의해 결정된다는 점에서 파생상품으로 해석될

1 Rubinstein은 당시 University of California at Berkeley의 교수로서 1979년 Cox, Ross 등과 함께 옵션이항평가모형(binomial options pricing model, 일명 Cox-Ross-Rubinstein Model)을 발표하였으며, 파생상품관련 다수의 논문을 집필하였다.

2 Mark Rubinstein, *Derivatives: Futures, Options and Dynamic Strategies,* Risk Books, 1999, p.1. 파생상품에 대해 정의한 원문을 소개한다. 본서에서는 독자의 이해를 돕기 위해 첨언하여 의역하였다. A derivative is a contract between two parties that specifies conditions —in particular, dates and the resulting values of underlying variables —under which payments, or payoffs, are to be made between the parties.

3 John C. Hull, *Options, Futures, and Other Derivatives(10th),* Pearson, 2018, p.1.

4 Mark Rubinstein, *op. cit.,* p.1.

수도 있다.[5]

파생상품이란 개념은 오래 동안 지속되어 왔다.[6] 그러나 구체적으로 금융투자상품으로서 관심의 대상이 되기 시작한 것은 최초의 현대적인 금융파생상품시장의 거래소인 시카고옵션거래소(Chicago Board Options Exchange; 이하 'CBOE')의 등장이라고 볼 수 있다.[7]

미국에서는 베트남 전쟁동안 경제를 뜨겁게 달구었던 인플레이션으로 인해 이를 헤지하고자 하는 사람들이 금, 은 등에 관심을 갖게 되었고, 당시 시카고선물거래소(Chicago Board of Trade; 이하 'CBOT')에서 이에 대한 선물거래가 이루어지게 되었다. 이에 고무된 CBOT는 선물거래의 원리를 이자율과 주식가격 등의 금융시장에 적용하는 것을 검토하였고, 그 결과물로 CBOE가 만들어 지게 된 것이다.[8]

파생상품에 대한 정의의 양태는 그 용도에 따라 각기 다르게 정의될 수 있다. 하지만, 결국 파생상품(derivatives)이란 용어에서도 추론할 수 있는 바대로, 기초자산(underlying asset)의 가치가 변동함에 따라 그 수익 구조는 조건에 따라 파생적으로 결정되는 금융상품인 것이다.

나. 국제결제은행(BIS)

국제결제은행(Bank for International Settlements; 이하 'BIS')의 바젤은행감독위원회(Basel Committee on Banking Supervision; 이하 'BCSC')는 파생상품에 대한 정의를 함에 있어 파생상품을 구성하는 선도(forward), 선물(futures), 스왑(swap) 그리고 옵션(option) 등 기본구성요소(basic building blocks)[9]에 주안점을 두고 정의하는 방식을 채택하여 파생상품을 포괄적으로 정의하고 있다. 1994년 7월 BCSC가 발표한「파생상품에 관한 위험관리 가이드라인」(Risk Management

5 부채가 한 종류만 있다고 단순히 보면, 주식이란 그 기업자산에 대한 콜옵션이라고 볼 수 있다. 주식보유자는 회사의 자산이 부채 원금보다 크다면 부채 만기일에 부채 원금을 채권자에게 지급하고 잔여 회사자산에 대한 청구권을 갖게 된다. 전형적인 콜옵션이다. 실제로 옵션가격결정모형(option pricing theory)은 거의 전 재무 분야에 응용될 수 있다.

6 거래소를 통해 금융파생상품이 본격적으로 거래되기 시작한 것은 1980년대 초반이고, 이러한 금융파생상품은 불과 30년 정도만에 급격히 성장한 것이라고 할 수 있다. 하지만, 금, 농산물 등에 대한 파생상품계약은 수세기동안 존재해 왔다(Mike Buckle & John Thompson, *The UK Financial System: Theory and Practice(5th)*, Manchester University Press, 2016, p.280). 이 책은 금융파생상품시장이 성장하게 된 원인 중의 하나로 브레튼 우즈 협정(Bretton Woods agreement)의 체결에 의해 유지되어 온 기본적인 고정환율 체제가 1971년 붕괴됨으로써 이자율, 인플레이션, 환율 등에서 변동성이 증가한 것을 들고 있다.

7 Mark Rubinstein, *op. cit.*, p.1 참조. CBOE는 1973년 4월 설립되었다.

8 Ronald H. Filler & Jerry W. Markham, *Regulation of Derivative Financial Instruments – Case and Materials,* American Casebook Series, West Academic Publishing, 2014, p.40 참조.

9 Hudson 교수 역시 그의 저서에서 파생상품은 스왑, 옵션, 선물(선도)의 형태를 갖는다고 하였다(Alastair Hudson, *The Law on Finance(2nd),* Thomson, 2013, p.1172).

Guidelines for Derivatives)[10]에서 파생상품이란 "하나 또는 그 이상의 기초자산 또는 지수의 가치에 의해 그의 가치가 결정되는 금융계약"이라고 폭넓게 정의한다.[11] 아울러 파생상품의 기본 구성요소로 선도, 선물, 스왑 그리고 옵션을 명시하고, 복잡한 파생상품도 기본구성요소에 의해 분류될 수 있음을 강조한다.

다. 회계 기준

회계기준상 파생상품은 보다 구체적으로 정의된다. 한국채택국제회계기준(K-IFRS)[12]에 의하면, 파생상품은 다음의 세 가지 특성을 모두 가진 금융상품이나 기타 계약을 일컫는 것으로 정의된다.[13] 첫째, 기초변수의 변동에 따라 가치가 변동한다. 기초변수는 이자율, 금융상품가격, 일반상품가격, 환율, 가격 또는 비율의 지수, 신용등급이나 신용지수 또는 기타 변수를 말한다. 다만, 비금융변수의 경우에는 계약의 당사자에게 특정되지 아니하여야 한다. 둘째, 최초 계약 시 순투자금액이 필요하지 않거나 시장요소의 변동에 유사한 영향을 받을 것으로 기대되는 다른 유형의 계약보다 적은 순투자금액이 필요하다. 셋째, 미래에 결제된다.[14]

10 BCBS, Risk Management Guidelines for Derivatives (July 1994).

11 *Ibid,* p.2, "derivatives instrument is a financial contract whose value depends on the values of one or more underlying assets or indexes."

12 한국채택국제회계기준이란 국제회계기준(International Accounting Standards; 이하 'IAS')을 한국의 법률 체계와 일관성을 유지하기 위하여 형식적인 부분이 제한적으로 수정된 회계기준으로 한국회계기준원에서 채택한다.

13 기업회계기준서 제1109호 금융상품(의결 2017.5.22.) 856면 (검색일: 2018.3.20.), 기업회계기준서 제1109호는 국제회계기준위원회(International Accounting Standards Board, IASB)가 제정한 국제재무보고기준(International Financial Reporting Standards, IFRS 9) '금융상품(Financial Instruments)'에 대응하는 기준이다.

14 종래 한국회계기준은 기업회계기준 등에 관한 해석 53-70(파생상품 등의 회계처리)에서 파생상품 관련 기준을 설명하고 있었다. 이 기준에 의하면, 미래결제 대신 차액결제요건을 요구하고 있었다. 따라서 신용부도스왑(CDS)의 경우 일반적으로 장외파생상품의 법적 계약서인 ISDA(International Swaps and Derivatives Association)의 표준계약서(Master Agreement)를 기초로 거래되나, 현행 기업회계기준상 파생상품 충족요건 중 차액결제요건을 충족하지 못하여 지급보증으로 회계 처리하는 사례가 존재하였다(최재영, "파생금융상품에 대한 이해-한국채택국제회계기준을 중심으로", 「Business Finance Law」 제44호 (서울대학교 금융법센터, 2010), 59~61면 참조). 하지만, 한국채택국제회계기준에서는 차액결제요건 대신 미래결제요건이 요구되므로 신용부도스왑(CDS) 역시 파생상품으로 인식된다. 우리나라는 2011년부터 상장기업을 대상으로 한국채택국제회계기준이 도입되었다.

라. ISDA

파생상품의 국제거래와 관련한 딜러들의 협의체인 국제스왑파생상품협회(International Swaps and Derivatives Association; 이하 'ISDA')[15]는 파생상품에 대한 정의를 함에 있어 실질적인 매매의 동기를 강조하고 있다. 즉, 파생상품은 "한 당사자로부터 다른 당사자에게로 위험을 전가하는 금융상품으로, 그의 가치는 채권(bond), 주식, 통화, 상품(commodity), 지수, 그리고 이러한 자산들의 조합과 같은 기초자산의 가격으로부터 도출되는 것"이라고 정의한다.[16] 이러한 ISDA의 파생상품에 대한 개념정의는 위험의 전가를 위한 매매의 동기에 초점을 두고 있다.

마. 법적 개념의 기준

파생상품에 대한 경제학적 개념은 본질적인 특성을 강조한 것으로 매우 폭넓고, BIS의 기준 역시 파생상품에 관한 위험관리의 목적상 파생상품을 폭넓게 규정하고 해당 파생상품의 기본구성요소에 의해 분해하여 그 특성을 파악하고 있다. 반면, 회계기준상 개념은 회계처리의 방식을 규정하여야 한다는 필요성에 의해 구체적이며, ISDA의 개념은 파생상품거래 동기를 반영하여 '위험의 전가'라는 측면이 강조되고 있다.

파생상품에 대한 법적 개념을 정의하는데 있어서도 법적 개념의 목적을 충족시킬 수 있도록 그 정의 방식이 결정되어야 한다. 「자본시장과 금융투자업에 관한 법률」(이하 '자본시장법' 또는 '法')상 파생상품은 투자자 보호가 필요한 금융투자상품으로서 정의된 법적 개념은 금융투자업자의 업무영역을 획정하고, 업규제・행위규제 등의 행정규제의 핵심 개념요소이고,[17] 또한 형사범죄의 구성요건[18]이 된다는 점에서 명확한 개념정의의 필요성이 요구된다.[19]

15 ISDA는 파생상품에 대한 국제금융거래와 관련한 법적 위험을 최소화하고, 파생상품거래의 활성화를 기하고자 표준계약서(Master Agreement)을 제정하고 있다.

16 ISDA, Glossary of derivative, "A financial instrument that transfers risk from one party to the other. It derives its value from the price or rate of some other underlying assets such as bonds, loans, equities, currencies, commodities, indices, published rates or combinations of those assets" <https://www.isda.org/1970/01/01/glossary/#d> (검색일: 2018.3.20.)

17 가령 장외파생상품개념에 포섭되는 것을 대상으로 한 영업을 하려면 해당 금융투자업 인가를 받아야 한다(자본시장법 제12조).

18 가령 해당 금융투자업 인가를 받지 아니하고 장외파생상품 개념에 포섭되는 것을 대상으로 영업을 하게 되면 형사처벌 대상이 된다(자본시장법 제444조제1호). 따라서 장외파생상품 개념은 범죄의 구성요건을 이루는 필요적 요소가 되므로 죄형법정주의 측면에서 그 개념을 명확히 할 필요가 있다.

19 같은 의견으로, 심인숙, "자본시장과 금융투자업에 관한 법률상 장외파생상품 개념에 관한 고찰", 「상사법연구」 제27권제3호 (한국상사법학회, 2008), 267면 참조.

현대에 이르러 경기 변동성과 각종 위험이 커지고, 이를 관리할 수 있는 금융공학이 발전됨에 따라 파생상품의 종류는 급격하게 증가하고 있다.[20] 따라서 파생상품의 법적 정의는 빠른 속도로 진화해가는 파생상품을 빠짐없이 포섭할 수 있도록 탄력적으로 적용 가능한 개념이어야 함과 동시에, 규제가 너무 포괄적으로 규정됨에 따라 불필요하거나 해서는 안 되는 대상이 규제대상으로 포섭되는 일 또한 없도록 제정되어야 한다.

2. 파생상품 특성

파생상품의 법적 개념을 정의하기 위해서는 법적 규제의 필요성이 있는 파생상품에 대한 특성을 제대로 이해하는 것이 전제되어야 한다. 법적 규제의 대상으로서의 파생상품이 다른 금융상품과 대별되는 특징적 요소를 정리하면 다음과 같다.[21]

가. 가치파생성

파생상품은 본질적으로 그의 가치가 다른 자산의 가치에 의해 파생되는 손익구조를 지닌다. 이를 '가치파생성'이라고 한다. 이는 파생상품의 본질적인 특성에 해당된다. 그러므로 기초자산의 가치에 연동되지 않는 금융상품은 파생상품이 될 수 없다. 자본시장법도 파생상품에 대한 정의조항에서 이에 대한 특성을 명시적으로 표현하고 있다.

---

20 파생상품의 효시는 이미 고대 메소포타미아에서 찾아볼 수 있다. 고대 중동의 상인들은 곡물이나 노예 등을 대상으로 가격위험의 헤지를 위한 일종의 선도거래를 행하였다고 한다. 16~17세기 일본과 유럽에서는 그러한 거래가 늘어나 거래소에 유사한 형태까지 등장하였고, 1848년 미국의 시카고 상품거래소(Chicago Board of Trade)는 현대적인 선물거래의 출발점이라고 할 수 있다. 전통적으로 파생상품은 곡물이나 금속 등 대량으로 거래되는 상품을 기초로 발전되었으나, 1970년대 중반이후 새로운 영역인 통화, 금리, 주가지수 등 금융영역으로 기초자산이 확산되어 금융파생상품이 폭발적으로 증가하기 시작하였다(김건식·정순섭, 「자본시장법」(두성사, 2009), 47면 참조).

21 해당 내용은 류혁선 "파생상품의 법적 개념에 대한 소고", 「증권법연구」 제12권제1호 (한국증권법학회, 2011) 24~27면 참조.

나. 장래결제성

파생상품을 계약한 당사자들 간에 계약이행을 위한 결제행위(기초자산에 대한 권리를 이전함에 따라 수반되는 금전의 지급행위)는 현재가 아닌 장래의 특정시점에서 이루어진다.[22] 이를 '장래결제성'이라고 한다.

상술한 바와 같이, 회계기준상의 파생상품의 개념 역시 장래결제성을 파생상품의 개념요소로 규정하고 있다. 자본시장법도 파생상품의 개념정의를 함에 있어 이를 명시적으로 표현하고 있다.

장래의 결제를 전제로 한다는 점에서 매매시점에 대금지급과 현물인도가 바로 이루어지는 현실매매를 제외한 모든 상업적인 계약과 유사하나, 파생상품은 그 목적에서 다른 일반거래와 구분된다.[23]

다. 위험전가성

파생상품은 매매의 동기를 감안할 때, 한 당사자로부터 다른 당사자에게로 기초자산의 변동에 따른 위험을 전가하는 금융투자상품으로 위험전가의 특성을 지닌다.[24] 이를 '위험전가성'이라고 한다. 이는 상법상 회사가 사업의 영위를 위해 행하는 자금조달목적과 구분되는 개념으로, 경제적으로 파생상품적 요소가 내재된 전환사채(convertible bond), 신주인수권부사채(bond with warrant) 그리고 교환사채(exchangeable bond) 등을 파생상품과 구별하게 하는 개념이다.

'위험전가성'은 기초자산의 변동위험을 전가하는 것을 말하는 것으로서 위험전가성의 특성은 폭넓게 정의되고 있는 경제학적 개념의 파생상품으로부터 법적 규제의 대상을 한정하는 기능을 수행하게 한다. 만약 이를 반영하지 않을 경우에는 파생상품[25]이 내재된 전환사채, 신주인수권부사채 및 파생상품(콜옵션)과 경제적 실질이 동일한 상법상의 워런트(warrant) 등을 파생상품에서 배제할 근거가 없게 되어, 이들을 파생상품으로 규율하여야 한다.[26] 하지만, 이들은 한 당사자로부

---

22 옵션의 경우, 계약 시점에 대금의 지급이 있으나(옵션 프리미엄 지급), 이는 기초자산의 매수 및 매도의 대가에 따라 지급된 금전이 아니다. 기초자산에 대한 매수 및 매도로 인한 권리의 이전과 그 대금의 지급은 장래의 특정한 시점이다.

23 김건식 · 정순섭(2009), 앞의 책, 46면.

24 같은 견해로는 위의 책, 51면, 김건식 · 정순섭 교수도 그의 책에서 파생상품에 대한 정의를 함에 있어, 가치의 결정과정, 장래의 이행, 위험의 교환 혹은 이전에 주목할 필요가 있다는 견해를 보이고 있다.

25 후술하겠지만, 자본시장법 상 파생상품의 정의 규정 '제5조제1항제2호 옵션'이 이에 해당한다.

26 이에 대한 문제점을 인식하고, 자본시장법을 개정함에 있어 전환사채, 신주인수권증서 및 신주인수권증권을 파생결합증권에서 배제하고(法 제4조제7항제3호 및 제5호, 令 제4조의2), 또한 신주인수권증서 및 신주인수권증권은 파생상품에서도 배제하였다(令 제4조의3제2호). 이러한 배제 항목들을 나열하는 것 보다

터 다른 당사자에게로 기초자산의 변동에 따른 위험을 전가할 목적으로 발행되는 금융투자상품이 아니라, 자금조달 목적 또는 경영상 필요에 의해 해당 기업이 자기주식 또는 보유주식에 근거하여 발행한 금융투자상품으로 법적 규제대상으로서의 파생상품으로 포섭하여 규제할 실익이 없는 상품들이다.

라. 상품생산성

파생상품의 생산 및 판매구조를 감안하여 법적 개념을 명확히 하고자 할 때 고려하여야 하는 파생상품의 또 다른 특성은 금융소비자가 위험을 전가하고자 하거나 위험을 인수하고자 할 경우, 이에 적합한 손익구조의 상품을 기초자산의 발행주체가 아닌 제3자가 손익구조를 구조화하여 생산 · 공급하는 금융투자상품이라는 것이다. 이를 '상품생산성'이라고 한다. 이는 파생상품의 법적 개념을 명확하게 하기 위하여 필요한 개념이다. 즉 자본시장법상 보호되거나 규제되어야 할 파생상품은 기초자산의 발행주체에 의해 구조화된 상품이 아니라, 제3자에 의해 구조화된 금융투자상품이다.[27]

상품생산성의 개념은 파생상품의 본질적 개념요소는 아니지만, 파생상품의 생산 및 판매구조를 감안하여 법적 개념의 특성을 파악하고자 할 때 고려하여야 하는 보완적 개념으로 법적 규제대상으로서의 파생상품의 범위를 정함에 있어 참작되어야 함은 물론, 건전성 규제 및 행위 규제를 함에 있어서도 고려되어야 하는 요소이다.

파생상품은 기초자산의 가격변동을 근거로 하여 손익구조를 금융소비자의 요구에 맞게 구조

는 '위험전가성(A financial instrument that transfers risk from one party to the other)'의 개념을 도입하는 것이 보다 근원적인 방법이 될 것이라는 견해로는 류혁선, 앞의 논문(2011) 참고. 다른 견해로 전환사채와 신주인수권부 사채 등은 추가지급의무가 부존재하여 파생상품이 될 수 없다는 주장이 있으나, 추가지급의무 존재가 파생상품의 요건으로 명확히 자본시장법에 규정되어 있지 않으며, 추가지급의무가 파생상품의 개념요소로 정의할 경우에는 많은 문제점을 야기하게 된다. 이에 대해서는 후술한다.

27 자본시장법상 규제의 대상으로 하여야 할 파생상품을 발행함에 있어 기초자산으로 자기회사의 주가를 대상으로 하는 것에 대한 법적 제약은 없다. 하지만, 상법상(제341조) 또는 자본시장법상(제69조, 제165조의2) 자기주식 취득에 대한 제한으로 인해 자기주식을 기초자산으로 하는 파생상품을 생산한 경우에는 기초자산의 변동위험을 헤지할 수단이 부재하여 자기주식을 기초자산으로 하는 파생상품이 생산될 여지는 없다. 이는 주식워런트증권(Equity Linked Warrant; 이하 'ELW')과 주식연계증권(Equity Linked Security; 이하 'ELS') 등에서도 마찬가지이다. 이와 같이 파생상품에 대한 제3자에 의한 '상품생산성'의 특성을 감안함으로써, 상법상 워런트(warrant)를 파생상품과 확실히 구분하여 불필요한 규제를 방지할 수 있게 된다. 워런트(warrant)는 콜옵션과 유사한 경제적 손익구조를 지니고 있으나, 발행주체 및 목적이 파생상품과 구별된다. 워런트는 주권발행회사가 자금조달 등 사업을 영위하는 고유목적에 의해 발행하는 것임에 반해, 파생상품은 위험의 전가를 목적으로 기초자산의 발행주체가 아닌 제3자에 의해 생산되는 금융투자상품이다. 여기서, 제3자는 금융투자업자(거래소 포함)가 된다.

화된 금융투자상품으로 인가를 득한 금융투자업자에 의해 발행된다.[28] 그런데 금융투자업자는 손익구조를 구조화한 파생상품을 발행함에 있어, 파생상품에 내재된 위험을 방치하고 우연의 결과에 따라 그 손익이 달라지게 할 경우 건전성 규제 등에 부합하지 않게 되어 파생상품의 발행에 따른 위험을 헤지하는 손익복제과정(또는 생산과정)을 반드시 수행하여야만 한다.[29]

이러한 '상품생산성'의 개념은 파생상품이 생산되는 과정에서 헤지의 필요성이라는 특성이 반영되므로, 보다 실효적이고 합리적인 규제가 가능하도록 하며, 파생상품관련 분쟁을 해결함에 있어서도 파생상품의 생산과정에 대한 고려를 통해 합리적인 판단을 유도할 수 있게 한다.

마. 소결

일반적으로 통용되는 파생상품의 정의는 매우 폭넓다. 기초자산으로부터 그 가치가 파생되는 파생상품은 생각보다 범위가 넓다. 하지만, 법적 규제대상으로서의 파생상품의 정의는 규제의 목적에 부합할 수 있도록 구성되어야 한다. 특히 자본시장법은 파생상품에 대한 매우 엄중한 업규제 및 행위규제를 담고 있다. 따라서 규제의 실익이 있는 대상을 잘 포섭하여 법이 달성하고자 하는 투자자 보호 및 자본시장의 공정성·신뢰성 및 효율성을 높혀 나가야 한다.

따라서 투자자 보호 및 업규제, 행위규제 등의 대상이 될 파생상품으로 분류되기 위해서는 기본적으로 그 가치의 근간이 되는 기초자산이 존재하여야 하고(가치파생성), 계약 이행을 위한 결제행위는 장래의 특정 시점에 이루어져야 하며(장래결제성), 기초자산의 변동에 따른 위험을 한 당사자로부터 다른 당사자에게로 전가하는 특성(위험전가성)을 지니고 있어야 하고, 아울러 기초자산의 발행주체가 아닌 제3자에 의해 생산된 금융투자상품이라는 특성(상품생산성)을 지니

---

28 파생상품은 본질적으로 기초자산인 주가, 이자율, 환율 등의 가격변동에 따라 그 가치가 결정되는 금융투자상품으로 기초자산의 가격변동은 거래당사자가 예견하거나 이에 영향을 미칠 수 없고, 우연한 결과에 의해 결정된 기초자산의 가격변동의 정도에 따라 지급의무의 존재와 방향이 결정되며, 대부분 차액지급 방식에 의하여 결제되는 특징을 지니고 있다. 특히, 장외파생상품거래는 당사자 간의 사적 계약에 의해 이루어지는 것으로 도박적 요소와 유사성을 지닌다. 다만, 자본시장법 제10조는 금융투자업자가 금융투자업을 영위하는 경우에는 도박죄를 적용하지 아니한다고 규정하고 있으므로(法 제10조제2항), 금융투자업자와의 파생상품거래가 아닌 경우에는 형법상 도박죄의 적용여부가 문제될 수 있다. 따라서 업규제 및 도박과의 유사성으로 인해 금융소비자가 원하는 파생상품을 거래하고자 한다면 거래상대방으로서 금융투자업자와 거래하여야 하고, 금융투자업자는 손익구조를 구조화한 파생상품을 생산하게 된다. 파생상품과 도박죄와의 관련 여부에 대한 상세한 논의는 류혁선, "파생상품의 규제에 관한 법적 연구", 성균관대학교 박사논문, (성균관대학교, 2011), 61~65면 및 김홍기, "파생상품과 도박규제", 「비교사법」 제14권제1호 (한국비교사법학회, 2007) 참조.

29 실제 파생결합증권 및 장외파생상품의 취급 인가과정에서 금융감독원은 해당 상품들의 발행과 관련한 위험관리실태를 점검하고 있으며, 이 과정에서 이를 복제할 수 있는 능력을 구비한 인력 및 해당 시스템에 대한 점검을 실시하고 있다.

고 있어야 한다.

3. 파생상품 기능

가. 서설

파생상품에 대한 많은 물음 중의 하나는 파생상품이 과연 사회적 가치를 창출하느냐에 대한 것이다. 파생상품은 단지 한 당사자로부터 다른 당사자에게 위험이 전가될 뿐 사회적 가치를 창출하지 못한다는 주장도 있을 수 있으나, 이렇게 전가된 위험은 어느 투자자에게는 다른 보유하고 있던 기존 위험들과 섞여 오히려 위험이 감소되거나, 위험에 대한 성향이 다른 특정 투자자에게 유리한 구조로 위험 구조가 재편될 수 있다는 점에서 단순하게 답할 수 있는 질문은 아니다.

전통적으로 파생상품의 사회적 효익으로 두 가지가 거론되곤 한다. 그 하나는 위험관리에 매우 유용한 툴을 제공해 준다는 것이고, 또 하나는 가격발견(price discovery) 기능을 제공한다는 것이다. 거래소 시장은 물론 장외시장에서 거래되는 스왑거래에서도 이러한 현상은 발견된다.[30]

투자 문화가 활성화 된 요즘에는 단순한 표준화된 상품에서 벗어나 금융소비자의 요구에 맞는 상품의 공급이 매우 중요해 졌다. 단순한 주식과 채권의 손익구조에서 탈피하여 금융소비자의 포트폴리오의 위험을 관리함은 물론 더 나아가 자신의 효용함수에 적합한 손익구조의 상품을 원하고 있는 것이다. 이것을 가능하게 하는 것이 금융공학(financial engineering)이다.

금융공학은 파생상품의 기본 요소인 선도(선물), 옵션, 스왑 등의 기본 상품을 결합함으로써 또는 기초자산인 주식, 채권 등을 합성함으로써 다양한 합성증권(synthetic securities, or synthetic instrument)의 구조를 가능하게 한다. 예를 들면, 옵션과 무위험 채권의 결합에 의해 합성 주식포지션을 만들어 내는 것이다. 이와 같이 합성에 의해 포지션을 만들어 낼 수 있다는 것은 이론적으로는 무한하게 다양한 손익구조의 상품을 만들어 낼 수 있다는 것을 의미하기도 하지만, 무위험 차익거래 과정을 통해 주식 및 채권 시장을 보다 효율적이게 만들기도 한다.

30 Robert W. Kolb & James A. Overdahl, *Financial Derivatives(3rd)*, John Wiley & Sons, 2003, p.19.

나. 위험관리로서의 헤징

파생상품은 상품(commodity)가격의 변화, 이자율의 변화, 환율의 변화 및 다양한 환경의 변화로 인해 초래되는 비즈니스 위험(business risks)을 관리하는 것을 가능하게 한다. 만약 어느 기업이 생산과정에서 필요한 원자재의 가격변화에 민감한 경우, 이 기업은 원자재 가격이 오를 경우 이익이 되는 파생상품에 롱포지션(long position)[31]을 취함으로써 원자재의 가격을 생산이 가능한 수준으로 고정시키는 효과를 얻을 수 있다. 즉 기업이 당면하게 될 비즈니스 위험을 제거하는 효과를 얻을 수 있는 것이다. 이러한 파생상품의 기능을 헤징(hedging)이라고 한다.

이는 선도 거래가 중세 시대에 농부들의 미래 수확에 따른 가격 불안을 해소하기 위해 시도되었다[32]는 것을 보더라도 쉽게 이해될 수 있는 부분이다.

헤지거래의 대표적인 사례로는 사우스웨스트 항공(southwest airlines)의 파생상품 포지션을 들 수 있다. 에너지 가격이 최고를 기록하던 2008년, 그들은 사전에 거래한 파생상품 헤지 포지션으로 인해 낮은 가격으로 연료를 공급받을 수 있었다.[33]

다. 유동성 공급자로서의 투기거래

파생상품의 또 다른 사용은 증권 또는 이자율, 환율 등의 금융지표의 미래가격의 움직임에 대하여 투자를 통해 수익을 추구하는 투기거래(speculation)이다. 투기거래자(speculator)들은 비교적 단순한 손익구조를 지닌 주식과 채권[34] 등으로부터 벗어나 가격 자체의 움직임 외에도 가격의 변동성 분석에 따라 다양한 전략을 구사할 수 있고,[35] 그 손익구조 또한 다양한 파생상품을 활용함으로써 보다 정교한 투자가 가능하게 된다. 또한 파생상품은 기본적으로 레버리지 효과(leverage effect)가 존재하여 투자의 효율을 증대시킬 수 있는 장점이 있다.

31 향후 제4장 '파생상품의 이해'의 장에서 용어 설명이 있을 예정이다. 여기에서는 단순히 매수 포지션을 취한 것으로 이해하자.

32 선물시장의 역사에 대해서는 John C. Hull, *Fundamentals of Futures and Options Market(8th),* Pearson Prentice Hall, 2014, p.2 참고.

33 Rena S. Miller, "Key Issues in Derivatives Reform", In *Derivatives Reform and Regulation,* edited by Aidan B. Lynch, Nova Science Publishers Inc., 2011, p.3.

34 가격과 성과(payoff)에 대한 손익구조를 보면 주식은 기울기가 '1'인 우상향하는 직선, 즉 1,000원 가격이 상승하면 1,000원의 성과가 발생하는 구조이고, 채권은 만기까지 보유한다고 가정하면 내재된 금리를 수익으로 하는 고정수익증권(fixed income securities)이다.

35 이와 관련하여 투자 가능한 손익구조의 조합 등에 대해서는 제4장 '파생상품의 이해'의 장에서 상세히 설명하겠다.

따라서 증권, 기타 금융지표의 움직임에 대한 정교한 분석을 기초로 한 다양한 전문적인 투자자들은 투자수익을 확대하기 위한 노력으로 시장에서 그들의 분석에 기초한 다양한 거래를 시도한다. 이렇게 거래된 많은 거래량은 결국 시장에 유동성(liquidity)을 공급하고, 위험 회피자(hedger)로 하여금 적은 비용으로 자신의 포지션을 헤지할 수 있는 수단을 제공해 준다. 즉, 위험회피자(hedger)와 투기거래자(speculator) 간에 직접적인 거래 상대방으로 바로 연결되지는 않더라도, 결과적으로 보면 위험회피자(hedger)가 위험을 회피할 수 있도록 시장에서 투기거래자가 위험을 감수해 주는 구조인 것이다.

라. 가격발견

헤지 거래자들과 투기 거래자들의 조합된 거래는 사회적인 이익을 만들어 낸다. 그것이 가격발견(price discovery) 기능이다. 파생상품 시장 참여자들은 최선의 이익을 위하여 미래가격에 대한 정보와 기대를 취합하고 조합함으로써 기초자산 시장의 거래자들이 참조할만한 가격을 생산한다.

선물시장에 모인 정보를 기반으로 경쟁적인 호가경합(competitive auction bids and offers)에 의해 가격이 산출되고, 이러한 가격은 신문, 방송 등을 통해 알려지기도 한다. 만약 농부의 경우에는 이러한 가격에 기초하여 어떤 농산물을 재배할 것인지, 언제 출하할 것인지 등을 결정하는데 활용할 수 있다. 마찬가지 원리로 선물 가격은 농산물 외에도 금속의 가치를 결정하는데도 사용되며, 오일 가격 및 주식시장의 가격 결정에도 영향을 미친다.[36]

마. 합성증권의 생산

처음에는 파생상품 시장이 농산물에서 시작되었으나, 현재 주로 거래되는 파생상품 시장은 다양한 금융자산 등과 연결되어 있다. 이자율, 외국환, 주식가격, 주가지수, 그리고 신용사건 등 기초자산의 영역은 매우 다양하다. 이러한 영역에서 파생상품은 새로운 합성증권(synthetic instrument)을 생산하는 일을 한다.

합성증권이란 기초자산인 개별주식, 지수, 채권, 또는 다른 파생상품의 수익을 복제(replicate)

---

36 가격발견 기능 등 선물 시장의 기능에 관련한 상세한 논문으로는 Jerry W. Markham, "Fiduciary Duties Under the Commodity Exchange Act", *Notre Dame Law Review, 68* (1992), pp.200~207 참조.

하는 구조화된 계약이다.[37] 이러한 합성증권의 생산능력은 정교한 수학적 모델에 기초하며, 이러한 능력의 진화는 전 세계적으로 폭발적인 파생상품 시장의 성장을 만들어 냈다.

37 이러한 복제과정에 대해서는 후술하는 제4장 '파생상품의 이해'에서 상세히 다룬다.

제2절 파생상품 종류

1. 서설

파생상품의 일반적인 정의 및 법적 규제 대상으로서의 파생상품이 지녀야 할 특성들에 대해 상술한 바 있다. 상술한 특성을 지닌 파생상품의 종류는 기초자산 및 손익구조의 측면에서 본다면 무한할 것이고, 지금 이 순간에도 새로운 형태의 파생상품이 만들어지고 있을 것이다. 하지만, 기본적인 속성에 의해 파생상품을 살펴보면, 결국 모든 파생상품은 선도(forward)[38]와 옵션(option) 또는 이들의 결합으로 표현될 수 있다. 즉, 파생상품은 선도(또는 선물)와 옵션이라는 기본구성요소에 의해 표현되어 질 수 있는 금융투자상품이다.[39]

파생상품은 일반적으로 기능적 특성에 따라 선물, 옵션 및 스왑 등으로 분류될 수 있고, 기초자산의 종류에 따라 금융파생상품과 상품파생상품으로 분류된다. 금융파생상품은 세부적으로 통화파생상품, 금리파생상품, 주식파생상품 등으로 분류되고, 상품파생상품은 상품의 종류에 따라 다양하게 분류된다. 그리고 이밖에 다양한 결합에 의해 구조화된 상품(structured products) 등이 있을 수 있다.[40] 이러한 구조화된 상품도 결국은 기본구성요소(basic building blocks)인 선도, 옵션, 스왑의 결합 내지 확장이기에 기본 원리를 이해하면 구조화된 상품에 대한 이해 역시 어렵지 않게 확장할 수 있다.[41]

38 표준화된 거래소에서 거래되는 경우에는 선물(futures)이라고 한다.

39 예를 들어, 스왑(swap)이라고 하는 금융상품은 선도거래의 포트폴리오(portfolio)로 이해될 수 있다. 그리고 선도(선물)도 또한 행사가격이 동일한 콜옵션과 풋옵션의 결합으로 표현될 수 있다. 따라서 궁극적으로는 기본구성요소는 '옵션' 하나라고 해도 과언이 아니다(Michael Blair QC & George Walker, *Financial Markets and Exchanges Law*, Oxford University Press, 2007, p268, n5 참조).

40 zero cost collar, capped call 등 기본구성요소(basic building blocks)인 선도, 옵션, 스왑에서 손익구조를 조금 변형한 다양한 형태가 존재할 수 있다.

41 좀 더 복잡한 생산과정에 대한 것은 제4장 '파생상품의 이해'에서 기술하겠다.

2. 선도 및 선물

가. 선도계약

선도계약(forward contract)은 특정한 기초자산에 대해 그 가격 및 거래일을 계약하는 시점에서 미리 정해 두고, 기초자산의 인도와 대금 지급은 미리 정한 거래일(통상 '만기일'이라 한다)에 이루어지는 형태의 계약으로, 계약 시점 당시에 자산을 매수 또는 매도하는 현물계약(spot contract)과 대비되는 개념이다. 여기서, 계약 시점에 미리 정한 거래가격을 선도가격(forward price)이라고 한다.

선도계약은 장외시장에서 거래되는 것으로, 거래상대방의 신용위험을 부담한다. 이는 후술하는 선물계약(futures contract)과 대비되는 특징이다.

선도계약의 당사자 일방은 매수포지션(long position)을 취하고, 자동적으로 상대방은 매도포지션(short position)을 취하게 된다. 매수포지션은 특정 기초자산을 약정한 가격으로 미래 특정시점에서 매수할 것을 약정하는 것이고, 매도포지션은 해당 동일자산을 약정한 가격으로 미래 동일시점에서 매도할 것을 약정하는 것으로 양 당사자 모두 권리와 의무를 동시에 지니게 된다.

대표적인 선도계약으로는 선도금리거래, 선물환계약, 상품선도계약 등이 있다.

나. 선물계약

선물계약(futures contract)은 특정한 기초자산에 대하여 미리 정한 가격(futures price) 및 거래일(만기일)의 조건으로 기초자산을 매수하거나 매도할 수 있는 권리와 의무를 지니고 있는 표준화된 계약이다.

선물계약은 경제적 성격으로만 본다면 선도계약과 다를 바 없다. 다만, 선물계약은 선도계약과는 달리 공식화된 거래소에서 거래되고, 불특정 다수의 거래 참여자들이 거래를 용이하게 할 수 있도록 거래소는 선물계약을 표준화하고 있으며, 청산소(clearing house) 시스템에 의해 거래상대방에 대한 채무불이행 위험은 제거되도록 하여 거래의 활성화를 도모하고 있는 것이 특징이다. 따라서 선도계약과 대비하여 선물계약이 갖는 특징을 요약하면, ① 조직화된 시장, ② 표준화된 계약, ③ 일일정산제도, ④ 거래증거금제도, ⑤ 청산소제도, ⑥ 가격변동폭의 제한 등을 들 수 있다.

국내의 대표적인 선물계약으로 KOSPI200 선물, 3년국채 선물, 미국달러 선물 등이 한국거래소(KRX)에 상장되어 거래되고 있다.

3. 옵션

가. 의의

옵션이항가격결정 모형의 저자인 Cox, Ross 그리고 Rubinstein은 옵션이란 정해진 날 또는 그 전에 정해진 가격으로 정해진 수량을 매매할 수 있는 권리를 부여한 증권(security)[42]으로 정의하고 있다. 옵션을 증권(security)이라고 기술한 것은 미국 연방 증권법(Securities Act of 1933)상 옵션이 증권의 하나로서 열거되어 있는 것과 맥을 같이 하는 것으로 보인다.[43] 여기서, 정해진 날이란 통상 만기일(maturity, or expiration date)을 의미하며, 정해진 가격은 행사가격(exercise price, or striking price)이라고 한다.

결국, 옵션이란 계약당사자 간에 정하는 바에 따라 일정한 기간 내에 미리 정한 가격으로 금융투자상품 등의 기초자산을 매수하거나 매도할 수 있는 권리를 말한다. 그리고 옵션을 소유하게 되는 매수자는 해당 권리를 부여받고, 옵션을 발행한 매도자는 권리를 매수자에게 부여하는 대가로 일정한 금원(옵션프리미엄)을 수취하는 계약이다. 여기서, 중요한 것은 '권리'라는 부분이다. 옵션을 매수한다는 것은 결국 '권리'를 매수한다는 것이고, 반대로 옵션을 매도하는 사람은 '권리'를 매수자에게 부여하는 것이다. 즉, 매도자는 매수자가 권리를 행사하는 경우에는 반드시 이에 응할 '의무'만을 갖게 되는 것이다.

옵션은 기초자산에 대하여 특정가격으로 정해진 시점에 정해진 수량을 매수할 수 있는 권리를

42 John C. Cox, Stephen A. Ross & Mark Rubinstein, "Option pricing: A simplified approach", *Journal of Financial Economics,* 7 (1979), p.229. "An option is a security which gives its owner the right to trade in a fixed number of shares of a specified common stock at a fixed price at any time on or before a given date."

43 1985년에 저술된 그들의 책에서는 '증권'이란 용어 대신 '계약(contract)'이라는 용어로 변경하였다(John C, Cox & Mark Rubinstein, *Options Market*, Prentice-Hall, 1985, p.1); 이는 미국 내의 규제기관인 증권거래위원회(SEC)와 상품선물거래위원회(CFTC)간의 관할권 분쟁에 기인하는 것으로 매우 흥미롭다. 관할권 분쟁에 대해서는 미국 관할권 분쟁 파트에서 후술하겠지만, 간략히 기술하면, 옵션의 경우, 주식거래와 관련한 옵션에 대해서는 SEC가 관할권을 갖고, 선물에 대한 옵션은 CFTC가 관할권을 갖는 것으로 하고, 외국환(foreign currency)에 대한 옵션에 대해서는 SEC와 CFTC가 함께 공유하고 있다.

갖는 콜옵션(call option)과 반대로 매도할 수 있는 권리를 갖는 풋옵션(put option)으로 대별된다. 또한 권리를 행사하는 방법에 따라, 만기일 내 어느 때나 권리행사를 할 수 있는 미국식 옵션(American option)과 만기일이라는 정해진 날짜에만 권리행사가 가능한 유럽식 옵션(European option)으로 구분된다.

아울러, 표준화된 기본적인 손익구조(pay-off)[44]를 갖는 표준형 옵션 외에도 옵션은 투자자의 수요에 맞게 다양한 손익구조를 창출할 수 있는데, 이러한 옵션을 이색옵션(exotic option)이라고 한다. 간단히 변형된 예를 보면, 버뮤다 옵션(Bermudan option)은 미국식 옵션처럼 만기기간 내에 조기행사가 가능하지만, 조기행사 가능한 날이 특정되어 있는 옵션이고, 포워드 스타트 옵션(forward start option)은 현재 옵션 가격에 대한 지급행위는 있지만, 옵션의 시작일은 추후 정해진 날이 도래할 경우 개시되는 옵션이다. 그리고 컴파운드 옵션(compound option)은 옵션에 대한 옵션이라고 할 수 있다. 이렇듯 간단한 계약 내용의 변경에 의해서도 옵션의 형태는 달라지고 그 방식은 무수히 많이 존재한다. 만기에 갖게 될 손익구조를 일반적인 표준형과 다르게 자신의 요구에 맞게 구조화하고자 하는 투자자가 있다면, 이 역시 가능하다. 이는 금융공학(financial engineering)의 영역이다. 이러한 이색옵션은 표준화하기 어렵기 때문에 거래소에서 거래되기 어려우며 따라서 장외에서 거래된다.

나. 특성

선물이 권리와 의무가 동시에 존재하는 상품인 것에 반해, 옵션은 권리와 의무가 분리되어 매수자는 권리를 갖고 매도자는 의무를 지니는 상품이다. 따라서 선물과는 달리, 옵션 매수자는 권리에 대한 대가로 옵션프리미엄(option premium '옵션가격'이라고도 한다)을 옵션 매도자에게 지급하여야 한다.

선물을 매수하여 보유하고 있는 투자자의 경우에는 선물가격이 상승하면 이익이 발생하고 가격이 하락하면 손해가 발생하므로 일반적인 주식 매수와 동일한 단순한 손익구조를 가지게 되지만, 옵션은 권리와 의무가 분리되어 있기 때문에 일정한 프리미엄을 주고 권리만을 매수한 경우(즉, 옵션 매수)에는 기초자산가격이 상승하면 그 이익을 수취하고 반대로 가격이 하락하여 불리해지면 투자한 옵션프리미엄만 손해를 보고 그 권리를 포기하면 되기 때문에 손실이 제한되는 특성을 지닌다.

44 손익구조에 대해서는 후술하게 될 제4장 '파생상품의 이해' 부분에서 자세히 설명한다.

[표 1] 선물과 옵션의 특성 비교

구분	옵션거래	선물거래
거래대상	기초자산의 매수, 매도 권리	기초자산 그 자체
포지션 중도 청산	반대매매 및 옵션행사	반대매매
증거금	매도자만 납입	매도, 매수자 모두 납입
최종거래일	권리 소멸	최종결제
권리와 의무	매수자: 권리, 매도자: 의무	권리와 의무를 공유

옵션을 매수한 투자자는 계약 시점에서 프리미엄을 지불하지만, 불리한 경우 그가 가진 권리를 포기함으로써 손실을 한정할 수 있다. 즉, 권리를 포기함으로써 옵션 매수자의 최대가능손실액은 프리미엄으로 한정된다. 하지만, 옵션 매도자의 경우에는 권리를 가진 매수자가 자신에게 유리한 상황 하에서 옵션을 행사함으로써 이익을 향유하고자 할 것이므로, 이에 상응하여 손해가 발생하게 된다. 즉, 옵션 매도자는 계약 당시 수취한 프리미엄이 최대가능이익액이 되며, 이론적으로는 무한대의 손실을 기록할 수가 있다.

따라서 옵션매매 당사자 간의 계약을 보호하기 위해서는 증거금 제도가 필요하게 되고, 특히 거래소에 상장된 옵션의 경우에는 매일 증거금을 산출하여 부족한 경우 부족 금액을 옵션 매도자에게 요구한다. 증거금은 반드시 현금만으로 납부할 필요는 없으며, 일반적으로 신용도가 높은 국채 또는 상장주식 등이 증거금의 대용으로 제공된다.

[표 2] 옵션 매수자와 옵션 매도자 관계(콜옵션을 중심으로)

구분	옵션 매수자	옵션 매도자
거래 관계	권리의 수취	권리의 부여
프리미엄	지불	수취
권리와 의무	권리	의무
권리행사 시기	미국식옵션: 만기일 내 언제나 유럽식옵션: 만기일에만 행사	
이익	이론적으로 무한대	프리미엄 한정
손실	프리미엄에 한정	이론적으로 무한대
권리행사에 의한 손익	기초자산가격 - 행사가격	행사가격 - 기초자산가격
권리소멸에 의한 손익	프리미엄 손실	프리미엄 이익
증거금	불필요	필요

4. 스왑

스왑(swap)은 계약 당사자 간에 미래의 특정시점 내지 일정 기간 동안 미리 계약된 산식에 의거 현금흐름(cash flow)을 교환하기로 약정한 계약이다. 스왑은 전형적으로 미래의 여러 시점에서 현금흐름을 교환하는 계약으로서, 결국 미래의 한 시점에서 거래가 이루어지는 선도계약의 연속으로 이해될 수도 있다.

이러한 교환이 일어나는 이유로는 근본적으로 거래당사자가 특정한 금리형태나 통화에 기초한 손익구조에 대하여 특별한 수요를 갖기 때문으로 해석된다.

스왑은 크게 계약서의 고객 맞춤 정도에 따라 표준화된 계약서에 따르는 표준화된 기본형 스왑(plain vanilla swap)과 그렇지 않고 계약 당사자들의 니즈(needs)에 의해 계약 내용을 변경한(customized) 맞춤형 스왑(flavored swap)으로 구분된다.

스왑은 장외시장에서 협상에 의해 이루어지는 파생상품으로서, 주로 스왑딜러(swap dealer)가 개입하여 거래상대방으로서 시장을 형성하는 일을 한다.

스왑은 위험을 관리하는데 있어 매우 탄력적인 금융상품으로, 현재는 장외파생상품시장에서 가장 중요한 상품으로 거래되고 있으며, 스왑은 금융시장 역사상 가장 성공적인 금융시장의 혁신상품으로 여겨진다.[45]

스왑거래는 금리스왑(interest rate swap), 통화스왑(currency swap), 신용부도스왑(credit default swap), 주식스왑(equity swap) 등 다양한 형태가 존재한다.

가. 금리스왑

가장 일반적인 형태의 스왑은 기본형 금리스왑(plain vanilla interest rate swap)이다. 계약의 한 당사자는 명목원금(notional principal)에 대해 약정된 고정금리이자를 정해진 기간 동안 지급하고, 상대방으로부터 이에 대응하여 명목원금에 대한 변동금리이자를 받는 것으로 계약하는 것이

45 John C. Hull(2018), *op. cit.*, p.155 & p.757 참조; 1976년 Bos Kalis Westerminster Group NV 와 ICI Finance Limited 사이에 스왑거래가 있었으나 거래 내용은 비밀에 부쳐졌고, 처음 스왑거래가 알려진 것은 1977년 Continental Illinois Limited가 미 달러화와 스털링과의 통화스왑에 대한 묘석광고를 게재한 때라고 보는 견해가 있다. 그러나 국제금융시장에서 스왑거래가 처음으로 널리 화재가 된 것은 1981년 세계은행과 IBM간의 스왑거래이다(김건식, 「스왑거래에 관한 법적 연구」(한국금융연구원 연구보고서, 1997), 23면 참조).

다. 여기서, 고정금리를 스왑금리(swap rate)라고 한다.

금리스왑거래에서 이용되는 변동금리는 국제적으로는 런던은행간 대출금리(LIBOR)[46]이고, 국내거래에서는 금융투자협회가 고시하는 91일물 양도성예금증서(Certificate of Deposit) 금리이다. 금리스왑은 부채 및 자산의 형태를 변동금리에서 고정금리로 또는 고정금리에서 변동금리로 변형할 수 있게 한다.

스왑을 활용하는 근거로 일반적으로 거론되는 것은 비교우위(comparative advantages) 논리이다. 가령 A 기업은 고정금리로 차입할 때 비교우위를 갖는 반면에 B 기업은 변동금리로 차입할 때 비교우위를 가질 수 있는 경우, 부채를 변형시키기 위하여 금리스왑을 이용할 수 있다. 기업은 비교우위를 갖는 시장에서 신규로 차입하는 것이 합리적이다. 그런데 기업은 변동금리로 차입하기를 원하는데 고정금리로 차입하는 것이 비교우위에 있다든지, 고정금리로 차입하기를 원하는데 변동금리로 차입하는 것이 비교우위에 있게 되는 경우도 발생한다. 이때 기업은 비교우위가 존재하는 형태로 자금을 차입하고, 스왑을 통해 원하는 형태로 부채를 변형할 수 있게 된다.[47]

나. 통화스왑

금리스왑과 함께 가장 보편화된 스왑으로 통화스왑(currency swap)을 들 수 있다. 통화스왑이란 한 국가의 통화기준(예, 달러)에 의해 차입한 원금 및 이자액을 다른 국가의 통화기준(예, 파운드)에 의해 차입한 원금 및 이자액과 교환하는 거래를 말한다.

통화스왑의 가장 단순한 형태는 이자액이 미리 사전에 정해진 고정금리에 의해 지급되는 방식이다. 예를 들어, A 기업과 B 기업이 달러화와 파운드화로 스왑계약을 체결하였다면, 원금은 스왑개시일과 만기일에 교환되고, 정해진 이자지급 시점에 각국의 통화로 표시된 고정금리를 지급하는 방식이다. 이 밖에도 사전에 정해진 변동금리 적용방식을 기준으로 쌍방 간에 변동금리

46 LIBOR(London Inter-bank Offered Rate)는 가장 세계적으로 많이 활용되는 단기 이자율 지표(benchmark)로서, ICE(Intercontinental Exchange)에 의해 5개의 통화(USD, EUR, GBP, JPY, CHF)와 12개월 이하의 7가지 만기에 대한 이자율이 산출된다.

47 하지만, 이러한 비교우위 논리에 대한 비판도 있다. 즉, 비교우위가 존재하게 만드는 변동금리에 가산되는 부적절한 스프레드(spread)는 차익거래의 실행으로 인해 적정수준으로 형성되고, 이에 따른 비교우위는 궁극적으로는 사라지게 되어 있다. 그럼에도 불구하고 현실에서 스프레드 차이가 존속된다면 그 이유는 근본적으로 고정금리시장과 변동금리시장에서 기업이 이용할 수 있는 차입계약의 성격이 다르기 때문이다. 고정금리로 차입한 자금은 약정기간동안 대출조건이 변경될 수 없으나, 변동금리시장에서는 일정기간마다 이자율을 검토할 기회를 갖게 되고, 극단적인 경우에는 대출연장을 거부할 수도 있다. 만약 이와 같은 조정권한이 없이 스프레드를 만기까지 미리 보장하는 경우라면 실제로 비교우위가 존재하지 않는 수준에서 스프레드가 결정되게 된다. 이와 같은 비교우위 논리에 대한 상세한 비판은 John C. Hull(2018), *op. cit.*, pp.162~165 참조.

를 지급하는 방식이 있을 수 있다. 그리고 한 통화의 변동금리가 다른 통화의 고정금리와 교환되기도 하는데, 이를 통화간 금리스왑(cross-currency interest rate swap)이라고 한다.

통화스왑이 활용되는 근거로는 비교우위 논리가 지배적이며, 이러한 통화스왑은 금리스왑과 마찬가지로 부채 및 자산의 변형에 이용할 수 있다.

다. 신용부도스왑

신용부도스왑(credit default swap; 이하 'CDS')은 신용위험을 대상으로 하는 신용파생상품의 일종으로, 특정 기업(국가도 포함)의 채무불이행 등의 신용위험에 대한 보험을 제공하는 계약이다.[48] 여기서, 해당 대상기업을 준거기업(reference entity)이라 하고, 이 기업에 의한 채무불이행 등의 위험을 신용사건(credit event)이라고 한다.

기업에 대출을 한 은행 또는 해당 기업이 발행한 회사채에 투자한 투자자는 해당 기업이 지불불능 등의 상태에 빠지는 경우(신용사건)를 대비하여 그의 채권에 관계된 위험을 헤지(hedge)하기 위하여 CDS의 거래상대방과 보증계약을 체결하고 CDS의 만기 또는 신용사건 발생 시점까지 프리미엄(보증료)을 지불하면, 만약 신용사건(credit event)이 발생할 시에는 준거기업을 대신하여 보장 매도자가 손실을 보상하는 구조이다. 이러한 손실의 보상방법으로는 실물인도 혹은 현금결제의 방식이 있다.

스왑의 계약조건이 실물인도를 요구하는 경우라면 스왑 매수자는 채권을 스왑 매도자에게 인도하고 액면가를 받는다. 즉, CDS 매수자는 신용사건이 발생할 경우 준거기업이 발행한 특정 채권을 액면가에 팔 수 있는 권리를 갖게 된다. 이때 해당 채권을 준거증권(reference obligation)이라고 하고, 채권의 액면가는 CDS의 명목원금(notional principal)이다. 반면에 현금정산을 하는 경우라면 신용사건 발생 후 계산 대리인들(calculation agents)이 채권딜러들의 호가를 조사하여 준거증권의 평균시장가격인 'Z'를 계산하고, 이를 활용하여 현금정산액을 명목원금의 (100-Z%)가 되도록 정산한다.

48 John C. Hull(2018), *op. cit.*, p.570; 따라서 CDS는 신용보험 및 보증계약과 유사한 기능을 수행한다. 그리하여 미국 뉴욕주 보험국은 2009년 1월1일 부로 covered CDS에 대해서는 보험으로 간주하여 뉴욕주 규제를 받게 된다는 새로운 가이드라인(guideline)을 발표한 바 있다. 이는 2000년에 보험국이 발표한 "모든 CDS는 보험이 아니다"고 한 내용을 번복하는 것이다. 그러나 시장에서 대부분을 차지하는 naked CDS는 여전히 규제의 대상이 되지 않으며, CDS와 보험 간에는 몇 가지 점에서 차이가 있다. 이에 대해서는 '법적 성질'을 논할 때 후술한다. 뉴욕주 발표 내용과 관련한 논의로는 Andrea S. Kramer, Alton B. Harris, & Robert A. Ansehl, "The New York State Insurance Department and Credit Default Swaps: Good Intentions, Bad Idea", *Journal of Taxation and Regulation of Financial Institutions*, 22 (Jan/Feb. 2009) 참조.

이와 같이, 신용사건이 발생할 때 손실상당액을 수취할 권리를 보장(protection)이라고 하고, CDS는 프리미엄과 보장을 거래당사자간에 교환하는 형태이다. 보장대상으로 되는 것은 기업의 차입채무, 기업의 발행 회사채뿐만 아니라, 주택대출채권의 증권화상품을 비롯하여 각종 증권화 상품도 가능하고, 더 나아가 국가를 보장대상으로 할 수도 있다.

CDS 거래는 상술한 예와 같이 준거기업의 채권자가 위험회피목적으로 행하는 경우도 있지만, 해당 채권과 이해관계가 전혀 없는 자도 투기적인 목적으로 CDS거래를 할 수 있다는 것이 특징이다.

라. 주식스왑

주식스왑(equity swap)이란 한 당사자가 거래상대방으로부터 명목원금(notional principal)에 주식수익률을 곱한 수익금액을 지급받기로 약정하고, 상대방에게 고정금리 또는 변동금리에 기초한 이자액을 지급하기로 약정한 스왑이다. 이러한 스왑을 총수익스왑(Total Return Swap; TRS)이라고 한다.

TRS 구조인 주식스왑을 통해 주식을 매수 또는 매도하지 않고도 주식을 매수하거나 매도하는 효과를 얻게 되므로, 이러한 특성을 이용하면 주식포지션의 위험관리에 스왑을 활용할 수 있다. TRS의 대상이 되는 자산을 준거자산(reference assets)이라고 하고, 일정한 금리(변동금리 또는 고정금리)[49]를 지급하고 총수익을 받는 자(TRS Receiver)와 반대로 일정한 금리를 지급받고 준거자산의 총수익을 지급하는 자(TRS Payer)로 구성된다.

이러한 주식스왑은 일반적으로 헤지펀드 등에서 선호된다. 이는 작은 현금으로 주식을 투자한 것과 동일한 효과를 얻을 수 있으므로, 일종의 레버리지 효과(leverage effect)를 기대할 수 있기 때문이다.

마. 기타

파생상품은 기본적으로 금융소비자의 요구를 충족시킬 수 있도록 고안된 상품이다. 따라서 투자자의 투자성향에 따라 다양한 형태의 구조화된 현금흐름을 상호간 교환하는 스왑거래가 현실에서 이루어지고 있다. 현금흐름의 결정 산식에 옵션 특성을 가미하여 이자율의 변동가능성을 확대하기도 하는데, 이러 한 스왑을 레버리지스왑(leveraged swap)이라고 한다.

49 변동금리의 경우에는 일반적으로 LIBOR + spread로 구성된다.

1993년 11월 2일 뱅커스트러스트(Bankers Trust; 이하 'BT')와 프록터앤갬블(Proctor and Gamble; 이하 'P&G') 간의 스왑계약을 한 예로서 소개하고자 한다.

이 스왑은 5년 만기 6개월 단위 교환방식으로서 명목원금(notional principal)은 2억달러이고, BT는 P&G에게 연이율 5.3%를 지급하고, P&G는 BT에게 30일 기업어음(Commercial Paper; 이하 'CP') 평균금리에서 75bp[50]를 차감하고 특별한 산식에 의해 계산된 옵션적 성격이 있는 스프레드(spread)[51]를 더하여 지급하기로 약정한 스왑계약이다. 이와 같이, 스왑계약은 본질적으로 쌍방 거래당사자간의 현금흐름을 교환하는 계약으로 그 교환의 내용은 거래당사자의 합의에 의해 얼마든지 변경가능하며, 따라서 그 구조는 매우 다양할 수 있다.

---

50 bp는 basis point를 말하며, 100bp=1%이다. 따라서 75bp란 0.75%를 의미한다.

51 스프레드는 5년 만기 T-Note와 30년 만기 T-bond 수익률의 변동에 의해 결정되는 구조를 지니고 있는데, 항상 양의 값을 갖도록 구조화되어 있다. 이 스왑 구조는 근본적으로 BT가 옵션을 매입한 구조를 갖는다. CP금리에서 75bp를 차감한 것은 항상 양의 값인 스프레드의 수익구조를 얻기 위해 지불한 일종의 옵션 프리미엄이다. 이 스왑거래는 1994년 초 이자율이 급격히 상승하여 스프레드가 매우 큰 양의 값을 갖게 됨으로 인해 P&G는 이 거래를 통해 많은 손해를 보았다. 자세한 내용은 Donald J. Smith, "Aggressive Corporate Finance: A Close Look at the Proctor and Gamble - Bankers Trust Leveraged Swap," *Journal of Derivatives*, No. 4 (summer 1997), pp.67~79 참조.

제3절 파생상품 규제 개관

1. 일반론

파생상품거래는 원칙적으로 계약당사자간의 사적 계약이므로, 사적 자치의 원칙에 따라 각자 자기의 법률관계를 자기 의사에 따라 자주적으로 처리하면 되는 것이지 국가나 법질서가 여기에 직접적으로 개입하거나 간섭할 필요는 없다. 그런데 계약의 자유는 거래당사자간의 교섭력의 대등과 자유로운 경쟁을 전제로 하는 것이므로, 이러한 전제가 충족되지 못한 상태에서는 계약자유를 형식적으로 관철하는 것은 공정한 계약에 이르지 못하는 결과를 초래할 수 있다. 따라서 계약자유의 필수적 전제인 거래당사자간의 교섭력의 대등과 자유로운 경쟁을 확보하기 위해서는 일정 부분 계약의 자유를 제약하고, 사회적 공공복리를 목적으로 한 정부의 개입, 즉 '규제'의 필요성이 대두된다.

파생상품거래는 여타의 금융투자상품과 마찬가지로 투자자가 금융투자업자를 통해서만 시장에 참가할 수 있으며, 이에 따라 금융투자업자는 투자자로부터 수수료를 징수하고 해당 파생상품에 대하여 투자권유를 하는 특수한 지위에 있게 되고, 투자자들은 투자권유자가 제공하는 정보를 신뢰하고 투자한다. 하지만, 투자권유자인 금융투자업자와 투자자간에는 해당 상품의 가치평가 및 위험요인에 대하여 정보의 비대칭이 발생할 우려가 있고, 그 가능성은 상품구조의 복잡성과 다양성으로 인해 파생상품이 여타의 금융투자상품에 비해 더욱 크다고 할 수 있다. 아울러 투자판단의 전제가 되어야 할 중요사항에 대한 기준이 모호할 가능성이 존재하여 거래당사자간의 진정한 의사합치에 의해 계약이 성사되지 못할 우려도 있다.

그러므로 일반적으로 레버리지효과(leverage effect)가 큰 고위험・고수익의 금융투자상품인 파생상품거래와 관련하여 국내를 비롯한 일본, 미국, 영국 등 많은 나라들은 입법으로 파생상품과 관련한 투자권유 시 투자권유자가 설명하여야 할 중요사항과 기타 준수하여야 할 다양한 영업행위 규칙을 구체적으로 규정하고 있거나, 또는 판례에 의해 고객보호 법리를 발전시켜 왔다.

2. 영업행위 규제

국내에서는 2009년 자본시장법의 제정으로 파생상품에 대한 규제를 일원화하고자 하였다. 자본시장법은 파생상품을 장내파생상품과 장외파생상품으로 구분하고, 그 개념을 기본구성요소 방식에 따라 선도(forward), 옵션(option) 및 스왑(swap) 중의 하나에 해당하는 계약상의 권리로 정의하여, 포괄주의를 관철하고 있다. 이렇게 함으로써, 새로이 등장하는 각종 신종 금융투자상품을 동 법률의 규제대상으로 포섭하여 투자자 보호를 기하고자 한 것이다. 자본시장법은 투자자 보호를 위하여 투자자와 금융투자업자간의 정보불균형을 해소하고 충분한 정보에 기해 투자자가 투자판단을 할 수 있도록 일반투자자[52]에 대해서는 적합성원칙, 설명의무, 적정성원칙 등 다양한 영업행위 규칙을 규정함은 물론, 시장의 투명성이 상대적으로 부족하고, 투자자 보호의 결함이 있을 우려가 있는 장외파생상품거래에 대해서는 별도의 특칙을 마련하여 규제를 강화하고 있다.

그런데 파생상품은 금융소비자의 요구에 부합하도록 금융투자업자가 상품의 구조를 다양하게 생산하는 것이 가능하고, 자본시장법의 시행으로 생산되는 상품의 다양성은 더욱 확대되었으므로, 금융투자업자가 투자권유자로서의 지위와 동시에 생산자의 지위를 갖게 되는 일 또한 많아지고, 이로 인해 새로운 형태의 정보비대칭 문제가 야기될 수 있다.

증권과 같은 금융투자상품의 경우, 전문투자자는 일반투자자와는 달리 투자권유자인 금융투자업자에 비해 해당 상품에 대한 정보에 있어 열등한 위치에 있지 아니하고, 따라서 정보비대칭을 해소하기 위한 각종의 영업행위 규칙의 적용대상에서 배제된다. 하지만, 금융투자업자 자신이 직접 생산한 파생상품을 투자권유하는 경우에는 금융투자업자는 투자권유자임과 동시에 생산자의 지위를 갖게 되고, 이 경우 금융투자업자와 전문투자자간에는 해당 파생상품의 합리적인 가격발견을 위한 중요정보에서 정보격차가 발생할 여지가 있으며, 이는 기존의 설명의무에 의해서는 보호될 수 없는 영역이다. 따라서 파생상품거래의 이러한 특성을 반영하여 정보비대칭이 해소될 만한 충분한 정보 하에서 투자결정을 하고 투자의 결과에 대해서는 자기책임원칙이 지배되도록 투자권유자로서의 지위를 바탕으로 규정된 영업행위 규칙들에 대한 보완도 생각해 볼 필요가 있다.

---

52 자본시장법은 투자자를 전문투자자와 일반투자자로 구분하고 금융투자업자는 투자가가 일반투자자인지 전문투자자인지의 여부를 확인하도록 요구하고 있다(法 제46조제1항). 전문투자자란 금융투자상품에 관한 전문성 구비 여부, 소유자산규모 등에 비추어 투자에 따른 위험감수능력이 있는 투자자로서 法 제9조제5항 및 令 제10조에서 지정한 자를 말하고, 일반투자자란 전문투자자가 아닌 투자자를 말한다(法 제9조제6항).

3. 규제의 동향

가. 파생상품거래의 특성

파생상품이 지닌 기본적인 특성은 그의 가치가 기초자산(underlying asset)에 의해 파생되는 구조이고, 기초자산의 발행자가 아닌 제3자에 의해 손익구조가 생산되는 구조이므로, 불가피하게 파생상품을 생산하는 과정에서 끊임없이 기초자산 시장에 영향을 미치게 되므로 본질적으로 외부효과를 창출한다.

아울러 파생상품거래의 가장 큰 특징은 자신의 요구에 맞게 손익구조를 구조화할 수 있다는 점이고, 이는 곧 표준화되지 않은 다양한 상품이 거래된다는 것을 의미한다. 결국 거래소에 의해 표준화된 파생상품도 거래되지만, 더 많은 규모의 거래가 장외에서 사적 계약에 의해 이루어지고 있다. 더욱이 사적 계약의 대상이다 보니 그 시장 규모의 파악이나 거래 관계 등을 금융 당국이 파악하기가 어려웠다. 그럼에도 불구하고, 이러한 거대한 장외파생상품거래는 장내파생상품과 마찬가지로 기초자산과의 연계가 불가피하여, 기초자산가격의 변동에 따라 발생되는 다양한 위험요인들을 헤지하기 위하여 정태적 또는 동태적으로 기초자산의 수량을 변동하는 헤징과정을 수행하게 된다. 이러한 과정에서 기초자산 시장에 영향을 주는 외부효과가 발생됨은 물론, 그 규모가 막대한 상황에서 불측의 손해가 발생했을 경우 연쇄적으로 파생상품 거래상대방에게 영향을 미치고 결국은 금융시스템 전반으로 그 효과가 파급되어, 결국 이로 인해 금융시장이 실패하게 만들 수 있다.

그럼에도 불구하고 2008년 금융위기 이전까지는 대부분의 국가에서는 파생상품의 생산 및 유통 과정에 대한 제약이 없었으므로, 그 규모 및 금융시스템에의 영향력을 파악하는 것이 불가하였고, 이것은 금융위기의 한 원인으로 지목되기도 하였다. 그리하여 파생상품거래의 이러한 특수성을 감안하여 파생상품의 거래행위와 관련한 별도의 규제가 등장하였다.

나. 도드-프랭크 법

새로이 등장한 규제 방식은 투자권유와 관련한 금융소비자 보호 차원의 규제와는 달리 파생상품의 외부효과로 인한 금융시스템의 위험인자를 통제하고자 하는 목적에서 기인된 파생상품거래에 있어서의 거래 방식의 제약과 관련된 규제이다.

이러한 파생상품거래에 대한 규제의 동향은 금융위기를 계기로 전 세계로 파급되었다. 파생상품의 본질적 특성인 기초자산과의 연계성 및 지속적인 신종의 다양한 파생상품이 생산되어지는 것에 대한 관리의 불가능성과 복잡성, 불투명성 등의 요인으로 인한 금융시스템에의 부작용에 대한 염려 등이 함께 고려되어, 특히 장외파생상품을 중심으로 거래의 투명화를 강화하기 위한 규제강화의 입법 활동이 전개되었다.

2010년 7월 21일 금융위기의 발원지였던 미국에서는 오바마(Barack H. Obama) 대통령의 서명에 의해 금융개혁법안인 「도드-프랭크 월가개혁 및 소비자보호법」(Dodd-Frank Wall Street Reform and Consumer Protection Act; 이하 'Dodd-Frank Act')이 발효되었다.

이 법은 총 16장으로 구성된 매우 방대한 법률로, 금융시스템에서 책임성과 투명성(accountability and transparency)의 강화를 통해 시스템위험(systemic risk)[53]을 방지하여 금융안정(financial stability)을 달성하고, '대마불사(too-big-to-fail)'의 문제를 해결하며, 구제금융(bailouts) 종식에 의해 미국 납세자를 보호하고, 더 나아가 부당한 금융서비스 관행으로부터 금융소비자를 보호하기 위한 총체적 금융개혁법이지만,[54] 동 법률의 탄생은 파생상품과 불가분의 관계를 지니고 있다.[55]

2008년 금융위기 이후, 원인이 되었던 장외파생상품인 스왑 시장에 대한 규제를 강화하기 위하여 Dodd-Frank Act는 상품선물거래위원회(Commodity Futures Trading Commission; 이하 'CFTC')의 규제 권한을 강화하여 400조 달러가 넘는 스왑 시장에 대한 감독 기능을 수행하게 하였다.

당초 미국은 금융위기 원인으로 지목되는 파생상품, 특히 장외파생상품에 대해서 그동안 「상품선물현대화법」(Commodity Futures Modernization Act of 2000; 이하 'CFMA')의 제정으로 시장의 거래 안정성과 활성화에 초점을 맞추고 규제는 최소화하는 정책을 유지하고 있었다. 그러나 이러한 조치는 법적 확실성의 확보는 가능하게 하였지만, 장외파생상품이라는 고위험 상품에 대한 규제의 공백을 야기하는 심각한 결과를 초래하였고, 급기야는 금융위기 발발의 한 원인으로 지목되기도 하였다.

53 시스템위험이란 전반적으로 또는 중요한 부분에 있어서 금융시스템(financial system)의 안정성(stability)에 대한 위험이다(Alastair Hudson, *The Law of Finance(2nd)*, Thomson, 2013, p.212).

54 "An Act to promote the financial stability of the United States by improving accountability and transparency in the financial system, to end 'too-big-to-fail', to protect the American taxpayer by ending bailouts, to protect consumers from abusive financial services practices, and for other purposes," Dodd-Frank Act 관련 <http://www.govtrack.us/congress/bill.xpd?bill=h111-4173> 참조.

55 파생상품과 관련하여 규제의 개선방안을 제7장(Title Ⅶ: Wall Street Transparency and Accountability)에 담고 있다. Title Ⅶ의 내용은「Wall Street Transparency and Accountability Act of 2010」이다.

그리하여, 미국은 법적 규제대상으로서의 파생상품 개념을 확대・신설하고, 대형 금융기관들의 장외파생상품거래에 대한 규제를 강화하며, 금융소비자 및 투자자 보호를 강화하고자 Dodd-Frank Act를 제정하였다. 이에 따라 지금까지 별다른 규제를 받지 않아 왔던 장외파생상품거래는 증권거래위원회(Securities and Exchange Commission; 이하 'SEC')와 상품선물거래위원회(Commodity Futures Trading Commission; 이하 'CFTC')의 감독을 받게 되었고, 은행들도 장외파생상품에 대한 투자에 제약을 받게 되었다. 아울러 금융상품과 관련된 불공정한 거래로부터 금융소비자들을 보호하기 위해 소비자금융보호국(Consumer Financial Protection Bureau, 이하 'CFPB')이 신설되었으며, 그 외 다양한 투자자 보호조치들도 시행되고 있다.

다. 국제적 공조

상술한 파생상품에 대한 규제강화 움직임은 국제금융시장의 긴밀한 연계성을 기반으로 금융위기의 발원지였던 미국에 머무르지 않고 국제적 공조의 기치 아래 여러 국가로 파급되었다. 구체적으로는 G20를 중심으로 글로벌 금융위기의 재발을 막기 위한 방안으로서 장외파생상품시장의 인프라를 개선하여 투명성을 제고하려는 방안이 본격적으로 추진되었다.[56] 이러한 움직임은 상대적으로 파생상품에 대한 국제화가 미흡한 한국에게도 규제의 강화를 요구한다.

결국 국제적으로 논의되는 장외파생상품거래와 관련한 규제 방향은 파생상품시장의 투명성과 거래당사자들의 책임성을 강화하여 금융시스템의 위험요인을 차단하기 위하여, 그동안 사적 거래로 간주되어 규제의 대상이 되지 않았던 많은 장외파생상품들을 규제의 대상으로 포섭하여, 표준화를 통한 장내 거래화 및 중앙청산소(Central Counterparty; 이하 'CCP')를 통한 청산의 의무화를 요구하고 있으며, 아울러 거래정보에 대한 공개 등을 요구하고 있다.

56 국제적으로 논의된 장외파생상품거래와 관련한 주요 인프라 개선방안은 중앙청산소(Central Counterparty; 이하 'CCP')에 의한 청산서비스, 거래정보저장소(trade repository), 전자거래플랫폼(electronic trading platform), 거래확인자동화서비스(automated confirmation service), 잔존거래축약서비스(compression service) 등이라고 할 수 있다(장외파생상품 인프라 개선 협의회, "국내 장외파생상품시장 인프라 개선에 관한 보고서" (2009. 10), 2~3면 참조). 이와 관련하여 미국, 영국, 일본을 비롯한 G20 국가들은 법률을 개정하여 CCP 도입, 거래정보 저장 및 보고 등 다양한 인프라를 구축해 오고 있다.

4. 소결

그동안 사적 자치의 영역이었던 장외파생상품에 대한 규제가 2008년 금융위기를 계기로 국제적 공조 하에 확대되고 있다. 투자자 보호와 관련된 영업행위 규칙의 제정 단계를 넘어 파생상품의 거래행위에 대한 규제들이 도입되고 있는 것이다. 이는 파생상품이 금융시장에서 차지하는 비중의 증대도 한 몫을 하고 있다. 파생상품거래 일방의 행위 내지 막대한 손실이 금융시장의 실패로 귀결되지 않도록 제반 금융시스템의 안정성 증대를 포함한 효율성을 높이는 것은 매우 중요한 당면 과제라 할 것이다.

다만, 장외파생상품의 매매는 본질적으로 거래상대방에 따라 각기 다른 구조의 맞춤형 상품이 생산・공급되는 특징에 기반하므로, 장외파생상품의 근본적인 매매동기와 새로이 추진되는 규제의 방향인 표준화 및 장내화는 정면으로 충돌하는 문제가 있다. 특히 아직 파생상품시장이 충분히 성숙하지 못한 한국에서는 국제적 공조 하에 추진되는 규제를 무분별하게 도입할 경우에는 산업경쟁력을 키울 기회를 상실할 우려도 있다. 파생상품거래는 원칙적으로 계약당사자간의 사적 계약이므로, 사적 자치의 원칙에 따라 자기책임 하에 투자를 결정할 수 있도록 투자자 보호에 결함이 없는 한 다양한 재량이 보장되는 것 또한 필요하다.

규제의 도입은 곧 금융시장의 구성원인 이해관계자들의 행동을 지배하게 되고, 구성원들은 주어진 규제 하에서 최선의 해(solution)를 찾기 위한 노력을 경주하게 된다. 따라서 효과적인 규제의 도입은 건전한 금융시장을 육성하고 발전시키며 거래당사자간의 합리적인 가격결정을 촉진하는 기능을 수행하게 되지만, 잘못된 규제가 도입되면 금융시장의 구성원들은 그 규제에 근거한 최적의 방식을 찾아 행동하게 되고, 이는 경제주체들에게 부가가치를 창출할 수 있는 수단을 제공하기 보다는 경제적 비효율을 초래하여 결국은 사회적 후생이나 경제 전체의 효율성을 저해하는 요인으로 작용하게 된다. 따라서 적어도 어떠한 규제가 금융시스템 내에 도입되기 위해서는 도입으로 인한 비용과 편익에 대한 면밀한 분석을 기초로 하여야 하고,[57] 이러한 분석은 해당 국가의 산업의 특성과 해당 금융투자상품의 특성에 기반하여야 한다.

법적 규제의 대상이 되는 파생상품은 본질적으로 생산되어지는 금융투자상품으로 금융회사의

57 미국은 규제를 도입함에 있어 일반적으로 비용편익분석(cost-benefit analysis)을 시행한다. 비용편익분석에 관심이 있는 독자는 Eric A. Posner & E. Glen Weyl, "Benefit-Cost Paradigms in Financial Regulation", *The Journal of Legal Studies,* 43 (June, 2014), Cass R. Sunstein, "Financial Regulation and Cost-Benefit Analysis: A Comment", *The Harvard John M. Olin Discussion paper Series,* Discussion paper No. 785 (July 2017), John C. Coates, "Cost-Benefit Analysis of Financial Regulation: Case Studies and Implications", *Yale Law Journal,* 124 (2015) 등의 논문을 참고하기 바란다,

창의성과 자율성에 기반하여 부가가치가 창출되는 구조를 지닌다. 그러므로 파생상품거래와 관련한 정보비대칭으로 인한 투자자 보호와 시스템위험 재발방지를 위한 규제 강화의 노력은 필요하지만, 창의성과 자율성이 최대한 보장될 수 있도록 효과적인 방향에서 규제가 논의되어야 한다. 또한 규제의 방식은 단순히 현재의 발생한 문제를 해결하기 위한 법적 판단만으로는 부족하고 미래지향적이어야 한다. 즉, 규제의 도입에 의해 미래의 시장구성원들의 행동에 어떠한 영향을 미칠 것인가에 대한 고려가 있어야 한다.

따라서 금융위기를 계기로 주로 미국, 영국 등 금융선진국들에 의해 좌우되어 온 파생상품거래의 규제에 대한 논의를 국내 금융산업의 현주소 하에서 도입에 따른 비용과 편익을 분석하고, 행위규제와 관련한 파생상품거래규제의 유용성을 분석하기 위한 노력은 매우 중요하다. 본서에서는 외국의 입법례와 자본시장법상 규제의 현황을 비교법적으로 고찰하고, 국내 증권규제법에 영향을 미쳐 온 미국, 일본 등의 파생상품관련 판례들의 법리와 국내 판례들의 태도를 비교 분석해 봄으로써 파생상품거래규제의 합리적인 방안을 모색해 보고자 한다.

제2장

자본시장법 상 파생상품 개념

제1절 금융투자상품

제2절 파생상품

제3절 파생상품의 법적 성질

제1절 금융투자상품

1. 서설

자본시장법은 그 규제대상을 정함에 있어 금융투자상품을 포괄적으로 개념정의한 후(法 제3조제1항), 금융투자상품을 다시 증권과 파생상품으로 구분하고(法 제3조제2항), 이를 다시 증권은 채무증권, 지분증권, 수익증권, 투자계약증권, 파생결합증권, 증권예탁증권 등 6가지로 구분하며(法 제4조제2항), 파생상품은 장내파생상품과 장외파생상품으로 구분하고 있다(法 제3조제2항2호).

이와 같이, 자본시장법은 하향식의 단계적 개념정의 방식을 채택하고 있으므로, 파생상품은 금융투자상품의 개념요소를 기본적으로 충족하여야 한다. 따라서 자본시장법상 파생상품의 개념을 이해하기 위해서는 금융투자상품에 대한 이해가 선결되어야 한다.

2. 금융투자상품 정의

가. 정의 규정

자본시장법 제3조제1항은 "'금융투자상품'이란 이익을 얻거나 손실을 회피할 목적으로 현재 또는 장래의 특정 시점에 금전, 그 밖의 재산적 가치가 있는 것(이하 "금전등"이라 한다)을 지급하기로 약정함으로써 취득하는 권리로서, 그 권리를 취득하기 위하여 지급하였거나 지급하여야 할 금전등의 총액(판매수수료 등 대통령령으로 정하는 금액을 제외한다)이 그 권리로부터 회수하였거나 회수할 수 있는 금전등의 총액(해지수수료 등 대통령령으로 정하는 금액을 포함한다)을 초과하게 될 위험(이하 '투자성'이라 한다)이 있는 것을 말한다"고 규정한다.

나. 특성

자본시장법상 금융투자상품은 ① 이익을 얻거나 손실을 회피할 목적으로, ② 현재 또는 장래의 특정 시점에 금전, 그 밖의 재산적 가치가 있는 것("금전등")을 지급하기로, ③ 약정함으로써 취득하는 권리로서, ④ 투자성이 있는 것을 요건으로 한다. 즉, 자본시장법상 정의규정은 금융투자상품의 개념요소로 목적, 금전등의 이전, 계약, 그리고 투자성(위험) 등 4가지 요소를 고려하고 있다.

종래에는 투자관련 상품은 크게 증권거래법, 간접투자자산운용업법 및 선물거래법에 의해 정의되었다. 그러나 이들의 정의 방식은 한정적 열거방식으로 투자관련 상품의 범위를 명확히 하는 장점이 있는 반면에, 경제의 발전과 더불어 등장하는 새로운 형태의 비전형적인 금융상품들을 투자대상자산의 범주로 모두 포섭하는 것이 어려워 투자자를 보호하는데 한계로 작용하는 결함이 있었다.

따라서 우리나라에서도 자본시장법을 제정하면서 자본시장의 기능 제고의 취지에 비추어 새로운 상품에 대한 수요와 자본시장의 경쟁력을 확보하고, 나아가 투자자 보호를 강화하기 위하여 '포괄성'을 원칙으로 하고, 법적 불확실성을 보완하기 위하여 예시에 의한 '예시적 포괄주의' 방식으로 금융투자상품의 개념을 도입하였다. 즉, 자본시장법상 금융투자상품의 정의는 '투자성'[58]이 있는 금융상품으로 정의되는 '포괄성'[59]에 그 특징이 있다.

58 자본시장법은 투자성에 대해 "권리를 취득하기 위하여 지급하였거나 지급하여야 할 금전등의 총액(판매수수료 등 대통령령으로 정하는 금액을 제외한다)이 그 권리로부터 회수하였거나 회수할 수 있는 금전등의 총액(해지수수료 등 대통령령으로 정하는 금액을 포함한다)을 초과하게 될 위험"이라고 규정하고 있다(法 제3조제1항).

59 구 재정경제부가 발표한 자본시장법 제정방안에서는 금융투자상품의 개념을 추상적으로 정의하여 동 정의에 해당하는 모든 금융투자상품을 법의 규율대상(금융투자회사 취급 허용, 투자자 보호 규율 적용)으로 하는 포괄주의 체제로 전환함으로써 규제 필요성이 생길 때마다 후행적으로 금융상품을 열거하여 규제 대상을 확장하는 열거주의 체제와 근본적인 차이가 있다고 설명하고 있다(재정경제부, "금융투자업과 자본시장에 관한 법률(가칭) 제정방안" (보도자료, 2006.2.17), 30면).

제2절 파생상품

1. 파생상품 정의

가. 정의 규정

자본시장법은 파생상품의 정의와 분류에 관하여, 다음 각 호의 어느 하나에 해당하는 계약상의 권리를 말한다고 규정하고 있다(法 제5조제1항).[60][61] 다만, 해당 금융투자상품의 유통 가능성, 계약당사자, 발행사유 등을 고려하여 증권으로 규제하는 것이 타당한 것으로서 대통령령으로 정하는 금융투자상품은 그러하지 아니하다(法 제5조제1항단서).

1. 기초자산이나 기초자산의 가격・이자율・지표・단위 또는 이를 기초로 하는 지수 등에 의하여 산출된 금전등을 장래의 특정 시점에 인도할 것을 약정하는 계약(제1호)
2. 당사자 어느 한쪽의 의사표시에 의하여 기초자산이나 기초자산의 가격・이자율・지표・단위 또는 이를 기초로 하는 지수 등에 의하여 산출된 금전등을 수수하는 거래를 성립시킬 수 있는 권리를 부여하는 것을 약정하는 계약(제2호)
3. 장래의 일정기간 동안 미리 정한 가격으로 기초자산이나 기초자산의 가격・이자율・지표・단위 또는 이를 기초로 하는 지수 등에 의하여 산출된 금전등을 교환할 것을 약정하는 계약(제3호)
4. 제1호부터 제3호까지의 규정에 따른 계약과 유사한 것으로서 대통령령으로 정하는 계약[62]

60 엄밀히 말하면 "계약상의 권리" 뿐만 아니라, "계약상의 의무"도 포함된다(임재연, 「자본시장법」(박영사, 2010), 39면). 아울러 과거 자본시장법 시행 이전에는 장내파생상품에 대해서는 선물거래법에서 "선물거래등"이라는 명칭으로 규제하고, 장외파생상품에 대해서는 기관별로 은행법과 증권거래법(동법 시행령 제36조의2제1항제1호의2 "장외파생금융상품거래")에 의하여 규제하고, 파생상품거래가 외국환업무에 해당하는 경우에는 외국환거래법도 적용되었다. 반면에 자본시장법은 종래에 파생상품에 대한 다원화된 규제에서 벗어나 일원화된 규제를 하고 있다(위의 책, 40면 각주 32).

61 자본시장법은 2013.5.28.일자 개정에서 기존 파생상품 개념의 포괄성으로 인한 문제 극복을 위해 다음에 기술할 단서 조항과 제4호의 추가 그리고 파생결합증권((法 제4조제7항) 개념 또한 수정하였다. 기존 자본시장법상 파생상품의 포괄적 개념에 따라 발생되는 다양한 문제점에 대해서는 류혁선, 앞의 논문(2011) 참고.

62 파생상품 개념의 포괄성으로 인해 해당 규제가 불필요한 상품의 영역이 포섭되는 문제를 해결하고자 추가된 규정으로 아직 하위 규정은 마련되어 있지 않다.

나. 특성

실제로 거래되는 매우 복잡하고 다양한 구조를 지닌 모든 파생상품을 자본시장법상 규제대상으로 포섭하기 위하여 동법은 파생상품을 구성하는 기본구성요소를 상품의 경제적 구조에 따라 선도(제1호), 옵션(제2호), 스왑(제3호)으로 구분하여 정의한다. 즉, 선도, 옵션, 스왑 중 어느 하나에 해당하는 계약상의 권리를 파생상품으로 규정하고 있다.

경제적 특성으로만 판단할 때에는 스왑은 일정기간 동안 선도거래가 계속적・반복적으로 이루어진 것으로 볼 수 있다. 즉, 스왑의 간단한 형태가 선도계약으로 볼 수 있는 것이다.[63] 따라서 스왑은 기본구성단위에 해당되지 않음에도 불구하고, 스왑을 별도로 정의한 것은 종래 발생한 파생상품관련 법률문제의 대부분이 스왑거래를 대상으로 하고 있는 점을 고려한 것이라는 견해가 있다.[64] 하지만, 일반적으로 선도계약의 법적 성질은 매매인 반면, 스왑은 매매를 원하는 대상물을 취득하기 위한 목적이라기보다는 특정한 미래의 현금흐름을 상호간에 교환하기 위한 것으로, 그 법적 성질은 비전형계약에 속한다.[65] 물론 이 경우에도 경제적으로는 매매와 동일한 효과를 얻을 수 있고, 따라서 공정가격을 산출하는 이론의 전개과정에서 스왑거래를 선도거래의 확장으로 이해하고 있으나, 엄연히 양자의 형태는 그 구조가 다르고, 그 법적 성질도 달라서 별도로 정의할 실익이 있다고 본다.[66]

따라서 자본시장법은 파생상품의 개념을 기본구성요소방식에 따라 선도, 옵션, 그리고 스왑 등 파생상품의 기본요소를 중심으로 정의하고, 이들의 대상이 되는 기초자산을 포괄적으로 규정하여 포괄주의의 취지를 관철하면서 적용상 구체성과 명확성을 동시에 확보하고자 하였다.[67]

다. 배제 조항

파생상품에 대한 포괄적 개념으로 인해 불필요하게 파생상품으로 규제될 필요가 없는 경우를 배제하기 위하여 단서 조항을 법 개정을 통해 추가하였다. 그리하여 "다만, 해당 금융투자상품의 유통 가능성, 계약당사자, 발행사유 등을 고려하여 증권으로 규제하는 것이 타당한 것으로서

63 John C. Hull(2018), *op. cit.,* p.155.

64 정순섭, "금융규제법상 포괄개념 도입의 가능성과 타당성", 「서울대학교 법학」 제49권제1호 (서울대학교 법학연구소, 2008), 301면.

65 김건식, 앞의 연구보고서, 19면.

66 법적 성질에 대한 보다 구체적인 논의는 후술하는 제3장 '파생상품의 법적 성질'에 관한 내용을 참조.

67 정순섭, 앞의 논문(2008), 301면.

대통령령으로 정하는 금융투자상품은 그러하지 아니하다"(法 제5조제1항단서)라고 단서 조항을 추가하고, "대통령령으로 정하는 금융투자상품"이란 다음 각 호의 어느 하나에 해당하는 금융투자상품을 말한다(令 4조의3)고 하여 다음 열거된 상품을 배제하고 있다.[68]

1. 증권 및 장외파생상품에 대한 투자매매업의 인가를 받은 금융투자업자가 발행하는 증권 또는 증서로서 기초자산(증권시장이나 해외 증권시장에서 매매거래되는 주권 등 금융위원회가 정하여 고시하는 기초자산을 말한다. 이하 이 호에서 같다)의 가격・이자율・지표・단위 또는 이를 기초로 하는 지수 등의 변동과 연계하여 미리 정하여진 방법에 따라 그 기초자산의 매매나 금전을 수수하는 거래를 성립시킬 수 있는 권리가 표시된 증권 또는 증서[69]
2. 「상법」 제420조의2에 따른 신주인수권증서 및 같은 법 제516조의5에 따른 신주인수권증권

2. 기초자산

파생상품은 기초자산(underlying asset)으로부터 파생된 상품으로서, 기초자산의 가격변동에 연동하여 그 손익이 결정되므로 기초자산은 파생상품의 다양성을 결정하는 중요한 인자가 된다. 자본시장법은 파생상품의 개발에 직접적인 영향을 미치는 기초자산에 대해 매우 광범위하게 인정하고 있다.

자본시장법 제4조제10항은 '기초자산'이란 금융투자상품, 통화(외국의 통화를 포함한다), 일반상품(농산물・축산물・수산물・임산물・광산물・에너지에 속하는 물품 및 이 물품을 원료로 하여 제조하거나 가공한 물품, 그 밖에 이와 유사한 것을 말한다), 신용위험(당사자 또는 제삼자의 신용등급의 변동, 파산 또는 채무재조정 등으로 인한 신용의 변동을 말한다), 그 밖에 자연적・환경적・경제적 현상 등에 속하는 위험으로서 합리적이고 적정한 방법에 의하여 가격・이자율・지표・단위의 산출이나 평가가 가능한 것의 어느 하나에 해당하는 것을 말한다고 규정한다.

따라서 탄소배출권, 에너지, 날씨, 재난, 강수량, 일조량 등에 관해서도 객관적으로 측정하고 표현할 수 있는 대상들이라면 이들을 기초자산으로 하는 파생상품의 개발과 거래가 가능하게

68 이러한 상품들이 자본시장법 상 정의규정에 의해 왜 파생상품으로 포섭될 우려가 있는지에 대한 구체적 설명은 류혁선, 앞의 논문(2011), 24~36면 참조.

69 주식워런트증권(Equity Linked Warrant), 주가연계증권(Equity Linked Securities) 등의 파생결합증권(법 제4조제7항)을 의미한다.

되었고, 이런 파생상품들은 변화하는 환경에 따른 투자자의 수요를 충족시켜 주고, 위험관리 비용을 효율적으로 절감시켜 줄 것으로 기대된다.

3. 장내파생상품과 장외파생상품

자본시장법은 파생상품을 표준화된 시장의 유무에 따라 장내파생상품과 장외파생상품으로 구분한다.[70]

가. 장내파생상품

1) 일반론

장내파생상품이란 다음 각 호의 어느 하나에 해당하는 것을 말한다(法 제5조제2항).

1. 파생상품시장에서 거래되는 파생상품
2. 해외 파생상품시장(파생상품시장과 유사한 시장으로서 해외에 있는 시장과 대통령령으로 정하는 해외 파생상품거래가 이루어지는 시장을 말한다)에서 거래되는 파생상품
3. 그 밖에 금융투자상품시장을 개설하여 운영하는 자가 정하는 기준과 방법에 따라 금융투자상품시장에서 거래되는 파생상품

여기서, "금융투자상품시장"이란 증권 또는 장내파생상품의 매매를 하는 시장을 말하고(法 제8조의2제1항), "파생상품시장"이란 장내파생상품의 매매를 위하여 거래소가 개설하는 시장을 말한다(法 제8조의2제4항제2호). 그리고 해외 파생상품시장[71]은 파생상품시장과 유사한 시장으로서 해외에 있는 시장과 대통령령으로 정하는 해외 파생상품거래[72]가 이루어지는 시장을 말한다.

---

70 미국에서는 장내거래의 시설을 제공하는 지정계약시장(Designated Contract Market, DCM)이 있으며, 장외거래 관련하여 스왑체결시설(Swap Execution Facility, SEF)를 두고 있다. 그 밖에 장외거래와 관련해서는 추가적으로 파생상품청산소(Derivatives Clearing Organization, DCO)와 스왑데이터저장소(Swap Data Repository, SDR)를 두고 있으며, 일반적으로 파생상품거래와 관련한 상기의 기관들은 모두 SEC 또는 CFTC에 신청하여 등록되어야 한다.

71 일반투자자(금융위원회가 정하여 고시하는 전문투자자를 포함한다)는 해외 증권시장이나 해외 파생상품시장에서 외화증권 및 장내파생상품의 매매거래를 하려는 경우에는 투자중개업자를 통하여 매매거래를 하여야 한다(令 제184조).

2) 종류

국내 거래소가 개설한 파생상품시장에서 거래되는 장내파생상품은 주가지수상품, 변동성지수상품, 개별주식상품, ETF상품, 채권/금리상품, 통화상품 그리고 commodity상품 등으로 대별된다. 대표적으로 거래되는 상품은 코스피200 옵션을 비롯하여 코스피200 선물, 미니코스피200 선물, 코스닥150 선물, 3년국채 선물, 10년국채 선물, 미국달러 선물 등을 들 수 있다. 현재 우리나라의 장내파생상품은 선물과 옵션으로 대별되고, 스왑은 장내파생상품으로 거래되고 있지 않다.

그런데 상기 파생상품 정의규정을 보면, 기본구성단위로서 선도, 옵션, 그리고 스왑만이 규정되어 있고, 정작 장내파생상품의 주요 상품인 선물은 배제되어 있다. 이는 자본시장법상 파생상품을 장내와 장외파생상품으로 분류하고 선도거래가 장내에서 이루어지는 것이 선물거래에 해당하므로, 선도 외에 선물을 별도의 파생상품으로 규정하지 않은 것으로 이해된다.

장내파생상품은 거래소를 통하여 거래되므로 거래소에서의 거래에 적합하기 위하여 표준화(standardization) 및 대체성(fungibility)의 요건을 갖추어야 하고, 청산결제가 보장되어야 하는 것을 특징으로 한다.[73]

나. 장외파생상품

1) 일반론

자본시장법상 '장외파생상품'은 파생상품으로서 장내파생상품이 아닌 것을 의미한다(法 제5조제3항). 따라서 거래소와 같이 조직화된 시장을 통한 경쟁매매 방식에 의존하지 않고, 각 경제

72 자본시장법시행령 제5조, "대통령령으로 정하는 해외 파생상품거래"란 다음 각 호의 어느 하나에 해당하는 거래를 말한다."
1. 런던금속거래소의 규정에 따라 장외(파생상품시장과 비슷한 시장으로서 해외에 있는 시장 밖을 말한다. 이하 이 조에서 같다)에서 이루어지는 금속거래
2. 런던귀금속시장협회의 규정에 따라 이루어지는 귀금속거래
3. 미국선물협회의 규정에 따라 장외에서 이루어지는 외국환거래
4. 일본의 상품거래소법에 따라 장외에서 이루어지는 외국환거래(삭제, 2017.5.8.)
5. 선박운임선도거래업자협회의 규정에 따라 이루어지는 선박운임거래
6. 그 밖에 국제적으로 표준화된 조건이나 절차에 따라 이루어지는 거래로서 금융위원회가 정하여 고시하는 거래

금융투자업규정 제1-3조(해외 파생상품거래) 영 제5조제6호에서 "금융위원회가 정하여 고시하는 거래"란 다음 각 목의 어느 하나에 해당하는 거래를 말한다. <개정 2017.5.8.>
1. 대륙간 거래소의 규정에 따라 장외에서 이루어지는 에너지거래 <신설 2017.5.8.>
2. 일본 금융상품거래법에 따라 장외에서 이루어지는 외국환 거래 <신설 2017.5.8.>
3. 유럽연합의 금융상품시장지침에 따라 장외에서 이루어지는 외국환거래 <신설 2018.9.3.>

73 김건식 · 정순섭(2009), 앞의 책, 49면 참조.

주체간의 사적인 계약형태의 파생상품거래는 모두 장외파생상품거래에 해당한다.

장외파생상품은 원칙적으로 계약당사자간의 사적 계약이므로, 사적 자치의 원칙에 따라 각자 자기의 법률관계를 자기 의사에 따라 자주적으로 처리하면 되는 것이지 국가나 법질서가 여기에 직접적으로 개입하거나 간섭할 필요는 없다. 하지만 정보 불균형으로 인한 투자자 보호 및 금융위기의 원인이 되었던 장외파생상품으로 인한 금융시스템 위험을 사전에 예방하기 위하여[74] 자본시장법은 장외파생상품거래와 관련하여서도 투자매매업 또는 투자중개업을 영위하는 자가 준수하여야 하는 항목으로 위험관리, 투자자 보호 및 거래내역의 금융위원회 보고 등 다양한 준수 사항을 규정하고 있으며(法 제166조의2), 아울러 일정한 장외파생상품에 대해서는 마치 장내 거래와 같이 금융투자상품거래청산회사 등을 통한 청산의무도 부과하고 있다(法 제166조의3, 令 제186조의3)[75].

2) 종류

장외파생상품은 비정형화된 옵션, 스왑 그리고 선도거래로 구성되며, 기초자산에 따라 주식연계 파생상품[76], 금리연계 파생상품[77], 통화연계 파생상품[78], 신용연계 파생상품[79] 그리고 상품(commodity)연계 파생상품 등으로 구분된다.

국내 주식관련 장외파생상품의 대부분은 주가연계증권(Equity Linked Securities; 이하 'ELS')의 헤징과 연관되어 거래된다. ELS는 자본시장법상 파생결합증권으로 '증권'의 범주에 해당하며, 파생상품은 아니다. 하지만, 자본시장법은 그 시행령에서 파생결합증권의 발행은 증권에 대한 투자매매업(1-1-1 또는 1-1-2)의 금융투자업 인가를 받은 자가 장외파생상품에 대한 투자매매업(1-3-1 또는 1-3-2)의 금융투자업 인가를 받은 경우로 한정하고 있으므로,[80] 결국 장외파생상품

---

74 혹자는 2008년 금융위기의 근본 원인을 장외파생상품에서 찾는다. 하지만, 장외파생상품의 가격 하락과 이로 인해 금융회사들의 재정쇼크(solvency shock) 그리고 신용하락 및 은행의 뱅크런(bank run) 등으로 이어지는 일련의 과정에 장외파생상품의 역할이 없는 것은 아니나, 상품 자체가 근본 원인으로 생각하는 것은 무리가 있다. 금융위기의 근원적인 원인은 거시적 불균형 성장(growth of macro-imbalance), 화폐정책(Monetary policy), 서브프라임모기지와 미국주택버블(sub-prime mortgages and US housing bubble), 금융혁신(financial innovation), 규제실패(failure of regulation) 등에서 찾아야 한다(Mike Buckle & John Thompson, *op. cit.*, pp.350~358 참조).

75 이는 금융위기 이후 그 주범으로 간주되어 온 장외파생상품에 대한 규제 강화의 일환으로 도입되었다. 이에 대해서는 제8장 '시스템위험과 장외파생상품거래 규제'에서 후술한다.

76 주식옵션(Equity Option), 주식스왑(Equity Swap) 등이 있다.

77 금리스왑(Interest Rate Swap, IRS), 금리선도거래(Forward Rate Agreement, FRA)가 대표적이다.

78 통화옵션(Currency Option), 통화스왑(Currency Swap, CRS), 외환스왑(Foreign Exchange Swap), 통화선도거래, 역외선물환거래(Non-Deliverable Forward, NDF) 등이 있다.

79 신용부도스왑(Credit Default Swap, CDS).

80 자본시장법시행령 [별표 1] 인가업무 단위 및 최저자기자본(제15조제1항 및 제16조제3항 관련) '비고 1'.

인가를 받지 아니한 금융투자업자는 ELS와 같은 파생결합증권을 발행할 수 없다. 또한 ELS 등 파생결합증권을 발행한 금융투자업자는 해당 포지션(position)의 위험을 상쇄하기 위하여 다른 국내 · 외의 금융투자업자와 장외파생상품거래를 수행한다. 따라서 ELS는 파생결합증권으로 '증권'의 범주에 해당하나, 이의 발행 및 위험관리를 위해서는 장외파생상품의 거래를 수반하는 경우가 상당하다.

금리연계 파생상품으로 금리스왑(Interest Rate Swap; 이하 'IRS')이 있는데, IRS 시장은 2000년 채권시가평가제가 도입되면서 현물채권의 시장위험을 관리할 필요성에 의해 발전되었다. 장내파생상품인 국고채 선물이 풍부한 유동성을 바탕으로 이자율 변동 위험을 헤지하는 수단으로서의 역할을 수행하였지만, 다양한 이자율관련 상품을 헤지하는데 한계가 있어 현실에서는 IRS가 부각되어 발전되었다.

또한 키코(KIKO)를 통해 일반인에게도 익숙하게 된 통화관련 장외파생상품은 일반적으로 개인을 위한 상품이라기보다는 주로 수출입기업들의 환헤지 상품을 중심으로 발전되어 왔다. 선물환(forward exchange), 통화스왑(currency swap), 표준옵션(plain vanilla options) 등이 주요 상품이지만, 키코와 같은 이색옵션(exotic options)이 결합된 구조화된 장외파생상품도 거래된다.

아울러 신용위험을 기초자산으로 하는 장외파생상품도 존재하는데, 신용파생상품은 기초자산의 신용위험을 매매하는 상품으로 보장 매입자는 프리미엄을 매도자에게 지불하여 신용위험을 이전시키고, 보장 매도자는 프리미엄을 지급받는 대신 신용위험을 인수하여 계약체결당시 정의된 신용사건(credit event)이 발생할 경우 약정된 금액을 지급하는 방식의 상품이다. 국내시장은 외국계 은행 및 투자은행이 보장을 매입하고 국내 은행 및 보험사가 보장을 매도하는 채권의 대체 상품적 성격을 지닌 신용연계채권(Credit Linked Note, CLN)과 특정회사 및 국가에 대한 신용위험을 기초자산으로 하는 신용부도스왑(Credit Default Swap, CDS) 정도가 소규모로 거래될 뿐 크게 활성화되지는 못하였다.

이 밖에도, 귀금속 등 일반상품을 기초자산으로 하는 상품연계 장외파생상품의 거래가 일부 존재하고, 자본시장법상 기초자산의 확대로 자연현상을 기초자산으로 하는 장외파생상품이 등장할 수 있다.

4. 증권과 파생상품의 구별

가. 추가지급의무 존재 여부

자본시장법 제4조제1항은 증권에 대한 정의를 규정함에 있어, "투자자가 취득과 동시에 지급한 금전등 외에 어떠한 명목으로든지 추가로 지급의무를 부담하지 아니하는 것"이라고 규정하므로, 증권이 되기 위해서는 추가지급의무 부존재의 요건을 충족하여야 한다.[81]

그런데 추가지급의무를 문언 그대로 "어떠한 명목으로든지 추가로 지급의무를 부담"하는 것으로 해석하면, 예컨대 주식 매매 시 대금의 일부만 주식의 이전 시 지급되고 잔금은 그 후 지급하기로 하는 경우도 추가지급의무가 있는 경우에 해당하고 이에 따라 주식을 증권으로 보지 않고 파생상품으로 보아야 하는 결과가 될 수 있으므로, 추가지급의무는 단순히 금융투자상품의 이전이 있은 후 추가로 지급되는 '시기상의 추가'를 의미하는 것이 아니라, 원본을 초과하여 지급할 위험(원본초과손실발생가능성)으로 이해해야 한다.[82] 즉, 증권의 개념요소로서 규정한 취득 시 지급한 금전등 외에 추가지급의무를 부담하지 아니하여야 한다는 의미는 취득의 대가로 지불한 금전등 이외에 추가적인 손실부담위험이 없어야 한다는 것을 의미한다.

또한 자본시장법은 투자자가 기초자산에 대한 매매를 성립시킬 수 있는 권리를 행사하게 됨으로써 부담하게 되는 지급의무를 추가지급의무에서 배제하는 규정을 두고 있다(法 제4조제1항). 이는 현물인도에 의한 결제가 이루어지는 경우 이를 위한 대금지급은 추가지급으로 보지 않는다는 의미이다. 예를 들어, 증권인 신주인수권부사채의 경우 내재된 권리를 행사하여 신주인수를 하기 위해서는 추가적인 대금납입행위가 필요한데, 이를 추가지급의무가 존재하는 것으로 볼 경우에는 증권에서 배제되는 문제가 있어 이를 보완하기 위하여 마련한 조치로 해석된다.

나. 추가지급의무 존재 기준의 모호성

상술한 바와 같이, 자본시장법은 금융투자상품을 '증권'과 '파생상품'으로 구분하고, 증권의

---

81 종래 증권거래법 시행규칙 제1조의3제2항도 "증권 또는 증서의 인도와 동시에 그 대금을 전액 수령할 것"(제2호)이라고 규정하여 대금전액수령을 규정하고, "소유자는 증권 또는 증서의 존속기간 동안 제2호의 규정에 따라 지급된 대금 외에 어떠한 명목으로 추가적인 지급의무를 부담하지 아니할 것"(제3호)이라고 하여 추가지급의무의 부존재를 요건으로 규정하고 있었다.

82 임재연, 앞의 책, 50면.

개념요소로서 '추가지급의무 부존재'를 요구하고 있다(法 제4조제1항). 따라서 자본시장법은 파생상품의 개념에 관하여 추가지급의무의 존재를 개념요소로 명문으로 규정하지 아니하였지만, 자본시장법 제3조 내지 제5조의 개념정의 조항에서 뿐만 아니라, 자본시장법 전반에 걸쳐 '증권'과 '파생상품'의 구분을 전제로 각기 다른 취급을 하고 있다는 점에 비추어, 일반적으로 증권에 관한 규정의 반대해석상 파생상품은 추가지급의무를 부담하는 것으로 해석될 여지가 있다.[83]

기본적으로 파생상품을 증권과 구분하는 특성은 '파생상품의 특성'에서 상술한 바와 같이, 파생상품은 증권과 달리 그 자체가 독자적으로 가치가 결정되는 것이 아니라 기초자산의 가치에 따라 그 가치가 파생적으로 결정되고, 장래의 일정 시점에서 결제되며, 위험을 전가하는 특성과 상품생산성의 요소를 지닌다는 점이다.

그리고 현실을 살펴보더라도 이러한 구분에 의해, 증권과 파생상품에 대해 별개의 영업대상으로 별개의 독립된 인가단위로 운영되고 있다. 따라서 그 구분은 매우 중요한 의미를 지닌다.

만약 자본시장법에서 규정하는 법적 규제대상으로서의 파생상품에 대해 증권 개념의 반대해석에 의해 추가지급의무의 존재를 그 요소로 상정한다면, 현실에서 파생상품으로 분류되어 있는 금융투자상품 중에서 원본초과손실 가능성이 없는 경우(추가지급의무가 부존재한 경우)에는 그 분류에 있어 혼란을 초래할 수 있어 많은 문제를 발생시킨다. 예를 들어, 옵션의 경우 매수인은 매수대금인 프리미엄 외에는 추가지급의무가 부존재 하지만, 자본시장법은 이를 증권이 아니라 파생상품으로 분류하고 있으며, 현실에서도 대표적인 파생상품으로 알려져 있다.[84] 즉, 옵션 매수인은 기초자산의 가격변동에 따라 거래의 성립 여부를 선택할 수 있으므로 당초 지급한 옵션매수대금(프리미엄) 외에는 추가지급의무는 존재하지 않는다. 따라서 파생상품을 결정함에 있어 추가지급의무의 존재(원본초과손실 가능성)를 요건으로 한다면 옵션은 매도인의 입장에서는 파생상품에 해당할 수 있지만, 매수인의 입장에서는 파생상품에 해당하지 않는 결과를 초래한다.

그럼에도 불구하고 옵션(매수인)을 파생상품으로 분류하는 이유는 동일한 상품을 매도인과 매수인의 입장에서 증권과 파생상품으로 구별하는 것은 부적절하고 그렇다면 보다 규제의 강도가

83 원본손실위험이 100 이하인 경우를 증권, 100을 초과하는 경우를 파생상품으로 보는 견해가 있다(정순섭, 앞의 논문(2008), 302면); 이와 같은 견해로는 심인숙, 앞의 논문, 275~276면, 심인숙 교수는 자본시장법상 증권은 공시규제의 대상이지만, 파생상품은 대상이 아니며, 금융투자업 인가와 관련하여서도 영업대상이 증권인지 파생상품인지 여부에 따라 별개의 독립된 인가단위로 취급하고 있다는 점을 감안한다면, 자본시장법상 파생상품의 정의규정에 원본초과손실에 따른 추가지급의무를 별도로 명시하고 있지 않다고 하더라도, 적어도 자본시장법의 개념구성 방식이 하향식 단계적 개념정의 방식 하에서는 모든 금융투자상품은 증권 또는 파생상품 중 하나로 반드시 분류되어야 하고, 양자는 상호 배타적이며, 완결적으로 금융투자상품을 구성한다고 보는 것이 타당하다는 견해를 보이고 있다.

84 이러한 지적에 대응하여 개정 자본시장법에서는 파생결합증권의 배제조항으로 옵션을 열거하고 있다(法 제4조제7항제2호). 그러나 이렇게 열거방식에 의해 추가지급의무가 부존재한 상품들을 일일이 열거하는 것이 필요한 것인지 의문이다.

높은 파생상품으로 분류하는 것이 투자자 보호라는 요청에 부응하는 것이므로, 자본시장법이 원본초과손실 가능성을 파생상품의 요소로 규정하고 있더라도 옵션은 파생상품으로 분류하여야 한다고 주장하는 견해가 있으나,[85] 표준옵션(vanilla option)과 경제적 실체가 동일한 주식워런트증권(Equity Linked Warrant; 이하 'ELW')을 현행법상 증권으로 분류하고,[86] 실제 매매과정에서도 파생상품 계좌가 아닌 증권계좌에서 거래하고 있는 점은 자본시장법상 금융투자상품의 분류에 있어 비체계성을 보여주게 된다.

실제로 파생상품의 성격을 지닌 금융투자상품 중 추가지급의무가 부존재하는 경우가 대다수이므로,[87] '추가지급의무의 부존재'는 법문에 따라 증권의 개념요소로 파악되지만, 그렇다고 하여 반대로 '추가지급의무의 존재'를 파생상품의 필수적인 요소로 보는 것은 타당하지 않다.[88] 자본시장법도 파생상품을 정의함에 있어 추가지급의무 존재를 그 요소로 명문에 명시하고 있지 아니한다.

다. 파생결합증권 존재로 인한 모호성 증대

기본적으로 파생상품은 그의 가치가 기초자산에 의해 파생된다는 '가치파생성', 장래 일정 시점에서 결제된다는 '장래결제성', 한 당사자로부터 다른 당사자에게로 기초자산의 변동에 따른 위험을 전가하는 '위험전가성'을 고유한 특성으로 하며, 부가적으로 규제를 정함에 있어 기초자산을 근거로 손익구조를 구조화하여 생산된 상품이라는 '상품생산성'의 특성을 고려하여 규제의 명확성을 기할 수 있다는 점은 상술한 바와 같다. 이러한 특성을 감안하고, 또한 증권과 파생상품은 금융투자업 인가에 있어서 별개의 영업대상이므로 별개의 독립된 인가단위에 속하게 된다는 점까지 함께 고려한다면, 파생결합증권[89]과 파생상품을 구분하는 실익이 모호하게 된다.

---

85 임재연, 앞의 책, 59면.

86 ELW 매수자는 추가지급의무가 부존재하나, 매도자는 추가지급의무가 존재한다. 해당 상품은 상품발행자인 금융투자업자는 추가지급의무가 존재하나, 상품을 투자하는 투자자 입장에서는 추가지급의무가 존재하지 않는 상품으로 파생상품이 내재된 파생결합증권이 된다.

87 파생상품 중 일반적인 선도거래나 옵션거래의 매수자 및 스왑거래 등에서는 거래 구조상 추가지급의무가 존재하는 경우를 찾아보기 어렵다.

88 같은 견해로는 임재연, 앞의 책, 51면; 증권거래법상으로는 파생상품으로 분류되면 이를 취급하려는 증권회사는 겸영인가를 추가로 받을 필요가 있지만 파생결합증권으로 분류되면 그러한 필요성이 없으므로 의미가 있다. 그러나 자본시장법상으로는 양자 모두 금융투자상품으로서 규제대상이 되므로 증권거래법에 비하여 구별의 실익은 크지 않다는 견해도 있다(김홍기, "자본시장통합법상 파생상품 규제의 내용과 제도적 개선과제", 「증권법연구」 제9권제1호 (한국증권법학회, 2008), 110면).

89 법 제4조제7항, 기초자산의 가격·이자율·지표·단위 또는 이를 기초로 하는 지수 등의 변동과 연계하여 미리 정하여진 방법에 따라 지급하거나 회수하는 금전등이 결정되는 권리가 표시된 것을 말한다.; 이미 폐지된 증권거래법과 비교해 본다면, 자본시장법상 파생결합증권은 기존의 증권거래법시행령에 규정

파생결합증권은 그 가치가 기초자산의 가격에 연동하여 결정되는 구조를 갖고 있으며(가치파생성), 미래의 특정시점에서 기초자산의 수준에 따라 지급금액 또는 회수금액이 결정되어 결제가 이루어지며(장래결제성), 파생결합증권은 한 당사자로부터 다른 당사자에게로 기초자산의 변동에 따른 위험이 전가되고(위험전가성), 기초자산을 근거로 손익구조를 구조화한 대표적인 구조화상품으로 내재된 위험을 헤지하기 위한 손익복제과정을 필요로 한다(상품생산성). 즉, 파생결합증권 역시 파생상품의 특성을 그대로 지니고 있다. 또한 자본시장법상 인가단위에서도 파생결합증권을 발행하기 위해서는 실질적으로 장외파생상품인가를 받아야만 한다.[90] 즉, 이와 같이, 이론적으로 뿐만 아니라, 실제적으로도 파생결합증권과 파생상품을 구분하는 실익은 거의 존재하지 아니 한다.[91]

자본시장법상 그 구분의 실익을 구태여 살펴보자면, 증권은 추가지급의무의 부존재를 개념요소로 하고 있으므로, 파생결합증권은 추가지급의무가 부존재한 경우만을 일컫는 것으로 볼 수 있다. 그리고 만약 파생상품이 증권의 개념요소에 모두 부합하여 파생결합증권에 해당하는 경우에는 자본시장법상 공시규제에 의거 증권신고서 등의 규제대상이 될 수 있다. 그런데 자본시장법상 파생상품은 공시규제의 대상이 아니므로, 파생결합증권으로 분류되면 공시규제를 받는다는 점에서는 파생결합증권을 파생상품의 일종으로 보지 않고 별도로 규정할 필요가 있다는 견해를 예상할 수 있다.

그러나 파생상품이 공시규제로 부터 면제되는 이유는 장내파생상품의 경우에는 해당 파생상품을 상장한 거래소가 거래에 필요한 기본정보를 공시하고 있고, 또한 장내파생상품은 공식적인 거래소에서 경쟁매매를 통해 거래가 이루어져 실시간으로 거의 모든 거래정보가 공시되고 있으므로 별도로 금융투자업자가 해당 파생상품에 대한 공시를 할 의무나 여지가 없는 것이고, 장외파생상품의 경우에는 대부분이 개별 계약에 의존하고 있으므로 공모에 해당하지 않아 공시규제가 면제되는 것이다.

파생결합증권의 경우에도 공모의 경우에는 공시규제의 대상이 되어 증권신고서를 제출하여야 하지만, 사모의 경우에는 이에 해당되지 않는다. 또한 파생결합증권은 실질적으로는 파생상품이

되어 있던 주식워런트증권, 주식연계증권, 파생결합증권 등을 포괄하는 개념이지만(구 증권거래법시행령 제2조의3), 구 증권거래법과는 달리 그 대상이 되는 기초자산의 범위를 매우 확대하고 있으며, 자본시장법상 금융투자상품의 입법취지에 맞게 포괄주의의 관점에서 정의되고 있다.

90 자본시장법시행령 [별표 1] 인가업무 단위 및 최저자기자본(제15조제1항 및 제16조제3항 관련) '비고 1'은 파생결합증권의 발행은 증권에 대한 투자매매업(1-1-1 또는 1-1-2)의 금융투자업인가를 받은 자가 장외파생상품에 대한 투자매매업(1-3-1 또는 1-3-2)의 금융투자업인가를 받은 경우로 한정하고 있다.

91 파생상품의 규제를 위하여 도입하고 있는 '적정성원칙' 역시 파생결합증권에도 적용되며(法 제46조의2, 令 제52조의2), 이 외에도 불초청권유금지((法 제49조제3호, 令 제54조제1항) 등의 규제에 있어 파생결합증권은 파생상품과 마찬가지의 규제를 적용받게 된다.

내재된 채무증권의 속성을 지니는 것으로 이해될 수 있어, 파생결합증권을 별도로 규정하지 않더라고 채무증권을 공모형식으로 발행하는 경우에는 그 채무증권이 파생상품이 내재되어 있는지의 여부에 관계없이 공시규제의 대상이 되므로 당연히 공시하여야 할 의무가 존재하게 된다. 따라서 공시규제의 적용여부의 실익은 파생상품과 파생결합증권을 구분하여야 할 실익이라고 보기는 어려울 것이다.

더 나아가 상술한 추가지급의무 존재 여부에 대한 논란도 결국은 파생결합증권과 관련된다. 자본시장법은 금융투자상품을 먼저 포괄적으로 정의하고(法 제3조제1항), 동법 제3조제2항은 금융투자상품을 증권과 파생상품으로 구분하고 있다. 또한 증권은 다시 채무증권, 지분증권, 수익증권, 투자계약증권, 파생결합증권, 증권예탁증권으로 구분하여(法 제4조제2항), 파생상품의 특성을 지닌 증권을 파생결합증권으로 규정하고 있다. 따라서 금융투자상품은 증권과 파생상품으로 구분되고, 증권과 파생상품은 배타성을 지니는 것으로 이해된다.[92] 만약 증권도 될 수 있고, 파생상품도 될 수 있는 대상에 대해서는 자본시장법이 별도로 파생결합증권을 규정함으로써 파생상품이 증권의 속성을 갖는 것을 허용하고 있지 않다. 이렇게 본다면, 추가지급의무의 부존재가 증권의 개념 요소로 규정되어진 이상 배타적인 금융투자상품인 파생상품의 개념요소로 추가지급의무를 고려할 수 있고, 이는 상술한 바와 같이 파생상품 개념에 혼란을 야기한다. 규제의 별다른 실익이 없이 파생결합증권을 별도로 정의함으로써 파생상품의 정의에 문제를 만들고 있는 것이다.

라. 소결

앞서 살펴본 바와 같이, 여타의 선진 금융법제와 달리 자본시장법은 파생결합증권의 개념을 포괄적으로 규정함으로써 구분의 실익은 적은 반면, 여러 가지 문제를 야기하고 있다.[93] 그러므로,

92 같은 취지로는 김건식 · 정순섭(2009), 앞의 책, 29면. 본 문헌은 금융투자상품 중에서 증권이 아닌 것은 파생상품이고, 파생상품이 아닌 것은 증권이라고 기술하고 있다.

93 상술한 문제 외에도 기존 자본시장법 상으로는 파생결합증권을 정의함에 있어 '지급금액 또는 회수금액'이 결정되는 권리가 표시된 증권으로 규정함으로써, 현물결제형만을 규정한 것이라는 견해가 있고(한국증권법학회, 「자본시장법 주석서」(박영사, 2009), 25면. 본 문헌은 자본시장법상 파생결합증권은 현금결제형 권리만을 의미하므로, 차액정산형과 현물이전형 모두가 포함될 수 있도록 명시했던 종래 증권거래법상 워런트나 주가연계증권 등과 구별된다고 기술하고 있다), 반면, 임재연 변호사는 그의 책에서 法 제4조제7항의 규정이 차액정산형(현금결제형) 파생결합증권만 인정하는 것처럼 보이지만 동법 시행령 제139조에서 공개매수의 적용대상 증권으로 "권리의 행사로 기초자산을 취득할 수 있는 파생결합증권"을 기술하고 있는 점을 들어, 이에 한정할 이론적, 정책적 이유가 없다는 견해를 보이고 있다(임재연, 앞의 책, 44면). 또한 류혁선, 앞의 논문(2011), 34~35면에서 현물결제형으로 한정될 경우, 현행 자본시장법 하에서는 추가지급의무가 부존재하는 실물인수도형의 ELS 등을 공모형식으로 발행하는 것이 문제될 수 있다는 점을 지적하기도 하였다. 이러한 문제 해결을 위해 파생결합증권의 정의규정을 개정하여 '지급하거나 회수하는 금전등'으로 개정되었다.

자본시장법이 파생결합증권을 별도로 규정할 것이 아니라, 파생상품의 요소를 지닌 금융투자상품 중에서 추가지급의무가 부존재하는 경우에는 증권으로서의 요건을 구비하고 있으므로, 파생상품 중에서 이와 같은 손익구조를 갖는 경우에는 증권신고서의 제출을 통해 모집 또는 매출에 의한 공모발행을 할 수 있는 대상으로 분류해 주는 정도로 체제를 정비하고, 이에 대해서는 파생상품이 내재된 채무증권으로 보아 각각의 요소별로 파생상품과 채무증권에 해당하는 규제를 중첩적으로 적용한다면 이와 같은 문제를 해결할 수 있을 것이다.

이와 같은 규제 방식으로 정비되면, 자본시장법상 규제의 비체계성의 예로서 제시된 옵션(파생상품)과 ELW(증권)간의 구별에도 문제가 발생하지 않는다. 추가지급의무가 부존재하는 옵션 매수의 손익구조를 금융투자업자가 금융투자상품으로 생산한 것이(상품생산성) ELW이며, 이는 자본시장법 제4조제1항에 규정된 증권의 요건을 또한 구비하고 있다. 그러므로 ELW는 증권신고서를 제출하고 모집 또는 매출에 의한 공모방식으로 발행되어질 수 있는 대상이 되며, 그 법적 성질은 파생상품과 채무증권의 속성을 동시에 갖는 금융투자상품이 된다.[94]

상기와 같이 요소별로 파생상품이 증권과 결합될 수 있다는 전제를 수용한다면, 파생상품과 증권의 배타성 문제가 자연스럽게 해결되고, 이에 따라 증권의 개념요소인 '추가지급의무 부존재'의 요건은 더 이상 금융투자상품의 분류에 불확실성을 야기하는 요인이 되지 않을 것이다.[95]

또한 부가적으로, 파생결합증권을 파생상품이 내재된 채무증권으로 보아 파생상품에 해당하는 규제를 통일적으로 적용하고 공모발행의 경우에는 채무증권의 공시규제에 따라 증권신고서를 제출할 의무를 부가할 경우에는 투자자 입장에서도 채무증권의 속성상 발행회사의 파산위험이 내재되어 있다는 점을 자연스럽게 인지하는 효과도 얻을 수 있어 파생결합증권의 발행사에 따른 차등적인 합리적 투자가 가능하게 될 것이다.

---

94 ELW의 매수자는 발행회사의 회사채를 매수한 경우와 동일하게 채권자가 된다는 점에서 채무증권의 성질을 갖는다. 즉 장내파상상품인 옵션과 달리 발행회사의 파산위험에 노출되어 있다. 파생결합증권으로 분류하는 것에 비해 파생상품이 내재된 채무증권으로 분류하고 채무증권의 속성인 발행회사의 파산위험의 가능성을 투자자가 직시하고 투자할 수 있도록 하는 것이 바람직하다. 현재 ELW 및 대표적인 파생결합증권인 ELS 등의 거래 가격에는 금융투자업자의 신용도가 실질적으로 영향을 미치고 있지 못하다는 문제점이 있다.

95 전환사채(convertible bond) 또는 신주인수권부사채(bond with warrant) 등과 같이 경제적으로 파생상품적 요소가 내재된 증권의 경우에도 파생상품 규제의 적용여부가 문제될 수 있으나, 이들은 근본적으로 기초자산인 주권의 발행회사가 자금조달 등 사업목적으로 발행한 증권으로 파생상품의 '위험전가성' 및 '상품생산성'의 요건에 부합하지 않아 법적 개념으로 파생상품으로 분류될 여지가 없다.

5. 파생상품의 법적 개념

파생상품은 그 가치가 기초자산의 변동에 의해 변화하는 상품으로서 경제적 의미의 파생상품은 그 폭이 너무 넓다. 파생상품의 특성을 지닌 모든 금융투자상품을 자본시장법상 규제의 대상으로 삼는 것은 효과적인 규제의 방식이 되지 못한다. 투자자보호 및 자본시장의 건전한 발전을 도모하기 위한 자본시장법의 목적에 부합되도록 법적 규제대상으로서의 파생상품의 개념을 정립하여 실효적인 규제를 실현하여야 한다.

가. 위험전가성

자본시장법은 파생상품의 개념을 포괄적인 방식에 의해 정의하고 있다. 그리고 동법에 의하여 정의된 파생상품의 개념에 부합하는 금융투자상품을 매매 및 그 중개, 주선 또는 대리하는 경우에는 파생상품에 대한 취급요건을 갖추어 인가를 득할 것을 요구하고 있다.

파생상품에 대한 정의를 함에 있어, 가치의 결정과정, 장래의 이행, 위험의 교환 혹은 이전에 주목할 필요가 있다는 견해가 있으나,[96] 자본시장법 제5조는 직접적으로 위험의 전가를 파생상품의 정의로서 규정하고 있다고 볼 수는 없다. 그러나 '위험전가성'은 법적 규제대상으로서의 파생상품이 갖는 고유한 특성으로서 이를 반영하지 않을 경우에는 자본시장법 제5조의 정의에 부합하는 파생상품(제2호, 옵션)이 내재된 전환사채, 신주인수권부사채 등을 파생상품에서 배제할 근거가 없게 되어 이들을 파생상품으로 규율하여야 한다.[97][98] 하지만, 이들은 한 당사자로부터 다른 당사자에게로 기초자산의 변동에 따른 위험을 전가할 목적으로 발행되는 금융투자상품이 아니라, 자금조달 목적 또는 경영상 필요에 의해 해당 기업이 자기주식에 근거하여 발행한 금융투자상품으로 법적 규제대상으로서의 파생상품으로 포섭하여 규제할 실익이 없는 상품들이다.

그럼에도 불구하고 자본시장법 제5조의 파생상품에 대한 정의조항만으로는 '위험전가성'의

96 김건식 · 정순섭(2009), 앞의 책, 46면.

97 전환사채와 신주인수권부사채 등은 추가지급의무가 부존재하여 파생상품이 될 수 없다고 주장할 수 있으나, 추가지급의무 존재가 파생상품의 요건으로 명확히 자본시장법에 규정되어 있지 않으며, 이를 파생상품의 개념요소로 정의할 경우에는 많은 문제점이 있게 된다. 이에 대해서는 이미 상술하였다. 이러한 문제를 인식하여 자본시장법 및 시행령의 개정을 통해 해당 금융투자상품에 대한 배제조항을 마련한 것이다.

98 전환사채 및 신주인수권부사채는 자기가 증권을 발행한 경우에 해당하여 당연히 투자매매업으로 보지 아니하며, 따라서 이들 금융투자상품을 발행하는 회사는 금융투자업 인가를 받을 필요가 없으므로, 이점에 있어서는 논란의 여지가 없다. 여기에서는 유통단계에서 파생상품으로 분류되느냐 증권으로 분류되느냐에 따라 상이한 각종 규제를 말하고 있는 것이다.

특성이 내포되었다고 볼 수는 없으므로, 법적 안정성 및 체계의 완성을 기하기 위해서는 이러한 목적이 내재되도록 정의조항을 보완할 필요도 있을 것이다.

나. 상품생산성

자본시장법 제5조가 정의하는 파생상품의 특성인 가치파생성과 장래결제성에 상술한 위험전가성만을 추가하는 것으로 파생상품의 법적 개념이 완비되고, 효과적인 규제를 실현할 수 있는 것인가는 여전히 의문이 존재한다.

파생상품의 특성을 지니고 있는 상법상 도입이 추진되는 워런트(warrant)는 경제적으로는 파생상품의 특성을 그대로 지니고 있어 파생상품의 가격결정모형의 도움을 받아 그 가치를 평가하여야 하는 금융투자상품이다. 그럼에도 불구하고 워런트를 자본시장법상 파생상품으로 규정하여 규율할 실익은 없을 것이다. 이와 같이 워런트를 파생상품으로 분류하지 않는 것은 워런트의 발행목적이 발행회사가 자금을 용이하게 조달하거나 경영상의 목적을 달성하기 위한 것이므로, 파생상품거래의 중요한 동기인 '위험의 전가'를 목적으로 하지 않기 때문이다.

그러나 새로운 형태의 신종 파생상품이 지속적으로 등장할 수 있고, 경우에 따라서는 상기와 같이 위험을 전가하고자 하는 목적이 없이 자금조달의 방법으로 활용되는 파생상품이 등장할 수 있으며, 현재에도 활용되는 측면이 없지 않다. 예를 들어, 일정한 금리를 보장하는 파생상품이 내재된 채무증권을 살펴보자. 기초자산의 가격이 특정 행사가격보다 낮으면 5%를 1년 후에 지급하고, 행사가격보다 높으면 5.1%를 지급하는 디지털옵션(digital option)이 내재된 상품을 살펴보면, 이는 1년 만기 정기예금과 크게 다르지 않은 구조이다. 물론 해당 상품은 기초자산의 변화에 따라 그 가치가 결정되는 구조를 지니고 있어 파생상품임에는 틀림없으나, 이를 '위험의 전가' 목적을 지닌 상품으로 볼 수 있는지에 관해서는 논란의 여지가 있다. 해당 상품은 오히려 자금조달의 목적으로 발행된 측면이 없지 않다.

따라서 파생상품의 개념요소로 '위험전가성'만을 추가하는 것은 오히려 법적 규제대상으로서의 파생상품의 개념을 명확히 하는데 있어 혼란의 여지가 있으므로, 객관적 요소인 '상품생산성'의 개념을 파생상품의 개념요소로서 함께 고려하는 것이 법적 안정성 면에서 유익할 것이다.

현행 파생상품 또는 파생상품이 내재된 파생결합증권으로서 법적 규제의 대상이 되는 금융투자상품은 상품생산성을 그 특성으로 지닌다. 상품생산성이란 앞에서 언급한 바와 같이, 파생상품의 경제적 취급동기를 감안할 때, 금융소비자가 위험을 전가하고자 하거나 위험을 인수하고자 할 경우, 이에 적합한 손익구조의 상품을 기초자산의 발행주체가 아닌 제3자에 의해 손익구조가 구조화되어 생산·판매된다는 특성을 말한다.

자본시장법은 자기가 증권을 발행하는 경우에는 투자매매업으로 보지 아니 한다는 규정을 마련하고 있으나(法 제7조제1항), 또한 배제규정에 의해 증권 중에서 투자신탁의 수익증권과 파생결합증권 중 대통령령으로 정하는 것[99] 및 투자성 있는 예금·보험 등을 제외하고 있다. 그리고 종래와 달리 시행령에서 사업에 필요한 자금을 조달하기 위하여 발행될 것(슈 제7조제1항 제3호) 등을 추가함으로써 기업의 자금조달 목적에 따라 다양한 파생상품의 특성을 지닌 증권의 발행을 허용하고 있다. 이는 파생상품의 법적 규제대상의 특성인 위험전가 목적이 아닌 경우에는 이를 파생상품으로서 규제하는 것이 실효적이지 않기에 이를 반영한 것이다.

따라서 사업상 자금조달 목적이 아닌 위험전가성을 지닌 파생상품 또는 파생상품이 내재된 증권을 발행하고자 하는 금융투자업자는 파생상품 또는 파생상품이 내재된 파생결합증권을 발행함에 있어, 이들이 수반하는 위험을 방치하고 우연의 결과에 따라 그 손익이 달라지게 할 경우 금융투자업자가 준수하여야 할 건전성 규제 등에 부합되지 않게 되어 파생상품 또는 파생결합증권 등의 발행에 따른 위험을 헤지하는 손익복제과정(또는 생산과정)을 반드시 수행하여야만 한다.[100] 아울러, 상법 제341조 또는 자본시장법 제69조 및 제165조의2가 규정하는 자기주식 취득에 대한 제한으로 인해 자기주식을 기초자산으로 하는 파생상품을 금융투자업자가 발행하는 경우에는 생산과정에서 기초자산의 변동위험을 헤지할 수단이 부재하여 결국 금융투자업자에 의해 자기주식을 기초자산으로 하는 파생상품 또는 파생결합증권이 생산될 여지는 없다. 따라서 자본시장법상 보호되거나 규제되어야 할 파생상품은 기초자산의 발행주체가 자기주식을 기초자산으로 하여 직접 발행한 자금조달 목적 등의 파생상품이 내재된 구조화상품이 아니라, 금융투자업자

---

99 자본시장법 시행령 제7조제1항, 법 제7조제1항제2호에서 "대통령령으로 정하는 파생결합증권"이란 다음 각 호의 요건을 모두 충족하는 파생결합증권을 제외한 파생결합증권을 말한다. <개정 2013.8.27.>
1. 기초자산이 통화 또는 외국통화로서 지급하거나 회수하는 금전등이 그 기초자산과 다른 통화 또는 외국통화로 표시될 것
2. 증권의 발행과 동시에 금융위원회가 정하여 고시하는 위험회피 목적의 거래가 이루어질 것
3. 사업에 필요한 자금을 조달하기 위하여 발행될 것
4. 그 밖에 총리령으로 정하는 발행요건 등을 충족할 것

상호 비교하기 위하여 구) 자본시장법 시행령 제7조제1항을 보면, 다음과 같다.
"대통령령으로 정하는 것"이란 다음 각 호의 어느 하나에 해당하는 것을 말한다."
1. 지분증권(지분증권과 관련된 증권예탁증권을 포함한다)의 가격이나 이를 기초로 하는 지수의 변동과 연계된 파생결합증권
2. 제1호 외의 파생결합증권으로서 발행과 동시에 투자자가 지급한 금전등에 대한 이자 등 과실뿐만 아니라 그 금전등도 해당 기초자산의 가격·이자율·지표·단위 또는 이를 기초로 하는 지수 등의 변동과 연계된 파생결합증권.

100 실제 파생결합증권 및 장외파생상품의 취급 인가과정에서 금융감독원은 해당 상품들의 발행과 관련한 위험관리실태를 점검하고 있으며, 이 과정에서 이를 복제할 수 있는 능력을 구비한 인력 및 해당 시스템에 대한 점검을 실시하고 있다.

등 제3자에 의해 구조화된 금융투자상품이라고 할 것이다.

요컨대, 자금조달 목적인지 위험전가의 목적인지가 불분명한 상기의 예와 같은 경우에도 상품생산성 요건을 파생상품의 개념요소로 보완함으로써 개념의 혼란을 방지할 수 있다. 기초자산의 발행자가 아닌 제3자에 의해 생산된 금융투자상품은 파생상품으로 간주되므로 이러한 혼란을 초래할 우려가 종식되어 불필요한 논쟁을 피하게 된다. 즉, 상품생산성의 개념은 파생상품의 법적 개념을 명확화하기 위해서 필요한 보완적 개념으로서 가치가 있다고 할 것이다. 또한 '상품생산성'의 개념을 현실에서 파생상품의 법적 규제 대상 여부를 파악하는데 있어 고려하게 된다는 의미는 결국 파생상품과 관련한 다양한 규제를 정함에 있어 이의 특성이 반영되어 보다 실효적인 규제가 가능하게 된다는 장점을 내포하게 된다.

다. 소결

법적 규제대상으로서의 파생상품은 기본적으로 기초자산이 존재하여야 하고, 그 기초자산의 권리를 수취하기 위하여 장래의 특정 시점에 결제하는 방식에 의하며, 기초자산의 변동에 따른 위험을 한 당사자로부터 다른 당사자에게로 전가하는 특성을 지니고 있고, 아울러 다양한 금융소비자의 요구에 부응할 수 있도록 수익구조가 다양화된 제3자인 생산자(금융투자업자)에 의해 제조된 금융투자상품이다. 이와 같이 인식하는 것이 규제의 실효적 측면 내지 모호성을 제거하는 방법이 될 것이다.

이러한 특성에 부합하는 파생상품은 증권과의 결합에 의해 새로운 복합증권을 만들기도 하고(파생결합증권), 독립되어 자체로서 거래의 대상이 되기도 한다. 이를 추가지급의무의 부존재 요건만으로 규제를 달리할 이유는 없을 것이다. 규제를 달리할 실익이 없다면 이를 굳이 구분함으로써 오히려 법상 파생상품의 개념에 혼란을 초래할 이유는 없다.

파생상품의 위험전가성 및 상품생산성의 특성을 이해하고 규제를 한다면 파생상품으로 인한 시스템위험에 대한 모니터링 역시 체계화 할 수 있다. 파생상품은 본질적으로 생산된 상품이며, 이의 위험을 관리하기 위하여 발행자는 동태적으로 기초자산 시장에 영향을 미칠 수밖에 없다. 이러한 파생상품과 기초자산간의 유기적 관계를 고려한다면, 단지 파생결합증권의 형태로 만들어져 투자원금 이상의 손실이 발생하지 않아서 안전하다는 기준만으로 파생상품과 구분하여 규제하는 것이 바람직한 것인지는 의문이 있다. 오히려, 파생상품이 갖는 외부효과와 연결하여 본다면, 규제당국은 투자자보호를 위하여 발행된 파생상품에 대한 모니터링을 함에 있어 단순히 파생상품 자체의 위험도만을 평가하기 보다는 근본적으로 파생상품거래로 인해 발생할 수 있는 시스템위험을 포함하여 각종 위험을 효과적으로 관리하는 지표를 만들어 보는 것이 필요하다. 사실상 파생상품의 위험은 파생상품에 투자하는 투자자의 포지션 상태에 따라 전혀 다르게 평가될 수 있다. 옵션 매도가 일반적으로 위험한 상품이지만, 기존에 동일한 증권을 기초자산으로 하는 옵션의 매수포지션이 많은 투자자의 경우에는 오히려 위험을 감소시켜주는 상품이 되기도 한다. 즉, 파생상품이 지닌 위험은 투자자의 포지션과 함께 고려될 때 의미를 지닌다. 따라서 해당 파생상품을 분리해서 위험여부를 평가하는 것만으로는 파생상품거래의 위험을 방지하는데 한계가 있으며, 오히려 특정 증권을 기초자산으로 한 파생결합증권의 규모 등을 파악하여 기초자산 시장에 대한 영향력 등을 분석하는 것이 파생상품거래와 관련하여 의미 있는 규제의 방안이 될 수 있다.

이렇듯, 상기에서 언급한 바와 같이, 가치파생성, 장래결재성, 위험전가성, 상품생산성의 4가지 요소로서 법적 규제대상인 파생상품을 구분 짓고, 판단할 수 있으며, 만약 금융투자상품이 4가지 요소 외에 추가지급의무가 부존재한 경우에는 증권으로서 공모발행 또한 허용되도록 할 수 있다. 즉, 이 경우 해당 금융투자상품은 파생상품인 것과 동시에 채무증권의 법적 성질을 지니고 있으므로 공모발행을 하고자 하는 자는 증권의 규제와 마찬가지로 증권신고서의 제출을 통해 모집과 매출 행위를 할 수 있도록 규제하면 될 것이다. 이와 같이, 파생상품과 채무증권 각각의 규제를 중첩적으로 적용한다면, 현행과 같이 증권과 파생상품의 배타성 여부 및 추가지급의무 존재 여부에 대한 불필요한 논쟁을 방지하고 파생상품의 법적 개념을 명확히 할 수 있는 것은 물론, 파생결합증권을 투자하고자 하는 투자자에게도 파산위험 등 그 위험성을 정확히 알리는 효과가 있어 자본시장법이 추구하는 목적 중의 하나인 투자자 보호에도 부합하는 방식이 될 것이다.[101]

101 실제로 종래 동양증권의 파산위기에 있어 동양증권이 발행한 파생결합증권에 대하여 규제당국이 파산으로부터 이를 보호할 수 있다는 등의 잘못된 발언으로 시장의 혼란을 가중한 일이 있었다. 또한, 실제로 투자자들은 파생결합증권이 엄연히 채무증권으로서 발행회사의 파산위험이 존재함에도 이에 대한 인식 없이 투자하는 경향이 있다. 규제당국은 이러한 인식에 기초하여 오히려 파생결합증권을 파산위험으로부터 분리시키고자 하는 노력을 하고 있으나, 이는 기존 채권자에 대한 보호라는 측면에서 본다면 동일지위에 있어야 할 채권자가 후순위로 변경되는 문제가 야기된다는 점에서 바람직한 방법은 아닐 것이다. 오히려 해당 금융투자상품이 채무증권으로서 파산위험이 있음을 명확히 인지시키고 투자할 수 있도록 투자문화를 만들어 가는 것이 자본시장의 건전한 발전에 부합되는 길일 것이다.

제3절 파생상품의 법적 성질

1. 서설

자본시장법은 파생상품을 선도, 옵션, 스왑 중의 어느 하나에 해당하는 계약상의 권리로서 정의하여(法 제5조제1항), 파생상품거래가 계약임을 표현하고 있다.

계약은 서로 대립하는 두 개 이상의 의사표시의 합치로 성립하는 법률행위로 채권관계의 발생을 목적으로 하며,[102] 이러한 계약은 청약과 승낙으로 이루어진다. 계약의 유형과 관련하여 민법은 제3편제2장제2절 내지 제15절에 걸쳐 14종의 계약 유형을 규정하고 있는데, 이를 유명계약 또는 전형계약이라 한다. 그러나 계약은 실제로는 계약자유의 원칙에 따라 이 외에도 매우 다양한 모습을 띠고 있다. 민법상 규정되지 않은 계약의 유형을 무명계약 또는 비전형계약이라 한다.

이하에서는 파생상품의 기본구성요소인 선도(또는 선물), 옵션, 스왑에 대한 거래는 어떠한 계약의 유형에 해당하는지 그 법적 성질에 대해 검토해 본다.

2. 법적 성질

가. 선도거래 또는 선물거래

선도 또는 선물이란 기초자산이나 기초자산의 가격・이자율・지표・단위 또는 이를 기초로 하는 지수 등에 의하여 산출된 금전등을 장래의 특정 시점에 인도할 것을 약정하는 계약상의 권리를 말한다(法 제5조제1항제1호). 따라서 선도거래 또는 선물거래는 이러한 계약상의 권리를 거래하는 것이다.

102 지원림, 「민법강의」 제8판 (홍문사, 2009), 1269면.

선도거래 중 표준화된 계약조건에 따라 공인된 거래소에서 경쟁매매 방식에 의하여 이루어지는 것을 특히 선물거래라고 한다.

이러한 선도 또는 선물거래의 법적 성질에 대해서는 크게 매매계약이라고 보는 견해와 비전형계약이라고 보는 견해가 있다.

1) 매매계약으로 보는 견해

매매는 당사자 일방이 재산권을 상대방에게 이전할 것을 약정하고 상대방은 이에 대금을 지급할 것을 약정함으로써 성립하는 계약이다(민법 제563조). 매매계약은 재산권이전과 대금지급의 합의가 있으면 성립하는 낙성, 쌍무, 불요식의 유상계약이므로, 기초자산의 인도와 대금지급을 목적으로 하고 있는 선도거래는 매매계약에 해당할 수 있다.

가령 甲이 乙로부터 2010년 6월 1일 S전자주식 100주를 6개월 후 1만원의 가격으로 인도받는 거래를 한다고 가정하면, 2010년 12월 1일 甲은 乙에게 100만원을 주고, 대신 S전자주식 100주를 받으면 거래가 종결된다. 이러한 거래가 선도거래인데, 이 경우를 보면 대금의 지급과 재산권의 이전(주식인도)을 목적으로 하고 있음을 알 수 있다. 따라서 만기일에 실물인도와 대금지급이 이루어지는 선도 및 선물계약의 경우에는 매매에 해당한다.[103]

다만, 통상의 매매계약과 선물거래는 매매계약의 이행담보 방식과 계약의 해지 및 해제와 관련하여 몇 가지 차이점이 존재한다.

통상의 매매계약은 거래당사자간에 계약을 체결하면 매도인은 결과채무로서 재산권이전의무를 부담하고, 매수인은 매도인의 재산권이전 및 목적물인도에 대한 대가로 대금지급의무를 부담한다(민법 제568조). 그런데 매매의 당사자 일방이 계약당시에 금전 기타 물건을 계약금[104], 보증금 등의 명목으로 상대방에게 교부한 때에는 당사자 간에 다른 약정이 없는 한 당사자의 일방이 이행에 착수할 때까지 교부자는 이를 포기하고 수령자는 그 배액을 상환하여 매매계약을 해제할 수 있다(민법 제565조). 즉, 계약이 일단 성립한 후에는 당사자 일방이 마음대로 해제할 수 없는

103 함귀용, 「금융상품의 법률관계」(한국금융연구원, 2003), 414면, 이금호, 「신용파생금융거래법론」(탐진, 2007), 86~87면; 한국거래소 파생상품시장 업무규정도 선물거래를 매매거래라고 규정하고 있다(파생상품업무규정 제2조제1항제2호 가목).

104 가령 부동산매매에서 매매대금의 1할 가량을 계약금으로 지급하는 것이 거래관행이다. 그런데 매매는 낙성계약이므로, 계약금의 지급이 계약의 성립요건은 아니다(지원림, 앞의 책, 1398면). 또한 계약금의 성질은 당사자 사이에 다른 약정이 없다면 해약금으로 추정된다(민법 제565조제1항). 즉, 해약금으로서 계약금이 수수된 경우에 당사자 쌍방은 약정해제권을 가지며, 이 경우 약정해제권에 기하여 계약을 해제할 수 있는 기간은 당사자 일방이 이행에 착수할 때까지이다(위의 책, 1400~1401면). 그 외에도 계약금은 증약금, 위약금, 선급금의 성질을 갖는다(양창수 · 김재형, 「계약법」(박영사, 2010), 55~56면).

것이 원칙이지만, 주된 계약과 더불어 계약금계약을 한 경우에는 민법 제565조제1항의 규정에 따라 임의 해제를 할 수 있다.[105]

반면, 선도거래 또는 선물거래의 경우에는 이행기가 항상 장래이고, 그 가치가 이행기 이전에 빈번히 변동하는 것이 특징이고, 선도거래 또는 선물거래의 경우에는 단순한 투기거래(speculation)만이 존재하는 것이 아니라, 기초자산이 되는 현물포지션을 보유한 상태에서 이의 가격변동위험을 회피하기 위한 헤지거래(hedging) 및 현물과 파생상품간의 가격괴리를 이용한 차익거래(arbitrage) 등 다양한 목적으로 행해진다.[106]

따라서 선도 및 선물거래에서 통상의 매매계약과 같이 계약금의 약정으로 매매를 임의로 해제할 수 있도록 하는 방식은 거래당사자간의 다양한 거래동기를 감안할 때 거래당사자 일방이 막대한 불측의 손해가 발생할 수 있어 수용되기 어려울 것이다. 물론 선도거래는 장외거래로서 거래당사자간의 합의에 의해 거래조건을 자유로이 정할 수 있으나, 권리관계를 불안정하게 만드는 위와 같은 계약금에 의한 임의해제 조항이 첨부된 경우는 실제 거래에서 찾아보기 어렵다. 오히려, 계약의 충실한 이행을 담보하기 위하여 기초자산의 가격변동에 따라 증거금을 확인하고 부족한 경우에는 이를 추가적으로 납부하도록 요구하고 있는 것이 통상의 선도거래의 형태이다.[107][108] 특히, 장내거래인 선물거래의 경우에는 매매거래의 당사자를 확인할 수 없고(익명성), 거래가 집단적·대량적·반복적으로 이루어지므로, 계약의 이행을 담보하기 위한 특별한 방식을 채택하고 있다. 선물거래의 경우에는 거래소가 청산소의 역할을 수행하므로, 거래상대방의 계약불이행 위험은 존재하지 않는 것이 특징이다. 이와 같은 계약 이행을 보증하기 위하여 거래소는 투자중개업자인 회원의 채무를 인수한다(자본시장법 제377조, 제398조).

구체적인 절차는 거래소가 제정한「파생상품시장 업무규정」에 의한다. 먼저 거래소는 거래의 성립 후 회원[109]의 채무를 인수하기 위하여 사전에 인수할 채무의 기초가 되는 거래를 확인한다(파생상품시장 업무규정 제93조의2). 그리고 거래소는 확인한 거래에 대하여 회원이 상대방인 회원에 부담하는 채무를 인수하고, 당해 회원은 거래소가 인수한 채무와 동일한 내용의 채무를

105 대법원 2008. 3. 13. 선고 2007다73611 판결.

106 Alastair Hudson, *The Law on Financial Derivatives(4th)*, Thomson, 2006, pp.18~23.

107 장외거래인 선도거래의 경우에는 일반적으로 거래당사자간에 신용보강을 위한 담보부속서(Credit Support Annex; 이하 'CSA')를 작성하고, 이에 따라 담보필요액(credit support amount)을 계산하고, 필요한 경우에는 추가담보필요액(delivery amount)을 요구하여 계약의 이행을 담보한다. 장외거래에 있어 담보관련 사항에 대한 자세한 설명은 이헌영,「국제계약사례집」(바른지식, 2004), 791~798면 참조.

108 선물환계약이란 장래의 일정기일 또는 기간 내에 일정금액, 일정종류의 외환을 일정환율로써 교부할 것을 약정하는 계약으로서 그에 기한 채권은 금전채권이므로 그 당사자들은 민법 제397조제2항에 의하여 계약불이행에 대하여 과실 없음을 들어 항변할 수 없다(대법원 2003. 4. 8. 선고 2001다38593 판결).

109 자본시장법 제387조의 회원을 말한다.

거래소에 부담한다(파생상품시장 업무규정 제94조제1항). 그리하면, 거래소에 채무를 이전한 회원은 이전하기 전에 상대방인 회원에 대하여 부담하는 채무를 면하게 된다(파생상품시장 업무규정 제94조제2항). 한편, 거래소의 회원은 파생상품시장에서의 매매의 수탁과 관련하여 거래소의 파생상품시장 업무규정이 정하는 바에 따라 위탁자로부터 위탁증거금을 받아야 하고(자본시장법 제396조제1항), 거래소의 회원은 증권시장 또는 파생상품시장에서의 매매거래를 함에 있어서 거래소에 대하여 부담하는 채무의 이행을 보증하기 위하여 증권시장 업무규정 및 파생상품시장 업무규정이 정하는 바에 따라 거래소에 거래증거금을 예치하여야 한다(자본시장법 제396조제2항). 또한 거래소는 회원이 거래소 또는 다른 회원에 대하여 증권시장 또는 파생상품시장에서의 매매거래에 관한 채무를 이행하지 아니한 경우에는 그 회원의 거래증거금과 회원보증금으로 그 채무의 변제에 충당할 수 있도록 하는 규정을 마련하고 있어(자본시장법 제397조), 채무불이행으로 인한 손해가 쉽사리 보전될 수 있도록 하고 있다. 아울러 선물거래의 경우에는 거래소와 회원인 투자중개업자 간에 선물거래의 각 종목에 대하여 거래일마다 장종료 시점을 기준으로 정산가격으로 일일정산하도록 규정하고 있으며(파생상품시장 업무규정 제96조제1항), 결제회원은 매일 당일차금[110] 또는 갱신차금[111]을 거래소와 수수하도록 하여(파생상품시장 업무규정 제97조, 제98조), 거래의 안전을 도모하고 있다.

계약 해제 및 해지와 관련하여서는 선물거래의 경우에는 불특정 다수가 거래당사자로서 익명으로 표준화된 대상물을 거래하는 장내매매이므로 원칙적으로 거래당사자와 이행기(만기일) 이전에 계약관계를 종료하는 것이 불가능하다. 다만, 선물거래의 경우에는 기존 포지션의 반대매매를 통해 자신의 권리·의무관계를 청산할 수 있으므로, 거래상대방의 권리·의무관계에는 영향을 미치지 않고, 자신의 권리·의무관계에 대해서는 거래 해지와 동일한 효과를 얻을 수 있다.[112] 따라서 거래당사자 일방의 입장만 본다면, 선물거래의 경우에는 청산업무를 수행하는 거래소에 의해 당사자 일방이 반대매매를 통해 보유하게 될 채권·채무관계가 상계된다면,[113] 이는 법적으

110 당일차금이란 당일의 약정가격(직전 거래일의 글로벌 거래의 약정가격을 포함한다)과 당일의 정산가격과의 차이에 약정수량 및 거래승수를 곱하여 산출되는 금액을 말한다(파생상품시장 업무규정 제97조).

111 갱신차금이란 직전 거래일의 정산가격과 당일의 정산가격과의 차이에 직전 거래일의 장종료 시점의 미결제약정수량 및 거래승수를 곱하여 산출되는 금액을 말한다(파생상품시장 업무규정 제98조).

112 선물계약이 통상의 다른 매매계약과 대비하여 계약의 임의해지성을 그 차이점으로 기술하고 있는 견해가 있으나(정상근, “선물·옵션거래의 계약법적 발전”, 「경성법학」 제13권제1호 (경성대학교 법학연구소, 2004), 155면), 계약의 해지는 일반적으로 거래당사자 쌍방의 권리와 의무관계가 해지되는 것을 의미하는 것이고, 선물거래의 경우에는 직접적으로 기존 거래당사자와의 사이에 체결한 계약을 해지하는 것이 아니라, 이와 경제적으로 동일한 효과를 얻을 수 있는 반대매매를 통해 상응하는 효과를 얻는 것이므로, 이는 통상의 계약의 임의해지성과는 구별되는 개념이다.

113 한국거래소는 과거 선물에 대해 전매 및 환매제도가 있었으나, 현재는 파생상품계좌별로 동일한 종목의 매도와 매수의 약정수량(직전거래일의 미결제약정수량을 포함)중 대등한 수량을 상계한 것으로 보아 소멸시킨다(파생상품시장 업무규정 제95조). 즉, 한국거래소는 동일한 종목의 선물거래에 대한 채권

로도 채권·채무관계가 완전 소멸되어, 당사자 일방의 입장에서는 계약 해지와 동일한 법적 효과를 갖게 된다.

2) 비전형계약으로 보는 견해

상술한 바와 같이, 만기일에 실물이 인도되고 상대방은 대금을 지불하는 선도거래는 당사자 일방이 계약의 목적이 된 재산권을 상대방에게 이전할 것을 약정하고 상대방은 이에 상응하여 대금을 지급할 것을 약정함으로써 성립하는 계약으로 매매에 해당한다.

하지만, 선도 및 선물거래의 결제방법[114] 중 실물인도결제방식이 아닌 차액결제의 경우에는 만기일에 대상 실물(기초자산) 및 대금의 수수가 이루어지는 것이 아니라, 반대매매를 통해 손익차액만을 결제하는 것이므로 매매계약의 특성인 재산권의 이전과 대금의 지급 목적이 충족되지 않는다. 즉, 차액결제방식에 따라 거래의 정산이 이루어지는 경우에는 매매로 규정하기에는 어려움이 있다.

따라서 실물인도결제방식의 선도 또는 선물거래는 매매로 파악될 수 있지만, 차액결제방식에 의해 이루어지는 선도 및 선물거래의 경우에는 전형계약인 매매로 볼 수 없다. 즉, 비전형계약이다.

그러나 차액결제방식의 선도거래를 당초의 거래와 반대방향의 거래 2가지로 구분하여 모두 별개의 매매계약으로 보고, 만기일에 가서 동일한 성격의 지급의무는 상쇄되어 결과적으로 일방이 다른 당사자에게 손익만을 지급하게 된 것으로 구성한다면, 차액결제방식의 선도거래도 매매로 보거나 매매와 상계가 결합된 비전형계약으로 볼 수 있다는 견해도 있다.[115]

3) 소결

매매계약의 경우 매도자는 재산권이전의무를 부담하고, 매수자는 대금지급의무를 부담하므

· 채무를 자동 상계하는 방식을 취하고 있다. 하지만, 거래소에 따라서는 여전히 자동 상계가 아닌 방식을 사용하기도 한다.

114 거래소의 「파생상품시장 업무규정」 제2조제1항제2호는 선물거래에 대한 정의를 함에 있어, 이행기에 기초자산 자체가 인도되는 '현물결제방식(실물인도결제방식)'과 기초자산의 계약체결시의 가격과 이행기의 가격과의 차액을 정산하는 '차액결제방식(차액정산방식)'을 선물결제의 방법으로 공히 규정하고 있다. 즉, 당사자가 장래의 특정 시점에 특정한 가격으로 기초자산을 수수할 것을 약정하는 매매거래(가목)와 당사자가 기초자산에 대하여 사전에 약정한 가격이나 이자율, 지표, 단위 및 지수 등의 수치(이하 "수치"라 한다)와 장래의 특정 시점의 해당 기초자산의 가격이나 수치(이하 "최종결제가격"이라 한다)와의 차이로부터 산출되는 현금을 수수할 것을 약정하는 거래(나목)를 선물거래로 규정하고 있다.

115 이금호, 「신용파생금융거래법론」(탐진, 2007), 88면; 이헌영, "신용파생상품의 법적 성질", 「산은조사월보」 제626호 (산은경제연구소, 2008.1.6.), 4면.

로, 매도자에게 재산권이전의무가 발생하지 않는 차액결제방식의 선도 또는 선물거래는 전형계약으로서의 매매에 해당한다고 볼 수는 없다. 물론 실물인도결제방식에 의하는 경우에는 매매계약에 해당하겠으나, 실제 파생상품시장에서 약정되는 선도 또는 선물계약은 실물인수도를 수반하지 않는 경우가 대다수이다. 특히 일반상품(commodity)을 대상으로 하는 경우에는 더욱 그러하다.

선도 또는 선물가격은 기초자산의 가격변동에 영향을 받게 되므로, 기초자산의 가격 변동을 정확히 측정하기 위해서는 대상 기초자산을 구체적으로 특정할 필요가 있다.[116] 그러나 이렇게 특정된 기초자산이 거래당자자 일방인 매수자가 매수하고자 하는 해당 상품이 아닌 경우가 일반적이고, 국제적으로 거래되는 파생상품거래의 특성상 실제로 해당 기초자산을 인도하기 위해서는 부가적인 많은 거래비용이 수반되므로, 통상은 차액결제방식에 의해 가격변동위험을 보전 받고 실제 원하는 해당 상품은 자신들이 직접 구매하는 방식을 취하게 된다. 이렇게 함으로써 대상 기초자산을 인수도할 의무를 부담하지 않은 채 가격변동위험만을 분리하여 거래함으로써 시장의 효율화와 거래의 활성화를 도모하고 있다.

따라서 통상의 선도 및 선물계약은 차액결제방식으로 거래가 이루어지므로 이와 같은 경우에는 매매계약에 해당되지 않아, 비전형계약에 해당된다.

나. 옵션거래

옵션이라 함은 당사자 어느 한쪽의 의사표시에 의하여 기초자산이나 기초자산의 가격 · 이자율 · 지표 · 단위 또는 이를 기초로 하는 지수 등에 의하여 산출된 금전등을 수수하는 거래를 성립시킬 수 있는 권리를 부여하는 것을 약정하는 계약상의 권리를 말한다(法 제5조제1항제2호). 즉, 거래대상을 만기 또는 그 이전에 미리 정한 가격으로 사거나 팔 수 있는 권리(옵션)를 거래하는 계약이 바로 옵션계약이다. 이러한 옵션에는 살 수 있는 권리(call option)와 팔 수 있는 권리(put option)가 있으며, 사전에 계약으로 사거나 팔기로 한 가격을 행사가격이라고 한다.

가령 2010년 6월 1일에 6개월 후에 S전자 주식 100주를 주당 1만원으로 살 수 있는 권리를 거래하였다면, 6개월 후에 S전자 주식 1주가 2만원으로 상승한 경우에, 옵션 매수자는 시장가격과 무관하게 사전에 약정된 가격인 1만원으로 S전자 주식 100주를 살 수 있는 권리를 행사할 수 있고(즉, 100만원 대금 지급), 매도자는 S전자 주식 100주를 1만원에 인도하여야할 이행책임을 진다. 반면, 6개월 후 S전자 주식 1주가 5,000원으로 하락한 경우에는 옵션 매수자는 권리를 행사하지 않고 이를 포기하면 그것으로 거래는 종결된다. 즉 옵션 매수자가 일정한 조건 하에서

116 이러한 기초자산을 표준물이라고 한다. 보통 국채, 상품(commodity) 등에서 사용된다.

옵션을 행사하거나 포기할 수 있는 권리를 정할 수 있는 것이다.

따라서 옵션 매수자는 옵션의 행사여부를 일방적으로 결정할 수 있으므로, 이는 매매계약에서 예약완결권을 의미한다. 매매의 일방예약은 상대방이 매매를 완결할 의사를 표시하는 때에 매매의 효력이 생긴다고 규정하고 있으므로(민법 제564조제1항), 옵션 매수자는 자기의 일방적인 의사에 의하여 본 계약인 매매를 성립하게 된다. 즉, 옵션은 예약완결권으로서 형성권에 해당한다.[117]

다. 스왑거래

스왑이란 장래의 일정기간 동안 미리 정한 가격으로 기초자산이나 기초자산의 가격·이자율·지표·단위 또는 이를 기초로 하는 지수 등에 의하여 산출된 금전등을 교환할 것을 약정하는 계약상의 권리를 말한다(法 제5조제1항제3호). 따라서 스왑거래는 이러한 계약상의 권리를 거래하는 계약이다.[118]

스왑거래는 민법상 전형계약인 매매 또는 교환과 유사하나, 매매의 경우에는 거래당사자간에 금전과 재산권의 이전, 교환의 경우에는 금전이외의 재산권의 이전을 목적으로 하는 것인데 반해, 스왑거래에서 거래당사자간에 교환되는 것은 미래의 현금흐름 즉, 금전등이므로 민법상의 매매나 교환 등 전형계약으로 보기 어렵다. 다만, 현행 자본시장법에서는 '금전등'을 금전, 그 밖의 재산적 가치가 있는 것으로 규정하고 있으므로(法 제3조제1항), 만일 스왑거래의 대상을 금전으로 하지 않고 금전 이외의 재산적 가치가 있는 것으로 한다면, 민법상 매매나 교환으로 볼 여지는 있다.[119]

---

117 대법원 1995. 11. 10. 선고 94다22682, 22699(반소) 판결, 매매의 일방예약에서 예약자의 상대방이 매매예약 완결의 의사표시를 하여 매매의 효력을 생기게 하는 권리, 즉 매매예약의 완결권은 일종의 형성권으로서 당사자 사이에 그 행사기간을 약정한 때에는 그 기간 내에, 그러한 약정이 없는 때에는 그 예약이 성립한 때로부터 10년 내에 이를 행사하여야 하고, 그 기간을 지난 때에는 예약 완결권은 제척기간의 경과로 인하여 소멸한다.

118 [대법원 1997. 6. 13. 선고 95누15476 판결] 국제금융거래에서 스왑거래라 함은 이른바 신종 파생금융상품의 하나로 외국환 거래에 있어서 환거래의 당사자가 미래의 이자율 또는 환율변동에서 오는 위험을 회피하기 위하여 채권이나 채무를 서로 교환하는 거래로서, 그 종류로는 크게 보아 이자율 변동으로 인한 고객의 위험을 회피하기 위하여 고객이 부담할 변동이자율에 의한 이자지급채무를 미리 약정된 시기에 고정이자율이나 다른 변동이자율에 따른 이자지급채무로 교환하여 부담하는 이자율스왑(Interest Rate Swap)과, 차입비용을 절감하고 구성통화의 다양화를 통한 환율변동의 위험을 회피하기 위하여 계약당사자간에 서로 다른 통화표시 원금과 이자를 미리 약정된 시기에 교환하여 부담하기로 하는 통화스왑(Currency Swap)이 있다.

119 이에 대해 일본의 金商法은 '금전등'을 정의하는데 있어, 유가증권, 환어음, 약속어음, 경주용마도 재산적 가치가 있는 것으로 정의하고 있다(金商法施行令 제1조의3제1항 및 定義府令 제5조). 여기서, 定義府令이란 「金融商品取引法第二条に規定する定義に関する内閣府令」을 의미한다. '금전등'과 관련

그러나 현재 실제 우리나라에서 운용되고 있는 스왑거래는 대부분 금전을 대상으로 하고 있으므로 스왑거래는 민법상 매매나 교환에 해당한다고 주장하기에는 다소 무리가 있다.

한편, 스왑거래는 상대방의 채무를 인수한다는 측면에서 보면 채무인수(민법 제453조)나 이행인수에 해당할 소지도 있다. 그러나 이에 대해서 채무인수는 인수인이 채권자에 대한 관계에서 채무자로서 지위에 있지만, 스왑거래는 거래당사자 누구도 상대방으로부터 채무자의 지위를 인수하지 않기 때문에 채무인수에 해당하지 않는다.[120] 이행인수란 인수인이 채무자의 채무를 이행할 것을 약정하는 채무자와 인수인 사이의 계약이다. 따라서 채무자는 인수인에 대하여 자기 채무를 이행하여 채무를 면하게 하여 달라고 하는 청구권을 가지지만, 채권자는 인수인에 대하여 이행을 청구할 수 없고 여전히 채무자에 대해서만 이행을 청구할 수 있을 뿐이다.[121] 즉, 이행인수에 있어 채무자는 상대방의 채권자에게 직접 채무를 변제할 의무를 부담한다. 그러나 금리스왑의 경우 각 당사자는 상대방으로부터 수취한 금액으로 직접 자신의 채권자에게 이자를 지급하므로 이행인수에도 해당하지 않는다.[122]

스왑거래는 일정한 기간 동안 약정한 방식에 따라 금전등을 교환한다. 따라서 일정한 금액을 지급하는 것을 이자로 보면, 스왑거래는 금전소비대차(민법 제598조)의 성질과 유사하다는 견해가 있을 수 있다. 그러나 금리스왑에서는 원본은 교환되지 않으며, 금전의 이용에 따른 대가로서 일정한 금액이 지급되는 것이 아니기 때문에 이자라고 할 수는 없다. 즉, 스왑거래는 현재의 금전이용을 포기함으로써 이자를 얻는다는 소비대차의 특성은 찾아볼 수 없고, 스왑거래에서의 지급의무는 이자가 아니라 오히려 당사자의 기존 채무 상 지급의무의 실질적인 부담을 변경하기 위하여 창출된 것으로 이해된다.[123] 따라서 스왑거래는 금전소비대차와는 다르다.

이상의 논의를 요약하면, 스왑거래는 거래당사자 어느 일방도 재산권이전의무가 발생하지 않고, 단지 약정된 방식에 따라 거래당사자가 채무를 교환하는 것으로, 스왑거래의 법적 성질은 민법상 전형계약에 해당되지 않아 비전형계약으로 보아야 한다.[124]

한 논의는 류혁선・임재연, 앞의 논문, 510면 참조.

120 김건식, 앞의 연구보고서, 17면.

121 지원림, 앞의 책, 1259면.

122 김건식, 앞의 연구보고서, 18면.

123 위의 연구보고서, 18~19면.

124 같은 취지로는 김건식, 앞의 연구보고서, 19면, 함귀용, 앞의 책, 416면; 반면, 금전지급도 재산권 이전의 일종으로 보아 스왑거래도 매매계약의 일종으로 볼 수 있다는 견해로는 이금호, 앞의 책, 90면 참조.

라. 매매계약 간주

상술한 바와 같이, 파생상품의 법적 성질은 매매계약인 경우도 있지만 대부분은 비전형계약에 해당한다. 그런데 자본시장법은 금융투자업자의 행위규제와 관련 매매를 중심으로 규정하고 있다.[125] 예를 들면, 자본시장법 제9조제4항은 "'투자권유'란 특정 투자자를 상대로 금융투자상품의 매매 또는 투자자문계약・투자일임계약・신탁계약(관리신탁계약 및 투자성 없는 신탁계약을 제외한다)의 체결을 권유하는 것을 말한다"고 규정하여 매매행위에 대해서만 언급하고 있기 때문에, 상술한 경우와 같이 비전형계약에 해당하는 거래의 경우에는 자칫 자본시장법의 규제대상이 되지 못할 우려가 있다.

따라서 자본시장법은 파생상품의 기본구성요소인 선도(선물), 옵션, 스왑의 어느 하나에 해당하는 계약 중 매매계약이 아닌 계약의 체결은 자본시장법을 적용함에 있어서 매매계약의 체결로 간주하는 규정을 두어 이를 해결하고 있다(法 제5조제4항).

3. 형법상 도박죄와의 관계

도박이란 당사자가 서로 재물을 걸고 우연한 승부에 의하여 그 재물의 득실을 결정하는 것을 말한다.[126] 즉, 도박이 되기 위해서는 재물의 득실이 우연에 의해서 결정되어야 한다. 여기서, 우연이란 객관적인 불확실성을 의미하는 것이 아니라 당사자가 확실히 예견하거나 영향을 미칠 수 없는 사정에 의존하는 것을 말한다.[127]

파생상품은 본질적으로 기초자산인 주가, 이자율, 환율 등의 가격변동에 따라 그 가치가 결정되는 금융투자상품으로 기초자산의 가격변동은 거래당사자가 예견하거나 이에 영향을 미칠 수 없고, 우연한 결과에 의해 결정된 기초자산의 가격변동의 정도에 따라 지급의무의 존재와 방향이 결정되며, 대부분 차액지급 방식에 의하여 결제되는 특징을 지니고 있다. 특히, 장외파생상품거래는 당사자 간의 사적 계약에 의해 이루어지는 것으로 상술한 도박적 요소와 유사성을 지닌다.[128]

---

125 한국증권법학회, 앞의 책, 31면.

126 정성근・박광민, 「형법각론」 제2판 (삼지원, 2006), 755면.

127 위의 책, 755면.

128 형법 제246조의 도박죄를 처벌하는 이유는 정당한 근로에 의하지 아니한 재물의 취득을 처벌함으로써 경제에 관한 건전한 도덕법칙을 보호하기 위한 것이므로(대법원 1983. 3. 22. 선고 82도2151 판결), 주로 위험전가를 목적으로 경제활동의 일환으로 행해지는 장외파생상품은 위법성이 조각될 가능성이 많

그런데 자본시장법은 파생상품에 적용하게 될 기초자산의 범위를 매우 포괄적으로 정의함으로써 파생상품의 대상은 이론상 무제한적으로 확대될 수 있으며, 다양한 형태의 구조를 지닌 파생상품의 등장을 허용하고 있다. 따라서 파생상품의 생산기술의 발달과 금융소비자들의 다양한 요구의 결합에 의해 새로운 신종 파생상품들이 등장할 수 있고, 경우에 따라서는 도박과의 기능적·구조적 유사성으로 인해 논란의 소지가 있을 수 있다.

현실에서도 장외파생상품거래에서 대규모 손실을 입은 당사자가 법원에서 도박으로서 무효라는 주장을 한 사례가 있으며,[129] 미국에서도 일찍이 1883년 콜럼비아 주대법원은 Justh v. Holliday 판결을 통해 일종의 차액정산 forward거래를 도박으로 인정한 바 있다.[130] 또한 영국에서도 1896년 Universal Stock Exchange v. Strachan 판례[131]에서 거래 당사자들이 체결한 계약이 기초자산의 성과에 대해 차액을 상호간 지급하는 계약으로서 이러한 상품을 차액계약(contract for differences)으로 명명하고, 이는 도박(gaming contract)에 해당하여 무효라고 판시한 바 있다.[132] 이 밖에도 러시아의 법원에서는 차액결제통화선도거래(non-deliverable currency forwards)를 도박으로 결정한 바 있고,[133] 아부다비의 최고법원은 통화선물거래를 그 본질이 도박이라는 이유로 무효(null and void)라고 판시한 바 있으며,[134] 대만의 법원에서도 일부 차액결제형 파생상품에 대하여 도박을 구성한다고 판시한 바 있다.[135] 그리고 일본에서는 역사적으로 1869년 당시 일본정부는 모든 선물거래를 도박으로서 금지한 바 있었다.[136]

다. 그럼에도 불구하고 도박행위와 장외파생상품의 구조는 많은 부분에서 유사성이 인정된다.

129 Korea Life Insurance Co. v. Morgan Guaranty Trust Co. of New York, 269 F.Supp.2d 424 (S.D.N.Y. 2003). 대한생명이 JP모간과의 소송에서 그들이 체결한 스왑계약이 도박에 해당함을 주장하였으나, 법원은 이에 대한 판결에서 "통화 및 상품에 대한 파생상품거래, 선도계약 및 스왑계약은 위법한 도박으로 간주되지 않고, 그러므로 뉴욕주의 도박관련 법령(N.Y. General Obligations Law §5-401)을 위반하는 것이 아니다"고 판시한 바 있다.

130 [Justh v. Holliday, 2 Mackey 346 (D.C. Sup. 1883)] Where a contract is made for the delivery or acceptance of securities at a future day, at a price named, and neither party at the time of making the contract intends to deliver or accept them, but merely to pay differences, according to the rise or fall of the market, the contract is a gaming one, and is void as contrary to public policy(at 346).

131 Universal Stock Exchange v. Strachan (A.C. 166, HL. 1896).

132 Alastair Hudson, *The Law on Finance(2nd)*, Thomson, 2013, p.1192.

133 Iona Levine, "Legal Risk Management" in Warren Edwardes, *Key Financial Instruments: Understanding and Innovating in the World of Derivatives*, 2000, p.128;. 정순섭, "금융거래와 도박규제", 「증권법연구」 제7권제2호 (한국증권법학회, 2006), 179면 재인용.

134 Husam Hourani, "Currency Futures Transactions Held Contrary to Islamic Sharia by the AbuDhabi Supreme Court", *Journal of International Banking Law 13* (1998), p.339; 위의 논문(2006), 179면 재인용

135 Michael S. Bennett & Michael J. Mari, "The Casablanca Paradigm: Regulatory Risk in the Asian Financial Derivatives Markets", *Stanford Journal of Law, Business & Finance 5* (1999), p.41; 위의 논문(2006), 179면 재인용.

136 위의 논문(2006), 187면.

파생상품거래가 도박에 해당되면, 당사자들은 형법상 처벌의 대상이 될 수 있으며(형법 제246조),[137] 강행법규위반으로 그 사법상(私法上) 효력은 부정될 것이다(민법 제103조). 이렇게 되면, 파생상품거래를 하는 당사자들은 법적 불확실성으로 인한 법적 위험(legal risk)에 노출되고, 이에 따라 파생상품거래가 위축되는 현상이 야기될 수 있다. 따라서 자본시장법 제10조제2항은 이와 같은 법적 위험을 방지하기 위하여 "금융투자업자가 금융투자업을 영위하는 경우에는 도박죄를 규정한 형법 제246조를 적용하지 않는다"고 규정하여 포괄적인 면책규정을 두고 있다. 다만, 도박죄의 면책은 조문에서 확인할 수 있듯이 '금융투자업자가 금융투자업을 영위하는 경우에만' 한정되는 개념이다. 따라서 동일한 구조의 파생상품을 금융투자업자를 거치지 않고 사인(私人)간에 거래한 경우에는 자본시장법 제10조제2항이 규정하는 포괄적 면책규정의 대상이 될 수 없다.[138]

자본시장법은 형법의 도박죄에 관한 규정의 적용 배제만을 명시적으로 규정하고 사법상 효력에 대하여는 규정하지 않고 있다. 따라서 거래상의 불확실성을 줄이기 위해서는, 거래소를 통하거나 금융투자업자를 상대로 하는 파생상품거래에 대해서는 사법상의 효력 역시 부인되지 않는다는 규정을 도입할 필요성이 있다는 견해가 있으나,[139] 금융투자업의 영위가 도박죄에 해당하지 않는 한 그 사법상의 효력은 명문의 규정이 없어도 인정된다고 보아야 한다.[140]

여타 선진국 또한 장외파생상품거래에 대하여 도박죄 규정을 적용 배제하고 있다.

영국은 1986년 「금융서비스법」(Financial Services Act of 1986)을 제정하여 금융회사가 금융투자업자가 영업으로서 행하는 투자상품(investments)을 도박법리의 적용으로부터 면제하였고(FSA §68), 이는 2000년 제정된 FSMA에 이어지고 있다(FSMA §412).[141]

미국은 1992년 「선물거래관행법」(Futures Trading Practices Act of 1992)을 제정하여, CEA을

137 형법 제246조, ①재물로써 도박한 자는 500만원 이하의 벌금 또는 과료에 처한다. 단, 일시오락정도에 불과한 때에는 예외로 한다.
②상습으로 제1항의 죄를 범한 자는 3년 이하의 징역 또는 2천만원 이하의 벌금에 처한다.

138 일본 金商法은 거래소 금융상품시장에 의하지 아니하고는 거래소 금융상품시장에서 시세(거래소 금융상품 시장에서 금융상품의 가격 또는 이자율 등에 근거해 산출되는 금융지표를 포함한다)에 의하여 차금의 수수를 목적으로 하는 행위를 한 자는 1년 이하의 징역 또는 백만엔 이하의 벌금에 처하거나 이를 병과한다. 형법 제86조 규정(도박죄)도 적용 배제하지 않는다(金商法 제202조제1항)고 하여 사인간의 차금수수 목적의 장외거래를 금지하고 있다. 따라서 장외파생상품거래가 도박죄의 적용이 될 수도 있기에, 금융상품거래업자등이 일방의 당사자로서 중개, 주선 혹은 대리하는 장외파생상품거래는 201조제1항의 적용을 배제하도록 하고 있다(金商法 제202조제2항).

139 김홍기, "파생상품과 도박규제", 「비교사법」 제14권제1호 (한국비교사법학회, 2007), 557면.

140 같은 의견으로는 임재연, 앞의 책, 60면, 하삼주, "금융투자상품에 관한 몇 가지 문제점과 보완대책", 「고려법학」 제49권 (고려대학교 법학연구원, 2007), 1116면 참조.

141 FSMA §412 Gaming contracts.

개정하여 CFTC가 지정한 거래소 거래의무 면제금융거래에 대해 주 제정법상 도박죄 규정의 적용을 배제하였고,[142] 2000년 CFMA에서도 적용대상스왑계약(covered swap agreement)에 대하여 주 제정법상 도박죄 규정의 적용을 배제하고 있다.[143]

일본은 거래소금융상품시장에 의하지 않고 거래소금융상품시장에서의 시세(거래소에서의 금융상품의 가격 또는 이율 등에 기초하여 산출되는 금융지표 포함)에 따라 차금의 수수(差金の授受)를 목적으로 하는 행위는 근본적으로 도박으로 구성될 수 있어 금지하고 있다(金商法 제202조 제1항). 다만, 금융상품거래업자 또는 은행 등의 금융기관이 일방의 당사자가 되는 장외파생상품거래이거나, 금융상품거래업자 또는 은행 등의 금융기관이 중개, 주선 또는 대리하는 장외파생상품거래에 대해서는 상습도박 및 도박장 개장을 규정한 일본 형법 제186조의 적용을 배제하여(金商法 제202조제1항),[144] 위험관리의 수단 및 금융소비자의 요구를 충족시킬 수 있는 다양한 상품 개발의 수단으로 장외파생상품을 사용할 수 있는 여지를 마련해 주고 있다. 이러한 금융상품거래업자 또는 은행 등의 금융기관에 대한 도박죄 배제조항은 1998년 証取法 개정을 통해 명문화되었다.[145]

---

142 선물거래관행법에 의해서는 연방 증권법(SA) 및 증권거래법(SEA) 상의 '증권'에 해당하는 증권연계 장외파생상품은 대상에 포함되지 못하였으나, CFMA에 의해 증권연계 장외파생상품도 적용 배제되는 대상으로 하고 있다(김홍기, "장외파생상품거래의 법적 규제에 관한 연구", (연세대학교 박사학위논문, 2006), 212~213면, 정순섭, 앞의 논문(2006), 186면 참조).

143 7 U.S.C. §27f(c) Preemption, "Sections 27 to 27f of this title shall supersede and preempt the application of any State or local law that prohibits or regulates gaming or the operation of bucket shops (other than antifraud provisions of general applicability) in the case of—
(1) a hybrid instrument that is predominantly a banking product; or
(2) a covered swap agreement.";
CFMA §402(d)의 정의규정에 의하면 covered swap agreement는 매우 광범위하다.

144 金商法 제202조, 取引所金融商品市場によらないで、取引所金融商品市場における相場(取引所金融商品市場における金融商品の価格又は利率等に基づき算出される金融指標を含む.)により差金の授受を目的とする行為をした者は、 一年以下の懲役若しくは百万円以下の罰金に処し、又はこれを併科する。ただし、刑法第百八十六条の規定の適用を妨げない。
2 前項の規定は、次に掲げる取引については、適用しない。
一 金融商品取引業者(第二十八条第一項に規定する第一種金融商品取引業を行う者に限る。以下この項において同じ。)又は第三十三条第一項に規定する銀行、協同組織金融機関その他政令で定める金融機関が一方の当事者となる店頭デリバティブ取引
二 金融商品取引業者又は第三十三条第一項に規定する銀行、協同組織金融機関その他政令で定める金融機関が媒介、取次ぎ若しくは代理を行う店頭デリバティブ取引.

145 川村正幸(2008), 앞의 책, 465면.

4. 보험과의 관계

보험이란 우발적 사고발생이라는 동질적 위험 하에 있는 다수인(위험단체)이 사고에 부수하여 발생하는 경제적 수요를 충족하기 위하여 '대수의 법칙'에 의존하여, 일정한 기금을 출연하여 축적하고, 그 가운데 사고로 피해를 입은 자에게 일정한 보상을 함으로써 경제생활의 안정을 꾀하고자 마련된 제도이고,[146] 보험상품이란 위험보장을 목적으로 우연한 사건 발생에 관하여 금전 및 그 밖의 급여를 지급할 것을 약정하고 대가를 수수(授受)하는 계약을 말한다(보험업법 제2조).

따라서 보험계약이란 보험상품을 체결하는 계약으로서, 일정한 위험에 놓인 보험계약자가 보험료를 지급하고 보험사고 발생 시 보험자로부터 일정한 금액을 지급받기로 약정함으로써 실질적으로 보험자에게 위험을 전가시키는 계약이라고 정의할 수 있다.[147] 즉, 보험의 가장 중요한 기능은 위험의 전가이며, 보험가입자는 보험업자에게 위험을 전가하는 대가로 일정한 보험료를 지급하게 된다.

파생상품이란 본질적으로 기초자산의 가치 변동에 따라 그 가치가 결정된다. 즉 기초자산 변수의 변동에 따라 형성된 성과(payoff)를 조건부로 지급받는 상품이다. 이렇게 본다면, 보험상품으로 판매되는 지진 보험 역시 파생상품일 수 있다. 계약자는 일정한 대가를 지불하고 지진발생이라고 하는 기초자산 변수의 정도에 따라 계약자의 성과(payoff)가 달라지는 구조를 지니고 있기 때문이다. 즉, 지진강도(Richter scale)가 5.0 미만일 때는 '0', 5.0~6.0 미만일 때 '$10,000', 6.0~7.0 미만일 때는 '$25,000', 7.0 이상일 때는 '$50,000' 등으로 지진발생에 따라 그 성과(payoff)를 구성하였다면 전형적인 파생상품일 수 있다.[148]

금융시장에서 활발히 거래되고 있는 신용파생상품은 신용사건(credit event)에 대비하기 위하여(위험의 전가) 일정한 금원을 지불하고 그에 대한 반대급부로 신용사건이 발생했을 때 일정한 금원을 지급받기로 하는 계약의 구조를 띄고 있다. 이는 일정하게 정의된 신용사건 발생의 위험을 전이한 대가로 일정한 보험료를 지불하고 실제 신용사건이 발생했을 경우 보장받는 구조를 지닌

146 양승규, 「보험법」 5판 (삼지원, 2004), 22면, 정경영, 「상법학강의」(박영사, 2009), 777면 참조.

147 정경영, 앞의 책, 803면; 상법 제638조는 "보험계약은 당사자 일방이 약정한 보험료를 지급하고 상대방이 재산 또는 생명이나 신체에 관하여 불확정한 사고가 생길 경우에 일정한 보험금액 기타의 급여를 지급할 것을 약정함으로써 효력이 생긴다"고 규정하고 있다.

148 Mark Rubinstein, *op. cit.*, p.1, 제시된 기초자산 변수에 따른 성과(payoff)의 표는 일부 변경하였다. 실제로 자본시장법의 기초자산이 범위가 넓어짐에 따라 충분히 파생상품으로 지진 발생 정도를 기초자산으로 하여 구성할 수 있다.

다. 보험의 전형적인 예가 될 수 있다.

이렇듯 파생상품과 보험 간에는 위험전가라는 동일한 속성을 지님에 따라 구분이 모호해 질 수 있다. 채무불이행 등 신용사건의 발생을 대비하기 위하여 지급된 대금(payment) 더 나아가 주가나 금리의 변동위험을 상쇄시키고자 시장에 전가시키기 위한 헤징거래를 통해 획득한 헤징효과 역시 금융위험(financial risk)에 대한 일종의 보험의 형태로 간주될 수 있다.[149]

파생상품과 보험 간에는 이와 같이 유사한 속성을 지니고 있으므로, 만약 파생상품이 보험으로 간주되어 진다면, 파생상품에 대한 규제와는 별도로 보험법규의 적용여부가 문제가 될 수 있다.

그런데 일반적으로 대부분의 국가에서는 보험업에 대한 엄격한 허가 제도를 운영하고 있으며, 우리나라의 보험업법도 일정한 요건을 갖춘 자에게만 보험업을 허가해 주고 있다.[150] 만약, 이러한 보험관련 법규에 위반하여 보험업을 영위한 자는 5년 이하의 징역 또는 5천만원 이하 벌금에 해당하는 형사처벌을 받게 되고(보험업법 제200조제1호), 해당 보험계약의 효력은 부인된다. 따라서 파생상품거래가 보험계약에 해당하는지 여부를 판단하는 것은 매우 중요하다.

보험과 파생상품은 위험발생의 우연성(fortuitousness)을 전제로 한다.[151] 보험계약에 의해 손실을 보상받기 위해서는 해당 손실이 우연한 사건에 의하여 유발된 것이어야 하고, 파생상품거래 역시 기초자산의 가격변동에 의해 미래의 약정된 시점에서 파생상품의 가치가 결정되는 우연한 사건에 의한 것이기에 두 상품은 공통점이 있다. 또한 보험은 보험회사에 위험을 전가시키고, 파생상품은 거래당사자간에 위험을 전가시키는 것으로서 양자 모두 위험을 전가하고자 한다.[152] 예를 들어 건설회사는 신용부도스왑(CDS)이나 신용보험계약을 체결하면서 일정한 대금을 지급하는 대신, 도급인의 채무불이행으로 초래되는 손해의 위험을 계약상대방에게 이전하게 된다. 이 경우, 보험계약자는 위험전가의 대가로 보험료를 지불하고, 파생상품계약자도 또한 위험전가의 대가로 일정한 대금(payment)을 지급한다. 즉, 보험과 파생상품은 일정한 금전적 대가를 지불하고 위험을 전가하는 거래목적을 달성한다는 공통점이 있다.

파생상품거래와 보험계약은 상기와 같이 많은 유사점을 가지고 있다. 하지만 엄연히 다른 개념으로 명확한 구별기준이 제시되어야 할 것이다.

149 Alastair Hudson(2006), *op. cit.*, p.265.

150 보험업의 허가에 관한 상세 규정은 보험업법 제4조~제12조.

151 위험은 현실화된 위험이 아니라 발생 가능한 장래의 불확실한 위험일 것을 원칙으로 한다. 즉, 위험은 발생 가능하되 우연하고 불확실하여야 한다(정경영, 앞의 책, 778면).

152 상술한 '파생상품의 정의'에서 ISDA의 정의를 상기하기 바란다. ISDA는 파생상품을 한 당사자로부터 다른 당사자에게로 위험을 전가하는 금융상품으로 보아 매매의 동기에 주안점을 두고 있다.

파생상품과 보험계약의 구분에 대한 문제는 파생상품이 성장한 1980년대 초부터 논의되어 왔지만, 1990년대 초 신용파생상품의 등장과 함께 논의가 본격화되기 시작하였다.[153] 이는 종래의 파생상품은 주로 금리나 환율과 같은 가격지표의 방향성에 의존하여 지급이 결정되는 구조인 것에 반하여 신용파생상품은 기초자산과 관련한 신용사건(credit event)의 발생 여부에 따라 지급금의 규모와 지급주체가 결정되는 구조로서 기능면에서 보험계약과 매우 유사한 구조를 지니고 있기 때문이다.

파생상품과 보험과를 구분하기 위한 구별기준으로 다음과 같은 것을 생각해 볼 수 있다.[154]

첫째, 위험헤지수단의 차이이다. 위험헤지수단의 차이에 관해서는 일반적으로 보험상품은 주로 대수의 법칙을 활용한 단체성을 헤지수단으로 사용하는 점에서 파생상품과 구별된다. 그러나 보험상품 중에서도 대수의 법칙에 근거하지 않은 것이 존재한다는 점에서 설명력이 크지는 않다.[155]

둘째, 기초자산에 대한 이해관계의 존부를 들 수 있다. 기초자산에 대한 이해관계에 관해서는 보험상품의 경우에는 수익자나 계약자는 반드시 당해 보험상품이 헤지하고자 하는 위험에 대하여 실질적인 이해관계를 가지고 피보험이익[156]이 존재하여야 한다. 이에 반해, 파생상품은 거래당사자가 기초자산인 위험에 대하여 실질적인 이해관계를 가질 것을 법률상 요건으로 하지 않는다는 점에서 보험상품과 구별된다.[157]

---

153 정순섭, 앞의 논문(2008), 305면.

154 김홍기 교수는 그의 앞의 박사논문에서 파생상품과 보험과의 차이로 원인과 손해사이의 인과관계, 손실보상의 원칙 및 위험전가의 대상의 상이 등의 구별기준을 제시하였고(김홍기, 앞의 박사학위논문, 222~223면 참조), 정순섭 교수는 그의 앞의 논문(2008)에서 위험헤지수단의 차이와 피보험이익의 요부 등을 양자의 구별 기준으로 제시하고 있다.

155 김건식・정순섭(2009), 앞의 책, 53면; 위험헤지수단의 차이기준은 한계선상에 있는 상품의 존재로 인하여 완전한 기준이 될 수는 없다(정순섭, 앞의 논문(2008), 305면).

156 피보험이익(insurable interests)이란 피보험자가 손해를 입을 염려가 있는 이익을 말하며, 상법은 보험계약의 목적이라고 규정하고 있다(상법 제668조, 제669조). 피보험이익에 관해서는 다양하게 정의되고 있으나, 대체로 이익설과 관계설로 대별된다. 이익설은 피보험이익을 피보험자가 보험의 목적에 대하여 갖는 경제상의 이익 혹은 보험사고가 발생함으로써 피보험자가 손해를 입을 염려가 있는 경제적 이익이라고 정의한다. 반면, 관계설은 피보험이익을 보험의 목적에 대하여 보험사고가 발생함으로써 피보험자가 손해를 입게 되는 경우에 그 목적에 대하여 피보험자가 갖는 경제적 이해관계를 의미한다. 피보험이익의 정의와 관련한 상세한 설명은 정경영, 앞의 책, 849~851면, 최준선, 「보험법・해상법」 제5판 (삼영사, 2010), 163~169면 참조.

157 2007년 12월 27일 발표된 "보험업법 개편방안"에서는 보험상품의 정의를 신설하여 피보험이익기준을 보험상품과 파생상품을 구분하는 기준으로 채택하고 있다. 동 개편방안에서는 특히, 자본시장법상 '금융투자상품'이 포괄적으로 정의됨에 따라 보험상품과 금융투자상품(파생상품)의 구분이 모호한 경우가 발생하는 점을 고려하여 위험보장 기능과 피보험이익의 존재를 보험상품의 핵심요소로 정의하고, 보험상품에서 제외되는 장외파생상품 중 보험상품과 직접관련이 있는 상품에 한해 보험사 겸영업무로 허용하고 있다(재정경제부, "보험업법 개편방안 마련" (보도자료, 2007.12.27), 11~12면).

그러나 금융위기 이후, 신용관련 파생상품에 대한 규제의 일환으로 신용파생상품을 체결함에 있어 기초자산에 대한 이해관계가 있는 헤징의 경우에 한해서만 허용되어야 한다는 주장을 하기도 한다.[158] 이렇게 된다면, 기초자산의 이해관계의 존부는 더 이상 보험계약과 파생상품을 구분하는 기준으로 적합하지 않게 될 수도 있다.

셋째, 보험계약은 부보 가능한 위험의 발생(예를 들면, 자연재해, 사망, 절도)으로 인한 손실의 위험을 전가시키기 위한 것으로서 피보험이익을 가진 자가 오직 조직화된 보험회사와 계약을 체결하는 것이다. 반면, 파생상품은 기초자산 즉, 주가, 이자율 및 환율 등 경제변수 또는 일반상품의 가격변동에 따른 경제적 위험과 손실을 회복하기 위하여 다수의 투자자들 사이에서 행해지는 계약이다.[159] 그러나 무엇보다도, 파생상품은 앞서 '파생상품 특성'에서 설명한 바와 같이 '상품생산성'을 지닌다. 즉 금융투자업자는 파생상품거래에 따라 전가 받은 위험은 다양한 헤지 수단을 통해 기초자산 변수의 변동에 따라 상대방에게 지급하게 될 성과(payoff)을 생산하게 된다.

넷째, 보험과 파생상품은 보상금액을 사전에 약정할 수 있는지의 가부에 따라 구분될 수도 있는데, 보험은 원칙적으로 실손보상원칙을 따르며, 실제 손해액을 넘는 보상은 불가한 것이 일반적 성질인데 반해, 파생상품은 실질적 손해와 관계없이 사전에 약정한 금원을 지급받을 수 있다. 즉, 파생상품은 보험에 적용되는 실손보상원칙과 이득금지원칙이 적용되지 않는다.

158 Alastair Hudson(2013), *op. cit.*, p.1373. 이 외에도 상품파생상품은 기초자산에 대한 소유권이 있는 경우에만 거래할 수 있도록 하자는 등 즉 헤지거래에 국한되어야 한다는 주장이 있다. 하지만, 근본적으로 헤지거래자만으로는 시장이 형성되기 어렵다. 앞서 파생상품의 기능에서 설명한 바와 같이, 헤지거래자가 헤지를 위해서는 유동성이 필요하고 이러한 유동성의 제공은 투기자의 역할이다.

159 물론 이 경우에도 인가받은 투자중개업자에 의해 거래되어야 한다. 그러하지 않을 경우, 업 규제의 대상이 될 수 있을 뿐만 아니라, 상술한 바와 같이 도박죄의 적용이 문제 될 수 있다.

제3장

파생상품의 개념에 대한 외국의 입법례

제1절 일본

제2절 미국

제3절 영국

제1절 일본

1. 서설

「금융상품거래법」(金融商品取引法; 이하 '金商法')[160]의 규제대상은 유가증권 및 파생상품거래로 종래의 「증권거래법」(証券取引法; 이하 '証取法')[161]과 비교한다면 그의 대상이 대폭 넓어졌다. 유가증권으로는 새롭게 '집단투자스킴지분'의 포괄적인 정의규정(金商法 제2조제2항5호)을 마련하고, 수익증권발행신탁의 수익증권(金商法 제2조제1항14호)과 저당증권(金商法 제2조제1항16호) 등을 추가하였고,[162] 파생상품거래에 관해서는 証取法의 대상이었던 유가증권 파생상품거래와「금융선물거래법」(金融先物取引法; 이하 '金先法')의 대상이었던 금융선물거래를 통합하는 외에 종래 규제대상으로 되지 않았던 금리・통화스왑[163], 신용파생상품거래[164], 기후파생상품거래[165] 등도 대상범위에 포함시켰다.[166]

---

160 2006년(平成 18년) 6월 7일에 국회에서「증권거래법등의일부를개정한법률」(법률65호) 및「증권거래법등의일부를개정한법률의시행에수반하는관계법률의정비등에관한법률」(법률66호)이 가결성립하고, 6월14일에 공포되었다. 이 2개의 법률에 의해 「금융선물거래법(金融先物取引法)」 외에 「외국증권업자에관한법률(外国証券業者に関する法律)」, 「유가증권에관계된투자고문업의규제등에관한법률(有価証券に係る投資顧問業の規制等に関する法律)」, 「저당증권업의규제등에관한법률(抵当証券業の規制等に関する法律)」 등 3개의 법률이 폐지되고, 각각의 내용이 「증권거래법(証券取引法)」에 통합되어 그 제명(題名)도 「금융상품거래법(金融商品取引法)」으로 개정되어 오늘에 이르고 있다; 金商法에 대한 제정경위에 대해서는 川村正幸, 「金融商品取引法」第2版 (中央経済社, 2008), 3~8면 참조.

161 일본에서의 유가증권 개념은 1948년(昭和 23년) 4월 13일에 법률 제25호로서 공포된 증권거래법(証券取引法)을 기초로 사회적 수요를 반영하여 여러 차례 개정을 거듭하며 발전해 왔다. 일본의 証取法은 미국의 연방증권법에 그 기초를 둔 것이지만, 일본은 미국의 증권에 대한 포괄적 정의규정을 도입하는 대신 한정적 열거주의에 의해 증권의 대상이 되는 상품들을 열거해 주고, 정령(政令)에 의해 보완하는 방식을 취했던 점이 특징이다. 이에 대한 자세한 논의는 日野正晴, 「詳解 金融商品取引法」(中央経済社, 2008), 2면 참조.

162 구체적인 金商法상의 유가증권에 대한 개괄 및 자본시장법상 증권과의 비교에 대해서는 류혁선・임재연, "일본 금융상품거래법상의 유가증권 개념에 대한 연구", 「성균관법학」21권제2호 (성균관대하교 법학연구소, 2009) 참조.

163 金商法 제2조제21항4호와 제22항5호.

164 金商法 제2조제21항5호와 제22항6호.

165 金商法施行令 제1조의14는 폭풍, 홍수, 지진 등의 자연현상과 전쟁, 혁명, 폭동 등에 대해 기술하고 있다.

166 原 義則 編著, 「実務 金融商品取引法」(商事法務, 2008), 15면.

이 외에도 金商法은 '제1항 유가증권'을 열거함에 있어(金商法 제2조제1항), 파생상품의 성격이 있는 이른바 커버드워런트(covered warrant)[167]에 대해서도 기술하고 있는데(金商法 제2조제1항제19호), 이는 1998년 証取法 개정 때 이미 유가증권에 포함되어 있었지만, 종래 証取法과 비교한다면 金商法은 그 범위를 대폭 확대하고 있다. 金商法은 파생상품거래의 기초자산을 유가증권 이 외의 것으로 확대하였으며(金商法 제2조제20항~제25항), 이에 따라 커버드워런트에 표시되는 옵션의 범위 또한 확대되었다.[168]

그리고 金商法이 파생상품거래를 정의하는 방식은 종전과 크게 다르지 않다. 金商法 제2조는 유가증권 및 파생상품거래에 관련한 여러 가지 금융상품의 종류를 열거하고 있다. 즉, 金商法에서도 종래와 마찬가지로 한정적 열거주의에 입각한 정의방식을 채택하고 있는 것이다. 다만, 파생상품거래의 대상인 기초자산의 확대로 인해 그 영역은 証取法과 비교한다면 매우 확대되었다는 점이 특징이다.[169]

일본은 금융위기 이후, 2010년(平成 22年) 금융상품거래법을 개정하여[170], 장외파생상품거래 등의 결제의 안정성・투명성의 향상을 도모하기 위하여 장외파생상품거래에 관한 청산기관 이용의 의무부과(金商法 제156조의62) 및 장외파생상품거래 등의 거래정보 보존・보고제도의 창설(金商法 제156조의63 및 제156조의64) 등의 제도를 마련하였고, 「장외파생상품거래 등의 규제에 관한 내각부령」(店頭デリバティブ取引等の規制に関する内閣府令)과 함께 2012년 11월 1일 시행되었다.

金商法은 본래 금융파생상품 이외의 상품[171]을 기초자산으로 하는 상품선물, 상품지표선물거

167 일반적인 워런트는 주식 발행회사가 발행하는 것임에 반해, 여기에서 규정하는 커버드워런트는 주식 발행회사 이외의 제3자가 발행하는 워런트를 말한다. 주식 등을 일정한 가격으로 매수할 수 있는 권리 또는 주가지수에 연동하여 차액을 받는 권리를 나타낸다. 장외에서 거래되는 커버드워런트와 거래소에 상장된 상장 커버드워런트로 나뉘며, 상장 커버드워런트는 2008년 9월 26일부터 오사카증권거래소에서 거래가 개시되었다. 이에 대응되는 것으로 우리나라에서는 ELW(Equity Linked Warrant)가 거래되고 있다.

168 다만, 2012년 개정으로 새로이 추가된 상품(commodity)은 기초자산에서 배제되었다(金商法 제2조제1항제19호).

169 金商法 제2조제20항부터 제23항까지의 내용이 파생상품거래와 관련된 정의규정이며, 선도거래, 선물거래, 옵션거래, 스왑거래, 신용파생거래 등에 대해 기술하고 있다. 제2조제24항과 제25항은 금융상품과 금융지표에 대해 규정하고 있는데 이는 파생상품의 기초자산이 된다. 금융상품으로는 유가증권 외에 채권(債権), 통화, 상품(commodity) 등 다양하게 정의되어 있다.

170 동 개정은 2010년 5월 12일 성립하여 5월19일 공표되고, 정령・내각부령(2010년12월 27일 공포)과 함께 2011년 4월 1일부로 시행되었으나, 일부인 금융상품거래업자 대한 장외파생상품거래에 관한 청산기관 이용의 의무부과(金商法 제156조의62) 및 장외파생상품거래 등의 거래정보 보존・보고제도의 창설(金商法 제156조의63) 등은 「장외파생상품거래 등의 규제에 관한 내각부령」등과 함께 2012년 11월 1일 시행되었다.

171 대상 자산인 상품에 대한 정의는 商取法 제2조제1항이 규정하고 있다. 농산물, 임산물, 축산물, 수산물,

래에 관해서는 규율하지 않고, 별도로 「상품선물거래법」(商品先物取引法; 이하 '商取法')에서 규정하고 있었다.[172] 그러나 2012년(平成 24年) 金商法을 개정하여, 증권・금융과 상품을 일괄 취급하는 '종합적인 거래소'의 필요에 따라 商取法 상의 '상품'을 금융상품으로 도입하고 시장파생상품거래가 가능하도록 하였다.[173] 그리고 이 경우에는 金商法에 기초하여 규제하고 내각총리대신(금융청)이 일원적으로 감독하는 것으로 하였다. 다만, 상품만을 취급하는 거래소에 관해서는 계속해서 商取法에 따라 규제되고 농림수산대신 및 경제산업대신이 감독하는 것으로 하였다. 따라서 금융청과 농림성, 경제산업성과의 협의・제휴가 필요하게 되었고 관계 규정이 마련되고 있다.[174]

2. 金商法상 기초자산의 범위

가. 금융상품

'금융상품(金融商品)'은 파생상품의 가장 일반적인 기초자산이 된다. 금융상품 개념을 구체적으로 살펴보면 다음과 같다(金商法 제2조제24항).

1. 유가증권
2. 예금계약에 기초한 채권(債権), 기타 권리 또는 해당 권리를 표시하는 증권 혹은 증서로써 정령에서 정하는 것(전호에 게재된 것은 제외)
3. 통화

3의2. 상품(商取法 제2조제1항에 규정하는 상품 중 법령의 규정에 기초하여 해당 상품의 가격

광물, 전력 및 가격의 변동이 현저하여 선물 거래와 유사한 거래의 대상이 될 개연성이 높은 것으로서 정령에서 정하도록 하고 있다.

172 종래에는 「상품거래소법」(商品取引所法)에서 농산물, 귀금속, 천연자원 등의 상품관련 파생상품에 대한 규제를 담당하고 있었으나, 「상품거래소법 및 상품투자에 관한 사업의 규제에 관한 법률을 일부 개정하는 법률」(商品取引所法及び商品投資に係る事業の規制に関する法律の一部を改正する法律)(이하, '改正法')이 시행되어, 「상품거래소법」(商品取引所法)의 명칭이 「상품선물거래법」(商品先物取引法)으로 변경되었다. 본 改正法은 3단계로 나뉘어 시행되어졌는데, 제1단계는 2009년 10월 8일(平成21年10月8日), 제2단계는 2010년 7월 1일(平成22年7月1日), 제3단계는 2011년 1월 1일(平成23年1月1日) 시행되어졌다.

173 川村正幸, 「金融商品取引法」第5版 (中央経済社, 2014), 28면 참조. 장외파생상품 및 외국시장파생상품거래에서는 상품과 관련한 것은 포함되지 않는 것으로 하고 있다(제2조제22항, 제23항).

174 위의 책, 29면 참조.

의 안정에 관한 조치의 유무, 기타 해당 상품의 가격형성 및 수급의 상황을 감안하여 해당 상품에 관련된 시장파생상품 거래로 인해 해당 상품의 적절한 가격형성이 저해될 우려가 없고 또한 거래소 금융상품시장에서 해당 상품에 관련된 시장파생상품거래가 행해지는 것이 국민경제상 유익한 것으로서 정령에서 정하는 것을 말한다.)

4. 전 각호에 게재된 것 외에 동일한 종류의 것이 다수 존재하고, 가격변동이 현저한 자산으로써 해당 자산에 관련된 파생상품거래(파생상품거래와 유사한 거래를 포함)에 대하여 투자자 보호를 확보할 필요가 있다고 인정되는 것으로써 정령에서 정하는 것(商取法 제2조제1항에서 규정하는 상품을 제외)
5. 제1호 혹은 제2호의 것 또는 제4호의 것 중 내각부령에서 정하는 것에 대하여 금융상품거래소가 시장파생상품거래를 원활히 하기 위하여 이율, 상환기한, 기타의 조건을 표준화하여 설정한 표준물

여기서, 제2호에 따른 정령에서 정한 내용은 金商法施行令 제1조의17 및 이에 따른「외환 및 무역에 관한 법」(外国為替及び外国貿易法) 제6조제1항이 규정하고 있다. 구체적으로는 통화를 제외한 지급수단[175](은행권, 외환어음 및 수표, 증표 등), 증권[176](공채, 사채, 주식, 출자지분, 채권(債券), 저당증권 등), 채권(債権)[177](정기예금, 당좌예금, 통지예금, 보험증권 등)을 말한다.

그리고 제3호의 '통화'는 金商法이 제정되면서 제2호와 함께 金先法상의 기초자산이었던 것이 추가된 것이다.

제3의2호인 '상품'은 종합적인 거래소를 표방하면서 2012년 金商法 개정 시 商取法 상 대상이었던 상품을 포함한 것이다. 다만, 금융청 장관이 상품시장 소관 장관과 협의하여 시장파생상품

175 外国為替及び外国貿易法 제6조제1항제7호, 「支払手段」とは、次に掲げるものをいう。
イ 銀行券、政府紙幣、小額紙幣及び硬貨
ロ 小切手(旅行小切手を含む。)、為替手形、郵便為替及び信用状
ハ 証票、電子機器その他の物(第十九条第一項において「証票等」という。)に電磁的方法(電子的方法、磁気的方法その他の人の知覚によつて認識することができない方法をいう。)により入力されている財産的価値であつて、不特定又は多数の者相互間での支払のために使用することができるもの(その使用の状況が通貨のそれと近似しているものとして政令で定めるものに限る。)
ニ 又はロに掲げるものに準ずるものとして政令で定めるもの

176 外国為替及び外国貿易法 제6조제1항제11호, 「証券」とは、券面が発行されていると否とを問わず、公債、社債、株式、出資の持分、公債又は株式に関する権利を与える証書、債券、国庫証券、抵当証券、利潤証券、利札、配当金受領証、利札引換券その他これらに類する証券又は証書として政令で定めるものをいう。

177 外国為替及び外国貿易法 제6조제1항제13호, 「債権」とは、定期預金、当座預金、特別当座預金、通知預金、保険証券及び当座勘定残高並びに貸借、入札その他に因り生ずる金銭債権で前各号に掲げられていないものをいう。

거래가 이루어지는 것이 국민경제의 건전한 발전에 이바지한다고 인정되는 것으로서 그 대상을 정하도록 하고 있다(金商法 제2조제24항제3호의2, 金商法施行令 제1조의17의2)

또한 金商法상의 금융상품은 현물거래의 대상뿐만 아니라, '표준물'을 제시하고 있는데, 표준물을 정함에 있어서, 금융상품거래소는 표준물의 조건 및 그 밖의 표준물의 거래에 필요한 사항을 업무규정에 정하도록 하고 있다(金商法 제118조). 표준물은 대표적으로 국채선물의 기초자산을 정함에 있어 활용된다.

나. 금융지표

파생상품거래의 대상인 기초자산의 또 다른 유형은 참조지표(參照指標)에 대한 것이다. 金商法은 파생상품거래의 참조지표인 '금융지표(金融指標)'의 범위에 관해, 종래 証取法에 있어서의 참조지표인 유가증권관련 지표에 더해, 종래 金先法에 있어서의 파생상품거래의 참조지표였던 금리와 통화의 가격 등을 통합하고, 그 외에 기상관측수치를 추가하고, 그 밖의 지표를 정령에서 추가 지정하는 것을 가능하도록 하는 등 참조지표의 범위를 확대하고 있다.

金商法상 구체적으로 정해진 금융지표의 개념은 다음과 같다(金商法 제2조제25항).

1. 금융상품의 가격 또는 금융상품(통화, 상품을 제외)의 이율 등
2. 기상청 기타의 자가 발표하는 기상관측성과에 관련된 수치
3. 그의 변동에 영향을 미치는 것이 불가능하거나 혹은 현저히 곤란한 것으로써 사업자의 사업 활동에 중대한 영향을 미치는 지표(제2호의 것을 제외) 또는 사회경제상황에 관한 통계수치로써 이들 지표 또는 수치에 관련된 파생상품거래(파생상품거래와 유사한 거래를 포함)에 대하여 투자자 보호를 확보할 필요가 있다고 인정되는 것으로서 정령에서 정하는 것[178](상품거래소법 제2조제5항에서 규정하는 상품지수를 제외)

---

178 여기서, 정령으로 정하는 것이란 다음에 열거하는 것을 말한다(金商法施行令 제1조의18).
1) 기상청 그 밖의 자가 발표한 지상(地象)、지동(地動)、지구자기(地球磁気)、지구전기(地球電気) 및 수상(水象)의 관측의 성과와 관련되는 수치
2) 통계법 제2조제4항에서 규정하는 기간통계의 수치, 동조 제7항에서 규정하는 일반통계조사의 결과와 관련되는 수치 및 동법 제24조제1항 및 제25조의 규정에 의거 신고한 통계조사의 결과와 관련되는 수치 그 밖의 이에 준하는 것으로서 내각부령으로 정하는 수치
3) 전호의 것에 상당하는 외국의 통계수치;
金商法施行令 제1조의18, "法第二条第二十五項第三号に規定する政令で定めるものは、次に掲げるものとする。
一 気象庁その他の者が発表する地象、地動、地球磁気、地球電気及び水象の観測の成果に係る数値
二 統計法(平成十九年法律第五十三号)第二条第四項に規定する基幹統計の数値、同条第七項に規定す

4. 전 3호에 게재된 것에 기초하여 산출한 수치.

3. 金商法상 파생상품의 정의

金商法상 파생상품은 금융파생상품이라고도 불리며,[179] 통화, 금리, 채권, 주식, 상품 등의 기초자산에 관련된 전통적인 현물거래로부터 파생된 금융거래로서, 기초자산의 시장가격 또는 지표에 의존해서 이론가격이 결정되는 금융상품이다.[180]

金商法은 파생상품거래의 정의를 포괄적으로 규정하지 않고, 거래를 하는 장소에 따라 1차적으로 분류하고 있다. 즉, 金商法 제2조제20항은 "이 법률에서 '파생상품거래'란 시장파생상품거래, 장외파생상품거래 또는 외국시장파생상품거래를 말한다"고 정의한다. 그리고 金商法상 규정된 파생상품거래의 유형으로는 상기의 금융상품과 금융지표를 기초자산으로 한 선물거래, 옵션거래, 스왑거래 및 신용파생상품거래 등이 열거되어 있다.

과거 証取法은 파생상품거래라고 하는 정의는 없이, 각각의 거래인 유가증권 선물거래, 유가증권지수등 선물거래, 유가증권 옵션거래, 외국시장증권 선물거래, 유가증권 선도거래, 유가증권 장외지수등 선물거래, 유가증권장외지수등 옵션거래, 유가증권장외지수등 스왑거래에 관해서 열거방식에 의해 규제대상을 정하고 있었다.[181] 또한 証取法은 유가증권파생상품에 관해서만 규정하고 있고, 금융선물거래에 관해서는 金先法을 별도로 두고 있었다. 이에 비해, 金商法은 금융선물거래를 규제대상으로 포함하는 것 외에 다양한 파생상품거래에 대한 규제로 확대 적용하기 위하여 그 기초자산의 범위를 대폭 확대하였다.

하지만, 金商法의 규율대상으로서 유가증권의 확장을 위해 도입한 '집단투자스킴지분'과 같은 포괄적 규정을 파생상품거래의 개념 정의에는 도입하지 않고 있다. 이것에 대해 일본의 입법담당자는 "파생상품거래의 내용은 다양하여 현재 이용되어지는 것만이 아니라 장래에 이용가능성이

る一般統計調査の結果に係る数値並びに同法第二十四条第一項及び第二十五条の規定による届出のあつた統計調査の結果に係る数値その他これらに準ずるものとして内閣府令で定める数値

三　前号に掲げるものに相当する外国の統計の数値.

179 상품선물, 상품지표선물의 거래에 관해서는 별도로 商取法에서 규정하고 있다. 2012년 개정 전까지는 金商法은 기초자산이 일반상품(commodity)인 경우는 아예 규율하지 않았다. 2012년 개정으로 금융청과 상품 관할 소관부처들의 협의에 의해 상품을 기초자산으로 하는 시장파생상품거래를 금융상품거래소에 상장할 수 있도록 함으로써 일부 상품에 대한 파생상품 역시 金商法의 규제 하에 들어오게 되었다.

180 川村正幸(2014), 앞의 책, 113면.

181 河本 一郎・大武泰南, 「金融商品取引法読本」(有斐閣, 2008), 344면 참조.

있는 것도 대상으로 할 수 있도록 포괄규정을 두는 것으로 하면 추상적인 것으로 되어 버려, 이것은 규제의 투명성・예견가능성의 관점에서는 문제가 있게 되고, 또한 파생상품거래의 정의는 곧 도박죄에 관한 위법성 조각의 범위를 결정하는 것이기 때문에 죄형법정주의의 관점에서 명확성이 특히 강하게 요구된다는 점을 고려하여, 어느 정도 구체적인 정의를 두고 투자자 보호가 필요하다고 인정되는 새로운 파생상품거래가 출현한 경우에는 정령(政令) 지정을 통하여 기동적으로 규제대상으로 하는 것이 가능하도록 하고 있다"고 언급하고 있다.[182]

따라서 金商法은 급변하는 금융환경 하에서 생산되는 다양한 파생상품의 거래유형 및 금융상품・금융지표 등의 기초자산에 관해서는 각각 정령에 추가 지정하는 규율방식을 채택하고 있다(金商法 제2조제21항제6호, 제22항제7호, 제24항제4호, 제25항제3호).

가. 선도거래/ 선물거래

金商法은 파생상품의 종류를 열거함에 있어 선도거래 및 선물거래와 같은 용어를 사용하고 있지는 않지만, 제2조제21항제1호 및 2호(선물거래) 그리고 제22항제1호 및 제2호(선도거래)에서 매매의 당사자가 장래의 일정 시기에 금융상품 및 그의 대가의 수수를 약정하는 매매(売買の当事者が将来の一定の時期において金融商品及びその対価の授受を約する売買)라고 정의하고 있다.

아울러 金商法은 장외파생상품인 선도거래의 경우에도 차액결제방식에 의한 거래(差金の授受によつて決済することができる取引)를 정의하고 있어 미국의 경우와 다르다.[183][184]

나. 옵션거래

金商法은 옵션거래의 정의와 관련하여 선도거래와 마찬가지로 그 용어를 직접적으로 사용하

182 川村正幸(2008), 앞의 책, 65면.

183 후술하겠지만, 미국은 forward와 futures를 구분하는 것이 중요했다. forward는 금융위기 전까지는 규제의 영역이 아니었고, futures는 적격 거래소를 통해 거래되어야만 한다. 따라서 다양한 분쟁이 있어 왔는데 판례에 의하면, 그 기준으로 실질적인 상품의 인도를 기대하는 계약을 forward로 규정하고 있다(Durn v. CFTC, 519 U.S. 465, 472 (1997), "forward contracts" (agreements that anticipate the actual delivery of a commodity on a specified future date)).

184 金商法 제2조제23항제1호, "売買の当事者が将来の一定の時期において金融商品（第二十四項第三号の二及び第五号に掲げるものを除く。第三号及び第六号において同じ。）及びその対価の授受を約する売買であつて、当該売買の目的となつている金融商品の売戻し又は買戻しその他政令で定める行為をしたときは差金の授受によつて決済することができる取引"

고 있진 않지만, 파생상품의 종류를 열거함에 있어, 옵션거래에 대하여 제2조제21항제3호에서 당사자 일방의 의사 표시에 의하여 당사자 간에 금융상품의 매매 등의 거래를 성립시킬 수 있는 권리를 상대방이 당사자 일방에게 부여하고 당사자 일방이 이에 대한 대가를 지불하는 것을 약정하는 거래 또는 이와 유사한 거래라고 정의하고 있다.[185]

다. 스왑거래

金商法은 스왑거래에 대하여 제2조제21항4호에서 당사자가 원금으로 정한 금액에 대해 당사자 일방이 상대방과 합의된 금융상품의 이율 등 또는 금융지표의 약정기간 동안 변화율에 따라 금전을 지불하고, 상대방이 당사자 일방과 합의된 금융상품의 이율 등 또는 금융지표의 약정기간 동안 변화율에 기초하여 금전을 지불하는 것을 상호간에 약정한 거래라고 정의하고 있다.[186] 즉 일반적으로 경제학에서 사용하는 현금흐름을 교환하는 거래를 스왑으로 정의한 것이다.

4. 파생상품거래의 분류

金商法은 파생상품거래를 장내시장, 장외시장, 외국시장 등 3종의 거래로 분류하고, 구체적으로는 파생상품거래의 구성요소를 선도거래, 선물거래, 옵션거래, 스왑거래, 신용파생거래 등으로 구분하여, 이에 대해 각각 정의하는 방식을 택하고 있다.

185 金商法 제2조제21항제3호, 当事者の一方の意思表示により当事者間において次に掲げる取引を成立させることができる権利を相手方が当事者の一方に付与し、当事者の一方がこれに対して対価を支払うことを約する取引又はこれに類似する取引

186 金商法 제2조제21항제4호, 当事者が元本として定めた金額について当事者の一方が相手方と取り決めた金融商品(第二十四項第三号及び第三号の二に掲げるものを除く。)の利率等(利率その他これに準ずるものとして内閣府令で定めるものをいう。以下同じ。)又は金融指標(金融商品(これらの号に掲げるものを除く。)の利率等及びこれに基づいて算出した数値を除く。以下この号及び次項第五号において同じ。)の約定した期間における変化率に基づいて金銭を支払い、相手方が当事者の一方と取り決めた金融商品(第二十四項第三号及び第三号の二に掲げるものを除く。)の利率等又は金融指標の約定した期間における変化率に基づいて金銭を支払うことを相互に約する取引(これらの金銭の支払とあわせて当該元本として定めた金額に相当する金銭又は金融商品を授受することを約するものを含む。)

가. 시장파생상품거래

시장파생상품거래(市場デリバティブ取引)란, 금융상품시장에서 금융상품시장을 개설한 자가 정하는 기준 및 방법을 좇아 행해지는 거래를 말한다(金商法 제2조제21항). 여기서, '금융상품시장'이란 유가증권의 매매 또는 시장파생상품거래를 행하는 시장(상품관련 시장파생상품 거래만을 행하는 것은 제외)을 일컫는 것으로(金商法 제2조제14항), 과거 証取法 하에서는 '유가증권시장'이라는 용어가 사용되었다. 이는 금융상품거래소가 개설하는 금융상품시장인 '거래소금융상품시장'(金商法 제2조제17항)과는 구별되는 개념이다. 즉, 금융상품시장이란 인가금융상품거래업협회가 개설한 장외시장 및 면허를 받은 금융상품거래소가 개설한 거래소금융상품시장 모두를 지칭하는 것이다.

따라서 시장파생상품거래란 거래소금융상품시장 또는 인가금융상품거래업협회가 개설한 장외시장을 포함하는 금융상품시장에서 금융상품시장을 개설한 자가 정하는 기준 및 방법을 좇아 행해지는 金商法 제2조제21항각호가 정하는 거래를 말한다. 현재는 장외시장은 실제로 존재하지 않기 때문에, 결국 거래소금융상품시장에 있어서의 거래만으로 한정된다.[187]

구체적인 거래의 유형으로는 금융상품선물거래(金商法 제2조제21항제1호), 지표선물거래(제2호), 금융상품옵션거래(제3호イ), 선물옵션, 스왑옵션, 신용파생상품에 관련된 옵션(제3호ロ), 지표옵션거래(제3호ロ괄호), 스왑거래(제4호), 상품스왑거래(제4호의2), 신용파생상품거래(제5호イ), 자연등[188] 파생상품거래(제5호ロ), 그리고 정령에서 지정하는 거래(제6호)를 정하고 있다(金商法 제2조제21항).

---

187 川村正幸(2014), 앞의 책, 119면.

188 金商法 제2조제21항제5호ロ는 "당사자가 발생에 영향을 미치는 것이 불가능하거나 현저하게 곤란한 사유로써 당사자 기타 사업자의 사업활동에 중대한 영향을 미치는 것으로써 정령에서 정하는 것"이라고 규정하고, 정령으로 정하는 것으로는 폭풍, 호우, 폭설, 홍수, 고조, 지진, 해일, 분화 그 외의 비정상인 자연현상 그리고 전쟁, 혁명, 내란, 폭동, 소란 그 외 이것들에 준하는 것으로서 내각부령으로 정하는 사유를 정하고 있고(金商法施行令 제1조의14), 내각부령에서는 구체적으로 외국정부, 외국의 지방공공단체 등에 의해 실시된 통화거래의 제한・금지, 사인(私人)의 채무의 지불의 유예・면제에 관한 조치, 그의 채무에 관계된 채무불이행 선언 등을 정하고 있다(定義府令 제21조)
金商法施行令 제1조의14, "第一条の十四　法第二条第二十一項第五号ロ及び第二十二項第六号ロに規定する政令で定めるものは、次に掲げるものとする。
一 暴風、豪雨、豪雪、洪水、高潮、地震、津波、噴火その他の異常な自然現象
二 戦争、革命、内乱、暴動、騒乱その他これらに準ずるものとして内閣府令で定める事由
金商法定義府令 제21조, "令第一条の十四第二号に規定する内閣府令で定める事由は、外国政府、外国の地方公共団体その他これらに準ずる者により実施される次に掲げるものとする。"
一　為替取引の制限又は禁止
二　私人の債務の支払の猶予又は免除について講ずる措置
三　その債務に係る債務不履行宣言.

나. 장외파생상품거래

金商法 제2조제22항은 금융상품시장 및 외국금융상품시장을 통하지 않고 행하는 거래를 장외파생상품으로 정의하고 있다.

2008년 금융위기 이후, 금융위기의 원인으로 지목된 장외파생상품거래에 대한 투명성과 거래정보의 취합을 위해 다양한 제도가 도입되는 국제적 흐름에 맞추어 일본도 金商法을 개정하였다. 일본은 2010년 金商法 개정을 통해 장외파생상품거래에 관한 청산기관 이용의 의무부과(金商法 제156조의62) 및 장외파생상품거래 등의 거래정보 보존・보고제도의 창설(金商法 제156조의63 및 제156조의64) 등의 제도를 마련하였다.

金商法 제156조의62는 금융상품거래업자등이 금융청장관이 지정하는 장외파생상품거래를 하는 경우에는 해당 거래에 따른 자신과 상대방의 채무를 금융상품거래청산기관등에 부담시킬 것을 요구하고 있다(청산집중의무).[189] 「장외파생상품거래 등의 규제에 관한 내각부령」 제2조는 신용파생상품(제1항)과 이자율관련 파생상품(제2항)을 기술하고 이 중 금융청장이 청산집중 대상상품을 지정하도록 하고 있다. 아울러 거래 당사자 일방이 금융상품거래업자가 아닌 경우에는 청산집중의무에서 배제하도록 하는 등 청산집중의무의 적용대상에서 제외되는 경우를 규정(제3항과 제4항)하고 있다.

金商法 제156조의63 및 제156조의64는 금융상품거래청산기관(금융상품거래청산기관 또는 외국 금융상품거래청산기관) 및 금융상품거래업자등(금융상품거래업자 또는 등록금융기관)에 대하여 거래정보의 보존・보고를 의무화하고 있다(거래정보의 보존・보고 제도). 「장외파생상품거래 등의 규제에 관한 내각부령」 제6조는 금융상품거래업자등 중 거래정보작성대상업체[190]가 수행하는 장외파생상품거래를 거래정보의 보존 및 보고 제도의 대상으로 하고 있다.[191]

아울러 2012년 개정을 통해서는 장외파생상품거래에 관한 전자정보처리조직의 사용의무(金商法 제40조의7)를 부과하였다.[192] 장외파생상품을 업으로 하는 금융상품거래업자는 장외파생상

---

189 현재 의무청산대상 상품은 CDS index와 엔화표시 금리스왑이다.

190 거래정보작성대상업체란 제1종 금융상품거래업을 하는 금융상품거래업자 또는 등록금융기관인 은행, 주식회사 상공조합중앙금고, 주식회사 일본정책투자은행, 전국을 지구로 신용금고연합회, 농림중앙금고 또는 보험회사 등을 말한다.

191 이에 따라 금융청은 金商法 제156조의66제1항의 규정에 따라 집계된 장외파생상품 규모를 공표하고 있다. 최근(2017년 9월 5일) 공표된 자료를 보면, 2016년 9월말 장외파생상품거래 잔액(상정 원본 기준)은 약 4,158조엔이고, 같은 해 3월말 잔액 약 3,659 조원과 비교하면, 약 499 조엔 증가 하였다. 주요 요인은 금리관련 파생상품거래가 약 518조엔 증가한 것이다. 증가한 원인에 대해서도 정리하여 공표하고 있다. <https://www.fsa.go.jp/news/29/20170905-1.html> "店頭デリバティブ取引情報の公表について"

품거래 중 거래량 기타 거래의 상황에 비추어 거래의 공정성 확보를 위해 그 개요 정보의 신속한 공개가 필요하다고 인정되는 거래로서 내각 부령으로 정하는 특정 장외파생상품거래를 하는 경우에는 해당 금융상품거래업자 등이 그 장외파생상품과 관련하여 거래 업무를 제공하는 전자정보처리조직을 사용하여 수행하여야 한다(金商法 제40조의7제1항). 그리고 전자정보처리조직은 그를 통해 수행된 장외파생상품거래에 관해 그 가격, 수량, 기타 거래 개요를 나타내기 위해 필요한 사항을 공표하여야 한다(金商法 제40조의7제2항).[193]

장외파생상품은 그 업 규제가 엄격하여 그 내용 등을 감안하여 공익 또는 투자자 보호를 위해 지장이 생기지 않는다고 인정되는 것은 장외파생상품에서 배제하여 불필요한 업 규제를 받지 않도록 배제하는 규정을 또한 마련하고 있다(金商法 제2조제22항주서(柱書)). 이는 금융상품시장 및 외국금융상품시장 외에서 거래되는 것은 너무 다양하고 그 가운데는 장외파생상품거래의 정의에는 해당하지만 장외파생상품거래로서 규제(제1종 금융상품거래업으로서의 규제)할 필요가 없는 것도 있기 때문에 정령에 의해 배제하도록 하고 있는 것이다.[194]

구체적으로는「예금보험법」(預金保険法) 제2조제2항에 규정하는 예금등 및「농수산업협동조합저금보험법」(農水産業協同組合貯金保険法) 제2조제2항에 규정하는 저금(貯金)등의 인수를 내용으로 하는 거래에 부수하는 통화의 매매에 관한 거래, 그리고「보험업법」(保険業法) 제2조제1항에 규정하는 보험업과 동항각호의 사업에 관련되는 계약의 체결, 또는 채무의 보증과 관련되는

192 해당 제도가 2010년 金商法 개정 시 도입되지 않고 2년 미루어진 것에 대해 금융청은 다음과 같이 밝히고 있다. “장외파생상품시장에 관한 규제는 G20 등 국제적 논의를 받아 각국의 대응이 요구되는 가운데, 2010년 개정 금융상품거래법에서 표준화 된 거래에 따른 청산집중 및 거래정보의 보존・보고 체계 등을 정비했지만, 표준화된 장외파생상품거래에 일정한 요건을 충족한 전자거래기반 등의 이용을 의무화하는 내용은 여러 나라 제도 정비에 대한 움직임과 국제적인 논의의 진전 상황, 당시의 일본의 거래 실태 등을 근거로 제도화는 보류되었다.”(金融庁, “「店頭デリバティブ市場規制にかかる検討会」における議論の取りまとめ” (2011.12.26.), 1면); 이 밖에 동 보고서 2항은 가격형성의 공정성을 포함하여 거래의 실정을 감독당국이 신속히 모니터링 할 수 있도록 하는 것 등을 포함하여 전자정보처리조직의 사용의무의 목적에 대해 적시하고 있다.

193 金商法 제40조의7, 金融商品取引業者等(店頭デリバティブ取引を業として行う者に限る。)は、特定店頭デリバティブ取引(店頭デリバティブ取引のうち、取引高その他の取引の状況に照らして、取引の公正の確保のためその概要に関する情報の迅速な開示が必要であると認められる取引として内閣府令で定めるものをいう。次項、第五十八条の二及び第六十条の十四第一項において同じ。)を行う場合には、当該金融商品取引業者等がその店頭デリバティブ取引の業務の用に供する電子情報処理組織又は他の金融商品取引業者等(店頭デリバティブ取引等を業として行う者に限る。)若しくは同条第二項に規定する電子店頭デリバティブ取引等許可業者がその店頭デリバティブ取引等の業務の用に供する電子情報処理組織を使用して行わなければならない。

2　前項の規定により電子情報処理組織を使用に供した者は、当該電子情報処理組織を使用して行われた特定店頭デリバティブ取引について、内閣府令で定めるところにより、その価格、数量その他取引の概要を明らかにするために必要な事項を公表しなければならない。

194 川村正幸(2014), 앞의 책, 123면.

계약의 체결 및 이러한 계약체결 이 외의 대부와 관련되는 채무의 전부 또는 일부의 변제가 이루어지지 않는 경우에 그 채권자에게 변제되지 않는 액의 일부를 보전하는 계약의 체결은 장외파생상품거래의 대상에서 제외한다(金商法施行令 1조의15).[195]

따라서 이 경우에는 후술하는 장외파생상품업을 영위하기 위하여 등록하여야 하는 제1종 금융상품거래업의 규제를 받지 않게 된다.

이 외에도 金商法 상 장외파생상품의 기초자산으로 금융상품으로 새롭게 추가된 '상품(제24조 제3호의2)'을 활용하지 못하게 하고 있다. 즉, 금융상품 중 '상품'에 대한 장외파생상품의 경우에는 여전히 商取法이 적용된다.

장외파생상품거래와 관련하여서도 金商法 제2조제21항이 규정하는 시장파생상품거래의 정의 규정과 매우 유사한 규정을 두고 있다. 다만, 제1호의 경우에는 장내 표준화된 거래인 선물거래와 대비하여 선도거래라고 부른다. 선도거래는 표준화된 선물거래와 비교할 때, 상품의 종류・수량・수도시기・매매의 장소 등의 조건이나 상품의 구조를 매매 당사자 간에 다양하게 임의로 정할 수 있는 것이 특징이다.

金商法상 열거된 장외파생상품거래의 구체적인 거래유형으로는 금융상품선도거래(金商法 제2조제22항제1호)[196], 지표선도거래(제2호), 옵션거래(제3호), 지표옵션거래(제4호), 스왑거래(제5호), 신용파생상품거래(제6호イ), 자연등 파생상품거래(제6호ロ), 그리고 본항 각호의 것 외에 이와 같은 경제적 성질을 가지는 거래로써 공익 또는 투자자 보호를 확보하는 것이 필요하다고 인정되는 것으로써 정령에서 정하는 거래(제7호)를 정하고 있다(金商法 제2조제22항).

195 金商法施行令 제1조의15, 法第二条第二十二項に規定する公益又は投資者の保護のため支障を生ずることがないと認められるものとして政令で定めるものは、次に掲げるものとする。
- 一 預金保険法(昭和四十六年法律第三十四号)第二条第二項に規定する預金等及び農水産業協同組合貯金保険法(昭和四十八年法律第五十三号)第二条第二項に規定する貯金等の受入れを内容とする取引に付随する法第二条第二十二項第三号(ロを除く。)に掲げる取引(通貨の売買に係るものに限る。)
- 二 保険業法第二条第一項に規定する保険業及び同項各号に掲げる事業に係る契約の締結
- 三 債務の保証に係る契約の締結
- 四 貸付けに係る債務の全部又は一部の弁済がなされないこととなつた場合において、その債権者に対してその弁済がなされないこととなつた額の一部を補てんすることを内容とする契約の締結(前号に掲げるものを除く。).

196 정의는 선물거래(제2조제21항제1호)와 마찬가지이나, 대상의 금융상품에서 금융상품거래소가 정하는 표준물은 제외된다. 그리고 차액의 수수로써 결제할 수 있는 거래행위로서 금융상품의 전매(売戻) 또는 환매(買戻) 외에도 정령에서 정하는 행위를 추가하고 있는데, 정령에서 정하는 행위란 금융상품시장 및 외국금융상품시장에 의하지 않고, 장래의 일정한 시기에 금융상품 및 그 대가의 수수를 약속하는 매매에 관해, 해당 매매의 당사자가 그 매매계약을 해제하는 행위를 말한다(金商法施行令 제1조의16). 이는 시장파생상품거래의 반대매매를 배제하는 대신에 계약해제 행위가 추가된 것으로 해석된다.

다. 외국시장파생상품거래

외국시장파생상품거래란 외국금융상품시장에서 행해지는 거래로서 시장파생상품거래와 유사한 거래를 말한다(金商法 제2조제23항).

일본 투자자가 일본 국내에서 외국의 금융상품거래를 행하는 편의를 위하여 金商法은 외국금융상품시장을 개설한 외국의 금융상품거래소(동법 제2조제26항의 거래소를 말한다.)[197]가 내각총리대신의 인가를 받아서, 그가 사용하는 전자정보처리조직(네트웍)과 일본에 설치된 입출력장치를 접속해서 금융상품거래업자 및 등록금융기관에 대해서 외국금융상품거래소에 상장되어 있는 유가증권의 매매 및 외국시장파생상품거래를 행하고자 하는 것을 인정하고 있다(金商法 제155조제1항).[198]

---

197 이 법률에서 '외국금융상품거래소'라 함은 제155조제1항 규정에 의해 내각총리대신의 인가를 받은 자를 말한다; 金商法 제2조제26항, "この法律において「外国金融商品取引所」とは、第百五十五条第一項の規定により内閣総理大臣の認可を受けた者をいう."

198 金商法 제155조제1항, "외국금융상품시장을 개설하는 자는 제29조 및 제80조제1항 규정에도 불구하고 내각총리대신의 인가를 받아 자신이 사용하는 전자정보처리장치와 다음에 열거하는 자의 사용에 관련된 입출력장치(이하 「외국금융상품거래소입출력장치」라 함)를 접속시킴으로써 이들에게 외국금융상품거래소 입출력장치를 사용하여 외국금융상품시장에서의 유가증권의 매매 및 외국시장파생금융상품거래(제2호의 자에 있어서는 등록금융기관업무에 관련된 거래에 한함)를 하도록 할 수 있다."

1. 금융상품거래업자

2. 등록금융기관;

金商法 제155조제1항, 外国金融商品市場を開設する者は、第二十九条及び第八十条第一項の規定にかかわらず、内閣総理大臣の認可を受けて、その使用する電子情報処理組織と次に掲げる者の使用に係る入出力装置(以下「外国金融商品取引所入出力装置」という。)とを接続することにより、これらの者に外国金融商品取引所入出力装置を使用して外国金融商品市場における有価証券の売買及び外国市場デリバティブ取引(第二号に掲げる者にあつては登録金融機関業務に係る取引に限る。)を行わせることができる。

一 金融商品取引業者

二 登録金融機関

제2절 미국

1. 서설

미국은 기본적으로 연방 증권법, 즉 「증권법」(Securities Act of 1933; 이하 'SA') 및 「증권거래법」(Securities Exchange Act of 1934; 이하 'SEA')과 「상품거래법」(Commodity Exchange Act of 1936; 이하 'CEA') 하에서 파생상품의 규제를 논할 수 있다.

미국 연방 증권법은 주식, 채권뿐만 아니라, 증권에 대한 풋(put) · 콜(call) · 스트래들(straddle) · 옵션(option) · 특권(privilege) 등을 증권(securities)으로 열거하여 파생상품은 규제대상 증권임을 분명하게 밝히고 있다(SA §2(a)(1) 및 SEA §3(a)(10)). 그래서 증권의 파생상품은 그 자체로 증권에 해당하게 된다. 미국의 연방 증권법(SA 및 SEA) 상의 증권(파생상품 포함)에 대한 정의는 열거주의가 가미된 포괄주의 방식의 규정이라 할 수 있다.[199]

CEA는 기본적으로 미국의 상품선물거래(commodity futures trading)를 규제하는 법률로서, 1936년 통과된 이후 여러 차례 개정되었다. CEA 핵심은 이 법에서 규정하는 선물(futures)에 해당하는 경우, 반드시 등록된 적격거래소를 통해 거래하여야 한다는 원칙이라고 할 수 있다(7 U.S.C. §6(a)). CEA에 따라 상품선물거래위원회(Commodity Futures Trading Commission; 이하 'CFTC')는 운영되는 법정 체계(statutory framework)를 수립함은 물론, 연방규정집(Code of Federal) 제17장(Title 17)에 공표된 규정을 제정하는 권한을 갖게 된다. 동 법률 역시 파생상품과 관련하여 포괄적 정의 규정을 두고 있다.

199 미국은 전형적인 열거주의 방식에 기한 입법례로서 시장에 존재하는 증권을 일일이 열거한 후 통상 증권으로 알려진 지분(interest) 또는 증서(instrument)를 추가하여 열거주의의 단점을 극복하고자 하는 방식을 취하고 있다; 이러한 미국의 방식은 구체성과 명확성이라는 장점은 있지만, 열거되지 않은 새로운 거래가 발생한 경우 유사성에 관한 판단이 필요하다는 문제가 있다고 지적하는 견해가 있다(정순섭, 앞의 논문(2008), 300면).

2. 규제 관할권

미국은 연방증권법과 함께 CEA 상에서도 파생상품을 규정하고, 이를 집행하는 기관 역시 증권거래위원회(Securities and Exchange Commission; 이하 'SEC')와 CFTC로 구분되어 규제 관할권(jurisdiction)과 관련한 문제가 발생하고 있다.[200] 기본적으로 SEC는 증권에 대한 규제를 담당하고, CFTC는 선물에 대한 규제를 담당한다. 그것은 증권의 자본조달(capital formation)과 선물의 헤징(hedging) 기능에 대하여 두 기관이 나누어 관할하는 구조를 취하고 있는 것이다.[201] 그러나 상품이 복잡 다양해짐은 물론 미국 법률에서 선물 및 옵션에 대한 정의를 명확하게 규정하고 있지 않음에 따라 관할권에 대한 많은 논쟁이 있다.[202]

1970년대 전에는 증권과 선물에 대한 규제기관이 다르다고 해서 문제가 될 것이 없었다. 그러나 베트남 전쟁동안 경제를 뜨겁게 달구었던 인플레이션으로 인해 이를 헤지하고자 하는 사람들이 금, 은 등에 관심을 갖게 되었고, CBOT에서 금속에 대한 선물거래가 이루어지게 되었다. 고무된 CBOT는 선물거래의 원리를 이자율과 주식가격에 적용하는 것을 검토하였고, 그 결과물로 시카고옵션거래소(Chicago Board of Options Exchange; 이하 'CBOE')를 만들게 되었다. CBOE는 선물계약의 표준화 개념을 옵션에 도입하고, 옵션청산소(Option Clearing Corporation; 이하 'OCC')도 도입하였다. 이에 대하여 SEC는 SEA에 따라 옵션은 증권에 해당하고, 따라서 CBOE에 대한 감독권이 있음을 주장하면서 두 기관 간에 관할권 다툼이 시작되었다.[203]

---

200 2008년 당시 재무장관이었던 Henry M. Paulson은 기능적 규제(functional regulation)의 문제를 지적하면서 SEC와 CFTC를 하나의 규제기관으로 통합하는 것을 고려한 적이 있다. 이에 대한 상세 내용은 The Department of the Treasury, "The Department of the Treasury Blueprint for a Modernized Financial Regulatory Structure", (March, 2008) 참조. 동 보고서는 두 규제기관의 합병을 얘기하고 있지만, 단일규제기관(single regulator)을 주장하지는 않는다. 오히려 호주나 네덜란드와 같은 "twin peak" 구조를 참고하여 현재의 규제기관을 규제 목표에 따라 3개의 기관으로 재 배분하는 일종의 "three peak" 구조를 제안하고 있다. Blueprint는 규제 목표를 다음과 같이 3가지로 구분하였다. (1) 시장안정규제(market stability regulation), (2) 건전성규제(prudential financial regulation), (3) 영업행위규제(business conduct regulation) 등이다.

201 SEC와 CFTC에 대한 규제 역사에 대해 상세히 기술한 논문으로 Jerry W. Markham, "Merging the SEC and CFTC - A Clash of Cultures", *University of Cincinnati Law Review,* 78 (2009), pp.552~574 참조.

202 특히 CBOE에서 거래되는 옵션과 관련하여 관할권 분쟁이 있었는데, 이에 대한 상세한 기술은 Jerry W. Markham & David J. Gilberg, "stock and commodity options – two regulatory approaches and their conflicts", *Albany Law Review*, 47 (1983) 참조.

203 Ronald H. Filler & Jerry W. Markham, *Regulation of Derivative Financial Instruments – Case and Materials,* American Casebook Series, West Academic Publishing, 2014, pp.40~41 참조.

그 이후 CFTC는 증권 지수에 대한 선물거래도 승인하는 등 SEC와 관할권에 대한 다툼을 지속하였다. 그리하여 양 기관의 위원장(chairman)들 사이에 합의("Shad-Johnson Accord")가 도출되었고, 이는 곧 법으로 제정되었다.[204]

간략히 내용을 기술하면, CFTC는 모든 선물거래에 대해 배타적 관할권(exclusive jurisdiction)을 갖는다. 다만, 개별주식선물(single stock futures)에 대해서는 SEC가 관할권을 갖는다. 대신 지수선물계약에 대한 거부권(veto)을 SEC에게 주었다.[205] 옵션에 대해서는 지수를 포함하여 주식거래와 관련한 옵션에 대해서는 SEC가 관할권을 갖고, 선물에 대한 옵션은 CFTC가 관할권을 갖는 것으로 하고, 외국환(foreign currency)에 대한 옵션에 대해서는 SEC와 CFTC가 함께 공유하기로 하였다.

그리하여 언뜻 보기에는 증권과 증권에 대한 옵션은 SEC가 관할권을 갖고, 선물과 선물에 대한 옵션은 CFTC가 관할권을 가지게 됨으로써 규제가 겹칠 가능성은 없어 보인다. 즉, 증권에 대한 옵션은 기본적으로 7 U.S.C. §2(a)(1)(C)(i)[206]에 의거 SEC가 관할권을 갖게 된다. 그런데, SEA §3(a)(10)상의 증권에도 해당되고, CEA §2(a)(1)상의 상품(commodity)에도 해당되는 경우,[207] 그 옵션은 누가 관할권을 갖게 되는가? 이러한 속성을 지닌 options on GNMA's에 대하여

---

204 Pub. L. No. 97-303, 96 Stat., 1409 (1982), Act to clarify the jurisdiction of the Securities and Exchange Commission and the definition of security, and for other purposes.
증권 정의 관련 내용은 다음과 같다.
Section 1, Section 2(1) of the Securities Act of 1933 (15 U.S.C. §77b(1)) is amended by inserting after "mineral rights," the following: "any put, call, straddle, option, or privilege on any security, certificate of deposit, or group or index of securities (including any interest therein or based on the value thereof), or any put, call, straddle, option, or privilege entered into on a national securities exchange relating to foreign currency,".
Section 2, Section 3(a)(10) of the Securities Exchange Act of 1934 (15 U.S.C. §78c(a)(10)) is amended by inserting after "for a security," the following: "any put, call, straddle, option, or privilege on any security, certificate of deposit, or group or index of securities (including any interest therein or based on the value thereof), or any put, call, straddle, option, or privilege entered into on a national securities exchange relating to foreign currency,".

205 SEC가 지수에 대한 거부권을 행사하여 법원으로 간 사례로는 CBOT v. SEC, 187 F.3d 713 (7th Cir. 1999) 참조.

206 7 U.S.C. §2(a)(1)(C)(i), "the Commission(CFTC) shall have no jurisdiction to designate a board of trade as a contract market for any transaction whereby any party to such transaction acquires any put, call, or other option on one or more securities (as defined in section 77b(1)1 of Title 15 or section 3(a)(10) of the Securities Exchange Act of 1934 on January 11, 1983), including any group or index of such securities, or any interest therein or based on the value thereof."

207 이와 같은 현상은 1974년 상품(commodity)의 정의를 대폭 확대한 것에서 기인하게 된다. 문헌상으로만 보면, 양파를 제외한 모든 상품이 선물거래의 대상이 될 수 있도록 하였다. 이는 선물거래의 규제 대상을 확대하고자 하는 규제 당국의 의도가 있었다고 볼 수 있다. GNMA Futures 역시 1975년 CBOT에서 거래되기 시작하였다.

제7 항소법원은 CEA 개정에 의한 상품 정의의 확대 배경 및 선물에 대한 배타적 관할권을 인정한 7 U.S.C. §2a(ii)[208] 조항에 의거 CFTC가 관할권이 있다고 판시하였으나,[209] 대법원은 이를 파기 환송하고 SEC의 관할권을 인정하였다.[210]

이 외에도 미국에서는 복잡한 상품의 출현으로 관할권에 대해 명확하지 않은 사례가 나타나고 있다. 관할권 다툼이 된 대표적인 상품이 Index Participations(이하 'IP')라는 계약이다.[211]

이 계약을 매수한 자(buyer)는 계약 당일 일정한 금액의 현금을 매도자(seller)에게 지급하고,[212] 분기마다 지수에 포함된 증권에서 발생한 배당을 지급받는다. 다만, 주주로서의 투표권은 없다. 또한 계약의 주기는 무기한(indefinite duration)이 특징이다. 하지만, 매수자는 시장에서의 거래를 통해서 또는 환매일(cash-out day)에 청산을 할 수 있으며, 일반적으로 환매일은 분기마다 정해져 있다.[213] 매도한 자는 분기마다 배당금을 매수자에게 지급하고 환매 요청 시 형성된 지수(index)의 가치를 지급할 의무를 지닌다. 또한 이러한 계약을 담보하기 위하여 옵션청산소(OCC)가 중간에 개입되는 구조를 취하는 것이 일반적이다.

필라델피아 거래소(Philadelphia Stock Exchange)가 1988년 2월 해당 상품의 거래 허가를 SEC에 요청하고, 뒤이어 다른 거래소들도 이와 같은 상품들을 거래하기 위하여 SEC에 거래 허가를 요청하였다. 이에 CFTC의 관할 기관인 시카고선물거래소(Chicago Board of Trade; 이하 'CBOT')와 시카고상품거래소(Chicago Mercantile Exchange; 이하 'CME')는 해당 상품은 선물에 해당하고 따라서 SEC에 증권거래소들의 IP 거래 요청을 거부해 줄 것을 요청하였다.

---

208 동 조항은 다음의 조항으로 이관됨. 7 U.S.C. §2(a)(1)(C)(ii), "the Commission(CFTC) shall have exclusive jurisdiction with respect to accounts, agreements (including any transaction which is of the character of, or is commonly known to the trade as, an "option", "privilege", "indemnity", "bid", "offer", "put", "call", "advance guaranty", or "decline guaranty") and transactions involving, and may designate a board of trade as a contract market in, or register a derivatives transaction execution facility that trades or executes, contracts of sale (or options on such contracts) for future delivery of a group or index of securities (or any interest therein or based upon the value thereof)"

209 CBOT v. SEC, 677 F.2d 1137 (7th Cir. 1982).

210 SEC v. CFTC, 459 U.S. 1026 (1982); 즉, 해당 상품이 선물의 특성과 동시에 증권에 대한 옵션이면 SEC가 관할권을 갖는다(CME v. SEC, 883 F.2d 537 (7th Cir. 1989) at 539, If the instrument is both a futures contract and an option on a security, then the SEC is the sole regulator because the [CFTC] shall have no jurisdiction to designate a board of trade as a contract market for any transaction whereby any party to such transaction acquires any put, call, or other option on one or more securities ... including any group or index of such securities, or any interest therein or based on the value thereof(7 U.S.C. § 2a(i))).

211 CME v. SEC, 883 F.2d 537 (7th Cir. 1989), Investment Co. Institute v. SEC, 496 U.S. 936 (1990).

212 일반적으로 50%까지만 현금으로 납부하고, 나머지는 신용으로 구입하는 것이 가능하다.

213 해당 상품은 거래소 상장이 되어 있어, 그 이전에 시장에서 거래를 통해 현금화할 수 있지만, 환매일 전 청산을 허락해주는 상품도 있다. 물론 이 경우에는 일정한 패널티를 부담하게 된다.

해당 상품은 매수자 입장에서만 보면 현물시장에서 대금을 지급하고 배당을 받는 전형적인 주식의 매수에 해당할 수 있다.[214] 반면, 매도자의 입장에서는 분기마다 매수자에게 배당을 지급하기는 하지만 분기마다 돌아오는 환매일에 지수의 가치를 지급한다. 그리고 실제 IP 매도자는 선물을 이용하여 헤지거래를 취한다. 그리하여 일반적인 환매일은 선물 만기일과 같은 경우가 대부분이다. 이렇게 보면 매도자는 선물거래를 한 것으로 보인다. 그러나 SEC는 IP를 증권으로 간주하고 증권거래소들의 요청을 수락하였다.[215] 이에 CME는 법원에 심리를 요청하였고, 법원은 IP와 같이 SEA 상 증권의 특성과 CEA 상 선물의 특성을 동시에 지닌 경우에는 CFTC가 해당 상품에 대한 관할권을 갖는다고 판시하였다.[216][217]

3. 파생상품 규제 연역

미국은 2000년 들어 금융시장 경쟁력 강화 방안의 하나로서 「상품선물현대화법」(Commodity Futures Modernization Act of 2000; 이하 'CFMA')을 제정하였다. 이 법률은 그동안 CEA의 핵심이었던 인가받은 지정계약시장(designated contract market; 이하 'DCM')을 통해서만 거래하여야 한다는 점을 대폭 수정하는 것으로 파생상품 규제에 대한 혁명이라고 할 수 있다. CFMA의 제정으로 미국의 파생상품 규제는 근본적인 틀이 바뀌게 되는 계기가 된다.[218] 즉, 자유로운 장외파생상품 시장의 문이 활짝 열리게 된 것이다. 미국은 이 법률을 제정하여 증권연계스왑(securities-based

214 물론, 주주로서의 권리인 투표권이 없다. 이 부분을 SEC는 중요하지 않다고 판단하였다.

215 SEC는 해당 상품이 적어도 SEA §3(a)(10)에서 규정한 "certificates of interest or participation in"에 해당 한다고 보았다.

216 CME v. SEC, 883 F.2d 537 (7th Cir. 1989) at 539, If an instrument is both a security and a futures contract, the CFTC is the sole regulator because "the Commission shall have exclusive jurisdiction with respect to ... transactions involving ... contracts of sale (and options on such contracts) for future delivery of a group or index of securities (or any interest therein or based upon the value thereof)", 7 U.S.C. §2a(ii). 동 판결은 대법원에 의해 확정되었다(496 U.S. 936 (1990)).

217 이후 2000년 상품선물현대화법(CFMA)의 제정 결과, 증권선물상품(security futures products)은 SEC의 관할 하에 증권거래소에서 거래할 수도 있고, CFTC의 관할 하에 상품계약시장(commodities contract market) 또는 파생상품집행설비(derivatives transaction execution facilities) 등을 통해서도 거래될 수 있게 되었다(Thomas Lee Hazen, *Principles of Securities Regulation,* West Academic Publishing, 2017, p.29.).

218 장외파생상품에 대한 법적 불확실성으로 인해 당시 미국의 금융기관들이 장외파생상품 거래를 뉴욕이 아닌 런던으로 이동한 것이 CFMA의 제정을 유발했다는 견해가 있다(정순섭, "금융위기와 금융법제: 미국의 장외파생상품 규제를 중심으로", 「Business Finance Law」 제34호 (서울대학교 금융법센터, 2009), 69면).

swap)의 경우에는 증권(security)의 정의에서 배제하여 일정한 요건에 달하는 적격계약참가자(eligible contract participant)[219]에 대해서는 사기나 시가조작에 대한 규제 이외의 모든 규제를 배제하는 방식을 채택하였다. 더욱이 증권연계스왑이 아닌 스왑들의 경우에는 연방증권법 적용이 배제됨은 물론 CFTC의 규제에서도 상당히 자유롭게 됨에 따라, 이들 투자상품을 중심으로 장외파생상품시장이 활성화 되었다.[220]

그리하여, 미국에서는 새로운 상품이 등장하면 해당 상품이 '증권'인지 '선물'인지 아니면 규제의 대상이 되지 않는 '장외파생상품'인지를 구별하여야 할 필요가 있게 되고, 이에 대해서는 결국 SEC, CFTC 및 법원의 판단에 맡겨져 왔다.[221]

요약컨대, 미국은 규제당국 및 법원의 판단에 의해 '증권' 또는 '선물'로 분류되지 않는 장외파생상품의 경우에는 특별한 규제를 하지 않고, 계약자유의 원칙에 입각하여 거래당사자간의 자유재량을 보장하였다. 즉, 미국은 장외파생상품 거래에 대하여 최소한의 규제를 하면서 시장의 거래 안정성과 활성화에 초점을 맞추고 있었다.[222]

CFMA의 도입은 법적 확실성의 확보는 가능하게 했지만, 장외파생상품이라는 고위험 상품에 대한 규제의 공백을 야기하는 심각한 결과를 초래하였고, 금융위기 발발의 원인이 되기도 하였다.

2008년 금융위기를 계기로 하여 장외파생상품거래를 거래당사자들의 자유재량에만 맡겨 놓는 것은 금융시스템의 안정적 운영에 지장을 초래할 수 있다는 인식이 부각되면서, 2009년 8월 11일 재무부(Treasury Department)가 장외파생상품시장을 규제하기 위한 입법안으로「장외파생상품시장법안」(Over-the-Counter Derivatives Markets of Act of 2009; 이하 'OTCDM Act')을 제출하였다. 동 법안은 스왑거래 및 스왑시장참가자 모두에 대한 규제를 하는 것으로, 동 법안에서 규제대상으로 정한 파생상품의 개념은 2010년 7월 21일 발효된 금융개혁법안인「도드-프랭크 월가개혁 및 소비자보호법」(Dodd-Frank Wall Street Reform and Consumer Protection Act; 이하 'Dodd-Frank Act')에 승계되어 포함되었다. OTCDM Act는 CEA 정의규정을 개정하여 파생상품의 정의를 신설할 것을 제안하고, 파생상품으로 기존의 CFTC 규제 하에 있었던 선물거래(a contract of sale of a commodity for future delivery)외에 스왑(swap)을 추가하였다.[223]

---

219 적격계약참가자(eligible contract participant)란 금융기관(financial institution), 보험회사(insurance company), 투자회사(investment company) 등과 총자산 $5 million을 초과하는 commodity pool(상품에 투자하는 일종의 투자신탁 등) 및 총자산 $10 million을 초과하는 다양한 회사 조직(corporation, partnership, proprietorship, trust, or other entity) 등을 포함하는 개념이다(7 U.S.C §1a(18)).

220 Thomas Lee Hazen, *op. cit.*, pp.42~43 참조; 대표적으로 신용부도스왑(credit default swap)은 규제 대상이 아니었다.

221 정순섭, 앞의 논문(2009), 70면.

222 최성근,「장외파생상품거래의 규제체계 개선방안 연구」(한국법제연구원, 2007), 51~52면 참조.

223 OTCDM Act §.711(a)(2), "by adding after paragraph (8) the following: (9) DERIVATIVE.—The term

4. 파생상품 관련 정의

미국 역시 법률에서 파생상품(derivatives, derivatives product)에 대한 정의를 두고 있지는 않다. 다만, 다양한 규정과 판례를 통해 법적규제의 대상이 되는 파생상품의 개념에 대하여 포괄적으로 정의하고 있다. 파생상품의 기본 구조인 선물, 옵션, 스왑에 대한 미국 규정 및 판례의 내용을 살펴보자.

가. 선도계약

선도계약(forward contract)에 대한 명시적인 법률 상 정의 규정은 없다. 다만, 판례를 통해 선도계약의 기준을 제시하고 있다. 선도계약이란 특정 미래 시점에 상품의 "실질적인 인도"를 기대하는 계약이며, 현물 거래란 가까운 시일 내에 인도(near-term delivery)를 기대하는 상품의 매매를 위한 계약이다.[224] 즉, 선도계약은 소위 이연된 장래 계약(deferred delivery contract)으로서 상품의 인도가 미래 약속된 특정 시점까지 이연된다는 특징으로 인해 현물시장[225]에서의 거래와 구별되는 개념이다.

일반적으로 상품(commodity)에 대한 현물시장에서의 거래나 선도계약은 CEA의 규제 대상이 아니다(7 U.S.C. §1 et seq.). 하지만, 상품의 현물시장에서의 거래 또는 선도계약 역시 반조작금지(anti-manipulation prohibitions)의 대상은 된다.

'derivative' means— (A) a contract of sale of a commodity for future delivery; or (B) a swap."; CEA 정의규정은 US Code로는 7 U.S.C. §1a이다. OTCDM Act는 기존의 §1a(9) 내지 §1a(34)의 규정을 §1a(10) 내지 §1a(35)로 변경하고, §1a(8) 다음에 §1a(9)를 추가하여 그곳에 파생상품(derivatives)의 정의를 신설하는 것을 제안하였다. 하지만, 최종 입법안인 Dodd-Frank Act 상에는 이와 같은 파생상품에 대한 일반정의 조항은 삽입되지 않았으며, 스왑을 규제대상으로 하고 스왑에 대한 포괄적인 정의를 규정하고 있다.

224 Durn v. CFTC, 519 U.S. 465 (1997) at 472, "forward contracts" (agreements that anticipate the actual delivery of a commodity on a specified future date) and "spot transactions" (agreements for purchase and sale of commodities that anticipate near-term delivery).

225 이를 표현하는 다양한 용어가 있다. "spot", "cash", "actual", "physical" market 등으로 다양하게 불린다 (Ronald H. Filler & Jerry W. Markham, *Regulation of Derivative Financial Instruments – Case and Materials,* American Casebook Series, West Academic Publishing, 2014, p.1).

나. 선물계약

선물(Futures) 또는 선물계약(futures contract)은 선도계약과 달리 SEC 또는 CFTC의 규제 대상이 된다.

SEA는 증권선물(security future)에 대한 정의 규정을 마련하고, 이에 해당하는 경우 SEC의 규제를 받도록 하고 있다. SEA 상 증권선물이란 개별증권 또는 소규모 증권지수(narrow-based security index)의 장래인도를 목적으로 하는 계약을 말한다(SEA §3(a)(55))[226].

증권선물 외의 선물계약에 대해서는 CFTC가 규제를 담당하며, 이에 대한 정의 규정으로 선물계약이란 "장래의 인도를 위한 상품의 매매(any contract of sale of a commodity for future delivery)"라고 규정(17 CFR §15.00(k))[227]하여 다소 포괄적인 개념을 누고 있다.

미국의 금융규제법이 이와 같이 전형적인 기관별・상품별 규제원칙에 기초하고 있으므로, 미국에서 은행과 보험을 제외한 금융투자분야에서 새로운 상품이 개발되면 해당 상품이 SA와 SEA상의 증권에 해당하는지, 아니면 CEA상의 선물에 해당하는지 또는 이러한 규제를 받지 않는 선도계약에 해당하는지에 따라 규제의 정도가 다를 수 있다.

아울러, CEA상 '선물'에 해당하면, 모든 선물거래는 CFTC의 인가를 받은 지정계약시장(designated contract market; 이하 'DCM')인 상품거래소(commodity exchange)에서 거래되어야 한다는 거래소거래요건(exchange trading requirement)을 충족하여야 한다(7 U.S.C. §6(a)).[228]

226 따라서 일반적인 주가지수에 대한 선물은 '증권(security)'으로 분류되지 않으므로, SEC가 아닌 CFTC의 규제대상이 된다. 여기서, 소규모 증권지수(narrow-based security index)란 시장 전체의 움직임을 반영하는 broad-based index와 달리 9종목 이하로 구성된 지수로서 특정 종목에 의해 가격 변동이 유발될 수 있는 포트폴리오를 말한다. 이를 기초자산으로 하는 파생상품에 대해서는 SEC가 규제를 담당한다. 이에 대한 구체적 요건은 SEA §3(a)(55)(B)와 (C)를 참조.

SEA §3(a)(55)(A), The term "security future" means a contract of sale for future delivery of a single security or of a narrow-based security index, including any interest therein or based on the value thereof, except an exempted security under subsection (a)(12) as in effect on January 11, 1983 (other than any municipal security as defined in subsection (a)(29) as in effect on January 11, 1983). The term "security future" does not include any agreement, contract, or transaction excluded from the Commodity Exchange Act under section 2(c), 2(d), 2(f), or 2(g) of Title 7 (as in effect on December 21, 2000) or title IV of the Commodity Futures Modernization Act of 2000.

227 Futures, futures contract, future delivery or contract for future delivery, means any contract for the purchase or sale of any commodity for future delivery that is executed on or subject to the rules of a reporting market, including all agreements, contracts and transactions that are treated by a clearing organization as fungible with such contracts(17 CFR §15.00(k)).

228 7 U.S.C. §6(a) Restriction on futures trading

Unless exempted by the Commission pursuant to subsection (c) of this section, it shall be unlawful for any person to offer to enter into, to enter into, to execute, to confirm the execution of, or to conduct

따라서 장외파생상품의 경우에는 해당 파생상품이 선도계약(forward contract)인지 선물계약(futures contract)인지에 대한 법원의 판단을 요구하는 청구들이 많았는데, 이는 선도거래에 해당하면, 조직화된 거래소에서 행해지지 않는 사적인 쌍무계약으로 CFTC의 규제를 배제하지만, 선물에 해당하면 CEA상 거래소거래요건을 위반한 것이 되어 해당 거래가 무효로 될 수 있을 뿐만 아니라, 다양한 CFTC의 규제를 받아야 하기 때문이었다.

외환파생상품에 관한 CFTC v. Zelener 사건[229]에서 법원은 외환에 대한 투기적 거래를 선도거래로 판시하여 해당 상품에 대한 CFTC의 규제권한이 없음을 판시한 바 있다. 하지만, 이와는 대조적으로 CFTC v. International Financial Services 사건[230]에서는 외환파생상품을 CFTC의 규제의 대상이 되는 선물로 분류한 바 있다.

특히, CFTC v. International Financial Services 판결에서는 경제적 실질이 대동소이한 선도거래와 선물거래를 구분함에 있어 중요한 기준으로 실물인도에 대한 기대의 결함(lack of an expectation that delivery of the physical commodity will be made)을 기준으로 제시하였다.[231] 즉, 선도와 선물을 구분하는데 있어, 실물인도에 대한 기대가 존재하지 않는 거래는 CFTC의 규제의 대상이 되는 선물로서 분류될 가능성이 높다. 따라서 선물과 선도계약을 구분 짓는 중요한 기준으로 실질적 인도 기준(actual delivery test)이 적용된다고 하겠다.

---

any office or business anywhere in the United States, its territories or possessions, for the purpose of soliciting or accepting any order for, or otherwise dealing in, any transaction in, or in connection with, a contract for the purchase or sale of a commodity for future delivery (other than a contract which is made on or subject to the rules of a board of trade, exchange, or market located outside the United States, its territories or possessions) unless -

(1) such transaction is conducted on or subject to the rules of a board of trade which has been designated or registered by the Commission as a contract market or derivatives transaction execution facility for such commodity;

(2) such contract is executed or consummated by or through a contract market; and

(3) such contract is evidenced by a record in writing which shows the date, the parties to such contract and their addresses, the property covered and its price, and the terms of delivery: Provided, That each contract market or derivatives transaction execution facility member shall keep such record for a period of three years from the date thereof, or for a longer period if the Commission shall so direct, which record shall at all times be open to the inspection of any representative of the Commission or the Department of Justice.

229 CFTC v. Zelener, 373 F.3d 861 (7th Cir. 2004).

230 CFTC v. International Financial Services, 323 F.Supp.2d 482 (S.D.N.Y. 2004).

231 *Ibid*, at 494, the court stated that futures contracts have two salient characteristics. First, futures contracts are contracts for the purchase or sale of a commodity for delivery in the future at a price that is established at the time the contract is initiated. Second, the ability to offset the obligation to purchase by selling the contract, or to offset the obligation to deliver by buying a contract, is essential, since investors rarely take delivery against the contracts. The lack of an expectation that delivery of the physical commodity will be made is an important factor indicating the presence of a futures contract.

다. 옵션계약

SA 및 SEA 상 증권의 종류로서 풋(put) · 콜(call) · 스트래들(straddle) · 옵션(option) · 특권(privilege) 등이 열거되어 있으며,[232] CFTC가 제정한 규정집 상에도 옵션에 대한 정의는 매우 포괄적인 개념이다. 옵션 또는 옵션계약(option contract)이란 특별히 달리 규정되어 있지 않는 한, DCM에서 거래되거나 그의 규칙을 따르는 상품 옵션의 매매를 위한 모든 계약을 의미하며, 이는 그러한 계약을 대체할 수 있는 청산소에 의해 취급되는 모든 계약과 거래를 포괄하는 개념이다.[233]

이와 같이, 미국에서는 법상으로 옵션에 대한 개념을 명확하게 정의하고 있지 않다. 그리하여, 판례에서는 경제학적 개념을 차용하여 좀 더 구체적으로 옵션에 대해 기술하고 있다.

Andros v. Commissioner 판례는 옵션의 경제학적 개념을 상세히 기술하고 있다. 이 판례에서 옵션이란 특정 가격(행사가격)으로 특정 시점(만기일)에 기초자산을 사거나 파는 권리(right)이며, 콜옵션과 풋옵션 2가지 종류가 있다. 그리고 옵션의 가격인 프리미엄(premium)은 내재가치(intrinsic value)와 시간가치(time value)로 구성된다는 경제학에서의 옵션의 기초 개념을 원용하고 있다.[234] 또한, Bader v. Blankfein 판결에서는 옵션 가격결정 모델에 대해 소개하고 있다.[235]

이와 같이, 미국 법상 옵션 개념은 불명확한 개념일 수 있으나, 이미 경제학 등에서 정립된 개념이 있고, 이를 법원에서는 원용하고 있다고 할 것이다.

232 미국 증권법상 증권에 대한 풋 · 콜 · 스트래들 · 옵션 · 특권 등은 증권으로 분류된다(SA §2(a)(1), SEA §3(a)(10)).

233 Option, options, option contract, or options contract, unless specifically provided otherwise, means any contract for the purchase or sale of a commodity option that is executed on or subject to the rules of a reporting market, including all agreements, contracts and transactions that are treated by a clearing organization as fungible with such contracts(17 CFR 15.00(o)). 여기서 reporting market이란 DCM을 의미한다.

234 Andros v. Commissioner, T.C. Memo 1996-133 (T.C. 1996), A securities option is the right to buy or sell an underlying security at a specific price (the "strike price") and a specified time (the expiration date). There are two types of options: "Call" options and "put" options. (중략) The price of an option, or its "premium", is composed of two elements: The option's "intrinsic value" and its "time value". 이 밖에도 동 Memo에서는 다양한 옵션에 대한 용어(Terminology)를 소개하고 있다. 예를 들면, Option at the money, Option in the money, option out of the money에 대한 정의는 물론 futures spread와 options spread의 차이까지 경제학의 option theory에 나오는 기본 개념을 소개하고 있다.

235 Bader v. Blankfein, 2008 U.S. Dist. LEXIS 102698 (E.D.N.Y. Dec. 18, 2008), Option pricing model refers to a mathematical model used to calculate the theoretical value of an option. Inputs to option pricing models include the price of the underlying instrument, the option strike price, the time remaining till the expiration date, the volatility of the underlying instrument, and the risk-free interest rate. There are several option pricing models that can be used to calculate grant date present value, including the Black-Scholes model and the binomial option pricing model.

라. 스왑계약

스왑계약(swap contract)은 기본적으로 계약 당사자 간에 현금흐름 내지 가치를 상호간에 교환하는 것이다. 스왑은 기본적으로 장외파생상품으로 거래당사자 간의 자유재량에 따라 거래가 이루어져 왔다. 따라서 법문에 별도의 정의 규정이 존재하지 않았었다. 그러나 2008년 금융위기를 계기로 하여 장외파생상품거래를 거래당사자들의 자유재량에만 맡겨 놓는 것은 금융시스템의 안정적 운영에 지장을 초래할 수 있다는 인식이 부각되고, 재무부(Treasury Department)가 장외파생상품시장을 규제하기 위한 입법안으로 제출된 OTCDM Act에서 CEA 정의규정을 개정하여 파생상품의 정의를 신설할 것을 제안하고, 파생상품으로 기존의 CFTC 규제 하에 있었던 선물거래(a contract of sale of a commodity for future delivery)외에 스왑(swap)을 추가하였다.[236]

장외파생상품을 규제할 목적으로 제정된 Dodd-Frank Act가 스왑에 대한 정의를 담고 있다. 동 법률에서 스왑이란 이자율, 통화, 일반상품(commodity), 증권, 부채증서(instrument of indebtedness), 지수(indices) 등 금융・경제적인 이익 또는 재산권의 가치가 기초가 되거나 이들의 매매 또는 지급을 위한 풋(put), 콜(call), 캡(cap), 플로어(floor), 칼라(collar), 또는 이와 유사한 옵션인 합의(agreement), 계약(contract), 거래(transaction)를 의미한다고 포괄적으로 규정하고 있다.[237] 또한 현재 또는 장래에 통상 스왑으로 알려진 합의, 계약, 거래도 CEA에 의한 스왑으로 인정[238]하는 것으로 하여 실무에서 실제로 스왑임에도 불구하고 법에서 규율하지 못할 우려를 불식하고 있다.

236 OTCDM Act §.711(a)(2), "by adding after paragraph (8) the following: (9) DERIVATIVE.—The term 'derivative' means— (A) a contract of sale of a commodity for future delivery; or (B) a swap."; CEA 정의규정은 US Code로는 7 U.S.C. §1a이다. OTCDM Act는 기존의 §1a(9) 내지 §1a(34)의 규정을 §1a(10) 내지 §1a(35)로 변경하고, §1a(8) 다음에 §1a(9)를 추가하여 그곳에 파생상품(derivatives)의 정의를 신설하는 것을 제안하였다. 하지만, 최종 입법안인 Dodd-Frank Act 상에는 이와 같은 파생상품에 대한 일반정의 조항은 삽입되지 않았으며, 스왑을 규제대상으로 하고 스왑에 대한 포괄적인 정의를 규정하고 있다.

237 Dodd-Frank Act §721(a)(21), "by inserting after paragraph (46) (as redesignated by paragraph (1)) the following: (47) SWAP.- (A) IN GENERAL.-Except as provided in subparagraph(B), the term 'swap' means any agreement, contract, or transaction- (i) that is a put, call, cap, floor, collar, or similar option of any kind that is for the purchase or sale, or based on the value, of 1 or more interest or other rates, currencies, commodities, securities, instruments of indebtedness, indices, quantitative measures, or other financial or economic interests or property of any kind; CEA §1a를 개정하여 §1a(47)를 신설하고 이곳에 swap에 대한 정의규정을 추가하였다. U.S. Code로는 7 U.S.C. §1a(47)이다. 이와 관련한 당초 재무부 입법안의 조항은 OTCDM Act §711(a)(4) 이다.

238 Dodd-Frank Act §721(a)(21), "(47) SWAP.- (A) IN GENERAL.-Except as provided in subparagraph(B), the term 'swap' means any agreement, contract, or transaction- (iv) that is an agreement, contract, or transaction that is, or in the future becomes, commonly known to the trade as a swap."

Dodd-Frank Act는 장외파생상품에 대한 규제를 강화하기 위하여 스왑으로 정의된 대상을 CEA 규제 대상으로 하고 있다. 하지만, 상술한 포괄규정에 의할 경우 불필요한 상품들이 CEA상의 규제의 대상이 되는 것을 방지하기 위하여 배제규정을 또한 마련하고 있다.[239] 대표적인 것으로는 계약시장(contract market)으로 지정된 거래소시장(board of trade)의 규정(rules)에 따른 거래라든지, 실물결제를 하고 장래 인도를 목적으로 하는 비금융상품(nonfinancial commodity)의 판매행위라든지, SA 및 SEA에 의한 증권의 매매라든지, 외환스왑(foreign exchange swap) 및 외환선도거래(foreign exchange forward) 등을 들 수 있다.

아울러 '증권연계스왑(security-based swap)'의 정의를 추가하고, 이에 해당하는 대상 스왑은 SEC의 규제를 받는 것으로 하였다. 여기서, 증권연계스왑이란 소규모 증권지수(narrow-based security index) 또는 개별증권이나 그 이익 등을 기초로 하는 합의, 계약 또는 거래와 소규모 증권지수 또는 개별증권의 발행자와 관련된 행위(event)의 발생・미발생 또는 발생의 정도를 기초로 하는 합의, 계약 또는 거래를 말한다.[240]

마. 파생증권

상술한 바와 같이, 미국 법령에서 파생상품(derivatives, derivatives product)에 대한 구체적인 정의 규정을 찾아 볼 수는 없다. 다만, 장외파생상품 규제 대상으로서의 지분증권(equity security)과 관련한 파생증권(derivative securities)에 대한 개념은 연방규정집(Code of Federal Regulation)

239 구체적인 내용은 Dodd-Frank Act §721(a)(21), "(47)(B) EXCLUSIONS.—The term 'swap' does not include: (i)~(x)"에 규정되어 있다.

240 Dodd-Frank Act §721(a)(19), "by inserting after paragraph (41) (as redesignated by paragraph (1)) the following: (42) SECURITY-BASED SWAP.-The term 'security-based swap' has the meaning given the term in section 3(a) of the Securities Exchange Act of 1934 (15 U.S.C. 78c(a))"; 동 규정은 CEA §1a를 개정하여 §1a(42)에 security-based swap에 대한 정의규정을 추가하였다. 이 규정은 SEA §3(a)에도 마련되어 있다. U.S. Code로는 7 U.S.C. §1a(42) 및 15 U.S.C. §78c(a)이다; 당초의 재무부안인 OTCDM Act는 다음과 같이 규정되어 있다. OTCDM Act §711(a)(8), "by adding after paragraph (37) the following: (38) SECURITY-BASED SWAP.— (A) IN GENERAL.—Except as provided in subparagraph (B), the term 'security-based swap' means any agreement, contract, or transaction that would be a swap under paragraph (35) (without regard to paragraph (35)(B)(xii)), and that— (i) is based on an index that is a narrow-based security index, including any interest therein or based on the value thereof; (ii) is based on a single security or loan, including any interest therein or based on the value thereof; or (iii) is based on the occurrence, non-occurrence, or extent of the occurrence of an event relating to a single issuer of a security or the issuers of securities in a narrow-based security index, provided that such event must directly affect the financial statements, financial condition, or financial obligations of the issuer."

에 마련하고 있다. 파생증권이란 지분증권과 관련된 가격으로 행사하거나 전환할 수 있는 옵션(option), 워런트(warrant), 전환증권(convertible security), 주식증가차액청구권(stock appreciation right)[241], 이와 유사한 권리, 또는 지분증권의 가치로부터 파생되는 가치를 갖는 유사한 증권으로 정의 된다(17 CFR §240.16a-1).[242]

파생증권의 개념은 미국 증권에 대한 정의와 일관되게 포괄적이다. 따라서 동 규정 이하에서 파생증권의 개념적 요소를 가지고 있으나, 장외파생상품으로서 규제할 실익이 없는 내용들에 대해서는 배제되는 항목을 기술하고 있다[243].

① 담보제공 증권의 담보권자의 권리

② 합병 등의 결과로서, 증권 보유자 모두에게 발생되는 권리

③ 스탁옵션에 있어서 행사가격 및 세금 재원으로 유보할 목적으로 보유한 권리와 의무

④ 규제당국에 의해 거래가 승인된 broad-based index[244]관련 옵션, 선물, 주식 바스켓에 대한 지분(interests)

---

241 SAR로 칭해지며, 일종의 종업원에게 제공되는 보너스의 일종으로 주식가치가 상승했을 경우 종업원에게 이익(benefits)을 주는 제도로서 경제적 관점으로는 stock option과 유사하다.

242 The term derivative securities shall mean any option, warrant, convertible security, stock appreciation right, or similar right with an exercise or conversion privilege at a price related to an equity security, or similar securities with a value derived from the value of an equity security.

243 동 정의규정은 security-based swap dealer에 대한 등록 및 규제를 다루고자 하는 장에 기술된 정의 규정으로서 장외파생상품으로 규제할 실익이 없는 것들을 배제하고자 하는 취지이다.
17 CFR §240.16a-1(c), The term derivative securities shall mean any option, warrant, convertible security, stock appreciation right, or similar right with an exercise or conversion privilege at a price related to an equity security, or similar securities with a value derived from the value of an equity security, but shall not include:
(1) Rights of a pledgee of securities to sell the pledged securities;
(2) Rights of all holders of a class of securities of an issuer to receive securities pro rata, or obligations to dispose of securities, as a result of a merger, exchange offer, or consolidation involving the issuer of the securities;
(3) Rights or obligations to surrender a security, or have a security withheld, upon the receipt or exercise of a derivative security or the receipt or vesting of equity securities, in order to satisfy the exercise price or the tax withholding consequences of receipt, exercise or vesting;
(4) Interests in broad-based index options, broad-based index futures, and broad-based publicly traded market baskets of stocks approved for trading by the appropriate federal governmental authority;
(5) Interests or rights to participate in employee benefit plans of the issuer;
(6) Rights with an exercise or conversion privilege at a price that is not fixed; or
(7) Options granted to an underwriter in a registered public offering for the purpose of satisfying over-allotments in such offering.

244 S&P500, AMEX major market index, 그리고 Value Line Composite Index와 같이 시장 전체의 움직임을 반영하는 지수를 통칭하는 개념으로 이해하면 된다. 이러한 지수들과 관련된 파생상품들은 거래소에서 주로 거래된다.

⑤ 종업원 보상 계획(employee benefit plans)에 참가하는 지분 또는 권리(interests or rights)

⑥ 고정되어 있지 않은 가격으로 행사하거나 전환특권이 있는 권리

⑦ 공모에서 인수자에게 주식초과 배정제도(over-allotments)에 따라 부여된 옵션

제3절 영국

1. 서설

영국은 2000년 제정된 「금융서비스시장법」(Financial Service and Market Act of 2000; 이하 'FSMA')에 의거 금융감독청(Financial Services Authority)이 단일 규제당국이 되었다. 이러한 단일 규제기관 모델은 적어도 2008년 서브프라임 금융위기가 있기 전까지는 전 세계의 감독기구들의 모델처럼 여겨져 왔었다.[245]

영국의 금융감독청(FSA)은 모든 금융 서비스에 대한 규제 권한을 부여 받았고, 자율규제기관(self-regulatory organizations)[246]도 흡수하였다. 또한 다양한 금융활동(financial activities)을 규제하는 14개의 개별 규칙(rulebooks)을 하나로 통합하였다.[247]

금융위기 이후, 영국 정부는 금융위기의 원인을 검토하고 보다 굳건한 뱅킹시스템(robust banking system)을 구축하기 위하여 필요한 금융규제 및 감독체계의 변화를 모색하고자 "터너보고서(The Turner Review)"[248]의 작성을 요청하였다.[249] 또한, 영국 금융회사들의 지배구조에 대하여 검토하고 개선책을 제시한 워커의 보고서(A Review of Corporate Governance)[250] 등을 종합하

245 Jerry W. Markham, "Merging the SEC and CFTC - A Clash of Cultures", *University of Cincinnati Law Review,* 78 (2009), p.544; 현행 우리나라 감독기구도 영국의 모델을 참조하였다고 보는 견해가 있다(오성근, "영국의 금융감독체계의 개혁 및 입법적 시사점", 「증권법연구」 제15권제1호 (한국증권법학회, 2014), 284면.

246 자율규제기관은 Securities and Futures Authority (SFA)이었다.

247 Jerry W. Markham, "Super Regulator: A Comparative Analysis of Securities and Derivatives Regulation in the United States, the United Kingdom, and Japan", *Brooklyn Journal of International Law,* 28 (2002), pp.379~380.

248 Financial Services Authority, "The Turner Review: A regulatory response to the global banking crisis", (March 2009).

249 *Ibid*, p.5, 동 보고서는 2008년 10월 재무장관(Chancellor of the Exchequer)의 요청에 의해 작성되었으며, 2009년 3월 금융감독청(FSA)에 의해 토론문(Discussion Paper)과 함께 발간되었다.

250 David Walker, "A review of corporate governance in UK banks and other financial industry entities – Final recommendations" (26 November 2009); 동 보고서는 2009년 2월 총리(Prime Minister)에 의해 요청되어 동년 11월에 완성되었다(*Ibid*, p.5). 이사회의 책임에 중점을 두고 있으며, 특히 보수위원회(remuneration committee) 역할을 강조하고 있다.

여, 영국 정부는 2010년에 기존 FSMA를 개정하였다.

더 나아가, 보다 근원적인 감독체계 개편 및 뱅킹시스템의 개혁을 위해 빅커보고서(The Vickers Report)[251]가 작성되었고, 이를 기반으로 하여 FSMA는 다시 2012년에 「금융서비스법」(Financial Services Act 2012; 이하 'FSA(2012)')[252]에 의해 개정되었다.

영국은 기존 단일 규제 당국이었던 금융감독청(FSA)을 폐지하고, 행위규제와 건전성규제를 별도의 기관이 담당하는 것으로 하는 규제체계의 변혁을 맞게 되었다. 행위규제(regulation of conduct)는 금융행위감독청(Financial Conduct Authority; 이하 'FCA')이 담당하고, 별도로 영란은행(Bank of England)은 금융안정(financial stability)에 대한 책임을 부여받고, 건전성 규제(prudential regulation)를 담당하게 되었다.[253] 그리하여 영국은 거시경제 및 시스템의 안정성에 대한 책임을 부여 받은 영란은행 내 위원회로 금융정책위원회(Financial Policy Committee)를 두고, 영란은행 자회사인 건전성감독청(Prudential Regulation Authority; 이하 'PRA')은 건전성 모니터링을 하며, 영란은행과 별도 조직인 금융행위감독청(Financial Conduct Authority)은 전신인 금융감독청(FSA)이 행해오던 소비자 보호 및 영업행위 규제를 이관 받아 책임을 맡게 되었다.[254]

다만, 규제 당국이 적절한 기능을 수행할 수 있도록 행위규제 및 이를 통한 소비자 보호를 담당하는 FCA와 건전성 규제를 담당하는 PRA는 상호간에 정보 및 조언을 구하여야 하는 등 상호 협력하도록 요구된다.[255]

또한, 영국은 장외파생상품에 대한 규제를 강화하기 위해 제정된 EU의 유럽시장인프라규제(European Market Infrastructure Regulation; 이하 'EMIR')[256]을 채택하여 적용하고 있다. 영국은

---

251 보고서 작성의 책임을 맡은 위원회인 The Independent Commission on Banking의 의장이 존 빅커(John Vickers)이다. 2010년 6월 16일 재무장관(Chancellor of the Exchequer)은 Royal Mansion House에서 있은 연설에서 동 위원회의 설립을 공표하였으며, 동 위원회는 2010년 9월 이슈 페이퍼(Issues Paper), 2011년 4월 중간보고서(Interim Report), 그리고 2011년 9월 최종보고서(Final Report: Recommendations)을 발간하였다. 이에 대한 상세한 내용은 Tim Edmonds, "The Independent Commission on Banking: The Vickers Report & the Parliamentary Commission on banking standards", Commons Briefing papers SN06171(House of Commons Library), (Dec. 30, 2013) 참고.

252 동 법률은 2012년 12월 5일 국회 동의, 동년 12월 13일 여왕의 서명을 거쳐 2013년 4월 1일부터 시행되었다.

253 금융위기 이후, 2013년 영국의 새로운 규제 체계를 가져 오기까지의 과정에 관련한 내용은 G. A. Walker, "U.K. Regulatory Revision - A New Blueprint for Reform", *The International Lawyer*, 46 (2012) 참조.

254 Mike Buckle & John Thompson, *op. cit.,* p.377.

255 FSMA §3D Duty of FCA and PRA to ensure co-ordinated exercise of functions.

256 2012년 8월 16일 발효되었으나, 실제 주요한 기술적인 기준(technical standards)들을 마련한 것은 2012년 12월 19일이며, 전체적으로는 2013년 3월 15일 발효되었다. 규제의 가장 주요한 내용은 CCP청산과

EMIR과 일관성이 없거나 더 이상 요구되지 않는 자국 내 법률 조항들을 폐지하여 EMIR이 영국 내에서 완전히 효과적으로 적용될 수 있도록 정비하였다.[257]

EMIR은 파생상품을 거래하고자 하는 사람들에게 3가지 사항을 요구한다. 첫째, 규정된 장외파생상품은 CCP(central counter-party)를 통해 청산의무를 이행할 것, 둘째, CCP를 통한 청산을 하지 않는 장외파생상품에 대해서는 위험관리절차(risk management procedures)를 마련할 것, 셋째 파생상품거래 내역을 거래정보보관소(trade repository)에 보고할 것 등이다.

그리하여, 영국은 2014년 2월 12일 모든 파생상품계약에 대한 상세 내용을 거래정보보관소에 보고하도록 하였으며, 2014년 3월 18일에는 첫 번째 CCP가 EMIR 하에서 허가되었다.[258]

2. 파생상품 정의

영국 또한 미국과 마찬가지로 제정법상 파생상품(derivatives)에 대한 일반적인 정의조항을 규정하고 있지는 않다. 다만, 기존 영국의 금융감독청(FSA)도 파생상품이란 "차액계약[259], 선물 또는 옵션이라고 정의하여(a contract for differences, a future or an option)"[260] 파생상품의 기본구

거래정보보관소를 통한 거래정보의 보고와 관련된 내용이다. 동 규제는 유럽경제구역(European Economic Area; EEA)에 있는 시장참여자는 물론이거니와 EEA내에 거래상대방이 있는 경우에는 역외 시장참여자에게도 적용된다.

257 Mike Buckle & John Thompson, *op. cit.,* p.413.

258 EMIR 관련 채택 일정은 FCA 홈페이지 참조. <https://www.fca.org.uk/markets/emir> (검색일: 2018.4.23.)

259 차액계약(contract for differences; CFD)은 1990년대에 런던에서 시작된 파생상품의 한 형태로 주로 장외에서 거래되는 파생상품이다. CFD는 준거자산(개별 증권 또는 바스켓)의 가치를 사거나 파는 계약으로서 그 차액을 지급하는 계약이다. 예를 들어, 현재 100파운드 가치인 개별 주식에 대하여 계약 당사자 상호간에 CFD 계약을 체결하였고, 그 가치가 90파운드로 하락하여 계약기간이 종료되었다면, 매수자(long position)는 10파운드를 매도자(short position)에게 지불하는 단순한 구조의 파생상품이다. CFD는 증거금(margin)으로 거래를 개시할 수 있으며, 일일정산(mark to market)에 의해 증거금을 조정하지만, 기본적으로 레버리지효과(leverage effect)가 존재한다. 따라서 이를 내부자 거래(insider trading)로 활용하는 문제가 있어 2009년 CFD 매수자(long position)는 해당 주식의 지분율을 공시함에 있어 CFD 포지션을 포함하도록 하는 새로운 공시제도가 도입되기도 하였다(Mike Buckle & John Thompson, *op. cit.,* pp.304~305 참고); 영국에서 CFD의 개념이 최초로 등장한 것은 19세기 판례에서 이다. 1896년 Universal Stock Exchange v. Strachan Case(1896 A.C. 166, HL.)에서 거래 당사자들이 체결한 계약이 기초자산의 성과에 대해 차액을 상호간 지급하는 계약으로서 이러한 상품을 차액계약(contract for differences)로 명명하고, 이는 도박(gaming contract)에 해당하여 무효라고 판시한 바 있다(Alastair Hudson(2013), *op. cit.,* p.1192).

260 FSA, <http://fsahandbook.info/FSA/glossary-html/handbook/Glossary/D?definition=G279>(2010.7.21).

성단위를 종류로서 열거하였다.[261]

이는 기존 FSMA Schedule 2의 Part Ⅱ에서 정의한 투자상품(investments)에서 열거된 파생상품의 구성요소를 모아 정리한 것이다.[262] 여기서 투자상품(investments)이란 자본시장법과 비교한다면, 업 인가받은 자가 영업행위(예를 들면, 투자권유 등)의 대상으로 삼을 수 있는 금융투자상품으로 이해될 수 있다. 영국의 규제 체계 하에서는 투자상품은 규제대상업무(regulated activities)와 함께 업 규제의 근간을 이룬다. 규제대상업무는 업 인가를 받지 아니한 자가 영위할 수 없는 업무로서 자본시장법 상 금융투자업과 대응되는 개념으로 이해할 수 있다.

개정된 FSMA Section 22[263]는 FSA(2012)에 의거 규제대상의 범위가 확장되어 규제대상업무(regulated activities)를 정의하고 있다.[264] 이를 받아 Schedule 2의 Part Ⅰ에서 규제대상업무

---

261 기본적으로 파생상품의 기본구성단위를 선도, 옵션, 스왑이라고 설명한 바 있다. 영국의 법령에서는 스왑이라는 용어를 사용하는 대신에 스왑의 속성인 현금결제형 파생상품(cash-settled financial derivatives)의 특징을 갖춘 모든 상품을 차액계약(contract for differences)으로 규정하고 있는 것이다(Alastair Hudson(2013), *op. cit.*, p.1192). CFD는 스왑을 포함하는 폭 넓은 개념이다.

262 2012년 금융서비스법(FSA)에 의해 기존 FSMA는 많은 변화가 있지만, 해당 정의 규정은 그대로 유지되었다.

263 FSMA §22 The classes of activity and categories of investment.
(1) An activity is a regulated activity for the purposes of this Act if it is an activity of a specified kind which is carried on by way of business and—
(a) relates to an investment of a specified kind; or
(b) in the case of an activity of a kind which is also specified for the purposes of this paragraph, is carried on in relation to property of any kind.
(1A) An activity is also a regulated activity for the purposes of this Act if it is an activity of a specified kind which is carried on by way of business and relates to—(추가항목)
(a) information about a person’s financial standing, or
(b) the setting of a specified benchmark.
(2) Schedule 2 makes provision supplementing this section.
(3) Nothing in Schedule 2 limits the powers conferred by subsection (1) (추가항목).
(4) “Investment” includes any asset, right or interest.
(5) “Specified” means specified in an order made by the Treasury.
(6) “Benchmark” means an index, rate or price that—(추가항목)
(a) is determined from time to time by reference to the state of the market,
(b) is made available to the public (whether free of charge or on payment), and
(c) is used for reference for purposes that include one or more of the following—
(i) determining the interest payable, or other sums due, under loan agreements or under other contracts relating to investments;
(ii) determining the price at which investments may be bought or sold or the value of investments;
(iii) measuring the performance of investments .

264 규제대상업무(regulated activities)는 인가받은 자(authorised person)와 면제된 자(exempt person) 이외에는 영위할 수 없다(FSMA §19).

(regulated activities)로서 투자상품에 대한 딜링(dealing in investments)과 중개(arranging deals in investments), 그리고 예금의 수취(deposit taking) 등 허가받은 자(authorised person)에 의해 영위 가능한 다양한 업무의 형태를 정의하고 있다. 그리고 상기 규제업무의 대상이 되는 투자상품(investments)에 관해서는 Part Ⅱ에서 별도로 열거방식에 의해 증권을 비롯한 다양한 투자상품이 열거되고 있으며, 파생상품의 종류인 차액계약, 선물 또는 옵션 등도 투자대상의 일종으로 Schedule 2의 Part Ⅱ에서 정의되고 있다.

FSMA는 옵션(option)이란 재산(property)을 취득하거나 처분하는 선택권으로 정의하고,[265] 선물(futures)은 인도가 미래의 시점에 이루어지는 상품(commodity) 또는 다른 재산(property of any other description)의 매매계약에 기한 권리로 정의한다.[266] 또한 파생상품의 한 종류인 차액계약(contract for differences)에 대해서는 (a) 차액계약에 기한 권리 또는 (b) 재산의 가치(value)나 가격(price), 또는 계약의 목적으로 고안된 지수(index)나 다른 요인(factor)에 있어서의 변동에 기초하여 이익을 추구하거나 손실을 회피할 목적으로 행해지는 기타 계약에 기한 권리로 정의하고 있다.[267]

아울러, 장외파생상품 규제를 위해 채택한 EMIR Article 2(5) 및 이의 근거가 되는 지침(Directive 2004/39/EC)의 부속서 I(Annex I)는 파생상품에 대하여 FSMA보다는 좀 더 자세하게 열거하고 있는데, 증권(securities), 통화, 이자율, 상품(commodity), 기후변수, 운임, 물가 상승률 또는 기타 공식적인 경제 통계 등을 기초자산으로 하는 옵션, 선물, 스왑, 선도계약 등과 신용위험을 전가할 수 있는 파생상품(Derivative instruments for the transfer of credit risk), 그리고 차액계약(Financial contracts for differences) 등을 그의 종류로 열거하고 있다.[268]

따라서 영국은 한국의 자본시장법처럼 파생상품에 대한 포괄적인 일반정의조항을 마련하고 있지는 않지만, 투자상품(investments)으로서 열거된 옵션, 선물 및 차액계약을 정의함에 있어, 구체적인 상품의 종류를 명시하기 보다는 포괄적인 개념에 입각하여 정의함으로써 실질적으로 모든 종류의 파생상품을 FSMA에 의해 규율할 수 있는 장치를 마련하고 있다.

---

265 FSMA Schedule 2 §17 Options, "Options to acquire or dispose of property."

266 FSMA Schedule 2 §18 Futures, "Rights under a contract for the sale of a commodity or property of any other description under which delivery is to be made at a future date."

267 FSMA Schedule 2 §19 Contracts for differences, "Rights under (a) a contract for differences; or (b) any other contract the purpose or pretended purpose of which is to secure a profit or avoid a loss by reference to fluctuations in (i) the value or price of property of any description; or (ii) an index or other factor designated for that purpose in the contract."

268 EMIR Article 2(5), 'derivative' or 'derivative contract' means a financial instrument as set out in points (4) to (10) of Section C of Annex I to Directive 2004/39/EC as implemented by Article 38 and 39 of Regulation (EC) No 1287/2006.

제4장

파생상품의 이해

제1절 기본 원리의 이해

제2절 옵션 전략별 손익구조

제3절 위험관리

제4절 파생상품의 생산

제1절 기본 원리의 이해

1. 시간가치와 위험보상

투자자는 기본적으로 투자를 함에 있어 2가지에 대해 보상을 받으려고 한다. 하나는 시간가치(time value of money)이고 다른 하나는 위험(risk)이다. 우리에게 잘 알려진 자본자산가격결정모델(Capital Asset Pricing Model; 이하 'CAPM')[269]은 직관적으로 이를 잘 설명해 준다. 위험자산의 기대수익(expected return)은 다음과 같은 수식으로 정리된다.

$$E(R_i) = R_f + \beta_i[E(R_m)-R_f]$$

여기서, R_f는 무위험수익률이고, β_i는 위험자산(i)의 위험의 정도를 나타내는 베타이며, $E(R_m)$은 시장포트폴리오의 기대수익(expected market return)을 말한다.

위의 수식에서 볼 수 있는 바와 같이, 첫 번째 항목인 무위험수익은 우리가 위험을 부담하지 않더라도(β_i=0), 투자로 인해 시간이 경과된 것에 대한 즉 시간가치에 따라 응당 보상되어야 하는 항목이다.[270] 다른 항목은 투자자가 투자를 통해 부담하는 위험에 비례하여 보상이 정해져야 함을 보여준다. 좀 더 정확히 표현하면, 대상이 되는 위험자산(i)의 변동성, 시장포트폴리오(m)의 변동성 그리고 대상자산과 시장포트폴리오와의 상관계수 등에 의해 산출된 체계적 위험(β_i)과 시장프리미엄(market premium), 즉 $E(R_m)-R_f$간의 관계에 의해 산출된다.

따라서 CAPM을 통해 직관적으로 이해할 수 있듯이, 우리가 투자를 함에 있어 그 대상 위험자산으로부터 기대하는 합리적인 수익은 시간가치에 따른 보상인 무위험수익과 위험[271]을 부담함

269 CAPM은 Shape, Lintner에 의해 소개되었으며, Mossin 또한 다른 방법으로 CAPM을 도출하였다. 이에 대한 내용은 본서의 범위를 넘어서기에 구체적으로 다루지는 않는다. 다만, 논문을 소개하니 관심있는 독자는 참고하기 바란다. William F. Sharpe, "Capital asset prices: A theory of market equilibrium under conditions of risk", *Journal of Finance,* 19 (1964), pp.425~442, John Lintner, "The valuation of risk assets and the selection of risky investments in stock portfolios and capital budgets", *Review of Economics and Statistics,* 47 (1965), pp.13~37, Jan Mossin, "Equilibrium in a Capital Asset Market", *Econometrica,* 34 (1966), pp.768~783.

270 일반적으로 이는 무위험자산인 단기 국채의 수익률을 의미한다. 미국의 경우 T-bill이 이에 해당한다.

에 따라 보상받게 될 위험프리미엄(risk premium)의 합이라고 할 수 있다.

2. 선물가격의 결정

가. 기본 원리

파생상품의 가격은 기본적으로 기초자산의 가격에 연동된다. 파생상품 중 가장 기초가 되는 선물의 가격이 기초자산의 가격과 어떻게 연관되고 공정가격이 산출되는지 '무위험차익부재조건(No-Arbitrage Condition)'[272]을 통해 살펴보고자 한다.

선물가격의 구조를 단순화하고 그의 특성을 살펴보기 위해 선물계약을 체결하는데 거래비용 등은 고려하지 않으며, 선물계약의 보유자에게 계약 종료 시까지 어떤 소득(배당 등이 해당한다)도 제공되지 않는 투자자산을 기초자산으로 하는 경우를 상정하자. 현재 기초자산가격은 100이고 연 이자율(무위험수익률)은 4%라고 할 경우, 만약 3개월 만기 선물의 공정한 시장가격은 어떻게 될까? 정답부터 말한다면 선물의 가격은 101이어야만 한다. 물론, 선물의 시장가격은 기초자산의 가격변동에 따라 변화한다. 하지만, 매순간 기초자산가격에 대응하는 공정한 선물 균형가격이 존재한다.[273] 이 균형가격으로부터 벗어나는 경우에는 적절한 차익거래를 수행함으로써 무위험 수익을 창출할 수 있다.

이의 과정을 이해하기 위하여 먼저 시장의 선물가격이 공정한 균형가격인 101을 상회하여

---

271 좀 더 정확히 표현하면 체계적 위험(systematic risk)을 말한다. 비체계적 위험(nonsystematic risk)은 포트폴리오 분산을 통해 제거할 수 있기 때문에 이에 대한 위험프리미엄은 보상으로 요구되지 않는다. 논의를 더 진행하는 것은 본서의 범위를 넘어서는 것이기에 이것으로 마무리한다. 위험관리에 관심이 있는 독자에게는 John C. Hull, *Risk Management and Financial Institutions(4th)*, John Wiley & Sons, 2015를 권한다.

272 선물의 가격이 공정한 가격으로 시장에서 거래되어진다면, 이 가격을 이용하여 무위험수익을 창출하는 것은 불가능하다. 그러나 공정가격으로부터 괴리가 있는 경우에는 차익거래(arbitrage trading)를 통해 무위험수익을 창출할 수 있다. 이러한 과정을 통해 비정상적인 선물의 가격은 균형가격으로 회귀하게 된다. 차익거래에 대한 구체적인 과정은 제4절 '파생상품의 생산'에서 다룬다.

273 선물뿐만 아니라, 옵션 등 파생상품은 그 기초자산의 가격 변화에 따라 공정한 균형가격을 갖게 된다. 다만, 옵션은 선물과 달리 기초자산의 변동성 등 다른 요인에 의해서도 영향을 받게 되어 좀 더 균형가격을 찾는데 수학적으로 복잡할 뿐이지 그 원리는 동일하다. 즉 기초자산의 가격과 연계되어 파생상품의 가격은 형성되어야만 하는 것이지 독자적으로 시장가격이 형성될 수 없다. 그렇지 않을 경우, 무위험 차익거래를 통해 위험을 수반하지 않는 이익을 얻을 수 있는데 효율적인 시장이라면 이러한 일은 지속될 수 없을 것이다. 즉, 이러한 차익거래 과정을 통해 시장은 공정한 가격으로 회귀되게 된다.

103으로 거래되는 경우부터 살펴보자. 그리하면 어떤 차익거래자는 100을 차입하여 기초자산 1주를 매입하고, 3개월 후에 기초자산 1주를 103에 매도할 수 있는 선물계약을 체결한다. 즉 선물을 시장에서 매도하고 기초자산을 매수하는 무위험 차익거래를 수행한다. 이 경우 포트폴리오를 보면, '기초자산 매수 + 선물 매도 + 현금 100 차입' 이다.

3개월 후에 선물 만기일이 되면, 보유하고 있던 기초자산을 인도하고, 103의 대금을 수취한다.[274] 이와 같은 차익거래 수행의 결과를 보면, 먼저 선물로 헤지된 기초자산의 거래로 인해 3(=103-100)의 이익을 얻게 된다. 반면, 3개월 동안 100의 차입금에 대한 이자비용이 발생하므로 이자 1(=100*4%/4)만큼을 비용으로 지불하여야 한다. 즉, 상기의 차익거래로 인해 위험을 수반하지 않는 수익 '2'가 달성된다.

이러한 무위험수익이 존재하다면, 수많은 차익거래자들은 무위험수익을 얻기 위해 상기의 전략과 동일한 기초자산 매수/ 선물 매도 포지션을 만들게 되고, 이는 각각의 시장에서 수요와 공급에 영향을 미쳐 가격이 조정되는 결과를 야기한다. 즉, 차익거래로 인한 무위험수익이 '0'이 되는 순간까지 이러한 차익거래는 지속적으로 진행된다. 무위험수익이 '0'이 되는(no-arbitrage condition) 선물가격은 기초자산가격이 100으로 고정되어 있다면, 기존의 선물시장가격(=103)에서 무위험수익 2를 차감한 '101'(=103-2)이 되어야 한다.

선물가격이 상대적으로 낮은 반대의 경우도 살펴보자. 만약 선물의 시장가격이 98에 거래된다면, 기초자산 1주를 100에 공매도하고, 공매도 대금은 무위험자산에 투자하고(상기 예에서 차입의 반대 개념의 투자에 해당한다. 이 경우 수익률도 동일하게 4%라고 본다),[275] 3개월 후에 기초자산 1주를 98에 살 수 있는 선물계약을 체결한다. 즉, 선물을 시장에서 매수하고 기초자산을 매도하는 무위험 차익거래를 수행한다. 이 경우 포트폴리오를 보면, '기초자산 매도 + 선물 매수 + 현금 100 무위험자산 투자' 이다.

이 경우에는 3개월 후에 선물 만기일이 되면 98의 대금을 지불하고 기초자산 1주를 받아 공매도한 포지션을 청산하게 되어 선물로 헤지된 기초자산 매매로 인해 2(=100-98)의 무위험수익을 얻게 된다. 그리고 이에 덧붙여 공매도한 자금 100에 대한 무위험수익 1(=100*4%/4)이 추가되

274 선물의 결제방식이 차액결제인 경우에도 마찬가지이다. 이 경우 기초자산을 인도하는 대신 선물 만기일에 기초자산 시장에서 보유 포지션은 매도하고, 선물시장에서 차액을 정산하면 동일한 효과가 발생한다.

275 여기서 말하는 이자율은 무위험이자율이다. 즉, 단기 국채의 수익률이 된다. 무위험포트폴리오를 구성하여야 하므로 공매도의 자금은 무위험자산에 투자되어야 한다. 하지만, 현실에서는 차입금리와 대출금리(또는 채권 이자수익)간 차이가 나는 것이 통상일 것이다. 또한 매수호가와 매도호가 간에도 간격이 존재하고(bid-ask spread), 거래비용 등도 발생하므로 균형가격은 점이 아닌 구간으로 형성된다. 하지만 원리에 대한 이해를 위해 이러한 것을 단순화하였다.

어 총 무위험수익은 ‘3’이 된다.

마찬가지 논리로, 수많은 차익거래자들은 무위험수익을 얻기 위하여 기초자산 매도/ 선물 매수의 상기와 같은 차익거래를 수행한다. 그리하면, 결과적으로 무위험수익 ‘3’이 발생하지 않을 단계까지 가격이 조정되어, 기초자산가격이 100으로 고정되어 있다면, 선물가격은 ‘101’(=98+3)까지 상승하게 된다.

요약하면, 이와 같은 무위험차익거래의 기회는 언제 발생하는 것일까? 첫째로 기초자산가격이 100일 때, 선물의 시장가격이 101을 상회하게 되면 기초자산 매수/ 선물 매도의 차익거래가 가능하게 되고, 둘째로 선물의 시장가격이 101을 하회할 경우에 반대방향의 차익거래가 가능하게 된다. 즉, 선물가격이 공히 ‘101’인 경우에만 무위험수익이 존재하지 않는 시장균형상태에 이르게 된다. 이것이 공정한 선물가격이 되는 것이다.

나. 선물가격결정모형

상술한 기본 원리를 이해하였다면, 선물가격결정 모형을 도출하기 위하여 이 과정을 일반화하도록 하자.

임의의 시점 t의 현물지수는 S_t , 만기가 T인 현재시점(t)에서의 선물가격은 $F_{t,T}$ 라고 하고, 거래에 따른 제반 비용이 없다고 한다면, 이때 선물의 이론가격은 다음과 같이 수식으로 표현된다.

$$F_{t,T} = S_t\left(1+(r-d)\times\frac{(T-t)}{365}\right)$$

여기서, r은 이자율, d는 배당률을 의미한다. 즉, 현물을 보유함에 따른 보유비용(carry cost; 자금비용 및 배당수익 등)이다. 만약 물리적인 보관이 필요한 상품(commodity) 선물의 경우에는 보관비용이 추가로 가산될 수 있겠다.

따라서 미래의 특정시점에 매매의 기준가격이 되는 공정한 선물가격은 현재의 기초자산의 가격수준과 이자율 등 기초자산 보유비용에 의존하여 기술적으로 결정된다. 선물의 가격결정 과정에는 투자자의 위험에 대한 선호도 또는 미래에 대한 예측 등은 영향을 미치는 요소가 아니다.

물론 투자자로서는 미래에 대한 정확한 예측을 통해 해당 포지션에서 보다 나은 수익을 창출하고자 할 것이다. 그러하기에 레버리지가 상대적으로 큰 선물시장 참여자들은 미래의 가격을 보다 잘 예측하기 위하여 다양한 필요 정보를 수집하는 노력을 더욱 기울이며, 이러한 과정에서 선물시장의 수요와 공급이 결정된다. 상술한 무위험 차익거래를 통해 선물가격결정 과정은 자연스럽게 현물시장의 가격에도 영향을 미치게 되고, 이와 같이 현물시장과 선물시장 간의 정보의 교류가 이루어지게 된다. 이러한 과정을 통해 보다 합리적인 가격을 발견하게 되는 것이다.

정리하면, 선물가격결정 모형이 성립하지 않는 경우에는 차익거래에 의해 무위험 차익이 발생되고, 이러한 과정을 통해 결국 선물시장과 현물시장 간의 교류를 통해 선물가격은 결국 상술한 선물가격결정 모형에 따라 기초자산가격에 의해 기술적으로 결정된다.

다만, 현실에서는 다양한 일반화를 위해 고려하지 않았던 제반비용이 발생하게 된다. 다양한 거래 수수료는 물론이거니와 세금, 또는 매수-매도 스프레드(bid-ask spread) 등을 고려하여야 한다. 그리하여 현실에서 무위험 차익거래가 발생하지 않는 선물의 이론가격은 다음과 같은 수식으로 표현되고, 일정한 범위를 벗어나는 경우 무위험 수익이 가능하게 된다.

$$F_{t,T} = S_t\left(1+(r-d)\times\frac{(T-t)}{365)}\right)+\text{제반비용}$$

3. 옵션가격의 결정

가. 용어 정리

옵션에 대한 상세한 전개를 위해 먼저 옵션 관련 주요 용어를 정리하고자 한다. 옵션에 대한 이해를 위해서는 용어에 대한 정확한 이해가 선결되어야 한다.

- 콜옵션(Call Option): 특정 상품을 정해진 가격에 매수할 권리를 말한다. 콜옵션을 매수하기 위해서는 그 권리의 가치에 상응하는 프리미엄을 지불해야한다. 콜옵션을 매수하면 기초자산을 미리 정한 약속된 가격(행사가격)에 매수할 수 있는 권리를 보유하게 된다. 반대로 매도하는 경우에는 프리미엄을 수취하고 콜옵션을 매수한 자가 옵션을 행사하는 경우 기초자산을 인도할 의무를 진다.
- 풋옵션(Put Option): 특정 상품을 정해진 가격에 매도할 권리를 말한다. 풋옵션을 매수하기 위해서는 그 권리의 가치에 상응하는 프리미엄을 지불해야한다. 풋옵션을 매수하면 기초자

산을 미리 정한 약속된 가격(행사가격)에 매도할 수 있는 권리를 보유하게 된다. 반대로 매도하는 경우에는 프리미엄을 수취하고 풋옵션을 매수한 자가 옵션을 행사하는 경우 이에 대응하여 기초자산을 매수할 의무를 진다.

- 기초자산(Underlying Assets): 기초자산이란 옵션행사 시 매입 또는 매도의 대상이 되는 특정자산으로, 상품옵션(Commodity Options)의 대상이 되는 곡물, 금, 은 등의 일반상품과 금융옵션(Financial Options)의 대상인 주식, 채권, 주가지수, 통화 등이 있다.
- 행사가격(Exercise or Strike Price): 행사 가격은 옵션매수자가 권리를 행사하여 기초자산을 매수하거나 매도할 때 기준이 되는 가격, 즉 콜옵션의 경우는 옵션매수자가 기초자산을 행사가격으로 매수할 수 있는 권리를 갖는 것이고, 풋옵션의 경우는 옵션매수자가 기초자산을 행사가격으로 매도할 수 있는 권리를 갖는 것이다.
- 프리미엄(Premium): 프리미엄은 옵션의 시장가격(Option Price)으로 기초자산을 매입하거나 매도할 수 있는 권리취득의 대가로 옵션매입자가 옵션매도자에게 옵션계약 시에 지불하는 금액이다.
- 만기일(Expiration Date): 만기일은 옵션매수자가 권리를 행사할 수 있는 마지막 날로서 만기일의 일정시간(만료시간)까지 권리를 행사하지 않으면 옵션은 소멸된다.
- 잔존만기(Time to Maturity): 현재시점부터 만기까지의 기간, 일반적으로 잔존만기가 길수록 옵션가치는 증가한다.
- 롱포지션(Long Position): 양(+)의 포지션, 즉 일정한 프리미엄 지불을 대가로 옵션을 구매하여 보유하고 있는 상태.
- 숏포지션(Short Position): 음(-)의 포지션, 즉 옵션 매수자로부터 프리미엄을 받고 옵션을 발행(writing)한 상태.
- 내재가치(Intrinsic Value): 내재가치는 행사가격과 기초자산가격의 차이로서 권리를 행사하는 경우 실현되는 가치, 즉 옵션매수자가 옵션의 행사로부터 얻을 수 있는 이익을 말한다. 콜옵션의 경우는 행사가격이 기초자산의 시장가격보다 낮을 때에, 풋옵션의 경우는 행사가격이 기초자산의 시장가격보다 높을 때에 내재가치를 갖는다.

콜옵션의 내재가치 = Max[기초자산의 시장가격 - 권리행사가격, 0]

풋옵션의 내재가치 = Max[권리행사가격 - 기초자산의 시장가격, 0]

예) 기초자산의 시장가격이 35,000원, 콜옵션의 행사가격이 34,000원인 경우
내재가치 = 35,000원 - 34,000원 =1,000원

- 시간가치(Time Value): 시간가치는 옵션프리미엄(옵션가격)에서 내재가치를 초과하는 부분으로서 이는 옵션이 만료되기 전 언젠가 기초자산의 가격이 유리하게 움직여 옵션가격이 상승할 것으로 예상하는 옵션매수인의 기대가 반영된 것이라고 볼 수 있다. 만기가 가까워질수록 기초자산이 변동할 수 있는 시간이 점점 줄어들기 때문에 시간가치는 계속 감소하다가 만기시점에는 시간가치가 '0'으로 수렴하게 된다.

  예) KOSPI200 지수가 112.50일 때, 행사가격 110인 콜옵션을 @3.0 의 가격으로 매수했을 경우 시간가치는 '0.5'이다. 옵션가격은 '3.0(매수한 가격, 즉 프리미엄)'이고, 내재가치는 '2.5 = 112.50(시장가격) − 110.0(행사가격)'가 된다. 따라서 시간가치는 '0.5'(= 옵션프리미엄(3.0) − 내재가치(2.5))가 된다.

- 유럽피언 옵션(European Option): 옵션만기일에만 행사가 가능한 옵션으로 대표적으로 한국거래소에 상장된 KOSPI200 옵션을 들 수 있다.
- 아메리칸 옵션(American Option): 옵션만기일 내 언제라도 행사 가능한 옵션
- 내가격 옵션(IN-THE-MONEY, ITM)

  내재가치가 존재하는 경우. 즉, 콜옵션의 경우 기초자산의 시장가격(S)이 행사가격(K)보다 높은 경우에 해당한다(S > K). (풋옵션에서는 S < K인 경우이다.)

  기초자산의 가격이 115.0일 때 행사가격이 110.0인 콜옵션은 내가격 옵션이다. 이 경우 110 Call 옵션은 시장에서 거래되고 있는 기초자산을 시장가격(115.0)보다 훨씬 값싼 가격인 110.0에 매수할 수 있는 권리를 가지고 있는 옵션이다. 즉, 내가격 옵션은 소유자가 즉시 권리를 행사하면 양(+)의 현금유입이 발생하는 옵션을 말한다. 따라서 옵션프리미엄이 상당히 높다.

- 등가격 옵션(AT-THE-MONEY, ATM)

  내재가치가 제로(0)인 값을 갖는 경우. 즉, 기초자산의 시장가격(S)과 행사가격(K)이 같은 경우에 해당한다(S = K). 현재 거래되는 기초자산의 가격에 가장 근접한 행사가격을 지닌 옵션을 등가격 옵션이라 부른다.

- 외가격 옵션(OUT OF-THE-MONEY, OTM)

  내재가치가 존재하지 않는 경우. 즉, 콜옵션의 경우 기초자산의 시장가격(S)이 행사가격(K)보다 낮은 경우에 해당한다(S < K). (풋옵션에서는 S > K인 경우이다.)

기초자산의 가격이 115.0일 때, 행사가격이 117.5인 콜옵션은 외가격(OTM) 옵션이다. 기초자산의 가격이 행사가격에 비해 낮기 때문에 옵션을 행사한다면, 시장가격보다 높은 가격으로 기초자산을 매수하여야만 한다. 117.5 Call옵션은 지금 당장 옵션을 행사한다고 가정할 때, 옵션행사로

부터 이익을 얻을 수 없는 옵션이다. 따라서 옵션의 가격은 저렴하며, 그 가격은 내재가치가 없기 때문에 전체가 시간가치로만 구성되어 있다. 그러나 외가격 옵션은 레버리지효과가 큰 옵션으로서 기초자산가격의 상승에 힘입어 만약 행사되어진다면, 높은 수익률을 기대할 수 있다.

[표 3] 내가격, 등가격, 외가격 옵션의 조건

	콜옵션	풋옵션
ITM	기초자산가격 〉 행사가격	기초자산가격 〈 행사가격
ATM	기초자산가격 = 행사가격	기초자산가격 = 행사가격
OTM	기초자산가격 〈 행사가격	기초자산가격 〉 행사가격

나. 기본 원리

옵션의 가격은 크게 내재가치와 시간가치로 구성된다. 내재가치는 행사가격과 기초자산가격의 차이로서 권리를 행사하는 경우 실현되는 가치, 즉 옵션매수자가 옵션의 행사로부터 얻을 수 있는 이익을 말한다. 콜옵션의 경우는 기초자산의 시장가격이 행사가격보다 높을 때에, 풋옵션의 경우는 기초자산의 시장가격이 행사가격보다 낮을 때에 내재가치를 갖는다. 이를 요약하면 다음과 같다.

콜옵션의 내재가치 = Max[기초자산의 시장가격 - 권리 행사가격, 0],

풋옵션의 내재가치 = Max[권리 행사가격 - 기초자산의 시장가격, 0]

시간가치는 옵션프리미엄(옵션가격)에서 내재가치를 초과하는 부분으로서 이는 옵션이 만료되기 전 언젠가 기초자산의 가격이 유리하게 움직여 옵션가치가 상승할 것으로 예상하는 옵션매수인의 기대가 반영된 것이라고 볼 수 있다. 따라서 옵션이 만기일에 다가갈수록 옵션의 시간가치는 '0'으로 수렴하게 된다.

즉, '옵션가격 = 내재가치 + 시간가치'로 표현될 수 있다.

예를 들어, KOSPI200의 현재가격이 112.50일 때 행사가격이 110인 콜옵션을 @3.0의 가격으로 매수했을 경우, 이 옵션의 내재가치는 상기 내재가치의 수식에 의해 Max[112.5(시장가격) - 110(행사가격), 0] = '2.5'가 된다. 그런데 옵션가격이 3.0(매수한 가격, 즉 프리미엄)이므로, 상기 옵션가격에 대한 수식을 참고하면, '3.0(옵션가치) = 2.5(내재가치) + 시간가치' 가 되어, 결국 이 경우의 옵션의 시간가치는 '0.5'가 된다.

이를 그래프로 표현하면 다음과 같다.

[그림 1] 옵션의 가치

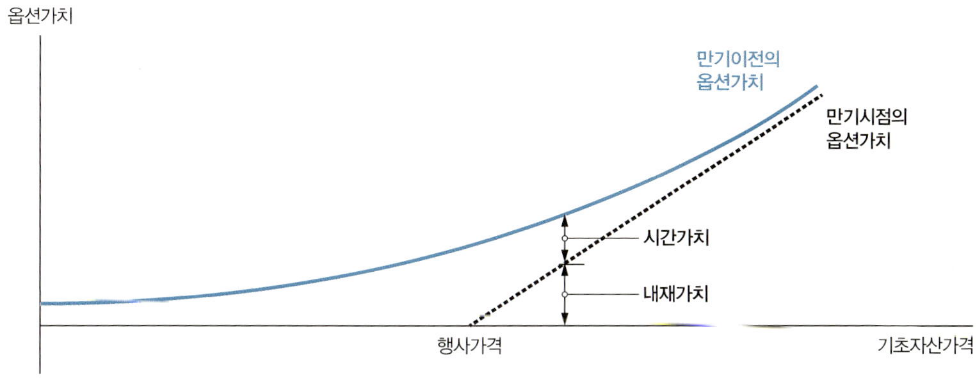

상술한 바와 같이 옵션의 가치는 내재가치와 시간가치의 결합으로 구성된다. 내재가치의 계산은 비교적 단순하다. 그러나 시간가치는 확률모형에 의존하게 된다.

다. 옵션가격결정모형

옵션가격을 결정하는 모형은 모형에 내포되어 있는 가정에 따라 그 종류도 다양하다. 여기에서는 가장 일반적인 옵션가격결정 모형인 콜옵션에 대한 공정가치(fair value)를 계산할 수 있는 블랙-숄즈(Black-Sholes) 옵션가격결정 모형을 소개하고자 한다.[276] 블랙-숄즈 모형은 이자율이

---

276 Fischer Black & Myron Scholes, "The Pricing of Options and Corporate Liabilities", *Journal of Political Economy*, 81 (1973), pp.637~659; Black-Scholes(1973)가 유럽형 콜옵션의 폐형해(closed-form solution)를 처음으로 유도한 이후, 모형에 내재된 두 가지의 제약을 해결하고자 하는 노력이 재무 분야에서 있었다. 그 하나는 "주가의 분산이 만기일까지 일정하다"는 가정을 완화하려는 노력으로 대표적인 논문으로는 Hull and White(1987), Scott(1987), Wiggins(1987) 등의 옵션가격결정모형이 있고, 다른 한편으로는 Black-Scholes(1973) 모형에 내재된 또 하나의 제약인 "옵션의 주기(life) 동안 무위험이자율(risk free interest rate)이 일정하다"는 가정을 완화하려는 노력으로 Merton(1973), Rabinovitch(1989) 등의 옵션가격결정모형이 있다. 이와 관련하여 관심있는 독자는 다음의 논문을 참고하기 바란다. John Hull and Alan White, "The Pricing of Options on Assets with Stochastic Volatilities", *The Journal of Finance*, 42 (June 1987), pp.281~301, Louis O. Scott, "Option Pricing when the Variance Changes Randomly: Theory, Estimation, and an Application", *The Journal of Financial and Quantitative Analysis*, 22 (December 1987), pp.419~438, James B. Wiggins, "Option values under stochastic volatility: Theory and empirical estimates", *Journal of Financial Economics*, 19 (December 1987), pp.351~372, Robert C. Merton, "Theory of Rational Option Pricing", *Bell Journal of Economics and*

상수이고, 변동성도 상수이며, 기초자산의 가격이 대수정규분포(lognormal distribution)를 따른다고 가정한다.

블랙-숄즈 모형은 옵션거래자들이 옵션의 가치를 평가하고 헤지하는 방식에 큰 영향을 미쳤으며, 지난 40년 동안 금융공학(financial engineering)의 성장과 성공에 중요한 역할을 하였다.[277]

블랙-숄즈 모형에 의하면, 콜옵션의 가격(C)은 기초자산의 가격(S), 행사가격(K), 이자율(r), 잔존만기(τ) 그리고 그 기초자산의 변동성(σ) 등에 의하여 결정된다.[278] 이를 수식으로 표현하면 다음과 같다.

$$C = SN(d_1) - Ke^{-r\tau}N(d_2)$$

$$d_1 = \frac{\ln\left(\frac{S}{K}\right) + \left(r + \frac{\sigma^2}{2}\right)\tau}{\sigma\sqrt{\tau}}, \quad d_2 = d_1 - \sigma\sqrt{\tau}$$

$$C = f(S, K, \sigma, r, \tau)$$

S: 기초자산의 가격, K: 행사가격, σ: 변동성, r: 이자율, τ: 잔존만기

풋옵션에 대한 공정 가치를 계산하는 모형은 별도로 개발되지는 않았다. 이는 일명, 풋-콜 패리티(put-call parity)에 의해 콜옵션의 가치가 결정되면 자연스럽게 풋옵션의 공정가격(P) 또한 결정되기 때문이다. 이를 수식으로 표현하면 다음과 같다.

$$P = C - S + Ke^{-r\tau}$$

Management Science, 4 (1973), pp.141~183, Ramon Rabinovitch, "Pricing Stock and Bond Options when the Default-Free Rate is Stochastic", *Journal of Financial and Quantitative Analysis*, 24 (December 1989), pp.447~457 등 참조.

277 John C. Hull(2018), *op. cit.*, p.319.

278 블랙-숄즈 모형은 배당이 없는 기초자산에 대한 옵션가격결정 모형이다. 그리하여 이 모형에서는 배당률의 개념은 포함되어 있지 않다. 주식 및 주가지수와 같이 배당에 영향을 받는 기초자산의 경우에는 이를 보완해야 할 필요가 있다. 다만, 배당률이라는 것은 곧 기초자산의 가격을 할인해 주는 효과로 구현할 수 있으므로 어렵지 않게 확장할 수 있다. 이를 확장한 모형으로는 머튼(Merton) 모형이 있다. 머튼 모형에 대한 상세한 설명은 Robert C. Merton, "Theory of Rational Option Pricing", *Bell Journal of Economics and Management Science*, 4 (1973), pp.141~183 참조.

4. 옵션의 손익구조

가. 의의

옵션의 손익구조란 만기일에 있어서의 기초자산의 가격 변화에 따른 옵션의 기대수익을 표현한 것이다. 옵션은 권리이므로 매수자에게 유리할 경우에만 행사되어지며, 불리할 경우에는 행사되지 않고 소멸한다. 옵션의 매수자는 권리만을 갖고, 매도자는 매수자가 권리를 행사하고자 할 경우 이에 응하여야 하는 의무를 지니고 있다. 따라서 옵션 매수자와 매도자간의 손익은 대칭적 구조를 갖는다. 매수자가 100원의 이익을 얻는 경우, 매도자는 100원의 손실이 발생한다. 즉, 해당 옵션만으로 놓고 보면, '제로섬 게임(zero sum game)'이 된다.[279]

나. 콜옵션

콜옵션은 약속된 정해진 날짜에 미리 정해 놓은 가격(행사가격)으로 기초자산을 매수할 수 있는 권리이다. 여기서는 만기일에 있어서의 콜옵션의 가치가 기초자산의 가격의 변화에 따라 어떻게 달라지는지 그 구조를 알아보고자 한다. 만기 시의 손익구조를 파악함으로써 우리는 옵션을 거래할 때에 왜 프리미엄을 지불해야 하는지 그 이유도 알게 된다.[280] 옵션의 만기손익구조를 설명하기 위해 S전자 콜옵션(행사가격: 450,000)의 가격이 20,000원인 경우를 예로 들어보자.

❒ 450,000 Call @20,000 매수했을 때의 손익구조

S전자 주식 1주를 450,000원에 사고자 하는 투자자가 S전자 주식을 사는 것 대신에 행사가격이 450,000원인 S전자 콜옵션을 20,000원의 가격으로 매수하였다고 하자. 이 경우 만기일에 있어

279 일반적으로 옵션을 매도한 자는 무한대로 손실이 커질 수 있는 손익구조를 갖기 때문에 기초자산의 결합 내지 다른 옵션의 결합에 의해 헤지과정을 진행한다. 이와 같이 헤지과정이 포함된 전체 포트폴리오 관점에서 보면 매수/ 매도자 간에 zero sum game은 아니게 된다.

280 선물계약을 체결할 때에는 상호간에 어떠한 돈의 흐름도 없다. 증거금을 납부하기는 하지만, 이는 상대방에게 선물계약에 대한 대가로 지불하는 것이 아니라, 계약불이행 위험을 사전에 차단하기 위한 방식에 의해 노출되어지는 위험에 따라 부과되는 것이지, 근본적으로 선물계약에 따른 가격은 존재하지 않는다. 즉, 선물계약의 가치는 '0'이다. 우리가 일반적으로 선물가격이라고 부르는 것은 선물계약에 대한 가격이 아니라 미래의 특정한 날에 매수나 매도의 기준이 되는 가격이다. 즉, 옵션으로 본다면, 행사가격과 같은 개념이다. 시장에서 형성되어지는 옵션가격은 선물가격과는 근본적으로 그 의미가 다르다. 따라서 필자는 가급적 옵션가격이라는 용어보다는 옵션 프리미엄이라는 용어를 주로 사용하려고 한다.

서의 S전자의 가격에 따른 투자자의 손익은 다음과 같다.

[표 4] S전자 주가에 따른 콜옵션의 만기손익구조

만기 시 기초자산가격	옵션손익	비용(프리미엄)	순 손익
:	:	:	:
430,000	0	-20,000	-20,000
440,000	0	-20,000	-20,000
450,000	0	-20,000	-20,000
460,000	10,000	-20,000	-10,000
470,000	20,000	-20,000	0
480,000	30,000	-20,000	10,000
:	:	:	:

[표 4]에서 살펴볼 수 있듯이, S전자의 만기일 주가가 450,000원을 초과하는 경우에는 옵션을 행사하게 된다. 만기일에 S전자 주식이 시장에서 460,000원에 거래된다면, 콜옵션을 행사해서 S전자 주식 1주를 450,000원에 매수하고, 이를 시장에서 460,000원에 동시에 매도하면 10,000원의 이익을 바로 얻을 수가 있기 때문이다. 즉, 행사가격 이상으로 S전자 주식의 가격이 오른 경우에는 콜옵션은 행사되고, 옵션은 '기초자산 – 행사가격' 만큼의 가치를 갖게 된다. 따라서 옵션의 행사로부터 얻게 되는 수익은 바로 행사가격을 초과하는 기초자산의 가격 정도에 비례하게 된다. 10,000원을 초과 하였다면, 그 10,000원이 옵션 행사로 인한 수익이고, S전자의 주가가 550,000원으로 상승하여 행사가격 대비 100,000원 상승하였다면, 100,000원이 콜옵션 행사에 따른 수익이 되는 것이다. 즉, 행사가격을 초과하는 부분에서는 콜옵션의 만기손익그래프는 기울기가 '1'인 우상향하는 직선이 된다.

반면, S전자의 가격이 하락하여 행사가격보다 낮은 수준을 유지하고 있다면, 콜옵션을 보유한 투자자는 옵션을 행사할 이유가 없게 된다. 주식을 사고 싶다면, 450,000원 보다 낮은 가격으로 시장에서 매수하면 되기 때문이다. 즉, 옵션이 권리이기 때문에 불리한 경우에는 이를 포기하면 되는 것이다. 따라서 옵션 매수자는 불리한 경우 권리를 포기할 수 있으므로, S전자의 가격이 행사가격을 하회할 경우에는 옵션을 행사하지 않으므로, 옵션으로부터의 수익은 '0'이 된다. 즉, 콜옵션 보유자의 옵션으로 부터의 수익을 수식을 통해 표현하면, Max[(기초자산가격 - 행사가격), 0]가 된다. 이를 그래프로 표현하면 [그림 2]와 같다.

[그림 2] 만기일의 S전자 주가에 따른 콜옵션의 수익구조(450,000 Call)

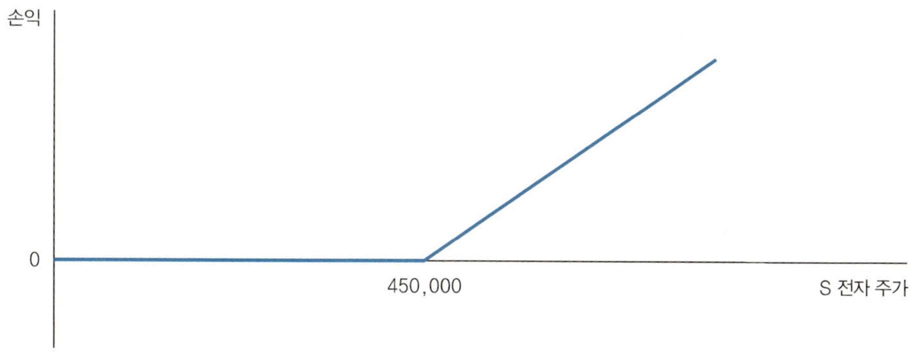

옵션계약을 할 때 지불한 프리미엄 즉, 비용은 어떻게 처리되어야 하는가? 옵션은 권리만을 갖고 있기 때문에 옵션을 매수할 때에는 권리에 대한 대가를 옵션 발행자(매도자)에게 지불하여야 한다. 그렇지 않는다면 어느 누구도 옵션을 발행하려 하지 않을 것이다. [그림 2]는 행사가격 450,000원인 콜옵션의 손익구조를 보여준다. S전자의 주가가 어느 수준에 있든지 상관없이 항상 '0'이상의 수익이 보장된다. 이런 구조라면 모두가 콜옵션을 보유하길 원할 것이다. 반대로 어느 누구도 이런 손익구조를 지니고 있는 옵션을 발행하려 하지 않을 것이다[281].

따라서 옵션의 매수자는 옵션 계약을 체결할 때에 [그림 2]와 같은 손익 구조에 대한 권리를 갖는 대가로 옵션 발행자에게 프리미엄을 지불하여야만 한다. 상기 예에서는 450,000원에 S전자 1주를 살 수 있는 권리에 대한 대가로 20,000원을 지불하였다. 따라서 S전자의 주가가 얼마이든지 상관없이 20,000원은 매수자에게는 기초 비용으로 계산되어져야 한다. 즉, 450,000원의 행사가격을 갖는 S전자 콜옵션을 매수한 투자자의 만기손익 그래프는 [그림 2]의 만기손익구조를 Y축에 대하여 20,000원 만큼 하향 평행 이동한 것이다. 이를 그래프로 표현하면 [그림 3]과 같다.

그래프의 특징을 살펴보면, 행사가격보다 주가가 낮은 부분은 옵션이 행사되지 않기 때문에 20,000원의 프리미엄이 비용으로 발생되고, 즉 프리미엄만큼 손해를 보게 된다. 하지만 S전자의 주가가 행사가격 보다 높은 부분에서는 주가의 상승과 같은 크기로 옵션의 가치가 증가하기 때문에 기울기가 '1'인 우상향하는 직선이 만들어진다. 따라서 행사가격에 프리미엄(비용)을 더한 470,000원이 손익분기점이 된다. 앞으로 다루어질 대부분의 옵션 그래프는 이와 같이 내재가치 부분에서는 기울기가 '1'이거나 '-1'이 된다. 또한 그래프에서 보여 지는 중요한 특징이 하나

281 옵션 발행자의 손익은 정확히 [그림 2]를 X축에 대해 대칭 이동한 그래프이다. 즉 항상 '0'이상의 손실이 발생하는 구조이다. 매수자가 10,000원의 이익을 얻기 위해서는 매도자가 10,000의 손실을 부담하여야 하기 때문이다.

더 있다. 그것은 행사가격이 변곡점이 된다는 점이다.[282]

[그림 3] 콜옵션 매수자의 만기 손익 그래프(450,000 Call @20,000)

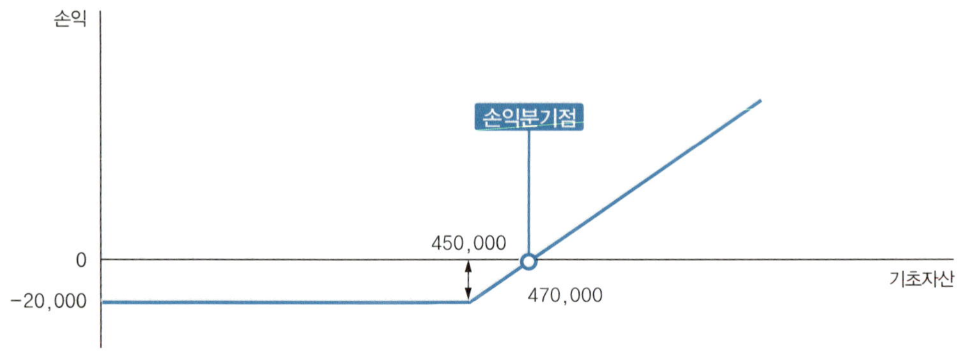

다. 풋옵션

풋옵션은 약속된 정해진 날짜에 미리 정해 놓은 가격(행사가격)으로 기초자산을 매도할 수 있는 권리이다. 여기서는 만기일에 있어서의 풋옵션의 가치가 기초자산의 가격의 변화에 따라 어떻게 달라지는지 그 구조를 알아보고자 한다. 옵션의 만기손익구조를 설명하기 위해 S전자 풋옵션(행사가격: 450,000)의 가격이 20,000원인 경우를 예로 들어보자.

❒ S전자 450,000 Put @20,000 매수했을 때의 손익구조

풋옵션의 손익구조를 이해하기 위해, 콜옵션의 경우와 같은 450,000원의 행사가격을 갖는 S전자 풋옵션을 가지고 논의를 전개해 보자. 450,000원의 행사가격을 지닌 S전자 풋옵션의 거래가격이 20,000원 이었다고 하자. 콜옵션의 경우와는 반대로 S전자의 주가가 행사가격을 하회하는 경우에는 옵션은 행사되고, 행사가격을 상회하게 되면 옵션은 행사되지 못하고 소멸된다. 만약 만기 시 시장가격이 420,000원이라면, 450,000원에 매도할 권리가 있는 풋옵션을 보유한 투자자는 당연히 옵션을 행사하여 S전자를 450,000원에 1주 매도할 것이다. 즉, 만기 시 기초자산가격이 420,000원인 경우 풋옵션의 가치는 30,000원이 된다.[283]

반면에 행사가격이상으로 S전자 주가가 올랐다면, 풋옵션을 행사할 이유가 없게 된다. S전자

282 후술하게 될 표준형 옵션으로 만들어지는 다양한 포트폴리오의 손익구조 역시 위의 2가지 속성을 지닌다.
283 시장에서 420,000원에 1주를 매수하고, 동시에 풋옵션을 행사하여 450,000원에 해당 주식을 처분하면 30,000원의 이익을 창출할 수 있다.

주식을 보유하고 있다면, 풋옵션을 행사해서 450,000원에 매도하는 것 보다는 시장에서 더 높은 가격에 S전자 주식을 매도할 수가 있기 때문이다. 이 경우에는 풋옵션은 행사되지 않고 소멸된다.

풋옵션으로부터의 손익을 수식으로 표현하면, Max[(행사가격 - 기초자산가격), 0] 이다. 풋옵션의 경우에도 콜옵션의 경우와 마찬가지로 비용(프리미엄)을 고려하여야 한다. 이를 정리하면 [표 5]와 같다.

[표 5] S전자 주가에 따른 풋옵션의 만기손익구조

만기 시 기초자산가격	옵션손익	비용(프리미엄)	순 손익
:	:	:	:
420,000	30,000	-20,000	10,000
430,000	20,000	-20,000	0
440,000	10,000	-20,000	-10,000
450,000	0	-20,000	-20,000
460,000	0	-20,000	-20,000
470,000	0	-20,000	-20,000
:	:	:	:

풋옵션의 매수자는 옵션 계약을 체결할 때에 프리미엄으로 20,000원을 지불하였으므로, 기초자산의 가격이 430,000원이 되는 시점에서 손익분기점이 형성된다. 즉, 옵션 행사에 따른 이익 20,000(=450,000-430,000)과 비용(옵션 프리미엄, 20,000원)이 같아지는 기초자산가격으로서 행사가격에서 프리미엄을 차감한 금액이다.

S 전자의 주가가 행사가격 450,000원을 하회하는 구간에서는 하락하는 정도에 비례하여 수익이 발생한다. 즉, 기울기가 '-1'인 직선을 형성한다. 그리고 S전자의 주가가 450,000원 이상에서는 옵션의 가치는 '0'이므로 주가에 상관없이(X축에 평행한 직선) 풋옵션 매수자는 기초에 지불한 프리미엄(20,000원) 만큼만 손실을 보게 된다. 즉, 풋옵션의 매수자의 만기손익 그래프는 [그림 4]와 같다.

이상에서 논의된 콜옵션과 풋옵션의 손익구조로부터 만기손익 그래프가 갖는 특징을 요약할 수 있다. 먼저, 행사가격이 변곡점이 되며, 좌우가 비대칭인 구조를 갖고 수익이 발생하는 구간에서는 기울기가 '1'또는 '-1'이 된다. 그리고 옵션 매수자의 최대손실가능금액은 기초에 지불한 프리미엄으로 한정되는 반면, 옵션 매도자의 최대이익가능금액은 기초에 취득한 프리미엄으로 한정되고, 손실은 이론적으로는 무한대이다. 매수자와 매도자의 만기손익 그래프는 X축에 대해 대칭이다.

[그림 4] 풋옵션 매수자의 만기 손익 그래프(450,000 Call @20,000)

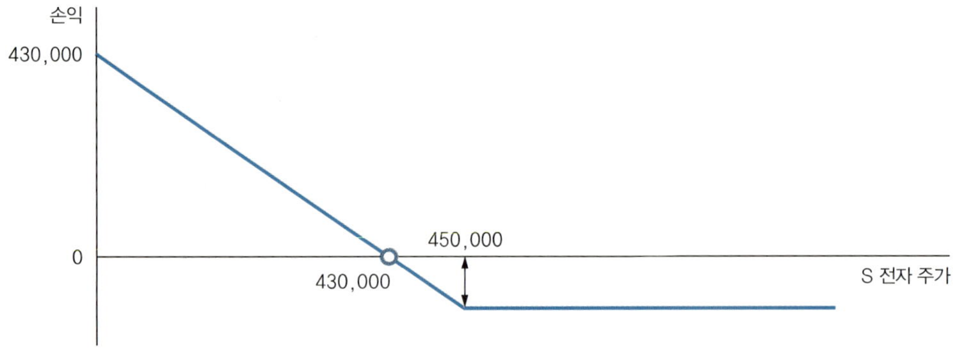

5. 옵션가격에 영향을 주는 요소

옵션은 여러 가지 요인들에 의해 그 가치가 결정된다. 옵션에 대한 보다 정확한 이해를 위해 이런 요인들이 어떻게 옵션 프리미엄에 영향을 미치는지 그 과정을 살펴보고자 한다. 이러한 논의를 위하여 블랙-숄즈(Black-Sholes) 옵션가격결정모형을 다시금 살펴보자. 콜옵션의 가격(C)은 기초자산의 가격, 행사가격, 변동성, 이자율, 그리고 잔존만기 등에 의해서 영향을 받는다. 이러한 요인들이 어떤 과정을 통해 옵션 가격에 영향을 미치는지 각 요인별로 살펴보고자 한다.

$$C = SN(d_1) - Ke^{-r\tau}N(d_2)$$

$$d_1 = \frac{\ln\left(\frac{S}{K}\right) + \left(r + \frac{\sigma^2}{2}\right)\tau}{\sigma\sqrt{\tau}}, \quad d_2 = d_1 - \sigma\sqrt{\tau}$$

$$C = f(S, K, \sigma, r, \tau)$$

S: 기초자산의 가격, K: 행사가격, σ: 변동성, r: 이자율, τ: 잔존만기

가. 기초자산의 가격(S)

콜옵션은 미리 정해진 가격(행사가격)으로 기초자산을 매수할 수 있는 권리이다. 매수하는 가격은 이미 정해져 있는데 기초자산의 시장가격이 상승하면 콜옵션의 행사 가능성 및 행사로 인한 수익이 증가한다. 즉, 기초자산의 가격이 상승함으로써 옵션의 내재가치(Max[(S-K), 0])는 증가되고, 이에 따라 옵션가치 역시 증가한다.

반면, 풋옵션의 경우에는 미리 정해진 행사가격으로 기초자산을 매도할 수 있는 권리이기 때문에 기초자산의 가격이 상승하면 풋옵션의 내재가치(Max[K-S, 0])가 감소하게 되고, 따라서 풋옵션의 가격이 하락하여 콜옵션과는 반대 방향으로 영향을 받게 된다. 즉, 기초자산가격이 상승하면 콜옵션의 가격은 상승하고 풋옵션의 가격은 하락하게 된다. 이를 정리하면 다음과 같다.

콜옵션의 내재가치 = Max[S-K, 0], K는 고정, S↑⇒ 내재가치↑ ⇒ C↑
풋옵션의 내재가치 = Max[K-S, 0], K는 고정, S↑⇒ 내재가치↓ ⇒ P↓

나. 행사가격(K)

행사가격은 권리의 행사에 따라 기초자산을 매수하거나 매도하게 될 때, 기준이 되는 가격이다. 그리고 기초자산의 가격과 함께 옵션의 내재가치를 결정한다.

행사가격이 높으면 높을수록 콜옵션의 경우에는 매수할 기준가격이 올라간다는 것을 의미하므로 콜옵션의 내재가치는 하락하고, 반대로 풋옵션의 경우에는 기초자산을 매도할 때 기준이 되는 가격을 상승시키므로 풋옵션의 내재가치는 증가한다. 따라서 행사가격이 높을수록 콜옵션의 프리미엄은 작아지고, 풋옵션의 프리미엄은 커지게 된다. 즉, 행사가격이 높을수록 콜옵션의 경우는 외가격(OTM) 옵션이 되고, 풋옵션의 경우에는 내가격(ITM) 옵션이 된다.

이러한 관계는 블랙-숄즈 옵션가격결정 모형을 직관적으로 보았을 때도 알 수가 있다. 모형의 산식을 보면, 행사가격(K) 앞에는 (-)가 붙어 있기 때문에 콜옵션의 가격에 부(-)의 효과를 나타내며 반대 방향으로 작용할 것이라고 생각할 수 있다. 이러한 과정을 요약하면 다음과 같다.

콜옵션의 내재가치 = Max[S-K, 0], S는 고정, K↑⇒ 내재가치↓ ⇒ C ↓
풋옵션의 내재가치 = Max[K-S, 0], S는 고정, K↑⇒ 내재가치↑ ⇒ P ↑

다. 이자율(r)

기초자산이 이자율과 관련이 있는 경우를 제외하고는 옵션가격을 결정하는 요인 중에서 이자율은 그 중요성이 조금 덜하다. 일반적으로 유럽형 옵션의 경우 다른 요인들이 모두 일정할 때, 이자율의 상승은 일반적으로는 콜옵션 가치에는 (+)요인으로, 풋옵션의 가치에는 (-)요인으로 작용한다. 그러나 단기 옵션의 경우는 직접적인 효과가 미미하다.

라. 잔존만기(τ)

잔존만기란 만기까지 남은 일수를 의미한다. 옵션은 주식과는 다르게 생명이 무한하지 않고, 일정한 시간이 지나면 그 권리가 소멸되는 유한 기간의 상품이다. 따라서 잔존만기가 많이 남아있다면 옵션이 행사될 가능성 또한 높다고 볼 수 있다. 만기에 다가갈수록 잔존만기는 줄어들고 이에 따라 옵션이 행사될 시간이 줄어들게 된다. 이는 곧 행사 가능성을 감소시켜 옵션의 가치를 감소시킨다.

옵션은 내재가치와 함께 시간가치로 구성된다고 한 바 있다. 즉, 잔존만기의 감소는 시간가치를 감소시켜 옵션가치를 하락시킨다. 이러한 시간가치 감소효과로 인해 다른 요인들이 일정할 때 만기가 가까워질수록 옵션의 가격은 점차 하락하고, 이에 따라 옵션 매도 포지션은 시간의 경과가 이익이 되는 구조가 된다.

$\tau \uparrow \longrightarrow$ 옵션의 가치(C & P) $\uparrow$

마. 변동성(σ)

옵션은 일정한 시간이 지나면 그 권리가 소멸되는 유한 기간의 상품이므로, 잔존만기 내에 ITM가 되어 옵션이 행사될 수 있는지의 여부는 옵션 가치를 결정하는데 중요한 요인이 된다.

변동성이 크다는 의미는 무엇일까? 직관적인 설명을 위해 옵션의 손익구조를 살펴보자. 옵션의 손익구조는 앞서 살펴보았듯이 행사가격을 기준으로 비대칭적인 구조를 지닌다. 행사가격을 기준으로 한쪽 방향은 기초자산의 움직임과 비례적으로 증가 또는 감소하지만, 나머지 한쪽 방향은 기초자산의 움직임과는 상관없이 일정한 값을 갖는다. [그림 5]은 콜옵션을 매수했을 경우의 만기손익 그래프를 보여준다. 그림에서 두 가지의 경우를 살펴볼 수가 있다. 점 A로부터 변동성이 작은 ①과 변동성이 큰 ②의 경우가 그것이다.

[그림 5] 변동성과 옵션가격

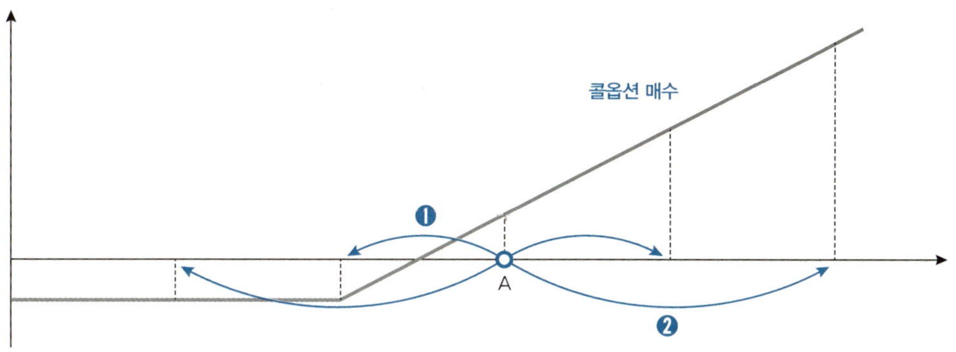

변동성이라고 하는 것은 상승의 가능성과 함께 하락의 가능성도 함께 내포하는 의미이다. ①의 경우를 보면 기초자산이 움직이는 폭이 하락과 상승 모두 작고, ②의 경우는 그 움직임의 폭이 크다. 그런데 변동성이 큰 ②의 경우에서 기초자산이 하락했을 때 발생하는 손실은 변동성이 작은 ①에서 발생하는 손실과 같고, 기초자산이 상승했을 때에는 발생하는 수익은 변동성이 작은 ①에 비해서 월등히 큰 것을 볼 수가 있다. 즉, ②의 경우는 손실은 ①과 같지만 이익은 훨씬 크므로, 변동성이 큰 ②의 경우가 ①에 비해 보다 큰 기대수익(expected return)이 가능하다. 따라서 변동성은 옵션가치에 정(+)의 효과로 작용한다.

풋옵션의 경우도 그래프를 그려서 생각해 보면 이해할 수 있을 것이다. 옵션은 이와 같이 주식의 손익 그래프[284]와는 다르게 비대칭적인 수익구조를 가지고 있으므로 변동성이 옵션가치를 결정하는 중요한 요인이 된다. 정리하면, 콜옵션과 풋옵션 모두 변동성이 크면 클수록 옵션이 행사되어질 가능성이 커지게 되고, 이는 옵션의 가치를 증가시키게 된다.

$\sigma \uparrow \longrightarrow$ 옵션의 가치(C & P) $\uparrow$

284 주식을 매수한 경우 손익 그래프는 기울기가 '1'인 직선이 된다.

바. 종합적 판단

옵션가격에 영향을 주는 요인들에 대해서 각각 살펴보았다. 정확하게 표현하면, 다른 요인들이 일정하다는 전제 하에서 해당 요인이 옵션가격에 미치는 영향을 살펴 본 것이다. 이러한 요인들이 어떻게 상호작용을 하는지 예를 통해 살펴보자.

기초자산가격이 상승할 것이라고 예상하는 투자자는 기초자산가격의 상승 시 이익이 되는 콜옵션 매수 또는 풋옵션 매도 포지션을 고려해 볼 수 있다. 두 가지 전략 중 어느 것을 선택하는 것이 유리할까? 이에 대한 대답은 '변동성'에 대한 예측을 어떻게 하느냐에 따라 달라진다. 결론적으로 얘기하면, 변동성이 증가할 것이라고 예상한다면 콜옵션 매수를, 변동성이 감소할 것이라고 예상한다면 풋옵션 매도를 하는 것이 유리하다.

변동성이 증가하여 기초자산이 큰 폭으로 상승하게 되면 콜옵션을 매수했을 경우에는 잔존만기 감소에 따른 (-) 요인보다는 기초자산가격 상승에 의한 (+) 요인이 더 강하게 작용해서 해당 투자로부터 수익이 발생된다. 반면, 풋옵션의 매도 포지션은 그리 많은 이익을 주지는 못한다. 상승 폭이 클 경우에도 이익은 한정되기 때문이다[285]. 반대로 상승을 하기는 하지만 변동성이 작아서 소폭 상승할 것으로 예상된다면, 기초자산의 상승에 따른 옵션가치의 상승보다는 오히려 잔존만기 감소로 인한 (-) 요인이 강하게 작용하기 때문에 콜옵션을 매수하는 것보다는 풋옵션을 매도하는 것이 유리한 포지션이 된다. 따라서 변동성이 증가할 것으로 예상한다면 옵션의 매수를, 변동성이 감소할 것으로 예상한다면 옵션의 매도가 좋은 매매전략이 된다.[286] 이를 정리하면 다음과 같다.

	σ 상승 예상	σ 하락 예상
S 상승 예상	콜옵션 매수	풋옵션 매도
S 하락 예상	풋옵션 매수	콜옵션 매도

285 풋옵션을 매도한 경우에는 최대가능이익은 계약 당시에 수취한 옵션 프리미엄으로 한정된다.

286 키코(KIKO) 상품이 출시될 당시는 환율의 변동성이 역사적 저점에 이른 단계였다. 따라서 결론적인 판단이지만, 변동성 상승을 예상할 수 있는 국면이었다면, 상품에 내재된 옵션의 매수 또는 매도의 전략은 달라질 수 있었을 것이다.

6. 옵션 민감도 분석

옵션의 가치가 각 요인들에 의해 어떻게 영향을 받는지 살펴보았다. 하지만 지금까지는 영향을 미치는 방향만을 살펴본 것으로 이것만으로는 각 요인별 옵션가치의 변동분을 정확히 예상하기는 어렵다. 본장에서는 그 크기 즉, 영향의 정도를 살펴보고자 한다. 이를 위해, 블랙-숄즈 옵션가격결정모형을 다시금 호출하자. 모형을 보면, 콜옵션의 가격은 다섯 가지의 요인들에 의해 설명되는 함수이다. 따라서 영향의 정도를 파악하는 민감도 분석도 다섯 가지의 요인들 각각에 대해 살펴볼 수 있다.

$$C = SN(d_1) - Ke^{-r\tau}N(d_2)$$

$$d_1 = \frac{\ln(\frac{S}{K}) + (r + \frac{\sigma^2}{2})\tau}{\sigma\sqrt{\tau}}, \quad d_2 = d_1 - \sigma\sqrt{\tau}$$

$$C = f(S, K, \sigma, r, \tau)$$

S: 기초자산의 가격, K: 행사가격, σ: 변동성, r: 이자율, τ: 잔존만기

가. 델타(Delta)

기초자산의 가격변화에 대한 옵션가격의 변화정도를 나타내는 민감도 지표를 델타(Delta)라고 한다. 델타의 정의를 수식으로 정리하면 다음과 같다.

$$\text{델타}(\Delta) = \frac{\text{옵션가격의 변화량}}{\text{기초자산가격의 변화량}}$$

표준형(plain vanilla) 콜옵션의 델타는 외가격(OTM) 옵션으로 갈수록 '0'에 근접하는 값을 갖고, 내가격(ITM) 옵션으로 갈수록 '1'에 가까운 값을 갖는다.[287] 반면, 풋옵션의 경우에는 OTM

287 이색(exotic) 옵션의 경우에는 '1'을 넘는 델타값을 갖는 경우도 허다하다. 이와 같은 논리는 일반적인 표준형(plain vanilla) 콜옵션의 경우에 해당한다. 본장에서는 민감도 지표의 특성을 이해하기 위하여 표준형 옵션을 기준으로 설명하고자 한다.

옵션으로 갈수록 '0'에 근접하고, ITM 옵션으로 갈수록 '-1'에 근접한다. 그리고 등가격 옵션(ATM)은 각각 '0.5'와 '-0.5' 근처의 값을 갖는다. 예를 들어, 기초자산(KOSPI200)의 가격이 117.50일 때, 행사가격이 117.50(ATM)인 콜옵션의 이론가격이 @3.10이라고 하면, 다른 요인들의 변화가 없다는 가정 하에서 기초자산가격의 변화에 따른 옵션의 이론가격은 [표 6]과 같이 변화한다. 즉, [표 6]은 기초자산가격의 균등한 변화(1pt.)에 따른 콜옵션의 이론가격을 정리한 것이다.

[표 6] 기초자산가격의 변화에 따른 콜옵션(117.5 Call @3.10)의 이론가격

주가지수	변화량	옵션가격	변화량
122.50	+1.0	6.24	+0.71
121.50	+1.0	5.53	+0.68
120.50	+1.0	4.85	+0.64
119.50	+1.0	4.21	+0.59
118.50	+1.0	3.62	+0.52
117.50	0	3.10	0
116.50	-1.0	2.60	-0.50
115.50	-1.0	2.16	-0.44
114.50	-1.0	1.77	-0.39
113.50	-1.0	1.42	-0.35
112.50	-1.0	1.10	-0.32

주가지수가 117.50에서 118.50으로 1.0포인트 상승하면, 블랙-숄즈 모형에 입각한 옵션의 이론가격은 @3.10에서 0.52만큼 증가한 @3.62가 된다. 이와 같이, 기초자산가격이 1포인트 변동할 때, 옵션가격의 변화정도를 델타라고 한다. [표 6]에서는 마지막 열인 옵션가격의 변화량이 바로 델타값이 된다. 그런데 [표 6]에서 보면, 옵션의 델타는 기초자산의 가격수준에 따라 일정한 값을 갖지 않고, 델타의 값이 변화하고 있다는 점을 확인할 수 있다.[288]

아울러, 델타를 기초자산가격 1포인트 변화에 대한 옵션가격의 변화로 정의한다면, [표 6]은 기초자산가격이 상승하는 경우의 델타(up delta)와 하락하는 경우의 델타(down delta)가 달라지는 것을 보여 준다.[289] 즉, 117.50에서의 델타를 0.52(up delta)와 0.50(down delta) 중 어느 것으로 정해서 위험관리 등에 활용하는 것이 합리적인 것인지 고민이 있게 된다.[290] 이러한 문제를 극복

288 이와 같은 특성으로 인해 기초자산의 변동에 따라 그 위험을 헤지하는 델타헤징의 경우 동태적 헤징(dynamic hedging)이 된다. 선물의 경우에는 델타가 기초자산의 가격수준에 무관하게 '1'로 고정되어 있다.

289 상술한 예에서 117.50에서 1.0만큼 상승하는 경우의 델타가 '0.52'임을 확인하였다. 그런데 1.0이 하락하는 경우에는 델타가 0.52가 아니라 [표 6]에서 확인할 수 있는 바와 같이 '0.50'이다. 이와 같이, 어느 한 점에서의 상승델타와 하락델타가 다른 것이 일반적인 현상이다.

하기 위하여 아주 작은 기초자산의 변화에 대한 옵션가치의 변화 정도를 고려해 볼 수 있다. 이를 연속형 델타(continuous-time delta)라고 하고, 수식으로 표현하면 $\Delta = \frac{\partial C}{\partial S}$이 된다. 이는 옵션가격(C)을 기초자산가격(S)에 대해 일차 미분한 값으로, 바로 기초자산가격에서 접점의 기울기가 된다.[291] 블랙-숄즈 모형 하에서는 콜옵션의 델타는 $N(d_1)$이고, 풋옵션 델타는 $N(d_1)-1$이 되고, 포트폴리오의 델타는 각각의 옵션 델타를 합산한 값이 된다.

나. 감마(Gamma)

감마(Gamma)란 기초자산가격의 변화에 대한 옵션 델타(Δ)의 변화율이라고 정의된다. 이를 좀 더 수학적으로 표현하면, 기초자산가격에 대한 옵션가격의 2차 편도함수(second partial derivative)이다. 감마를 수식으로 표현하면 다음과 같다.

$$감마(\Gamma) = \frac{델타의\ 변화량}{기초자산가격의\ 변화량}$$

델타와 마찬가지로 감마의 경우도 아주 작은 기초자산가격의 변화에 대한 델타의 변화, 즉 연속형(continuous-time)으로 표현하면, $\Gamma = \frac{\partial^2 C}{\partial S^2}$ 이다.

감마가 작다는 의미는 기초자산의 변화에 대해 델타가 민감하게 변동하지 않는다는 의미이고, 감마가 크다는 것은 기초자산의 변화에 대하여 델타가 민감하게 변화한다는 것을 의미한다. 감마의 역할을 살펴보기 위해, 상술한 [표 6]을 다시 보면, 주가지수가 117.50일 때 상승델타는 0.52이다. 이는 델타의 정의에 의해 주가지수가 1포인트 상승할 때 옵션가격이 0.52만큼 변화된다는 것을 의미한다. 그렇다면, 117.50에서 119.50으로 주가지수가 2포인트 변화된다면, 옵션의 이론가격은 0.52의 두 배인 1.04만큼 증가해서 @4.14가 되어야 하는가? [표 6]에서 보면, 기초자산가격이 119.50으로 2포인트 상승했을 때의 블랙-숄즈 모형에 의한 옵션이론가격은 @4.21임을 알 수 있다. 즉, 그 오차가 0.07에 이른다.

290 실제 헤지과정에서도 이산적(discrete)으로 헤지를 함에 따라, 상승 델타와 하락 델타가 다른 것이 어려움을 만든다. 이 차이가 큰 경우에는 더욱 그러하다.

291 후술하게 되는 [그림 6]을 참고하기 바람; 실무에서는 상승델타와 하락델타가 달라진다는 특성을 반영한 수정델타(modified delta)를 사용하기도 한다. 일반적으로 수정델타로는 (상승델타+하락델타)/2를 활용한다.

이와 같은 현상은 왜 발생하는 것일까? 결론부터 말하면, 옵션이 감마값을 지니고 있기 때문이다. 주식이나 선물과 같이 감마값이 '0'인 경우에는 기초자산가격의 변동에 따라 비례적으로 수익이 증감하지만, 옵션은 감마값을 지니므로 기초자산가격 수준에 따라 델타값도 바뀌고, 단순히 기초자산가격의 변동에 따라 비례적으로 가치가 증감되지 않는다. 이러한 속성으로 인해, 옵션의 구조를 생산하고 이를 복제하기 위해서는 선물과는 달리 동태적으로 보유수량을 조정해 주는 과정이 필요하다. 결국 델타는 기초자산의 아주 작은 변화에 대한 옵션가격의 변화정도만을 설명해 줄 수 있을 뿐이다. 이와 같은 현상은 주식과 달리 기초자산의 변화에 대해 옵션의 이론가격이 1차 함수적(선형적) 특징을 갖지 않는 것에 기인한다. 기초자산가격의 변화에 따른 옵션가격의 변화 정도를 표현하면 [그림 6]과 같다.

[그림 6] 기초자산가격의 변화에 따른 옵션가격의 변화

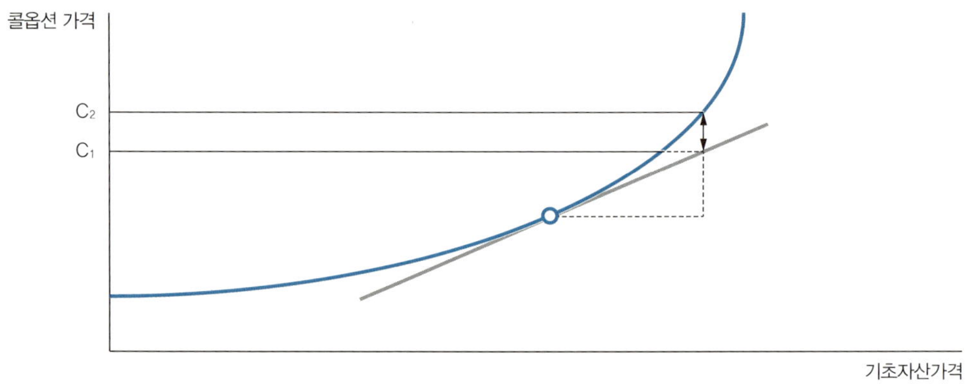

옵션의 델타는 [그림 6]과 같이 기초자산가격이 변동함에 따라 일정한 값을 갖는 것이 아니라 변화된다. 따라서 옵션에 내재된 기초자산 변동에 따른 위험을 헤지하기 위해서는 기초자산의 보유수량을 델타의 변화에 따라 재조정할 필요가 있다. 그렇다면, 어느 정도로 자주 기초자산의 수량을 조정하여야 할 것인가가 현실의 헤지거래에서 문제로 된다.[292]

292 이론적인 델타헤징(delta hedging)에서는 기초자산가격이 변화함에 따라 계속적으로 보유수량을 조절하여야 한다. 그리하면 [그림 6]의 오차(C_2−C_1)는 '0'이 된다. 하지만, 이러한 이론은 거래비용 및 시장가격의 불연속을 반영하지 못하고 있다. 이러한 거래비용 및 시장불연속 현상은 현실에서 옵션의 손익구조를 복제하는데 있어 추가비용을 야기한다. 따라서 기초자산의 보유수량을 재조정(rebalancing)하는 과정은 거래비용 등을 감안하여 그 빈도를 결정하게 된다. 현실에서는 이론적 환경에 비해 이와 같은 추가적 비용이 발생하므로 파생상품을 생산하거나 옵션을 매도할 때에는 기준으로 삼을 가격을 정함에 있어 이러한 오차를 감안하여 이론가격에 일정한 버퍼(buffer)를 두어야 한다.

[그림 6]과 같이 기초자산의 큰 가격변동에 대해 사전에 보유수량을 조정하지 않게 되면, 복제오차가 발생할 수 있다. 이는 델타에 의해 헤지되는 옵션의 가격은 그 기울기에 해당하는 C_1인데 비해, 실제로 변동된 가격수준에서의 이론적인 옵션가격은 C_2가 되어, 복제오차(C_2−C_1)가 존재하게 되는 것이다. 이를 줄이기 위해서는 델타의 변화에 따라 민감하게 자주 기초자산 수량을 조정해 주는 과정을 밟아야 한다. 결국, 그 오차의 크기는 옵션이론가격의 모양에 의존하므로, 그 조정빈도는 옵션이론가격 그래프의 곡률(curvature)에 의존하게 된다.

상술한 [표 6]을 보면, 기초자산의 가격수준에 따라 옵션가격의 변화량인 델타값이 달라지는 것을 볼 수 있다. 117.50일 때에는 0.52였지만, 118.50에서는 0.59로 변하였다. 그리고 119.50에서는 0.64로 변화된다. 델타헤징이란 델타의 변화정도에 따라 기초자산의 보유수량을 변동시키는 것이므로 이러한 델타값의 변화(감마)가 작다면 그러한 조정도 적어질 수 있다. 즉, 052→0.59(△0.07)→0.64(△0.05)의 값이 보다 완만하게 변화한다면, 기초자산가격의 큰 변화에도 델타의 변화정도는 미미하여 헤지오차(C_2−C_1)는 줄어들게 된다.

요약컨대, 감마는 기초자산가격 변화에 대한 델타의 변화량이므로, 감마가 작으면 델타는 천천히 변하고, 이에 따라 델타중립(delta neutral)을 유지하기 위하여 기초자산의 수량을 비교적 드물게 재조정(rebalancing) 하여도 되는 반면, 감마가 큰 경우에는 델타중립을 위해 조정하여야 할 수량 및 빈도가 증가되어 헤징오차(hedging error)를 크게 만들 수 있다.

감마가 작다는 의미는 그래프가 평평하여 헤지오차(C_2−C_1)가 작다는 것을 의미한다. 감마는 일차미분 값인 델타를 기초자산가격에 대해 다시 미분한 값이기 때문에 이차미분 값으로 이해하면 된다. 우리가 수학에서 배운 것을 활용한다면 이차미분 값이 '0'보다 큰 값을 갖는 경우, 그래프는 아래로 볼록(Convex Function)하고, '0'보다 작은 경우에는 위로 볼록(Concave Function)하게 된다. 이를 활용하면 만기손익그래프의 모양만 보더라도 [그림 7]과 같이 감마가 (+)인지 (-)인지를 쉽게 알 수 있다.

감마는 기초자산의 변동에 대한 델타의 변화로 정의되기 때문에 감마에 기초자산의 변화량을 곱하게 되면, 기초자산이 변동할 때의 델타의 변화량을 미루어 짐작할 수 있게 된다. 즉, "기초자산의 변화량×감마(=델타의 변화량/기초자산의 변화량) = 델타의 변화량" 이다. 예를 들어, 어떤 콜옵션의 델타가 '0.3'이고 이때의 감마(Γ)가 '0.05'라고 할 때, 다른 요인들은 변화가 없는 상태에서 만약 기초자산가격만이 변화된다면 이때의 델타값은 어떻게 변화될 것인가? 감마는 기초자산의 변화에 대한 델타의 변화이므로 감마(0.05)에 기초자산 변화량을 곱하게 되면 기초자산 변화에 대한 델타의 변화량을 구할 수 있다.[293]

293 옵션의 이론가격을 구하는 공식에서 보면, 기초자산의 가격에 대해 2차 미분한 값인 감마값도 기초자

[그림 7] 그래프의 모양에 따른 감마 판별

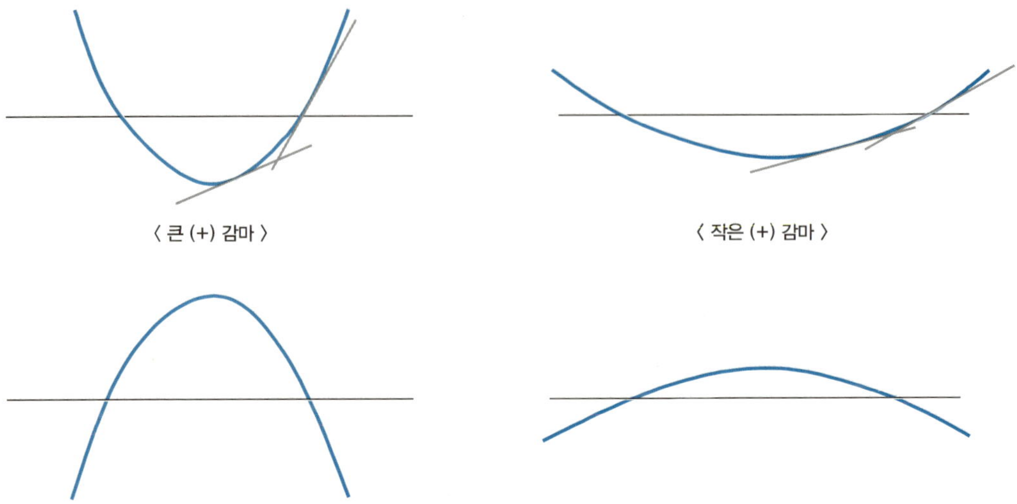

〈 큰 (+) 감마 〉 〈 작은 (+) 감마 〉

〈 큰 (−) 감마 〉 〈 작은 (−) 감마 〉

다. 세타(Theta)

잔존만기란 만기까지 남은 일수를 의미한다. 잔존만기가 줄어듦에 따라 옵션의 가격을 구성하는 시간가치가 감소하게 됨으로, 일반적으로 옵션의 가격은 감소한다. 그 감소폭을 세타(Theta)라고 한다. 세타(θ)를 수식으로 표현하면 다음과 같다.

$$세타(\Theta) = \frac{\partial C(옵션가격의\ 변화량)}{\partial \tau(잔존만기의\ 변화량)}$$

표준형 옵션의 세타는 콜옵션과 풋옵션 모두 시간이 지날수록 시간가치가 감소하게 되어 다른 모든 조건이 동일하게 유지된다면 (-)의 값을 갖는다. 그리고 매수한 옵션의 절대값 세타가 클수록 시간경과에 따라 옵션의 가치가 더 급격히 감소함을 의미한다. 만약 일일 세타가 '-0.05'라고 하면, 다른 조건이 동일하다면 다음날 옵션의 가치가 '0.05'만큼 감소한다는 것을 의미한다. 예를 들어 어떤 옵션의 현재가격이 @2.50이고 그때의 세타가 '-0.05'라고 한다면, 그리고 그

산가격의 함수가 된다. 따라서 기초자산의 변화에 따라 실은 감마값도 변화하기 때문에 이와 같은 간편법은 정확한 델타값을 계산하는 것은 아니다. 다만, 원리를 이해하는데 도움이 되기에 소개하였다.

밖의 모든 요인들은 변화가 없다고 가정한다면, 다음날 동일한 옵션의 가격은 '0.05'만큼 감소하여 @2.45가 되고, 그 다음날은 또 다시 '0.05'가 감소된 @2.40이 된다.[294]

요약컨대, 옵션을 매수하는 경우 세타는 (-)가 된다. 이는 옵션가치가 시간가치와 내재가치로 구성된다는 것에 기인한다. 시간가치는 잔존만기가 줄어듦에 따라 감소하게 되고, 이는 세타를 (-)로 만드는 요인이 된다.

라. 베가(Vega)

옵션가격을 결정하기 위해서는 기초자산가격, 행사가격, 이자율, 잔존만기 그리고 변동성을 알아야 한다. 그런데 변동성을 제외한 나머지 요소들은 모두 객관적인 값들로 현재시점에서 누구나 동일하게 아는 정보이다. 따라서 변동성을 어떤 값으로 사용하였는가에 따라 옵션의 이론가격은 다르게 계산된다.[295] 그러므로 변동성의 변화에 따른 옵션가격의 변화정도를 파악하는 것은 옵션이론가격의 동향을 파악하는데 매우 중요하다. 이러한 민감도 지표를 베가(Vega)라고 한다.[296] 즉, 베가(ν)는 내재 변동성[297] 1% 포인트 변화에 대한 옵션가격의 민감도로 정의된다. 이를 수식으로 표현하면 다음과 같다.

---

294 일본의 경우, 콜옵션 매수의 손익구조와 같은 워런트를 권유함에 있어서 이러한 시간경과에 따른 가치 감소(time decay) 현상의 위험성을 설명하지 않아 불완전 판매로 인정된 판례들이 다수 있다. 이에 대해서는 파생상품 투자권유에 관한 행위규제에서 다루도록 하겠다.

295 옵션가격결정모형에서 기초자산의 가격은 미래의 가격이 아닌 현재의 가격이 변수로 들어가는 것을 주의하여야 한다. 즉 변동성을 제외하고는 나머지 변수에 대한 값은 이미 관측 가능한 값이다. 물론 현실에서는 이자율 또한 변동할 수 있다. 블랙-숄즈 모형은 이자율을 상수로 처리하였으나, 이와 달리 이자율이 추계적 과정(stochastic process)을 따르고, 이러한 효과가 중요하다면 다른 모형을 사용하여야 한다. 즉, 추계적 이자율(stochastic interest rate)을 상정한 모형을 고려할 수 있다. 하지만, 그동안 추계적 이자율을 가정한 옵션가격결정모형은 Rabinovitch(1989)가 주장한 바대로 이자율의 표준편차가 주식수익률의 표준편차보다 현저히 작다면 만기일이 가까운 옵션에 대해서는 그의 모형에서 얻어진 이론적 옵션가치가 블랙-숄즈 모형에서 얻어지는 것과 크게 다르지 않게 된다. 즉, 단기 옵션의 경우에는 추계적 이자율을 가정하더라도 결과에 있어 크게 다르지 않게 된다. 이와 관련한 대표적 논문으로는 Ramon Rabinovitch, "Pricing Stock and Bond Options when the Default-Free Rate is Stochastic", *Journal of Financial and Quantitative Analysis,* 24 (December 1989), pp.447~457 참조. 다만, 장기 옵션의 경우에는 추계적 이자율을 가정하는 것이 보다 현실에 부합된 결과를 얻게 된다. 이에 대한 분석으로는 김인준・류혁선, "추계적 이자율과 암묵적 변동성: Scores를 이용한 실증 분석", 「재무연구」 제6권 제1호 (한국재무학회, 1993), 137~153면 등 참조.

296 혹자는 이를 카파(Kappa)라고도 한다.

297 내재 변동성이란 옵션의 시장가격에 내재된 변동성으로 이는 옵션가격을 결정하는 기초자산가격, 행사가격, 이자율, 잔존만기 등이 주어진 상태에서 옵션의 시장가격 또한 알 수 있으므로, 옵션의 시장가격에 내재된 변동성을 역으로 계산하게 된다. 내재 변동성이 상대적으로 높다는 의미는 옵션시장가격이 상대적으로 고평가되었음을 의미한다.

$$\text{베가}(\nu) = \frac{\partial C(\text{옵션가격의 변화량})}{\partial \sigma(\text{내재 변동성의 변화량})}$$

옵션의 베가는 내재 변동성이 1% 포인트 변화함에 따른 옵션가격의 변화정도를 의미하므로, 변동성을 20%로 예측하여 이론가격을 구한 옵션가격이 @2.9이고, 이 옵션의 베가가 0.1이라고 한다면, 이 옵션에 적용되었던 내재 변동성이 20%에서 21%로 증가하는 경우에는 옵션가격은 @2.9에서 베가만큼 증가한 @3.0이 된다. 반대로, 변동성이 19%로 감소한다면, 옵션가격은 @2.9에서 베가만큼 줄어들어 @2.8이 된다.[298] 즉, 베가는 달리 표현하면, 투자자가 옵션을 투자함에 있어 변동성을 잘못 예측했을 경우 부담하게 되는 위험(risk)으로 해석될 수 있다. 베가가 크다는 것은 변동성 예측을 잘못함에 따른 부담이 크다는 것을 의미한다. 아울러 변동성이 증가하면 옵션가격은 상승하게 되므로 개별 옵션의 베가는 항상 (+)의 값을 갖는다.

마. 로우(Rho)

로우(Rho)는 이자율 1% 포인트 변화에 대한 옵션가격의 변화량을 나타내는 민감도 지표이다. 표준형 옵션의 경우에는 이자율의 변화에 대한 옵션가격의 변화정도는 그리 크지 않으며, 잔존만기가 작을수록 그 영향은 더욱 미미하게 된다. 따라서 일반적으로 이자율 관련 기초자산이 아닌 경우에는 로우는 관리대상의 민감도 지표는 아니다. 로우(ρ)를 수식으로 표현하면 다음과 같다.

$$\text{로우}(\rho) = \frac{\partial C(\text{옵션가격의 변화량})}{\partial r(\text{이자율의 변화량})}$$

바. 람다(Lambda)

블랙-숄즈 모형에서 옵션가격에 영향을 미치는 요인은 기초자산가격, 행사가격, 잔존만기, 변동성, 이자율 등이다. 앞서 기초자산가격(델타, 감마), 잔존만기(세타), 변동성(베가), 이자율(로우) 등과 관련된 민감도 지표를 살펴보았다. 나머지 한 요소는 행사가격이다. 행사가격의 증가는 콜옵션에는 부(-)의 효과를 풋옵션에는 정(+)의 효과를 준다는 것을 이미 살펴보았다. 행사가격의 변화량에 대한 옵션가격의 변화량의 정도를 나타내는 민감도 지표를 람다(λ)라고 한다. 다만,

298 다만, 이 경우 역시 델타의 경우와 마찬가지로 매우 작은 변화에 대해서만 적용될 수 있음에 주의하여야 한다.

람다의 경우는 현실의 파생상품 매매를 함에 있어 위험관리의 지표 등으로 활용되지 않는다. 일반적으로 행사가격은 다른 요인에 의해 투자자가 선택하는 대상이지 행사가격이 시장에서 변화되는 값은 아니기 때문이다.

KOSPI200 옵션의 경우를 예로 살펴보면, 행사가격에 따라 여러 가지 옵션 종목이 상장되어 거래되고 있다. 이들 간에는 다른 요인의 변화가 없다면 행사가격별로 반드시 일정한 관계를 유지하고 있어야 한다. 따라서 여러 가지 옵션 종목 중에서 선택을 하여야 할 경우 람다(Lambda)를 이용하여 상대적으로 값이 높은 것과 낮은 것을 판별할 수는 있을 것이다. 하지만, 실제로는 자신의 포지션에 적합한 행사가격을 선택하는 경향이 있으며, 또한 행사가격별로 적용되는 내재 변동성에서도 차이가 존재하므로 람다는 현실에서 위험관리 지표 등으로 활용되지 않는다. 참고로 행사가격별로 내재 변동성이 차이를 보이는 현상을 변동성 왜곡현상(Volatility Skewness)이라고 한다.[299]

7. 변동성

가. 서설

옵션가격을 결정하는 요인들은 기초자산의 가격, 행사가격, 이자율, 그리고 잔존만기와 변동성이 있다. 그런데 앞에서도 설명한 것과 같이 변동성을 제외하고 나머지 요인들은 시장에 참여한 모든 사람이 동일하게 알고 있는 값들이다. 결과적으로 어떤 옵션의 가격을 결정할 때 주관적으로 작용하는 요인은 변동성뿐이다.

[그림 8]은 옵션의 가격은 각각의 가격결정 요소들이 옵션가격결정 모형에 대입되어 얻어진다는 것을 보여 주고 있다. 이때 기초자산의 가격, 행사가격, 이자율 그리고 잔존만기의 요소들은 모든 투자자가 같은 값으로 인식하고 있고, 다른 값으로 대입할 아무런 이유가 없는 값들이다. 그런데 변동성은 투자자마다 다르게 판단할 수 있기 때문에, 모형에 의해 공정가격으로 산출되는 옵션의 가격은 대입한 변동성에 따라 달라진다.[300] 그리하여 복잡하게 동일한 가격결정 요소들을

299 이에 대해서는 변동성 부분에서 후술하겠다.

300 당연하게도 시장이 형성되는 이유는 투자자들이 기초자산의 변동성을 다르게 보고 있고, 이에 따른 공정한 옵션가격을 다르게 보고 있기 때문일 것이다.

모두 대입할 것 없이 단지, 변동성만을 서로 비교함으로써 어떤 옵션이 상대적으로 높은 가격에 거래되고 있는지, 또 어떤 옵션이 상대적으로 낮은 가격에 거래되고 있는지를 판단할 수 있다.

[그림 8] 옵션가격 결정요인들

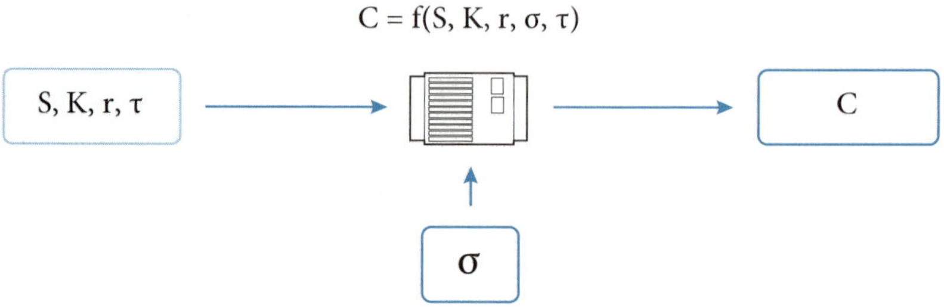

나. 변동성의 원인

변동성이 옵션가격을 결정하는 가장 중요한 요인이기에 변동성에 대한 이해를 정확히 하는 것은 매우 중요하다. 어떠한 요인들이 기초자산의 변동성에 영향을 주는 것일까? 기본적으로 기초자산과 관련된 정보공개(announcement)이다. 그 기업의 수익증가 또는 불측의 손실 등에 대한 기업정보는 주가의 변동성을 확대한다. 또 다른 원인으로는 자연적인 현상(natural phenomena)을 들 수 있다. 과거 반도체 생산의 경쟁국인 대만에서 지진이 일어나는 경우, 삼성전자의 주가가 폭등하는 일이 있었다. 이렇듯 자연현상 역시 관련된 기초자산의 변동성을 증가시킬 수 있다. 또는 갑작스런 정치적인 사건(surprise political events)도 기초자산의 변동성을 확대할 수 있다. 미국에서 일어났던 911 테러는 거의 모든 기초자산의 변동성을 확대시켰다. 이러한 요인들에 의해 변동성은 증가될 수 있다. 하지만 이러한 요인들에 의해서만 변동성이 발생하는 것이라면 금요일 장 마감 후 월요일 장 개시 전까지의 기간이 일반적인 주중에 비해 그 기간이 3배에 달하고, 따라서 변동성도 주중 대비 매우 커져야 한다. 그러나 실증 분석의 결과는 그러하지 않다.301

변동성은 매매(trading) 그 자체의 과정에서 유발되기도 한다. 시장 참여자들의 매매 패턴이 변동성을 만들기도 한다. 일반적으로 지수가 상승하는 경우에 비해 하락 시 변동성이 증가하는

301 효율적 시장가설(efficient market hypothesis)의 저자로 유명한 Fama 교수는 일찍이 이에 대한 연구를 통해 월요일이 다른 날들에 비해 변동성이 단지 20% 정도 증가하는 현상을 보고한 바 있다. 이와 관련한 논문으로는 Eugene F. Fama, "The behavior of stock market prices", *Journal of Business*, 38 (1965), pp.34~105 참조.

현상을 여러모로 목격할 수 있다. 이는 기본적으로 해당 주식을 가지고 있는 상태에서는 주가가 하락하게 되면 내 손익에 직접적으로 영향을 주게 됨으로 해당 포지션을 청산하는 과정에서는 가격보다는 청산에 치중하여 보다 공격적인 매도 성향을 보인다. 반면, 주가가 상승하는 경우에는 주가의 상승이 나의 손익에 직접적으로 영향을 주지 않기 때문에 공격적인 추격 매수의 성향을 보이지는 않는다. 물론 공매도 포지션이 허용되어 공매도 잔량이 많은 종목의 주식의 경우에는 상승 시에도 마찬가지로 변동성 증가 현상이 목격된다.

다. 변동성의 종류

1) 미래 변동성(Future volatility)

미래 변동성은 모든 옵션의 거래자들이 알기를 원하는 사항이다. 기초자산의 가격에 대한 미래의 분포를 가장 잘 설명해 주는 변동성이기 때문이다. 만약 어떤 옵션의 거래자가 미래 변동성을 알게 되었다면, 그는 그 기초자산에 대한 모든 옵션을 보다 더 정확하게 평가할 수 있을 것이다. 그리하면, 그는 옵션의 가치와 시장에서 형성되어지는 관찰된 가격을 비교하여, 그 차액을 수익으로 갖게 될 것이다.[302] 물론 진정한 의미의 미래 변동성을 옵션의 거래자들이 알 수 없으므로, 옵션의 거래자들은 이에 대한 추정치를 사용하게 된다.

2) 역사적 변동성(Historical volatility)

옵션의 거래자들은 미래에 실현될 변동성의 정도를 알기를 원한다. 따라서 그들은 미래를 예측하는 하나의 방법으로 과거의 자료로부터 미래를 예측하고자 할 것이다. '어떤 기초자산의 변동성이 과거에는 어떠하였는가?'를 분석함으로써, 미래 변동성의 지표로 삼게 된다. 여기에는 기초자산의 사업모델에 근본적인 변화가 없다면 그 변동성이 과거와 달라질 특별한 요인이 없다는 점에서 출발한다.

역사적 변동성을 가장 손쉽게 이해할 수 있는 방법은 과거 수익률 자료를 활용한 표준편차를 계산하는 것이다. 손쉬운 방법이기에 많이 활용된다. 하지만, 이 방법의 경우, '어느 정도의 기간으로 측정할 것인가?', '얼마의 간격으로 측정할 것인가?'에 따라 다양한 수치가 얻어지기에 실제 역사적 변동성을 특정하기가 어려운 단점이 있다. 따라서 전문가들의 경우에는 EWMA (Exponentially Weighted Moving Average) 모형, GARCH 모형 등 좀 더 정교한 모형을 사용한

302 가격 차이를 수익으로 연결하는 것은 추후 설명하는 생산과정을 통해 이해할 수 있을 것이다.

다.303

3) 내재 변동성(Implied volatility)

역사적 변동성이 기초자산의 과거 수익률과 관련된 변동성이라면, 내재 변동성은 해당 기초자산에 대한 옵션의 시장가격 그 자체에 내재된 변동성이다. 옵션의 가격을 결정하는 요소들 중에 변동성을 제외하고는 모든 변수의 값은 이미 알려져 있는 상태이고, 옵션의 시장가격 또한 시장에서 관측 가능한 값이므로, 블랙-숄즈 모형을 활용하면 옵션의 시장가격에 내재된 변동성을 역으로 구할 수 있다. 이처럼 옵션의 가격에 내재되어 있는 변동성을 '내재 변동성(implied volatility)'이라고 한다. 이 내재 변동성은 옵션의 가격과 일대일 대응 관계이므로 내재 변동성 수준을 통해 옵션의 가격에 대한 상대적 평가가 가능하여 옵션가격에 대한 중요한 평가기준으로서 역할을 하게 된다. 내재 변동성은 블랙-숄즈 모형 등으로부터 직접적으로 구해질 수는 없으나, 일반적으로는 수치해석적 방법인 뉴톤 접근법(Newton-Raphson method)을 이용하면 그 해를 쉽게 구할 수 있다.

내재 변동성에 대한 이해를 돕기 위해 해를 구하는 기본적인 과정을 간략히 소개하고자 한다. 먼저 적절한 값을 변동성의 초기 치로 상정하고, 아래의 수식을 활용하여 변동성을 이동해 가면서 옵션의 시장가격이 이론가격에 수렴하게 되는 내재 변동성을 추적한다. 이 과정에서 사용되는 옵션의 베가는 상대적으로 선형이기 때문에 초기의 추정치가 적절하지 못한 경우에도 몇 번의 반복과정을 통해 쉽게 내재 변동성에 도달하게 한다. 이 과정을 수식과 그래프를 통해 표현하면 다음과 같다.

$$X_{i+1} = X_i - \frac{Y_i - P}{V_i},\ Until\ |\ Y_i - P\ |\ \leq\ \epsilon$$

여기서, P: 옵션가격, Xi: 변동성(Volatility), Yi: 변동성이 Xi일 때 옵션이론가격,

V_i: 옵션이론가격이 Y_i 일 때 옵션의 베가(Vega), ε : 기대하는 정확성의 정도.

303 GARCH(General Autoregressive Conditional Heteroskedasticity) 모형은 금융시장 자료와 같은 시계열 자료에 대한 변동성을 분석하거나 예측하는데 유용하게 사용되는 통계모형이다. 이러한 변동성 추정 모형에 대한 상세한 설명을 원하는 독자는 시계열 분석에 대한 통계관련 서적(James D. Hamilton, *Time Series Analysis,* Princeton University Press, 1994 또는 John C. Hull(2018), *op. cit.,* pp.520~542 (Chapter 23 "Estimating Volatilities and Correlations"))을 참조하기 바란다.

[그림 9] 내재 변동성

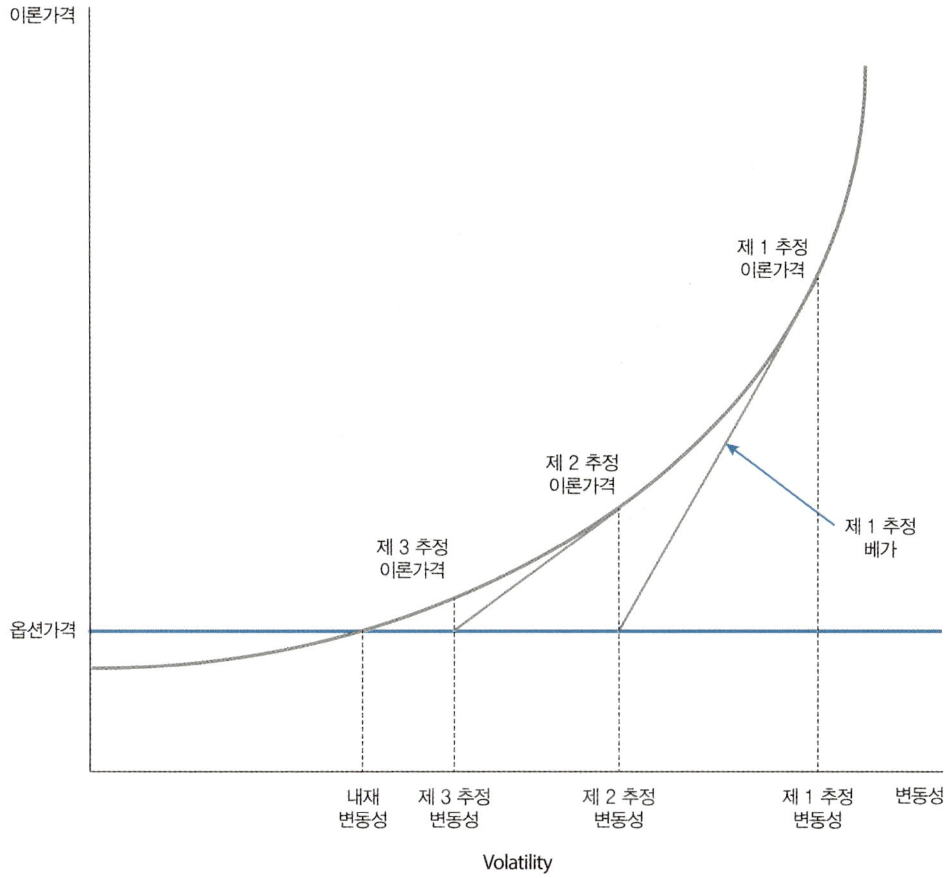

[그림 9]에서 보는 바와 같이, 내재 변동성이란 결국 옵션의 시장가격과 이론가격을 산출하기 위하여 사용된 모형(여기서는 블랙-숄즈 모형)을 통해 구해진 옵션의 이론가격이 일치하게 되는 변동성(X축의 값)을 말하는 것이다.

라. 변동성 왜곡 현상(Volatility Skewness, Volatility Smile)

동일한 기초자산을 근거로 만들어진 동일 만기의 각 옵션의 내재 변동성은 모두 같아야 하는 것이 당연한 현상일 것이다. 왜냐하면, 변동성이란 그 기초자산의 변동성이므로 행사가격에 따라 달라야 할 이유가 없기 때문이다. 그럼에도 불구하고, 현실에서는 동일한 기초자산을 갖는 각 행사가격별로 블랙-숄즈 모형에 근거하여 계산된 옵션의 내재 변동성이 상이함을 확인할 수 있다. 이러한 현상을 변동성 왜곡 현상(volatility skewness) 또는 스마일 현상(volatility smiles)이라고 부른다.

변동성 스마일 현상(volatility smiles) 또는 왜곡 현상(volatility skewness)을 설명하기 위하여 동일 만기의 다양한 행사가격에 대한 내재 변동성을 그래프로 표현하면 [그림 10]과 같다.

[그림 10] Volatility Smile v. Volatility Skewness

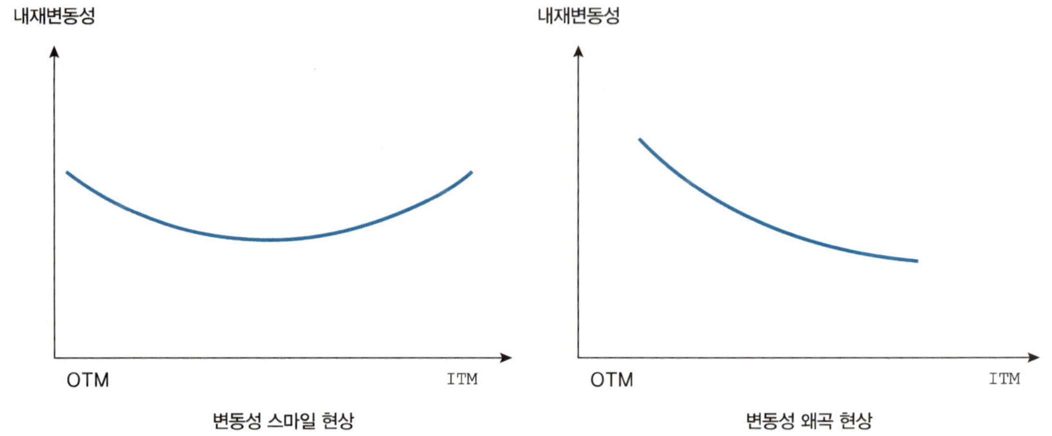

일반적으로 통화옵션(Foreign Currency Options)의 경우 외가격(OTM) 옵션뿐만 아니라 내가격(ITM) 옵션도 내재 변동성이 등가격(ATM) 옵션에 비하여 큰 값을 갖는 현상을 목격할 수 있다. 즉, [그림 10]의 왼쪽 그래프와 같은 변동성 스마일 현상을 보인다. 이는 통화옵션의 기초자산의 실제 분포가 대수정규분포(lognormal distribution)에 비해 양쪽 꼬리는 모두 두껍고(heavier) 가운데는 더욱 뾰족한(more peaked) 분포를 갖기 때문이다. 반면, 주식옵션(Equity Options)의 경우에는 [그림 10]의 오른쪽 그래프와 같이 OTM 옵션의 경우에는 상대적으로 내재 변동성이 높으나, ITM 옵션의 경우에는 그러하지 아니 한다. 즉, 변동성 왜곡 현상을 보여준다. 이는 기초자산인 주식 가격의 실제 분포에 의존하는데 일반적으로 왼쪽 꼬리는 대수정규분포(lognormal distribution) 대비 두꺼운(heavier) 반면, 오른쪽 꼬리는 더 얇은 경향을 보이기 때문이다.[304]

이와 같은 현상이 시장에서 관찰된다는 것은 결국 블랙-숄즈 모형에서 산출되는 옵션의 이론가격이 공정한 균형가격이 아닐 수 있음을 반증하는 것이기도 하다. 앞서 블랙-숄즈 모형은 기초자산가격이 대수정규분포(lognormal distribution)를 따른다고 가정하였다. 하지만, 현실에서는

304 실증 분석 결과에 대한 논의는 John C. Hull(2018), *op. cit.*, pp.432~436 참고. 주식 시장에서 하락 쪽에 두꺼운 꼬리를 갖는 분포를 갖는 한 가지 이유로 1987년 10월 19일 Black Monday의 경험을 들기도 한다. 사실 기초자산의 분포는 결국 시장 참여자들이 가격 변화에 따라 어떻게 실제로 행동하느냐에 의해 결정되는 것으로 시대에 따라 변천하고 있다.

실증분석 결과, 상술한 바와 같이 기초자산가격의 분포가 다른 경향을 보이고 있다. 특히 주식의 경우, 가격과 그의 변동성간에는 음의 상관관계가 있는 것으로 일반적으로 관측된다. 즉 주가가 하락할 때 변동성이 증가하는 현상이 목격되는 것이다. 이는 레버리지 효과에 의해 설명되기도 하고 투자자의 행태(behavior) 관점에서 설명되기도 한다. 포지션이 있는 상태에서 투자손익의 변화 특히 손실이 발생하는 경우 투자 포지션을 더욱 공격적으로 청산하는 경향을 갖게 된다. 주식은 일반적으로 매수 포지션(long position) 상태에서 시작하게 되므로,[305] 주식의 가격이 하락하는 경우 투자자의 투자 포지션에 직접적인 음의 효과를 나타내는 반면, 상승 시에는 포지션을 아직 구성하지 못한 경우에는 상대적 박탈감은 느낄 수 있으나 실질적인 손실을 기록하고 있지 않기 때문에 상대적으로 시장의 하락에 더욱 민감하게 반응하게 된다. 즉, 상승 시 보다는 하락 시에 더욱 변동성이 증가하는 현상을 목격할 수 있다. 이러한 투자행태는 왼쪽 꼬리를 대수정규분포 대비 두껍게 만드는 결과를 야기한다. 대수정규분포대비 왼쪽 꼬리가 두껍다는 의미는 큰 폭의 주가하락과 같은 극단적인 현상이 일어날 가능성이 블랙-숄즈 모형에 내재된 확률 대비 더 높다는 것을 의미한다. 환언하면, 현재는 행사될 가능성이 거의 없는 외가격(deep OTM) 옵션의 경우에도 향후 내가격(ITM)으로 될 확률이 블랙-숄즈 모형이 가정한 것보다 크다는 것을 의미하고, 이는 블랙-숄즈 모형에 의해 산출된 OTM 옵션의 가격이 과소평가되는 경향을 갖고 있다는 것을 말한다. 따라서 이러한 현실의 분포를 반영하여 시장에서는 OTM 옵션이 상대적으로 더 높은 내재 변동성을 갖게 되는 것이다.[306]

내재 변동성은 옵션가격과 일대일 대응관계를 형성하므로 일반적으로는 내재 변동성이 큰 값을 갖는다는 것은 해당 옵션의 시장가격이 상대적으로 높은 가격에 거래되고 있다는 것을 의미하고, 따라서 동일 만기, 동일 기초자산의 옵션에서는 상대적으로 내재 변동성이 낮은 옵션은 매수하고 높은 옵션은 매도하는 것이 유효한 전략일 수 있다. 하지만 이러한 거래전략을 구사하기 위해서는 해당 기초자산의 분포에 대한 정확한 이해가 전제되어야 하고, 실제 기초자산의 분포에 대한 분석을 통해 OTM 옵션에 대한 왜곡(skewness) 정도를 보정한 후에 비로소 상대적으로 높고 낮음을 평가할 수 있다. 이는 파생상품의 생산과정 내지 헤지과정에서도 민감도 지표 등에 영향을 미치게 되므로 기초자산가격 내지 수익률의 확률분포에 대한 추정은 매우 중요한 의미를 갖게 한다.

---

305 공매도가 상대적으로 활성화된 주식의 경우에는 주가 상승에 의해서도 손실의 폭이 증가할 수 있는데, 이 경우 실증분석을 해 보면 양쪽 꼬리가 두꺼운 분포의 형태를 띠는 경우를 종종 관찰할 수 있다.

306 이 외에도 다양하게 설명될 수 있으나, 본서의 범위를 넘어서는 것이어서 생략한다. 이에 대해 좀 더 상세한 내용을 원하는 독자라면 John C. Hull, *op. cit.,* pp.430~441 (Chapter 20 'Volatility Smiles'), Sheldon Natenberg, *Option Volatility and Pricing: Advanced Trading Strategies and Techniques(2nd)*, McGraw-Hill, 2015, pp.485~511 (Chapter 24 'Volatility Skews'), Nassim Taleb, *Dynamic Hedging*, John Wiley & Sons, 1997, pp154~164 & pp.238~252 등을 참고하기 바란다.

제2절 옵션 전략별 손익구조

이번 장에서는 앞서 살펴본 표준형 개별 옵션의 일반적 원리를 기초로 좀 더 복잡한 형태로 결합된 옵션 포지션을 분석하고자 한다. 이를 통해 파생상품은 금융소비자의 요구에 따라 다양한 손익구조를 구조화할 수 있음을 보여주고자 한다.

1. 합성 포지션(Synthetic Position)

파생상품의 존재는 금융소비자가 원하는 다양한 그리고 때로는 복잡한 손익구조를 지닌 금융상품을 개발 가능하게 한다. 다양하고 복잡한 손익구조의 상품을 개발하는 기본원리를 이해하기 위하여 먼저 가장 단순화된 합성증권(synthetic securities)의 개념을 살펴보고자 한다.[307]

합성증권이란 특정한 상품을 보유하고 있지 않더라도 그와 동일한 손익구조를 만들어 내는 구조화된 상품이다. 즉, 주식대차가 어려운 환경에서도 주식대차와 동일한 손익구조를 갖는 합성증권을 파생상품을 이용하면 아주 간단히 만들 수 있다. 좀 더 복잡한 형태인 콜옵션 등의 파생상품의 손익구조 역시 복제가 가능하다. 즉, 해당 특정한 증권(또는 파생상품 등)을 보유하고 있지 않더라도 손익구조면에서 동일한 효과를 내는 합성증권을 주식, 채권 또는 다른 파생상품을 활용하여 복제할 수 있다. 이를 확장하면, 금융소비자가 원하는 손익구조를 이론적으로는 모두 만들어 내는 것이 가능하다. 이러한 기능을 잘 활용한다면 금융공학이 가진 순 기능을 통해 사회는 보다 효과적이고 효용이 증대되는 방향으로 금융상품을 소비할 수 있게 되는 것이다.[308] 이러한 기본원

307 여기서는 정태적(static)으로 존재하는 증권 및 파생상품을 통해 다양한 손익구조를 생산하는 과정을 설명한다. 보다 근원적인 방법인 동태적(dynamic)으로 손익구조를 생산하는 과정은 제4절 파생상품의 생산에서 다루도록 하겠다.

308 자동차가 그 원재료들의 결합에 의해 만들어 지지만, 원재료 가치의 합이 자동차의 가치는 아니다. 그것보다 당연히 가치가 커지게 된다. 그래서 자동차의 가격은 원재료의 가격의 합보다 더 비싸게 거래된다. 이를 경제학에서는 부가가치라고 부른다. 금융공학 역시 원재료인 기초자산(주식), 채권 등의 결합에 의해 금융소비자가 원하는 손익구조를 만들어 낼 수 있고, 금융소비자는 주식(기울기가 '1'인 직선의 손익구조), 채권과는 다른 보다 효용가치가 높은 손익구조(즉 주가의 하락을 일정 수준에서 방어하는 손익구조(콜옵션) 등)를 자신의 요구에 의해 생산한 것이기에 구조화된 상품의 가치는 당연히 원

리를 터득하기 위하여 가장 간단한 합성 포지션을 구성하는 방법을 통해 그 원리를 살펴보자.

가장 기본적인 합성포지션(synthetic position)은 콜옵션과 풋옵션 그리고 선물의 상관관계로 만들어지는 포지션이다. 기초자산이 동일한 콜옵션, 풋옵션, 선물 간에는 일정한 규칙에 의해 가격이 유지되어야 한다. 그렇지 않으면, 각각의 상품을 다른 두 가지의 결합으로 복제하여 무위험 수익을 창출할 수 있다. 예를 들어, 주가지수(KOSPI200)에 대한 파생상품으로는 선물과 옵션이 있다. 옵션은 콜옵션과 풋옵션으로 나뉘고, 각각의 옵션들은 다양한 행사가격에 의해 구분된다. 이와 같이 기초자산은 동일한데, 그것으로부터 파생된 다양한 형태의 금융투자상품이 존재한다면, 이들 간에는 일정한 관계가 존재하여야 한다.

가. 합성선물(Synthetic Futures)

합성(Synthetic)이란 단어에서 유추할 수 있는 것처럼 합성선물은 실제로 거래소에 직접 종목으로 상장되어 거래되어지는 상품은 아니지만, 선물의 속성을 그대로 지니고 있는 그래서 선물과 동일한 손익구조를 보여주는 합성품 또는 모조품으로 이해할 수 있겠다. 이러한 합성선물은 옵션들의 절묘한 결합에 의해 만들어 진다.

거래소에 상장된 주가지수(KOSPI200) 선물의 만기는 3, 6, 9, 12월물 이다. 1월물, 2월물 등의 선물은 거래소에 상장되어 있지 않다. 하지만, 합선선물의 개념을 활용하면 투자자가 원하는 1월물 선물을 만들어 거래할 수 있다. 즉, 1월물 선물을 매수한 것과 동일한 손익구조를 갖는 포지션을 옵션을 이용하여 만들어 낼 수가 있는 것이다. 결론적으로 말하면, 1월물 콜옵션을 매수하고, 행사가격이 동일한 1월물 풋옵션을 매도하면 1월물 선물과 동일한 손익구조를 갖게 된다. 즉, 합성선물이 만들어 진 것이다. 이를 확인하기 위하여 먼저 손익 그래프를 통해 살펴보자.

[그림 11]은 K의 행사가격을 갖는 콜옵션을 매수하고 동일한 행사가격의 풋옵션을 동일한 수량 매도한 것으로, 단순화를 위해 프리미엄은 같다고 전제한 합성선물의 손익구조를 보여주고 있다. 그래프 ①은 행사가격이 K인 콜옵션을 매수한 포지션의 만기손익 그래프이다. ②는 행사가격이 K인 풋옵션을 매도한 포지션의 만기손익 그래프이다. 그리고 ③은 ①과 ②의 만기손익을 단순히 합하여 그린 그래프이다. 그런데 ③의 그래프는 선물을 K라는 금액으로 매수한 만기손익 그래프임을 확인할 수 있다.[309] 즉, 콜옵션을 매수하고 풋옵션을 매도하면 선물을 매수한 것과

재료의 합 보다 클 것이며, 금융공학 역시 금융시장에서 이와 같은 생산과정을 통해 부가가치를 창출하고 소비자 효용을 증대시킨다. 다만, 이러한 생산과정에 있어 정보의 불균형 등의 문제가 야기될 수 있기에 불완전 판매 등이 발생하지 않도록 합리적인 규제가 필요하게 된다. 이에 대해서는 파생상품과 관련한 행위규제에서 상세히 다루도록 하겠다.

동일한 효과를 볼 수 있다. 이러한 포지션을 합성포지션이라고 한다.

[그림 11] 합성선물의 손익구조

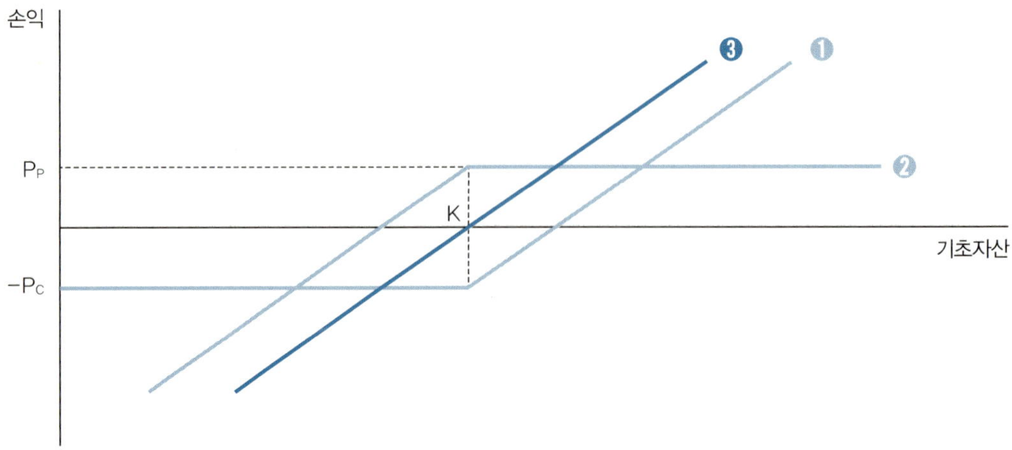

매수 합성선물: 행사가격이 같은 콜옵션을 매수하고, 풋옵션을 동일 수량 매도
매도 합성선물: 행사가격이 같은 콜옵션을 매도하고, 풋옵션을 동일 수량 매수

나. 합성선물의 가격

합성선물은 동일한 기초자산의 콜옵션과 풋옵션의 결합에 의해 생산될 수 있음을 살펴보았다. 이제는 합성선물의 가격에 대해 알아보자. 위의 예에서는 합성선물은 'K'의 가격으로 매수한 선물과 동일한 손익구조를 갖는 것이었다. [그림 11]에서는 단순화를 위해 콜옵션의 프리미엄과 풋옵션의 프리미엄을 동일하다고 가정하고 논의를 전개하였다. 그렇기 때문에 K시점에서 두 그래프의 손익을 더한 것이 '0'이 되고, 그 점에서 합성선물의 손익분기점이 형성된다. 그리하여 이 경우 합성선물의 가격은 'K'가 된 것이다.

만약, K의 행사가격을 지닌 콜옵션의 프리미엄이 @3.0이고, 동일한 행사가격의 풋옵션의 가격이 @2.0으로 차이가 있다면 이들로부터 합성된 합성선물의 가격은 어떻게 될까? 프리미엄이

309 이는 이해를 돕기 위해 단순화하여 표현한 말이다. 정확히 얘기한다면, 옵션의 기초자산을 K라는 가격으로 매수한 포지션의 손익구조이다. 이는 결국 동일한 기초자산으로부터 파생된 선물을 K라는 가격으로 매수한 것과 그래프의 모양이 동일하다. 따라서 단순화하여 이와 같이 설명하였다.

다른 콜옵션 매수와 풋옵션 매도의 결합에 의해 합성선물이 만들어 지더라도 손익구조는 [그림 11]의 ③과 마찬가지로 기울기가 '1'인 우상향하는 직선이 된다. 다만, 다른 점은 K시점에서의 손익이다. [그림 11]에서는 동일한 프리미엄의 결합이므로 K시점에서 '0'의 손익을 보여주지만, 상기 예와 같이 프리미엄이 다른 콜옵션과 풋옵션의 결합의 경우에는 매수/ 매도 프리미엄의 차이로 인해 K시점에서 '−1.0'의 값을 갖게 된다. 이를 표현한 것이 [그림 12]이다.

먼저 그래프 ①은 프리미엄 3.0을 지불하고 콜옵션을 매수한 만기손익그래프이므로 행사가격(K)에서 '−3.0'이 손실이고, 그래프 ②는 풋옵션 매도로부터 2.0의 프리미엄을 수취하고 매도한 만기손익그래프이므로 행사가격(K)에서 '2.0'의 수익이 발생한다. 따라서 합성선물을 구성(그래프 ③)하면 K시점에서의 손익은 '−1.0'이 되고, 합성선물의 만기손익구조는 기울기가 '1'인 우상향하는 직선이므로 손익분기점은 K+1이 된다. 즉, 이 경우 합성선물의 가격은 'K+1'이 된다.

[그림 12] 합성선물(매수 Call @3.0 + 매도 Put @2.0)의 손익구조

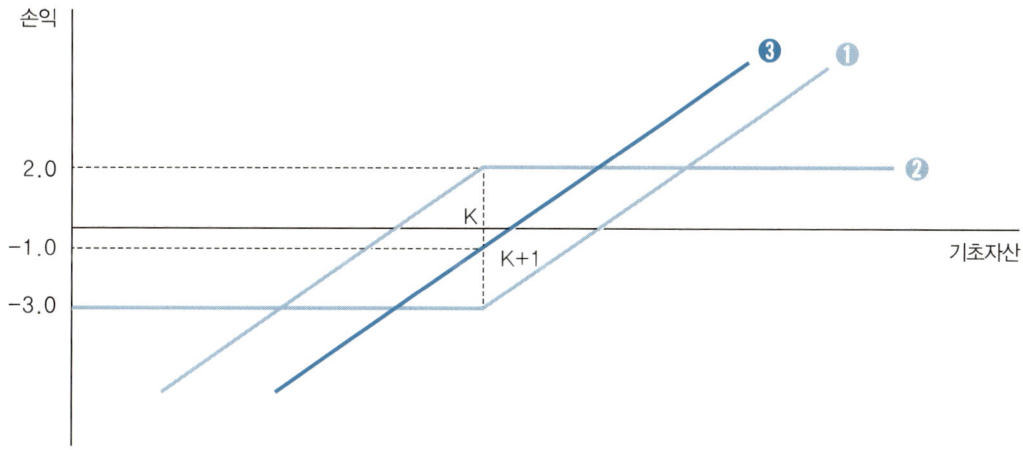

다. 합성포지션 일반화

합성포지션을 만드는 유용한 공식을 하나 소개한다.

기본 정리: U = C − P

파생 정리: (1) C = U + P, (2) P = C − U, (3) −U = P − C

위의 기본 정리는 어떤 기초자산(Underlying asset)을 매수하는 것은 그 기초자산의 콜옵션(C)을 매수하고 풋옵션(P)을 매도하는 것과 같다는 것을 보여준다.[310] 만약 A회사의 주식을 매수하고자 한다면, 단순히 주식을 매수하는 방법 외에도, A회사의 콜옵션을 매수하고 동일한 행사가격과 만기의 풋옵션을 매도함으로써 주식을 매수한 것과 동일한 손익구조를 생산할 수 있다. 위의 기본 정리는 단순 수학적 변형을 통해 위와 같은 다양한 파생 정리를 만들어 낼 수 있다.

2. 헤지 포지션(Hedge Position)

상술한 합성 포지션의 원리를 활용하면, 기초자산의 가격변동 위험을 상쇄하거나 관리할 수 있는 2가지 헤지 포지션 구축을 검토할 수 있다. 이하에서는 우리나라의 대표 주식인 삼성전자를 보유한 투자자를 상정하고 그 헤지 과정을 살펴보겠다.

가. 방어적 콜 매도전략(Covered Call: 주식 매수 + 콜옵션 매도)

투자자가 삼성전자 주식을 매수한 후 때마침 주가가 많이 상승하여 이익을 보고 있는 상황에서 일시적으로 조정 장세를 예상하고 있다고 가정하면, 삼성전자 주식을 기초로 하여 파생된 삼성전자 콜옵션을 매도함으로써 시장 상황에 적절하게 대응하는 것이 가능하다. 이 경우 헤지 포지션의 손익구조는 [그림 13]으로 표현된다.

만기손익구조인 그래프를 살펴보면 기초자산을 매수하고 있는 상황에서 콜옵션을 매도한 것인데, 그 손익구조가 풋옵션 매도 포지션과 동일하다는 것을 확인할 수 있다. 이는 합성 포지션에서 이미 살펴본 바 있는 "U = C–P"의 공식을 활용하면 쉽게 이해된다. U는 삼성전자 주식이고, C와 P는 삼성전자 콜옵션과 풋옵션으로서 이 경우 합성 포지션은 "U – C"가 되고 이를 공식에 대입하면, U–C = –P가 된다. 즉, 삼성전자 주식에 콜옵션을 매도하면 풋옵션을 매도한 것과 같은 손익구조를 갖게 되는 것이다.

---

310 산식에서 (+)는 매수, (-)는 매도를 의미한다. 2002년 1월부터 한국에서도 개별주식옵션이 거래되고 있기 때문에 동일한 행사가격의 콜, 풋옵션을 사용하면 해당 주식을 매수/ 매도하는 것과 같은 손익구조를 생산할 수 있기에 주식 하락을 예상할 시에는 옵션을 활용한 공매도의 효과도 기대할 수 있다. 합성 포지션의 여러 조합 중 –U = P–C, 즉, 풋매수 + 콜매도 = 주식매도로서 공매도의 효과를 나타낸다.

[그림 13] 방어적 콜 매도전략

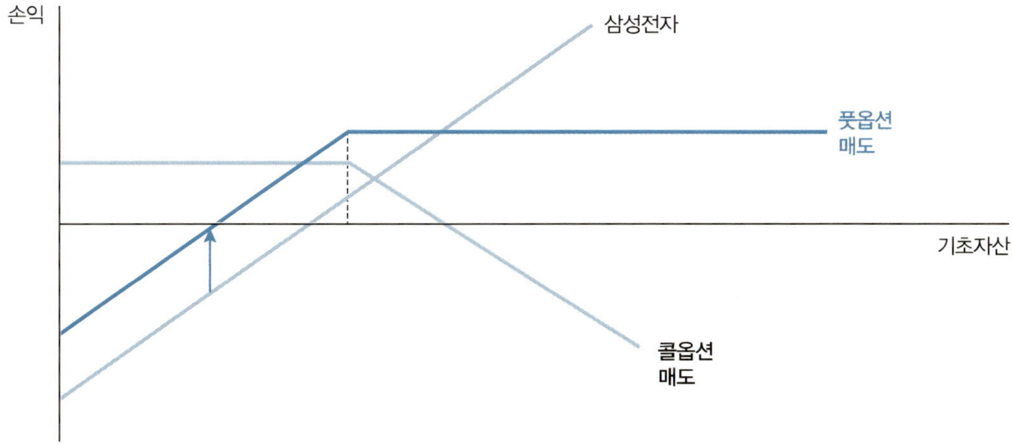

풋옵션을 매도하는 동기는 기초자산가격이 소폭 하락 내지는 횡보할 것으로 예상되는 경우 프리미엄 수입을 기대하는 경우 사용되어지는 전략이다.[311] 위와 같이 포지션을 구축하게 되면, 시장이 소폭 하락하거나, 횡보하는 경우 콜옵션 매도로부터 수취한 프리미엄으로 일정 부분 손실을 보전하는 효과를 기대할 수 있다. 따라서 기초자산을 장기 보유하고자 하는 상황에서 일시적으로 기초자산의 가격이 조정국면에 진입하였다고 판단되는 경우, 보유 포지션을 헤지하기 위하여 동일 기초자산으로부터 파생된 콜옵션을 매도하는 헤지 포지션을 구축하면, 콜옵션 매도로부터 수취한 프리미엄으로 일정 부분 손실이 보정되는 효과를 기대할 수 있다.

아울러, 삼성전자를 1,700,000원(목표가격) 전에는 절대 보유포지션을 매도할 생각이 없고, 목표가격에 도달하면 무조건 매도하겠다는 투자자가 있다면, 1,700,000원의 행사가격을 지닌 콜옵션을 매도함으로써 목표가격에 도달 할 기간 동안 프리미엄의 수입을 추가적으로 수취할 수 있게 된다. 이러한 전략은 목표가격에 도달했을 때 주저하지 않고, 목표가격(1,700,000원)에 확실히 매도하는 효과까지도 부수적으로 제공한다.

나. 보호적 풋 매수전략(Protective Put: 주식 매수 + 풋옵션 매수)

방어적 콜 매도전략은 기초자산의 변동성이 감소할 것으로 예상되는 경우, 즉 기초자산이 횡보하거나 소폭 하락할 것에 대비하여 보유 포지션을 헤지하는 방법이다. 반면에 보호적 풋 매수전략은 기초자산을 매수하여 보유하고 있는 상황에서 기초자산의 변동성이 증가할 것으로

311 이에 대해서는 상술한 4. 옵션가격에 영향을 주는 요소, 바. 종합적판단 부분을 참고하기 바란다.

판단하는 경우에 유용한 헤지 방법이다.

변동성이 증가한다는 것은 가격이 크게 상승하여 많은 이익을 향유할 수 있다는 긍정적인 측면도 있지만, 반대로 하락 폭 또한 커서 많은 손실을 감내해야 하는 부정적 측면도 함께 의미하는 것이다. 이러한 상황을 가정한다면, 어떻게 보유 포지션을 보호할 수 있을까? 이 경우 긍정적인 측면은 최대한 향유하면서 최악의 경우를 방비할 수 있는 방안으로 풋옵션 매수가 좋은 대안일 수 있다.

[그림 14]는 기초자산을 보유하고 있는 상황에서 풋옵션을 매수한 합성 포지션의 만기손익그래프를 보여준다. 주식 매수 포지션에 풋옵션 매수를 더한 합성 포지션은 결국 콜옵션과 동일한 손익구조를 갖게 된다.

[그림 14] 보호적 풋 매수전략

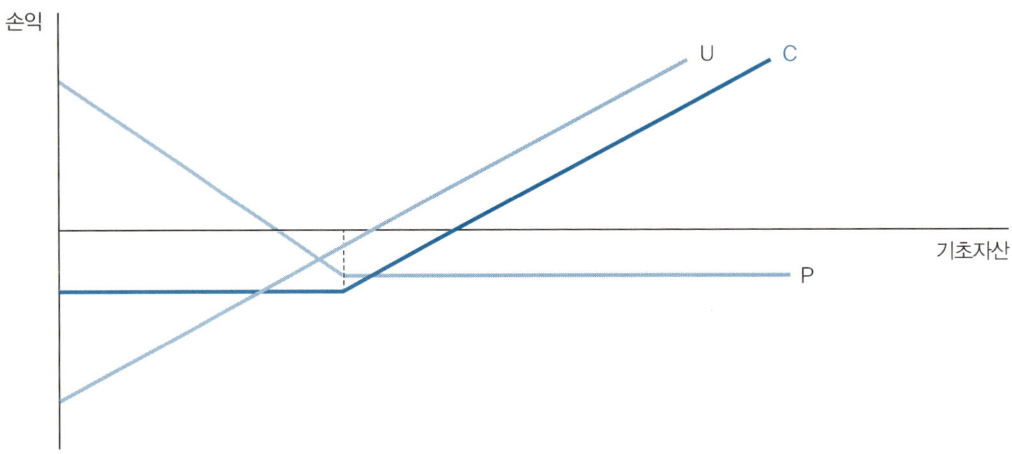

이는 합성 포지션 공식에서 확연히 설명된다. "U + P = C" 즉, 기초자산을 매수하여 보유하고 있는 상태에서 풋옵션을 매수한 경우에는 콜옵션을 매수한 것과 같은 손익구조를 갖게 되는 것이다. 따라서 기초자산의 가격이 아무리 많이 하락한다고 하더라도 손실은 일정하게 고정시킬 수 있는 반면, 가격이 큰 폭으로 상승한다면 보유한 주식으로부터 그 이익을 향유할 수 있으며 다만, 헤지 포지션 구축 전 대비 풋옵션을 매수하기 위하여 지불한 프리미엄만큼 수익이 차감된다. 이 합성 포지션은 보유한 기초자산의 가격변동 위험을 헤지하기 위하여 보험을 가입한 것과 같은 효과이므로, 풋옵션을 매수함으로써 차감된 수익 감소분은 일종의 보험 가입비용으로서 헤지비용이라고 생각할 수 있을 것이다. 이 전략은 방어적 콜 매도전략(Covered Call)과는 다르게 하락 시에 손실을 일정한 수준으로 유지해 주고, 상승 시에는 그 이익을 향유할 수 있다는 것이 장점이다.

다. 헤지 포지션 구축 시 고려 사항

삼성전자를 보유한 투자자는 기초자산의 가격변동 위험을 헤지 내지는 관리하기 위하여 상술한 2가지 기본적인 방법 중 하나를 선택할 수 있다. 하지만 선택의 결과는 전혀 다른 손익구조를 투자자에게 제공한다. 만약 방어적 콜 매도전략을 통해 가격변동 위험을 헤지한 경우, 투자자가 삼성전자의 변동성에 대해 예상한 것과 달리 큰 폭의 변동성이 발생하였다면 결국 헤지는 절반의 성공일 수 있다.[312] 반대로 이런 위험성을 감안하여 방어적 풋 매수전략을 선택한 경우, 투자자의 예상과 달리 변동성이 오히려 감소한 경우 즉, 기초자산이 박스권에서 움직인다면, 지불한 프리미엄만큼 수익감소 효과를 보게 될 것이다.

이렇듯 투자자가 효과적인 헤지를 하기 위해서는 기초자산의 변동성에 대한 판단이 전제되어야 한다. 즉, 헤지 포지션을 구축하는 것은 때로는 간단하게 가격을 고정시키는 효과를 만들 수도 있으나, 일반적으로는 이와 같이 기초자산에 대한 변동성 등 헤지 포지션을 구축하기 위하여 추정하여야 할 전제조건이 있는 경우가 다반사이다. 이러한 변동성 위험은 헤지할 수 없는 것일까? 그렇다면 금융공학은 별로 효용가치가 없는 도구일 것이다. 지금은 단순한 헤지 포지션 구축을 위해 정태적(static)으로 헤지 포지션을 구축하는 방법을 살펴보았기에 제한된 헤지 포지션을 구축할 수 있었다. 추후 다양한 위험관리 지표 및 동태적 헤징(dynamic hedging) 과정을 통해 보다 정밀하게 위험을 관리하는 방법을 살펴보게 될 것이다.

하지만 헤지를 한다는 것이 모든 위험을 헤지하는 것만이 능사는 아니다. 투자자에 따라서는 관리 가능한 또는 예측 가능한 범위 내에서 위험을 부담함으로써 기대 이익을 확대할 수도 있는 것이다. 위의 예에서 투자자가 변동성에 대한 예측을 정확히 할 수 있었다면 그리고 그것이 가능한 경우에는 당연히 적절한 헤지 포지션을 취함으로써 이익을 향유할 수 있게 된다.

위에서 살펴 본 가장 간단한 헤지의 방법에서도 그 전제가 되는 기초자산의 변동성에 대해 어떤 판단을 가지고 있느냐에 따라 전혀 다른 결과를 갖게 된다는 것을 알게 되었다. 이렇듯 헤지 더 나아가 파생상품의 생산 과정은 그리 쉬운 과정은 아니다. 가장 간단한 전략에서도 선택의 문제가 남는다. 가격변동을 헤지하더라도 어떤 방식으로 헤지하느냐에 따라 그 결과는 달라진다. 좀 더 정밀하게는 후술하게 될 동태적 헤징(dynamic hedging)에 의해 그 위험을 관리하는 방법을 살펴보게 되지만, 이 경우에도 간단한 헤지 방법의 선택의 문제와 마찬가지로 변동성에 대한 분석과 판단이 중요한 요인으로 작용하게 된다.

---

312 이 경우도 헤지를 안한 것에 비하면, 프리미엄 수취로 손실을 일정 부분 상쇄하는 효과는 있다.

3. 스프레드(Spread)

주식의 손익구조는 어떠한가? 누구나 아는 바와 같이, 주식가격이 1만원 상승하면 투자수익도 1만원 증가하는 손익구조이다. 즉 기울기가 '1'인 우상향 직선이다. 그런데 삼성전자를 100만원에 매수한 투자자가 기대하는 삼성전자의 주가는 어떻게 될까? 물론 매수가격 대비 많은 가격 상승을 기대하고 해당 주식을 투자했을 것이다. 그렇다고 무작정 1억원이 갈 것을 기대하지는 않을 것이다. 그럼에도 불구하고 투자자는 삼성전자를 매수하는 행위를 함으로써 기울기가 '1'인 직선을 갖게 된다. 만약 투자자가 현 매수가격대를 중심으로 200만원 정도 구간 내에서 주가가 움직일 것으로 합리적으로 생각한다면, 1억원이 되었을 때 얻을 기대이익은 포기하는 대신, 그 대가로 현 가격대에서 더 많은 이익 내지는 손실을 회피할 수 있는 손익구조를 만들 수 있다면 그것을 더 선호하지 않을까?

지금 부터는 여러 장에 걸쳐서 옵션을 활용하여 이와 같이 효용이 더 큰 다양한 손익구조를 창출하는 방법을 살펴보려고 한다. 이 또한 기본 원리를 이해할 수 있도록 단순화하여 그래프를 통해 금융공학의 기본지식이 없는 독자들도 직관적으로 이해할 수 있도록 구성해 보았다. 이를 확장하면, 손익구조에 대한 다양한 니즈가 있는 금융소비자의 요구에 부합하는 맞춤형 구조를 이론적으로는 무한한 종류로 다양하게 구축할 수 있다.

먼저 표준형 콜옵션과 풋옵션 다음으로 손익구조가 간단한 스프레드(spread) 만기손익그래프부터 살펴보자. 콜옵션(풋옵션)을 매수하고, 동시에 다른 콜옵션(풋옵션)을 매도하는 전략을 스프레드(Spread)라고 한다. 콜옵션을 매수했으면 다른 행사가격 또는 만기가 다른 월물의 콜옵션을 매도하고, 풋옵션을 매수했으면 다른 행사가격 또는 다른 월물의 풋옵션을 매도하는 방식으로 콜옵션은 콜옵션 끼리, 풋옵션은 풋옵션끼리 포지션을 구축하는 전략이다.

가. 스프레드의 분류

스프레드는 크게 4가지의 기준에 의해 아래와 같이 구분될 수 있다. 포지션 구축에 사용된 옵션의 종류에 따라, 행사가격의 차이를 이용했는지 아니면 월물 간의 차이를 이용하였는지에 따라, 초기 프리미엄 지급 여부에 따라, 그리고 강세 시장에서 유리한지 아니면 약세 시장에서 유리한 포지션인지에 따라 구분된다.

- 콜 스프레드(Call spread): 콜옵션을 사용한 스프레드
- 풋 스프레드(Put spread): 풋옵션을 사용한 스프레드

- 수직 스프레드(Price spread, Money spread): 다른 조건은 동일하고 행사가격만이 다른 두 옵션을 동시에 매수, 매도하는 것
- 수평 스프레드(Calendar spread, Time spread): 다른 조건은 동일하고 만기만이 다른 두 옵션을 동시에 매수, 매도하는 것
- 순매입 스프레드(Net long spread): 옵션 매도에 따른 수입보다 옵션 매수로 인한 프리미엄 지출이 더 큰 스프레드
- 순매도 스프레드(Net short spread): 옵션 매수에 드는 비용보다 옵션 매도에 따른 프리미엄 수입이 더 큰 스프레드
- 강세 스프레드(Bull spread): 강세시장에서 이익을 얻는 스프레드
- 약세 스프레드(Bear spread): 약세시장에서 이익을 얻는 스프레드

나. 콜옵션을 이용한 강세 스프레드(Call Bull Spread)

강세 스프레드는 두 행사가격 중에서 상대적으로 낮은 행사가격의 옵션은 매수하고, 높은 행사가격의 옵션은 매도함으로써 구성할 수 있다. 강세 스프레드를 구성하기 위하여 먼저, 행사가격이 70.0인 콜옵션을 프리미엄 3.0으로 매수하자. [그림 15]에서 볼 수 있듯이 손익분기점은 행사가격에 지불한 프리미엄을 합한 73.0이 된다. 추가적으로 행사가격이 높은 콜옵션(행사가격은 75.0)을 1.0의 프리미엄을 받고 매도하도록 하자. 매도 포지션이기 때문에 최대가능이익은 수취한 프리미엄인 1.0으로 한정되고 최대가능손실은 무한대가 된다. 이때 손익분기점은 행사가격에 프리미엄을 더한 76.0 (=75.0+1.0)이 된다.

이제, 두 옵션의 만기손익그래프를 합성해 보자. 그래프를 합성하는데 있어 기준이 되는 것은 행사가격이다. 왜냐하면 상술한 바와 같이 행사가격이 변곡점이 되어 행사가격을 기준으로 그래프의 기울기가 바뀌기 때문이다. 따라서 70과 75를 기준으로 해서 (1) 70이하, (2) 70~75 사이, (3) 75이상으로 구분하여 그래프의 손익을 결합한다.

1) 70 이하 구간

기초자산의 가격이 70이하인 경우에는 매수한 70 Call이나 매도한 75 Call이나 공히 기울기가 '0'인 평행선이다. 따라서 두 그래프의 값을 단순 합산하면 된다. 즉, 1+(−3) = −2가 된다.

2) 70~75 사이 구간

이 구간에서는 매수한 70 Call의 경우에는 기울기가 '1'인 직선이고, 매도한 75 Call의 경우에는 Y축 값이 '1'인 평행선이다. 따라서 두 그래프를 합하면, 기울기는 '1'인 직선의 모양을 지니면서 X축에 대응하는 Y축의 각각의 값들을 1만큼 더해주는 그래프가 된다. 70인 점을 예로 들면, 매수 그래프(70 Call)에서는 −3의 값을 갖지만, 매도한 그래프(75 Call)의 값이 1이므로 이를 더해주면 −2의 값을 갖게 된다. 즉, 이는 70 Call의 그래프를 '1'만큼 상향으로 평행 이동한 그래프이다.

3) 75 이상 구간

이 구간에서는 매수한 그래프는 기울기가 '1'인 우상향 직선이고, 매도한 그래프는 기울기가 '−1'인 우하향 그래프이다. 따라서 이 두 그래프를 더하면 기울기가 '0'인 평행선을 얻을 수 있다. 평행선은 어느 X축의 값에 대해 동일한 y 값을 가지므로 특정한 가격에서의 각각의 그래프의 값을 계산하여 더해주면 된다. 여기서는 기초자산의 가격이 75일 때 Y축의 값을 구해보자.

먼저, 매수한 그래프는 75일 때, '3.0'의 값을 갖는다. 반면에 매도한 그래프는 75인 점에서'1.0'의 수익을 가지므로 두 값을 더해주면 75인 점에서의 합성 그래프의 수익이 된다. 즉, 4.0(=1.0+3.0)이다. 그 값은 (2) 70~75 사이 구간에서의 75인 점에서의 값과 동일하다. 그래프가 연속이기 때문이다.

위의 과정을 통해 얻어진 그래프를 그림으로 표현한 것이 [그림 15]이다. 그림에서 보는 바와 같이 행사가격이 70.0인 콜옵션을 1계약 매수하고, 75.0인 콜옵션을 1계약 매도하면, 기초자산가격이 상승할 때 이익이 발생하는 강세 스프레드 포지션을 구축할 수 있다.

강세 스프레드 = **낮은** 행사가격의 옵션 **매수** + **높은** 행사가격 옵션 **매도**

이 포지션을 자세히 살펴보자. 먼저, 행사가격이 70.0인 콜옵션을 매수할 때 3.0의 프리미엄을 지불했고, 동시에 75.0의 행사가격을 가지는 콜옵션을 1.0의 프리미엄을 받고 매도했기 때문에 2.0의 프리미엄을 포지션 구축 당시에 지불한 매수 스프레드가 된다. 매수 포지션의 경우는 최대가능손실이 지불한 프리미엄이라는 것은 이미 주지하고 있는 바이다. 이 원칙은 대부분의 옵션 포지션에 그대로 적용된다. 따라서 [그림 15]를 보면, 콜옵션을 이용한 강세 스프레드의 경우는 2.0의 프리미엄을 지불하고 70.0−75.0 스프레드를 매입한 상태이므로, 최대가능손실은 −2.0이고, 행사가격인 70.0과 75.0가 변곡점이 되고, 손익분기점은 72.0(=70.0+2.0)이 되며, 최대가능이익은

3.0이 된다. 이는 70.0과 75.0사이에서는 기울기가 '1'이기 때문에 지불 프리미엄인 -2.0에서 5.0(두 행사사격간의 차이)만큼 위인 3.0 이 최대가능이익이 되는 것이다. 이와 같은 논리를 전개한다면 위와 같이 그래프의 합산과정 없이도 손쉽게 만기손익구조를 파악할 수 있을 것이다.

[그림 15] 강세 스프레드

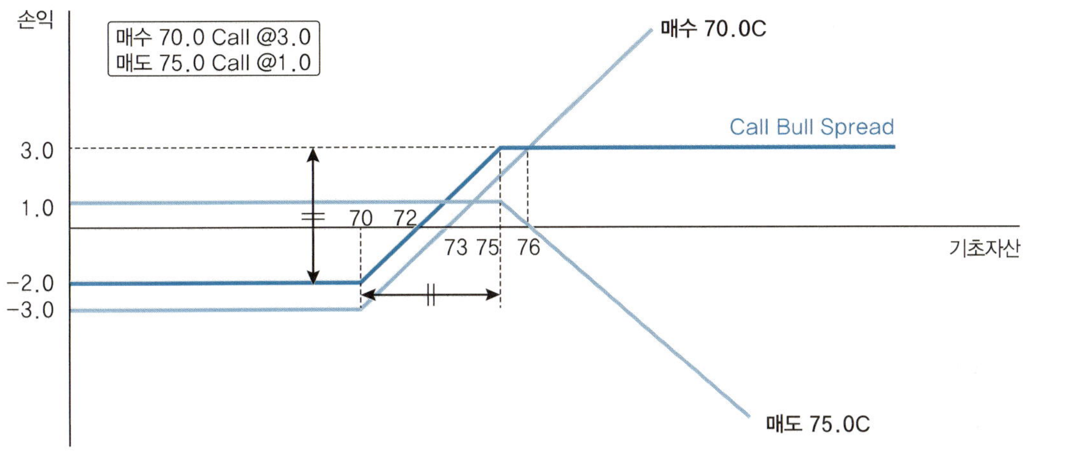

지금까지는 스프레드 포지션의 만기손익그래프의 모양에 대해 살펴보았다. 이와 같이 구해진 강세 콜 스프레드 포지션과 단순히 70.0 Call옵션을 매수한 포지션 간에는 어떠한 차이가 있는지 비교해 봄으로써 스프레드 포지션의 특성을 파악해 보자.

강세 스프레드와 마찬가지로 콜옵션 70.0을 매수하는 것은 프리미엄을 포지션을 구성할 당시에 지불한 매입 포지션이다. 그러나 강세 스프레드의 경우에는 콜옵션을 매수하는 동시에 다른 콜옵션을 매도하였기 때문에 콜옵션만을 매수했을 때 지불한 3.0의 프리미엄보다 비교적 적은 2.0의 프리미엄만 지불하면 된다. 뿐만 아니라 주가가 76.0까지 상승할 때에는 적은 비용을 들였음에도 불구하고, 이익이 좀 더 발생하는 손익구조를 가지고 있음을 볼 수 있다. 물론 주가가 76.0보다 많이 커질 경우에 콜옵션 70.0만을 단순 매수했을 때 얻을 수 있는 수익과 비교하면 차이가 많이 나지만, 우리가 구성한 이 강세 스프레드는 현실적으로 실현 불가능한 큰 폭의 상승에는 큰 비중을 두고 있지 않는 것이다. 다시 말해서, 주가가 많이 상승했을 때 콜옵션 매수만으로 얻을 수 있는 이익보다는 작지만 어느 정도의 수익을 확보하고, 소폭 상승했을 때는 적은 비용으로 더 많은 이익을 얻겠다는 전략인 것이다.

콜옵션을 이용한 강세 스프레드를 스프레드의 기준에 따라 분류하면, 행사가격이 다른 두 옵션을 사용하였으므로 수직 스프레드이고, 콜옵션으로 구성하였으므로 콜 스프레드이며, 강세장에서 이익을 발생시키는 강세 스프레드이다. 또한 포지션 구축 당시에 프리미엄을 지불하는 매입 스프레드이다.

동일한 방법으로 풋옵션을 이용해서도 강세 스프레드를 만들 수 있다. 낮은 행사가격의 풋옵션을 매수하고 상대적으로 높은 행사가격의 풋옵션을 매도하면 풋옵션 강세 스프레드가 합성된다. 다만, 다른 점은 강세 스프레드를 구성하는 시점에 프리미엄을 수취하게 되는 매도 스프레드가 된다는 것이다. 즉, 풋옵션을 이용한 강세 스프레드는 스프레드의 분류기준 상 (1) 풋 스프레드, (2) 수직 스프레드, (3) 순매도 스프레드, 그리고 (4) 강세 스프레드 등의 특성을 지닌다.

다. 스프레드의 구조

강세 스프레드를 만들기 위하여 상대적으로 낮은 행사가격을 갖는 옵션은 매수하고, 동일한 월물의 상대적으로 높은 행사가격을 갖는 옵션은 매도함으로서 강세 스프레드 포지션을 구축하였다. 그리고 이에 대한 손익구조를 파악하기 위하여 각각의 그래프를 행사가격을 기준으로 세 구간으로 나누어 살펴보았다. 이제는 스프레드의 특성에 대한 이해를 통해 이러한 과정 없이 만기손익구조를 직관적으로 파악하는 방법을 이해하도록 하자.

스프레드는 구성 당시에 하나는 매수하고, 또 다른 하나는 매도한다. 따라서 초기에 프리미엄의 수입이 발생하는지 지출이 발생하는지를 파악하는 것이 첫번째 단계이다. 콜옵션을 이용한 강세 스프레드의 예에서는 초기에 프리미엄의 지출이 발생하는 매수 포지션이 되고, 그 금액은 '–2.0'이었다. 매수 포지션의 경우 지불한 프리미엄이 최대가능손실이다. 따라서 스프레드 만기손익구조의 하단 값이 바로 '–2.0'이 된다. 이는 콜옵션을 매수했을 때 지불한 프리미엄 값이 하단을 형성하는 것과 같은 원리이다.

다음으로 스프레드의 만기손익그래프를 만들기 위해서는 콜옵션의 경우와 달리 상단의 값을 아는 것 또한 필요하다. 이를 알기 위해서는 [그림 15]에 삽입된 두개의 화살표에 주목하여야 한다. 두 개의 화살표는 X축과 Y축에 대한 길이를 표현하고 있다. 이들은 각각 '행사가격의 차이'와 '최대가능손실과 이익간의 차이'이다. 여기서 중요한 점은 두 화살표의 길이가 같다는 것이다. 즉, 두 행사가격의 차이는 최대가능이익과 최대가능손실의 차이와 같게 된다.

$$\text{최대가능이익} - \text{최대가능손실} = |\text{행사가격의 차이}|$$

이와 같은 스프레드의 구조에 대한 속성을 이해한다면, 각각의 옵션의 프리미엄만 알고 있으면 만기손익그래프를 그릴 수 있으며, 이에 따라 손익분기점, 최대가능손실, 최대가능이익 등을 구할 수 있게 된다.

라. 콜옵션을 이용한 약세 스프레드(Call Bear Spread)

약세 스프레드는 강세시장에서는 손실 규모를 일정수준으로 한정하고 약세시장에서 이익을 얻는 전략이다. 약세 스프레드는 행사가격이 낮은 옵션을 매도하고 행사가격이 높은 옵션을 매수하여 구축하게 된다.

약세 스프레드 = **낮은** 행사가격의 옵션 **매도** + **높은** 행사가격 옵션 **매수**

콜옵션을 이용해서 약세 스프레드를 구성하기 위해 우선 행사가격이 70.0인 콜옵션을 프리미엄 3.0을 받고 매도하기로 하자. 프리미엄이 3.0이기 때문에 최대가능이익은 3.0이고, 손익분기점은 행사가격에 프리미엄을 더한 73.0이 된다. 여기에 추가하여 행사가격이 75.0인 콜옵션을 1.0의 프리미엄을 지불하고 매수하도록 하자. 최대가능손실은 1.0이고 손익분기점은 76.0이 된다. 이 두 옵션의 만기손익그래프를 합성하면 약세 스프레드의 구조를 만들 수 있다.

합성과정은 스프레드 구조의 특징을 통해 [그림 16]과 같이 손쉽게 그려질 수 있다. 70.0 Call 옵션을 매도함으로써 3.0의 프리미엄을 받았고, 75.0 Call 옵션을 매수함에 따라 1.0의 프리미엄을 지불하였기 때문에 전체적으로 2.0의 프리미엄을 받는 매도 스프레드가 된다. 따라서 매도 포지션은 초기에 받은 프리미엄이 최대가능이익으로 한정되므로 수취한 프리미엄인 2.0이 상단의 평행선의 Y축 값을 형성하게 된다. 최대가능손실은 수취한 프리미엄에서 두 행사가격의 차이인 -5.0만큼 하락한 -3.0이 된다. 왜냐하면 [그림 16]에서도 확인할 수 있듯이 두 화살표의 길이는 같기 때문이다.

$$\text{최대가능이익} - \text{최대가능손실} = |\text{행사가격의 차이}|$$

스프레드의 특성을 파악하기 위하여 [그림 16]의 약세 스프레드와 행사가격이 70.0인 콜옵션만을 매도한 경우를 비교해 보자. [그림 16]에서 볼 수 있듯이, 약세 스프레드의 경우, 프리미엄 수입은 콜옵션 매도에 비해서 1.0만큼 작지만, 주가가 75.0이상으로 상승할 경우 최대가능손실이 -3.0으로 한정되므로 손실액이 무한정 커질 수 있는 콜옵션 매도에 비해서 안정적임을 확인할 수 있다. 즉, 강세장에서는 손실을 제한하고 약세장에서 이익을 얻을 수 있도록 위험을 줄여준 전략이다.

[그림 16] 약세 스프레드

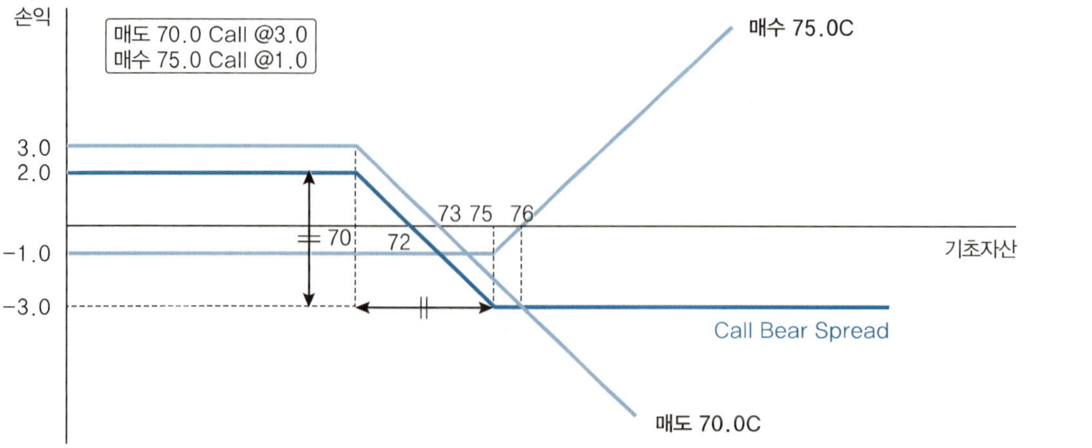

콜옵션을 이용한 약세 스프레드 포지션을 분류기준에 따라 정의하면, 프리미엄 수입이 발생하였으므로 매도 스프레드이고, 만기가 같지만 행사가격이 다른 두 옵션을 사용하였으므로 수직 스프레드이며, 약세시장에서 이익을 얻을 수 있는 약세 스프레드이다. 또한 콜옵션을 이용했기 때문에 콜 스프레드로 분류할 수 있다.

4. 버터플라이(Butterfly)

강세장에서 이익이 발생하는 강세 스프레드와, 약세장에서 이익이 발생하는 약세 스프레드를 합성한 포지션을 버터플라이라고 한다. 다음의 포지션은 버터플라이를 구성하기 위하여 마련한 강세 스프레드와 약세 스프레드 포지션이다. 먼저, 개별 포지션을 [그림 17]에 그려보자.

<#1. 강세 스프레드>	<#2. 약세 스프레드>
매수 70.0 Call @3.0	**매도 75.0 Call @2.0**
매도 75.0 Call @2.0	매수 80.0 Call @1.0

먼저 첫 번째(#1) 포지션은 낮은 행사가격의 콜옵션은 매수하고, 높은 행사가격의 콜옵션을 매도하였으므로 강세장에서 유리한 강세 스프레드이다. 그리고 3.0의 프리미엄을 지불하고, 2.0의 프리미엄은 수취하였으므로 '1.0'의 프리미엄을 지불한 매입 스프레드이다. 따라서 -1.0이 최대가

능손실이 되고, 기초자산가격이 70.0과 75.0에서 그래프가 꺾여 지며, 75.0 이상에서는 4.0[313]의 최대가능이익이 발생하는 만기손익그래프가 된다.

두 번째(#2) 포지션은 낮은 행사가격의 콜옵션은 매도하고, 높은 행사가격의 콜옵션을 매수하였으므로 약세장에서 유리한 약세 스프레드이다. 그리고 2.0의 프리미엄을 수취하고, 1.0의 프리미엄을 지불하였으므로 '1.0'의 프리미엄을 수취하는 매도 스프레드가 된다. 따라서 처음에 수취한 1.0이 최대가능이익이 되고, -4.0의 최대가능손실이 발생하는 만기손익그래프를 얻을 수 있다.

[그림 17] 강세 스프레드와 약세 스프레드

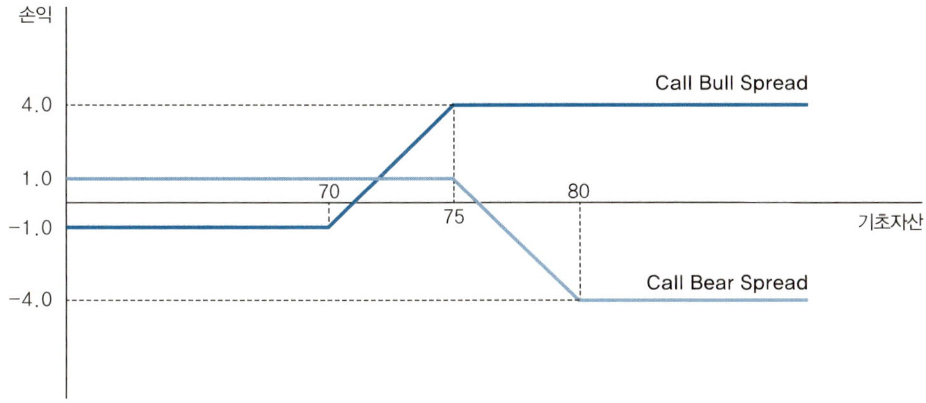

두 개의 스프레드 포지션을 더하면, 행사가격이 75.0인 콜옵션 매도는 두 개가 되고, 70.0 콜옵션과 80.0 콜옵션은 각각 하나씩 매수한 포지션이 된다. 즉, 가운데 행사가격의 등가격 옵션을 두개 매도하고, 내가격과 외가격 옵션을 하나씩 매수하면 버터플라이 매수 포지션을 구축할 수 있다.[314]

만기손익그래프를 합성하는 것을 이해하기 위하여 다시 한번 행사가격을 기준으로 구간을 나누어 살펴보자. 이 경우에는 세 개의 행사가격(70.0, 75.0과 80.0)이 존재하므로 (1) 70.0이하, (2) 70~75 사이, (3) 75~80 사이, 그리고 (4) 80.0이상 등 4개의 구간으로 나누어서 두 그래프의 손익을 합성한다.

313 70과 75 사이의 구간의 직선이 기울기가 '1'이므로, '행사가격의 차이 = 상단과 하단의 평행선의 값들의 차이'와 같다. 따라서 (행사가격의 차이:5.0) - (초기 지불 프리미엄:1.0) = 4.0 이 된다.

314 반드시 가운데 행사가격이 등가격일 필요는 없다. 다만, 양쪽의 행사가격들과 비교할 때, 가운데가 되는 값을 갖는 행사가격을 선택하면 된다. 버터플라이 매수 포지션의 경우, 가운데 행사가격에서 최대이익이 가능하므로 시장에 대한 전망을 통해 자신에게 맞는 구간을 선택하면 된다.

1) 70.0 이하 구간

70.0이하에서는 강세 스프레드에서 -1.0의 손실이 발생하고, 약세 스프레드에서 1.0의 수익이 발생하므로 합성 그래프의 값은 '0'(=1.0-1.0)이 된다. 그리고 두 그래프의 기울기가 공히 '0'이므로 합성한 그래프의 기울기 또한 '0'이 된다. 따라서 X축에 평행한 평행선으로 Y축 값이 '0'인 그래프를 갖는다.

2) 70~75 사이 구간

70과 75사이에서는 강세 스프레드 그래프는 기울기가 '1'이고 약세 스프레드 그래프는 기울기가'0'이다. 따라서 합성한 그래프는 기울기가 '1'인 우상향하는 직선이 된다. 그리고 70.0인 점에서, 강세 스프레드는 '-1'의 값을 약세 스프레드는 '1'의 값을 가지므로 합성된 포지션의 70.0일 때의 값은 '0'이다. 마찬가지로 75.0인 점에서는 '4.0'과 '1.0'의 값을 가져 합성한 그래프의 75.0인 점에서의 값은 '5.0'이 된다. 따라서 합성 그래프는 두 점을 연결하는 기울기가 '1'인 직선이 된다.

3) 75~80 사이 구간

75와 80사이에서는 강세 스프레드는 기울기가 '0'이고, 약세 스프레드는 기울기가 '-1'이므로, 합성 그래프는 기울기가 '-1'인 우하향하는 직선이 된다. 그리고 80.0인 점에서 강세 스프레드는 '4.0'의 값을 갖고, 약세 스프레드는 '-4.0'의 값을 가지므로 두 값을 더하면 80.0에서 합성 그래프는 '0'인 값을 갖게 된다.

4) 80 이상 구간

마지막으로, 80.0이상에서는 강세 스프레드는 '4.0'의 수익이 발생하고, 약세 스프레드는 '-4.0'의 손실이 발생하므로 합성한 그래프는 '0'의 값을 갖는다. 기울기 또한 두 포지션 모두 '0'이므로 합성한 그래프 역시 '0'이 된다. 따라서 80이상에서는 '0'의 값을 갖는 X축에 평행한 평행선이 된다.

여기에서, 기초자산의 가격이 75.0인 점에서의 손익을 살펴보자. 강세 스프레드에서 4.0의 수익이 발생하고, 약세 스프레드에서 1.0의 수익이 발생하므로 합성 그래프의 값은 5.0(=4.0+1.0)이 되고, 이 값이 최대가능이익이 된다. 각각의 구간에서의 그래프를 모아 그려보면, [그림 18]과 같은 버터플라이 매수 포지션의 만기손익그래프를 구할 수 있다. 이와 같이, 가운데 행사가격의 옵션을 2배로 매도해서 그 행사가격에서 최대가능이익이 발생하도록 구축한 전략을 매수 버터플라이라고 한다. 매수 버터플라이는 변동성이 크지 않을 때, 수익이 나는 전략이다. 이 경우에는 주가(기초자산의 가격)가 70.0과 80.0사이에 있을 경우에 이익이 발생한다.

[그림 18]은 매수 버터플라이지만 실질적으로 지불한 프리미엄이 없는 상태로 현실적으로 시장에서는 구현하기 매우 어려운 포지션이다. 하지만 만약 이와 같은 버터플라이를 만들었다면 주가가 어느 쪽으로 움직이건 손해는 보지 않고 최대 5.0까지 이익을 얻을 수 있다[315]. 위 버터플라이는 70.0과 75.0 사이의 구간에서는 강세 스프레드와 비슷한 구조를, 75.0과 80.0 사이의 구간에서는 약세 스프레드와 흡사한 구조를 하고 있다.

[그림 18] 매수 버터플라이

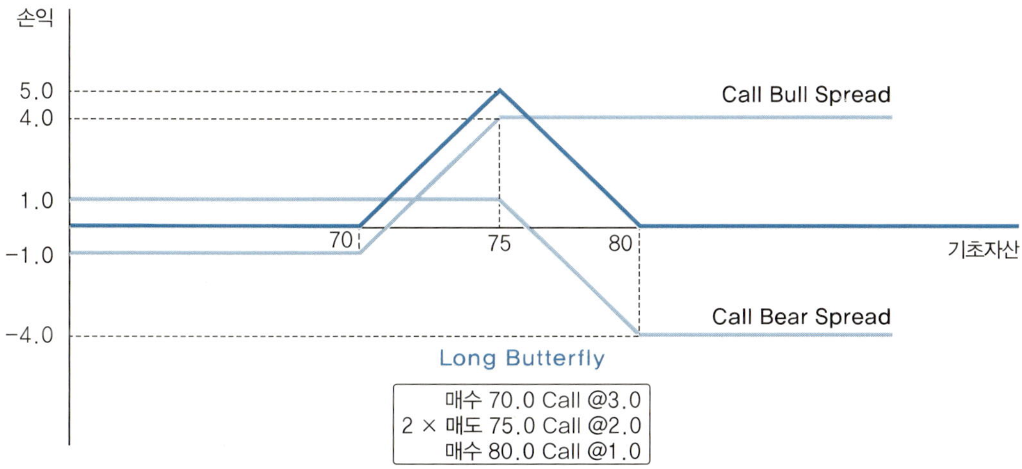

매수 버터플라이 : 가운데 행사가격 2계약 매도 + 양측의 옵션 1계약씩 매수
(가운데 행사가격에서 최대가능이익 발생)
매도 버터플라이 : 가운데 행사가격 2계약 매수 + 양측의 옵션 1계약씩 매도
(가운데 행사가격에서 최대가능손실 발생)

기초자산의 가격이 75.0이상으로 올라가면 강세 스프레드는 일정한 수익을 계속적으로 보장하지만 버터플라이는 오히려 주가가 상승함에 따라 수익이 감소하는 약세 스프레드의 구조를

315 현실에서는 시차를 두고 이러한 포지션을 구축할 수가 있다. 시장이 상승할 것으로 예상하여 강세 스프레드를 보유한 결과 시장이 예상대로 상승하여 이익이 발생한 경우 이익을 실현하지 않고, 시장의 하락에 대비하여 약세 스프레드를 추가한다면 이와 같이 비용이 '0'이 되는 포지션을 구성할 수 있다.

갖고 있다. 그 대신, 강세 스프레드에서 지불한 프리미엄보다 적은 프리미엄을 지불한다. 다시 말해서, 가능성이 적다고 생각하는 범위의 이익을 줄여서, 가능성이 높은 쪽에 더 많은 이익을 얻도록 한 전략이다. 즉, 강세 스프레드와 비교할 때 75.0이상에서 얻을 수 있는 이익을 75.0 이하에서 얻을 수 있는 이익으로 옮겨 놓았다고 생각하면 되겠다. 75.0 이상에서서는 약세 스프레드에서 발생할 수 있는 손실을 강세 스프레드로 상쇄함으로써 손실의 폭을 줄여서 안정적인 포지션 관리를 하고자 한 것이다. 매도 버터플라이는 매수 버터플라이의 만기손익을 X축에 대칭 이동한 것으로 이해하면 된다. 이 경우에는 변동성이 증가할 경우 유리한 포지션이 되겠다. 이와 같이 금융소비자의 요구에 맞게 기초자산과 파생상품의 적절한 결합에 의해 원하는 다양한 손익구조를 생산할 수 있는 것이다.

5. 스트래들(Straddle)

행사가격이 같은 콜옵션과 풋옵션을 동시에 매수하거나 매도하는 전략을 스트래들(Straddle)이라고 한다. 스프레드(Spread)는 콜옵션만으로 혹은 풋옵션만으로 전략을 만들었지만, 스트래들과 후술하게 될 스트랭글(Strangle)은 콜옵션과 풋옵션을 동시에 매수하거나 매도한다는 것이 스프레드와는 다른 점이다.

스트래들 포지션을 구축하기 위해서는 변동성에 대한 판단이 중요하다. 변동성이 증가할 것으로 예상되는 경우에는 스트래들 매수 포지션을 구축하고, 반대로 변동성이 감소할 것으로 예상되는 경우에는 스트래들 매도 포지션을 구축하게 된다.

가. 매수 스트래들

스트래들 포지션을 구축하기 위하여 행사가격이 70.0인 콜옵션과 동일한 행사가격의 풋옵션을 각각 1계약씩 매수하도록 하자. [그림 19]에서 볼 수 있듯이 행사가격이 70.0인 콜옵션은 프리미엄 @2.0을 지불하여 매수하였고, 동일한 행사가격을 지닌 풋옵션은 @3.0의 프리미엄을 지불하고 매수하였다. 따라서 콜옵션의 손익분기점은 72.0(=70.0+2.0)이고, 최대가능손실액은 지불한 프리미엄으로 한정되어 -2.0이 된다. 그리고 풋옵션의 손익분기점은 67.0(=70.0-3.0)이 된다. 물론 각각의 최대가능손실은 지불한 프리미엄으로 한정된다.

[그림 19] 콜 매수와 풋 매수

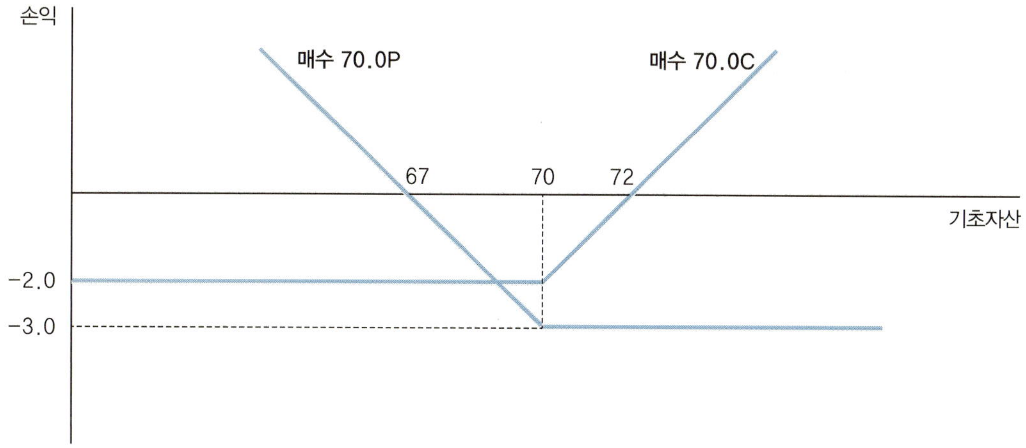

두 만기손익그래프를 합성하여 매수 스트래들 포지션을 구성하자. 앞서 이미 살펴본 바와 같이, 합성 그래프는 행사가격을 기준으로 하여 두 구간으로 나누어 합성된다. 행사가격인 70.0에서 콜옵션과 풋옵션이 모두 최대가능손실이 발생하므로 합성 그래프 역시 70.0에서 최대가능손실이 발생하고 그 값은 콜옵션과 풋옵션의 값을 단순 합산한 '−5.0(= −2.0+ −3.0)'이 된다.

1) 70.0 이상 구간

이 구간에서는 합성된 매수 스트래들 그래프는 콜옵션 매수로 인해 생성된 기울기가 '1'인 우상향 직선과 풋옵션 매수로 인해 발생되는 −3.0의 값을 갖는 X축에 평행한 직선의 결합으로 얻어진다. 따라서 이 두 그래프의 합성으로 만들어지는 만기손익그래프는 70.0 콜옵션 매수의 그래프와 같이 기울기가 1이고, 이의 그래프를 −3.0만큼 Y축 방향으로 하향 평행 이동한 그래프가 된다.

2) 70.0 이하 구간

같은 방법으로 이 구간에서도 합성을 하게 되면 풋옵션 매수 그래프의 좌상향 직선과 콜옵션 매수의 평행선이 합성되어 결국 70.0 풋옵션과 마찬가지로 기울기는 −1이고, 이의 그래프를 −2.0만큼 하향 평행 이동한 직선이 만들어진다.

이 구간을 모두 연결하면 [그림 20]와 같은 'V' 형태의 합성 그래프가 완성된다.

[그림 20] 매수 스트래들

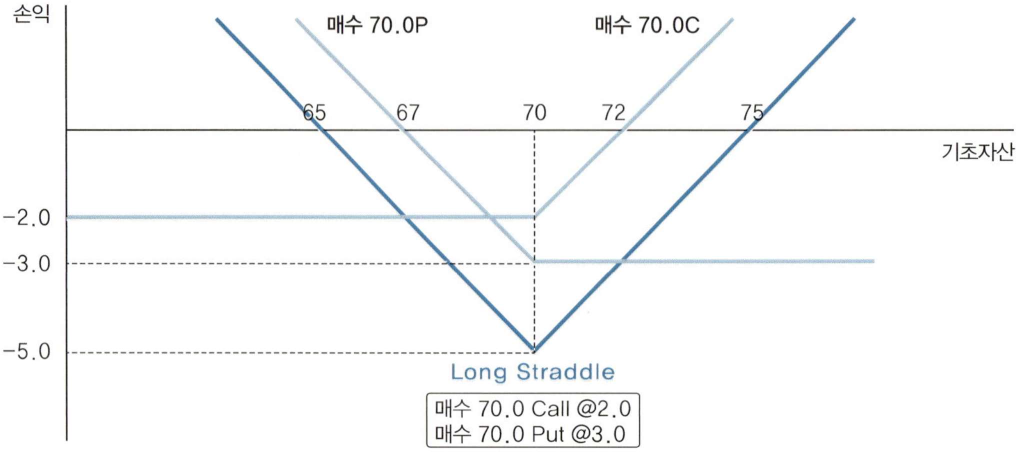

매수 스트래들(Long Straddle): **행사가격이 같은** 콜옵션과 풋옵션의 **매수**

같은 행사가격인 70.0에서 프리미엄을 지불하고 매수한 옵션들로 구축된 포지션이기 때문에 처음 포지션을 구성할 때 비용이 들어가는 매수 스트래들이다. 행사가격 70.0에서 지불한 프리미엄의 합으로 최대가능손실이 확정되고(-5.0), 손익분기점은 지불한 프리미엄만큼 행사가격에 더해져서 75.0(=70.0+5.0)과 65.0(=70.0-5.0)이 된다. 그림에서도 볼 수 있듯이, 행사가격 65.0~75.0 구간에서는 손실을 보게 되고, 그 범위를 벗어나게 되면 이익을 얻을 수 있는 전략이다. 즉, 변동성이 클 때 이익을 얻을 수 있게 된다.

나. 매도 스트래들

매수 스트래들은 변동성이 증가할 때 이익을 얻는 구조로 합성된 포지션이다. 투자자가 반대로 변동성이 감소할 것으로 예상할 때 이익을 얻을 수 있는 포지션은 어떻게 구축하면 되는 것일까? 옵션이 제로섬(zero sum) 게임이라는 사실을 상기해 본다면 위의 그래프와 반대의 모양을 구축하면 이익이 가능할 것이다. 즉, 매도 스트래들 포지션을 구성해 보자.

매도 스트래들(Short Straddle): **행사가격이 같은** 콜옵션과 풋옵션의 **매도**

[그림 21]과 같이 행사가격이 70.0인 콜옵션과 풋옵션을 모두 매도하도록 하자. 콜옵션은 프리미엄 @2.0에 그리고 풋옵션은 프리미엄 @3.0에 매도하는 것으로 가정하면, 행사가격 70.0에서 두 옵션의 프리미엄의 합인 5.0(3.0+2.0)이 최대가능이익이 되고, 행사가격 수준인 70.0을 기준으로 해서 수취한 프리미엄인 5.0 만큼 좌우로 벌어진 75.0과 65.0이 손익분기점이 된다. 매수 스트래들과 정반대로 기초자산가격이 65.0~75.0인 범위에서는 이익이 발생하고, 이 범위를 벗어난 부분에서는 손실이 발생한다. 즉, 큰 변동성이 큰 경우에는 막대한 손실이 발생하는 포지션이지만, 반대로 큰 폭의 변동성을 동반하지 않는 경우에는 안정적인 수익을 제공하는 포지션이다. 일반적으로 이와 같은 매도 포지션은 큰 변동성이 동반되지 않으면 시간이 지남에 따라 시간가치가 계속적으로 감소하는 것에 의해 수익이 발생한다.

[그림 21] 매도 스트래들

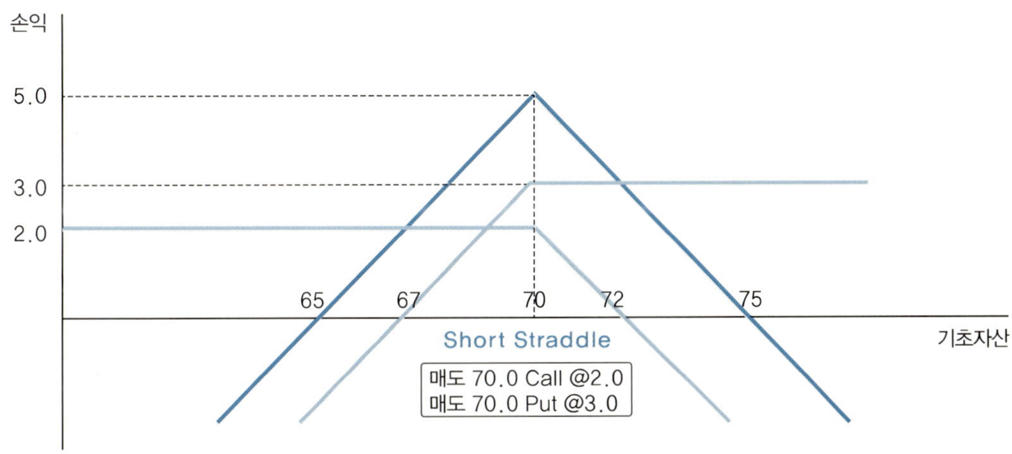

6. 스트랭글(Strangle)

행사가격이 같은 콜옵션과 풋옵션을 동시에 매수하거나 매도하는 전략을 스트래들(Straddle)이라고 한다면, 행사가격이 다른 콜옵션과 풋옵션을 매수하거나 매도하는 전략을 스트랭글(Strangle)이라고 한다.[316]

가. 매수 스트랭글

스트랭글 포지션은 그 특성과 구성이 스트래들과 비슷하다. 다만, 다른 점이 있다면, 행사가격이 다른 옵션을 이용한다는 것이다. 따라서 그래프를 합성할 때 기준이 되는 행사가격도 2개가 나타나게 되므로 합성 시 유의하면 된다. 먼저, 행사가격이 70.0인 콜옵션을 @2.0의 프리미엄을 지불하고 매수하자. 최대가능손실은 지불한 프리미엄에 의해 −2.0이 되고, 손익분기점은 행사가격에서 프리미엄만큼 차이가 있는 72.0(=70.0+2.0)이 된다. 다음으로는 행사가격이 65.0인 풋옵션을 @1.0의 프리미엄을 지불하고 매수하자. 최대가능손실은 지불한 프리미엄에 의해 −1.0이 되고, 손익분기점은 행사가격에서 프리미엄만큼 차이가 있는 64.0(=65.0−1.0)이 된다.

매수 스트랭글(Long Strangle): **행사가격이 다른** 콜옵션과 풋옵션의 **매수**

이제 매수한 두 옵션의 만기손익그래프를 합성하도록 하자. 그리하면 65−70의 스트랭글 포지션을 구축할 수 있다. 콜옵션과 풋옵션을 매수하기 위해서 프리미엄을 각각 @2.0과 @1.0만큼 지불하였다. 따라서 전체 포지션이 지불한 프리미엄은 두 옵션의 프리미엄의 합과 같으므로 @3.0(=2.0+1.0)이 된다. 이는 모든 매수 포지션에서와 마찬가지로 지불한 프리미엄이 최대가능손실이 된다. 두 옵션의 만기손익그래프를 합성하기 위하여 행사가격을 기준으로 세 구간으로 나누어 볼 수 있다.

첫째, 65.0 이하의 구간을 살펴보자. 이 구간에서는 풋옵션은 기울기가 −1인 우하향 직선의 모습을 보여주고 있는 반면, 콜옵션의 만기손익그래프는 프리미엄만큼 하향 이동한 X축과 평행한 평행선의 모습을 보여주고 있다. 따라서 이 구간에서 두 그래프를 합성하면, 기울기는 '−1'인 풋옵션의 그래프를 콜옵션 매수를 위한 비용인 −2만큼 하향 이동하는 그래프가 만들어 진다[317].

둘째, 65.0~70.0 사이의 구간에서는 콜옵션과 풋옵션의 만기손익그래프가 모두 평행선이기 때문에 이 두 옵션을 합성하여도 기울기가 '0'인 평행선이 된다. 따라서 이 구간에서의 두 옵션의 값들을 단순히 더한 값인 −3.0의 값을 갖는 평행선이 65.0과 70.0 사이의 구간을 나타내는 만기손익그래프가 된다.

마지막으로 70.0 이상인 구간에서는 콜옵션은 기울기가 1인 우상향하는 직선이고, 풋옵션은 지불한 프리미엄인 −1.0의 값을 갖는 평행선이다. 따라서 이 두 직선을 합성하면 콜옵션의 직선과

316 일반적으로 OTM옵션을 이용하여 포지션을 구축한 경우를 스트랭글이라고 한다.

317 각각의 X축 값에 대해, 즉 기초자산의 가격에 대해 옵션의 만기손익을 구해서 더해보면, 풋옵션의 만기손익에 콜옵션의 만기손익(−2)을 더하게 되므로 풋옵션의 그래프를 −2만큼 바로 하향 이동하면 된다.

기울기가 같은 우상향하는 직선이 만들어지고, 그 값들은 -1만큼 하향 이동하게 된다.

이 세 구간을 연결하면 [그림 22]에서 진한 색으로 표현된 그래프가 만들어진다. 이러한 모양의 만기손익 구조를 갖는 포지션을 '매수 스트랭글'이라고 부른다.

[그림 22] 매수 스트랭글

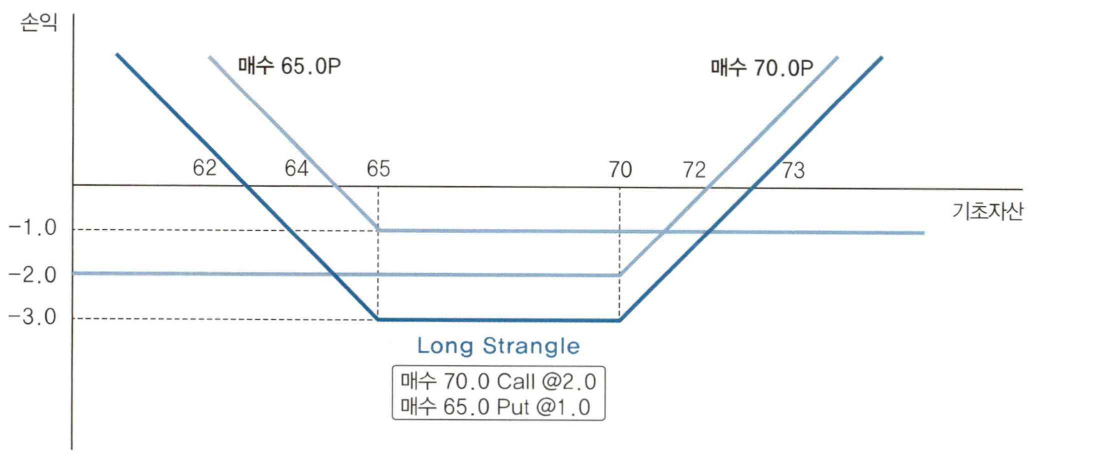

매수 스트랭글을 구성하기 위해서는 프리미엄으로 @3.0을 초기에 지불했기 때문에 최대가능 손실은 -3.0으로 한정되어지고, 손익분기점은 각 행사가격으로부터 지불한 프리미엄만큼 차이가 나는 62.0(=65.0-3.0)과 73.0(=70.0+3.0)이 된다.[318] 이러한 전략 포지션의 특성을 살펴보기 위하여 [그림 22]의 만기손익그래프를 보자. 그림에서 볼 수 있듯이 62.0~73.0 사이의 구간에서는 손실이 발생하고, 이 구간을 벗어난 구간에서는 수익이 발생하는 구조이다. 이 전략은 매수 스트래들과 마찬가지로 변동성이 클 경우에 수익이 발생하는 포지션이다.

스트래들과 스트랭글 공히 변동성에 대한 투자 전략이라 할 수 있다. 이들을 상호 비교해 보자. 스트래들은 같은 행사가격의 옵션(일반적으로, 등가격(ATM) 옵션)을 동시에 매수하거나 매도하는 전략이다. 반면에 스트랭글은 비교적 저렴한 가격의 외가격 옵션을 이용하여 콜옵션과 풋옵션을 함께 매수하거나 매도한다. 옵션은 만기에 행사되어질 가능성에 따라 옵션의 가격이 결정되기 때문에, 실현 가능성이 적은 외가격(OTM) 옵션의 가격이 등가격(ATM) 옵션보다는 상당히 저렴하다. 일반적으로 스트랭글은 비용이 저렴한 외가격(OTM) 옵션으로 구성한다.[319]

318 이는 65이하의 구간과 70이상의 구간에서 보여주는 직선의 기울기가 각각 '-1'과 '1'이라는 점을 착안하면 어렵지 않게 이해될 것이다. 기울기가 '1'이라는 의미는 X축의 변량과 Y축의 변량이 같아야 한다는 것을 의미한다. 따라서 Y축의 값이 -3이므로 X축도 동일한 길이만큼 차이가 나는 곳에서 손익분기점이 구해진다.

현재 KOSPI200지수가 67.50이라고 가정한다면, 행사가격이 67.50인 콜옵션과 풋옵션은 공히 등가격(ATM) 옵션이 되고, 행사가격이 70.0인 콜옵션과 65.0인 풋옵션은 외가격(OTM) 옵션이 된다. 스트래들 포지션을 구축하기 위해서는 행사가격이 67.50인 콜옵션과 풋옵션을 함께 매수하거나 매도한다. 반면에 스트랭글 포지션을 구축하기 위해서는 70.0 콜옵션과 65,0 풋옵션을 함께 매수하거나 매도하면 된다. 즉, 외가격 옵션으로 구성된 스트랭글의 경우에는 등가격 옵션으로 구성된 스트래들에 비해서 구성할 때 지불해야하는 프리미엄이 적게 든다는 이점이 있다. 이는 최대가능손실을 작게 만드는 효과로 연결된다.

[그림 23]에서는 행사가격이 67.50인 옵션을 이용하여 구성한 스트래들 만기손익그래프와 65-70 스트랭글 만기손익 그래프를 같이 나타내고 있다. 두 그래프를 살펴보면, 두 전략의 차이점을 파악할 수 있을 것이다.

매수 스트래들(Long Straddle)의 경우에는 초기에 지불한 프리미엄의 합계가 @5.0 (=2.0+3.0)이므로, 손익분기점은 62.5(=67.5-5.0)와 72.5(=67.5+5.0)가 되고, 최대가능손실은 -5.0이 된다. 반면, 매수 스트랭글(Long Strangle)의 경우에는 초기에 지불한 프리미엄의 합계가 @3.0(=2.0+1.0)이 된다. 따라서 최대가능손실은 -3.0이 되고, 손익분기점은 각각의 행사가격에서 3.0만큼씩 차이가 나는 62.0과 73.0이 된다. 매수 스트랭글 포지션은 비용이 저렴한 반면에 손익분기점이 스트래들에 비해 더 넓다는 특징을 지닌다. 이 두 전략을 비교해 본다면, 최대가능손실 규모가 좀 더 큰 매수 스트래들 포지션 구조에서 그 손실 규모를 줄이는 대가로 이익이 발생되는 손익분기점을 좌우로 조금 넓혀 놓은 것이 매수 스트랭글 포지션이라고 할 수 있다.

[그림 23] 매수 스트래들 vs 매수 스트랭글

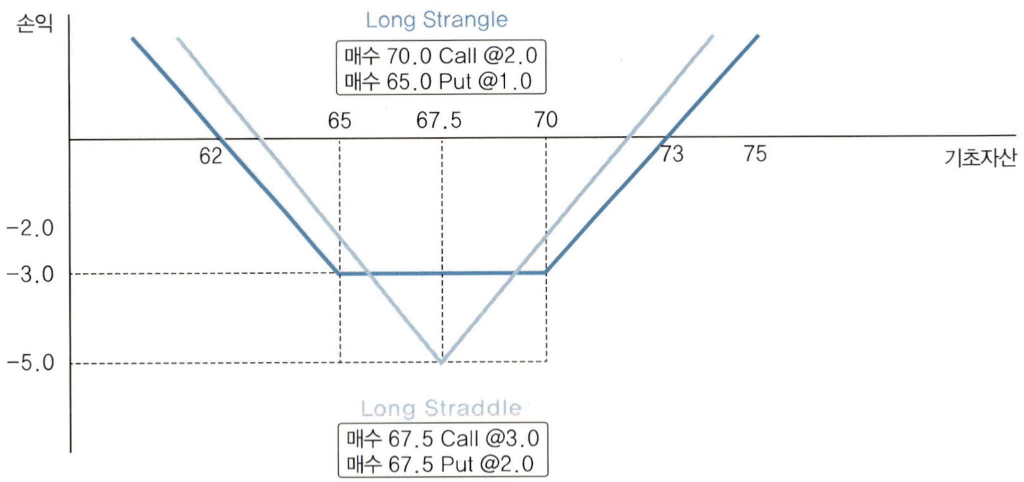

319 참고로 내가격(ITM) 옵션으로 구성되는 포지션을 거트(Gut)라고 부른다.

나. 매도 스트랭글

일반적으로 지수가 큰 폭으로 움직이지 않을 것으로 가정되는 경우에는 매도 스트랭글 전략을 취함으로써 시간가치의 감소에 따른 프리미엄 수입을 기대할 수가 있다. 매도 스트랭글 포지션을 구축하기 위해서는 행사가격이 다른 콜옵션과 풋옵션을 함께 매도하여야 한다. 먼저, 행사가격이 70.0인 콜옵션을 @2.0의 프리미엄을 수취하고 매도하자. 다음은 행사가격이 65.0인 풋옵션을 @1.0의 프리미엄을 받고 매도하기로 하자. 그리고 두 옵션의 만기손익그래프를 합성하도록 하자. 항상 행사가격을 중심으로 그래프의 기울기가 달라지므로, 이 경우에는 두 행사가격(65.0과 70.0)을 기준으로 합성한다.

매도 스트랭글(Short Strangle): **행사가격이 다른** 콜옵션과 풋옵션의 **매도**

먼저, 65.0 이하의 구간을 살펴보자. 콜옵션의 경우에는 2.0의 값을 갖는 평행선이고, 풋옵션의 경우에는 우상향하는 직선의 모습을 보여준다. 따라서 이 두 그래프를 합성하면, 결국 풋옵션의 그래프를 2.0만큼 상향 이동한 그래프가 된다. 즉, 기울기는 1이고, 65.0에서 3.0(=2.0+1.0)의 값을 갖는 우상향 직선이 된다. 따라서 62.0이 손익분기점 중 하나가 될 것이다.

다음은 65.0~70.0 사이의 구간을 보자. 이 구간에서 콜옵션과 풋옵션 공히 평행선을 갖고 있다. 따라서 단순히 그 값들을 합하면 되겠다. 즉, 이 구간에서는 기울기가 '0'인 평행선으로 그 값은 3.0(=2.0+1.0)이 된다.

마지막으로, 70.0 이상의 구간을 살펴보자. 그림에서 볼 수 있듯이 콜옵션은 우하향하는 직선이고, 풋옵션은 1.0의 값을 지니고 있는 평행선이므로, 첫 번째 구간에서와 같이 콜옵션의 우하향하는 직선을 1.0만큼 상향 이동한 그래프가 되겠다. 즉, 기울기가 '−1.0'인 직선이며, 70.0에서 3.0의 값을 갖는다. 따라서 손익분기점은 자동적으로 73.0(=70.0+3.0)이 된다.

이 세 구간의 그래프를 연결하면 [그림 24]와 같은 '매도 스트랭글' 이 완성된다. 그림에서 확인할 수 있듯이, 기초자산의 가격이 62.0~73.0의 구간에서는 이익이 발생하고, 최대가능이익은 3.0이 되고, 그 외의 구간에서는 손실이 발생할 수 있는 포지션이 된다. 따라서 변동성이 증가하는 상황에서는 많은 손실을 초래할 수도 있는 전략이다.

[그림 24] 매도 스트랭글

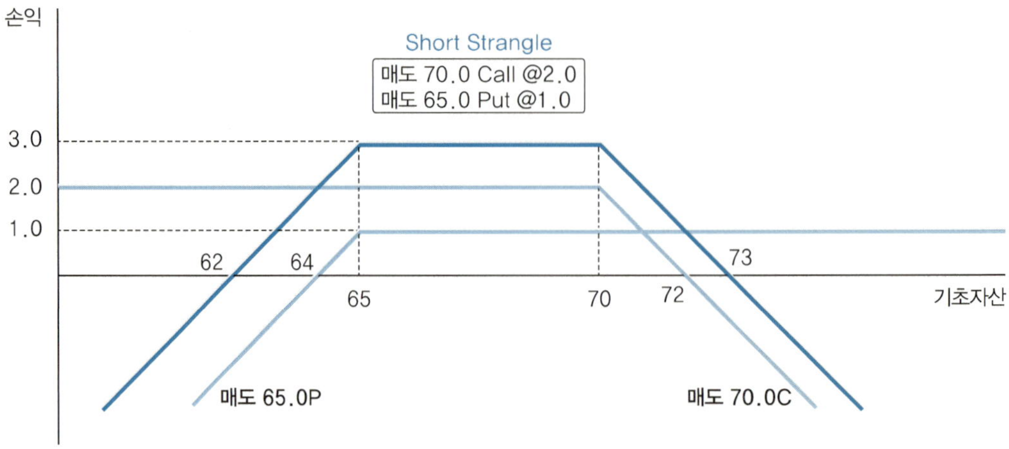

행사가격이 같은 콜옵션과 풋옵션을 함께 매도하는 매도 스트래들과 비교해 보자. 현재 KOSPI 200지수가 67.50이라고 가정한다면, 행사가격이 67.50인 콜옵션과 풋옵션은 공히 등가격(ATM) 옵션이 되고, 행사가격이 70.0인 콜옵션과 65.0인 풋옵션은 외가격(OTM) 옵션이 된다. 매도 스트래들 포지션을 구축하기 위해서는 행사가격이 67.50인 콜옵션과 풋옵션을 함께 매도한다. 반면에 스트랭글 포지션을 구축하기 위해서는 70.0 콜옵션과 65,0 풋옵션을 함께 매도한다. 즉, 외가격 옵션으로 구성된 스트랭글의 경우에는 등가격 옵션으로 구성된 스트래들에 비해서 구성할 때 수취하는 프리미엄이 작게 된다. 이는 최대가능이익이 작아지는 효과로 연결된다. [그림 25]에서는 행사가격이 67.50인 옵션을 이용하여 구성한 스트래들 만기손익그래프와 65-70 스트랭글 만기손익그래프를 같이 나타내고 있다. 두 그래프를 살펴보면, 두 전략의 차이점을 파악할 수 있을 것이다.

매도 스트래들(Short Straddle)의 경우에는 초기에 수취한 프리미엄의 합계가 @5.0 (=2.0+3.0)이므로, 손익분기점은 62.5(=67.5-5.0)와 72.5(=67.5+5.0)가 되고, 최대가능이익은 5.0이 된다. 반면에, 매도 스트랭글(Short Strangle)의 경우에는 초기에 수취한 프리미엄의 합계가 @3.0(=2.0+1.0)이 된다. 따라서 최대가능이익은 3.0이 되고, 손익분기점은 각각의 행사가격에서 3.0만큼씩 차이가 나는 62.0과 73.0이 된다. 매도 스트랭글 포지션은 최대가능이익은 작은 반면 손익분기점이 스트래들에 비해 더 넓다는 것을 알 수 있다. 즉, 변동성의 증가에 좀 더 안정적으로 대응할 수 있다고 할 수 있다. 이 두 전략을 비교해 본다면, 67.50 근처에서 보다 많은 이익을 내는 매도 스트래들 포지션에서 그 이익 규모를 줄이는 대가로 손실이 발생할 수 있는 가능성을 조금 줄인 것이 매도 스트랭글 포지션이라고 할 수 있다. 이렇듯 이익이 되는 구간과 손실이 되는 구간을 적절히 배합하여 자신이 원하는 만기손익구조를 생산하는 것이다.

[그림 25] 매도 스트래들 vs 매도 스트랭글

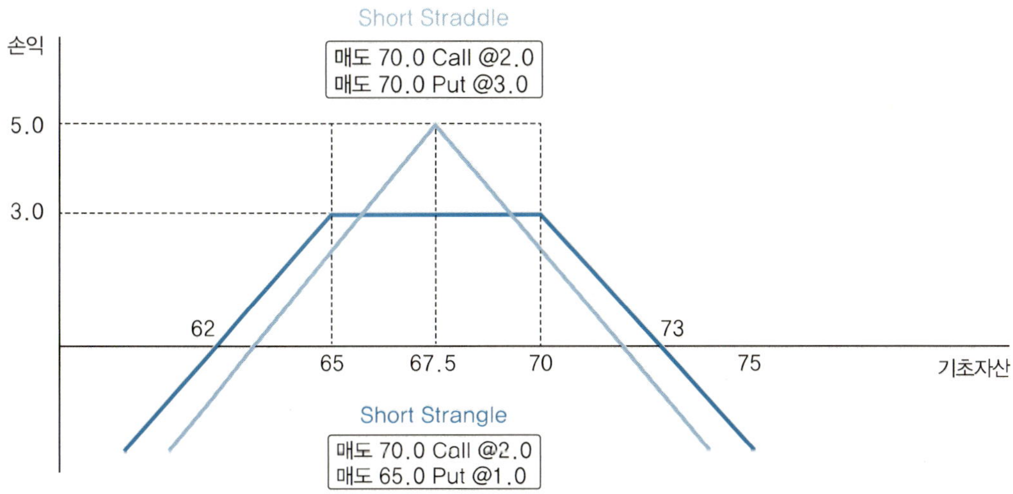

7. 비율 스프레드(Ratio Spread)

행사가격이 같은 콜옵션과 풋옵션을 1:1의 비율로 매수 또는 매도하는 포트폴리오를 스트래들, 행사가격이 다른 외가격 콜옵션과 풋옵션을 1:1의 비율로 매수하거나 또는 매도하는 포트폴리오는 스트랭글로 명명하였다. 그리고 지금까지 논의된 강세 스프레드나 약세 스프레드 모두 포지션을 구축함에 있어 하나의 옵션과 다른 하나의 옵션의 구성으로 이루어졌다. 그러나 다양한 손익구조를 창출하기 위한 포지션을 구축함에 있어 반드시 1:1의 비율일 필요는 없을 것이다. 이제는 1:2의 비율을 활용하여 만기손익구조를 구조화하는 과정으로 확장하고자 한다.

가. 콜 비율 스프레드(Call Ratio Spread)

비율 스프레드는 만기가 같은 옵션들로 구성되며, 옵션의 매수보다는 매도한 옵션의 비율이 높은 포지션을 말한다. [그림 26]은 상술한 바 있는 강세 스프레드의 그림이다.

[그림 26] 강세 스프레드

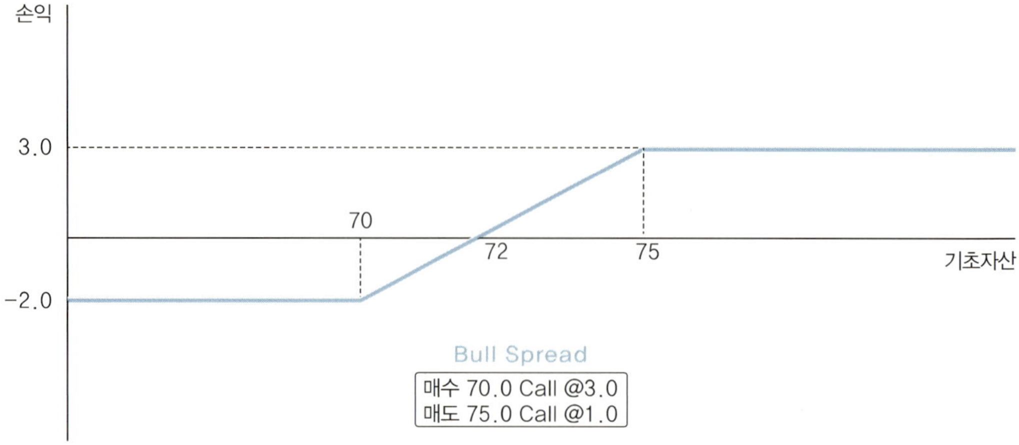

강세 스프레드는 행사가격이 낮은 옵션은 매수하고 행사가격이 높은 옵션을 매도함으로써 구성할 수 있다. [그림 26]에서 그래프의 꺽인 점을 통해 직관적으로 살펴볼 수 있듯이 행사가격이 70.0인 콜옵션을 매수하고 행사가격이 상대적으로 높은 75.0의 콜옵션을 매도한 강세 스프레드임을 알 수 있다.

강세 스프레드로부터 비율 스프레드를 구성하기 위해서는 이 강세 스프레드에 매도하는 옵션의 수량을 추가로 더하면 된다. 즉, 행사가격이 75.0인 콜옵션을 하나 더 매도함으로써 다른 형태의 손익구조를 만들어보자. 그리하면 전체 포지션은 행사가격이 낮은 콜옵션(70.0)의 매수가 1개, 그리고 행사가격이 높은 콜옵션(75.0)의 매도는 2개가 된다.

콜 비율 스프레드(Call Ratio Spread):
행사가격이 낮은 콜옵션 **1계약 매수** + 행사가격이 높은 콜옵션 **2계약 매도**

이 옵션들의 만기손익그래프를 합성하도록 하자. 합성할 때 포인트가 되는 부분은 바로 행사가격들이다. 여기서는 70과 75의 행사가격만이 존재함으로 두 가격을 중심으로 70이하, 70과 75사이, 그리고 75이상의 구간으로 나누어 합성하면 된다.

70.0보다 작은 구간에서는 강세 스프레드와 콜옵션 매도 그래프가 모두 평행선이므로 합성그래프의 값은 간단한 계산에 의해 -1.0(=-2.0+1.0)의 값을 갖는 평행선이 된다. 70.0과 75.0사이 구간에서는 강세 스프레드의 경우에는 기울기가 1인 상승직선의 형태를 취하고 있는데 반해,

콜매도 그래프는 기울기는 '0'이고 값은 1.0인 평행선이므로 이를 합성하면 강세 스프레드의 상승직선을 평행선의 값인 1.0만큼 상향으로 평행 이동한 기울기가 '1.0'인 상승직선이 그려진다. 마지막 구간은 75.0이상의 구간인데, 이 부분은 강세 스프레드의 평행선과 콜매도의 하강직선의 합성구간으로, 위와 같은 방식으로 평행선의 값인 3.0만큼 상향으로 평행 이동된 '-1'의 기울기를 갖는 그래프를 만들게 된다. 이를 표현한 것이 [그림 27]이다.

[그림 27] 콜 비율 스프레드(Call Ratio Spread)

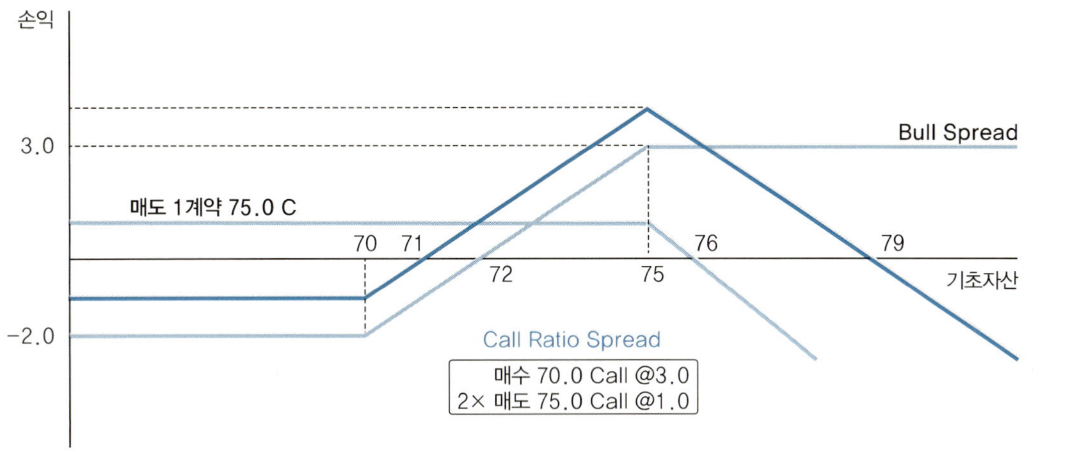

그림에서 볼 수 있듯이, 콜 비율 스프레드는 기초자산의 가격이 매도 옵션의 행사가격(여기서는 75.0) 근처에서 만기 종료되어졌을 때 최대가능이익(4.0)이 발생하고, 75.0에서 멀어질수록 이익이 줄어드는 특성을 보여준다.

이 포지션의 기초가 되었던 강세 스프레드와 비교해서 그 특성을 알아보자. 최대가능이익은 강세 스프레드에 비해 1.0(=4.0-3.0) 만큼 커졌고, 이 포지션을 구축하기 위해 초기에 지불하는 프리미엄 지급도 1.0으로 강세 스프레드에 보다 1.0만큼 작다. 이에 따라 손익분기점도 72.0에서 71.0으로 옮겨지게 되었다. 다만, 강세 스프레드에서는 볼 수 없었던 또 하나의 손익분기점이 등장하였다. 79.0(=75.0+4.0)이 그것이다.

콜 비율 스프레드는 비교적 기초자산가격 변동이 작을 것이라고 판단될 때 유리하다는 점에서 본다면 매도 스트래들 전략과 유사한 만기손익구조를 가지고 있다. 하지만 시장에 대한 자신의 판단과 다르게 기초자산의 가격이 급변했다고 하더라도 그 방향이 하락방향이면 손실을 일정 수준으로 한정할 수 있다는 장점이 있다. 다시 말해서, 콜 비율 스프레드 전략은 매도 스트래들 또는 매도 스트랭글과 마찬가지로 기초자산의 변동성이 작을 것으로 예상하는 경우에 취할 수 있는 변동성 매도 전략의 한 예인 것이다. 다만, 이들과는 다르게 만약 그 판단이 잘못된 경우라도 기초자산의 가격이 하락하면서 변동성이 증가하는 경우라면 손실의 규모를 일정수준으로 한정하는 기능을 수행한다. 즉, 이 전략은 시장이 향후 박스권 장세를 유지할 것으로 판단되는 경우, 설령 박스권을 이탈하더라도 상승 보다는 하락의 가능성이 더 크다고 판단될 때 사용할 수 있는 유용한 전략이다. 콜 비율 스프레드는 하락에 대한 손실을 한정하는 대신 최대가능이익은 스트래들을 매도한 경우보다 일반적으로 작아지게 된다.

나. 풋 비율 스프레드(Put Ratio Spread)

풋 비율 스프레드를 구성하기 위해 먼저 풋옵션을 이용한 약세 스프레드를 구성하는 것으로부터 출발해 보자. [그림 28]은 이미 살펴 본 약세 스프레드이다.

약세 스프레드는 행사가격이 낮은 옵션은 매도하고 행사가격이 높은 옵션은 매수함으로써 구성할 수 있다. 즉, 풋옵션의 매수와 매도의 비율을 1:1로 설정하는 전략이었다. [그림 28]의 만기손익그래프에서 알 수 있듯이 이는 행사가격 70과 75를 사용하여 구성한 풋 약세 스프레드이다.

비율 스프레드는 매수보다 매도가 많은 포지션이기 때문에 매도한 행사가격 70.0의 풋옵션을 1계약 더 매도하도록 하자. 그리하면, 전체 포지션은 행사가격이 70.0인 풋옵션을 2계약 매도하고, 행사가격이 75.0인 풋옵션을 1계약 매수한 것이 된다.

[그림 28] 약세 스프레드

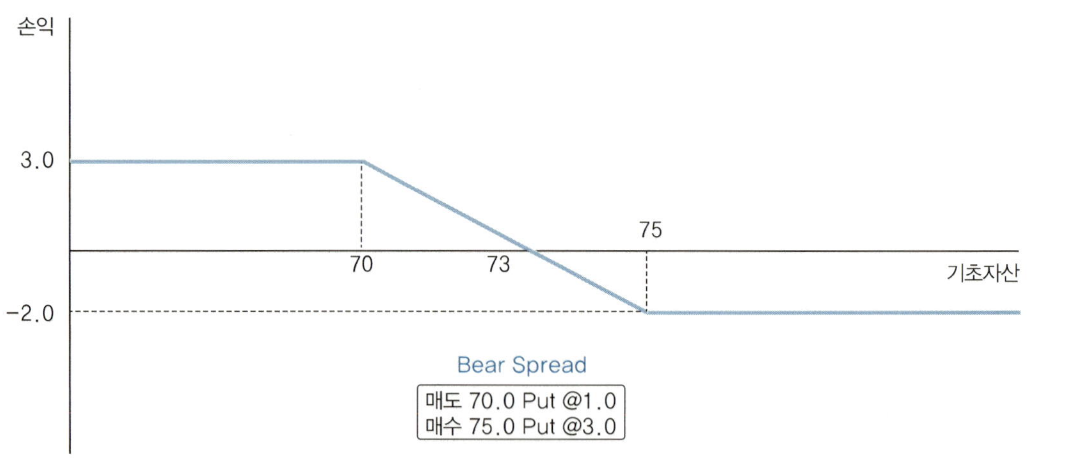

풋 비율 스프레드(Put Ratio Spread):
행사가격이 낮은 풋옵션 **2계약 매도** + 행사가격이 높은 풋옵션 **1계약 매수**

이 옵션들의 만기손익그래프를 합성하도록 하자. 콜 비율 스프레드 만기손익그래프를 구성할 때와 마찬가지로 두 행사가격(70.0과 75.0)을 중심으로 약세 스프레드와 풋옵션 매도 그래프를 합성하면 된다.

75.0보다 큰 구간에서는 약세 스프레드와 풋옵션 매도 그래프가 모두 평행선이므로 합성그래프의 값은 간단한 계산에 의해 -1.0(=-2.0+1.0)이 얻어진다. 70.0과 75.0사이 구간에서는 약세 스프레드는 기울기가 -1인 하강직선이고, 풋 매도 그래프는 여전히 평행선이므로 이를 합성하면, 약세 스프레드의 하강직선을 평행선의 값인 1.0만큼 평행 이동한 기울기가 -1인 하강직선이 그려진다. 마지막 구간은 70.0이하의 구간인데, 이 부분은 약세 스프레드의 평행선과 풋 매도의 상승직선의 합성구간으로, 위와 같은 방식으로 평행선의 값인 3.0 만큼 상향으로 평행 이동된 1의 기울기를 갖는 그래프를 만들게 된다. 이를 표현한 것이 [그림 29]이다.

[그림 29] 풋 비율 스프레드(Put Ratio Spread)

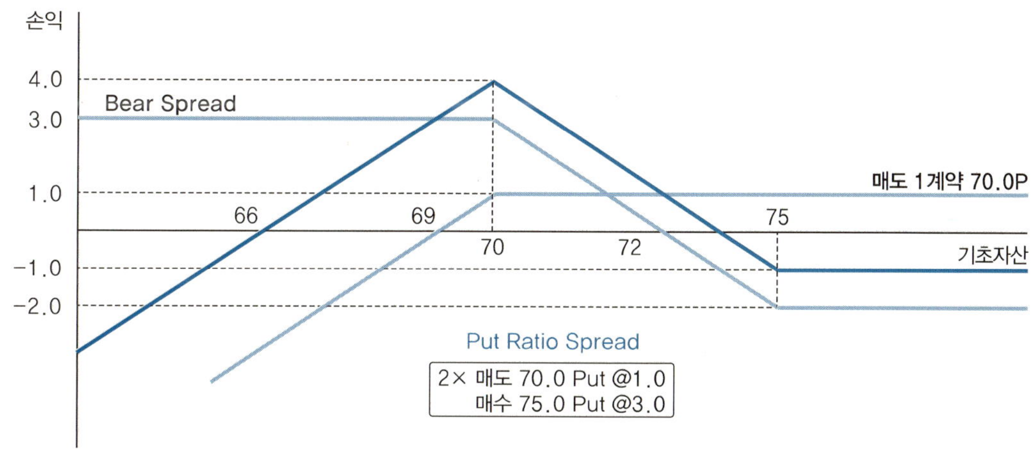

풋 비율 스프레드와 약세 스프레드를 비교하여 보자. 비율 스프레드는 매도를 1계약 더 추가했기 때문에 포지션을 구성할 당시 프리미엄의 수입이 그만큼(1.0) 늘어나게 된다. 따라서 약세 스프레드에 비해서 프리미엄 비용이 1.0만큼 줄어들고, 최대 가능 이익도 4.0으로 1.0만큼 증가했으며, 손익분기점도 약세 스프레드의 73.0에서 74.0으로 옮겨져, 이익이 발생 할 수 있는 현실적인 범위를 늘리게된다.

하지만, 이러한 장점을 얻은 대신 이에 상응하는 기회비용도 발생하게 된다. 즉, 약세 스프레드의 경우는 70.0이하 수준에서 일정한 이익(3.0)을 얻을 수 있었으나, 풋 비율 스프레드에서는 기초자산의 가격의 하락 정도에 따라 이익이 감소한다. 이와 같이 어느 전략이 모든 경우에 있어서 우월하게 좋은 결과를 보장해 주는 것은 없다. 그러나 금융소비자의 요구 내지 시장에 대한 생각은 다를 수 있고, 따라서 금융소비자가 원하는 손익구조는 모두 다를 수 있다. 금융공학은 이러한 다양한 요구에 부응하는 손익구조를 만들어 낼 수 있다는 것에 의미가 있는 것이지 항상 모든 것에 우월한 포지션을 구축하게 하는 것은 아님에 주의하여야 한다. 이 역시 선택의 문제가 된다. 결국 시장 상황에 대한 판단에 근거하여 포지션의 형태를 적절히 지속 수정함으로써 보다 나은 이익을 실현할 수 있는 것이다.

사실 비율 스프레드도 시장이 하락할 것으로 예상하여 약세 스프레드를 구축한 다음에 시장이 더 이상의 추가 하락의 가능성은 매우 적고, 현재의 가격수준에서 더 이상 움직임이 없거나 상승의 가능성을 예상하는 경우에는 적절히 풋옵션을 추가로 매도함으로써 포지션의 모양을 풋 비율 스프레드의 형태로 바꾸어 더 많은 이익을 실현시키는 것이다. 즉, 동시에 이와 같은 전략 포지션의 손익구조를 만들 수도 있으나, 더 많은 경우는 시점이 변화함에 따라 순차적으로 이와 같은 포지션을 구축하여 더 나은 손익구조를 만들어 내는 것이다.

풋 비율 스프레드는 만기 시점에 기초자산의 가격이 매도한 풋옵션의 행사가격 근처에서 끝나면 최대의 이익을 얻을 수 있는 반면, 매도된 옵션의 행사가격에서 멀어질수록 실현되는 이익은 줄어들게 된다. 즉, 기초자산의 변동성이 크지 않다고 예상할 때 사용하는 전략이다. 좀 더 정확히 표현하면, 기초자산의 가격 변동성이 크지 않을 것이라고 예상하고, 만약 예상과는 다르게 큰 폭으로 변동한다면 하락보다는 상승 쪽으로 움직일 것이라고 예상할 때 사용할 수 있는 전략이다.

8. 비율 백스프레드(Ratio BackSpread)

비율 스프레드는 매수 옵션보다 매도 옵션의 수량이 많은 포지션이라면, 비율 백스프레드는 매도 옵션 보다 매수 옵션의 수량이 많은 포지션이다. 따라서 만기손익구조의 모양도 비율 스프레드가 매도 스트래들과 흡사한 것과 같이 비율 백스프레드는 매수 스트래들과 유사한 형태를 지니게 된다. 콜옵션과 풋옵션 각각을 이용하여 포지션을 구성해 보자.

가. 콜 비율 백스프레드(Call Ratio Backspread)

콜 비율 백스프레드를 구성하기 위해서 우선 콜옵션을 이용한 약세 스프레드를 먼저 만들어보자. 약세 스프레드는 낮은 행사가격의 옵션을 매도하고 상대적으로 높은 행사가격의 옵션을 매수한다. [그림 30]에서 볼 수 있듯이, 약세 스프레드를 구성하기 위해서는 행사가격 70.0인 콜옵션을 3.0의 가격에 매도하고, 행사가격 75.0인 콜옵션을 1.0의 가격으로 매수한다. 여기에 더해, 비율 백스프레드를 구성하기 위해서 행사가격이 75.0인 콜옵션을 동일한 가격으로 1계약 더 매수하도록 해보자. 그럼 결과적으로 전체 포트폴리오는 콜옵션 매도(70.0)가 1계약, 그리고 콜옵션 매수(75.0)가 2계약으로 구성된다.

이제 결합 포지션의 만기손익그래프를 합성하도록 하자. 비율 스프레드의 경우와 마찬가지로 두 행사사격(70.0과 75.0)을 중심으로 세 구간으로 나누어 합성한다.

70.0이하의 구간에서는 약세 스프레드와 콜옵션 매수의 그래프 모두 평행선이기 때문에 합성 그래프의 값은 간단한 계산으로 1.0(=2.0−1.0)의 일정한 값을 갖는 평행선임을 알 수 있다. 70.0~75.0 사이의 구간에서는 약세 스프레드는 기울기가 '−1.0'인 하강직선이고, 콜옵션 매수의 그래프는 '−1.0'의 값을 갖는 X축에 평행한 직선이다. 따라서 합성 그래프는 기울기가 '−1.0'인 우하향 직선이 된다. 마지막으로 75.0이상에서는 콜옵션 매수의 그래프가 기울기가 '1.0'인 상승직선이고, 반면에 약세 스프레드는 '−3.0'의 값을 갖는 X축에 평행인 직선이므로 이를 합성하게 되면 기울기가 역시 '1.0'인 상승직선이 된다. 이를 표현한 것이 [그림 31]의 콜 비율 백스프레드이다.

[그림 30] 약세 스프레드와 콜 매수

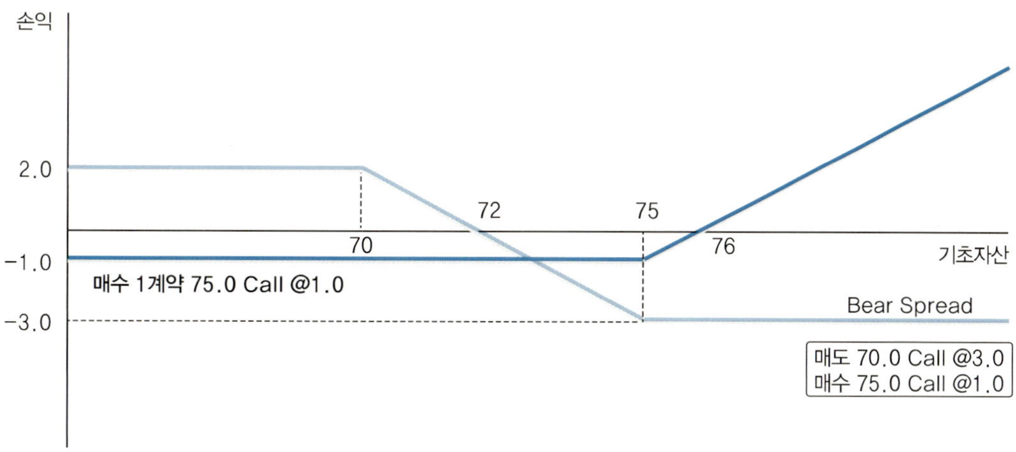

[그림 31] 콜 비율 백스프레드

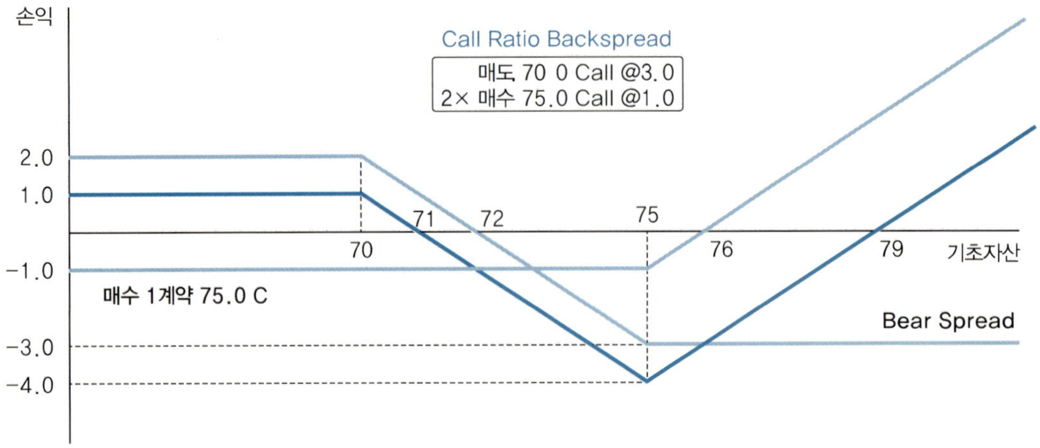

이 콜 비율 백스프레드는 비율 스프레드와 반대로 기초자산의 가격변동성이 클 것으로 예상할 때 사용하는 전략으로, 매수 스트래들과 유사한 만기손익구조를 갖는다. 매수 스트래들과 비교해 보면, 매수 스트래들 전략에 비해 비용이 적은 것이 장점이다. 비용이 적다는 것은 손익분기점을 벗어나서 이익이 발생할 가능성이 커진다는 것을 의미한다. 반면에 하락방향으로는 이익의 수준을 일정 수준으로 고정함으로써 매수 스트래들과 달리 하락을 할 경우 이익의 폭은 상대적으로 적게 된다. 즉, 콜 비율 백스프레드는 기초자산의 가격 변동성이 커질 것으로 기대하면서도 상승의 가능성에 더 무게중심을 두고 있을 때 비용을 절감하면서 합리적으로 이익을 취하기 위한 전략이라고 하겠다. 매수 스트래들이 시장의 방향성에 대해 무차별한 것과는 대조된다.

이 전략의 최대 가능 손실액은 행사가격인 75.0에서 발생하며, 그 크기는 프리미엄 수취액 1.0(=3.0-1.0×2)에서 행사가격의 차인 5.0(=75-70)를 뺀 -4.0(=1.0-5.0)이 된다. 손익분기점은 75.0으로부터 4.0씩 벌어진 71.0과 79.0이 된다.

콜 비율 백스프레드(Call Ratio Backspread):
행사가격이 낮은 콜옵션 **1계약 매도** + 행사가격이 높은 콜옵션 **2계약 매수**

나. 풋 비율 백스프레드(Put Ratio Backspread)

풋 비율 백스프레드를 구성하기 위해 우선 풋옵션을 이용한 강세 스프레드를 만들어 보도록 하자. [그림 32]는 행사가격 70.0의 풋옵션을 1.0의 가격에 매수하고, 상대적으로 높은 행사가격 75.0의 풋옵션을 3.0의 가격으로 매도한 강세 스프레드와 행사가격 70.0 풋옵션을 1.0의 가격으로 매수한 만기손익그래프를 표현하고 있다.

[그림 32] 강세 스프레드와 풋 매수

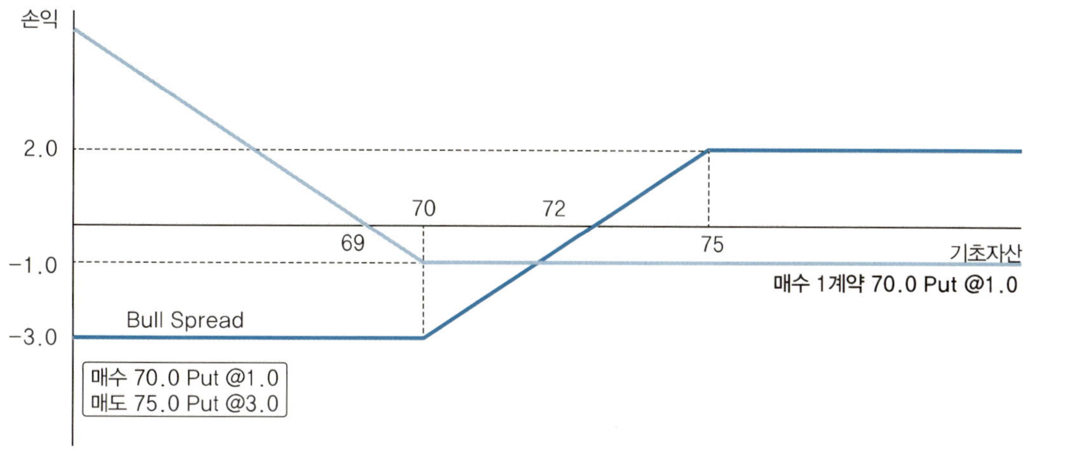

> **풋 비율 백스프레드**(Put Ratio Backspread):
> 행사가격이 낮은 풋옵션 **2계약 매수** + 행사가격이 높은 풋옵션 **1계약 매도**

풋 비율 백스프레드를 구성하기 위해서는 70-75 강세 풋 스프레드에 더해 70.0 풋옵션 1계약을 추가로 매수하여야 한다. 그리하면, 전체 포트폴리오는 풋옵션 매수가 2계약 그리고 상대적으로 높은 행사가격의 풋옵션 매도가 1계약으로 구성된다. [그림 33]은 상기 두 그래프를 지금까지 합성한 방법에 의해 합성한 것이다.

[그림 33] 풋 비율 백스프레드

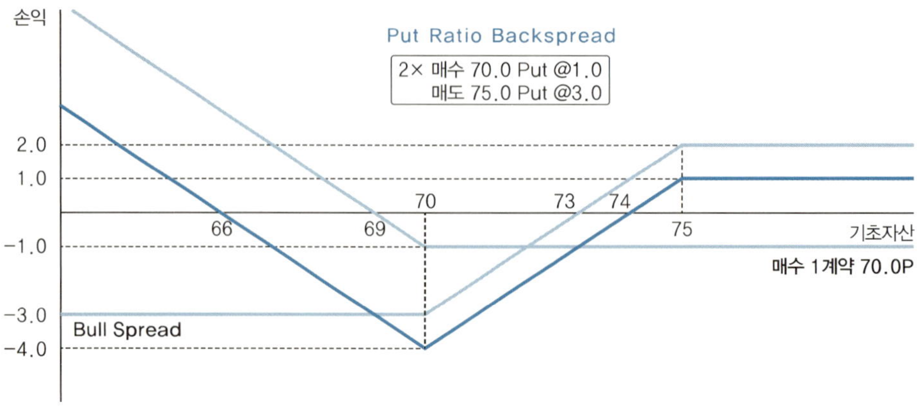

먼저, 70.0의 구간에서는 강세 스프레드의 그래프는 '−3.0'인 값을 갖는 X축에 평행인 직선이고, 풋옵션 매수의 그래프는 기울기가 '−1.0'인 하강직선이므로 이를 합성한 그래프는 기울기가 '−1.0'인 하강직선을 −3.0만큼 평행이동한 직선이 된다. 70.0~75.0 사이의 구간에서는 강세 스프레드는 기울기가 '1.0'인 상승직선이고, 콜옵션 매수의 그래프는 '−1.0'의 값을 갖는 X축에 평행한 직선이므로 합성 그래프는 기울기가 '1.0'인 상승직선이 된다. 마지막으로 75.0이상에서는 콜옵션 매수의 그래프는 '−1.0'의 값을 갖고, 강세 스프레드는 '2.0'의 값을 갖는 X축에 평행인 직선이므로, 단순 합산하면 '1.0'의 값을 갖는 X축에 평행인 직선이 된다.

이를 종합하면, 이 전략의 최대가능손실은 행사가격인 70.0에서 발생하며, 그 크기는 프리미엄 수취액 1.0(=3.0−1.0× 2)에서 행사가격의 차인 5.0(=75−70)를 뺀 −4.0(=1.0−5.0)이고, 손익분기점은 66.0과 74.0이 된다.

콜 비율 백스프레드(Call Ratio Backspread)와 풋 비율 백스프레드(Put Ratio Backspread)에 대해 논의해 보았다. [그림 31]와 [그림 33]에서 보는 바와 같이, 만기 시 기초자산의 가격이 매수 옵션의 행사가격에서 멀어지면 멀어질수록, 즉 변동성이 커질수록 이 포지션의 가치는 증가하게 된다. 이는 매수 스트래들의 경우와 유사하다. 따라서 백스프레드 전략도 기본적으로 시장이 어느 방향으로든 크게 변동할 것이라는 판단 하에 이용할 수 있는 전략이다. 다만, 매수 스트래들과 다른 것은 상승과 하락의 방향까지도 고려하여 전략을 선택해야 한다는 점이다. 매수 스트래들이 방향에는 무차별하며, 단지 변동의 크기에 따라 수익이 결정됨에 비해, 백스프레드는 방향까지도 예상과 동일할 때 수익의 폭이 커지게 된다.

콜 백스프레드의 경우에는 기초자산의 가격이 급격히 상승했을 때 커다란 이익을 얻을 수 있는 반면, 풋 백스프레드의 경우에는 기초자산의 가격이 급격히 하락했을 때 커다란 이익이 발생하게 된다. 즉, 변동폭이 커지는 방향을 결정해서 사용해야 한다는 것이다. 따라서 시장의 변동성이 큰 상승장을 예상하는 경우에는 콜 백스프레드를, 그렇지 않고 폭락할 것이라고 예상한다면 풋 백스프레드가 유용한 전략이 되겠다.

제3절 위험관리

1. 위험관리 지표로서의 델타

가. 델타(Δ)의 특성(1)

델타의 개념에 대해서는 앞서 살펴보았으나, 논의의 전개를 위해 주가지수를 기초자산으로 하는 행사가격 67.50인 콜옵션의 손익구조를 다시 살펴보자.320

[표 7] 콜옵션(67.5 Call @3.10)의 손익구조

주가지수	변화량	옵션가격	변화량
72.50	+1.0	6.24	+0.71
71.50	+1.0	5.53	+0.68
70.50	+1.0	4.85	+0.64
69.50	+1.0	4.21	+0.59
68.50	+1.0	3.62	+0.52
67.50	**0**	**3.10**	**0**
66.50	-1.0	2.60	-0.50
65.50	-1.0	2.16	-0.44
64.50	-1.0	1.77	-0.39
63.50	-1.0	1.42	-0.35
62.50	-1.0	1.10	-0.32

기초자산가격이 1.0pt 움직일 때 옵션가격의 변화정도를 델타(Δ)라고 정의한다. 즉, [표 7]에서 옵션가격의 변화량이 바로 델타(Δ)값이 되는 것이다. 예를 들어, 기초자산의 가격이 1.0pt만큼 상승했을 때 옵션의 가격이 0.52 증가했다면, 이때 델타는 0.52가 되는 것이다. 즉, 기초자산의 가격이 67.5일 때 행사가격이 67.5인 콜옵션의 델타는 0.52이다. 델타의 정의를 수식으로 정리하면 다음과 같다.

320 여기서는 표준형 옵션에 대한 델타의 특성을 설명하고자 한다. 이색옵션(exotic option)의 델타값은 표준형과 달리 '1'이 넘을 수 있다.

$$델타(\Delta) = \frac{옵션가격의\ 변화량}{기초자산가격의\ 변화량}$$

[표 7]은 기초자산가격이 67.50을 기준으로 해서 1.0pt 씩 동일한 비율로 증가하거나 감소했을 때, 옵션가격의 변화를 나타내고 있다. 주가지수가 67.50에서 1.0pt 상승한 68.50이 되었을 때 옵션의 가격은 3.10에서 0.52만큼 증가한 3.62가 되었다. 68.50에서 다시 1.0pt 상승해 주가지수가 69.50이 되면, 옵션의 가격은 4.21로 상승폭이 앞의 0.52보다 0.07만큼 더 큰 0.59가 되는 것을 확인할 수가 있다. 여기서 주목할 점이 있다. 주가지수가 증가하면 옵션의 가격은 더욱 큰 폭으로 계속 증가한다는 점이다.

이번에는, 주가지수가 감소했을 경우를 보자. 동일하게 1.0pt 씩 감소하고 있을 때, 옵션의 가격은 감소하고 있지만, 그 감소폭은 점차 둔화되고 있음을 볼 수가 있다. 다시 말해서, 기초자산가격이 상승할 때는 옵션가격의 증가폭이 가속화되는 반면에 기초자산가격이 하락할 때는 옵션가격의 감소폭이 점차로 감속화되는 특성을 지니고 있다.

> 기초자산가격이 상승함에 따라 콜옵션 가격의 상승폭은 증가하고,
> 하락함에 따라 하락폭은 점차 감소한다.

나. 델타(Δ)의 특성(2)

기초자산가격과 옵션가격 간의 관계에 대한 중요한 특성인 “기초자산가격이 상승함에 따라 콜옵션 가격의 상승폭은 증가하고, 하락함에 따라 하락폭은 점차 감소한다”는 정리를 활용하여 델타의 또 다른 특성을 유추하고자 한다.

[표 7]을 그래프로 나타내 보면 [그림 34]가 된다. 기초자산의 가격이 높은 쪽에서 그려진 삼각형의 높이가 낮은 쪽에서 그려진 삼각형의 높이에 비해 훨씬 높은 것을 볼 수가 있다. 즉, 기초자산의 가격이 높은 점에서, 동일한 크기로 기초자산의 가격이 상승할 때, 콜옵션의 가치변화가 크게 나타나고 있음을 보여준다. 이는 앞에서 정리한 기초자산과 옵션가격 간의 관계로부터 기인한다.

[그림 34] 기초자산의 가격변화에 대한 콜옵션의 가격

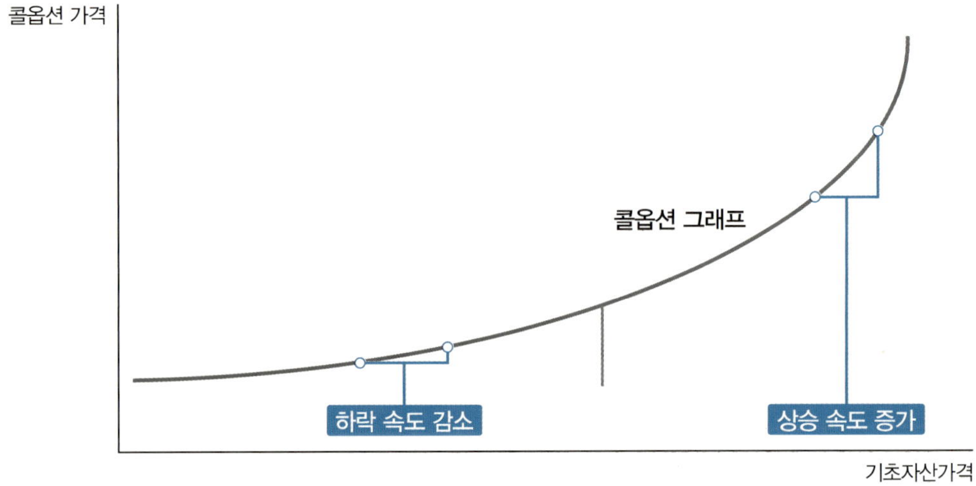

[그림 34]에서 보았던 삼각형의 특성을 [그림 35]에서 보면, 기초자산가격이 Y일 때 B점에서의 기울기는, 기초자산가격이 X일 때 점 A상에서의 기울기보다 상당히 가파른 것을 볼 수 있는데, 이 기울기가 곧 델타이다. 기초자산가격이 X에서 Y로 움직임에 따라 접점에서의 기울기, 즉 델타가 증가하고 있는 것을 확인할 수 있다. 기초자산가격이 행사가격보다 작은 외가격(OTM)[321] 콜옵션에서는, 기초자산가격의 1단위 변화에 대한 옵션가치의 변화가 미세하기 때문에 델타값이 작다. 하지만 [그림 36]에서 볼 수 있듯이 등가격(ATM) 옵션에서는 0.5의 값을 갖고, 내가격(ITM) 옵션으로 갈수록 그 변화의 정도는 1에 점차적으로 가깝게 된다.

콜옵션의 델타는 외가격으로 갈수록 '0', 내가격으로 갈수록 '1'에 가까워지며,
등가격 옵션의 델타는 '0.5'이다.

321 콜옵션의 경우 행사가격이 일정할 때, 기초자산가격이 낮을수록 그 옵션은 외가격(OTM) 옵션이 되고, 높아질수록 내가격(ITM) 옵션이 된다.

[그림 35] 기초자산가격과 접선의 기울기

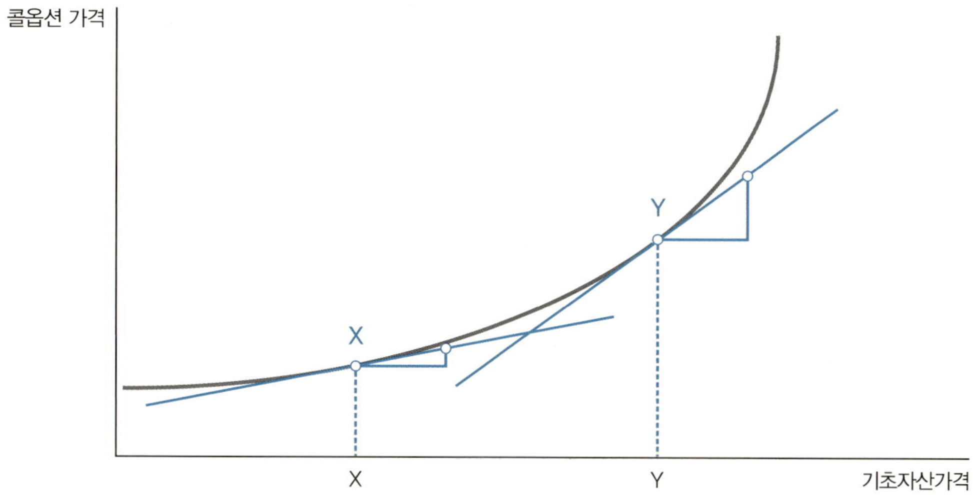

[그림 36] 행사가격에 따른 콜옵션의 델타

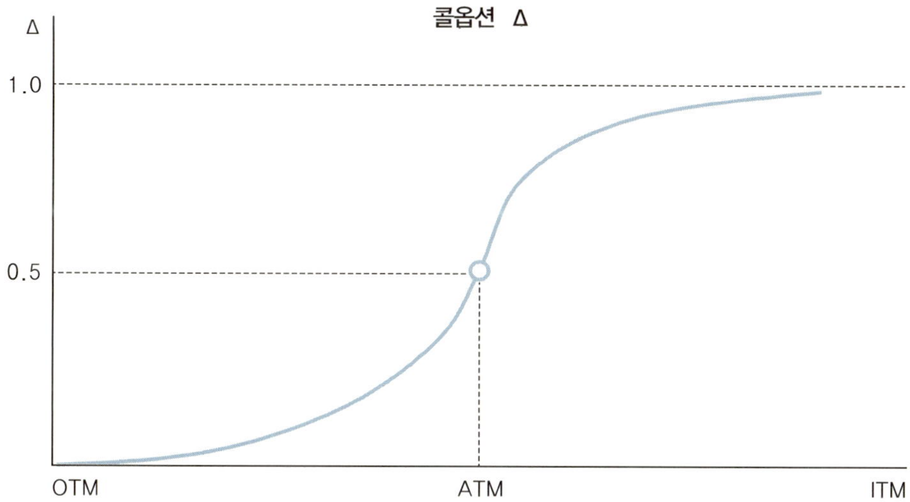

다. 델타(Δ)의 특성(3)

표준 옵션의 경우, 델타가 가지고 있는 또 하나의 특성은 배당을 고려하지 않는 경우에는 행사가격이 동일한 콜옵션 델타(Δ)의 절대값과 풋옵션 델타(Δ)의 절대값의 합은 '1'이다. 만약 행사가격이 70.0인 콜옵션의 델타가 0.33이라면 동일한 행사가격의 풋옵션의 델타는 −0.67이 된다.[322]

행사가격이 동일한 콜옵션 델타(Δ)의 절대값과 풋옵션 델타(Δ)의 절대값의 합은 '1'이다.

라. 델타(Δ)의 범위

기초자산의 가격이 오르면, 콜옵션의 가치도 함께 오른다. 왜냐하면 콜옵션은 매수할 권리의 옵션이기 때문에 기초자산의 가격이 상승하면 상대적으로 가격이 낮아진 행사가격으로 기초자산을 매수할 수 있게 되어 콜옵션의 가치는 상승하게 된다. 즉, 기초자산가격의 증가는 콜옵션의 내재가치를 증가시키고 이는 옵션프리미엄의 증가로 이어진다. 따라서 콜옵션은 항상 '0'보다 큰 값을 갖게 된다. 하지만 표준형 콜옵션의 가치는 기초자산의 가치 이상으로는 상승할 수 없다. 따라서 콜옵션의 델타는 일반적으로 '1'보다는 작은 값을 갖게 된다.[323]

$$\text{콜 델타} = \frac{\Delta C(\text{콜옵션 가치의 변화량}) \uparrow}{\Delta S(\text{기초자산가격의 변화량}) \uparrow}$$

이번에는 풋옵션 델타의 범위에 대해서 생각해 보자. 풋옵션은 매도할 권리의 옵션이므로 기초자산의 가격이 상승하면 풋옵션의 가치는 떨어진다. 왜냐하면 기초자산의 가격이 상승하면 행사가격에 매도할 필요 없이 직접 시장에서 거래되고 있는 상대적으로 더 높은 가격에 기초자산을 매도할 수 있기 때문이다. 즉, 기초자산가격의 상승은 풋옵션의 내재가치를 감소시키고 이는 풋옵션 가격의 하락으로 이어진다. 따라서 풋옵션의 델타값은 '0'보다 작은 (-)값을 갖게 된다. 그리고 콜옵션의 경우와 마찬가지로 풋옵션도 권리이기 때문에 아무리 가격이 떨어져도 기초자산의 가격만큼 그 가치가 하락할 수는 없다. 따라서 델타는 '-1'값 보다는 크다.

$$\text{풋 델타} = \frac{\Delta P(\text{풋옵션 가치의 변화량}) \downarrow}{\Delta S(\text{기초자산가격의 변화량}) \uparrow}$$

---

322 풋옵션의 델타는 (-)값을 갖는다. 따라서 절대값으로 연산한 후 (-)를 추가하면 된다. 이는 또한 콜옵션이 ITM 될 확률이 대략 33%일 때, 반대인 풋옵션이 ITM가 될 확률은 대략 67%가 된다는 것을 의미한다. 이에 대해서는 델타의 의미에서 자세히 살펴보자.

323 여기서는 이해를 돕기 위해 현재 한국거래소에 상장되어 있는 KOSPI 200옵션과 같은 표준옵션에 대해서 논의하고 있음을 상기하자. 이색옵션의 경우 델타가 '1'보다 큰 경우는 얼마든지 있다. 델타가 옵션가격에 대한 1차 미분 값이라는 것을 상기해 본다면 손익구조를 달리 구성함에 따라 얼마든지 1이상의 델타를 갖게 구조화 할 수 있는 것이다. 일반적으로 디지털옵션의 경우에는 일정 구간에서 델타가 '1'이상을 갖게 된다.

기초자산의 가격이 오르면 콜옵션은 내재가치가 증가해 내가격(IMT) 옵션으로 수렴하고, 따라서 콜옵션의 델타는 '1'값에 근접하게 된다. 즉 표준형 콜옵션의 델타는 기초자산의 가격이 상승함에 따라 '0'에서 '1'의 값으로 증가하게 된다. 풋옵션의 경우는 콜옵션의 경우와는 반대로 기초자산의 가격이 증가함에 따라 풋옵션의 내재가치가 감소하여 외가격(OTM) 옵션으로 수렴하고, 표준형 풋옵션의 델타값은 기초자산가격 상승에 따라 '-1'에서 '0'의 값으로 증가한다.

$$0 \leq \text{콜옵션의 } \Delta \leq 1$$
$$-1 \leq \text{풋옵션의 } \Delta \leq 0$$

지금까지는 옵션의 델타에 대해서 알아보았는데, 그렇다면 기초자산의 델타는 얼마일까? 델타의 정의에서 그 답을 쉽게 얻을 수 있다. 기초자산의 델타는 기초자산가격의 변화량에 대한 그 기초자산가격의 변화량이라고 할 수 있기 때문에 델타값은 '1'이 된다.

마. 포지션 델타

지금까지 개별 옵션들의 델타에 대하여 살펴보았다. 여러 종류의 옵션과 선물, 때로는 그 밖의 금융상품을 조합하여 하나의 포지션을 만들게 된다면, 이런 복잡한 포지션의 델타는 어떻게 측정할 수 있을까? 결론적으로 얘기하면, 개별 델타를 단순 합산하면 된다.

만약 행사가격이 67.50인 콜옵션 5계약을 매수했다고 하자. 그리고 개별 옵션의 델타는 0.2라고 한다면, 이 포지션의 델타는 1(=0.2×5)이 된다. 즉 기초자산을 매수한 상태와 동일한 위험을 가진 포지션이 된다. 같은 방법으로 델타가 -0.7인 풋옵션을 2계약 매수했다면 이 포지션의 델타는 -1.4(=-0.7×2)가 된다. 그럼, 위의 두 포지션을 합한 포지션(콜옵션 5계약 매수, 풋옵션 2계약 매수)의 델타는 어떻게 될까? 그것 역시 단순히 이 두 포지션 델타의 합으로 구해진다. 따라서 새로운 포지션의 델타는 -0.4(=1.0-1.4)가 된다. 즉, 개별 옵션들의 델타의 합이 전체 포지션의 델타가 된다.

바. 델타(Δ)의 의미

델타는 크게 4가지로 해석되어질 수 있다. 정의에 의해 기초자산의 변화에 대한 옵션가치의 변화 정도로 해석되고, 또한 보유하고 있는 포지션의 가격변동 위험을 헤지하고자 할 경우에는 델타를 '0'으로 만들면 되기 때문에 델타는 헤지비율로도 해석할 수 있다. 그리고 델타는 기초자산을 보유하고 있는 수량으로도 볼 수 있으며, 아울러 델타는 옵션이 내가격(ITM)이 될 확률값으로도 이해된다.

1) 옵션 가치의 변화율

만약 어떤 콜옵션의 델타가 '0.45' 라고 하자. 이 옵션은 기초자산의 움직임에 대해 45%만큼 움직인다는 것을 의미한다.[324] 다시 말해, 기초자산의 변동에 대해서 45%만 위험이 노출되어 있다는 것을 의미한다. 예를 들어 기초자산이 1pt 상승했다면 이 옵션은 0.45pt 만 상승한다는 것이다.

[그림 37] 접점에서의 기울기와 콜옵션 델타

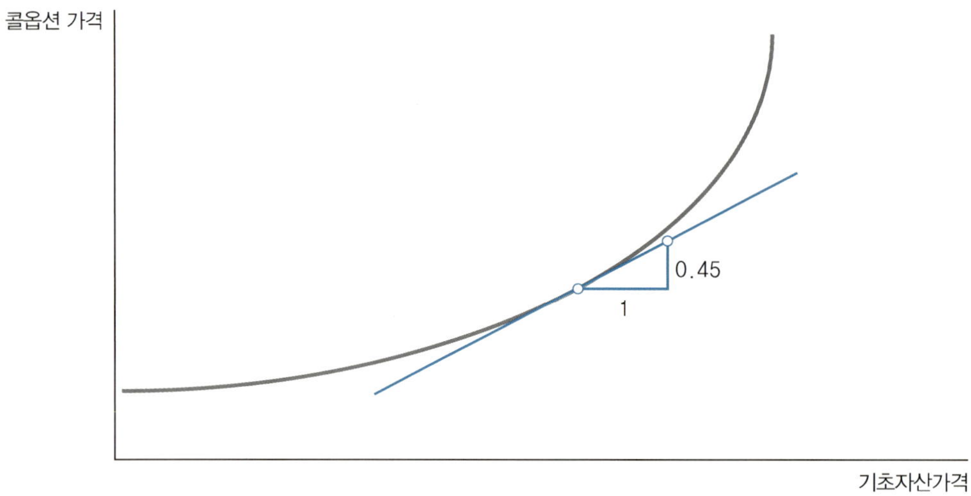

2) 헤지 비율(Hedge Ratio)

어떤 콜옵션의 델타가 '0.2' 이고, 이 옵션을 5계약 매도(−5)했다면 이 포지션의 델타는 −1.0(=−5×0.2)이 된다. 이 포지션을 기초자산이 변화하더라도 포지션의 가치가 변하지 않는 델타 중립포지션(Δ='0')으로 만들고자 한다면 어떻게 해야 하는가?[325] 포지션 델타가 '−1.0'이므로 델타값이

324 그리하여 혹자에 따라서는 델타를 백분율로 0.45 대신 45라고 표현하기도 한다.

325 기초자산이 큰 폭으로 변화한다면, 델타 중립인 포지션이 중립에서 벗어날 수 있다. 그렇기 때문에, 다음 장에서 설명할 감마까지 '0'이 되어야 기초자산가격의 변화에 의해 영향을 받지 않는 포지션을 만

'1.0'인 포지션을 더하면 될 것이다. 아래의 포지션들은 모두 델타가 1.0인 포트폴리오들이며, 이를 상기 포지션과 결합하면, 델타중립인 포지션을 만들 수 있다.

(1) 풋옵션(Δ=−0.2) 매도 5계약 => 델타: −0.2×−5=1.0

(2) 기초자산 1계약 매수 => 델타: 1.0(기초자산의 델타는 1.0)

(3) 콜옵션(Δ=0.1) 매수 10계약 => 델타: 0.1×10=1.0

3) 기초자산의 보유 수량

주식투자를 해본 투자자라면 옵션포지션을 주식포지션으로 바꾸어 이해할 수 있다면 편리할 것이다. 이것을 도와주는 것이 바로 델타이다. 기초자산의 델타가 항상 '1.0'이라는 것을 상기한다면, 옵션 포지션의 델타값이 1.0인 포트폴리오는 기초자산 1계약을 매수한 것과 동일한 위험을 갖는 포지션이 된다.[326] 만약, 어떤 콜옵션의 델타가 '0.2'이고 이 옵션을 10계약 매수했다고 하면 이때의 델타는 '2.0'(=0.2×10)이 된다. 이것은 기초자산 2계약을 매수한 것과 같은 위험을 지닌다. 만약 포지션의 델타가 5.0이라면 5개의 기초자산을 보유하고 있는 것과 같은 의미로 해석하면 되겠다.

4) 내가격(ITM)의 확률

옵션의 델타는 해당 옵션이 내가격(ITM)이 될 확률을 의미한다.[327] 만약 델타가 '0.2'인 옵션을 보유하고 있다면 이 옵션이 만기 시점에 내가격으로 종료될 가능성이 현 상황에서 대략적으로 20%라는 의미이다. 앞에서 공부했듯이 등가격(ATM)의 델타값은 '0.5'이었다. 즉, 등가격 옵션은 내가격으로 될 확률과 외가격으로 될 확률이 반반인 그 중앙에 있는 옵션으로 이해할 수 있는 것이다.[328] 예를 들어, 델타가 0.8인 콜옵션과, 델타가 −0.8인 풋옵션은 내가격으로 끝날 확률이

들 수 있다.

326 작은 변화에 대한 위험의 정도를 의미한다. 다음 장에서 설명할 감마까지 중립(감마 = 0)이 아닌 상황에서는 기초자산의 가격변화에 따라 델타값이 변화하므로 정확히 기초자산 매수와 동일한 위험이라고 할 수는 없다.

327 엄밀히 얘기한다면 옳지 않은 얘기이다. 앞서 설명한 블랙-숄즈 옵션가격결정 모형에서 $N(d_2)$의 값이 내가격이 될 확률을 수학적으로 표현한 것이다. 그리고 이 경우 델타는 $N(d_1)$이다. 하지만 상호간에 매우 유사한 값을 보여 준다. 델타를 이와 같이 내가격이 될 확률로 이해하면 델타의 속성을 직관적으로 이해하는데 도움이 된다. 즉, 내가격으로 깊어질수록 1에 가까운 델타값을 갖게 된다는 '델타의 특성(2)' 역시 직관적으로 이해될 수 있다.

328 주식을 기초자산으로 하는 등가격(ATM) 콜옵션의 델타는 일반적으로 0.5보다 소폭 큰 값을 갖는다. 이는 주가가 아래로는 '0'으로 제한되지만 위로는 무한대로 열려있다는 점, 즉 분포가 비대칭이라는 점에 기인한다.

대략적으로 80%정도 된다는 것이다. 풋옵션의 델타는 모두 (-)가 붙기 때문에 절대값으로 그 의미를 이해하면 된다.

2. 위험관리 지표로서의 감마

위험 관리지표 두 번째로 델타만으로는 관리할 수 없는 위험을 조정해줄 수 있는 감마(Γ)에 대해서 설명하도록 하겠다.

가. 델타의 한계

우리는 앞장에서 델타를 알면 기초자산이 변할 때 옵션가격이 어떻게 변화할 것인지에 대해 알 수 있다고 하였다. 그러나 아래의 그림을 보면 그 한계를 볼 수 있다.

[그림 38] 델타의 한계

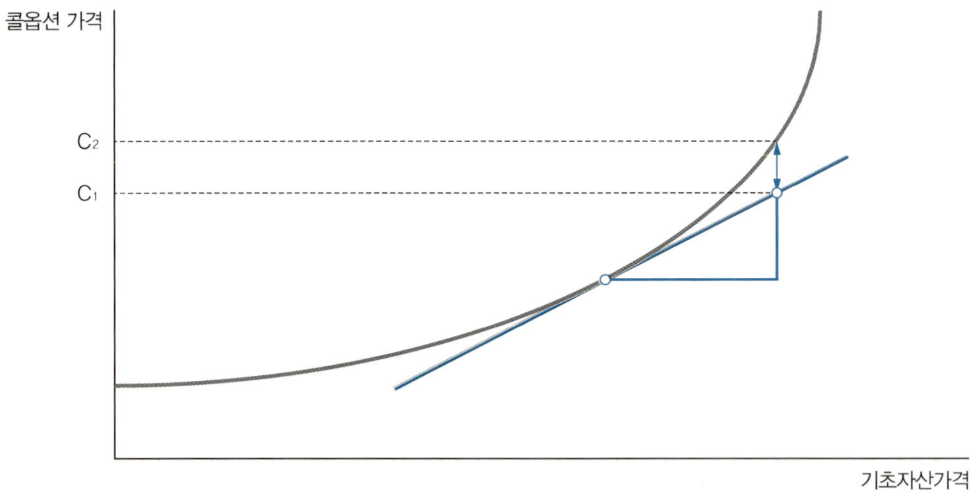

이해를 돕기 위해서 2차 함수에 대한 미분으로 단순화하여 접점에서의 기울기의 특성을 생각해 보자. 어떤 함수 $f(x) = X^2+2X+1$를 미분하게 되면 $f'(x)=2X+2$가 된다. 이 도함수의 의미는 f(x) 상의 한 점에서의 접선의 기울기를 나타낸다. 이차 함수에서도 일차 미분값인 f'(x)는 어느 특정한 값을 갖지 않는다. 즉, x의 값에 따라 그 값을 달리한다. 옵션가격의 그래프도 곡선의 특성을 지니고 있기 때문에 접점에서의 기울기인 델타의 값이 기초자산의 가격 수준에 따라 달라지며, [그림 38]에서 보는 바와 같이, 기초자산가격의 변화에 대한 옵션가격의 변화정도를 델타만으로 완벽하게 설명하지 못하는 결함을 제공한다. 델타에 의해 설명되는 옵션의 가격은 C_1인데 비해 변동된 기초자산의 가격수준에서 이론적인 옵션가격은 C_2가 되어야 하는 것이다. 기초자산가격의 변동이 크면 클수록 그 오차(C_2-C_1)는 커지게 된다.

나. 감마(Γ)의 정의

감마(Γ)란 기초자산가격의 변화에 대한 델타(Δ)의 변화를 나타낸 위험 관리지표를 말한다.

$$\text{감마}(\Gamma) = \frac{\text{델타의 변화량}}{\text{기초자산가격의 변화량}}$$

즉, 기초자산가격이 변화할 때 델타값이 얼마나 변화하는가를 나타내는 민감도 지표가 바로 감마(Γ)이다. 감마(Γ)가 작다는 의미는 기초자산가격의 변화에 대해 델타가 민감하지 않다는 의미이고, 감마(Γ)가 크다는 것은 기초자산가격의 변화에 델타가 민감하게 변화한다는 것을 말한다. [그림 38]에서 설명한다면, 감마(Γ)가 작다는 의미는 그래프가 평평하여 C_2-C_1의 오차가 작다는 것을 의미한다. 감마는 일차미분 값인 델타를 다시 미분한 값이기 때문에 이차 미분 값으로 이해하면 된다.

다. 감마(Γ)의 특성

1) 기초자산의 감마(Γ)는 '0'이다.

기초자산의 델타는 '1' (또는 '100')이었다. 왜냐하면 기초자산의 델타는 기초자산가격의 변동에 대한 자기 자체의 변동이므로 항상 '1'의 값이었다. 반면, 감마(Γ)는 기초자산가격의 변동에 대한 델타의 변동을 나타내는 민감도인데, 델타값이 항상 '1'로 일정하기 때문에 분자인 델타의 변동분은 '0'이 된다. 따라서 감마(Γ)는 항상 '0'의 값을 취하게 된다. 이런 현상은 기초자산의 수익구조가 옵션처럼 곡선을 그리지 않고 항상 직선 형태를 취하고 있다는 점에 기인한다. 즉, 직선 형태의 손익구조를 갖는 경우에는 기초자산의 가격이 변동하더라도 그에 따른 기울기(델타)

는 항상 일정하기 때문이다.

2) 감마(Γ)는 콜옵션, 풋옵션 모두 항상 양(+)의 값이다.

콜옵션의 경우와 풋옵션의 경우를 나누어서 살펴보도록 하자. 우선, 콜옵션의 경우 기초자산가격이 상승하면 콜옵션의 델타도 상승하게 된다. 즉, 분모와 분자 모두 (+)이기 때문에 감마(Γ)는 양의 값이 된다. 기초자산의 가격이 하락하면 콜옵션의 델타도 하락하기 때문에 분자, 분모 모두 (-)의 변화량을 보이게 돼서 이 경우도 역시 감마(Γ)는 (+)의 값을 갖게 된다.

이번에는 풋옵션의 경우를 살펴보자. 풋옵션의 델타값은 (-)의 값을 갖고 있다. 풋옵션의 델타는 '-1'에서 기초자산의 가격이 상승하면서 '0'까지 상승하게 된다. 다시 말해서 그 값 자체는 (-)이지만 가격의 변화를 살펴보면 기초자산가격이 상승함에 따라 콜옵션의 델타와 마찬가지로 풋옵션의 델타도 증가한다는 것이다. 따라서 기초자산가격이 상승하면 풋옵션의 델타도 증가해서 분모, 분자 모두 (+)이기 때문에 감마(Γ)는 (+)가 된다. 반면, 기초자산가격이 하락할 경우에도 풋옵션의 델타는 '0'쪽에서 '-1'쪽으로 감소하게 되어, 이 경우도 역시 감마(Γ)는 (+)의 값을 취한다. 결과적으로 감마(Γ)는 기초자산이 어느 쪽으로 변동하더라도 항상 (+)값을 갖게 된다. 따라서 매수 포지션은 (+)감마를, 매도 포지션은 (-)감마를 갖는다.

$$\text{감마}(\Gamma) = \frac{\text{델타의 변화량}}{\text{기초자산가격의 변화량}} > 0$$

3) 감마(Γ)는 ATM에서 최대이다.

감마(Γ)는 기초자산가격의 변동에 대한 델타의 변동을 의미한다. 따라서 델타의 움직임은 감마(Γ)의 특성을 파악하는데 중요한 정보를 제공한다. 콜옵션의 경우를 보면 외가격(OTM) 옵션으로 갈수록 델타는 '0'에 가까운 값을 갖고, 내가격(ITM) 옵션으로 갈수록 델타는 '1'이 되는 것을 볼 수가 있다. 감마는 OTM과 ITM에 사이에 놓이게 되는 ATM 근처에서 델타의 변동이 급격하게 일어난다. 그것도 만기에 가까워질수록 등가격(ATM) 옵션의 감마는 급격히 증가된다. 이는 델타를 대략 내가격(ITM)이 될 확률이라고 설명했던 부분을 상기한다면 이해가 가능한 부분일 것이다. 그렇기 때문에 감마는 아래 그림과 같이 ATM에서 최대가 된다.

[그림 39] 기초자산가격과 감마

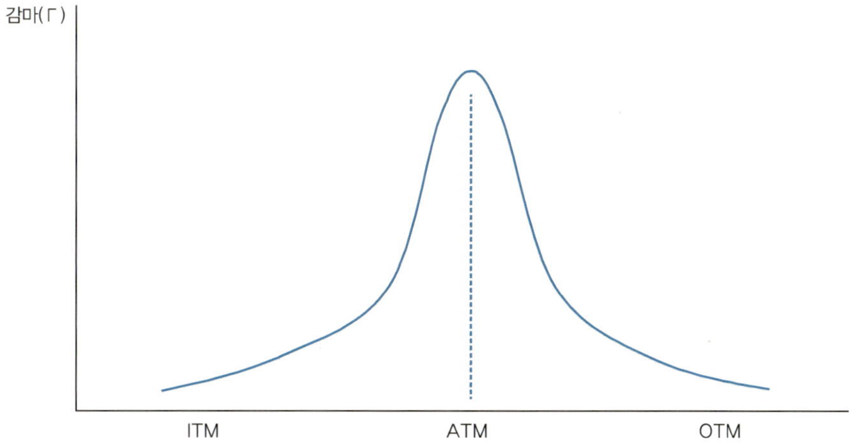

라. 감마(Γ)의 역할

델타가 '0.2'인 콜옵션을 5계약 매도하고, 기초자산 1계약을 추가로 매수한 포지션의 델타를 구해보면, 콜옵션의 델타는 −1.0(=0.2×(−5))이고, 기초자산의 델타는 1.0 이기 때문에 전체 포지션의 델타는 '0'으로 델타중립포지션이 된다.

> 최초 포지션: 콜옵션 5계약 매도 (델타(Δ)=0.2) + 기초자산 1계약 매수
> 포지션의 델타: 0.2 × (−5) + 1.0 × 1 = 0 (델타중립포지션)

델타중립이란, 기초자산가격이 어느 방향으로 움직이든 상관없이 해당 포지션의 손익변동이 없을 것이라고 생각하는 독자가 있을 것이다. 이는 일견 맞는 생각이다. 하지만, 위와 같은 델타중립포지션을 보유하고 있는 상태(콜옵션 보유로 인해 감마가 '0'이 아닌 상태)에서 기초자산가격이 만약 10pt 폭등하였다고 가정하면, 해당 포지션의 수익은 어떻게 변화할까? 먼저, 콜옵션의 감마(Γ)가 '0.05'라고 가정할 때, 기초자산가격이 10pt 폭등한 경우의 델타를 구해 보자. 감마(Γ)에 기초자산가격 변동치(10pt)를 곱하게 되면 기초자산가격 변동폭에 대한 델타의 변화량을 대략적으로 구할 수 있다. 이를 계산해 보면 0.05(Γ)× 10pt = 0.5(Δ)가 된다.

> ▶ 기초자산가격 10pt↑ 경우의 콜옵션 1계약 델타(Δ)? (감마(Γ)=0.05 일 때)
> 0.7(Δ) = 0.2(기존Δ) + 0.5(=10pt×0.05(Γ):기초자산 변동에 따라 Δ의 변동치)

즉, 처음 0.2(Δ)인 콜옵션이 기초자산이 10pt 상승함에 따라 0.5(Δ)만큼 델타가 증가하여 이제 콜옵션의 델타는 0.7(Δ)이 되었다. 콜옵션의 델타가 이렇게 증가했지만, 기초자산의 델타는 변함없이 '1.0(Δ)'을 유지한다. 따라서 전체 포지션의 델타를 다시 구하면 다음과 같이 계산된다.

> 콜옵션의 델타: 0.7(Δ) × −5(5계약 매도) = −3.5(Δ)
> 기초자산의 델타: 1.0(Δ)
> 전체 포지션의 델타(Δ) = −3.5 + 1.0 = −2.5(Δ)

최초 포지션의 델타가 '0'인 델타중립포지션이 기초자산이 폭등함에 따라 델타가 '−2.5'의 값을 갖는 다른 포지션으로 변화된 것을 볼 수 있다. 즉, 처음 보유한 포지션은 델타중립의 수익구조를 가지고 있었음에도 기초자산이 10pt 폭등함에 따라 델타가 큰 (-)값을 갖게 되어, 오히려 기초자산이 하락할 때 수익이 발생하는 포지션으로 변하게 된 것이다. 이러한 현상은 옵션의 손익구조가 갖는 특성에 기인한다. [그림 40]의 그래프에서 보는 바와 같이 기초자산이 큰 폭으로 변동함에 따른 옵션의 손익구조는 델타만으로는 보정되지 않는다. 즉, 기초자산의 큰 폭의 변동으로 인해 상기 포지션의 콜옵션 매도로 인한 손해를 기초자산의 이익으로 커버할 수 없었던 것이다. 이러한 큰 폭의 기초자산가격의 변동은 델타로 인해 예상했던 콜옵션의 가치보다 더욱 크게 하락시킨 것이다. 따라서 현재의 델타만을 믿고 포지션을 방치한다면, 기초자산이 큰 폭으로 변동이 있는 경우에는 전혀 뜻밖의 결과에 봉착될 수도 있다. 어떤 경우에는 기초자산이 상승할 때 수익이 발생하는 (+) 델타 포지션이 정반대로 기초자산이 하락할 때 수익이 발생하는 (-) 델타 포지션으로 바뀔 수도 있는 것이다. 따라서 자신이 의도한 바와 다르게 델타가 급변하지 않도록 하기 위해서는 감마(Γ)를 너무 크지 않게 관리하는 것이 중요하며, 일정 구간에서의 델타 및 감마의 움직임을 미리 시뮬레이션 해 보는 것도 필요하다. 앞에서도 언급했듯이 델타는 기초자산이 상승할 때 이익이 발생하는지 하락할 때 이익이 발생하는지 알 수 있게 하는 지표이지만, 작은 변화에 대한 변동분만을 의미하는 것으로서 그 한계를 지니고 있다. 따라서 보유 포지션의 위험을 정교하게 관리하기 위해서는 델타뿐만 아니라 감마(Γ)에 대한 위험관리가 매우 중요하다고 하겠다.

[그림 40] 옵션가격과 감마

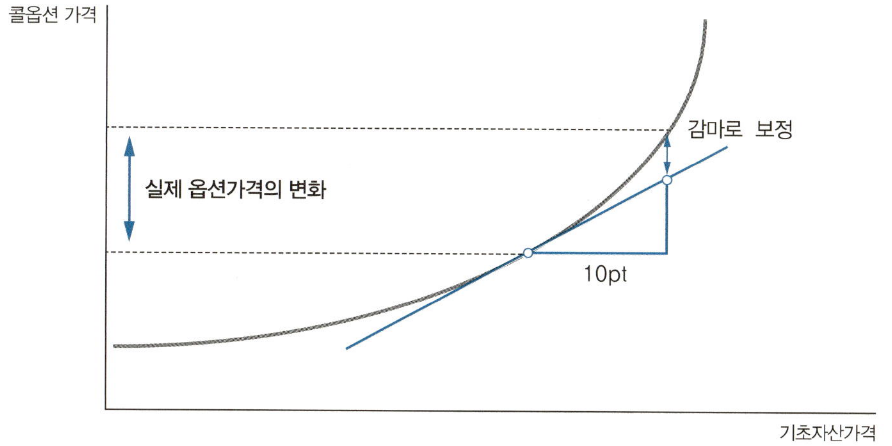

마. 감마와 변동성

포지션이 어떤 감마값을 가지고 있느냐에 따라서 변동성이 포지션의 수익에 미치는 영향은 다르게 작용한다. [그림 41]에서 볼 수 있듯이 (+) 감마 포지션은 변동성이 커야 이익이 발생하지만, (-) 감마 포지션은 변동성이 크면 손실이 발생한다.

[그림 41] 감마와 변동성

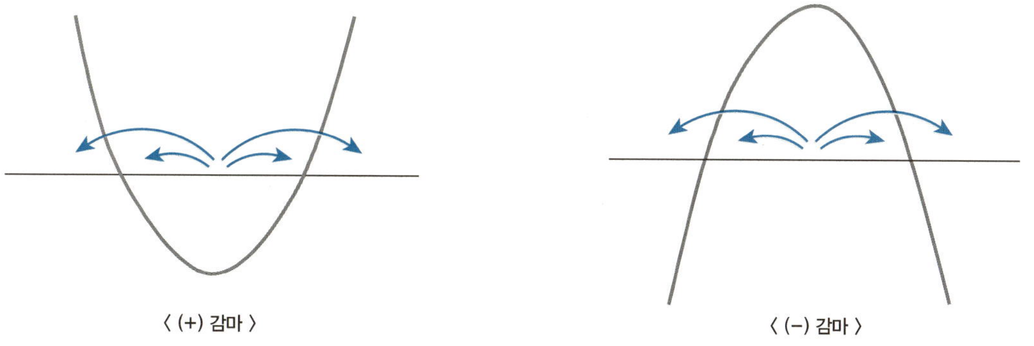

(+) 감마 = 변동성이 증가할 때 이익
(−) 감마 = 변동성이 감소할 때 이익

3. 기타 위험관리 지표

가. 세타(θ)

세타(θ)는 잔존만기 변화에 따른 옵션가격의 변화를 나타내는 위험 관리지표이다. 개별 옵션의 세타(θ)는 콜옵션과 풋옵션 모두 시간이 지날수록 시간가치가 감소하게 되어 다른 모든 조건이 동일하게 유지된다면 (-)의 값을 갖게 된다. 아울러, 매수한 옵션의 절대값 세타(θ)가 클수록 시간이 경과함에 따라 옵션의 가치가 더 많이 감소하게 된다. (여기서 다루는 모든 경우는 옵션가격에 영향을 주는 다른 조건들은 동일하게 고정되어 있다고 가정한다)

$$\text{세타}(\theta) = \frac{\partial C\ (\text{옵션가격의 변화량})}{\partial\ \tau\ (\text{잔존만기의 변화량})}$$

만약 일일 세타(θ)가 '−0.05'라고 하면, 매일 옵션의 가치가 '0.05'만큼 감소한다는 것을 의미한다. 예를 들어 어떤 옵션의 가격이 현재 '2.50'이고 세타(θ)가 '−0.05'그리고 그 밖의 모든 조건이 동일하다고 가정할 경우, 내일 이 옵션의 가격은 '0.05'만큼 감소하여 '2.45'가 되고 그 다음날 또 다시 '0.05'가 감소된 '2.40'이 된다. 결국 어떤 포지션이 (-) 세타(θ) 값을 갖는 경우에는 다른 조건이 일정하다면, 잔존만기의 감소에 따라 해당 포지션의 가치가 지속적으로 감소하게 되므로, 투자자는 시간의 경과에 따라 기초자산의 변화가 없다면 손해를 보게 된다. 즉 (+) 세타(θ)는 모든 조건이 일정하다고 가정했을 경우, 시간이 경과함에 따라 이익이 발생하는 포지션을 의미하고, (-) 세타(θ)는 모든 조건이 일정할 때 만기에 다가갈수록 손실이 발생하는 포지션을 의미한다. 결과적으로 개별 옵션이 갖는 특성으로 인해 일반적으로 매도 포지션(short position)의 세타(θ)는 (+)가 되고, 매수 포지션(long position)의 세타(θ)는 (-)가 된다.

앞서 살펴본 스트래들을 통해 이에 대한 개념을 이해하도록 하자. [그림 42]에서 볼 수 있듯이 매도 스트래들의 경우는 콜옵션 매도와 풋옵션 매도로 이루어진 매도 포지션이기 때문에 (+) 세타(θ)이고, 따라서 지금의 주가지수가 S시점에서 만기까지 계속 유지만 된다면 Y만큼의 이익을 얻을 수 있는 포지션이다. 즉, 이 매도 스트래들은 포지션의 세타(θ)가 (+)로 시간이 경과할수록 포지션의 이익이 점차 Y값으로 수렴하도록 증가하는 포지션이다.

반면, 매수 스트래들의 경우에는 콜옵션과 풋옵션 각각의 매수로 이루어진 매수 포지션이기 때문에 기초자산가격이 만기까지 S상태로 움직이지 않고 유지된다면 Y만큼의 손실이 발생하는 (-) 세타(θ) 포지션이다.

[그림 42] 옵션 세타와 감마

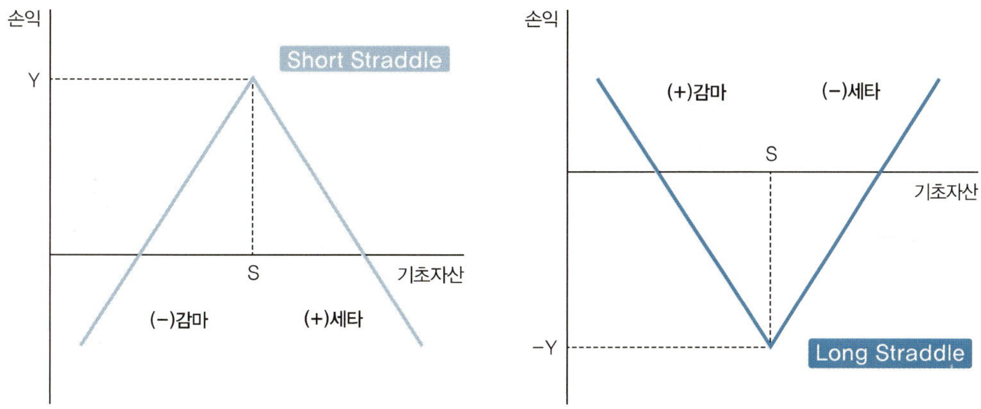

[그림 42]의 매도 스트래들의 경우에는 위로 볼록한 모양의 그래프(concave function)로서 만기에 가까워질수록 위의 만기손익그래프에 수렴하게 되므로 감마의 부호는 (+)가 된다. 반면, 매수 스트래들의 경우에는 아래로 볼록한 모양의 그래프로서 감마의 부호는 (-)가 된다. 즉, 감마와 세타의 부호는 상호 반대의 부호를 갖게 된다.[329] 매도 스트래들의 경우는 (-)감마와 (+)세타의 부호를 갖게 되므로 행사가격 근처에서 변동성이 작은 상태로 만기까지 유지된다면 최대의 이익을 기대할 수 있는 반면, 매수 스트래들은 (+)감마와 (-)세타를 갖게 되므로 변동하지 않고 행사가격 근처에 머무른 채로 만기까지 간다면 매일매일 시간가치가 감소하여 결국은 최대가능손실 -Y로 수렴하게 된다. 따라서 이 경우에는 최대한 변동성이 커지는 것(+감마)이 유리한 상황이 되는 것이다.

나. 베가(υ)

옵션가격에 영향을 미치는 요인들 중에 기초자산가격의 변화는 델타와 감마로 관리할 수 있고, 잔존만기의 변화에 따른 옵션가격의 변화는 세타(θ)를 통해서 관리할 수 있다. 이번에는 변동성 변화에 대한 옵션가격의 변화를 관리하는 위험 관리지표 베가(υ)에 대해서 알아보도록 하자. (다른 모든 조건은 동일하게 유지된다고 가정한다)

329 이는 수학적으로도 증명할 수 있으나, 이는 본 책의 범위를 넘어서는 부분이라 생략한다. 감마와 세타가 서로 다른 부호를 갖는 다는 성질은 매우 중요하므로 꼭 기억해 주길 바란다.

$$\text{베가}(\upsilon) = \frac{\partial C\ (\text{옵션가격의 변화량})}{\partial \upsilon\ (\text{내재변동성의 변화량})}$$

옵션의 베가(υ)는 내재 변동성이 1% 변화함에 따른 옵션 가격의 변화 정도를 말한다. 예를 들어, 변동성이 20%이고, 현재가격이 '2.9'인 어떤 옵션의 베가(υ)가 '0.1'이라고 하자. 이 옵션에 적용되었던 내재 변동성이 20%에서 21%로 증가할 경우 옵션의 가격은 '2.9'에서 베가(υ) 만큼 증가한 '3.0'이 된다. 반대로 변동성이 19%로 감소하면 옵션의 가격은 '2.9'에서 베가(υ) 만큼 줄어들어 '2.8'이 된다. 아울러, 변동성이 증가하면 옵션의 가격은 상승하게 되므로 개별옵션의 베가(υ)는 항상 (+)의 값을 갖는다.

다. 위험관리 지표간의 상호관계

위험관리 지표간 상호관계를 수식을 통해 엄밀히 알아 보는 것도 가능하지만, 여기서는 손익 그래프를 통한 직관적인 방법으로 이들 지표간의 상호작용을 이해하고자 한다. 상술한 [그림 42]는 매도 스트래들과 매수 스트래들의 손익 그래프이다. 매도 스트래들의 손익그래프는 위로 볼록한 그래프를 그리기 때문에 기초자산가격이 방향과는 상관없이 크고 빠른 속도로 변동할 때 손실이 발생하는 (-) 감마 포지션이다. 또한 다른 조건들이 일정하게 유지된다면 시간 경과에 따라 점차로 이익이 발생하는 (+) 세타 포지션이다. 매수 스트래들의 경우는 아래로 볼록한 손익구조를 가지고 있기 때문에 기초자산가격의 방향과는 상관없이 그 움직임이 크고 빠르게 변동할 때 이익이 발생하는 손익구조이다. 따라서 매수 스트래들은 (+) 감마 포지션이다. 또한 세타는 다른 모든 조건이 동일할 때 시간경과에 따라 손실이 발생하는 (-) 세타 포지션이다.

이와 같이 앞서 살펴본 다양한 전략들에 대하여 각 위험관리 지표들의 부호가 어떻게 되는지 정리한 것이 [표 8]이다. 이 표에서도 확인할 수 있듯이 모든 전략에서 시간가치와 관련된 세타와 기초자산의 변동과 관련된 감마가 서로 다른 부호를 가지는 것을 확인할 수 있다. 또한 감마와 베가의 부호가 일반적으로 일치하고 있음도 알 수 있다. 다만, 만기가 서로 다른 종목으로 구성된 시간 스프레드(time spread)의 경우에는 감마와 베가의 부호가 일치하지 않음도 확인하자.[330]

---

330 엄밀하게는 만기가 다른 결합 포지션의 민감도 지표를 계산할 때는 주의가 필요하다. 이 경우에도 수정베가(modified vega)를 사용하여야 한다. 이 내용은 본서의 범위를 벗어나는 고급과정에 해당하여 생략한다.

[표 8] 전략별 위험지표 – 델타중립 포지션의 경우

Spread Type	델타(Δ)	감마(Γ)	세타(θ)	베가(υ)
Long Straddle	0	+	–	+
Long Strangle	0	+	–	+
Short Butterfly	0	+	–	+
Ratio Backspread	0	+	–	+
Ratio Vertical Spread	0	–	+	–
Short Straddle	0	–	+	–
Short Strangle	0	–	+	–
Long Butterfly	0	–	+	–
Long Time Spread	0	–	+	+
Short Time Spread	0	+	–	–

라. 무위험 포지션

무위험 포지션이란 기초자산가격의 변동에 관계없이 포지션의 손익구조를 일정하게 유지시켜 주는 포지션이다. [그림 43]은 이 무위험 포지션을 나타내고 있는데, 선물을 매도하고 합성선물을 매수하여 기초자산의 가격 변화와 상관없이 일정한 수익을 얻을 수 있음을 보여주고 있다.

[그림 43] 무위험 포지션

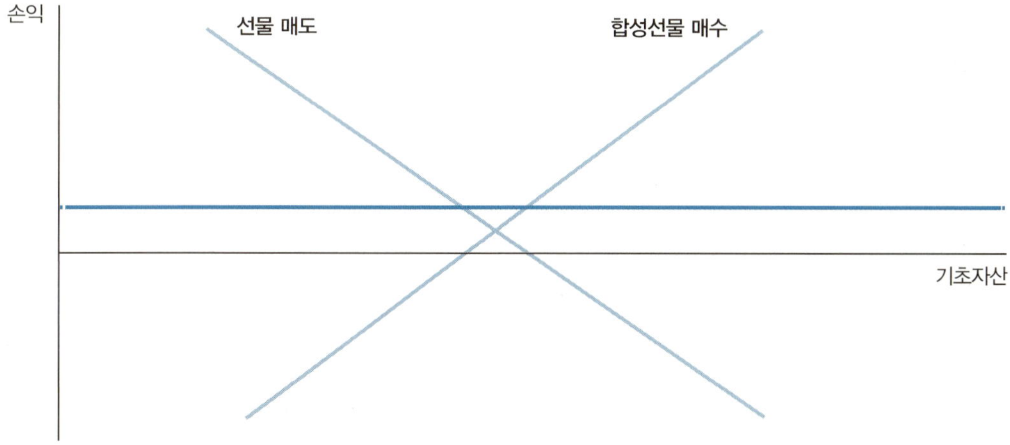

앞에서 합성 포지션에 대하여 이해를 하였으므로, 콜옵션을 매수하고 풋옵션을 매도(합성선물 매수)하거나 반대로 구성함으로써 선물을 복제할 수 있다. 그런데 만약, 시장에서 거래되는 선물

가격이 합성선물가격보다 높게 형성된다면, 우리는 선물 매도와 합선선물 매수 포지션을 취함으로써 무위험 수익을 만들어 낼 수 있다. 이 경우, 위에서 살펴본 모든 민감도 지표는 '0'이 된다.

무위험 포지션의 위험관리 지표값은 모두 '0'이다.
델타=0, 감마=0, 베가=0, 로우=0, 세타=0

마. 감마 헤지(Gamma hedge)

처음에 델타중립인 포지션을 구성하였더라도, 시간이 지나면서 기초자산의 가격과 잔존만기, 변동성 등 여러 가지 요소가 계속적으로 변하기 때문에 잠재적인 수익을 창출하기 위해서는 위험관리 지표를 이용해서 지속적인 포지션 관리가 필요하다. 예를 들어, '가상 펀드 1호'를 어떻게 포지션 중립의 상태로 유지하는지 알아보도록 하자. 포지션 중립 상태를 만들기 위해서는 델타와 감마를 중립으로 유지시켜야 하는데, 이때 감마를 먼저 중립으로 조정한 후에 델타를 선물을 이용해서 중립으로 만들어야 한다. 델타 중립을 만든다는 것은 포지션 델타가 '0'이 되도록 보유 포지션의 델타에 맞추어 델타를 가감하는 포지션을 추가하면 된다. 그런데 델타 중립을 만들면서 일반적으로는 감마도 이에 따라 변동하기 때문에 이제 감마를 중립에 맞춰야 한다. 하지만 감마를 '0'으로 만들면 다시 델타가 중립에서 벗어나는 문제가 발생하게 되어 결국 포지션 관리가 어렵게 된다. 따라서 감마를 먼저 중립으로 조정해 둔 상태에서 감마값이 '0'인 선물을 이용해서 델타를 '0'으로 조정하면 쉽게 포지션 관리를 할 수 있다. 즉, 선물의 감마값이 '0'이라는 특성을 이용해서 감마를 먼저 중립화하는 것이다. 그럼 실제 과정을 예로 들어 설명해 보자. 여기에서는 100분율을 사용하여 민감도 지표를 표기해 보았다.

'가상 펀드 1호' 의 위험 관리지표는 델타(85), 감마(−17) 이고,
다음과 같은 옵션을 이용하여 위험 중립포지션을 구성하고자 한다.
행사가격 90.0 콜옵션: 델타(33), 감마(10)
행사가격 95.0 콜옵션: 델타(5), 감마(1)
행사가격 80.0 풋옵션: 델타(−18), 감마(7)
행사가격 75.0 풋옵션: 델타(−5), 감마(1)

이 펀드의 감마가 '−17'이므로, 중립 포지션으로 만들기 위해서 먼저 감마(17)을 더해 주어야

한다. 주어진 옵션가격 중에 감마의 합이 '17'이 되도록 행사가격 90.0 콜옵션(감마(10))을 1계약 매수하고 행사가격 80.0 풋옵션(감마(7))을 1계약 매수하도록 하자. 그럼 감마(−17)인 기초 포지션은 감마(17)이 더해지므로 감마중립포지션으로 변경되었다. 감마가 '0'으로 조정되면서 델타도 같이 변하여 이제 포지션의 델타는 '100'이 되었다. 앞에서도 설명했듯이, 감마 중립을 손상시키지 않은 상태에서 델타 중립을 만들기 위해서는 선물을 이용해야 한다. 현재 펀드의 델타가 '100'이므로 중립포지션을 만들기 위해서는 '−100'델타를 더해주면 되는데, 선물 1계약의 델타는 '100'이므로 펀드 크기에 맞게 선물을 매도하면 되겠다. 이렇게 하면 델타 위험과 감마 위험을 모두 회피한 포지션을 구성하게 된다.

기초 포지션: 델타 85, 감마 −17

[1단계] 감마조정

90.0 콜옵션 1계약 매수 + 80.0 풋옵션 1계약 매수 = 감마중립포지션

감마중립포지션: 델타 100, 감마 0

[2단계] 델타조정

선물 1계약 매도 = 델타감마중립포지션(델타 0, 감마 0)

제4절 파생상품의 생산

1. 의의

법의 경제학적 분석의 목적은 행위자와 가장 관련이 있는 요소들을 확인하고 이를 통해 인간행동을 예측하며 이러한 행동을 바람직한 방향으로 유도하고자 하는 것이다.[331] 파생상품거래 또한 근본적으로 사인간의 계약이다. 따라서 법이 거래당사자들 사이의 계약관계에 효과적으로 개입하기 위해서는 거래당사자들이 어떻게 거래를 하는지를 아는 것이 전제되어야만 한다. 그래야만 적합한 규제를 통한 효율성 증대의 효과를 보장할 수 있다.

부연하면, 규제를 논함에 있어서는 어떻게 거래당사자들은 자신들의 관계를 설정하고 어떻게 위험을 할당하며 선택을 하는지, 그리고 불확실성(uncertainty), 도덕적 해이(moral hazard), 매몰비용(suck cost) 등과 같은 잠재적 문제들이 어떻게 협상과정에 영향을 미치는지, 그리고 거래당사자들이 추구하고자 하는 목적은 무엇인지, 이러한 상황에서 법적 규칙은 어떻게 이러한 당사자들의 목적을 촉진시키고 또는 방해하는지 등을 알아야 한다.[332]

따라서 파생상품에 대한 규제를 논하기 위해서는 먼저 파생상품의 구조적 특징과 그의 생산과정에 대한 이해를 기반으로 하여야 한다. 생산과정에 대한 이해는 파생상품거래와 관련한 다양한 행위에 대한 판단을 함에 있어서도 목적에 비추어 이행한 행위가 정당한지 또는 불필요한 요소는 아니었는지를 명확히 판단하는데 도움을 줄 것이다.

331 Stephen M. Bainbridge, *Corporation Law and Economics*, Foundation Press, 2002, p.20.

332 Juliet P. Kostritsky, "Bargaining with Uncertainty, Moral Hazard and Sunk Costs: A Default Rule for Precontractual Negotiations", *Hastings Law Journal, 44* (March 1993), pp.627~628.

2. 생산과정의 필요성

파생상품의 특성 중의 하나로 '상품생산성'을 언급한 바 있다. 파생상품은 본질적으로 금융소비자의 수요를 충족시키기 위하여 투자자가 요구하는 손익구조의 상품으로 생산된다. 이러한 생산은 자금조달 목적 등의 회사의 사업을 위해 행하는 증권의 발행과는 구별된다.

파생상품은 다양한 기초자산을 근거로 생산되어진 금융투자상품으로 생산에 따른 위험이 존재하고 따라서 이를 적절히 헤지하지 않으면, 불측의 생산비용 과다로 인해 금융투자업자의 건전성이 위협받게 된다. 그러므로 파생상품의 생산은 이에 대한 적절한 복제과정이 반드시 수반된다. 이러한 복제(replication)과정 내지 헤지(hedge)과정은 기초자산의 적절한 수량을 매수 또는 매도함으로써 이루어지므로 기초자산 시장과의 연계는 필수적 요소가 될 수밖에 없다. 따라서 파생상품의 규제를 논함에 있어서는 기초자산 시장과의 연계 하에서 논의되어야 한다. 즉, 파생상품에 대한 합리적이고 효과적인 규제는 파생상품의 대표적 특징이라고 할 수 있는 파생상품의 생산과정이 내포된 것이어야 한다.

이하에서는 파생상품의 생산과정에 대한 분석을 위해 차익거래(arbitrage) 구조와 헤지(hedge) 구조에 대해 살펴보도록 하겠다. 이러한 기본적 원리는 여타의 복잡한 구조로 확장 가능하다. 한때 사회문제로 되었던 통화 이색옵션(exotic option)인 키코(KIKO)에 대한 분석 역시 이에 대한 확장으로 이해될 수 있다.

3. 차익거래

파생상품과 기초자산과의 유기적인 관계의 분석을 위해 먼저 차익거래의 구조에 대해 살펴본다. 차익거래의 수행은 기초자산 시장과의 유기적인 관계를 통해 파생상품시장뿐만 아니라, 기초자산의 시장가격에도 영향을 미쳐 결국 양 시장의 가격에 대한 자율조절기능을 발휘하게 되고, 파생상품과 기초자산가격이 공정가격에 수렴하도록 기여한다. 이러한 파생상품과 기초자산과의 유기적인 관계로 인해 파생상품거래와 관련하여 다양한 규제가 기초자산 시장에도 적용되고 있다.[333]

333 이에 대한 대표적인 사례가 프로그램매매 공시제도이다. 후술하는 차익거래를 수행하는 과정에서 기초

가. 선물과 차익거래

특정한 기초자산을 근간으로 하여 선물이 생산되어 금융소비자에게 전달되기 위해서는 미래의 결제에 대비하여 선물가격이 계약당시에 확정되어야 한다. 선물가격은 기초자산 시장과의 유기적인 차익거래[334]의 과정을 통해 '무위험차익 부재조건(no-arbitrage condition)'을 충족하는 선에서 결정된다.[335] 그리고 매도·매수된 선물의 위험을 헤지하기 위해서는 기초자산에 대해 반대포지션(매수·매도)을 취함으로써 간단히 위험을 관리할 수 있다.

차익거래의 과정을 단순화하기 위하여, 장내파생상품인 주가지수(KOSPI200) 선물과 그의 기초자산인 KOSPI200[336]간의 차익거래 과정을 예를 통해 살펴보겠다.

차익거래를 통한 무위험차익을 발생시키는 구조를 살펴보면 다음과 같다. 예를 들어, 현물가격이 100인 상태에서 연간 이자비용을 4%라고 하고, 배당이 존재하지 않는다고 한다면, 3개월 만기인 선물의 이론가격은 보유비용을 감안하여 101이 된다.[337] 이 경우에, 실제 시장에서 선물가격이 103의 가격으로 거래되고 있다면, 현물매수/ 선물매도의 매수차익거래를 수행하여 무위험차익 '2'[338]을 달성할 수 있다. 이를 정리하면 아래의 [표 9]와 같다. 다만, 이 과정에서 현물을 매수한다는 의미는 지수를 구성하는 200개의 개별 종목을 일정 비율로 매수한다는 것을 의미한다. 이러한 과정을 프로그램매매라고 한다.[339]

자산을 매수·매도하는 거래가 동반된다. 만약 기초자산이 KOSPI200과 같은 주가지수라고 한다면, 이를 매수·매도하는 거래란 KOSPI200을 구성하는 구성종목을 지수계산방식에 따라 구성종목의 비중만큼 각각 바스켓(basket)으로 매수·매도한다는 것을 의미한다. 이러한 과정은 일일이 수작업으로 행해질 수 없고, 프로그램에 의해 진행된다. 따라서 파생상품의 매매와 관련하여 기초자산인 현물시장의 영향을 효과적으로 관리하기 위해서는 적절한 규제가 필요하게 된다. 이러한 규제 중의 하나가 프로그램매매 공시제도이다.

334 차익거래란 기초자산가격과 선물가격의 차이가 이론적인 수준을 벗어날 경우, 즉 선물이론가격과 선물시장가격간의 괴리가 발생할 경우, 그 차이만큼을 이익으로 취하는 무위험거래를 말한다. 차익거래의 방식은 기초자산매수/ 선물매도 혹은 기초자산매도/ 선물매수 방식이 있는데, 전자를 매수차익거래, 후자를 매도차익거래라고 한다.

335 선물가격결정모형에서 설명한 바 있다.

336 기초자산에 대해 선물과 대비되는 개념으로 실무에서는 '현물'이라는 표현을 사용한다.

337 거래세 등 제반 비용은 편의상 무시하고 설명한다. 만약 고려한다면 그 만큼 이론가격은 증가하게 된다.

338 무위험차익이란 [표 9]에서 보는 바와 같이 기초자산의 가격 수준에 상관없이 항상 동일한 수익을 창출할 수 있다는 의미에서 무위험이 되는 것이다. 그리고 엄밀하게는 만기 시의 주가 수준에 따라 거래비용이 차이가 있으므로 수익의 규모는 달라질 수 있으나 본질은 변함이 없다.

339 프로그램 매매와 관련하여서는 여러 가지 이슈가 있을 수 있다. 만기일 종가에 부정한 수익을 위해 프로그램매매를 활성화하여 인위적으로 만기일 효과를 만드는 경우도 있으며(도이치 증권 사례, 서울중앙지법 2016. 1. 25. 선고 2011고합1120(분리) 판결 참조), 1987년 주식시장 붕괴의 원인을 프로그램매매에서 찾기도 한다. 이와 관련한 연계성에 대한 논문으로 Jerry W. Markham & Rita McCloy Stephanz, "The Stock Market Crash of 1987 – The United States Looks at New Recommendations", *The*

[표 9] 현물–선물간 차익거래

현재일(S_t) 기준 포트폴리오		만기일 가격 S_T(3개월 후)	
		120	80
현물 매수	100	20	-20
선물 매도	103	-17	23
이자비용	-1(=4%, 3개월)	-1	-1
순손익	2(기대이익)	2(실현순이익)	2(실현순이익)

이와 같이, 무위험차익이 가능하다면, 선물가격은 선물매도로 인해 매도압력을 받게 되고, 반면 현물시장은 매수압력을 받게 되어 결국 수요와 공급의 원리에 의해 무위험차익이 존재하지 않는 수준까지 양 시장에서 가격이 조절되고 결국 선물은 현물가격 수준에 적합한 이론가격으로 회귀하게 된다.

차익거래의 수행은 또한 선물 및 현물시장에서의 시세조종행위에 대한 대응을 통해 시장 효율화에 기여하는 효과도 있다. 위의 예에서 볼 수 있는 바와 같이, 현재 현물의 가격이 100이고, 선물의 가격이 인위적인 조종에 의해 103으로 과대하게 올랐다고 한다면,[340] 이렇게 과다하게 오른 선물을 매도하고 현물을 매수하는 거래를 통해 시장에 자율조절기능이 부여됨으로써 선물가격의 인위적인 조작에도 대응할 수 있다.

다만, 현실에서는 현물을 거래하기 위한 거래세 및 매수/매도 스프레드(bid-ask spread) 등의 다양한 제반비용이 발생하여 선물이론가격도 조정을 받게 된다. 이러한 제반비용이 증가하면 결국 현물과 선물가격간의 괴리가 더욱 증대되어야만 이를 조정하고자 하는 차익거래가 가능하게 되어 차익거래의 순기능인 시장의 효율화는 그만큼 기대하기가 어렵게 된다. 따라서 파생상품에 대한 규제를 도입함에 있어서는 반드시 현물시장과의 관계를 고려한 비용-편익(cost-benefit) 분석이 전제되어야 한다.[341]

Geogetown Law Journal, 76 (1988) 참고. 아울러 한국에서의 만기일 효과가 존재하는지 여부와 만기일 효과에 대한 설명으로는 J.B. Chay, Sol Kim & Hyeuk Sun Ryu, "Can the Indicative Price System Mitigate Expiration Day Effects?", *The Journal of Futures Markets,* 33 (2013). pp.891~910 참고.

340 이는 수요와 공급에서 수요측면의 과다로 인한 가격 상승이다. 이럴 경우 적절한 공급이 이루어진다면 정상적인 수준으로 회귀할 수 있다. 반면, 선물시장의 가격발견기능으로 본다면 현물시장이 저평가되어 있는 것이다. 이는 차익거래 과정을 통해 현물시장의 상승을 유도할 수 있다. 이러한 과정을 통해 양 시장 모두 합리적인 가격으로 조정되게 된다.

341 선물시장에 대한 규제를 도입함에 있어 현물시장과의 유기적인 관계의 중요성을 설명한 논문으로는 류혁선, "파생상품 과세방안에 대한 연구", 「증권법연구」 제11권제1호 (한국증권법학회, 2010)와 윤창현, "파생상품 과세정책의 문제점 및 개선방안", 「파생상품과세에 관한 특별심포지엄」(한국선물학회, 한국재무관리학회, 한국재무학회, 한국증권학회 공동 주관, 2004.11.5.) 등 참조.

나. 옵션과 차익거래

파생상품은 본질적으로 기초자산의 가치에 의해 파생되는 금융투자상품이므로 파생상품의 가격은 항상 기초자산 가격과의 연계에 의해 이론적으로 형성되어 진다. 옵션 또한 마찬가지이다. 기초자산의 가격과 그 기초자산으로부터 파생된 콜옵션의 가격 및 풋옵션의 가격 간에는 항상 일정한 관계가 유지되어야 한다. 즉, 풋-콜 패리티(put-call parity)[342]라고 불리는 등식이 시장에서 성립하지 않으면 무위험 차익거래가 가능하게 된다. 결국, 시장은 차익거래라는 자율조정과정을 통해 시장의 효율성을 도모하는 것이다.

풋-콜 패리티에 의한 차익거래 과정은 다음 [표 10]과 같이 요약될 수 있다. 표에서 볼 수 있듯이, 만기에 기초자산의 가격수준과 관계없이 항상 일정한 수익을 갖게 되는 포지션은 무위험 포지션이 된다. 즉 기초자산의 가격변화에 의해 포지션의 가치가 변동하지 않는 포지션이 되는 것이다. 만약 만기에 기초자산의 가격 수준과 관계없이 항상 '0'의 가치를 갖게 되는 포지션은 계약 체결시점(t시점)에서도 '0'의 가치를 가져야만 한다. 그렇지 아니하면, 무위험차익이 발생하게 되고, 이러한 무위험수익은 시장이 효율적이라면 바로 사라지게 될 것이다. 즉, 일시적으로 비정상화된 가격은 시장의 자율조정기능에 의해 곧바로 정상적인 가격으로 수렴된다. 이러한 자율조정기능을 수행하는 하나의 과정이 차익거래 과정이다.

[표 10] 옵션 풋-콜 패리티와 차익거래

기초(t)	만기(T)	
구성 포지션(Position)	$S_T \geqq K$	$S_T < K$
풋 매수(p)	0	$K - S_T$
콜 매도(c)	$-[S_T - K]$	0
기초자산 매수(S)	S_T	S_T
차입비용($Ke^{-r\tau}$)	$-K$	$-K$
포지션 가치 = 0	0	0

옵션을 활용한 무위험차익거래의 과정을 예를 통해 살펴보자.

기초자산가격 100, 행사가격 100, 이자율 5%, 잔존만기 0.25년(3개월), 변동성 20% 라고 가정하면, 상술한 블랙-숄즈 모형에 의한 이론가격은 콜옵션은 6.58, 풋옵션은 5.34가 된다. 그런데

342 풋-콜 패리티(put-call parity)란 행사가격과 만기가 같은 풋옵션 가격과 콜옵션 가격간의 관계를 정의한 것으로, 이를 수식으로 표현하면 $p = c - S + Ke^{-r\tau}$이다. 여기서 p는 풋옵션 가격, c는 콜옵션 가격, S는 기초자산가격, K는 행사가격, r은 이자율, τ 는 잔존만기를 의미한다.

만약 시장에서 콜옵션의 가격만 이론가격 보다 높은 6.7의 가격으로 거래되고 있다면, 무위험포지션을 구축하여 무위험수익을 도모할 수 있다. 어떠한 무위험포지션을 구축할 수 있을까? 상대적으로 고평가된 콜옵션을 매도하고 이론적인 콜옵션을 합성(synthetic)하면 가능하게 된다. 구체적으로는 [표 10]과 같이 "풋옵션 매수, 자금차입, 그리고 해당 자금으로 기초자산 매수" 등의 포지션을 결합하여 무위험차익을 실현할 수 있다.

이 경우 무위험차익은 [표 11]을 통해 확인할 수 있는 바와 같이 0.12이다. 이것은 콜옵션의 가격괴리 정도인 0.12(=6.7－6.58)와 같음을 확인할 수 있다. 즉, 콜옵션의 거래가격이 이론가격으로부터 괴리됨에 따라 그 차익만큼 무위험 수익을 실현할 수 있게 된 것이다. 이러한 차익거래 과정은 각각의 시장에 수요와 공급에 영향을 미쳐 결국 무위험차익이 '0'으로 수렴될 때까지 지속적으로 가격형성에 작용하게 된다. 시장자율조정기능인 차익거래 포지션을 구성함으로써 시장가격은 이론가격 수준으로 조정되는 것이다.[343]

[표 11] 현물－옵션간 차익거래

현재일(S_t) 기준 포트폴리오		만기 주가(S_T)				
		90	95	100	105	110
풋 매수	$Max[K-S_T,0]$	10	5	0	0	0
콜 매도	$-Max[S_T-K,0]$	0	0	0	-5	-10
주식매수	S	90	95	100	105	110
차입비용	$-(S-c+p)e^{r\tau}$	-99.88	-99.88	-99.88	-99.88	-99.88
총수익	P&L	0.12	0.12	0.12	0.12	0.12

4. 동태적 헤징과 옵션복제과정

가. 일반론

앞에서 현-선물 간에 연계매매를 통해 선물의 이론가격이 형성되는 구조를 살펴보고, 아울러 차익거래의 순기능으로 시장의 비정상적인 왜곡현상에 대한 시장의 자율조정기능을 살펴보았다.

343 물론 원래 이론가격으로 회귀하는 것은 아니다. 거래과정에서 현물의 시장가격이 변동하게 된다는 것을 주의할 필요가 있다. 이러한 조정과정을 통해 시장에서 형성된 현물가격에 대응된 이론가격으로 회귀하게 되는 것이다.

다음으로 옵션상품의 생산을 위한 옵션복제(option replication)과정을 살펴보고자 한다. 이를 위해 비교적 간단한 표준형 콜옵션(vanilla call option)의 동태적 헤징(dynamic hedging) 과정을 살펴보겠다. 이에 대한 논리는 동일한 구조로 이색옵션(exotic option)으로 자연히 확장된다.

현물과 선물간의 관계와 마찬가지로 옵션 또한 현물을 기초자산으로 하고 있는 경우에는 그 현물의 가격과 일정한 관계에 의해 옵션가격이 결정되고, 이러한 옵션의 손익구조를 복제하기 위해서는 현-선물간의 관계에 비해 보다 복잡한 과정을 거치게 된다. 즉, 옵션의 이론가격은 기초자산의 가격, 행사가격, 이자율, 잔존만기 그리고 변동성에 의해 영향을 받으며, 이러한 변수들과 옵션가격간의 관계는 선물과 같이 선형(linear)의 관계를 갖고 있지 않고, 비교적 복잡한 수식에 의존한다.[344]

동태적 헤징과정에 대한 이해를 위해 예를 들어, 기초자산의 현재가격 100, 행사가격 100, 변동성 30%, 이자율 3%, 잔존만기 0.5년인 경우를 가정해 보자. 이 경우 콜옵션의 이론가격은 블랙-숄즈(Black-Sholes) 옵션가격결정모형[345]에 의거 9.15가 된다.

이론가격이 9.15이므로, 이 가격에 일정한 영업마진(margin)을 더하여 9.5의 가격으로 옵션매수의 손익구조를 갖는 금융투자상품을 판매하였다고 가정하면, 옵션 생산자인 금융투자업자는 평균적으로 0.35(=9.5－9.15)의 수익을 확보할 수 있다.[346] 이는 상술한 차익거래과정에서 무위험수익으로 얻을 수 있는 이익의 구조와 동일하다.[347] 즉, 단순히 표현하면 정태적 헤징(static hedging)[348] 과정인 차익거래와 동태적 헤징(dynamic hedging) 과정 상의 무위험 수익은 결국 파생상품이 이론가격으로부터 벗어난 정도를 의미한다. 그러하기에 파생상품 손익구조를 생산하여 판매하는 생산자는 일정한 영업마진을 도모하기 위하여 이론가격에 일정한 버퍼(buffer)를 두고 가격을 결정하게 된다. 다만, 이렇게 의도한 수익을 얻기 위해서는 콜옵션 손익구조에 기반하여 파생상품을 생산・판매한 파생상품의 헤지 트레이더(hedge trader)는 판매와 동시에 생산과정에서 기획된 0.35의 이익을 달성하기 위하여 기초자산의 변동 위험을 헤지하는 동태적 과정을 적합하게 이행하여야 한다.[349]

---

344 이에 대해서는 '옵션가격결정모형'에서 설명한 바 있다.

345 Fischer Black & Myron Scholes, "The Pricing of Options and Corporate Liabilities", *Journal of Political Economy,* 81 (1973), pp.637~659.

346 앞서 설명한 정태적 헤지(static hedge)인 차익거래(arbitrage)와 달리, 이 경우에는 확정적인 무위험수익이 아닌 평균적인 수익임을 주의하여야 한다.

347 즉, 이론가격을 상회하는 수준만큼이 차익거래를 통해 무위험수익이 되었다. 선물의 경우는 2(=103－101), 옵션의 경우는 0.12(=6.7－6.58)이다.

348 정태적 헤징 과정이란 무위험 차익을 확보하기 위하여 헤지 포지션을 구축한 후 별도로 위험을 조정하기 위하여 포지션을 지속적으로 변동할 필요가 없는 헤징과정으로 상술한 차익거래를 의미한다.

349 논의의 단순화를 위해 거래비용을 배제하고 논의를 전개하겠다. 거래비용이 감안된다면 그 수익은 거

구체적으로는 이의 위험을 헤지하기 위하여 잔존만기 6개월 동안 변동성을 30%로 상정하여 기초자산의 보유수량(이를 '델타'라고 한다)을 시스템에 의해 산출하여, 이를 기반으로 동태적으로 기초자산의 수량을 재조정하는(rebalancing) 매매를 지속적으로 수행하여야 한다. 즉, 이와 같이 동태적 헤징과정으로 옵션상품의 생산에 따른 위험을 상쇄시킬 수 있다. 따라서 만약 이론가격인 9.15에 적절한 마진(margin)을 부여하여 옵션상품이 생산되었다면, 결국 거래 당시 상정했던 마진이 옵션상품의 생산으로부터 기대되는 평균이익이 되는 것이다.[350]

차익거래와 동태적 헤징거래는 동일한 메커니즘(mechanism)에 의해 기대이익을 실현이익으로 전환하게 된다. 다만, 동태적 헤징거래는 차익거래에 비해 보다 복잡한 특성을 지닐 뿐이다. 현-선물간 차익거래는 정태적 헤징(static hedging)이라 부르고, 옵션의 복제과정인 델타헤징[351]거래는 동태적 헤징(dynamic hedging)이라 부른다. 이는 정태적 헤징의 경우 차익거래 시행시점부터 만기일까지 파생상품의 생산위험을 헤지하기 위하여 보유하여야 하는 기초자산의 보유수량인 델타(delta)가 고정되어(현-선물간의 차익거래의 경우는 '1'로 고정된다) 만기 내에 기초자산인 현물포지션을 변화시킬 필요가 없고, 단지 만기일에 보유포지션을 전량 청산하는 것으로 기초자산의 변동 위험을 완벽히 헤지할 수 있으나, 현물과 옵션간의 동태적 헤징의 경우에는 옵션손익구조의 비선형적 특성으로 인해 만기일 이전에 델타가 지속적으로 변화하므로, 이에 따라 기초자산인 현물포지션의 금액을 동태적으로 조정할 필요가 있어 붙여진 이름이다. 따라서 차익거래와 동태적 헤징거래 간에는 만기 내에 델타의 변화 유무의 차이를 제외하고는 본질적으로 동일한 거래이다.

상술한 옵션의 복제과정 또한 현-선물간 차익거래와 마찬가지로 옵션시장과 현물시장의 가격에 대한 조정기능을 수행한다. 콜옵션의 이론가격과 시장에서 거래되는 콜옵션의 시장가격간의 괴리가 발생하게 된다면, 이는 차익거래와 마찬가지로 옵션을 복제하는 적절한 헤지거래를 통해

래비용에 비례하여 감소하게 되고, 리밸런싱(rebalancing)의 빈도 또한 영향을 받게 된다. 하지만, 기본적인 옵션복제의 원리는 동일하기에 파생상품 생산과정에 대한 이해를 도모하기 위하여 단순화하였다.

350 평균이익이라는 것에 주의하여야 한다. 옵션의 복제과정은 만기일까지의 기초자산가격의 경로(path)에 의존한다. 따라서 동일한 변동성이더라도 기초자산가격의 경로에 따라 복제의 성과는 크게 달라질 수 있다. 경우에 따라서는 의도하지 않게 손실을 경험할 수도 있고, 많은 이익을 경험할 수도 있다. 하지만 이는 헤지의 실패 내지는 인위적인 헤지의 결과라기보다는 경로 의존적인 동태적 헤징에 내포된 원천적 위험이다. 그러나 이러한 생산과정을 지속, 반복함으로써 평균적으로 기초에 기획했던 영업마진의 수익은 확보된다. 즉, 업으로서 지속적으로 이러한 생산과정을 이행한다면 대수의 법칙이 적용되어 결국 생산과정에 의한 수익은 변동성에 대한 예측이 실패한 것이 아니라면 기초에 기획했던 영업마진에 수렴하게 되는 것이다. 마치 보험회사가 한 가입자에게서는 손해를 보더라도 다른 무수히 많은 가입자를 확보함으로써 기획했던 평균의 영업마진을 확보하는 것과 그 이치가 비슷하다고 하겠다.

351 델타헤징이란, 전체 포트폴리오에서 기초자산의 가격변동에 대한 민감도를 의미하는 델타를 '0'(neutral)으로 만들어 기초자산의 가격변화에 상관없이 포트폴리오의 가치가 유지되도록 하는 일련의 과정을 말한다.

이익을 실현할 수 있다.[352]

이론가격을 상회하는 수준으로 시장에서 인위적으로 누군가가 가격을 조종하고 있다면 그 가격으로 매도하고 기초자산의 보유수량을 델타에 의해 동태적으로 조정하면 이론가격과의 괴리 정도에 의해 기초에 예상했던 기대수익을 평균적으로 실현할 수 있게 된다. 이러한 과정을 통해 옵션가격은 기초자산가격에 기초한 이론가격 수준으로 회귀하게 된다.[353]

상술한 차익거래와 마찬가지로 동태적 헤징과정 역시 기초자산과의 연계 속에서 이루어지므로, 특정 기초자산에 대한 동태적 헤징거래를 유발하는 파생상품의 생산이 과도할 경우에는 기초자산에 대한 영향력이 증대될 우려가 있으므로, 이에 대한 적절한 규제 또한 필요하다.

나. 동태적 헤징

동태적 헤징(dynamic hedging)을 설명하기 위하여 다시 블랙-숄즈 모형을 호출하자. 옵션가격은 다음 등식을 만족하여야 한다.

$$C = SN(d_1) - Ke^{-r\tau}N(d_2)$$

상기 등식을 분해해 보면, 전자의 $SN(d_1)$은 기초자산의 가격(S)과 수량($N(d_1)$)[354]으로 구성된다. 즉, 전자는 기초자산에 대한 투자금액이 된다. 반면, 후자인 $Ke^{-r\tau}N(d_2)$는 같은 맥락으로 잔존만기가 τ 이고 만기일에 K를 받는 무이표채권(zero coupon bond)의 현재가격($Ke^{-r\tau}$)과 수량($N(d_2)$)으로 이해될 수 있다. 즉 후자는 채권 투자금액이다. 채권 투자금액과 기초자산 투자금액의 부호가 반대인 것은 채권을 발행하여 자금을 차입하여 기초자산을 매수한다는 의미이다. 반대의 경우도 성립한다.

그런데 기초자산의 보유수량을 의미하는 $N(d_1)$은 결국 d_1의 함수이고, d_1은 앞서 블랙-숄즈 모형에서 살핀 바와 같이 다음과 같다.

352 이는 단순한 콜옵션에 대한 복제이므로 시장에서 동일한 행사가격의 풋옵션이 존재한다면 앞서 살핀 차익거래로 무위험수익을 확보할 수 있으므로 동태적 헤징은 불필요할 것이다. 하지만, 일반적으로는 파생상품이 내재된 다양한 금융투자상품을 생산함에 있어서는 기초자산에 의한 동태적 헤징을 통해 손익구조를 복제하여야 한다.

353 장외에서 파생상품을 생산・판매하는 경우에도 경쟁이 원활한 경우에는 이와 같은 논리가 지배되어 적절한 마진 하에서 합리적으로 거래가 이루어질 수 있을 것이다.

354 블랙-숄즈 모형에서 델타값이 $N(d_1)$이다.

즉, $d_1 = \dfrac{\ln(\frac{S}{K}) + (r + \frac{\sigma^2}{2})\tau}{\sigma\sqrt{\tau}}$, $d_2 = d_1 - \sigma\sqrt{\tau}$이다.

d_1은 기초자산가격(S), 행사가격(K), 변동성(σ), 이자율(r), 그리고 잔존만기(τ)가 변함에 따라 그 값도 변화한다. 따라서 기초자산의 가격 변동위험을 헤지하기 위하여 보유하여야 하는 기초자산의 수량도 함께 변화하게 된다. 이와 같이 델타의 값이 기초자산가격 등의 변화에 따라 변동함으로 옵션의 손익을 복제하기 위해서는 동태적으로 기초자산의 보유수량을 조정할 필요가 있게 되는 것이다. 이를 동태적 헤징(dynamic hedging)이라고 한다.

만약 상기의 등식 $C = SN(d_1) - Ke^{-r\tau}N(d_2)$이 성립하지 않고 옵션의 시장가격이 상대적으로 높은 경우(또는 이론가격에 적절한 영업마진(margin)을 더하여 옵션손익구조를 금융투자상품으로 생산한 경우)에는 상대적으로 높은 옵션가격을 매도(또는 영업상 마진이 더해진 옵션구조의 상품을 판매)하고 동태적 헤징과정으로 복제함으로써 이론가격과 시장가격의 차이만큼을 수익으로 확보할 수 있다. 이러한 원리가 파생상품을 금융소비자에게 맞춤형으로 생산할 수 있게 해주는 근본원리이다.

동태적 헤징과정에 대한 이해를 위해 예를 들어, 기초자산의 현재가격 100, 행사가격 100, 변동성 30%, 이자율 3%, 잔존만기 0.5년인 경우를 가정해 보자. 이 경우 콜옵션의 이론가격은 위의 모형에 의거 9.15가 된다. 이의 과정을 동태적 헤징과정 시스템을 이용하여 계산한 결과는 다음과 같다.

델타 헤징 시뮬레이션 (콜옵션_Short)									
S0	100	변동성	30.0%	이자율	3.0%	이론가	9.1494	버퍼	0.00
행사가	100	만기(년)	0.5	Time Step	52	Multiplier	1	가격	9.15

상정한 예와 같이, 버퍼(buffer)를 두지 않고, 옵션을 9.15에 매도한 경우, 옵션 매도에 따른 위험을 헤지하기 위하여 동태적 헤징(dynamic hedging)을 통해 옵션의 손익구조를 복제하는 과정을 보면 [그림 44]와 같다. [그림 44]는 옵션복제과정을 수행한 시뮬레이션(simulation)의 한 예이다. 즉, 헤지 트레이더(hedge trader)는 옵션 1계약을 매도한 후, 이의 위험을 헤지하기 위하여 잔존만기 6개월 동안 변동성을 30%로 상정하여 주당 2회 기초자산의 보유수량(이를 '델타'라고 한다)을 시스템에 의해 산출하여, 이를 동태적으로 재조정하는(rebalancing) 매매를 지속적으로 수행하여 옵션의 손익구조를 복제한 것이다.[355]

355 거래비용이 존재하지 않는 세계에서는 리밸런싱(rebalancing) 빈도가 더욱 많아질수록 그 오차는 작아

[그림 44] 옵션복제(option replication)를 위한 동태적 헤징과정

델타 헤징 시뮬레이션 (콜옵션_Short)									
시간 (주)	주가 (원)	로그수익율 (%)	옵션가격	델타 0=<Delta=<1	주식 매수 (원)	보유 주식잔고 (원)	보유 현금 (원)	이자 (원)	P&L (원)
0	**100.0000**	0.00%	9.1494	0.5702	5701.5810	5701.5810	-4786.6412	-1.3808	0.0000
1	**99.7605**	-0.24%	8.9192	0.5650	-51.4670	5636.4604	-4736.5550	-1.3663	7.9819
2	**96.4198**	-3.41%	7.0470	0.4992	-634.1334	4813.5762	-4103.7879	-1.1838	5.0927
3	**93.6032**	-2.96%	5.6329	0.4406	-548.7010	4124.2630	-3556.2707	-1.0258	4.7069
4	**93.5867**	-0.02%	5.5374	0.4383	-21.9697	4101.5652	-3535.3269	-1.0198	12.4997
5	**96.3050**	2.86%	6.7110	0.4926	523.0085	4743.7071	-4059.3551	-1.1710	13.2491
6	**97.6280**	1.36%	7.2842	0.5183	251.4075	5060.2795	-4311.9336	-1.2438	19.9307
7	**99.7950**	2.20%	8.3554	0.5612	428.0304	5600.6304	-4741.2079	-1.3677	23.8831
8	**95.1182**	-4.80%	5.8605	0.4626	-937.9841	4400.1776	-3804.5914	-1.0975	9.5372
9	**93.0599**	-2.19%	4.8630	0.4160	-433.5883	3871.3729	-3372.1005	-0.9727	12.9734
10	**93.7086**	0.69%	5.0443	0.4278	110.5309	4008.8922	-3483.6041	-1.0049	20.8568
11	**100.1554**	6.65%	8.1496	0.5656	1380.2279	5664.9175	-4864.8369	-1.4033	-14.8783
12	**102.4472**	2.26%	9.3937	0.6122	477.0156	6271.5569	-5343.2558	-1.5413	-11.0691
13	**99.6795**	-2.74%	7.6721	0.5539	-580.4886	5521.6391	-4764.3085	-1.3743	-9.8817
14	**100.4455**	0.77%	7.9950	0.5697	158.3877	5722.4577	-4924.0705	-1.4204	-1.1143
15	**101.6400**	1.18%	8.5812	0.5948	255.4782	6045.9854	-5180.9692	-1.4945	6.8968
16	**106.1149**	4.31%	11.3389	0.6856	962.8128	7274.9846	-6145.2765	-1.7727	-4.1863
17	**106.1693**	0.05%	11.2656	0.6876	21.2900	7300.0035	-6168.3392	-1.7793	5.1002
18	**106.3631**	0.18%	11.2876	0.6924	50.9175	7364.2489	-6221.0360	-1.7945	14.4531
19	**105.4760**	-0.84%	10.5671	0.6759	-173.5552	7129.2714	-6049.2753	-1.7450	23.2827
20	**105.3719**	-0.10%	10.3815	0.6748	-12.0987	7110.1376	-6038.9217	-1.7420	33.0692
21	**108.1755**	2.63%	12.2382	0.7311	609.8823	7909.1959	-6650.5460	-1.9184	34.8261
22	**112.3857**	3.82%	15.3667	0.8048	827.9897	9045.0138	-7480.4541	-2.1578	27.8879
23	**113.3868**	0.89%	16.0775	0.8225	200.9010	9326.4913	-7683.5130	-2.2164	35.2283
24	**119.4559**	5.21%	21.2209	0.8983	904.7378	10730.4305	-8590.4671	-2.4780	17.8778
25	**115.8285**	-3.08%	17.9356	0.8619	-421.9038	9982.6862	-8171.0414	-2.3570	18.0850
26	**120.1025**	3.62%	21.6407	0.9109	588.8067	10939.8488	-8762.2050	-2.5276	13.5764
27	**125.8027**	4.64%	26.8940	0.9538	540.3645	11999.4284	-9305.0971	-2.6842	4.9360
28	**124.6784**	-0.90%	25.7596	0.9506	-40.4045	11851.7866	-9267.3767	-2.6733	8.4540
29	**132.0825**	5.77%	32.8738	0.9817	410.7412	12966.3550	-9680.7913	-2.7925	-1.8147
30	**131.1077**	-0.74%	31.8706	0.9811	-7.1235	12863.5349	-9676.4603	-2.7913	0.0144
31	**132.9809**	1.42%	33.6697	0.9870	78.1213	13125.4470	-9757.3729	-2.8146	1.1056
32	**133.6889**	0.53%	34.3281	0.9897	36.3613	13231.6859	-9796.5488	-2.8259	2.3251
33	**132.4882**	-0.90%	33.0994	0.9893	-5.8132	13107.0327	-9793.5615	-2.8251	3.5303
34	**132.3926**	-0.07%	32.9645	0.9907	18.1690	13115.7502	-9814.5556	-2.8311	4.7492
35	**134.9553**	1.92%	35.4716	0.9950	57.7926	13427.4187	-9875.1793	-2.8486	5.0807
36	**136.7181**	1.30%	37.1932	0.9971	28.9931	13631.7975	-9907.0211	-2.8578	5.4567
37	**136.9318**	0.16%	37.3738	0.9978	10.4830	13663.5901	-9920.3619	-2.8616	5.8527

〈표 다음 면으로 이어짐〉

질 수 있다. 그리고 현실에서는 헤지의 성과는 기초자산의 가격경로에 의존하게 된다. 여기서는 가격경로의 한 예에 따른 헤징 결과를 보여주고 있다. 헤징의 결과 손익은 실제로 실현된 가격경로에 의존하지만, 다수의 거래를 통해 이러한 과정을 반복하게 되면, 대수의 법칙에 따라 소기의 성과에 근접한 결과를 얻게 된다. 아울러 현실에서는 거래비용이 발생함으로, 일정 수준의 거래비용을 감안하여 리밸런싱 빈도 등을 조정하여야 한다. 따라서 거래비용 등 제반비용의 과다는 곧 시장의 비효율성을 증대시키는 방향으로 작용된다. 이러한 동태적 헤징과정은 델타에 의해 기초자산의 수량을 변경하는 것에 의해 옵션의 손익구조를 복제함으로 통상 '델타헤징(delta hedging)'이라고 불린다.

[그림 44] 옵션복제(option replication)를 위한 동태적 헤징과정(계속)

시간 (주)	주가 (원)	로그수익율 (%)	옵션가격	델타 0=<Delta=<1	주식 매수 (원)	보유 주식잔고 (원)	보유 현금 (원)	이자 (원)	P&L (원)
38	**126.5670**	-7.87%	27.0344	0.9872	-134.6697	12494.6836	-9788.5538	-2.8236	2.6899
39	**127.9827**	1.11%	28.3936	0.9921	63.0098	12697.4542	-9854.3872	-2.8426	3.7106
40	**132.6353**	3.57%	32.9896	0.9979	76.0743	13235.1147	-9933.3041	-2.8654	2.8552
41	**130.9267**	-1.30%	31.2521	0.9978	-1.1945	13063.4262	-9934.9750	-2.8659	3.2417
42	**130.4917**	-0.33%	30.7856	0.9984	7.6191	13027.6459	-9945.4600	-2.8689	3.6220
43	**135.6072**	3.85%	35.8671	0.9998	19.4945	13557.8475	-9967.8234	-2.8753	3.3118
44	**135.8259**	0.16%	36.0567	0.9999	1.6732	13581.3895	-9972.3720	-2.8766	3.3498
45	**135.4555**	-0.27%	35.6573	1.0000	0.7010	13545.0474	-9975.9497	-2.8777	3.3701
46	**131.9619**	-2.61%	32.1350	1.0000	-0.1253	13195.5824	-9978.7021	-2.8785	3.3832
47	**132.5713**	0.46%	32.7154	1.0000	0.5205	13257.0317	-9982.1011	-2.8795	3.3910
48	**129.7748**	-2.13%	29.8901	1.0000	0.0433	12977.4264	-9985.0238	-2.8803	3.3951
49	**129.8782**	0.08%	29.9647	1.0000	0.0472	12987.8180	-9987.9514	-2.8811	3.3970
50	**132.3842**	1.91%	32.4419	1.0000	0.0015	13238.4196	-9990.8340	-2.8820	3.3984
51	**126.2323**	-4.76%	26.2612	1.0000	0.0000	12623.2308	-9993.7160	-2.8828	3.3998
52	**126.7231**	0.39%	26.7231	0.0000	-12672.3112	0.0000	2675.7124		3.4012

여기서, 중요한 점은 [그림 44]의 마지막 행에서도 관찰되는 바와 같이, 만기 시에는 델타가 '0'이 되므로, 헤지하기 위하여 보유하여야 할 기초자산 수량은 '0'이 되어야 한다는 점이다. 이는 현-선물간 차익거래의 경우 만기일에 보유하였던 기초자산을 모두 청산하여야 하는 것과 마찬가지 논리이다. 이러한 동태적 헤징과정을 수행하고 나면, 헤지 트레이더의 손익은 평균적으로 '0'에 수렴하게 된다.[356]

그러므로 상기와 같이 동태적 헤징과정으로 옵션의 손익을 복제하게 되면, 옵션이 내재된 금융투자상품의 판매 시에 일정한 영업상 마진을 추가(또는, 이론가격 대비 고평가된 옵션을 매도)한 경우에는 초기 설정한 마진이 평균이익이 된다. 이것이 금융투자업자가 파생상품이 내재된 금융투자상품을 금융소비자의 요구에 맞게 맞춤형 구조로 생산할 수 있게 하는 원리이다.[357]

356 영업상 마진을 추가하였거나, 이론가격 대비 고평가된 옵션을 매도한 경우라면, 초기 설정된 마진이 평균적으로 이익이 된다.

357 법원에서도 파생상품 생산을 위해 필요한 델타 헤지는 금융투자업자가 수행하는 기본적인 방법으로 인정하고 있다; [서울고등법원 2012. 12. 14. 선고 2012나12360 판결], "금융기관들은 자산운용 건전성 확보를 위해 헤지를 통한 위험관리의무를 부담하고 있는 바, 이는 구 증권거래법은 물론 자본시장법에 따른 법령상 의무이며, 특히 장외파생상품의 경우 그 위험을 감안하여 장외파생상품의 매매에 따른 총위험액을 한도 이내로 유지하고 그 위험관리를 위한 시스템을 구축하여야 한다. 따라서 파생상품거래를 취급하는 금융기관의 경우 그로 인한 위험을 관리하고 헤지하는 것은 재무건전성을 유지·확보함으로써 고객의 위탁재산을 보호하여야 할 의무가 있는 금융기관의 공공성에 비추어 선택의 문제가 아니라 반드시 준수하여야 하는 의무이다. 즉, ELS 관련 거래의 경우에도 기초자산이 시장위험에 노출되지 않도록 반드시 위험관리를 하여야 하고, 그 방식이 델타헤지 기법에 의해 이루어지고 있는 것이다. 그렇다면 델타헤지는 ELS 발행의 전제조건으로 보편성과 필요성이 인정되는 헤지방법일 뿐만 아니라 금융기관의 자산운용 건전성을 위해 법령상 강제되는 헤지거래의 한 방법이라고 할 것이고, 여기에 모든

주식매매가 영향력의 크고 작음의 차이만 있을 뿐 주식시장의 주식가격에 영향을 미치는 요소인 점을 더하여 볼 때 헤지거래로 형성되는 시장가격도 시장요인에 의한 정상적인 수요·공급에 의한 것으로 보아야 하고, 단지 거래수량이 많다거나 매매시기가 집중되어 있다는 점만으로 델타헤지로 인한 주식매매가 인위적인 시장조작에 해당한다고 단정하기는 어렵다." 다만, 주식 대량매도행위가 시장요인에 따른 정상적인 수요·공급이 아닌 인위적인 조작이 있거나(객관적 요건), 여기에 증권의 매매에서 부당한 이익을 얻거나 제삼자에게 부당한 이익을 얻게 할 목적이 있는 경우(주관적 요건), 또는 주식매도행위가 위와 같은 요건을 갖춘 시세조종에 이르지 않았다고 하더라도 사회통념상 부정한 수단, 계획 또는 기교를 사용한 것으로 볼 수 있다면 이는 자본시장법상의 부정거래행위로 위법한 행위가 된다고 판시하고 있다. 따라서 델타 헤지를 함에 있어 특히 델타의 변동이 큰 경우 시세조종으로 오인 받지 않도록 상당한 주의를 요한다고 하겠다.

제5장

파생상품거래규제

제1절 규제의 이론적 근거

제2절 국내 파생상품거래규제 개관

제1절 규제의 이론적 근거

1. 일반론

우리나라의 경제 질서는 개인의 경제적 자유를 보장하고 있으며, 거래에 있어 자기책임의 원칙을 강조하고 있다. 이에 따라 헌법에서는 개인의 재산권을 보장하고 있으며(헌법 제23조제1항), 자유와 권리의 본질적 내용을 침해할 수 없도록 하고 있고(헌법 제37조제2항), 개인과 기업의 경제상의 자유와 창의를 존중함을 기본으로 하고 있다(헌법 제119조제1항).

또한 헌법재판소는 판결에서 "우리 헌법은 사유재산제도와 경제활동에 대한 사적 자치의 원칙을 기초로 하는 자본주의 시장경제질서를 기본으로 하고 있음을 선언하고 있는 것이다"[358]고 하여 자본주의 시장경제를 기본으로 하고 있음을 판시하고 있다.

이는 국민 개개인에게 자유스러운 경제활동을 통하여 생활의 기본적 수요를 스스로 충족시킬 수 있도록 하고 사유재산과 그 처분 및 상속을 보장해주는 것이 인간의 자유와 창의를 보장하는 지름길이고 궁극에는 인간의 존엄과 가치를 증대시키는 최선의 방법이라는 이상을 배경으로 하고 있는 것이다.[359]

또한 민법의 기본을 이루는 것은 '인간으로서의 존엄과 가치'(헌법 제10조), 보다 구체적으로는 그 한 내용인 '일반적 행동의 자유'라는 이념에 기한, 각자가 자기의 법률관계를 자기 의사에 따라 자주적으로 처리할 수 있고, 국가나 법질서는 여기에 직접적으로 개입하거나 간섭하면 아니 된다는 '사적 자치의 원칙'일 것이다.[360]

그러나 계약의 자유는 거래당사자간의 교섭력의 대등과 자유로운 경쟁을 전제로 하는 것이므로, 이러한 전제가 충족되지 못한 상태에서는 계약자유를 형식적으로 관철하는 것은 공정한 계약에 이르지 못하게 되는 결과를 초래할 수 있다. 따라서 계약자유의 필수적 전제인 거래당사자간의 교섭력의 대등과 자유로운 경쟁을 확보하기 위해서는 일정 부분 계약자유를 제약하고, 사회적

358 헌법재판소 1989.12.22. 선고 88헌가13 결정. 헌법재판소는 그 근거를 헌법 제10조와 제119조제1항에서 찾고 있다.

359 헌법재판소 1989.12.22. 선고 88헌가13 결정.

360 지원림, 앞의 책, 21면.

공공복리를 목적으로 한 정부의 개입, 즉 '규제'의 필요성이 대두된다.

다만, 사적 자치를 제약하는 규제는 개인과 기업의 경제상의 자유와 창의를 보장할 수 있도록 필요최소한으로 하여야 하며, 규제의 정당성과 실효성을 담보하기 위해서는 규제법정주의에 따라 법률에 근거하여야 하고,[361] 규제의 목적은 공공복리에 이바지할 수 있어야 한다. 그 결과 행정규제는 국가 또는 지방자치단체가 특정한 행정목적을 실현하기 위하여 국민의 권리를 제한하거나 의무를 부과하는 것으로서 법령 등 또는 조례・규칙에 규정하는 사항이라고 정의된다(행정규제기본법 제2조제1항제1호).

금융규제 또한 행정규제의 일종으로 금융업의 특수성[362]에 기반하고 있다. 금융규제란 금융시장의 비효율성 내지 시장실패에 대한 개입으로서 금융기관, 자금공급자, 자금수요자 등 시장참가자에게 어떠한 요구, 제한 및 지침을 준수하도록 하는 행위기준을 의미한다.[363] 즉, 금융규제는 금융시장의 불완전성으로 인한 시스템위험(systemic risk)[364]을 방지하고, 금융소비자를 보호하기 위해 법령 등에 의해 개입된 일련의 금융행위에 대한 규칙이라고 할 것이다.

따라서 원칙적으로 사적 자치가 존중되는 계약의 일종인 파생상품거래에 대한 규제는 파생상품의 복잡・다양성으로 인한 파생상품의 특성에 기인하여 파생상품시장의 안정적 성장을 도모하고 파생상품 소비자 보호를 목적으로 하는 파생상품거래를 위해 준수해야 하는 제반 규칙이라고

---

361 행정규제기본법 제4조, ① 규제는 법률에 근거하여야 하며, 그 내용은 알기 쉬운 용어로 구체적이고 명확하게 규정되어야 한다.
② 규제는 법률에 직접 규정하되, 규제의 세부적인 내용은 법률 또는 상위법령(上位法令)에서 구체적으로 범위를 정하여 위임한 바에 따라 대통령령・총리령・부령 또는 조례・규칙으로 정할 수 있다. 다만, 법령에서 전문적・기술적 사항이나 경미한 사항으로서 업무의 성질상 위임이 불가피한 사항에 관하여 구체적으로 범위를 정하여 위임한 경우에는 고시 등으로 정할 수 있다.
③ 행정기관은 법률에 근거하지 아니한 규제로 국민의 권리를 제한하거나 의무를 부과할 수 없다.

362 금융업은 높은 부채 의존도와 자산・부채의 만기가 불일치하는 취약성을 가지고 있다. 그리고 자원의 효율적 배분이라는 금융의 순기능 뒤에는 자금 공급자와 자금 수요자 사이에 정보의 비대칭성 문제가 있다. 시장에 관한 충분한 정보를 갖지 못한 금융자산 보유자는 다른 시장참가자의 행위에 동조하는 경향을 가진다. 예를 들면 금융의 교란요인은 정보의 비대칭성과 금융거래자의 군집행동(herd behavior)에 의하여 급격한 금융시장의 불안정을 야기하고, 심지어 어떤 금융기관의 지급불능이 다른 금융기관의 도산으로 전이되거나 확대될 수 있다. 그러면 자금을 효율적으로 배분하는 금융기능은 물론이고, 시장참가자의 합리적인 의사결정도 더 이상 정상적으로 작동되지 않을 정도로 시장기능을 마비시키는 시장실패(market failure)가 초래될 수 있다(정찬형・최동준・김용재, 「금융법」(박영사, 2009), 42~43면).

363 위의 책, 43면.

364 시스템위험은 어떤 특정한 사건의 발생으로 인해 금융시스템 전체의 붕괴를 가져올 위험을 말하는 것으로 흔히 포트폴리오 이론에서 말하는 체계적 위험(systematic risk)과는 구별되는 개념이다. 정순섭 교수는 "시스템위험이란 상호간에 긴밀히 연계되어 있는 금융거래시스템에 고유한 각종 위험이 시장참여자를 연결고리로 해서 국내의 다른 금융시장참여자에게, 그리고 국경을 넘어 전 세계의 금융시장에 전파되어 시스템의 붕괴를 초래할 수 있는 위험을 말한다"(정순섭, "통합도산법상 금융거래의 특칙에 관한 연구", 「증권법연구」 제6권제2호 (한국증권법학회, 2005), 248면) 라고 설명한다.

할 수 있다.

자본시장법은 이를 위해 파생상품 특히, 장외파생상품을 취급할 수 있는 금융회사에 대한 인가요건을 요구하는 진입규제 및 파생상품 소비자 보호를 위하여 불건전한 영업행위를 방지하기 위한 다양한 행위규제를 도입하고 있다.

2008년 금융위기 이후에는 금융시장에 대한 시스템위험을 방지하기 위한 제도적 장치를 마련하기 위한 국제적 공조가 이루어지고 파생상품 특히, 장외파생상품에 대한 규제가 강화되고 있는 실정이다.[365]

2. 경제학적 근거

정책당국에 의한 금융규제는 왜 필요한가? 한마디로 말한다면 금융시장이 완전하지 못하기 때문이다. 만약 시장이 스스로 적재적소에 자금을 배분하고 시장참여자들의 의사결정을 효율적으로 조정할 수 있을 정도로 완전하다면, 제3자에 의한 규제와 감독은 불필요하고 오히려 규제와 감독이 시장의 효율적 작동을 방해할 수도 있다. 결국 금융시장이 다른 시장보다 규제와 감독을 더 많이 받는다는 것은 금융시장이 다른 시장에 비해 더 불완전하며 외부 충격에 쉽게 노출될 수 있기 때문이다. 이는 곧 금융시장이 다른 시장에 비해 시장실패에 더 취약하다는 것을 의미한다.[366]

시장(market)이란 '생산'(production)과 생산물의 '교환'(exchange)이라는 자원배분(allocation of resources)적 메커니즘이 존재하는 곳이다. 그리고 모든 경제체제의 근본문제는 '효율의 극대화'가 이루어지도록 자원배분을 달성하는 것이다.[367] 따라서 자원의 효율적 배분을 위해, 모든

365 2009년 9월 미국 피츠버그에서 개최된 G20 정상회의에서 2012년까지 표준화된 장외파생상품에 대한 청산의무화 등 시장의 시스템위험 방지를 위한 인프라 개선을 위한 합의가 이루어졌고, 미국은 시스템위험(systemic risk)을 감시할 새로운 규제당국으로서 금융서비스감시위원회(Financial Services Oversight Council)를 설치하고, 금융서비스감독위원회가 금융의 안정성에 위협을 주는 금융회사 및 금융업무를 특정하고(identified financial holding company), 그것을 엄격한 건전성 감독규제 하에 두는 것으로 하였다. 추후 Dodd-Frank Act에서는 이러한 시스템위험의 감시·감독기능 담당기관의 명칭이 금융안정감시위원회(Financial Stability Oversight Council)로 변경되었다. Dodd-Frank Act 입법과정에 대한 상세한 설명은 <https://www.govtrack.us/congress/bills/111/hr4173/summary#libraryofcongress> (검색일: 2018.7.25.)참조.

366 정운찬·김홍범, 「화폐와 금융시장」(율곡출판사, 2009), 626면.

367 Ronald H. Coase, "The Nature of the Firm", *Economica,* Vol.4 No.16 (Nov., 1937), pp.390~391 참조;

경제주체들은 상호간의 교환에 의한 방식으로 자원배분 메커니즘에 참여하게 되는데, 이것이 '계약'이라는 법적 형태로서 표현된다.

경제주체들은 각각의 개별적인 계약에 따라 생산과 교환, 즉, 자원배분의 효율성(efficiency)[368]을 달성해 가지만, 효율성을 저해하는 문제가 발생할 수 있다. 그것은 경제주체들의 계약 과정에서 언제나 발생하는 시장경제적인 거래비용(transaction costs)[369] 때문이다. 즉, 이러한 거래비용이 과다하게 발생하면 할수록 그 시장은 비효율로 인해 실패할 가능성이 증가하게 되는 것이다.

또한 일반적으로 시장이 복잡해지고 반복적이 될수록, 사인들 간의 계약도 비례해서 복잡해지

1991년 노벨경제학상 수상자이자, 시카고 대학 로스쿨 교수인 Ronald H. Coase의 "The Nature of the Firm" 논문은 회사와 시장의 경제학적 구조와 차이 및 자원배분의 기능을 하는 시장과 그 이면에서의 회사의 존재이유에 관하여 밝힌 논문이다. 이 논문에서 회사의 존재 논리로 주장하는 거래비용으로 인한 자원배분의 비효율성 제거 노력의 논리는 마찬가지로 사인(私人)들 간의 계약에만 의존하는 시장에서는 정보비대칭 등으로 인한 거래비용이 과다 발생할 우려가 있고, 이를 조정할 수 있는 규제의 근거로 확장할 수 있다.

368 본서에서 사용되는 효율성(efficiency)의 개념은 칼도어-힉스(Kaldor-Hicks) 효율성이다. 현대 회사법의 이론과 실무에서 회사법의 특정조문, 개정안, 판례, 해석론 등을 긍정적으로 또는 부정적으로 평가할 때, 그 기준으로 효율성 개념을 널리 사용하는데, 이 때 사용되는 효율성 개념 역시 칼도어-힉스 효율성이다(김화진, "소수주식의 강제매수제도", 「서울대학교 법학」 제50권제1호 (서울대학교 법학연구소, 2009), 332면 각주 40) 참조). 경제학에서 의미하는 효율성은 크게 파레토(Pareto) 효율성과 칼도어-힉스(Kaldor-Hicks) 효율성(efficiency)이 있다. 파레토 효율성이란 하나의 자원배분상태에서 다른 사람에게 손해가 가도록 하지 않고서는 어떤 한 사람에게 이득이 되는 변화를 만들어내는 것이 불가능할 때 이 배분상태에 이르는 지점이 최적의 조건이 되는데, 이를 의미하는 것이다. 파레토 효율성에 따르면 어떤 사람도 전보다 상황이 나빠지지 않고 적어도 한 사람은 상황이 확실히 좋아지는 경우만 '개선'이라고 간주한다. 즉, 모든 구성원들이 만장일치로 찬성하는 변화만이 개선이 된다. 이에 반하여, 칼도어-힉스 효율성은 어떤 행위나 규칙의 변화로 사회에 발생하는 이익과 손실의 총합이 수치로 확인될 수 있다면, 이익이 손실보다 큰 경우, 즉, 모든 구성원들의 전체적인 부가 증가하는 경우 이를 효율적이라고 본다. 즉, 어떤 한 사람에게 이득이 되었고, 다른 사람들에겐 손해가 되었더라도 구성원들의 이득 총합이 증가한다면 이는 효율성이 있다고 본다. 이러한 칼도어-힉스 효율은 이득을 본 사람이 손해를 본 사람에게 이득의 일부를 나누어 준다고 가정하는데, 이러한 상황을 '개선'이라고 판단한다. 물론 실제로 이득의 분배가 이루어진다는 보장은 없고 잠재적으로 가능하다는 의미인데, 이러한 의미에서 칼도어-힉스 효율성은 잠재적 파레토 개선(potential Pareto improvement)이라고도 불린다. 본서에서 의미하는 '효율성'은 파레토 효율성이 아니고 칼도어-힉스 효율성이다. 법정책상 비용편익분석(cost-benefit analysis)에서는 편익이 비용보다 크기만 하면, 정책을 실행하는데 이 때 적용되는 효율성 개념이 칼도어-힉스 효율성이므로, 규제의 필요성과 관련한 평가라는 관점에서 파레토 효율성보다 융통성 있는 접근을 할 수 있다. 영국의 금융감독기구인 금융행위감독청(FCA)는 규제를 도입할 시에는 반드시 비용편익분석을 하도록 의무화하고 있다(FSMA §138I, 종래 FSMA §155가 FSA(2012) §24(1)에 의해 대체되었다,). 우리나라의 경우도 규제를 신설하거나 강화하려면 '규제영향분석'을 하고 규제영향분석서를 작성하도록 하고 있다(행정규제기본법 제7조). 즉, 칼도어-힉스 효율성의 기준이 적용되고 있다고 하겠다.

369 사인(私人)들 간의 물적 가치의 생산과 필요적 소비를 위한 교환의 실현은 계약에 의해 달성되는데, 거래비용은 우선적으로 적절한 계약상대방의 탐색, 직접적인 협상, 계약의 체결 및 계약의 이행과 집행 등 경제주체들이 자발적 거래를 하는데 소요되는 제반비용을 총칭하는 개념이다(Coase, *op. cit.*, p.388).

고 다양화될 것이고, 당사자들 간의 적절한 가격조건에 이르기 위한 노력도 증대된다. 따라서 이러한 거래비용의 증가에 의해 효율성은 극대화에 도달하지 못하고, 사적 자치가 지배하는 시장은 자원배분의 최적화에 실패하게 될 수 있다.[370]

금융시장에서 시장실패를 초래하는 거래비용의 대표적인 요인으로는 정보의 비대칭성(information asymmetry)을 들 수 있다. 파생상품은 그 구조가 복잡하고, 상품의 종류 또한 너무 다양하여 계약 당사자들이 적절한 가격조건에 이르는 과정에서 정보비대칭으로 인한 문제가 대두될 여지가 많다. 특히, 파생상품에 대한 이해의 정도가 미약한 일반투자자와 금융회사 간에는 더욱 그러할 것이다. 즉, 파생상품은 그 구조의 복잡성과 기초자산으로부터 가치가 파생되는 '가치파생성'으로 인해 여타의 금융투자상품에 비하여 상대적으로 거래당사자간에 정보비대칭이 존재할 가능성이 크다. 따라서 정보비대칭으로 인한 거래비용을 줄이고 자원배분의 효율화를 달성하기 위해서는 파생상품거래에 있어 적절한 조정이 필요하고, 이는 규제라는 형태로 나타나게 된다.

특히, 장외파생상품거래는 거래소나 청산기구에 의해 거래되거나 청산되지 아니하므로 위험관리가 개별 거래자 차원에서 이루어질 수밖에 없는데, 금융공학의 발달에 힘입어 상품구조가 날로 복잡·다양해지는 금융시장 환경 하에서 정보비대칭이 존재할 경우에는 시장참가자들이 해당 파생상품의 위험성을 제대로 측정하는 것은 매우 어렵고, 이에 따라 불공정한 계약이 성사될 수 있으므로, 이에 대한 감독과 규제의 필요성이 대두된다.

이 밖에도 외부효과에 의해 시장은 실패할 수 있다. 외부효과란 어떤 경제활동과 관련하여 다른 사람에게 의도하지 않은 혜택이나 손해를 가져다주면서도 이에 대한 대가를 받지도 않고 비용을 지불하지도 않는 상태를 말한다. 외부효과는 다른 경제주체의 후생을 증가시키는 방향으로 작용할 수도 있고 반대로 후생을 감소시키는 방향으로 작용할 수도 있다. 전자를 외부경제(external economies)라고 하고, 후자를 외부불경제(external diseconomies)라고 한다. 외부효과가 존재할 때 이를 시장에만 맡겨두면, 외부경제보다 외부불경제가 더 많이 발생하여 비효율성과 시장의 실패를 초래한다.[371]

파생상품은 본질적으로 기초자산으로부터 파생된 금융투자상품이다. 즉, 파생상품의 생산

370 Coase는 이러한 거래비용의 존재로 인해 효율성을 제고하기 위해 회사가 존재하고, 회사는 이해관계자들 간의 계약에 의해 효율성을 추구한다고 본다. 즉, 회사는 일반 개인들로서는 통제할 수 없는 시장의 거래비용을 효율적으로 줄이기 위해, 각 경제주체들이 시장경쟁 질서에서 '선택적' 또는 '합의적'으로 생성시킨 계약의 집합체인 것이고, 이러한 거래비용을 효율적으로 절감하기 위해서는 특정한 경제적 조정(coordination)이 필요한데, 바로 회사라는 수직적·위계적 조직체제(vertical integration)가 그러한 비용절감을 수행할 수 있게 도와준다고 보고 있다(*Ibid,* pp.390~391).

371 정운찬·김홍범, 앞의 책, 631면.

및 이와 관련한 계약들은 본질적으로 기초자산 시장에 영향을 미칠 수밖에 없다. 이로 인해 기초자산가격을 발견하는 긍정적인 효과도 존재하지만,[372] 파생상품시장의 비대화로 인한 기초자산인 현물시장의 지배가능성[373] 및 파생상품시장의 지나친 만기일 효과[374] 등 외부불경제가 초래될 수 있다.

파생상품은 기본적으로 환율, 금리, 증권시세의 급격한 변동에 따른 위험 등 기초자산에 관련된 위험의 전가와 인수를 목적으로 하는데, 이러한 목적을 달성하기 위하여 지불하는 금액은 거래원금대비 상대적으로 매우 적다.[375] 그리하여, 파생상품거래로 인해 영향을 받게 되는 현물시장의 규모는 파생상품거래규모 대비 더욱 크다. 또한 장외파생상품거래는 그 다양성과 부외거래의 가능성 때문에 상대적으로 투명성이 부족하고, 이로 인하여 장외파생상품의 규모를 파악하는데 어려움이 있게 된다. 이와 같은 파생상품시장의 특성은 파생상품거래가 현물시장에 미치는 효과를 정확히 가늠하는 것을 어렵게 만들어 이에 따른 외부불경제는 더욱 심화될 수 있다.

이렇듯, 파생상품의 고유한 특성으로 인한 외부효과의 존재는 시장실패의 가능성을 그 만큼 높이고, 이로 인해 금융시장에서의 시스템위험의 발생가능성이 증대되므로, 적합한 규제의 도입으로 시장실패를 보완하여야 한다.

요약컨대, 파생상품은 상품구조의 복잡・다양성으로 인해 거래당사자간에 정보비대칭의 가능성이 높게 되고, 파생상품이 지닌 고유한 '가치파생성'으로 인해 외부불경제의 우려가 증대되므로, 시장실패로 인한 비효율이 야기될 수 있다. 따라서 이러한 문제를 제거 또는 완화하기 위하여 법령에 의해 파생상품거래에 관한 규제를 시행할 필요가 있게 된다.

그러나 일반적으로 규제는 경쟁을 저해하고 자원배분의 왜곡 및 가격상승을 초래한다는 비판을 받고 있다. 또한 규제는 금융회사에게 준수비용을 부담시키고 이 비용은 궁극적으로 소비자에게 전가되는 경우가 많다. 이와 같이 규제에도 직접・간접으로 비용이 발생하므로, 시장실패의 이유만으로 금융규제가 완벽하게 정당화될 수는 없다.

원칙적으로 금융규제가 정당화될 수 있으려면 두 가지 조건 즉, 금융규제가 없는 경우 시장실패가 발생한다는 조건과 규제의 사회적 편익이 그 사회적 비용보다 커야 한다는 조건이 모두

372 이러한 특징은 전술한 '차익거래' 부분에서 논의되었다.

373 이를 일명 'wag the dog' 현상이라고 한다.

374 만기일 효과란 현물과 선물 및 옵션간의 차익거래 수행에 따라, 만기일에 포지션을 청산하는 과정에서 기초자산의 거래량과 변동성을 증가시키는 현상이다(최종범・류혁선, 앞의 논문, 74면). 2010년 11월 11일 옵션 만기일을 기해 동시호가에 2조원이 넘는 현물매도가 있었고, 이로 인해 시장이 하락하여 콜옵션 및 풋옵션의 정산가격에 영향을 미쳐 거래당사자간의 손익에 큰 변화를 일으키는 사건이 있었다(서울중앙지법 2016. 1. 25. 선고 2011고합1120(분리) 판결 참조).

375 이를 파생상품의 '레버리지효과(leverage effect)'라고 한다.

만족되어야 한다. 즉, 시장실패는 금융규제의 필요조건일 뿐이다.[376] 그러므로 규제의 비용과 편익에 대한 엄밀한 분석 없이는 시장실패의 예방이나 치유를 위해 도입된 금융규제가 오히려 시장비효율을 주도할 위험이 있다. 그리하여, 영국의 금융감독기구인 금융행위감독청(FCA)은 규제를 추가적으로 도입하려는 경우 먼저 비용편익분석부터 실시하도록 의무화하고 있다.[377]

3. 법률상의 근거

가. 헌법

헌법 제119조제2항은 "국가는 균형있는 국민경제의 성장 및 안정과 적정한 소득의 분배를 유지하고, 시장의 지배와 경제력의 남용을 방지하며, 경제주체간의 조화를 통한 경제의 민주화를 위하여 경제에 관한 규제와 조정을 할 수 있다"고 규정함으로써 규제의 근거를 마련하고 있다.

우리나라의 경제헌법은 사회적 시장경제[378]의 원칙을 선언하고 있다고 보아야 할 것이며,[379] 따라서 국가는 경제의 민주화를 위하여 경제에 관한 규제와 조정을 할 수 있다.[380]

헌법 제119조는 개인의 경제적 자유를 보장하면서 사회정의를 실현하는 경제질서를 경제헌법

376 정운찬 · 김홍범, 앞의 책, 636면.

377 FSMA §138I, 종래 FSMA §155가 FSA(2012) §24(1)에 의해 대체되었다; 우리나라도 행정규제기본법 제7조제1항에 의거 중앙행정기관의 장은 규제를 신설하거나 강화(규제의 존속기한 연장을 포함한다. 이하 같다)하려면 다음 각 호의 사항을 종합적으로 고려하여 규제영향분석을 하고 규제영향분석서를 작성하여야 한다.

1. 규제의 신설 또는 강화의 필요성
2. 규제 목적의 실현 가능성
3. 규제 외의 대체 수단 존재 여부 및 기존규제와의 중복 여부
4. 규제의 시행에 따라 규제를 받는 집단과 국민이 부담하여야 할 비용과 편익의 비교 분석
5. 경쟁 제한적 요소의 포함 여부
6. 규제 내용의 객관성과 명료성
7. 규제의 신설 또는 강화에 따른 행정기구 · 인력 및 예산의 소요
8. 관련 민원사무의 구비서류 및 처리절차 등의 적정 여부.

378 사회적 시장경제는 경제재의 생산과 분배가 원칙적으로 자유경쟁원칙 아래서 행하여지되, 사회적 정의를 실현하고 건강한 사회질서와 사회적 약자의 보호를 위한 한도에서는 경제에 대한 국가의 통제가 정당한 권리일 뿐 아니라 국가의 의무로 되어 있는 경제헌법체제이다(김철수, 「헌법학개론」 제19전정신판(박영사, 2007), 295면).

379 이에 대한 헌법재판소 판결로는 헌법재판소 1998.5.28. 선고 96헌가4 결정 등이 있다.

380 김철수, 앞의 책, 296~297면.

의 지도원칙으로 표명함으로써 국가가 개인의 경제적 자유를 존중하여야 할 의무와 더불어 국민경제의 전반적인 현상에 대하여 포괄적인 책임을 지고 있다는 것을 규정하고 있다.[381]

우리 헌법은 헌법 제119조 이하의 경제에 관한 장에서 균형있는 국민경제의 성장과 안정, 적정한 소득의 분배, 시장의 지배와 경제력 남용의 방지, 경제주체간의 조화를 통한 경제의 민주화, 균형있는 지역경제의 육성, 중소기업의 보호육성, 소비자보호 등의 경제영역에서의 국가목표를 명시적으로 언급함으로써 국가가 경제정책을 통하여 달성하여야 할 '공익'을 구체화하고, 동시에 헌법 제37조제2항의 기본권제한을 위한 법률유보에서의 '공공복리'를 구체화하고 있다.[382]

또한 헌법 제119조제2항에 규정된 '경제주체간의 조화를 통한 경제민주화'의 이념도 경제영역에서 정의로운 사회질서를 형성하기 위하여 추구할 수 있는 국가목표로서 개인의 기본권을 제한하는 국가행위를 정당화하는 헌법규범이다.[383]

따라서 개별 경제주체들은 사적 자치의 원칙하에 법률행위의 자유가 인정되나, 법률행위로 인한 법률효과가 당사자에게만 미치지 않고 금융시장에 파급되어 금융시장의 시스템위험을 증대시키거나, 정보의 비대칭성으로 인해 교섭력에 근본적인 제약이 존재하는 경우에는 공공복리를 위해 개인 및 조직의 자유재량을 제한할 필요가 있게 된다. 즉, 사적 자치내지 법률행위의 자유는 법질서를 승인하고 허용하는 한도 내에서만 인정된다는 점을 생각할 때, 금융시장의 건전한 발전을 도모하기 위한 파생상품거래에 대한 일정한 규제는 정당화될 수 있다.

나. 행정규제법

상술한 바와 같이, 파생상품거래에 대한 일정한 규제는 정당화될 수 있다. 하지만, 규제가 정당하다고 하여 그 방식에 아무런 제한이 없는 것은 아니다. 규제의 방식과 관련하여서는 기본적으로 행정규제기본법을 준수하여야 한다.

행정규제기본법은 행정규제에 관한 기본적인 사항을 규정하는 규제근거법이므로 금융규제에도 적용된다.[384] 따라서 금융규제는 법률에 근거하여야 하며, 구체적이고 명확하게 규정되어야 한다(행정규제기본법 제4조제1항).[385] 이에 따라, 파생상품거래와 관련한 규제를 규정하는 대표

381 헌법재판소 2004.10.28. 선고 99헌바91 결정.
382 헌법재판소 1996.12.26. 선고 96헌가18 결정.
383 헌법재판소 2004.10.28. 선고 99헌바91 결정.
384 정찬형 · 최동준 · 김용재, 앞의 책, 46면.
385 이는 규제법정주의로서 금융법령은 금융규제에 해당되고, 그 소관은 법령소관의 중앙행정기관이다.

적인 법률로서 자본시장법이 제정되었으며, 현재 동 법률을 통해 파생상품거래와 관련한 각종 규제를 시행하고 있다. 이 외에도 은행법, 보험업법 및 외국환거래법 등에서 파생상품과 관련한 일부 규제의 내용이 마련되어 있다.[386]

또한 파생상품에 대한 규제를 하기 위해서는 그 규제의 대상과 수단은 규제의 목적 실현에 필요한 최소한의 범위에서 가장 효과적인 방법으로 객관성·투명성 및 공정성이 확보되도록 설정되어야 하고(행정규제기본법 제5조제3항),[387] 행정기관이 파생상품에 관련한 금융규제를 신설 또는 강화하고자 하는 경우에는 규제영향분석서,[388] 자체심사의견 및 행정기관·이해관계인의 제출의견 요지를 첨부하여 규제개혁위원회의 심사를 거쳐야 하며, 규제등록을 하여야 한다(행정규제기본법 제6조제1항 및 제10조).[389]

386 파생상품관련 규제를 일원화하기 위하여 자본시장법이 제정되었음에도 불구하고, 각 업법에 아직도 파생상품 관련 규제가 남아 있고, 그 규제의 방식이 차이가 있어, 각각의 업법과의 충돌 가능성이 제기된다. 이에 대해서는 다음 절에서 논의한다.

387 행정규제기본법 제5조제3항, "규제의 대상과 수단은 규제의 목적 실현에 필요한 최소한의 범위에서 가장 효과적인 방법으로 객관성·투명성 및 공정성이 확보되도록 설정되어야 한다."

388 '규제영향분석'이란 규제로 인하여 국민의 일상생활과 사회·경제·행정 등에 미치는 여러 가지 영향을 객관적이고 과학적인 방법을 사용하여 미리 예측·분석함으로써 규제의 타당성을 판단하는 기준을 제시하는 것을 말한다(행정규제기본법 제2조제1항제5호).

389 행정규제기본법 제6조제1항, "중앙행정기관의 장은 소관 규제의 명칭·내용·근거·처리기관 등을 제23조에 따른 규제개혁위원회(이하 "위원회"라 한다)에 등록하여야 한다."

행정규제기본법 제10조(심사 요청)

① 중앙행정기관의 장은 규제를 신설하거나 강화하려면 위원회에 심사를 요청하여야 한다. 이 경우 법령안(法令案)에 대하여는 법제처장에게 법령안 심사를 요청하기 전에 하여야 한다.

② 중앙행정기관의 장은 제1항에 따라 심사를 요청할 때에는 규제안에 다음 각 호의 사항을 첨부하여 위원회에 제출하여야 한다.

1. 제7조제1항에 따른 규제영향분석서
2. 제7조제3항에 따른 자체심사 의견
3. 제9조에 따른 행정기관·이해관계인 등의 제출의견 요지

③ 위원회는 제1항에 따라 규제심사를 요청받은 경우에는 그 법령에 대한 규제정비 계획을 제출하게 할 수 있다.

제2절 국내 파생상품거래규제 개관

1. 서설

자본시장법이 시행되기 전에는 파생상품거래에 관한 규정들은 증권거래법 및 선물거래법 등에 산재되어 있었고, 장내파생상품과 장외파생상품이 통일적으로 규제되지 못하였을 뿐만 아니라, 특정 파생상품거래의 허용여부가 각 업법에 따라 결정되고 있어서 체계적인 파생상품 규제가 이루어지지 못하였다.[390] 이렇듯 특별한 근거가 없는 규제상의 차이는 금융산업의 경쟁을 왜곡하고 장기적으로 금융산업의 균형적인 성장을 저해하는 요인으로 작용된다.[391]

또한 자본시장법 시행 전에는 파생상품거래에 대해 열거주의에 입각한 규제방식을 채택하고 있었으므로, 새로이 등장하는 신종 파생상품거래에 대해서는 규제의 근거 법령 자체가 없는 실정이었다. 따라서 자본시장법은 증권거래법 및 선물거래법 등에 산재되어 있는 파생상품거래에 관련한 규정들을 자본시장법으로 통합하여 일원화하고, 기초자산의 범위를 대폭 확대하여 포괄주의를 관철하고자 하였다. 그러나 자본시장법은 증권거래법, 선물거래법, 간접투자자산운용업법, 신탁업법, 종합금융회사에 관한 법률, 한국증권선물거래소법 등 6개의 법률을 통합하였으나(法 부칙 제2조), 은행업, 보험업, 서민관련 금융업 분야가 통합범위에서 제외되었고, 실질적으로 금융관련 법률인 여신전문금융업법, 부동산투자회사법, 선박투자회사법, 중소기업창업지원법, 사회기반시설에 대한 민간투자법 등도 통합되지 못하였으며, 각 사업영역별로 규제 법률이 여전히 세세하게 나뉘어져 있다.

390 증권회사는 겸영업무의 차원에서(구 증권거래법 제51조제1항제2호, 동법 시행령 제36조의2제1항제1호, 제1호의2), 선물회사는 본업무의 차원에서(구 선물거래법 제3조제1호), 자산운용회사는 자산운용의 차원에서(구 간접투자자산운용업법 제2조 제1호나목, 제8호, 제9호), 종합금융회사는 부대업무의 차원에서(구 종합금융회사에 관한 법률 제7조제1항제8호, 제2항 제6호, 동법 시행령 제6조의4), 신탁회사는 신탁자금운용의 차원에서(구 신탁업법 제15조의2제1항제3호, 동법 시행령 제11조제1항제10호) 파생상품거래를 수행하였다.

391 김건식・정순섭(2009), 앞의 책, 45면.

2. 자본시장법상 파생상품관련 규제

가. 일반론

1) 서설

자본시장법은 파생상품을 장내파생상품과 장외파생상품으로 구분하고, 그 개념을 기본구성요소방식에 따라 선도, 옵션, 스왑 중의 어느 하나에 해당하는 계약상의 권리로 정의하여, 포괄적으로 파생상품을 포섭하여 동법의 규제대상으로 삼고 있다.

이에 따라 파생상품거래는 자본시장법상 파생상품거래업자에 대한 진입규제는 물론, 파생상품거래업자의 영업행위와 관련한 행위규제 등 각종 규제를 적용받게 된다. 특히, 장외파생상품의 거래는 장내파생상품에 비하여 보다 강화된 규제의 대상이 된다.

2) 진입규제

누구든지 자본시장법에 따른 금융투자업인가(변경인가를 포함한다)를 받지 아니하고는 금융투자업(투자자문업, 투자일임업 및 전문사모집합투자업은 제외)을 영위할 수 없다(法 제11조). 그리고 누구든지 자본시장법에 따른 금융투자업등록(변경등록을 포함한다)을 하지 아니하고는 투자자문업 또는 투자일임업을 영위할 수 없으며(法 제17조), 누구든지 자본시장법에 따른 전문사모집합투자업 등록을 하지 아니하고는 전문사모집합투자업을 영위해서는 아니 된다(法 제249조). 즉, 자본시장법은 금융투자업에 대하여 인가나 등록 없이 영업하는 것을 원칙적으로 금지한다.

그리고 자본시장법에서는 종전의 금융기관별 인가체제에서 금융기능별 인가체제로 전환하면서, 동일한 금융기능(금융투자업 + 금융투자상품 + 투자자)에 대해서는 동일한 인가요건이 적용되도록 금융기능별로 진입요건을 전환하고 있다. 즉, 동법에 의하면 금융기능별로 진입기준을 마련하고 대통령령이 정하는 업무 단위별로 금융투자업 인가를 받거나 등록을 하도록 규정하고 있다.[392]

따라서 자본시장법상 정의된 파생상품에 해당하는 금융투자상품을 취급하고자 하는 경우에는 이에 적합한 자기자본요건 등을 충족하여 업무단위별로 금융투자업 인가를 받거나 등록을 하여야 한다.[393] 이 중 투자매매업, 투자중개업, 집합투자업 및 신탁업 등 4가지 업종을 영위하기 위해서

392 자본시장법은 금융투자업의 진입과 관련하여 금융기능별로 투자자가 노출되는 위험의 크기에 따라 인가제와 등록제를 병용하고 있다(김건식 · 정순섭(2009), 앞의 책, 441면).

는 금융위원회로부터 금융투자업 인가를 받아야 한다(法 제12조제1항제1호). 인가를 요구하는 이유는 투자매매업의 경우에는 금융투자업자가 고객과 직접적인 채권채무관계를 가지므로 금융투자업자의 채무이행능력을 확보할 필요가 있고, 투자중개업, 집합투자업, 신탁업의 경우 수탁한 고객자산의 보호능력을 확보할 필요성이 있기 때문이다.[394]

반면, 금융투자업 중 투자자문업과 투자일임업을 영위하기 위해서는 금융위원회에 금융투자업 등록을 하여야 한다(法 제18조제1항). 인가가 아닌 등록을 요구하는 이유는 투자자문업 등은 금융투자상품의 가치 또는 금융투자상품의 투자판단에 관한 자문에 응하는 것으로 고객과 직접적인 채권채무관계를 가지지 않는 성격이 고려된 것이다.[395]

아울러 자본시장법은 취급대상 금융투자상품의 위험의 크기에 따라 장외파생상품 등 위험이 비교적 높은 금융투자상품을 대상으로 하는 인가에 대해서는 일반 금융투자상품에 비하여 강화된 진입요건을 설정하고, 고객의 위험감수능력의 크기에 따라 일반투자자를 상대로 하는 금융투자업의 경우에는 전문투자자를 상대로 하는 경우에 비해 강화된 진입요건을 요구하고 있다.

3) 영업행위 규제

금융투자업자가 투자자와 금융거래를 함에 있어 영업행위를 위한 적절한 기준을 제시하여 부적절한 영업행위에 의한 손해나 손실의 발생가능성을 사전에 방지하는 것을 영업행위규제(conduct of business regulation)라고 한다.[396]

자본시장법은 투자자를 전문투자자[397]와 일반투자자[398]로 구분하고 금융투자업자는 투자가

393 예를 들어, 장외파생상품을 전문투자자뿐만 아니라 일반투자자를 상대로 투자매매업을 하고자 하는 경우에는 해당 인가업무단위에만 900억의 최저 자기자본을 요구한다. 인가 및 등록업무 관련 요구 최저 자기자본에 대한 상세는 자본시장법시행령 [별표 1], [별표 3] 참조.

394 정순섭, “자본시장통합법상 금융투자상품의 개념에 관한 연구”, 「Business Finance Law」 제18호 (서울대학교 금융법센터, 2006), 10면; 금융투자업 인가를 받기 위한 요건은 자본시장법 제12조제2항 참조.

395 김홍기, 앞의 논문(2008), 105면; 등록요건(法 제18조제2항)은 인가요건과 비슷하지만 자기자본요건이 5억원에서 1억원으로 낮추어져 있는 등 일부요건이 완화되었다. 특히 등록제의 경우에는 종래와 같이 집행과정에서 사실상의 인・허가제로 운영되지 않도록 하고(인가의 경우에는 사업계획이 타당하고 건전할 것이라는 요건이 있으나, 등록 시에는 이와 같은 주관적 진입요건이 요구되지 않음), 법률에 등록처리기간을 2개월로 명기하여(法 제19조제2항) 등록제의 취지를 실현하고 있다.

396 김건식・정순섭(2009), 앞의 책, 494면.

397 ‘전문투자자’란 금융투자상품에 관한 전문성 구비 여부, 소유자산규모 등에 비추어 투자에 따른 위험감수능력이 있는 투자자로서 法 제9조제5항 및 令 제10조에서 지정한 자를 말한다. 다만, 전문투자자 중 대통령령으로 정하는 자가 일반투자자와 같은 대우를 받겠다는 의사를 금융투자업자에게 서면으로 통지하는 경우 금융투자업자는 정당한 사유가 있는 경우를 제외하고는 이에 동의하여야 하며, 금융투자업자가 동의한 경우에는 해당 투자자는 일반투자자로 본다.

398 ‘일반투자자’란 전문투자자가 아닌 투자자를 말한다(法 제9조제6항).

가 일반투자자인지 전문투자자인지의 여부를 확인하도록 요구하고 있다(法 제46조제1항). 이는 투자자 보호가 더욱 필요한 일반 투자자에게는 투자권유 시 보다 충실한 설명과 적합한 상품의 권유 등 주의를 요하기 위함이다.

일반적으로 투자권유와 관련한 규제는 일반투자자의 보호에 집중되어 있으나, 금융투자업자와 장외파생상품 거래를 하는 경우에는 전문투자자로 분류된 투자자의 경우에도 장외파생상품의 위험성에 대하여 충분히 인지할 능력이 상대적으로 부족한 주권상장법인(法 제9조제5항제4호)과 해외주권상장 국내법인, 지방자치단체, 법률에 따라 운용되는 기금, 공제 및 금융위원회에 관련 자료를 제출하고 전문투자자로 등록한 개인과 법인(단체 포함) 등(法 제9조제5항제5호, 令 제10조제3항제12호~제17호)은 전문투자자와 같은 대우를 받겠다는 의사를 금융투자업자에게 서면으로 통지하는 경우에 한하여 전문투자자로 취급되도록 하는 등 장외파생상품에 대해서는 보다 엄격한 투자자 보호 장치를 마련하고 있다.[399]

또한 자본시장법은 금융투자업자의 업무행위에 대하여 공통적으로 적용되는 공통영업행위 규칙을 규정하고 있으나, 장외파생상품에 대해서는 별도의 특칙을 마련하고 있다.

자본시장법이 규정하고 있는 공통된 영업행위 규칙을 살펴보면, 먼저 금융투자업자의 투자자 보호를 위한 일반적·포괄적 의무 규정을 마련하고 있다(法 제37조).[400] 따라서 금융투자업자는 신의성실의 원칙에 따라 공정하게 금융투자업을 영위하여야 하고(法 제37조제1항), 금융투자업을 영위함에 있어서 정당한 사유 없이 투자자의 이익을 해하면서 자기가 이익을 얻거나 제삼자가 이익을 얻도록 하여서는 아니 된다(法 제37조제2항).

그리고 자본시장법은 투자자 보호의 강화를 위한 조치의 일환으로 일반투자자를 대상으로 투자권유를 함에 있어서 설명의무를 부과하고, 적합성원칙을 도입하는 등 투자권유 시에 준수하여야 할 영업행위 규칙을 정하고 있다. 여기서, 투자권유란 특정 투자자를 상대로 금융투자상품의 매매 또는 투자자문계약·투자일임계약·신탁계약(관리신탁계약 및 투자성 없는 신탁계약은 제외)의 체결을 권유하는 것을 말한다(法 제9조제4항).

따라서 파생상품을 일반투자자에게 권유함에 있어 금융투자업자는 적합성원칙 및 설명의무의 준수가 요구된다. 그리하여, 금융투자업자는 일반투자자에게 투자권유를 하는 경우에는 일반투자

399 이는 연역적으로 보면, 은행들이 수출기업들의 환율 헤지 방안의 하나로 투자 권유한 키코(KIKO) 상품에서 기업들이 불측의 막대한 손실이 발생함에 따라 사회적 문제가 되었고, 이를 반영하여 개정된 내용이다.

400 증권거래법은 투자자 보호를 위한 일반적 보호의무 규정을 두지 않고, 증권업감독규정에서 증권회사의 영업원칙을 규정하였다(임재연, 앞의 책, 123면); 김용재 교수는 원칙중심규제를 위해 제37조를 개정하여야 한다는 주장을 하고 있다. 이에 대해서는 김용재, "원칙중심규제의 도입을 위한 출발점으로서 자본시장법 제37조의 개정 필요성", 「금융법연구」 제14권제1호 (한국금융법학회, 2017) 참고.

자의 투자목적·재산상황 및 투자경험 등에 비추어 그 일반투자자에게 적합하지 아니하다고 인정되는 투자권유를 하여서는 아니 된다(法 제46조제3항). 또한 금융투자업자는 일반투자자를 상대로 투자권유를 하는 경우에는 금융투자상품의 내용, 투자에 따르는 위험, 그 밖에 대통령령으로 정하는 사항[401]을 일반투자자가 이해할 수 있도록 설명하여야 한다(法 제47조제1항).

이 밖에도 금융투자업자는 투자권유를 함에 있어 거짓의 내용을 알리는 행위, 불확실한 사항에 대하여 단정적 판단을 제공하거나 확실하다고 오인하게 할 소지가 있는 내용을 알리는 행위가 금지된다(法 제49조제1호 및 제2호). 또한 투자자로부터 투자권유의 요청을 받지 아니하고 방문·전화 등 실시간 대화의 방법을 이용하는 불초청권유 행위도 금지된다(法 제49조제3호본문). 다만, 증권과 장내파생상품의 권유는 투자자 보호 및 건전한 거래질서를 해할 우려가 없는 행위로서 불초청권유 대상에서 제외하고 있어(法 제49조제3호단서, 令 제54조제1항), 실질적으로 불초청권유의 대상은 장외파생상품으로 한정된다. 그리고 투자권유를 받은 투자자가 이를 거부하는 취지의 의사를 표시하였음에도 불구하고 동종의 금융투자상품[402]에 대한 투자권유를 계속하는 재권유 행위도 금지된다(法 제49조제4호, 令 제54조제2항).[403] 아울러 투자자(전문투자자와 법 제72조제1항에 따른 신용공여를 받아 투자를 한 경험이 있는 일반투자자는 제외한다)로부터 금전의 대여나 그 중개·주선 또는 대리를 요청받지 아니하고 이를 조건으로 투자권유를 하는 행위를 금지한다(法 제49조제5호, 令 제55조).

그런데 적합성원칙 및 설명의무 등 투자권유 규제는 투자권유가 있는 경우에만 적용되는

401 자본시장법시행령 제53조제1항, "법 제47조제1항에서 "대통령령으로 정하는 사항"이란 다음 각 호의 사항을 말한다."
1. 금융투자상품의 투자성(법 제3조제1항 각 호 외의 부분 본문에 따른 투자성을 말한다. 이하 같다)에 관한 구조와 성격
2. 법 제58조제1항에 따른 수수료에 관한 사항
3. 조기상환조건이 있는 경우 그에 관한 사항
4. 계약의 해제·해지에 관한 사항
5. 투자자문업자가 투자권유를 하는 경우에는 다음 각 목의 사항
가. 투자자문업자가 제60조제3항제4호 각 목의 요건을 충족한 자에 해당하는지 여부
나. 투자자문을 제공하는 법 제6조제6항에 따른 금융투자상품등의 종류와 범위
다. 투자자문 제공 절차와 투자자문수수료 등 관련 비용의 규모 및 산정방식
라. 그 밖에 투자자와 이해상충이 발생할 수 있는 사항으로서 금융위원회가 정하여 고시하는 사항

402 동종의 금융투자상품과 관련하여 금융투자업규정은 자본시장법 상 증권 및 파생상품의 개념정의를 토대로 각각 채무증권, 지분증권, 수익증권, 투자계약증권, 파생결합증권, 증권예탁증권, 장내파생상품, 장외파생상품 등을 동종의 금융투자상품 기준으로 분류하고 있다. 또한, 금융투자업규정 시행세칙 제3-1조는 ① 상품구조(원금보장여부)가 상이한 파생결합증권, ② 기초자산의 종류(주가관련, 금리관련, 환율관련, 상품가격관련, 신용관련) 또는 상품구조(선도, 스왑, 옵션)가 상이한 장외파생상품은 다른 종류의 상품으로 분류하고 있다.

403 재권유금지 예외로 1개월의 기간이 지난 후 재권유하는 행위는 허용된다(금융투자업규정 제4-8조).

것이므로, 이것만으로 투자자를 보호하는 것에는 한계가 있다고 판단하여 금융투자업자의 투자권유가 없는 경우에도 위험이 상대적으로 큰 금융투자상품에 대해서는 보다 적극적으로 투자자를 보호하기 위하여 일반투자자를 대상으로 '적정성원칙'이 2009년 2월 자본시장법의 시행을 앞두고 동법을 개정하여 행위규제의 하나로 추가 도입되었다(法 제46조의2).

그리하여, 금융투자업자는 일반투자자에게 투자권유를 하지 아니하고 '파생상품등'[404]의 금융투자상품을 판매하려는 경우에도 면담・질문 등을 통하여 그 일반투자자의 투자목적・재산상황 및 투자경험 등의 정보를 파악하여야 하고(法 제46조의2제1항), 일반투자자의 투자목적・재산상황 및 투자경험 등에 비추어 해당 파생상품등이 그 일반투자자에게 적정하지 아니하다고 판단되는 경우에는 금융투자업자는 해당 파생상품등의 내용 및 위험성 등에 대한 사실을 알리고(法 제46조의2제2항, 令 제52조의2제2항),[405] 일반투자자로부터 서명, 기명날인, 녹취, 전자우편 및 그 밖에 이와 비슷한 전자통신, 우편, 전화자동응답시스템 등의 방법으로 확인을 받아야 한다(法 제46조의2제2항, 令 제52조의2제3항).

또한 금융투자업자는 투자권유를 함에 있어서 금융투자업자의 임직원이 준수하여야 할 구체적인 기준 및 절차(이하 "투자권유준칙"이라 한다)를 정하도록 하고 있는데(法 제50조제1항), 파생상품등에 대하여는 일반투자자의 투자목적・재산상황 및 투자경험 등을 고려하여 투자자 등급별로 차등화된 투자권유준칙을 마련하도록 강화하고 있다(法 제50조제1항단서).

아울러 선물, 옵션 등 장내파생상품의 매매와 관련하여 금융투자업자가 투자자에게 손실보전

---

404 '파생상품등'이란 파생상품, 그 밖에 시행령 제52조의2제1항에서 정하는 금융투자상품을 말한다(法 제46조의2제1항).
자본시장법시행령 제52조의2제1항, 법 제46조의2제1항에서 "대통령령으로 정하는 금융투자상품"이란 다음 각 호의 어느 하나에 해당하는 것을 말한다.
1. 파생결합증권. 다만, 금적립계좌등은 제외한다.
2. 법 제93조제1항에 따른 집합투자기구의 집합투자증권. 다만, 금융위원회가 정하여 고시하는 집합투자기구의 집합투자증권은 제외한다.
3. 집합투자재산의 100분의 50을 초과하여 파생결합증권에 운용하는 집합투자기구의 집합투자증권
4. 법 제165조의11제1항에 따라 해당 사채의 발행 당시 객관적이고 합리적인 기준에 따라 미리 정하는 사유가 발생하는 경우 주식으로 전환되거나 그 사채의 상환과 이자지급 의무가 감면된다는 조건이 붙은 사채(이하 "조건부자본증권"이라 한다)
5. 파생상품이나 제1호부터 제4호까지의 금융투자상품에 운용하는 법 제110조제1항에 따른 금전신탁계약에 의한 수익권이 표시된 수익증권(이와 유사한 것으로서 신탁의 수익권이 표시된 것을 포함한다)

405 자본시장법시행령 제52조의2제2항, 금융투자업자는 법 제46조의2제2항에 따라 일반투자자에게 다음 각 호의 사실을 알려야 한다.
1. 해당 파생상품등(법 제46조의2제1항에 따른 파생상품등을 말한다. 이하 이 항에서 같다)의 내용
2. 해당 파생상품등에 대한 투자에 따르는 위험
3. 해당 파생상품등이 일반투자자의 투자목적・재산상황 및 투자경험 등에 비추어 그 일반투자자에게 적정하지 아니하다는 사실

약정을 하는 사례가 있는데,[406] 종래 증권거래법(제52조)에 이어 자본시장법도 이익보장을 약속한 권유행위를 원칙적으로 금지하고 있으므로(法 제55조),[407] 이를 위반하여 손실보전약정의 부당한 권유행위를 한 자에게는 3년 이하의 징역 또는 1억원 이하의 벌금을 부과한다(法 제445조).

손실보전약정의 사법상의 효력에 관해서는 동법이 규정하고 있지 아니하므로 다툼이 있을 수 있으나, 이는 공정한 증권거래질서의 확보를 위하여 제정된 강행법규로서 이에 위배되는 주식거래에 관한 투자수익보장약정은 무효이고, 투자수익보장이 강행법규에 위반되어 무효인 이상 금융투자업자의 임직원에게 그와 같은 약정을 체결할 권한이 수여되었는지 여부에 불구하고 그 약정은 여전히 무효라고 할 것이며,[408] 이는 대법원의 확립된 판례이기도 하다.[409]

장내파생상품, 특히 거래소 거래와 관련하여 발생하는 파생상품거래의 수탁, 거래증거금, 그리고 결제 등과 같은 세세한 사항에 관해서는 한국거래소「파생상품시장 업무규정」에 별도로 마련되어 있다.

나. 장외파생상품규제의 특칙

1) 일반론

장외거래란 거래소시장 또는 다자간매매체결회사 외에서 금융투자상품을 매매, 그 밖의 거래를 하는 경우를 말하며(法 제166조), 그 매매, 그 밖의 거래방법 및 결제의 방법 등 필요한 사항은 대통령령으로 정하고 있다(法 제166조). 장외거래의 경우에는 협회 등을 통한 주권의 장외거래(令 제178조제1항) 및 채권중개전문회사를 통한 채무증권의 장외거래(令 제179조)에 따른 매매거래를 제외하고는 단일의 매도자와 매수자 간에 매매하는 방법으로 하여야 한다(令 제177조). 따라서 장외파생상품은 기본적으로 단일의 매도자와 매수자 간에 매매하는 방법에 의해 거래되어야

---

406 대법원 2007. 4. 12. 선고 2004다62641 판결, 대법원 2001. 4. 27. 선고 2000다30943 판결.

407 자본시장법 제55조 (손실보전 등의 금지) 금융투자업자는 금융투자상품의 매매, 그 밖의 거래와 관련하여 제103조제3항에 따라 손실의 보전 또는 이익의 보장을 하는 경우, 그 밖에 건전한 거래질서를 해할 우려가 없는 경우로서 정당한 사유가 있는 경우를 제외하고는 다음 각 호의 어느 하나에 해당하는 행위를 하여서는 아니 된다. 금융투자업자의 임직원이 자기의 계산으로 하는 경우에도 또한 같다.
1. 투자자가 입을 손실의 전부 또는 일부를 보전하여 줄 것을 사전에 약속하는 행위
2. 투자자가 입은 손실의 전부 또는 일부를 사후에 보전하여 주는 행위
3. 투자자에게 일정한 이익을 보장할 것을 사전에 약속하는 행위
4. 투자자에게 일정한 이익을 사후에 제공하는 행위.

408 임재연, 앞의 책, 148면.

409 대법원 2002. 12. 26. 선고 2000다56952 판결, 대법원 2001. 4. 24. 선고 99다30718 판결, 대법원 1997. 2. 14. 선고 95다19140 판결 등.

한다.

자본시장법은 공통의 영업행위 규칙 외에 별도로 장외파생상품과 관련하여서는 몇 가지 추가적인 규제를 마련하고 있다.

먼저, 상술한 바와 같이, 장외파생상품에 있어서는 상품의 복잡성·위험성을 감안하여 일반투자자 범위를 확대하고 있다. 즉, 주권상장법인은 원칙적으로 전문투자자에 해당하지만, 장외파생상품거래에 있어서는 전문투자자와 같은 대우를 받겠다는 의사를 금융투자업자에게 서면으로 통지하는 경우에 한해서 전문투자자로 인정된다(法 제9조제5항제4호단서). 이 밖에 法 제9조제5항제5호에 의거 대통령령에 의해 전문투자자가 된 자들 중에서도 상대적으로 보호할 필요가 있다고 판단되는 전문투자자들[410]에 대해서는 마찬가지로 장외파생상품거래를 위해 적극적으로 전문투자자로 대우 받겠다는 별도의 서면의 통지를 금융투자업자에게 보낸 경우에 한하여 전문투자자로 취급된다(令 제10조제3항단서).

그리고 자산규모 및 금융투자업의 종류 등을 고려하여 대통령령으로 정하는 금융투자업자(겸영금융투자업자를 포함)[411]는 상근 임원(상법 제401조의2제1항 각 호의 자를 포함)으로서 대통령

---

410 자본시장법시행령 제10조제3항, 법 제9조제5항제5호에서 "대통령령으로 정하는 자"란 다음 각 호의 자를 말한다. 다만, 제12호부터 제17호까지의 어느 하나에 해당하는 자가 금융투자업자와 장외파생상품 거래를 하는 경우에는 전문투자자와 같은 대우를 받겠다는 의사를 금융투자업자에게 서면으로 통지하는 경우만 해당한다.

12. 법률에 따라 설립된 기금(제10호 및 제11호는 제외한다) 및 그 기금을 관리·운용하는 법인
13. 법률에 따라 공제사업을 경영하는 법인
14. 지방자치단체
15. 해외 증권시장에 상장된 주권을 발행한 국내법인
16. 다음 각 목의 요건을 모두 충족하는 법인 또는 단체(외국 법인 또는 외국 단체는 제외한다)
    가. 금융위원회에 나목의 요건을 충족하고 있음을 증명할 수 있는 관련 자료를 제출할 것
    나. 관련 자료를 제출한 날 전날의 금융투자상품 잔고가 100억원(「주식회사의 외부감사에 관한 법률」에 따라 외부감사를 받는 주식회사는 50억원) 이상일 것
    다. 관련 자료를 제출한 날부터 2년이 지나지 아니할 것
17. 다음 각 목의 요건을 모두 충족하는 개인. 다만, 외국인인 개인 및 「조세특례제한법」 제91조의18제1항에 따른 개인종합자산관리계좌에 가입한 거주자인 개인(같은 조 제3항제2호에 따라 신탁업자와 특정금전신탁계약을 체결하는 경우 및 이 영 제98조제1항제4호의2 및 같은 조 제2항에 따라 투자일임업자와 투자일임계약을 체결하는 경우로 한정한다)은 제외한다.
    가. 금융위원회에 나목부터 라목까지의 요건을 모두 충족하고 있음을 증명할 수 있는 관련 자료를 제출할 것
    나. 관련 자료를 제출한 날 전날의 금융투자상품 잔고가 5억원 이상일 것
    다. 금융투자업자에 계좌를 개설한 날부터 1년이 지났을 것
    라. 소득액 또는 재산가액이 금융위원회가 정하여 고시하는 기준을 충족할 것
    마. 관련 자료를 제출한 날부터 2년이 지나지 아니할 것

411 자본시장법시행령 제32조의2제1항, 법 제28조의2제1항에서 "대통령령으로 정하는 금융투자업자"란 다음 각 호의 어느 하나에 해당하는 자를 말한다.

1. 장내파생상품에 대한 투자매매업 또는 투자중개업을 경영하는 자로서 최근 사업연도말일을 기준으

령으로 정하는 파생상품업무책임자[412]를 1인 이상 두어야 한다(法 제28조의2제1항).[413] 여기서, 파생상품업무책임자는 파생상품업무를 총괄하는 자로서 첫째, 파생상품 투자자 보호에 필요한 절차나 기준의 수립 및 집행에 관한 관리·감독업무, 둘째, 장외파생상품 매매에 대한 승인 등의 업무 등을 수행한다(法 제28조의2제2항).

2) 행위 규제

장외파생상품은 증권이나 장내파생상품에 비하여 상품의 구조가 표준화되어 있지 않아 상대적으로 복잡할 수 있고, 그 위험에 대해서도 금융소비자가 제대로 인지하지 못할 위험성이 있으므로 장외파생상품 매매와 관련하여 금융투자업자에게 별도의 투자자 보호를 위한 행위규제를 마련하고 있다.

먼저, 여타의 증권 및 장내파생상품과 달리, 장외파생상품에 대해서는 투자자로부터 투자권유의 요청을 받지 아니하고 방문·전화 등 실시간 대화의 방법을 이용하는 불초청권유 행위를 금지한다(法 제49조제3호, 슈 제54조제1항).[414]

그리고 투자매매업자 또는 투자중개업자는 장외파생상품의 매매 및 그 중개·주선 또는 대리의 상대방이 일반투자자인 경우에는 그 일반투자자가 대통령령으로 정하는 위험회피 목적의 거래[415]를 하는 경우에 한하여야 하고, 이 경우 투자매매업자 또는 투자중개업자는 일반투자자가 장외파생상품 거래를 통하여 회피하려는 위험의 종류와 금액을 확인하고, 관련 자료를 보관하여

로 자산총액이 1천억원 이상인 자

2. 장외파생상품에 대한 투자매매업 또는 투자중개업을 경영하는 자

412 자본시장법시행령 제32조의2제2항, "대통령령으로 정하는 파생상품업무책임자"란 금융투자업자의 파생상품업무를 총괄하는 자로서 「금융회사의 지배구조에 관한 법률」 제5조제1항 각 호에 해당하지 않는 자를 말한다.

413 종래에는 파생상품업무책임자를 지정·변경한 때에는 그 사실을 금융위원회에 통보하도록 하고 있었으나, 개정에 의해 보고의무는 폐지되었다.

414 자본시장법은 원칙적으로 불초청권유를 부당권유의 하나로 간주하여 금지하는 규정을 마련하고 있고(法 제49조제3호), 예외적으로 투자자 보호 및 건전한 거래질서를 해할 우려가 없는 행위로서 판단되는 증권과 장내파생상품에 대하여 불초청권유 행위를 허용하고 있으므로(法 제49조제3호단서, 슈 제54조제1항), 결과적으로 法 제3조 금융투자상품의 정의 상 장외파생상품에 대해서만 불초청권유 행위가 금지된다.

415 자본시장법시행령 제186의2, 법 제166조의2제1항제1호 전단에서 "대통령령으로 정하는 위험회피 목적의 거래"란 위험회피를 하려는 자가 보유하고 있거나 보유하려는 자산·부채 또는 계약 등(이하 "위험회피대상"이라 한다)에 대하여 미래에 발생할 수 있는 경제적 손실을 부분적 또는 전체적으로 줄이기 위한 거래로서 계약체결 당시 다음 각 호의 요건을 충족하는 거래를 말한다.

1. 위험회피대상을 보유하고 있거나 보유할 예정일 것
2. 장외파생거래 계약기간 중 장외파생거래에서 발생할 수 있는 손익이 위험회피대상에서 발생할 수 있는 손익의 범위를 초과하지 아니할 것

야 한다(法 제166조의2제1항제1호).

주권상장법인이 전문투자자와 같은 대우를 받겠다는 의사표시를 하지 않은 상태에서는 일반투자자로 간주되므로,[416] 상기 규정에 의해 금융투자업자는 주권상장법인에게 법정되어 있는 위험회피목적거래의 용도로만 장외파생상품을 투자 권유할 수밖에 없다. 따라서 자본시장법 제정 전에 투자 권유되어 기존에 사회 문제가 되었던 키코(KIKO)계약과 같은 사례는 발생하기 어려울 것이다.[417]

키코(KIKO)상품 역시 수출업체 입장에서는 환율변동위험을 헤지하는 수단으로서 역할을 할 수 있으나,[418] 자본시장법은 장외파생거래 계약기간 중 장외파생거래에서 발생할 수 있는 손익이 위험회피대상에서 발생할 수 있는 손익의 범위를 초과할 수 없는 경우만을 위험회피목적거래로 규정하고 있으므로(令 제186조의2제2호), 불확실한 미래의 현금흐름에 대하여 환율의 범위에 따라 다른 비율로 환위험을 헤지하고 있어 문제가 되었던 키코(KIKO) 계약은 '일정한 범위에서 위험회피대상에서 발생할 수 있는 손익의 범위를 초과하는 손실이 발생 가능하므로' 장외파생상품에 관하여 일반투자자로 간주되는 주권상장법인에게는 투자 권유될 수 없다. 만약 주권상장법인이 자본시장법상 정해진 위험회피목적 이 외의 다양한 방식에 의해 위험을 회피하는 수단을 권유받고자 하는 경우에는 전문투자자로서의 대우를 받겠다는 의사표시를 금융투자업자에 서면으로 통지한 경우에만 가능하다.[419]

또한, 장외파생상품 매매와 관련하여 위험관리 또한 강화되었다. 투자매매업자 또는 투자중개업자는 장외파생상품의 매매에 따른 위험액(금융위원회가 정하여 고시하는 위험액)[420]이 금융위원회가 정하여 고시하는 한도[421]를 초과하지 않도록 하여야 하며(法 제166조의2제1항제2호),

416 자본시장법 제9조제5항은 주권상장법인을 원칙적으로 전문투자자로 분류하고 있으나, 장외파생상품과 관련하여서는 제9조제5항제4호의 단서 조항에 따라 전문투자자와 같은 대우를 받겠다는 의사를 금융투자업자에게 서면으로 통지하지 않는 한 일반투자자로 간주된다.

417 키코(KIKO)와 관련한 자세한 계약 내용에 대해서는 서울중앙지법 2010.2.8. 선고 2008가합108359(본소), 2009가합41859(반소) 판결, 서울중앙지법 2010.11.29 선고 2008가합108182 판결, 서울중앙지법 2010.11.29 선고 2008가합108304 판결 등을 참고.

418 종래 키코(KIKO) 상품의 환위험회피에 대한 적합성여부를 판단한 법원의 판결은 키코(KIKO)와 같은 부분적 환위험관리 상품 역시 환위험회피에 부적합한 상품은 아니라고 판시하고 있다(서울중앙지법 2010.11.29 선고 2008가합108182 판결, 서울중앙지법 2010.11.29 선고 2008가합108304 판결 등).

419 하지만, 이 경우에는 자본시장법이 적합성원칙 및 설명의무 위반의 책임을 일반투자자에 대한 투자권유로 한정하고 있으므로, 이러한 기본적인 고객보호의무로부터 배제될 가능성이 있다.

420 금융투자업규정 제5-49조(장외파생상품의 매매기준) ① 법 제166조의2제1항제2호에서 "금융위원회가 정하여 고시하는 위험액"이란 제3-11조제2항 각 호의 위험액(겸영금융투자업자의 경우에는 내부 위험관리기준에 따른 위험액)을 합산한 금액을 말한다.

421 금융투자업규정 제5-49조(장외파생상품의 매매기준) ② 법 제166조의2제1항제2호에서 "금융위원회가 정하여 고시하는 한도"란 다음 각 호의 한도를 말한다. 다만, 제2호에 따라 겸영금융투자업자가 그 한

영업용순자본에서 총위험액을 차감한 금액을 인가업무 또는 등록업무 단위별 자기자본(각 해당 조항에서 대통령령으로 정하는 완화된 요건을 말한다)을 합계한 금액으로 나눈 값이 100분의 150[422]에 미달하는 경우(겸영금융투자업자의 경우에는 금융위원회가 정하여 고시하는 경우를 말한다)[423]에는 그 미달상태가 해소될 때까지 새로운 장외파생상품의 매매를 중지하고, 미종결거래의 정리나 위험회피에 관련된 업무만을 수행하여야 한다(法 제166조의2제1항제3호).

그리고 장외파생상품의 매매를 할 때마다 원칙적으로 파생상품업무책임자의 승인을 받도록 요구하고 있고(法 제166조의2제1항제4호),[424] 월별 장외파생상품(파생결합증권 포함)의 매매, 그 중개·주선 또는 대리의 거래내역을 다음 달 10일까지 금융위원회에 보고하어야 한다(法 제166조의2제1항제5호).

따라서 통화의 실제인수도 없이 외국환은행에 일정액의 거래증거금을 예치한 후 통화를 매매하고, 환율변동 및 통화 간 이자율 격차 등에 따라 손익을 정산하는 거래인 외환증거금거래도 장외파생상품의 일종인데, 장외파생상품에 대한 판매규정상 외환증거금거래에 필수적인 온라인 거래가 불가능하고, 위험회피 목적의 거래에 대한 자료보관이 불가능하며(위 제1호 관련), 매매를 할 때마다 파생상품업무책임자의 승인을 받는 것이 불가능하여(위 제4호 관련), 자본시장법 시행 이후 신규거래가 중단되었다.[425]

도를 정하거나 변경하는 경우에는 그 사실을 10영업일 이내에 금융감독원장에게 보고하여야 한다.

1. 겸영금융투자업자 이외의 투자매매업자 또는 투자중개업자 : 자기자본(개별재무제표의 자본총계를 말한다)의 100분의 30.
2. 겸영금융투자업자인 투자매매업자 또는 투자중개업자 : 당해 겸영금융투자업자의 내부기준에서 정한 한도.

422 영업용순자본 비율 계산 방식의 변경에 따라 종래 영업용순자본이 총위험액의 2배에 미달하는 경우(겸영금융투자업자의 경우에는 금융위원회가 정하여 고시하는 경우)에서 변경되었다.

423 금융투자업규정 제5-49조(장외파생상품의 매매기준) ③ 법 제166조의2제1항제3호에서 "금융위원회가 정하여 고시하는 경우"란 당해 겸영금융투자업자에 적용되는 「금융산업의 구조개선에 관한 법률」에 따른 적기시정조치의 기준을 하회하는 경우를 말한다.

424 다만, 금융위원회가 정하여 고시하는 기준을 충족하는 계약으로서 거래당사자 간에 미리 합의된 계약조건에 따라 장외파생상품을 매매하는 경우는 제외한다(法 제166조의2제1항제4호단서).
금융투자업규정 제5-49조(장외파생상품의 매매기준) ④ 법 제166조의2제1항제4호 단서에 따라 다음 각 호의 요건을 모두 충족하는 장외파생상품의 매매에 대하여는 매매를 할 때마다 파생상품업무책임자의 승인을 받지 아니할 수 있다.

1. 파생상품업무책임자의 승인을 받은 기본계약서에 근거하여 체결한 장외파생상품 매매일 것
2. 다음 각 목의 어느 하나에 해당할 것
   가. 법 제5조제1항제1호 또는 제3호에 따른 파생상품으로서 채권가격, 금리 또는 통화를 기초자산으로 하는 장외파생상품 매매일 것
   나. 파생상품업무책임자로 부터 위임받은 자가 승인한 매매(파생상품업무책임자에게 사후보고하는 거래에 한한다)일 것. 다만 승인을 위임하고자 하는 금융투자회사는 매매금액 및 위험 등을 고려한 위임 및 사후보고에 관한 내부기준을 마련하여야 한다.

425 반면, 그 경제적 실질이 동일한 일본의 상품거래소법에 따라 장외에서 이루어지는 FX마진거래는 종래

추가적으로, 자본시장법은 기초자산이 신용위험관련 상품(法 제4조제10항제4호)[426] 이거나 자연등(法 제4조제10항제4호제5호)[427]에 해당하는 장외파생상품의 경우와 일반투자자를 대상으로 하는 장외파생상품에 해당하는 장외파생상품을 신규로 취급하는 경우에는 협회의 사전심의를 받도록 규정하고 있다(法 제166조의2제1항제6호). 다만, 이 규정은 조문은 존재하나, 현재로서는 일몰규정 만료에 따라 사문화된 규정이다.[428]

아울러, 장외파생상품 거래의 매매에 따른 위험관리, 그 밖에 투자자를 보호하기 위하여 필요한 사항은 금융위원회가 정하여 고시하도록 하고 있으며(法 제166조의2제2항, 금융투자업규정 제5-50조),[429] 금융감독원장은 투자매매업자 및 투자중개업자의 장외파생상품의 매매 등과 관련하여 상술한 기준의 준수 여부를 감독하여야 한다(法 제166조의2제3항).

3) 장외파생상품 사전심의 제도

장외파생상품 사전심의 제도는 2010년 3월 12일 자본시장법 개정으로 공포되어 2010년 6월 13일 시행되었다.[430] 현재 관련 법문은 존재하나(法 제166조의2제1항제6호 등), 이 제도는 한시적

자본시장법 제5조제2항, 시행령 제5조가 적용되는 해외파생상품으로서 장내파생상품으로 분류되어, 장외파생상품에 대한 매매규제가 적용되지 않는 문제가 있다. 2017년 개정으로 해당 조문은 시행령에서 금융투자업규정 제1-3조로 이관되었다. 이러한 문제를 지적한 논문으로 류혁선, 앞의 박사학위논문, 110면 참고.

426 신용위험(당사자 또는 제삼자의 신용등급의 변동, 파산 또는 채무재조정 등으로 인한 신용의 변동을 말한다).

427 그 밖에 자연적·환경적·경제적 현상 등에 속하는 위험으로서 합리적이고 적정한 방법에 의하여 가격·이자율·지표·단위의 산출이나 평가가 가능한 것.

428 자본시장법(2010.3.12.) 부칙 제2조 및 이와 관련한 장외파생상품심의위원회 운영 및 심의에 관한 규정 부칙 제2조에 의거 이 제도는 2011년 12월 31일 만료되었다. 따라서 해당 규정의 폐지 여부에 대해 검토가 필요하다.

429 금융투자업규정 제5-50조(장외파생상품의 위험관리기준) ① 장외파생상품을 대상으로 하여 투자매매업 또는 투자중개업을 영위하는 금융투자업자는 법 제166조의2제2항에 따라 다음 각 호의 위험관리기준을 모두 충족하여야 한다. 이 경우 별표 15 제5호에서 정하는 바에 따라 장외파생상품에 대한 투자매매업과 투자중개업의 특성 및 장외파생상품에 대한 인가업무 단위에 따라 부담하는 위험의 차이를 고려하여 평가할 수 있다.

1. 별표 15에 따른 종합평가결과가 "양호" 이상일 것
2. 별표 15의 "1. 평가항목" 중 다음 각 목의 평가점수는 각각 2.4점 이하일 것
   가. 위험관리조직 및 인력
   나. 위험측정 및 관리실무
   다. 위험관리 및 내부통제전산시스템

② 제1항에 따른 위험관리에 관한 세부평가기준은 별표 16과 같다.

③ 장외파생상품을 대상으로 하여 투자매매업 또는 투자중개업을 영위하는 금융투자업자는 반기별로 제1항제1호에 따른 종합평가를 실시하고 그 결과를 금융감독원장에게 보고하여야 한다.

430 이의 실행 주체인 금융투자협회는「장외파생상품심의위원회 운영 및 심의에 관한 규정」을 2010년 6월 9일 제정하였다.

용 규정으로 2011년 12월 31일까지 유효한 것으로 하였고,[431] 현재는 만료되어 운영되고 있지 않다. 또한 해당 업무와 관련하여 금융투자협회 정관 등에서도 이에 대한 업무 내용은 삭제된 상태이다.

이 제도가 당시 도입된 이유는 은행에서 우량 수출기업들에 판매한 통화옵션상품의 하나인 키코(KIKO)에서 불측의 막대한 손해가 발생함에 따라 2008년 커다란 사회문제를 야기하였고, 이러한 피해를 미연에 방지하고 향후에도 새롭게 출현 가능한 장외파생상품이 가져올 수 있는 부작용을 선제적으로 관리하고, 전문성이 부족한 일반투자자 보호를 강화하기 위하여 금융투자업자가 신규로 취급하는 장외파생상품에 대하여는 사전에 금융투자상품의 위험요소들에 대해 심의를 받도록 한 것이다. 하비만, 근본적으로 고객 맞춤형 구조를 지닌 장외파생상품을 일일이 사전 심의한다는 것이 시장원리에 부합하지 않고, 근본적으로 장외파생상품의 기초자산의 가격이 실시간으로 변동하는 것임에도 불구하고 사전 심의에 따른 기간 경과로 인해 투자자가 원하는 적기에 상품이 공급되기 어려운 점 및 금융 선진국에서도 찾아 볼 수 없는 전향적인 규제라는 점에서 도입 당시에도 논란이 있었다.

가) 근거 조항

현재 부칙의 일몰조항에 의거 사문화된 조문임에도 불구하고 자본시장법은 장외파생상품에 대한 사전심의규정을 여러 조항에 걸쳐 존속하고 있다.[432] 일단은 장외파생상품의 매매등에 관한 제166조의2제6호에서 금융투자협회의 사전심의를 받도록 하고 있다. 아울러 자본시장법은 금융투자협회의 업무에 관한 사항을 규정한 제286조제1항제4호를 통해 금융투자업자가 기초자산이 신용상품(法 제4조제10항제4호)이나 자연 등(제5호)에 해당하는 장외파생상품 또는 일반투자자를 대상으로 하는 장외파생상품을 신규로 취급하는 경우에는 그 금융상품에 대한 사전심의를 하도록 금융투자협회에 업무를 부여하고 있다.

나) 장외파생상품심의위원회의 구성 및 심의내용

금융투자협회는 장외파생상품에 관한 사전심의업무 수행을 위하여 위원장 1명을 포함한 5명 이상 10명 이내의 위원으로 구성된 장외파생상품심의위원회를 둔다(法 제288조의2제1항, 제2항). 위원회의 회의는 재적위원 과반수의 출석과 출석위원 3분의 2 이상의 찬성으로 의결한다(法 제288조의2제3항).

---

431 자본시장법(2010.3.12.) 부칙 제2조, 장외파생상품심의위원회 운영 및 심의에 관한 규정 부칙 제2조.

432 부칙만 개정되면 해당 제도는 부활할 수 있는 상태이다.

장외파생상품심의위원회는 사전심의업무를 수행함에 있어서 기초자산이 자본시장법 제4조제10항제4호에 해당하는 장외파생상품(신용파생상품) 또는 제5호에 해당하는 장외파생상품(자연등 파생상품)의 경우, 기초자산가격 변동에 대한 정보 제공 가능성에 관한 사항을 심의하고(法 제288조의2제4항제1호), 만약 장외파생상품이 일반투자자를 대상으로 하는 경우에는 위험회피구조의 타당성, 일반투자자에게 교부하는 설명자료의 충실성, 투자권유자문인력의 자격사항 및 교육 등 판매계획의 적정성에 관한 사항을 고려하여 심의하여야 한다(法 제288조의2제4항제2호).

구체적인 사전심의 기준은 당시 제정된 「장외파생상품심의위원회 운영 및 심의에 관한 규정」 제22조가 규정하고 있었다. 이를 요약하면 다음 [표 12]와 같다.

또한 장외파생상품심의위원회는 사전심의업무를 수행함에 있어 필요한 경우에는 금융투자업자 등에 대하여 사실의 확인 또는 자료의 제출 등을 요구할 수 있으며(法 제288조의2제5항), 동 위원회는 사전심의에 대한 의결이 있을 경우에는 금융감독원장에게 지체 없이 보고하여야 한다(法 제288조의2제6항). 그리고 금융투자협회는 ① 위원장 및 위원의 자격, 선임방법에 관한 사항, ② 위원장 및 위원의 임기에 관한 사항, ③ 위원회 운영 및 의사결정의 독립성 확보에 관한 사항, ④ 위원회 심의절차 및 의사결정의 효력에 관한 사항을 포함하여 위원회의 구성 및 운영을 위하여 필요한 규정을 정하여야 한다(法 제288조의2제7항).

[표 12] 장외파생상품 사전심의 대상상품 및 심의내용

대상상품	심의내용
신용위험, 자연적·경제적 현상 등에 대한 장외파생상품	기초자산의 가격변동 정보 제공 가능성
일반투자자 대상상품	① 위험회피구조의 타당성 ② 설명자료의 충실성 ③ 판매계획의 적정성

자료: 금융투자협회

3. 은행법상 파생상품관련 규제

가. 근거규정

「은행법」은 은행업무 범위와 관련하여 기본적으로 ① 예금 · 적금의 수입 또는 유가증권, 그 밖의 채무증서의 발행, ② 자금의 대출 또는 어음의 할인, ③ 내국환 · 외국환 등의 업무(은행법 제27조제2항)를 정의하고 있다.

부수업무와 관련하여서는 종래에는 금융위원회가 고시한「은행업무중부수업무의범위에관한 지침」[433](이하, '부수업무지침')에 따라 정하였으나, 부수업무지침에 있는 업무가 본래의 은행업무에 부수하는 부수업무인지에 대한 논란이 있어 이를 명확히 하기 위해 2010년 5월 17일 은행법 개정을 통하여 제27조의2에 은행의 부수업무를 업무범위로 확정하였다.

또한 은행업이 아닌 업무로서 은행이 영위할 수 있는 겸영업무를 제28조에 규정하고 있다. 파생상품거래는 은행법 제28조제1항제1호의 금융관련 법령에서 인가 · 허가 및 등록 등을 받아야 하는 업무에 해당하는 겸영업무에 해당한다. 은행법시행령은 자본시장법 제3조제2항제2호에 따른 파생상품의 매매 · 중개 업무(제1호)와 자본시장법 제4조제2항제5호에 따른 파생결합증권(금융위원회가 정하여 고시하는 파생결합증권으로 한정한다)의 매매업무(제2호)를 겸영업무로서 규정하고 있다(은행법시행령 제18조의2제2항). 여기서 파생결합증권은 금적립계좌와 은적립계좌에 한정한다.[434]

나. 파생상품거래 관련 은행법 개정 경과

자본시장법의 도입과 은행법이 정비됨에 따라[435] 파생상품거래와 관련하여 은행이 영위할 수 있는 범위 및 상품의 특성이 명확해 졌지만, 종래에는 그러하지 못하였다.

433 1998. 4. 1 재정경제부고시 제1998-18호로 제정되었다. 부수업무지침의 특징은 열거주의(positive system)로 규정되어 있다는 점이다. 또한 은행의 부수업무 범위에 관한 해석 권한은 금융위원회에 속한다(고동원, 「금융규제와 법」(박영사, 2008), 239면).

434 은행업감독규정 제25조의2(겸영업무)제1항, 영 제18조의2제2항제2호에 따른 "금융위원회가 정하여 고시하는 파생결합증권"은 금적립계좌 및 은적립계좌를 말한다.

435 2010년 5월 17일 은행법 겸영업무 개정 및 2010년 11월 18일 시행령 및 은행업감독규정의 시행으로 자본시장법상 정의된 파생상품의 매매 · 중개업무와 금융위원회가 정하여 고시하는 파생결합증권의 매매업무로서 금적립계좌를 열거하였고, 추후 은적립계좌도 추가하였다.

은행은 은행법이 개정되기 전에 이미 금적립계좌, 일명 '골드뱅킹' 거래를 고객들에게 추천하고 거래해 왔다. 그러나 이는 명백히 자본시장법에서 규정하는 파생결합증권에 해당하고,[436] 은행은 이와 같은 상품을 기초자산으로 하는 파생결합증권을 발행할 수 없었다. 그럼에도 불구하고, 은행들은 2003년부터 부수업무지침에 의거하여 금적립계좌 등을 파생결합증권이 아닌 금융상품으로 취급해 온 바 있다.

그리고 은행이 고객 등과 이른바 '골드뱅킹' 거래를 하면서 발생한 이익에 대하여, 과세관청이 은행에 배당소득세 및 법인세를, 고객에게는 종합소득세를 부과처분 한 사안에서, 골드뱅킹 거래는 '실물 금에 대한 거래'이고 위 거래에서 발생한 소득은 '금 매매차익'에 해당한다는 등의 이유로 소송을 제기하여 과세관청의 과세 처분에 대해 위법 판결을 받기도 하였다.[437] 하지만, 금적립계좌가 파생결합증권으로 명확히 분류되었고, 파생결합증권에 대해서는 배당소득으로 과세하는 것으로 소득세법상 명확히 규정[438]된 현 시점에서는 이에 대한 처분은 달라질 수 있다.[439]

---

436 법 개정을 통해 파생결합증권으로 분류하고 있는 것을 보아도 명확하다.

437 서울행정법원 2013. 8. 30. 선고 2012구합32413 판결, 서울고등법원 2015. 1. 16. 선고 2013누27373 판결, 대법원 2016. 11. 10. 선고 2016두261 판결 등.

438 소득세법 제17조제1항제5의2호, 국내 또는 국외에서 받는 대통령령으로 정하는 파생결합증권 또는 파생결합사채로부터의 이익. 그리고 상술한 바와 같이 은행법에서 허용하는 겸영업무로서 파생결합증권과 관련하여 은행이 영위할 수 있는 대상은 금적립계좌와 은적립계좌를 열거하고 있다(은행법시행령 제18조의2제2항).

439 관련 소송에서는 소득세법시행령에서 규정한 "광산물 등의 가격변동과 연계하여 미리 정하여진 방법에 따라 이익을 얻거나 손실을 회피하기 위한 계약상의 권리를 나타내는 증권 또는 증서로부터 발생하는 수익"에 해당할 수 있지만, 근본적으로 모법인 소득세법 상 배당소득으로 열거한 항목에 해당하여야 한다는 논리에 의해 집합투자기구로부터의 이익과 유사성 여부를 다투었고, 그 결과 유사성이 없다는 등의 이유로, 관세관청이 위 소득을 배당소득으로 보고 한 처분은 위법하다는 결론에 이르게 되었다. 이에 따라 향후 파생결합증권에 대해 과거와 같이 배당소득으로 과세하는 것에 대한 분쟁의 소지가 있어 그 모호성을 제거하기 위하여 소득세법을 개정하여 파생결합증권을 추가한 것으로 판단된다.
[서울고등법원 2015. 1. 16. 선고 2013누27373 판결] "조세법률주의 및 조세법규에 대한 엄격해석의 원칙 등을 고려할 때, 이 사건 소득이 소득세법에 따라 과세대상이 되는 배당소득에 해당하기 위해서는 소득세법 시행령 제26조의3 제2호 나목의 요건을 갖추어야 할 뿐만 아니라 그 근거 법률인 소득세법 제17조 제1항 제7호의 내용 및 취지에 비추어 제1호부터 제6호까지 및 제6호의2의 소득과 유사한 소득으로서 수익분배의 성격이 있어야 한다. 따라서 이 사건 소득이 소득세법 시행령 제26조의3 제2호 나목에 해당하더라도 곧바로 배당소득에 해당한다고는 볼 수 없고 소득세법 제17조 제1항 제7호의 내용 및 취지에 비추어 제1호부터 제6호까지 및 제6호의2의 소득의 최소한 개념적 표지인 출자지분 및 그에 대한 수익분배라는 요건을 갖추어야만 배당소득으로서의 과세대상이 된다고 해석함이 타당하다. 우선 이 사건 소득과 가장 근접하여 보이는 소득세법 제17조 제1항 제5호에 규정된 '집합투자기구로부터의 이익'과 유사한 소득으로서 수익 분배의 성격이 있는지 살펴 본다". 대법원 또한 [대법원 2016. 11. 10. 선고 2016두261 판결]에서 구 소득세법 시행령 제26조의3 제2호 (나)목에 정한 과세대상 배당소득에 해당하기 위하여 구 소득세법 제17조 제1항 제5호의 집합투자기구로부터의 이익 등과 유사한 소득으로서 수익분배의 성격이 있는 것이어야 하는지 여부에 대한 판단에서 구 소득세법 시행령 제26조의3 제2호 (나)목은 구 소득세법 제17조 제1항 제9호 및 제6항이 위임한 범위 내에서 배당소득의 범위를 정하고 있는 규정이므로, 여기에 정한 과세대상 배당소득에 해당하기 위하여는 광산물의 가격 등

이와 같이, 종래 은행의 파생상품거래에 관련하여서는 법상 애매한 경우가 있었다. 종래 은행법은 은행업무의 범위에 관하여 시행령에 위임하고(은행법 제27조), 시행령의 위임을 받아(은행법시행령 제18조의2) 금융위원회가 고시한 부수업무지침에 의해 업무를 영위해 왔다. 당시 부수업무지침 제2호너목은 '파생상품거래'를 부수업무의 하나로 규정하고 있었다. 여기서, 파생상품거래의 범위에 대한 논란이 있을 수 있는데, 과거 2003년 7월 3일 부수업무지침 개정 전에는 '파생상품거래'가 지칭하는 것을 선물거래법 제3조제1호 및 제2호의 규정에 의한 선물거래 및 해외선물거래투자로 규정하고 있었다. 따라서 해석상 은행이 영위할 수 있는 파생상품거래는 장내파생상품으로 한정되어 스왑과 같은 장외파생상품거래는 영위하는 데 제한이 있을 수밖에 없었다.

그럼에도 불구하고 은행들은 실질적으로 계속하여 장외파생금융상품거래[440]를 영위하고 있었는데, 그 근거로는 당시 외국환거래법(과거 외국환관리법)상 은행은 외국환업무의 하나로서 외국환관련 장외파생금융상품을 취급할 수 있었고,[441] 원화관련 장외파생금융상품의 경우에는 외국환거래법에 의해서도 그 근거를 찾을 수 없었으나, 여수신거래에서 고정금리와 변동금리가 허용되므로 이를 교환하는 장외파생금융상품인 스왑거래 역시 당연히 허용된다는 논리[442] 및 신용위험의 인수 및 관리가 은행업무의 본질적인 요소이므로 파생금융상품거래도 은행의 신용업무로서 은행이 당연히 영위할 수 있는 업무라는 논리[443] 등에 의해 비록 부수업무지침상 명시적인 규정이 없음에도 불구하고, 실질적으로 은행은 장외파생금융상품거래를 영위하고 있었던 것이다.

그러나 실질적으로 업무를 영위하는 것과는 관계없이 은행이 장외파생상품거래를 영위함에 대한 명확한 허용근거가 없으므로 이에 대한 비판이 있었고, 이를 보완하기 위하여 2003년 7월 3일 부수업무에 장외파생상품을 명시적으로 포함시키게 되었다. 그렇다고 해서 모든 장외파생상품에 대해 거래제한이 없는 것은 아니었다. 여전히 일반상품(commodity)에 대한 장외파생상품거래에 대해서는 법인고객의 위험회피를 위한 경우에만 한정해서 허용하는 것으로 하고 있었고,[444]

의 변동과 연계한 계약상 권리를 나타내는 증권 등으로부터 발생하여야 할 뿐만 아니라 구 소득세법 제17조 제1항 제5호의 집합투자기구로부터의 이익 등과 유사한 소득으로서 수익분배의 성격이 있는 것이어야 한다고 판단하였고, 그 결과 집합투자기구로부터의 이익과 유사성이 없어 배당소득으로 과세할 수 없다고 판시하였다.

440 기초자산이 일반상품(commodity)의 경우는 포함되지 않는 개념이다.

441 당시 유권해석을 담당하던 재정경제부의 보도자료에 의하면, "장외파생금융상품거래는 외국환거래법에 의해 외국환업무의 일종으로 영위할 수 있도록 허용"했다고 언급하고 있다. 재정경제부, "은행 부수업무 확대 및 정비" (보도자료, 2003.7.2), 붙임자료 4면; 고동원, 앞의 책, 240면 재인용.

442 김건식, 앞의 연구보고서, 78면 각주184) 참조.

443 정순섭, "파생상품의 금융규제법상 문제점", 「21세기 한국상사법학의 과제와 전망: 심당 송상현선생 화갑기념 논문집」(박영사, 2002), 632면.

444 2008. 7. 25 개정으로 은행의 부수업무 중의 하나로 장내외 모든 파생상품을 포괄하는 '파생상품거래'

자본시장법 시행에 즈음하여 은행 역시 자본시장법 상 정의된 파생상품의 매매・중개업무에 대해 겸영인가를 받은 상황이므로 현재로서는 파생상품거래를 은행이 영위하는 데 있어 제한은 없다고 볼 수 있다.

4. 보험업법상 파생상품관련 규제

가. 근거규정

보험업법상 보험회사의 파생상품거래에 대한 규제는「보험업법」제105조(금지 또는 제한되는 자산운용)제1항제7호[445] 및 이의 위임을 받은「보험업법시행령」제49조(금지 또는 제한되는 자산운용)제2항[446]과 동법 제106조(자산운용의 방법 및 비율)제1항제10호[447] 및 그의 위임을 받은「보험업법시행령」제50조(금지 또는 제한되는 자산운용)제2항,[448] 그리고「보험업감독규정」제5-2조

가 도입되었다.

445 보험업법 제105조제1항제7호, "보험회사는 그 자산을 다음 각호의 어느 하나에 해당하는 방법으로 운용하여서는 아니 된다."

7. 자산운용의 안정성을 크게 해할 우려가 있는 행위로서 대통령령이 정하는 행위.

446 보험업법 시행령 제49조제2항, 법 제105조제7호에서 "대통령령으로 정하는 행위"란 다음 각 호의 어느 하나에 해당하는 행위를 말한다.

1. 금융위원회가 정하는 기준을 충족하지 아니하는 외국환(「외국환 거래법」제3조제13호에 따른 외국환 중 대외지급수단, 외화증권, 외화채권만 해당한다) 및 파생금융거래(「외국환 거래법」제3조제9호에 따른 파생상품에 관한 거래로서 채무불이행, 신용등급 하락 등 계약 당사자 간의 약정된 조건에 의한 신용사건 발생 시 신용위험을 거래 당사자 한쪽에게 전가(轉嫁)하는 거래 또는 이와 유사한 거래를 포함한다)

447 보험업법 제106조제1항, 보험회사는 일반계정(제108조제1항제1호 및 제4호의 특별계정을 포함한다. 이하 이 조에서 같다)에 속하는 자산과 제108조제1항제2호에 따른 특별계정(이하 이 조에서 특별계정이라 한다)에 속하는 자산을 운용할 때 다음 각 호의 비율을 초과할 수 없다.

10.「자본시장과 금융투자업에 관한 법률」에 따른 파생상품거래(금융위원회가 정하는 바에 따른 위험회피 수단 요건에 해당하는 경우는 제외한다)를 위한 대통령령으로 정하는 바에 따른 위탁증거금(장외파생상품거래의 경우에는 약정금액)의 합계액

가. 일반계정: 총자산의 100분의 6(장외파생상품거래에 관하여는 총자산의 100분의 3 미만)

나. 특별계정: 각 특별계정 자산의 100분의 6(장외파생상품거래에 관하여는 각 특별계정 자산의 100분의 3 미만)

448 보험업법 시행령 제49조제2항, 법 제106조제1항제10호 각 목 외의 부분에 따른 위탁증거금(장외파생상품거래의 경우에는 약정금액)은 다음 각 호의 구분에 따른 금액으로 한다.

1. 장내파생상품거래:「자본시장과 금융투자업에 관한 법률」제396조제1항에 따른 파생상품시장업무규정에서 정하는 위탁증거금

(외국환 및 파생금융거래의 투자기준)[449]에 규정되어 있다.

보험업감독규정 제5-2조는 거래할 수 있는 파생상품의 범위를 다음과 같이 정하고 있어, 선물, 옵션, 스왑 등의 모든 파생상품거래를 자산운용의 수단으로 운용할 수 있다. 다만, 앞서 살펴본 규정들에 의해 파생상품거래의 대상 및 한도가 정해진다.

가. 기초자산이나 기초자산의 가격·이자율·지표·단위 또는 이를 기초로 하는 지수 등에 의하여 산출된 금전등을 장래의 특정 시점에 인도할 것을 약정하는 계약

나. 당사자 어느 한쪽의 의사표시에 의하여 기초자산이나 기초자산의 가격·이자율·지표·단위 또는 이를 기초로 하는 지수 등에 의하여 산출된 금전등을 수수하는 거래를 성립시킬 수 있는 권리를 부여하는 것을 약정하는 계약

다. 장래의 일정기간 동안 미리 정한 가격으로 기초자산이나 기초자산의 가격·이자율·지표·단위 또는 이를 기초로 하는 지수 등에 의하여 산출된 금전등을 교환할 것을 약정하는 계약

라. 위 가목 내지 다목의 계약과 연계하여 미리 정하여진 방법에 따라 지급금액 또는 회수금액이 결정되는 권리에 대한 계약

나. 파생상품관련 자산운용 규제

상술한 바와 같이, 은행이나 증권회사의 경우에는 파생상품거래에 대한 규제가 해당 금융기관이 영위하는 업무의 관점에서 논의되어 왔다. 그런데 보험회사의 파생상품거래는 이와는 달리 자산운용의 차원에서 규제하고 있는 것이 특징이라 하겠다. 즉, 보험업법상으로는 장외파생상품거래를 보험회사가 영위하는 업무의 하나로 파악하기 보다는 허용되는 자산운용 방법의 하나로 규제하여 온 것이다.

이와 같이 '업무'가 아니고 '자산운용'으로 파생상품거래를 한다는 의미는 보험회사가 파생상품을 적극적으로 개발을 하거나 고객을 상대로 거래를 한다는 것이 아니라, 투자차원에서 파생상

2. 장외파생상품거래: 장외파생상품의 거래구조 등을 반영하여 금융위원회가 정하여 고시하는 기준에 따라 산정한 약정금액

449 제5-2조(외국환 및 파생금융거래의 투자기준) ① 법 제106조제1항제10호 각 호외의 부분에서 "금융위원회가 정하는 바에 따른 위험회피 수단요건에 해당하는 경우"는 별표 9 제4호에 해당하는 경우를 말한다.
② 영 제49조제2항제1호에서 "금융위원회가 정하는 기준"이란 별표 8 및 별표 9에 따른 기준을 말한다.
③ 영 제50조제2항제2호에서 "금융위원회가 정하여 고시하는 기준"이란 별표 9 제3호에 따른 기준을 말한다.

품거래를 할 수 있다는 의미로 이해된다.[450]

보험업법 제105조제1항제7호는 금지 또는 제한되는 자산운용 방법의 하나로서 '자산운용의 안정성을 크게 해할 우려가 있는 행위로서 대통령령이 정하는 행위'를 규정하고 있다. 그리고 대통령령이 정하는 행위로는 금융위원회가 정하는 기준을 충족하지 아니하는 외국환(「외국환거래법」 제3조제13호에 따른 외국환 중 대외지급수단, 외화증권, 외화채권만 해당한다) 및 파생금융거래(「외국환 거래법」 제3조제9호에 따른 파생상품에 관한 거래로서 채무불이행, 신용등급 하락 등 계약 당사자 간의 약정된 조건에 의한 신용사건 발생 시 신용위험을 거래 당사자 한쪽에게 전가(轉嫁)하는 거래 또는 이와 유사한 거래를 포함한다)를 금지하고 있다(보험업법 시행령 제49조제2항제1호). 여기서, '금융위원회가 정하는 기준'이란 보험업감독규정 제5-2조(외국환 및 파생금융거래의 투자기준)에 근거하여 동 규정 별표8(보험회사의 외국환거래기준)[451], 별표9(보험회사의 파생금융거래기준)[452]에서 정하고 있는 기준을 말한다.

아울러 보험업법 제106조는 보험회사가 일반계정(제108조제1항제1호 및 제4호의 특별계정을 포함한다. 이하 이 조에서 같다)에 속하는 자산과 제108조제1항제2호에 따른 특별계정(이하 이 조에서 특별계정이라 한다)에 속하는 자산을 운용할 때 파생상품거래와 관련한 정해진 비율을 초과할 수 없도록 규정하고 있다(보험업법 제106조제1항). 즉, 자본시장법에 따른 파생상품거래(금융위원회가 정하는 바에 따른 위험회피 수단 요건에 해당하는 경우는 제외한다)를 위한 대통령령으로 정하는 바에 따른 위탁증거금(장외파생상품거래의 경우에는 약정금액)[453]의 합계액이 일반계정의 경우에는 총자산의 100분의 6(장외파생상품거래에 관하여는 총자산의 100분의 3 미만), 특별계정의 경우에는 각 특별계정 자산의 100분의 6(장외파생상품거래에 관하여는 각 특별계정 자산의 100분의 3 미만)을 초과할 수 없다(보험업법 제106조제1항제10호).

---

450 고동원, 앞의 책, 287면.

451 기초자산의 신용평가등급이 신용평가기관으로부터 투자적격등급 이상을 얻은 신용연계채권(Credit Linked Note), 신용연계예금(Credit Linked Deposit) 및 신용평가등급이 신용평가기관으로부터 투자적격등급 이상을 얻은 합성담보부채권(Synthetic Collateralized Debt Obligations) 등의 파생상품이 내재된 외화표시 신용파생결합증권의 투자가 가능하다. 이 밖에 동 기준에는 자산운용이 가능한 대외지급수단, 외화증권, 외화채권 등의 외국환에 대해 기준을 명시하고 있다.

452 보험회가가 자산운용 수단으로 투자 가능한 기준으로서 파생금융거래의 범위, 한도 및 한도 규제 예외거래 등에 관해 명시되어 있다.

453 보험업법시행령 제50조제2항, 법 제106조제1항제10호 각 목 외의 부분에 따른 위탁증거금(장외파생상품거래의 경우에는 약정금액)은 다음 각 호의 구분에 따른 금액으로 한다.
1. 장내파생상품거래: 「자본시장과 금융투자업에 관한 법률」 제396조제1항에 따른 파생상품시장업무규정에서 정하는 위탁증거금
2. 장외파생상품거래: 장외파생상품의 거래구조 등을 반영하여 금융위원회가 정하여 고시하는 기준에 따라 산정한 약정금액

5. 외국환거래법상 파생상품관련 규제

가. 근거규정

자본시장법은 파생상품에 대한 정의를 포괄적으로 규정하여, 폭넓게 파생상품의 개발 및 중개를 허용하고 있다. 하지만, 파생상품이 외국환과 관련이 있을 경우에는 외국환거래법의 규정을 준수할 필요가 있게 된다.[454]

「외국환거래법」은 파생상품관련 외국환업무를 정의함에 있어 그 시행령을 통해 거주자간의 외국환과 관련된 파생상품거래 또는 거주자와 비거주자간의 파생상품거래를 외국환업무의 하나로 규정하고 있다(외국환거래법 제3조제1항제16호[455], 동법 시행령 제6조제2호[456]). 또한 과거(자본시장법 시행 전, 2009년 2월 4일)와는 달리, 보다 근원적으로 외국환에 외화파생상품을 추가하였다.[457]

여기서, '파생상품'이란 자본시장법 제5조에 따른 파생상품과 그 밖에 대통령령으로 정하는 것[458]을 말하고(외국환거래법 제3조제1항제9호), '외화파생상품'이란 외국통화로 표시된 파생상품 또는 외국에서 지급받을 수 있는 파생상품을 말한다(외국환거래법 제3조제1항제10호).

---

454 실제로 금융투자회사는 2009년 2월 4일 자본시장법의 시행으로 다양한 기초자산을 근거로 한 파생상품이 개발되어 파생결합증권의 형태로 판매하였으나, 외국환거래규정이 2010년 5월 19일 개정되기 전에는 일반상품(농산물, 광산물 등)을 기초자산으로 하는 파생상품의 거래를 투자매매업자의 외국환업무 취급범위에 포함시키지 않아 허용여부를 두고 논란이 있었다.

455 외국환거래법 제3조제1항제16호, "외국환업무"란 다음 각 목의 어느 하나에 해당하는 것을 말한다.
가. 외국환의 발행 또는 매매
나. 대한민국과 외국 간의 지급·추심(推尋) 및 수령
다. 외국통화로 표시되거나 지급되는 거주자와의 예금, 금전의 대차 또는 보증
라. 비거주자와의 예금, 금전의 대차 또는 보증
마. 그 밖에 가목부터 라목까지의 규정과 유사한 업무로서 대통령령으로 정하는 업무.

456 외국환거래법시행령 제6조(외국환업무), 법 제3조제1항제16호마목에서 "대통령령으로 정하는 업무"란 다음 각 호의 업무를 말한다.
1. 비거주자와의 내국통화로 표시되거나 지급되는 증권 또는 채권의 매매 및 매매의 중개
2. 거주자 간의 신탁·보험 및 파생상품거래(외국환과 관련된 경우에 한정한다) 또는 거주자와 비거주자 간의 신탁·보험 및 파생상품거래
3. 외국통화로 표시된 시설대여(「여신전문금융업법」에 따른 시설대여를 말한다. 이하 같다)
4. 그 밖에 법 제3조제1항제16호가목부터 라목까지 및 이 조 제1호부터 제3호까지의 업무에 딸린 업무

457 외국환거래법 제3조제1항제13호, "외국환"이란 대외지급수단, 외화증권, 외화파생상품 및 외화채권을 말한다.

458 외국환거래법시행령 제5조, "법 제3조제1항제9호에서 "대통령령으로 정하는 것"이란 상품의 구성이 복잡하고 향후 수익을 예측하기 어려워 대규모 외환유출입을 야기할 우려가 있는 금융상품으로서 기획재정부장관이 고시하는 것을 말한다."

그리고 외국환업무를 업으로 하려는 자는 외국환업무를 하는 데에 충분한 자본·시설 및 전문인력을 갖추어 미리 기획재정부장관에게 등록하여야 하며(외국환거래법 제8조제1항),[459] 이때 재무건전성 등 일정한 등록요건을 충족하여야 한다(동법 시행령 제13조제2항).[460] 또한 외국통화를 기초로 하는 파생상품거래의 중개 등을 위한 외국환중개업무를 업으로 하려는 자는 기획재정부장관의 인가를 별도로 받아야 한다(외국환거래법 제9조제1항제2호).

원칙적으로 외국환업무는 금융회사등만 할 수 있으며, 외국환업무를 하는 금융회사등은 대통령령으로 정하는 바에 따라 그 금융회사등의 업무와 직접 관련되는 범위에서 외국환업무를 할 수 있다(외국환거래법 제8조제2항). 이와 같이 등록된 금융회사등을 외국환업무취급기관이라 한다.

외국환업무취급기관은 모든 외국환업무에 대해 취급 가능한 것은 아니고 금융회사의 특성에 따라 업무 범위도 제한된다. 은행 등[461]은 법률에서 정의한 외국환업무(외국환거래법 제3조제1항제16호) 모든 영역을 업무영역으로 영위할 수 있으나(외국환거래법시행령 제14조제1호),[462] 자본시장법 상 종합금융회사[463]는 종합금융회사의 업무와 직접 관련된 외국환업무만을 취급할 수 있으며,[464] 금융투자업자 등도 외국환거래규정에 따라 제한된 영역에서 자본시장법에 따른 해당

---

459 외국환거래법 제8조(외국환업무의 등록 등) ① 외국환업무를 업으로 하려는 자는 대통령령으로 정하는 바에 따라 외국환업무를 하는 데에 충분한 자본·시설 및 전문인력을 갖추어 미리 기획재정부장관에게 등록하여야 한다.

460 외국환거래법시행령 제13조제2항, 법 제8조제1항 본문에 따른 등록을 하려는 자는 다음 각 호의 요건을 갖추어야 한다.
1. 해당 금융회사등에 대하여 금융위원회(「새마을금고법」에 따른 새마을금고는 행정안전부장관을 말한다)가 정하는 재무건전성 기준에 비추어 자본 규모와 재무구조가 적정할 것
2. 법 제25조제2항에 따라 외국환거래, 지급 또는 수령에 관한 자료를 중계·집중·교환하는 기관으로 지정된 기관(이하 "외환정보집중기관"이라 한다)과 전산망이 연결되어 있을 것
3. 외국환업무 및 그에 따른 사후관리를 원활하게 수행할 수 있는 전산설비를 갖출 것
4. 외국환업무에 2년 이상 종사한 경력이 있는 자 또는 기획재정부장관이 정하는 교육을 이수한 자를 영업소별로 2명 이상 확보할 것

461 「은행법」에 따른 은행, 「농업협동조합법」에 따른 농협은행, 「수산업협동조합법」에 따른 수협은행, 「한국산업은행법」에 따른 한국산업은행, 「한국수출입은행법」에 따른 한국수출입은행, 「중소기업은행법」에 따른 중소기업은행.

462 따라서 은행은 외국환과 관련된 파생상품거래를 모두 취급할 수 있다.

463 자본시장법 제336조의 회사. 이는 종전의 「종합금융회사에 관란 법률」 제3조에 따라 금융위원회의 인가를 받은 자를 말한다.

464 외국환거래법 시행령 제14조제2호, 「자본시장과 금융투자업에 관한 법률」에 따른 종합금융회사: 종합금융회사의 업무와 직접 관련된 외국환업무. 다만, 법 제3조제1항제16호다목 및 라목의 업무 중 예금업무는 다음 각 목의 구분에 따른 업무로 한정한다.
가. 법 제3조제1항제16호다목에 따른 업무의 경우: 다른 외국환업무취급기관과의 외국통화로 표시되거나 지급되는 예금업무
나. 법 제3조제1항제16호라목에 따른 업무의 경우: 외국금융기관과의 외국통화로 표시되거나 지급되는

금융회사의 업무와 직접 관련된 외국환업무를 영위할 수 있다.[465]

외국환 관련 실무는 「외국환거래규정」에 규정하고 있는데, 동 규정에 적시된 파생상품거래와 관련한 규정을 살펴보면, 먼저, 외국환은행[466]이 거주자 및 비거주자와 외환파생상품거래를 체결하고 결제일에 계약금액의 전부 또는 일부를 실제 인수도하고자 할 경우, 동 외국환의 결제는 제2-2조[467] 내지 제2-4조[468]를 준용한다(외국환거래규정 제2-10조2제1항). 그리고 외국환은행은 파생상품거래와 관련하여 보고의무를 지니는데, 외국환은행은 매월 파생상품거래실적(파생상품 매매의 중개를 포함한다)을 한국은행총재에게 보고하여야 한다. 다만, 신용파생상품거래(신용파

예금업무

465 외국환거래규정 제2-14조(투자매매업자 등), 영 제14조제4호에 따라 「자본시장과 금융투자업에 관한 법률」에 따른 투자매매업자, 투자중개업자 집합투자업자, 투자일임업자, 신탁업자 및 증권금융회사는 「자본시장과 금융투자업에 관한 법률」에 따른 해당 금융회사의 업무와 직접 관련된 외국환업무를 영위할 수 있다. 다만, 다음 각 호의 업무는 제외한다. <기획재정부고시 제2016-6호, 2016.3.22 개정>
1. 영 제14조제4호라목의 업무
2. 영 제14조제4호마목 및 바목의 업무 중 예금업무

466 외국환거래규정 제1-2조(용어의 정의)제16호, "외국환은행"이라 함은 영 제14조제1호에 규정된 금융회사등의 외국환업무를 영위하는 국내영업소를 말한다.

467 외국환거래규정 제2-2조(외국환의 매입) ① 외국환은행이 외국환을 매입하고자 하는 경우에는 매각하고자 하는 자의 당해 외국환의 취득이 신고등의 대상인지 여부를 확인하여야 한다. 다만, 다음 각호의 1에 해당하는 경우에는 그러하지 아니하다.
1. 미화 2만불 이하인 대외지급수단을 매입하는 경우. 다만, 동일자에 동일인으로부터 2회 이상 매입하는 경우에는 이를 합산한 금액이 미화 2만불 이하인 경우에 한한다.
2. 정부, 지방자치단체, 외국환업무취급기관, 환전영업자 및 제3-4조제2항에 따라 소액해외송금업자로부터 대외지급수단을 매입하는 경우 <기획재정부고시 제2017-19호, 2017.6.29. 개정>
3. 거주자로부터 당해 거주자의 거주자계정 및 거주자외화신탁계정에 예치된 외국환을 매입하는 경우
4. 영 제10조제2항제1호, 제2호 및 제6호가목 및 나목에 해당하는 자로부터 대외지급수단을 매입하는 경우

② 동일자·동일인 기준 미화 1만불 이하인 대외지급수단을 매입하는 경우, 제1항제2호 내지 제4호에 해당하는 경우와 외국에 있는 금융기관으로부터 매입하는 경우 및 외화표시내국신용장어음을 매입하는 경우를 제외하고 외국환은행은 외국환을 매입한 경우에는 매월별로 익월 10일 이내에 매입에 관한 사항을 국세청장 및 관세청장에게 통보하여야 한다. <재정경제부고시 제2007-62호, 2007.12.17 개정>
③ 제1항제1호 및 제4호를 제외하고 외국환은행이 외국인거주자 또는 비거주자로부터 취득경위를 입증하는 서류를 제출하지 않는 대외지급수단을 매입하는 경우에는 당해 매각을 하고자 하는 자가 별지 제7-4호 서식의 대외지급수단매매신고서에 의하여 한국은행총재에게 신고하여야 한다.
④ 외국환은행은 외국인거주자 또는 비거주자로부터 외국환을 매입하는 경우에는 1회에 한하여 외국환매입증명서·영수증·계산서 등 외국환의 매입을 증명할 수 있는 서류를 발행·교부하여야 한다.

468 외국환거래규정 제2-4조(외국환은행 등과의 외국환매매) ① 외국환은행이 한국은행, 외국환평형기금, 외국환업무취급기관인 종합금융회사·투자매매업자·투자중개업자·보험사업자, 외국에 있는 금융기관(내국지급수단을 대가로 한 대외지급수단의 매매는 제외한다) 및 다른 외국환은행과 외국환을 매매할 경우에는 제2-2조 및 제2-3조의 규정을 적용하지 아니한다.
② 외국환업무취급기관인 투자매매업자·투자중개업자가 다른 투자매매업자·투자중개업자 및 외국에 있는 금융기관(내국지급수단을 대가로 한 대외지급수단의 매매는 제외한다)과 외국환을 매매하는 경우에도 제1항과 같다.

생결합증권을 포함한다)의 경우 거래일로부터 5영업일 이내에 한국은행총재에게 거래내역을 보고하여야 한다(외국환거래규정 제2-10조2제2항본문 및 단서).[469]

외국환업무 취급범위와 관련하여서는 외국환거래규정에서 적시하고 있으며, 상술한 바와 같이, 은행과는 달리 기타 외국환업무취급기관들의 경우에는 각 업자별로 취급할 수 있는 외국환업무에 대해 제한이 있다.[470]

따라서 자본시장법상 금융투자업자 또한 취급범위에 제한이 있으나, 파생상품거래와 관련하여서는 외국환거래법 제8조제2항[471], 동법 시행령 제14조제4호아목[472]의 규정 및 외국환거래규정 제2-14조[473]의 규정에 따라 금융투자업무와 관련된 모든 파생상품거래를 취급할 수 있도록 포괄규정 되어 있기에 모든 금융투자업을 영위하는데 필요한 파생상품거래를 모두 할 수 있다고 하겠다.[474]

---

469 한국은행총재는 보고내역을 종합하여 기획재정부장관에게 보고하여야 한다(외국환거래규정 제2-10조제3항).

470 외국환거래규정 제2-12조~제2-23조까지 각각의 금융업자별로 외국환업무 취급범위를 정하고 있다.

471 외국환거래법 제8조제2항, 외국환업무는 금융회사등만 할 수 있으며, 외국환업무를 하는 금융회사등은 대통령령으로 정하는 바에 따라 그 금융회사등의 업무와 직접 관련되는 범위에서 외국환업무를 할 수 있다.

472 외국환거래법시행령 제14조제4호, 그 밖의 외국환업무취급기관: 다음 각 목의 업무 중 해당 외국환업무취급기관의 업무와 직접 관련되는 업무로서 기획재정부장관이 정하여 고시하는 업무
가. 외화채권의 매매
나. 외화증권의 발행 및 매매
다. 비거주자와의 내국통화로 표시되거나 지급되는 증권·채권의 매매 및 매매의 중개
라. 대한민국과 외국 간의 지급·추심(推尋) 및 수령
마. 거주자와의 외국통화로 표시되거나 지급받을 수 있는 예금·금전의 대차 또는 보증
바. 비거주자와의 예금·금전의 대차 또는 보증
사. 대외지급수단의 발행 및 매매
아. 파생상품거래
자. 거주자와의 외국통화로 표시된 보험거래 또는 비거주자와의 보험 거래
차. 외국통화로 표시된 시설대여
카. 투자판단을 일임받아 투자자별로 구분하여 운용하는 업무
타. 신탁업무
파. 그 밖에 「자본시장과 금융투자업에 관한 법률」, 「보험업법」, 「상호저축은행법」, 「신용협동조합법」, 「새마을금고법」 및 「여신전문금융업법」에 따른 업무

473 외국환거래규정 제2-14조(투자매매업자 등), 영 제14조제4호에 따라 「자본시장과 금융투자업에 관한 법률」에 따른 투자매매업자, 투자중개업자 집합투자업자, 투자일임업자, 신탁업자 및 증권금융회사는 「자본시장과 금융투자업에 관한 법률」에 따른 해당 금융회사의 업무와 직접 관련된 외국환업무를 영위할 수 있다. 다만, 다음 각 호의 업무는 제외한다. <기획재정부고시 제2016-6호, 2016.3.22 개정>
1. 영 제14조제4호라목의 업무
2. 영 제14조제4호마목 및 바목의 업무 중 예금업무

474 이는 후술하겠지만, 포괄적으로 자본시장법상 허용한 업무를 수행할 수 있도록 하여 과거 외국환거래규정이 열거주의를 채택함에 따른 법률간 규제 충돌의 문제점을 해결한 것이다.

외국환거래법은 파생상품거래와 관련하여서는 신고제도를 마련하고 있다. 기본적으로는 거주자간 또는 거주자와 비거주자간 파생상품거래로서 각 업권별로 외국환거래규정에서 정하는 바에 따라[475] 외국환업무취급기관이 외국환업무로서 행하는 거래는 신고를 요하지 아니한다(외국환거래규정 제7-40조제1항). 그러나 거주자간 또는 거주자와 비거주자간 파생상품거래로서 외국환업무취급기관이 외국환업무로서 행한 거래가 아닌 경우 또는 다음에 해당하는 경우에는 거주자가 한국은행총재에게 신고하여야 하며, 한국은행총재는 필요시 동 신고내용을 국세청장에게 열람하도록 하여야 한다. 다만, 제1호 내지 제3호에 해당하는 거래를 하고자 하는 경우에는 한국은행총재가 인정하는 거래타당성 입증서류를 제출하여야 한다(외국환거래규정 제7-40조제2항).

1. 액면금액의 100분의 20이상을 옵션프리미엄 등 선급수수료로 지급하는 거래를 하는 경우
2. 기체결된 파생상품거래를 변경·취소 및 종료할 경우에 기체결된 파생상품거래에서 발생한 손실을 새로운 파생상품거래의 가격에 반영하는 거래를 하고자 하는 경우
3. 파생상품거래를 자금유출입·거주자의 비거주자에 대한 원화대출·거주자의 비거주자로부터의 자금조달 등의 거래에 있어 이 법·영 및 규정에서 정한 신고등의 절차를 회피하기 위하여 행하는 경우
4. 한국은행총재에게 신고해야 한다고 규정된 경우

또한 한국거래소는 매월 파생상품거래실적을 한국은행총재에게 보고하여야 하며, 한국은행총재는 파생상품거래 신고 및 보고 내역을 종합하여 기획재정부장관에게 보고하여야 한다(외국환거래규정 제7-41조).

신고제도와 관련하여, 종래 보험회사의 경우는 자산운용차원에서 파생상품을 거래한 경우[476] 열거된 외국환 취급업무[477]에 해당하지 아니하여 상술한 조항에 의거 한국은행총재에 신고하여야 했다(외국환거래규정 제7-40조제2항). 하지만 현행 규정은 보험회사의 경우에도 과거와 달리 외국환거래규정에서 외국환 취급업무를 포괄적으로 정의하고 있다.[478] 따라서 종래에는 외국환

475 외국환거래규정 제2장에서 규정된 업무영역을 말한다.

476 상술한 바와 같이 보험업법에 의거 보험회사는 파생상품을 자산운용차원에서 제한적으로 거래할 수 있다.

477 종래 외국환거래규정에 의하면 보험회사의 경우에는 외국환거래규정 제2-20조에 의거 외국환업무로 취급할 수 있는 업무가 상당히 제한되어 있었다.
구. 외국환거래규정 제2-20조(보험사업자) "영 제14조제4호에 따라 금융위원회의 설치등에 관한 법률 제38조제4호에 의한 보험사업자의 외국환업무 취급범위는 다음 각호의 1과 같다."
1. 거주자와의 외화표시 보험·재보험 및 비거주자와의 보험·재보험
2. 외화대출
3. 제2호에 해당하는 외화대출채권의 매매
4. 제2-4조에 따른 대외지급수단의 매매 및 선물환거래(외환스왑 포함)
5. 외화표시 신용파생결합증권의 매매 및 신용연계예금거래.

취급업무가 제한적으로 열거되어 있었기에 외국환 관련 파생상품거래를 보험회사의 자산운용차원에서 거래하고자 하는 경우에는, 열거된 취급업무에 해당되지 아니하여 한국은행총재에 신고하여야 하였으나, 현행법상으로는 보험회사의 업무와 직접 관련된 외국환업무를 영위할 수 있도록 하고 있기에 보험회사의 자산운용업무가 보험회사의 업무와 직접 관련된 업무인지의 판단이 필요하다.

보험업법은 "보험업"이란 보험상품의 취급과 관련하여 발생하는 보험의 인수(引受), 보험료 수수 및 보험금 지급 등을 영업으로 하는 것으로서 생명보험업·손해보험업 및 제3보험업을 말한다(보험업법 제2조제2호)고 정의하고, 겸영업무로서 자본시장법 상 집합투자업, 투자자문업, 투자일임업, 신탁업, 집합투자증권에 대한 투자매매업, 집합투자증권에 대한 투자중개업을 규정하고, 외국환거래법에 따른 외국환업무, 그리고 「근로자퇴직급여 보장법」에 따른 퇴직연금사업자의 업무 등을 규정하고 있다.[479] 이에 따라 고객관련 계정에서의 외국환관련 파생상품거래는 보험회사의 업무와 직접 관련된 외국환업무로 취급되어 신고의 면제가 된다고 할 것이다.

---

478 외국환거래규정 제2-20조(보험회사), 영 제14조제4호에 따라 「보험업법」에 따른 보험회사는 「보험업법」에 따른 보험회사의 업무와 직접 관련된 외국환업무를 영위할 수 있다. 다만, 다음 각 호의 업무는 제외한다. <기획재정부고시 제2016-6호, 2016.3.22 개정>

1. 영 제14조제4호라목의 업무
2. 영 제14조제4호마목 및 바목의 업무 중 예금업무

479 보험업법시행령 제16조(겸영업무의 범위) ① 법 제11조제1호에서 "대통령령으로 정하는 금융 관련 법령에서 정하고 있는 금융업무"란 다음 각 호의 어느 하나에 해당하는 업무를 말한다.

1. 「자산유동화에 관한 법률」에 따른 유동화자산의 관리업무
2. 「주택저당채권 유동화회사법」에 따른 유동화자산의 관리업무
3. 「한국주택금융공사법」에 따른 채권유동화자산의 관리업무
4. 「전자금융거래법」 제28조제2항제1호에 따른 전자자금이체업무[같은 법 제2조제6호에 따른 결제중계시스템(이하 이 호에서 "결제중계시스템"이라 한다)의 참가기관으로서 하는 전자자금이체업무와 보험회사의 전자자금이체업무에 따른 자금정산 및 결제를 위하여 결제중계시스템에 참가하는 기관을 거치는 방식의 전자자금이체업무는 제외한다]

② 법 제11조제2호에서 "대통령령으로 정하는 금융업"이란 다음 각 호의 어느 하나에 해당하는 업무를 말한다.

1. 「자본시장과 금융투자업에 관한 법률」 제6조제4항에 따른 집합투자업
2. 「자본시장과 금융투자업에 관한 법률」 제6조제6항에 따른 투자자문업
3. 「자본시장과 금융투자업에 관한 법률」 제6조제7항에 따른 투자일임업
4. 「자본시장과 금융투자업에 관한 법률」 제6조제8항에 따른 신탁업
5. 「자본시장과 금융투자업에 관한 법률」 제9조제21항에 따른 집합투자증권에 대한 투자매매업
6. 「자본시장과 금융투자업에 관한 법률」 제9조제21항에 따른 집합투자증권에 대한 투자중개업
7. 「외국환거래법」 제3조제16호에 따른 외국환업무
8. 「근로자퇴직급여 보장법」 제2조제13호에 따른 퇴직연금사업자의 업무

③ 법 제11조제3호에서 "대통령령으로 정하는 금융업무"란 다른 금융기관의 업무 중 금융위원회가 정하여 고시하는 바에 따라 그 업무의 수행방법 또는 업무 수행을 위한 절차상 본질적 요소가 아니면서 중대한 의사결정을 필요로 하지 아니한다고 판단하여 위탁한 업무를 말한다.

문제는 자기고유계정에서의 외국환관련 파생상품거래가 외국환거래규정에서 정의한 「보험업법」에 따른 보험회사의 업무와 직접 관련된 외국환업무인지의 여부이다. 이에 대해서는 해석의 여지는 있으나, 외국환거래규정을 기존 열거주의 방식에서 포괄주의로 개정한 취지가 각 업법에서 허용하는 업무를 최대한 존중하자는 의미라고 본다면, 이 역시 보험업법에서 다양한 규제에 의해 파생상품거래를 제한하고 있고, 감독당국에 의해 보험회사의 재무건전성에 대한 감독[480]을 받는 보험업이라는 특성을 감안할 때, 보험회사의 고유계정에서의 자산운용 행위만 별도로 신고의무가 있는 것으로 해석할 실효가 있는지는 의문이다. 또한 보험업법이 자산운용에 대한 원칙 등을 제5장을 통해 규정하고 있는 것으로 볼 때, 자산운용업무 또한 간접적이지만 보험회사를 건전하게 유지 경영하는데 있어 수반되는 보험업의 기본 업무로 간주될 수 있다.

따라서 외국환거래규정이 과거에는 각 금융업법과 달라 규제의 충돌이 있었고, 이를 해소하기 위해 포괄규정으로 바뀐 점 및 보험업법에서 자산운용에 대한 규제를 규정하고 있고, 감독당국으로부터 재무안정성 등에 대한 별도의 감독을 받는 점, 고유계정에서의 자산운용만 별도로 신고를 하여야 할 실익이 없는 점 등을 미루어 고유계정에서의 자산운용 행위 역시 보험업을 영위하기 위한 직접적인 관련 업무로 해석하여 신고의무를 면제하는 것이 타당할 것이다.

이 밖에 외국환거래규정은 파생상품거래와 관련하여 다음과 같은 규정을 두고 있다.

비거주자 또는 투자자금의 대외송금을 보장받고자 하는 외국인거주자가 장내파생상품에 투자하거나 장외파생상품을 청산회사를 통하여 청산하고자 하는 경우에는 외국환은행에 투자자 명의의 투자전용대외계정과 투자전용비거주자원화계정(투자전용계정이라 한다)[481]을 개설하여 투자관련자금 또는 청산관련자금을 송금하거나 회수하여야 한다(외국환거래규정 제7-42조제1항).[482]

---

480 보험업법 제123조(재무건전성의 유지) ① 보험회사는 보험금 지급능력과 경영건전성을 확보하기 위하여 다음 각 호의 사항에 관하여 대통령령으로 정하는 재무건전성 기준을 지켜야 한다.
1. 자본의 적정성에 관한 사항
2. 자산의 건전성에 관한 사항
3. 그 밖에 경영건전성 확보에 필요한 사항

② 금융위원회는 보험회사가 제1항에 따른 기준을 지키지 아니하여 경영건전성을 해칠 우려가 있다고 인정되는 경우에는 대통령령으로 정하는 바에 따라 자본금 또는 기금의 증액명령, 주식 등 위험자산의 소유 제한 등 필요한 조치를 할 수 있다.

481 투자전용계정에 대해서는 외국환거래규정 제7-37조(투자전용계정 등)제1항에 규정됨.
외국환거래규정 제7-37조제1항, 외국인투자자는 국내원화 증권에 투자(증권매각대금의 외국으로 송금을 포함한다)하거나 인정된 증권대차거래 및 환매조건부매매와 관련된 자금의 지급등을 위해 외국환은행에 본인 명의 투자전용대외계정 및 투자전용비거주자원화계정(이하 "투자전용계정"이라 한다)을 통해 관련자금을 예치·처분할 수 있다. 다만, 국제예탁결제기구가 외국인투자자의 위탁을 받아 국채 또는 「한국은행법」 제69조에 따른 통화안정증권을 매매하기 위한 경우에는 당해 국제예탁결제기구 명의의 투자전용계정을 개설하여 관련자금을 예치 및 처분할 수 있다.

482 이 경우 계정의 예치·처분은 외국환거래규정 제7-37조를 준용한다.

투자중개업자 또는 한국거래소・증권금융회사 또는 청산회사는 비거주자 또는 투자자금의 대외송금을 보장받고자 하는 외국인거주자의 외국환거래규정 제7-42조제1항에 의한 장내파생상품의 투자 또는 장외파생상품의 청산을 위해 투자중개업자 명의의 투자전용외화계정 또는 한국거래소・증권금융회사・청산회사 명의의 투자전용외화계정을 개설할 수 있다(외국환거래규정 제7-42조제2항).[483]

투자중개업자는 비거주자의 장내파생상품 투자 및 장외파생상품 청산을 위한 계정을 관리함에 있어 투자자의 결제자금이 이 규정에 의한 인정된 거래에 의한 것인지를 확인하여야 한다(외국환거래규정 제7-42조제3항).

외국환거래규정 제7-42조제2항과 관련한 투자중개업자・한국거래소・증권금융회사・청산회사 명의의 투자전용외화계정의 현황, 장내파생상품 투자현황, 장외파생상품 청산 현황 및 매매실적 등의 보고 등은 동규정 제7-39조를 준용한다(외국환거래규정 제7-42조제4항).

나. 외국환거래규정 개정 이유

자본시장법은 파생상품 정의를 포괄적으로 도입하여 다양한 파생상품의 개발을 허용하고 있음에도 불구하고, 종래 외국환거래법 및 이의 위임규정인 외국환거래규정은 금융투자업자에 대해 외국환 취급범위를 열거주의 방식에 의거하여 제한하고 있었다.[484] 그리하여 자본시장법이 허용하고 있는 파생상품을 금융투자업자가 생산하는 과정에서 문제가 발생한 사례가 발생하게 되었다.

483 이 경우 투자전용외화계정의 예치・처분은 동 규정 제7-38조를 준용한다.

484 구. 외국환거래규정 제2-14조(투자매매업자), "영 제14조제4호에 따라 자본시장과 금융투자업에 관한 법률 제6조제2항의 투자매매업을 영위하는 자의 외국환업무 취급범위는 다음 각호의 1과 같다."

1. 증권매매(발행 및 인수를 포함한다.). 다만, 신용파생결합증권을 매매하고자 하는 경우에는 직전 분기말 기준 자기자본 3천억원 이하이거나 보장매도거래를 하고자 할 때에는 한국은행총재에게 신고하여야 한다.
2. 제2-4조의 규정에 따른 대외지급수단 매매
3. 장내파생상품매매
4. 통화 및 이자율을 기초자산으로 하는 파생상품매매
5. 증권을 기초자산으로 하는 파생상품매매.
6. 신용을 기초자산으로 하는 파생상품매매. 다만, 직전 분기말 기준 자기자본 3천억원 이하이거나 보장매도거래를 하고자 하는 경우에는 한국은행총재에게 신고하여야 한다.
7. 일반상품을 기초자산으로 하는 파생상품매매. 다만, 한국은행총재에게 신고하여야 한다. <기획재정부고시 제2010-10호, 2010.5.19 신설>.

파생상품관련 규제를 도입함에 있어 법률 간의 조율의 중요성은 물론이고 해당 파생상품거래의 구조 및 특성을 정확히 파악하는 것이 전제되어야 한다는 관점을 이해하기 위해 이에 대한 과거의 사례를 설명하고자 한다.[485]

금융투자업자가 발행하는 파생결합증권이 외국환으로 발행되는 경우에는 당연히 외국환거래법의 제정 취지에 따라 규율되어야 함은 마땅하다. 하지만, 기존 법 체제하에서는 금융투자회사가 발행하는 파생결합증권이 외국환이 아닌 원화인 경우에도 외국환거래법의 규제에서 자유로울 수가 없다는 점에서 문제가 발생하였다.

자본시장법은 금융투자업자로 하여금 창의성에 기반하여 다양한 파생상품을 생산할 수 있도록 기초자산의 범위를 매우 폭넓게 규정하고 있으며, 이러한 취지는 금융시장의 건전한 발전과 함께 투자자 보호를 목적으로 한다. 그런데 국내의 투자자를 대상으로 원화를 결제통화로 발행하는 파생결합증권에 실질적으로는 외국환거래법이 문제가 되어 자본시장법이 허용하고 있는 파생상품의 생산에 지장을 초래한 것이다.

원화를 결제통화로 하는 경우에는 외국환거래법의 적용을 받지 아니하므로, 외국환거래법이 개입할 여지가 없을 것으로 판단하기 쉬우나, 실제로는 파생상품의 특성인 '상품생산성'으로 인해 위험의 헤지과정에서 영향을 받게 된다. 금융투자업자가 일반상품을 기초자산으로 한 파생결합증권을 발행한 경우에는 파생결합증권의 내재된 위험을 헤지하기 위하여 해외의 금융기관과 동일한 상품구조를 지닌 장외파생상품거래를 약정하게 되는 경우가 대다수이다. 이는 기초자산인 일반상품 또는 자연등[486]의 가격변동위험을 헤지할 수 있는 선도(선물) 또는 옵션 등의 헤지수단이 국내에는 존재하지 않는다는 점에 기인한다. 따라서 해외의 금융기관과 일명 '백투백(Back to Back)' 거래를 통해 위험을 회피하기 위한 장외파생상품거래를 수행하게 되는데, 국내 금융기관과 해외 금융기관과의 장외파생상품거래는 외국환업무에 해당하게 되고,[487] 그 경우에는 열거

485 이에 대한 문제제기는 류혁선, 앞의 박사논문, 233~237면 참조. 류혁선은 그의 논문에서 규정 정비의 방식은 외국환거래규정에 자연 등 파생상품에 대한 외국환업무를 금융투자업자도 영위할 수 있도록 규정을 삽입하는 방법도 고려될 수 있으나, 차제에 금융투자업자로 하여금 자본시장법상 허용된 모든 파생상품을 생산하는 것이 가능하도록 외국환업무의 대상을 자본시장법상 금융투자업자가 영위할 수 있는 대상으로 포괄적으로 규정하고, 외국환 관리상 필요적인 요소에 대해서는 별도의 규정에 의해 규제하는 방안을 제안하였다.

486 기초자산관련 개정 연역을 살펴보면, 일반상품(자본시장법 제4조제10항제3호)의 경우에는 2010년 5월 19일 개정으로 추가되었다. 다만, 일반상품을 기초자산으로 하는 파생상품매매 및 중개의 경우에는 한국은행총재에게 신고하도록 하였다. 그리고 자연등(자본시장법 제4조제10항제5호)의 기초자산은 2012년 4월 16일 개정에 추가되었다. 이 때, 위의 단서 조항도 삭제되었다. 현행과 같이 포괄주의 방식으로 변경된 것은 2016년 3월 22일 개정을 통해서 이다.

487 외국환거래법은 거주자간의 외국환과 관련된 파생상품거래 또는 거주자와 비거주자간의 파생상품거래를 외국환업무의 하나로 규정하고 있다(외국환거래법 제3조제1항제16호, 동법 시행령 제6조).

된 외국환업무 취급범위 내에서만 영위할 수밖에 없다.

그러나 외국환거래법은 금융투자업자에 대해 은행과는 달리 외국환업무의 취급범위를 제한하고 있었으므로,488 외국환거래법이 개정되기 전에는 일반상품 및 자연등을 기초자산으로 하는 장외파생상품을 해외 금융기관과 거래할 수가 없었다.

물론, 은행의 경우에는 당시에도 모든 외국환업무가 허용되므로, 금융투자업자가 일반상품 또는 자연등을 기초자산으로 하는 파생결합증권을 국내의 투자자를 대상으로 모집하여 판매하고, 이의 위험을 백투백 헤지하기 위하여 국내 은행을 상대로 장외파생상품거래를 수행하면 가능할 것으로 볼 수 있다. 그러나 국내 은행 또한 기초자산인 일반상품의 가치 변동에 따라 헤지를 하여야 함에도 불구하고, 헤지의 수단으로 기초자산을 직접 거래하는 것은 접근가능성이 용이하지 않고 많은 비용이 초래되므로, 결국 이를 재차 해외의 투자은행 등과 장외파생상품거래를 통해 해결하여야 한다. 즉, 국내 은행은 금융투자업자와 해외 금융회사간의 중간 매개자로서의 역할을 수행하는 위치에 놓일 뿐이다. 그러나 이와 같은 방식에 의해 일반상품 및 자연등을 기초자산으로 하는 파생결합증권을 국내 은행을 중간 매개자로 개입시켜 생산한다면, 불필요한 추가적인 비용이 발생하여 결국 상품의 경쟁력이 하락할 우려가 있고, 은행의 입장에서도 적은 수익으로 거래상대방 위험을 지게 되는 상기와 같은 중간 매개자로서의 기능을 수행하는 것을 꺼려하게 되어 일반상품 또는 자연등을 기초자산으로 하는 파생결합증권의 발행은 사실상 제약을 받게 되었다.

이는 당초에 입법적 목적으로 상품의 개발을 억제하기 위한 취지에서 도입되었다기보다는 외국환거래규정이 기존 방식대로 열거방식에 의해 업무영역을 규정하고 있는 것에 반해, 자본시장법은 포괄주의의 방식을 도입함으로써 발생한 문제로 판단된다. 따라서 헤지가 원활하지 않은 금융투자상품을 금융투자업자가 발행할 수 없다는 점에 비추어 보면, 외국환거래규정의 개선을 통해 자본시장법상 허용된 상품개발이 지장을 받지 않도록 규정의 정비를 하여야 하는 것은 당연한 수순이었다. 즉, 특별한 근거가 없는 규제상의 차이는 금융산업의 경쟁을 왜곡하고 장기적으로 금융산업의 균형적인 성장을 저해하므로, 이에 대한 개선이 필요하였던 것이다. 이와 같이, 법령이 개정되면 부수적으로 관련된 법령들을 살펴 규제의 충돌은 없는지 헤아릴 필요가 있는 것이다. 그리하여야만 법령을 개정한 취지가 비로소 완성될 수 있다.

488 파생상품의 취급범위에 대해서는 외국환거래규정이 한정하고 있었다. 즉, 투자매매업자 및 투자중개업자(기존 증권회사)는 외국환업무의 취급범위로서 장내파생상품매매 및 중개, 통화 및 이자율을 기초자산으로 하는 파생상품매매 및 중개, 증권을 기초자산으로 하는 파생상품매매 및 중개, 신용을 기초자산으로 하는 파생상품매매 및 중개, 일반상품을 기초자산으로 하는 파생상품매매 및 중개 등을 영위할 수 있다(구. 외국환거래규정 제2-14조. 제2-15조).

제6장

파생상품 투자권유와 행위규제

제1절 서설

제2절 적합성원칙

제3절 설명의무

제4절 적정성원칙

제5절 기타 영업행위 규칙

제1절 서설

1. 금융소비자 보호

가. 의의

금융규제법에서는 금융업자와의 금융거래의 상대방을 지칭하는 개념으로 '예금자'(은행법 제1조), '투자자'(자본시장법 제1조), '보험계약자'(보험업법 제1조) 등을 사용하고 있다. 따라서 '금융소비자'라는 개념은 종래에는 법상 용어라기보다는 강학상 내지 실무적으로 사용되는 용어에 불과하였다.

금융감독원에서는 일찍이 2006년 소비자보호 모범규준을 제정함에 있어, '금융소비자'라 함은 금융회사가 제공하는 물품 및 서비스 등을 이용하는 자를 말하고, '소비자보호'라 함은 금융회사가 제공하는 금융상품 및 서비스 등을 이용하는 자가 금융거래 시 불이익을 받지 않도록 하기 위한 예방 및 피해구제, 교육홍보 등을 포함한 전반적인 소비자보호 활동을 말하는 것으로 정의한 바 있다.[489]

금융소비자 보호의 중요성이 증가하고, 이에 대한 개념 정립을 명확히 할 필요가 있다는 사회적 추세로 인하여, 2010년 7월 「금융소비자 보호 및 금융상품 판매 등에 관한 법률(가칭)」 제정이 추진되는 등 금융소비자 개념이 확산되었다.[490] 또한 김영선의원이 대표 발의한 「금융위원회의 설치 등에 관한 법률 일부개정법률안(의안번호:5845)」은 '금융소비자'에 대한 정의를 두고 있었는데, 금융소비자란 금융투자업자가 제공하는 금융투자상품을 소비생활을 위하여 사용(이용을 포함한다. 이하 같다)하는 자 또는 생산활동을 위하여 사용하는 자로서 대통령령으로 정하는 자라고 정의하였으며,[491] 권택기의원이 대표 발의한 「금융위원회의 설치 등에 관한 법률 일부개정법률안(의안번호:6496)」은 금융소비자에 대한 별도의 정의를 두고 있지 않지만 기존의 '예금자

489 금융감독원, 「소비자보호 모범규준(2006.9)」 이 모범규준은 모범규준 TFT에 의해 작성된 것으로 금융감독원, 전국은행연합회, 생명보험협회, 손해보험협회, 증권업협회, 여신금융협회가 함께 참여하였다.

490 하지만, 관련 법률안은 통과되지 못하였다.

491 김영선의원 대표발의, 「금융위원회의 설치 등에 관한 법률 일부개정법률안(2009.9.2 발의, 의안번호:5845)」, 동 법안 제1조의2.

및 투자자등 금융수요자'를 '예금자, 투자자 및 소비자 등 금융소비자'라고 개정하는 안을 제안하는 등[492] 소비자보호의 관점에서 금융소비자 개념을 정립하려는 노력이 있었다. 이러한 노력의 결과, 현행 「금융위원회 설치 등에 관한 법률」[493]에서 금융위원회의 소관 사무 중의 하나로서 금융소비자의 보호와 배상 등 피해구제에 관한 사항이 추가 되었다(동 법률 제17조제5호).[494]

이러한 동향은 금융위원회가 금융기관들에 대한 각종 인・허가, 감독 및 검사・제재, 자본시장의 관리・감독 및 감시 등을 그 소관사무로 하여, 금융기관 등의 법규 위반과 불건전한 영업에 대한 감시와 제재를 하고 있으나, 당시 동양증권의 불완전판매 사건, 주요 카드사들의 신용정보 대량유출 사건 등 금융기관들의 법 위반행위로 인한 대규모 금융 피해가 연이어 발생하여, 당시 금융위원회의 기능만으로 신용질서와 금융거래 관행 확립, 예금자와 투자자 보호라는 입법목적을 충분히 달성하지 못하고 있는바, 금융위원회의 소관 업무에 금융소비자의 보호와 배상 등 피해구제에 관한 사항을 추가함으로써, 금융위원회가 금융사고의 발생 시 금융소비자를 적정하게 보호하도록 하고 건전한 신용질서와 공정한 금융거래 관행을 확립하려는 노력의 발로였다.[495]

그럼에도 불구하고, 현재로서는 법률에 금융소비자에 대한 명확한 정의 규정은 없는 상태이다. 다만, 2017년 5월 23일 정부 발의한 「금융소비자 보호에 관한 법률안(정부)(의안번호:2006989); 이하 '금소법안'」[496]이 국회에 계류 중이며, 동 법률안은 금융소비자를 전문금융소비자와 일반금융소비자로 구분하고 그 정의 조항을 마련하고 있다. 즉, "금융소비자"란 금융상품에 관한 계약의 체결 또는 계약 체결의 권유를 하거나 청약을 받는 것(이하 "금융상품계약체결등"이라 한다)에 관한 금융상품판매업자의 거래상대방 또는 금융상품자문업자의 자문업무의 상대방인 전문금융소비자 또는 일반금융소비자를 말한다(금소법안 제2조제8호).

여기서, "전문금융소비자"란 금융상품에 관한 전문성 또는 소유자산규모 등에 비추어 금융상

492 권택기의원 대표발의, 「금융위원회의 설치 등에 관한 법률 일부개정법률안(2009.11.9 발의, 의안번호:6496)」, 동 법안 제1조.

493 2015.5.28.일 개정 법률안(법률 제12712호)부터 금융소비자의 개념이 사용되고 있다.

494 영국에서는 2000년 FSMA를 제정함에 있어, 금융소비자(consumer) 보호를 규제 목적으로 명시하고 있다(FSMA §2(2)(b), §5).

495 「금융위원회의 설치 등에 관한 법률(법률 제12712호, 2014.5.28., 일부개정)」 개정이유 참조.

496 동 법률안은 금융상품판매업자 등의 손해배상책임 강화(안 제48조부터 제50조까지)의 일환으로 금융상품판매업자등이 설명의무 등을 위반하여 금융소비자에게 손해를 발생시킨 경우 고의 또는 과실 여부 및 손해액에 대한 입증책임을 부담하도록 하여 금융소비자의 입증부담을 완화하고, 금융상품판매 대리・중개업자가 대리・중개업무 중 위법행위로 금융소비자에게 손해를 발생시킨 경우 상대적으로 배상능력이 충분한 금융상품직접판매업자가 손해배상책임을 부담하도록 하고 있다. 또한 동 법률안은 과징금 제도의 도입(안 제62조)을 통한 실효성 강화를 모색하고 있는데, 금융상품판매업자등이 설명의무 등 영업행위 준수사항을 위반한 경우 제재의 실효성을 제고하기 위하여 해당 위반행위와 관련된 계약으로 인한 수입 또는 이에 준하는 금액의 100분의 50 이내에서 과징금을 부과할 수 있도록 하고 있다. 이에 대해서는 지나치게 과도하다는 논란이 일고 있다.

품 계약에 따른 위험감수능력이 있는 금융소비자로서 다음 각 목의 어느 하나에 해당하는 자를 말한다. 다만, 전문금융소비자 중 대통령령으로 정하는 자가 일반금융소비자와 같은 대우를 받겠다는 의사를 금융상품판매업자 또는 금융상품자문업자(이하 “금융상품판매업자등”이라 한다)에게 서면으로 통지하는 경우 금융상품판매업자등은 정당한 사유가 있는 경우를 제외하고는 이에 동의하여야 하며, 금융상품판매업자등이 동의한 경우에는 해당 금융소비자는 일반금융소비자로 본다(금소법안 제2조제9호).

가. 국가

나. 한국은행

다. 금융회사

라. 주권상장법인(투자성 상품 중 대통령령으로 정하는 금융상품계약체결등을 할 때에는 전문금융소비자와 같은 대우를 받겠다는 의사를 금융상품판매업자등에게 서면으로 통지하는 경우만 해당한다)

마. 그 밖에 「예금자보호법」 제3조에 따른 예금보험공사 및 같은 법 제36조의3에 따른 정리금융회사 등 금융상품 계약에 따른 위험감수능력이 있는 금융소비자로서 대통령령으로 정하는 자

그리고 “일반금융소비자”란 전문금융소비자가 아닌 금융소비자를 말한다(금소법안 제2조제10호).

나. 금융소비자 권리와 책무

금소법안은 금융소비자의 기본 권리와 책무, 국가의 책무 그리고 금융상품판매업자등[497]의 책무를 규정하여 금융소비자 보호의 중요성을 알리고 있다.

1) 금융소비자의 기본적 권리

금융소비자는 다음 각 호의 기본적 권리를 가진다(금소법안 제6조).

1. 금융상품판매업자등의 위법한 영업행위로 인한 재산상 손해로부터 보호받을 권리
2. 금융상품을 선택하고 소비하는 과정에서 필요한 지식 및 정보를 제공받을 권리

497 금융상품직접판매업자, 금융상품판매 대리·중개업자, 금융상품자문업자 등으로 구분된다(금소법안 제4조).

3. 금융소비생활에 영향을 주는 국가 및 지방자치단체의 정책에 대하여 의견을 반영시킬 권리
4. 금융상품의 소비로 인하여 입은 피해에 대하여 신속·공정한 절차에 따라 적절한 보상을 받을 권리
5. 합리적인 금융소비생활을 위하여 필요한 교육을 받을 권리
6. 금융소비자 스스로의 권익을 증진하기 위하여 단체를 조직하고 이를 통하여 활동할 수 있는 권리

2) 금융소비자의 책무

금융소비자는 금융상품판매업자등과 더불어 금융시장을 구성하는 주체임을 인식하여 금융상품을 올바르게 선택하고, 금융소비자의 기본적 권리를 정당하게 행사하여야 하고, 스스로의 권익을 증진하기 위하여 필요한 지식과 정보를 습득하도록 노력하여야 한다(금소법안 제7조).

3) 국가의 책무

국가는 금융소비자의 기본적 권리가 실현되도록 하기 위하여 다음 각 호의 책무를 진다(금소법안 제8조).

1. 금융소비자 권익 증진을 위하여 필요한 시책의 수립 및 실시
2. 금융소비자 보호 관련 법령의 제정·개정 및 폐지
3. 필요한 행정조직의 정비 및 운영 개선
4. 금융소비자의 건전하고 자주적인 조직 활동의 지원·육성

4) 금융상품판매업자등의 책무

금융상품판매업자등은 금융소비자의 기본적 권리가 실현되도록 하기 위하여 다음 각 호의 책무를 진다(금소법안 제9조).

1. 국가의 금융소비자 권익 증진시책에 적극 협력할 책무
2. 금융상품을 제공하는 경우에 공정한 금융소비생활 환경을 조성하기 위하여 노력할 책무
3. 금융상품을 제공하는 경우에 금융소비자의 합리적인 선택이나 이익을 침해할 우려가 있는 거래조건이나 거래방법을 사용하지 아니할 책무
4. 금융소비자에게 금융상품에 대한 정보를 성실하고 정확하게 제공할 책무
5. 금융소비자의 개인정보가 분실·도난·누출·위조·변조 또는 훼손되지 아니하도록 개인정보를 성실하게 취급할 책무

2. 자기책임원칙과 투자자 보호

가. 자기책임원칙

파생상품거래는 민법상 계약으로 계약자유의 원칙 또는 사적 자치의 원칙에 입각하여 거래당사자간의 의사합치에 의해 성립하는 것으로, 원칙적으로 자기책임의 원칙이 지배하게 된다.

따라서 파생상품등 금융투자상품에 대한 투자에 있어서는 자기책임원칙에 의거 투자자는 자신의 투자판단의 결과에 대해서 스스로 책임을 져야 하므로, 금융투자상품의 매매, 그 밖의 거래와 관련하여 금융투자업자는 투자자가 입을 손실의 전부 또는 일부를 보전하여 줄 것을 사전에 약속하거나, 투자자가 입은 손실의 전부 또는 일부를 사후에 보전하여 주거나, 투자자에게 일정한 이익을 보장할 것을 사전에 약속하거나, 투자자에게 일정한 이익을 사후에 제공하는 등의 행위를 하여서는 아니 된다(法 제55조).[498] 이를 위반한 경우 해당 계약의 사법상 효력에 관해서는 자본시장법상 명문의 규정은 없으나, 강행법규위반으로서 민법 제103조에 따라 당연히 무효라고 보아야 한다.[499]

대법원도 손실보전행위는 위험관리에 의하여 경제활동을 촉진하는 증권시장의 본질을 훼손하고 안이한 투자판단을 초래하여 가격형성의 공정을 왜곡하는 행위로서, 증권투자에 있어서의 자기책임원칙에 반하는 것이라고 할 것이므로, 정당한 사유 없는 손실보전의 약속 또는 그 실행행위는 사회질서에 위반되어 무효라고 판시한 바 있다.[500]

자본시장에 참가하는 투자자가 자기책임원칙에 의하여 행동하지 않고, 자신의 투자판단에 대해 책임을 지지 않는 상황에서는 자본시장의 가격형성기능은 왜곡되고, 결국 자본시장의 건전한 발전을 저해하는 요인이 된다. 따라서 금융투자상품의 매매와 관련해서 투자자의 자기책임원칙의 관철은 자본시장의 건전한 발전과 자본시장의 기능을 적정하게 유지하는 데 있어 필수요건이라 하겠다.

498 금융투자업자의 임직원이 자기의 계산으로 하는 경우에도 또한 같다(法 제55조 후반부).

499 금융투자업자 또는 그의 임직원이 손실보전행위를 위반한 경우에는 사법상의 효력은 무효이나, 그 행위자는 형사벌로 3년 이하의 징역 또는 1억원 이하의 벌금에 처해 진다(法 제445조제10호).

500 대법원 2001. 4. 24. 선고 99다30718 판결.

나. 투자자 보호

금융투자상품의 매매와 관련하여서는 원칙적으로 기대할 수 있는 이익과 부담하게 될 위험 등을 스스로 판단하여 궁극적으로 자기의 책임으로, 그 거래를 할 것인지 여부 및 그 거래의 내용 등을 결정하여야 한다. 이러한 자기책임의 원칙은 파생상품거래와 같이 복잡하고 위험성이 높은 거래라고 하여 근본적으로 달라지는 것은 아니다.[501]

하지만, 금융투자상품의 매매와 관련하여 상술한 자기책임의 원칙을 제대로 구현하기 위해서는 역설적으로 금융소비자에 대한 보호규정을 제대로 마련하는 것이 무엇보다도 중요하다. 금융소비자 보호 내지 투자자 보호란 투자자의 투자대상인 금융투자상품의 가치를 보증하거나 투자자가 입은 손해를 보전하기 위함이 아니라, 거래당사자가 금융투자상품의 투자에 대한 합리적인 판단을 할 수 있도록 상품에 대한 구체적 이해를 도모하고자 함에 그 취지가 있다.

특히, 기초자산의 가치에 의해 파생되는 금융투자상품으로서 복잡화・다양화 및 구조화 등의 특징을 수반하고 있는 파생상품에 대한 투자에 있어서는 해당 상품을 권유하거나 판매하는 금융회사와 금융소비자 사이에 정보의 비대칭성이 존재할 우려가 크고, 이에 따라 교섭의 불균형이 발생할 여지가 있으므로 거래당사자가 합리적인 판단을 할 수 있는 기초를 제공하여 공정하고 투명하게 거래당사자간의 계약이 이루어 질 수 있도록 법이 개입할 필요가 있는 것이다.

과거 커다란 사회 문제가 되었던 키코(KIKO)[502] 같은 사례에서도 볼 수 있듯이, 파생상품거래의 실패는 불측의 막대한 손해로 귀결되고, 이에 따른 분쟁발생과 소제기 등의 사회적 비용 또한

501 [대법원 2013. 9. 26. 선고 2013다26746 전원합의체 판결] 동 판결에서 법원은 장외파생상품인 KIKO의 거래와 관련하여 자기책임원칙을 강하게 인정하여 기업이 환헤지 목적이 아니라 환율변동을 이용하여 환차익을 얻고자 하는 등 투자 내지 투기적 목적으로 통화옵션계약을 체결하고자 할 경우에는, 금융기관이 고객에게 그 계약에 내재된 위험성 등을 충분히 고지하여 인식하게 한 이상 그러한 목적의 계약 체결을 저지하거나 거부하지 않았다고 하여 곧 적합성의 원칙을 위반하고 고객 보호의무를 다하지 아니한 것이라고 단정할 수는 없다고 판시한 바 있다.

502 KIKO는 통화옵션의 한 형태로 knock-in knock-out의 줄임말이다. 이는 은행들이 유망 수출기업들을 상대로 환헤지 상품으로 권유 판매한 장외파생상품이다. 그런데 당시 해당 상품의 구조는 환율이 일정한 밴드를 벗어나면 수출 기업들의 달러 보유수량 대비 장외파생상품에 노출된 달러 포지션이 상대적으로 더 커져서 결과적으로 기업에게는 막대한 손실이 발생하는 비대칭적 구조를 지니고 있었고, 실제 2008년 금융위기를 겪으면서 환율의 급등으로 기업들은 도산에 까지 이르는 상황이 발생하여 사회 문제가 된 사건이다. 이에 손실기업 등은 키코 약관에 대해 공정거래위원회에 심사를 청구하였고, 공정거래위원회는 '키코는 불공정계약이 아니어서 약관법상 문제없다.'는 결정을 내렸다. 이에 따라 손실기업들은 키코 상품을 권유한 은행을 상대로 불공정행위에 기한 손해배상 소송을 제기하였고, 대법원 판결이 나온 2013년까지 약 5년 넘게 커다란 사회적 이슈가 되었다. 이와 관련한 판례로는 대법원 2013. 9. 26. 선고 2012다1146,1153 전원합의체 판결, 대법원 2013. 9. 26. 선고 2013다26746 전원합의체 판결, 대법원 2013. 9. 26. 선고 2011다53683,53690 전원합의체 판결, 대법원 2013. 9. 26. 선고 2012다13637 전원합의체 판결, 대법원 2013. 11. 28. 선고 2013다23891 판결 등 참조.

막대하게 유발한다.

따라서 자본시장법은 금융투자상품의 투자권유[503]와 관련하여, 적합성원칙(法 제46조), 설명의무(法 제47조), 적정성원칙(法 제46조의2)[504] 및 부당권유금지(法 제49조) 등 다양한 영업행위 규칙을 규정하여 건전한 금융거래질서를 확립하고 금융소비자를 보호함으로써 자본시장의 발전을 도모하고자 한다.

이에 덧붙여 자본시장법은 금융투자업자가 투자권유를 함에 있어서 금융투자업자의 임직원이 준수하여야 할 구체적인 기준 및 절차(이하 "투자권유준칙"이라 한다)를 정하도록 규정하고 있으며(法 제50조제1항), 특히, 파생상품에 대해서는 복잡화・다양화 및 구조화 등의 특징을 감안하여, 투자권유준칙을 정함에 있어 일반투자자의 투자목적・재산상황 및 투자경험 등을 고려하여 투자자 등급별로 차등화된 투자권유준칙을 마련하도록 규정하고 있다(法 제50조제1항단서).

아울러 자본시장법은 투자권유의 여부와 상관없이 금융투자업자가 준수하여야 할 일반적・포괄적 원칙으로서 신의성실의무 및 투자자이익 우선의무 등을 규정하고 있다. 즉, 금융투자업자는 신의성실의 원칙에 따라 공정하게 금융투자업을 영위하여야 하고(法 제37조제1항), 금융투자업자는 금융투자업을 영위함에 있어서 정당한 사유 없이 투자자의 이익을 해하면서 자기가 이익을 얻거나 제삼자가 이익을 얻도록 하여서는 아니 된다(法 제37조제2항).

또한 자본시장법은 투자자 보호를 위하여 이해상충의 관리 및 정보교류의 차단의무 등을 규정하고 있다.

금융투자업자는 금융투자업의 영위와 관련하여 금융투자업자와 투자자 간, 특정 투자자와 다른 투자자 간의 이해상충을 방지하기 위하여 이해상충이 발생할 가능성을 파악・평가하고, 「금융회사의 지배구조에 관한 법률」 제24조에 따른 내부통제기준(이하 "내부통제기준"이라 한다)[505]이 정하는 방법 및 절차에 따라 이를 적절히 관리하여야 한다(法 제44조제1항). 그리고

503 자본시장법 제9조제4항, 이 법에서 "투자권유"란 특정 투자자를 상대로 금융투자상품의 매매 또는 투자자문계약・투자일임계약・신탁계약(관리형신탁계약 및 투자성 없는 신탁계약을 제외한다)의 체결을 권유하는 것을 말한다.

504 투자권유를 하지 않는 경우에도 파생상품등의 판매 행위가 있는 경우, 적용되는 원칙이다. 이에 대해서는 본장 제4절에서 상세히 후술한다.

505 금융회사의 지배구조에 관한 법률 제24조(내부통제기준) ① 금융회사는 법령을 준수하고, 경영을 건전하게 하며, 주주 및 이해관계자 등을 보호하기 위하여 금융회사의 임직원이 직무를 수행할 때 준수하여야 할 기준 및 절차(이하 "내부통제기준"이라 한다)를 마련하여야 한다.
② 제1항에도 불구하고 금융지주회사가 금융회사인 자회사등의 내부통제기준을 마련하는 경우 그 자회사등은 내부통제기준을 마련하지 아니할 수 있다.
③ 내부통제기준에서 정하여야 할 세부적인 사항과 그 밖에 필요한 사항은 대통령령으로 정한다. 이에 대해서는 동법 시행령 제19조 참조.

금융투자업자는 이해상충이 발생할 가능성을 파악・평가한 결과 이해상충이 발생할 가능성이 있다고 인정되는 경우에는 그 사실을 미리 해당 투자자에게 알려야 하며, 그 이해상충이 발생할 가능성을 내부통제기준이 정하는 방법 및 절차에 따라 투자자 보호에 문제가 없는 수준으로 낮춘 후 매매, 그 밖의 거래를 하여야 한다(法 제44조제2항). 만약 그 이해상충이 발생할 가능성을 낮추는 것이 곤란하다고 판단되는 경우에는 매매, 그 밖의 거래를 하여서는 아니 된다(法 제44조제3항).

또한 금융투자업자는 그 영위하는 금융투자업(고유재산 운용업무를 포함) 간에 이해상충이 발생할 가능성이 큰 경우로서 대통령령으로 정하는 경우[506]에는 다음 각 호의 어느 하나에 해당하

---

506 자본시장법시행령 제50조제1항, 법 제45조제1항 각 호 외의 부분에서 "대통령령으로 정하는 경우"란 다음 각 호의 어느 하나에 해당하는 경우를 말한다.

1. 고유재산운용업무(누구의 명의로 하든지 자기의 계산으로 제2항제1호에 따른 금융투자상품을 매매하거나 소유하는 업무로서 투자매매업이나 제68조제2항에 따른 기업금융업무가 아닌 업무를 말한다. 이하 이 조에서 같다)・투자매매업・투자중개업과 집합투자업(집합투자재산을 금융투자상품에 운용하는 업무만 해당한다. 이하 이 조에서 같다)・신탁업(신탁재산을 금융투자상품에 운용하는 업무 및 집합투자재산・신탁재산 중 금융투자상품을 보관・관리하는 업무만 해당한다. 이하 이 조에서 같다) 간의 경우. 다만, 다음 각 목의 어느 하나에 해당하는 경우에는 법 제45조제1항 각 호의 어느 하나에 해당하는 행위를 할 수 있다.
   가. 투자매매업・투자중개업 중 기업금융업무(법 제71조제3호에 따른 기업금융업무를 말하며 집합투자증권에 대한 인수업무 또는 모집・매출・사모의 주선업무는 제외한다. 이하 이 조 및 제51조제3항에서 같다)와 집합투자업 중 기업금융업무 간의 경우
   나. 고유재산운용업무・투자매매업・투자중개업 중 전담중개업무와 전문투자형 사모집합투자기구등의 투자자재산을 전담중개업무로서 보관・관리하는 신탁업 간의 경우
   다. 투자매매업・투자중개업 중 집합투자증권의 판매업무, 그 밖에 고객의 재산 관리에 대한 종합적인 용역의 제공을 위하여 필요한 업무로서 금융위원회가 정하여 고시하는 업무(이하 이 목에서 "판매업무등"이라 한다)와 신탁업 간의 경우. 다만, 다음의 경우에는 법 제45조제1항 각 호의 어느 하나에 해당하는 행위를 할 수 없다.
      1) 판매업무등과 다른 투자매매업・투자중개업 및 고유재산운용업무 간의 경우
      2) 투자매매업자나 투자중개업자가 투자자문업・투자일임업을 영위하는 경우 투자자문업・투자일임업과 판매업무등을 제외한 투자매매업・투자중개업 및 고유재산운용업무 간의 경우
      3) 신탁업자가 투자자문업・투자일임업 및 집합투자업을 영위하는 경우 투자자문업・투자일임업 및 신탁업 중 신탁재산을 운용하는 업무와 집합투자업 및 신탁업으로서 집합투자재산을 보관・관리하는 업무 간의 경우
   라. 투자매매업, 투자중개업 또는 집합투자업을 경영하지 아니하는 부동산신탁업자(법 제94조제2항에 따른 부동산신탁업자를 말한다. 이하 같다)의 고유재산운용업무와 신탁업 간의 경우
   마. 자기가 운용하는 집합투자기구의 집합투자증권에 대한 투자매매업・투자중개업 외의 투자매매업・투자중개업 또는 신탁업을 경영하지 아니하는 집합투자업자의 자기가 운용하는 집합투자기구의 집합투자증권에 대한 투자매매업・투자중개업과 집합투자업 간의 경우
   바. 그 밖에 정보교류에 따른 이해상충이 발생할 가능성이 크지 아니한 경우로서 금융위원회가 정하여 고시하는 경우
2. 기업금융업무와 고유재산운용업무・금융투자업 간의 경우. 다만, 다음 각 목의 어느 하나에 해당하는 경우에는 법 제45조제1항 각 호의 어느 하나에 해당하는 행위를 할 수 있다.
   가. 기업금융업무와 다음의 어느 하나에 해당하는 업무 간의 경우

는 행위를 하여서는 아니 된다(法 제45조제1항).

1. 금융투자상품의 매매에 관한 정보, 그 밖에 대통령령으로 정하는 정보[507]를 제공하는 행위

---

1) 금융위원회가 정하여 고시하는 기준에 따라 기업에 자금을 지원하는 업무(자금을 지원하는 과정에서 취득한 증권 등의 자산을 처분하는 업무를 포함한다)
2) 국채증권, 지방채증권 등 금융위원회가 정하여 고시하는 증권에 대한 매매를 하거나 그 매매를 중개·주선 또는 대리하는 업무
3) 법 제393조에 따른 증권시장업무규정에서 정하는 장중대량매매(場中大量賣買) 또는 시간외 대량매매(時間外大量賣買)의 방법, 그 밖에 이에 준하는 방법으로 하는 주식의 매매를 중개·주선 또는 대리하는 업무
4) 인수업무 또는 모집·사모·매출의 주선업무를 수행하는 과정에서 해당 기업이 발행한 신주인수권증서를 매매하거나 이를 중개·주선 또는 대리하는 업무
5) 인수업무과정에서 취득한 증권을 매도하거나 모집·사모·매출의 주선과정에서 해당 증권을 투자자에게 취득시키는 업무
6) 경영참여형 사모집합투자기구에 출자하는 업무
7) 법 제229조제2호에 따른 부동산집합투자기구(이하 "부동산집합투자기구"라 한다) 또는 법 제229조제3호에 따른 특별자산집합투자기구(이하 "특별자산집합투자기구"라 한다)의 설정·설립이나 운용에 관한 자문업무 또는 중개·주선업무에 수반하여 이루어지는 출자업무
8) 기업금융업무와의 연관성 등을 고려하여 금융위원회가 정하여 고시하는 기준을 충족하는 전문투자형 사모집합투자기구에 대한 출자 또는 운용업무
9) 그 밖에 기업금융업무와의 연관성 등을 고려하여 금융위원회가 정하여 고시하는 업무

나. 기업금융업무 중 제68조제2항제4호의3 또는 제4호의4에 따른 업무와 고유재산운용업무 간의 경우
다. 기업금융업무 중 국채증권, 지방채증권 등 금융위원회가 정하여 고시하는 증권에 대한 인수업무 또는 모집·매출·사모의 주선업무와 금융투자업 간의 경우
라. 기업금융업무 중 제240조제2항 각 호에 해당하는 증권 또는 같은 조 제5항 각 호에 해당하는 증권에 투자하는 것을 목적으로 하는 경영참여형 사모집합투자기구의 운용업무와 집합투자업 간의 경우
마. 그 밖에 정보교류에 따른 이해상충이 발생할 가능성이 크지 아니한 경우로서 금융위원회가 정하여 고시하는 경우

3. 전담중개업무와 고유재산운용업무·금융투자업(전담중개업무는 제외한다) 간의 경우. 다만, 다음 각 목의 어느 하나에 해당하는 경우에는 법 제45조제1항 각 호의 어느 하나에 해당하는 행위를 할 수 있다.

가. 전담중개업무와 전문투자자를 대상으로 하는 증권의 대차 또는 그 중개·주선이나 대리업무 및 그와 연계하여 이루어지는 공매도 주문의 수탁업무 간의 경우
나. 전담중개업무와 전문투자자를 대상으로 하는 파생상품의 매매 또는 그 중개·주선이나 대리업무 간의 경우
다. 전담중개업무와 전문투자자를 대상으로 하는 환매조건부매매 또는 그 중개·주선이나 대리업무 간의 경우
라. 그 밖에 정보교류에 따른 이해상충이 발생할 가능성이 크지 아니한 경우로서 금융위원회가 정하여 고시하는 경우

4. 기업금융업무와 전담중개업무 간의 경우

507 자본시장법시행령 제50조제2항, 법 제45조제1항제1호에서 "금융투자상품의 매매에 관한 정보, 그 밖에 대통령령으로 정하는 정보"란 다음 각 호의 어느 하나에 해당하는 정보로서 불특정 다수인이 알 수 있도록 공개되기 전의 것을 말한다. 다만, 이해상충이 발생할 가능성이 크지 아니한 경우로서 금융위원회가 정하여 고시하는 기준에 따라 제공하는 정보는 제외한다.

1. 금융투자업자의 금융투자상품(금융위원회가 정하여 고시하는 금융투자상품은 제외한다) 매매 및 소

2. 임원(대표이사, 감사 및 사외이사가 아닌 감사위원회의 위원을 제외한다) 및 직원을 겸직하게 하는 행위
3. 사무공간 또는 전산설비를 대통령령으로 정하는 방법[508]으로 공동으로 이용하는 행위
4. 그 밖에 이해상충이 발생할 가능성이 있는 행위로서 대통령령으로 정하는 행위[509]

이 밖에 금융투자업자는 금융투자업의 영위와 관련하여 이해상충이 발생할 가능성이 큰 경우로서 법정된 정보교류 금지 예외 사유[510] 외에는 계열회사 등[511]과의 정보교류 행위 역시 제한된다(法 제45조제2항).

일반적으로 금융투자업자는 법령・약관・집합투자규약・투자설명서(제123조제1항에 따른 투자설명서를 말한다)에 위반하는 행위를 하거나 그 업무를 소홀히 하여 투자자에게 손해를 발생

유현황에 관한 정보
2. 투자자의 금융투자상품 매매 및 소유현황에 관한 정보. 다만, 투자자가 예탁한 증권의 총액과 증권의 종류별 총액에 관한 정보, 그 밖에 금융위원회가 정하여 고시하는 정보를 제공하는 경우는 제외한다.
3. 집합투자재산, 투자일임재산 및 신탁재산의 구성내역과 운용에 관한 정보. 다만, 금융위원회가 정하여 고시하는 기준에 따라 집합투자재산, 투자일임재산 및 신탁재산의 구성내역과 운용에 관한 정보 중 1개월이 지난 정보를 제공하는 경우는 제외한다.
4. 기업금융업무를 하면서 알게 된 정보로서 법 제174조제1항 각 호 외의 부분에 따른 미공개중요정보

508 자본시장법시행령 제50조제3항, 법 제45조제1항제3호에서 "대통령령으로 정하는 방법"이란 다음 각 호의 방법을 말한다.
1. 사무공간이 벽이나 칸막이 등을 통하여 공간적으로 분리되지 아니하거나, 출입문을 공동으로 이용하는 방법
2. 법 제45조제1항제1호에 따른 정보에 관한 전산자료가 공유되지 못하도록 독립되어 열람되지 아니하는 방법

509 자본시장법시행령 제50조제4항, 법 제45조제1항제4호에서 "대통령령으로 정하는 행위"란 다음 각 호의 어느 하나에 해당하는 행위를 말한다.
1. 제1항 각 호에 따른 업무 간에 담당 부서를 독립된 부서로 구분하지 아니하거나, 담당 부서가 그 업무를 독립적으로 처리하지 아니하는 행위. 다만, 이해상충이 발생할 가능성이 크지 아니한 경우로서 금융위원회가 정하여 고시하는 경우는 제외한다.
2. 제1항 각 호에 따른 업무를 수행하는 임직원 간에 해당 업무에 관한 회의를 하거나 통신을 한 경우에는 내부통제기준이 정하는 방법 및 절차에 따라 그 회의 또는 통신에 관한 기록을 유지하지 아니하거나 준법감시인(준법감시인이 없는 경우에는 감사 등 이에 준하는 자를 말한다)의 확인을 받지 아니하는 행위

510 자본시장법시행령 제51조제2항 참조.

511 자본시장법시행령 제51조제1항, 법 제45조제2항 각 호 외의 부분에서 "대통령령으로 정하는 회사"란 다음 각 호의 회사를 말한다.
1. 금융투자업자가 집합투자업을 경영하는 경우에는 그 금융투자업자가 운용하는 집합투자기구의 집합투자증권을 판매하는 투자매매업자・투자중개업자(이하 이 조에서 "집합투자증권 판매회사"라 한다)
2. 금융투자업자가 제16조제10항에 따른 외국 금융투자업자등의 지점, 그 밖의 영업소인 경우에는 그 외국 금융투자업자등

시킨 경우에는 그 손해를 배상할 책임을 진다(法 제64조제1항). 다만, 배상의 책임을 질 금융투자업자가 상술한 제37조제2항(투자자이익 우선의무), 제44조(이해상충방지의무), 제45조(정보교류차단의무)를 위반한 경우에는 금융투자업자가 상당한 주의를 하였음을 증명하거나 투자자가 금융투자상품의 매매, 그 밖의 거래를 할 때에 그 사실을 안 경우에는 배상의 책임을 지지 아니한다고 하여 면책 규정을 마련하고 있다(法 제64조제1항단서).

금융투자업자가 이해상충방지의무 및 정보교류차단의무 등을 이행하지 아니하였을 경우에는 그 정도에 따라 6개월 이내의 업무정지, 기관경고, 기관주의 등의 행정제재가 수반될 수 있으며(法 제420조제3항 및 별표1), 특히 정보교류차단의무를 위반한 경우에는 3년 이하의 징역 또는 1억원 이하의 벌금의 형사처벌도 수반된다(法 제445조제4호 및 제5호).

제2절 적합성원칙

1. 의의

금융상품을 판매하는 금융회사들이 영업실적의 향상을 도모하는 것에 너무 중점을 두다 보면, 자연히 고객의 재산상황, 금융상품에 대한 지식 등을 생각하지 않고 투자권유를 하게 되고, 이로 인해 손실이 발생하는 경우 많은 문제를 야기하게 된다.

적합성원칙이란 협의로는 고객의 지식, 경험, 투자목적, 재산상황 등을 고려하여 고객에게 부적합한 금융투자상품의 권유를 금지하는 원칙을 말하는데, 광의로는 고객의 지식, 경험, 투자목적, 재산상황 등을 고려하여 이에 적합한 형태로 권유를 하여야 한다는 원칙까지 포함하는 것으로 해석된다. 즉, 협의의 적합성원칙이 고객의 속성을 감안하여 부적합한 권유는 하지 말라는 소극적 원칙이라면, 광의의 적합성원칙은 고객의 속성에 적합하도록 권유를 하여야 한다는 적극적 원칙을 포함하는 개념이다.[512]

세계 각국은 투자자에 대한 보호의 일환으로 법률상 또는 자율규제기관에 의해 적합성원칙에 입각하여 투자권유 할 것을 규정하고 있다. 금융거래에 있어서 적합성원칙은 미국에서 발원하여 일본 및 우리나라에 도입된 개념으로, 우리나라는 2009년 2월 4일부터 시행된 자본시장법에 적합성원칙에 대한 명문의 규정을 두게 되었다.

자본시장법 시행 이전에는 판례를 통해 고객보호의무[513]의 하나로서 "고객의 투자상황에 비추어 과대한 위험성을 수반하는 거래를 적극적으로 권유한 경우"에는 적합성원칙 위반이 인정되었다.[514][515]

---

512 이렇게 본다면, 금융투자상품등의 투자행위가 싫어서 금융투자업자와의 거래는 없이 오로지 은행만을 거래하고 있는 고객의 경우, 원스톱 서비스라는 이유로 계열회사인 금융투자업자와 공동으로 은행이 이러한 고객에게 적극적으로 계열회사인 금융투자업자의 금융투자상품을 권유하는 행위는 광의의 관점에서 고객보호를 해하는 행위일 수 있으므로 주의가 필요하다고 할 것이다.

513 우리 판례는 일본에서의 부당권유와 관련한 투자권유자의 주의의무에 관한 판례이론을 도입하여 증권회사의 수익보장약정에 의한 권유가 고객에 대한 '보호의무'를 저버린 경우에 해당할 때에는 불법행위책임이 성립한다는 이른바 '고객보호의무'이론을 발전시켰다(권순일, "증권투자권유자의 책임에 관한 연구", (서울대학교 박사학위논문, 2001), 159면).

514 대법원 1994. 1. 11. 선고 93다26205 판결, 대법원 2008. 9. 11. 선고 2006다53856 판결. 이 판례들에서

2. 자본시장법상 적합성원칙

가. 정의

자본시장법은 "금융투자업자는 일반투자자에게 투자권유를 하는 경우에는 일반투자자의 투자목적・재산상황 및 투자경험 등에 비추어 그 일반투자자에게 적합하지 아니하다고 인정되는 투자권유를 하여서는 아니 된다"고 규정하고 있다(法 제46조제3항).

여기서, 투자권유란 특정 투자자를 상대로 금융투자상품의 매매 또는 투자자문계약・투자일임계약・신탁계약(관리신탁계약 및 투자성 없는 신탁계약은 제외)의 체결을 권유하는 것을 말하는 것으로(法 제9조제4항), 자본시장법상 적합성원칙에 입각한 행위규제는 이러한 투자권유가 있는 경우에만 적용되는 원칙이다.

적합성원칙을 실현하는 구체적 방안으로 자본시장법은 금융투자업자가 투자권유를 함에 있어 「투자권유준칙」을 정하도록 규정하고 있으며(法 제50조제1항), 특히 파생상품에 관한 투자권유준칙을 정함에 있어서는 일반투자자의 투자목적・재산상황 및 투자경험 등을 고려하여 투자자 등급별로 차등화 된 투자권유준칙을 마련하도록 하고 있다(法 제50조제1항단서).

는 직접적으로 적합성원칙 위반이라는 용어를 사용하고 있지는 않다. 이후, 2008년에 이르러 대법원은 투자자문회사가 옵션일임매매와 관련하여 고객에게 부담하는 선관주의의무 위반 여부를 다툰 사안에서 "투자목적 등에 비추어 적합성을 잃은 것으로 보기 어렵고"와 같이 판시하여(대법원 2008. 9. 11. 선고 2006다53856 판결), '적합성'이라는 용어를 직접적으로 사용하였다. 다만, 하급심 판례에서는 서울지방법원 2000. 2. 1. 선고 99가합5212 판결에서 "이러한 거래행위와 거래방법, 원고들의 투자상황, 거래의 위험도 및 이에 관한 피고 회사 직원들의 설명정도 등을 종합적으로 고려하여 보면 피고 회사 직원들의 권유행위는 원고들의 투자상황에 비추어 과대한 위험성을 수반하는 거래를 적극적으로 권유함으로써 적합성원칙을 위반한 경우라고 보기 어렵지만,"이라고 판시하여 적합성원칙의 위반 여부를 정면으로 판단한 판결이 있었다.

515 이후 자본시장법이 도입되고 적합성원칙의 개념이 보다 명확해짐에 따라 법원에서도 적합성원칙을 판단한 사례들이 나오고 있다. 키코(KIKO) 통화옵션계약과 관련한 사례에서 은행을 상대로 적합성 위반 등을 이유로 손해배상을 구한 사안에서, 은행이 적합성 원칙과 설명의무를 위반하였다고 한 사례가 있다(대법원 2013. 9. 26. 선고 2012다1146,1153 전원합의체 판결). 동 판결에서 대법원은 "계약의 성격과 체결 경위, 투자자의 거래 목적, 재무상황 등 제반 사정을 종합적으로 고려하면, 소외인은 투기거래의 목적이 없는 투자자에게 과대한 위험성을 수반하는 투기적 성격을 지닌 이 사건 제3 계약을 환헤지 목적의 거래라고 하면서 적극적으로 권유하여 체결하게 한 것이니, 이는 적합성의 원칙을 위반하여 고객에 대한 보호의무를 저버린 것이라고 평가함이 상당하다"고 판시하였다.

나. 표준투자권유준칙

자본시장법상 금융투자업자가 투자권유를 함에 있어 준수하여야 할 사항을 정하도록 하고 있으며, 금융투자협회는 이를 받아 금융투자업자가 참고할 수 있는 가이드라인으로서 「표준투자권유준칙」[516]을 제정하여 예시로서 안내하고 있다.

1) 투자자정보 파악 및 투자자성향 분석

「표준투자권유준칙」은 임직원등이 투자권유를 위해 전제되어야 할 투자자정보 파악 및 투자자성향 분석 등에 대한 예시적 기준으로 다음과 같은 사항을 적시하고 있다.[517]

1. 임직원등은 투자권유를 희망하는 투자자에 대하여 투자권유 전에 면담・질문 등을 통하여 투자자의 투자자정보를 투자자정보 확인서[518]에 따라 파악하고, 투자자로부터 서명등의 방법으로 확인을 받아 이를 유지・관리하여야 한다.
2. 임직원등은 확인한 투자자정보의 내용 및 투자자의 성향을 투자자에게 지체 없이 제공하여야 한다.
3. 임직원등은 원칙적으로 투자자 본인으로부터 투자자정보를 파악하여야 하며, 투자자의 대리인이 그 자신과 투자자의 실명확인증표 및 위임장 등 대리권을 증빙할 수 있는 서류 등을 지참하는 경우 대리인으로부터 투자자 본인의 정보를 파악할 수 있다. 이 경우 회사는 위임의 범위에 투자자정보 작성 권한이 포함되어 있는 지를 확인하여야 한다.
4. 임직원등은 투자권유를 희망하는 투자자라 하더라도 투자자정보를 제공하지 아니하는 경우에는 투자자성향을 파악할 수 없으므로 투자권유를 할 수 없음을 알리고 투자권유를 희망하지 않는 투자자로 간주하고 "투자권유를 희망하지 않는 투자자에 대한 판매" 절차에 따른다.
5. 임직원등은 단기금융집합투자기구의 집합투자증권, 국채증권, 지방채증권, 특수채증권, 그 밖에 이에 준하는 것으로서 위험이 높지 않은 금융투자상품만을 거래하는 투자자 및 환매조건부매매를 하는 투자자에 대하여는 별도의 투자자정보 확인서[519]를 사용하여 투자자정

516 표준투자권유준칙은 자본시장법 제50조에 따라 개별 회사가 회사의 투자권유준칙을 제정・운영함에 있어 참고할 수 있도록 하기 위하여 자율규제기관인 금융투자협회가 마련한 자료이다. 기존에는 조문 형태로 제공 되었으나, 2010년 8월 27일 개정 모범규준부터는 획일적 투자권유제도 운영으로 형식에 치우치는 문제점을 개선하기 위하여 투자권유・판매절차별로 금융회사가 준수해야 할 원칙과 함께 다양한 예시 및 참고사항 등을 제시하고, 회사별로 자신의 투자자 및 판매상품 특성에 맞는 투자권유준칙을 마련할 수 있도록 설명자료로 대체되었다(동 준칙 개정 이유 참조).

517 「표준투자권유준칙」8. 투자자정보 파악 및 투자자성향 분석 등, 6~8면 참조.

518 협회는 이에 대한 가이드라인으로 예시적 기준의 표준양식을 제공하고 있다.

보를 간략하게 파악할 수 있다.

6. 임직원등은 투자자가 장외파생상품을 거래하고자 하는 경우 투자권유 여부와 상관없이 "장외파생상품 투자자정보 확인서"를 이용하여 투자자 정보를 파악하여야 한다.[520]

2) 투자권유 절차

「표준투자권유준칙」은 투자권유 시 따라야 할 투자권유 절차와 관련하여 다음과 같은 사항을 투자권유준칙을 제정함에 있어 포함할 것을 권유하고 있다.[521]

1. 임직원등은 회사가 정한 적합성판단 기준[522]에 비추어 보아 투자자에게 적합하지 아니하다고 인정되는 투자권유를 하여서는 아니 된다.
2. 임직원등은 회사가 이미 투자자정보를 알고 있는 투자자에 대하여는 기존 투자자성향과 그 의미에 대해 설명하고 투자권유를 하는 것이 바람직하다.
3. 임직원등은 투자자가 보유 자산에 대한 위험회피 목적으로 투자하거나 적립식으로 투자하는 등 해당 투자를 통하여 투자에 수반되는 위험을 낮추거나 회피할 수 있다고 판단하는 경우에는 금융투자상품 위험도 분류 기준보다 완화된 기준을 적용하여 투자권유를 할 수 있다.
4. 만일, 회사가 이미 알고 있는 투자자성향에 비해 위험한 금융투자상품에 투자자가 스스로 투자하고자 하는 경우에는 투자자성향과 금융투자상품의 위험수준을 확인시켜주고 해당 투자가 투자자에게 적합하지 아니할 수 있다는 사실을 알려주어야 한다.
5. 임직원등은 가)의 투자자에게 나)의 금융투자상품을 투자권유하고자 하는 경우 투자자의 올바른 투자판단을 유도하기 위하여 추천사유 및 유의사항 등을 기재한 적합성보고서를 계약체결 이전에 투자자에게 교부하여야 한다.

   가. 교부대상자: 신규투자자, 고령투자자 및 초고령투자자

   나. 대상상품: ELS, ELF, ELT, DLS, DLF, DLT

3) 장외파생상품에 관한 특칙

「표준투자권유준칙」은 장외파생상품의 복잡성·위험성 등을 감안하여 장외파생상품의 권유

---

519 협회는 이에 대한 가이드라인으로 예시적 기준의 표준양식을 제공하고 있다.

520 협회는 금융투자업자로 하여금 '법인 및 개인사업자'용과 '개인'용 등 두 가지 양식으로 구분하여 마련할 것을 권고하고 있다.

521 「표준투자권유준칙」 10. 투자권유 절차, 10~12면 참조.

522 회사는 투자자의 투자자성향을 특정 유형별로 분류한 경우, 회사가 정한 투자자성향분류와 금융투자상품 위험도 평가 분류를 참조하여 투자권유의 적합성 여부를 판단할 수 있는 기준을 정하여야 한다.

와 관련하여 준수하여야 할 예시적 사항으로 다음과 같은 사항을 제시하여 금융투자업자가 투자권유준칙을 제정함에 있어 참고할 것을 권유하고 있다.[523]

1. 임직원은 장외파생상품의 매매 및 그 중개·주선 또는 대리의 상대방이 일반투자자인 경우에는 투자권유 여부와 상관없이 그 투자자가 보유하고 있거나 보유하려는 자산·부채 또는 계약 등(이하 "위험회피대상"이라 한다)에 대하여 미래에 발생할 수 있는 경제적 손실을 부분적 또는 전체적으로 줄이기 위한 거래를 하는 경우로서 다음의 요건을 모두 충족하는 경우에 한하여 거래를 할 수 있다.
   가. 위험회피대상을 보유하고 있거나 보유할 예정일 것
   나. 장외파생상품에 대한 약정거래기간 중 해당 거래에서 발생할 수 있는 손익이 위험회피대상에서 발생할 수 있는 손익의 범위를 초과하지 아니할 것
2. 이 경우 임직원은 투자자가 장외파생상품 거래를 통하여 회피하려는 위험의 종류와 금액을 확인하고, 관련 자료를 보관하여야 한다.[524]
3. 임직원은 장외파생상품에 대한 투자권유를 하는 경우 회사가 별도로 제정한 장외파생상품에 대한 별도의 적합성 기준[525]에 따라 적합하지 아니하다고 인정되는 투자권유를 하여서는 아니 된다.

---

523 「표준투자권유준칙」10. 투자권유 절차, 12~13면 참조.

524 法 제166조의2제1항제1호, 令 제186조의2.

525 금융투자협회는 일반투자자에게 장외파생상품을 투자권유하고자 하는 경우에는 투자목적이 위험회피인 경우로 한정되므로 파생상품이 아닌 금융투자상품이나 장내파생상품과는 별도로 적합성 판단 기준을 정하는 것이 바람직하다고 권고하고 있다. 이를 제정함에 있어서는 회사는 장외파생상품에 대한 투자권유를 하는 경우 적합성 판단 방식 이외에 아래 사항을 추가로 참고하여 투자권유 기준을 별도로 정하여야 한다.

1. 만 65세 이상이고 장외파생상품에 대한 투자경험이 1년 미만인 일반투자자인 개인에게는 다음 각 목의 어느 하나에 해당하는 위험회피목적의 장외파생상품만 투자권유할 수 있다.
   가. 금리스왑
   나. 옵션매수
2. 장외파생상품에 대한 투자경험이 3년 미만인 주권 비상장법인 및 개인사업자, 장외파생상품에 대한 투자경험이 1년 미만인 주권상장법인과 만 65세 미만이고 장외파생상품에 대한 투자경험이 1년 미만이거나, 만 65세 이상이고 장외파생상품에 대한 투자경험이 1년 이상 3년 미만인 일반투자자인 개인에게는 다음 각 목의 어느 하나에 해당하는 위험회피목적의 장외파생상품만 투자권유할 수 있다. 다만, 회사가 위험관리능력 및 장외파생상품 투자경험, 장외파생상품에 대한 지식수준 등이 충분하다고 인정하는 투자자(일반투자자인 개인은 제외)에 대하여는 가 목 부터 다 목 이외의 위험회피목적의 장외파생상품도 투자권유할 수 있다.
   가. 금리·통화 스왑
   나. 옵션 매수·매도
   다. 선도거래

다. 적합성원칙 준수 방법

자본시장법상 규정된 적합성원칙은 거래상대방에게 적합한 상품을 권유해야 하는 적극적 의무라기보다는 거래상대방으로부터 수집된 정보에 근거하여 이에 적합하지 않은 상품을 권유하지 않을 의무, 즉 소극적 의무를 규정하고 있다. 따라서 해당 상품이 투자자에게 적합하지 않을 경우에는 투자자에게 적합한 상품을 찾아서 재권유해야 할 의무까지 존재하는 것으로 보기는 어려울 것이다.[526]

적합성원칙을 규정하고 있는 자본시장법 제46조제3항은 "금융투자업자는 일반투자자에게 투자권유를 하는 경우에는"이라고 적시하여 적합성원칙은 전문투자자에게는 적용되지 않고, 단지 일반투자자에게만 적용되는 영업행위 규칙임을 표명하고 있다. 따라서 적합성원칙을 일반투자자에게 적용하기 위해서는 먼저 금융투자업자는 투자자가 일반투자자인지 전문투자자인지의 여부를 확인하는 것이 전제가 되어야 한다(法 제46조제1항).

여기서, 전문투자자란 금융투자상품에 관한 전문성 구비 여부, 소유자산규모 등에 비추어 투자에 따른 위험감수능력이 있는 투자자로서 국가, 한국은행, 금융회사, 상장법인 등과 같은 투자자를 말한다(法 제9조제5항). 다만, 전문투자자 중 일반투자자와 같은 대우를 받겠다는 의사를 금융투자업자에게 서면으로 통지하는 경우에는 금융투자업자는 정당한 사유가 있는 경우를 제외하고는 이에 동의하여야 하며, 금융투자업자가 동의한 경우에는 해당 투자자는 일반투자자로 본다(法 제9조제5항단서).[527]

아울러 금융투자상품이 고객에게 적합한지를 판단하기 위해서는 이를 권유・판매하는 금융투자업자는 해당 금융투자상품의 특성에 대한 정확한 이해(know your security)[528]는 물론, 또한

526 같은 취지로는 김건식・정순섭(2009), 앞의 책, 500면.

527 다만, 다음에 해당하는 전문투자자는 일반투자자로 전환될 수 없다(자본시장법시행령 제10조제1항).
자본시장법시행령 제10조제1항, 법 제9조제5항 각 호 외의 부분 단서에서 "대통령령으로 정하는 자"란 다음 각 호의 어느 하나에 해당하지 아니하는 전문투자자를 말한다.
1. 국가
2. 한국은행
3. 제2항제1호부터 제17호까지의 어느 하나에 해당하는 자(은행등 금융회사)
4. 제3항제1호부터 제11호까지의 어느 하나에 해당하는 자(예금보험공사, 신용보증기금 등의 공사・기금)
5. 제3항제18호가목부터 다목까지의 어느 하나에 해당하는 자(한국은행, 외국 정부・조약에 따라 설립된 국제기구・외국 중앙은행)
6. 제3호 및 제4호에 준하는 외국인

528 Know Your Security 이론은 미국으로부터 영향 받은 개념으로 이 이론을 채택한 대표적인 판례로는 Hanly v. SEC 415 F.2d 589 (2nd Cir. 1969) 판결을 들 수 있다. 이 판결에서 법원은 브로커-딜러는 고객에 대한 관계에서 충분한 근거를 가지고 의견을 제공한다는 것을 묵시적으로 표시한 것이기 때문에 충분하고 합리적인 근거 없이 특정 증권에 대한 투자권유를 하여서는 아니 된다고 판결하였다.

고객의 지식, 경험, 재산상황 및 투자목적에 대하여 충분히 숙지하고 있어야 한다. 이를 고객숙지의무(know your customer rule)라고 한다. 이는 적합성원칙을 준수하기 위한 전제조건이다.

이러한 고객숙지의무는 후술하게 될 NYSE Rule 405에 의해 영향을 받은 것으로, 금융투자업자는 일반투자자에게 투자권유를 하기 전에 면담・질문 등을 통하여 일반투자자의 투자목적・재산상황 및 투자경험 등의 정보를 파악하고, 일반투자자로부터 서명(「전자서명법」 제2조제2호에 따른 전자서명을 포함한다. 이하 같다), 기명날인, 녹취, 그 밖에 대통령령으로 정하는 방법으로 확인을 받아 이를 유지・관리하여야 하며, 확인받은 내용을 투자자에게 지체 없이 제공하여야 한다(法 제46조제2항).

3. 적합성원칙에 대한 외국의 입법례

가. 일본

일본은 金商法과 「금융상품판매등에 관한 법률」(金融商品の販売等に関する法律; 이하 '金販法')[529] 그리고 기초자산이 일반상품[530]인 경우에는 商取法에 의해 투자권유 시에 투자자 보호를 위해 금융상품거래업자등이 준수하여야 할 적합성원칙 및 설명의무 등 행위규제를 규정하고 있다. 다만, 金商法은 부당권유를 행한 업자의 책임으로서 행정처분을 부과하는 것을 주목적으로 하여 손해배상책임 등 민사책임을 과하는 규정은 결여되어 있다. 이에 대해서는 2000년 金販法의 제정(2001년 4월 시행)과 2004년 商取法의 개정에 의해 설명의무 위반에 근거한 손해배상책임

529 다양한 금융상품의 판매・권유와 관련하여 공통의 규칙을 마련하여 금융서비스 이용자를 보호할 목적으로 2000년 5월 23일 금융상품판매에 관한 법률(金融商品の販売等に関する法律)이 성립되고, 2001년 4월 1일 시행되었다. 이 법률은 금융상품판매업자등이 설명의무를 위반한 경우 손해배상책임을 규정하고, 금융상품판매등에 관한 권유의 적정성을 확보하여 고객을 보호하고자 하는데 목적이 있다(金販法 제1조). 즉, 동 법률은 금융상품의 판매와 관련하여 설명의무, 적합성원칙 등 투자권유와 관련한 행위규칙 등을 정하고 있다.
金販法 제1조, この法律は、金融商品販売業者等が金融商品の販売等に際し顧客に対して説明をすべき事項等及び金融商品販売業者等が顧客に対して当該事項について説明をしなかったこと等により当該顧客に損害が生じた場合における金融商品販売業者等の損害賠償の責任並びに金融商品販売業者等が行う金融商品の販売等に係る勧誘の適正の確保のための措置について定めることにより、顧客の保護を図り、もって国民経済の健全な発展に資することを目的とする。

530 金販法 제2조제1항에 따른 상품으로서, 농산물, 임산물, 축산물, 수산물, 광물, 전력 및 가격의 변동이 현저하여 선물 거래와 유사한 거래의 대상이 될 개연성이 높은 것으로서 정령에서 정하는 것을 말한다.

규정이 신설되었다. 그러나 여전히 적합성원칙과 관련하여서는 명문화된 손해배상규정을 찾아볼 수는 없다.

金商法은 금융상품거래업자는 업무의 운영상황이 금융상품거래행위에 대하여 고객의 지식, 경험, 재산상황 및 금융상품거래계약을 체결하는 목적에 비추어 부적당한 권유를 하여 투자자 보호를 결하게 되거나 결하게 될 우려가 있는 것에 해당하지 않도록 그 업무를 영위하여야 한다고 규정하여 적합성원칙을 표명하고 있다(金商法 제40조제1항).[531]

적합성원칙을 실현하기 위하여, 일본 金商法은 후술하게 될 NYSE Rule 405에 의한 소위 '고객숙지의무(know your customer rule)'를 규정하고 있는 것이다. 즉, 고객숙지의무를 권유의 전제조건으로 규정하고 있다고 할 것이다.

1992년(平成 4년) 개정에 따라 旧証取法 제43조는 증권회사(현 금융상품거래업자)는 고객과의 사이의 증권거래나 그 위탁에 있어서, 고객의 지식, 경험, 재산의 상황에 비추어 부적당이라고 인정되는 권유를 하는 것을 금지하고 있었다. 그리고 이러한 취지는 그대로 金商法으로 이어졌다. 다만, 다른 점은 상기의 3개의 요건 외에 투자목적이 추가되어진 점이다.

적합성원칙은 특정투자가에게는 적용되지 않고, 단지 일반투자가에게만 적용되는 영업행위 규칙이다(金商法 제45조제1호). 따라서 투자가를 구분하는 것은 적합성원칙의 전제이다. 일본 金商法도 투자자를 특정투자가와 일반투자가로 구분하여 행위규제에 차별을 두고 있다. 여기서, 특정투자가란 적격기관투자가,[532] 국가, 일본은행 및 투자자 보호기금 기타 내각부령에서 정하는 법인을 말한다(金商法 제2조31항)[533]. 그리고 일반투자가란 특정투자가 이외의 법인 및 개인을 말한다.

---

531 金商法 제40조제1호, 金融商品取引業者等は、業務の運営の状況が次の各号のいずれかに該当することのないように、その業務を行わなければならない。
一 金融商品取引行為について、顧客の知識、経験、財産の状況及び金融商品取引契約を締結する目的に照らして不適当と認められる勧誘を行つて投資者の保護に欠けることとなつており、又は欠けることとなるおそれがあること

532 적격기관투자가란 유가증권에 대한 투자에 관한 전문적인 지식 및 경험을 보유하고 있는 자로서 대표적으로는 제1종금융상품거래업자, 투자운용업자, 투자법인, 은행, 보험회사, 신용금고 등을 들 수 있다. 이에 대한 대상은 定義府令 제10조1항에 열거되어 있다(金商法 제2조제3항제1호, 定義府令 제1조제3항제3호 및 제10조제1항).

533 金商法 제2조31항, この法律において「特定投資家」とは、次に掲げる者をいう。
一 適格機関投資家
二 国
三 日本銀行
四 前三号に掲げるもののほか、第七十九条の二十一に規定する投資者保護基金その他の内閣府令で定める法人

하지만, 일반투자가인 법인 및 개인 중 일정한 요건을 충족하는 경우에는 특정투자가로 이동이 가능하고(金商法 제34조의3, 제34조의4), 특정투자가 중 투자자 보호기금 기타 내각부령에서 정하는 법인의 경우에는 선택에 의해 일반투자가로 이동이 가능하다(金商法 제34조의2).

일본 금융청이 마련한 감독지침[534]에 의하면, 금융상품거래업자는 金商法 제40조의 규정(적합성원칙)에 근거하여, 고객의 지식, 경험, 재산상황, 투자목적 및 리스크 관리에 대한 판단능력 등에 적합하도록 거래내용이나 거래조건에 유의하여 고객속성 등에 비추어 적정한 투자권유의 이행을 확보하여야만 한다. 이를 위해, 고객속성 및 거래실태를 정확하게 파악할 수 있는 고객관리 태세를 확립하는 것이 중요하므로, 감독지침에는 금융상품거래업자가 고객속성 등에 관해 정확히 파악하고 고객정보관리를 철저히 하고 있는지 여부와 고객의 거래실태를 정확하게 파악하고 효과적으로 활용하고 있는지 여부를 감독 시 유의하여 검증할 사항으로 적시하고 있다.[535]

金商法은 적합성원칙을 위반한 경우 금융상품거래업자의 손해배상책임에 관한 규정을 두고 있지 아니하므로, 金商法상 적합성원칙을 위반한 경우 업무개선명령 등 행정처분의 대상은 되지만(金商法 제52조제1항제7호),[536] 그것이 사법상 위법이 되어 곧바로 손해배상책임을 부담하게 되는 것은 아니다.[537]

金販法 역시 적합성원칙을 규정하고 있다. 금융상품판매업자등[538]은 업으로서 행하는 금융상

534 金融商品取引業者等向けの総合的な監督指針(平成30年 2月), <http://www.fsa.go.jp> (검색일: 2018.3.27).

535 金融商品取引業者等向けの総合的な監督指針 Ⅲ－２－３－１ 適合性原則, “金融商品取引業者は、金商法第40条の規定に基づき、顧客の知識、経験、財産の状況、投資目的やリスク管理判断能力等に応じた取引内容や取引条件に留意し、顧客属性等に則した適正な投資勧誘の履行を確保する必要がある。そのため、顧客の属性等及び取引実態を的確に把握し得る顧客管理態勢を確立することが重要であり、例えば以下のような点に留意して検証することとする(特に、インターネット取引については、その非対面性に鑑みて細心の注意を払うこと。).”

536 金商法 제52조제1항제7호, “내각총리대신은 금융상품거래업자가 다음 각 호의 어느 하나에 해당하는 경우에는 금융상품거래업자의 제29조의 등록을 취소하거나, 제30조 제1항의 허가를 취소하거나 6월 이내에 기간을 정하여 업무의 전부 혹은 일부의 정지를 명할 수 있다.”

7. 금융상품거래업 또는 이에 부수하는 업무에 관한 법령(제46조의6제2항 제외) 또는 법령에 근거한 행정관청의 처분에 위반한 때;

金商法 제52조제1항제7호, 内閣総理大臣は、金融商品取引業者が次の各号のいずれかに該当する場合においては、当該金融商品取引業者の第二十九条の登録を取り消し、第三十条第一項の認可を取り消し、又は六月以内の期間を定めて業務の全部若しくは一部の停止を命ずることができる。

七 金融商品取引業又はこれに付随する業務に関し法令(第四十六条の六第二項を除く。)又は法令に基づいてする行政官庁の処分に違反したとき。

537 하지만, 적합성원칙 위반에 근거한 손해배상책임의 가능성을 판시한 최고재판소 판례가 있는데, 이 판례에서는 증권회사의 담당자가 고객의 의향과 실정에 반하여 명확히 과다한 위험을 수반하는 거래를 적극적으로 권유하는 등 적합성원칙으로부터 현저히 일탈한 증권거래를 권유하는 경우에는, 해당 행위는 불법행위법상으로도 위법한 행위라고 판시하고 있다(最高裁判平成17年7月14日判タ1189号163頁). 이에 대해서는 ‘판례상의 적합성원칙’에서 후술한다.

품의 판매등[539]에 관련된 권유를 할 때에는 그의 적정의 확보를 위해 노력하여야 한다(金販法 제8조),[540]

그리고 금융상품판매업자등은 사전에 권유방침(勧誘方針)을 정하여야 한다(金販法 제9조제1항).[541] 그 내용은 권유 대상자의 지식, 경험, 재산상황 및 해당 금융상품의 판매에 관한 계약을 체결하는 목적에 비추어 고려해야 할 사항, 그리고 권유의 방법 및 시간에 관하여 권유 대상자에 대해 배려해야 할 사항 등 권유의 적정 확보에 관한 사항을 정하도록 하고 있다(金販法 제9조제2항).[542] 또한 금융상품판매업자등은 권유방침을 정한 때에는 신속하게 이를 공표하여야 하고, 이를 변경한 때에도 마찬가지이다(金販法 제9조제3항).[543] 만약, 권유방침의 제정 및 공표의무를 위반한 경우에는 50만엔 이하의 과료에 처해진다(金販法 제10조).[544]

일본은 일반상품을 기초자산으로 하는 파생상품거래와 관련하여서는 商取法에 의해 규율된다. 상품선물거래업자[545]는 고객의 지식, 경험, 재산상황 및 상품거래계약을 체결하는 목적에 비추어 부적당하다고 인정되는 권유를 행하여 위탁자등의 보호를 결여하거나 결여될 우려가 없도록 상품선물거래업을 영위하여야 한다(商取法 제215조)[546]고 규정하여 일반상품을 기초자산

538 "금융판매업자등"이란 금융상품의 판매등을 업으로서 행하는 자를 말한다(金販法 제2조제3항).
金販法 제2조제3항, この法律において「金融商品販売業者等」とは、金融商品の販売等を業として行う者をいう

539 "금융상품의 판매등"이란 금융상품의 판매 또는 그의 대리 혹은 중개를 말한다(金販法 제2조제2항).
金販法 제2조제2항, この法律において「金融商品の販売等」とは、金融商品の販売又はその代理若しくは媒介(顧客のために行われるものを含む。)をいう

540 金販法 제8조, 金融商品販売業者等は、業として行う金融商品の販売等に係る勧誘をするに際し、その適正の確保に努めなければならない

541 金販法 제9조제1항, 金融商品販売業者等は、業として行う金融商品の販売等に係る勧誘をしようとするときは、あらかじめ、当該勧誘に関する方針(以下「勧誘方針」という。)を定めなければならない。ただし、当該金融商品販売業者等が、国、地方公共団体その他勧誘の適正を欠くおそれがないと認められる者として政令で定める者である場合又は特定顧客のみを顧客とする金融商品販売業者等である場合は、この限りでない

542 金販法 제9조제2항, 勧誘方針においては、次に掲げる事項について定めるものとする。
一 勧誘の対象となる者の知識、経験、財産の状況及び当該金融商品の販売に係る契約を締結する目的に照らし配慮すべき事項
二 勧誘の方法及び時間帯に関し勧誘の対象となる者に対し配慮すべき事項
三 前二号に掲げるもののほか、勧誘の適正の確保に関する事項

543 金販法 제9조제3항, 金融商品販売業者等は、第一項の規定により勧誘方針を定めたときは、政令で定める方法により、速やかに、これを公表しなければならない。これを変更したときも、同様とする

544 金販法 제10조, 前条第一項の規定に違反して勧誘方針を定めず、又は同条第三項の規定に違反してこれを公表しなかった金融商品販売業者等は、五十万円以下の過料に処する。

545 "상품선물거래업자"란 상품선물거래업을 행하는 자로서 주무대신의 허가를 받은 자를 말한다(商取法 제2조제23항). 상품선물거래업의 정의는 商取法 제2조제22항 참조.
商取法 제2조제23항, この法律において「商品先物取引業者」とは、商品先物取引業を行うことについて第百九十条第一項の規定により主務大臣の許可を受けた者をいう。

으로 하는 파생상품과 관련하여 적합성원칙을 규정하고 있다.

또한 주무부처(경제산업성・농림수산성)에 의해 동법의 권유행위 규제에 대한 해석지침으로서「상품선물거래의 위탁자 보호에 관한 가이드라인」(商品先物取引の委託者の保護に関するガイドライン)[547]이 공표되어 적합성원칙, 부당권유 및 설명의무에 대한 해석지침으로 활용되고 있다.

적합성 판단의 전제로서 업자는 고객에게 적합성원칙의 취지를 설명한 후에 고객의 지식, 경험 및 재산상황에 관한 정보제공을 요청하여 고객속성 파악을 위해 노력하여야 한다. 이를 위해 업자는 고객의 성명, 주소, 생년월일, 직업, 수입, 자산상황, 투자가능자금액[548], 상품선물거래 기타 투자경험의 유무 및 그 정도 등에 대해 정보를 수집할 필요가 있다.

본 가이드라인은 적합성원칙에 비추어 부적당하다고 인정되는 권유로서 '항상 부적당한 권유'와 '원칙적으로 부적당한 권유'의 예를 제시하고 있다.

'항상 부적당한 권유'[549]는 ① 미성년자, 성년피후견인, 피보좌인(被保佐人, 우리나라에서는 한정치산자), 정신장애인, 지적장애인 및 인지장애라고 인정받은 자에 대한 권유, ② 생활보호법에 의해 보호를 받는 세대에 속한 자에 대한 권유, ③ 파산자이며 복권되지 못한 자에 대한 권유, ④ 상품선물거래를 위한 차입의 권유 등이다. 이들 권유의 경우는 항상 적합성원칙에 위반이 되며 예외는 인정되지 않는다.

'원칙적으로 부적당한 권유'[550]는 ① 연금(年金), 연금(恩給), 퇴직금, 보험금 등으로 생계를

---

546 商取法 제215조, 商品先物取引業者は、顧客の知識、経験、財産の状況及び商品取引契約を締結する目的に照らして不適当と認められる勧誘を行つて委託者等の保護に欠け、又は欠けることとなるおそれがないように、商品先物取引業を行わなければならない

547 해당 가이드라인은 처음으로 2005년 5월 1일 개정 商品取引所法의 시행에 맞추어, 상품선물거래의 위탁자의 보호를 위하여 제정, 실시되었다.

548 '투자가능자금액'이란 고객이 거래증거금 등의 성질을 충분하게 이해한 후에 손실을 입더라도 생활에 지장이 없는 범위에서 거래증거금 등으로 차입가능한 자금 총액을 말한다. 이미 상품선물거래에 의해 손실(평가손도 포함)이나 수수료, 수수료에 관련된 소비세 등이 발생한 경우에는 이들 금액을 공제하여 산정한다. 업자는 고객에게 투자가능자금액의 신고를 요청할 경우 고객이 그 의미를 충분하게 이해 가능하도록 알기 쉽게 설명하여야 한다.

549 「상품선물거래의 위탁자 보호에 관한 가이드라인」(商品先物取引の委託者の保護に関するガイドライン), 2면.
[常に、不適当と認められる勧誘]
次に掲げる勧誘は、適合性の原則に照らして、常に不適当と認められる勧誘であると考えられる。
- 未成年、成年被後見人、被保佐人、被補助人、精神障害者、知的障害者及び認知障害の認められる者に対する勧誘
- 生活保護法による保護を受けている世帯に属する者に対する勧誘
- 破産者で復権を得ない者に対する勧誘
- 商品先物取引をするための借入れの勧誘

유지하는 자에 대한 권유,[551] ② 연 수입 500만엔 미만의 자에 대한 권유, ③ 투자가능자금액을 넘어선 거래증거금 등을 필요로 하는 거래에의 권유, ④ 75세 이상의 고령자에 대한 권유가 해당된다. 이에 해당하는 자의 경우에는 일정한 요건을 갖추면 예외적으로 허용될 수 있다. 즉, 연금 등으로 생계를 이어가고 있는 자(상기 ①) 및 일정 이상의 소득을 가지지 않는 사람(상기 ②)에 대한 권유의 경우에는 고객이 신고한 투자가능자금액을 뒷받침할 만한 자산을 가지고 있는 경우, 그리고 투자가능자금액을 초과하는 거래증거금 등을 필요로 하는 거래에의 권유(상기 ③)의 경우에는 고객이 신고한 투자가능자금액의 범위가 손실이 발생해도 생활에 지장이 없는 범위에서 설정되어 있고 투자가능자금액을 뒷받침하는 자산을 가지고 있는 경우, 마지막으로 고령자에 대한 권유(상기 ④)에서는 고객이 과거 일정기간[552] 동안 상품선물거래를 한 경험이 있어 상품선물거래를 할 만한 충분한 투자경험이 있다고 인정되고 상품선물거래의 구조・위험 등 기타 설명을 받은 사항을 정확하고 충분히 이해하고 있는 경우 등은 예외적 예시에 해당한다.

다만, 원칙적으로 부정당한 경우의 경우에도 예외에 해당하면 권유를 할 수 있지만, 그 판단은 사내심사체제(社内審査体制)에 따라 내부심사절차(社内審査手続)[553]에서 엄격하게 심사한 후 확인 된 경우에만 적합성의 원칙에 비추어 부적당하다고 인정되는 권유에 해당하지 않을 수 있다. 이 외에도 동 가이드라인은 상품선물거래 미경험자에 대해서는 거래 개시 3개월 동안은

---

550 위 가이드라인, 2~3면.
[原則として、不適当と認められる勧誘]
次に掲げる勧誘は、適合性の原則に照らして、原則として不適当と認められる勧誘であると考えられる。
ただし、以下に記載する要件に該当し、かつ、それを4．に記載する社内審査手続において厳格に審査した上で確認した場合には、直ちに適合性の原則に照らし不適当と認められる勧誘にはならないと考えられる。
[原則として不適当と認められる勧誘の類型]
① 給与所得等の定期的所得以外の所得である年金、恩給、退職金、保険金等(以下「年金等」という。)により生計をたてている者に対する勧誘
② 一定以上の収入を有しない者に対する勧誘
③ 投資可能資金額を超える取引証拠金等を必要とする取引に係る勧誘
④ 一定の高齢者に対する勧誘

551 ‘생계를 유지한다’는 것은 연금 등 수입이 수입전체의 과반을 차지하는 경우를 말한다.

552 ‘과거 일정기간’ 이상은 최근 3 년 이내에 총 90 일 이상을 기준으로 한다.

553 고객의 적합성에 대한 판단은 영업직원이 일련의 권유 과정을 통해 확인하는 것에 추가하여, 최종적으로 회사의 관리부서(예를 들면, 컴플라이언스 부서 같은 것이 해당될 것이다)에서 확인하는 것이 요구되고, 권유과정에서 고객이 적합성을 가지지 않는 것으로 판단되는 경우, 즉시 권유를 중지하여야 한다. 내부심사절차에 대해서는 각사에서 적합성 원칙의 심사에 적합한 절차를 정하도록 하고 있으나, 적어도 본점 차원에서 ① 영업부서와는 독립적인 조직인 관리부문에서 적합성을 엄격하게 심사하고, ② 총괄관리책임자(관리부문을 총괄하는 임원급의 자)가 결재하는 것으로 한다. 이 경우 심사과정과 판단근거를 구체적으로 기재한 서면을 작성하고, 관리부서 직원은 영업부서의 직책을 겸임 하여서는 아니된다(위 가이드라인, 4면).

투자가능자금액 등을 고려하여 거래량 등에 제약을 주는 등 보호조치를 마련하고 있다.

나. 미국

미국은 증권(security)과 지수(index)를 기초자산으로 하는 콜옵션(call option)과 풋옵션(put option)은 증권으로 간주되므로 SEC가 규제할 권한을 갖지만, 일반상품(agricultural commodities and other physicals)을 기초자산으로 하는 옵션의 거래는 CFTC가 규제권한을 갖는 것으로 양분되어 있다. 그리고 미국의 경우에는 제정법상 적합성원칙에 대한 규정을 명문으로 규정하기 보다는 자율규제기관(Self-Regulatory Organizations; 이하 'SRO')에 의한 규제에 의존하고 있다.

먼저, 증권을 기초자산으로 하는 파생상품은 SEC의 감독을 받는 자율규제기관인 금융산업규제국(Financial Industry Regulatory Authority; 이하 'FINRA')[554]의 영업 행위 규정에 의해 규율된다. 적합성원칙(Suitability)과 관련한 기본적인 FINRA의 규칙은 2012년 발효된 FINRA Rule 2111(suitability)이다. 이는 전미증권업협회(National Association of Securities Dealer; 이하 'NASD')에서 제정한 NASD Rule 2310을 근원으로 한다.

NASD Rule 2310은 협회 회원은 고객에게 증권의 매수・매도 기타 거래를 권유(recommendation)하는 경우에 해당 고객의 증권보유내역(other security holdings), 재정상태(financial status), 그리고 투자목적(investment objectives) 등에 관해 고객이 제공한 사실(facts)에 근거하여 고객에게 적합하다고 믿을 수 있는 합리적인 근거에 의거하여 권유하여야 한다고 명시함으로써 적합성원칙을 규정하고 있다.[555]

---

554 FINRA는 기존의 전국증권업협회(National Association of Securities Dealer, Inc; 이하 'NASD')와 뉴욕증권거래소(New York Stock Exchange; 이하 'NYSE')의 회원규제부서(regulatory unit)가 통합되어 2007년 7월에 창설된 기구이다. 기존 NYSE의 규제부서는 거래소 회원인 브로커-딜러(Broker-Dealer; 이하 'BD')와 그의 임직원들에 대해 규제를 담당한 반면, NASD는 거래소 회원 여부를 불문하고 등록된 BD와 그의 임직원들에 대한 규제를 담당하였다. FINRA는 창설 이후 두 기관의 규제를 채택함과 동시에 개선작업을 진행하였다. FINRA는 미국에서 증권업(Broker-Dealer Industry)이 공정하고 정직하게 운영되도록 함으로써 미국의 투자자들을 보호하도록 의회로부터 권한을 받은 비영리조직이지만 정부조직은 아니다. FINRA는 SEC로부터 감사를 받는 자율규제기관으로서 회원들의 회비를 받아 운영된다. FINRA는 BD에 대한 효과적이고 효율적인 규제를 통해 투자자 보호(Investor Protection)와 시장 완결성(Market Integrity)에 기여하고자 한다. FINRA는 BD만을 규제하는 것이지 그 밖의 SEC의 규제대상인 투자자문업자(investment advisor), 투자회사(investment company) 또는 스왑 딜러(securities-based swap dealer) 등을 규제하지는 않는다. <http://www.finra.org/> (검색일 2018.5.18.)

555 NASD Rule 2310 Recommendations to Customers (Suitability)

(a) In recommending to a customer the purchase, sale or exchange of any security, a member shall have reasonable grounds for believing that the recommendation is suitable for such customer upon the basis of the facts, if any, disclosed by such customer as to his other security holdings and as

또한 고객정보 수집을 의무화하기 위해 1990년에 NASD Rule 2310에 (b)항[556]이 추가되었는데, 이렇게 함으로써 고객이 MMF(Money Market Fund)에 투자하는 경우 및 기관투자가인 경우를 제외하고, 정보수집의무를 명시하여 브로커-딜러(Broker-Dealer; 이하 'BD')[557]에게 고객의 재무상태나 세무상태(tax status), 투자목적 및 그 밖에 투자권유에 있어 필요한 사항에 대한 정보를 취득하기 위해 합리적인 노력을 하도록 의무를 부과하고 있다.

이를 대체한 FINRA Rule 2111[558]은 NASD Rule 2310의 개념에 더해 적합성원칙의 대상으로 증권의 거래(transaction)를 권유하는 것뿐만 아니라, 증권을 포함하는 투자전략(investment strategy)의 권유까지 포괄하는 것으로 하였다(FINRA Rule 2111(a)). 여기서, 증권을 포함하는 투자전략이란 매우 광범위하게 해석되는 개념이다. 예를 들면, 증권을 매수 또는 매도의 거래를 권유하는 것이 아닌 현 상태를 유지하는 증권의 보유(hold)를 명시적으로 권유하는 경우에도 이 역시 투자전략의 권유에 해당하고 따라서 적합성원칙에 따라야 한다.[559]

그리고 FINRA Rule 2111는 BD가 수집하여야 할 고객정보의 범위 또한 대폭 확장하고 있다. 기본적으로는 고객의 나이, 다른 투자내역, 재정상태와 요구사항(needs), 세무상태(tax status),

---

to his financial situation and needs.

556 NASD Rule 2310 Recommendations to Customers (Suitability)

(b) Prior to the execution of a transaction recommended to a non-institutional customer, other than transactions with customers where investments are limited to money market mutual funds, a member shall make reasonable efforts to obtain information concerning:

(1) the customer's financial status;

(2) the customer's tax status;

(3) the customer's investment objectives; and

(4) such other information used or considered to be reasonable by such member or registered representative in making recommendations to the customer.

557 브로커-딜러의 정의는 SEA §3(a)(4)와 §3(a)(5)에 규정되어 있다.

558 FINRA Rule 2111, (a) A member or an associated person must have a reasonable basis to believe that a recommended transaction or investment strategy involving a security or securities is suitable for the customer, based on the information obtained through the reasonable diligence of the member or associated person to ascertain the customer's investment profile. A customer's investment profile includes, but is not limited to, the customer's age, other investments, financial situation and needs, tax status, investment objectives, investment experience, investment time horizon, liquidity needs, risk tolerance, and any other information the customer may disclose to the member or associated person in connection with such recommendation.

559 FINRA Rule 2111, Supplementary Material .03 Recommended Strategy 참조; 파악하여야 할 고객에 대한 정보가 그 고객의 재산상태 및 투자목적만이 아니라 위험회피정도, 유동성 등 투자와 관련한 다양한 속성을 파악하여야 할 의무가 존재하므로, 어떤 특정 상품 또는 해당 전략이 처음 권유 시점에 적합하였다고 하더라도 시간의 경과 및 시장 환경의 변화에 따라 고객의 속성 상 해당 포지션을 그대로 보유하는 것이 충분히 적합하지 않을 수 있다. 그럼에도 불구하고 명시적으로 보유를 권유하였다면 적합성원칙 위반에 해당할 수 있다.

투자목적과 경험, 투자하고자 하는 기간(investment time horizon), 유동성에 대한 니즈(needs), 위험회피정도(risk tolerance) 및 기타 해당 권유와 관련하여 고객이 제공한 정보 등 고객의 속성을 파악하기 위한 다양한 정보를 파악하여야 한다. 또한 위에서 열거한 정보는 예시적 열거에 불과하므로, 이것만으로 제한되는 것은 아니다(FINRA Rule 2111(a)). 즉, 투자권유 행위가 고객에게 적합하다는 믿음에 대한 합리적 근거(resonable basis)을 가질 수 있을 정도로 고객에 대한 속성을 파악하는데 있어 합리적인 조사(resonable diligence)를 통해 충분한 정보를 가져야 하는 것이다.

미국의 BD에 대한 적합성원칙 요구는 소위 SEC에 의해 창출된 간판이론(shingle theory)[560] 또는 공정거래의 의무(duty of fair dealing)로부터 진화된 것으로 보고 있다.[561] FINRA의 Rule에서도 적합성원칙은 기본적으로 공정거래(fair dealing)에 대한 규칙이며, 적합성원칙을 BD에게 요구하는 것은 BD로 하여금 전문가로서 행위함에 대한 높은 기준 및 윤리적 판매 관행(ethical sales practices)을 촉진하고자 의도된 것이다.[562]

적합성원칙은 3가지 주요 의무로 구성된다. 합리적 근거 의무(resonable basis obligation), 고객 특정 의무(customer-specific obligation), 그리고 양적 적합성(quantitative suitability)이다. 합리적 근거 의무란 권유행위가 최소한 여럿의 투자자들(some investors)에게 적합하다고 믿을만한 합리적 근거를 가져야 한다는 것으로서, 협회의 회원인 BD들은 증권 또는 투자전략을 권유함에 있어 이와 관련한 위험과 보상에 대한 이해를 하고 있어야 하며, 이에 대한 이해가 부족한 경우는 적합성원칙을 위반하는 것이 된다는 것이다. 이에 반해 고객 특정 의무란 고객의 투자 프로파일에 기초하여 특정 고객에게 해당 권유가 적합하다는 합리적 근거를 가져야 한다는 것을 의미한다. 마지막으로 양적 적합성이란 특정 권유행위가 설령 적합하다고 할지라도(single test), 일련의 투자권유행위가 적합한지 여부를 따져야 한다는 것을 의미하는 것으로 특정 증권에 대한 권유행위 자체는 적합하더라도 회전율(turnover rate)이 높아 해당 고객에게 적합하지 않는다면 양적 적합성을 위반하는 것이 된다.[563]

따라서 FINRA가 규제하는 적합성원칙은 결국 권유대상 증권 및 투자전략에 대한 숙지의무(Know your security rule) 및 고객숙지의무(know your customer rule) 이행을 통하여 특정 고객에

560 BD로서 간판을 내 걸었다는 것은 BD가 대중들이 BD로부터 얻고자 하는 전문적인 자문을 제공할 것이라는 것을 암묵적으로 표시하는 것이다. 따라서 간판이론을 적용하면, 권유를 함에 있어 BD는 권유하는 증권 등에 관한 정확한 정보를 가지고 있고, BD의 투자권유는 높은 수수료 수입 등의 자신의 이익에 기초하여서는 안 되고 권유 대상 고객의 특정 요구와 투자목적 등에 기초해야만 한다는 것을 의미한다.

561 Ronald H. Filler & Jerry W. Markham, *Regulation of Derivative Financial Instruments - Case and Materials,* American Casebook Series, West Academic Publishing, 2014, p.415.

562 FINRA Rule 2111, Supplementary Material .01 General Principle 참조.

563 FINRA Rule 2111, Supplementary Material .05 Components of Suitability Obligations 참조.

게 적합한 권유를 할 것을 규정하는 것이며, 적합성원칙의 준수는 하나의 권유 단위가 아닌 일련의 권유과정 전체에 대해 적합할 것을 요구한다. 이에 따르면, 과당매매의 경우는 적합성원칙 위반에 해당된다.

미국에서는 기관투자가(institutional investor)[564]에 대해 이러한 적합성원칙을 적용할 것인지에 관하여 많은 논쟁이 있어 왔다. 특히 기관투자가들의 경우에도 그들이 은행과 체결한 파생상품에 대하여 해당 상품의 위험을 분석할 능력이 없었다는 등 적합성원칙이 적용될 필요가 있다는 주장을 제기한 바 있다.[565]

이와 관련하여 FINRA는 기관투자가 대상 적합성원칙 배제 규정을 마련하고 있는데(FINRA Rule 2111(b)),[566] 이는 BD로 하여금 기관투자가가 자신들이 행한 투자권유에 대한 평가 능력 및 독자적인 의사결정을 할 수 있는지 여부에 대한 판단을 할 것을 요구하고 있다는 점에서 특징이 있다. 즉, 기관투자가라고 할지라도 투자위험에 대해 평가할 수 있는 능력을 지니고 있다고 믿을만한 합리적 근거(resonable basis)가 없다면, 기관투자가의 경우에도 적합성원칙 적용의 대상이 되어야 한다고 해석될 수 있다.

이렇듯 BD에게 기관투자가의 능력 여부에 대한 판단을 요구하고 있으므로, 실무적으로는 이에 대한 판단을 하기 위해 증권산업 및 금융시장협회(Securities Industry and Financial Markets Association, 이하 'SIFMA')[567]에서 제공하는 기관투자가 적합성 증명 양식(Institutional

564 FINRA Rule 4512, (c) For purposes of this Rule, the term "institutional account" shall mean the account of:
(1) a bank, savings and loan association, insurance company or registered investment company;
(2) an investment adviser registered either with the SEC under Section 203 of the Investment Advisers Act or with a state securities commission (or any agency or office performing like functions); or
(3) any other person (whether a natural person, corporation, partnership, trust or otherwise) with total assets of at least $50 million.

565 이와 관련된 논문으로는 Jerry W. Markham, "Protecting the Institutional Investor-Jungle Predator or Shorn Lamb?", *Yale Journal on Regulation,* 12 (1995) 참조.

566 FINRA Rule 2111, (b) A member or associated person fulfills the customer-specific suitability obligation for an institutional account, as defined in Rule 4512(c), if (1) the member or associated person has a reasonable basis to believe that the institutional customer is capable of evaluating investment risks independently, both in general and with regard to particular transactions and investment strategies involving a security or securities and (2) the institutional customer affirmatively indicates that it is exercising independent judgment in evaluating the member's or associated person's recommendations. Where an institutional customer has delegated decision making authority to an agent, such as an investment adviser or a bank trust department, these factors shall be applied to the agent.

567 이는 증권산업에 종사하는 회사들에 의한 자발적인 협회로서 FINRA 및 SEC에 대응하는 일종의 로비단체의 성격을 지닌다. BD로서 대중(public)을 대상으로 하는 영업을 하기 위해서는 FINRA의 회원으로 강제되어야 하는 것과 달리, SIFMA의 경우는 개별 회사들의 자율적인 판단에 따라 가입여부를 결정하면 되고, 회원으로 가입 시 회비를 납부하여야 한다. SIFMA는 BD가 법령의 준수 및 업무를 수행

Suitability Certificate Affirmative Indication of Exercise of Independent Judgment)을 고객으로부터 제공받는 것으로 갈음하고 있다. 또한 계좌를 계설하기 전에 기관투자가에 해당하는 자에 대한 판단을 위해 재무제표 및 자산현황 등을 제공받는다. 그리고 이에 대해서는 정기적인 업데이트를 통해 모니터링을 수행하고 있다. 이러한 내용과 관련하여 실무지침으로서 협회 회원인 BD는 문서로 된 감독지침(Written Supervisory Procedures, 이하 'WAS')을 내규로서 마련하고 이에 따라 집행하여야 한다.[568]

적합성원칙 규정인 Rule 2111을 위반하는 경우에는 FINRA는 제재 가이드라인(sanctions guideline)에 따라 벌금 또는 영업정지 등의 행정제재를 취할 수 있다.[569] 다만, 동 가이드라인은 특정 위반에 대해 고정된 제재를 명시적으로 적시하고 있는 것은 아니며, 심판관(adjudicators)이 각 사안에 대하여 사실과 상황(facts and circumstances)을 고려하여 제재를 판단하면 된다. 동 가이드라인은 심판관이 일관되고 공정하게 제재를 부과할 수 있도록 하는 일종의 지침으로서 역할을 하게 된다.[570] 동 가이드라인은 모든 사안에 대한 제재를 부과함에 있어 고려하여야 하는 일반원칙(General Principles Applicable to All Sanction Determinations)과 제재 결정의 주요 고려사항(Principal Considerations in Determining Sanctions)에 대해 기술하고 있다.[571] 제재의 종류로는 벌금(fine), 영업정지(suspension) 또는 더 심한 경우에는 개인의 경우에는 영구적 자격정지(bars), 법인의 경우는 퇴출(expulsion)을 명할 수 있다.[572]

이 외에도 적합성원칙과 관련하여 뉴욕증권거래소(New York Stock Exchange; 이하 'NYSE')

함에 있어 필요한 다양한 표준 양식을 제공하고 있다.

568 이는 FINRA Rule 3110(supervisory), Rule 2111(suitability) 및 SEA 17a-4(record), SEC Rule 10b-5 등 BD가 준수하여야 할 다양한 Rule 및 법규를 준수하기 위해 마련된 것으로서 문서로 작성된 내부규정이다. FINRA는 감사를 수행함에 있어 WAS를 제공받아 살핀 후, 실제 집행 내역과 WAS를 비교하여 잘못된 관행에 대해 감사를 진행함으로 WAS는 각 회원사에 있어 매우 중요한 지침이 된다. BD는 WAS를 제정함에 있어 FINRA의 WAS 체크리스트(checklist)를 참고하여야 한다.

569 FINRA Sanctions Guideline, p.95, 하지만, 심한 경우에는 개인의 경우 영구 자격정지(bar), 법인의 경우는 퇴출까지도 고려될 수 있다. 동 제재 가이드라인은 연방심의회(National Adjudicatory Council, NAC)에 의해 개발되고, FINRA가 회원들에게 이에 대한 인지를 목적으로 제공하고 있다.

570 These guidelines do not prescribe fixed sanctions for particular violations. Rather, they provide direction for Adjudicators in imposing sanctions consistently and fairly. The guidelines recommend ranges for sanctions and suggest factors that Adjudicators may consider in determining, for each case, where within the range the sanctions should fall or whether sanctions should be above or below the recommended range. These guidelines are not intended to be absolute. Based on the facts and circumstances presented in each case, Adjudicators may impose sanctions that fall outside the ranges recommended and may consider aggravating and mitigating factors in addition to those listed in these guidelines(FINRA Sanctions Guideline, p.1)

571 FINRA Sanctions Guideline, pp.2~8 참조.

572 FINRA Sanctions Guideline, p.11 참조.

Rule 405, 소위 '고객숙지의무(know your customer rule)'를 준수하여야 한다. 이는 FINRA Rule 2090으로 계승되었다.[573]

고객숙지의무(Rule 2090)는 계좌 개설 단계에서부터 고객에 대한 중요정보(essential facts)를 수집할 합리적 조사(reasonable diligence)를 요구하는 일반적 개념이고, 적합성원칙(Rule 2111)에서 요구하는 고객의 투자 프로파일(investment profile)에 대한 정보 수집은 투자권유 시 적합성 여부를 판단하기 위한 기초자료로서 특정되는 것으로 볼 수 있으나, 결국 투자권유를 하기 위해서는 FINRA Rule 2111이 규정하고 있는 고객의 투자 프로파일에 대한 정보 수집이 최소한으로 필요하므로 실무적으로는 고객숙지의무 상 파악하여야 할 중요정보의 내용으로 고객의 투자 프로파일의 내용이 포함되어 조사되고 있다.

증권을 기초자산으로 하는 옵션 및 선물 등 파생상품에 대해서는 FINRA는 BD로 하여금 별도의 추가적인 조사를 요구한다. 옵션에 대해서는 고객이 옵션거래의 위험에 대한 이해와 이를 부담할 능력이 되는지 여부에 대한 합리적인 믿음을 가지고 옵션 계약의 매수·매도를 권유하여야 한다고 NYSE Rule 723은 규정하고 있다. 또한 NASD Rule 2860은 합리적인 조사를 거친 후, 해당 권유거래가 고객에게 부적합하지 않고, 고객이 권유거래에 대한 위험을 평가할 수 있을 것으로 합리적으로 기대할 만한 지식과 경험을 가지고 있으며, 옵션계약의 위험을 부담할 수 있을만한 재정적인 능력이 있다는 믿음에 대하여 합리적 근거를 갖지 못하는 경우에는 옵션계약을 권유하여서는 아니 된다고 규정하였다. FINRA Rule 2360[574]은 이를 계승하여 증권을 기초자산으로 하는 옵션에 대한 적합성원칙을 규정하고 있다.

증권선물(security futures)의 경우에도 마찬가지로 NASD의 회원들에게 의무를 부과하고 있다

---

573 FINRA Rule 2090(Know Your Customer), Every member shall use reasonable diligence, in regard to the opening and maintenance of every account, to know (and retain) the essential facts concerning every customer and concerning the authority of each person acting on behalf of such customer.

574 FINRA Rule 2360(Options), (b)(19)(Suitability)

(A) No member or person associated with a member shall recommend to any customer any transaction for the purchase or sale (writing) of an option contract unless such member or person associated therewith has reasonable grounds to believe upon the basis of information furnished by such customer after reasonable inquiry by the member or person associated therewith concerning the customer's investment objectives, financial situation and needs, and any other information known by such member or associated person, that the recommended transaction is not unsuitable for such customer.

(B) No member or person associated with a member shall recommend to a customer an opening transaction in any option contract unless the person making the recommendation has a reasonable basis for believing, at the time of making the recommendation, that the customer has such knowledge and experience in financial matters that he may reasonably be expected to be capable of evaluating the risks of the recommended transaction, and is financially able to bear the risks of the recommended position in the option contract.

(NASD Rule 2865). 이를 계승한 것이 증권선물에 대한 적합성원칙에 대한 규정인 FINRA Rule 2370[575]이다. 또한, 워런트(Warrant) 등에 대해서도 FINRA Rule 2353[576]에 의거 옵션의 규정을 준용하는 방식으로 별도의 적합성원칙 규정을 마련하고 있다.

따라서 BD들은 자율규제기관(SRO)이 정한 적합성원칙을 준수하기 위하여 해당 투자권유가 특정된 해당 고객에게 적합하다고 믿을 만한 합리적 근거(reasonable basis)를 가져야만 하고, 동시에 해당 증권 또는 투자전략 등의 권유가 합리적 근거에 기반하여야 한다.[577]

적합성원칙은 BD의 모든 직원에게 적용된다.[578] 다만, 상술한 행정제재는 변론으로 하고, 사적소권과 관련하여서는 미국 법원은 자율규제기관(SRO)의 규칙을 위반한 것에 의한 묵시적 사적소권은 인정하지 않는 경향이다.[579] 따라서 SRO의 적합성원칙 위반만으로 소제기는 어려우며, 일반적으로 적합성원칙의 위반행위가 사기(fraud) 또는 신인의무(fiduciary duty)[580] 위반에

---

575 FINRA Rule 2370(Security Futures), (b)(19)(Suitability)
(A) No member or person associated with a member shall recommend to any customer any transaction or trading strategy for the purchase or sale of a security future unless such member or person associated with the member has reasonable grounds to believe upon the basis of information furnished by the customer after reasonable inquiry by the member or person associated with the member concerning the customer's investment objectives, financial situation and needs, and any other information known by the member or associated person, that the recommended transaction or trading strategy is not unsuitable for the customer.
(B) No member or person associated with a member shall recommend to a customer a transaction in any security future unless the person making the recommendation has a reasonable basis for believing, at the time of making the recommendation, that the customer has such knowledge and experience in financial matters that the customer may reasonably be expected to be capable of evaluating the risks of the recommended transaction, and is financially able to bear the risks of the recommended position in the security future.

576 FINRA Rule 2353(Suitability), The provisions of Rule 2360(b)(19) shall apply to recommendations by members and persons associated with members regarding the purchase or sale of index warrants, currency index warrants, or currency warrants. The term "option" as used therein shall be deemed to include such warrants for purposes of this Rule.

577 전자는 보편타당한 적합성이 아니라 특정된 고객에 대한 적합성이라는 측면에서 "customer-specific" suitability obligation이라고 하고, 후자는 "reasonable basis" suitability obligation이라고 한다(Alan N. Rechtschaffen, *Capital markets, Derivatives and the Law*, Oxford University Press, 2009, p.270).

578 Hanly v. SEC, 415 F.2d 589 (2d Cir. 1969).

579 Dean Witter & Co., 614 F.2d 677 (9th Cir. 1980), The Court of Appeals, Eugene A. Wright, Circuit Judge, held that: (1) there is no private right of action for violation of the New York Stock Exchange "know your customer" rule; (2) there is no private right of action for violation of the NASD "suitability" rule.

580 영미법상의 신인의무는 원래 판례법상에 의해 생겨난 의무로서, 주의의무(duty of care)와 충실의무(duty of loyalty)로 구성된다(E. Norman Veasey, "The Defining Tension in Corporate Governance in America", *The Business Lawyer*, 52 (February 1997), p.397); 신인의무는 신탁법상 수탁자(trustee)가 오로지 수익자를 위하여 신의성실(good faith)에 따라 행위할 의무를 부담한다는 법리에 기초한 것으로서

해당하는 경우가 되어야 한다.[581][582]

증권에 대한 옵션은 SEC에 의해 규제되지만, 선물이나 일반상품을 기초자산으로 하는 옵션 등은 SEC에 의해 규제되는 것이 아니라, CFTC가 규제 관할권을 갖는다. 그런데 CFTC와 CFTC로부터 감독을 받는 자율규제기관인 전미선물협회(National Futures Association; 이하 'NFA')[583]는 상품선물(commodities futures)과 상품옵션(commodities option)에 대한 투자권유를 함에 있어 적합성원칙을 준수하여야 한다는 명문의 규정을 두고 있지 않다.[584] 다만, 고객의 선물계좌를 개설하기 위해서는 선물거래에 수반하는 위험들을 적시한 '위험고지서(Risk Disclosure Statement)'를 제공하고, 고객으로부터 적시된 위험을 인지하고 위험을 기꺼이 부담할 용의가 있다는 확인을 받아야만 계좌가 개설되도록 강제하고 있을 뿐이다.[585] 그런데 이러한 위험고지서 교부의 효과는 고객의 상황과 재정 상태에 비추어 선물거래가 고객에게 적합한지 여부를 고려할 책임을 고객에게 부담시키고 있다고 볼 수 있다.[586]

이는 근본적으로 증권과 상품선물거래에 대한 인식의 차이에서 비롯된다. 일반적으로 상품선

이와 유사한 수임자(fiduciary)의 지위를 갖는 경우에 적용된다. 회사법상으로도 이사는 회사 및 주주에 대하여 신인의무를 부담한다.

581 Buttrey v. Merrill, Lynch, Pierce, Fenner & Smith, Inc., 410 F.2d 135, 142 (7th Cir. 1969), Miley v. Oppenheimer & Co., 637 F.2d 318, 333 (5th Cir. 1981) 등 참조.

582 아울러 SEC는 브로커의 행위가 고객에게 저지른 사기행위에 해당할 정도로 심각하다고 판단한다면, 연방법원소송절차(federal district court proceedings) 및 SEA 하에서의 행정절차(administrative proceeding) 등을 진행할 수 있다. 브로커가 부적절한 증권을 권유한 행위가 SEA §10(b) 및 SEC Rule 10b-5의 위반에 해당할 수 있다고 판시한 최초의 판례는 Clark v. John Lamula Investors, Inc., 583 F. 2d 594 (2nd Cir. 1978)이다(Alan N. Rechtschaffen, *op. cit.*, p.273 n38).

583 NFA는 FINRA와 함께 미국의 주요 SRO이다. CFTC의 회원은 반드시 NFA의 회원이 되어야 하며, 이들에 대한 감사(audit) 책임을 진다. 주요 회원으로는 선물업자(futures commission merchants, FCM), 소개브로커introducing brokers, IB), 상품자문업자(commodity trading advisors, CTA), 상품집합운용자(commodity pool operators, CTO) 그리고 Dodd-Frank Act에 의한 스왑딜러(swap dealers, SD)와 주요스왑참가자(major swap participation, MSP) 등이다. NFA는 미국 파생상품산업(derivatives industry)에 대한 SRO로서 파생상품시장의 완결성(integrity of the derivatives markets)과 투자자 보호(investors protection)를 추구한다. NFA는 거래소관련 행위(exchange-related activities)에 대한 규제관할권은 없다. 이에 대해서는 CBOE 등 거래소가 SRO로서 역할을 담당한다. <https://www.nfa.futures.org/> (검색일: 2018.5.20).

584 Barbara Black & Jill I. Gross, "Economic Suicide: The Collision of Ethics and Risk in Securities Law", *University of Pittsburgh Law Review,* 64 (2003), p.492; 1977년 CFTC는 NASD Rule 2310과 같은 적합성원칙을 제안하였다. 하지만 강력한 업계의 반발에 부딪혀, 대신 CFTC Rule §1.55(risk disclosure requirement concerning trading domestic commodity futures)을 채택하였다. 그리고 NFA는 Compliance Rule 2-30(j)(NFA Manual 2001)를 제정하여 증권선물(securities futures)의 권유에 대해서는 적합성원칙을 적용하는 것으로 하였다(*Ibid,* at n.58).

585 이에 대한 상세한 규정의 내용은 CFTC Rule §1.55(17 CFR 1.55)(Distribution of "Risk Disclosure Statement" by futures commission merchants and introducing brokers)에 기술되어 있다.

586 Alan N. Rechtschaffen, *op. cit.,* p.276.

물을 거래하는 고객은 장기 투자자(long-term investor)가 아니므로 투기자(speculator)로 간주한다. 그러므로 증권의 권유에 있어서는 투자목적 등의 고객의 투자성향을 파악하여야 하는 것에 반해, 상품선물 또는 상품옵션의 경우에는 이미 고객의 투자목적을 알고 있으므로, 해당 파생상품의 위험을 고객이 이해하고 있는지 여부만을 확인받는 것으로 하고 있는 것이다.[587]

CFTC는 1986년 Phacelli v. Conticommodity Services, Inc. 사건[588]에 대한 결정에서 단순히 고객이 선물거래에 적합한지 여부를 판단하지 않았다는 이유로 곧바로 반사기규정(CEA §4b)[589]을 위반한 것은 아니라고 명확히 하고 있다.[590] CFTC는 CEA Section 4b 위반을 적용하기 위해서

---

587 Walter C. Greenough, "The Limits of the Suitability Doctrine in Commodity Futures Trading", *The Business Lawyer*, 47 (1992), p.992; 이에 반해, Jerry W. Markham, "Fiduciary Duties Under the Commodity Exchange Act", *Notre Dame Law Review, 68 (1992)*, pp.266~267. 논문은 상품선물의 복잡성과 투자자들의 비전문성(unsophisticated traders)을 감안하여 오히려 적합성원칙이 더욱 더 요구될 필요가 있다고 주장한다.

588 Phacelli v. Conticommodity Services, Inc., Comm. Fut. L. Rep. (CCH) P 23,250 (CFTC Sep. 5, 986).

589 CEA §4b는 SEA §10(b) 및 SEC Rule 10b-5와 유사하다. 그런데 Rule 10b-5와 달리 조문을 보면 "고의적으로(willfully)"을 추가하여 부실 표시 또는 주문 처리 혹은 계약을 진행함에 있어 다른 사람을 속이려고 하는 행위가 고의적일 것을 명확히 하고 있다. 이는 U.S. Code Title 7 Section 6b에 기술되어 있다.

7 U.S.C. §6b, (a)Unlawful actions It shall be unlawful—

(1) for any person, in or in connection with any order to make, or the making of, any contract of sale of any commodity in interstate commerce or for future delivery that is made, or to be made, on or subject to the rules of a designated contract market, for or on behalf of any other person; or

(2) for any person, in or in connection with any order to make, or the making of, any contract of sale of any commodity for future delivery, or swap, that is made, or to be made, for or on behalf of, or with, any other person, other than on or subject to the rules of a designated contract market—

(A) to cheat or defraud or attempt to cheat or defraud the other person;

(B) *willfully* to make or cause to be made to the other person any false report or statement or willfully to enter or cause to be entered for the other person any false record;

(C) *willfully* to deceive or attempt to deceive the other person by any means whatsoever in regard to any order or contract or the disposition or execution of any order or contract, or in regard to any act of agency performed, with respect to any order or contract for or, in the case of paragraph (2), with the other person; or

(D) (i) to bucket an order if the order is either represented by the person as an order to be executed, or is required to be executed, on or subject to the rules of a designated contract market; or

(ii) to fill an order by offset against the order or orders of any other person, or willfully and knowingly and without the prior consent of the other person to become the buyer in respect to any selling order of the other person, or become the seller in respect to any buying order of the other person, if the order is either represented by the person as an order to be executed, or is required to be executed, on or subject to the rules of a designated contract market unless the order is executed in accordance with the rules of the designated contract market.

590 Alan N. Rechtschaffen, *op. cit.,* p.278.

는 SEA §10(b) 및 SEC Rule 10b-5와 마찬가지로 '사기등의 의도(scienter)'[591]를 요건으로 요구한다.[592]

CFTC는 투자권유 행위와 관련하여 적합성원칙을 직접 적용하기 보다는 신인의무(fiduciary duty) 위반[593]에 의한 반사기규정(CEA §4b)의 적용을 검토한다.[594][595]

법원 또한 CEA는 고객이 선물계약을 거래함에 있어 해당 거래가 고객에게 적합한지 여부에 대해 브로커가 판단할 것을 요구하지 않는다는 입장이다.[596] 그러므로 브로커는 상품선물거래(commodities futures trading)를 권유함에 있어서는 적합성 여부를 판단할 필요가 없다. 다만, 중요사실에 대한 적극적인 허위표시를 수반하는 적합성원칙 위반의 경우에는 이를 고객이 신뢰(reliance)하였다는 전제하에서는 CEA §4b상 사기를 구성할 수 있다.[597] 따라서 선물계약의 본질적 속성에 해당하는 투자위험에 대한 허위표시 등을 통해 적합성원칙을 위반하는 경우에는 CEA

---

591 'scienter'에 대한 정의는 연방대법원의 판례인 Ernst & Ernst v. Hochfelder et al., 425 U.S. 185 (1976)에서 찾아 볼 수 있는데, 동 판례에서 연방대법원은 "the term 'scienter' refers to a mental state embracing intent to deceive, manipulate, or defraud"(Ernst & Ernst, 425 U.S. at FN.12)라고 표현하고 있다; 'scienter'는 고의와 과실의 중간 정도의 상태, 또는 위법에 대한 실제의 인식이 존재하는 것을 의미하는 것으로, 국내 법제의 미필적 고의 내지 인식 있는 과실과 유사한 개념인 'recklessness'가 포함된 개념이다(임재연, 「미국증권법」(박영사, 2009), 350~357면 참조). 따라서 이에 대한 국내법상 적합한 용어는 존재하지 않는다. 다만, 본서에서는 편의상 연방대법원의 판례를 참조하여 scienter를 '사기등의 의도'라고 번역한다.

592 Philip M. Johnson & Thomas L. Hazen, *Derivatives Regulation,* Vol.3, Aspen Publishers, 2004, p.1332.

593 법원은 상품선물(commodity futures) 거래와 관련하여 신인의무 위반에 기한 책임을 묻기 위해서는 다음 4가지 사항을 입증하여야 한다고 판시하고 있다. (1) 원고와 피고 간에 신인관계(fiduciary relationship)가 존재한다는 것, (2) 상품선물 계좌를 취급함에 있어 오로지 고객의 이익을 위해 그리고 최대한의 선의로 고객을 대하지 못함으로써 신인의무를 위반하였다는 것, (3) 고객이 손실이 발생하였다는 것, (4) 그러한 손실이 피고의 의무 위반에 기인한다는 것 등을 입증하여야 한다(Hill v. Bache Halsey Stuart Shields, Inc., 790 F.2d 817 (10th Cir. 1986) at 824).

594 선물거래의 위험을 제대로 알리지 않는 사안에 대해 신인의무 위반을 근거로 CEA §4b를 적용한 CFTC 결정으로는 Gordon v. Shearson Hayden Stone, Inc., Comm. Fut. L. Rep. (CCH) P 21,016 (CFTC April 10, 1980) 참조.

595 그러나 Hill 사건에서 법원은 CEA §4b는 신인의무를 기술하고 있지 않으며, 신인의무와 §4b를 연결하는 것은 근본적으로 신인의무 규칙의 목적을 잘못 해석하는 것이라고 본다. 신인의무 규정의 목적은 사기에 대한 조사의 필요성을 제거하기 위한 것으로서(예를 들어, 수탁자가 자기 매매를 하는 것을 입증한 수익자는 사기를 증명할 필요가 없다), CEA §4b가 신인의무를 요구한다고 한다면, CEA §4b가 반사기규정이 될 수 없다고 설명하면서, CEA §4b에서의 쟁점은 고의적으로 권한 없는 또는 과당의 매매를 행하였는지에 대한 것이라고 판시하고 있다(Hill v. Bache Halsey Stuart Shields, Inc., 790 F.2d 817 (10th Cir. 1986) at 823).

596 이에 대한 판례로는 상품선물거래와 관련하여 브로커에게 적합성원칙 의무가 없다고 판시한 Dyer v. Merrill Lynch, Pierce, Fenner & Smith, Inc., 928 F.2d 238 (7th Cir. 1991), Kearney v. Prudential-Bache Sec., 701 F. Supp. 416 (S.D.N.Y. 1988) 등 참조.

597 Schofield v. First Commodity Corp. of Boston, 793 F.2d 28 (1st Cir. 1986). 동 판결에서는 중요사실에 대한 허위표시가 없는 적합성원칙 위반만으로는 CEA §4b를 적용할 수 없다고 판시하였다.

§4b의 적용 여부가 검토될 수 있다.[598] 그리고 강제규정인 CFTC Rule §1.55(risk disclosure rule)에 따른 위험고지 자체를 하지 않은 경우에도 사기를 구성할 수 있다.[599]

스왑과 관련하여서도 증권과 유사한 적합성원칙 규정을 마련하고 있다. 1990년대 초반 장외파생상품거래로 인한 손실의 규모가 확대되는 사건이 발생함에 따라,[600] 미 의회는 1995년 장외파생상품딜러들(OTC derivatives dealers)에게 적합성원칙을 요구하는 입법안을 검토한 바 있었다.[601] 그러나 규제당국(regulator)과 시장참여자(market participants)들은 적합성원칙(suitability doctrine)의 도입보다는 내부통제(internal controls)와 자발적 기구의 실행(implementation of voluntary frameworks)에 대한 필요를 강조하여, 결국 당시에는 적합성원칙은 법제화되지 못하였다.[602] 하지만, 금융위기의 주범으로 지목되기도 했던 장외파생상품에 대한 규제 강화가 논의되면서 자연스럽게 스왑에 대한 적합성원칙이 CFTC의 규칙(Rule)으로 도입되었다.

스왑 딜러(swap dealer)[603]들은 스왑 상대방(counterparty)에 대한 중요사실(essential facts)에 대한 정보를 수집하여야 할 책임이 있다. 이는 고객숙지의무(Know Your Customer Rule)에 대응되는 것으로서 상대방숙지의무(Know Your Counterparty Rule)라고 한다.[604] 다만, 주요스왑참가

---

598 FDIC v. UMIC, Inc., 136 F.3d 1375 (10th Cir. 1998) at 1383~1384.

599 Alan N. Rechtschaffen, *op. cit.,* p.278.

600 이러한 사건으로는 1991년부터 1994년에 걸쳐 복잡한 이자율스왑계약을 체결하여 막대한 손해를 본 Gibson Greetings v. Bankers Trust, 159 F.R.D. 499 (S.D.Ohio 1994)와 1993년~1994년 이자율 및 통화스왑계약을 체결하여 막대한 손해를 본 Proctor & Gamble v. Bankers Trust, 925 F.Supp. 1270 (S.D.Ohio 1994) 등의 사건이 있다. 이 두 사건 모두 화해로 종결되었다. 해당 상품에 대한 자세한 구조는 Paul Wilmott, *Quantitative Finance(2nd) Vol. 2*, John Wiley & Sons, 2006, pp.733~737 참조.

601 이러한 입법안으로는 H.R. 4503, 103d Cong. (1994) 가 있으며, 이 법안은 파생상품거래와 관련된 자본, 회계, 공시 그리고 적합성에 대한 기준을 관할연방규제당국이 설정할 것을 요구하고 있다(requiring appropriate federal regulatory agencies to establish, among other things, standards for derivatives trading relating to capital, accounting, disclosure and suitability).

602 Willa E. Gibson, "Investors, Look before You Leap: The Suitability Doctrine Is Not Suitable for OTC Derivatives Dealers", *Loyola University Chicago Law Journal,* 29 (1998), p.530.

603 CEA §1a(49) Swap dealer

(A) In general The term "swap dealer" means any person who—

(i) holds itself out as a dealer in swaps;

(ii) makes a market in swaps;

(iii) regularly enters into swaps with counterparties as an ordinary course of business for its own account; or

(iv) engages in any activity causing the person to be commonly known in the trade as a dealer or market maker in swaps,

provided however, in no event shall an insured depository institution be considered to be a swap dealer to the extent it offers to enter into a swap with a customer in connection with originating a loan with that customer.

604 CFTC Rule §23.402 (b) Know your counterparty. Each swap dealer shall implement policies and procedures reasonably designed to obtain and retain a record of the essential facts concerning each

자(major swap participants)[605]는 이러한 요구가 적용되지 않는다.

스왑 또는 스왑을 포함하는 거래전략을 권유하는 스왑 딜러는 권유된 스왑 또는 스왑을 포함하는 거래전략과 관련한 잠재적 위험과 보상을 이해하기 위하여 합리적인 노력을 기울여야 하고, 해당 권유행위가 거래 상대방에게 적합하다고 믿을 수 있는 합리적 근거를 가져야만 한다(CFTC Rule §23.434(a)).[606] 다만, 거래 상대방에서 스왑 딜러, 주요스왑참가자, 증권연계스왑 딜러, 주요증권연계스왑참가자 등은 제외 된다(CFTC Rule §23.434(a)). 또한, 거래 상대방이 독자적으로 스왑 또는 스왑이 포함된 거래전략과 관련된 투자위험을 평가할 수 있는 능력이 있는 등 거래의 적합성 여부를 판단할 수 있다고 합리적으로 판단되는 경우에는 위의 적합성원칙이 적용되지

---

counterparty whose identity is known to the swap dealer prior to the execution of the transaction that are necessary for conducting business with such counterparty. For purposes of this section, the essential facts concerning a counterparty are:
(1) Facts required to comply with applicable laws, regulations and rules;
(2) Facts required to implement the swap dealer's credit and operational risk management policies in connection with transactions entered into with such counterparty; and
(3) Information regarding the authority of any person acting for such counterparty.

605 CEA §1a(33) Major swap participant
(A) In general The term "major swap participant" means any person who is not a swap dealer, and—
(i) maintains a substantial position in swaps for any of the major swap categories as determined by the Commission, excluding—
(I) positions held for hedging or mitigating commercial risk; and
(II) positions maintained by any employee benefit plan (or any contract held by such a plan) as defined in paragraphs (3) and (32) of section 3 of the Employee Retirement Income Security Act of 1974 (29 U.S.C. 1002) for the primary purpose of hedging or mitigating any risk directly associated with the operation of the plan;
(ii) whose outstanding swaps create substantial counterparty exposure that could have serious adverse effects on the financial stability of the United States banking system or financial markets; or
(iii) (I) is a financial entity that is highly leveraged relative to the amount of capital it holds and that is not subject to capital requirements established by an appropriate Federal banking agency; and
(II) maintains a substantial position in outstanding swaps in any major swap category as determined by the Commission.

606 CFTC Rule §23.434(a) A swap dealer that recommends a swap or trading strategy involving a swap to a counterparty, other than a swap dealer, major swap participant, security-based swap dealer, or major security-based swap participant, must:
(1) Undertake reasonable diligence to understand the potential risks and rewards associated with the recommended swap or trading strategy involving a swap; and
(2) Have a reasonable basis to believe that the recommended swap or trading strategy involving a swap is suitable for the counterparty. To establish a reasonable basis for a recommendation, a swap dealer must have or obtain information about the counterparty, including the counterparty's investment profile, trading objectives, and ability to absorb potential losses associated with the recommended swap or trading strategy involving a swap.

않는 안전항(safe harbor)도 마련하고 있다(CFTC Rule §23.434(b)).[607] 이러한 판단을 함에 있어서는 스왑 딜러는 고객이 자신에 대해 기술한 내용에 대하여 합리적인 신뢰를 갖고 판단할 수 있다(CFTC Rule §23.434(c) 및 §23.402(d)).[608]

다. 영국

영국의 영업행위규제는 기본적으로 EU의 「금융상품시장에 관한 지침」(The Market in Financial Instruments Directive; 이하 'MiFID')[609]에 근원한다. MiFID는 규제대상 금융회사

607 CFTC Rule §23.434(b) Safe harbor. A swap dealer may fulfill its obligations under paragraph (a)(2) of this section with respect to a particular counterparty if:

(1) The swap dealer reasonably determines that the counterparty, or an agent to which the counterparty has delegated decision-making authority, is capable of independently evaluating investment risks with regard to the relevant swap or trading strategy involving a swap;

(2) The counterparty or its agent represents in writing that it is exercising independent judgment in evaluating the recommendations of the swap dealer with regard to the relevant swap or trading strategy involving a swap;

(3) The swap dealer discloses in writing that it is acting in its capacity as a counterparty and is not undertaking to assess the suitability of the swap or trading strategy involving a swap for the counterparty; and

(4) In the case of a counterparty that is a Special Entity, the swap dealer complies with § 23.440where the recommendation would cause the swap dealer to act as an advisor to a Special Entity within the meaning of § 23.440(a).

608 CFTC Rule §23.434(c) A swap dealer will satisfy the requirements of paragraph (b)(1) of this section if it receives written representations, as provided in § 23.402(d), that:

(1) In the case of a counterparty that is not a Special Entity, the counterparty has complied in good faith with written policies and procedures that are reasonably designed to ensure that the persons responsible for evaluating the recommendation and making trading decisions on behalf of the counterparty are capable of doing so; or

(2) In the case of a counterparty that is a Special Entity, satisfy the terms of the safe harbor in § 23.450(d).

CFTC Rule §23.402(d) Reasonable reliance on representations. A swap dealer or major swap participant may rely on the written representations of a counterparty to satisfy its due diligence requirements under this subpart, unless it has information that would cause a reasonable person to question the accuracy of the representation. If agreed to by the counterparties, such representations may be contained in counterparty relationship documentation and may satisfy the relevant requirements of this subpart for subsequent swaps offered to or entered into with a counterparty, provided however, that such counterparty undertakes to timely update any material changes to the representations.

609 MiFID는 '금융상품'(주식, 채권, 집합투자기구 및 파생상품)을 거래하고자 하는 고객에게 규제대상업무를 제공하는 금융회사(regulated firm) 및 해당 금융상품이 거래되는 장소를 규제하는 EU 법률이다. MiFID는 2007년 11월부터 영국에 적용되었고, 2018년 1월에 MiFID II의 시행으로 수정되었다. MiFID

(regulated firm)가 준수하여야 할 일반 원칙(general principles)을 규정하고 있다. 이는 금융회사가 준수하여야 할 요구사항을 상세히 특정했던 과거 규제방식과는 큰 차이가 있다. 과거 방식에서는 금융회사들은 상세히 규정된 규칙을 준수하는 이상으로 그들의 영업행위에 대해 고민하지 않았다. 하지만 MiFID 하에서는 일반 원칙이 규정되어 있어 이를 제대로 준수하기 위해 각 금융회사들은 어떻게 운영하여야 할 것인지를 더 고민하여야 한다.[610]

MiFID는 기본적으로 영국의 규제대상 금융회사들이 준수하여야 할 대원칙이다. MiFID는 영업행위 관련하여 고객을 보호할 수 있도록 적합성원칙, 설명의무, 적정성원칙 등에 대하여 원칙을 기술하고 있다.

적합성원칙과 관련된 내용을 살펴보면, MiFID는 원칙적으로 규제대상 금융회사[611]가 고객의 이익을 최우선으로 정직하고 공정하며 전문적으로 행동하도록 요구한다(MiFID Article 24(1)).[612] 또한, 고객에게 제공하는 금융상품에 대한 숙지의무(Know Your Security)로서 금융회사는 그들이 제공하거나 권유하는 금융상품을 이해하여야 하고, 고객에게 제공되는 해당 금융상품이 분류기준에 따른 고객의 요구에 충족하는지 여부를 확인하기 위하여 고객의 요구와 금융상품 간의 호환성(compatibility)을 평가하여 해당 금융상품이 고객의 이익에 부합할 때만 제공되거나 권유되도록 요구한다(MiFID Article 24(2)).[613]

아울러 MiFID는 일종의 고객숙지의무(Know Your Customer Rule)를 규정하고 있다(MiFID Article 25(2)).[614] 즉, 투자에 대한 자문 또는 포트폴리오 관리를 제공하는 경우, 규제대상 금융회

II는 금융위기의 경험을 토대로 금융시장의 기능을 개선하고 투자자 보호를 더욱 강화하고자 한다(FCA 홈페이지 참조). <https://www.fca.org.uk/markets/mifid-ii> (검색일: 2018.4.20.).

610 Alastair Hudson(2013), *op. cit.*, p.291.

611 MiFID 원문은 'Investment Firm'으로 표기되어 있으나, 영국의 규제 체계 하에서는 'regulated firm'이 된다. 그리하여 '규제대상 금융회사' 또는 '금융회사'로 명기하고자 한다.

612 MiFID Article 24(1), Member States shall require that, when providing investment services or, where appropriate, ancillary services to clients, an investment firm act honestly, fairly and professionally in accordance with the best interests of its clients and comply, in particular, with the principles set out in this Article and in Article 25; 기존에는 article 19에 있던 내용이 조문 변경됨.

613 MiFID Article 24(2), Investment firms which manufacture financial instruments for sale to clients shall ensure that those financial instruments are designed to meet the needs of an identified target market of end clients within the relevant category of clients, the strategy for distribution of the financial instruments is compatible with the identified target market, and the investment firm takes reasonable steps to ensure that the financial instrument is distributed to the identified target market.

An investment firm shall understand the financial instruments they offer or recommend, assess the compatibility of the financial instruments with the needs of the clients to whom it provides investment services, also taking account of the identified target market of end clients as referred to in Article 16(3), and ensure that financial instruments are offered or recommended only when this is in the interest of the client.

사는 고객이나 잠재 고객에게 자신에게 적합한 투자 서비스와 금융상품을 제대로 권유할 수 있도록 하기 위하여, 투자분야에 대한 고객의 지식 및 경험, 손실을 감당할 능력을 포함한 재무상황, 그리고 그의 위험회피성향(risk tolerance)을 포함한 그의 투자목적 등에 대한 정보를 파악하여야 한다.

이러한 MiFID의 기본 철학에 근거하여 영국이 영업행위 규칙의 상세를 규정한 것이 FCA의 영업행위규정집(Conduct of Business Sourcebook)[615]이다.

영업행위규정집은 크게 일반적인 영업행위 규제에 대한 일반영업행위규정집(Conduct of Business Sourcebook; 이하 'COBS')[616]과 그 밖에 보험에 대한 영업행위 규제인 ICOBS(Insurance: New Conduct of Business Sourcebook)와 주택저당대출을 대상으로 하는 MCOBS(Mortgages and Home Finance: Conduct of Business Sourcebook) 그리고 예금영업을 대상으로 하는 BCOBS(Banking: Conduct of Business sourcebook) 등 4가지로 구성된다.

상술한 MiFID의 고객이익 최선의 원칙(MiFID Article 24(1), the client's best interests)은 FCA COBS 2.1.1 R[617]에 도입되었다. 따라서 규제대상 금융회사들은 원칙적으로 고객의 이익에 반하는 부적합한 상품을 판매 권유하는 행위는 하여서는 아니 된다.

영국에서는 FCA의 COBS에서 금융회사가 자문(advice)이 있는 경우와 자문이 없는 경우를 구분하여 투자권유 시 준수해야 할 영업행위 규칙을 좀 더 상세히 규정하고 있다.[618]

적합성원칙은 기본적으로 일반고객(retail clients)에게 자문이 있는 경우에 해당하는 것으로, 규제대상인 지정투자상품(designated investment)과 관련하여 일반고객에 대한 개별적 권유

---

614 MiFID Article 25(2), When providing investment advice or portfolio management the investment firm shall obtain the necessary information regarding the client's or potential client's knowledge and experience in the investment field relevant to the specific type of product or service, that person's financial situation including his ability to bear losses, and his investment objectives including his risk tolerance so as to enable the investment firm to recommend to the client or potential client the investment services and financial instruments that are suitable for him and, in particular, are in accordance with his risk tolerance and ability to bear losses.

615 COBS는 지정투자업무(designated investment business)을 수행하는 인가받는 자(authorised person)를 규제하는 FCA의 규칙(rules)으로서 FCA Handbook의 일부를 구성한다. 2007년 11월 1일에 시행되었다.

616 일반적인 영업행위 규제를 담당하는 COBS를 여타의 것들과 구분하여 일반영업행위규제로 명명하였다. COBS는 내용에 따라 R(Rule), G(Guidance), E(Evidential Provisions), EU(EU Legislative Material) 등으로 구분된다. <https://www.handbook.fca.org.uk/handbook/COBS/3/> (검색일: 2018.4.20).

617 COBS 2.1.1 R (1) A firm must act honestly, fairly and professionally in accordance with the best interests of its client (the client's best interests rule).

618 자문이 있는 경우(including basic advice)에는 적합성원칙(suitability)이 적용되고, 자문이 없는 경우(non-advised services)에는 적정성원칙(appropriateness)이 적용된다. 적합성원칙은 COBS 9에서, 적정성원칙은 COBS 10에 규정되어 있다.

(personal recommendation) 또는 일반고객의 투자상품을 관리(managing investments)하는 업무 등을 수행하는 경우에 금융회사에 대하여 적용된다(COBS 9.1.1 R)[619].

여기서, 지정투자상품이란 일반적으로 증권(security) 또는 계약에 기초한 투자상품(contractually-based investment)으로서, 구체적으로는 FSMA Section 22 및 이를 받은 Schedule 2의 Part Ⅱ에서 열거하고 있는 투자상품(investments)을 말한다. 그리고 개별적 권유(personal recommendation)라 함은 투자상품, 주택금융거래(home finance transaction) 등에 대한 자문(advice) 등을 말하는 것으로, 일반대중을 대상으로 배타적으로 공표된(issued exclusively to the public) 것은 개별적 권유에 해당되지 않는다.

적합성원칙을 실현하기 위해서는 고객에 대한 정보를 정확히 파악하는 것이 전제되어야 한다. FCA COBS 역시 MiFID의 철학을 받아 금융회사는 '개별적 권유(personal recommendation)'나 '거래결정(decision to trade)'이 고객에게 적합할 수 있도록 합리적인 절차를 이행하여야 하며, 적합한 권유 여부를 판단할 수 있도록 금융회사는 고객의 지식과 경험, 재무상황 그리고 투자목적에 관한 정보를 취득하여야 한다고 규정하고 있다(COBS 9.2.1 R).[620] 금융회사로 하여금 고객에 대한 정보를 정확히 파악할 의무를 부과하고 있는 것이다. 즉, '고객숙지의무(know your customer rule)'가 적용된다.

금융회사는 고객에 의해 제공된 정보가 명확하게 최신의 정보가 아니거나, 불완전하거나 부정확한 경우라고 인지하지 않은 이상, 고객이 제공한 정보를 신뢰하여 행동하면 된다(COBS 9.2.5 R).[621] 하지만, 고객의 정보가 명확히 최신의 정보가 아니거나, 불완전하거나 부정확한 경우라고 인지한 상황 하에서는 고객의 정보를 신뢰하여 투자권유를 하였다는 주장은 정당화되기 어려울

619 COBS 9.1.1 R, This chapter applies to a firm which:
(a) makes a personal recommendation to a retail client in relation to a designated investment;
(b) manages investments of a retail client of the firm;
(c) manages the assets of an occupational pension scheme, stakeholder pension scheme or personal pension scheme,
other than in relation to its MiFID, equivalent third country or optional exemption business.

620 COBS 9.2.1 R, (1) A firm must take reasonable steps to ensure that a personal recommendation, or a decision to trade, is suitable for its client.
(2) When making the personal recommendation or managing his investments, the firm must obtain the necessary information regarding the client's:
(a) knowledge and experience in the investment field relevant to the specific type of designated investment or service;
(b) financial situation; and
(c) investment objectives;
so as to enable the firm to make the recommendation, or take the decision, which is suitable for him

621 COBS 9.2.5 R, A firm is entitled to rely on the information provided by its clients unless it is aware that the information is manifestly out of date, inaccurate or incomplete.

것이다.

만약 회사가 적합성을 판단하기 위한 필요한 정보를 충분히 확보하지 못한 경우에는 고객에게 개별적 권유를 하거나 그를 위한 거래결정을 하여서는 아니 된다(COBS 9.2.6 R).[622]

고객숙지의무란 결국 적합성원칙을 준수하기 위한 전제조건이다. 고객에 대한 정확한 정보의 파악을 전제로 하여 이러한 정보를 바탕으로 규제대상 금융회사는 영업행위를 영위하기 때문이다. 따라서 금융회사는 단순히 고객이 제공하는 정보를 받는 것으로 족한 것이 아니라, 제대로 된 정보를 수집하는 것이 필요하고 이를 위해 금융회사는 고객이 모든 관련 정보를 제공할 수 있도록 질문지(questionnaire)를 준비해 두어야 한다.[623]

MiFID는 회원국의 금융회사로 하여금 고객의 전문성 정도를 확인할 의무를 부과하고 있다(MiFID Article 25(2)). 영국의 경우에는 이러한 원칙을 반영하여 COBS에 고객의 분류 기준과 관련된 규정을 마련하고 있다.

금융회사는 고객을 일반고객(retail clients), 전문고객(professional clients), 적격상대방(eligible counterparty) 등 세 가지 유형 중 하나로 구분하고, 이를 고객에게 통지하여야 하며(COBS 3.3.1A EU), 이러한 고객 분류와 관련하여 회사는 문서로서 내부정책 및 절차(internal policies and procedures)를 규정하여야 한다(COBS 3.8.1 R).[624]

여기서, 고객(client)이란 금융회사가 규제대상업무(regulated activities)와 관련한 업무(services)를 제공하거나, 제공하고자 의도하거나, 제공한 자를 말하고(COBS 3.2.1 R), 일반고객은 전문고객이나 적격상대방이 아닌 자를 말한다(COBS 3.4.1 R). 전문고객은 본질적 전문고객(per se professional clients)[625]과 선택적 전문고객(elective professional clients)[626]으로 구분되고(COBS 3.5.1 R), 적격상대방 역시 본질적 적격상대방(per se eligible counterparty)과 선택적 적격상대방(elective eligible counterparty)으로 구분된다(COBS 3.6.1 R).[627]

고객이 자신의 분류를 더 높은 보호 등급으로 재조정해 줄 것을 요청하면 회사는 이에 응하여

622 COBS 9.2.6 R, If a firm does not obtain the necessary information to assess suitability, it must not make a personal recommendation to the client or take a decision to trade for him.

623 Alastair Hudson(2013), *op. cit.,* pp.313~314 참조.

624 COBS 3.8.1 R, A firm must implement appropriate written internal policies and procedures to categorise its clients.

625 본질적 전문고객은 금융기관, 일정한 요건을 충족하는 대규모기업, 국가와 지방정부, 공공기관, 중앙은행, 국제기구 등을 말한다(COBS 3.5.2 R).

626 선택적 전문고객은 독자적인 투자판단능력 및 위험이해능력 등 질적 능력에 대한 판단(qualitative test)과 거래규모 등 양적 능력에 대한 판단(quantitative test)를 통해 선정된다(COBS 3.5.3 R).

627 본질적 적격상대방 및 선택적 적격상대방에 대한 설명은 COBS 3.6.2 R와 COBS 3.6.4 R 참조.

야 한다(COBS 3.3.2 G, COBS 3.7.1 R). 다만, 금융회사는 전문고객이나 적격상대방이 고객으로서 보다 높은 정도의 보호를 받기 위하여 재분류를 요구할 경우 이를 허용하여야 하나, 고객이 스스로 관련 위험을 적정하게 평가하거나 관리할 수 없다고 판단되는 경우에 보다 높은 강력한 보호를 받을 수 있는 고객으로의 재분류를 요청하는 것은 전문고객이나 적격상대방의 책임이다(COBS 3.7.2 G).

금융회사는 각 고객에 대하여 고객에 대한 분류와 해당 분류에 대한 근거자료, 고객에게 고객 분류관련 통지의 발송사실을 입증할 수 있는 자료와 표준양식을 이용하지 않은 경우 실제 통지문의 사본, 고객 분류와 관련하여 고객과 체결된 합의문 사본 등의 사항에 대하여 기록을 유지하여야 하고, 이러한 기록은 고객 분류시점에 이루어져야 하며, 해당 고객과의 거래를 종결한 때로부터 일정한 기간까지 보관되어야 한다(COBS 3.8.2 R).

4. 판례상의 적합성원칙

가. 한국

우리나라에서 금융상품에 대한 적합성원칙이 문제가 된 사안들은 주로 일임매매와 같이 증권회사나 투자자문회사의 선관주의의무 위반 여부가 다투어진 사례들이다. 우리나라의 적합성원칙에 관한 판례는 고객의 투자상황에 비추어 과대한 위험성을 수반하는 거래를 적극적으로 권유하는 것을 피할 의무로서 고객 보호의무의 내용을 이루고 있다.

대법원은 증권회사 직원의 투자권유로 투자한 투자가가 손실을 본 경우 불법행위책임이 성립하기 위한 요건에 관한 판시사항에서 "거래경위와 거래방법, 고객의 투자상황(재산상태, 연령, 사회적 경험 정도 등), 거래의 위험도 및 이에 관한 설명의 정도 등을 종합적으로 고려한 후, 당해 권유행위가 경험이 부족한 일반 투자가에게 거래행위에 필연적으로 수반되는 위험성에 관한 올바른 인식형성을 방해하거나 또는 고객의 투자상황에 비추어 과대한 위험성을 수반하는 거래를 적극적으로 권유한 경우에 해당하여, 결국 고객에 대한 보호의무를 저버려 위법성을 띤 행위인 것으로 평가될 수 있는 경우라야 한다"[628]고 판시하고 있다.

628 대법원 1994. 1. 11. 선고 93다26205 판결, 대법원 2003. 1. 10. 선고 2000다50312 판결, 대법원 2007. 7. 12. 선고 2006다53344 판결 등.

따라서 판례에서는 사실관계를 종합적으로 고려하여 보호의무 위반 여부를 판단하는 태도를 취하여 왔기 때문에 실제로 직접적으로 적합성원칙에 따른 의무위반의 위법성 여부가 문제된 사건은 거의 찾아볼 수 없다.629

또한 그동안의 적합성원칙과 관련한 판례의 태도는 일관되게 '자기책임의 원칙'이 강조되어 왔다. 대법원은 "증권거래는 본래적으로 여러 불확정 요소에 의한 위험성을 동반할 수밖에 없는 것으로서 투자가로서도 일정한 범위 내에서는 자신의 투자로 인해 발생할지 모르는 손실을 스스로 부담해야 함이 당연한 점에 비추어"630라고 판시하고 있다.631

그러므로 판례의 태도는 자기책임원칙을 강조하고 적합성원칙 위반 및 고객 보호의무를 상당히 엄중히 제한하고 있다. 따라서 불법행위책임이 성립하기 위해서는 적어도 '위험성에 대한 올바른 인식형성을 방해하거나, 고객의 투자상황에 비추어 과대한 위험성을 수반한 거래를 적극적으로 권유한 경우'에 해당하여, 결국 고객에 대한 보호의무를 저버려 위법성을 띤 행위인 것으로 평가될 수 있는 경우라야 불법행위책임을 인정하고 있다.

주가지수 옵션에 관한 일임매매가 문제가 된 사안으로 '적합성'을 직접 다룬 대법원 2008.

---

629 권순일, 앞의 논문, 181면, 한국증권법학회, 앞의 책, 236면; 2013년 키코(KIKO)관련 사건에서 손실 기업이 적합성 위반 등을 이유로 손해배상을 구한 사안에서, 은행이 적합성 원칙과 설명의무를 위반하였다고 한 사례가 있다(대법원 2013. 9. 26. 선고 2013다26746 전원합의체 판결). 이 외에도 직접적으로 적합성원칙을 다루고 있지는 않지만, 주가지수 옵션에 관한 일임매매가 문제가 된 사안에서 대법원 2008. 9. 11. 선고 2006다53856 판결은 "주가지수 옵션상품 투자에 구사한 스트랭글 또는 레이쇼 스프레드 매도 전략은 주가지수가 예상과 달리 큰 폭으로 변동하는 경우에는 큰 폭의 손실을 볼 수 있으나, 이는 어디까지나 확률과 그에 입각한 투자 판단의 문제로서 사전에 조사한 위 고객의 투자목적 등에 비추어 적합성을 잃은 것으로 보기 어렵고"라고 판시하여 '적합성'이라는 용어를 사용하고 있다. 종래에는 그 외에 투자권유와 관련한 대부분의 대법원 판례에서는 '적합성'이라는 용어를 찾아보기는 어렵다. 그러나 자본시장법이 제정된 이후에 판결된 선물환계약과 관련한 사건에 대한 판결(대법원 2010. 11. 11. 선고 2010다55699 판결)에서 적합성원칙을 정면으로 다루고 있는 점은 주목된다. 물론, 동 판결도 결국은 설명의무 위반에 의해 판시되었다. 그 외에도 적합성을 다룬 하급심 판결로는 통화옵션과 관련하여 적합성원칙을 다루고 있는 서울중앙지법 2010. 2. 8. 선고 2008가합108359(본소), 2009가합41859(반소) 판결, 서울중앙지법 2010. 11. 29. 선고 2008가합108182 판결, 서울중앙지법 2010. 11. 29. 선고 2008가합108304 판결 등이 있다.

630 대법원 1994. 1. 11. 선고 93다26205 판결.

631 [대법원 2010. 11. 11 선고 2010다55699 판결]에서도 "투자자가 금융기관의 권유를 받고 어느 특정한 상품에 투자하거나 어떠한 투자전략을 채택한 데에 단지 높은 위험이 수반된다는 사정만으로 일률적으로 금융기관이 적합성의 원칙을 위반하여 부당하게 투자를 권유한 것이라고 단정할 수는 없으며, 투자자로서도 예상 가능한 모든 위험을 회피하면서 동시에 높은 수익률이 실현될 것을 기대할 수는 없고 위험과 수익률의 조합을 스스로 투자목적에 비추어 선택할 수밖에 없는 것이다"고 판시하여 자기책임원칙이 투자판단의 근간임을 강조하고 있다. 위험성이 높은 장외파생상품 역시 예외 없이 자기책임이 강조된다. [대법원 2013. 9. 26. 선고 2013다26746 전원합의체 판결]에서 "이러한 자기책임의 원칙은 장외파생상품 거래와 같이 복잡하고 위험성이 높은 거래라고 하여 근본적으로 달라지는 것이 아니다." 고 판시하고 있다.

9. 11. 선고 2006다53856 판결에서도 "고객의 투자목적 · 투자경험 · 위험선호의 정도 및 투자예정기간 등을 미리 파악하여 그에 적합한 투자방식을 선택하여 투자하여야 하고, 조사된 투자목적에 비추어 볼 때 과도한 위험을 초래하는 거래행위를 감행하여 고객의 재산에 손실을 가한 때에는 그로 인한 손해를 배상할 책임이 있으나, 고객의 투자목적 등은 지극히 다양하므로, 어느 특정한 상품에 투자하거나 어떠한 투자전략을 채택한 데에 단지 높은 위험이 수반된다는 사정만으로 일률적으로 선관주의의무를 위반한 것이라고 단정할 수는 없다"고 판시한 바 있다.

또한 사회 문제가 되었던 키코(KIKO) 사건에서도 "은행은 환헤지(hedge) 목적을 가진 기업과 통화옵션계약을 체결함에 있어서 해당 기업의 예상 외화유입액, 자산 및 매출 규모를 포함한 재산상태, 환헤지의 필요 여부, 거래 목적, 거래 경험, 당해 계약에 대한 지식 또는 이해의 정도, 다른 환헤지 계약 체결 여부 등 경영상황을 미리 파악한 다음, 그에 비추어 해당 기업에 적합하지 아니하다고 인정되는 종류의 상품 또는 그러한 특성이 있는 통화옵션계약의 체결을 권유해서는 아니 된다. 은행이 그러한 의무를 위반하여 해당 기업의 경영상황에 비추어 과대한 위험성을 초래하는 통화옵션계약을 적극적으로 권유하여 이를 체결하게 한 때에는, 이러한 권유행위는 이른바 적합성의 원칙을 위반하여 고객에 대한 보호의무를 저버리는 위법한 것으로서 불법행위를 구성한다. 특히 장외파생상품은 고도의 금융공학적 지식을 활용하여 개발된 것으로 예측과 다른 상황이 발생할 경우에는 손실이 과도하게 확대될 위험성이 내재되어 있고, 다른 한편 은행은 그 인가요건, 업무범위, 지배구조 및 감독 체계 등 여러 면에서 투자를 전문으로 하는 금융기관 등에 비해 더 큰 공신력을 가지고 있어 은행의 권유는 기업의 의사결정에 강한 영향을 미칠 수 있으므로, 은행이 위와 같이 위험성이 큰 장외파생상품의 거래를 권유할 때에는 다른 금융기관에 비해 더 무거운 고객 보호의무를 부담한다고 봄이 타당하다. 다만 은행 등 금융기관과 금융상품 거래를 하는 고객은 그 거래를 통하여 기대할 수 있는 이익과 부담하게 될 위험 등을 스스로 판단하여 궁극적으로 자기의 책임으로, 그 거래를 할 것인지 여부 및 거래의 내용 등을 결정하여야 하고, 이러한 자기책임의 원칙은 장외파생상품 거래와 같이 복잡하고 위험성이 높은 거래라고 하여 근본적으로 달라지는 것이 아니다. 따라서 기업이 환헤지 목적이 아니라 환율변동을 이용하여 환차익을 얻고자 하는 등 투자 내지 투기적 목적으로 통화옵션계약을 체결하고자 할 경우에는, 금융기관이 고객에게 그 계약에 내재된 위험성 등을 충분히 고지하여 인식하게 한 이상 그러한 목적의 계약 체결을 저지하거나 거부하지 않았다고 하여 곧 적합성의 원칙을 위반하고 고객 보호의무를 다하지 아니한 것이라고 단정할 수는 없다."[632]고 판시하여 원칙적으로 자기책임원칙을 강조하고 적합성원칙 위반 및 고객 보호의무를 상당히 엄중히 제한하고 있다.

632 대법원 2013. 9. 26. 선고 2013다26746 전원합의체 판결.

하지만, 고객의 제반사정을 충분히 인지하고 있는 금융회사가 고객의 투자목적에 반하는 과도한 위험의 상품을 적극적으로 권유한 경우에는 적합성의 원칙 위반 및 고객 보호의무 위반에 해당할 수 있다. 키코(KIKO) 계약을 다른 은행과 이미 맺고 있어 예상 외화유입액에 대한 충분한 환헤지(hedge) 거래를 하였는데도, 이러한 사정을 알고 있는 은행이 고객에게 또 다른 계약을 적극적으로 권유하여 결국 헤지목적을 초과하게 한 사안에서 법원은 적합성원칙 위반 및 고객 보호의무를 저버린 것으로 판시한 바 있다.633

아울러, 자본시장법이 제정되기 전에는 법상 금융투자업자에게 고객숙지의무 등이 명확히 규정되어 있지 않았기에 법원의 태도가 적합성원칙에 대한 판단을 함에 있어 제한적일 수 있었으나, 자본시장법 시행으로 금융투자업자는 일반투자자의 투자목적·재산상황 및 투자경험 등에 비추어 그 일반투자자에게 적합하지 아니하다고 인정되는 투자권유를 하여서는 아니 된다고 규정하고 있으므로, 시행 이후에는 적어도 위의 키코(KIKO)와 같은 사례와 같이 고객이 투자목적에 반하는 투자를 하고자 인지한 경우에는 적절한 위험에 대한 경고 없이 계약 체결을 하는 행위는 적합성원칙 위반은 물론 고객 보호의무의 위반에도 해당되어 불법행위에 기한 손해배상책임이 인정될 수도 있다.634

요약컨대, 우리 법원은 그 동안 일정한 요건을 갖춘 때에 한해 투자권유자가 불법행위책임을 부담하는 것으로 하고 있다. 즉, 당해 권유행위가 "경험이 부족한 일반투자가에게 거래행위에 필연적으로 수반되는 위험성에 관한 올바른 인식형성을 방해하거나 또는 고객의 투자상황에 비추어 과대한 위험성을 수반하는 거래를 적극적으로 권유한 경우에 해당하여 고객에 대한 보호의무를 저버려 위법성을 띤 행위로 평가된 경우"를 기준으로 적합성원칙 위반여부를 판단하고 있다. 그러므로 금융투자업자가 모든 의무를 다하였다면 자기책임의 원칙 하에서 적합성원칙 위반만으로 위법성이 인정되기는 어렵다. 하지만, 적합성원칙은 설명의무, 위험고지, 부당권유 등 다른 규제 위반과 복합적으로 위법성을 띄는 경우가 많을 것이므로 이를 종합적으로 고려하여 고객에 대한 신인의무(fiduciary duty)를 위반하였다고 평가되는 경우 하나의 위법성 징표로 삼을 수 있을 것이다.

아울러, 자본시장법의 제정으로 공통영업행위 규칙의 하나로 제46조에 적합성원칙이 명문으

---

633 [대법원 2013. 9. 26. 선고 2012다1146,1153 전원합의체 판결] "이 사건 제3 계약의 성격과 체결 경위, 원고 2의 거래 목적, 재무상황 등 제반 사정을 종합적으로 고려하면, 소외인은 투기거래의 목적이 없는 원고 2에게 과대한 위험성을 수반하는 투기적 성격을 지닌 이 사건 제3 계약을 환헤지 목적의 거래라고 하면서 적극적으로 권유하여 체결하게 한 것이니, 이는 적합성의 원칙을 위반하여 고객에 대한 보호의무를 저버린 것이라고 평가함이 상당하다."

634 이와 관련하여 영국은 COBS 규정에 따라, 만약 회사가 적합성을 판단하기 위하여 필요한 정보를 충분히 확보하지 못한 경우에는 고객에게 개별적 권유를 하거나 그를 위한 거래결정을 하여서는 아니 되는 것으로 규정되어 있다(COBS 9.2.6 R).

로 규정되어 있고,[635] 동법 제64조는 "금융투자업자는 법령·약관·집합투자규약·투자설명서에 위반하는 행위를 하거나 그 업무를 소홀히 하여 투자자에게 손해를 발생시킨 경우에는 그 손해를 배상할 책임이 있다"고 규정하고 있으므로, 적합성원칙을 위반한 경우에는 법령을 위반한 경우에 해당하여 동법 제64조에 의거 민사상 손해배상책임이 발생할 여지가 있다. 다만, 현실적으로 민사상 손해배상책임을 청구하기 위해서는 손해인과관계가 입증되어야 하는데, 적합성원칙만으로는 이를 입증하기가 쉽지 않고, 적합성원칙 위반의 경우에는 대부분 설명의무 위반 등 여타의 위반행위와 연결되므로 사실상 적합성원칙 위반만으로 직접적으로 고객 보호의무를 저버려 위법성을 띤 행위로 소를 제기하기는 쉽지 않을 수 있다.[636]

나. 일본

일본은 종래부터 판례는 증권거래법이나 자율규제규칙에서 행위규제의 존재, 증권회사가 설치되어 있는 특수한 지위,[637] 증권회사와 고객 간에 존재하는 정보력(정보 수집력과 정보 분석력)의 격차로부터 필연적으로 발생하는 양자 간의 신뢰관계[638] 등을 종합적으로 고려하여 신의칙(民法 제1조제3항)에 근거하여 사법상의 주의의무 또는 배려의무(그 전형례가 설명의무나 적합성원칙 준수의무)를 증권회사에게 부담시킨 후에 의무위반행위가 사회적으로 상당하다고 인정되는 범위를 일탈한 경우에는 불법행위(民法 제709조, 제715조) 혹은 채무불이행(民法 제415조)에 근거한 손해배상책임을 증권회사에 부과하고 있다.[639]

판례 중에는 일반론으로서 적합성원칙의 준수를 요구하는 것은 많지만, 적합성원칙에 위반한 것만을 이유로 사법상도 위법이라고 하는 것은 많지 않다. 그리하여 일반적으로 피해 구제를

---

635 자본시장법은 제46조(적합성원칙)을 위반하는 경우에 해당되는 직접적인 벌칙 조항은 없으나, 동법 제71조7호(불건전영업행위, 대통령령으로 정하는 행위)에 의거 1억원 이하의 과태료가 부과된다(法 제449조제1항제29호).

636 "적합성의 원칙을 위반하여 고객에 대한 보호의무를 저버린 것이라고 평가함이 상당하다."고 판시한 바 있는 [대법원 2013. 9. 26. 선고 2012다1146,1153 전원합의체 판결]도 설명의무 위반을 함께 다루고 있다. "소외인이 실제로는 투기적 성격을 가진 이 사건 제3 계약을 헤지거래라고 설명함으로써 원고 2로 하여금 이를 오인하여 계약을 체결하게 하였으므로, 이 사건 제3 계약의 체결과 관련하여 피고는 설명의무를 다하지 아니한 위법이 있다고 할 것이다."

637 고객은 증권회사를 통해서만 시장에 참가할 수 있으며 증권회사는 고객으로부터 수수료를 징수할 수 있다.

638 정보력 열위자인 고객은 자신의 투자결정에 관하여 정보력 우위자인 증권회사 측의 추천이나 조언에 의존할 수밖에 없는 상태이다.

639 大阪高判平成14年7月26日セレクト20巻129頁(워런트), 大阪高判平成15年4月15日セレクト21巻223頁(워런트), 最高裁判平成17年7月14日判タ1189号163頁(옵션).

하는 소송에서는 적합성원칙 위반과 함께 설명의무 위반을 함께 청구하는 것이 다반사이다.

일반적인 교환사채(EB)에 비해 다소 복잡한 상품구조를 지닌 유로-엔 복수종목 참조형 조기상환부 EB(ユーロ円複数銘柄参照型早期償還条項付他社株転換社債)를 권유받고 투자한 투자자가 투자로부터 손실이 발생함에 따라 적합성원칙, 설명의무 위반으로 손해배상을 청구한 소송에서 법원은 투자자의 풍부한 투자경험과 금융상품거래에 대한 지식과 투자의향, 그리고 원고의 재산상태 등에 비추어 보면 본 건 거래가 적합성원칙을 현저히 일탈하였다고 인정되기 어렵다고 판시하면서, 다만 기본적인 EB에 비해 복잡한 구조를 지닌 본 건 EB에 대한 특성 및 리스크에 대한 구체적 내용을 충분히 설명하지 아니하였다고 인정하여 결국 설명의무 위반에 의한 손해배상을 인정하였다.[640]

다만, 2005년 7월 14일 최고재판소는 "증권회사의 담당자가 고객의 의향과 실정에 반하여 명백히 과도한 위험을 수반하는 거래를 적극적으로 권유하는 등 적합성원칙을 현저히 일탈한 증권거래 권유를 하여 거래를 성사시킨 경우에는 해당 행위는 불법행위법상으로도 위법이라고 해석함이 상당하다"고 판결한 바 있다.[641]

이 판결은 적합성원칙 위반에 근거한 손해배상책임 가능성을 최고재판소 판결로서 처음으로 명확한 형태로 인정하였다는 점에서 의의를 갖는다. 그러나 '명백히 과대한 위험을 수반하는 거래를 적극적으로 권유하는 것 등 적합성 원칙에서 현저하게 일탈한 것'을 적합성원칙 위반에 근거한 손해배상책임 요건으로 하고 있다는 점에서 적합성원칙 위반에 근거한 손해배상책임의 성립요건으로서 '명백성'과 '현저성' 등 부가적 요건을 가중하고 있다.

---

640 東京地判平成27年4月14日平25(ワ)23630号(ウエストロー・ジャパン). 70%를 과실 상계함. 비슷한 유형의 EB 상품에 대하여도 마찬가지로 적합성원칙은 인정되지 않고 설명의무 위반만 인정되었다. 70% 과실 상계됨(東京地判平成26年5月16日判時2240号94頁). EB 상품은 아니지만, 파생상품이 내재된 보다 복잡한 구조화 채권에서도 마찬가지로 적합성원칙 위반을 인정하는 사례를 찾아보기 쉽지 않다. 금융지표의 지수의 변화에 따라 쿠폰 금리가 변동하거나 상환시기가 앞당겨 지거나, 상환가격이 시세의 하락율의 2배로 되는 등 복잡한 구조를 지니고 있는 구조화 채권을 구입한 사안에 대하여, 적합성원칙은 인정되지 아니하였다. 다만, 해당 상품이 주식보다 불리한 점이라든지 수익보다 리스크가 큰 점 등으로 부터 중도 매각에 관한 가격이랑 방법 등이 교부된 서류에 명기되지 아니한 것을 고려하면 상품의 내용, 특히 수익과 위험에 대한 전모를 이해하는 것이 상당히 곤란하였을 것으로 인정되어 결국 설명의무 위반으로 과실상계(50%) 후 손해배상 청구를 인용하였다(大阪高判平成24年5月22日金商1412号24頁). 이 밖에도 금융파생상품이 내재된 구조화 채권의 판매와 관련하여 적합성원칙 위반은 인정되지 않고 해당 상품의 위험성을 충분히 설명하지 못한 점이 인정되어 설명의무 위반이 인정된 사례가 있다. 80% 과실 상계함(東京地裁平成27年3月25日平24(ワ)22840号(ウエストロー・ジャパン)).

641 [最高裁判平成17年7月14日判タ1189号163頁] "証券会社の担当者が、顧客の意向と実情に反して、明らかに過大な危険を伴う取引を積極的に勧誘するなど、適合性の原則から著しく逸脱した証券取引の勧誘をしてこれを行わせたときは、当該行為は不法行為法上も違法となると解するのが相当である"; 그러나 동 판결도 옵션매도거래의 권유가 적합성원칙을 현저히 일탈한 경우가 아니어서 불법행위 성립을 부정하고 원심으로 파기환송한 사례이다.

그리고 적합성을 판단함에 있어서는 거래 유형의 일반적・추상적 위험만을 고려하는 것이 아니라, 거래의 대상이 되는 구체적인 상품 특성을 감안하고, 해당 상품과의 상관관계에 있어서 고객의 투자경험, 거래의 지식, 투자의향, 재산상태 등의 여러 요소를 종합적으로 고려할 필요가 있다.[642]

따라서 자기책임으로 판단할 능력을 결여하여 해당 상품의 투자를 권유하는 것 자체가 사회통념상 허용될 수 없는 경우와 같이 적합성원칙의 위반・일탈의 정도가 현저하거나 극단적인 경우에는 사법상으로도 위법으로 손해배상책임을 부담할 수 있지만, 일반적으로 적합성원칙만으로 사법상 손해배상책임이 인정되기는 어렵다고 할 것이다.[643]

최고재판소의 판결을 인용한 일본 법원의 판결 사례를 보면, 계약 당시 78세의 고령의 투자자에게 복잡한 구조의 구조화 채권[644]을 판매한 사안과 관련하여 일본 법원은 주식투자의 경험이 있는 고령의 원고에 대하여 원고 자신이 어느 정도의 위험이 있어도 수익성을 중시하는 투자 방침을 가지고 스스로 종목을 선정하여 적극적으로 주식 거래를 하고 있었다는 점 및 해당 상품이 복잡하고 위험성은 있지만, 주식매매에서도 주가가 큰 폭으로 하락하거나 도산하는 사태가 있어 위험성 또한 마찬가지라는 점 등을 감안하여, 해당 구조화상품을 권유한 행위가 원고의 투자경험 그리고 투자의향과 실정에 반하여 명백히 과대한 위험을 수반하는 금융상품을 적극적으로 권유하여 적합성원칙을 현저히 일탈한 것으로 인정하기 곤란하다고 하여 적합성원칙의 위반을 부인하였다.[645]

적합성원칙에 근거한 손해배상책임을 투자권유자인 증권회사에게 부과한 판결례를 살펴보면, 사회통념상 허용되는 한도를 초과하는 과도한 위험을 수반하거나,[646] 금융상품에 대한 지식,

642 最高裁判平成17年7月14日判タ1189号163頁. 일반적으로 보아, 투자상품의 구조가 복잡하다고 할지라도, 그 자체로 적합성위반의 대상이 되지는 않는다. 갭조항 및 레버리지 조항 등이 결합된 복잡한 구조의 통화옵션의 거래와 관련하여 투자자의 지식 등을 감안할 때, 본 상품이 갭 트리거 조항 등에 의해 거래량 규모가 변동하는 등 고 위험의 상품이고 구조가 복잡한 통화옵션이지만, 기본적으로는 미래의 환율 변동 예측이 맞는지 여부에 따라 결과의 유불리가 좌우된다는 것이기 때문에 그것을 이해하는 것이 어려운 일이라고 보기에는 어렵고, 투자자가 원료를 수입하는 회사에 종사하므로 환율에 대한 지식이 부족하다고 보기도 어려워 해당 상품의 권유가 적합성원칙을 현저하게 일탈한 것으로 인정하기 어려워 그 위반을 부인하였다. 이 경우는 설명의무 위반도 부인됨(東京地判平成28年7月11日平26(ワ)25198号(ウエストロー・ジャパン)).

643 증권투자 경험이 전무한 피고에게 증권회사 담당자가 투자신탁 상품을 권유하여 막대한 손실을 본 사건에서 법원은 적합성원칙 위반은 부정하고 설명의무 위반으로 과실상계 하였다(大阪高判平成20年6月3日金商1300号45頁).

644 만기 30년 중도상환형 구조를 지닌 "리스트 다이렉트 파워턴 채권"이라고 하는 구조화 채권으로서 쿠폰은 금융지표의 변화에 따라 변동하는 구조화 상품이다.

645 名古屋地判平成29年9月15日金商1528号44頁

646 증권회사의 직원이 원고의 자산을 위험이 높은 곳에 투자할 의도로 원고가 직원을 신뢰한다는 것에 편

경험, 이해력 등에 비추어 고객의 능력이 해당 금융상품을 투자하기에 부적합하거나,[647] 고객의 투자목적이나 의향 및 재산상태(투자자금의 성격)에 비추어 부적합한 경우[648] 등을 들 수 있다.

다. 미국

미국 SEC는 NASD의 제재조치 사건에 대한 검토(review)에서 적합성원칙의 준수 여부를 판단하는 기준으로서 첫째, 투자권유자가 자신의 투자권유에 대하여 충분하고 합리적인 근거를 가졌는지 여부, 둘째, 투자권유가 상대방인 고객의 재산상태, 투자목적 등에 비추어 적합한지 여부 등을 제시한 바 있다.[649]

미국의 법원은 의회가 NYSE의 고객숙지의무 규정이나(Rule 405), NASD의 적합성원칙 규정(Rule 2310) 등에 묵시적 사적소권(implied private right of action)을 부여한 것으로 판단하지 않으며, 이에 따라 적합성원칙에 묵시적 사적소권을 인정하는 것에는 부정적인 태도를 취하고 있다.[650] 하지만, 적합성원칙 및 고객숙지의무 위반행위가 사기에 달할 정도이면 묵시적 사적소권

승하여 실제로는 일임매매를 한 사안에 대해, 이러한 행위는 적합성원칙을 위반하고, 사회통념상 허용되는 한도를 초과한 행위로서 불법행위를 구성한다고 판시한 판결이 있다(東京高判平成19年5月30日金商1287号37頁). 하지만, 이 경우에도 과실상계 50%를 하였다. 이와 유사한 판례로는 닛케이주가지수옵션의 매도거래 사건(東京高判平成15年4月22日判時1626号19頁)이 있다.

647 대표적인 판례로는 지적장애자인 피고에게 익명조합계약을 체결시킨 사안에 대해 적합성원칙 위반이 인정된 판결가 있다(東京地判平成21年10月26日判タ1324号191頁). 이와 유사한 판례로는 전업주부인 고객에게 옵션거래를 권유한 사건(千葉地判平成12年3月29日判時1728号55頁), 고령인 전업주부에게 투자신탁상품을 권유한 사건(大阪地判平成18年4月26日判タ1220号217頁), 은퇴한 고령자인 고객에게 워런트를 권유한 사건(大阪高判平成13年9月27日セレクト19巻170頁) 등이 있으며, 상품선물거래와 관련하여 투자지식(주식, 선물, 투자신탁 경험 전무) 및 재산상태(연수입 200만엔, 예적금 20~30만엔)을 감안할 때 상품선물거래를 권유한 것은 적합하지 아니하다고 판단한 사례가 있다(東京地判平成28年8月18日先物取引裁判例集75号154頁).

648 이와 관련한 대표적인 판례로는 남편이 사망한 후에 자식을 양육하는 주부에게 워런트를 권유한 사안에서 투자에 사용하는 자금이 생활자금으로서의 성격을 가지는 경우라면 그러한 고객에게 고위험 상품을 권유하는 것은 그 후 생활을 어렵게 할 수 있기 때문에 부적합하다고 판시한 판결이 있다(大阪地判平成11年3月30日判タ1027号165頁). 그 외에도 유사한 판례로는 주식거래에서 손실을 입은 경험 때문에 증권회사에게 주식을 추천하지 않도록 고지하여 노후의 자산을 저축할 목적으로 투자신탁이나 전환사채를 구입한 고객에게 워런트를 권유한 사건(東京高判平成9年3月27日セレクト6巻43頁), 그리고 사망한 남편의 보험금과 퇴직금이 투자자산인 사건(東京高判平成11年7月27日セレクト14巻1頁) 등이 있다.

649 F.J. Kaufman & Co., Securities Exchange Act Release No. 34-27535, 45 SEC Docket 97 (Dec. 13 1989); 양석완, "판례로 본 증권투자권유에 따른 적합성원칙", 「기업법연구」 제12집 (한국기업법학회, 2003), 315면 재인용.

650 이러한 판례로는 Jablon v. Dean Witter & C0., 614 F.2d 677 (9th Cir. 1980), Castro v. Marine Midland Bank, N.A., 695 F.Supp 1548 (S.D.N.Y. 1988) 등이 있다. 묵시적 사적소권의 창설과 관련하여서는 미국 연방대법원은 입법자인 연방의회의 의도를 묵시적 사적소권을 인정하는 가장 중요한 기준

을 인정한다.[651] 따라서 미국에서의 적합성원칙과 관련한 소송은 사기금지행위 등을 규정한 SEA Section 10(b)와 SEC Rule 10b-5 위반 주장으로 귀결된다.[652]

하지만, 일반적으로 Rule 10b-5에 기한 증권사기 소송은 피고가 증권의 매도 또는 매수와 관련하여 '사기등의 의도(scienter)'를 가지고 중요한 사실에 대하여 부실표시[653]을 하고, 원고가 이를 신뢰하였으며, 원고의 신뢰가 손해의 직접적인 원인이 되었다는 점 등을 요건으로 한다.[654] 따라서 적합성원칙 위반과 관련하여 SEA Section 10(b)와 SEC Rule 10b-5에 기한 손해배상청구를 하기 위해서는 권유가 적합하지 않았다는 것과 함께 '사기등의 의도(scienter)'가 있었음을 입증하여야 한다.[655]

적합성원칙과 관련하여 Rule 10b-5에 기한 소송을 한 대표적인 판례로 Clark v. John Lamula Investors, Inc. 사건이 있다.[656] 동 판례는 은퇴한 여교사에게 무담보사채(debenture)를 매수하게 하면서 무담보사채의 위험 및 여타 고객에게 적합한 다른 투자수단에 대한 정보를 제공하지 않았던 권유자의 행위를 부실표시에 해당하여 SEC Rule 10b-5를 위반한 것으로 간주하고, 이 사건의 권유자에게 '사기등의 의도(scienter)' 요건도 인정하였다.

일반상품을 기초자산으로 하는 파생상품, 즉 상품선물(commodities futures) 등의 경우에는

으로 삼고 있다. 이에 대한 대표적인 판례로는 Touche Ross & Co. V. Redington, 442 U.S. 560 (1979)가 있다.

651 Rolf v. Blyth, Eastman Dillon & Co., 424 F.Supp. 1021 (S.D.N.Y. 1977).

652 SEA는 SEC Rule 10b-5 위반행위에 대한 형사처벌은 규정하나 사적소권에 관한 명시적인 규정은 없다. 미국에서는 우리나라나 일본의 포괄적인 불법행위규정이 없으므로, 제정법상 명문의 규정이 없는 한 손해배상책임이 발생하지 않는다. 따라서 Rule 10b-5 위반을 원인으로 하는 손해배상소송이 가능한지에 대하여 논란이 있었다. 물론, 보통법상 사기에 해당하면 손해배상청구가 가능하지만, 그 요건이 엄격하여 증권거래에서 보통법상의 사기가 인정되기는 매우 어렵다. 그러나 법원은 투자자도 위 규칙이 보호하려는 대상이라는 이유로 묵시적 사적소권(implied private right of action)을 인정한다. 1946년 Kardon 판결(Kardon v. National Gypsum Co., 69 F.Supp. 512 (E.D.P.A. 1946))에서 묵시적 사적소권이 최초로 인정되었고, 그 후 연방대법원도 1971년 Superintendent of Insurance 판결(Superintendent of Insurance v. Bankers Life & Casuality Co., 404 U.S. 6 (1971))에서 Rule 10b-5를 원인으로 하는 묵시적 사적소권을 결국 인정하였다. 이러한 묵시적 사적소권의 인정은 Rule 10b-5가 광범위하게 적용되는 배경이 되었다(임재연, 앞의 책(미국), 312면).

653 부실표시란 허위표시(misrepresentations) 또는 누락(omissions)을 의미한다.

654 EP Medsystems, Inc. v. EchoCath, Inc., 235 F.3d 865 (3d Cir. 2000) at 871, "Under the legal principles governing actions alleging securities fraud, MedSystems must prove that EchoCath (1) made misstatements or omissions of material fact; (2) with scienter; (3) in connection with the purchase or sale of securities; (4) upon which MedSystems relied; and (5) that MedSystems' reliance was the proximate cause of its injury."

655 Clark v. John Lamula Investors, Inc., 583 F.2d 594 (2nd Cir. 1978) at 600, "The plaintiff must merely prove a recommendation of unsuitable securities and scienter."

656 Clark v. John Lamula Investors, Inc., 583 F.2d 594 (2nd Cir. 1978).

상술한 바와 같이, 그의 규제기관인 CFTC나 자율규제기관인 NFA도 적합성원칙에 관한 명문의 규정을 마련하고 있지 않음에 따라, 단순히 적합성원칙 위반만으로는 배상청구는 불가하고, 사기에 해당할 정도에 이르러야 CEA Section 4b[657] 및 CFTC Rule 33.10[658] 위반에 기한 손해배상청구가 가능하게 된다.

CEA Section 4b는 명백하게 고객속성에 대한 정보를 가지고 행위할 것을 요구한다고 판시한 판결도 있었으나,[659] 일반적으로는 CFTC나 법원도 CEA Section 4b에 기한 청구는 과실 또는 부주의 그 이상의 의도의 정도(degree of intend)를 요구한다는 입장을 보이고 있다.[660] 즉, 단순한 과실, 실수 또는 부주의(mere negligence, mistake, or inadvertence) 등은 CEA Section 4b의 '사기등의 의도 요건(scienter requirement)'을 충족시키지 못한다.[661] 하지만, 적극적인 허위표시(affirmative misrepresentation)에 기한 부적합성은 '사기등의 의도(scienter)'가 존재한다면 사기를 구성할 수 있다고 본다.[662]

과당매매의 경우에도 고객계좌의 일임운용 단계에서 요구되는 적합성 문제로 보고 있는데, Miley v. Oppenheimer 사건[663]은 투자자가 증권회사 직원의 과당매매를 이유로 적합성원칙과 Rule 10b-5 위반에 기해 손해배상을 청구한 사건으로 법원은 거래의 '과당' 여부를 판단하는 기준으로서 증권회사 직원의 고객숙지의무규정(NYSE Rule 405) 또는 적합성원칙규정(NASD Rule 2310) 준수 여부를 고려할 수 있다고 판시하였다. 즉, 적합성원칙은 본래 증권매매의 권유단계에서 요구되는 개념이지만, 동 판례는 과당매매도 고객계좌의 일임운용 단계에서 요구되는 적합성문제로 보고 있는 것이다.[664]

---

657 7 U.S.C. §6b. Contracts designed to defraud or mislead.

658 17 CFR §33.10 Fraud in connection with commodity option transactions.

659 CFTC v. Savage, 611 F.2d 270 (9th Cir.1979) at 283, "Section 4b clearly requires that [a person's] acts be done with knowledge of their nature and character."

660 Hill v. Bache Halsey Stuart Shields, Inc., 790 F.2d 817 (10th Cir. 1986) at 822. 이와 같은 의견으로는 Greenwood v. Dittmer, 776 F.2d 785 (8th Cir.1985) at 789 (CEA §4b 상의 사기를 구성하기 위해서는 의견을 진술한 사람이 그 의견이 거짓임을 안 경우이어야 한다). First Commodity Corp. v. Commodity Futures Trading Commission, 676 F.2d 1 (1st Cir.1982) at 4~5 (고의(willfulness) 또는 사기등의 의도(scienter)을 요구한다). Commodities Futures Trading Commission v. Savage, 611 F.2d 270 (9th Cir.1979) at 283 (4b 위반에 대한 책임을 묻기 위해서는 행위자가 속이고(cheat) 있다는 사실을 알고 있어야만 한다). Master Commodities, Inc. v. Texas Cattle Management Co. 586 F.2d 1352 (10th Cir. 1978) at 1356 (CEA §4b를 적용하기 위해서는 고의 또는 사기적 행위(wilful or fraudulent action)가 구제를 위해서 요구된다).

661 Hill v. Bache Halsey Stuart Shields, Inc., 790 F.2d 817 (10th Cir. 1986) at 822, Drexel, Burnham Lambert Inc. v. Commodity Futures Trading, 850 F.2d 742 (D.C.Cir. 1988) at 748.

662 CFTC v. Calvary Currencies, LLC, 437 F.Supp. 2d 453 (D.Md. 2006) at 64.

663 Miley v. Oppenheimer, 637 F.2d 318 (5th Cir. 1981).

664 우리 대법원도 같은 취지의 판결을 하고 있다. 대법원 1996. 8. 23. 선고 94다38199 판결에서 "포괄적

SEC Rule 10b-5에 기한 소송은 전통적으로 부실표시를 원인으로 하거나 사기행위를 원인으로 하게 된다.[665] Rule 10b-5(b)[666]는 전통적인 부실표시를 규정하지만, Rule 10b-5(a)와 (c)[667]는 부실표시가 아닌 다른 사기행위를 규정하고 있다고 본다.[668] 그런데 부실표시에 기한 부적합성 배상청구는 브로커-딜러의 투자자에 대한 지배(control)요건을 요구하지 않는다는 점에서 사기행위에 기한 배상청구와는 구별된다.[669]

O'Connor v. R. F. Lafferty & Co., Inc. 판례는 사기에 기한 부적합성 청구를 성립시키기 위한 3가지 요소를 채택하였다. 그것은 첫째, 브로커가 투자자의 목적에 비추어 적합하지 않은 증권을 권유하였는지 여부, 둘째, 브로커가 사기 또는 투자자의 이익을 의도적으로 무시할 작정으

일임매매약정이 있는 경우에도 증권회사의 직원은 고객에 대하여 보호의무가 있어 선량한 관리자로서의 주의의무(충실의무)를 다하여야 할 것이고 이를 위반하여 증권회사가 포괄적 일임매매약정을 하였음을 기화로 고객의 이익을 무시하고 회사의 영업실적만을 증대시키기 위하여 무리하게 빈번한 회전매매를 함으로써 고객에게 손해를 입힌 경우에는 불법행위가 된다"고 판시하여 과당매매가 포괄적 일임매매약정을 한 고객에게 부적합한 것으로 결국 고객보호의무를 위반하여 불법행위가 된다는 입장을 보이고 있다.

665 부실표시에 기한 부적합성 배상청구 사건으로는 Brown v. E.F. Hutton Group Inc., 991 F.2d 1020 (2nd Cir. 1993), 사기행위에 기한 부적합성 청구(an unsuitability claimbased on fraud by conduct)에 대한 판결로는 O'Connor v. R. F. Lafferty & Co., Inc., 965 F.2d 893 (10th Cir. 1992)를 참조.

666 SEC Rule 10b-5

(b) To make any untrue statement of a material fact or to omit to state a material fact necessary in order to make the statements made, in the light of the circumstances under which they were made, not misleading(중요한 사실에 관하여 허위의 진술을 하거나, 표시가 행하여진 당시의 상황에 비추어 오해가 없도록 필요한 중요한 사실을 기재하는 것을 누락하는 것).

667 SEC Rule 10b-5

(a) To employ any device, scheme, or artifice to defraud(사기를 위하여 수단, 계획 또는 기교를 사용하는 것)

(c) To engage in any act, practice, or course of business which operates or would operate as a fraud or deceit upon any person(타인에 대한 사기 또는 기만이 되거나 될 수 있는 행위, 관행 또는 영업절차에 종사하는 것).

668 Green v. Santa Fe Industries, Inc., 533 F.2d 1283 (2nd Cir. 1976) at 1286; 따라서 전통적인 의미에서의 부실표시에는 해당하지 않지만 새로운 형태의 사기적 행위에 대해서는 Rule 10b-5(a)와 (c)에 기한 책임을 물을 수 있다. 즉, Rule 10b-5는 포괄적인 사기조항(catch-all provision)으로서의 역할을 하고 있다. 투자은행, 변호사, 회계사 등 부실표시에 관여한 제3자의 책임을 묻기 위한 소송에서 자주 등장하게 되는 법리인 '계획사기책임(scheme liability)'도 Rule 10b-5(a)와 (c)에 기한 책임이다. 불공정거래에 대한 효과적인 규제를 위하여는 증권사기에 관한 포괄적인 금지규정(catch-all provision)이 필요한데 자본시장법은 완전히 포괄적인 사기금지 규정의 필요성을 반영하여, SEA §10(b) 및 SEC Rule 10b-5와 같은 '포괄적 사기금지 조항'을 자본시장법 제176조에서 규정하는 시세조종행위와 구별하여 제178조제1항제1호에 규정하였다. Rule 10b-5(a)와 (c)는 자본시장법 제178조제1항제1호 "부정한 수단, 계획 또는 기교를 사용하는 행위"의 근거 원천이다. 이와 관련한 상세한 논의는 임재연, 앞의 책(미국), 368~378면 및 성희활, "사기적 부정거래에서 "위계"의 적용 문제", 「증권법연구」 제8권제1호 (한국증권법학회, 2007), 63~69면 참조.

669 O'Connor v. R. F. Lafferty & Co., Inc., 965 F.2d 893 (10th Cir. 1992) at 898.

로 증권을 권유하거나 매수하게 하였는지 여부, 셋째, 브로커가 투자자 계정에 대한 지배(control)를 행사하고 있었는지 여부 등을 입증하는 것이다.[670] 이는 과당매매에 관한 Hotmar v. Lowell H. Listrom & Co. 사건[671]에서 채택한 과당매매 청구(churning claim)를 유지하기 위한 3가지 요건을 부적합성 청구와 과당매매 청구의 유사성으로 인해 차용한 것이다.[672]

5. 소결

가. 서설

이상에서 자본시장법상 명문으로 도입된 적합성원칙과 해외의 입법례 및 한국, 일본, 그리고 미국 등의 적합성원칙과 관련한 판례의 태도를 살펴보았다.

적합성원칙이 미국에서는 NASD, NFA 그리고 NYSE 등 자율규제기관들에 의해 자율규제규범으로 발전되어 왔으며, 이러한 태도를 받아들여 일본 또한 종래 証取法에서 적합성원칙의 규정을 명시적으로 마련하였고, 이를 이어 기초자산별, 규제목적별로 金商法, 金販法, 그리고 商取法 등에 분산되어 적합성원칙을 규정하고 있다. 반면, 우리나라는 그 동안 입법적으로 적합성원칙을 규정하지 못하였고, 다만 금융감독위원회의 여러 규정[673]으로 적합성원칙을 정하고 있다가 2009년 2월 4일 자본시장법의 시행과 함께 도입되었다.

적합성원칙에 관하여 자본시장법은 "금융투자업자는 일반투자자에게 투자권유를 하는 경우

670 [O'Connor v. R. F. Lafferty & Co., Inc., 965 F.2d 893 (10th Cir. 1992) at 898] "we adopt three elements to establish unsuitability based on fraud by conduct: The plaintiff must prove (1) the broker recommended (or in the case of a discretionary account purchased) securities which are unsuitable in light of the investor's objectives; (2) the broker recommended or purchased the securities with an intent to defraud or with reckless disregard for the investor's interests; and (3) the broker exercised control over the investor's account."

671 Hotmar v. Lowell H. Listrom & Co. 808 F.2d 1384 (10th Cir. 1987).

672 O'Connor v. R. F. Lafferty & Co., Inc., 965 F.2d 893 (10th Cir. 1992) at 898; Hotmar v. Lowell H. Listrom & Co. 사건에서 채택한 과당매매로 인한 배상청구와 관련한 3요소는 다음과 같다. (1) trading in the account is excessive in light of the investor's objectives; (2) the broker exercised control over trading in the account; and (3) the broker acted with an intent to defraud or with willful disregard for the investor's interests.(Hotmar v. Lowell H. Listrom & Co., 808 F.2d 1384 (10th Cir.1987), at 1385~1386).

673 과거 「증권업감독규정」 및 「증권회사의영업행위에관한규정」등에 고객정보확인의무, 투자권유 시 적합성의무 등을 규정하고 있었다.

에는 일반투자자의 투자목적·재산상황 및 투자경험 등에 비추어 그 일반투자자에게 적합하지 아니하다고 인정되는 투자권유를 하여서는 아니 된다(法 제46조제3항)"고 규정하고 있으므로, 이 원칙은 투자권유가 없는 상태에서 투자자가 스스로 원하여 투자하는 경우에는 적용되지 않는다. 그리고 각국의 적합성원칙을 살펴보았으나, 적합성원칙은 고객의 투자성향에 적합한 상품을 권유할 의무가 아니라 적합하지 않은 상품을 권유하지 않을 의무이다. 즉, 소극적 의미의 적합성원칙이 채택되어 있다. 자본시장법상 적합성원칙은 적합하지 않는다고 판단될 경우에는 그 사실을 경고하는 것이 그 한계이고, 계약의 내용을 투자자에게 적합하도록 변경하여 권유하거나 투자자의 손실을 제한할 수 있는 다른 거래조건을 모색하여 권유할 의무까지는 인정되지 않는 개념이다.[674]

그리고 적합성에 대한 판단은 투자자가 제공한 정보에 의존한다. 그러므로 투자자가 제공한 정보가 실제와 다르고, 거짓 정보를 제공하였음을 금융투자업자가 객관적으로 인지하기 어려운 경우에는 투자자가 제공한 정보에 기하여 적합한 투자권유를 하였다면 결과적으로 투자자에게 부적합한 투자권유가 되었더라도 투자자의 자기책임원칙상 그로 인한 자본시장법 제64조의 손해배상책임은 지지 않는다고 보아야 한다. 다만, 합리적인 근거를 가지고 해당 금융투자상품이 특정 고객에게 적합한지 여부를 합리적으로 평가하기 위해서는 이에 필요한 정보를 성실히 조사할 책임이 부여된다고 할 것이다. 따라서 투자자가 정보의 전부 또는 일부의 제공을 명시적 또는 묵시적으로 거절하거나 은폐하고 있음을 알았거나 알 수 있는 경우에는 투자자로부터 제공된 정보에 기해 적합성을 판단할 수 없음을 투자자에게 알린 후 투자권유를 하여야 책임을 면할 수 있을 것이다.[675]

나. 적합성원칙 적용을 위한 부가요건

종래의 증권거래법과는 달리, 자본시장법 제46조는 적합성원칙을 명문으로 규정하고 있으며, 자본시장법 제64조는 "금융투자업자는 법령·약관·집합투자규약·투자설명서에 위반하는 행위를 하거나 그 업무를 소홀히 하여 투자자에게 손해를 발생시킨 경우에는 그 손해를 배상할 책임이 있다"고 규정하고 있다. 그러므로 적합성원칙을 위반한 경우에는 법령을 위반한 경우에 해당하여 동법 제64조에 따라 민사상 손해배상책임이 발생한다. 다만, 현실적으로 민사상 손해배상책임을 청구하기 위해서는 손해인과관계가 입증되어야 하는데, 적합성원칙만으로는 이를 입증

674 같은 취지로는 김건식·정순섭(2009), 앞의 책, 501면.

675 고객이 원했다는 이유만으로 고객의 투자성향에 비추어 부적합한 상품을 권유하는 것은 적합성원칙에 위반함으로 판매업자는 거래를 거절하여야 한다는 견해도 있다(川村正幸(2008), 앞의 책, 307면).

하기가 어렵고 적합성원칙 위반의 경우에는 대부분 설명의무 위반 등 여타의 위반행위와 연결되므로, 사실상 적합성원칙 위반과 관련한 기존 판례의 태도가 자본시장법의 시행으로 인해 변화될 여지는 없을 것이다.

적합성원칙은 고객의 지식, 경험, 투자목적 및 재산상황 등을 고려하여 고객에게 부적합한 금융상품의 권유를 금지하는 원칙을 말하며, 판례상으로는 고객보호 법리에 의하여 발전되어 왔다. 그러나 한국, 일본 그리고 미국 등의 판례 등에서도 공히 적합성원칙 위반만으로 판단을 한 사례는 찾아보기 어렵다. 이는 종래부터 재판실무에서 적합성원칙 위반과 설명의무 위반의 구분이 불명확하다는 점에서 기인한다. 일반적으로 적합성원칙은 설명의무의 전제로 보는 경향이 있다.[676] 또한 법원은 적합성원칙 위반만으로 손해배상책임을 곧바로 인정하지 아니하며, 부가적인 요건을 투자자가 입증함으로써 위법성이 인정된다는 태도를 취하여 왔다.

먼저, 고객의 지식, 경험, 투자목적, 재산상태 등을 고려하여 고객에게 적합한 설명을 해야 하는 '설명의무'의 문제와 고객의 지식, 경험, 투자목적, 재산상태 등을 고려하여 고객에게 부적합한 금융상품의 권유를 금지하는 '적합성원칙'의 문제는 고려해야할 사항이 중복되기 때문에 구별이 애매한 점이 있다.

2010년 11월 11일 선물환계약과 관련한 대법원 판결에서도 "금융기관인 피고로서는 고객과 사이에 선물환계약을 체결함에 있어 고객의 직업, 연령, 투자경험 유무, 선물환계약에 관한 사전지식을 가지고 있는지 여부 등을 살펴(적합성원칙), 선물환계약과 같은 파생금융상품에 관한 상식이나 경험이 부족한 고객에게는 적어도 환율의 변동가능성, 선물환계약의 정산방법 및 선물환계약에 따르는 특별한 위험성 등에 관한 충실한 내용이 이해하기 쉽게 기재된 자료를 제공하는 등으로 선물환계약의 특성을 구체적으로 설명함으로써(설명의무) 고객이 선물환계약을 체결할지 여부에 관하여 합리적인 판단을 할 수 있도록 고객을 보호하여야 할 주의의무가 있다"고 판시하여 적합성원칙과 설명의무를 함께 판단하고 있다.[677]

676 川村正幸(2008) 앞의 책, 332면; 우리 대법원 판례도 "고객에게 어느 정도의 설명을 하여야 하는지는 투자 대상인 상품의 특성 및 위험도의 수준, 고객의 투자 경험 및 능력 등을 종합적으로 고려하여 판단하여야 한다"고 판시하여 설명의 정도를 정함에 있어 고객속성을 파악하여 이에 적합한 방식으로 설명할 것을 요구하고 있다(대법원 2003. 7. 11. 선고 2001다11802 판결).

677 [대법원 2010. 11. 11. 선고 2010다55699 판결] 동 판결에서 대법원은 1차 선물환계약의 경우에는 고객이 1차 선물환계약 이전에 선물환거래를 한 경험이 없으며, 피고인 은행은 고객에게 1차 선물환계약의 기본적인 환헤지의 기능에 관하여는 어느 정도 설명하였으나 현물포지션이 없는 상태에서 선물환매도에 관한 특별한 위험성에 관하여는 충분한 설명을 하지 않은 점 등의 사정에 비추어, 은행으로서는 1차 선물환계약을 체결함에 있어서 고객 보호의무를 위반한 잘못이 있다고 봄이 상당하고, 위와 같은 특별한 위험성을 설명받지 못하여 원고가 입은 손해를 배상할 책임이 있다고 판단하였다. 그러나 2차 선물환계약과 관련하여서는 고객이 이미 1차 선물환계약의 경험이 있고, 이로 인한 정산 경험 등을 이유로 하여 선물환계약의 특별한 위험성에 관하여 잘 알게 되었다고 보고, 그렇다면 그 후 은행이 2차 선물환

또한 각국의 많은 판례는 적합성원칙 위반에 근거한 손해배상책임 요건으로서 고객의 지식, 경험, 투자목적, 재산상태를 고려하여 고객에게 부적합한 금융상품이 권유되었다는 것만으로는 불충분하고 부가적 요건을 요구하고 있다.

우리 법원은 적합성원칙 위반만으로 불법행위에 기한 손해배상책임이 곧바로 발생하는 것은 아니고, 적합성원칙 위반으로 인하여 고객 보호의무를 위반한 경우에 이르러야 손해배상책임이 발생하는 것으로 판단하고 있다. 즉, 위험성에 대한 올바른 인식형성을 방해하거나, 고객의 투자상황에 비추어 과대한 위험성을 수반하는 거래를 적극적으로 권유한 경우에 해당할 경우에 한해 투자권유의 위법성을 인정하고 있다.[678]

일본, 미국의 경우도 이와 유사하다. 일본은 2005년 7월 14일 최고재판소 판결[679]를 통해 "증권회사의 담당자가 고객의 의향과 실정에 반하여 명백히 과도한 위험을 수반하는 거래를 적극적으로 권유하는 등 적합성원칙을 현저히 일탈한 증권거래 권유를 하여 거래를 성사시킨 경우에는 해당 행위는 불법행위법상으로도 위법이라고 해석함이 상당하다"고 판시하여, 적합성원칙 위반에 근거한 손해배상책임 가능성을 최고재판소 판결로서 처음으로 명확한 형태로 인정하였으나, '명백히 과대한 위험을 수반하는 거래를 적극적으로 권유하는 것 등 적합성 원칙에서 현저하게 일탈한 것'을 적합성원칙 위반에 근거한 손해배상책임 요건으로 하고 있다는 점에서 적합성원칙 위반에 근거한 손해배상책임의 성립요건으로서 '명백성'과 '현저성' 등 부가적 요건을 가중하고 있다.

미국의 판례 또한 의회가 NYSE의 고객숙지의무 규정이나(Rule 405), NASD의 적합성원칙 규정(Rule 2310) 등에 묵시적 사적소권(implied private right of action)을 부여하였다고 볼 수 없으므로, 적합성원칙에 묵시적 사적소권을 인정하는 것에는 부정적인 태도를 취하고 있다.[680] 하지만, 적합성원칙 및 고객숙지의무 위반행위가 사기에 달할 정도이면 묵시적 사적소권을 인정

계약을 체결하면서 별도로 고객에게 위와 같은 특별한 위험성에 관하여 설명할 의무가 있었다고는 볼 수 없다고 판시한 바 있다. 즉, 설명의무 위반 여부를 판단함에 있어 해당 상품에 대한 지식 및 투자경험 등 고객 속성을 고려하고 있다; 괄호안의 글은 본인이 삽입한 것임.

678 대법원 1994. 1. 11. 선고 93다26205 판결, 대법원 2003. 1. 10. 선고 2000다50312 판결, 대법원 2007. 7. 12. 선고 2006다53344 판결 등. 불법행위책임이 성립하기 위해서는 "거래행위에 필연적으로 수반되는 위험성에 관한 올바른 인식형성을 방해하거나 또는 고객의 투자상황에 비추어 과대한 위험성을 수반하는 거래를 적극적으로 권유한 경우에 해당하여, 결국 고객에 대한 보호의무를 저버려 위법성을 띤 행위인 것으로 평가될 수 있는 경우라야 한다".

679 最高裁判平成17年7月14日判タ1189号163頁.

680 이러한 판례로는 Jablon v. Dean Witter & C0., 614 F.2d 677 (9th Cir. 1980), Castro v. Marine Midland Bank, N.A., 695 F.Supp 1548 (S.D.N.Y. 1988) 등이 있다. 묵시적 사적소권의 창설과 관련하여서는 미국 연방대법원은 입법자인 연방의회의 의도를 가장 중요한 기준으로 삼고 있다. 이에 대한 판례로는 Touche Ross & Co. V. Redington, 442 U.S. 560 (1979)가 있다.

한다.[681] 따라서 미국에서의 적합성원칙과 관련한 소송은 사기금지행위 등을 규정한 SEA Section 10(b)와 SEC Rule 10b-5 에 기한 소송을 해야 하고, Rule 10b-5에 기한 소송은 전통적인 부실표시(허위표시 또는 누락)를 원인으로 하거나, 사기행위(fraud by conduct)를 원인으로 하게 된다.

이와 같이, 각국의 법원은 적합성이 결여되었다는 혐의가 있는 경우에도 부가적 요건을 구비하지 않았다면, 적합성원칙 위반에 근거한 손해배상책임을 부정하는 태도를 취하고 있다. 이러한 부가적 요건을 요구하고 있기 때문에 필연적으로 적합성원칙 위반이 인정된 사안이 적으며, 본래대로라면 적합성원칙 위반을 인정해야할 사안임에도 불구하고 여타의 위법성판단기준, 특히 설명의무 위반에 근거한 손해배상책임이 인정되는 경향을 보이고 있다.

다. 적합성원칙 준수를 위한 시스템의 개선

적합성원칙의 준수는 투자자에게 자기책임원칙을 부과하는 전제로서 매우 중요한 개념이다. 그럼에도 불구하고 자본시장법은 적합성원칙을 위반한 경우에 해당하는 벌칙 조항을 두지 않고 있다.[682] 다만, 금융감독원에서 제정한「금융기관검사 및제재에관한규정」 제5조제1호의 "금융관련법규를 위반하거나 그 이행을 태만히 한 경우"에 해당하여 감독당국의 행정제재의 대상이 될 뿐이다. 따라서 적합성원칙 위반이 있는 경우에는 민사상 손해배상책임을 청구할 수밖에 없으나, 상술한 바와 같이 각국의 판례는 적합성원칙 위반만으로는 불법행위에 기한 책임을 인정하지 않고 있어 이를 실효적으로 준수하게 하는데 어려움이 있다. 따라서 투자자 보호를 위해 자본시장법에 도입된 적합성원칙의 준수를 실효적으로 담보하기 위한 시스템의 구축은 금융시장의 건전한 발전을 도모하는 데 있어 무엇보다 중요한 사항이다.

적합성원칙을 실무적으로 판단하기 위해 모범기준으로서 마련하고 있는 표준투자권유준칙에 의하면 투자자의 위험성향을 5단계, 즉 안정형, 안정추구형, 위험중립형, 적극투자형, 공격투자형으로 분류하고, 금융투자상품도 그 위험의 정도에 따라 5단계, 즉 초고위험, 고위험, 중위험, 저위험, 초저위험으로 분류한다.[683]

681 Rolf v. Blyth, Eastman Dillon & Co., 424 F.Supp. 1021 (S.D.N.Y. 1977).

682 자본시장법은 제46조(적합성원칙)을 위반하는 경우에 해당되는 직접적인 벌칙 조항은 없으나, 동법 제71조7호(불건전영업행위, 대통령령으로 정하는 행위)에 의거 1억원 이하의 과태료가 부과된다(法 제449조제1항제29호).

683 2010년 8월 27일 개정된 「표준투자권유준칙」에서는 일률적 배점기준을 폐지하고, 회사별 특성을 반영하여 투자자 위험성향을 3단계 또는 7단계 등 다양한 분류방식과 질문항목을 제시하고 있다. 또한 상품위험도 분류에서도 업권별 특성을 반영하여 위험도를 합리적으로 평가・분류할 수 있도록 하고 있다.

그런데 투자자의 투자성향을 파악하기 위해 실시하는 기초정보(PartⅠ)[684] 및 주관적 위험선호도(PartⅡ)[685]에 의한 점수화 방식으로 투자자의 성향을 분석한 결과, 투자자의 성향과 투자한 상품간의 불일치한 현상이 빈번한 것으로 분석되었으며, 그 결과 전체 펀드 투자자 중 50.9%가 부적합확인서를 작성하고 거래를 한 것으로 집계되었다.[686] 이는 투자자가 작성한 투자성향과 실제로 투자한 금융투자상품간에는 부적합한 경우가 많이 있다는 것을 보여준다. 따라서 실제로는 전문가들의 도움(투자권유, 설명의무 등)을 받지 못한 상태에서 본인의 판단만으로 투자를 결정하게 되어 적합성의 판단기준으로 활용하기 위한 투자성향분석이 오히려 투자자 보호를 저해하는 결과를 초래할 우려도 있다.

투자자 보호를 위해서는 투자성향을 분석하는 것이 형식에 치우치고 있는 것은 아닌지 엄밀히 검토해 볼 필요가 있다. 투자성향을 평가함에 있어 투자자에 대한 설문항목을 점수화하여 단순합산하고, 그 합산점수만을 가지고 투자자의 투자성향을 결정함에 따라 설문항목 및 배점 체계가 적절하지 않을 때에는 투자자의 투자성향이 제대로 반영되지 못하는 경우가 있고, 실제로 금융감독원 실태점검에서는 일부 금융회사는 상대적으로 수수료가 높은 고위험상품을 권유할 수 있도록 일부 항목의 배점을 합리적 근거 없이 높게 설정하는 등 문제점이 발견되기도 하였다.[687]

따라서 투자성향분석의 일관성 내지 정확성을 기하여 투자자 보호를 실효적으로 달성하기 위해서는 금융소비자들로 하여금 주거래 은행 또는 주거래 금융투자회사를 정하고, 주거래 금융회사는 고객의 지식, 투자경험, 투자목적 및 재산상황 등 다양한 고객 정보에 기반하고 추가적인 합리적인 조사를 통해 금융소비자의 투자성향에 대한 등급을 사전에 부여하게 하고, 이를 토대로 모든 금융회사에서 금융투자상품의 판매 시에 사용하게 함으로써 불필요한 시간을 절약함과 동시에 금융회사가 판매 목적으로 등급을 조절하는 일이 없도록 하여야 한다.

아울러 이렇게 일관된 사전등급을 활용함에 있어서도 등급을 초과하는 상품을 투자하길 원하는 고객에게는 부적합확인서를 받는 것으로 책임을 면하게 할 것이 아니라, 고객의 자발적 투자의사는 존중하되 오히려 적합성이 결여된 상품의 판매 시에는 더 많은 시간을 들여 고객이 이해할

---

684 투자목적, 재산상황, 투자경험 등 7가지 질문항목으로 구성되어 있다.

685 투자자의 주관적 위험선호도를 하나의 질문으로 파악하고 있는데, 투자자 자신이 자신의 투자성향을 직접 선택한다.

686 금융감독원, "투자자 보호의 실효성 제고를 위한 투자권유제도 개선" (보도자료, 2010.7.16), 9면. 본 보도자료에 의하면, 5개 판매회사 총 102만여명에 대한 투자자성향 자료를 분석한 결과, 공격투자형 13.7%, 적극투자형 27.0%, 위험중립형 19.8%, 안정추구형 24.9%, 안정형 14.6%로 나타났고, 펀드투자자 중 55.9%, 펀드외 상품 투자자 중 32.3%가 부적합확인서를 작성하고 투자를 한 것으로 기술하고 있다. 또한 2015년에 투자권유절차 실태점검을 한 결과 역시 여전히 34.9%가 부적합확인서를 작성하였고, 10.9%는 아예 투자권유불원 확인서를 작성한 후 판매되었다(금융감독원, "투자권유절차 실태점검 및 감독방안 마련" (보도자료, 2015.2.4), 5면).

687 금융감독원, "투자권유절차 실태점검 및 감독방안 마련" (보도자료, 2015.2.4.), 4면.

수 있게 해당 금융투자상품에 대한 위험사항에 대해 더 자세히 설명할 의무를 부과하여야 하고, 이 경우에는 설명하는 과정을 녹취하게 하는 방안도 고려해 볼 수 있다. 이렇게 함으로써 등급을 초과하는 금융투자상품의 권유에 신중을 기할 수 있으며, 고객이 자신의 투자성향에 부적합한 상품의 거래를 원할 경우에도 이에 대한 적절한 경고조치를 취할 수 있어 금융소비자 보호에 도움이 될 것으로 판단된다. 즉, 적합성원칙의 준수를 실효적으로 담보할 수 있도록 투자자의 투자성향 분석이 투자자의 재산상황 및 투자경험 등을 실질적으로 반영하고, 금융회사 간에 일관성이 유지되도록 관리할 필요가 있다. 이를 위해서는 주기적으로 주거래 은행 또는 주거래 금융투자회사 등에 의하여 투자자에 대한 등급을 사전에 부여해 놓는 방안(사전등급부여제도)이 도움이 될 것이다.

제3절 설명의무

1. 의의

금융거래에서 고객보호와 관련하여 적합성원칙과 함께 일반적으로 거론되는 것이 설명의무이다. 투자는 자신의 판단으로 자기책임원칙 하에 결정하여야 한다. 하지만, 이러한 자기책임원칙을 실현하기 위해서는 금융투자상품에 대한 충분한 정보가 공개되어 대등한 교섭력이 전제되어야 한다. 따라서 금융거래에 있어서 설명의무는 통상 금융회사가 금융투자상품을 고객에게 권유할 때 그 상품의 내용과 구조 및 위험성 등을 충분히 설명하여야 한다는 의미로 이해된다.

특히, 파생상품과 같이 복잡한 손익구조를 가진 금융투자상품에 대해서는 금융투자업자와 일반투자자 사이에 정보비대칭으로 인해 대등한 교섭력을 유지하는 것이 곤란한 경우가 상당할 것이다. 따라서 자기책임의 원칙하에 파생상품거래가 이루어지기 위해서는 정보비대칭을 실효적으로 해결할 수 있도록 정보격차를 해소할 수 있는 설명의무가 행위규제로 더욱 필요하게 된다. 여기서, 문제가 되는 것은 투자권유자인 금융투자업자가 어떠한 사항에 대해서 어느 정도로 설명을 하여야 할 의무를 부담하는지, 그리고 그러한 의무를 위반했을 때 어떠한 효과가 있는지에 관한 것이다.

2. 자본시장법상 설명의무

가. 정의

금융투자업자는 일반투자자를 상대로 투자권유를 하는 경우에는 금융투자상품의 내용, 투자에 따르는 위험, 그 밖에 대통령령으로 정하는 사항을 일반투자자가 이해할 수 있도록 설명하여야 한다(法 제47조제1항). 여기서, 대통령령으로 정하는 사항으로는 금융투자상품의 투자성에 관한 구조와 성격, 수수료에 관한 사항, 조기상환조건이 있는 경우 그에 관한 사항, 계약의 해제·해지에 관한 사항 등이 열거되어 있다(令 제53조제1항).[688] 설명의무 역시 적합성원칙과 마찬가지로 일반투자자에 대해서만 적용되는 규칙이다.

금융투자업자는 설명사항을 일반투자자가 이해할 수 있도록 설명하여야 하고(法 제47조제1항), 설명한 내용에 대해서는 일반투자자가 이해하였음을 서명, 기명날인, 녹취, 전자우편 및 그 밖에 이와 비슷한 전자통신, 우편, 전화자동응답시스템 등의 방법 중 하나 이상의 방법으로 확인을 받아야 한다(法 제47조제2항, 令 제52조의2제3항).

아울러, 금융투자업자는 설명을 함에 있어서 투자자의 합리적인 투자판단 또는 해당 금융투자상품의 가치에 중대한 영향을 미칠 수 있는 사항(이하 "중요사항"이라 한다)을 거짓 또는 왜곡(불확실한 사항에 대하여 단정적 판단을 제공하거나 확실하다고 오인하게 할 소지가 있는 내용을 알리는 행위를 말한다)하여 설명하거나 중요사항을 누락하여서는 아니 된다(法 제47조제3항).

일반투자가가 이해할 수 있도록 설명해야 한다는 의미는 자본시장법 상 명확하게 기술되어 있지는 않지만, 이는 객관적이고 일반적인 개념이라기보다는 권유의 대상이 된 개별 투자가의 지식 및 경험 등에 비추어 이해될 수 있도록 설명되어야 한다고 보는 것이 타당할 것이다. 이와 관련하여 대법원은 고객에게 어느 정도의 설명을 하여야 하는지는 투자 대상인 상품의 특성 및 위험도의 수준, 고객의 투자 경험과 능력 및 기관투자자인지 여부 등을 종합적으로 고려하여 판단되어야 한다고 판시한 바 있으며,[689] 일본 金商法도 서면교부에 즈음하여 고객의 지식, 경험, 재산상황 및 해당 계약을 체결하는 목적에 비추어 해당 고객을 이해시킬 수 있도록 필요한 방법 및 정도에 의해 설명을 하여야만 한다고 규정하고 있다(金商法 제38조제9호, 金商業等府令 제117조제1항제1호イ). 아울러, 金販法 역시 설명은 고객의 지식, 경험, 재산상황 및 해당 금융상품판매에 관한 계약을 체결하는 목적에 비추어 해당 고객이 이해될 수 있도록 필요한 방법 및 정도에 의하여야 한다고 규정하고 있으며(金販法 제3조제2항), 商取法에서도 고객의 지식, 경험, 재산상황 및 해당 상품거래계약을 체결하고자 하는 목적에 비추어, 해당 고객이 이해될 수 있도록 필요한 방법 및 정도에 의해 설명되어야 한다고 규정하고 있다(商取法 제218조제2항).

그리고 자본시장법은 일반투자자를 상대로 투자권유를 한 경우, 설명이 이해되었음에 대하여 확인을 받도록 규정하고 있다. 이에 따라 설명에 대한 이해 여부에 대한 확인을 받은 것이 상술한

688 이 밖에 투자자문업자가 투자권유를 하는 경우에는 다음 각 목의 사항을 설명하여야 할 사항으로 열거하고 있다(令 제53조제1항제5호)
가. 투자자문업자가 제60조제3항제4호 각 목의 요건을 충족한 자에 해당하는지 여부
나. 투자자문을 제공하는 법 제6조제6항에 따른 금융투자상품등의 종류와 범위
다. 투자자문 제공 절차와 투자자문수수료 등 관련 비용의 규모 및 산정방식
라. 그 밖에 투자자와 이해상충이 발생할 수 있는 사항으로서 금융위원회가 정하여 고시하는 사항

689 대법원 2006. 5. 11. 선고 2003다51057 판결.

본연의 금융투자상품의 내용 등에 대하여 '이해시켜야 할 의무'를 이행한 것을 담보하게 되는 것인지가 문제가 된다. 실무적으로는 법이 정한 바대로, 금융투자상품에 대한 투자권유를 하기 위하여 해당 상품에 대한 설명을 하고 법이 정한 형식적 절차에 따라 고객으로부터 이해하였음에 대한 확인을 받고 있다. 물론 적합성원칙에서 상술한 바와 같이, 고객의 투자성향에 적합하지 않은 상품이 애초에 권유되었다던지, 중요사항인 위험성에 대해 충분한 고지가 되지 못하여 투자자가 해당 금융투자상품에 대한 이해를 하지 못한 상태에서 형식적 절차에 의한 확인을 한 경우에는 해당 투자권유가 위험성에 대한 올바른 인식형성을 방해하거나, 고객의 투자상황에 비추어 과대한 위험성을 수반한 거래를 적극적으로 권유한 경우에 해당하여, 결국 고객에 대한 보호의무를 저버려 위법성을 띤 행위에 해당할 것이므로 응당 손해배상책임을 부담할 수 있을 것이다.

하지만, 일반적인 경우에는 금융투자업자가 위와 같은 확인을 받은 경우에는 일반투자자에게 이해할 수 있도록 설명하였다는 사실이 인정될 가능성이 클 것이고, 따라서 손해배상청구소송에서 자본시장법상 설명의무 위반에 대한 증명책임에 대한 명확한 전환규정이 없으므로, 투자자가 금융투자업자의 설명의무 불이행을 증명할 책임을 부담한다. 따라서 금융투자업자가 제47조제2항의 확인까지 받은 경우에는 중요사항에 대한 누락이 있는 경우를 제외하고는 투자자가 설명의무의 불이행을 증명하는 것이 현실적으로 용이하지 않을 수 있다.[690]

나. 손해배상책임

자본시장법은 일반투자자를 상대로 투자권유를 함에 있어 금융투자상품의 내용, 투자에 따르는 위험 및 그 밖에 법이 정한 사항에 대하여 투자자가 이해할 수 있도록 설명하여야 할 의무를 위반하거나, 설명을 함에 있어 투자자의 합리적인 투자판단 또는 해당 금융투자상품의 가치에 중대한 영향을 미칠 수 있는 중요사항을 거짓 또는 왜곡하여 설명하거나 중요사항을 누락한 경우에는 금융투자업자는 이로 인하여 발생한 일반투자자의 손해를 배상할 책임이 있다(法 제48조제1항).

자본시장법은 설명의무 위반과 관련한 손해배상책임 규정을 민법상 불법행위책임과 별도로

690 2010년 8월 27일 개정된 「표준투자권유준칙」에서는 상품구조에 대한 이해가 부족한 투자자들이 형식적인 절차에 의해 설명의무가 이행되어지는 것을 예방하고자 투자자 이해도에 맞춘 설명의무를 강화하고 있다. 특히, 고령자 등 취약투자자에 대해서는 '투자권유중지제도'를 도입함으로써 상품구조를 이해하지 못한 상태에서 투자가 이루어지는 불완전판매를 예방하고자 하였다. 투자권유중지제도란 충분한 설명을 한 후에도 투자자가 상품의 주요 손실구조 및 위험을 이해하지 못하는 경우에는 투자권유를 중지하도록 하는 제도이다.

규정하여 구제의 실효성을 높이고자 하였다. 해당 규정은 설명의무에 대한 책임이 일반투자자에게만 적용되는 것이기에 전문투자자에게는 적용되지 아니 한다.

설명의무를 위반하는 행위는 그 동안 우리 대법원이 취해 온 고객 보호의무를 저버린 것으로 불법행위에 해당된다. 대법원은 투자자에게 거래행위에 필연적으로 수반되는 위험성에 관한 올바른 인식형성을 방해하거나 투자자의 투자상황에 비추어 과대한 위험성을 수반하는 거래를 적극적으로 권유한 행위로서 투자자 보호의무를 위반한 경우에는 불법행위를 구성한다고 하고 있다.[691]

설명의무 위반으로 인한 손해배상책임의 법적 성질은 그 부당한 투자권유행위 자체의 위법성[692]이 인정되는 불법행위책임으로 이해된다.[693] 따라서 일반적으로 설명의무 위반으로 손해를 입은 경우에 손실을 회복하기 위해서는 ① 설명의무 위반행위(위법성)의 존재, ② 손해의 발생과 손해액, ③ 위반행위와 손해 간의 인과관계 등에 대한 입증책임을 투자자가 부담하여야 한다.

그러나 현실적으로 금융투자업의 성격상 인과관계가 있는 손해액의 범위를 입증하기가 곤란하여, 호주와 일본의 입법례를 참고하여 일반투자자의 소송부담을 경감시키기 위하여 자본시장법은 손해액의 추정제도를 마련하였다.[694] 즉, 자본시장법 제48조제2항은 "금융투자상품의 취득으로 인하여 일반투자자가 지급하였거나 지급하여야 할 금전등의 총액에서 그 금융투자상품의 처분, 그 밖의 방법으로 그 일반투자자가 회수하였거나 회수할 수 있는 금전등의 총액을 뺀 금액은 제1항에 따른 손해액으로 추정한다."고 규정하고 있으므로, 손해액에 대한 입증책임이 금융투자업자에게 전가되는 효과가 있다.

자본시장법 상 마련된 손해배상책임 규정의 특징은 법문의 규정 형식상 설명의무 위반과 관련하여 거래인과관계는 요구되지 않으며, 이에 대한 손해액을 추정하고 있는 것이다.

자본시장법 제48조제2항의 추정규정과 관련하여서는 학계의 견해가 대립된다. 동 조항은 손해액을 추정함으로써 손해인과관계가 없다는 입증책임을 사실상 금융투자업자에게 전환시킨

---

691 대법원 1994. 1. 11. 선고 93다26205 판결, 대법원 2003. 1. 10. 선고 2000다50312 판결, 대법원 2007. 7. 12. 선고 2006다53344 판결 등 참조.

692 불법행위의 요건으로서 위법성이란 어떤 행위가 법체계 전체의 입장에서 허용되지 않아 그에 대하여 부정적인 판단을 받음을 의미한다. 즉, 가해행위가 사회통념상 용인될 만한 정도를 넘었을 때 위법성이 인정된다(지원림, 앞의 책, 1659면). 그리고 위법성은 문제가 되는 행위마다 개별적・상대적으로 판단되어야 한다(대법원 2003. 6. 27. 선고 2001다734 판결).

693 [대법원 1999. 12. 24. 선고 99다44588 판결] 증권회사의 임・직원이 강행법규에 위반한 투자수익보장 투자를 권유하여 이에 따른 결과 투자자가 손실을 본 경우에, 그 거래 경위와 거래 방법, 고객의 투자 상황, 거래의 위험도 및 이에 관한 설명의 정도 등을 종합적으로 고려한 후 당해 권유행위가 경험이 부족한 일반 투자자에게 거래행위에 필연적으로 수반되는 위험성에 관한 올바른 인식 형성을 방해하거나, 고객의 투자 상황에 비추어 과대한 위험성을 수반하는 거래를 적극적으로 권유한 경우에 해당하여 결국 고객에 대한 보호의무를 저버려 위법성을 띤 행위인 것으로 평가된다면 이는 불법행위를 구성한다.

694 한국증권법학회, 앞의 책, 256면.

규정으로 보아, 손해액뿐만 아니라 손해인과관계도 함께 추정하는 규정으로 해석하는 견해가 있다.[695] 이 견해에 의하면, 손해배상청구를 위해서는 손해액과 손해인과관계가 추정되므로 일반투자자는 단지 설명의무 위반의 존재만을 입증하면 된다.

하지만, 이러한 해석과는 달리 동 규정은 법문에 명시된 바대로 손해액만을 추정하는 것이지, 손해인과관계까지 추정하는 것은 아니라고 보는 견해도 있다.[696] 이 견해에 의하면, 손해배상책임의 법리상 항상 인정된 손해액 전부에 대한 배상책임이 있는 것이 아니라 손해액 중 해당 위반행위와 인과관계 있는 손해에 대하여서만 배상책임이 인정되기 때문에 손해인과관계까지도 추정된다고 보는 것은 부당하다는 것이다. 따라서 이 견해에 의할 경우에는, 상술한 세 가지 요건에 대한 입증책임 중 단지 손해액만 추정되어 입증이 전환되므로, 설명의무 위반행위의 존재뿐만 아니라 손해인과관계까지도 투자자가 입증해야 하는 부담을 갖게 된다. 만약 입법의 취지가 전자의 견해처럼 손해인과관계까지도 추정하고자 한 것이라면 그러한 내용을 명시적으로 입법화하는 것이 바람직할 것이다.

아울러 일반투자자의 경우에는 자본시장법 제48조에 기한 손해배상청구권과 민법 제750조(불법행위책임)에 기한 손해배상청구권의 경합은 인정될 것이다.[697] 하지만, 자본시장법 제48조에 기한 손해배상책임의 요건이 대폭 완화되어 있으므로 시효의 문제가 아니라면, 자본시장법에 의한 손해배상청구를 하는 것이 투자자 입장에서 유리하다. 반면, 전문투자자의 경우는 자본시장법상 설명의무 위반의 적용이 되지 않으므로, 자본시장법 제48조에 기한 손해배상청구는 불가하

695 김건식 · 정순섭(2009), 앞의 책, 503면, 변제호 · 홍성기 · 김종훈 · 엄세용 · 김유석, 「자본시장법」(지원출판사, 2009) 215면, 자본시장통합법연구회, 앞의 책, 301면.

696 임재연, 「자본시장법」2018년판 (박영사, 2018), 226면. 법률상 명문의 추정규정도 없이 단지 손해의 공평 · 타당한 부담이라는 손해배상제도의 이상에 부합한다는 이유만으로 증명책임이 전환된다는 해석은 증명책임의 법리에 부합하지 않는다고 본다. 이 밖에도 한기정, "자본시장통합법 제정방안과 금융고객보호제도의 선진화", 「Business Finance Law」 제18호 (서울대학교 금융법센터, 2006), 24면 등 참조.

697 설명의무에 관한 손해배상책임 규정은 종래 증권거래법상에는 존재하지 않았으므로, 이에 대한 청구권 경합을 다룬 판례는 아직 존재하지 않는다. 다만, 감사인의 부실감사에 대한 증권거래법상의 손해배상책임과 민법상의 불법행위로 인한 손해배상책임과의 관계(청구권경합)를 다룬 [대법원 1998. 4. 24. 선고 97다32215 판결]은 "감사인의 손해배상책임은 그 요건이 특정되어 있고, 그에 대한 입증책임이 전환되어 있을 뿐만 아니라 손해배상액이 추정되어 선의의 투자자가 보다 신속하게 구제 받을 수 있게 하는 한편 유가증권 시장의 안정을 도모하기 위하여 그 책임을 물을 수 있는 기간이 단기간으로 제한되어 있는 손해배상책임으로서 민법상의 불법행위책임과는 별도로 인정되는 법정책임이라 할 것이므로, 감사인의 부실감사로 인하여 손해를 입게 된 선의의 일반 주식투자자들은 감사인에 대하여 증권거래법상의 손해배상책임과 민법상의 불법행위로 인한 손해배상책임을 다 함께 물을 수 있다"고 판시하여 청구권이 경합될 수 있음을 보여준다. 설명의무에 관해서도 같은 논리에 의해 청구권은 경합된다고 보겠다. 다만, 원고가 처음부터 설명의무 위반과 관련하여 민법상 불법행위책임을 묻는 경우는 드물 것이고, 대개는 자본시장법에 규정된 단기의 제척기간에 비하여 민법 제766조에 규정된 소멸시효기간(손해 및 가해자를 안 날로부터 3년, 불법행위를 한 날로부터 10년)이 훨씬 장기이므로 부득이하게 민법상 불법행위로 인한 손해배상책임청구권을 행사하는 경우가 많을 것이다.

며, 따라서 민법 제750조 불법행위에 기한 손해배상청구만이 가능하다.

요약컨대, 민법상 불법행위에 기한 손해배상책임(민법 제750조)보다 요건이 완화된 손해배상책임규정을 자본시장법에 명문으로 규정함으로써, 설명의무 위반행위로 인하여 발생한 손해를 보다 쉽게 전보(compensation)할 뿐만 아니라, 장래에 발생 가능한 설명의무 위반행위를 억지(deterrence)하는 실효성이 있을 것으로 판단된다.[698]

3. 설명의무에 대한 외국의 입법례

가. 일본

金商法은 계약체결 전에 서면교부를 의무화 하는 형태로 설명의무를 명문화하였으며, 설명의 내용 및 방법에 있어서도 보다 구체적으로 기술하고 있다. 금융상품거래업자는 금융상품거래계약을 체결하고자 하는 경우에는 내각부령에서 정하는 바에 의해, 사전에 고객에 대해 법에서 정한 사항을 기재한 서면을 교부하여야만 한다(金商法 제37조의3제1항, 金商業等府令[699] 제79조).[700] 즉, 이 규정은 설명의무 이행의 일환으로서 계약체결 전에 법정의 서면을 교부하는 것을 금융상품거래업자등에 의무로 부과한 것이다.

일본의 종래 証取法은 증권회사 등의 설명의무에 관해 구체적으로 명시하는 조항은 없었다. 다만, 유가증권선물 또는 옵션거래 및 장외파생상품 등 파생상품에 대해서는 사전에 고객에게 거래의 개요 및 손실의 위험에 관계된 사항과 고객의 주의를 환기시킬 사항을 기재한 서면을 교부하도록 하고 있었지만(証取法 제40조, 内閣府令[701] 제28조제2항), 사전교부의무만을 규정하고 설명의 방법 등에 관해서는 구체적인 규정이 없어 실질적으로 이 규정 위반을 근거로 하는 손해배상청구는 찾아보기 어렵다.[702]

반면, 金商法은 서면을 형식적으로 교부하는 것을 방지하기 위하여, 서면교부에 즈음하여

698 한국증권법학회, 앞의 책, 256면 참조.

699 「金融商品取引業等に関する内閣府令」

700 EB 상품을 권유함에 있어 계약체결 전에 서면교부를 하지 아니하고 사후에 교부한 것이 문제가 되어 설명의무 위반으로 손해배상이 인정된 사례가 있다(大阪高判平成27年12月10日金商1483号26頁).

701 「証券会社に関する命令」

702 따라서 설명의무 위반에 기한 손해배상청구는 불법행위(民法 제709조)에 기초하여 손해배상청구권을 구성하는 것이 다반사였다(川村正幸(2014), 앞의 책, 431면).

고객의 지식, 경험, 재산상황 및 해당 계약을 체결하는 목적에 비추어 해당 고객을 이해시킬 수 있도록 필요한 방법 및 정도에 의해 설명을 하여야만 한다고 규정하고 있다(金商法 제38조제9호, 金商業等府令 제117조제1항제1호イ)[703]. 이 점은 광의의 적합성원칙이 설명의무 이행의 국면으로 표면화된 것으로 평가될 수 있다.[704] 여기서, 서면교부를 하여야 할 사항으로는 금융상품거래업자에 대한 개요, 금융상품거래계약의 개요, 수수료 등 고객이 지불하는 대가에 관한 사항, 손실이 발생할 위험 및 증거금 초과 가능성, 그리고 이 밖에 고객의 판단에 영향을 미치게 되는 중요한 사항 등을 규정하고 있다(金商法 제37조의3제1항)[705].

金販法 역시 설명의무를 명문으로 규정하고 있는데, 金販法에 의하면 금융상품판매업자등[706]은 금융상품의 판매등[707]을 업으로 하려고 하는 때에는 해당 금융상품의 판매가 이루어질 때까지

---

703 金商業等府令 제117조제1항제1호イ, 法第三十八条第九号に規定する内閣府令で定める行為は、次に掲げる行為とする。

一 次に掲げる書面の交付に関し、あらかじめ、顧客(特定投資家(法第三十四条の二第五項の規定により特定投資家以外の顧客とみなされる者を除き、法第三十四条の三第四項(法第三十四条の四第六項において準用する場合を含む。)の規定により特定投資家とみなされる者を含む。以下同じ。)を除く。以下この号において同じ。)に対して、法第三十七条の三第一項第三号から第七号までに掲げる事項(ニに掲げる書面を交付する場合にあっては、当該書面に記載されている事項であって同項第三号から第七号までに掲げる事項に係るもの)について顧客の知識、経験、財産の状況及び金融商品取引契約を締結する目的に照らして当該顧客に理解されるために必要な方法及び程度による説明をすることなく、金融商品取引契約を締結する行為

イ 契約締結前交付書面

704 川村正幸(2014), 앞의 책, 432면.

705 金商法 제37조의3제1항, 金融商品取引業者等は、金融商品取引契約を締結しようとするときは、内閣府令で定めるところにより、あらかじめ、顧客に対し、次に掲げる事項を記載した書面を交付しなければならない。ただし、投資者の保護に支障を生ずることがない場合として内閣府令で定める場合は、この限りでない。

一 当該金融商品取引業者等の商号、名称又は氏名及び住所

二 金融商品取引業者等である旨及び当該金融商品取引業者等の登録番号

三 当該金融商品取引契約の概要

四 手数料、報酬その他の当該金融商品取引契約に関して顧客が支払うべき対価に関する事項であつて内閣府令で定めるもの

五 顧客が行う金融商品取引行為について金利、通貨の価格、金融商品市場における相場その他の指標に係る変動により損失が生ずることとなるおそれがあるときは、その旨

六 前号の損失の額が顧客が預託すべき委託証拠金その他の保証金その他内閣府令で定めるものの額を上回るおそれがあるときは、その旨

七 前各号に掲げるもののほか、金融商品取引業の内容に関する事項であつて、顧客の判断に影響を及ぼすこととなる重要なものとして内閣府令で定める事項

706 "금융상품판매업자등"이란 "금융상품의 판매등"을 업으로 하는 자를 말한다; 金販法 제2조제3항, "この法律において「金融商品販売業者等」とは、金融商品の販売等を業として行う者をいう."

707 "금융상품의 판매등"이란 금융상품을 판매하거나 그 대리 혹은 중개(고객을 위해 행하는 것도 포함)을 말한다; 金販法 제2조제2항, "この法律において「金融商品の販売等」とは、金融商品の販売又はその代理若しくは媒介(顧客のために行われるものを含む。)をいう."

고객에 대해 중요사항에 관해 설명을 하여야 하며(金販法 제3조제1항),[708] 이러한 설명은 고객의 지식, 경험, 재산상황 및 해당 금융상품판매에 관한 계약을 체결하는 목적에 비추어 해당 고객이 이해될 수 있도록 필요한 방법 및 정도에 의하여야 한다(金販法 제3조제2항).[709]

여기서, 중요사항이란 金販法 제3조제1항[710] 의 규정에 의거하여 ① 금융상품시장등의 시세

708 金販法 제3조제1항본문, 金融商品販売業者等は、金融商品の販売等を業として行おうとするときは、当該金融商品の販売等に係る金融商品の販売が行われるまでの間に、顧客に対し、次に掲げる事項(以下「重要事項」という。)について説明をしなければならない。

709 金販法 제3조제2항, 前項の説明は、顧客の知識、経験、財産の状況及び当該金融商品の販売に係る契約を締結する目的に照らして、当該顧客に理解されるために必要な方法及び程度によるものでなければならない

710 金販法 제3조제1항, 金融商品販売業者等は、金融商品の販売等を業として行おうとするときは、当該金融商品の販売等に係る金融商品の販売が行われるまでの間に、顧客に対し、次に掲げる事項(以下「重要事項」という。)について説明をしなければならない。

一 当該金融商品の販売について金利、通貨の価格、金融商品市場(金融商品取引法第二条第十四項に規定する金融商品市場をいう。以下この条において同じ。)における相場その他の指標に係る変動を直接の原因として元本欠損が生ずるおそれがあるときは、次に掲げる事項

イ 元本欠損が生ずるおそれがある旨

ロ 当該指標

ハ ロの指標に係る変動を直接の原因として元本欠損が生ずるおそれを生じさせる当該金融商品の販売に係る取引の仕組みのうちの重要な部分

二 当該金融商品の販売について金利、通貨の価格、金融商品市場における相場その他の指標に係る変動を直接の原因として当初元本を上回る損失が生ずるおそれがあるときは、次に掲げる事項

イ 当初元本を上回る損失が生ずるおそれがある旨

ロ 当該指標

ハ ロの指標に係る変動を直接の原因として当初元本を上回る損失が生ずるおそれを生じさせる当該金融商品の 販売に係る取引の仕組みのうちの重要な部分

三 当該金融商品の販売について当該金融商品の販売を行う者その他の者の業務又は財産の状況の変化を直接の原因として元本欠損が生ずるおそれがあるときは、次に掲げる事項

イ 元本欠損が生ずるおそれがある旨

ロ 当該者

ハ ロの者の業務又は財産の状況の変化を直接の原因として元本欠損が生ずるおそれを生じさせる当該金融商品の販売に係る取引の仕組みのうちの重要な部分

四 当該金融商品の販売について当該金融商品の販売を行う者その他の者の業務又は財産の状況の変化を直接の原因として当初元本を上回る損失が生ずるおそれがあるときは、次に掲げる事項

イ 当初元本を上回る損失が生ずるおそれがある旨

ロ 当該者

ハ ロの者の業務又は財産の状況の変化を直接の原因として当初元本を上回る損失が生ずるおそれを生じさせる当該金融商品の販売に係る取引の仕組みのうちの重要な部分

五 第一号及び第三号に掲げるもののほか、当該金融商品の販売について顧客の判断に影響を及ぼすこととなる重要なものとして政令で定める事由を直接の原因として元本欠損が生ずるおそれがあるときは、次に掲げる事項

イ 元本欠損が生ずるおそれがある旨

ロ 当該事由

ハ ロの事由を直接の原因として元本欠損が生ずるおそれを生じさせる当該金融商品の販売に係

및 기타 지표에 관한 변동을 직접 원인으로 하여 원본결손이 발생할 우려가 있는 경우 또는 당초 원본을 초과하여 손실이 발생할 우려가 있는 경우에는 그 내용과 해당지표 및 금융상품판매와 관련된 거래구조(가격변동 리스크, 제1호와 제2호), ② 금융상품판매업자나 그 밖의 자의 업무 또는 재산상태의 변화를 직접 원인으로 하여 원본결손이 발생할 우려가 있는 경우 또는 당초 원본을 초과하여 손실이 발생할 우려가 있는 경우에는 그 내용과 해당자 및 금융상품판매와 관련된 거래구조(신용 리스크, 제3호와 제4호),[711] ③ 앞의 항목 이외에 고객의 판단에 영향을 미치는 중요한 것으로서 정령에서 정하는 사유를 직접 원인으로 하여 원본결손이 발생할 우려가 있는 경우 또는 당초 원본을 초과하여 손실이 발생할 우려가 있는 경우에는 그 취지와 해당사유 및 금융상품판매와 관련된 거래구조(제5호와 제6호), ④ 권리행사기간이나 해제기간제한이 있는 경우에는 그 내용(제7호) 등이다.

金販法은 손실의 관점에서, 원본결손이 발생할 우려 외에 당초 원본을 상회할 손실이 발생할 우려를 별도로 나누어서 규정하고 있다. 그리고 중요사항에 포함되는 '금융상품판매와 관련된 거래구조'란 2006년 개정에 의해 새로이 설명의무에 추가된 대상인데, 금융상품의 판매유형에 따라 기본적으로 금융상품의 판매에 의해 고객이 취득하거나 부담하게 되는 권리와 의무에 대한 사항이라 할 수 있다. '금융상품판매와 관련된 거래구조'는 판매되는 상품・거래의 유형에 따라 별도로 金販法 제3조제5항[712]에 정의되어 있다. 예를 들면, 파생상품거래의 경우에는 해당 거래의

る取引の仕組みのうちの重要な部分

六 第二号及び第四号に掲げるもののほか、当該金融商品の販売について顧客の判断に影響を及ぼすこととなる重要なものとして政令で定める事由を直接の原因として当初元本を上回る損失が生ずるおそれがあるときは、次に掲げる事項

イ 当初元本を上回る損失が生ずるおそれがある旨

ロ 当該事由

ハ ロの事由を直接の原因として当初元本を上回る損失が生ずるおそれを生じさせる当該金融商品の販売に係る取引の仕組みのうちの重要な部分

七 当該金融商品の販売の対象である権利を行使することができる期間の制限又は当該金融商品の販売に係る契約の解除をすることができる期間の制限があるときは、その旨

711 판례에 의하면 업자는 신용리스크가 존재하는 것을 설명하는 것으로 족하며, 기업의 실제 재무상황 및 원본결손이 발생할 구체적인 가능성의 정도에 대해서 설명할 필요는 없다(東京地判平成15年4月9日判時1846号76頁, 東京地判平成16年2月23日判タ1156号256頁).

712 金販法 제3조제5항, 第一項第一号ハ、第二号ハ、第三号ハ、第四号ハ、第五号ハ及び第六号ハに規定する「金融商品の販売に係る取引の仕組み」とは、次に掲げるものをいう。

一 前条第一項第一号から第四号まで及び第七号に掲げる行為にあっては、これらの規定に規定する契約の内容

二 前条第一項第五号に掲げる行為にあっては、当該規定に規定する金融商品取引法第二条第一項に規定する有価証券に表示される権利又は同条第二項の規定により有価証券とみなされる権利(同項第一号及び第二号に掲げる権利を除く。)の内容及び当該行為が行われることにより顧客が負うこととなる義務の内容

三 前条第一項第六号イに掲げる行為にあっては、当該規定に規定する権利の内容及び当該行為が行

구조를 말한다(金販法 제3조제5항제5호).

한편, 적합성원칙에서와 마찬가지로, 특정투자가에게는 중요사항에 대한 설명의무는 적용되지 않는다(金販法 제3조제7항제1호). 또한 중요사항에 관해서 설명을 요하지 않는다는 취지를 의사 표명한 고객은 설명의무의 적용대상이 아니다(金販法 제3조제7항제2호).[713]

이 외에도 금융상품판매업자등은 권유방침을 사전에 정하고 이를 공표하여야 한다(金販法 제9조). 권유방침에 기재하여야 하는 사항으로는 첫째, 권유대상이 되는 자의 지식, 경험 및 재산 상황에 비추어 배려해야 하는 사항, 둘째, 권유방법 및 시간대에 관하여 권유대상이 되는 자에 대해 배려해야 하는 사항, 셋째, 이 외에 권유의 적정 확보와 관계된 사항이다(金販法 제9조제2항). 아울러 권유방침의 책정과 공표의무에 위반한 금융상품판매업자등에게는 과료가 부과된다(金販法 제10조).

그리고 金販法은 금융상품판매업자등이 고객에 대해 법정되어 있는 중요사항을 설명하지 않은 경우에는 고객의 손해에 대해 배상할 책임을 명문으로 규정하고 있다(金販法 제5조).[714] 아울러 손해배상책임과 함께 金販法은 '원본결손액(元本欠損額)'을 손해액으로 추정하는 명문의 규정을 마련하였다(金販法 제6조제1항).[715] 이는 그 동안 불법행위로 인한 손해배상책임(민법

われることにより顧客が負うこととなる義務の内容
四 前条第一項第六号ロに掲げる行為にあっては、当該規定に規定する債権の内容及び当該行為が行われることにより顧客が負担することとなる債務の内容
五 前条第一項第八号から第十号までに掲げる行為にあっては、これらの規定に規定する取引の仕組み
六 前条第一項第十一号の政令で定める行為にあっては゛政令で定める事項

713 동 조항은 金商法에 도입된 상품관련 시장파생상품거래(金商法 제2조제8항제1호) 및 그 중개에는 해당되지 않는다(金販法 제3조제7항제2호 전반부). 그러나 이 규정과 관련하여 金商法은 金販法과 달리 규제의 형해화를 유려하여 설명의무의 행위규제를 면제하지 않고 있기 때문에, 金販法상의 이 규정은 실무상으로는 공문(空文)으로 되는 것이라는 견해도 있다(福島良治, "金融商品取引法令体制におけるデリバティブ取引の課題整理", 「旬刊 金融法務事情」1817호 (金融財政事情研究会, 2009.6.5.), 15면.
金販法 제3조제7항, 第一項の規定は、次に掲げる場合には、適用しない。
一 顧客が、金融商品の販売等に関する専門的知識及び経験を有する者として政令で定める者(第九条第一項において「特定顧客」という。)である場合
二 第一項に規定する金融商品の販売が金融商品取引法第二条第八項第一号に規定する商品関連市場デリバティブ取引及びその取次ぎのいずれでもない場合において、重要事項について説明を要しない旨の顧客の意思の表明があったとき。

714 金販法 제5조, 金融商品販売業者等は、顧客に対し第三条の規定により重要事項について説明をしなければならない場合において当該重要事項について説明をしなかったとき、又は前条の規定に違反して断定的判断の提供等を行ったときは、これによって生じた当該顧客の損害を賠償する責めに任ずる

715 金販法 제6조제1항, 顧客が前条の規定により損害の賠償を請求する場合には、元本欠損額は、金融商品販売業者等が重要事項について説明をしなかったこと又は断定的判断の提供等を行ったことによって当該顧客に生じた損害の額と推定する。

第709조)에 의거 다투어지면서 손해의 인과관계와 관련하여 원고인 고객에게 입증책임이 있고, 재판이 장기화되는 경향이 있어 이 규정을 도입함으로써 원고의 입증책임을 경감하고 재판의 신속성을 높이고자 하는 의도를 반영한 것이다.[716]

다만, 金商法의 대상이 되는 금융상품의 개념과 金販法의 대상이 되는 금융상품의 판매의 대상이 동일한 것은 아니다. 그러나 金販法은 손해배상청구라고 말하는 국면에서는 金商法에 있어서의 투자자 보호를 보완하는 기능이 있다.[717] 이 외에 金販法은 설명의무 등의 위반으로 인한 손해에 대해 金販法외에도 民法의 적용을 받음을 명시적으로 규정하고 있다(金販法 제7조).[718]

일반상품을 기초자산으로 하는 파생상품을 규율하는 商取法은 상품선물거래업자로 하여금 상품선물계약 체결 전에 사전서면교부의무(商取法 제217조)[719]를 부과하고 있으며, 사전서면교부의무가 형식에 치우치지 않도록 서면으로 교부하는 내용에 대한 설명의무(商取法 제218조제1항)[720]도 함께 규정하고 있다. 사전교부의무와 관련하여 전자적 방법에 의해 서면을 교부하는 것도 허락하고 있다(商取法 제217조제2항[721], 商取法施行令 제31조[722])

---

716 金融庁, "金融商品の販売等に関する法律の概要" 참조. <https://www.fsa.go.jp/ordinary/kinyuusyouhin/> (검색일:2018.4.18.).

717 川村正幸(2014), 앞의 책, 435면.

718 金販法 제7조, 重要事項について説明をしなかったこと又は断定的判断の提供等を行ったことによる金融商品販売業者等の損害賠償の責任については、この法律の規定によるほか、民法(明治二十九年法律第八十九号)の規定による。

719 商取法 제217조제1항본문, 商品先物取引業者は、商品取引契約を締結しようとするときは、主務省令で定めるところにより、あらかじめ、顧客に対し次に掲げる事項を記載した書面を交付しなければならない。

720 商取法 제218조제1항, 商品先物取引業者は、商品取引契約を締結しようとする場合には、主務省令で定めるところにより、あらかじめ、顧客に対し、前条第一項各号に掲げる事項について説明をしなければならない

721 商取法 제217조제2항, 商品先物取引業者は、前項の規定による書面の交付に代えて、政令で定めるところにより、当該顧客の承諾を得て、当該書面に記載すべき事項を電子情報処理組織を使用する方法その他の情報通信の技術を利用する方法であつて主務省令で定めるものにより提供することができる。この場合において、当該書面に記載すべき事項を当該方法により提供した商品先物取引業者は、当該書面を交付したものとみなす。

722 商取法施行令 제31조, 商品先物取引業者は、法第二百十七条第二項(法第二百二十条第二項及び第二百二十条の二第二項において準用する場合を含む。以下この条において同じ。)の規定により法第二百十七条第二項に規定する事項を提供し、又は通知しようとするときは、主務省令で定めるところにより、あらかじめ、当該事項の提供又は通知の相手方に対し、その用いる同項に規定する情報通信の技術を利用する方法(次項において「電磁的方法」という。)の種類及び内容を示し、書面又は電子情報処理組織を使用する方法その他の情報通信の技術を利用する方法であつて主務省令で定めるもの(次項において「書面等」という。)による承諾を得なければならない。
2 前項の規定による承諾を得た商品先物取引業者は、当該相手方から書面等により電磁的方法による提供又は通知を受けない旨の申出があつたときは、当該相手方に対し、法第二百十七条第二項に規定する事項の提供又は通知を電磁的方法によつてしてはならない。ただし、当該相手方が再び前項の

설명을 함에 있어서는 고객의 지식, 경험, 재산상황 및 해당 상품거래계약을 체결하고자 하는 목적에 비추어, 해당 고객이 이해될 수 있도록 필요한 방법 및 정도에 의해 설명되어야 한다(商取法 제218조제2항).[723]

설명되어야 할 내용은 결국 商取法 제217조제1항에 따른 사전교부의무의 내용이다. 첫째 해당 상품거래계약에 따른 거래의 금액이 고객이 예탁해야 하는 거래증거금 등의 금액을 초과할 수 있는 경우에는 그 취지 및 비율(商取法 제217조제1항제1호), 둘째 시세의 변동에 의해 상품거래계약에 따른 거래에서 해당 고객에게 손실이 발생될 우려가 있고, 그 손실 금액이 거래증거금 등 금액을 초과 할 우려가 있는 경우에는 그 취지(商取法 제217조제1항제2호), 셋째 그 외 고객의 판단에 영향을 미칠 수 있는 중요한 사항(商取法 제217조제1항제3호), 넷째 해당 상품선물계약의 개요, 기타 주무성령이 정하는 사항으로 상품선물계약업자의 상호 등의 개요, 수수료에 대한 사항, 상품거래계약과 관련된 결제방법, 상품거래계약이 해지의 사유가 있는 경우에는 그 내용, 상품거래계약에 관한 조세의 개요, 상품거래계약에 따른 거래 관련 주요 용어 및 기타 기초적인 사항 등 이 외에도 서면교부하여야 할 내용을 구체적으로 기술하고 있다(商取法 제217조제1항제4호, 商取法施行規則 제104조).

아울러, 설명의무와 관련하여서도 주무부처(경제산업성・농림수산성)에 의해 동법의 권유행위 규제에 대한 해석지침으로서「상품선물거래의 위탁자 보호에 관한 가이드라인」(商品先物取引の委託者の保護に関するガイドライン)[724]이 활용되고 있다.

동 가이드라인은 우선 商取法 제217조제1항제1호부터 제3호까지 규정하는 상품선물거래의 구조・위험 등을 설명함에 있어서는 사전 교부한 서면의 내용이나 그림에 해당하는 부분을 함께 설명하여 상품선물거래가 현물거래와 달리 레버리지 효과로 인해 고위험・고수익 상품이라는 사실 및 상품선물거래는 시세의 변동에 의해 예탁거래증거금 등이 단기간에 손상될 수 있고, 예탁한 거래증거금 등의 전액을 초과하는 손실이 발생할 우려가 있음을 고객이 이해할 수 있도록 유의하면서 설명하여야 하고, 설명한 이후에는 이러한 사항에 대해 고객이 이해를 하고 있는지 서면으로 확인하도록 요구하고 있다.[725]

規定による承諾をした場合は、この限りでない。

723 商取法 제218조제2항, 前項の説明は、顧客の知識、経験、財産の状況及び当該商品取引契約を締結しようとする目的に照らして、当該顧客に理解されるために必要な方法及び程度によるものでなければならない。

724 본 가이드라인은 처음으로 2005년 5월 1일 개정 商品取引所法의 시행에 맞추어, 상품선물거래의 위탁자의 보호를 위하야 가이드라인이 제정, 실시되었다.

725 「상품선물거래의 위탁자 보호에 관한 가이드라인」(商品先物取引の委託者の保護に関するガイドライン), 10면.

또한 제1호~제3호의 설명을 마친 후에는 商取法 제217조제1항제4호에 근거하여 商取法施行規則 제104조에서 정하는 사항에 관해 설명하여야 한다. 이 경우에는 시세의 변동에 의해 추가적으로 거래증거금을 부담하여야 한다는 등의 증거금 구조, 수수료에 대한 체계, 금지행위의 개요 및 금지되고 있는 취지 등을 설명할 필요가 있다. 그리고 이에 대한 설명을 한 후에는 고객이 이해하였는지 여부를 서면으로 확인하여야 한다.[726]

그리고 商取法 제218조제1항의 '상품시장에서의 거래에 관한 전문지식 및 경험을 보유한 자'에 해당하지 않는 일반투자자인 고객이 '설명이 필요치 않다(說明は不要)'는 의사표시를 한 경우에도 해당 고객에 대한 설명의무는 면제되지 않는다.[727] 이 점에서 金販法과 차이가 있다.

설명의무를 위반한 경우에는 상품거래계약에서 발생한 손해를 배상할 책임을 진다(商取法 제218조제4항).[728] 다만, 金販法과 달리 손해액 추정 조항 등은 마련되어 있지 않다. 그리고 金販法이 적용되는 대상상품에서 일반상품이 적시되어 있지 않으므로(金販法 제2조제1항), 금융상품과 달리 일반상품을 기초자산으로 하는 파생상품의 경우에는 손해액이 바로 추정되지는 않고 입증책임 또한 전환된 것으로 볼 수 없다.

나. 미국

미국의 경우에는 적합성원칙의 경우와 마찬가지로 제정법상 설명의무에 관한 명시적인 규정은 찾아볼 수 없으며, 자율규제기관인 FINRA Rule 2210는 대중과의 정보교류(Communications with the Public)에 있어 준수하여야 할 사항들을 적시하고 있는데, 그 가운데 특히 권유를 포함하는 25인 초과 개인투자자 대상 정보교류(retail communication) 시 준수하여야 할 내용도 함께 기술하고 있다. 이는 종래 NASD가 제정한 Manual IM-2210-1[729] 및 NASD Rule 2211[730]의

726 위 가이드라인, 11면.

727 위 가이드라인, 12면.

728 商取法 제218조제4항, 商品先物取引業者は、顧客に対し第一項の規定により説明をしなければならない場合において、第二百十四条(第一号に係る部分に限る。)の規定に違反したとき、又は前条第一項第一号から第三号までに掲げる事項について説明をしなかつたときは、これによつて当該顧客の当該商品取引契約につき生じた損害を賠償する責めに任ずる

729 NASD Manual IM-2210-1. Guidelines to Ensure That Communications With the Public Are Not Misleading.
This rule is no longer applicable. NASD IM-2210-1 has been superseded by FINRA Rule 2210.
대중(public)과 정보교류(communication)를 함에 있어 오인(misleading) 방지를 위한 가이드라인으로서 문맥 안에 오해를 야기할 수 있는 진술(statements)이 포함되어서는 아니 되고, 고객의 속성을 고려하여 설명의 정도를 달리하여야 하며, 정보교류는 명백하여야만(clear) 한다. 또한 투자 수익을 논함에 있어서는 세금 특성을 함께 고려하여야 한다. 특히 광고 또는 판매 문서에서 권유(recommendation)을 행하

내용을 보완 대체한 것이다.

FINRA 2210은 먼저 고객과의 정보교류(communication)에 대하여 세 가지로 구분한다. 여기서 정보교류는 어떠한 형태든지 문서(전자적 방법 포함)에 의한 정보교류(any written communication)를 의미한다(FINRA Rule 2210(a)). 첫 번째 정보교류는 통신문(correspondence)이다. 이는 문서(전자적 방법 포함)의 수단으로 30일 이내에 25명 이하의 개인투자가(retail investors)에 대하여 정보교류를 하는 것으로서 FINRA에 정보교류의 내용들에 대한 사전 신청(filing)은 불필요하다. 두 번째 분류는 기관투자가(institutional investors)만을 대상으로 하는 정보교류(institutional communications)이다. 이 역시 FINRA 사전 신청(filing)의 사항은 아니다. 다만, 기관투자가에게 정보를 제공한 것이 개인투자가에게 전달될 가능성이 있는 경우에는 개인투자자와의 정보교류 방법에 준하여야 한다(FINRA Rule 2210(a)(4)).

여기서, 기관투자가란 은행(bank), 상호저축은행(savings and loan association), 보험회사(insurance company), 등록된 투자회사(registered investment company), 등록된 투자자문업자(investment adviser), 연금(employee benefit plan, qualified plan) 정부관련 기관(government entity or subdivision thereof) 및 기타 5천만불 이상 자산을 가지고 있는 개인(natural person) 또는 법인(corporation, partnership, trust or otherwise) 등을 의미한다(FINRA Rule 2210(a)(4) 및 FINRA Rule 4512(c)).

상술한 두 가지 분류인 통신문 및 기관투자가만을 대상으로 하는 정보교류에 해당하면 정보교류 내용에 대하여 별도의 FINRA 승인을 요하지는 않는다. 다만, 실무적으로는 추후 FINRA의 감사 시, FINRA에 사전 신청의 대상이 아니었던 25인 이하의 개인투자가 대상 통신문 내지 기관투자가만을 대상으로 한 정보교류에 대해서는 BD가 스스로 입증할 책임이 있게 된다. 따라서 BD는 FINRA Rule 3110(b)[731] 및 이를 준수하기 위한 내부 감독지침(Written Supervisory

---

는 경우에는 권유에 대한 합리적 근거를 가지고 있어야 하며, 투자자와의 이해상충이 있는 경우에는 이를 공개하여야만 한다. 해당 내용은 현재 FINRA Rule에 그대로 계승되었다.

730 NASD Rule 2211. Institutional Sales Material and Correspondence
This rule is no longer applicable. NASD Rule 2211 has been superseded by FINRA Rule 2210.

731 FINRA Rule 3110 Supervisory
(b) Written Procedures
(1) General Requirements
Each member shall establish, maintain, and enforce written procedures to supervise the types of business in which it engages and the activities of its associated persons that are reasonably designed to achieve compliance with applicable securities laws and regulations, and with applicable FINRA rules.
(중략)
(7) Maintenance of Written Supervisory Procedures
A copy of a member's written supervisory procedures, or the relevant portions thereof, shall be

Procedures, WAS)[732]에 따라 정보교류의 행위가 제대로 이루어졌는지, 또는 정보교류의 내용도 허위(false), 과장(exaggerated), 부당(unwarranted), 약속(promissory) 또는 오인(misleading)의 소지가 있는 진술(statements) 또는 주장(claims)을 포함하고 있지 않는지 여부에 대한 검증(review)을 하여야 하고, 기관투자가 대상 여부에 대해서도 판단할 책임이 BD에게 있으므로 이에 대한 기준 충족 여부를 정기적으로 모니터링 하여야 하며, 내부 감독지침(WAS)에 따라 정보교류를 이행하였다는 증거(evidence)들은 FINRA의 요청에 응할 수 있도록 유지하여야 한다(FINRA Rule 2210(b)(2) 및 (3)).

마지막으로 30일 이내 25명을 초과하는 개인투자가(retail investors)를 대상으로 하는 정보교류(retail communications)이다. 이러한 정보교류는 광고(advertising)로 간주되며, 이에 대해서는 정보교류 사용 전 또는 FINRA의 광고규제국(Advertising Regulation Department)에 정보교류의 내용을 사전 신청(filing) 전에 내부 감독지침(WAS)에 따라 자격이 있는 등록된 대표(registered principal)에 의해 해당 내용이 승인되어야 한다(FINRA Rule 2210(b)(1) 및 FINRA Rule 2210(c)).

FINRA는 정보교류의 내용에 대한 기준(standards)을 제시하고 있다.

정보교류(communication)는 공정거래(fair dealing)와 신의성실(good faith)의 원칙에 기반하고, 공정하고 균형 잡힌(fair and balanced) 정보이어야 하며, 증권・산업 및 서비스에 관한 사실을 평가할 수 있도록 건전한 근거(sound basis)를 제공하여야만 한다. 그리고 누락이 있는 경우 오인을 유발할 수 있는 중요사실을 누락(omit)하는 행위를 하여서는 아니 된다(FINRA Rule 2210(d)(1)(A)).

모든 종류의 정보교류를 함에 있어서는 허위(false), 과장(exaggerated), 부당(unwarranted), 약속(promissory) 또는 오인(misleading)의 소지가 있는 진술(statements) 또는 주장(claims)을 하여서도 아니 된다(FINRA Rule 2210(d)(1)(B)).

정보의 배치와 관련하여서도 투자자의 이해를 방해하지 않는 경우에만 범례(legend) 또는 각주(footnotes)로 배치될 수 있다(FINRA Rule 2210(d)(1)(C)).

---

kept and maintained in each OSJ and at each location where supervisory activities are conducted on behalf of the member. Each member shall promptly amend its written supervisory procedures to reflect changes in applicable securities laws or regulations, including FINRA rules, and as changes occur in its supervisory system. Each member is responsible for promptly communicating its written supervisory procedures and amendments to all associated persons to whom such written supervisory procedures and amendments are relevant based on their activities and responsibilities.

732 일반적으로 내부 감독지침(WAS)에 따라 영업직원(series 7)이 관련 내용을 고객에게 전송함에 있어 해당 내용이 부적합한 내용이 아닌지 여부 등에 관해 감독자(series 24)가 검증을 하도록 되어 있다.

진술은 명확하고 오인되지 않도록 하여야 하며, 위험과 잠재적 이익을 균형 있게 다루어야 한다(FINRA Rule 2210(d)(1)(D)).

회원(BD)은 정보교류의 대상인 투자자의 속성(nature)을 고려하여야만 하고, 투자자에게 적합한 상세 내용 및 설명을 제공하여야만 한다(FINRA Rule 2210(d)(1)(E)).

마지막으로 정보교류는 기본적으로 성과를 예견(predict)하거나 추정(project)해서는 아니 되며, 과거 성과가 되풀이 될 것을 암시하여서도 아니 되고, 과장되거나 부당한 주장, 의견 또는 예측(forecast)을 만들어서도 아니 된다. 다만, 투자 또는 투자전략의 성과를 예견하거나 추정하지 않는 다는 전제하에 가설적으로 수학적 원리에 대한 그림(illustration)을 사용하는 경우, 투자분석 도구 또는 이에 의해 생산된 서면 보고서로서 Rule 2214[733]를 충족하는 경우, 그리고 부채(debt) 또는 지분증권(equity securities)에 대한 연구 보고서에 포함된 목표 가격의 경우로서 만약 목표가격이 합리적 근거를 가지고 있고, 연구 보고서가 목표가격을 정하는 데 사용한 평가방법을 공개하고, 목표가격의 달성을 저해할 수 있는 위험과 관련된 내용이 함께 포함되어 있는 경우 등과 같은 예측정보는 금지되지 않는다(FINRA Rule 2210(d)(1)(F)).

아울러, 25인 초과 개인투자가 대상 정보교류(retail communication)에서 투자 또는 서비스에 대한 비교(comparison)를 하는 경우에는 모든 중요한 차이를 공개하여야만 한다. 비교 정보에 있어서는 투자목적, 비용, 유동성, 안정성, 보증(guarantees or insurance), 원금 또는 수익의 변동성, 그리고 세금 특성(tax features) 등의 내용을 포함하여야 한다(FINRA Rule 2210(d)(2)).

이 밖에, 정보교류의 내용과 관련한 추가적인 규제로서는 수익을 상정할 때에는 세금 특성을 함께 고려하여야 한다는 것이다. 즉, 해당 투자가 세금 이연 투자(tax-deferred investment)인지 세금이 부과되는 투자(taxable investment)인지 등 세무와 관련된 내용이 포함되어야 한다(FINRA Rule 2210(d)(4)). 또한 수수료 등 제반 비용에 대해서도 공개하여야 하고(FINRA Rule 2210(d)(5)), 정보교류에 있어서 추천서(testimonials)가 투자의 기술적인 면에 관한 것이라면, 이를 작성한 자는 반드시 타당한 의견을 작성할 정도로 지식과 경험을 가진 자이어야 한다(FINRA Rule 2210(6)).

특히, 개인투자가에 대한 증권의 권유(recommendation)를 포함하는 정보교류의 경우에는 권유에 대한 합리적인 근거(resonable basis)를 가지고 있어야 하고, 권유 대상 증권(옵션 등의 경우에는 기초자산 증권)과 관련하여 고객과 이해상충이 있는 사항에 대해서는 공개하여야만 한다. 또한 BD인 회원은 권유를 지지하는 가능한 투자정보를 제공하거나 요청이 있을 경우 이에 응하여야 하며, 주식을 권유하는 경우에는 권유를 행하는 시점에 그 가격도 제공하여야만 한다. 그리고

733 FINRA Rule 2214, Requirements for the Use of Investment Analysis Tools.

일반적으로는 개인투자자 대상 모든 정보교류(retail communication or correspondence)를 함에 있어서는 다른 사람에게 이익이 되었거나 이익이 되고 있는 과거의 특정 권유에 대해 직접 또는 간접적으로 언급하여서는 아니 된다. 다만, 1년 이상의 직전 기간 내에 행해진 같은 종류, 등급 또는 분류에 해당하는 증권에 대한 모든 권유의 내용을 제공할 수는 있다. 이 경우 포함되어야 할 내용으로는 권유된 증권의 명칭, 권유된 날짜와 성격(매수, 매도 또는 보유), 권유된 시점의 시장가격, 권유된 가격, 그리고 가장 최근의 날짜에 해당하는 각 증권의 시장가격 등이 포함되어야 하고, 과거의 권유 내용이 장래에 행해질 권유가 이익이 될 것이라든지 또는 그러한 리스트에 있는 증권들의 성과와 동일할 것이라는 것을 가정해서는 아니 된다는 경고 문구를 해당 정보교류 또는 통신문에 명백히 나타날 수 있도록 포함시켜야 한다(FINRA Rule 2210(d)(7)).

이러한 정보교류 행위와 관련하여서는 SEC Rule 17a-4[734]에 따라 모든 개인투자가 및 기관투자가와 교류된 정보에 대하여 최소 6년간 보관하여야 하며, 최초 2년간은 접근이 쉬운 장소에 보관하여야 한다(FINRA Rule 2210(b)(4)).

설명의무 위반과 관련한 손해배상청구와 관련하여서는 적합성원칙에서와 마찬가지로 FINRA Rule 2210 위반만으로는 묵시적 사적소권이 인정될 수는 없으므로, 설명의무와 관련한 소송 또한 결국 사기금지행위 등을 규정한 SEA Section 10(b)와 SEC Rule 10b-5 위반 주장으로 귀결된다. 다만, 적합성원칙과 마찬가지로 FINRA Rule 2210을 위반하는 경우에는 벌금 및 영업정지 등 행정제재가 수반될 수 있다.[735]

적합성원칙에서와 마찬가지로 FINRA는 증권선물 및 옵션에 대한 정보교류에 대해서는 해당 상품의 특성에 맞게 별도의 규정을 추가하고 있다. 증권선물은 FINRA Rule 2215, 옵션은 FINRA Rule 2220이 규정한다. 증권선물의 경우에는 위험고지서(risk disclosure statements)을 사전에 교부하여야 한다. 그렇지 않은 경우 정보교류는 증권선물에 대한 일반적 설명으로 제한되고, 해당 증권선물을 추천하는 권유(recommendation)를 포함할 수 없다(FINRA Rule 2215(b)(1)). 그리고 증권선물에 의해 제시된 잠재적 기회 또는 이익에 관련된 진술은 상응하는 위험의 진술에 의해 균형을 이루어야 하고, 위험에 대한 진술은 일반적인 내용이 아닌 기회(opportunity)에 대한 진술과 동일한 정도의 특정성(specificity)을 반영하여야 한다(FINRA Rule 2215(b)(2)).

옵션의 경우에도 옵션에 대한 상세 내용을 담은 옵션고지서(options disclosure document)[736]를

734 17 CFR 240.17a-4, Records to be preserved by certain exchange members, brokers and dealers

735 FINRA Rule 2210 위반과 관련한 제재 사항은 FINRA Sanctions Guideline pp.79~81 및 특히 기관투자가 관련 사항은 p.88 참조.

736 FINRA Rule 2360(Options) (a)(12), 이는 SEC Rule 9b-1(option disclosure document)을 충족하는 것으로서 SEC에 신고된(filed) 문서이다. 옵션고지서는 옵션의 매수, 매도 그리고 행사의 방법, 내재된 위험, 옵션시장, 거래비용, 증거금, 세금, 옵션발행자, 기초자산 등 옵션투자와 관련된 필요정보에 대한 설명

사전 교부하여야 한다. 그렇지 않은 경우 정보교류는 옵션에 대한 일반적 설명으로 제한되고, 해당 옵션을 추천하는 권유(recommendation)를 포함할 수 없다(FINRA Rule 2220(d)(1)). 그리고 옵션에 대한 모든 정보교류에 있어서 옵션에 의해 제시된 잠재적 기회 또는 이익에 관련된 진술은 상응하는 위험의 진술에 의해 균형을 이루어야 하고, 위험에 대한 진술은 일반적인 내용이 아닌 기회에 대한 진술과 동일한 정도의 특정성(specificity)을 반영하여야 한다(FINRA Rule 2220(b)(2)).

반면, 일반상품을 기초자산으로 하는 파생상품의 경우에는 좀 더 관대한데, 이는 적합성원칙에서와 마찬가지로 투자자에 대한 견해의 차이에서 비롯된 것으로 보인다. 즉, 증권에 비해 상대적으로 자기책임원칙이 보다 강조되는 경향이 있다.

상품선물에 대한 규제기관인 CFTC는 상품선물을 거래함에 있어 위험고지서(Risk Disclosure Statement)를 제공하도록 강제하고 있다. 하지만, 위험고지서를 전달하는 과정에서 우리나라나 일본과 같은 설명의무를 강제하지는 않고 있다. 상품선물에 관한 Hill v. Bache Halsey Stuart Shields, Inc. 사건[737]에서 미국 법원은 브로커가 고객에게 경고를 무시하라고 말하지 않는 한, 단순히 위험고지서를 전달한 것만으로 충분하다고 판시한 바 있다.[738]

따라서 설명의무 위반과 관련하여서도 상술한 경우와 마찬가지로, 일반상품관련 파생상품의 경우에는 반사기규정인 CEA Section 4b 위반에 해당할 정도가 될 경우에 한해 손해배상청구가 가능할 것이고, 이에는 '사기등의 의도(scienter)'를 요건으로 한다.

다. 영국

영국의 금융회사들은 MiFID 및 COBS에 규정된 설명의무를 준수하여야 한다.

먼저, MiFID는 고객과의 소통을 함에 있어서는 모든 정보는 공정하고 명확하며 오해되지 않도록 하여야 하고(MiFID Article 24(3)),[739] 적절한 정보가 적시에(in a good time) 고객에게

자료이다.

737 Hill v. Bache Halsey Stuart Shields, Inc., 790 F.2d 817 (10th Cir.1986).

738 Hill v. Bache Halsey Stuart Shields, Inc., 790 F.2d 817 (10th Cir.1986) at 824. 이와 같은 판례로는 Purdy v. CFTC, 968 F.2d 510 (5th Cir. 1992), Clayton Brokerage Co. v. CFTC, 794 F.2d 573 (11th Cir. 1986)이 있다.; 다른 견해로는 Nashery v. Carnegie Trading Group, LTD., 2007 U.S. App. LEXIS 15677 (6th Cir. 2007)이 있다.

739 MiFID Article 24(3), All information, including marketing communications, addressed by the investment firm to clients or potential clients shall be fair, clear and not misleading. Marketing communications shall be clearly identifiable as such

전달되어야 한다는 것을 원칙으로 정하고 있다(MiFID Article 24(4)).[740] 또한 금융상품에 대한 특성과 위험을 이해할 수 있도록 정보가 제공되어져야 한다는 원칙(MiFID Article 24(5))[741]도 규정하고 있다. 이 밖에도 금융상품의 유형과 복잡성 및 고객에게 제공되는 서비스의 성격을 고려하여 고객과의 정기적인 커뮤니케이션도 요구되며, 투자자문을 제공할 때, 투자회사는 거래가 이루어지기 전에 고객에게 적절한 정보를 제공하도록 요구한다(MiFID Article 25(6)).[742]

MiFID의 원칙은 COBS에도 반영되어 있다. 고객에 대한 적절한 정보를 적시에 제공하여야 한다는 기본 원칙(MiFID Article 24(4), the obligation to provide appropriate information)과 금융상품에 대한 특성과 위험을 이해할 수 있도록 정보가 제공되어져야 한다는 원칙(MiFID Article 24(5))은 COBS 2.2.1 R[743]에 규정되어 있다. 따라서 회사는 고객에게 투자전략에 대한 위험 및 이에 수반하는 비용 등 적절한 정보를 이해하기 쉬운 형식으로 제공하여 결과적으로 고객이 정보에 근거하여 합리적으로 투자결정을 내릴 수 있도록 하여야 한다(COBS 2.2.1(1) R). 이러한 정보는 표준화된 형식(standadised form)으로 제공되어야 한다(COBS 2.2.1(2) R).

---

740 MiFID Article 24(4), Appropriate information shall be provided in good time to clients or potential clients with regard to <u>the investment firm and its services, the financial instruments and proposed investment strategies, execution venues and all costs and related charges</u>

741 MiFID Article 24(5), The information referred to in paragraphs 4 and 9 shall be provided in a comprehensible form in such a manner that clients or potential clients are reasonably able to understand the nature and risks of the investment service and of the specific type of financial instrument that is being offered and, consequently, to take investment decisions on an informed basis. Member States may allow that information to be provided in a standardised format

742 MiFID Article 25(6), The investment firm shall provide the client with adequate reports on the service provided in a durable medium. Those reports shall include periodic communications to clients, taking into account the type and the complexity of financial instruments involved and the nature of the service provided to the client and shall include, where applicable, the costs associated with the transactions and services undertaken on behalf of the client.
When providing investment advice, the investment firm shall, before the transaction is made, provide the client with a statement on suitability in a durable medium specifying the advice given and how that advice meets the preferences, objectives and other characteristics of the retail client.

743 COBS 2.2.1 R, (1) A firm must provide appropriate information in a comprehensible form to a client about:
(a) the firm and its services;
(b) designated investments and proposed investment strategies; including appropriate guidance on and warnings of the risks associated with investments in those designated investments or in respect of particular investment strategies;
(c) execution venues; and
(d) costs and associated charges;
so that the client is reasonably able to understand the nature and risks of the service and of the specific type of designated investment that is being offered and, consequently, to take investment decisions on an informed basis.
(2) That information may be provided in a standardised format.

설명의무와 관련된 내용은 이 외에도 COBS 6(금융회사와 그의 업무 및 보수에 관한 정보), COBS 13(상품정보의 작성), COBS 14(상품정보의 고객에의 제공) 등에 산재되어 있다.

COBS에 의하면, 금융회사는 일반고객에게 회사와 그의 업무에 관한 정보(Information about a firm and its services)를 제공하여야 하고(COBS 6.1.4 R), 또한 금융회사는 일반고객에게 비용 및 관련 수수료에 관한 정보(Information about costs and associated charges)를 제공하여야 한다(COBS 6.1.9 R). 그리고 금융회사가 집합상품(packaged product)을 일반고객에게 판매, 개별적 권유 또는 판매를 주선할 때에는 수수료나 수수료 상당액을 현금기준으로 공시하여야 한다(COBS 6.4.3 R).

그리고 금융회사는 대부분의 집합상품(packaged product) 등에 대한 '주요특징서면(Key Features Document)'과 '주요특징예시(Key Features Illustration)'를 작성하여야 한다(COBS 13.1.1 R).[744] 여기서, '주요특징서면'은 일반고객이 투자에 관한 의사결정을 하는 데 필요한 상품의 본질과 복잡성, 상품의 기능, 상품에 적용되는 한계와 최소기준, 매수 또는 투자의 주요 이익과 위험에 관한 충분한 정보를 포함하고 있어야 한다(COBS 13.3.1 R). 그리고 '주요특징예시'는 적절한 수수료정보(appropriate charges information)와 집합상품인 경우에는 표준결정추정(standardised deterministic projection)[745]을 포함하여야 한다(COBS 13.4.1 R).

추정과 수수료 정보는 일관성이 있어야 하고, 가장 주된 추정은 표준결정추정이어야 하는 점을 제외하고는 다른 방식에 의한 추정(alternative projections)도 포함할 수 있다(COBS 13.4.1 R).

이와 같은 설명사항을 고객에게 제공함에 있어서는 원칙적으로 금융회사는 고객에게 요구되는 정보를 지정투자업무나 부수업무를 제공하기 전 적절한 시기에(in good time) 고객에게 제공하여야 한다(COBS 6.1.11 R).[746]

그리고 설명의 수단과 관련해서는 명시적인 규정이 있는 경우를 제외하고는 서면 및 이를 대체할 수 있는 전자적 수단(CD, DVD 등) 등 내구성이 있는 수단으로(in a durable medium)[747]

744 COBS 13.1.1 R, A firm must prepare:
(1) a key features document for each non-PRIIP packaged product, cash-deposit ISA, cash-only lifetime ISA and cash-deposit CTF it produces; and
(2) a key features illustration for each non-PRIIP packaged product it produces; in good time before those documents have to be provided.

745 표준결정추정이란 COBS 13 Annex 2에 규정되어 있는 가정에 따른 일반추정(generic projection) 또는 개별추정(personal projection)을 말한다.

746 COBS 6.1.11 R, (1) A firm must provide a client with the information required by this section in good time before the provision of designated investment business unless otherwise provided by this rule.

747 내구성이 있는 수단(durable medium)이란 서면(paper)외에도 수취인이 당해 정보목적을 위하여 적정한 기간 동안 장래의 참조를 위하여 접근 가능한 방법으로 자신에게 개별적으로 송신된 정보를 저장할 수

정보를 제공하여야 하며, 일정한 조건을 충족하는 경우에는 인터넷 홈페이지를 통해서도 이를 제공할 수 있다(COBS 6.1.13 R).[748]

4. 판례상의 설명의무

가. 한국

우리나라 판례는 설명의무를 금융회사가 금융거래를 함에 있어서 요구되는 주의의무의 한 형태로 보아 왔다. 법원은 불법행위책임이 성립하기 위한 '거래행위에 필연적으로 수반되는 위험성에 관한 올바른 인식형성을 방해하거나 또는 고객의 투자상황에 비추어 과대한 위험성을 수반하는 거래를 적극적으로 권유한 경우'에 해당하는지 여부를 판단함에 있어, 거래행위, 거래방법 등과 함께 '설명의 정도'를 고려하고 있다.[749]

설명의무와 관련하여 판례에서 보여주는 설명의무의 사항을 보면, 고객으로 하여금 실질적인 투자판단을 가능하게 할 수 있도록 투자의 대상에 관한 중요한 정보를 충분히 설명할 것을 요구한다.

공사채형 투자신탁의 경우 투자권유자의 고객에 대한 설명의무의 내용을 판시한 대법원 2003. 7. 11. 선고 2001다11802 판결에서는, 설명하여야 할 중요한 정보로 투자신탁의 경우에는 투자신탁의 운용방식 및 특성에 관한 것으로, 공사채형 투자신탁의 경우에는 채권시장의 시가 변동에 의한 위험, 발행주체의 신용위험, 그리고 만약 외국채권을 신탁재산에 편입하는 때에는 환시세의 변동에 의한 위험이 존재하고 이로 인하여 원본 손실의 가능성이 있다는 사실 등을 설명하여야

있고, 저장된 정보의 원형대로의 재생이 가능한 수단을 말한다(Glossary Definition 참조).

748 COBS 6.1.13 R, Except where expressly provided, a firm must provide the information required by this section in a durable medium or via a website (where it does not constitute a durable medium) where the website conditions are satisfied.

749 [대법원 2003. 1. 10. 선고 2000다50312 판결] 증권회사 임직원의 선물거래에 대한 투자권유로 투자한 고객이 손실을 본 경우 불법행위책임이 성립하기 위한 요건에 관한 판결에서 "증권회사의 임직원이 고객에게 적극적으로 투자를 권유하였으나 투자 결과 손실을 본 경우에 투자가에 대한 불법행위책임이 성립되기 위하여는, 이익보장 여부에 대한 적극적 기망행위의 존재까지 요구하는 것은 아니라 하더라도, 적어도 거래경위와 거래방법, 고객의 투자상황(재산상태, 연령, 사회적 경험 정도 등), 거래의 위험도 및 이에 관한 설명의 정도 등을 종합적으로 고려한 후, 당해 권유행위가 경험이 부족한 일반 투자가에게 거래행위에 필연적으로 수반되는 위험성에 관한 올바른 인식형성을 방해하거나 또는 고객의 투자상황에 비추어 과대한 위험성을 수반하는 거래를 적극적으로 권유한 경우에 해당하여, 결국 고객에 대한 보호의무를 저버려 위법성을 띤 행위인 것으로 평가될 수 있는 경우라야 한다"고 판시하고 있다.

하는 대상으로 설시하고 있다.

뿐만 아니라, 수익증권을 판매 권유하는 경우, 단순히 자산운용사의 투자설명서나 판매 보조자료를 신뢰하여 이를 설명한다고 해서 투자자 보호의무를 다하는 것이 아니며, 나아가 투자설명서 등의 의문이 있는 점에 대해서 확인하여 이를 보완하여 판매하는 상품의 위험과 수익에 대하여 균형성을 갖춘 설명을 하여야 한다고 판시하고 있다.[750] 즉, 설명의무를 충실히 다한다는 것은 주어진 자료를 설명하는 소극적 개념이 아니라, 근본적으로 금융투자상품의 권유자는 권유하고자 하는 투자상품에 대한 완벽한 이해(Know Your Security)를 전제로 하여 투자자가 이해하기 쉽게 설명하여야 할 것을 요구하는 개념이라고 할 것이다. 금융투자상품에 대한 완벽한 이해 없이 투자자를 이해할 수 있게 설명하는 것은 제한적일 수 있으며, 이는 투자자의 투자판단에 오해를 초래할 가능성을 만들게 되므로 법원의 판례와 같이 설명의무를 적극적으로 해석하는 것은 투자자 보호를 위해 바람직하다고 할 것이다.

이 경우, 수익증권의 운용자인 자산운용사 역시 판매회사가 설명의무를 이행하여야 할 정보를 1차적으로 생산하고 유통시켜야 할 지위에 있으므로, 판매회사나 투자자에게 투자신탁의 수익구조와 위험요인에 관한 올바른 정보를 제공함으로써 투자자가 그 정보를 바탕으로 합리적인 투자판단을 할 수 있도록 투자자를 보호하여야 할 주의의무와 이에 따른 불법행위책임을 부담한다.[751]

그리고 기업어음(CP)의 거래에 관련된 설명의무를 판시한 대법원 2006. 6. 29. 선고 2005다49799 판결은 "유가증권의 가치에 중대한 영향을 미치는 중요정보는 고객에게 제공하고 설명할 의무를 부담한다"고 판시하여 투자대상의 가치에 중대한 영향을 미치는 정보는 설명의무의 대상임을 설시하였다.

아울러 은행원들이 펀드가입을 권유하면서 고위험·고수익의 장외파생상품을 주된 투자대상으로 하는 펀드의 위험성을 알리지 않은 사안[752]에서 법원은 금융회사의 투자권유와 관련하여

750 대법원 2011. 7. 28. 선고 2010다76368 판결, 동 사건은 EDS(Equity Default Swap)가 내재된 수익증권에 대한 판매와 관련된 사안으로 해당 상품을 국채의 리스크에 견주어 설명자료를 만들고 판매한 사건으로 사실 EDS는 매우 복잡한 개념이고, 특히 바스켓 안에 들어가 있는 주식들의 상관관계의 영향이 매우 중요한 것임에도 이에 대한 분석과 이해 없이 자산운용사가 작성해 준 기초자료를 근거로 투자권유를 하고 이를 믿고 투자한 투자자들이 금융위기로 인해 개별주식들의 상관계수가 높아짐에 따라 막대한 손실이 발생한 사건이다. 투자권유 대상인 금융투자상품에 대한 판매자들의 완벽한 이해의 중요성이 얼마나 중요한 것인지를 단적으로 보여주는 사건이었다.

751 대법원 2011. 7. 28. 선고 2010다76368 판결.

752 [서울중앙지법 2009. 6. 23. 선고 2008가합99578 판결] 은행원들이 펀드가입을 권유하면서 고위험·고수익의 장외파생상품을 주된 투자대상으로 하는 펀드의 위험성을 알리지 않은 사안에서, 펀드의 고수익성과 안전성만 강조하면서 운용방법이나 만기시 원금손실 가능성 등을 설명하지 않고 투자설명서의 제시·교부도 하지 않은 채, 장외파생상품과 연관된 투자상품에 관하여 문외한인 고객들을 상대로 펀드가입을 적극적으로 권유한 행위는, 고객들에게 거래행위에 필연적으로 수반되는 위험성에 관한 올바

파생상품의 투자위험에 대하여 투자자에게 고지의무를 제대로 이행하지 않은 금융회사의 행위에 대하여 투자자 보호의무를 위반한 불법행위를 구성하는 것으로 보아 은행이 사용자로서 손해배상 책임을 진다고 판시한 바 있다.

따라서 판례는 설명의무의 대상으로 금융투자상품의 내용, 투자에 따르는 위험 및 금융투자상품의 가치에 중대한 영향을 미치는 중요정보 등을 투자자에게 고지할 대상으로 보고 있으며, 이를 위반하였을 경우에는 불법행위를 구성하는 것으로 보고 있다.

설명의 방법과 관련하여서는 대법원 2006. 5. 11. 선고 2003다51057 판결에서 "상품안내서 등의 교부를 통하여 투자신탁의 운용개념 및 방법과 신탁약관에서 정하는 사항에 대한 개략적인 정보를 제공한 경우에는 투자신탁설명서나 약관 등을 직접 제시하거나 교부하지 않았다고 하여 설명의무 위반이 된다고 단정할 수 없다"고 판시하고 있으며, 선물투자와 관련한 대법원 2005. 9. 9. 선고 2003다61382 판결에서는 "이 사건 거래행위와 거래방법, 원고의 투자상황, 선물투자에 이르게 된 경위, 원고의 경력 등 제반 사정에 비추어 볼 때, 선물투자를 권유하면서 선물거래의 위험성에 대한 설명을 다소 미흡하게 하였다고 하더라도 그것이 원고에 대하여 거래행위에 필연적으로 수반되는 위험성에 관한 올바른 인식 형성을 방해하였다거나 과대한 위험성을 수반하는 거래를 적극적으로 권유함으로써 고객인 원고에 대한 보호의무를 저버리는 정도에 이른다고 단정하기는 어렵다"고 판시하여 설명에 있어 형식적인 흠결이 조금 있더라도 실질적인 투자판단에 필요한 설명이 충실히 이행되었다면 설명의무를 이행한 것으로 보고 있다. 즉, 고객에게 어느 정도의 설명을 하여야 하는지는 투자 대상인 상품의 특성 및 위험도의 수준, 고객의 투자 경험과 능력 및 기관투자자인지 여부 등을 종합적으로 고려하여 판단되어야 한다.[753]

자본시장법은 설명하여야 할 사항으로, 금융투자상품의 내용, 투자에 따르는 위험 및 투자성에 관한 구조와 성격, 수수료, 조기상환조건, 계약해제·해지에 관한 사항 등을 규정하고 있다(法 제47조제1항, 令 제53조제1항). 또한 설명의 방법에 관해서도 자본시장법은 '일반투자자가 이해할 수 있도록' 설명할 것을 요구하고 있다(法 제47조제1항). 어느 정도의 설명이 일반투자자가 이해할 수 있도록 하는 것인지에 대해서는 판례가 적시한 바대로 투자 대상인 상품의 특성 및 위험도의 수준, 고객의 투자 경험과 능력 및 기관투자자인지 여부 등을 종합적으로 고려하여 판단되어야 한다.

상술한 적합성원칙과 설명의무와의 관계에 관하여 우리 대법원의 태도는 설명의무의 전제로

른 인식형성을 방해하거나 고객들의 투자상황에 비추어 과대한 위험성을 수반하는 거래를 적극적으로 권유한 행위로서 투자자 보호의무를 위반한 불법행위를 구성하므로, 은행이 그 담당직원들의 사용자로서 고객들이 입은 손해를 배상하여야 한다고 한 사례이다.

753 대법원 2006. 5. 11. 선고 2003다51057 판결.

서 적합성원칙을 요구하고 있는 것으로 보인다. 선물환계약과 관련하여 금융기관의 고객보호의무에 대한 판시사항에서 대법원은 "금융기관이 일반 고객과 선물환거래 등 전문적인 지식과 분석능력이 요구되는 금융거래를 할 때에는, 상대방이 그 거래의 구조와 위험성을 정확하게 평가할 수 있도록 거래에 내재된 위험요소 및 잠재적 손실에 영향을 미치는 중요인자 등 거래상의 주요 정보를 적합한 방법으로 설명할 신의칙상의 의무가 있다고 할 것이나, 계약자나 그 대리인이 그 내용을 충분히 잘 알고 있는 경우에는 그러한 사항에 대하여서까지 금융기관에게 설명의무가 인정된다고 할 수는 없다"고 판시하고 있다.[754]

아울러 동 판결은 1차 선물환계약과 관련하여서는 현물을 보유하지 않은 상태에서 선물환을 매도함에 따라 발생할 수 있는 위험성에 대해 거래경험이 전무한 투자자에게 충분히 설명하였어야 한다는 점을 들어 손해배상책임을 인정하였으나, 2차 선물환계약과 관련하여서는 "1차 선물환계약의 경험이 있고, 이로 인한 정산 경험 등을 이유로 선물환계약의 특별한 위험성에 관하여 잘 알게 되었다고 보아야 할 것인바, 그렇다면 그 후 피고가 2차 선물환계약을 체결하면서 별도로 원고에게 위와 같은 특별한 위험성에 관하여 설명할 의무가 있었다고는 볼 수 없다고 할 것이다"고 판시하여 설명하여야 할 사항도 투자자의 해당 상품에 대한 지식, 투자경험 등 고객의 속성에 의존한다는 취지의 판결을 한 바 있다.

따라서 우리 법원은 설명의무를 충실히 이행하기 위해서는 고객속성에 대한 정보를 숙지할 것을 요건으로 하고 있는 것으로 보여 진다.[755] 사실상 금융투자상품에 대해 투자자가 이해할 수 있도록 설명의무를 충실히 이행했는지에 대한 판단은 고객속성에 대한 숙지 이후에나 가능한 개념이다. 이렇게 본다면, 적합성원칙은 설명의무의 전제가 된다고 하겠다.[756]

나. 일본

일본의 경우 金商法 등 업법의 경우 설명의무에 대해서는 고객에 대한 정보제공의무로, 적합성원칙에 대해서는 업자의 특정고객에 대한 행위규제(해당 고객의 속성을 감안하여 권유 등의 행위를 금지하는 원칙)로 엄격히 구별하고 있는데 반해, 판례의 경우에는 업자의 설명의무 위반을 인정함에 있어서 고객의 적합성(지식, 경험, 재산상황 및 투자목적 등)을 고려하는 경우가 많으며, 그런 의미에서 설명의무와 적합성원칙을 일체로서 판단하는 경향이 있다.[757]

754 대법원 2010. 11. 11. 선고 2010다55699 판결.

755 동일한 취지의 판례로는 대법원 2003. 7. 11. 선고 2001다11802 판결 등도 있다.

756 일본 역시 적합성원칙을 설명의무의 전제로 해석하는 견해가 있다(川村正幸(2009), 앞의 책, 332면).

757 池田和世, "金融商品販売法の改正", 「旬刊 商事法務」1782호 (商事法務研究会, 2006.11.15), 18면; 적

그리고 설명의무는 고객이 스스로의 의사와 책임에 입각하여 해당 거래를 행할 것인가 아닌가를 정확히 판단할 수 있도록 하는 견지에서 요구되는 것이므로 구체적인 설명의무의 범위・정도로서는 거래의 성질 및 구조, 투자자의 투자목적, 투자자의 경험 등을 종합적으로 고려하여 개별・구체적으로 정하는 것이 상당하다고 판시하고 있다.[758] 즉, 설명의 정도에 관하여 판례는 고객의 지식, 경험, 재산상태 및 투자목적 등 다양한 고객의 속성을 고려하여 설명정도를 결정하여 고객이 이해 가능하도록 설명할 의무를 증권회사 등 금융상품거래업자에게 부과하고 있는 것이다.[759]

설명의 방법과 관련하여서는 金商法상 사전서면교부의무와 함께 고객을 이해시킬 수 있도록 필요한 방법 및 정도에 의해 설명을 하여야 한다고 규정하고 있으므로(金商法 제37조의3제1항 및 제38조제9호, 金商業等府令 제117조제1호イ), 金商法 시행 이후에는 이에 따라 설명을 하여야 한다. 하지만, 金商法 시행 전에도 판례는 해당 상품에 대한 충분한 설명을 요구하고 있었다.[760]

파생상품에 대한 설명사항과 관련하여서는 해당 상품에 대한 특성, 특히 위험이 초래되는 상황에 대한 손익구조 등 중요사항을 설명하여야 하는데, 구체적으로 사안별로 그 중요사항의 내용을 살펴보면 다음과 같다.

먼저, 통화옵션 매도에 관한 판례에서 법원은 거래의 구조, 거래에 수반되는 환위험의 존재, 그와 같은 위험의 회피수단 등에 관해 설명할 법적의무가 신의칙상 요구된다고 판시하고 있으며,[761] 통화스왑과 관련하여서도 법원은 환시세의 변동에 의해 고객이 부담하는 실질금리가 좌우

합성원칙과 설명의무 위반을 일체로서 판단한 판례로는 大阪地判平成22年8月26日平21(ワ)1727号(ウエストロー・ジャパン), "被告担当者の本件各投資信託の勧誘には、適合性原則違反及び説明義務違反が認められるなどとして", 東京地判平成21年12月21日平20(ワ)20048号(ウエストロー・ジャパン), "原告に対する勧誘を行っていた被告に関しては適合性原則違反、説明義務違反及び断定的判断の提供の違法を認めた"가 있다.

758 [東京地判平成13年11月30日金商1156号39頁(옵션)] このような説明義務は、顧客が自分の意思と責任において当該取引を行うか否かを的確に判断することができるようにとの見地から要求されるものであるから、具体的な説明義務の範囲・程度としては、取引の性質及び仕組み、投資者の投資目的、投資経験等を総合考慮して、個別具体的に定めるのが相当である.

759 설명의무와 관련하여 1990년대 전반 이래로 워런트에 대한 분쟁이 많이 발생하였다(清水俊彦, "デリバティブ 損失問題の深相(3)", 「NBL」No.917 (商事法務, 2009.11.15), 95면); 워런트거래에 있어서 증권회사의 위법권유 등의 불법행위가 문제가 된 사례로는 大阪地判平成7年2月23日判時1548号108頁(워런트), 大阪高判平成10年4月10日判タ1004号169頁(워런트), 東京地判平成11年3月11日判時1704号91頁(워런트), 東京高判平成14年5月23日判タ1101号174頁(워런트) 등 다수가 있다.

760 워런트에 대한 설명서를 교부하고 서면확인까지 받았으나, 워런트의 특징이라고 할 수 있는 권리행사기간이 경과하면 워런트가 무가치하게 된다는 사실을 설명하지 않은 사안에서 법원은 설명의 불충분을 인정하여 손해배상책임을 인정한 바 있다(東京地判平成9年11月27日判タ982号223頁).

761 [東京地判平成11年5月31日判タ1017号173頁(통화옵션)] これらの取引を勧誘する金融機関においては、顧客がそのような為替リスクにより不測の損失を被ることがないよう、顧客に対して、当該取引

되고, 이를 선물을 통해 헤지(hedge)할 수 있다는 것 등을 설명하여야 한다고 판시하여 해당 파생상품거래로 인해 수반되는 위험 및 이에 대한 회피수단까지도 설명할 것을 요구하고 있다.[762]

또한 금리스왑과 관련한 메릴린치일본증권사건[763]에서는 시가평가의 시뮬레이션이 불충분하였고, 상품설명에도 부적절한 부분이 있음을 인정하여 설명의무 위반을 인정한 바 있다.[764] 이는 해당상품의 구조가 복잡하면 할수록 수반하는 위험이 크면 클수록 설명의 방법과 정도 역시 이에 준하여야 한다는 점을 시사한다.[765]

주식관련 옵션과 관련하여서도 마찬가지로 옵션거래의 구조와 동시에 위험에 대하여 고지해야 할 의무를 부과하고 있는데, 최소한 권리행사기간이 만료되게 되면 옵션이 무가치하게 된다는 설명을 요구하고,[766] 또한 수수료 부담이 과대한 경우 손실의 요인이 된다는 것,[767] 리스크를

の構造や仕組み、取引に伴う為替リスクの存在、そのようなリスクの回避手段等について説明すべき法的義務が信義則上要求されているというべきである.

762 東京地判平成9年10月31日判時1650号103頁(통화스왑), 東京地判平成10年7月17日判時1666号76頁(통화스왑), 仙台高判平成9年2月28日金判1021号20(통화스왑).

763 메릴린치일본증권사건(東京地判平成21年3月31日判時2060号102頁)에서 사용된 스왑금리(swap rate)는 미국 달러 10년만기 채권금리와 2년만기 금리차의 4배(하한은 '0')를 수령하는 구조로 만들어진 옵션의 성격을 지닌 구조화된 금리스왑이며, 여기에 메릴린치에게 기한내 언제든지 무상으로 계약을 해지할 수 있는 권리를 부여하고 있는 특징이 있다.

764 그런데 이 사건은 손해배상을 청구한 원고가 투자활동을 전업으로 하는 법인인 특정투자가라는 점에서 일반투자자가 아닌 자에게 설명의무를 부담하는지에 대한 논란을 불러일으키고 있다. 이에 대한 논평으로는 清水俊彦, "デリバティブ 損失問題の深相(9)", 「NBL」No.924 (商事法務, 2010.3.1), 85~93면, 松尾直彦, "金利スワップ取引の説明義務違反を認めた裁判例-東京地判平成21.3.31を契機として", 「旬刊 金融法務事情」No.1868 (金融財政事情研究会, 2009.6.5), 6~15면, 福島良治, "プロ投資家にはどこまでデリバティブ取引を説明すべきか", 「週刊 金融財政事情」No.2854 (金融財政事情研究会, 2009.10.5), 15~18면 등을 참조; 이 사건의 경우 원고는 특정투자가이므로 불법행위책임(民法 제709조) 및 사용자책임(民法 제715조)에 기한 손해배상책임을 청구하였다.

765 해당 상품의 거래구조의 복잡성 및 위험성의 정도(取引の仕組みの複雑さ、取引に伴う危険性の程度)에 따라 설명의 방법과 정도가 달라져야 함을 피력한 판례로는 東京地判平成11年5月31日判タ1017号173頁(통화옵션) 이 있다. 특히 최근 들어 파생상품이 내재된 구조화 채권의 투자가 다양화되면서 이와 관련하여 해당 상품의 복잡성에 비추어 중도상환과 관련된 내용 및 위험성 등에 대한 상세한 설명이 요구된다고 본 판례가 있다. 다만, 이 경우 대부분이 50% 이상의 과실 상계를 인정하고 있다(大阪高判平成24年5月22日金商1412号24頁, 東京高判平成26年8月27日金商1452号10頁, 大阪高判平成27年12月10日金商1483号26頁, 東京地判平成27年4月14日平25(ワ)23630号(ウエストロー・ジャパン), 東京地裁平成27年3月25日平24(ワ)22840号(ウエストロー・ジャパン), 東京地判平成26年5月16日判時2240号94頁 등). 반면, 파생상품의 특성이 내재된 복잡한 구조의 상품이라 할지라도, 상품의 구조로부터 파생되는 그 위험성을 잘 설명한 경우(녹인 상태에서의 손익구조 등)에는 설명의무 위반으로 인정되지 않는다(東京地判平成27年5月26日平25(ワ)11739号(ウエストロー・ジャパン), 東京地判平成28年10月26日平26(ワ)15702号(ウエストロー・ジャパン)).

766 東京地判平成6年2月15日判タ844号212頁, 千葉地判平成12年3月29日判時1728号55頁; 옵션이외에도 워런트 역시 옵션의 성격을 지니고 있으므로, 신주인수권을 행사하지 않고 권리행사기간이 경과한 경우에는 워런트가 무가치로 되어지는 것(新株引受権を行使せずに権利行使期間が経過した場合にはワラントが無価値になること)을 설명하여야 한다(東京高判平成14年5月23日判タ1101号174頁).

회피하는 방법[768] 등에 대해서 설명을 요구하는 판례가 있다.

따라서 일본의 설명의무에 대한 판례의 태도는 해당 상품에 대한 중요사항을 충분히 고객에게 설명하는 것으로 그치는 것이 아니라, 해당 파생상품에 투자함으로써 수반되는 위험을 헤지(hedge)하는 방법도 아울러 설명할 것을 요구하고 있다.[769] 이것은 金商法상 설명의무의 방편으로 서면교부하여야 할 사항으로 규정하고 있는 "금융상품거래업자에 대한 개요, 금융상품거래계약의 개요, 수수료 등 대가에 관한 사항, 손실이 발생할 위험 및 증거금 초과 가능성, 그리고 이 밖에 고객의 판단에 영향을 미치게 되는 중요한 사항"(金商法 제37조의3제1항) 등에 대해 일본 법원이 적극적인 해석을 하고 있는 것으로 판단된다.

다. 미국

미국에서는 적합성원칙에서 살펴본 바와 같이, 신인의무위반(breach of fiduciary duty)을 원인으로 한 손해배상 또는 사기를 원인으로 한 손해배상청구로 구성하지 않는 한 적합성원칙이나 설명의무 위반만을 이유로 하여서는 손해배상책임을 추궁할 수 없다.

파생상품과 관련하여서는 위험고지 여부가 판결에 있어서 중요한데, 옵션거래와 관련하여 옵션거래의 위험을 고객에게 경고하지 아니한 Quick & Reilly, Inc. v. Walker 사건[770]에서 브로커에게 과실이론(negligence theory)상 책임이 있을 수 있다고 판시한 바 있고, 고객이 계좌를 개설함에 있어 그의 투자목적을 '보수적(conservative)'이라고 기록하였음에도 불구하고, 브로커가 위험에 대한 적절한 고지없이 투기적인 옵션거래를 권유한 Gochnauer v. A.G. Edward & Co. 사건[771]에서 법원은 브로커는 고객에게 위험에 대해 고지를 했어야만 했다고 판시한 바 있다.

상품선물(commodity futures)에 대한 위험고지서(Risk Disclosure Statement)를 교부한 Hill v. Bache Halsey Stuart Shields, Inc. 사건에서 법원은 "브로커가 고객에게 경고를 무시하라고 말하지 않는 한 단순히 위험고지서를 교부한 것만으로 충분하다"[772]고 판시함으로써 CFTC가

767 東京地判平成17年7月27日セレクト26巻223頁.

768 東京地判平成13年11月30日金商1156号39頁.

769 [東京地判平成13年11月30日金商1156号39頁] オプション取引は、いずれも大きなリスクを伴うものであることから、一般に、顧客が不測の損失を被ることがないよう、顧客に対して、当該取引の構造や仕組み、取引に伴うリスクの存在、リスクの回避手段等について説明すべき信義則上の法的義務があるというべきである.

770 Quick & Reilly, Inc. v. Walker, 1991 U.S. App. LEXIS 5472 (9th Cir. 1991).

771 Gochnauer v. A.G. Edward & Co., 810 F.2d 1042 (11th Cir. 1987).

772 Hill v. Bache Halsey Stuart Shields, Inc., 790 F.2d 817 (10th Cir.1986) at 824. 이와 같은 판례로는

규정하고 있는 위험고지서를 교부하는 것으로 일반상품을 기초자산으로 하는 파생상품의 경우에는 설명의무를 다한 것으로 간주하는 경향이 있다.

하지만, Nashery v. Carnegie Trading Group, LTD. 판결에서는 위험고지서의 단순한 교부만으로는 고객에게 위험에 관한 모든 중요한 정보를 고지하여야 한다는 의무에 대해 브로커가 면책되는 것은 아니고, 위험에 대한 충분한 정보를 제공할 고지의 필요정도는 '사실과 상황(facts and circumstances)'에 의존한다고 판시함으로써 그동안의 판례의 입장을 변경하고 있다.[773]

아울러 CEA Section 4b 및 CFTC Rule 33.10의 반사기조항에 기한 손해배상청구를 하기 위해서는 법원은 일정한 요건을 요구한다. CFTC v. R.J. Fitzgerald & Co., Inc. 판결은 선물 및 옵션거래의 권유와 관련하여 사기 및 위험고지의 불개시에 기한 손해배상청구를 하기 위해서는 첫째, 부실표시(misrepresentation, misleading statement or deceptive omission)가 있었어야 하고, 둘째, '사기등의 의도(scienter)'를 가지고 행동하였고, 셋째, 부실표시가 중요할 것(materiality) 등을 입증하여야 한다고 판시하였다.[774]

5. 소결

가. 서설

자본시장법 시행 이전 국내 증권관련 법령은 증권투자의 권유에 대한 규제장치로 행정규제

Purdy v. CFTC, 968 F.2d 510 (5th Cir. 1992), Clayton Brokerage Co. v. CFTC, 794 F.2d 573 (11th Cir. 1986)이 있다.

773 Nashery v. Carnegie Trading Group, LTD., 2007 U.S. App. LEXIS 15677 (6th Cir. 2007) at HN.3, "The mere presentation of a risk disclosure statement does not relieve a broker of any obligation under the Commodity Exchange Act, 7 U.S.C.S. §§ 1-25, to disclose all material information about risk to customers. The extent of disclosure necessary to provide full information about risk will vary depending on the facts and circumstances of trading as well as on the nature of the relationship between the broker and customer."

774 CFTC v. R.J. Fitzgerald & Co., Inc., 310 F.3d 1321 (11th Cir. 2002) at 1328, "In order to establish liability for fraud, CFTC had the burden of proving three elements: (1) the making of a misrepresentation, misleading statement, or a deceptive omission; (2) scienter; and (3) materiality."; 이와 같은 판례의 태도는 향후에도 CFTC v. International Financial Services, 323 F.Supp.2d 482 (S.D.N.Y. 2004), 옵션거래와 관련한 CFTC v. Millennium Trading Group Inc. 2007 U.S. Dist. LEXIS 65784 (D. Mich. 2007) 판결에서 동일하게 인용되고 있다.

및 형사책임규정을 두고 있을 뿐, 그 위반행위에 대하여 별도로 민사상 손해배상책임 규정을 두고 있지는 않았다. 이는 투자권유가 기본적으로 사법상 거래라는 점을 감안하여 그 규제위반에 대한 제재의 정도가 엄격하지 않을 뿐만 아니라 집행도 철저하게 이루어지지 않고 있었기 때문이다.[775]

그리고 증권투자와 관련한 대법원의 원칙적인 태도는 "증권거래는 본래적으로 여러 불확정 요소에 의한 위험성을 동반할 수밖에 없는 것으로서 투자가로서도 일정한 범위 내에서는 자신의 투자로 인해 발생할지 모르는 손실을 스스로 부담해야 함이 당연한 점에 비추어"[776]라고 판시함으로써 자기책임의 원칙을 강조하고 있다. 다만, 대법원은 투자권유자에게 고객보호의 법리에 따라 부실표시 또는 기망적 행위로 인해 올바른 인식형성을 방해하는 행위를 회피할 의무를 인정하여 투자권유시 투자자를 보호하고 있다.[777]

그동안 설명의무에 관련된 대법원 판례는 대부분 투자신탁상품과 주가지수 선물 및 옵션과 같은 파생상품이 주를 이루고 있다. 이는 설명의무와 같은 투자자 보호 장치는 금융회사와 일반투자자인 금융소비자 사이에 정보의 비대칭성이 존재할 우려가 있고 이에 따라 교섭의 불균형이 발생할 여지가 있으므로, 거래당사자가 합리적인 판단을 할 수 있는 기초를 제공하여 공정하고 투명하게 거래당사자간의 계약이 이루어 질 수 있도록 법이 개입하려는 취지이다. 그러므로 상대적으로 정보비대칭이 발생할 가능성이 큰 파생상품과 같은 금융투자상품에서 설명의무 위반에 대한 다툼이 많았다고 볼 수 있다.

그러나 선물・옵션의 거래와 관련하여서도 대법원은 "증권회사의 임직원이 고객에게 적극적으로 투자를 권유하였으나 투자 결과 손실을 본 경우에 투자가에 대한 불법행위책임이 성립되기 위하여는, 이익보장 여부에 대한 적극적 기망행위의 존재까지 요구하는 것은 아니라 하더라도, 적어도 거래경위와 거래방법, 고객의 투자상황(재산상태, 연령, 사회적 경험 정도 등), 거래의 위험도 및 이에 관한 설명의 정도 등을 종합적으로 고려한 후, 당해 권유행위가 경험이 부족한 일반 투자가에게 거래행위에 필연적으로 수반되는 위험성에 관한 올바른 인식형성을 방해하거나 또는 고객의 투자상황에 비추어 과대한 위험성을 수반하는 거래를 적극적으로 권유한 경우에 해당하여, 결국 고객에 대한 보호의무를 저버려 위법성을 띤 행위인 것으로 평가될 수 있는 경우라야 한다"[778]고 판시하여 '경험이 부족한 일반투자자'에 대한 보호의무를 설시하고 있으며, 손해배상책임의 법적 성질에 관해서는 부당한 투자권유행위 자체의 위법성이 인정되는 '불법행위책임'

775 권순일, 앞의 박사학위논문, 220면 참조.

776 대법원 1994. 1. 11. 선고 93다26205 판결.

777 대법원 1994. 1. 11. 선고 93다26205 판결, 대법원 2003. 1. 10. 선고 2000다50312 판결, 대법원 2007. 7. 12. 선고 2006다53344 판결 등.

778 대법원 2007. 7. 12. 선고 2006다53344 판결.

으로 간주하고 있다. 따라서 손해배상책임을 청구하기 위해서는 이에 대한 입증책임을 투자자가 부담하여야 한다.

하지만, 2009년 2월 4일 자본시장법의 시행으로 설명의무(法 제47조) 규정을 마련하여 설명의 정도 및 방법 등에 대해 규정하고 있으며, 설명하여야 할 사항으로, 금융투자상품의 내용, 투자에 따르는 위험 및 투자성에 관한 구조와 성격, 수수료, 조기상환조건, 계약해제・해지에 관한 사항 등을 규정함으로써 금융투자상품의 투자 시 충분한 정보를 검토한 후 진정한 의사합치에 의하여 투자계약이 이루어지도록 법질서가 개입하고 있다. 아울러 설명의무 위반에 따른 손해배상책임규정(法 제48조)이 민법에 대한 특칙으로 마련되었고, 특히 투자자 보호차원에서 손해액의 추정 규정(法 제48조제2항)까지 마련되었다.779 이에 따라 피해자가 손해배상청구권을 용이하게 행사할 수 있음은 물론이고, 자본시장법이 투자권유시의 설명방법 및 정도에 대해 명시함으로써 설명의무 위반과 관련한 분쟁을 사전에 방지하는 예방효과도 있다.

일본은 기초자산별, 규제목적별로 金商法, 金販法, 그리고 商取法 등에 분산되어 설명의무를 규정하고 있다. 金商法은 부당권유를 행한 업자의 책임으로서 행정처분을 부과하는 것을 주목적으로 하여 손해배상책임 등 민사책임을 과하는 규정이 결여되어 있지만, 2000년 金販法의 제정(2001년 4월 시행)과 2004년 商取法의 개정에 의해 설명의무 위반에 근거하여 손해배상책임 규정이 신설되었다. 그리고 일본의 법원들은 파생상품과 관련한 설명의무 위반을 판단함에 있어 해당 상품에 대한 위험 등 중요사항의 설명에 국한하지 않고, 해당 상품에 수반되어 있는 위험을 헤지할 수 있는 방법까지 설명할 것을 요구하는 등 위험에 상응하여 설명의 방법도 고도화되어야 할 것을 요구하고 있다.

미국에서는 적합성원칙의 경우와 마찬가지로 제정법상 설명의무에 관한 명시적인 규정은 찾아볼 수 없으며, 설명의무에 대해서는 적합성원칙에 비해 자율규제기관의 규정 또한 미미한 실정이다. 다만, 자율규제기관인 FINRA가 제정한 대중과의 정보교류(Rule 2210)에서 설명의무와 관련한 가이드라인을 찾아볼 수 있을 뿐이다.

설명의무 위반과 관련한 손해배상청구와 관련하여서는 적합성원칙에서와 마찬가지로 FINRA의 규정 위반으로 묵시적 사적소권이 인정될 수는 없으므로, 증권관련 파생상품의 경우에는 설명의무와 관련한 소송 또한 결국 사기금지행위 등을 규정한 SEA Section 10(b)와 SEC Rule 10b-5 위반 주장으로 귀결된다. 즉, 미국에서는 신인의무위반(breach of fiduciary duty)을 원인으로 한

779 손해액의 추정뿐만 아니라, 손해액을 추정함으로써 손해인과관계가 없다는 입증책임을 사실상 금융투자업자에게 전환시킨 규정으로 보아, 손해액뿐만 아니라 손해인과관계도 함께 추정하는 규정으로 해석하는 견해가 있다(김건식・정순섭(2009), 앞의 책, 503면, 변제호・홍성기・김종훈・엄세용・김유석, 「자본시장법」(지원출판사, 2009) 215면, 자본시장통합법연구회, 앞의 책, 301면).

손해배상 또는 사기를 원인으로 한 손해배상청구로 구성하지 않는 한 적합성원칙이나 설명의무 위반만을 이유로 하여서는 손해배상책임을 추궁할 수 없다.

한국과 일본의 판례는 일반적으로 투자권유자의 설명의무 위반을 인정함에 있어서 고객의 적합성(지식, 경험, 재산상황 및 투자목적 등)을 고려하는 경우가 많으며, 그런 의미에서 설명의무와 적합성원칙을 일체로서 판단하는 경향이 있다. 하지만, 일본의 법원이 상대적으로 위험이 높은 파생상품에 대하여 해당 상품의 위험 및 거래구조 등에 대한 중요사항에 국한하지 않고 해당 상품에 수반되어 있는 위험에 대해 헤지할 수 있는 방법들도 설명하여야 한다고 판시하는 등 설명하여야 할 사항에 대해 보다 적극적으로 광범위하게 해석하는 경향을 보이고 있다.

나. 파생상품의 생산과 정보비대칭

자본시장법 및 대법원 판례상 고객보호 법리에 따라 일반투자자에 대한 증권의 투자권유 시 금융투자업자에게 설명의무를 부가하는 것은 금융투자상품의 가격이 해당 기업의 재무정보 및 재산상태 등 기업의 고유한 정보에 의존함은 물론이거니와 국내의 이자율, 환율, 통화량, 물가상승률 및 경기변동 등 국내의 거시변수에 의해서도 영향을 받고, 심지어 해외의 시장변수 및 거시변수 등 무수히 많은 요인들에 의해 영향을 받는 구조이기 때문에, 일반투자자와 투자권유자인 금융투자업자 간에는 정보의 비대칭성이 존재할 개연성이 있고, 이에 따라 자기책임의 원칙의 전제인 투자판단에 있어 진정한 의사합치를 담보할 수 없기 때문이다.

반면, 전문투자자들은 해당 기업의 고유정보는 물론 국내의 거시변수 및 해외의 각종 정보 등 해당 상품의 가격동향에 영향을 미치게 되는 정보의 수집과 관련하여 투자권유자인 금융투자업자에 비해 열등한 위치에 있다고 볼 수 없으므로, 해당 상품에 대한 이해 및 관련 정보에 대한 수집은 투자판단에 있어 자기책임의 원칙상 전문투자자들의 노력에 의해 이루어져야 함은 당연하여 자본시장법 및 그 동안의 판례는 전문투자자에 대한 설명의무를 인정하지 않아 왔다. 즉, 자본시장법상 설명의무는 금융투자업자의 정보에 대한 우위성으로 인하여 발생할 수 있는 문제점을 해결하여 약자인 일반투자자를 보호하기 위함이라 할 수 있다.[780]

그러나 파생상품거래와 관련하여 과거에는 주로 거래소가 상장한 파생상품을 금융투자업자가 단순히 투자권유자의 지위로서 일반투자자 및 전문투자자에게 투자권유를 한 것에 불과하였지만, 2002년 증권회사(현 금융투자업자)에 대한 장외파생상품인가 이후에는 금융투자업자가 일반투자자 및 전문투자자에게 파생상품이 내재된 금융투자상품을 권유자의 지위뿐만 아니라 자신이

780 한국증권법학회, 앞의 책, 253면.

생산한 파생상품에 대한 생산자로서의 지위 하에서 투자권유를 하는 일이 빈번하게 발생하고 있다.

이러한 경우에는 전문투자자라 할지라도 해당 상품에 대한 충분한 정보[781]를 자체적으로 파악하는 것이 쉽지 않으며, 해당 상품의 손익구조 및 위험요인들에 대한 정보에서 생산자에 비해 열위에 있을 개연성이 있다. 즉, 투자권유자에 의해 자체적으로 생산된 파생상품의 경우에는 투자권유자와 전문투자자 간에도 해당 금융투자상품에 대한 정보의 비대칭이 존재할 수 있다. 따라서 진정한 의사합치에 의해 계약이 이루어지기 위해서는 전문투자자인 경우에도 해당 상품에 대한 충분한 정보의 제공이 전제되어야 한다.

다. 위험회피목적 거래의 지정과 이에 따른 문제

금융투자업자가 투자권유자임과 동시에 생산자의 지위에 있게 되는 경우는 대부분이 장외파생상품이다.[782] 그런데 장외파생상품거래와 관련하여 자본시장법은 몇 가지 특칙을 규정하고 있다.

먼저, 장외파생상품매매 등에 있어 주권상장법인은 원칙적으로 일반투자자로 간주되고 서면으로 전문투자자와 같은 대우를 받겠다는 의사를 통지한 경우에만 전문투자자로 대우된다(法 제9조제5항제4호단서). 그리고 금융투자업자가 일반투자자에게 장외파생상품거래와 관련한 투자권유를 할 경우에는 위험회피목적의 거래에 한정하도록 규정하고 있다(法 제166조의2제1항제1호). 그런데 자본시장법시행령은 위험회피목적의 거래를 "장외파생거래 계약기간 중 장외파생거래에서 발생할 수 있는 손익이 위험회피대상에서 발생할 수 있는 손익의 범위를 초과하지 아니하는 것"으로 규정하고 있으므로(令 제186조의2),[783] 금융투자업자는 과거 사회문제가 된 통화옵션계약인 키코(KIKO) 상품을 더 이상 일반투자자인 주권상장법인에게 환위험회피의 목적으로 권

781 기초자산에 대한 예측적인 정보를 의미하는 것이 아니라, 해당 상품의 구조를 결정하는 과정에서 중요하게 고려한 사항이나 위험요인 등 생산자의 지위가 아니면 파악하기 어려운 위험요소들에 대한 정보로서 이러한 정보가 없다면 투자판단에 있어 올바른 인식형성이 방해되었을 만한 정보를 말한다.

782 이 외에도 ELS 등 파생상품이 내재된 파생결합증권이 이에 해당할 수 있다.

783 자본시장법시행령 제186조의2, "대통령령으로 정하는 위험회피 목적의 거래"란 위험회피를 하려는 자가 보유하고 있거나 보유하려는 자산・부채 또는 계약 등("위험회피대상")에 대하여 미래에 발생할 수 있는 경제적 손실을 부분적 또는 전체적으로 줄이기 위한 거래로서 계약체결 당시 다음 각 호의 요건을 충족하는 거래를 말한다.
1. 위험회피대상을 보유하고 있거나 보유할 예정일 것
2. 장외파생거래 계약기간 중 장외파생거래에서 발생할 수 있는 손익이 위험회피대상에서 발생할 수 있는 손익의 범위를 초과하지 아니할 것.

유할 수 없다.

그리하여 주권상장법인이 키코(KIKO) 상품과 같이 일정한 위험을 감수하고라도 특정한 환경하에서는 보다 유리한 방식에 의해 위험을 헤지하는 장외파생상품에 대한 투자권유를 받고자 한다면,[784] 주권상장법인은 전문투자자와 같은 대우를 받겠다는 의사표시를 서면으로 금융투자업자에게 통지하여야 한다. 이럴 경우, 주권상장법인은 장외파생상품거래와 관련하여 전문투자자로 분류되고, 이에 따라 자본시장법상 일반투자자에게만 적용되는 적합성원칙 및 설명의무 등의 영업행위 규칙은 더 이상 주권상장법인에게 적용대상이 되지 않게 된다.

키코와 관련한 판례의 동향을 살펴보면, 법원은 통화옵션계약 자체의 불공정성 및 상품의 환위험관리 부적합성 등에 있어서는 인용하지 않고, 적합성원칙 및 설명의무의 관점에서 불완전판매와 연관지어 손해배상청구권의 인정 여부로 판시하고 있다.[785]

그러나 자본시장법은 전문투자자에 대해서는 투자권유자의 적합성원칙 및 설명의무 등을 요구하지 않으므로, 자본시장법 시행 이후의 계약부터는 주권상장법인이 키코와 같은 상품으로 환위험을 관리하고자 금융투자업자와 거래하는 경우에는 과거에 비해 오히려 불충분한 정보하에서 의사결정을 하게 될 우려가 있고,[786] 이로 인해 손해가 발생한 경우에도 민법상 불법행위책임(민법 제750조)에 근거하여 손해배상을 청구할 수밖에 없으며, 손해배상을 주장하는 경우에도 전문투자자인 주권상장법인은 손실을 회복하기 위해서는 ① 설명의무 위반행위(위법성)의 존재, ② 손해의 발생과 손해액, ③ 위반행위와 손해간의 인과관계 등에 대한 입증책임을 본인이 부담하여야 한다.

자본시장법상 적합성원칙 및 설명의무를 일반투자자에게만 요구하는 것은 정보비대칭이 투자권유자와 일반투자자 간에만 존재하고 전문투자자와의 사이에는 존재하지 않으며, 설령 존재한다고 하더라도 전문투자자는 투자권유자에 비해 정보수집능력이 열위에 있지 않다는 것을 묵시적으로 간주하고 있는 것이다. 따라서 위와 같이 주권상장법인이 다양한 방식에 의해 환위험을 관리할

784 키코(KIKO) 상품의 환위험회피에 대한 적합성여부를 판단한 최근 법원의 판결은 키코(KIKO)와 같은 부분적 환위험관리 상품 역시 환위험회피에 부적합한 상품은 아니라고 판시하고 있다(서울중앙지법 2010. 11. 29. 선고 2008가합108182 판결, 서울중앙지법 2010. 11. 29. 선고 2008가합108304 판결).

785 적합성원칙 및 설명의무 위반도 인정되지 않아 원고의 청구를 모두 기각한 판례도 있고(서울중앙지법 2010. 11. 29. 선고 2008가합108182 판결), 설명의무 위반을 인정하여 원고의 청구중 일부를 인용한 판례도 있다(서울중앙지법 2010. 11. 29. 선고 2008가합108304 판결). 하지만, 두 판결 모두 통화옵션계약의 불공정성 및 해당 상품의 통화위험 부적절성 등에 대해서는 인정하지 않고 있으며, 해당 계약의 문제점을 투자권유자의 책임의 문제로 파악하고 있다.

786 자본시장법이 장외파생상품의 거래로 인한 위험으로부터 일반투자자를 보호하고자 삽입된 규정(法 제166조의2 및 令 제186조의2)이 적합성원칙 및 설명의무 등과의 유기적인 보완으로 연결되지 못하여 오히려 투자자 보호에 문제를 야기하고 있다.

목적으로 전문투자자와 같은 대우를 받겠다는 의사표시를 서면으로 표시하는 행위는 해당 상품에 대해 정보비대칭이 없음을 인정하고, 적합성원칙 및 설명의무 위반의 책임을 금융투자업자에게 묻지 않겠다는 암묵적 표현으로 받아들여 질 수 있다.

하지만, 이 경우와 같이 주권상장법인이 전문투자자와 같은 대우를 받겠다는 의사표시를 서면으로 통지한 것은 투자 권유된 장외파생상품들에 대하여 정보비대칭이 없음을 인정한다기보다는 자본시장법상 정해진 위험회피목적 거래외의 다양한 방식으로 위험을 헤지하고자 하는 목적에서 장외파생상품의 권유를 요청한 것으로 보아야 하며, 자본시장법이 전문투자자에 대해 해당 상품의 성격 및 투자자의 상황 등을 고려하지 않은 채 자기책임의 원칙만을 강조하여 일률적으로 적합성원칙 및 설명의무 등을 적용 배제하는 것은 검토되어야 한다.

라. 정보제공의무

자본시장법상 설명의무 및 책임 규정은 일반투자자에게 적용되는 영업행위 규칙으로서 전문투자자에게는 적용되지 않는다. 그러나 파생상품의 경우에는 금융투자업자가 단순히 금융소비자에 대하여 투자권유자의 지위에만 있지 아니하고, 생산자로서의 지위를 겸하여 자신이 생산한 파생상품을 고객에게 판매하는 경우가 발생한다. 그리고 자본시장법의 시행으로 기초자산의 범위가 폭넓게 되었고, 저금리 기조 하에서 다양한 형태의 신종 파생상품들이 생산되고 있으며, 이러한 현상은 더욱 발전될 것이다. 구조화상품시장의 확대는 금융소비자들로 하여금 투자할 대상의 폭을 넓혀주는 긍정적인 효과는 있으나, 손익구조를 다변화 하다보면 상품에 대한 이해가 어려운 경우가 발생할 수 있고, 일정 부분에서 수익을 확대하는 경우에는 반드시 다른 영역에서는 위험이 증가할 가능성을 수반한다. 그러므로 이에 대한 정확한 이해를 기반으로 투자할 상품을 선택할 수 있도록 금융시장의 발달과 함께 적절한 규제가 병행되어야 한다.

자기책임의 원칙이 지배하는 금융상품에 대한 투자에서 투자권유 시 금융투자업자에게 요구되는 설명의무는 정보비대칭을 해소하여 진정한 의사합치에 의한 계약을 담보하기 위한 보호장치이다. 자본시장법은 상대적으로 정보수집 및 분석능력이 열위에 있는 일반투자자를 보호하고 있지만, 금융환경의 변화에 따라 금융투자업자가 단순한 투자권유자의 지위에만 머물지 않고 상품생산자의 지위를 갖고 거래의 일방 당사자가 되는 일이 점차 증가하고 있어 이럴 경우에는 전문투자자라 할지라도 정보비대칭 하에서 투자판단을 하여야 하는 상황이 발생할 수 있다. 그러므로 생산된 해당 파생상품에 대한 특정위험과 합리적인 가격을 발견할 수 있도록 생산자가 지배하고 있는 중요사항에 대하여 정보제공의무를 부과하는 것이 신의칙에 부합함은 물론 투자자

보호를 기하고 있는 자본시장법의 취지에도 부합한다.

계약체결상의 과실책임[787]이론에 의하면, 계약의 교섭개시와 함께 당사자는 상대방에 대하여 계약의 성립 또는 유효성에 관한 신뢰보호의무로서 배려의무, 설명의무, 정보제공의무와 협력의무를 부담한다.[788] 특히, 계약체결상의 과실책임이론에 의하면 계약체결의 의사결정에 중요한 사정을 일방 당사자만이 지배가능하고 자료를 확보하고 있는 경우 또는 전문지식 등에 기하거나 경제적으로 우월한 지위에 있는 경우 정보를 제공하여야 할 의무(정보제공의무, 보고의무, 경고의무)를 부담하며, 이를 위반한 때에는 보호의무 위반으로 손해배상책임이 발생한다.[789]

따라서 계약의 성립과 밀접하게 관련된 사항에 대한 정보의 고지의무(정보제공의무)를 위반함으로써 상대방에게 손해를 입힌 경우에도 계약체결상의 과실책임이 발생할 수 있다.[790]

우리 대법원은 비록 금융거래는 아니지만 부동산 거래와 관련하여 정보의 고지의무(정보제공의무)를 인정하고 있다.[791] 즉, "부동산 거래에 있어 거래 상대방이 일정한 사정에 관한 고지를 받았더라면 그 거래를 하지 않았을 것임이 경험칙상 명백한 경우에는 신의성실의 원칙상 사전에 상대방에게 그와 같은 사정을 고지할 의무가 있으며, 그와 같은 고지의무의 대상이 되는 것은 직접적인 법령의 규정뿐 아니라 널리 계약상, 관습상 또는 조리상의 일반원칙에 의하여도 인정될 수 있고, 일단 고지의무의 대상이 되는 사실이라고 판단되는 경우 이미 알고 있는 자에 대하여는 고지할 의무가 별도로 인정될 여지가 없지만, 상대방에게 스스로 확인할 의무가 인정되거나 거래관행상 상대방이 당연히 알고 있을 것으로 예상되는 예외적인 경우가 아닌 한, 실제 그 대상이 되는 사실을 알지 못하였던 상대방에 대하여는 비록 알 수 있었음에도 알지 못한 과실이 있다

---

787 계약 체결을 위한 준비과정이나 계약의 성립과정에서 당사자 일방이 유책적으로 상대방의 손해를 야기한 경우에, 이를 배상하여야 할 책임을 계약체결상의 과실책임이라고 한다(지원림, 앞의 책, 1319면).

788 권순일, 앞의 박사논문, 196면 참조.

789 위의 논문, 196면 참조; 그러나 권순일 교수는 그의 논문(2001)에서 국내의 투자권유자의 책임에 관한 판례이론은 보호의무 위반으로 인한 손해배상책임의 법적 성질을 불법행위책임으로 파악하고 있으므로 계약체결상의 과실의 법리를 그 이론적 기초로 하고 있다고 보기는 어려운 반면, 투자권유자의 책임에 관한 일본의 판례이론은 이러한 계약체결상의 과실이론 또는 법정 보호의무이론을 그 이론적 기초로 삼고 있다고 기술하였다(위의 논문, 199면); 민법은 계약이 원시적 불능으로 인하여 무효인 경우에 관하여 명문으로 이 책임을 인정하지만(민법 제535조), 학설은 일반적으로 여기서 한 걸음 더 나아가 계약 체결의 준비단계 또는 계약이 좌절된 경우에도 계약체결상의 과실책임을 인정한다. 학설은 대체로 계약체결상의 과실책임이 손해의 공평한 분담에 기여하고 피해자의 보호에 이바지함을 근거로 그 유용성을 인정하지만, 독일 민법과 달리 우리 민법은 특히 불법행위에 관하여 포괄적인 일반규정을 두고 있으므로 이를 인정할 실익이 크지 않다는 주장도 있다(지원림, 앞의 책, 1319면).

790 지원림, 앞의 책, 1320면.

791 이 밖에도 가맹본부와 가맹상간의 가맹계약에 있어서 가맹본부에게 계약체결상의 과실책임이론에 입각하여 정보제공의무가 있다는 견해가 있다(최영홍, 「가맹계약론」(프랜차이즈시스템연구소, 2003), 100면).

하더라도 그 점을 들어 추후 책임을 일부 제한할 여지가 있음은 별론으로 하고 고지할 의무 자체를 면하게 된다고 할 수는 없다"[792]고 판시하여 정보비대칭이 있는 상황 하에서는 정보를 지배하고 있는 자가 이를 거래상대방에게 제공함으로써 진정한 의사합치에 의해 계약이 성립될 수 있도록 하여야 할 책임을 강조하고 있다.

설명의무에 대한 일본의 판례에서 이미 살펴본 바와 같이, 금리스왑과 관련한 메릴린치일본증권사건[793]에서는 전적으로 투자활동을 사업으로 영위하는 법인인 특정투자가인 경우에도 시가평가의 시뮬레이션이 불충분하였고, 상품설명에도 부적절한 부분이 있음을 인정하여 설명의무 위반을 인정한 바 있다.[794] 동 판결과 관련하여 많은 평석이 있다. 동 판결은 원고가 전문적인 특정투자가임에도 불구하고, 특정투자가에 관한 규칙(rules)을 적용하지 않고, 일반투자가에 대한 규칙을 적용하였다고 비판하는 견해도 있지만,[795] 고객이 특정투자가이어도 증권회사등의 업자에 대해 요구되는 민사상의 설명의무(정보제공의무)가 반드시 경감되어지는 것은 아니라는 것을 시사하고 있다고 보아 긍정하는 견해가 다수이며,[796] 특정투자가에 대해 설명의무를 인정할 것인가 부인할 것인가는 개별・구체적인 사안에 입각하여 손해금의 분담을 어떻게 할 것인가의 문제로 단순화할 수 있다는 견해도 있다.[797]

결국 메릴린치일본증권사건의 판결은 투자권유자인 증권회사가 계약당사자로서의 신의성실의무를 다하지 않음에 따라 그의 손해배상책임을 인정한 것이다. 따라서 동 판결이 시사하는 바는 해당 상품의 구조가 복잡하면 할수록 수반하는 위험이 크면 클수록 설명의 방법과 정도 역시 이에 준하여야 한다는 점을 강조하고,[798] 아울러 투자자가 일반투자자인지 특정투자가인지

792 대법원 2007. 6. 1. 선고 2005다5812, 5829, 5836 판결.

793 메릴린치일본증권사건(東京地判平成21年3月31日判時2060号102頁)에서 사용된 스왑금리(swap rate)는 미국 달러 10년만기 채권금리와 2년만기 금리차의 4배(하한은 '0')를 수령하는 구조로 만들어진 옵션의 성격을 지닌 구조화된 금리스왑이며, 여기에 메릴린치에게 기한내 언제든지 무상으로 계약을 해지할 수 있는 권리를 부여하고 있는 특징이 있다.

794 이 사건은 손해배상을 청구한 원고가 투자활동을 전적으로 사업으로 하는 법인인 특정투자가라는 점에서 일반투자자가 아닌 자에게 설명의무를 부담하는지에 대한 논란을 불러일으키고 있다. 그리고 이 사건의 경우 원고는 특정투자가이므로 불법행위책임(民法 제709조) 및 사용자책임(民法 제715조)에 기한 손해배상책임을 청구하였다.

795 이러한 견해로는 和仁亮裕・高林径子・宇波洋介, "投資家様と説明義務", 「旬刊 金融法務事情」1873호 (金融財政事情研究会, 2009.7.25), 1면 참조.

796 이와 같은 견해로는 清水俊彦, "デリバティブ 損失問題の深相(9)", 「NBL」No.924 (商事法務, 2010.3.1), 85~93면, 松尾直彦, "金利スワップ取引の説明義務違反を認めた裁判例-東京地判平成21.3.31を契機として", 「旬刊 金融法務事情」1868호 (金融財政事情研究会, 2009.6.5), 6~15면 등이 있다.

797 福島良治, "プロ投資家にはどこまでデリバティブ取引を説明すべきか", 「週刊 金融財政事情」2854호 (金融財政事情研究会, 2009.10.5), 17면.

798 해당 상품의 거래구조의 복잡성 및 위험성의 정도(取引の仕組みの複雑さ、取引に伴う危険性の程度)에 따라 설명의 방법과 정도가 달라져야 함을 피력한 판례로는 東京地判平成11年5月31日判タ1017号

의 구분보다는 정보비대칭이 존재하는 상황 하에서는 해당 상품에 대해 정보를 충분히 고지하여 정보에 근거하여 진실된 의사결정을 할 수 있도록 하여야 할 의무를 투자권유자에게 부담시키고 있는 것이다.

파생상품의 투자권유 시 설명하여야 할 내용과 관련하여서도 메릴린치일본증권회사의 사건은 시사하는 바가 있다. 일반적으로 한국과 일본에서 설명의무의 대상으로 되는 위험은 실제로 발생할 수 있는 손실과 관련된 사항으로 금리, 수수료 및 중도해약청산금의 지불 등과 관련된 것이다. 그러나 동 사건에서 문제가 된 것은 시가평가에 관한 정보로서 이는 해당 기업의 세후손익에 영향을 미치는 정보에 해당한다. 동 사건의 파생상품계약은 위험회피거래에 해당하지 않아 시가평가를 해야 하는 사안이었다는 점을 감안하여,[799] 시가평가로 인한 세후손익에 영향을 미치는 시가평가에 관련한 시뮬레이션의 중요성을 법원이 인정한 것이다. 이렇듯 파생상품거래와 관련하여서는 투자목적 등 사안에 따라서 설명되어야 할 중요사항에 대한 기준이 달라질 수 있다.

증권과 같은 금융투자상품은 금융투자업자가 단순히 투자권유자의 지위에서 금융소비자와 대면하는 것이고,[800] 증권의 가격을 결정하는 해당 기업의 재무적 정보와 거시변수들에 대해서는 일반투자자에 비해서는 우위에 있을지언정 전문투자자에 비해 월등한 지위에 있다고 볼 수는 없다. 그러므로 전문투자자에 대한 투자권유 시 설명의무의 책임을 부담시키는 것은 합리적인 규제가 될 수 없다. 그러나 파생상품이 내재된 구조화상품의 발달이 가속화되고 있는 현재의 시점에서는 만약 자신이 생산한 신종 파생상품을 투자권유하는 경우에는 아무리 전문투자자라 할지라도 합리적인 투자 결정에 충분한 정보를 수집하는데 있어 곤란을 겪을 우려가 있으므로 충분한 정보의 전달을 담보할 책임규정이 마련되어야 한다.

따라서 자본시장법상 설명의무와 관련하여 전문투자자의 경우에도 상기와 같이 금융투자업자가 투자권유자임과 동시에 생산자로서의 지위[801]를 갖고 있는 경우에는 해당 상품에 대한 위험을

173頁(통화옵션) 이 있다.

799 福島良治, 앞의 논문(2009.10.5), 17면 참조.

800 상술한 바와 같이, 파생상품이 내재되어 금융투자업자에 의해 생산되는 파생결합증권의 경우는 파생상품과 마찬가지로 생산자의 지위를 갖게 됨은 물론이다. 즉 파생결합증권은 여타의 증권과는 다른 특성을 지니고 있다. 따라서 파생결합증권은 규제의 일관성을 유지하기 위해서도 파생상품과 채무증권의 특성을 공히 갖고 있는 상품에 맞게 요소별로 합당한 규제를 적용하는 것이 필요하다.

801 소위 백투백헤지(back to back hedge)를 통해 해당 포지션의 위험을 외국의 투자은행에 전량 전가하는 경우라 할지라도 이 역시 생산자의 지위에 있음은 자명하고, 이에 따른 해당 상품에 대한 정보공개의무를 부담하여야 한다. 백투백헤지는 단순히 파생상품에 대한 위험관리의 방식으로 금융투자업자가 선택한 것에 불과하기 때문이다. 따라서 해당 파생상품의 구조와 위험을 정확히 인지하지 못한 상태에서 금융투자업자가 생산자의 지위만을 이용하여 수익을 창출할 목적으로 자신의 위험은 백투백헤지로 인해 전량 헤지하고 해당 상품의 위험요인은 제대로 파악하지 않은 채 금융소비자에게 불충분한 정보를 제공하여 상품을 권유·판매하고, 이로 인해 손해가 발생한 경우에도 물론 생산자 지위에서의 설명의무 위반에 따른 책임을 부담하여야 한다.

인지하고 합리적인 가격을 발견할 수 있도록 생산자 지위에서 갖게 되는 비대칭적인 정보를 충분히 고지하여 투자판단에 있어 올바른 인식형성을 방해하는 일이 없도록 하는 것이 신의칙에 부합한다고 할 것이다. 그러므로 조기상환이 있는 경우에는 조기상환확률, 가격구조에 대한 시뮬레이션 결과 및 내재 변동성 등 가격결정의 중요사항에 대한 정보는 물론이거니와 특정한 위험이 있는 경우 이에 대해 투자자가 이해할 수 있도록 설명을 할 의무가 있음을 자본시장법에 명시하여 분쟁발생에 대한 사전 예방효과로서의 기능이 발휘되도록 하여야 한다.

입법과정을 통해 파생상품거래와 관련하여 전문투자자에 대한 설명의무를 보완하는 것이 바람직하지만, 이러한 입법은 이해관계자의 다양한 이해로 인하여 시일이 많이 필요할 수 있다. 그러므로 법원은 전문투자자에 대한 투자권유와 관련하여 판단할 때에도 자기책임원칙만을 강조할 것이 아니라, 자기책임원칙의 전제로서 충분한 정보에 기해 투자판단이 이루어지도록 금융투자업자가 투자권유자임과 동시에 생산자로서의 지위를 갖는 경우에는 파생상품계약의 일방 당사자로서 계약체결상의 과실책임이론에 입각한 정보제공의무에 근거하여 중요정보에 대한 부실표시가 없었는지 여부를 판단하여 전문투자자라 할지라도 설명의무 위반으로 인한 손해배상청구의 가능성을 현실화할 필요가 있다. 계약체결상의 과실책임이론에 입각한 정보제공의무의 인정은 복잡・다양화되는 파생상품이 내재된 구조화상품에 대한 보다 충실한 설명을 견인하여 분쟁을 미연에 방지하는 예방적 효과를 발휘하게 될 것이다.

제4절 적정성원칙

1. 의의

적정성원칙은 EU의 「금융상품시장에 관한 지침」(The Market in Financial Instruments Directive; 이하 'MiFID')에서 처음 도입된 규제상의 원칙으로 '투자권유나 자문이 없는 경우'에도 금융업자는 해당 상품이나 업무가 고객에게 적정한지 여부를 판단하기 위해 그에 관한 고객의 지식과 경험에 관한 정보제공을 요구하는 행동규범을 말한다.[802] 즉, 투자권유가 없어 적합성원칙이 적용될 수 없는 상황 하에서 투자자 보호를 위해 적용되는 영업행위 규칙이 적정성원칙이다.

상술한 고객숙지의무 및 적합성원칙은 투자권유가 있다는 전제 하에서 적용되는 영업행위 규칙이다. 투자권유란 특정 투자자를 상대로 금융투자상품의 매매 또는 투자자문계약・투자일임계약・신탁계약(관리신탁계약 및 투자성 없는 신탁계약은 제외)의 체결을 권유하는 것을 말하는 것으로 정의된다(자본시장법 제9조제4항). 따라서 불특정다수인을 상대로 하는 자본시장법 제71조제2호가 규정하는 특정 금융투자상품의 가치에 대한 주장이나 예측을 담고 있는 조사분석자료를 공표하거나 자본시장법 제57조제1항이 규정하는 투자광고를 하는 것은 투자권유에 해당하지 않는다. 조사분석자료 및 투자광고는 특정 금융투자상품에 대한 매매계약의 체결을 목적으로 하는 것이 아니라, 일반적인 정보제공을 내용으로 하기 때문이다.

그러므로 일반투자자들이 이러한 정보에 기반하여 투자권유 없이 자신의 투자성향에 비추어 부적합한 '파생상품등' 고위험 금융상품에 무분별하게 투자하여도 적합성원칙에 의해 보호를 받을 수 없게 된다. 따라서 이러한 규제공백을 메우기 위해서는 파생상품등 고위험 금융투자상품

802 MiFID는 각 회원국들에게 다음과 같은 사항을 준수할 것을 요구하고 있다. 첫째, 적합성원칙이 적용되는 투자권유를 하고 있지 않은 상황에서는, 금융회사(investment firms)는 고객 또는 잠재고객(potential client)에게 그들이 투자하고자 하는 투자업무나 상품이 해당 고객에게 적정한지(appropriate) 여부를 판단할 수 있도록 해당 투자분야에 관한 그들의 지식과 경험에 관한 정보를 제공해 줄 것을 요청해야 하고, 둘째, 고객이 제공한 정보에 기초하여, 금융회사는 해당 투자업무 및 상품이 고객에게 적정하지 않을 경우에는 고객에게 표준화된 방식(standardised format)에 의해 경고하여야 하고, 셋째, 고객이 충분한 정보를 제공하지 않은 경우에는 금융회사는 고객에게 불충분한 정보제공으로 인해 해당 투자업무나 상품의 적정성여부를 판단할 수 없다는 경고를 표준화된 방식에 의해 고객에게 전달하여야 한다(MiFID Article 25(3)).

에 투자하는 경우에는 비록 투자권유가 없는 경우라 할지라도 고객의 정보를 파악하여 고객의 투자성향에 비추어 적정하지 않을 경우에는 이에 대한 경고 등을 통해 위험성을 의무적으로 알리는 영업행위 규칙을 마련하여 금융소비자 보호에 만전을 기할 필요가 있다.

적정성원칙은 파생상품과 같이 복잡화·구조화되어 일반투자자가 그 상품을 이해하기 어려운 고위험의 금융투자상품인 경우에는 금융투자업자가 적극적으로 투자권유를 하지 않은 상황하에서도 일반투자자가 그의 매매를 요구하는 경우에는 해당 상품이 일반투자자에게 적정한지 여부를 평가하고, 그에 대한 위험을 고지하도록 하는데 그 의의가 있다.

2. 자본시장법상 적정성원칙

자본시장법 제46조의2는 상술한 취지를 수용하여 적정성원칙에 관한 규정을 마련하고 있다. 즉, 금융투자업자가 일반투자자에게 투자권유를 하지 아니하고 파생상품, 그 밖에 대통령령으로 정하는 금융투자상품[803](이하 "파생상품등"이라 한다)을 판매하려는 경우에는 면담·질문 등을 통하여 그 일반투자자의 투자목적·재산상황 및 투자경험 등의 정보를 파악하여야 한다(法 제46조의2제1항).

금융투자업자는 일반투자자의 투자목적·재산상황 및 투자경험 등에 비추어 해당 파생상품등이 그 일반투자자에게 적정하지 아니하다고 판단되는 경우에는 ① 해당 파생상품등의 내용, ② 해당 파생상품등에 대한 투자에 따르는 위험, ③ 해당 파생상품등이 일반투자자의 투자목적·재산상황 및 투자경험 등에 비추어 그 일반투자자에게 적정하지 아니하다는 사실 등을 알려야 하고(法 제46조의2제2항전반, 令 제52조의2제2항), 일반투자자로부터 서명, 기명날인, 녹취, 그

803 자본시장법시행령 제52조의2(적정성의 원칙) ① 법 제46조의2제1항에서 "대통령령으로 정하는 금융투자상품"이란 다음 각 호의 어느 하나에 해당하는 것을 말한다.
1. 파생결합증권. 다만, 금적립계좌등은 제외한다.
2. 법 제93조제1항에 따른 집합투자기구의 집합투자증권. 다만, 금융위원회가 정하여 고시하는 집합투자기구의 집합투자증권은 제외한다.
3. 집합투자재산의 100분의 50을 초과하여 파생결합증권에 운용하는 집합투자기구의 집합투자증권
4. 법 제165조의11제1항에 따라 해당 사채의 발행 당시 객관적이고 합리적인 기준에 따라 미리 정하는 사유가 발생하는 경우 주식으로 전환되거나 그 사채의 상환과 이자지급 의무가 감면된다는 조건이 붙은 사채(이하 "조건부자본증권"이라 한다)
5. 파생상품이나 제1호부터 제4호까지의 금융투자상품에 운용하는 법 제110조제1항에 따른 금전신탁계약에 의한 수익권이 표시된 수익증권(이와 유사한 것으로서 신탁의 수익권이 표시된 것을 포함한다)

밖에 전자통신, 우편, 전화자동응답시스템 등의 방법으로 이에 대해 확인을 받아야 한다(法 제46조의2제2항후반, 令 제52조의2제3항 및 令 제52조).

따라서 일반투자자가 투자권유 없이 HTS(Home Trading System)를 이용한 파생상품매매를 하고자 하는 경우에도 자본시장법에 의하면 적정성원칙이 적용된다. 그러므로 파생상품계좌를 개설하는 시점에서 고객의 지식과 경험 등 고객의 정보를 수집하고, 이러한 정보를 바탕으로 파생상품등의 투자가 해당고객에게 적정한지 여부를 판단하고, 만약 적정하지 않을 경우에는 이를 서면 등의 방법으로 알리고 확인을 받는 절차가 필요하다.

3. 영국의 적정성원칙

MiFID는 적합성원칙에 대해 규정한 Article 25(2)를 적용할 수 없는 상황에서는 즉, '투자권유나 자문이 없는 경우'에도 금융회사는 해당 상품이나 업무가 고객에게 적정한지 여부를 판단하기 위해 그에 관한 고객의 지식과 경험에 관한 정보제공을 요구하는 규정을 마련하고 있다(MiFID Article 25(3)).[804] 즉, 투자권유가 없어 적합성원칙이 적용될 수 없는 상황 하에서 투자자 보호를 위해 적용되는 영업행위 규칙이 적정성원칙(appropriateness)이다.

적정성원칙은 규제대상 금융회사로 하여금 고객이 해당 상품과 관련된 위험을 이해하고 있는지 확인하고, 위험에 대한 적절한 경고를 표준화된 양식에 의해 제공하여야 할 의무를 내포하고

804 MiFID Article 25(3), Member States shall ensure that investment firms, when providing investment services other than those referred to in paragraph 2, ask the client or potential client to provide information regarding that person's knowledge and experience in the investment field relevant to the specific type of product or service offered or demanded so as to enable the investment firm to assess whether the investment service or product envisaged is appropriate for the client. Where a bundle of services or products is envisaged pursuant to Article 24(11), the assessment shall consider whether the overall bundled package is appropriate.
Where the investment firm considers, on the basis of the information received under the first subparagraph, that the product or service is not appropriate to the client or potential client, the investment firm shall warn the client or potential client. That warning may be provided in a standardised format.
Where clients or potential clients do not provide the information referred to under the first subparagraph, or where they provide insufficient information regarding their knowledge and experience, the investment firm shall warn them that the investment firm is not in a position to determine whether the service or product envisaged is appropriate for them. That warning may be provided in a standardised format.

있다(MiFID Article 25(3)). 결국, 금융회사는 그들이 제공하고자 하는 대상 업무나 상품이 고객에게 적정한지 여부를 판단하기 위하여 해당 고객의 투자분야에 대한 지식과 경험에 관련된 정보를 제공할 것을 고객에게 요청하여야 하고, 금융회사는 그들이 제공하는 대상 업무나 상품을 이해하는데 필요한 정보를 고객이 가지고 있는지 여부를 판단할 필요가 있게 된다(COBS 10.2.1 R).[805]

따라서 대상 상품이 투자목적에 적합한지(suitable)의 판단뿐만 아니라, 해당 상품이 특정한 고객에게 적정한지(appropriate) 여부를 판단하는 것 또한 중요하다. 이러한 판단을 위해 ① 고객에게 익숙한 업무, 거래 및 투자유형, ② 고객의 거래의 본질, 규모, 빈도 및 거래 기간, ③ 교육수준, 직업 또는 관련된 전직 경험 등의 고객에 대한 정보를 요구할 필요가 있게 된다(COBS 10.2.2 R).[806]

영국은 FCA의 COBS에서 금융회사가 자문이 있는 경우와 자문이 없는 경우를 구분하여 투자권유 시 준수해야 할 영업행위 규칙을 규정하고 있다. 자문이 있는 경우(including basic advice)에는 적합성원칙이 적용되고, 자문이 없는 경우(non-advised services)에는 적정성원칙이 적용된다. 적합성원칙은 COBS 9에 그리고 적정성원칙은 COBS 10에 규정되어 있다.

금융회사는 그 상품이나 업무가 고객에게 적정하지 않다고 판단하는 경우, 그 사실을 고객에게 경고하여야 하고, 경고 시에는 표준화된 문서를 사용하여야 한다(COBS 10.3.1 R)[807]. 대상 업무나 상품이 고객에게 부적당하여 고객에게 경고를 하였음에도 불구하고 고객이 거래를 원할 시에는 거래여부를 고려할 수 있고(COBS 10.3.3 R), 이 경우에는 적정성 평가에 사용된 판단자료

---

805 COBS 10.2.1 R, (1) When providing a service to which this chapter applies, a firm must ask the client to provide information regarding his knowledge and experience in the investment field relevant to the specific type of product or service offered or demanded so as to enable the firm to assess whether the service or product envisaged is appropriate for the client.

(2) When assessing appropriateness, a firm must determine whether the client has the necessary experience and knowledge in order to understand the risks involved in relation to the product or service offered or demanded.

806 COBS 10.2.2 R, The information regarding a client's knowledge and experience in the investment field includes, to the extent appropriate to the nature of the client, the nature and extent of the service to be provided and the type of product or transaction envisaged, including their complexity and the risks involved, information on:

(1) the types of service, transaction and designated investment with which the client is familiar;

(2) the nature, volume, frequency of the client's transactions in designated investments and the period over which they have been carried out;

(3) the level of education, profession or relevant former profession of the client.

807 COBS 10.3.1 R, (1) If a firm considers, on the basis of the information received to enable it to assess appropriateness, that the product or service is not appropriate to the client, the firm must warn the client.

(2) This warning may be provided in a standardised format.

및 기록을 최소한 5년간 유지하여야 한다(COBS 10.7.1 G, 10.7.2 R).

투자자문 또는 권유가 없는 상태에서도 복합금융상품(complex financial instruments)은 적정성원칙에 해당되므로, 일반적으로 투자자문 또는 권유가 없는 상태에서 일반고객과 파생상품 또는 워런트 거래를 하는 경우에 적정성원칙이 적용될 것이다(COBS 10.1.2 R, COBS 10.4.1 R).

4. 소결

이상에서 자본시장법과 영국 FCA의 COBS 규정상 명문으로 도입된 적정성원칙에 대해 살펴보았다. 적정성원칙은 EU의 MiFID에서 처음 도입된 규제상의 원칙으로 '투자권유나 자문이 없는 경우'에도 금융업자는 해당 상품이나 업무가 고객에게 적정한지 여부를 판단하기 위해 그에 관한 고객의 지식과 경험에 관한 정보제공을 요구하는 행동규범을 말한다. 즉, 투자권유가 없어 적합성원칙이 적용될 수 없는 상황 하에서 투자자 보호를 위해 적용되는 영업행위 규칙이 적정성원칙이다.

그런데 일본, 미국 등은 우리나라와 달리 적정성원칙에 대해서는 의무를 부과하고 있지 않다. 우리나라는 금융환경이 급변하고 이에 따라 신종 파생상품이 내재된 다양한 구조화상품이 범람하여 해당 상품에 대한 이해가 부족한 상태에서 투자결정을 하고 있는 현실의 우려를 감안하여, 일반투자자들의 경우에는 투자권유가 없는 경우에도 고객에 대한 투자성향을 파악하여 해당 상품의 적정성 여부를 판단할 의무를 금융투자업자에게 부여하고 있다.

그러나 증권 및 파생상품거래는 원칙적으로 사적 자치가 지배하는 사적 계약이고, 이에 따라 투자결정은 자기책임원칙 하에서 이루어지는 행위이다. 물론 투자권유자와 투자자 간의 정보비대칭에 따라 진정한 의사합치에 의한 계약이 이루어 질 수 없는 경우에는 법질서가 개입하여 이를 보완하는 것은 타당한 논거일 수 있다. 하지만, 투자권유도 없는 상태에서 금융투자업자로 하여금 고객에 대한 정보를 파악하게 하고, 해당 상품의 적정성 여부를 판단하도록 하는 것은 고객의 입장에서나 금융투자업자 입장 모두에게 불필요한 시간 낭비를 초래할 뿐만 아니라, 이에 대한 규제의 이론적 근거 또한 미약하다.

또한 자본시장법의 개정으로 적정성원칙을 도입하였으나, 자본시장법 하에서 적정성원칙을 실효적으로 담보하는 것이 가능할 것인지에 대해서도 의문이 있다. 자본시장법은 금융투자업자가 적정성 원칙을 위반한 경우 형사책임에 대한 규정은 마련하고 있지 않다. 다만, 자본시장법 제64

조에 기한 손해배상책임 또는 민법 제750조에 기한 불법행위책임을 지게 된다.

그러나 자본시장법 제64조는 "금융투자업자는 법령·약관·집합투자규약·투자설명서에 위반하는 행위를 하거나 그 업무를 소홀히 하여 투자자에게 손해를 발생시킨 경우에는 그 손해를 배상할 책임이 있다"고 규정하므로, 위반행위와 손해발생간의 인과관계의 존재가 입증되어야 손해배상책임이 인정된다. 그리고 민법상 불법행위책임에 있어서도 위법성이 인정되기는 쉽지 않다. 투자권유 시 적합성원칙의 경우에도 적합성원칙의 위반만으로 위법성이 성립하는 것이 아니라 부가적 요건을 충족할 경우에 비로소 위법성이 인정되고, 적합성원칙 위반을 다룬 대부분의 판결이 설명의무와 연계되어 있는 판례의 태도를 감안할 때, 투자권유도 없는 상황 하에서 적정성원칙의 위반만으로 손해배상청구가 실효적으로 가능한지는 의문이다.

제5절 기타 영업행위 규칙

1. 의의

파생상품은 본질적으로 기초자산의 가치변화에 의해 가격이 형성되고, 그 구조 또한 복잡・다양하여 파생상품의 특성과 위험을 제대로 인지하고 투자하는 것이 일반투자자에게는 상당히 어려울 수 있다. 반면, 금융투자업자들의 경우에는 파생상품의 레버리지효과(leverage effect)로 인해 명목상 거래금액이 주식 등에 비해 상대적으로 커서 이로 인해 수수료 수입 등 영업수익의 증대에 공헌하는 비중은 크다. 또한 구조의 복잡성 및 정보의 비대칭성으로 인해 과다한 영업상 마진(margin)을 기대할 수 있다.

따라서 금융투자업자로서는 파생상품에 대한 투자권유를 통해 영업이익을 높이고자 하는 유인이 존재할 수 있다. 이렇게 되면, 불필요한 투자자에게 부당한 권유를 하게 되어 투자자 보호를 심각히 훼손할 우려가 있어, 이를 규제할 필요가 있게 된다. 따라서 자본시장법 제49조는 상술한 적합성원칙, 적정성원칙, 설명의무 외에도 금융투자업자가 투자권유를 함에 있어서 부당권유를 금지하는 규정을 마련하고 있다.[808] 특히, 파생상품등의 권유 및 매매와 관련하여서는 불초청권유, 재권유금지 등의 부당권유행위가 금지된다.

부당권유금지 행위를 한 자에 대해서는 먼저, 거짓의 내용을 알리는 행위(法 제49조제1호), 불확실한 사항에 대하여 단정적 판단을 제공하거나 확실하다고 오인하게 할 소지가 있는 내용을

808 자본시장법 제49조, 금융투자업자는 투자권유를 함에 있어서 다음 각 호의 어느 하나에 해당하는 행위를 하여서는 아니 된다.

1. 거짓의 내용을 알리는 행위
2. 불확실한 사항에 대하여 단정적 판단을 제공하거나 확실하다고 오인하게 할 소지가 있는 내용을 알리는 행위
3. 투자자로부터 투자권유의 요청을 받지 아니하고 방문・전화 등 실시간 대화의 방법을 이용하는 행위. 다만, 투자자 보호 및 건전한 거래질서를 해할 우려가 없는 행위로서 대통령령으로 정하는 행위를 제외한다.
4. 투자권유를 받은 투자자가 이를 거부하는 취지의 의사를 표시하였음에도 불구하고 투자권유를 계속하는 행위. 다만, 투자자 보호 및 건전한 거래질서를 해할 우려가 없는 행위로서 대통령령으로 정하는 행위를 제외한다.
5. 그 밖에 투자자 보호 또는 건전한 거래질서를 해할 우려가 있는 행위로서 대통령령으로 정하는 행위

알리는 행위(法 제49조제2호)의 경우에는 3년 이하의 징역 또는 1억원 이하의 벌금에 처하고(法 제445조제6호), 불초청권유금지(제3호), 재권유금지(제4호), 기타 부당권유금지(제5호)의 어느 하나에 해당하는 행위를 한 자는 1억원 이하의 과태료를 부과한다(法 제449조제1항제22호).

2. 자본시장법상 부당권유금지

가. 불초청권유금지

1) 정의규정

장외파생상품에 대해서는 특히 투자자로부터 투자권유의 요청을 받지 아니하고 방문・전화 등 실시간 대화의 방법을 이용하는 불초청권유행위를 하여서는 아니 된다(法 제49조제3호, 令 제54조제1항). 다만, 동 규정에 따라 장외파생상품에 대해서는 투자권유의 요청이 없는 경우에는 투자권유를 할 수 없지만, 자본시장법 제57조제2항의 요건에 따라 장외파생상품의 내용 및 위험을 충분히 알린 상태에서 준법감시인의 사전확인 및 금융투자협회의 사전승인을 받는 등 법정된 제반 규정을 준수하여 불특정 투자자에게 알리는 투자광고 행위는 허용된다.[809]

2) 문제점

자본시장법은 불초청권유금지 규정을 마련하여 실시간 대화의 방법으로 투자요청을 받지 아니한 상태에서 장외파생상품을 권유하는 행위를 금지하고 있으므로, 실시간 대화의 방법이 아닌 이메일에 의한 투자권유는 가능하다는 견해가 있다.[810] 이는 요청하지 않은 투자권유는

809 투자광고와 관련하여서는 금융투자업규정 제4-12조에 따라 금융투자회사가 투자광고를 행함에 있어 준수하여야 하는 투자광고의 절차 및 방법 등에 관하여 금융투자협회는 투자광고의 공정성 제고 및 투자자 보호에 기여함을 목적으로 하여 「금융투자회사의 영업 및 업무에 관한 규정」을 제정하고 있다. 동 규정 제2-42조제1항은 금융투자회사가 투자광고를 하고자 하는 경우 준법감시인의 사전 승인을 받아 협회에 심사를 청구하여야 한다. 다만, 투자광고의 내용 및 방법 등이 다음 각 호의 어느 하나에 해당하는 경우에는 준법감시인의 사전 승인만으로 투자광고를 할 수 있다고 규정하여 원론적으로 협회의 심사를 받아야 하며, 예외적인 열거조항에 해당하면 준법감시인 사전승인으로 족하도록 하고 있다. 금융투자회사가 협회에 투자광고 심사를 청구하는 경우 신고서와 투자광고안을 함께 제출하여야 한다(동 규정 2-43조제1항). 미국의 경우에도 상술한 바와 같이 25인 이상의 일반투자자 대상 정보교류는 광고로 간주되고 이 경우 해당 문서를 FINRA에 사전 신청하여 승인을 받도록 되어 있다(FINRA Rule 2210(b) 및 (c)).

810 이러한 견해로는 안수현, “(가칭)자본시장통합법과 소비자보호법의 접점”, 「증권법연구」 제7권제2호

투자자의 사생활과 평온한 삶을 침해할 가능성이 크므로 자택 또는 회사로의 방문, 전화, 길거리에서 호객행위 등 실시간 대화에 의한 투자권유는 투자자가 원할 경우에만 가능하도록 한 것으로, '실시간 대화의 방법을 이용하는 행위'가 금지되므로 이메일 등에 의한 투자권유는 실시간 대화방식이 아니므로 가능하다는 것이다.[811]

그러나 불초청권유행위의 금지대상을 증권과 장내파생상품은 제외하고, 오로지 장외파생상품의 경우에만 한정한 것은 상기의 견해와 같이 불초청권유가 단지 '사생활과 평온한 삶을 침해할 가능성'이 있기 때문만은 아닐 것이다. 오히려 장외파생상품은 장내거래가 아니어서 투명성이 상대적으로 부족하고, 구조가 복잡한 특징을 지니고 있으며, 이에 대한 수요가 애당초 존재하지 않는 일반 대중을 상대로 권유하는 행위는 투자자 보호 및 건전한 거래질서를 해할 우려가 있는 행위로 간주될 수 있기 때문이라고 보아야 한다.

후술하게 될 일본 金商法상에 불초청권유금지의무를 규정한 것은 적합성원칙의 준수를 보장할 수 없는 방문 또는 전화에 의한 권유를 일률적으로 금지하여, 투자자의 투자판단을 왜곡시켜, 불측의 손해가 발생하지 않도록 금융소비자를 보호하기 위함과 함께 시장의 공정한 가격형성기능을 훼손하지 않도록 하기 위함이라고 밝히고 있다.[812]

따라서 법문의 문언상 해석에 의해 불초청의 경우에도 이메일을 통한 장외파생상품권유가 '실시간 대화의 방법'이 아니어서 가능하다고 보는 것은 입법취지가 훼손될 우려가 있다. 다만, 장외파생상품을 자본시장법 제57조제2항의 요건에 따라 장외파생상품의 내용 및 위험을 충분히 알린 상태에서 법정된 방법과 절차에 따라 이를 불특정 투자자에게 알리는 투자광고 행위는 허용될 수 있다.

3) 개선방안에 대한 소고

후술하게 될 일본 金商法도 불초청권유금지에 대해 동일한 규정을 두고 있으나, '실시간 대화의 방법'이라고 규정하고 있지는 않다. 현행 자본시장법상 불초청권유금지 규정과 같이 '실시간 대화의 방법'을 명시하게 되면, 상대적으로 위험이 크고 거래의 투명성이 낮은 장외파생상품에 대해 불초청권유행위를 금지하고 있는 입법취지를 훼손시킬 우려가 있을 뿐만 아니라, 정보통신의 발달에 힘입어 실시간 대화의 방법이 무엇인지에 대하여 법적으로 불확실성을 만들게 될 우려가 있다.

(한국증권법학회, 2006), 236면.

811 위의 논문, 236면.

812 上柳敏朗・石戸谷 豊・桜井健夫, 「新 金融商品取引法ハンドブック」第2版, (日本評論社, 2007), 121면.

따라서 일본 金商法상 규정과 같이, 자본시장법상 '실시간 대화의 방법'은 불초정권유금지 조항에서 삭제시키는 것이 법적 불확실성을 제거하고 장외파생상품에 대한 투자자 보호의 취지에도 부합할 수 있을 것이다.

또한 불초정권유금지에서 고려해야 할 부분은 권유요청이 무엇인지에 대한 것이다. 단순히 특정 장외파생상품을 지정하여 투자권유를 받을 것을 요건으로 한다면 이는 장외파생상품의 본질적 특성인 맞춤형 상품 생산을 제약하는 요인으로 됨은 물론이고, 금융소비자의 위험회피 목적에 부합하는 상품을 추천하지 못할 우려도 있게 된다.

장외파생상품에 대해 투자광고가 가능한 상황이지만, 실질적으로 모든 종류의 장외파생상품을 광고하는 것은 불필요한 비용의 지출을 유발한다. 또한 투자자 입장에서도 광고에 의해 복잡·다양한 장외파생상품을 이해하고 이를 지정하여 투자권유의 요청을 하는 것은 가능하지 않으며, 더 나아가 자신의 투자성향에 맞는 장외파생상품을 추천받을 권리가 상실되는 부(負)의 효과가 있게 된다.

따라서 투자자가 자신의 정보를 제공하고 사업상 또는 투자 포트폴리오상 위험회피목적의 대상상품을 추천할 것을 요구한 경우(특정 장외파생상품에 대해 지정하지 않은 경우)에는 장외파생상품이라 할지라도 투자권유는 가능하다고 해석되어야 한다. 즉 불초정권유금지에서 말하는 투자권유는 투자자 보호 및 건전한 거래질서를 해할 우려가 있는 경우를 의미하므로, 불초청권유금지에서 초청의 의미를 해당 상품이 아닌 보다 넓은 의미(투자전략을 포함)의 투자권유 요청의 개념으로 파악하여야 한다. 다만, 이 경우에도 장외파생상품에 대한 권유를 원하지 않는다는 의사표시가 있었다면 권유대상에서 배제되어야 한다.

4) 불초청권유금지 위반과 손해배상책임

불초청권유금지의 대상이 되는 장외파생상품과 관련하여 초청이 없는 경우에 금융투자상품을 권유하여 결국 판매가 이루어졌고, 불행히도 투자한 결과가 좋지 못하여 손해가 발생한 경우, 행정적·형사적 제재는 변론으로 하고, 이의 위반을 근거로 민사상 손해배상청구 등이 가능할까? 이론적으로 보면, 금융투자업자는 법령 등을 위반하는 행위를 하거나 그 업무를 소홀히 하여 투자자에게 손해를 발생시킨 경우에는 그 손해를 배상할 책임이 있다고 규정하고 있으므로(法 제64조제1항), 손해배상소송은 가능하다고 볼 것이다.

그러나 설령 불초청권유에 해당하더라도 설명의무 및 적합성원칙을 정확히 준수한 상태에서 권유의 결과로서 금융투자상품을 가입하게 된 경우에는 사적자치의 원칙 및 자기책임의 원칙에 의거 이를 취소하거나 그 손해를 배상할 책임은 없을 것이다. 이와 관련된 최근의 일본 판례를

보더라도 마찬가지이다. 권유 요청이 없는 상태에서 피고가 갑자기 원고 본사를 방문하여 장시간에 걸쳐 구조화된 이색 통화옵션을 권유한 사건과 관련하여, 일본 법원은 원고가 본건 거래의 권유를 명확하게 거절하였다는 명확한 증거가 없고, 본건 거래가 원고의 투자의향과 실정에 반하는 것이라고 할 수 없는 점을 들어 불초청권유의 위반을 부인한 판례가 있다(東京地判平成28年7月11日平26(ワ)25198号(ウエストロー・ジャパン)).

해당 판례는 적합성원칙 및 설명의무 위반을 다툰 사안에서 원고의 청구가 모두 기각되었으며, 부수적으로 다투어진 불초청권유와 관련하여서도 해당 거래가 적합성 면에서 문제가 없다는 점을 들어 불초청권유 행위에 대한 위법성 판단을 적극적으로 하지 않고 있다. 일본의 사례가 시사하는 바와 같이, 투자권유에 있어서 적합성원칙에 부합되고 설명의무를 충실히 이행하여 해당 상품에 대한 투자결정을 함에 있어 대등한 교섭력이 형성되었다고 한다면, 법이 정한 불초청권유금지 행위가 발생하였더라도 이에 대한 적극적인 거절의사를 피력하지 않은 경우에는 불초청권유 위반만으로 손해배상소송이 성립하기는 어렵다고 보아야 할 것이다.

나. 재권유금지

1) 정의

부당권유행위로서 자본시장법이 금지하는 또 다른 영업행위 규칙으로는 재권유금지가 있다. 재권유금지란 투자권유를 받은 투자자가 이를 거부하는 취지의 의사를 표시하였음에도 불구하고 동종증권에 대해 계속해서 투자권유를 하여서는 아니 된다는 것을 말한다(法 제49조제4호, 令 제54조제2항).

자본시장법상 동종증권에 대한 정의조항은 별도로 마련되어 있지 않다. 하지만, 자본시장법시행령 제54조에 따른 금융투자업규정 제4-8조 및 규정 시행세칙 제3-1조는 동종증권의 분류기준을 제시하고 있다. 이 기준에 의하면 원칙적으로는 제3조(금융투자상품) 및 제4조(증권)의 금융투자상품의 분류기준으로 사용된 원칙을 준용하고 있다. 즉, 채무증권, 지분증권, 수익증권, 투자계약증권, 파생결합증권, 증권예탁증권, 장내파생상품, 장외파생상품 등으로 구분한다. 따라서 채무증권에 속하는 국채증권, 지방채증권, 특수채증권은 동종증권이나, 채무증권과 지분증권은 동종증권이 아니다.

하지만, 규정 시행세칙은 상기의 분류기준 안에서 파생결합증권과 장외파생상품의 경우에는 금융투자상품의 특성을 고려하여 다음 각 호의 내용을 서로 다른 종류의 투자권유로 분류하고 있다. 즉, 규정 시행세칙 제3-1조는 ① 상품구조(원금보장여부)가 상이한 파생결합증권, ② 기초자산의 종류(주가관련, 금리관련, 환율관련, 상품가격관련, 신용관련) 또는 상품구조(선도, 스왑, 옵션)가 상이한 장외파생상품은 다른 종류의 상품으로 구분한다. 따라서 원금비보장 파생결합증권에 대한 투자권유에 대해 거부하는 취지의 의사를 표시하였음에도 불구하고 원금보장형 파생결합증권은 계속해서 투자권유를 할 수 있다.

2) 동종증권 분류의 문제점

재권유금지와 관련한 동일종류의 증권에 대한 개념은 상술한 바와 같이 상당히 그 폭이 넓다. 그러나 이와 같은 대분류방식에 의한 기준은 자칫 경제적 실질이 다른 금융투자상품에 대한 정보를 투자자에게 권유하지 못하게 함으로써, 투자자를 보호하고자 하는 법의 취지와는 다르게 투자자가 다양하고 충분한 금융투자상품을 접할 수 있는 기회를 박탈하는 결과를 초래할 수도 있다.[813]

자본시장법은 경제적 실질이 다른 구조의 증권을 동종증권으로 분류하고 있는 문제뿐만 아니라, 그 기준 또한 모호하다. 즉, 장외파생상품의 경우에는 기초자산의 종류(주가, 금리, 상품, 신용 등)가 다르면, 다른 종류의 상품으로 인정하고 있음에 반해, 그 보다 일반적으로 위험이 낮다고 평가되는 파생결합증권에서는 원금보장의 유무만을 가지고 다른 종류의 상품으로 분류하는 것은 투자자 보호의 관점에서 재권유금지를 규정하고 있다는 점을 감안할 때, 동종증권의 현행 분류기준은 납득하기 어렵다.

파생결합증권 및 장외파생상품과 같은 구조화상품은 근본적으로 소비자의 요구에 맞는 금융상품을 맞춤 제작하고자 하는 시장이다. 그러므로 해당 상품이 금융소비자의 요구에 부적합한 경우에도 구조를 변경하여 실질적으로 금융소비자의 요구에 부합하는 상품을 권유하는 것은 필요하다. 그러나 현행 파생결합증권에 대한 동종증권의 분류기준은 이를 원천적으로 불가능하게 하고 있다. 이는 결과적으로 금융시장의 선진화에 역행하는 결과를 초래할 수 있다.

따라서 경제적 실질 및 입법취지 등을 고려하여 합리적인 방향에서 투자자 보호가 달성될 수 있도록 동종증권에 관한 기준 및 재권유금지 방식을 개선하여야 한다. 일본 金商法은 이에 대한 좋은 참조가 될 것이다.

---

813 자본시장법상 동종증권의 개념은 상술한 재권유금지 대상을 확정하는 것 외에도 증권의 발행과 관련하여 모집 및 매출로 판단하는 투자자의 수를 산정하는데 필요하다. 그러나 자본시장법은 이와 관련하여 구체적인 정의조항을 두고 있지는 않다. 일본 金商法은 定義府令 제10조2에서 동일종류의 유가증권에 대해 비교적 까다롭게 규정하고 있다. 동일증권의 유가증권이란 기본적으로 발행자가 동일하고, 발행조건이 동일한 증권으로 유가증권 종류별로 동일한 기준을 충족해야 하는 사항을 적시하고 있다. 이 분류에 의하면 金商法은 사채권과 기업어음증권을 다른 종류의 증권으로 분류한다.

3) 개선방안에 대한 소고

일본 金商法은 권유에 앞서, 권유를 받아드릴 의사가 있는지 여부에 대한 확인의무를 부가하고 있어, 자본시장법과 같이 재권유와 관련하여 동종증권의 여부를 따질 필요가 없으며, 재권유금지 기간으로 획일적으로 규정한 '1개월'의 적정성여부와 관련한 문제도 존재하지 않는다. 따라서 투자자 보호 및 합리적인 권유가 이루어 질 수 있도록 일본 金商法상의 재권유금지(金商法 제38조제6호)의 전제로서 부과되어지는 권유수락의사확인의무(金商法 제38조제5호)의 도입을 긍정적으로 검토해 보아야 한다.

다. 기타 부당권유금지

자본시장법 제49조는 금융투자업자가 투자권유를 함에 있어서 부당권유를 금지하는 규정을 마련하고 있다.[814] 이 규정이 적용되는 투자권유는 별도의 정함이 없으면 모든 금융투자상품에 적용되므로, 파생상품에 대한 투자권유를 함에 있어서도 거짓의 내용을 알리는 행위(法 제49조제1호), 불확실한 사항에 대하여 단정적 판단을 제공하거나 확실하다고 오인하게 할 소지가 있는 내용을 알리는 행위(法 제49조제2호), 그리고 투자자(전문투자자와 법 제72조제1항에 따른 신용공여를 받아 투자를 한 경험이 있는 일반투자자는 제외한다)로부터 금전의 대여나 그 중개·주선 또는 대리를 요청받지 아니하고 이를 조건으로 투자권유를 하는 행위(法 제49조제5호, 令 제55조)는 금지된다.

이 외에도 위험이 상대적으로 큰 파생상품과 관련하여서는 금융소비자를 보호하기 위하여 자본시장법에서 다양하게 규제를 강화하고 있다.[815]

814 자본시장법 제49조, 금융투자업자는 투자권유를 함에 있어서 다음 각 호의 어느 하나에 해당하는 행위를 하여서는 아니 된다.

1. 거짓의 내용을 알리는 행위
2. 불확실한 사항에 대하여 단정적 판단을 제공하거나 확실하다고 오인하게 할 소지가 있는 내용을 알리는 행위
3. 투자자로부터 투자권유의 요청을 받지 아니하고 방문·전화 등 실시간 대화의 방법을 이용하는 행위. 다만, 투자자 보호 및 건전한 거래질서를 해할 우려가 없는 행위로서 대통령령으로 정하는 행위를 제외한다.
4. 투자권유를 받은 투자자가 이를 거부하는 취지의 의사를 표시하였음에도 불구하고 투자권유를 계속하는 행위. 다만, 투자자 보호 및 건전한 거래질서를 해할 우려가 없는 행위로서 대통령령으로 정하는 행위를 제외한다.
5. 그 밖에 투자자 보호 또는 건전한 거래질서를 해할 우려가 있는 행위로서 대통령령으로 정하는 행위

815 이에 대해서는 제5장 파생상품거래규제에서 상술한 '장외파생상품규제의 특칙' 부분을 참조.

먼저, 주권상장법인은 자본시장법의 투자자 분류 기준 상 원칙적으로는 전문투자자로 분류되지만, 금융투자업자와 장외파생상품 거래를 하는 경우에는 전문투자자와 같은 대우를 받겠다는 의사를 금융투자업자에게 서면으로 통지하는 경우에 한하도록 함으로써(法 제9조제5항제4호), 별도의 의사표시가 없는 한 일반투자자의 범위에 포함시켜 상대적으로 위험이 클 수 있는 장외파생상품에 대한 투자자 보호를 강화하고 있다.

또한 장내파생상품에 대한 투자매매업 또는 투자중개업을 경영하는 자로서 최근 사업연도말일을 기준으로 자산총액이 1천억원 이상인 자 및 장외파생상품에 대한 투자매매업 또는 투자중개업을 경영하는 자는 상근 임원(「상법」 제401조의2제1항 각 호의 자를 포함한다)으로서 파생상품 업무책임자를 1인 이상 두어야 한다(法 제28조의2제1항, 슈 제32조의2제1항).[816] 파생상품업무책임자는 파생상품 투자자 보호에 필요한 절차나 기준의 수립 및 집행에 관한 관리・감독업무 및 장외파생상품 매매에 대한 승인 업무를 담당하도록 하여(法 제28조의2제2항)[817], 투자자 보호뿐만 아니라, 금융투자업자의 건전성 관리를 위한 기능도 수행하도록 규정하고 있다.

3. 부당권유금지에 대한 외국의 입법례

가. 일본

자본시장법과 마찬가지로 일본 金商法은 금융상품거래업자등 또는 그 임직원 혹은 사용인은 금융상품거래계약의 체결 또는 그의 권유와 관련하여 고객에게 허위의 사실을 알리는 행위(金商法 제38조제1호), 불확실한 사항에 대하여 단정적 판단을 제공하거나 확실하다고 오인하게 할 소지가 있는 내용을 알리는 행위(金商法 제38조제2호)를 금지하고 있다. 여기서, 허위의 사실을 고지하는 행위가 金販法 제3조제1항에서 규정한 중요사항에 해당할 경우에는 설명하여야 할 중요사항을 설명하지 않은 것이어서 이는 金販法 제3조의 설명의무를 위반한 것이 될 수 있다.

816 종래 자본시장법은 파생상품업무책임자를 지정・변경한 때에는 그 사실을 금융위원회에 통보하여야 한다고 규정하고 있었으나, 이 규정은 삭제되었다. 그리고 파생상품업무책임자는 파생상품업무를 총괄하는 자로서 「금융회사의 지배구조에 관한 법률」 제5조제1항(임원의 자격조건) 각 호에 해당하지 않는 자를 말한다(슈 제32조의2제2항).

817 장외파생상품의 매매를 할 때마다 제28조의2의 파생상품업무책임자의 승인을 받도록 규정하고 있다. 다만, 금융위원회가 정하여 고시하는 기준을 충족하는 계약으로서 거래당사자 간에 미리 합의된 계약조건에 따라 장외파생상품을 매매하는 경우는 제외한다(法 제166조의2제1항제4호).

이렇게 되면, 金販法 규정에 따라 손해배상 책임이 따르게 되고(金販法 제4조), 원본결손액으로 손해액도 추정되고 입증책임이 전환되는 효과가 있다(金販法 제6조). 아울러 金販法은 金商法과 마찬가지로 금융상품판매업자등으로 하여금 단정적 판단등의 제공을 금지하는 조항을 마련하고 있다(金販法 제4조)[818]. 따라서 이를 위반한 경우에도 곧바로 손해배상책임이 부과되며(金販法 제5조), 원본결손액으로 손해액도 추정되고 입증책임이 전환되는 효과가 있다(金販法 제6조).

일본 金商法은 이 외에 신용평가업자 이외의 신용평가 제공에 관한 행위금지 조항을 마련하고 있다. 고객에 대하여 신용평가업자외의 신용평가업을 행하는 자가 부여한 신용등급에 관하여 해당 신용등급을 부여한 자가 등록(金商法 제66조의27)을 받지 아니한 자라는 취지 및 해당 등록의 의의, 기타 내각부령에서 정하는 사항을 알리지 않고 제공하여 금융상품거래계약의 체결을 권유하는 행위를 금지한다(金商法 제38조제3호)[819] 이 규정의 취지는 무등록업자의 신용등급에 관해서 금융상품거래업자등 또는 그 임직원 혹은 사용인에게 추가적으로 설명의무를 부과하는 것으로서 투자자에게 해당 신용등급의 평가방법 등을 인식시키고자 하는 것이다.[820]

아울러 고객의 의사에 반한 투자권유를 금지하기 위하여 불초청권유금지, 고객의 권유수락의사 확인의무, 그리고 재권유금지 조항을 마련하고 있다.

금융상품거래업자등 또는 그 임직원 혹은 사용인은 금융상품거래계약(금융상품거래계약의 내용 기타의 사정을 감안하여 투자자 보호를 위해 특히 필요한 것으로써 정령에서 정하는 것에 한함)의 체결권유 요청을 하지 않은 고객에 대하여 방문하거나 전화를 걸어 금융상품거래계약의 체결권유를 하는 행위를 하여서는 아니 된다(金商法 제38조제4호).[821] 이를 '불초청권유금지의무'라고 한다.

---

818 金販法 제4조, 金融商品販売業者等は、金融商品の販売等を業として行おうとするときは、当該金融商品の販売等に係る金融商品の販売が行われるまでの間に、顧客に対し、当該金融商品の販売に係る事項について、不確実な事項について断定的判断を提供し、又は確実であると誤認させるおそれのあることを告げる行為(以下「断定的判断の提供等」という。)を行ってはならない。

819 金商法 제38조제3호, 金融商品取引業者等又はその役員若しくは使用人は、次に掲げる行為をしてはならない。ただし、第四号から第六号までに掲げる行為にあつては、投資者の保護に欠け、取引の公正を害し、又は金融商品取引業の信用を失墜させるおそれのないものとして内閣府令で定めるものを除く。

三 顧客に対し、信用格付業者以外の信用格付業を行う者の付与した信用格付(投資者の保護に欠けるおそれが少ないと認められるものとして内閣府令で定めるものを除く。)について、当該信用格付を付与した者が第六十六条の二十七の登録を受けていない者である旨及び当該登録の意義その他の事項として内閣府令で定める事項を告げることなく提供して、金融商品取引契約の締結の勧誘をする行為

820 川村正幸(2014), 앞의 책, 425면.

821 金商法 제38조제4호, 金融商品取引契約(当該金融商品取引契約の内容その他の事情を勘案し、投資者の保護を図ることが特に必要なものとして政令で定めるものに限る。)の締結の勧誘の要請をしていない顧客に対し、訪問し又は電話をかけて、金融商品取引契約の締結の勧誘をする行為

이것은 적합성원칙의 준수를 보장할 수 없는 방문 또는 전화에 의한 권유를 일률적으로 금지하여, 투자자의 투자판단을 왜곡시켜, 불측의 손해가 발생하지 않도록 금융소비자를 보호하기 위함과 함께 시장의 공정한 가격형성기능을 훼손하지 않도록 하기 위함이다.[822]

불초청권유금지의 대상으로 되는 금융상품거래계약은 해당 금융상품거래계약의 내용과 기타 사정을 감안하여, 투자자의 보호를 도모하는 것이 필요한 것으로서 정령에서 정하는 것으로 한정하고 있다. 현재 金商法상 불초청권유금지 규정이 적용되는 것은 장외금융선물거래[823]이다(金商法施行令 제16조의4제1항). 그리고 특정투자가는 불초청권유금지의 대상이 아니다(金商法 제45조제1호).

아울러 불초청권유금지와 관련하여 금융상품거래계약의 체결을 권유하는 목적이 있는 것을 고객에게 사전에 명시하지 않고, 해당 고객을 모집하여 해당 금융상품거래계약의 체결을 권유하는 행위가 금지되고 있다(金商法 제38조제9호, 金商業等府令 제117조제1항제8호). 이것은 불초청권유의 금지규제를 탈법하는 행위를 금하게 하는 취지가 있다.[824]

일본 金商法은 고객에 대한 권유가 불초청이 아닌 경우에도, 권유를 수락할 의사가 있는지 없는지를 재차 확인하는 고객의 권유수락의사확인의무를 규정하고 있다. 그리하여, 금융상품거래업자등은 금융상품거래계약(금융상품거래계약의 내용 기타의 사정을 감안하여 투자자 보호를 위해 필요한 것으로써 정령에서 정하는 것에 한함)의 체결에 대해 권유에 앞서 고객에 대하여 권유를 받을 의사유무를 확인하지 않고 권유를 하는 행위를 하여서는 아니 된다(金商法 제38조제5호)[825]. 현재 金商法상 권유수락의사확인의무 규정이 적용되는 대상으로는 불초청권유금지의 대상인 장외금융선물거래 외에도 시장금융선물거래, 상품관련 시장파생상품거래[826] 및 외국시장금융선물거래 등이 포함된다(金商法施行令 제16조의4제2항).[827]

---

822 上柳敏朗・石戸谷 豊・桜井健夫, 「新 金融商品取引法ハンドブック」第2版, (日本評論社, 2007), 121면.

823 여기서 '금융선물거래'란 원래 金先法상 규제대상이었던 '통화등'의 기초자산(金商法상 제2조제24항제2호와 제3호에 해당)에 근거한 파생상품을 의미한다. 따라서 종래 証取法상 규제 대상이었던 유가증권을 기초자산(金商法상 제2조제24항제1호에 해당)으로 하는 장외파생상품은 불초청권유금지의 대상이 아니다. 일본은 종래 証取法상으로는 불초청권유금지규정이 없었으나, 金先法상 존재하던 불초청권유금지금지규정(구 金先法 제76조제4호)이 金商法에 반영된 것이어서 이와 같은 규제체제를 가지고 있다. 다만, 기존의 규제대상이었던 외환증거금거래는 金商法에서는 규제에서 제외되었다(河本 一郎・大武泰南, 앞의 책, 248면 참조).

824 上柳敏朗・石戸谷 豊・桜井健夫, 앞의 책, 122면.

825 金商法 제38조제5호, 金融商品取引契約(当該金融商品取引契約の内容その他の事情を勘案し、投資者の保護を図ることが必要なものとして政令で定めるものに限る。)の締結につき、その勧誘に先立つて、顧客に対し、その勧誘を受ける意思の有無を確認することをしないで勧誘をする行為

826 2012년 金商法 개정에 의해 추가된 개념으로 시행령에도 이에 대한 규제의 필요가 있어 추가되었다.

827 金商法施行令 제16조의4제2항, 法第三十八条第五号及び第六号に規定する政令で定めるものは、前

또한, 권유를 수락한 고객이 계약을 체결하지 않겠다는 의사표시를 한 경우에는 재차 권유하는 것을 금지하는 재권유금지 규정을 마련하고 있다. 즉, 금융상품거래계약(금융상품거래계약의 내용 기타의 사정을 감안하여 투자자 보호를 위해 필요한 것으로써 정령에서 정하는 것에 한함)의 체결권유를 받은 고객이 금융상품거래계약을 체결하지 않겠다는 의사(권유를 인계 받을 것을 희망하지 않는다는 의사를 포함)를 표시하였음에도 불구하고, 권유를 계속하는 행위는 허용되지 않는다(金商法 제38조제6호)[828]. 이러한 재권유금지가 적용되는 대상은 권유수락의사확인의무와 동일한 것으로서 시장금융선물거래, 상품관련 시장파생상품거래를 포함한 금융선물거래 전체를 대상으로 하고 있다(金商法施行令 제16조의4제2항).

아울러, 약간의 시간을 두고 재권유하는 등 결국 재권유금지 조항을 잠탈할 가능성을 차단하기 위하여 金商法 및 위임을 받은 내각부령(金融商品取引業等に関する内閣府令)은 고객(특정투자자를 제외)이 사전에 미리 해당 금융상품거래계약을 체결하지 않겠다는 의사(해당 금융상품거래계약 체결의 권유를 받는 것을 희망하지 않는다는 의사를 포함한다)를 표시하였음에도 불구하

項各号に掲げる契約又は次に掲げる契約とする。

一 顧客のために市場デリバティブ取引のうち次に掲げる取引の媒介、取次ぎ(有価証券等清算取次ぎを除く。)若しくは代理を行うこと又はこれらの取引の委託の媒介、取次ぎ若しくは代理を行うことを内容とする契約

イ 売買の当事者が将来の一定の時期において金融商品(法第二条第二十四項第二号若しくは第三号に掲げるもの又は同項第五号に掲げるもの(同項第二号に掲げるものに係るものに限る。)に限る。以下この号において同じ。)及びその対価の授受を約する売買であつて、当該売買の目的となつている金融商品の転売又は買戻しをしたときは差金の授受によつて決済することができる取引

ロ 当事者があらかじめ金融指標(金融商品の価格若しくは金融商品(法第二条第二十四項第三号に掲げるものを除く。)の利率等又はこれらに基づいて算出した数値に限る。ロにおいて同じ。)として約定する数値と将来の一定の時期における現実の当該金融指標の数値の差に基づいて算出される金銭の授受を約する取引

ハ 当事者の一方の意思表示により当事者間において次に掲げる取引を成立させることができる権利を相手方が当事者の一方に付与し、当事者の一方がこれに対して対価を支払うことを約する取引

(1) 金融商品の売買(イに掲げる取引を除く。)

(2) イ又はロに掲げる取引(ロに掲げる取引に準ずる取引で金融商品取引所の定めるものを含む。)

ニ 法第二条第八項第一号に規定する商品関連市場デリバティブ取引

二 顧客のために外国市場デリバティブ取引のうち前号イ、ロ若しくはハに掲げる取引と類似の取引の媒介、取次ぎ(有価証券等清算取次ぎを除く。)若しくは代理を行うこと又はこれらの取引の委託の媒介、取次ぎ若しくは代理を行うことを内容とする契約

828 金商法 제38조제6호, 金融商品取引契約(当該金融商品取引契約の内容その他の事情を勘案し、投資者の保護を図ることが必要なものとして政令で定めるものに限る。)の締結の勧誘を受けた顧客が当該金融商品取引契約を締結しない旨の意思(当該勧誘を引き続き受けることを希望しない旨の意思を含む。)を表示したにもかかわらず、当該勧誘を継続する行為

고, 해당 금융상품거래계약 체결의 권유하는 행위를 투자자 보호를 결여하거나 거래의 공정을 해하는 행위 또는 금융상품거래업의 신용을 실추시키는 행위로 규정하여 금지하는 조항을 추가하고 있다(金商法 제38조제9호, 金商業等府令 제117조제1항제9호)[829].

상술한 권유수락의사확인의무(金商法 제38조제5호)는 투자자 보호의 관점으로부터 적합성원칙의 준수에 문제가 있는 금융투자상품에 관해서는 재권유금지(金商法 제38조제6호)의 전제로서 부과되어 지는 개념이다.[830] 이 규정 역시 특정투자가에게는 해당되지 않는다(金商法 제45조제1호).

일반상품을 기초자산으로 하는 파생상품에 대한 규제법인 商取法에도 재권유금지에 관한 규정이 있으며(商取法 제214조제5호),[831] 또한 상품거래계약 체결의 권유에 앞서 고객에게 자기의 상호 또는 명칭 및 상품거래계약 체결에 대한 권유의 취지를 설명한 후 그 권유를 받을 의사의 유무를 확인하도록 하는 권유의 고지・확인의무를 부과하고 있다(商取法 제214조제7호)[832].

또한 불쾌감을 일으키는 방법에 의한 투자권유를 금지한다(商取法 제214조제6호).[833] 여기서, 불쾌감을 주는 권유란 사회통념상 불쾌하다고 여겨지는 시간・장소・방법에 의한 권유로, 이에 대해「상품선물거래의 위탁자 보호에 관한 가이드라인」(商品先物取引の委託者の保護に関するガイドライン)은 몇 가지 예를 열거하고 있다. 늦은 저녁, 이른 아침 또는 근무시간 등에 전화나 방문에 의한 권유를 하는 행위, 고객의 의사에 반해서 너무 장시간 권유를 하는 행위, 고객에 대해 협박 또는 불안한 생각이 생기도록 권유를 하는 행위, 그리고 고객이 불쾌하다고 표명한 시간, 장소, 방법으로 권유하는 행위 등이다.[834]

---

829 金商業等府令 제117조제1항제9호, 法第三十八条第六号に規定する金融商品取引契約(第百十六条第一項第三号イ及びロに掲げる取引に係るものを除く。)の締結につき、顧客(特定投資家を除く。)があらかじめ当該金融商品取引契約を締結しない旨の意思(当該金融商品取引契約の締結の勧誘を受けることを希望しない旨の意思を含む。)を表示したにもかかわらず、当該金融商品取引契約の締結の勧誘をする行為

830 川村正幸(2014), 앞의 책, 426면.

831 商取法 제214조제5호, 商品先物取引業者は、次に掲げる行為をしてはならない
五 第二百条第一項第二号から第六号までの委託又は申込みを行わない旨の意思(その委託又は申込みの勧誘を受けることを希望しない旨の意思を含む。)を表示した顧客に対し、同項第二号から第六号までに掲げる勧誘をすること。

832 商取法 제214조제7호, 商品先物取引業者は、次に掲げる行為をしてはならない
七 商品取引契約の締結の勧誘に先立つて、顧客に対し、自己の商号又は名称及び商品取引契約の締結の勧誘である旨を告げた上でその勧誘を受ける意思の有無を確認することをしないで勧誘すること

833 商取法 제214조제6호, 商品先物取引業者は、次に掲げる行為をしてはならない
六 顧客に対し、迷惑を覚えさせるような仕方で第二百条第一項第二号から第六号までに掲げる勧誘をすること

834 「상품선물거래의 위탁자 보호에 관한 가이드라인」(商品先物取引の委託者の保護に関するガイドライン), 8면.

나. 미국

미국의 경우는 기본적으로 한국 및 일본과 같이 부당권유행위로 구분하여 일일이 제정법상 열거하는 방식을 택하고 있지는 않다. 불초청권유에 대해서는 웹사이트상의 팝업 내지 이메일을 이용한 권유에 대해 주의를 환기시키고 있으나, 영업소 외에서의 권유에 대해서는 적합성문제로 보고 불초청권유의 문제로는 보지 않는 경향이 있다. 또한 매수자의 자택, 직장, 호텔, 회의장 등의 사적 시설에서의 판매 시 인정되는 계약해제권(cooling off)이 증권거래에는 적용되지 않고 있다.[835]

다. 영국

영국은 원칙적으로 문서에 의하지 않는 투자권유는 제한되며(COBS 4.8.3 R), 불초청권유의 일종인 cold call에 대해서도 제한된다. 고객이 cold call을 받아들일 것으로 예상될 만한 기존의 고객관계가 있는 경우이거나, 변동성이 크지 않은 펀드인 시장성이 있는 집합상품(marketable packaged product)의 경우이거나, 현금화가 용이한 증권(워런트 제외)으로 구성된 시장성 있는 단순 집합상품(marketable non-geared packaged product)의 경우에만 cold call이 허용된다(COBS 4.8.2 R).

아울러 영국은 COBS 15에서 개인고객의 경우 취소기간 내에 계약을 중지할 수 있는 권리인 계약해제권(cooling off)을 인정하고 있다. 하지만, 주식과 같이 매일 가격이 변동하는 상품은 적용대상이 되지 않는다.

4. 소결

투자권유 시 준수하여야 할 영업행위 규칙으로서 설명의무와 적합성원칙 외에도 한국과 일본은 미국과는 달리 다양한 부당권유행위를 일일이 열거방식으로 규정하여 금지하고 있다.

835 안수현, "금융소비자 보호와 자본시장법의 과제", 「기업법연구」 제22권제4호 (한국기업법학회, 2008), 81~82면.

일본 金商法은 허위고지에 의한 권유금지, 단정적 판단의 제공에 의한 권유금지, 불초청권유금지, 권유수락의사의 확인의무 및 재권유금지, 그리고 그 외에 투자자 보호가 결여되거나 거래의 공정을 해하거나 금융상품거래업의 신용을 실추시키는 행위를 금지하고 있으며, 일반상품을 기초자산으로 하는 경우에는 商取法이 재권유금지, 권유의 고지 및 확인의무 그리고 불쾌감을 일으키는 방법에 의한 투자권유 등을 금지하고 있다.

자본시장법 역시 일본 金商法과 유사하게 부당권유행위를 일일이 열거하여 투자자 보호에 만전을 기하고자 하였다. 허위정보제공금지, 단정적판단제공금지, 불초청권유금지, 재권유금지, 그리고 투자자로부터 금전의 대여나 그 중개・주선 또는 대리를 요청받지 아니하고 이를 조건으로 하는 투자권유행위금지 등을 부당권유행위로 인정하여 금지하고 있다. 다만, 자본시장법상 영업행위 규칙으로 제정된 불초청권유금지 및 재권유금지와 관련된 규정은 앞서 살펴본 바와 같이 투자자 보호에 부합한 규정인지 의문의 여지가 있다. 이에 대해서는 일본 金商法의 내용을 참조하여 개선을 검토해 볼 필요가 있다고 판단된다.

제7장

파생상품거래와 불공정거래 규제

제1절 내부자 거래

제2절 시세조종행위

제3절 부정거래행위 등

금융투자상품에 대한 불공정거래 규제는 자본시장법 제4편으로 제172조부터 제180조에 이르는 조문이 해당된다. 이에 대해서는 자본시장법을 다루는 책에서 상세히 다루고 있는 내용이기에 본 책에서 중복하여 다룰 생각은 없다. 다만, 파생상품거래 관련 불공정거래 규제를 이해하는데 도움이 될 수 있도록 파생상품과 관련된 특징이 있는 부분에 대한 설명은 물론, 증권과 동일한 규제를 적용받는 부분에 대해서는 이에 대한 규제의 내용 및 증권에 대한 판례도 설명하도록 하겠다.

제1절 내부자 거래

1. 단기매매차익반환

가. 의의

내부자의 단기매매차익반환은 내부자가 미공개중요정보를 이용하였는지 여부를 묻지 않고, 내부자가 특정증권등[836]으로 부터 6개월 이내에 매매를 통해 단기매매차익을 실현하였다면 그 이익을 해당 법인에 반환하도록 하는 제도이다. 이는 주권상장법인 또는 코스닥상장법인의 내부자가 6개월 이내의 단기간에 그 법인의 주식 등을 사고파는 경우 미공개 내부정보를 이용하였을 개연성이 크다는 점에서 거래 자체는 허용하되 그 대신 내부자가 실제로 미공개 내부정보를 이용하였는지 여부나 내부자가 미공개 내부정보를 이용하여 이득을 취하려는 의사가 있었는지를 묻지 않고 내부자로 하여금 거래로 얻은 이익을 법인에 반환하도록 하는 엄격한 책임을 인정함으로써 내부자가 미공개 내부정보를 이용하여 법인의 주식 등을 거래하는 행위를 간접적으로 규제하려는 제도이다.[837] 즉, 단기매매차익반환제도는 내부자 거래에 대한 예방적·간접적 규제를 하는 데 그 취지가 있다고 할 것이다.[838] 결국 미공개중요정보에 접근 가능한 내부자들의 경우에

836 주식뿐만 아니라, 해당 주식을 기초자산으로 하는 금융투자상품을 포함하는 개념으로, 당연 파생상품도 포괄한다. 이에 대해서는 '단기매매차익반환대상'에서 후술한다.

837 대법원 2012. 1. 12. 선고 2011다80203 판결.

는 해당 정보와 관련된 특정증권등의 단기매매를 원칙적으로 하지 말 것을 권하고 있는 것이다.

자본시장은 투자자 모두에게 공정하여야 하고, 이러한 신뢰를 기반으로 성장할 수 있다. 하지만, 발행주식에 대해 해당 발생주식의 주요 주주 또는 임원 등이 공개되지 않은 정보를 사전에 취득할 수 있기에 만약 이를 활용하여 매매를 한다면 내부정보를 알고 있는 투자자와 그렇지 않은 투자자 간에는 정보의 불균형이 있게 되고, 이렇게 되면 자본시장은 공정한 시장이 될 수 없다. 또한, 자본시장에 참여하고자 하는 일반투자자들의 입장에서는 내부자들이 미공개중요정보를 이용하였는지 여부를 확인할 방법이 없고, 미공개중요정보를 이용할 수 있다는 선입견으로 인해 시장 참여를 꺼려할 수 있다. 그리하면 자본시장은 건전하게 육성될 수 없다.

따라서 자본시장법은 내부자 거래를 규제함으로써 일반 투자자들의 이익을 보호함과 동시에 자본시장의 공평성·공정성을 확보함으로써 일반투자자들의 증권시장에 대한 신뢰를 확보하고 이를 바탕으로 국가경제의 발전에 기여할 수 있도록 미공개 내부정보에 접근이 용이한 주요 주주, 임원 등에 대해서는 특정증권등에 대한 단기적인 매매로 인한 이익을 회사로 반환하도록 하여 그러한 거래를 무익하게 하는 효과를 기대하고, 이를 통해 내부자 거래에 대한 억지효과를 의도하는 입법목적을 갖고 있다고 할 것이다.[839]

나. 자본시장법 상 개념

자본시장법은 주권상장법인의 임원(「상법」 제401조의2제1항 각 호의 자를 포함한다. 이하 이 장에서 같다), 직원(직무상 제174조제1항의 미공개중요정보를 알 수 있는 자로서 대통령령으로 정하는 자에 한한다. 이하 이 조에서 같다) 또는 주요주주가 특정증권등을 매수(권리 행사의 상대방이 되는 경우로서 매수자의 지위를 가지게 되는 특정증권등의 매도를 포함한다. 이하 이 조에서 같다)한 후 6개월 이내에 매도(권리를 행사할 수 있는 경우로서 매도자의 지위를 가지게 되는 특정증권등의 매수를 포함한다. 이하 이 조에서 같다)하거나 특정증권등을 매도한 후 6개월 이내에 매수하여 이익을 얻은 경우에는 그 법인은 그 임직원 또는 주요주주에게 그 이익(이하 "단기매매차익"이라 한다)을 그 법인에게 반환할 것을 청구할 수 있도록 규정하고 있다(法 제172

838 헌법재판소 2002. 12. 18 자 99헌바105 결정.

839 단기매매차익반환이 기본 재산권을 침해한 것에 해당하는지 여부에 대한 헌법재판소의 판결을 보면, 내부자 거래를 규제함으로써 일반 투자자들의 이익을 보호함과 동시에 증권시장의 공평성, 공정성을 확보하려는 입법목적을 달성하기 위하여 불가피한 것이고 공공의 복리를 위하여 헌법상 허용된 필요하고도 합리적인 제한이라 할 것이므로, 과잉금지의 원칙에 위반하여 재산권의 본질적 내용을 침해한 것이라고 볼 수 없다고 판시하고 있다(헌법재판소 2002. 12. 18 자 99헌바105 결정).

조제1항).

일본 金商法 역시 상장회사등의 임원 또는 주요 주주가 그 직무 또는 지위에 의해 취득한 비밀을 부당하게 이용하는 것을 방지하기 위해 그 자가 해당 상장회사등의 특정유가증권등[840]에 대한 자기의 계산에서 그에 따른 매입등을 한 후 6개월 이내에 매도등을 하거나 매도등을 한 후 6개월 이내에 매수등을 하여 이익을 얻은 경우에는 해당 상장회사등은 그 이익을 상장회사등에 제공하는 할 것을 청구 할 수 있다(金商法 제164조제1항).[841]

미국 SEA도 마찬가지로 단기매매차익반환 조항을 규정하고 있다. 실질 소유자(beneficial owner), 이사(director), 또는 임원(officer)이 발행자와의 관계로 얻은 정보의 불공정한 사용을 방지할 목적으로, 발행자의 지분증권(equity security, 면제증권 제외) 또는 발행자의 지분증권을 기초자산으로 하는 증권연계스왑계약(security-based swap agreement)을 6개월 미만의 기간 내에 매수와 매도, 또는 매도와 매수를 통해 이익을 실현하였다면, 그들이 발행자의 지분증권(면제증권 제외) 또는 발행자의 지분증권을 기초자산으로 하는 증권연계스왑계약(security-based swap agreement)을 거래한 의도와 상관없이 해당 이익은 발행자에 의해 반환되어야 한다(SEA §16(b))[842]

다. 자본시장법 상 특징

자본시장법은 단기매매차익 반환의무자의 대상에 있어 일본, 미국 보다 그 범위를 넓히고 있다. 즉, 미국, 일본 등이 임원과 주요 주주로 그 대상을 제한함에 반해, 자본시장법은 특정

840 특정유가증권과 관련유가증권을 총칭하는 것으로, 파생상품은 포괄하지 않는 개념이다. 이에 대해서는 '단기매매차익반환대상'에서 후술한다.

841 金商法 제164조제1항, 上場会社等の役員又は主要株主がその職務又は地位により取得した秘密を不当に利用することを防止するため、その者が当該上場会社等の特定有価証券等について、自己の計算においてそれに係る買付け等をした後六月以内に売付け等をし、又は売付け等をした後六月以内に買付け等をして利益を得た場合においては、当該上場会社等は、その利益を上場会社等に提供すべきことを請求することができる

842 SEA §16(b), For the purpose of preventing the unfair use of information which may have been obtained by such beneficial owner, director, or officer by reason of his relationship to the issuer, any profit realized by him from any purchase and sale, or any sale and purchase, of any equity security of such issuer (other than an exempted security) or a security-based swap agreement involving any such equity security within any period of less than six months, unless such security or security-based swap agreement was acquired in good faith in connection with a debt previously contracted, shall inure to and be recoverable by the issuer, irrespective of any intention on the part of such beneficial owner, director, or officer in entering into such transaction of holding the security or security based swap agreement purchased or of not repurchasing the security or security-based swap agreement sold for a period exceeding six months. (이후 생략)

직원까지 그 범위를 확대하고 있는 것이 특징이다.

임원은 주권상장법인의 이사 및 감사를 말하며(法 제9조제2항), 상법이 규정한 업무집행지시자를 포함한다. 업무집행지시자란 회사에 대한 자신의 영향력을 이용하여 이사에게 업무집행을 지시한 자, 이사의 이름으로 직접 업무를 집행한 자, 이사가 아니면서 명예회장・회장・사장・부사장・전무・상무・이사 기타 회사의 업무를 집행할 권한이 있는 것으로 인정될 만한 명칭을 사용하여 회사의 업무를 집행한 자 등이다(상법 제401조2제1항).[843]

직원은 모든 직원이 대상인 것은 아니며, 직무상 미공개중요정보를 알 수 있는 자로 한정한다. 미국의 경우 내부자 거래에 관한 규정인 SEA §16(b)는 내부자의 범위를 실질 소유자(beneficial owner), 이사(director), 임원(officer)[844] 등으로 한정하고 있으며, 일본 또한 金商法 제164조제1항에 의거 상장회사의 임원과 주요 주주를 그 대상으로 하고 있는 점에 비추어 본다면, 자본시장법의 단기매매차익반환의 대상자의 범위는 미국, 일본에 비해 매우 확대되어 있다고 볼 것이다. 다만, 직원의 경우에는 그 법인에서 주요사항보고서 제출사유(法 제161조제1항)에 해당하는 사항의 수립・변경・추진・공시, 그 밖에 이에 관련된 업무에 종사하고 있는 직원, 그 법인의 재무・회계・기획・연구개발에 관련된 업무에 종사하고 있는 직원 등으로 한정한다(令 제194조). 즉, 직원의 경우는 내부자의 범위를 파악함에 있어 임원에 준할 정도로 기업의 주요 정보에 접근 가능한 직원으로 제한하고 있는 것이다.

주요주주는 자본시장법 상 별도의 정의조항을 찾아볼 수 없다.[845] 하지만, 자본시장법 상 대주주의 정의 조항이 「금융회사의 지배구조에 관한 법률」로 이관되었음을 감안할 때, 주요주주에 대한 별도의 설명은 없으나, 동 법률 제2조제6호나목의 주요주주 정의 조항을 참조할 수

---

843 상법 제401조의2(업무집행지시자 등의 책임) ① 다음 각호의 1에 해당하는 자는 그 지시하거나 집행한 업무에 관하여 제399조・제401조 및 제403조의 적용에 있어서 이를 이사로 본다.
1. 회사에 대한 자신의 영향력을 이용하여 이사에게 업무집행을 지시한 자
2. 이사의 이름으로 직접 업무를 집행한 자
3. 이사가 아니면서 명예회장・회장・사장・부사장・전무・상무・이사 기타 회사의 업무를 집행할 권한이 있는 것으로 인정될 만한 명칭을 사용하여 회사의 업무를 집행한 자
② 제1항의 경우에 회사 또는 제3자에 대하여 손해를 배상할 책임이 있는 이사는 제1항에 규정된 자와 연대하여 그 책임을 진다.

844 SEC Rule 3b-2(Definition of “officer”), The term officer means a president, vice president, secretary, treasury or principal financial officer, comptroller or principal accounting officer, and any person routinely performing corresponding functions with respect to any organization whether incorporated or unincorporated.

845 과거에는 자본시장법 제9조제1항제2호에 주요주주의 정의 조항이 명시되어 있었으나, 법 개정(2015.7.31) 과정에서 자본시장법 제9조제1항을 “이 법에서 “대주주”란 「금융회사의 지배구조에 관한 법률」 제2조제6호에 따른 주주를 말한다. 이 경우 “금융회사”는 “법인”으로 본다”고 개정하여 삭제되었다. 따라서 법문을 명확히 하기 위해서는 제9조제1항에 ““대주주” 또는 “주요주주”란”으로 하여 개정을 함이 옳을 것이다.

있을 것이다. 동 법률은 주요주주에 대하여 누구의 명의로 하든지 자기의 계산으로 금융회사의 의결권 있는 발행주식 총수의 100분의 10 이상의 주식(그 주식과 관련된 증권예탁증권을 포함한다)을 소유한 자, 또는 임원(업무집행책임자는 제외한다)의 임면(任免) 등의 방법으로 금융회사의 중요한 경영사항에 대하여 사실상의 영향력을 행사하는 주주로서 대통령령[846]으로 정하는 자 등으로 규정하고 있다. 따라서 주요주주란, 누구의 명의로 하든지 자기의 계산으로 법인의 의결권 있는 발행주식총수의 100분의 10 이상의 주식(그 주식과 관련된 증권예탁증권을 포함한다)을 소유한 자, 또는 임원의 임면(任免) 등의 방법으로 법인의 중요한 경영사항에 대하여 사실상의 영향력을 행사하는 주주로서 대통령령으로 정하는 자라고 볼 것이다.

미국은 보통주식 또는 다른 종류주식을 10% 초과하여 보유하고 있는 경우 실질 소유자(beneficial owner)가 된다.[847] 이는 직접적인 보유뿐만 아니라 간접적으로 보유한 것도 포함되는 개념이다.

일본도 자기 또는 타인의 명의로 총 주주등의 의결권의 10% 이상의 의결권을 보유하고 있는 주주를 주요주주로 본다(金商法 제163조제1항).[848] 특히 일본은 조합형태의 펀드가 10% 이상을

---

846 금융회사의 지배구조에 관한 법률 제4조(주요주주의 범위) 법 제2조제6호나목2)에서 "대통령령으로 정하는 자"란 다음 각 호의 어느 하나에 해당하는 자를 말한다.
1. 혼자서 또는 다른 주주와의 합의・계약 등에 따라 대표이사 또는 이사의 과반수를 선임한 주주
2. 다음 각 목의 구분에 따른 주주
가. 금융회사가 「자본시장과 금융투자업에 관한 법률」 제8조제1항에 따른 금융투자업자(겸영금융투자업자는 제외하며 이하 "금융투자업자"라 한다)인 경우: 다음의 구분에 따른 주주
1) 금융투자업자가 「자본시장과 금융투자업에 관한 법률」에 따른 투자자문업, 투자일임업, 집합투자업, 집합투자증권에 한정된 투자매매업・투자중개업 또는 온라인소액투자중개업 외의 다른 금융투자업을 겸영하지 아니하는 경우: 임원(「상법」 제401조의2제1항 각 호의 자를 포함한다. 이하 이 호에서 같다)인 주주로서 의결권 있는 발행주식 총수의 100분의 5 이상을 소유하는 사람
2) 금융투자업자가 「자본시장과 금융투자업에 관한 법률」에 따른 투자자문업, 투자일임업, 집합투자업, 집합투자증권에 한정된 투자매매업・투자중개업 또는 온라인소액투자중개업 외의 다른 금융투자업을 영위하는 경우: 임원인 주주로서 의결권 있는 발행주식 총수의 100분의 1 이상을 소유하는 사람
나. 금융회사가 금융투자업자가 아닌 경우: 금융회사(금융지주회사인 경우 그 금융지주회사의 「금융지주회사법」 제2조제1항제2호 및 제3호에 따른 자회사 및 손자회사를 포함한다)의 경영전략・조직변경 등 주요 의사결정이나 업무집행에 지배적인 영향력을 행사한다고 인정되는 자로서 금융위원회가 정하여 고시하는 주주

847 SEA §16(a), Every person who is directly or indirectly the beneficial owner of more than 10 percent of any class of any equity security (other than an exempted security) which is registered pursuant to section 12, or who is a director or an officer of the issuer of such security, shall file the statements required by this subsection with the Commission.

848 金商法 제163조제1항, (중략) 主要株主（自己又は他人（仮設人を含む。）の名義をもつて総株主等の議決権の百分の十以上の議決権（取得又は保有の態様その他の事情を勘案して内閣府令で定めるものを除く。）を保有している株主をいう。

보유하는 경우(특정조합등)[849]에도 주요주주에 해당하여 단기차익 반환의 대상자로 하고 있다(金商法 제165조의2제1항, 제3항).[850]

자본시장법은 주요주주에 대하여는 매도·매수한 시기 중 어느 한 시기에 있어서 주요주주가 아닌 경우에는 단기매매차익반환규정을 적용하지 아니한다는 규정을 두고 있다(法 제172조제6항). 그러나 임직원의 경우에는 이와 같은 별도의 조항이 없으므로 매도·매수한 시기 중 어느 한 시기에 있어서 임직원인 경우에는 이에 해당 될 수 있으며, 법원은 정직처분을 받아 근무를 하고 있지 않은 경우에도 미공개중요정보에 접근할 수 없다고 단정할 수 없으므로 이 역시 해당된다고 판시한 바 있다.[851][852]

---

849 '특정조합등'이란 조합등 중 해당 조합등의 재산에 속하는 주식에 관한 의결권이 상장 회사 등의 총 주주등의 의결권에서 차지하는 비율이 백분의 십 이상인 조합을 말한다.
金商法 제165조의2제1항, 組合等（民法第六百六十七条第一項に規定する組合契約によつて成立する組合、投資事業有限責任組合契約に関する法律第二条第二項に規定する投資事業有限責任組合（以下この条において「投資事業有限責任組合」という。）若しくは有限責任事業組合契約に関する法律第二条に規定する有限責任事業組合（以下この条において「有限責任事業組合」という。）又はこれらの組合に類似する団体で政令で定めるものをいう。以下この条において同じ。）のうち当該組合等の財産に属する株式に係る議決権が上場会社等の総株主等の議決権に占める割合が百分の十以上であるもの（以下この条において「特定組合等」という。）については、当該特定組合等の組合員（これに類するものとして内閣府令で定める者を含む。以下この条において同じ。）が当該特定組合等の財産に関して当該上場会社等の特定有価証券等に係る買付け等又は売付け等をした場合（当該特定組合等の組合員の全員が委託者又は受益者である信託の受託者が、当該上場会社等の特定有価証券等に係る買付け等又は売付け等をする場合であつて内閣府令で定める場合を含む。以下この条において同じ。）には、当該買付け等又は売付け等を執行した組合員（これに準ずるものとして内閣府令で定める組合員を含む。以下この条において同じ。）は、内閣府令で定めるところにより、その売買等に関する報告書を売買等があつた日の属する月の翌月十五日までに、内閣総理大臣に提出しなければならない。ただし、買付け等又は売付け等の態様その他の事情を勘案して内閣府令で定める場合は、この限りでない。

850 金商法 제165조의2제3항, 特定組合等の組合員がその地位により取得した秘密を不当に利用することを防止するため、当該特定組合等の財産に関し、その者が当該上場会社等の特定有価証券等について、それに係る買付け等をした後六月以内に売付け等をし、又は売付け等をした後六月以内に買付け等をして当該特定組合等の財産について利益を生じた場合においては、当該上場会社等は、当該特定組合等の組合員に対し、当該特定組合等の財産をもつてその利益を当該上場会社等に提供すべきことを請求することができる

851 [대법원 2008. 3. 13. 선고 2006다73218 판결] [3] 문언상 임원 또는 직원이 매수 또는 매도의 두 시기에 모두 그 직책에 있어야 한다고 해석할 근거는 없고, 오히려 같은 조 제8항이 같은 조 제2항의 적용대상자 중 '주요주주'에 대하여만 매수 또는 매도의 어느 한 시기에 주요주주가 아닌 경우에 제2항을 적용하지 않도록 규정하고 있는 취지에 비추어 볼 때, 임원 또는 직원에 대하여는 매수 또는 매도의 어느 한 시기에만 그 신분을 가지고 있으면 같은 조 제2항의 적용대상자에 해당하여 그 단기매매차익을 반환할 의무가 있다.
[4] 법인 내부자가 정직처분을 받아 신분 및 임무수행상의 제한을 받는 상태에서 그 법인의 주식을 매수한 사안에서, 위 내부자가 임의로 거래한 것으로서 비자발적인 유형의 거래로 볼 수 없고 정직처분의 외형만으로 내부정보에 대한 접근 가능성이 완전히 배제된다고 볼 수 없으므로, 증권거래법 제188조 제2항의 적용 대상인 매수에 해당하여 단기매매차익의 반환책임을 지게 된다고 한 사례.

단기매매차익반환의 대상자인 임원, 직원, 주요 주주 등은 특정주식등에 직접적으로 단기매매한 경우가 아니더라도 차명계좌 등을 이용하여 간접적으로 행한 경우에도 그 주체의 행위를 그 내부자의 행위와 동일시할 수 있는 경우에는 단기매매차익반환의 대상이 될 수 있다.[853]

아울러, 자본시장법은 단기매매차익반환과 관련하여 직무연관성 및 내부정보이용을 요건으로 하지 않는다. 일본 金商法은 "그 직무 또는 지위에 의해 취득한 비밀을 부당하게 이용하는 것"이라고 규정함으로써 직무연관성 및 내부정보이용을 단기매매차익반환의 요건으로 하고 있는 것으로 보인다. 종래 증권거래법도 "그 직무 또는 지위에 의하여 지득한 비밀을 이용하여"라고 일본 金商法과 유사한 규정을 가지고 있었으나, 자본시장법은 이를 삭제하고 있으므로 단기매매차익반환에 있어 직무연관성 및 내부정보이용은 해당 요건이라고 볼 수 없다.

라. 단기매매차익반환 대상

자본시장법은 단기매매차익반환 대상으로 다음과 같은 금융투자상품을 열거하고 있다. 이를 특정증권등이라 한다(法 제172조제1항).

1. 그 법인이 발행한 증권(대통령령으로 정하는 증권을 제외한다)
2. 제1호의 증권과 관련된 증권예탁증권
3. 그 법인 외의 자가 발행한 것으로서 제1호 또는 제2호의 증권과 교환을 청구할 수 있는 교환사채권
4. 제1호부터 제3호까지의 증권만을 기초자산으로 하는 금융투자상품

따라서 제4호에 의거 파생상품이 포함된다. 종래 증권거래법에서는 주식옵션을 포함하지 않았으나, 자본시장법은 이를 포함하고 있다. 이는 파생상품이 가지고 있는 레버리지 효과(leverage effect)를 감안하면 미공개중요정보를 이용한 효과가 더 클 수 있기에 포섭된 것은 당연하다고

---

852 단기매매차익반환 조항은 미공개정보의 이용 여부를 묻지 아니하고 단기매매를 하여 발생한 차익에 대하여 회사에 반환하도록 하는 제도로서 개인의 자유를 침해하는 과도한 법적 규제라 할 수 있다. 그리고 구 증권거래법과 달리 자본시장법에서는 "그 직무 또는 지위에 의하여 지득한 비밀을 이용하여"라는 문구도 삭제되어 직무연관성 및 내부정보이용을 요건으로 하지 않고 있다. 이는 일본 金商法에 비해서도 엄격하다. 따라서 법 적용에 있어 신중함이 요구된다고 볼 것이다. 주요주주에 대한 조항(法 제172조제6항)에 비추어, 임직원의 경우에는 매수 또는 매도 시 어느 한 시기에 임직원이었으면 해당된다고 해석하고 있는데, 퇴직한 임직원에게 까지 미공개정보의 이용 여부를 묻지 아니하고 단기매매차익반환의 대상으로 당연 시 하는 것이 과연 타당한 것인지에 대해서는 토론이 필요할 것이다.

853 대법원 2007. 11. 30. 선고 2007다24459 판결.

하겠다. 미국 역시 해당 지분증권 외에 이를 기초자산으로 하는 증권연계스왑계약(any equity security of such issuer or a security-based swap agreement or security-based swap agreement)을 그 대상으로 하고 있어(SEA §16(b)), 파생상품까지 포섭하고 있는 개념이다. 반면, 일본 金商法은 단기매매차익반환 대상 상품을 유가증권으로 한정하고 있다. 특정유가증권(特定有価証券)[854] 외에 해당 상장회사등의 특정유가증권과 관련된 옵션이 부여된 관련유가증권(関連有価証券)[855]을 그 대상으로 규정하고 있으나, 이는 金商法 제2조제1항제19호에 규정된 커버드워런트(covered warrant)을 의미하는 것으로 파생상품까지 포괄하는 개념은 아니다(金商法 제163조제1항).[856]

854 사채권(5호), 주권 혹은 신주예약권증권(9호)외에 협동조직금융기관의 우선출자에 관한 법률이 규정한 우선출자증권(協同組織金融機関の優先出資に関する法律（平成五年法律第四十四号。以下「優先出資法」という。）に規定する優先出資証券)(7호), 투자신탁 및 투자법인에 관한 법률이 규정한 투자증권 등(投資信託及び投資法人に関する法律に規定する投資証券、新投資口予約権証券若しくは投資法人債券又は外国投資証券)(11호)를 포함한다.
当該上場会社等の第二条第一項第五号、第七号、第九号若しくは第十一号に掲げる有価証券（政令で定めるものを除く。）その他の政令で定める有価証券（以下この条から第百六十六条までにおいて「特定有価証券」という）(金商法 제163조제1항).

855 当該上場会社等の特定有価証券に係るオプションを表示する同項第十九号に掲げる有価証券その他の政令で定める有価証券（以下この項において「関連有価証券」という）(金商法 제163조제1항).

856 金商法 제163조제1항, 第二条第一項第五号、第七号、第九号又は第十一号に掲げる有価証券（政令で定めるものを除く。）で金融商品取引所に上場されているもの、店頭売買有価証券又は取扱有価証券に該当するものその他の政令で定める有価証券の発行者（以下この条から第百六十六条まで及び第百六十七条の二第一項において「上場会社等」という。）の役員（投資信託及び投資法人に関する法律第二条第十二項に規定する投資法人である上場会社等（第百六十六条において「上場投資法人等」という。）の資産運用会社（同法第二条第二十一項に規定する資産運用会社をいう。第百六十六条において同じ。）の役員を含む。以下この条から第百六十五条までにおいて同じ。）及び主要株主（自己又は他人（仮設人を含む。）の名義をもつて総株主等の議決権の百分の十以上の議決権（取得又は保有の態様その他の事情を勘案して内閣府令で定めるものを除く。）を保有している株主をいう。以下この条から第百六十六条までにおいて同じ。）は、自己の計算において当該上場会社等の第二条第一項第五号、第七号、第九号若しくは第十一号に掲げる有価証券（政令で定めるものを除く。）その他の政令で定める有価証券（以下この条から第百六十六条までにおいて「特定有価証券」という。）又は当該上場会社等の特定有価証券に係るオプションを表示する同項第十九号に掲げる有価証券その他の政令で定める有価証券（以下この項において「関連有価証券」という。）に係る買付け等（特定有価証券又は関連有価証券（以下この条から第百六十六条まで、第百六十七条の二第一項、第百七十五条の二及び第百九十七条の二第十四号において「特定有価証券等」という。）の買付けその他の取引で政令で定めるものをいう。以下この条、次条及び第百六十五条の二において同じ。）又は売付け等（特定有価証券等の売付けその他の取引で政令で定めるものをいう。以下この条から第百六十五条の二までにおいて同じ。）をした場合（当該役員又は主要株主が委託者又は受益者である信託の受託者が当該上場会社等の特定有価証券等に係る買付け等又は売付け等をする場合であつて内閣府令で定める場合を含む。以下この条及び次条において同じ。）には、内閣府令で定めるところにより、その売買その他の取引（以下この項、次条及び第百六十五条の二において「売買等」という。）に関する報告書を売買等があつた日の属する月の翌月十五日までに、内閣総理大臣に提出しなければならない。ただし、買付け等又は売付け等の態様その他の事情を勘案して内閣府令で定める場合は、この限りでない。

마. 파생상품과 단기매매차익

자본시장법은 특정증권등 제4호에서 “제1호부터 제3호까지의 증권만을 기초자산으로 하는 금융투자상품”으로 정의하여 파생결합증권은 물론 모든 파생상품을 포섭하고 있다. 미국의 경우 스왑계약을 대상으로 포섭하고 있으나, 이는 장외파생상품에 해당하고, 일본의 경우에는 파생상품을 그 대상으로 포섭하고 있지 않다. 그러나 자본시장법은 장내파생상품을 그 대상으로 포섭하고 있다. 이에 따라 장내파생상품과 관련된 문제가 발생하게 된다. 파생상품에서 단기매매차익을 어떻게 볼 것인가가 문제이다.

상장된 파생상품의 경우 만기가 짧아 애초에 단기매매차익을 목적으로 한 매매가 아니더라도 부득이 1개월 내지 3개월 단위로 만기가 돌아옴에 따라 해당 월물을 청산하고 익월물로 이동하는 포지션 교체매매가 불가피하게 이루어질 수밖에 없다. 그런데, 법문에서는 “특정증권등을 매수(매도)한 후 6개월 이내에 매도(매수)”하여 단기매매차익을 얻은 경우 이를 반환하여야 하므로, 위와 같은 만기 연장을 위한 교체매매의 경우도 해당될 여지가 있게 된다.

하지만, 단기매매차익반환 등 내부자 거래를 규제하는 법의 취지는 주요 내부정보에 접근 가능한 주요주주, 임원, 직원 등이 이를 이용하여 단기차익을 얻는 행위가 자본시장의 공정성과 건전성을 훼손하고 일반투자자들의 자본시장에 대한 신뢰를 상실하게 하여 건전한 자본시장의 육성에 반하기 때문일 것이다.[857] 따라서 6개월 이내 만기가 존재하는 파생상품의 특성 상 불가피하게 매매라는 형식은 발생하고 있지만, 애초의 투자목적에 부합하도록 지속적으로 익월물로 교체매매를 통해 포지션을 유지하고 있었다면, 이는 주식과 달리 만기가 있는 파생상품의 특성에 기인하는 것으로 이를 ‘6개월 이내의 매매를 통한 단기매매차익’으로 볼 것은 아니다. 경제적으로 보면 실질적으로 차익을 실현한 상태가 아니고 포지션을 계속 유지하고 있는 상태이다.[858]

만약, 이렇게 6개월을 경과하였다면 이는 단기매매차익을 실현하기 위한 매매로 간주하는 것은 법의 취지에 비추어 볼 때 바람직하지 않다고 할 것이다. 파생상품의 경우에는 단기매매차익을 반환하고자 하는 법의 목적에 비추어 볼 때, 만기의 특성으로 인해 불가피하게 매매행위가

857 미공개중요정보를 실제로 이용하는 내부자 거래와 달리, 단기매매차익반환 규정은 주요주주, 임원, 특정직원에 대하여 미공개중요정보를 이용하였는지에 관계없이 6개월 이내 단기매매로 인해 차익이 발생하였을 경우, 이를 회사에 반환하도록 하는 것으로 더 강력하다. 이는 내부자 거래를 규제하는 법의 목적을 보다 현실적으로 달성하기 위한 것이지 장기 투자에도 적용할 것은 아닐 것이다; 일본에서 내부자 거래의 규제 이유(다수설)는 증권시장의 공정성과 건전성을 유지하고 일반투자자의 증권시장에 대한 신뢰를 확보하려는 것이다(川村正幸(2014), 앞의 책, 597면).

858 실무적으로 보면, 선물의 경우 일일정산을 하기 때문에 일별로 차익실현이 된 것으로 간주될 수 있다. 하지만, 이는 계약이행을 담보하기 위한 방법론에 의한 것으로서 중요한 것은 경제적 실질에 비추어 단기차익이 발생하였는지 여부일 것이다.

일어난 위와 같은 거래의 경우에는 미공개중요정보를 이용하여 단기매매차익을 얻으려는 목적이 애초에 없는 거래로서, 법령상 예외사유에서 명시적으로 따로 정한 바 없다고 하더라도 거래의 유형상 애당초 내부정보의 이용가능성이 객관적으로 없는 경우에는 해당 법률조항 자체가 적용되지 않는다고 보아야 할 것이다.[859] 법원도 시행령에서 정한 예외사유에 해당하지 않더라도 객관적으로 볼 때, 애당초 내부정보의 이용가능성이 전혀 없는 유형의 거래에 대하여는 단기매매차익반환에 해당하지 않는다고 판시한 바 있다.[860][861]

바. 벌칙 조항

단기매매차익반환은 기본적으로 회사에 이익을 반환하는 것으로 족하고, 이에 따른 형사처벌 규정을 두고 있지는 않다. 이는 미공개내부정보를 이용한 행위가 아님에도 불구하고, 예방적·간접적으로 내부자 거래를 규제하기 위한 규정임을 감안할 때 타당한 조치이다. 다만, 금융위원회는 이의 위반을 근거로 혐의가 있는 자에게 참고가 될 보고 또는 자료의 제출을 명할 수 있고(法 제426조제1항), 이에 따라 조사사항에 관한 사실과 상황에 대한 진술서의 제출, 조사사항에 관한 진술을 위한 출석, 조사에 필요한 장부·서류, 그 밖의 물건의 제출 등을 요구할 수 있다(法 제426조제2항). 그런데 이에 불응하는 경우에는 3년 이하의 징역 또는 1억원 이하의 벌금에 처해진다(法 제445조제48호).

미공개중요정보 이용행위의 금지에 관한 제174조의 규정 및 그에 따른 손해배상책임에 관한 제175조의 규정에 의한 손해배상책임요건과 제172조의 규정에 의한 단기매매차익 반환책임의 성립요건이 모두 충족되는 경우도 있을 수 있다. 내부자의 단기매매로 인한 차익을 법인에게

---

859 [헌법재판소 2002. 12. 18 자 99헌바105 결정] 단지 위 법령 등에서 정한 예외사유에 해당하지 않는다는 이유로 그 차익을 일률적으로 모두 반환하게 한다면 이는 최소침해성의 원칙에 반할 여지가 있다. (중략) 법률조항을 해석·적용함에 있어서는 내부자 거래규제라는 입법목적을 반드시 고려하여야 할 것이고, 나아가 단기매매차익반환의 예외를 정한 법 제188조 제8항과 그에 근거한 법시행령 제86조의6이 정하는 예외사유에서 명시적으로 따로 정한 바 없다고 하더라도 내부자 거래에 의한 주식거래가 아님이 명백한 경우 즉, 거래의 유형상 애당초 내부정보의 이용가능성이 객관적으로 없는 경우에는 이미 이 사건 법률조항 자체가 적용되지 않는다고 보아야 할 것이다.

860 [대법원 2004. 2. 13. 선고 2001다36580 판결] 헌법 제23조가 정하는 재산권보장의 취지를 고려하면, 같은법 시행령 제83조의6에서 정한 예외사유에 해당하지 않더라도 객관적으로 볼 때, 애당초 내부정보의 이용가능성이 전혀 없는 유형의 거래에 대하여는 같은 법 제188조 제2항이 적용되지 않는다고 해석함이 상당하다.

861 이와 관련하여 시행령에서 단기매매차익 반환의 예외를 인정하고 있는 것처럼 파생상품의 만기연장을 위한 교체매매의 경우에도 매매로 간주되지 않도록 시행령에 예외로 규정하는 것이 법적 불확실성을 낮추는 방법일 것이다.

반환하도록 함으로써 내부자의 내부정보를 이용한 거래(특히 단기매매)를 억제하기 위한 것이지만, 내부자 거래로 인한 손해배상액과 단기매매차익 반환은 별개의 제도이기 때문에 2중의 책임은 불가피하다고 보아야 한다.[862]

2. 소유 · 보유상황 보고의무

가. 자본시장법상 개념

주권상장법인의 임원[863] 또는 주요주주[864]는 임원 또는 주요주주가 된 날부터 5일(대통령령으로 정하는 날은 산입하지 아니한다. 이하 이 조에서 같다) 이내에 누구의 명의로 하든지 자기의 계산으로 소유하고 있는 특정증권등[865]의 소유상황을, 그 특정증권등의 소유상황에 변동이 있는 경우(대통령령[866]으로 정하는 경미한 소유상황의 변동은 제외한다. 이하 이 조에서 같다)에는 그 변동이 있는 날부터 5일까지 그 내용을 대통령령으로 정하는 방법에 따라 각각 증권선물위원회와 거래소에 보고하여야 한다. 이 경우 대통령령[867]으로 정하는 부득이한 사유에 따라 특정증권등의 소유상황에 변동이 있는 경우와 전문투자자 중 대통령령[868]으로 정하는 자에 대하여는 그

862 임재연(2018), 앞의 책, 878~879면.

863 시행령 제200조제2항에서 소유상황 및 그 변동의 보고서에 기재할 사항을 명시하면서 대상자로 상법 제401조의2제1항 각 호의 자를 포함한다고 하고 있으므로, 업무집행지시자도 포함된다고 할 것이다.

864 단기매매차익반환의 대상자는 임원, 직원, 주요 주주이나, 특정증권등의 소유상황 및 변동상황의 보고의무자에서는 직원은 제외된다.

865 특정증권등이란, 단기매매차익반환의 대상이 되는 금융투자상품을 말한다(法 제172조제1항).

866 자본시장법시행령 제200조제5항, 법 제173조제1항 전단에서 "대통령령으로 정하는 경미한 소유상황의 변동"이란 증권선물위원회가 정하여 고시하는 바에 따라 산정된 특정증권등의 변동 수량이 1천주 미만이고, 그 취득 또는 처분금액이 1천만원 미만인 경우를 말한다. 다만, 직전 보고일 이후 증권선물위원회가 정하여 고시하는 바에 따라 산정된 특정증권등의 변동 수량의 합계가 1천주 이상이거나 그 취득 또는 처분금액의 합계액이 1천만원 이상인 경우는 제외한다.

867 자본시장법시행령 제200조제6항, 법 제173조제1항 후단에서 "대통령령으로 정하는 부득이한 사유"란 다음 각 호의 어느 하나에 해당하는 사유를 말한다.

1. 주식배당
2. 준비금의 자본전입
3. 주식의 분할 또는 병합
4. 자본의 감소

868 자본시장법시행령 제200조제7항, 법 제173조제1항 후단에서 "대통령령으로 정하는 자"란 다음 각 호의 어느 하나에 해당하는 자로서 특정증권등의 보유 목적이 해당 법인의 경영권에 영향을 주기 위한 것(제154조제1항에 따른 것을 말한다)이 아닌 자를 말한다.

보고 내용 및 시기를 대통령령으로 달리 정할 수 있다(法 제173조제1항).

미국에서는 SEA §12에 따라 등록 된 모든 종류의 지분증권(면제증권 제외)을 10 % 초과하여 직접 또는 간접적으로 소유한 실질 소유자(beneficial owner) 또는 해당 지분의 발행인의 이사(director) 또는 임원(officer)인 자는 §16에 의해 요구되는 보고서를 SEC에 제출하여야 한다.

일본 또한 金商法에서 정의하는 특정유가증권과 관련유가증권에 대한 매매 등을 임원 또는 주요 주주가 한 경우(해당 임원 또는 주요 주주가 위탁자 또는 수익자인 신탁의 수탁자가 해당 상장회사등의 특정유가증권등과 관련하여 매매를 한 경우 내각부령에서 정하는 경우를 포함)에는 내각부령에서 정한 바에 따라 그의 매매 기타 거래에 관한 보고서를 매매등이 있는 날이 속한 달의 익월 15일까지 내각총리대신에게 제출하여야 한다(金商法 제163조제1항).

소유상황과 그 변동의 보고서에 기재하여야 할 사항은 보고자, 해당 주권상장법인, 특정증권등의 종류별 소유현황 및 그 변동에 관한 사항이다(令 제200조제2항). 그러므로 상장회사의 임원(업무집행지시자 포함) 또는 주요 주주는 특정증권등의 제4호에 해당하는 파생상품을 보유한 경우에도 그 소유상황 및 변동상황을 보고할 의무가 있다.

여기서 자본시장법 제173조는 "주요 주주가 된 날로부터"라고 정하고 있고, 주요 주주의 요건 중 "누구의 명의로 하든지 자기의 계산으로 법인의 의결권 있는 발행주식 총수의 100분의 10 이상의 주식(그 주식과 관련된 증권예탁증권을 포함한다)을 소유한 자"에 해당하는 경우에는 제4호의 파생상품을 소유하거나 변동이 있는 경우에는 이를 보고하는 것은 당연하나, 만약 지분증권을 보유하지 않고 파생상품만을 상당히 많이 보유한 경우에는 파생상품의 기초자산을 행사한 것으로 간주하여 지분율을 계산하여 주요 주주가 되는 경우 이를 보고하여야 하느냐가 문제가 될 수 있다. 하지만, 법정된 주요 주주의 정의에 그러한 부분이 적시되어 있지 않으며, 결국 의결권 있는 주식의 비율이 10% 이상이어야 하므로, 현재 의결권이 없는 상태인 파생상품만을 보유하고 있는 경우에는 이를 사전에 행사한 것으로 간주하여 주식을 소유한 것처럼 하여 주요 주주 여부를 가릴 필요는 없을 것이다.

특히, 해당 보고의무를 위반한 경우, 1년 이하의 징역 또는 3천만원 이하의 벌금에 처해지는 벌칙 조항(法 제446조제31호)이 있는 점을 감안할 때, 죄형법정주의의 기본 원칙에 따라 법정된 범위를 넘어 과도하게 의무를 부과하는 것은 바람직하지 않다고 하겠다.

물론, 주요 주주의 다른 요건인 임원(업무집행책임자는 제외한다)의 임면(任免) 등의 방법으로

---

1. 제10조제1항제1호 · 제2호의 어느 하나에 해당하는 자(: 국가, 한국은행)
2. 제10조제3항제1호부터 제14호까지(제5호 및 제13호는 제외한다)의 어느 하나에 해당하는 자(: 공사, 기금, 지방자치단체 등)

금융회사의 중요한 경영사항에 대하여 사실상의 영향력을 행사하는 주주로서 대통령령으로 정하는 자에 해당하는 경우에는 지분율에 상관없음으로 제4호 파생상품만 보유한 경우에도 보고를 하여야 한다.

나. 장내파생상품의 대량보유 보고

자본시장법은 금, 돈육 그리고 KOSPI200을 기초자산으로 하는 장내파생상품을 대량으로 보유한 경우에는 이를 금융위원회와 거래소에 보고하도록 하고 있다. 일정 수량 이상 변동된 경우에도 같다. 여기서 주의할 점은 그 매매의 목적 등이 중요한 것은 아니다. 즉 차익거래나 헤지거래의 여부와 상관없이 동일 품목별로 총 수량을 보고하여야 한다(금융투자업규정 제6-29조 제2항).

자본시장법은 동일 품목의 장내파생상품(제4조제10항제3호에 따른 일반상품, 그 밖에 대통령령[869]으로 정하는 것을 기초자산으로 하는 파생상품으로서 파생상품시장에서 거래되는 것만 해당한다. 이하 이 조에서 같다)을 금융위원회가 정하여 고시하는 수량[870] 이상 보유(누구의 명의로 든지 자기의 계산으로 소유하는 경우를 말한다. 이하 이 항에서 같다)하게 된 자는 그 날부터 5일(대통령령으로 정하는 날은 산입하지 아니한다. 이하 이 조에서 같다) 이내에 그 보유 상황, 그 밖에 대통령령으로 정하는 사항을 대통령령으로 정하는 방법에 따라 금융위원회와 거래소에

869 자본시장법시행령 제200조의2제1항, "대통령령으로 정하는 것"은 이란 금융위원회가 정하여 고시하는 기준과 방법에 따른 주가지수를 말한다. 여기서, "금융위원회가 정하여 고시하는 기준과 방법에 따른 주가지수"란 한국거래소의 유가증권시장에 상장된 주권 중 200종목에 대하여 기준일인 1990년 1월 3일의 지수를 100 포인트로 하여 한국거래소가 산출하는 시가총액방식의 주가지수("코스피200")를 말한다(금융투자업규정 제6-29조제1항); 종래에는 일반상품인 금과 돈육을 기초자산으로 하는 장내파생상품으로 한정하였는데, 2011년 소위 도이치증권 옵션쇼크사태를 계기로 2013년 개정 시 코스피200을 추가하였다(임재연(2018), 앞의 책, 885면).

870 금융투자업규정 제6-29조(장내파생상품의 대량보유 보고) ② 법 제173조의2제1항 전단에서 "금융위원회가 정하여 고시하는 수량"이란 다음 각 호의 품목별 미결제약정(장 종료시점을 기준으로 최종거래일까지 소멸하지 아니한 장내파생상품거래약정을 말한다. 이하 이 조에서 같다) 수량을 말한다.

1. 금을 대상으로 하는 장내파생상품거래의 경우
   가. 거래단위(1계약의 크기를 말한다. 이하 이 조에서 같다)가 중량 1천그램인 경우 : 30계약
   나. 거래단위가 중량 1백그램인 경우 : 300계약
2. 돈육을 대상으로 하는 장내파생상품거래의 경우 : 300계약
3. 코스피200을 대상으로 하는 장내파생상품의 경우 : 20,000계약(한국거래소의 파생상품시장규정에서 정하는 미결제약정수량의 보유한도 적용방법에 따라 산출한 수량을 말하며, 그 수량을 산출함에 있어서 차익거래관련 수량 및 헤지거래관련 수량을 포함한다. 이하 제3항제3호에서 같다) <개정 2017.4.21.>

보고하여야 하며, 그 보유 수량이 금융위원회가 정하여 고시하는 수량[871] 이상으로 변동된 경우에는 그 변동된 날부터 5일 이내에 그 변동 내용을 대통령령으로 정하는 방법에 따라 금융위원회와 거래소에 보고하여야 한다(법 제173조의2제1항).

여기서 보고하여야 할 사항은 보유 상황, 그 밖에 대통령령으로 정하는 사항이다. 대통령령으로 정하는 사항이란 대량보유자 및 그 위탁을 받은 금융투자업자에 관한 사항(제1호), 해당 장내파생상품거래의 품목 및 종목(제2호), 해당 장내파생상품을 보유하게 된 시점, 가격 및 수량(제3호), 제1호부터 제3호까지의 사항과 관련된 사항으로서 금융위원회가 정하여 고시하는 사항[872](제4호) 등이다(令 제200조의2제3항).

그리고 금융위원회와 거래소에 보고하여야 할 자가 위탁자인 경우에는 금융투자업자로 하여금 대신하여 보고하게 할 수 있으며, 장내파생상품의 대량보유 상황이나 그 변동 내용을 보고하는

---

871 금융투자업규정 제6-29조(장내파생상품의 대량보유 보고) ③ 법 제173조의2제1항 후단에서 "금융위원회가 정하여 고시하는 수량"이란 다음 각 호의 품목별 미결제약정 수량을 말한다.
1. 금을 대상으로 하는 장내파생상품거래의 경우
   가. 거래단위가 중량 1천그램인 경우 : 6계약
   나. 거래단위가 중량 1백그램인 경우 : 60계약
2. 돈육을 대상으로 하는 장내파생상품 거래의 경우 : 60계약
3. 코스피200을 대상으로 하는 장내파생상품의 경우 : 4,000계약 <개정 2017.4.21.>

872 금융투자업규정 제6-29조(장내파생상품의 대량보유 보고) ④ 영 제200조의2제3항제4호에 따라 해당 장내파생상품거래의 품목별 미결제약정을 대량보유하게 된 금융투자업자 또는 위탁자는 다음 각 호의 사항을 기재한 보고서를 금융위원회와 거래소에 제출하여야 한다.
1. 대량보유자에 관한 사항
   가. 성명 또는 명칭, 국적, 주소, 전화번호, 계좌번호, 주민등록번호 또는 사업자등록번호 및 투자자 구분
   나. 위탁자의 경우에는 위탁을 받은 금융투자업자의 상호, 주소 및 사업자등록번호
2. 해당 장내파생상품거래의 품목(해당 장내파생상품거래를 기초자산별로 구분한다)
3. 해당 장내파생상품거래의 종목(해당 장내파생상품 거래를 결제월별, 콜옵션과 풋옵션 및 행사가격별로 구분한다)
4. 해당 장내파생상품거래의 미결제약정을 보유하게 된 시점(체결일을 기준으로 한다), 가격(체결일의 종가를 기준으로 한다) 및 수량

⑤ 영 제200조의2제3항제4호에 따라 그 미결제약정의 수량이 제3항에서 정하는 수량 이상으로 변동된 경우에는 다음 각 호의 사항을 기재한 보고서를 금융위원회와 거래소에 제출하여야 한다.
1. 해당 장내파생상품거래의 미결제약정이 변동된 시점(체결일을 기준으로 한다), 가격(체결일의 종가를 기준으로 한다), 변동된 수량 및 변동 후 보유수량
2. 제4항제1호부터 제3호까지의 사항

⑥ 금융투자업자 또는 위탁자가 제4항 또는 제5항에 따른 보고서를 제출하는 경우에는 인터넷망을 통한 전자통신의 방식에 따른다. 다만, 전산 장애 등의 경우에는 모사전송(FAX) 등의 방식으로 할 수 있다.

⑦ 금융투자업자 또는 위탁자가 제4항 또는 제5항에 따른 보고서를 제출하는 경우에는 매매보고서, 그 밖에 대량보유 및 변동 내용을 증빙할 수 있는 자료를 첨부하여야 한다.

⑧ 제4항 및 제5항에 따른 보고서의 서식 그 밖에 보고에 관하여 필요한 구체적 사항은 금융감독원장이 정한다.

날 전날까지 새로 변동 내용을 보고하여야 할 사유가 발생한 경우에는 새로 보고하여야 하는 변동 내용은 당초의 대량보유 상황이나 그 변동 내용을 보고할 때 함께 보고하여야 한다(令 제200조의2제4항).

아울러, 자본시장법은 내부자 거래와 비슷한 맥락에서 대상 장내파생상품의 시세에 영향을 미칠 수 있는 정보에 접근 가능한 자가 이를 이용하여 매매를 하는 것을 금지하고 있다. 즉, 자본시장법은 다음 각 호의 어느 하나에 해당하는 자로서 파생상품시장에서의 시세에 영향을 미칠 수 있는 정보를 업무와 관련하여 알게 된 자와 그 자로부터 그 정보를 전달받은 자는 그 정보를 누설하거나, 제1항에 따른 장내파생상품 및 그 기초자산의 매매나 그 밖의 거래에 이용하거나, 타인으로 하여금 이용하게 하여서는 아니 된다고 규정하고 있다(法 제173조의2제2항).

1. 장내파생상품의 시세에 영향을 미칠 수 있는 정책을 입안・수립 또는 집행하는 자
2. 장내파생상품의 시세에 영향을 미칠 수 있는 정보를 생성・관리하는 자
3. 장내파생상품의 기초자산의 중개・유통 또는 검사와 관련된 업무에 종사하는 자

이를 위반할 시에는 3년 이하의 징역 또는 1억원 이하의 벌금에 처한다(法 제445조제22의2호).

3. 미공개중요정보 이용행위 금지

가. 의의

자본시장이 기업의 자금조달과 국민의 증권투자를 통한 자산운용이라는 양 측면의 요구를 서로 연결시키는 터전으로서 자금을 효율적으로 배분하는 국민경제상 중차대한 기능을 적절하게 수행하기 위해서는 무엇보다도 투자자들 사이에 정보 불균형이 없는 공정한 시장의 형성이 전제되어야 한다. 시장 참여자들은 자본시장에서 금융투자상품을 거래하면서 해당 거래가 공정하게 이루어지는 것으로 믿고 시장의 건전성을 전제로 자본시장에서의 거래에 참여하는 것이 필요하다.[873]

그런데 상장법인의 내부자가 당해 법인의 업무 등과 관련하여 접근이 허용되었던 법인의

873 영국에서는 내부자 거래(insider dealing)의 규제 목적으로 증권시장의 완결성을 보호(protection of the integrity of the securities markets)하고 증권을 거래함에 있어 정보의 불균형(imbalance of information)이 없도록 하기 위함이라고 밝히고 있다(Alastair Hudson(2013), *op. cit.*, p.371). 영국의 내부자 거래 규제는 Part V of the Criminal Justice Act 1993(이하 'CJA 1993') 및 FSMA 2000에서 규정하고 있다.

공개되지 아니한 내부정보 중 금융투자상품의 투자판단에 영향을 미칠 수 있는 중요한 정보를 이용하여 거래에 관여할 경우에는, 그 내부자에게 부당한 이익을 용이하게 취득하게 하고 그로 인하여 자본시장에서의 거래당사자의 평등을 해치게 되어 거래의 공정성과 자본시장의 건전성에 대한 일반투자자들의 신뢰를 손상시킴으로써 자본시장이 국민자금을 효율적으로 배분하는 기능을 저해하는 결과를 초래하게 되는 것이므로, 자본시장이 그 기능을 다하여 국민경제의 발전에 적절하게 기여하도록 하기 위하여는 이와 같은 내부자 거래에 대한 엄격한 규제가 필요불가결하기 때문에 "법"이 위와 같이 내부자의 거래를 금지하고 있는 것이다.[874]

내부자 거래에 대한 규제는 근본적으로 공정하고 건전하여야 할 자본시장이 증권매매와 관련하여 정보의 비대칭으로 인하여 공정한 거래를 제약받게 된다면 자본시장의 공정성・신뢰성 및 효율성을 높여 국민경제의 발전에 이바지함을 목적으로 하는 자본시장법의 취지에 부합하지 않음으로 공정한 경쟁을 촉진하고 투자자를 보호하기 위한 입법적 목적이 있다고 하겠다.[875]

나. 자본시장법 상 개념

자본시장법은 내부자등[876]은 상장법인[6개월 이내에 상장하는 법인 또는 6개월 이내에 상장

874 대법원 1994. 4. 26. 선고 93도695 판결, 판결 내용 중 유가증권과 유가증권시장을 금융투자상품과 자본시장으로 변경 기술하였다.

875 미국은 내부자 거래규제의 보호법익에 관하여, 내부자 거래를 신인의무(fiduciary duty)를 위반하는 사기행위로 보면서 발행회사 또는 그 주주에 대한 신인의무를 보호법익으로 본다. 따라서 정보의 공개여부에 대한 의무는 정보를 단순히 소유한 것으로부터 발생하는 것이 아니라 신인관계(fiduciary relationship)로 부터 발생하는 개념이다(Chiarella v. United States, 445 U.S. 222 (1980)). 더욱이 근래에는 정보유용이론에 의하여 소속기관에 대한 신인의무위반도 규제대상에 포함되어 규제의 범위가 보다 확대되었다(임재연(2018), 앞의 책, 905면). 내부자 규제이론에 대해 관심있는 독자는 위의 책, 892~904면을 참고하기 바란다.

876 내부자등이란 직무등과 관련하여 미공개중요정보를 알게 된 자 또는 이들로부터 미공개중요정보를 받은 자를 포함하는 것으로서 자본시장법 제174조자본시장법 제174조제1항 다음 각 호의 어느 하나에 해당하는 자를 말한다.
자본시장법 제174조제1항, 다음 각 호의 어느 하나에 해당하는 자(제1호부터 제5호까지의 어느 하나의 자에 해당하지 아니하게 된 날부터 1년이 경과하지 아니한 자를 포함한다)
1. 그 법인(그 계열회사를 포함한다. 이하 이 호 및 제2호에서 같다) 및 그 법인의 임직원・대리인으로서 그 직무와 관련하여 미공개중요정보를 알게 된 자
2. 그 법인의 주요주주로서 그 권리를 행사하는 과정에서 미공개중요정보를 알게 된 자
3. 그 법인에 대하여 법령에 따른 허가・인가・지도・감독, 그 밖의 권한을 가지는 자로서 그 권한을 행사하는 과정에서 미공개중요정보를 알게 된 자
4. 그 법인과 계약을 체결하고 있거나 체결을 교섭하고 있는 자로서 그 계약을 체결・교섭 또는 이행하는 과정에서 미공개중요정보를 알게 된 자
5. 제2호부터 제4호까지의 어느 하나에 해당하는 자의 대리인(이에 해당하는 자가 법인인 경우에는 그

법인과의 합병, 주식의 포괄적 교환, 그 밖에 대통령령으로 정하는 기업결합 방법[877]에 따라 상장되는 효과가 있는 비상장법인(이하 이 항에서 "상장예정법인등"이라 한다)을 포함한다. 이하 이 항 및 제443조제1항제1호에서 같다]의 업무 등과 관련된 미공개중요정보(투자자의 투자판단에 중대한 영향을 미칠 수 있는 정보로서 대통령령으로 정하는 방법[878]에 따라 불특정 다수인이 알 수 있도록 공개되기 전의 것을 말한다. 이하 이 항에서 같다)를 특정증권등(상장예정법인등이 발행한 해당 특정증권등을 포함한다. 이하 제443조제1항제1호에서 같다)의 매매, 그 밖의 거래에 이용하거나 타인에게 이용하게 하여서는 아니 된다고 규정하고 있다(法 제174조제1항).

임직원 및 대리인을 포함한다)·사용인, 그 밖의 종업원(제2호부터 제4호까지의 어느 하나에 해당하는 자가 법인인 경우에는 그 임직원 및 대리인)으로서 그 직무와 관련하여 미공개중요정보를 알게 된 자

6. 제1호부터 제5호까지의 어느 하나에 해당하는 자(제1호부터 제5호까지의 어느 하나의 자에 해당하지 아니하게 된 날부터 1년이 경과하지 아니한 자를 포함한다)로부터 미공개중요정보를 받은 자

877 자본시장법시행령 제201조제1항, 법 제174조제1항 각 호 외의 부분에서 "대통령령으로 정하는 기업결합 방법"이란 다음 각 호의 어느 하나에 해당하는 경우로서 그 결과 비상장법인의 대주주 또는 그의 특수관계인(이하 이 조에서 "대주주등"이라 한다)이 상장법인의 최대주주가 되는 방법을 말한다.

1. 상장법인이 비상장법인으로부터 법 제161조제1항제7호에 해당하는 중요한 영업을 양수하고, 그 대가로 해당 상장법인이 발행한 주식등을 교부하는 경우
2. 상장법인이 비상장법인의 대주주등으로부터 법 제161조제1항제7호에 해당하는 중요한 자산을 양수하고, 그 대가로 해당 상장법인이 발행한 주식등을 교부하는 경우
3. 비상장법인의 대주주등이 「상법」 제422조에 따라 상장법인에 현물출자를 하고, 그 대가로 해당 상장법인이 발행한 주식등을 교부받는 경우

878 자본시장법시행령 제201조제2항, 법 제174조제1항 각 호 외의 부분에서 "대통령령으로 정하는 방법"이란 해당 법인(해당 법인으로부터 공개권한을 위임받은 자를 포함한다) 또는 그 법인의 자회사(「상법」 제342조의2제1항에 따른 자회사를 말하며, 그 자회사로부터 공개권한을 위임받은 자를 포함한다)가 다음 각 호의 어느 하나에 해당하는 방법으로 정보를 공개하고 해당 호에서 정한 기간이나 시간이 지나는 것을 말한다.

1. 법령에 따라 금융위원회 또는 거래소에 신고되거나 보고된 서류에 기재되어 있는 정보: 그 내용이 기재되어 있는 서류가 금융위원회 또는 거래소가 정하는 바에 따라 비치된 날부터 1일
2. 금융위원회 또는 거래소가 설치·운영하는 전자전달매체를 통하여 그 내용이 공개된 정보: 공개된 때부터 3시간
3. 「신문 등의 진흥에 관한 법률」에 따른 일반일간신문 또는 경제분야의 특수일간신문 중 전국을 보급지역으로 하는 둘 이상의 신문에 그 내용이 게재된 정보: 게재된 날의 다음 날 0시부터 6시간. 다만, 해당 법률에 따른 전자간행물의 형태로 게재된 경우에는 게재된 때부터 6시간으로 한다.
4. 「방송법」에 따른 방송 중 전국에서 시청할 수 있는 지상파방송을 통하여 그 내용이 방송된 정보: 방송된 때부터 6시간
5. 「뉴스통신진흥에 관한 법률」에 따른 연합뉴스사를 통하여 그 내용이 제공된 정보: 제공된 때부터 6시간

다. 내부자 거래 규제관련 외국의 동향

1) 미국

미국은 근본적으로 증권 거래소에 등록된 증권, 등록되지 않은 증권 또는 증권연계스왑계약의 매매와 관련하여 어느 누구도 사기적 수단 즉, 조작적 또는 기망적 수단(manipulative or deceptive device)을 사용하거나 또는 공공의 이익 또는 투자자 보호에 필요하거나 적절한 것으로서 SEC가 규정한 규칙과 규정(rules and regulations)을 위반하는 행위는 불법적인 행위로 금지된다(SEA §10(b).[879]

그리고 SEC Rule 10b5-1[880]은 어떤 매매가 SEA §10(b) 및 이에 따른 Rule 10b-5를 위반하는 미공개중요정보에 기초한 거래(Trading “on the basis of” material nonpublic information in insider trading cases)의 경우에 해당하는지를 기본적으로 정의한다. SEA §10(b) 및 이에 따른 Rule 10b-5에서 금지하는 사기적 수단 즉, “조작적 또는 기망적 수단(manipulative or deceptive device)”에는 다른 무엇보다도 직접, 간접 또는 파생적으로 증권의 발행인, 그 발행인의 주주 또는 미공개중요정보를 알고 있는 사람들이 갖게 되는 신뢰의 의무(a duty of trust or confidence)를 위반하여 발행자의 증권에 대한 미공개중요정보에 근거한 발행자의 증권 매매가 포함된다고 규정하고 있다(17 CFR 240.10b5-1(a)).[881]

즉, 내부자가 미공개중요정보(material nonpublic information)를 이용하여 거래하는 행위는 증권의 매매에 있어서 사기적 수단(manipulative or deceptive device)을 사용한 것으로 보아 증권사기(securities fraud)를 대상으로 하는 SEA §10와 SEC Rule 10b-5[882]가 작용된다. 여기서 기업

---

879 SEA §10, It shall be unlawful for any person, directly or indirectly, by the use of any means or instrumentality of interstate commerce or of the mails, or of any facility of any national securities exchange—

(b) To use or employ, in connection with the purchase or sale of any security registered on a national securities exchange or any security not so registered, or any securities based swap agreement any manipulative or deceptive device or contrivance in contravention of such rules and regulations as the Commission may prescribe as necessary or appropriate in the public interest or for the protection of investors.

880 17 CFR 240.10b5-1, Trading “on the basis of” material nonpublic information in insider trading cases

881 17 CFR 240.10b5-1, (a) General. The “manipulative and deceptive devices” prohibited by Section 10(b) of the Act (15 U.S.C. 78j) and § 240.10b-5 thereunder include, among other things, the purchase or sale of a security of any issuer, on the basis of material nonpublic information about that security or issuer, in breach of a duty of trust or confidence that is owed directly, indirectly, or derivatively, to the issuer of that security or the shareholders of that issuer, or to any other person who is the source of the material nonpublic information.

882 17 CFR 240.10b-5, Employment of manipulative and deceptive devices.
It shall be unlawful for any person, directly or indirectly, by the use of any means or instrumentality

내부자의 SEA §10와 SEC Rule 10b-5의 위반을 구성하기 위해서는 2가지의 요소가 필요하다. 하나는 기업의 내부정보(inside information)에 접근할 수 있는 관계의 존재(existence of a relationship)이고, 또 하나는 기업의 내부자가 해당 정보를 공개 없이 거래함으로써 이익을 얻을 수 있게 해 주는 불공정함(unfairness)이다.[883]

그리고 단순히 해당 정보를 알고 있다고 해서 이를 공개하거나 거래에 이용하는 것을 포기할 의무가 발생하는 것이 아니라, 신인관계(fiduciary relationship)로부터 해당 의무는 발생하는 것이다.[884] 즉 미국은 전통적으로 내부자 거래를 신인의무(fiduciary duty)를 위반하는 사기행위로 보면서 발행회사 또는 그 주주에 대한 신인의무를 보호법익으로 본다. 따라서 정보 수령자(tippee)의 경우는 정보를 전달해 준 내부자가 갖고 있는 신인의무를 위반하고 자신에게 정보를 전달해 준 것을 알고 증권의 거래에 이용하는 행위는 마찬가지로 처벌된다. 이는 내부자의 의무로부터 파생되는 의무이다.

아울러 2000년에 제정된 Rule 10b5-1의 사전 주의사항(Preliminary Note)[885]을 설명하면서, 내부자 거래와 관련한 법은 Rule 10b-5를 해석하는 사법적 견해(judicial opinions)에 의해 정의되고, Rule 10b5-1이 다른 면에서 내부자 거래에 대한 법의 범위를 수정하지 않는다고 설명하고 있다.[886] 따라서 그 동안 Rule 10b-5 하에서 사적소권(private action)의 요건으로서 판례가 일관성 있게 설명한 "사기등의 의도(scienter)"는 여전히 요건이 된다.[887]

---

of interstate commerce, or of the mails or of any facility of any national securities exchange,

(a) To employ any device, scheme, or artifice to defraud,

(b) To make any untrue statement of a material fact or to omit to state a material fact necessary in order to make the statements made, in the light of the circumstances under which they were made, not misleading, or

(c) To engage in any act, practice, or course of business which operates or would operate as a fraud or deceit upon any person,

in connection with the purchase or sale of any security.

883 Dirks v. SEC, 463 U.S. 646 (1983) at 646.

884 Chiarella v. United States, 445 U.S. 222 (1980)

885 미국 preliminary notes는 regulations 본문을 공표하는 문서에서 앞 부분에 규칙의 내용 및 제정 목적, 유의 사항 등을 서두로 기술해 놓은 것이다. 한국으로 대입하면 "전문" 정도인데, 한국법상 전문은 법적 구속력이 있는 좀 무거운 용어인데 반하여 preliminary notes은 설명을 하는 정도이다. 따라서 "서두", "서언", "사전 주의사항" 정도로 번역될 수 있다.

886 Preliminary Note to § 240.10B5-1: This provision defines when a purchase or sale constitutes trading "on the basis of" material nonpublic information in insider trading cases brought under Section 10(b) of the Act and Rule 10b-5 thereunder. The law of insider trading is otherwise defined by judicial opinions construing Rule 10b-5, and Rule 10b5-1 does not modify the scope of insider trading law in any other respect.

887 Ernst & Ernst v. Hochfelder et al., 425 U.S. 185 (1976), Novak v. Kasaks et al., 997 F. Supp. 425 (1998), Tellabs, Inc. v. Makor Issues & Rights, Ltd., 551 U,S, 308 (2007) 등 다수. 손해배상을 위한

2) 영국

영국은 미국과 달리 내부자 거래에 대한 규제를 법률로서 상세히 기술하고 있다. 따라서 이에 대한 내용을 소개하고자 한다. 내부자 거래는 기본적으로 형법(Criminal Justice Act 1993; 이하 'CJA')에서 다루고 있다.[888] CJA Section 52[889]는 내부자 거래의 규제 대상을 기술하고 있으며, Section 53은 위법하지 않은 경우를 적시하고 있다.

내부자 거래의 규제 대상이 되는 경우는 다음과 같다.

첫째, 내부자로서 정보를 가지고 있는 개인(individual)[890]이 특정상황 하에서 정보와 관련하여 가격이 영향을 받는 증권(price-affected securities)을 거래(deal)하는 경우 내부자 거래의 유죄(guilty of insider dealing)에 해당된다(CJA s.52(1)).[891]

여기서, 특정상황이란 취득(acquisition) 또는 처분(disposal)이 규제대상시장(regulated market)[892]

다툼에서 법원은 'scienter'의 주장이 부재한 경우에는 SEA §10(b) 및 Rule 10b-5를 적용할 수 없다고 밝힌 바 있다(A private cause of action for damages will not lie under s 10(b) and Rule 10b-5 in the absence of any allegation of "scienter," i.e., intent to deceive, manipulate, or defraud on the defendant's part. See Ernst & Ernst v. Hochfelder et al., at 185).

888 구체적으로는 CJA Part V가 내부자 거래(insider dealing)의 제하에 벌칙 조항까지 상세히 기술하고 있다.

889 CJA Section 52, The offence.

(1) An individual who has information as an insider is guilty of insider dealing if, in the circumstances mentioned in subsection (3), he deals in securities that are price-affected securities in relation to the information.

(2) An individual who has information as an insider is also guilty of insider dealing if—

(a) he encourages another person to deal in securities that are (whether or not that other knows it) price-affected securities in relation to the information, knowing or having reasonable cause to believe that the dealing would take place in the circumstances mentioned in subsection (3); or

(b) he discloses the information, otherwise than in the proper performance of the functions of his employment, office or profession, to another person.

(3) The circumstances referred to above are that the acquisition or disposal in question occurs on a regulated market, or that the person dealing relies on a professional intermediary or is himself acting as a professional intermediary.

(4) This section has effect subject to section 53.

890 영국법상 Individual은 사람(human being)을 지칭한다. 이와 달리 Person은 법인 또는 자연인이 될 수 있다.

891 CJA Section 52, The offence.

(1)An individual who has information as an insider is guilty of insider dealing if, in the circumstances mentioned in subsection (3), he deals in securities that are price-affected securities in relation to the information.

892 "규제대상시장(regulated market)"이라 함은 규제의 목적을 위해 재무부가 지정한 시장을 말한다(CJA s.60(1)).

CJA Section 60, (1)For the purposes of this Part, "regulated market" means any market, however operated, which, by an order made by the Treasury, is identified (whether by name or by reference to

에서 발생하거나, 거래가 전문 중개자(professional intermediary)[893]에 의존하거나, 그 자신이 전문 중개자(professional intermediary)로 행위하는 경우를 말한다(CJA s.52(3)).[894]

영국의 경우, 내부자 거래가 성립하기 위한 요건을 보면, 먼저 개인이어야 한다. 법인은 내부자 거래의 대상이 아니다. 다음으로 개인이 내부자(insider)로서 정보를 가져야 하고, 그 개인이 증권을 거래(deal)하여야만 한다. 또한 그 개인이 거래한 증권은 가격이 영향을 받는 증권(price-affected securities)이어야 하고, 가격이 영향을 받는 증권은 내부자 정보에 관해서 영향을 받아야 한다. 마지막으로 이러한 행위가 위에서 언급한 규제대상시장을 통한 거래 등 특정상황에서 이루어져야 한다.[895]

둘째, 내부자로서 정보를 가지고 있는 개인이 다른 사람으로 하여금 위에서 언급한 특정상황에서 거래되어지는 것을 알고 있거나 또는 합리적으로 믿을 만한 상황에서 해당 정보와 관련하여(다른 사람이 알고 있든 그렇지 않는) 가격이 영향을 받는 증권을 거래하노록 권상[896]하는 경우도 유죄이다(CJA s.52(2)(a)).[897] 전형적으로는 내부자 자신을 대신하여 효과적으로 해당 증권을 거

---

criteria prescribed by the order) as a regulated market for the purposes of this Part.

893 증권의 취득 또는 처분 행위와 증권 거래에 참여하는 사람들 간의 중개자 역할을 수행하는 자를 일컫는다. 이에 대한 상세 정의는 CJA s.59를 참조.

CJA Section 59, "Professional intermediary".

(1) For the purposes of this Part, a "professional intermediary" is a person—
  (a) who carries on a business consisting of an activity mentioned in subsection (2) and who holds himself out to the public or any section of the public (including a section of the public constituted by persons such as himself) as willing to engage in any such business; or
  (b) who is employed by a person falling within paragraph (a) to carry out any such activity.

(2) The activities referred to in subsection (1) are—
  (a)acquiring or disposing of securities (whether as principal or agent); or
  (b)acting as an intermediary between persons taking part in any dealing in securities.

(3) A person is not to be treated as carrying on a business consisting of an activity mentioned in subsection (2)—
  (a) if the activity in question is merely incidental to some other activity not falling within subsection (2); or
  (b) merely because he occasionally conducts one of those activities.

(4) For the purposes of section 52, a person dealing in securities relies on a professional intermediary if and only if a person who is acting as a professional intermediary carries out an activity mentioned in subsection (2) in relation to that dealing.

894 CJA Section 52, The offence.

(3) The circumstances referred to above are that the acquisition or disposal in question occurs on a regulated market, or that the person dealing relies on a professional intermediary or is himself acting as a professional intermediary.

895 Alastair Hudson(2013), *op. cit.*, p.373.

896 금융회사의 영업행위로서의 권유와 구분하기 위해 '권장'이라고 표기하였다. 'encourage'에 해당한다.

897 CJA Section 52, The offence.

래하기 위해 친척이나 자신이 통제할 수 있는 사람을 이용하는 경우에는 이에 해당할 수 있다.

셋째, 내부자로서 정보를 가진 개인이 자신의 고용, 직무, 직업(employment, office or profession) 상 기능의 적절한 수행 이외에 다른 사람에게 정보를 공개하는 경우도 유죄이다(CJA s.52(2)(b)).[898] 이는 정보 전달을 통해 증권의 거래를 유발할 것을 의도했는지 여부는 요건으로 하지 않는다. 정보를 공개하는 행위 그 자체가 위법이다.[899] 정보는 정상적인 과정을 통해 시장에 공개되도록 법이 강제하고 있는 것이다. 다만, 직무 수행 이외에 공개하는 행위를 규제하는 것이기에 예를 들면 같은 회사의 동료와 직무 수행 차원에서 논의를 하는 과정에 알고 있는 정보를 공개하는 것은 일상적인 직무 수행 과정으로서 이러한 정보 공개 행위는 그 자체로 규제 대상은 아니다.

내부자 거래 규제의 내용을 좀 더 구체적으로 살펴보자.

먼저 "증권의 거래(dealing in securities)"란 증권을 취득하거나 처분하는 것으로서 이는 직접적인 거래 행위뿐만 아니라, 취득 · 처분에 대한 동의(agree)를 한 경우 또는 해당 증권을 생성하는 계약(contract which creates the security)[900]을 맺거나 종료한 경우도 포함하는 개념이다. 또한 그 행위가 그의 대리인(agent), 지명자(nominee), 또는 그의 지시에 따라 행동하는 사람에 의해 이루어진 경우도 포함된다(CJA s.55).[901]

---

(2) An individual who has information as an insider is also guilty of insider dealing if—

(a) he encourages another person to deal in securities that are (whether or not that other knows it) price-affected securities in relation to the information, knowing or having reasonable cause to believe that the dealing would take place in the circumstances mentioned in subsection (3);

898 CJA Section 52, The offence.

(2) An individual who has information as an insider is also guilty of insider dealing if—

(b) he discloses the information, otherwise than in the proper performance of the functions of his employment, office or profession, to another person.

899 Alastair Hudson(2013), *op. cit.*, p374.

900 증권의 취득과 처분에 대한 계약을 통해 지분(equitable interest)을 이전하는 것을 말한다(Alastair Hudson(2013), *op. cit.*, p.377). 이와 관련한 사례로는 Neville v. Wilson (Ch. 144. 1997) 참조.

901 CJA Section 55, "Dealing" in securities.

(1) For the purposes of this Part, a person deals in securities if—

(a) he acquires or disposes of the securities (whether as principal or agent); or

(b) he procures, directly or indirectly, an acquisition or disposal of the securities by any other person.

(2) For the purposes of this Part, "acquire", in relation to a security, includes—

(a) agreeing to acquire the security; and

(b) entering into a contract which creates the security.

(3) For the purposes of this Part, "dispose", in relation to a security, includes—

(a) agreeing to dispose of the security; and

(b) bringing to an end a contract which created the security.

여기서, 내부자 거래와 관련한 규제 대상인 증권(securities)의 범위는 CJA Schedule 2가 정하고 있다.[902] CJA Schedule 2는 일반적인 증권 외에도 FSMA에서 파생상품(derivatives)으로 지정하고 있는 옵션(options), 선물(futures), 차액계약(contracts for difference) 등을 포함하고 있다.[903] 따라서 파생상품 역시 규제대상 상품인 가격이 영향을 받는 증권(price-affected securities)에 해당된다. 그리고 이러한 증권의 범위는 재무부령(order)에 의해 수정될 수 있다(CJA s.54(2)).

"내부 정보(inside information)"란 범용의 정보가 아니라 특정한 증권 또는 특정 증권의 발행자와 관련된 정보로서 구체적이거나 정확하고(specific or precise), 공개되지 않은 것으로서 공개될 경우 증권 가격에 상당한 영향을 미칠 수 있는 정보를 의미한다(CJA s.56(1)). 규제 대상 증권은 내부 정보와 관련하여 "가격이 영향을 받는 증권(price-affected securities)"이며, 내부 정보는 해당 증권과 관련하여 "가격에 민감한 정보(price-sensitive information)"로서 정보가 공개 된다면, 해당 증권 가격에 중요한 영향(significant effect on the price)을 미칠 수 있는 것을 말한다(CJA s.56(2). 그리고 가격(price)은 가치(value)를 포함한다(CJA s.56(3)).[904] 그리고 여기서 관련된 정보

---

(4) For the purposes of subsection (1), a person procures an acquisition or disposal of a security if the security is acquired or disposed of by a person who is—
(a) his agent,
(b) his nominee, or
(c)a person who is acting at his direction, in relation to the acquisition or disposal.
(5) Subsection (4) is not exhaustive as to the circumstances in which one person may be regarded as procuring an acquisition or disposal of securities by another.

902 CJA Section 54, Securities to which Part V applies.
(1) This Part applies to any security which—
(a) falls within any paragraph of Schedule 2; and
(b) satisfies any conditions applying to it under an order made by the Treasury for the purposes of this subsection; and in the provisions of this Part (other than that Schedule) any reference to a security is a reference to a security to which this Part applies.
(2) The Treasury may by order amend Schedule 2.

903 CJA Schedule 2는 대상증권을 정의하고 있으며, 파생상품 외에 증권으로 정의하고 있는 것은 지분증권(Shares), 채무증권(Debt securities), 워런트(Warrants), 예탁증서(Depositary receipts) 등이다.

904 CJA Section 56, "Inside information", etc.
(1) For the purposes of this section and section 57, "inside information" means information which—
(a) relates to particular securities or to a particular issuer of securities or to particular issuers of securities and not to securities generally or to issuers of securities generally;
(b) is specific or precise;
(c) has not been made public; and
(d) if it were made public would be likely to have a significant effect on the price of any securities.
(2) For the purposes of this Part, securities are "price-affected securities" in relation to inside information, and inside information is "price-sensitive information" in relation to securities, if and only if the information would, if made public, be likely to have a significant effect on the price of the securities.

란 회사 그 자체에 관한 것뿐만 아니라 회사의 사업 전망에 영향을 줄 수 있는 것을 포함하는 개념이다(CJA s.60(4)).[905]

그런데 언뜻 보면, 정보의 범위가 매우 넓다. 자본시장법과 달리 정보의 생산 주체에 대한 명확한 규정이 없다. 즉, 특정 회사의 주가등에 영향을 미칠 수 있는 특정회사와 관련된 중요정보로 규정되어 있지 특정회사가 생산해 낸 정보라고 규정되어 있지 않다. CJA는 법문에서 포괄적으로 정의규정을 두고 Schedule 1[906]에서 내부정보에서 당연 제외될 것으로 시장에서 직접적으로 얻어진 시장정보(market information)[907]에 대해 기술하고 있다. 또한, CJA Section 58은 내부자 거래의 규제대상에서 제외되는 공개된(made public) 정보의 개념을 기술한다. 즉, 다음의 4가지 중 하나에 해당하면 공개정보에 해당되어 내부정보에서 배제된다(CJA s.58(2)).[908]

(a) 투자자에게 알릴 목적으로 규제대상시장의 규칙에 따라 공개된 경우,
(b) 어떤 법률로 인해 일반 대중이 조사할 수 있는 기록에 포함된 경우,
(c) 해당 정보가 해당 증권 거래를 할 가능성이 있는 사람들에 의해 쉽게 얻어질 수 있는 경우,

---

(3) For the purposes of this section "price" includes value.

905 CJA Section 60, (4)For the purposes of this Part, information shall be treated as relating to an issuer of securities which is a company not only where it is about the company but also where it may affect the company's business prospects.

906 재무부령에 의해 schedule 1을 수정할 수 있다(CJA s.53(5)).

907 CJA Schedule 1 para.4, For the purposes of paragraphs 2 and 3 market information is information consisting of one or more of the following facts—
(a) that securities of a particular kind have been or are to be acquired or disposed of, or that their acquisition or disposal is under consideration or the subject of negotiation;
(b) that securities of a particular kind have not been or are not to be acquired or disposed of;
(c) the number of securities acquired or disposed of or to be acquired or disposed of or whose acquisition or disposal is under consideration or the subject of negotiation;
(d) the price (or range of prices) at which securities have been or are to be acquired or disposed of or the price (or range of prices) at which securities whose acquisition or disposal is under consideration or the subject of negotiation may be acquired or disposed of;
(e) the identity of the persons involved or likely to be involved in any capacity in an acquisition or disposal.

908 CJA Section 58, (2)Information is made public if—
(a) it is published in accordance with the rules of a regulated market for the purpose of informing investors and their professional advisers;
(b) it is contained in records which by virtue of any enactment are open to inspection by the public;
(c) it can be readily acquired by those likely to deal in any securities—
(i) to which the information relates, or
(ii) of an issuer to which the information relates; or
(d) it is derived from information which has been made public.

(d) 공개 된 정보로 부터 파생되어지는 경우 등이다.

아울러, 전문적인 노력에 의해 얻어지는 정보 등도 공개정보로서 취급되어 역시 내부정보에서 배제된다(CJA s.58(3)).[909] 즉 반도체 시장의 수요 공급에 대한 전문적인 분석을 통해 반도체 관련 주식을 매수한 경우 이는 내부자 거래에 해당하지 않을 것이다.

"내부자들(insiders)"은 내부자(insider)로서 정보를 가진 자와 내부소스(inside source)로 부터 정보를 가진 자로 구성된다. 해당 정보가 내부정보이고, 내부정보임을 알면서 정보를 가지고 있는 자, 또는 해당 정보를 내부소스로 부터 갖게 되었고, 그것을 알면서 정보를 가지고 있는 자는 내부자로서 정보를 가진 자에 해당하고(CJA s.57(1)), 해당 증권 발행인의 이사, 종업원, 주주를 통해서 해당 정보를 가진 자 또는 고용, 직무, 직업(employment, office or profession)으로 인해 정보에 접근하는 것을 통해서 해당 정보를 가진 자 그리고 정보의 직접, 간접적 소스가 위에 언급한 2가지 부류에 해당하는 사람인 경우라면 내부소스로 부터 정보를 가진 자에 해당한다(CJA s.57(2)).[910] 여기서 내부자가 내부정보임을 주관적으로 인지하고 있는 것이 범죄 성립의 요건이 된다.[911]

내부자 거래 규제 대상으로부터 제외될 수 있는 경우로서 법률은 Section 53[912]과 Schedule

---

909 CJA는 일정 정보 등의 경우 공개정보와 같이 취급하고 있다. 즉, 이에 해당하면 내부정보가 아니다. CJA Section 58, Information "made public".
(3) Information may be treated as made public even though—
(a) it can be acquired only by persons exercising diligence or expertise;
(b) it is communicated to a section of the public and not to the public at large;
(c) it can be acquired only by observation;
(d) it is communicated only on payment of a fee; or
(e) it is published only outside the United Kingdom.

910 CJA Section 57, "Insiders".
(1) For the purposes of this Part, a person has information as an insider if and only if—
(a) it is, and he knows that it is, inside information, and
(b) he has it, and knows that he has it, from an inside source.
(2) For the purposes of subsection (1), a person has information from an inside source if and only if—
(a) he has it through—
(i) being a director, employee or shareholder of an issuer of securities; or
(ii) having access to the information by virtue of his employment, office or profession; or
(b) the direct or indirect source of his information is a person within paragraph (a).

911 Alastair Hudson(2013), *op. cit.,* p.385. 그는 이와 관련된 예를 통해 신규 입사한 직원이 자료를 정리하는 과정에서 알게 된 정보가 공개된 정보라고 생각하고 해당 정보를 이용하여 증권을 거래한 경우는 내부정보임을 안 것은 아니다. 물론 이에 대한 주장의 신빙성에 대한 판단은 법원의 영역이다.

912 내부자 거래 규제 대상으로부터 제외될 수 있는 경우에 대해서는 Section 53 참조.
CJA Section 53, Defences.
(1) An individual is not guilty of insider dealing by virtue of dealing in securities if he shows—

1에 적시하고 있다. 대표적으로는 정보가 없더라도 그가 할 일을 계속 했을 것으로 인정되는 경우(CJA s.53(1)(c)), 또는 거래를 한 시점이 그 정보가 거래 대상 증권과 관련하여 가격에 민감한 정보라는 사실에 기인 한 이익을 초래할 것으로 기대되는 때가 아닌 경우(CJA s.53(1)(a)) 등이다. 또한 시장조성자(market maker)로서 규제대상시장 또는 자율규제기관의 규칙에 따라 신의성실하게(in good faith) 해당 업무를 수행한 경우는 제외된다(CJA schedule 1 para.1).

3) 일본

일본 역시 金商法에 따라 내부자 거래는 금지된다. 우리의 내부자등에 해당하는 회사관계자(会社関係者)913가 상장회사등에 관련된 업무등에 대한 중요사실을 알게 된 경우, 해당 업무등에

(a) that he did not at the time expect the dealing to result in a profit attributable to the fact that the information in question was price-sensitive information in relation to the securities, or

(b) that at the time he believed on reasonable grounds that the information had been disclosed widely enough to ensure that none of those taking part in the dealing would be prejudiced by not having the information, or

(c) that he would have done what he did even if he had not had the information.

(2) An individual is not guilty of insider dealing by virtue of encouraging another person to deal in securities if he shows—

(a) that he did not at the time expect the dealing to result in a profit attributable to the fact that the information in question was price-sensitive information in relation to the securities, or

(b) that at the time he believed on reasonable grounds that the information had been or would be disclosed widely enough to ensure that none of those taking part in the dealing would be prejudiced by not having the information, or

(c) that he would have done what he did even if he had not had the information.

(3) An individual is not guilty of insider dealing by virtue of a disclosure of information if he shows—

(a) that he did not at the time expect any person, because of the disclosure, to deal in securities in the circumstances mentioned in subsection (3) of section 52; or

(b) that, although he had such an expectation at the time, he did not expect the dealing to result in a profit attributable to the fact that the information was price-sensitive information in relation to the securities.

(4) Schedule 1 (special defences) shall have effect.

(5) The Treasury may by order amend Schedule 1.

(6) In this section references to a profit include references to the avoidance of a loss.

913 金商法 제166조제1항, 次の各号に掲げる者（以下この条において「会社関係者」という。）

一 当該上場会社等（当該上場会社等の親会社及び子会社並びに当該上場会社等が上場投資法人等である場合における当該上場会社等の資産運用会社及びその特定関係法人を含む。以下この項において同じ。）の役員（会計参与が法人であるときは、その社員）、代理人、使用人その他の従業者（以下この条及び次条において「役員等」という。）　その者の職務に関し知つたとき。

二 当該上場会社等の会社法第四百三十三条第一項に定める権利を有する株主若しくは優先出資法に規定する普通出資者のうちこれに類する権利を有するものとして内閣府令で定める者又は同条第三項に定める権利を有する社員（これらの株主、普通出資者又は社員が法人（法人でない団

관한 중요사실의 공표가 있은 후가 아니라면, 해당 상장회사등의 특정유가증권등에 관계된 매매, 기타 유상의 양수도, 합병 혹은 분할에 의한 승계 또는 파생상품거래를 하여서는 아니 된다고 규정하고 있다(金商法 제166조제1항).914

일본 金商法은 이 외에도 영국 등에서 규정하고 있는 미공표의 중요사실의 전달 또는 매매 권장행위를 금지하는 규정을 마련하고 있다.

상술한 상장회사에 관계된 金商法 제166조제1항에서 규정하는 회사관계자로서 해당 상장회사등에 관계된 제166조제1항에서 규정하는 업무등에 관해서 중요사실을 동항각호에서 정한 것에 의하여 알게 된 것은 타인에 대하여 해당 업무등에 관한 중요사실에 대해서 규정에 따른 정보공개가 있기 전에 해당 상장회사등의 특정유가증권등에 관계된 매매등을 시켜 해당 타인에게 이익을 얻게 하거나 또는 해당 타인의 손실의 발생을 회피시킬 목적으로서 해당 업무등에 관련된 중요사실을 전달하거나 또는 해당 매매등을 하도록 권해서는 안된다(金商法 제167조의

体で代表者又は管理人の定めのあるものを含む。以下この条及び次条において同じ。）であるときはその役員等を、これらの株主、普通出資者又は社員が法人以外の者であるときはその代理人又は使用人を含む。）当該権利の行使に関し知つたとき。

二の二　当該上場会社等の投資主（投資信託及び投資法人に関する法律第二条第十六項に規定する投資主をいう。以下この号において同じ。）又は同法第百二十八条の三第二項において準用する会社法第四百三十三条第三項に定める権利を有する投資主（これらの投資主が法人であるときはその役員等を、これらの投資主が法人以外の者であるときはその代理人又は使用人を含む。）投資信託及び投資法人に関する法律第百二十八条の三第一項に定める権利又は同条第二項において準用する会社法第四百三十三条第三項に定める権利の行使に関し知つたとき。

三 当該上場会社等に対する法令に基づく権限を有する者　当該権限の行使に関し知つたとき。

四 当該上場会社等と契約を締結している者又は締結の交渉をしている者（その者が法人であるときはその役員等を、その者が法人以外の者であるときはその代理人又は使用人を含む。）であつて、当該上場会社等の役員等以外のもの　当該契約の締結若しくはその交渉又は履行に関し知つたとき。

五 第二号、第二号の二又は前号に掲げる者であつて法人であるものの役員等（その者が役員等である当該法人の他の役員等が、それぞれ第二号、第二号の二又は前号に定めるところにより当該上場会社等に係る業務等に関する重要事実を知つた場合におけるその者に限る。）　その者の職務に関し知つたとき。

914 金商法 제166조제1항, 次の各号に掲げる者（以下この条において「会社関係者」という。）であつて、上場会社等に係る業務等に関する重要事実（当該上場会社等の子会社に係る会社関係者（当該上場会社等に係る会社関係者に該当する者を除く。）については、当該子会社の業務等に関する重要事実であつて、次項第五号から第八号までに規定するものに限る。以下同じ。）を当該各号に定めるところにより知つたものは、当該業務等に関する重要事実の公表がされた後でなければ、当該上場会社等の特定有価証券等に係る売買その他の有償の譲渡若しくは譲受け、合併若しくは分割による承継（合併又は分割により承継させ、又は承継することをいう。）又はデリバティブ取引（以下この条、第百六十七条の二第一項、第百七十五条の二第一項及び第百九十七条の二第十四号において「売買等」という。）をしてはならない。当該上場会社等に係る業務等に関する重要事実を次の各号に定めるところにより知つた会社関係者であつて、当該各号に掲げる会社関係者でなくなつた後一年以内のものについても、同様とする。

2제1항).[915] 金商法 제167조와 관련된 공개매수 정보의 경우에도 마찬가지로 적용된다(金商法 제167조2제2항).[916]

다만, 정보전달 및 거래권장 규제(情報伝達・取引推奨規制)를 위반한 자가 처벌이나 과징금의 대상이 되는 것은 해당 위반에 의하여 정보전달 및 거래권장을 받은 자가 중요사실의 공표 전에 매매등을 한 경우에 한하는 것으로 하고 있다(金商法 제175조의2, 金商法 제197조의2제14호 및 제15호).[917]

이와 같은 미공표의 중요사실의 전달 또는 매매 권장행위를 금지하는 규정은 2013년 金商法 개정을 통해 제정되었다. 해당 개정이 이루어 진 것은 2010년 이후 대형 공모증자 과정에서 공모증자 내부자 거래가 빈발한 것에 기인한다. 인수 주간사인 증권회사에 있어서 인수부서로부터 차이니즈 월(chinese wall)을 넘어 영업부서로 미공개 공모증자정보가 전달되었고, 해당 정보를 영업직원으로부터 전해들은 자산운용사 펀드 매니저 등이 내부자 거래를 한 것이다. 즉, 이들은 공모증자 전에 증권을 매도하고, 공모 이후 해당 증권을 다시 매수하여 이익을 얻은 것이다.[918]

金商法 제166조와 제167조의 내부자 거래 규제는 자본시장법의 규정과 같이 내부자로 하여금 정보를 공개하기 전에는 거래를 금지하는 것을 규정하고 있는 것이다. 즉, 정보의 공개 또는 거래의 금지 중에서 선택을 요구하는 규정이라고 할 수 있다. 이에 반해 새로이 제정된 金商法

---

915 金商法 제167조의2제1항, 上場会社等に係る第百六十六条第一項に規定する会社関係者（同項後段に規定する者を含む。）であつて、当該上場会社等に係る同項に規定する業務等に関する重要事実を同項各号に定めるところにより知つたものは、他人に対し、当該業務等に関する重要事実について同項の公表がされたこととなる前に当該上場会社等の特定有価証券等に係る売買等をさせることにより当該他人に利益を得させ、又は当該他人の損失の発生を回避させる目的をもつて、当該業務等に関する重要事実を伝達し、又は当該売買等をすることを勧めてはならない。

916 金商法 제167조2제2항, 公開買付者等に係る前条第一項に規定する公開買付者等関係者（同項後段に規定する者を含む。）であつて、当該公開買付者等の公開買付け等事実を同項各号に定めるところにより知つたものは、他人に対し、当該公開買付け等事実について同項の公表がされたこととなる前に、同項に規定する公開買付け等の実施に関する事実に係る場合にあつては当該公開買付け等に係る株券等に係る買付け等をさせ、又は同項に規定する公開買付け等の中止に関する事実に係る場合にあつては当該公開買付け等に係る株券等に係る売付け等をさせることにより当該他人に利益を得させ、又は当該他人の損失の発生を回避させる目的をもつて、当該公開買付け等事実を伝達し、又は当該買付け等若しくは当該売付け等をすることを勧めてはならない。

917 그러나 타인에 대해 중요사실의 공표 전에 매매 등을 시킴으로써 타인에게 이익을 얻게 하는 등의 목적을 가지고 정보전달・거래권장을 하는 것은 내부자 거래 등을 야기할 우려가 강한 부정한 행위이며, 결과적으로 중요사실의 공표 전에 매매등이 이루어지지 않았다 하더라도(처벌이나 과징금의 대상이 되지 않지만) 규제 위반에 해당할 수 있다. 따라서 금융상품거래업자등이 이 같은 행위를 한 경우에는 행정처분의 대상이 될 수 있으며, 상장회사등의 임직원이 이 같은 행위를 한 경우에는 상장회사등의 사내 규칙을 위반하는 행위가 될 수 있다(金融庁, "情報伝達・取引推奨規制に関する Q&A" (2013.9.12), 3~4면).

918 川村正幸(2014), 앞의 책, 40면, 613면 참조.

제167조2는 영국의 정보 전달 자체를 금지하는 규정과 유사하다. 즉, 정보전달행위 및 거래권장행위[919]에 대한 규제를 통해 내부자 거래에 대한 규제를 강화하고 있는 것이다.

기존 법체계에서도 이와 같은 행위에 대해서는 교사범 · 방조범으로 보아 형사처벌이 가능하였으나, ① 일정한 정보전달이 범죄행위에 해당된다는 것을 명문화하여 내부자 거래의 억지를 위한 일반적 예방효과를 기대할 수 있는 점, ② 교사범 · 방조범에 대한 법인양벌규정의 적용에 관해 논란이 있기 때문에 독립적인 범죄로 규정함으로써 법인양벌규정을 명확히 적용할 수 있는 점, ③ 내부자 거래의 방조범(정범의 법정형의 1/2을 경감)에 해당되는 행위에 대해 법정형의 인상이 가능하다는 점에서 독립적인 범죄로 정할 필요성이 있다.[920]

다만, 영국과 다른 점은 영국은 직무 외로 권한 없이 정보를 전달하는 행위 그 자체가 위법임에 비해, 金商法은 "타인에게 이익을 얻게 하거나 또는 해당 타인의 손실의 발생을 회피시킬 목적"으로서 해당 업무등에 관련된 중요사실을 전달하는 행위를 금지하고 있어서 해당 목적을 요건으로 요구한다. 하지만, 법률을 규정하는 형식의 차이가 있을 뿐이지 실제 적용 측면에서 볼 때, 기본적으로는 동일한 개념이라고 볼 수 있다. 즉, 일본의 경우도 해당 목적을 요건으로 요구하고 있기에 자연스럽게 직무상 동료들과 내부정보를 공유하는 것은 이에 해당되지 않는다.

라. 적용 대상

자본시장법은 상술한 바대로 내부자등은 상장법인의 업무 등과 관련된 미공개중요정보를 특정증권등(상장예정법인등이 발행한 해당 특정증권등을 포함한다)의 매매, 그 밖의 거래에 이용하거나 타인에게 이용하게 하여서는 아니 된다고 규정하고 있다. 여기서 특정증권등은 단기매매차익반환의 대상이었던 자본시장법 제172조제1항에 열거된 금융투자상품을 말한다.

따라서 기본적으로 미공개중요정보를 활용하여 매매해서는 아니 되는 대상 금융투자상품 역시 단기매매차익반환의 대상과 기본적으로 유사하다. 다만, 자본시장법 제174조는 주권상장법인이 아닌 상장법인[921]으로 법문에 적시하고 있고, 상장예정법인도 포함하므로 그 범위가 확대되었다고 볼 수 있다.

미국 역시 해당 발행 주식과 관련된 증권연계스왑계약을 포함하고 있어 파생상품을 포섭하고

---

919 금융상품거래업자등의 영업행위인 권유와 구별되는 개념이므로 권장이라고 표기한다.

920 齊藤将彦 · 滝 琢磨 · 上島正道 · 山辺紘太郎, "公募増資に関連したインサイダー取引事案等を踏まえた対応", 「旬刊 商事法務」제2012호 (商事法務研究会, 2013.10.25.), 24~27면 참조.

921 자본시장법 제9조제15항제1호, 상장법인: 증권시장에 상장된 증권(이하 "상장증권"이라 한다)을 발행한 법인. 자본시장법은 상장법인, 비상장법인, 주권상장법인 등으로 구분하고 있다.

있다. 영국도 CJA Schedule 2에서 증권의 범위에 옵션, 선물, 차액계약 등 파생상품을 포함하고 있다. 일본의 경우는 앞서 살펴본 바대로 단기매매차익반환의 대상증권에 파생상품이 포함되어 있지 않았으나, 金商法 제166조제1항 규정에서 볼 수 있듯이 미공개중요정보를 이용하는 행위에 있어서는 파생상품거래를 포함하고 있다. 이는 매우 합리적인 법 규정이라고 생각된다.

마. 미공개중요정보

1) 중요정보

자본시장법은 중요정보에 대해 '투자자의 투자판단에 중대한 영향을 미칠 수 있는 정보'라고 포괄적으로 규정하고 있다. 투자판단에 영향을 미치는 중요정보로는 해당 상장법인의 업무집행을 결정하는 이사회[922] 등에서 의결된 결정정보가 당연히 포함될 수 있으며, 이 밖에도 그 회사에 발생한 손해, 주요주주의 이동 등 사실관계에 관련된 발생정보, 그리고 재무적 결산정보 등이 일차적으로 해당될 수 있을 것이다. 하지만, 특정한 정보에 국한하지 않고, 해당 상장법인을 운영함에 있어 상장법인의 경영이나 재산상태, 영업실적 등에 관한 중요한 사실로서[923] 해당 정보가 공표됨에 따라 자본시장의 가격에 중대한 영향을 미칠 것으로 합리적으로 판단되는 정보라면 중요정보에 해당될 수 있다.

판례 역시 '투자자의 투자판단에 중대한 영향을 미칠 수 있는 정보'에 대해 일관된 입장을 보이고 있다. 종래 증권거래법은 중요정보에 대해 일본의 금상법과 같이 열거적 방법을 채택하고 있었다. 하지만, 이에 대해 판례는 열거된 내용이 미공개정보 이용행위 금지의 대상이 되는 중요한 정보에 해당하는 것으로 제한하고자 하는 것이 아니라 중요한 정보인지의 여부를 판단하는 기준인 '투자자의 투자판단에 중대한 영향을 미칠 수 있는 정보'를 예시하기 위한 것이라고 보아야 한다고 판시한 바 있다.[924]

결국, 규제대상이 되는 중요정보란, 합리적인 투자자가 유가증권을 매수 또는 계속 보유할

---

922 일본 金商法은 제166조제2항제1호에서 중요사실을 적시하면서, 업무집행을 결정하는 기관(業務執行を決定する機関)이 결정하는 사항을 예시로 들고 있다. 여기서 업무집행을 결정하는 기관을 이사회로 한정하지는 않는다(最高裁判平成11年6月10日判タ1679号11頁). 일본 金商法은 중요사항에 대한 설명적 예시 외에도, 제4호에서 '해당 상장회사의 운영, 업무 또는 재산에 관한 중요한 사실로서 투자자의 투자판단에 현저한 영향을 미치는 것'으로 규정하여 포괄 규정을 마련하고 있다(当該上場会社等の運営、業務又は財産に関する重要な事実であつて投資者の投資判断に著しい影響を及ぼすもの).

923 일본 金商法은 사안별로 경미기준을 마련하고 있다. 경미기준에 해당하면 중요정보가 아니다.

924 대법원 2010. 5. 13. 선고 2007도9769 판결, 대법원 2000. 11. 24. 선고 2000도2827 판결.

것인가 아니면 처분할 것인가를 결정하는 데 중요한 가치가 있는 정보, 바꾸어 말하면 일반 투자자들이 일반적으로 안다고 가정할 경우에 유가증권의 가격에 중대한 영향을 미칠 수 있는 사실을 말한다.[925] 다만, 그 정보가 반드시 명확하게 확정된 정보만을 의미하는 것은 아니다. 명확하게 확정되기 전 단계의 정보라 하더라도 그 정보의 실현 가능성 등을 합리적으로 판단하여 투자판단에 영향을 미칠 수 있는 단계에 해당된다면 해당 정보는 중요정보가 될 수 있다.

적자가 지속되는 회사에서 경영상황은 실시간으로 집계되는 영업현황 및 재무현황을 근거하여 경영진이라면 향후 수개월 내에 자본확충을 하지 않으면 아니 될 것으로 합리적으로 추론할 수 있는 경우라면, 구체적이고 확정적으로 유상증자 여부에 대한 의사결정이 있기 전이라 하더라도 이는 중요정보에 해당할 수 있다. 따라서 이에 대한 정보가 아직 추론에 불과하여 불확실하고 구체화되지 않아 일반 대중에 공개할 정보에 해당하지 않을 수는 있으나, 해당 정보가 공표된다면 분명 자본시장에서 해당 증권의 가격에 영향을 미칠 수 있으므로 해당 정보는 그 시점에서 중요정보가 되고 이를 이용하여 특정증권등을 매매하는 행위는 금지된다.

구체화되지 않은 해당 정보가 투자판단에 중대한 영향을 미칠 수 있는 중요정보에 해당하는지 여부에 대한 판단의 기준으로 법원은 일관되게 '합리적 투자자'를 상정하고 있다.[926] 합리적인 투자자의 입장에서 그 정보의 중대성과 사실이 발생할 개연성을 비교 평가하여 유가증권의 거래에 관한 의사결정에서 중요한 가치를 지닌다고 생각할 정도로 구체화되면 그 정보가 생성된 것으로 본다.[927]

이와 같이 보는 이유는 일반적으로 법인 내부에서 생성되는 중요정보란 갑자기 완성되는 것이 아니라 여러 단계를 거치는 과정에서 구체화되는 것이기 때문이다. 다만, 위의 예에서와 같이 여러 경영 현황을 토대로 합리적으로 자본확충 여부를 추론할 수 있는 단계에는 이르러야 하고, 합리적인 투자자가 그 단계에서 동일한 정보를 제공받은 상태라면 투자판단에 영향을 받을 만한 단계에 이르러야 하는 것이지 아직 합리적 추론이 불가한 모호하고 추상적인 단계에 머물러 있는 경우까지 포괄하는 것은 아니다.

2) 미공개정보

자본시장법은 상장법인의 내부자등이 업무수행과 관련하여 알게 된 투자판단에 중대한 영향

925 대법원 2017. 1. 12. 선고 2016도10313 판결.

926 대법원 2014. 2. 27. 선고 2011도9457 판결, 대법원 2009. 7. 9. 선고 2009도1374 판결, 대법원 2008. 11. 27. 선고 2008도6219 판결, 대법원 2006. 5. 11. 선고 2003도4320 판결, 대법원 1995. 6. 30. 선고 94도2792 판결, 대법원 1994. 4. 26. 선고 93도695 판결 등.

927 대법원 2014. 2. 27. 선고 2011도9457 판결, 대법원 2008. 11. 27. 선고 2008도6219 판결, 대법원 2006. 5. 11. 선고 2003도4320 판결 등.

을 미칠 수 있는 중요정보 중 미공개 정보를 이용하는 행위를 규제대상으로 하고 있다.

여기서 정보가 공개 되었다는 것은 단순히 일반 대중이 해당 사실을 인지하였다는 것으로 족한 것이 아니라, 법이 정한 방법에 따라 해당 정보가 공개되었을 때 공개 요건을 충족한 것으로 보아야 한다.[928] 즉, 자본시장법은 투자자의 투자판단에 중대한 영향을 미칠 수 있는 정보로서 대통령령으로 정하는 방법[929]에 따라 불특정 다수인이 알 수 있도록 공개되기 전의 정보를 특정증권등의 매매, 그 밖의 거래에 이용하거나 타인에게 이용하게 하여서는 아니 된다고 규정하고 있다(法 제174조제1항).

이와 같이 정보 공개의 방법에 관한 상세한 규정을 두고 있는 것은 투자자의 투자판단에 영향을 미치는 중요정보가 투자자들에게 공평하게 전달되어 해당 중요정보에 대한 정보의 비대칭이 없는 상황 하에서 공정한 거래를 할 수 있게 함이라고 볼 수 있다. 따라서 자본시장법은 공개의 방법이 구체적으로 법정되어 있기에 이를 달리 해석할 여지는 없다고 할 것이다.[930]

반면, 영국은 CJA를 통해 정보의 공개(made public)의 개념에 부합하는 경우로서 다음 4가지를 설명하고 있다(CJA s.58(2)).

(a) 투자자에게 알릴 목적으로 규제대상시장의 규칙에 따라 공개된 경우,

---

928 대법원도 어떤 정보가 당해 법인의 의사에 의하여 법령이 정하는 바에 따라 공개되기까지는 그 정보는 여전히 같은 법 제188조의2 소정의 미공개정보 이용행위금지의 대상이 되는 정보에 속한다고 판시하고 있다(대법원 1995. 6. 29. 선고 95도467 판결, 대법원 2000. 11. 24. 선고 2000도2827 판결, 대법원 2006. 5. 12. 선고 2004도491 판결 등 참조).

929 자본시장법시행령 제201조제2항, 법 제174조제1항 각 호 외의 부분에서 “대통령령으로 정하는 방법”이란 해당 법인(해당 법인으로부터 공개권한을 위임받은 자를 포함한다) 또는 그 법인의 자회사(「상법」 제342조의2제1항에 따른 자회사를 말하며, 그 자회사로부터 공개권한을 위임받은 자를 포함한다)가 다음 각 호의 어느 하나에 해당하는 방법으로 정보를 공개하고 해당 호에서 정한 기간이나 시간이 지나는 것을 말한다.

1. 법령에 따라 금융위원회 또는 거래소에 신고되거나 보고된 서류에 기재되어 있는 정보: 그 내용이 기재되어 있는 서류가 금융위원회 또는 거래소가 정하는 바에 따라 비치된 날부터 1일
2. 금융위원회 또는 거래소가 설치·운영하는 전자전달매체를 통하여 그 내용이 공개된 정보: 공개된 때부터 3시간
3. 「신문 등의 진흥에 관한 법률」에 따른 일반일간신문 또는 경제분야의 특수일간신문 중 전국을 보급지역으로 하는 둘 이상의 신문에 그 내용이 게재된 정보: 게재된 날의 다음 날 0시부터 6시간. 다만, 해당 법률에 따른 전자간행물의 형태로 게재된 경우에는 게재된 때부터 6시간으로 한다.
4. 「방송법」에 따른 방송 중 전국에서 시청할 수 있는 지상파방송을 통하여 그 내용이 방송된 정보: 방송된 때부터 6시간
5. 「뉴스통신진흥에 관한 법률」에 따른 연합뉴스사를 통하여 그 내용이 제공된 정보: 제공된 때부터 6시간

930 일본 金商法도 자본시장법과 같이 공개의 방법에 대해 법정되어 있다. 그리하여 해당 기업이 중요 정보를 공시하기 전에 신문에 의해 합병 등의 정보가 기사화 된 경우, 피고는 해당 합병이라는 정보가 기사화됨에 따라 중요성이 결여되었다는 주장을 하였으나, 법원은 이를 받아들이지 않았다(最高裁平成28年11月28日決定7号609頁).

(b) 어떤 법률로 인해 일반 대중이 조사할 수 있는 기록에 포함된 경우,

(c) 해당 정보가 해당 증권 거래를 할 가능성이 있는 사람들에 의해 쉽게 얻어질 수 있는 경우,

(d) 공개 된 정보로 부터 파생되어지는 경우

이상의 4가지 범주 중 하나에 해당한다면 이는 공개된 정보에 해당하게 된다(CJA s.58(2)).[931] 다만, 우리와 달리 이는 엄격히 적용되는 규정은 아니며, 법률은 이에 대하여 법원이 해당 정보가 공개되었는지 즉, 내부정보에 해당하는지 여부를 자유재량을 갖고 판단할 수 있도록 여지를 주고 있다(CJA s.58(1)).[932]

자본시장법에 의하면 정보 공개의 여부를 달리 해석할 여지가 없으므로, 중요정보가 생성된 경우, 이를 이용하기 위해서는 법이 정한 방법에 따라 공개된 연후에 내부자등은 특정증권등의 매매에 활용할 수 있다. 즉, 기자가 쓴 신문기사를 보고 일반 대중들이 해당 사실을 알게 되었다 하더라도 그것으로 공개 요건이 충족된 것은 아니고, 정보 공개의 추체인 회사가 상술한 대통령령이 정한 방법에 의한 공개이어야 한다.[933] 하지만, 예외적으로 거래의 당사자가 거래의 목적인 유가증권 관련 내부정보에 대하여 전해 들어 이를 잘 알고 있는 상태에서 상호간에 거래에 이르게 되었음이 인정되는 경우에는 공개되지 아니한 중요한 정보를 이용한 것으로 볼 수 없다.[934]

자본시장법시행령은 중요정보를 공개하는 방법 및 공개의 주체를 구체적으로 적시하고 있으며, 일정한 시간의 경과를 요건으로 하고 있다(令 제201조제2항)[935]. 이는 공개한 정보라 할지라도

931 CJA Section 58, (2)Information is made public if—
(a) it is published in accordance with the rules of a regulated market for the purpose of informing investors and their professional advisers;
(b) it is contained in records which by virtue of any enactment are open to inspection by the public;
(c) it can be readily acquired by those likely to deal in any securities—
(i) to which the information relates, or
(ii) of an issuer to which the information relates; or
(d) it is derived from information which has been made public.

932 CJA Section 58, (1)For the purposes of section 56, "made public", in relation to information, shall be construed in accordance with the following provisions of this section; but those provisions are not exhaustive as to the meaning of that expression.

933 [대법원 2000. 11. 24. 선고 2000도2827 판결] ○○○○ 스스로가 부도사실이 불가피하다는 사실을 공개한 사실이 없는 이상 비록 경제신문 등에서 그 유사한 내용으로 추측 보도된 사실이 있다고 하더라도 그러한 사실만으로 일반인에게 공개된 정보라고 할 수는 없다 할 것이다.

934 대법원 2006. 5. 11. 선고 2003도4320 판결.

935 자본시장법시행령 제201조제2항, 법 제174조제1항 각 호 외의 부분에서 "대통령령으로 정하는 방법"이란 해당 법인(해당 법인으로부터 공개권한을 위임받은 자를 포함한다) 또는 그 법인의 자회사(「상법」 제342조의2제1항에 따른 자회사를 말하며, 그 자회사로부터 공개권한을 위임받은 자를 포함한다)가 다음 각 호의 어느 하나에 해당하는 방법으로 정보를 공개하고 해당 호에서 정한 기간이나 시간이 지나

바로 효력이 발생하는 것이 아니고, 일반 대중들이 중요 정보에 접근하여 인지할 수 있는 합리적인 시간이 경과한 연후에 내부자등이 법이 규정한 특정증권등을 매매할 수 있도록 규정하고 있는 것이다.[936]

3) 미공개정보 이용행위

자본시장법은 내부자등[937]은 상장법인의 업무 등과 관련된 미공개중요정보를 특정증권등의 매매, 그 밖의 거래에 이용하거나 타인에게 이용하게 하여서는 아니 된다고 규정하고 있다(法 제174조제1항).

따라서 미공개중요정보를 알게 된 내부자등은 이를 이용하여 특정증권등(해당 상장법인의

는 것을 말한다.

1. 법령에 따라 금융위원회 또는 거래소에 신고되거나 보고된 서류에 기재되어 있는 정보: 그 내용이 기재되어 있는 서류가 금융위원회 또는 거래소가 정하는 바에 따라 비치된 날부터 1일
2. 금융위원회 또는 거래소가 설치·운영하는 전자전달매체를 통하여 그 내용이 공개된 정보: 공개된 때부터 3시간
3. 「신문 등의 진흥에 관한 법률」에 따른 일반일간신문 또는 경제분야의 특수일간신문 중 전국을 보급 지역으로 하는 둘 이상의 신문에 그 내용이 게재된 정보: 게재된 날의 다음 날 0시부터 6시간. 다만, 해당 법률에 따른 전자간행물의 형태로 게재된 경우에는 게재된 때부터 6시간으로 한다.
4. 「방송법」에 따른 방송 중 전국에서 시청할 수 있는 지상파방송을 통하여 그 내용이 방송된 정보: 방송된 때부터 6시간
5. 「뉴스통신진흥에 관한 법률」에 따른 연합뉴스사를 통하여 그 내용이 제공된 정보: 제공된 때부터 6시간

936 미국도 마찬가지로 정보가 공개 된 후 일정 시간이 경과되어야 한다(SEC v. Texas Gulf Sulphur Co., 401 F.2d 833 (2d Cir. 1968)).

937 내부자등이란 직무등과 관련하여 미공개중요정보를 알게 된 자 또는 이들로부터 미공개중요정보를 받은 자를 포함하는 것으로서 자본시장법 제174조자본시장법 제174조제1항 다음 각 호의 어느 하나에 해당하는 자를 말한다.

자본시장법 제174조제1항, 다음 각 호의 어느 하나에 해당하는 자(제1호부터 제5호까지의 어느 하나의 자에 해당하지 아니하게 된 날부터 1년이 경과하지 아니한 자를 포함한다)

1. 그 법인(그 계열회사를 포함한다. 이하 이 호 및 제2호에서 같다) 및 그 법인의 임직원·대리인으로서 그 직무와 관련하여 미공개중요정보를 알게 된 자
2. 그 법인의 주요주주로서 그 권리를 행사하는 과정에서 미공개중요정보를 알게 된 자
3. 그 법인에 대하여 법령에 따른 허가·인가·지도·감독, 그 밖의 권한을 가지는 자로서 그 권한을 행사하는 과정에서 미공개중요정보를 알게 된 자
4. 그 법인과 계약을 체결하고 있거나 체결을 교섭하고 있는 자로서 그 계약을 체결·교섭 또는 이행하는 과정에서 미공개중요정보를 알게 된 자
5. 제2호부터 제4호까지의 어느 하나에 해당하는 자의 대리인(이에 해당하는 자가 법인인 경우에는 그 임직원 및 대리인을 포함한다)·사용인, 그 밖의 종업원(제2호부터 제4호까지의 어느 하나에 해당하는 자가 법인인 경우에는 그 임직원 및 대리인)으로서 그 직무와 관련하여 미공개중요정보를 알게 된 자
6. 제1호부터 제5호까지의 어느 하나에 해당하는 자(제1호부터 제5호까지의 어느 하나의 자에 해당하지 아니하게 된 날부터 1년이 경과하지 아니한 자를 포함한다)로부터 미공개중요정보를 받은 자

증권을 기초자산으로 하는 파생상품을 포함)의 매매를 하여서는 아니 된다. 이 경우, 미공개중요정보를 인식한 상태에서 특정증권등의 매매나 그 밖의 거래를 한 것이 중요한 것이지 전적으로 미공개중요정보만을 의지하여 매매를 한 것을 요건으로 하지는 않는다. 즉, 미공개중요정보가 거래를 하게 된 요인 중의 하나로 인정된다면 특별한 사정이 없는 한 미공개중요정보 이용행위에 해당된다.[938]

그러나 미공개중요정보를 알기 전에 이미 거래가 예정되어 있었다거나 미공개중요정보를 알게 된 자에게 거래를 할 수밖에 없는 불가피한 사정이 있었다는 등 미공개중요정보와 관계없이 다른 동기에 의하여 거래를 하였다고 인정되는 때에는 미공개중요정보를 이용한 것이라고 할 수 없다.[939]

또한, 미공개중요정보를 이용하였다고 하려면 정보가 매매 등 거래 여부와 거래량, 거래가격 등 거래조건을 결정하는 데 영향을 미친 것으로 인정되어야 하고, 이는 피고인이 정보를 취득한 경위 및 정보에 대한 인식의 정도, 정보가 거래에 관한 판단과 결정에 미친 영향 내지 기여도, 피고인의 경제적 상황, 거래를 한 시기, 거래의 형태나 방식, 거래 대상이 된 증권 등의 가격 및 거래량의 변동 추이 등 여러 사정을 종합적으로 살펴서 판단하여야 한다.[940]

아울러, 미공개중요정보를 특정증권등의 매매, 기타의 거래에 이용하고자 하였으나, 시장 상황 등에 의해 실제로 거래가 형성되지 않았다면 미공개중요정보 이용행위에 해당되지 않을 것이다.[941] 이는 내부자 거래를 규제하는 목적은 자본시장에서의 거래당사자 간의 정보의 불평등으로 인해 거래의 공정성과 자본시장의 건전성에 대한 일반투자자들의 신뢰가 손상되면, 자본시장이 국민자금을 효율적으로 배분하는 기능을 저해하는 결과를 초래하기 때문에 이를 규제함으로써 시장 거래의 공평·공정 및 시장에 대한 투자자의 신뢰를 확보하기 위함이다.[942] 따라서 실제

938 [대법원 2017. 1. 12. 선고 2016도10313 판결] 제174조 제1항 각 호의 어느 하나에 해당하는 자가 미공개중요정보를 인식한 상태에서 특정증권등의 매매나 그 밖의 거래를 한 경우에 거래가 전적으로 미공개중요정보 때문에 이루어지지는 않았더라도 미공개중요정보가 거래를 하게 된 요인의 하나임이 인정된다면 특별한 사정이 없는 한 미공개중요정보를 이용하여 거래를 한 것으로 볼 수 있다. 그러나 미공개중요정보를 알기 전에 이미 거래가 예정되어 있었다거나 미공개중요정보를 알게 된 자에게 거래를 할 수밖에 없는 불가피한 사정이 있었다는 등 미공개중요정보와 관계없이 다른 동기에 의하여 거래를 하였다고 인정되는 때에는 미공개중요정보를 이용한 것이라고 할 수 없다.

939 대법원 2017. 1. 12. 선고 2016도10313 판결.

940 대법원 2017. 1. 25. 선고 2014도11775 판결.

941 같은 견해로는 임재연(2018), 앞의 책, 951~954면 참조, 임재연 변호사는 그의 책에서 이용행위설과 거래행위설로 구분하여 범죄의 구성요건을 설명한 후, 자본시장법이 "정보를 거래에 이용하는 행위"라는 규정형식을 취한 것은 정보이용요건의 중요성을 강조하는 동시에 "정보를 이용하지 않은 거래행위"는 규제대상이 아니라는 취지를 규정한 것으로 해석하는 것이 타당하다고 보고, 해석상의 논란을 피하기 위하여 규정형식을 거래행위설에 기초한 명백한 표현으로 변경하는 것이 바람직하다고 주장한다.

942 대법원 및 헌법재판소 등에서도 내부자 규제의 이유를 이러한 취지로 판시하고 있다.

거래에 이르지 못한 경우에는 공평・공정한 거래를 해한 경우에는 해당하지 않고 또한 신뢰를 해하였다고 단정할 수 없을 것이다.

영국에서도 상술한 바와 같이 내부자 거래(insider dealing)의 위반은 정보에 기반하여 해당 증권의 거래(dealing in securities)가 성립되었을 때 발생하는 것으로 보고 있다.[943] 따라서 만약 거래가 성립 전에 단순히 호가를 제출한 행위만으로도 미공개중요정보를 이용한 행위라고 법문을 확대 해석하는 것은 미공개중요정보 이용행위 관련 벌칙 조항이 엄중함[944]을 감안할 때, 죄형법정주의 원칙 상 허용되기 어려울 것이다.

미공개중요정보는 기본적으로 상장법인의 업무와 관련된 내용이어야 한다. 즉, 비상장 법인은 대상으로 하지 않는다. 이와 같이 비상장 법인의 미공개 중요정보를 이용한 내부자 거래를 처벌의 대상에서 제외한 취지는 유가증권시장이나 협회중개시장을 통하여 주식 등의 유가증권이 공개적으로 거래되는 상장법인이나 협회등록법인(장외등록법인)의 경우와는 달리 단순한 등록법인의 경우에는 유가증권의 발행이나 매매거래의 공정성 및 원활한 유통성의 확보나 투자자의 보호 차원에서 별다른 문제가 발생할 여지가 많지 않기 때문이다.[945]

미공개중요정보를 이용하는 행위는 상장법인의 업무등을 수행하는 과정에서 미공개정보를 알게 된 자 뿐만 아니라, 이들로부터 정보를 받은 자 또한 동일하게 적용된다. 이는 미공개중요정보를 알게 된 자만을 대상으로 해당 정보를 이용하여 거래하는 행위를 금지할 경우, 이를 우회하여 탈법적으로 미공개정보를 특정증권등의 매매에 이용하는 것을 방지할 수 없기 때문이다. 다만, 법원은 정보수령자가 정보제공자로부터 정보를 전달받았다고 인정하기 위해서는 단순히 정보의 이동이 있었다는 객관적 사실만으로는 충분하지 않고, 정보제공자가 직무와 관련하여 알게 된 미공개정보를 전달한다는 점에 관한 인식이 있어야 한다고 판시하고 있다.[946] 즉, 정보제공자가 제공한 내용이 단순히 미공개정보의 존재를 암시하는 것에 지나지 않거나, 모호하고 추상적이어서 정보수령자가 그 정보를 이용하더라도 여전히 일반투자자와 같은 정도의 경제적 위험을 부담

[헌법재판소 1997. 3. 27.자 94헌바24 결정] 내부자 거래규제의 취지는 증권매매에 있어 정보면에서의 평등성 즉 공정한 입장에서 자유로운 경쟁에 의하여 공정한 거래를 하게 함으로써 증권시장의 거래에 참여하는 자로 하여금 가능한 동등한 입장과 동일한 가능성 위에서 증권거래를 할 수 있도록 투자자를 보호하고 증권시장의 공정성을 확립하여 투자자에게 그 신뢰감을 갖게 하려는 데에 있는 것이다.

943 Alastair Hudson(2013), *op. cit.*, p.369.

944 일본 金商法은 내부자 거래와 관련하여 이를 위반한 개인 대해서는 5년 이하의 징역 혹은 500만엔 이하의 벌금 또는 이를 병과하고 있는데(金商法 제197조의2제13호) 반하여, 자본시장법은 경우에 따라 무기징역까지 가능하고, 벌금의 경우에도 최소 5억원의 벌금에 처한다(法. 제443조). 종래 자본시장법은 10년 이하의 징역이었으나, 2018년 개정을 통해 1년 이상의 유기징역으로 변경하였다.

945 대법원 1999. 6. 11. 선고 98도3097 판결.

946 대법원 2017. 10. 31. 선고 2015도8342 판결.

하게 되는 경우에는 특별한 사정이 없는 한 미공개정보에 해당하지 않는다.[947]

그리고 법 제174조에 의하면, 미공개정보이용에 있어서 2차 이후의 정보수령자는 규제 대상이 되지 않는다.[948] 이러한 문제를 해결하기 위하여 자본시장법은 개정을 통해 시장질서 교란행위 금지 조항(法 제178조의2)을 도입하고 2차 이후의 정보수령자의 미공개중요정보 이용행위를 규제하고 있다. 시장질서 교란행위자는 법 제174조 위반의 경우와 달리 기본적으로 형사처벌의 대상은 아니며, 과징금의 대상이다(法 제429조의2).[949] 다만, 증권선물위원회의 조사의 요구에 불응한 자는 3년 이하의 징역 또는 1억원 이하의 벌금에 처해진다(法 제445조제48호).[950]

바. 기타 내부자 거래 금지

1) 공개매수의 실시 또는 중지 미공개정보 이용행위 금지

자본시장법은 미공개정보의 하나로서 공개매수의 실시 또는 중지에 관한 정보를 규정하고 있다. 공개매수예정자등[951]은 주식등에 대한 공개매수(제133조제1항의 공개매수를 말한다. 이하

947 대법원 2017. 10. 31. 선고 2015도8342 판결.

948 [대법원 2002. 1. 25. 선고 2000도90 판결] 증권거래법 제188조의2 제1항은 내부자로부터 미공개 내부정보를 전달받은 제1차 정보수령자가 유가증권의 매매 기타 거래와 관련하여 그 정보를 이용하거나 다른 사람으로 하여금 이를 이용하게 하는 행위만을 금지하고 있을 뿐 제1차 정보수령자로부터 미공개 내부정보를 전달받은 제2차 정보수령자 이후의 사람이 유가증권의 매매 기타 거래와 관련하여 당해 정보를 이용하거나 다른 사람으로 하여금 이를 이용하게 하는 행위를 금지하지는 아니하므로 결국 증권거래법 제188조의2 제1항, 제207조의2 제1호는 내부자로부터 미공개 내부정보를 전달받은 제1차 정보수령자가 유가증권의 매매 기타의 거래에 관련하여 당해 정보를 이용하거나 다른 사람에게 이를 이용하게 하는 행위만을 처벌할 뿐이고, 제1차 정보수령자로부터 제1차 정보수령과는 다른 기회에 미공개 내부정보를 다시 전달받은 제2차 정보수령자 이후의 사람이 유가증권의 매매 기타의 거래와 관련하여 전달받은 당해 정보를 이용하거나 다른 사람에게 이용하게 하는 행위는 그 규정조항에 의하여는 처벌되지 않는 취지라고 판단된다.

949 자본시장법 제429조의2(시장질서 교란행위에 대한 과징금), 금융위원회는 제178조의2를 위반한 자에 대하여 5억원 이하의 과징금을 부과할 수 있다. 다만, 그 위반행위와 관련된 거래로 얻은 이익(미실현 이익을 포함한다. 이하 이 조에서 같다) 또는 이로 인하여 회피한 손실액에 1.5배에 해당하는 금액이 5억원을 초과하는 경우에는 그 이익 또는 회피한 손실액의 1.5배에 상당하는 금액 이하의 과징금을 부과할 수 있다.

950 자본시장법 제445조, 다음 각 호의 어느 하나에 해당하는 자는 3년 이하의 징역 또는 1억원 이하의 벌금에 처한다

48. 제426조제2항에 따른 금융위원회(제172조부터 제174조까지, 제176조, 제178조, 제178조의2, 제180조부터 제180조의3까지의 규정을 위반한 사항인 경우에는 증권선물위원회를 말한다)의 요구에 불응한 자.

증권선물위원회가 조사를 위해 요구하는 사항은 다음과 같다(法 제426조제2항).

1. 조사사항에 관한 사실과 상황에 대한 진술서의 제출
2. 조사사항에 관한 진술을 위한 출석
3. 조사에 필요한 장부・서류, 그 밖의 물건의 제출

이 항에서 같다)의 실시 또는 중지에 관한 미공개정보(대통령령으로 정하는 방법에 따라 불특정 다수인이 알 수 있도록 공개되기 전의 것을 말한다. 이하 이 항에서 같다)를 그 주식등과 관련된 특정증권등의 매매, 그 밖의 거래에 이용하거나 타인에게 이용하게 하여서는 아니 된다. 다만, 공개매수를 하려는 자(이하 이 조에서 "공개매수예정자"라 한다)가 공개매수공고 이후에도 상당한 기간 동안 주식등을 보유하는 등 주식등에 대한 공개매수의 실시 또는 중지에 관한 미공개정보를 그 주식등과 관련된 특정증권등의 매매, 그 밖의 거래에 이용할 의사가 없다고 인정되는 경우에는 그러하지 아니하다(法 제174조제2항).[952]

여기서 공개매수란 불특정 다수인에 대하여 의결권 있는 주식, 그 밖에 대통령령으로 정하는 증권(이하 "주식등"이라 한다)[953]의 매수(다른 증권과의 교환을 포함한다. 이하 이 절에서 같다)의

951 자본시장법 제174조제2항, 다음 각 호의 어느 하나에 해당하는 자(제1호부터 제5호까지의 어느 하나의 자에 해당하지 아니하게 된 날부터 1년이 경과하지 아니한 자를 포함한다)
1. 공개매수예정자(그 계열회사를 포함한다. 이하 이 호 및 제2호에서 같다) 및 공개매수예정자의 임직원·대리인으로서 그 직무와 관련하여 공개매수의 실시 또는 중지에 관한 미공개정보를 알게 된 자
2. 공개매수예정자의 주요주주로서 그 권리를 행사하는 과정에서 공개매수의 실시 또는 중지에 관한 미공개정보를 알게 된 자
3. 공개매수예정자에 대하여 법령에 따른 허가·인가·지도·감독, 그 밖의 권한을 가지는 자로서 그 권한을 행사하는 과정에서 공개매수의 실시 또는 중지에 관한 미공개정보를 알게 된 자
4. 공개매수예정자와 계약을 체결하고 있거나 체결을 교섭하고 있는 자로서 그 계약을 체결·교섭 또는 이행하는 과정에서 공개매수의 실시 또는 중지에 관한 미공개정보를 알게 된 자
5. 제2호부터 제4호까지의 어느 하나에 해당하는 자의 대리인(이에 해당하는 자가 법인인 경우에는 그 임직원 및 대리인을 포함한다)·사용인, 그 밖의 종업원(제2호부터 제4호까지의 어느 하나에 해당하는 자가 법인인 경우에는 그 임직원 및 대리인)으로서 그 직무와 관련하여 공개매수의 실시 또는 중지에 관한 미공개정보를 알게 된 자
6. 공개매수예정자 또는 제1호부터 제5호까지의 어느 하나에 해당하는 자(제1호부터 제5호까지의 어느 하나의 자에 해당하지 아니하게 된 날부터 1년이 경과하지 아니한 자를 포함한다)로부터 공개매수의 실시 또는 중지에 관한 미공개정보를 받은 자

952 일본 金商法도 제167조에서 공개매수의 실시 또는 중지에 대한 미공개정보 이용행위 규제를 규정하고 있다.

953 자본시장법시행령 제139조제1항, 제133조제1항에서 "의결권 있는 주식, 그 밖에 대통령령으로 정하는 증권"이란 의결권 있는 주식에 관계되는 다음 각 호의 어느 하나에 해당하는 증권(이하 "주식등"이라 한다)을 말한다.
1. 주권상장법인이 발행한 증권으로서 다음 각 목의 어느 하나에 해당하는 증권
  가. 주권
  나. 신주인수권이 표시된 것
  다. 전환사채권
  라. 신주인수권부사채권
  마. 가목부터 라목까지의 증권과 교환을 청구할 수 있는 교환사채권
  바. 가목부터 마목까지의 증권을 기초자산으로 하는 파생결합증권(권리의 행사로 그 기초자산을 취득할 수 있는 것만 해당한다)
2. 제1호에 따른 주권상장법인 외의 자가 발행한 증권으로서 다음 각 목의 어느 하나에 해당하는 증권
  가. 제1호에 따른 증권과 관련된 증권예탁증권

청약을 하거나 매도(다른 증권과의 교환을 포함한다. 이하 이 절에서 같다)의 청약을 권유하고 증권시장 및 다자간매매체결회사(이와 유사한 시장으로서 해외에 있는 시장을 포함한다. 이하 이 절에서 같다) 밖에서 그 주식등을 매수하는 것을 말한다(法 제133조제1항).

상술한 내부자등에 대한 미공개중요정보 이용행위 금지 규정은 발행회사의 내부자등과 발행회사로부터 생산된 중요정보를 요건으로 한다. 이에 반해, 공개매수에 대한 내부자 거래는 행위자와 발행회사 간에 반드시 관계가 있을 필요는 없으며, 그 정보의 출처도 발행회사가 아닌 공개매수자이다. 즉, 공개매수관련 미공개정보 이용행위는 상장법인인 발행회사와 무관한 내부자 거래의 또 다른 유형이다.

공개매수 관련 미공개정보를 이용한 매매의 금지 대상은 법 제172조(내부자의 단기차익매매 반환)에서 정의한 특정증권등이다. 다만, 법 제174조제1항의 법문 규정을 보면, 법 제133조제1항 및 시행령 제139조제1항에서 규정한 증권등의 공개매수 행위와 관련하여 이의 실시 또는 중지를 이용하여 "그 증권등과 관련된 특정증권등"의 매매를 금지하는 것으로 규정하고 있다. 따라서 증권등과 관련된 특정증권등을 어떻게 볼 것인가가 문제이다. 기본적으로는 특정증권등의 정의를 법 제172조가 정의하고 있기에 법 체제상 증권등과 관련되는 대상 법인을 지정하는 것이고 따라서 그 법인과 관련된 특정증권등으로 해석될 수 있을 것이다. 달리 해석한다면, 공개매수 대상 증권등을 포함한 이와 관련한 특정증권등으로 해석되고 이럴 경우 특정증권등을 정의한 특히 제4호, 즉 이를 기초자산으로 하는 금융투자상품이 문제될 수 있을 것이다. 그러나 제172조의 특정증권등과 제133조의 증권등을 비교하면, 차이가 있는 부분이 특정증권등의 대상은 되지만 공개매수의 대상으로 기술되지 않은 이익참가부사채권과 파생상품을 들 수 있고, 이는 특정증권의 범위가 공개매수 대상 증권등의 범위를 포섭하고 있어 이와 같은 해석상의 문제는 실무적으로는 발생하지 않을 것으로 사료된다.

따라서 공개매수의 대상 증권등에 대한 공개매수 실시 또는 중지에 대한 정보를 활용하여 공개매수 대상 그 법인의 특정증권등을 매매하는 행위가 금지된다고 해석하여도 무방할 것으로 사료된다.[954]

정보 공개의 방법은 미공개중요정보를 공개하는 방식과 동일하다. 다만, 공개정보의 주체가 해당 상장법인에서 공개매수자로 대체되는 것만 다를 뿐이다(令 제201조제3항).[955]

나. 제1호에 따른 증권이나 가목의 증권과 교환을 청구할 수 있는 교환사채권

다. 제1호에 따른 증권이나 가목·나목의 증권을 기초자산으로 하는 파생결합증권(권리의 행사로 그 기초자산을 취득할 수 있는 것만 해당한다)

954 이와 상반된 견해로 임재연 변호사는 그의 책에서 두 개의 개념이 결합된 "공개매수의 대상인 주식등과 관련된 특정증권등"의 범위는 매우 넓고 구체적으로 확정하기 어렵다고 기술하고 있다(임재연(2018), 앞의 책, 943~944면).

2) 대량취득·처분의 실시 또는 중지 미공개정보 이용행위 금지

자본시장법은 경영권에 영향을 줄 가능성이 있는 주식등[956]의 대량취득·처분의 실시 또는 중지와 관련된 미공개정보를 이용하여 특정증권등의 매매를 하는 행위를 내부자 거래의 한 유형으로 간주하여 금지하고 있다.

자본시장법은 다음 각 호의 어느 하나에 해당하는 자[957](제1호부터 제5호까지의 어느 하나의 자에 해당하지 아니하게 된 날부터 1년이 경과하지 아니한 자를 포함한다)는 주식등의 대량취득·처분(경영권에 영향을 줄 가능성이 있는 대량취득·처분으로서 대통령령[958]으로 정하는 취득·처분을 말한다. 이하 이 항에서 같다)의 실시 또는 중지에 관한 미공개정보(대통령령으로 정하는 방법에 따라 불특정 다수인이 알 수 있도록 공개되기 전의 것을 말한다. 이하 이 항에서 같다)를 그 주식등과 관련된 특정증권등의 매매, 그 밖의 거래에 이용하거나 타인에게 이용하게 하여서는 아니 된다. 다만, 대량취득·처분을 하려는 자가 제149조에 따른 공시 이후에도 상당한

---

955 자본시장법시행령 제201조제3항, 법 제174조제2항 각 호 외의 부분에서 "대통령령으로 정하는 방법"이란 공개매수자(그로부터 공개권한을 위임받은 자를 포함한다)가 제2항 각 호의 어느 하나에 해당하는 방법으로 정보를 공개하고 해당 호에서 정한 기간 또는 시간이 지나는 것을 말한다.

956 주식등이란 법의 체계 및 법 제147조와의 관계 등을 고려할 때, 법 제133조제1항이 정의한 의결권이 있는 주식, 그 밖에 대통령령으로 정하는 증권을 말한다고 봄이 타당할 것이다.

957 자본시장법 제174조제3항, 다음 각 호의 어느 하나에 해당하는 자(제1호부터 제5호까지의 어느 하나의 자에 해당하지 아니하게 된 날부터 1년이 경과하지 아니한 자를 포함한다)

1. 대량취득·처분을 하려는 자(그 계열회사를 포함한다. 이하 이 호 및 제2호에서 같다) 및 대량취득·처분을 하려는 자의 임직원·대리인으로서 그 직무와 관련하여 대량취득·처분의 실시 또는 중지에 관한 미공개정보를 알게 된 자
2. 대량취득·처분을 하려는 자의 주요주주로서 그 권리를 행사하는 과정에서 대량취득·처분의 실시 또는 중지에 관한 미공개정보를 알게 된 자
3. 대량취득·처분을 하려는 자에 대하여 법령에 따른 허가·인가·지도·감독, 그 밖의 권한을 가지는 자로서 그 권한을 행사하는 과정에서 대량취득·처분의 실시 또는 중지에 관한 미공개정보를 알게 된 자
4. 대량취득·처분을 하려는 자와 계약을 체결하고 있거나 체결을 교섭하고 있는 자로서 그 계약을 체결·교섭 또는 이행하는 과정에서 대량취득·처분의 실시 또는 중지에 관한 미공개정보를 알게 된 자
5. 제2호부터 제4호까지의 어느 하나에 해당하는 자의 대리인(이에 해당하는 자가 법인인 경우에는 그 임직원 및 대리인을 포함한다)·사용인, 그 밖의 종업원(제2호부터 제4호까지의 어느 하나에 해당하는 자가 법인인 경우에는 그 임직원 및 대리인)으로서 그 직무와 관련하여 대량취득·처분의 실시 또는 중지에 관한 미공개정보를 알게 된 자
6. 대량취득·처분을 하려는 자 또는 제1호부터 제5호까지의 어느 하나에 해당하는 자(제1호부터 제5호까지의 어느 하나의 자에 해당하지 아니하게 된 날부터 1년이 경과하지 아니한 자를 포함한다)로부터 대량취득·처분의 실시 또는 중지에 관한 미공개정보를 알게 된 자

958 자본시장법시행령 제201조제4항, 법 제174조제3항 각 호 외의 부분에서 "대통령령으로 정하는 취득·처분"이란 다음 각 호의 요건을 모두 충족하는 취득·처분을 말한다.

1. 제154조제1항의 목적으로 할 것(취득의 경우만 해당한다)
2. 금융위원회가 정하여 고시하는 비율 이상의 대량취득·처분일 것
3. 그 취득·처분이 법 제147조제1항에 따른 보고대상에 해당할 것

기간 동안 주식등을 보유하는 등 주식등에 대한 대량취득·처분의 실시 또는 중지에 관한 미공개정보를 그 주식등과 관련된 특정증권등의 매매, 그 밖의 거래에 이용할 의사가 없다고 인정되는 경우에는 그러하지 아니하다(法 제174조제3항).

대량취득·처분 미공개정보를 이용한 내부자 거래는 상술한 내부자등에 대한 미공개중요정보 이용행위 금지 규정과 달리 발행회사의 내부자등과 발행회사로부터 생산된 중요정보를 요건으로 하는 것이 아니라, 그 정보의 출처가 발행회사가 아닌 대량취득·처분자이다. 즉, 대량취득·처분 미공개정보 이용행위는 상장법인인 발행회사와 무관한 내부자 거래의 또 다른 유형으로 자본시장법은 규정하고 있다.[959]

규제대상 증권은 여타 내부자 거래의 대상과 마찬가지로 제172조제1항에서 정의된 특정증권등이다.

정보 공개의 방법은 미공개중요정보를 공개하는 방식과 동일하다. 다만, 공개정보의 주체가 해당 상장법인에서 대량취득·처분을 할 자로 대체되는 것만 다를 뿐이다(令 제201조제3항).[960]

자본시장법은 상장법인의 업무를 수행하는 과정에서 미공개정보를 알게 된 자 외에도 이들로부터 정보를 받은 자 역시 미공개정보를 이용하는 경우 동일하게 처벌한다. 그런데, 미공개정보 이용을 규정하고 있는 자본시장법 제174조는 제3항제6호를 규정함에 있어 전항과 달리 대량취득·처분을 하려는 자 또는 제1호부터 제5호까지의 어느 하나에 해당하는 자(제1호부터 제5호까지의 어느 하나의 자에 해당하지 아니하게 된 날부터 1년이 경과하지 아니한 자를 포함한다)로부터 대량취득·처분의 실시 또는 중지에 관한 미공개정보를 "알게 된 자"로 규정하고 있다. 즉, 전항에서는 "정보를 받은 자"임에 반해 제3항은 "알게 된 자"이다. 법문이 이와 같이 달리 규정한 것에 특별한 의미가 있는가가 문제이다.

이에 관해 대법원은 자본시장법 제174조제3항제6호에서 정한 주식등의 대량취득·처분의 실시 또는 중지에 관한 미공개정보를 '알게 된 자'란 대량취득·처분을 하는 자 또는 제1호부터 제5호까지의 어느 하나에 해당하는 자로부터 당해 정보를 전달받은 자를 말한다고 판시하고 있다.[961]

이는 자본시장법 제174조의 조문 체계나 규정 형식, 문언 등으로 보아 제1항제6호와 제2항제6호의 미공개중요정보 또는 미공개정보를 '받은 자'와 제3항제6호의 미공개정보를 '알게 된 자'를

959 일본 金商法은 대량취득·처분 미공개정보 이용행위에 대하여 내부자로 규제하는 별도 조문은 없다.

960 자본시장법시행령 제201조제5항, 법 제174조제3항 각 호 외의 부분에서 "대통령령으로 정하는 방법"이란 대량취득·처분을 할 자(그로부터 공개권한을 위임받은 자를 포함한다)가 제2항 각 호의 어느 하나에 해당하는 방법으로 정보를 공개하고 해당 호에서 정한 기간 또는 시간이 지나는 것을 말한다.

961 대법원 2017. 10. 31. 선고 2015도8342 판결.

다르게 보아야 할 합리적인 이유를 찾을 수 없고, 특히 자본시장법은 법 제174조제3항을 위반하여 주식등의 대량취득·처분의 실시 또는 중지에 관한 미공개정보를 그 주식등과 관련된 특정증권등의 매매, 그 밖의 거래에 이용하거나 타인에게 이용하게 한 자는 1년 이상의 유기징역 또는 그 위반행위로 얻은 이익 또는 회피한 손실액의 3배 이상 5배 이하에 상당하는 벌금에 처해지고(法 제443조제1항제3호),962 이익 또는 회피한 손실액이 50억원 이상인 경우에는 무기징역까지도 가능한 엄중한 처벌을 부과(法 제443조제2항)하는 점을 감안 할 때, 주식등의 대량취득·처분과 관련된 내부자로부터 미공개정보를 알게 된 모든 경우가 자본시장법 제174조제3항제6호에 해당한다고 보게 되면, 처벌범위가 명확하지 않거나 지나치게 넓어지고 법적 안정성을 침해하게 되어 죄형법정주의에 반하므로, 이를 제한하여 해석하는 것이 합리적일 것이다.

사. 위반행위에 따른 책임

자본시장법 상 미공개정보이용행위를 금지하는 법 제174조를 위반하는 경우에는 손해배상책임은 물론이고, 엄중한 형사책임(法 제443조)과 행정제재(法 제420조제1항제6호, 令 제373조제1항제19호)963가 부과된다. 이와 더불어 법인(단체를 포함한다)의 대표자나 법인 또는 개인의 대리인, 사용인, 그 밖의 종업원이 그 법인 또는 개인의 업무에 관하여 미공개정보이용행위의 위반행위를 하면 그 행위자를 벌하는 것 외에 그 법인 또는 개인에게도 해당 조문의 벌금형을 부과하는 양벌규정을 도입하고 있다(法 제448조).964 여기서 사용인, 종업원에는 정식고용계약이 체결되지 않은 경우에도 직접 또는 간접으로 법인 또는 개인의 통제 감독 하에 있는 자도 포함되는 개념이다.965 아울러, 해당 행위를 하여 취득한 재산은 몰수하며, 몰수할 수 없는 경우에는 그 가액을 추징한다(法 447조의2).

---

962 다만, 그 위반행위로 얻은 이익 또는 회피한 손실액이 없거나 산정하기 곤란한 경우 또는 그 위반행위로 얻은 이익 또는 회피한 손실액의 5배에 해당하는 금액이 5억원 이하인 경우에는 벌금의 상한액을 5억원으로 한다(法 제443조제1항단서).

963 자본시장법 제420조(금융투자업자에 대한 조치) ① 금융위원회는 금융투자업자가 다음 각 호의 어느 하나에 해당하는 경우에는 제12조에 따른 금융투자업인가 또는 제18조·제117조의4 및 제249조의3에 따른 금융투자업등록을 취소할 수 있다.

964 다만, 법인 또는 개인이 그 위반행위를 방지하기 위하여 해당 업무에 관하여 상당한 주의와 감독을 게을리 하지 아니한 경우에는 그러하지 아니하다(法 제448조단서).

965 대법원 1993. 5. 14. 선고 93도344 판결.

1) 형사책임

자본시장법이 내부자 거래와 관련하여 규정하고 있는 형사처벌의 내용은 다음과 같다. 기본적으로는 다음 각 호의 어느 하나에 해당하는 자는 1년 이상의 유기징역 또는 그 위반행위로 얻은 이익 또는 회피한 손실액의 3배 이상 5배 이하에 상당하는 벌금에 처한다(法 제443조제1항본문).[966] 그리고, 징역에 처하는 경우에는 벌금을 병과한다(法 제447조제1항). 이는 법원이 재량으로 그 병과 여부를 정할 수 있는 것과는 다르다.[967]

1. 제174조제1항을 위반하여 상장법인의 업무 등과 관련된 미공개중요정보를 특정증권등의 매매, 그 밖의 거래에 이용하거나 타인에게 이용하게 한 자
2. 제174조제2항을 위반하여 주식등에 대한 공개매수의 실시 또는 중지에 관한 미공개정보를 그 주식등과 관련된 특정증권등의 매매, 그 밖의 거래에 이용하거나 타인에게 이용하게 한 자
3. 제174조제3항을 위반하여 주식등의 대량취득·처분의 실시 또는 중지에 관한 미공개정보를 그 주식등과 관련된 특정증권등의 매매, 그 밖의 거래에 이용하거나 타인에게 이용하게 한 자

또한 위반행위로 얻은 이익 또는 회피한 손실액이 5억원 이상인 경우에는 제1항의 징역을 다음 각 호의 구분에 따라 가중한다(法 제443조제2항).

1. 이익 또는 회피한 손실액이 50억원 이상인 경우에는 무기 또는 5년 이상의 징역
2. 이익 또는 회피한 손실액이 5억원 이상 50억원 미만인 경우에는 3년 이상의 유기징역

아울러, 제1항 또는 제2항에 따라 징역에 처하는 경우에는 10년 이하의 자격정지를 병과(竝科)할 수 있다(法 제443조제3항).

이에 반해, 일본 金商法은 자본시장법 대비 그 양형이 낮은 편이다.[968] 내부자 거래와 관련하여 이를 위반한 자에 대해서는 5년 이하의 징역 혹은 500만엔 이하의 벌금 또는 이를 병과하고(金商法 제197조의2제13호),[969] 법인(법인이 아닌 단체의 대표자 또는 관리인의 규정이 있는 것을

966 다만, 그 위반행위로 얻은 이익 또는 회피한 손실액이 없거나 산정하기 곤란한 경우 또는 그 위반행위로 얻은 이익 또는 회피한 손실액의 5배에 해당하는 금액이 5억원 이하인 경우에는 벌금의 상한액을 5억원으로 한다(法 제443조제1항단서).

967 제444조부터 제446조까지의 규정에 해당하는 죄를 범한 자에게는 징역과 벌금을 병과할 수 있다(法 제447조제2항).

968 일본 金商法은 시세조종행위 및 부정거래행위와 달리 내부자 거래에 대해서는 한 단계 낮은 처벌을 하고 있다. 이는 자본시장법이 모두 같은 처벌 수준을 유지하는 것과 대비된다.

969 金商法 제197조의2제13호, 次の各号のいずれかに該当する者は、五年以下の懲役若しくは五百万円

포함한다)의 대표자 또는 법인 혹은 사람의 대리인, 사용인 그 밖의 종업원이 내부자 거래를 한 경우에는 그 행위자에게 벌칙을 부과하는 것 외에 양벌규정으로 법인에게도 5억엔 이하의 벌금형을 부과한다(金商法 제207조제1항제2호).[970] 이는 2006년 개정으로 종래 3년 이하 징역 혹은 300만엔 벌금 또는 이를 병과, 법인에는 3억엔 이하 벌금에서 중과된 것이다. 아울러 자본시장법과 같이 재산의 몰수 규정 또한 마련하고 있다. 즉, 미공개정보이용행위 위반으로 인해 얻은 재산은 몰수한다(金商法 제198조의2제1항). 그러나 그 취득 상황, 손해배상의 이행 상황, 기타 사정에 비추어 해당 재산의 전부 또는 일부를 몰수함이 상당하지 아니한 때에는 이를 몰수하지 않을 수 있다(金商法 제198조의2제1항단서).[971]

자본시장법 상 미공개정보이용행위 위반의 경우 적용되는 형사책임의 특징은 위반행위로 얻은 이익에 연동하여 그 처벌이 가중된다는 점이다. 이와 관련하여 책임과 형벌 간의 비례원칙에 반하는지 여부가 논의될 수 있을 것이다. 이와 관련하여 헌법재판소는 형사책임이란 측면에서 볼 때 위반행위로 얻은 시세차익의 많고 적음이 그러한 위반행위를 한 자에 대한 형사책임의 경중을 결정하는 중요한 요소가 될 수 있으며, 또 이 사건 법률조항은 형사처벌의 법정형에 관한 조항이지, 손해배상책임의 범위를 정하기 위한 조항이거나 위반행위와 직접적인 인과관계가 있는 이익액을 박탈하려는 조항이 아니기 때문에 위반행위와 직접적인 인과관계가 있는 이익액만을 벌금형 상한변동의 요건으로 삼아야 할 필연성이 인정되지 않는다. 또한, 위반행위자가 받게 될 최종적인 형사책임(형량)은 법정형의 범위 내에서 구체적인 법관의 양형에 의하여 결정된다. 그렇다면, 위반행위가 개입된 거래에서 얻은 시세차익을 기준으로 벌금형의 상한이 가중되도록

以下の罰金に処し、又はこれを併科する。

十三 第百五十七条、第百五十八条若しくは第百五十九条の規定に違反した者（当該違反が商品関連市場デリバティブ取引のみに係るものである場合に限る。）又は第百六十六条第一項若しくは第三項若しくは第百六十七条第一項若しくは第三項の規定に違反した者

970 金商法 제207조제1항제2호, 法人（法人でない団体で代表者又は管理人の定めのあるものを含む。以下この項及び次項において同じ。）の代表者又は法人若しくは人の代理人、使用人その他の従業者が、その法人又は人の業務又は財産に関し、次の各号に掲げる規定の違反行為をしたときは、その行為者を罰するほか、その法人に対して当該各号に定める罰金刑を、その人に対して各本条の罰金刑を科する。

二 第百九十七条の二（第十一号及び第十二号を除く。）又は第百九十七条の三 五億円以下の罰金刑

971 金商法 제198조의2, 次に掲げる財産は、没収する。ただし、その取得の状況、損害賠償の履行の状況その他の事情に照らし、当該財産の全部又は一部を没収することが相当でないときは、これを没収しないことができる。

一 第百九十七条第一項第五号若しくは第二項又は第百九十七条の二第十三号の罪の犯罪行為により得た財産

二 前号に掲げる財産の対価として得た財産又は同号に掲げる財産がオプションその他の権利である場合における当該権利の行使により得た財産

2 前項の規定により財産を没収すべき場合において、これを没収することができないときは、その価額を犯人から追徴する。

한 이 사건 법률조항은 그 정당성을 수긍할 수 있으므로, 형벌체계의 균형을 상실하였거나 책임원칙에 반하는 과잉처벌이라고 할 수 없다고 판시한 있다.[972]

또한 헌법재판소의 다른 판결에서도 사기적 부정거래행위에 대한 종래의 처벌규정이 그 해악의 중대성에 비하여 미약하다는 판단 하에 이러한 범죄를 근절하고자 하는 목적에서 이 사건 법률조항들을 신설하게 된 것인 점, 가중처벌의 기준금액을 5억원 또는 50억원으로 정하여 보호법익에 심대한 피해를 야기하여 중하게 처벌할 필요성이 있는 극소수의 중대범죄만으로 엄격하게 규율대상을 한정하고 있는 점, 사기적 부정거래행위는 조직성과 전문성, 지능성을 갖춘 영리범이라서 쉽게 근절하기 어렵고, 불특정 다수의 투자자들에게 미칠 수 있는 손해와 주식시장의 신뢰성 상실로 국가경제에 야기할 수 있는 폐해가 크다는 점 등을 종합하여 고려해 보면, 이 사건 법률조항들이 형벌 본래의 목적과 기능을 달성함에 있어 필요한 정도를 일탈하였다고 할 수 없다. 또한 유사한 구성요건인 사기죄에 대한 가중처벌조항인 '특정경제범죄 가중처벌 등에 관한 법률' 제3조제1항과 동일한 법정형을 규정한 점, 개개의 사건에서 여러 양형인자를 고려한 법관의 적절한 양형에 의하여 집행유예가 가능한 법정형을 규정한 점 등을 종합하여 고려해 보면, 이 사건 법률조항들에서 규정한 법정형이 현저히 형벌 체계상의 균형을 잃고 있다고 할 수도 없다고 판시하였다.[973]

"위반행위로 얻은 이익"은 "손실액"에 반대되는 개념으로서 당해 위반행위로 인하여 행위자가 얻은 이득 즉, 그 거래로 인한 총 수입에서 그 거래를 위한 총 비용을 공제한 차액을 말하므로, 미공개정보 이용행위로 얻은 이익은 그와 관련된 유가증권거래의 총 매도금액에서 총 매수금액 및 그 거래비용을 공제한 나머지 순 매매이익을 의미하고,[974] 그와 같은 이익의 산정에 있어서는 피고인의 이익실현행위를 기준으로 하여 그에 따른 구체적 거래로 인한 이익, 아직 보유 중인 미공개정보 이용 대상 주식의 가액, 미공개정보 이용행위와 관련하여 발생한 채권 등이 모두 포함되어야 하며, 이 경우 특별한 사정이 없는 한 아직 보유 중인 주식의 가액은 그와 동종 주식의 마지막 처분행위시를 기준으로, 주식양도를 목적으로 하는 채권의 가액은 그 약정이행기를 기준으로 산정한다.[975]

또한 그와 같은 이익을 산정할 때에는 불공정거래행위 개시 후 종료 시점까지의 구체적 거래로 인한 이익 및 불공정거래행위 종료 시점 당시 보유 중이던 불공정거래 대상 주식의 평가이익 등이 모두 포함되어야 하며,[976] 미실현 평가이익을 산정함에 있어서는 실현이익을 산정하는 경우

972 헌법재판소 2003. 9. 25. 자 2002헌바69 결정.
973 헌법재판소 2011. 2. 24. 자 2009헌바29 결정.
974 대법원 2002. 6. 14. 선고 2002도1256 판결, 대법원 2005. 4. 15. 선고 2005도632 판례 등.
975 대법원 2006. 5. 12. 선고 2004도491 판결.

실제 처분 시 소요된 거래비용 등을 공제하여야 하는 것과 달리 장래 처분 시 예상되는 거래비용 등은 공제하지 아니한다.[977]

그리고 범죄 종료 후에 이익을 포기한 경우, 위반행위로 얻은 이익을 산정함에 있어 이를 고려할 것인가가 문제인데, 이와 관련하여 법원은 "원심에 이르러 위 20만 주를 포기한다는 내용의 확약서를 제출하였으나, 이는 범죄 종료 후에 받은 이익을 포기한 것에 불과하므로, 이 사건 이익액의 산정에 있어서 고려하여야 할 사정은 아니다"고 판시한 바 있다.[978]

상술한 바대로, 자본시장법 제443조제1항단서 및 제2항은 '위반행위로 얻은 이익'을 범죄구성요건의 일부로 삼아 그 가액에 따라 그 죄에 대한 형벌을 가중하고 있으므로, 위반행위로 얻은 이익을 정확히 산정하는 것은 매우 중요한 기초가 된다. 따라서 그 위반행위로 얻은 이익의 가액을 산정함에 있어 매우 엄격하고 신중하게 산정함으로써 범죄와 형벌 사이에 적정한 균형이 이루어져야 한다는 죄형균형원칙이나 형벌은 책임에 기초하고 책임에 비례하여야 한다는 책임주의원칙이 훼손되지 않도록 하여야 한다.[979]

2) 손해배상책임

자본시장법은 엄중한 형사처벌 외에도 민법과 별도로 손해배상책임 규정을 마련하고 있다. 즉, 법 제174조를 위반한 자는 해당 특정증권등의 매매, 그 밖의 거래를 한 자가 그 매매, 그 밖의 거래와 관련하여 입은 손해를 배상할 책임을 진다고 규정하고 있다(法 제175조제1항).[980]

법문은 해당 특정증권등의 매매, 그 밖의 거래를 한 자를 손해배상의 청구권자로 하고, 법 제174조를 위반한 자가 그 매매, 그 밖의 거래와 관련하여 입은 손해를 배상할 책임을 진다고 규정하고 있으므로, 법문의 해석 상 손해배상청구에 있어 거래인과관계(transaction causation)는 요구되지 않으며 손해인과관계(loss causation)의 입증으로 충분하다 할 것이다. 즉, 손해배상청구인은 내부자등이 거래를 한 동일한 시기[981]에 반대방향으로 매매를 하여 발생한 손해액 및 손해인

976 대법원 2016. 8. 29. 선고 2016도6297 판결, 대법원 2012. 6. 28. 선고 2012도3782 판결, 대법원 2013. 4. 11. 선고 2012도14446 판결 등.

977 대법원 2013. 7. 11. 선고 2011도15056 판결.

978 대법원 2006. 5. 12. 선고 2004도491 판결.

979 대법원 2011. 10. 27. 선고 2011도8109 판결 참조.

980 손해배상청구권은 청구권자가 제174조를 위반한 행위가 있었던 사실을 안 때부터 2년간 또는 그 행위가 있었던 때부터 5년간 이를 행사하지 아니한 경우에는 시효로 인하여 소멸한다(法 제175조제2항).

981 [서울지방법원남부지원 1994. 5. 6. 선고 92가합11689] 증권거래법 제188조의3 제1항은 같은 법 제188조의2의 규정에 위반하여 내부자 거래를 한 자는 당해 유가증권의 매매 기타 거래를 한 자가 그 매매 기타 거래와 관련하여 입은 손해를 배상할 책임이 있는 것으로 규정하고 있는바, 이때의 '당해 유가증권의 매매 기타 거래를 한 자'라 함은 내부자가 거래한 것과 같은 종목의 유가증권을 동시기에 내부자

과관계를 입증하는 것으로 충분하다고 할 것이다. 민법 제750조[982]가 불법행위로 인한 손해배상 책임 규정을 마련하고 있음에도 불구하고, 자본시장법에서 이를 별도로 규정한 것은 미공개중요정보 이용행위의 피해자로 하여금 상대적으로 손쉽게 손해배상청구권을 행사할 수 있도록 하려는 의도라고 볼 수 있다.

미공개중요정보 이용행위 위반과 관련한 손해배상청구권은 청구권자가 위반한 행위가 있었던 사실을 안 때부터 2년간 또는 그 행위가 있었던 때부터 5년간 이를 행사하지 아니한 경우에는 시효로 인하여 소멸한다(法 제175조제2항).[983] 다만, 민법 제750조 불법행위에 기한 손해배상의 청구권은 피해자나 그 법정대리인이 그 손해 및 가해자를 안 날로부터 3년간, 불법행위를 한 날로부터 10년을 소멸시효로 정하고 있으므로(민법 제766조), 민법의 소멸시효가 자본시장법에 비해 장기인 장점이 있다. 그리하여 미공개중요정보 이용행위 위반으로 피해를 본 피해자는 자본시장법 제175조에 기한 손해배상을 청구할 것인지 민법 제750조에 기한 손해배상을 청구할 것인지를 검토하여야 하는데, 그 동안 판례의 입장인 청구권경합설에 기초하면 선택적으로 청구할 수 있다. 따라서 보다 손해배상청구가 용이한 자본시장법 제175조에 기한 손해배상청구를 우선적으로 선택할 것이고, 만약 자본시장법 상 소멸시효가 도과한 경우에는 민법에 의한 청구가 가능할 것이다.

여기서, 소멸시효의 기산점과 관련하여서는 "위반행위가 있었던 사실을 안 때"라 함은 문언 그대로 피해자가 소정의 불공정거래행위가 있었다는 사실을 현실적으로 인식한 때라고 볼 것이고, 그 인식의 정도는 일반인이라면 불공정행위의 존재를 인식할 수 있는 정도면 족하다.[984] 즉, 불공정거래에 대한 법원의 확정 판결 등이 요건은 아니다.[985]

와는 반대방향으로 매매한 자를 의미한다고 해석함이 상당하다.

982 민법 제750조, 고의 또는 과실로 인한 위법행위로 타인에게 손해를 가한 자는 그 손해를 배상할 책임이 있다.

983 소멸시효가 2018년 자본시장법 개정에 따라 연장되었다. 과거에는 위반한 행위가 있었던 사실을 안 날부터 1년간 또는 그 행위가 있었던 날부터 3년간 이를 행사하지 아니한 경우에는 시효로 인하여 소멸하였다.

984 대법원 1993. 12. 21. 선고 93다30402 판결.

985 [대법원 2002. 12. 26. 선고 2000다23440, 23457 판결] 소멸시효는 청구권자가 그 위반행위가 있었던 사실을 안 때부터 기산되어야 하며, 위반자에 대한 유죄의 형사판결이 선고되거나 확정된 때부터 기산되어야 한다고 볼 수 없다.

[서울고등법원 2018. 2. 9. 선고 2017나2023996 판결] 시효의 기산점과 관련하여 형사소송에서 제1심 형사판결이 선고된 2016. 1. 25. 또는 관련 민사소송에서 피고들의 손해배상책임을 인정한 판결이 선고되기 시작한 2015. 11.경부터 시효가 기산된다는 원고측의 주장이 있었으나, 법원은 이 사건 시세조종행위는 2010. 11. 11.에 있었고, 금융위원회 및 금융감독원이 2011. 2. 23. "증권선물위원회에서 피고들 직원들의 시세조종행위를 확인하고 검찰 고발, 정직요구, 영업정지 등의 제재를 부과하기로 결정하였다."는 내용의 공식발표를 한 사실이 인정되므로, 원고는 늦어도 위 금융위원회 및 금융감독원의 공식발표 시점에 피고들이 자본시장법 제176조 위반행위를 하였음을 알았다고 봄이 상당하다고 하여 원고

미공개중요정보 이용행위의 위반과 관련한 손해배상의 경우에는 불법행위의 법리상 피고는 위법행위와 상당인과관계가 있는 손해에 대하여만 배상책임을 지므로, 이를 입증하는 것이 필요하다. 그런데, 일반적인 불법행위와 달리 내부자 거래로 인한 피해자가 누구인지 피해의 정도는 무엇인지에 대해 확정하는 것은 쉬운 일은 아니다. 내부자 거래의 규제가 시장에 대한 신뢰 내지는 공정한 거래를 위해 도입된 것이기는 하나 본질적으로 내부자 거래는 적극적 부실표시가 아닌 미공개에 의한 거래이므로 상당인과관계의 범위를 정하기가 곤란하다는 문제가 있다. 따라서 내부자 거래로 인한 피해자를 특정하기 어려운 것이 특징이다.

또한 해당 매매를 하는 시점에는 아직 불확실성이 있어 정보를 공개하지 않은 것이 문제가 될 것은 아니며, 다만, 그 정보를 이용하여 부당한 이익을 얻은(또는 손해를 회피한) 주체가 시장의 신뢰를 해한 것이기에 이에 적합한 형사처벌을 도입하여 이를 규제하고 있는 것이지 정보의 미공개 행위를 처벌할 수는 없다.

그리고 내부자 거래가 없었다면 해당 주식 등의 가격이 하락하지 않았을 것이라는 주장도 너무 많은 다양한 요인에 의해 가격이 형성되는 자본시장의 특성에 비추어 보면 제한된 주장일 수 있다.

아울러 내부자 거래가 없었다 하더라도 해당 주식을 매수하려는 주체는 매수하였을 것이고, 만약, 중요정보가 시장에 하락요인을 제공하는 정보인 경우에는 오히려 내부자 거래가 없을 경우 대비 더 높은 가격으로 매수하였을 것이다. 그리고 해당 정보가 대중에게 공개되어 주가가 하락하였다면 더 큰 손해를 입어야 했을 수도 있다. 이렇듯 내부자 거래로 인한 피해자를 특정하거나 피해의 정도를 확정하는 것은 매우 난해한 일이다. 이 경우 주가 하락으로 인해 손해를 보게 된 직접적인 원인은 결국 매수자가 매수할 당시에 해당 기업이 주가에 영향을 미칠 수 있는 중요정보를 보다 일찍 공개하지 않았기 때문인데, 이를 원인으로 손해배상을 청구할 수는 없을 것이다. 이처럼 중요정보이용행위 위반과 관련한 손해배상청구에는 논리상 많은 난점이 있다.

측의 주장을 기각하였다. 대법원에서도 심리불속행 기각 처리되어 동 사건의 소멸시효 기산일은 2011.2.23.일로 확정되었다.

그러나 동 사건과 관련하여 개인투자자가 원고가 되어 진행한 소송에서 기관투자자가 원고였던 위의 결과와 달리 대법원은 첫 민사판결이 나왔던 2015년 11월을 투자자들의 손해 인지시점으로 보고 파기환송하는 판결을 내린 바 있다(대법원 2018. 7. 24. 선고 2018다 215664 판결). 이와 같이 동 사건에 대해 소멸시효의 기산시점을 기관투자자와 개인투자자 간에 달리 적용하는 것은 흥미롭다. 하지만 이에 대해서는 많은 논의가 필요할 것으로 보인다.

제2절 시세조종행위

1. 의의

자본시장은 기본적으로 자유로운 수요와 공급에 기반하여 가격이 형성되어져야 한다. 그런데 여기에 인위적인 조작에 의해 이러한 시장의 가격형성 기능이 방해된다면 결국 투자자 보호에 문제가 생기게 된다.

그런데 주가의 안정조작이라는 이유로 인위적 조작이 법상 허용되기도 하고,[986] 역사적으로는 정부 주도로 증시안정기금 등이 조성되어 투자심리를 안정시킨다는 이유로 주가의 하락을 방어하기도 하였다. 또한 경우에 따라서는 법적 근거 없이 규제당국에 의해 자산운용업 및 증권사로 하여금 주가 하락을 방어할 목적으로 순매수원칙(일일 총 매도금액보다 총 매수금액이 많도록 유지하는 원칙)을 유지할 것을 강요한 적도 있었다. 이와 같은 인위적 조작이 시세조종이라는 규제의 틀 안에서 벗어나 시행될 수 있었던 정당성은 해당 정보가 공개되었다는 점에서 찾을 수 있을 것이다. 증권의 가격에 대하여 안정조작을 하기 위해서는 일정한 조건 하에서 공시를 한 연후에 할 수 있고,[987] 증시안정기금 역시 일정한 법적 기반 위에 형성된 공적 기금에 의해 투자심리의 안정을 위해 기능한다. 물론 법적 기반 없는 순매수원칙 등의 행정 지도는 바람직한 것은 아니나, 이 역시 시대적 상황에 맞춰 투자심리를 안정시킴으로써 증권시장의 기능을 제대로 유지하고자 하는 고육지책이었을 것이다. 이러한 행위들은 규제의 대상인 시세조종과 달리 공익적 목적으로 해당 정보를 공개하고 있다는 점에서 그 정당성이 부여된다고 하겠다.[988]

986 투자매매업자가 대통령령으로 정하는 바에 따라 일정한 방법과 조건 하에서 실행될 수 있다. 구 증권거래법에 기초한 대법원 판례에서도 안정조작은 증권의 모집·매출을 원활하게 하기 위한 시장에서의 필요성에 의하여 엄격한 조건 하에 예외적으로 허용하는 의미라고 판시하고 있다(대법원 2004. 10. 28. 선고 2002도3131 판결).

987 자본시장법 제119조제1항에 따른 모집 또는 매출에 관한 신고서 상에 안정조작이나 시장조성을 할 수 있다고 기재하거나, 또는 애초에 인수계약 당시 인수계약의 내용에 안정조작이나 시장조성을 할 수 있다고 기재한 경우에만 가능하다(令 제203조). 그리고 최초의 안정조작을 한 경우에는 지체 없이 안정조작신고서를 금융위원회와 거래소에 제출하여야 한다(令 제204조제3항).

988 오히려 신고서에 의해 공시한 바대로 금융투자업자가 안정조작이나 시장조성 행위를 제대로 수행하지 아니한 경우에는 손해배상청구가 가능하다(대법원 2002. 9. 24. 선고 2001다9311, 9328 판결).

자본시장법은 공익적 목적이 아닌 인위적인 조작을 통해 시세에 개입하는 것을 방지하여 결국은 주식 등 거래의 공정성 및 유통의 원활성을 확보할 수 있도록[989] 다양한 시세조종의 유형을 적시하여 이를 규제하고 있다. 시세조종의 유형으로 위장거래에 의한 시세조종, 현실거래에 의한 시세조종, 허위표시에 의한 시세조종, 허수주문에 의한 시세조종, 시세의 고정·안정행위, 그리고 연계시세조종행위 등을 들 수 있다.

2. 규제 내용

가. 위장거래 금지

위장거래란 공개경쟁시장에서의 자연적인 수요공급에 따라 형성되어야 될 가격 및 거래량에 인위적인 조작을 행하는 것으로서 통정매매와 가장매매로 구분된다.

자본시장법 제176조제1항은 위장거래를 금지한다. 즉, 누구든지 상장증권 또는 장내파생상품의 매매에 관하여 그 매매가 성황을 이루고 있는 듯이 잘못 알게 하거나, 그 밖에 타인에게 그릇된 판단을 하게 할 목적으로 다음 각 호의 어느 하나에 해당하는 행위를 하여서는 아니 된다.

1. 자기가 매도하는 것과 같은 시기에 그와 같은 가격 또는 약정수치로 타인이 그 증권 또는 장내파생상품을 매수할 것을 사전에 그 자와 서로 짠 후 매도하는 행위
2. 자기가 매수하는 것과 같은 시기에 그와 같은 가격 또는 약정수치로 타인이 그 증권 또는 장내파생상품을 매도할 것을 사전에 그 자와 서로 짠 후 매수하는 행위
3. 그 증권 또는 장내파생상품의 매매를 함에 있어서 그 권리의 이전을 목적으로 하지 아니하는 거짓으로 꾸민 매매를 하는 행위
4. 제1호부터 제3호까지의 행위를 위탁하거나 수탁하는 행위

통정매매(제1호 및 제2호)란 복수의 행위자가 공모하여 자신이 매수(매도)하면서 타인으로 하여금 동일한 시기에 동일한 가격으로 매도(매수)하게 하는 합의가 존재하는 것을 말한다.

989 대법원은 시세조종을 규제하는 자본시장법 제176조의 보호법익은 주식 등 거래의 공정성 및 유통의 원활성 확보라는 사회적 법익이라고 판시하고 있다(대법원 2011. 10. 27. 선고 2011도8109 판결).

여기서, 타인이란 유가증권의 매매로 인한 손익이 달리 귀속되는 자를 뜻하는 것으로서, 동일인이 서로 다른 손익의 귀속 주체들로부터 각 계좌의 관리를 위임받아 함께 관리하면서 거래가 성황을 이루고 있는 듯이 잘못 알게 하거나 기타 타인으로 하여금 그릇된 판단을 하게 할 목적으로 각 계좌 상호 간에 같은 시기에 같은 가격으로 매매가 이루어지도록 하는 행위도 위 통정매매에 해당한다.[990]

그리고 사전에 매매시기나 매매가격에 대하여 합의를 한 바 없어도 통정매매에 해당할 수 있다. 법원은 통정매매에 있어 매매시기 및 매매가격에 대한 사전합의는 그 시점과 가액이 특정될 정도로 구체적일 필요는 없고, 쌍방의 주문이 거래시장에서 대응하여 거래가 성립할 가능성이 있는 범위 내에서 개략적으로 한정할 수 있는 것이면 충분하고, 묵시적인 합의도 가능하다고 본다.[991] 또한, 이러한 통정매매는 반드시 매도인과 매수인 사이에 직접적인 협의가 이루어져야 하는 것은 아니고, 그 중간에 매도인과 매수인을 지배・장악하는 주체가 있어 그가 양자 사이의 거래가 체결되도록 주도적으로 기획・조종한 결과 실제 매매가 체결되는 경우도 포함된다고 봄이 타당하다.[992] 아울러, 법원은 2인 이상이 공동으로 범죄를 저지른 공범관계에서 공모는 법률상 어떤 정형을 요구하는 것이 아니고 2인 이상이 공모하여 공동으로 범죄를 실현하려는 의사의 결합만 있으면 되고, 비록 전체의 모의과정이 없었다고 하더라도 여러 사람 사이에 순차적 또는 암묵적으로 의사의 결합이 이루어지면 공모관계가 성립하는 것으로 본다. 이러한 공모가 인정되면 실행행위에 직접 관여하지 않은 사람도 다른 공모자의 행위에 대하여 공동정범으로서의 형사책임을 지며, 위 공모에 대하여는 직접증거가 없더라도 정황사실과 경험법칙에 따라서 이를 인정할 수 있다고 판시하고 있다.[993]

반면, 가장매매(제3호)란 실질적인 권리의 이전, 금전의 수수 등을 수반하지 않는 거래로서 일반적으로 거래량이 적은 시장에서 한 증권사를 통해 매수 주문을 하고, 다른 증권사를 통해 본인이 매도 주문을 하는 등 거래량을 인위적으로 조작하는 것을 기본으로 한다.

통정매매와 가장매매 등이 위반죄가 성립하기 위해서는 통정매매 또는 가장매매 사실 외에 주관적 요건으로 거래가 성황을 이루고 있는 듯이 오인하게 하거나, 기타 타인으로 하여금 그릇된 판단을 하게 할 목적이 있어야 한다.

---

990 대법원 2013. 7. 11. 선고 2011도15056 판결.

991 [서울고등법원 2013. 4. 15. 선고 2012노2794 판결] 법원은 이에 따라 사전에 매매시기나 매매가격에 대하여 합의를 한 바 없어도, 해당 사건의 주식매매거래의 동기, 실행 경위, 시기, 호가 및 매매 내역 등에 의하면 위 피고인의 계획과 지시에 따라 이루어진 위 주식매매거래는 그 매매시기 및 매매가격에 대한 개략적인 사전합의가 있었던 경우에 해당한다고 봄이 타당하다고 판시하고 있다.

992 대법원 2013. 9. 26. 선고 2013도5214 판결.

993 대법원 2017. 1. 12. 선고 2016도10313 판결, 대법원 2006. 5. 11. 선고 2003도4320 판결 등.

다만, 이러한 목적은 다른 목적과의 공존여부나 어느 목적이 주된 것인지는 문제되지 아니하고, 그 목적에 대한 인식의 정도는 적극적 의욕이나 확정적 인식임을 요하지 아니하고 미필적 인식이 있으면 족하며, 투자자의 오해를 실제로 유발하였는지 여부나 타인에게 손해가 발생하였는지 여부 등도 문제가 되지 아니하고, 같은 조 제2항에서 요구되는 '매매거래를 유인할 목적'이나 제3항이 요구하는 '시세를 고정시키거나 안정시킬 목적', 그 밖에 '시세조종을 통하여 부당이득을 취득할 목적' 등이 요구되는 것도 아니고, 이러한 목적은 당사자가 이를 자백하지 않더라도 그 유가증권의 성격과 발행된 유가증권의 총수, 매매거래의 동기와 태양(순차적 가격상승주문 또는 가장매매, 시장관여율의 정도, 지속적인 종가관여 등), 그 유가증권의 가격 및 거래량의 동향, 전후의 거래상황, 거래의 경제적 합리성 및 공정성 등의 간접사실을 종합적으로 고려하여 판단할 수 있다.[994]

그 밖에 제4호의 규정에 의해 통정매매와 가정매매의 행위를 위탁하거나 수탁하는 행위도 금지된다.

나. 매매 유인행위 금지

자본시장법 제176조제2항은 매매 유인 목적의 행위로서 현실거래에 의한 시세조종과 표시에 의한 시세조종 행위를 금지하고 있다. 즉, 누구든지 상장증권 또는 장내파생상품의 매매를 유인할 목적으로 다음 각 호의 어느 하나에 해당하는 행위를 하여서는 아니 된다.

1. 그 증권 또는 장내파생상품의 매매가 성황을 이루고 있는 듯이 잘못 알게 하거나 그 시세(증권시장 또는 파생상품시장에서 형성된 시세, 다자간매매체결회사가 상장주권의 매매를 중개함에 있어서 형성된 시세, 그 밖에 대통령령으로 정하는 시세를 말한다. 이하 같다)를 변동시키는 매매 또는 그 위탁이나 수탁을 하는 행위
2. 그 증권 또는 장내파생상품의 시세가 자기 또는 타인의 시장 조작에 의하여 변동한다는 말을 유포하는 행위
3. 그 증권 또는 장내파생상품의 매매를 함에 있어서 중요한 사실에 관하여 거짓의 표시 또는 오해를 유발시키는 표시를 하는 행위

제1호는 상술한 법 제176조제1항에서 금지하는 위장거래와 달리 실제로 권리이전이 수반되는

994 대법원 2012. 6. 28. 선고 2010도3163 판결, 대법원 2001. 11. 27. 선고 2001도3567 판결, 서울고등법원 2013. 4. 15. 선고 2012노2794 판결 등.

거래를 말한다. 이를 현실거래에 의한 시세조종이라고 한다. 일반적으로 대량 매수・매도의 경우도 가격을 변동시키지만, 여기서 규제하고자 하는 것은 2가지 요건이 성립되는 현실 매매가 그 대상이다. 즉, 첫째, 매매를 유인할 목적이 있어야 하고, 둘째, 매매가 성황을 이루고 있는 듯이 잘못 알게 하거나 그 시세를 변동시키는 매매를 요건으로 한다.[995]

여기서, '매매를 유인할 목적'이라 함은 인위적인 조작을 가하여 시세를 변동시킴에도 불구하고, 투자자에게는 그 시세가 유가증권시장에서의 자연적인 수요・공급의 원칙에 의하여 형성된 것으로 오인시켜 유가증권의 매매에 끌어들이려는 목적을 말한다.[996] 이 경우, 다른 목적과의 공존 여부나 어느 목적이 주된 것인지는 문제되지 아니하고, 목적에 대한 인식의 정도도 미필적 인식으로 충분하다.[997]

그리고 '매매가 성황을 이루고 있는 듯이 잘못 알게 하거나 그 시세를 변동시키는 매매'라 함은 본래 정상적인 수요・공급에 따라 자유경쟁시장에서 형성될 시세 및 거래량을 시장요인에 의하지 아니한 다른 요인으로 인위적으로 변동시킬 가능성이 있는 거래를 말하는 것일 뿐 그로 인하여 실제로 시세가 변동될 필요까지는 없고, 그 행위로 인하여 시세를 변동시킬 가능성이 있으면 충분하다.[998]

또한, 이상의 각 요건에 해당하는지 여부는 당사자가 이를 자백하지 않더라도 그 유가증권의 성격과 발행된 유가증권의 총수, 가격 및 거래량의 동향, 전후의 거래상황, 거래의 경제적 합리성과 공정성, 가장 혹은 허위매매 여부, 시장관여율의 정도, 지속적인 종가관리 등 거래의 동기와 태양 등의 간접사실을 종합적으로 고려하여 이를 판단할 수 있다.[999]

아울러, 위에서 언급한 현실거래에 의한 시세조종 '행위를 위탁하거나 수탁하는 행위'가 금지된다. 이는 위에서 언급한 것과 달리 매매를 요건으로 하지 않는다. 상장증권 또는 장내파생상품의

995 일본 金商法도 자본시장법과 마찬가지의 규정을 두고 있는데, 첫 번째 요건인 매매유인 목적은 완화하고 두 번째 요건을 엄격히 해석한 판례(東京高判昭和63年7月26日判時1305号52頁)도 있고, 반면 매매유인 목적은 엄격히 해석하고 두 번째 요건을 완화하여 판단한 판례(東京地判平成5年5月19日判タ817号221頁)도 있다(川村正幸(2014), 앞의 책, 590면).

996 일본 최고재판소 판결(最高裁判平成5年7月20日判時1507号51頁)에서도 거래를 유인할 목적에 대하여 인위적인 조작을 가해 시세를 변동시켰음에도 불구하고, 투자가에게는 그 시세가 자연적인 수급관계에 의해 형성된 것으로 오인하게 하여 유가증권시장에서 유가증권의 매매에 끌어들이려는 목적으로 해석한다.

997 대법원 2010. 12. 9. 선고 2009도6411 판결, 대법원 2005. 11. 10. 선고 2004도1164 판결, 대법원 2006. 5. 11. 선고 2003도4320 판결, 대법원 2009. 4. 9. 선고 2009도675 판결 등.

998 대법원 2010. 12. 9. 선고 2009도6411 판결, 대법원 2010. 7. 22. 선고 2009다40547 판결, 대법원 2005. 11. 10. 선고 2004도1164 판결, 대법원 2006. 5. 11. 선고 2003도4320 판결, 대법원 2009. 4. 9. 선고 2009도675 판결 등; 일본 판례도 마찬가지로 시세를 변동시킬 가능성이 있는 매매거래면 충분한 것으로 본다(最高裁判平成5年7月20日判時1507号51頁).

999 대법원 2010. 7. 22. 선고 2009다40547 판결.

매매에 관하여 매매가 성황을 이루고 있는 듯이 잘못 알게 하거나, 그 시세를 변동시키는 매매를 유발하는 행위가 금지된다고 볼 수 있다. 즉, 허수성 주문 등도 모두 규제의 대상이다. 허수성 주문이란 매매가 성황을 이루고 있는 듯이 보이게 하기 위하여 가공의 주문을 내고 해당 주문이 체결되려고 하면 취소하는 것을 말한다.

이와 관련하여 법원은 매매계약의 체결에 이르지 아니한 매수청약 또는 매수주문이라 하더라도 그것이 유가증권의 가격을 상승 또는 하락시키는 효과를 가지고 제3자에 의한 유가증권의 매매거래를 유인하는 성질을 가지는 이상 증권거래법 제188조의4 제2항 제1호소정의 '유가증권의 매매거래가 성황을 이루고 있는 듯이 잘못 알게 하거나 그 시세를 변동시키는 매매거래 또는 그 위탁이나 수탁을 하는 행위'에 해당한다고 판시한 바 있다.[1000]

제2호와 제3호는 소위 표시에 의한 시세조종 행위를 규제하는 것인데, 해당 행위가 위법하기 위한 요건으로는 매매 유인의 목적을 요건으로 하는 것 외에 시세가 자기 또는 타인의 시장조작에 의하여 변동한다는 말을 유포하는 행위, 또는 매매를 함에 있어서 중요한 사실에 관하여 거짓의 표시 또는 오해를 유발시키는 표시를 하는 행위를 요건으로 한다.

여기서, 유포하는 행위는 반드시 인쇄물・통신・ARS 기타 공개적인 매체에 의한 것뿐만 아니라, 개별접촉에 의한 구두전달행위도 포함되며, 근래에는 인터넷을 통한 유포행위가 대부분을 차지한다.[1001]

허위표시・오해유발표시 행위(제3호)는 자본시장법 상 공시규제 및 후술하게 될 제178조제1항제2호[1002]와도 관련성이 있다. 이들과의 차이는 표시에 의한 시세조종으로 위법성이 구성되기 위해서는 "매매 유인 목적"의 요건이 필요하다는 것이다. 따라서 매매 유인 목적을 입증하기 어려운 경우에는 제178조 부정거래금지를 적용해 볼 수 있을 것이다.[1003] 제178조 부정거래 금지에 해당하는 구 증권거래법 제188조의4제4항제2호는 허위・부실 표시의 수단으로 문서만을 한정하였지만,[1004] 자본시장법 제178조는 문서로 한정하지 않고, 그 밖의 기재 또는 표시로 개정하였

1000 대법원 2002. 6. 14. 선고 2002도1256 판결.

1001 임재연(2018), 앞의 책, 984면.

1002 자본시장법 제178조(부정거래행위 등의 금지) ① 누구든지 금융투자상품의 매매(증권의 경우 모집・사모・매출을 포함한다. 이하 이 조 및 제179조에서 같다), 그 밖의 거래와 관련하여 다음 각 호의 어느 하나에 해당하는 행위를 하여서는 아니 된다.

2. 중요사항에 관하여 거짓의 기재 또는 표시를 하거나 타인에게 오해를 유발시키지 아니하기 위하여 필요한 중요사항의 기재 또는 표시가 누락된 문서, 그 밖의 기재 또는 표시를 사용하여 금전, 그 밖의 재산상의 이익을 얻고자 하는 행위

1003 이 밖에 제178조는 규제대상 금융투자상품이나 거래 장소에 대한 제한도 없다.

1004 [대법원 2010. 12. 9. 선고 2009도6411 판결] 허위・부실 표시 문서를 이용한 불공정거래행위를 금지하는 구 증권거래법 제188조의4 제4항 제2호에서 그 오해유발행위의 매체가 '문서'에 국한되는지 여부에 대하여 법원은 유가증권의 매매 기타 거래와 관련하여 이는 투자자의 투자판단에 영향을 미치는 중요

으므로 보다 적용이 용이할 것이다.

또한, 허위표시・오해유발표시 행위(제3호)에 대응되는 구 증권거래법 제188조의4제2항제3호는 "당해 유가증권의 매매에 있어서 중요한 사실에 관하여 고의로 허위의 표시 또는 오해를 유발하게 하는 표시를 하는 행위"[1005]라고 규정하여 "고의"를 요건으로 명시한 바 있다. 그런데 자본시장법은 해당 조문에서 고의 요건을 삭제하였다.[1006]

다. 시세의 고정・안정행위

자본시장법은 누구든지 상장증권 또는 장내파생상품의 시세를 고정시키거나 안정시킬 목적으로 그 증권 또는 장내파생상품에 관한 일련의 매매 또는 그 위탁이나 수탁을 하는 행위를 하여서는 아니 된다고 규정하고 있다(法 제176조제3항).

자본시장법은 상술한 바와 같이, 매매를 유인하기 위하여 시세를 인위적인 조작에 의해 변동시키는 매매를 규제한다. 아울러 시세의 고정이나 안정 역시 경쟁매매 및 정상적인 투자자들의 수요와 공급에 의해 자유롭게 형성되어야 할 시세에 인위적인 조작을 가하는 것으로 이 또한 시세조종에 해당한다. 즉, 안정조작과 시장조성은 원칙적으로 금지된다.

여기서, '증권등의 시세를 고정시킬 목적'이라 함은 본래 정상적인 수요・공급에 따라 자유경쟁시장에서 형성될 증권등의 시세에 시장요인에 의하지 아니한 다른 요인으로 인위적인 조작을 가하여 시세를 형성 및 고정시키거나 이미 형성된 시세를 고정시킬 목적을 말하는 것으로서, 다른 목적이 동시에 존재하는지 및 그 중 어느 목적이 주된 것인지는 문제 되지 않고, 목적에 대한 인식은 미필적 인식으로 충분하다.[1007] 그리고 증권의 시세를 고정시키거나 안정시킬 목적은 유가증권의 현재의 시장가격을 고정시키거나 안정시키는 경우뿐만 아니라, 행위자가 일정한

한 사항에 관하여 허위・부실 표시 문서를 이용하는 방법으로 타인의 오해를 유발하여 재산상의 이익을 얻고자 하는 행위를 처벌하는 것으로 그 행위의 매체는 문서에 국한되므로, 위 제2호 위반행위에 해당하기 위해서는 '문서의 이용'이라는 요건이 충족되어야 한다고 판시하고 있다.

1005 구 증권거래법 제188조의4(시세조종등 불공정거래의 금지) ② 누구든지 유가증권시장 또는 코스닥시장에서의 매매거래를 유인할 목적으로 다음 각호의 1에 해당하는 행위를 하지 못한다.
3. 당해 유가증권의 매매에 있어서 중요한 사실에 관하여 고의로 허위의 표시 또는 오해를 유발하게 하는 표시를 하는 행위

1006 하지만 과실, 중과실에 의한 허위표시나 오해유발표시를 하는 행위는 과실범에 대한 명시적인 처벌규정이 없는 한 형사처벌의 대상이 될 수 없다. 따라서 자본시장법은 이러한 고의 요건을 삭제하였는데, 실제로는 구 증권거래법의 규정과 차이가 없다고 보아야 한다(임재연(2018), 앞의 책, 986면).

1007 대법원 2015. 6. 11. 선고 2014도11280 판결, 대법원 2006. 5. 11. 선고 2003도4320 판결, 대법원 2004. 10. 28. 선고 2002도3131 판결 등.

가격을 형성하고 그 가격을 고정시키거나 안정시키는 경우에도 인정된다.[1008]

법원은 자본시장법에서 금지하고 있는 상장증권 또는 장내파생상품의 시세를 고정시키거나 안정시킬 목적으로 그 증권 또는 장내파생상품에 관한 일련의 매매와 관련하여 시세고정목적이 있는지 여부의 판단을 함에 있어 그 증권등의 성격과 발행된 증권등의 총수, 가격 및 거래량의 동향, 전후의 거래상황, 거래의 경제적 합리성과 공정성, 시장관여율의 정도, 지속적인 종가관리 등 거래의 동기와 태양 등의 간접사실을 종합적으로 고려하여 이를 판단하고 있다.[1009]

파생상품의 매매 등에서 부당한 이익을 얻거나 제3자에게 부당한 이익을 얻게 할 목적으로 파생상품의 기초자산인 상장증권이나 장내파생상품의 시세를 변동 또는 고정시키는 등의 이른바 연계에 의한 시세조종행위는 금융투자상품시장에서의 공정한 가격형성을 저해함으로써 투자자에게 손해를 입히고 그 결과 시장에 대한 투자자의 신뢰를 해치는 행위여서 위법하다고 본다.[1010]

한편 금융투자업자가 파생상품의 거래로 인한 위험을 관리하기 위하여 시장에서 주식 등 그 기초자산을 매매하는 방식으로 수행하는 헤지(hedge)거래가 시기, 수량 및 방법 등의 면에서 헤지 목적에 부합한다면 이는 경제적 합리성이 인정되는 행위라고 할 것이므로, 헤지거래로 인하여 기초자산의 시세에 영향을 주었더라도 파생상품의 계약 조건에 영향을 줄 목적으로 인위적으로 가격을 조작하는 등 거래의 공정성이 훼손되었다고 볼만한 특별한 사정이 없는 한 이를 시세조종행위라고 할 수는 없다.[1011]

미국은 거래종료 기간에 주식을 매수한 In re College Bound Consol. Litigation 사건의 판결에서 시세조종의 요건으로 United States v. Mulheren 사건[1012]의 예를 통해, 시세조종자의 수익 또는 개인적 이득,[1013] 기망의 의도, 시장의 지배 그리고 특히 시세조종행위로 주장한 행위가

1008 대법원 2004. 10. 28. 선고 2002도3131 판결.

1009 대법원 2015. 6. 11. 선고 2014도11280 판결, 대법원 2006. 5. 11. 선고 2003도4320 판결, 대법원 2004. 10. 28. 선고 2002도3131 판결 등.

1010 대법원 2016. 3. 24. 선고 2013다2740 판결.

1011 대법원 2016. 3. 10. 선고 2013다7264 판결.
[서울고등법원 2012. 12. 14. 선고 2012나12360 판결] 어떠한 헤지거래행위가 정당한 것으로 평가되기 위해서는 당해 헤지거래행위가 이론적 및 현실적으로 실무에서 통용되는 델타헤지 원리에 얼마나 충실하게 부합하도록 이루어졌는지를 살펴, 당해 거래행위가 트레이더에게 주어진 재량의 범위 내로 용인할 수 있는 경우라면 이는 델타헤지 원리를 충실하게 따라 이루어진 헤지거래로써 정당성을 인정할 수 있을 것이지만, 예컨대 당해 거래행위가 델타헤지의 원리에 의하더라도 매도할 이유를 찾을 수 없다거나, 매도 필요성은 인정되지만 그 매도로 인하여 보유하게 되는 기초자산의 수량이 델타값을 현저히 초과하는 등 트레이더에게 주어진 재량의 범위를 벗어난 것이 명백한 것으로 보인다면, 이를 델타헤지에 따른 거래로 보아 정당하다고 인정할 수는 없을 것이다.

1012 United States v. Mulheren, 938 F.2d 364 (2d Cir. 1991).

1013 이익은 시세조종행위의 결과로서 당장 손익만을 의미하지는 않는다. IPO 주간회사가 대상회사의 주가 부양을 위해 시세조종을 한 사건에 대해 주간회사인 피고는 140만 달러의 손실을 입었으나, 향후 거래

경제적 합리성을 결여할 것 등을 시세조종의 요건으로 열거한 바 있다.[1014] 여기서 주목할 것은 '경제적 합리성의 결여'라는 요건이다. 환언하면, 경제적 합리성이 있으면 시세조종행위로 평가되지 않을 수 있다는 것을 의미한다. 이와 관련하여 책임을 부과하기 위해서는 SEC가 시세조종의 의도가 없었다면, 피고는 해당 거래를 하지 않았을 것이라는 것을 증명하지 않으면 아니 된다고 판시하고 있는 판례도 있다.[1015] 그리고 United States v. Mulheren 사건에서는 거래가 투자목적으로 행해진 경우에는 투자의 결과 가격의 상승 또는 하락이 있다고 하더라도 시세조종은 아니다.[1016] 또한 풋옵션과 관련하여 기초자산인 주식을 매수한 SEC v. Masri 사건에서 거래가 시세조종 목적이 아닌 투자 목적 또는 기타 경제적 이유에 의해 수행된 것이라면, 그러한 행위가 인위적으로 가격에 영향을 미치거나 또는 잘못된 정보를 시장에 주입시킨다고 말할 수 없다고 판시하고 있다.[1017] 오로지 시세에 영향을 미치려고 하는 의도가 있는 경우 위반이며, 이러한 주관적 목적은 원고가 입증하여야 한다.[1018]

이러한 관점에서 본다면, 경제적 필요에 의한 델타헤징 거래 행위는 특별한 사정이 없다면 위법성이 조작될 수 있다고 할 것이다.

하지만, 이러한 헤지거래인 경우에는 엄격히 제한적으로 우리 법원이 보고 있음을 주의하여야 한다. 고등법원에서 델타헤지의 일반적인 목적이나 필요성 및 방법 등에 관한 판시 사정들만을 가지고 해당 사건 주식의 시세를 조종할 목적이 인정되지 아니한다고 판단[1019]한 것에 대하여

활동을 유리하게 추진할 목적 등을 인정한 판례가 있다(Markowski v. SEC, 274 F.3d 525 (D.C. Cir. 2001)). 우리 대법원도 부당이익을 산정함에 있어 장래의 이익도 포함한다.

1014 In re College Bound Consol. Litig.,1995 U.S. Dist. LEXIS 10684 (S.D.N.Y. 1995), the elements of an open-market manipulation claim outlined in Mulheren: 1) "profit or personal gain to the alleged manipulator"; 2) deceptive intent; 3) market domination; and 4) economic reasonableness of the alleged manipulation.

1015 SEC v. Masri, 523 F. Supp. 2d 361 (S.D.N.Y. 2007) at 372.

1016 United States v. Mulheren, 938 F.2d 364 (2d Cir. 1991), When the transaction is effected for an investment purpose, the theory continues, there is no manipulation, even if an increase or diminution in price was a foreseeable consequence of the investment(United States, 938 F.2d at 368).

1017 SEC v. Masri, 523 F. Supp. 2d 361 (S.D.N.Y. 2007), if a transaction would have been conducted for investment purposes or other economic reasons, and regardless of the manipulative purpose, then it can no longer be said that it is "artificially" affecting the price of the security or injecting inaccurate information into the market, which is the principal concern about manipulative conduct(SEC, 523 F. Supp. 2d at 373).

1018 United States v. Mulheren, 938 F.2d 364 (2d Cir. 1991), an investor may lawfully be convicted under Rule 10b-5 where the purpose of his transaction is solely to affect the price of a security. The issue then becomes one of Mulheren's subjective intent. The government was obligated to prove beyond a reasonable doubt that when Mulheren purchased 75,000 shares of G & W common stock on October 17, 1985, he did it with the intent to raise its price, rather than with the intent to invest. We conclude that the government failed to carry this burden(United States, 938 F.2d at 368-369).

대법원이 파기환송한 사례가 있으며,[1020] 특히, 델타헤지 거래로 인해 금융투자상품의 조건성취에 방해가 되어 투자자가 손해를 보는 경우에는 회사의 행위가 투자자보호 의무를 게을리 한 것으로서 신의성실에 반하여 위법하다고 판단한 사례도 있다.[1021]

델타헤지 거래가 시장에 큰 충격을 준 대표적 사례로는 1987년 10월 19일 미국의 블랙 먼데이(black-Monday)[1022] 사례로 거슬러 올라갈 수 있다. 막대한 프로그램 매매로 인해 증권시장은 급격한 하락을 경험하게 되었고, 이에 따라 주식 보유자들은 막대한 손해를 보게 되었다. 하지만, 이러한 행위를 미국에서 시세조종 행위 내지 위법한 행위로 처벌한 경우는 찾아 볼 수 없다. 법이 규제하는 것은 시장의 가격이 자연스러운 수요와 공급에 의해 결정되지 못하고 인위적인 조작에 의해 가격의 자유로운 형성을 방해하는 것이다. 델타헤지로 인한 거래량 또한 시장의 자연스러운 수요와 공급에 해당되는 것이지 인위적인 조작을 위한 거래량은 아니다.

그럼에도 불구하고, 특히 금융투자업자가 자신이 발행한 특정 금융투자상품을 판매하고 특정 시점에 대량의 헤지거래의 발생으로 인해 조건성취가 방해되는 등 고객과 이해상충이 있는 경우에는 헤지거래의 필요성만으로 모든 위법성이 조각되지는 않고, 헤지거래의 시기, 방법 등에 비추어 합리적으로 하여야 하며, 그 과정에서 기초자산의 공정한 가격형성에 부당한 영향을 끼쳐 조건의 성취가 방해되지 않도록 상당한 주의가 요구된다.[1023] 즉, 고객에 대한 신의성실의무가

1019 서울고법 2012. 12. 14. 선고 2012나12360 판결.

1020 대법원 2016. 3. 24. 선고 2013다2740 판결.

1021 [대법원 2015. 5. 14. 선고 2013다2757 판결] 증권회사가 설사 기초자산의 가격변동에 따른 위험을 회피하고 자산운용의 건전성을 확보하기 위하여 위험회피거래를 한다고 하더라도, 약정 평가기준일의 기초자산 가격 또는 지수에 따라 투자자와의 사이에서 이해가 상충하는 때에는 그와 관련된 위험회피거래는 시기, 방법 등에 비추어 합리적으로 하여야 하며, 그 과정에서 기초자산의 공정한 가격형성에 영향을 끼쳐 조건의 성취를 방해함으로써 투자자의 이익과 신뢰를 훼손하는 행위를 하여서는 안 된다.

1022 1987년 10월 19일 월요일에 뉴욕증권시장에서 일어난 주가 대폭락 사건이다. 당시 다운존스산업지수는 22.6% 폭락하였다. 주가 폭락의 원인은 포트폴리오(portfolio)의 가치 하락을 방어하기 위해 당시 유행하던 포트폴리오 인슈런스(insurance) 전략에 의해 풋옵션을 복제하는 델타헤지 거래의 물량이 시장이 하락함에 따라 델타헤지에 의한 매도 물량이 지속적인 상승하여 그 결과 시장을 붕괴시킨 사건이다. 시장 붕괴가 있는 후, 뉴욕증권거래소는 circuit breakers제도를 도입하였다. 이와 관련한 상세는 Hayne Leland & Mark Rubinstein, "Comments on the Market Crash: Six Months After", *Journal of Economic Perspectives*, 2 (Summer, 1988), Andrew Bary, "Black Monday", *Barron's,* 87 (2007), Jerry W. Markham & Rita McCloy Stephanz, "The Stock Market Crash of 1987-The United States Looks at New Recommendations, *The Geogetown Law Journal,* 76 (1988) 등을 참고.

1023 헤지거래는 기초자산의 가격 형성에 일정한 영향을 줄 수밖에 없고, 델타헤지로 인한 매매행위로 주가가 하락함으로써 주가연계증권의 상환조건에 영향을 미칠 수도 있어, 금융기관은 이러한 델타헤지의 특성으로 발생할 위험을 미리 투자자들로 하여금 인식하도록 할 필요가 있다. 한편 위와 같이 델타헤지 거래가 그 자체로 기초자산 가격 형성에 영향을 줄 수밖에 없는 특징이 있어 앞서 본 것처럼 헤지거래로 인하여 기초자산의 가격 형성, 나아가 파생금융상품의 조건성취에 영향을 주었다는 이유만으로 그 헤지거래행위가 곧바로 위법하다고 평가할 수는 없지만, 앞서 본 바와 같이 헤지거래에는 트레이더의 재량이 개입될 수밖에 없는 구조이므로 헤지거래라는 이유만으로 그 행위가 언제나 정당하게 평가

있는 금융투자업자가 행한 델타헤지의 거래가 고객과 이해상충이 있는 경우에는 고객보호의 법리 또한 적용될 수 있어 사전에 상품의 설계 및 헤지거래를 함에 있어 매우 주의가 필요하다고 할 것이다.

자본시장법 제176조제3항을 위반하여 상장증권의 매매 등에 의하여 시세를 고정시킴으로써 타인에게 손해를 입힌 경우에 상당인과관계가 있는 범위 내에서는 민법 제750조의 불법행위책임을 지며, 이러한 법리는 금융투자상품의 기초자산인 증권의 시세를 고정시켜 타인에게 손해를 가한 경우에도 마찬가지로 적용된다고 본다.[1024]

상술한 바와 같이, 자본시장법은 자유로운 자본시장에 개입하여 인위적으로 상장증권 또는 장내파생상품의 시세를 조작하는 것을 방지하기 위하여 시세를 고정시키거나 안정시킬 목적으로 행하는 일련의 매매 또는 그 위탁이나 수탁을 금지한다. 하지만, 증권의 모집・매출을 원활하게 하기 위한 시장에서의 필요성에 의하여 법정된 소정의 인정조직과 시징조성을 엄격한 조건 하에 예외적으로 허용하고 있다(法 제176조제3항단서).[1025]

자본시장법이 예외적으로 허용하는 안정조작 및 시장조성의 경우는 다음과 같다(法 제176조제3항단서 및 각호).

1. 투자매매업자(모집 또는 매출되는 증권의 발행인 또는 소유자와 인수계약을 체결한 투자매매업자로서 대통령령으로 정하는 자[1026]에 한한다. 이하 이 조에서 같다)가 대통령령으로 정하는 방법에 따라 그 증권의 모집 또는 매출의 청약기간의 종료일 전 30일의 범위에서

되어야 하는 것도 아니다. 결국 어떠한 헤지거래행위가 정당한 것으로 평가되기 위해서는 당해 헤지거래행위가 이론적 및 현실적으로 실무에서 통용되는 델타헤지 원리에 얼마나 충실하게 부합하도록 이루어졌는지를 살펴, 당해 거래행위가 트레이더에게 주어진 재량의 범위 내로 용인할 수 있는 경우라면 이는 델타헤지 원리를 충실하게 따라 이루어진 헤지거래로써 정당성을 인정할 수 있을 것이지만, 예컨대 당해 거래행위가 델타헤지의 원리에 의하더라도 매도할 이유를 찾을 수 없다거나, 매도 필요성은 인정되지만 그 매도로 인하여 보유하게 되는 기초자산의 수량이 델타값을 현저히 초과하는 등 트레이더에게 주어진 재량의 범위를 벗어난 것이 명백한 것으로 보인다면, 이를 델타헤지에 따른 거래로 보아 정당하다고 인정할 수는 없을 것이다(서울고등법원 2012. 12. 14. 선고 2012나12360 판결).

1024 대법원 2016. 3. 24. 선고 2013다2740 판결, 파생결합증권에 대한 사건에서 기초자산을 매매한 행위와 관련하여 조건성취를 방해할 목적으로 시세를 고정・안정하는 행위로 인정한 판례이다.

1025 [대법원 2004. 10. 28. 선고 2002도3131 판결] 다만 유가증권의 모집・매출을 원활하게 하기 위한 시장에서의 필요성에 의하여 그 시행령 제83조의8 제1항 소정의 안정조작과 시장조성을 그 이하 조항이 정하는 기간・가격 및 주체 등에 관한 엄격한 조건하에 예외적으로 허용하는 의미라고 보아야 한다.

1026 자본시장법시행령 제203조(안정조작 및 시장조성을 할 수 있는 자) 법 제176조제3항제1호에서 "대통령령으로 정하는 자"란 다음 각 호의 어느 하나에 해당하는 자를 말한다.

1. 법 제119조제1항에 따른 신고서를 제출하는 경우에는 그 신고서에 안정조작이나 시장조성을 할 수 있다고 기재된 투자매매업자
2. 법 제119조제1항에 따른 신고서를 제출하지 아니하는 경우에는 인수계약의 내용에 안정조작이나 시장조성을 할 수 있다고 기재된 투자매매업자

대통령령으로 정하는 날[1027]부터 그 청약기간의 종료일까지의 기간 동안 증권의 가격을 안정시킴으로써 증권의 모집 또는 매출을 원활하도록 하기 위한 매매거래(이하 이 항에서 "안정조작"이라 한다)를 하는 경우

2. 투자매매업자가 대통령령으로 정하는 방법에 따라 모집 또는 매출한 증권의 수요·공급을 그 증권이 상장된 날부터 6개월의 범위에서 대통령령으로 정하는 기간[1028] 동안 조성하는 매매거래(이하 이 항에서 "시장조성"이라 한다)를 하는 경우
3. 모집 또는 매출되는 증권 발행인의 임원 등 대통령령으로 정하는 자[1029]가 투자매매업자에게 안정조작을 위탁하는 경우
4. 투자매매업자가 제3호에 따라 안정조작을 수탁하는 경우
5. 모집 또는 매출되는 증권의 인수인이 투자매매업자에게 시장조성을 위탁하는 경우
6. 투자매매업자가 제5호에 따라 시장조성을 수탁하는 경우

다만, 안정조작 역시 근본적으로는 자유롭게 수요와 공급에 의해 형성되어야 할 자본시장의 시세에 인위적으로 개입하는 것이므로 안정조작 및 시장조성 행위는 반드시 법정된 방법에 따라야만 한다.

법 제176조제3항제1호에서 예외적으로 허용된 안정조작을 하고자 하는 투자매매업자는 그 증권의 투자설명서에 안정조작을 할 수 있다는 뜻과 안정조작을 할 수 있는 증권시장의 명칭에 대하여 모두 기재한 경우만 안정조작을 할 수 있다(슈 제204조제1항). 다만, 증권신고서를 제출하

1027 자본시장법시행령 제204조제7항, 법 제176조제3항제1호에서 "대통령령으로 정하는 날"이란 모집되거나 매출되는 증권의 모집 또는 매출의 청약기간의 종료일 전 20일이 되는 날을 말한다. 다만, 20일이 되는 날과 청약일 사이의 기간에 모집가액 또는 매출가액이 확정되는 경우에는 그 확정되는 날의 다음 날을 말한다.

1028 자본시장법시행령 제205조제4항, 법 제176조제3항제2호에서 "대통령령으로 정하는 기간"이란 모집되거나 매출되는 증권이 상장된 날부터 1개월 이상 6개월 이하의 범위에서 인수계약으로 정하는 날까지의 기간을 말한다.

1029 자본시장법시행령 제206조(안정조작을 위탁할 수 있는 자) 법 제176조제3항제3호에서 "발행인의 임원 등 대통령령으로 정하는 자"란 다음 각 호의 어느 하나에 해당하는 자를 말한다.
1. 모집 또는 매출되는 증권의 발행인의 이사
2. 매출되는 증권의 소유자. 다만, 인수계약에 따라 증권이 양도된 경우에는 그 증권을 양도한 자를 소유자로 본다.
3. 모집 또는 매출되는 증권의 발행인이 다른 회사에 대하여 또는 다른 회사가 그 발행인에 대하여 다음 각 목의 어느 하나에 해당하는 관계가 있는 경우에는 그 회사 또는 그 회사의 이사
   가. 지분증권총수의 100분의 30을 초과하는 지분증권을 소유하고 있는 관계
   나. 지분증권총수의 100분의 10을 초과하는 지분증권을 소유하고 있는 관계로서 제2조제5호에 해당하는 관계
4. 모집 또는 매출되는 증권의 발행인 또는 소유자가 안정조작을 위탁할 수 있는 자로 지정하여 미리 금융위원회와 거래소에 통지한 자

지 아니하는 경우에는 인수계약의 내용에 이를 기재하여야 한다(令 제204조제1항단서). 그리고 투자매매업자는 투자설명서나 인수계약의 내용에 기재된 증권시장 외에서는 안정조작을 하여서는 아니 된다(令 제204조제2항).

또한 투자매매업자는 안정조작을 할 수 있는 안정조작기간 중에 최초의 안정조작을 한 경우에는 지체 없이 다음 각 호의 사항을 기재한 안정조작신고서[1030]를 금융위원회와 거래소에 제출하여야 한다(令 제204조제3항).

1. 안정조작을 한 투자매매업자의 상호
2. 다른 투자매매업자와 공동으로 안정조작을 한 경우에는 그 다른 투자매매업자의 상호
3. 안정조작을 한 증권의 종목 및 매매가격
4. 안정조작을 개시한 날과 시간
5. 안정조작기간
6. 안정조작에 의하여 그 모집 또는 매출을 원활하게 하려는 증권의 모집 또는 매출가격과 모집 또는 매출가액의 총액
7. 안정조작을 한 증권시장의 명칭

아울러, 안정조작을 함에 있어서도 투자매매업자는 다음 각 호에서 정하는 가격을 초과하여 안정조작의 대상이 되는 안정조작증권을 매수하여서는 아니 된다(令 제204조제4항).

1. 안정조작개시일의 경우
   가. 최초로 안정조작을 하는 경우: 안정조작개시일 전에 증권시장에서 거래된 해당 증권의 직전 거래가격과 안정조작기간의 초일 전 20일간의 증권시장에서의 평균거래가격 중 낮은 가격. 이 경우 평균거래가격의 계산방법은 금융위원회가 정하여 고시한다.[1031]

1030 자본시장법시행령 제204조제8항, 제1항부터 제7항까지에서 규정한 사항 외에 안정조작신고서·안정조작보고서의 서식과 작성방법 등에 관하여 필요한 사항은 금융위원회가 정하여 고시한다.

1031 증권발행공시규정 제2-21조(안정조작의 기준가격) ① 영 제204조 제4항 제1호에서 "금융위원회가 정하여 고시하는 평균거래가격"이란 다음 각 호의 가격을 말한다.
1. 증권시장에서 거래가 형성된 증권은 다음 각 목의 방법에 따라 산정된 가격의 산술평균가격
   가. 안정조작기간의 초일 전일부터 과거 20일(동 기간 중에 배당락, 권리락 또는 행사가격 조정 등으로 인하여 매매기준가격의 조정이 있는 경우로서 배당락, 권리락 또는 행사가격 조정 등이 있은 날부터 안정조작기간의 초일 전일까지의 기간이 7일 이상이 되는 경우에는 그 기간)간 공표된 매일의 증권시장에서 거래된 최종시세가격을 실물거래에 의한 거래량을 가중치로 하여 가중산술평균한 가격
   나. 안정조작기간의 초일 전일부터 과거 7일간 공표된 매일의 증권시장에서 거래된 최종시세가격을 실물거래에 의한 거래량을 가중치로 하여 가중산술평균한 가격
2. 증권시장에서 거래가 형성되지 아니한 주식은 해당 법인의 자산상태·수익성 기타의 사정을 참작하여 감독원장이 정하는 가격

나. 최초 안정조작 이후에 안정조작을 하는 경우: 그 투자매매업자의 안정조작 개시가격

2. 안정조작개시일의 다음 날 이후의 경우: 안정조작 개시가격(같은 날에 안정조작을 한 투자매매업자가 둘 이상 있는 경우에는 이들 투자매매업자의 안정조작 개시가격 중 가장 낮은 가격)과 안정조작을 하는 날 이전에 증권시장에서 거래된 해당 증권의 직전거래가격 중 낮은 가격

그리고 투자매매업자는 안정조작을 한 증권시장마다 안정조작개시일부터 안정조작종료일까지의 기간 동안 안정조작증권의 매매거래에 대하여 해당 매매거래를 한 날의 다음 날까지 다음 각 호의 사항을 기재한 안정조작보고서[1032]를 작성하여 금융위원회와 거래소에 제출하여야 한다(슈 제204조제5항).

1. 안정조작을 한 증권의 종목
2. 매매거래의 내용
3. 안정조작을 한 투자매매업자의 상호

또한, 금융위원회와 거래소는 안정조작신고서와 안정조작보고서를 다음 각 호에서 정하는 날부터 3년간 비치하고, 인터넷 홈페이지 등을 이용하여 공시하여야 한다(슈 제204조제6항).

1. 안정조작신고서의 경우: 이를 접수한 날
2. 안정조작보고서의 경우: 안정조작 종료일의 다음 날

아울러 시장조성 행위와 관련하여서도 상술한 안정조작 행위와 마찬가지로 엄격한 제한 하에서 이행되어야 한다. 시장조성을 하고자 하는 투자매매업자는 다음 각 호의 사항을 기재한 시장조성신고서[1033]를 미리 금융위원회와 거래소에 제출하여야 한다(슈 제205조제1항).

1. 시장조성을 할 투자매매업자의 상호
2. 다른 투자매매업자와 공동으로 시장조성을 할 경우에는 그 다른 투자매매업자의 상호
3. 시장조성을 할 증권의 종목
4. 시장조성을 개시할 날과 시간
5. 시장조성을 할 기간
6. 시장조성을 할 증권시장의 명칭

1032 자본시장법시행령 제204조제8항, 제1항부터 제7항까지에서 규정한 사항 외에 안정조작신고서・안정조작보고서의 서식과 작성방법 등에 관하여 필요한 사항은 금융위원회가 정하여 고시한다.

1033 자본시장법시행령 제205조제5항, 제1항부터 제4항까지에서 규정한 사항 외에 시장조성신고서・시장조성보고서의 서식과 작성방법 등에 관하여 필요한 사항은 금융위원회가 정하여 고시한다.

그리고 투자매매업자는 시장조성의 대상이 되는 증권의 모집 또는 매출가격을 초과하여 매수하거나 모집 또는 매출가격을 밑도는 가격으로 매도하여서는 아니 된다. 다만, 권리락・배당락 또는 이자락이 발생한 경우에는 이를 고려하여 계산한 가격을 기준으로 한다(令 제205조제2항). 또한 시장조성에 관하여서는 안정조작에 대하여 규정된 자본시장법시행령 제204조제1항(안정조작의 내용)・제2항(금지사항)・제5항(안정조작보고서 제출) 및 제6항(안정조작신고서와 안정조작보고서 비치 및 공시)을 준용한다. 이 경우 "안정조작"은 "시장조성"으로 본다(令 제205조제3항).

이렇듯 법상 예외적으로 허용된 안정조작과 시장조성의 경우에는 엄격한 법정된 방법을 준수해서 이행하여야 한다. 아울러 공시한 바에 따라 안정조작 및 시장조성 행위를 제대로 이행하지 않은 경우에는 이로 인해 피해를 입은 자는 손해배상을 청구할 수 있다. 다만, 손해배상을 구할 수 있는 자는 해당 증권을 보유하고 있던 기존 주주가 아니라, 증권의 발행을 주간한 금융투자업자가 모집 또는 매출한 증권의 발행에 참가하여 이를 인수한 투자자들과 그들로부터 해당 유가증권을 특정하여 직접 인수한 투자자로 제한되며, 공개된 유통시장에서 불특정 주식을 매수한 자는 제외된다.[1034]

라. 연계시세조종

자본시장법은 누구든지 증권, 파생상품 또는 그 증권・파생상품의 기초자산 중 어느 하나가 거래소에 상장되거나 그 밖에 이에 준하는 경우로서 대통령령으로 정하는 경우[1035]에는 그 증권

1034 [대법원 2002. 5. 14. 선고 99다48979 판결], [대법원 2002. 9. 24. 선고 2001다9311,9328 판결] 시장조성이라는 제도는 우리의 유가증권 발행과 유통시장이 매우 취약함을 전제로 유가증권의 모집 및 매출업무를 담당하는 주간증권사에 특별히 부과하는 의무로서 시장경제와 자유경제적 원칙에 비추어 예외적으로 인정되는 것이라는 점, 유가증권 발행을 주선한 주간증권사의 입장에서 시장조성에 의하여 보호하려는 대상은 유가증권의 모집과 매출 이전에 이미 발행된 주식을 보유하고 있는 주주가 아니라 자신이 발행을 주선한 유가증권을 보유한 투자자라고 보는 것이 원칙인 점, 유가증권의 유통시장에서 투자를 하려는 사람은 시장조성의 여부와 관계없이 기업의 본질가치를 정확하게 판단하고, 해당 기업의 상장 이후 형성된 주가를 보고 자기 책임에 의한 투자를 하여야 하는 것이 유가증권 유통시장의 기본원리인 점 등에 비추어, 시장조성이 이루어지는 대상이 되는 유가증권은 증권거래소나 코스닥증권시장 등 유가증권 유통시장의 특성상 유통시장에서 거래되는 주식 전체가 된다고 하더라도, 그와 같은 시장조성의 보호대상이 되는 유가증권의 보유자로서 시장조성 포기로 인한 손해배상을 구할 수 있는 자는 해당 유가증권의 발행을 주간한 증권사가 모집 또는 매출한 유가증권의 발행에 참가하여 이를 인수한 투자자들과 그들로부터 해당 유가증권을 특정하여 직접 인수한 투자자(공개된 유통시장에서 불특정 주식을 매수한 자는 제외)라고 보는 것이 타당하다.

1035 자본시장법시행령 제206조의2(시세조종의 적용대상) 법 제176조제4항 각 호 외의 부분에서 "대통령령으로 정하는 경우"란 법 제377조제1항제6호에 따라 거래소가 그 파생상품을 장내파생상품으로 품목의 결정을 하는 경우를 말한다.

또는 파생상품에 관한 매매, 그 밖의 거래(이하 이 항, 제177조 및 제443조제1항제7호에서 "매매등"이라 한다)와 관련하여 다음 각 호의 어느 하나에 해당하는 행위를 하여서는 아니 된다고 규정하고 있다(法 제176조제4항).

1. 파생상품의 매매등에서 부당한 이익을 얻거나 제삼자에게 부당한 이익을 얻게 할 목적으로 그 파생상품의 기초자산의 시세를 변동 또는 고정시키는 행위
2. 파생상품의 기초자산의 매매등에서 부당한 이익을 얻거나 제삼자에게 부당한 이익을 얻게 할 목적으로 그 파생상품의 시세를 변동 또는 고정시키는 행위
3. 증권의 매매등에서 부당한 이익을 얻거나 제삼자에게 부당한 이익을 얻게 할 목적으로 그 증권과 연계된 증권으로서 대통령령으로 정하는 증권[1036] 또는 그 증권의 기초자산의

1036 자본시장법시행령 제207조(연계증권의 범위) 법 제176조제4항제3호에서 "대통령령으로 정하는 증권"이란 다음 각 호와 같다.

1. 전환사채권이나 신주인수권부사채권의 매매에서 부당한 이익을 얻거나 제3자에게 부당한 이익을 얻게 할 목적인 경우에는 그 전환사채권이나 신주인수권부사채권과 연계된 다음 각 목의 어느 하나에 해당하는 증권
   가. 그 전환사채권이나 신주인수권부사채권과 교환을 청구할 수 있는 교환사채권
   나. 지분증권
   다. 그 전환사채권이나 신주인수권부사채권을 기초자산으로 하는 파생결합증권
   라. 그 전환사채권이나 신주인수권부사채권과 관련된 증권예탁증권
2. 교환사채권의 매매에서 부당한 이익을 얻거나 제3자에게 부당한 이익을 얻게 할 목적인 경우에는 그 교환사채권의 교환대상이 되는 다음 각 목의 어느 하나에 해당하는 증권
   가. 전환사채권이나 신주인수권부사채권
   나. 지분증권
   다. 파생결합증권
   라. 증권예탁증권
3. 지분증권의 매매에서 부당한 이익을 얻거나 제3자에게 부당한 이익을 얻게 할 목적인 경우에는 그 지분증권과 연계된 다음 각 목의 어느 하나에 해당하는 증권
   가. 전환사채권이나 신주인수권부사채권
   나. 그 지분증권과 교환을 청구할 수 있는 교환사채권
   다. 그 지분증권을 기초자산으로 하는 파생결합증권
   라. 그 지분증권과 관련된 증권예탁증권
   마. 그 지분증권 외의 지분증권
4. 파생결합증권의 매매에서 부당한 이익을 얻거나 제3자에게 부당한 이익을 얻게 할 목적인 경우에는 그 파생결합증권의 기초자산으로 되는 다음 각 목의 어느 하나에 해당하는 증권
   가. 전환사채권이나 신주인수권부사채권
   나. 교환사채권(가목, 다목 또는 라목과 교환을 청구할 수 있는 것만 해당한다)
   다. 지분증권
   라. 증권예탁증권
5. 증권예탁증권의 매매에서 부당한 이익을 얻거나 제3자에게 부당한 이익을 얻게 할 목적인 경우에는 그 증권예탁증권의 기초로 되는 다음 각 목의 어느 하나에 해당하는 증권
   가. 전환사채권이나 신주인수권부사채권
   나. 교환사채권(가목, 다목 또는 라목과 교환을 청구할 수 있는 것만 해당한다)

시세를 변동 또는 고정시키는 행위

4. 증권의 기초자산의 매매등에서 부당한 이익을 얻거나 제삼자에게 부당한 이익을 얻게 할 목적으로 그 증권의 시세를 변동 또는 고정시키는 행위
5. 파생상품의 매매등에서 부당한 이익을 얻거나 제삼자에게 부당한 이익을 얻게 할 목적으로 그 파생상품과 기초자산이 동일하거나 유사한 파생상품의 시세를 변동 또는 고정시키는 행위

이를 분류해 보면, 자본시장법은 파생상품과 그 기초자산 간의 연계시세조종행위(제1호, 제2호), 증권과 증권 간의 연계시세조종행위(제3호, 제4호), 그리고 파생상품과 파생상품 간의 연계시세조종행위(제5호)로 구분된다.

이러한 연계시세조종행위는 시세를 변동하는 행위라는 관점으로 보면 제176조제2항과 유사할 수 있지만, 제2항은 매매를 유인할 목적을 요건으로 하고 있어, 이러한 목적이 부재한 경우에는 제재가 어려운 점이 있다.

연계시세조종행위의 특징은 시세조종을 하는 증권 또는 파생상품의 경우 손실을 볼 수 있으나, 해당 시세조종 대상 증권 또는 파생상품 가격의 수준에 따라서는 연계 증권 또는 파생상품 등에서 막대한 이익을 얻게 되는 경우가 다반사이다. 그리하여 제176조제4항의 시세변동행위는 자기 또는 제3자에게 부당한 이익을 얻게 할 목적을 요건으로 한다고 할 것이다.

그리고 연계시세조종행위는 이러한 특성으로 인해 시세조종 대상 증권 또는 파생상품으로부터의 위법행위로 인해 파생되는 수익을 면밀히 찾아 위법행위로 인한 이익을 제대로 산정하는 것이 중요하다. 후술하겠지만, 자본시장법 제443조제1항단서 및 제2항은 '위반행위로 얻은 이익'을 범죄구성요건의 일부로 삼아 그 가액에 따라 그 죄에 대한 형벌을 가중하고 있으므로, 위반행위로 얻은 이익을 정확히 산정하는 것은 매우 중요한 기초가 된다. 다만, 위반행위로 얻은 이익의 가액을 엄격하고 신중하게 산정하는 것이 범죄와 형벌 사이에 적정한 균형이 이루어져야 한다는 죄형균형원칙이나 형벌은 책임에 기초하고 책임에 비례하여야 한다는 책임주의원칙을 훼손하지 않는 것이므로,[1037] 연계시세조종행위와 관련하여서는 연계라는 단어에서 유추할 수 있듯이, 시세조종대상 증권 및 파생상품 등과 시세조종으로 이익의 대상이 된 증권 및 파생상품을 모두 합산하여 그 이익을 산출하는 것이 그 위반행위로 얻은 이익을 엄격히 계산하는 것이 될 것이다.

2013년 개정 전 자본시장법은 제4항의 연계시세조종 행위를 규제함에 있어 상장증권과 장내

다. 지분증권
라. 파생결합증권

1037 대법원 2011. 10. 27. 선고 2011도8109 판결.

파생상품만을 대상으로 하였다.[1038] 이는 파생상품의 상품생산성에 대한 특성을 미처 파악하지 못하여 상장증권과의 연계 가능성을 제한적으로 본 것에 기인하다고 할 것이다. 하지만, 금융투자상품이 다양하게 발행되고 있는 상황 하에서는 파생결합증권 또는 장외파생상품과 관련하여서도 그 기초자산인 상장증권의 시세를 인위적으로 조작하여 이와 연계된 여타의 상품에서 이익을 얻을 개연성이 높아지므로 이를 사전에 방지하여 건전한 투자문화를 조성하는 것이 필요하다. 이에 따라 연계의 대상을 확대할 필요성이 있게 되어, 규제 대상 금융투자상품을 증권, 파생상품 또는 그 증권・파생상품의 기초자산 중 어느 하나가 거래소에 상장되거나 그 밖에 이에 준하는 경우로서 대통령령[1039]으로 정하는 경우로 확대하였다.

다만, 자본시장법의 규정만 놓고 보면, 파생상품의 매매등에서 부당한 이익을 얻거나 제삼자에게 부당한 이익을 얻게 할 목적으로 그 파생상품의 기초자산의 시세를 변동 또는 고정시키는 행위로 규정되어 있어 기초자산을 매매함에 따라 발생한 손익과는 무관하게 자칫 연계된 파생상품 일방에서 이익을 보는 경우에도 포섭되는 구조로 이해될 수도 있다. 이렇게 되면 모든 정상적인 차익거래 등도 연계시세조종에 포섭될 우려가 있다. 차익거래의 청산 행위는 만기일의 시세에 일정한 영향을 주고 있는 것은 여러 실증검증에서도 밝혀진 바 있다.[1040] 만약 자본시장법이 이러한 정상적인 경제활동에 이르기까지 규제할 의도라면, 이는 헌법이 보장한 자유로운 경제활동을 지나치게 제약하는 규제일 수 있다.[1041]

물론, 법은 "부당한 이익"이라고 규정하고 있고 상술한 바와 같이 위법행위로 얻은 이익을 산정함에 있어 그 대상 모두를 합산하게 되면, 일반적으로 정상적인 차익거래 및 헤지거래는 부당한 이익이 발생할 여지가 없어 제외될 수 있을 것이다.[1042] 규율하여야 할 문제가 되는 연계시

1038 구 자본시장법 제176조제4항, 누구든지 상장증권 또는 장내파생상품의 매매와 관련하여 다음 각 호의 어느 하나에 해당하는 행위를 하여서는 아니 된다.

1. 장내파생상품 매매에서 부당한 이익을 얻거나 제삼자에게 부당한 이익을 얻게 할 목적으로 그 장내파생상품의 기초자산의 시세를 변동 또는 고정시키는 행위
2. 장내파생상품의 기초자산의 매매에서 부당한 이익을 얻거나 제삼자에게 부당한 이익을 얻게 할 목적으로 그 장내파생상품의 시세를 변동 또는 고정시키는 행위
3. 증권의 매매에서 부당한 이익을 얻거나 제삼자에게 부당한 이익을 얻게 할 목적으로 그 증권과 연계된 증권으로서 대통령령으로 정하는 증권의 시세를 변동 또는 고정시키는 행위

1039 자본시장법시행령 제206조의2(시세조종의 적용대상) 법 제176조제4항 각 호 외의 부분에서 "대통령령으로 정하는 경우"란 법 제377조제1항제6호에 따라 거래소가 그 파생상품을 장내파생상품으로 품목의 결정을 하는 경우를 말한다.

1040 만기일 효과와 관련한 논문으로 J.B. Chay, Sol Kim, & Hyeuk Sun Ryu, "Can the Indicative Price System Mitigate Expiration Day Effects?", *The Journal of Futures Markets,* 33 (2013) pp.891~910 참조.

1041 차익거래 등의 사회적 효익에 대해서는 제4장 '파생상품의 이해'에서 기술한 바 있다.

1042 정태적 헤징(static hedging)을 하는 차익거래와 달리, 헤지거래의 경우 일반적으로 동태적 헤징(dynamic hedging) 방법에 따라 기초자산을 매매하게 된다. 이러한 현실 매매의 경우 이익의 폭이 변동성, 주가의 수준 등에 영향을 받아 차익거래에 비해 달라질 수는 있으나, 형사벌을 감수하고 그 대가로

세조종행위는 이러한 정상적인 차익거래 및 헤지거래를 빙자하여 정상적으로 연계된 대상 증권 및 파생상품 외에 이러한 차익거래 및 헤지거래의 청산 행위의 방향에 맞추어 부당한 이익을 얻기 위하여 추가적으로 포지션을 구축하고 이를 이용하는 경우일 것이다.

2010년 11월 11일 D사가 행한 차익거래 청산 물량은 판례에 적시된 사실관계 등을 종합해 보면, 순수한 차익거래 청산의 정상적인 과정이 아니라 차익거래에 대응되는 파생상품 외에 추가적으로 여타의 파생상품 등을 매수하고(투기거래), 차익거래의 청산을 빌미로 여타의 보유 포지션에서 추가적인 이익을 얻고자 행한 위법적 거래로 판명되고 있다.[1043] 해당 사건의 경우에는 위법적 행위가 일반적으로 그러하듯이 전후의 거래상황, 거래의 경제적 합리성과 공정성, 지속적인 종가관리 등 거래의 동기와 태양 등의 간접사실을 종합적으로 고려하여 위법성 여부를 판단할 수 있다.[1044] 해당 사건에서는 당시 시장의 스프레드 상황 상 익월물로 해당 포지션을 이월하는 것이 차익거래 포지션(당시 매도물량 약 2.4조원)을 감안하면 커다란 이익이었음에도 불구하고 이를 포기하고 청산을 선택한 것은 경제적인 합리성이 결여된 행동으로 다른 추가적인 이익을 도모했을 간접 정황을 보여 준다.[1045]

이렇듯 위법한 연계시세조종행위는 반드시 추가적인 이익을 얻기 위한 행위가 숨겨져 있기 마련이다. 그렇지 않고 엄중한 형사처벌을 감수하고 이를 이행하는 사람은 없을 것이다. 기본적으로 증권과 파생상품 간의 연계라는 경제적 특성은 재무이론에서 다양하게 활용되고 있다. 이러한 연계의 특성은 다양한 금융상품을 생산하는 기초가 되기도 하며, 경우에 따라서는 시장에서 가격을 왜곡하려는 세력을 대항하는 자정작용의 원천이기도 하다.[1046]

그럼에도 불구하고, 자본시장법은 연계시세조종행위의 요건으로 자기 또는 제3자에게 부당한

얻고자 하는 일반적인 위법한 시세조종의 행위와는 그 이익의 규모가 다른 수준일 것이다. 그럼에도 불구하고, 헤지거래의 경우에는 시세조종행위의 위법성이 조각되기 어려운 점도 있기에 현실 매매를 함에 있어 시장에 영향을 미치지 않도록 더욱 주의가 요구된다.

1043 이에 대해서는 아직 대법원의 확정 판결이 나지 않은 상태여서 단정할 수 없으나, 하급심의 판결 내용을 토대로 기술하였다. 동 판결에서는 행위자에게는 징역형 및 회사에는 추징금을 부과하였다(서울중앙지법 2016. 1. 25. 선고 2011고합1120(분리) 판결 참조).

1044 대법원 2010. 7. 22. 선고 2009다40547 판결.

1045 미국의 판례에서도 경제적 합리성이 결여된 경우 시세조종의 증거가 될 수 있으며, 이에 대해서는 SEC가 증명책임을 진다(In re College Bound Consol. Litig.,1995 U.S. Dist. LEXIS 10684 (S.D.N.Y. 1995) 및 SEC v. Masri, 523 F. Supp. 2d 361 (S.D.N.Y. 2007)). 동 사례의 경우 당시 스프레드 상황을 감안할 때, 차익거래의 롤오버(roll-over)가 경제적 합리성을 갖게 되며, 차익거래의 청산 행위는 경제적 합리성이 결여된 행동으로 간주될 여지가 있다; 차익거래 청산에 따른 거래량 역시 시장의 정상적인 수요와 공급이다. 하지만, 이에 대해서는 시장 참여자들이 사전에 인지하게 하는 것이 중요하고 따라서 사전공시제도를 운영하고 있다. 그런데 해당 사건에서는 이러한 공시 의무를 위반하여 늦게 공시하는 일이 있었다.

1046 이에 대해서는 파생상품의 이해 및 차익거래의 내용을 살펴보기 바란다.

이익을 얻게 할 목적만을 기술하고 있다. 이에 반해, 미국의 경우 시세조종(Manipulation)은 거래의 목적인 오로지 시장 가격에 영향을 미치고자 하는 의도가 있는 경우만 위법으로 간주된다.[1047] 즉 위법성의 요건으로 고의(intentional or willful)[1048]를 요구한다.[1049] 따라서 시세조종 행위의 처벌의 엄중성 등을 감안할 때, 실제 법을 적용함에 있어서는 연계 행위의 경제적 특성 내지는 유용성도 함께 종합적으로 살필 필요가 있을 것이다.[1050]

연계시세조종 행위 금지 규정과 관련하여 한 가지 더 설명하고자 한다. 앞서 제3항(시세 안정·고정 행위 금지)의 사례에서 살펴본 파생결합증권과 관련한 사건에 대해서는 엄밀히 보면 시세조종행위로 제3항을 적용하는 것에는 무리가 있을 수 있다. 오히려 제4항이 적합한 조항이라고 볼 수 있다.[1051]

자본시장법의 시세조종에 대한 규제 체제를 보더라도 제3항 시세 고정·안정의 경우에는 시장의 변동에 대한 규제라기보다는 이러한 원인으로 규제하기 어려운 시세의 안정·고정 행위를 규제하기 위함이고(현재의 가격뿐만 아니라 행위자가 일정한 가격을 형성하고 그 가격을 고정시키거나 안정시키기 위한 일련의 매매도 포함된다), 해당 증권 단일의 문제를 벗어난 연계 매매의 경우에는 제4항에서 규제하는 방식을 채택하고 있다고 보여 지고, 제3항에서 안정조작과 시장조성을 예외적으로 인정하는 것을 보더라도 결국 법이 예외적으로 허용하고 있는 안정조작과 시장조성과 그 특성을 같이 하는 인위적인 시세의 고정·안정을 규제하는 것으로 법정되었다고 보아

1047 United States v. Mulheren, 938 F.2d 364 (2d Cir. 1991) at 368, an investor may lawfully be convicted under Rule 10b-5 where the purpose of his transaction is solely to affect the price of a security.

1048 이는 Rule 10b-5 소송의 요건인 '사기등의 의도(scienter)' 보다 더 강한 개념이다.

1049 이에 대해서는 다음에 설명할 미국의 입법례에서 설명하겠으나, Ernst & Ernst v. Hochfelder, 425 U.S. 185 (1976), Santa Fe Industries, Inc., v. Green, 430 U.S. 462 (1977) 판례 및 SEA §9(f) 등에 명시되어 있다.

1050 가장매매, 통정매매 등의 사기적인 수단을 사용하는 경우가 아닌 경우에는 대규모의 정상적인 현실의 매매와 불법적 의도를 갖는 시세조종 간에 구분이 명확하지 않은 경우가 있다. 하지만, 연계시세조종의 경우에는 이익을 얻기 위하여 상기 예와 같이 추가적인 포지션을 구축하거나 경제적으로 합리성이 결여된 행위를 하는 등 분명한 차이가 있다. 자본시장에서 시세를 조종하고자 하는 동기는 여러 가지가 있겠으나, 대표적으로는 엄중한 형사처벌의 대상인 시세조종의 대가로 이익을 얻거나 손해를 회피하고자 함일 것이다. 물론 이 밖에도 다양한 이유로 시세조종을 한 경우가 있다. 신주, 전환사채, 신주인수권부사채 등의 발행가격을 높이거나 원활한 발행을 위한 경우, 담보로 제공한 증권에 대한 사채업자의 담보권실행을 방지하기 위한 경우, 합병반대주주의 주식매수청구권 행사를 억제하기 위한 경우 등을 들 수 있다(시세조종의 동기에 대한 다양한 사례는 임재연(2018), 앞의 책, 961~962면). 하지만 이 역시도 넓게 보면 이익을 얻고자 하는 기본 동기이다.

1051 이와 관련하여 임재연 변호사는 그의 책에서 ELS의 중도상환조건 미성취를 위하여 시세를 고정시키는 행위는 외형상으로는 제176조 제3항의 시세고정행위에는 해당하는 것으로 보이나 상장증권이 아닌 ELS는 제176조 제3항의 "상장증권 또는 장내파생상품의 시세를 고정시키거나 안정시킬 목적" 요건을 충족할 수 없고, 이에 따라 연계시세조종에 관한 규정이 도입된 것이라는 견해를 보이고 있다(임재연(2018), 앞의 책, 999면).

야 할 것이다.

따라서 사례에서 살펴 본 사건의 경우는 주가연계증권의 가치변동을 초래하기 위한 기초자산인 상장증권을 매매한 행위로서 제4항에 의한 규제가 적합할 것으로 사료된다. 당시에는 자본시장법이 상장증권과 장내파생상품으로 규제대상을 한정하고 있었으므로, 이와 같이 파생결합증권과 상장증권 간의 연계매매에 직접 적용하는 것은 어려워 제3항(시세의 고정・안정행위)에 의한 규제를 적용하였을 것으로 보이나, 엄밀히 볼 때 논란의 여지가 있을 수 있다. 현재 자본시장법상으로는 해당 매매가 당연 제4항에 포섭되므로, 이후 동일 사안이 문제가 된다면 제4항에 의하여 규제가 될 것이다.

3. 외국의 입법례

가. 미국

미국 연방 증권법 조문의 대다수는 공시와 등록에 대한 것이고, 또 하나의 부류는 인위적인 시장 조작을 금지하려는 것이다. 특히 증권가격을 인위적으로 조작하는 행위를 방지하여 시장이 투자자들의 자연스러운 수요와 공급에 의해 운영될 수 있도록 하고 있다. 관련 해당 조문으로는 SEA §9, SEA §10, 14(e), 15(c) 등을 들 수 있다.

SEA는 시세조종(Manipulation) 행위의 금지 유형에 대하여 SEA §9[1052]에 구체적으로 마련하고 있다. SEA §9에서 규정하는 시세조종의 유형은 자본시장법이 규제하는 시세조종의 유형과 별반 다르지 않다. 가장매매와 통정매매 등의 위장거래를 금지하고, 매매유인 목적의 현실의 거래도 금지하며, 매매 유인 목적의 허위표시에 의한 시세조종도 금지된다. 아울러 시세의 고정・안정 및 연계시세조종 행위도 금지 된다.

미국에서 SEA §9에서 규정하는 시세조종(Manipulation)은 고의(intentional or willful)를 요건으로 한다. 미국은 Ernst & Ernst v. Hochfelder 사건에서 시세조종이란 증권의 가격을 지배하는(control) 것에 의하거나,[1053] 증권의 가격에 인위적으로 영향을 미치는 것에 의하여 투자자를

1052 SEA §9의 타이틀(Title)은 "PROHIBITION AGAINST MANIPULATION OF SECURITY PRICES"이다.
1053 증권의 가격을 지배하는 것과 관련하여, 오전 9시30분부터 11시 10분까지 시장을 지배(해당 시간동안 대상 유가증권 거래량의 70%를 점유함)한 사안에 대하여 원고인 정부는 이러한 시장지배로부터 시세조종적 의도를 추론할 수 있다고 주장하였으나, 시세조종의 다른 증거가 없는 상태에서 이러한 단기간

기망하거나 사기를 행하기 위하여(to deceive or defraud) 기획된 고의적인 행위(intentional or willful conduct)를 함의하는 용어라고 정의한 바 있다.[1054] 또 다른 Santa Fe Industries, Inc., v. Green 사건에서도 시세조종은 인위적으로 시장 활동에 대하여 영향을 미치는 것에 의하여 투자자를 오도(mislead)하는 것을 의도하는 예를 들면, 가장매매(wash sales), 통정매매(matched orders), 또는 가격조작(rigged prices) 등과 같은 행위(practice)를 일반적으로 지칭한다고 판시한 바 있다.[1055] 미국 판례는 기본적으로 시세조종이라는 개념은 사기적 요소의 측면에서 파악하고 있다.

그리고 SEA §9가 규제하는 증권의 대상은 국법증권거래소(national securities exchange)[1056]에 등록된 증권으로 종래에는 한정되어 있었지만, 2010년 이후 개정에 의해 주간 통상의 수단・매체를 사용하는 모든 증권으로 확대 되어 적용되고 있는 것이 특징이다.[1057] 즉, 현재 SEA §9의 규제대상 증권은 SEC가 관할하는 모든 증권 및 증권연계스왑(이하, '증권등')[1058]이라고 볼 수

의 시장지배는 중요하지 않다고 판시하였다(United States v. Mulheren, 938 F.2d 364 (2d Cir. 1991) at 371~372). 그리하면서 지배가 일정기간동안 지속되어질 때 시세조종의 증거로 강력하며, 시장지배를 시간대・분단위로 측정하는 것은 모든 사람을 시세조종자로 만들게 된다고 부정하였다. 즉, 미국은 가장매매, 통정매매, 거래 유인 등 일종의 사기적 행위가 수반되지 않은 경우, 시간대・분단위의 시장지배가 있었더라도 시세조종에 해당되지 않는다고 본다. 하지만, 지속적인 시장지배는 시세조종 의도로 추정될 수 있다. 동 판결은 1년간 50% 이상 시장지배를 한 United States v. Gilbert, 668 F.2d 94 (2d Cir. 1981) 사건과 4개월간 28.8%의 시장지배를 한 United States v. Stein, 456 F.2d 844 (2d Cir. 1972)의 사건을 비교 예로 들고 있다. 또한, 단기적인 지배인 경우에도 사기적 수법이 결부되면 시세조종의 증거로 기능하게 된다. 실제 매도자를 숨긴 채 오후 2시부터 장종료 시까지 시장을 지배한 사건의 경우 이를 인정하였다(In re Delafield & Delafield, [1967-69 Transfer Binder]Fed. Sec. L. Rep. (CCH) P 77,648 (SEC 1969), The Mulheren court found that in Delafield, it was the combination of market domination with the concealment of the true seller that indicated manipulation). 즉 시장지배의 경우는 장기간 지속되거나, 단기적이더라도 사기적 수단이 함께 존재하는 경우 인정된다.

1054 Ernst & Ernst v. Hochfelder, 425 U.S. 185 (1976), Use of the word "manipulative" is especially significant. It is and was virtually a term of art when used in connection with securities markets. It connotes intentional or willful conduct designed to deceive or defraud investors by controlling or artificially affecting the price of securities(at 199).

1055 Santa Fe Industries, Inc. v. Green, 430 U.S. 462 (1977), 'Manipulation' is 'virtually a term of art when used in connection with securities markets.'(Ernst & Ernst, 425 U.S., at 199, 96 S.Ct., at 1384). The term refers generally to practices, such as wash sales, matched orders, or rigged prices, that are intended to mislead investors by artificially affecting market activity(at 476).

1056 국법증권거래소는 연방 법률인 증권거래법(SEA of 1934) §6조에 의거 SEC에 등록된 증권거래소를 말한다. 규정된 양식을 SEC에 제출하면 SEC는 제반 규칙 등을 검토하여 거래소로서 적합한지 여부를 판단하여 승인한다. 이에 해당하는 증권거래소는 SEC website에서 확인할 수 있다. <https://www.sec.gov/fast-answers/divisionsmarketregmrexchangesshtml.html> 참조.

1057 자본시장법도 연계시세조종 행위(法 제176조제4항)에 대해서는 비상장 증권 및 장외파생상품을 포함한다.

1058 SEA §9(a)(2), (생략) a series of transactions in any security registered on a national securities exchange, any security not so registered, or in connection with any security-based swap or security-based swap agreement with respect to such security (생략).

있다.

SEA §9가 금지하는 시세조종의 유형은 다음과 같다.

SEA는 누구든지 우편 또는 주간 통상의 수단・매체 또는 국법증권거래소(national securities exchange)의 시설을 이용하여 직접 또는 간접적으로 다음 각 호의 행위를 하는 것은 불법이고, 또한 국법증권거래소의 회원의 경우도 직접 또는 간접적으로 다음의 행위를 하는 것은 불법이다(SEA §9(a)).[1059]

첫째, 매매 성황 오인 목적의 위장거래로서 가장매매와 통정매매에 의한 시세조종 행위를 금지한다.[1060]

(1) 해당 증권이 매매가 성황을 이루는 것으로 허위 또는 오해의 외관을 유발하거나 또는 그 증권의 시장에 대하여 허위 또는 오해의 외관을 유발할 목적으로 행하는 다음의 행위(SEA §9(a)(1)).[1061]

(A) 실질적 소유권의 변동이 없는 거래를 하는 경우

(B) 자기 또는 타인에 의하거나 자기 또는 타인을 위해 행해졌거나 행해질 매도주문에 대응하여 실질적으로 동일한 수량을 동시기에 동일한 가격이라는 인식을 가지고 해당 증권의 매수주문 또는 매수주문들을 제출하는 경우

(C) 자기 또는 타인에 의하거나 자기 또는 타인을 위해 행해졌거나 행해질 매수주문에 대응하여 실질적으로 동일한 수량을 동시기에 동일한 가격이라는 인식을 가지고 해당 증권의 매도주문 또는 매도주문들을 제출하는 경우

둘째, 매매 유인 목적의 현실거래에 의한 시세조종을 금지한다.[1062]

1059 SEA §9(a), It shall be unlawful for any person, directly or indirectly, by the use of the mails or any means or instrumentality of interstate commerce, or of any facility of any national securities exchange, or for any member of a national securities exchange—

1060 이는 자본시장법 제176조제1항에 대응된다.

1061 SEA §9(a)(1), For the purpose of creating a false or misleading appearance of active trading in any security other than a government security, or a false or misleading appearance with respect to the market for any such security, (A) to effect any transaction in such security which involves no change in the beneficial ownership thereof, or (B) to enter an order or orders for the purchase of such security with the knowledge that an order or orders of substantially the same size, at substantially the same time, and at substantially the same price, for the sale of any such security, has been or will be entered by or for the same or different parties, or (C) to enter any order or orders for the sale of any such security with the knowledge that an order or orders of substantially the same size, at substantially the same time, and at substantially the same price, for the purchase of such security, has been or will be entered by or for the same or different parties.

1062 이는 자본시장법 제176조제2항제1호에 대응된다.

(2) 다른 사람들에 의한 해당 증권의 매수 또는 매도를 유인할 목적으로, 단독 또는 1명 이상의 타인과 공모하여, 증권등을 대상으로 하여 해당 증권의 거래 성황을 실질적 또는 외관상으로 유발하거나 또는 해당 증권의 가격을 상승시키거나 하락시키는 일련의 거래 행위(SEA §9(a)(2)).[1063]

셋째, 매매 유인 목적의 표시에 의한 시세조종을 금지한다.[1064] 시세가 시장 조작에 의하여 변동한다는 말을 유포하는 행위는 SEA §9(a)(3)과 SEA §9(a)(5), 그리고 허위 또는 오해를 유발시키는 표시를 하는 행위는 SEA §9(a)(4)로 구분된다.

(3) 증권등의 매매를 유인하기 위하여, 딜러, 중개업자, 증권연계스왑 딜러, 주요 증권연계스왑 참가자, 또는 증권이나 증권연계스왑의 매매 또는 청약을 권유하고자 하는 사람이 해당 증권 가격의 상승 또는 하락을 시킬 목적으로 행하는 1명 이상의 사람에 의한 시장 조작에 의해서 해당 증권의 가격이 상승 또는 하락할 것이라는 정보를 유포하는 행위(SEA §9(a)(3)).[1065]

(4) 증권등의 매매를 유인하기 위하여, 딜러, 중개업자, 증권연계스왑 딜러, 주요 증권연계스왑 참가자, 또는 증권이나 증권연계스왑의 매매 또는 청약을 권유하고자 하는 사람이 증권등에 관한 문서를 작성함에 있어 중요사실에 관련된 허위 또는 오해가 있음을 알거나 믿을 만한 합당한 근거가 있는 상태에서 허위 또는 오해를 유발하는 표시를 하는 행위(SEA §9(a)(4)).[1066]

1063 SEA §9(a)(2), To effect, alone or with 1 or more other persons, a series of transactions in any security registered on a national securities exchange, any security not so registered, or in connection with any security-based swap or security-based swap agreement with respect to such security creating actual or apparent active trading in such security, or raising or depressing the price of such security, for the purpose of inducing the purchase or sale of such security by others.

1064 이는 자본시장법 제176조제2항제2호와 제3호에 대응된다.

1065 SEA §9(a)(3), If a dealer, broker, security-based swap dealer, major security-based swap participant, or other person selling or offering for sale or purchasing or offering to purchase the security, a security based swap, or a security-based swap agreement with respect to such security, to induce the purchase or sale of any security registered on a national securities exchange, any security not so registered, any security-based swap, or any security-based swap agreement with respect to such security by the circulation or dissemination in the ordinary course of business of information to the effect that the price of any such security will or is likely to rise or fall because of market operations of any 1 or more persons conducted for the purpose of raising or depressing the price of such security.

1066 SEA §9(a)(4), If a dealer, broker, security-based swap dealer, major security-based swap participant, or other person selling or offering for sale or purchasing or offering to purchase the security, a security based swap, or security-based swap agreement with respect to such security, to make, regarding any security registered on a national securities exchange, any security not so registered, any security based swap, or any security-based swap agreement with respect to such security, for the purpose of inducing

(5) 증권등의 매매를 유인하기 위하여, 딜러, 중개업자, 증권연계스왑 딜러, 주요 증권연계스왑 참가자, 또는 증권이나 증권연계스왑의 매매 또는 청약을 권유하고자 하는 사람으로부터 금전을 받고, 해당 증권 가격의 상승 또는 하락을 시킬 목적으로 행하는 1명 이상의 사람에 의한 시장 조작에 의해서 해당 증권의 가격이 상승 또는 하락할 것이라는 정보를 유포하는 행위(SEA §9(a)(5)).[1067]

넷째, 시세의 고정・안정행위를 금지한다.[1068]

(6) 단독 또는 1인 이상의 타인과 공모하여, SEC가 공공의 이익 또는 투자자 보호를 위하여 필요하거나 적절한 것으로서 규정한 규칙과 규정(rules and regulations)을 위반하여 해당 증권의 가격을 고정・안정시킬 목적으로 해당 증권을 매매하는 일련의 거래 행위(SEA §9(a)(6)).[1069]

아울러, SEA는 증권등과 파생상품등과의 연계시세조종 행위 역시 규제한다.

누구든지 SEC가 공공의 이익 또는 투자자 보호를 위하여 필요하거나 적절한 것으로서 규정한 규칙과 규정(rules and regulations)을 위반하여 다음 각 호의 행위를 하는 것은 불법이다(SEA §9(b).[1070][1071]

---

the purchase or sale of such security, such security-based swap, or such security-based swap agreement any statement which was at the time and in the light of the circumstances under which it was made, false or misleading with respect to any material fact, and which that person knew or had reasonable ground to believe was so false or misleading.

1067 SEA §9(a)(5), For a consideration, received directly or indirectly from a broker, dealer, security-based swap dealer, major security-based swap participant, or other person selling or offering for sale or purchasing or offering to purchase the security, a security-based swap, or security-based swap agreement with respect to such security, to induce the purchase of any security registered on a national securities exchange, any security not so registered, any security-based swap, or any security-based swap agreement with respect to such security by the circulation or dissemination of information to the effect that the price of any such security will or is likely to rise or fall because of the market operations of any 1 or more persons conducted for the purpose of raising or depressing the price of such security.

1068 이는 자본시장법 제176조제3항에 대응된다.

1069 SEA §9(a)(6), To effect either alone or with one or more other persons any series of transactions for the purchase and/or sale of any security other than a government security for the purpose of pegging, fixing, or stabilizing the price of such security in contravention of such rules and regulations as the Commission may prescribe as necessary or appropriate in the public interest or for the protection of investors.

1070 SEA §9(b), It shall be unlawful for any person to effect, in contravention of such rules and regulations as the Commission may prescribe as necessary or appropriate in the public interest or for the protection of investors—

(1) 해당 거래의 당사자가 취득한 파생상품등의 기초자산인 증권과 연계하여 거래하는 행위(SEA §9(b)(1)).

(2) 자신이 직접 또는 간접적으로 파생상품등에서 이익이 되는 증권과 관련된 증권을 연계하여 거래하는 행위(SEA §9(b)(2)).

(3) 타인이 직접 또는 간접적으로 파생상품등에서 어떠한 이익을 가질 것으로 합리적으로 믿고, 그리고 실제로 파생상품등에서 이익을 갖는 타인의 이익을 위해 해당 증권을 거래하는 행위(SEA §9(b)(3)).

아울러 SEA §9는 규정된 금지행위((a), (b), or (c)[1072])의 위반으로 인해 손해를 입은 피해자는 관할 법원에 법(law)이나 형평법(equity)[1073]에 의거하여 손해를 회복하기 위한 소를 제기할 수 있다고 규정하여 민사구제 조항을 마련하고 있다(SEA §9(f)).[1074] 다만, 법문에서 살펴볼 수 있듯

---

(1) any transaction in connection with any security whereby any party to such transaction acquires—
  (A) any put, call, straddle, or other option or privilege of buying the security from or selling the security to another without being bound to do so;
  (B) any security futures product on the security; or
  (C) any security-based swap involving the security or the issuer of the security;
(2) any transaction in connection with any security with relation to which such person has, directly or indirectly, any interest in any—
  (A) such put, call, straddle, option, or privilege;
  (B) such security futures product; or
  (C) such security-based swap; or
(3) any transaction in any security for the account of any person who such person has reason to believe has, and who actually has, directly or indirectly, any interest in any—
  (A) such put, call, straddle, option, or privilege;
  (B) such security futures product with relation to such security; or
  (C) any security-based swap involving such security or the issuer of such security

1071 이는 자본시장법 제176조제4항에 대응된다.

1072 SEC 규칙이나 규정을 위반하여 중개업자, 딜러, 국법증권거래소의 회원이 증권과 관련하여 직접 또는 간접적으로 파생상품(any put, call, straddle, option, or privilege)의 성과를 보증하는 것을 금지한다. SEA §9(c), It shall be unlawful for any broker, dealer, or member of a national securities exchange directly or indirectly to endorse or guarantee the performance of any put, call, straddle, option, or privilege in relation to any security other than a government security, in contravention of such rules and regulations as the Commission may prescribe as necessary or appropriate in the public interest or for the protection of investors.

1073 미국은 common law 국가라서 법원이 법에 따라 판결을 하기도 하지만, 형평법(equity)에 의하여 판단을 할 수도 있다. 이는 일종의 한국의 조리와 비슷한 것으로 이해할 수 있으나, 한국의 조리는 법을 보충하는 역할만 해야 하지만, 형평법은 법과 동등한 입장이고, 주로 민사구제를 어떻게 해 줄 것이지 등의 문제에서 많이 고려된다. 판례법(case law)은 equity가 아니라 law에 포함되는 것이고, equity는 말 그대로 판사가 마치 입법자의 역할까지 하는 것으로 이해될 수 있다.

1074 SEA §9(f), Any person who willfully participates in any act or transaction in violation of subsection (a), (b), or (c) of this section, shall be liable to any person who shall purchase or sell any security at

이, SEA §9는 고의(willfully)를 요건으로 한다. 이는 일반적으로 Rule 10b-5의 소송에서 요구하는 '사기등의 의도(scienter)' 보다 더 강한 개념이다. 따라서 손해배상청구권자는 손해의 인과관계를 증명해야 함은 물론 가해자의 고의를 입증할 것을 요구한다. 그렇다면, SEA §9를 위반한 것을 일반적인 증권사기 조항인 Rule 10b-5에 의해 손해배상청구를 제기할 수는 없는 것일까?

이에 대해 SEA §9의 범위 안에 있는 시세조종 행위에 대해서는 Rule 10b-5에 의해 소송을 제기할 수 없다고 하는 항소법원의 판례가 있었으나,[1075] 해당 판결은 대법원에서 파기 환송되었다.[1076]

그리고 SEC Rule 10b-5는 사기를 행하기 위한 수단, 계획 또는 기교(any device, scheme, or artifice to defraud)를 사용하는 것을 금지한다(Rule 10b-5(a)). 그리고 중요한 사실에 관하여 허위표시(misstatements) 또는 오해를 방지하기 위하여 필요한 중요사실을 누락(omissions)하는 행위를 금지한다(Rule 10b-5(b)). 또한 사기 또는 기망으로서(as a fraud or deceit) 행하는 행위, 관행 또는 업무방법 등을 채택하는 행위를 금지한다(Rule 10b-5(c)).

미국 판례에서는 시세조종행위가 중요사실에 대한 허위표시 또는 누락이 동반되는 경우는 Rule 10b-5(b)에 의해 적용가능하며, 그렇지 않은 경우에도 시장에서 인위적으로 시세를 조종하는 행위는 사기적 행위로서 (a) 또는 (c)에 의해 소를 제기할 수 있다. 대규모 거래와 공매도 행위에 의해 공개매수 대상 회사의 주식가격을 하락시킨 United States v. Charnay 사건[1077]에서 항소법원은 SEA §10(b) 및 Rule 10b-5는 증권법의 다른 조항에 의해 커버되지 않는 투자자의 이익에 유해한 조작적 행위(manipulative activities)에 대한 포괄규정으로서 인정되어 왔다고 설명하며

---

a price which was affected by such act or transaction, and the person so injured may sue in law or in equity in any court of competent jurisdiction to recover the damages sustained as a result of any such act or transaction. In any such suit the court may, in its discretion, require an undertaking for the payment of the costs of such suit, and assess reasonable costs, including reasonable attorneys' fees, against either party litigant. Every person who becomes liable to make any payment under this subsection may recover contribution as in cases of contract from any person who, if joined in the original suit, would have been liable to make the same payment. No action shall be maintained to enforce any liability created under this section, unless brought within one year after the discovery of the facts constituting the violation and within three years after such violation.

1075 Chemetron Corp. v. Business Fund, Inc., 682 F.2d 1149 (5th Cir. 1982), The Court of Appeals, Gee, Circuit Judge, held that: (1) Rule 10b-5 remedy was not available where stock price manipulation scheme was encompassed by section 9 of Securities Exchange Act;

1076 Chemetron Corp. v. Business Fund, Inc., 460 U.S. 1007 (1983), The petition for writ of certiorari is granted. The judgment is vacated and the case is remanded to the United States Court of Appeals for the Fifth Circuit for further consideration in light of Herman & MacLean v. Huddleston, 459 U.S. 375, 103 S.Ct. 683, 74 L.Ed.2d 548 (1983). 여기서, Herman & MacLean v. Huddleston의 판결은 Rule 10b-5와 SEA §11 에 대한 판결이다.

1077 United States v. Charnay, 537 F.2d 341 (9th Cir. 1976).

동 사건은 Rule 10b-5에 의해 소를 제기할 수 있다고 판시하였다.[1078]

따라서 미국의 시세조종 행위는 기본적으로 상술한 SEA §10 및 이에 부수한 Rule 10b-5에 의하여 증권사기가 적용되고, 대부분의 민사구제는 SEA §9보다는 Rule 10b-5에 의존하는 경향을 보이고 있다.

그리고 SEA §9을 위반한 것에 의한 손해배상청구권은 청구권자가 위반한 행위가 있었던 사실을 안 때부터 1년, 그 행위가 있었던 때부터 3년 내에 이를 행사하지 아니한 경우에는 시효로 인하여 소멸된다(SEA §9(f)). 반면, 일반적인 사기 등으로 인한 사적소권(private right of action)은 2002년 발효된 Sarbanes-Oxley Act Section 804에 의해 소멸시효가 확대되었다. 즉, 위반한 행위가 있었던 사실을 안 때부터 2년, 하지만 그 행위가 있었던 때부터 5년을 넘지 않는 것으로 소멸시효를 정하고 있다(28 U.S.C.A.§1658(b)).[1079] 따라서 이 점에 있어서도 Rule 10b-5에 의해 시세조종 행위의 위반 및 이에 따른 민사구제를 청구하는 편이 유리하다.[1080]

일본 金商法도 SEA §9(f)와 마찬가지의 소멸시효를 가지며(金商法 제160조제2항),[1081] 우리 자본시장법도 개정 전에는 시세조종 행위에 대하여 동일한 소멸시효를 가지고 있었다. 그런데 피해자 구제를 용이하게 하기 위하여 2018년 개정을 통해 위반한 행위가 있었던 사실을 안 때부터 2년간 또는 그 행위가 있었던 때부터 5년간으로 소멸시효를 확대하였다(法 제177조제2항).[1082]

1078 Section 10(b) and the proposed sections ... from which it was derived, have always been acknowledged as catchalls for manipulative activities which the SEC finds detrimental to the interests of investors and which are not covered by other provisions of the securities laws(United States, 537 F.2d at 351).

1079 28 U.S.C.A. § 1658(Time limitations on the commencement of civil actions arising under Acts of Congress)

(a) Except as otherwise provided by law, a civil action arising under an Act of Congress enacted after the date of the enactment of this section may not be commenced later than 4 years after the cause of action accrues.

(b) Notwithstanding subsection (a), a private right of action that involves a claim of fraud, deceit, manipulation, or contrivance in contravention of a regulatory requirement concerning the securities laws, as defined in section 3(a)(47) of the Securities Exchange Act of 1934, maybe brought not later than the earlier of --

(1) 2 years after the discovery of the facts constituting the violation; or

(2) 5 years after such violation.

1080 기존에는 Rule 10b-5와 관련한 사건에서 어떤 소멸시효를 적용할 것인지가 이슈가 되었고, 1991년 대법원 판결(Lampf, Pleva, Lipkind, Prupis & Petigrow v. Gilbertson 501 U.S. 350 (1991)) 이후 SEA §9의 소멸시효가 Rule 10b-5에 적용되어 왔다. 그러나 2002년 Sarbanes-Oxley Act의 통과로 인하여 2002년 7월 30일 이후부터는 기존 1년/ 3년에서 2년/ 5년으로 소멸시효가 확대되었다(Larry D. Soderquist & Theresa A. Gabaldon, *Securities Law(5th)*, Foundation Press, 2014, pp.185~186 참조).

1081 金商法 제160조제2항, 前項の規定による賠償の請求権は、請求権者が前条の規定に違反する行為があつたことを知つた時から一年間又は当該行為があつた時から三年間、これを行わないときは、時効によつて消滅する。

나. 일본

일본 金商法은 제159조에 시세조종의 유형을 열거하고 금지하는 규정을 마련하고 있는데, 자본시장법과 매우 흡사하다. 다만, 金商法은 자본시장법이 규정하고 있는 연계시세조종행위(제4항)에 대해서는 규정하고 있지 않다.

첫째, 누구든지 유가증권의 매매(금융상품거래소가 상장한 유가증권, 장외매매유가증권 또는 취급유가증권의 매매에 한함), 시장파생상품 거래 또는 장외파생상품 거래(금융상품거래소가 상장한 금융상품, 장외매매유가증권, 취급유가증권(가격 또는 이율 등에 근거하여 산출된 금융지표를 포함) 또는 금융상품거래소가 상장한 금융지표에 관계된 것에 한함) 중 어느 것의 거래가 번성하게 행해지고 있다고 타인에게 오해를 시키는 등 이러한 거래의 상황에 관하여 타인에게 오해를 야기 할 목적으로써 가장매매와 통정매매를 금지하고 있고, 이러한 행위의 위탁 또는 수탁행위를 금지한다(金商法 제159조제1항).[1083]

1082 구 자본시장법 제177조제2항, 제1항에 따른 손해배상청구권은 청구권자가 제176조를 위반한 행위가 있었던 사실을 안 때부터 1년간, 그 행위가 있었던 때부터 3년간 이를 행사하지 아니한 경우에는 시효로 인하여 소멸한다.
개정 자본시장법(2018) 제177조제2항, 제1항에 따른 손해배상청구권은 청구권자가 제176조를 위반한 행위가 있었던 사실을 안 때부터 2년간 또는 그 행위가 있었던 때부터 5년간 이를 행사하지 아니한 경우에는 시효로 인하여 소멸한다.

1083 金商法 제159조제1항, 何人も、有価証券の売買(金融商品取引所が上場する有価証券、店頭売買有価証券又は取扱有価証券の売買に限る。以下この条において同じ。)、市場デリバティブ取引又は店頭デリバティブ取引（金融商品取引所が上場する金融商品、店頭売買有価証券、取扱有価証券（これらの価格又は利率等に基づき算出される金融指標を含む。）又は金融商品取引所が上場する金融指標に係るものに限る。以下この条において同じ。）のうちいずれかの取引が繁盛に行われていると他人に誤解させる等これらの取引の状況に関し他人に誤解を生じさせる目的をもつて、次に掲げる行為をしてはならない。
一 権利の移転を目的としない仮装の有価証券の売買、市場デリバティブ取引（第二条第二十一項第一号に掲げる取引に限る。）又は店頭デリバティブ取引（同条第二十二項第一号に掲げる取引に限る。）をすること。
二 金銭の授受を目的としない仮装の市場デリバティブ取引（第二条第二十一項第二号及び第四号から第五号までに掲げる取引に限る。）又は店頭デリバティブ取引（同条第二十二項第二号、第五号及び第六号に掲げる取引に限る。）をすること。
三 オプションの付与又は取得を目的としない仮装の市場デリバティブ取引（第二条第二十一項第三号に掲げる取引に限る。）又は店頭デリバティブ取引（同条第二十二項第三号及び第四号に掲げる取引に限る。）をすること。
四 自己のする売付け（商品にあつては市場デリバティブ取引（第二条第二十一項第一号に掲げる取引に限る。）による売付けに限り、有価証券及び商品以外の金融商品にあつては同号又は同条第二十二項第一号に掲げる取引による売付けに限る。）と同時期に、それと同価格において、他人が当該金融商品を買い付けること（商品にあつては市場デリバティブ取引（同条第二十一項第一号に掲げる取引に限る。）により買い付けることに限り、有価証券及び商品以外の金融商品にあつては同号又は同条第二十二項第一号に掲げる取引により買い付けることに限る。）をあらか

둘째, 누구든지 유가증권의 매매, 시장파생상품 또는 장외파생상품 거래(이하, "유가증권매매등") 중 어느 것의 거래를 유인할 목적으로서 다음의 행위를 하여서는 아니 된다(金商法 제159조 제2항).[1084]

1. 유가증권매매등이 번성한다라고 오해하게 하거나, 또는 거래소 금융상품 시장에 상장한 금융상품등(금융상품거래소가 상장한 금융상품, 금융지표 또는 옵션을 말함) 혹은 장외매매유가증권시장에서의 장외매매유가증권의 시세를 변동시키는 일련의 유가증권매매등 또는 그에 대한 청약, 위탁등 또는 수탁등을 하는 것.
2. 거래소 금융상품시장에 상장한 금융상품등 또는 장외매매유가증권시장에서의 장외매매유가증권의 시세가 자기 또는 타인의 조작에 의하여 변동될 수 있다는 취지를 유포하는 것

じめその者と通謀の上、当該売付けをすること。

五 自己のする買付け（商品にあつては市場デリバティブ取引（第二条第二十一項第一号に掲げる取引に限る。）による買付けに限り、有価証券及び商品以外の金融商品にあつては同号又は同条第二十二項第一号に掲げる取引による買付けに限る。）と同時期に、それと同価格において、他人が当該金融商品を売り付けること（商品にあつては市場デリバティブ取引（同条第二十一項第一号に掲げる取引に限る。）により売り付けることに限り、有価証券及び商品以外の金融商品にあつては同号又は同条第二十二項第一号に掲げる取引により売り付けることに限る。）をあらかじめその者と通謀の上、当該買付けをすること。

六 市場デリバティブ取引（第二条第二十一項第二号に掲げる取引に限る。）又は店頭デリバティブ取引（同条第二十二項第二号に掲げる取引に限る。）の申込みと同時期に、当該取引の約定数値と同一の約定数値において、他人が当該取引の相手方となることをあらかじめその者と通謀の上、当該取引の申込みをすること。

七 市場デリバティブ取引（第二条第二十一項第三号に掲げる取引に限る。）又は店頭デリバティブ取引（同条第二十二項第三号及び第四号に掲げる取引に限る。）の申込みと同時期に、当該取引の対価の額と同一の対価の額において、他人が当該取引の相手方となることをあらかじめその者と通謀の上、当該取引の申込みをすること。

八 市場デリバティブ取引（第二条第二十一項第四号から第五号までに掲げる取引に限る。）又は店頭デリバティブ取引（同条第二十二項第五号及び第六号に掲げる取引に限る。）の申込みと同時期に、当該取引の条件と同一の条件において、他人が当該取引の相手方となることをあらかじめその者と通謀の上、当該取引の申込みをすること。

九 前各号に掲げる行為の委託等又は受託等をすること。

1084 金商法 제159조제2항, 何人も、有価証券の売買、市場デリバティブ取引又は店頭デリバティブ取引(以下この条において「有価証券売買等」という。）のうちいずれかの取引を誘引する目的をもつて、次に掲げる行為をしてはならない。

一 有価証券売買等が繁盛であると誤解させ、又は取引所金融商品市場における上場金融商品等（金融商品取引所が上場する金融商品、金融指標又はオプションをいう。以下この条において同じ。）若しくは店頭売買有価証券市場における店頭売買有価証券の相場を変動させるべき一連の有価証券売買等又はその申込み、委託等若しくは受託等をすること。

二 取引所金融商品市場における上場金融商品等又は店頭売買有価証券市場における店頭売買有価証券の相場が自己又は他人の操作によつて変動するべき旨を流布すること。

三 有価証券売買等を行うにつき、重要な事項について虚偽であり、又は誤解を生じさせるべき表示を故意にすること。

3. 유가증권매매등을 하는데 있어서 중요사실에 대하여 허위 또는 오해를 야기시킬 표시를 고의로 하는 것

셋째, 누구든지 정령으로 정하는 바에 위반하여, 거래소 금융상품시장에서의 상장금융상품등 또는 장외매매유가증권시장에서의 장외매매유가증권의 시세를 고정하거나 안정시킬 목적으로 일련의 유가증권매매등 또는 그에 대한 청약, 위탁등 또는 수탁등을 하여서는 아니 된다(金商法 제159조제3항).[1085] 정령에서는 법이 허용하는 안정조작에 대하여 기술하고 있다(金商法施行令 제20조~제26조).

아울러 시세조종에 따른 손해배상규정을 마련하고 있으며(金商法 제160조제1항),[1086] 시효는 행위가 있었던 사실을 안 때부터 1년, 그 행위가 있었던 때부터 3년이다(金商法 제160조제2항).[1087]

또한, 金商法 제159조를 위반한 자는 10년 이하의 징역 혹은 1천만엔 이하의 벌금 또는 이를 병과한다(金商法 제197조제1항제5호).[1088] 다만, 재산상의 이득을 목적으로 시세조종을 한 자는 10년 이하의 징역 및 3천만엔 이하의 벌금에 처한다(金商法 제197조제2항).[1089]

1085 金商法 제159조제3항, 何人も、政令で定めるところに違反して、取引所金融商品市場における上場金融商品等又は店頭売買有価証券市場における店頭売買有価証券の相場をくぎ付けし、固定し、又は安定させる目的をもつて、一連の有価証券売買等又はその申込み、委託等若しくは受託等をしてはならない。

1086 金商法 제160조제1항, 前条の規定に違反した者は、当該違反行為により形成された金融商品、金融指標若しくはオプションに係る価格、約定数値若しくは対価の額により、当該金融商品、金融指標若しくはオプションについて、取引所金融商品市場における有価証券の売買、市場デリバティブ取引、店頭売買有価証券市場における有価証券の売買若しくは取扱有価証券の売買（以下この項において「取引所金融商品市場等における有価証券の売買等」という。）をし、又はその委託をした者が当該取引所金融商品市場等における有価証券の売買等又は委託につき受けた損害を賠償する責任を負う。

1087 金商法 제160조제2항, 前項の規定による賠償の請求権は、請求権者が前条の規定に違反する行為があつたことを知つた時から一年間又は当該行為があつた時から三年間、これを行わないときは、時効によつて消滅する。

1088 金商法 제197조제1항제5호, 次の各号のいずれかに該当する者は、十年以下の懲役若しくは千万円以下の罰金に処し、又はこれを併科する

五 第百五十七条、第百五十八条又は第百五十九条の規定に違反した者（当該違反が商品関連市場デリバティブ取引のみに係るものである場合を除く。）

1089 金商法 제197조제2항, 財産上の利益を得る目的で、前項第五号の罪を犯して有価証券等の相場を変動させ、又はくぎ付けし、固定し、若しくは安定させ、当該変動させ、又はくぎ付けし、固定し、若しくは安定させた相場により当該有価証券等に係る有価証券の売買その他の取引又はデリバティブ取引等を行つた者（当該罪が商品関連市場デリバティブ取引のみに係るものである場合を除く。）は、十年以下の懲役及び三千万円以下の罰金に処する。

4. 위반행위에 따른 책임

가. 형사책임

자본시장법 상 시세조종행위를 금지하는 법 제176조를 위반하는 경우에는 미공개정보이용행위 위반의 경우와 마찬가지로 손해배상책임은 물론이고, 엄중한 형사책임(法 제443조)과 행정제재(法 제420조제1항제6호, 令 제373조제1항제20호)[1090]가 부과된다. 그 내용은 거의 대동소이하다.

시세조종행위 역시 양벌규정이 적용되어, 법인(단체를 포함한다)의 대표자나 법인 또는 개인의 대리인, 사용인, 그 밖의 종업원이 그 법인 또는 개인의 업무에 관하여 시세조종행위에 해당하는 위반행위를 한 경우에는 그 행위자를 벌하는 것 외에 그 법인 또는 개인에게도 해당 조문의 벌금형이 부과된다(法 제448조).[1091]

여기서 사용인, 종업원에는 정식고용계약이 체결되지 않은 경우에도 직접 또는 간접으로 법인 또는 개인의 통제 감독 하에 있는 자도 포함되는 개념이다.[1092] 아울러, 해당 행위를 하여 취득한 재산은 몰수하며, 몰수할 수 없는 경우에는 그 가액을 추징한다(法 447조의2).

자본시장법은 제176조를 위반하여 시세조종을 한 자에 대해서 엄중한 처벌 규정을 두고 있다. 기본적으로는 다음 각 호의 자는 1년 이상의 유기징역 또는 그 위반행위로 얻은 이익 또는 회피한 손실액의 3배 이상 5배 이하에 상당하는 벌금에 처한다(法 제443조본문).

- 제176조제1항을 위반하여 상장증권 또는 장내파생상품의 매매에 관하여 그 매매가 성황을 이루고 있는 듯이 잘못 알게 하거나, 그 밖에 타인에게 그릇된 판단을 하게 할 목적으로 같은 항 각 호의 어느 하나에 해당하는 행위를 한 자(法 제443조제4호)
- 제176조제2항을 위반하여 상장증권 또는 장내파생상품의 매매를 유인할 목적으로 같은 항 각 호의 어느 하나에 해당하는 행위를 한 자(法 제443조제5호)
- 제176조제3항을 위반하여 상장증권 또는 장내파생상품의 시세를 고정시키거나 안정시킬 목적으로 그 증권 또는 장내파생상품에 관한 일련의 매매 또는 그 위탁이나 수탁을 한 자(法 제443조제6호)

1090 자본시장법 제420조(금융투자업자에 대한 조치) ① 금융위원회는 금융투자업자가 다음 각 호의 어느 하나에 해당하는 경우에는 제12조에 따른 금융투자업인가 또는 제18조・제117조의4 및 제249조의3에 따른 금융투자업등록을 취소할 수 있다.

1091 다만, 법인 또는 개인이 그 위반행위를 방지하기 위하여 해당 업무에 관하여 상당한 주의와 감독을 게을리 하지 아니한 경우에는 그러하지 아니하다(法 제448조단서).

1092 대법원 1993. 5. 14. 선고 93도344 판결.

• 증권 또는 파생상품에 관한 매매등과 관련하여 제176조제4항 각 호의 어느 하나에 해당하는 행위를 한 자(法 제443조제7호)

다만, 그 위반행위로 얻은 이익 또는 회피한 손실액이 없거나 산정하기 곤란한 경우 또는 그 위반행위로 얻은 이익 또는 회피한 손실액의 5배에 해당하는 금액이 5억원 이하인 경우에는 벌금의 상한액을 5억원으로 한다(法 제443조단서).

그리고 징역에 처하는 경우에는 벌금을 병과한다(法 제447조제1항). 이는 법원이 재량으로 그 병과 여부를 정할 수 있는 것과는 다르다.[1093]

아울러, 위반행위로 인한 금액이 과다한 경우에는 가중 처벌한다.[1094] 위반행위로 얻은 이익 또는 회피한 손실액이 5억원 이상인 경우에는 제1항의 징역을 다음 각 호의 구분에 따라 가중한다(법 제443조제2항).

1. 이익 또는 회피한 손실액이 50억원 이상인 경우에는 무기 또는 5년 이상의 징역
2. 이익 또는 회피한 손실액이 5억원 이상 50억원 미만인 경우에는 3년 이상의 유기징역

또한, 제1항 또는 제2항에 따라 징역에 처하는 경우에는 10년 이하의 자격정지를 병과(竝科)할 수 있다(법 제443조제3항).

일본 金商法은 시세조종행위 금지조항을 위반한 경우에는 내부자 거래 위반의 경우에 비해 더 가중한 처벌을 하고 있다. 즉, 金商法 상 최고 가중한 형벌로서 시세조종행위 등을 위반한 자는 10년 이하의 징역 혹은 천만엔 이하의 벌금 또는 이를 병과한다(金商法 제197조제1항제5호).[1095] 다만, 상품관련 시장파생상품거래의 경우에는 5년 이하의 징역 혹은 500만엔 이하의 벌금 또는 이를 병과한다(金商法 제197조의2제13호).[1096] 그리고 재산상의 이익을 얻을 목적으로 시세조종 금지행위를 위반하여 유가증권 등의 시세를 변동시키거나 또는 고정·안정시키고, 그

1093 제444조부터 제446조까지의 규정에 해당하는 죄를 범한 자에게는 징역과 벌금을 병과할 수 있다(法 제447조제2항).

1094 책임과 형벌 간의 비례원칙과 관련해서는 미공개정보이용행위에서 설명한 내용을 참조.

1095 金商法 제197조제5호, 次の各号のいずれかに該当する者は、十年以下の懲役若しくは千万円以下の罰金に処し、又はこれを併科する。

五 第百五十七条、第百五十八条又は第百五十九条の規定に違反した者（当該違反が商品関連市場デリバティブ取引のみに係るものである場合を除く。）

1096 金商法 제197조의2제13호, 次の各号のいずれかに該当する者は、五年以下の懲役若しくは五百万円以下の罰金に処し、又はこれを併科する。

十三 第百五十七条、第百五十八条若しくは第百五十九条の規定に違反した者（当該違反が商品関連市場デリバティブ取引のみに係るものである場合に限る。）又は第百六十六条第一項若しくは第三項若しくは第百六十七条第一項若しくは第三項の規定に違反した者

변동시키거나 또는 고정・안정시킨 시세에 의하여 해당 유가증권등에 관계된 유가증권의 매매, 기타 거래 또는 파생상품거래등을 행한 자(상품관련 시장파생상품 거래에만 관계된 것인 경우는 제외)는 10년 이하의 징역 또는 3천만엔 이하의 벌금에 처한다(金商法 제197조제2항).[1097] 내부자 거래와 마찬가지로 법인(법인이 아닌 단체의 대표자 또는 관리인의 규정이 있는 것을 포함한다)의 대표자 또는 법인 혹은 사람의 대리인, 사용인 그 밖의 종업원이 내부자 거래를 한 경우에는 그 행위자에게 벌칙을 부과하는 것 외에 양벌규정이 적용된다, 다만, 벌금액은 상향되어 법인에게도 7억엔 이하의 벌금형을 부과한다(金商法 제207조제1항제1호).[1098] 아울러 시세조종행위 위반으로 인해 얻은 재산은 몰수한다. 그러나 그 취득 상황, 손해배상의 이행 상황, 기타 사정에 비추어 해당 재산의 전부 또는 일부를 몰수함이 상당하지 아니한 때에는 이를 몰수하지 않을 수 있다(金商法 제198조의2제1항)[1099]고 하여 자본시장법 상 당연 몰수인 경우와 차이가 있다.

상술한 바대로, 자본시장법 제443조제1항단서 및 제2항은 '위반행위로 얻은 이익'을 범죄구성요건의 일부로 삼아 그 가액에 따라 그 죄에 대한 형벌을 가중하고 있으므로, 위반행위로 얻은 이익을 정확히 산정하는 것은 매우 중요한 기초가 되어야 한다.

위반행위로 얻은 이익의 가액을 엄격하고 신중하게 산정함으로써 범죄와 형벌 사이에 적정한 균형이 이루어져야 한다는 죄형균형원칙이나 형벌은 책임에 기초하고 책임에 비례하여야 한다는 책임주의원칙이 훼손되지 않도록 하여야 한다.[1100] 여기서, '위반행위로 얻은 이익'이란 그 위반

1097 金商法 제197조제2항, 財産上の利益を得る目的で、前項第五号の罪を犯して有価証券等の相場を変動させ、又はくぎ付けし、固定し、若しくは安定させ、当該変動させ、又はくぎ付けし、固定し、若しくは安定させた相場により当該有価証券等に係る有価証券の売買その他の取引又はデリバティブ取引等を行つた者（当該罪が商品関連市場デリバティブ取引のみに係るものである場合を除く。）は、十年以下の懲役及び三千万円以下の罰金に処する。

1098 金商法 제207조제1항제1호, 法人（法人でない団体で代表者又は管理人の定めのあるものを含む。以下この項及び次項において同じ。）の代表者又は法人若しくは人の代理人、使用人その他の従業者が、その法人又は人の業務又は財産に関し、次の各号に掲げる規定の違反行為をしたときは、その行為者を罰するほか、その法人に対して当該各号に定める罰金刑を、その人に対して各本条の罰金刑を科する。

一　第百九十七条　七億円以下の罰金刑

1099 金商法 제198조의2, 次に掲げる財産は、没収する。ただし、その取得の状況、損害賠償の履行の状況その他の事情に照らし、当該財産の全部又は一部を没収することが相当でないときは、これを没収しないことができる。

一 第百九十七条第一項第五号若しくは第二項又は第百九十七条の二第十三号の罪の犯罪行為により得た財産

二 前号に掲げる財産の対価として得た財産又は同号に掲げる財産がオプションその他の権利である場合における当該権利の行使により得た財産

2 前項の規定により財産を没収すべき場合において、これを没収することができないときは、その価額を犯人から追徴する。

1100 대법원 2011. 10. 27. 선고 2011도8109 판결.

행위와 관련된 거래로 인한 이익을 말하며, 위반행위로 인하여 발생한 위험과 인과관계가 인정되는 것을 의미한다. 통상적인 경우에 부정거래행위로 얻은 이익은 그 부정거래행위와 관련된 유가증권거래의 총 매도금액에서 총 매수금액 및 그 거래비용을 공제한 나머지 순 매매이익을 의미하며, 그와 같은 이익을 산정할 때에는 불공정거래행위 개시 후 종료 시점까지의 구체적 거래로 인한 이익 및 불공정거래행위 종료 시점 당시 보유 중이던 불공정거래 대상 주식의 평가이익 등이 모두 포함되어야 한다.[1101]

위반행위로 얻은 이익은 해당 위반행위로 행위자가 얻은 인과관계 있는 이익 전부를 의미하므로, 거기에는 시세조종행위 기간 중에 한 구체적 거래로 인하여 이미 발생한 실현이익 외에도 시세조종행위 종료 시점 당시 보유 중인 시세조종 대상 주식의 미실현 평가이익도 당연 포함된다. 그런데 실현이익과 달리 미실현 평가이익을 어떻게 산정할 것인지가 문제이다.

이와 관련하여, 대법원은 미실현 평가이익을 산정함에 있어서는 "특별한 사정이 없는 한 시세조종행위가 종료될 당시를 기준으로 산정할 것이고, 이는 처분을 전제로 하지 않고 보유하고 있는 주식의 가치를 평가하여 위반행위로 인하여 발생한 위험과 인과관계가 인정되는 이익을 산정하는 것이므로, 실현이익을 산정하는 경우 실제 처분 시 소요된 거래비용 등을 공제하여야 하는 것과 달리 장래 처분 시 예상되는 거래비용 등을 공제하여 산정할 것은 아니다"고 판시하고 있다.[1102]

또한, 구체적인 사안에서 위반행위로 얻은 이익의 가액을 위반행위와 관련된 거래로 인한 총수입에서 거래를 위한 총비용을 공제한 차액으로 인정하는 통상적 산출방법에 의하는 것이 부당하다고 볼 만한 사정이 있는 경우에는, 사기적 부정거래행위를 근절하려는 자본시장법 제443조의 입법 취지와 형사법의 대원칙인 책임주의를 염두에 두고 위반행위의 동기, 경위, 태양, 기간, 제3자 개입 여부, 증권시장 상황 및 그 밖에 주가에 중대한 영향을 미칠 수 있는 제반 요소들을 전체적·종합적으로 고려하여 인과관계가 인정되는 이익을 산정해야 하며, 그에 관한 증명책임은 검사가 부담한다.[1103]

아울러, 위반행위로 얻은 이익이란 위반행위로 인하여 발생한 위험과 인과관계가 인정되는 이익을 의미하므로, 여러 사람이 공동으로 시세조종 등 불공정거래의 범행을 저지른 경우에는 그 범행으로 얻은 이익은 범행에 가담한 공범 전체가 취득한 이익으로 보아야 한다.[1104]

1101 대법원 2016. 8. 29. 선고 2016도6297 판결, 대법원 2012. 6. 28. 선고 2012도3782 판결, 대법원 2013. 4. 11. 선고 2012도14446 판결.

1102 대법원 2013. 7. 11. 선고 2011도15056 판결.

1103 대법원 2013. 7. 11. 선고 2011도15056 판결.

1104 대법원 2016. 8. 29. 선고 2016도6297 판결, 대법원 2011. 10. 27. 선고 2011도8109 판결, 대법원 2010. 12. 9. 선고 2009도6411 판결 등.

시세조종 대상 증권 외에도 보유하고 있던 연관 증권등에서 이익이 발생한 경우에는 이를 포함하여 위반행위로 얻은 이익을 산정하여야 하는지 여부에 대하여 자본시장법상 부당이득은 그 위반행위로 얻은 이익으로서 행위를 기준으로 그 범위가 정해져야 하므로 직접적인 대상 증권과 상호간에 가격연계성이 있는 경우에는 모두 포함하는 것이 타당하다는 견해가 있고,[1105] 대법원도 시세조종을 다룬 사건에서 시세조종 대상 증권과 연계된 기 보유 전환사채에서 발생한 평가이익도 위반행위로 얻은 이익으로 가산한 바 있다.[1106] 그리고 대법원의 판단과 관련하여 불공정거래행위의 대상인 주식가격의 상승분이 반영된 상태에서 전환사채 자체를 매도하는 것도 충분히 가능하고, 시세조종을 시도할 정도의 전문성을 가진 행위자에게 이러한 이익의 가능성은 공지의 사실이며 당연히 예상했을 것으로 보는 것이 상식적인 판단이라는 주장도 있다.[1107]

하지만, 시세조종 후 형성된 시세를 이용하여 연계 증권등을 매매에 의해 이익을 실현하였다면 이 또한 시세조종을 하면서 이를 의도했다고 볼 수 있으나, 기존에 보유하고 있던 증권을 시세조종 이후에도 그대로 보유하고 있다면 위법한 시세조종 행위로 인한 시세를 이용하는 행위에 해당하지는 않을 것이고, 이를 의도했다고 볼 수도 없을 것이다. 시세조종행위는 인위적으로 시장에 개입하여 시장의 수요와 공급에 의해 형성되어야 할 시세를 일시적으로 조종하여 이로 인해 이익을 얻으려는 행위로서 이러한 시세는 결국 정상적인 수요와 공급에 의한 시세로 회귀하게 되고 이에 따라 인위적인 가격이 진실된 가격으로 믿고 매매한 투자자들이 피해를 입게 되는 것으로서 투자자 보호와 시장의 신뢰를 준수하기 위하여 시세조종행위는 규제되어야 한다. 이렇게 본다면, 위와 같이 시세조종을 하고 해당 시세를 이용하여 전환사채를 전환하거나 매매를 통해 이익을 실현한 것이 아니라면, 시세는 다시 인위적인 조종으로 인한 효과가 상쇄되도록 회귀할 것이고, 따라서 기 보유 포지션으로부터 아무런 이익을 향유할 수 없을 것이다. 이런 경우 기 보유 증권에 대하여 이를 의욕하여 시세조종을 하였다고 보고 위반행위로 얻은 이익을 산정함에 포함하는 것은 특별한 사정에 의해 명확히 입증되는 경우가 아니라면 주의가 필요하다고 할 것이다.

위반행위로 얻은 이익이 범죄구성요건의 일부로 되어 그 가액에 따라 그 죄에 대한 형벌을 가중하고 있으므로, 그 가액은 엄격하고 신중하게 산정함으로써 범죄와 형벌 사이에 적정한 균형

1105 김건식 · 정순섭, 「자본시장법」3판 (두성사, 2013), 489~490면.

1106 [대법원 2003. 12. 12. 선고 2001도606 판결] 이 사건에서 피고인 ○○○○에 대하여 병과될 벌금액의 기준이 되는 '당해 위반행위로 인하여 행위자가 얻은 이익'은 피고인 ○○○○이 위와 같은 시세조종행위의 결과 얻은 이익을 기준으로 판단되어야 하고, 그와 같은 전체 행위로 인하여 피고인 ○○○○이 얻은 이익은 ○○○○ 자신이 자신의 자산으로서 보유 중이던 H 주식의 매매를 통하여 얻은 이익과 잔존주식에 대한 시세조종행위 종료시점의 평가이익, 그리고 ○○○○이 자신의 자산으로서 보유 중이던 H사 전환사채의 가치상승으로 인하여 얻은 평가이익 등이 모두 포함된다.

1107 김건식 · 정순섭(2013), 앞의 책, 490면.

이 이루어져야 한다는 죄형균형원칙이나 형벌은 책임에 기초하고 책임에 비례하여야 한다는 책임주의원칙이 훼손되지 않도록 하여야 한다는 점을 다시금 상기할 필요가 있다고 하겠다.

나. 손해배상책임

자본시장법 제176조를 위반한 경우 형사처벌 외에도 자본시장법은 별도로 손해배상 조항을 마련하고 있다. 즉, 제176조를 위반한 자는 다음 각 호의 구분에 따른 손해를 배상할 책임을 진다(法 제177조제1항).

1. 그 위반행위로 인하여 형성된 가격에 의하여 해당 증권 또는 파생상품에 관한 매매등을 하거나 그 위탁을 한 자가 그 매매등 또는 위탁으로 인하여 입은 손해
2. 제1호의 손해 외에 그 위반행위(제176조제4항 각 호의 어느 하나에 해당하는 행위로 한정한다)로 인하여 가격에 영향을 받은 다른 증권, 파생상품 또는 그 증권·파생상품의 기초자산에 대한 매매등을 하거나 그 위탁을 한 자가 그 매매등 또는 위탁으로 인하여 입은 손해
3. 제1호 및 제2호의 손해 외에 그 위반행위(제176조제4항 각 호의 어느 하나에 해당하는 행위로 한정한다)로 인하여 특정 시점의 가격 또는 수치에 따라 권리행사 또는 조건성취 여부가 결정되거나 금전등이 결제되는 증권 또는 파생상품과 관련하여 그 증권 또는 파생상품을 보유한 자가 그 위반행위로 형성된 가격 또는 수치에 따라 결정되거나 결제됨으로써 입은 손해

이는 민법 제750조 불법행위에 기한 손해배상청구에 대한 특칙이라고 할 것이다. 자본시장법 제177조와 민법 제750조는 청구권경합의 관계에 있으므로 법원의 청구권경합설에 따라 선택적으로 청구권을 행사할 수 있다.

법 제177조는 그 위반행위로 인하여 형성된 가격에 의하여 해당 증권 또는 파생상품에 관한 매매등을 하거나 그 위탁을 한 자가 손해배상의 청구권자가 되며, 법 제176조를 위반한 자가 그 매매등 또는 위탁으로 인하여 입은 손해를 배상하도록 규정하고 있으므로, 법문의 해석상 거래인과관계를 입증할 필요는 없으며, 해당 손해가 시세조종행위와 상당인과관계가 있다는 손해인과관계의 증명으로 족하다고 할 것이다.

주식에 대한 시세조종행위와 그 주식의 매매거래나 위탁을 한 자가 입은 손해 사이의 상당인과관계 유무를 판단하기 위하여 이른바 사건연구(event study) 방식의 분석이 주로 활용되는데, 이러한 사건연구 분석의 경우에는 사건기간과 추정기간을 어떻게 설정하느냐에 따라 결과가

달라질 수 있다. 따라서 법원은 이른바 사건연구 방식의 분석을 활용하는 경우, 사건기간과 추정기간의 설정 방법 등에 대해서 그 기준을 정하여 판시한 바 있다.[1108]

제1항에 따른 손해배상청구권은 청구권자가 제176조를 위반한 행위가 있었던 사실을 안 때부터 2년간 또는 그 행위가 있었던 때부터 5년간 이를 행사하지 아니한 경우에는 시효로 인하여 소멸한다(法 제177조제2항). 2018년 개정 전에는 행위가 있었던 사실을 안 때부터 1년간, 그 행위가 있었던 때부터 3년간으로 시효를 제한하고 있었으나, 기간을 연장하였다. 이와 같이 손해배상청구권의 소멸시효기간을 단기로 한 취지는 유가증권거래로 인한 분쟁을 빨리 끝냄으로써 유가증권 시장의 안정을 도모하고자 함에 있다.

만약 자본시장법상 소멸시효가 도과한 경우에는 민법 제750조 불법행위에 기한 손해배상청구가 또한 가능하다. 민법 제750조 불법행위에 기한 손해배상의 청구권은 피해자나 그 법정대리인이 그 손해 및 가해자를 안 날로부터 3년간, 불법행위를 한 날로부터 10년을 소멸시효로 정하고 있다(민법 제766조).

여기서, 소멸시효의 기산점과 관련하여 법원은 "위반행위가 있었던 사실을 안 때"라 함은 문언 그대로 피해자가 소정의 불공정거래행위가 있었다는 사실을 현실적으로 인식한 때라고 볼 것이고, 그 인식의 정도는 일반인이라면 불공정행위의 존재를 인식할 수 있는 정도면 족하다고 판시하고 있다.[1109] 즉, 불공정거래에 대한 법원의 확정 판결 등은 요건이 아니다.[1110]

1108 [대법원 2007. 11. 30. 선고 2006다58578 판결] 특정 회사의 주식에 대한 시세조종행위라는 위법행위와 그 주식의 매매거래 또는 위탁을 한 자가 입은 손해의 발생과 사이에 상당인과관계가 존재하는지 여부를 판단하기 위하여 이른바 사건연구방식의 분석을 활용하는 경우, 시세조종행위가 발생한 기간(이른바 사건기간) 이전의 일정 기간(이른바 추정기간)의 종합주가지수, 업종지수 및 동종업체의 주가 등 공개된 지표 중 가장 적절한 것을 바탕으로 도출한 회귀방정식을 이용하여 사건기간 동안의 정상수익률을 산출한 다음 이를 기초로 추정한 '사건기간 중의 일자별 정상주가'와 '사건기간 중의 일자별 실제주가'를 비교하여 그 차이가 통계적으로 의미가 있는 경우에 한하여 시세조종행위의 영향으로 인하여 주가가 변동되었다고 보아 상당인과관계가 존재한다는 판단을 하게 되는 것이므로 사건기간과 추정기간을 정확히 설정하는 것이 무엇보다 중요하다 할 것인바, 사건기간의 설정과 관련하여서는 달리 특별한 사정이 없는 한 시세조종행위가 시작된 날을 사건기간의 개시일로 삼음이 상당하고, 다른 한편 사건기간 이전의 특정 기간을 추정기간으로 설정함에 있어서는 정상주가의 산정을 위한 회귀방정식의 신뢰도에 결정적인 문제가 생길 정도로 사건기간으로부터 멀리 떨어진 기간을 추정기간으로 설정하거나 주가의 기대수익률에 큰 영향을 미칠 수 있는 구조적 변화가 일어나기 이전의 기간까지 추정기간에 포함해서는 아니 될 것이다.

1109 대법원 1993. 12. 21. 선고 93다30402 판결.

1110 [대법원 2002. 12. 26. 선고 2000다23440, 23457 판결] 소멸시효는 청구권자가 그 위반행위가 있었던 사실을 안 때부터 기산되어야 하며, 위반자에 대한 유죄의 형사판결이 선고되거나 확정된 때부터 기산되어야 한다고 볼 수 없다.

[서울고등법원 2018. 2. 9. 선고 2017나2023996 판결] 시효의 기산점과 관련하여 형사소송에서 제1심 형사판결이 선고된 2016. 1. 25. 또는 관련 민사소송에서 피고들의 손해배상책임을 인정한 판결이 선고되기 시작한 2015. 11.경부터 시효가 기산된다는 원고측의 주장이 있었으나, 법원은 이 사건 시세조종

행위는 2010. 11. 11.에 있었고, 금융위원회 및 금융감독원이 2011. 2. 23. "증권선물위원회에서 피고들 직원들의 시세조종행위를 확인하고 검찰 고발, 정직요구, 영업정지 등의 제재를 부과하기로 결정하였다."는 내용의 공식발표를 한 사실이 인정되므로, 원고는 늦어도 위 금융위원회 및 금융감독원의 공식발표 시점에 피고들이 자본시장법 제176조 위반행위를 하였음을 알았다고 봄이 상당하다고 하여 원고 측의 주장을 기각하였다. 대법원에서도 심리불속행 기각 처리되어 동 사건의 소멸시효 기산일은 2011.2.23.일로 확정되었다.
그러나 동 사건과 관련하여 개인투자자가 원고가 되어 진행한 소송에서 기관투자자가 원고였던 위의 결과와 달리 대법원은 첫 민사판결이 나왔던 2015년 11월을 투자자들의 손해 인지시점으로 보고 파기 환송하는 판결을 내린 바 있다(대법원 2018. 7. 24. 선고 2018다 215664 판결). 이와 같이 동 사건에 대해 소멸시효의 기산시점을 기관투자자와 개인투자자 간에 달리 적용하는 것은 흥미롭다. 하지만 이에 대해서는 많은 논의가 필요할 것으로 보인다.

제3절 부정거래행위 등

1. 부정거래행위

가. 의의

자본시장법은 자본시장에 참여하는 투자자를 보호하며 자본시장의 공정성·신뢰성 및 효율성을 높여 국민경제의 발전에 이바지하고자 하는 목적을 가지고 있다(法 제1조).

시장의 공정성과 신뢰성을 높이기 위해서는 우선적으로 증권의 발행인에 대한 정확한 정보가 모든 시장 참가자에게 제공되어야 하며, 시장에서 거래되고 있는 모든 금융투자상품의 가격에 대한 투명하고 정확한 정보가 모든 참가자에게 동시에 제공되어야 한다. 이를 도모하기 위하여 자본시장법은 공시 규제를 도입하고 있다.[1111] 기본적으로 자본시장에서 거래되는 금융투자상품은 자기책임의 원칙하에 투자결정이 이루어 져야 한다. 그러기 위해서는 정보의 불균형이 없도록 제반 시스템을 갖추는 것이 무엇보다 중요하며, 이를 기본적으로 실현하는 방법이 공시규제라고 할 수 있다.[1112]

하지만, 이러한 공시 규제만으로는 자본시장의 공정성과 신뢰성을 확보하기에 부족함이 있다. 즉, 자본시장에서 시장남용(market abuse) 행위가 제거되어야 한다. 시장남용 행위란 다른 사람보다 불공평한 이익을 얻기 위하여 자신의 포지션를 이용하는 행위로서 내부자 거래(insider trading), 시세조종(manipulation), 선행매매(front running) 등을 포함한 다양한 불공정한 거래를 말한다.

일반적인 시장 참여자들은 시장의 완결성(integrity of the market)을 믿고, 시장 가격이 타당할 것이라는 전제 하에 거래를 완성한다. 그런데 여기에 인위적인 조작이나 불공정한 행위로 인해

1111 자본시장법 제3편 증권의 발행 및 유통을 참조.

1112 미국 1934년 SEA의 근본 목적 또한 매수자위험부담원칙(caveat emptor)의 철학을 완전공시의 철학으로 대체하는 것이라고 설명한 바 있다(SEC v. Capital Gains Research Bureau, 375 U.S. 180 (1963) at 186, Santa Fe Industries, Inc. v. Green, 430 U.S. 462 (1977) at 476, "A fundamental purpose, common to these statutes, was to substitute a philosophy of full disclosure for the philosophy of caveat emptor").

시장의 완결성에 결함이 생긴다면 결국 자본시장은 신뢰를 잃게 되고 제 기능을 다하지 못하게 될 것이다. 따라서 이에 대한 적절한 규제가 필요하게 되고, 그것이 불공정거래 규제이다. 결국 불공정거래 규제는 시장이 제 기능을 충실히 이행할 수 있도록 시장의 완결성을 해하는 행위들을 제거하는 것이 목적이라고 할 수 있다.

자본시장법은 크게 공시 규제와 불공정거래 규제를 통해 시장의 공정성과 신뢰성을 확보하고자 한다. 그리고 이들은 상호 연결되어 있다.[1113] 일반적으로 공시 규제는 공시사항이 법정되어 있고 이를 위반하지 않도록 하여 시장의 공정성과 신뢰성을 확보하고자 하는 것이 입법의 취지라고 한다면, 불공정거래 규제는 이러한 공시의무의 존재를 전제하지는 않는다는 점에서 차이가 있다. 하지만, 경우에 따라서는 공시해야 될 사항이라고 판단되는 중요사실에 대해서 만약 해당 사항이 공시의무로서 법정되어 있지 않는 경우, 이를 규제하기 위해서는 불공정거래 규제가 적용될 수 있을 것이다. 실제로 자본시장법은 공시규제와 관련한 불공정거래 규제 조항을 가지고 있으며, 후술하게 될 중요사항에 관하여 거짓의 기재 또는 표시를 하거나 타인에게 오해를 유발시키지 아니하기 위하여 필요한 중요사항의 기재 또는 표시가 누락된 문서, 그 밖의 기재 또는 표시를 사용하여 금전, 그 밖의 재산상의 이익을 얻고자 하는 행위를 금지하는 규정(제178조제1항 제2호)은 이를 보완하는 역할을 하게 된다.

불공정거래 규제에 대해서는 앞서 다양한 내용을 살펴보았다. 다만, 대부분의 경우 구체적 행위 유형 및 목적성이 특정되어 있기에 이러한 행위 유형을 벗어나는 위법한 행위에 대해 적절히 규제하기 어려운 난점이 있을 수 있다. 그리하여 자본시장법은 미국 SEA §10(b) 및 SEC Rule 10b-5 및 일본 金商法 제157조[1114] 등과 마찬가지로 포괄적인 사기금지 규정을 마련하고 있다. 다양하고 복잡한 금융상품의 등장과 거래구조의 변화 및 시장 환경의 변화에 따라 증권범죄도 다양화되고 있어 이를 적절히 규제하기 위해서는 이와 같은 포괄 규정이 그 역할을 할 것으로 기대된다. 다만, 이러한 포괄규정이 국민의 자유와 권리를 제한하는 법령의 경우에는 그 구성요건

1113 미국 판례는 시세조종적 계획의 성공에 있어 미공시(nondisclosure)가 일반적으로 필수적 요소라고 본다(Santa Fe Industries, Inc. v. Green 430 U.S. 462 (1977) at 477, Indeed, nondisclosure is usually essential to the success of a manipulative scheme). Rule 10b-5 역시 증권 매매에서의 사기적 행위를 금지하는 것뿐만 아니라 중요사실의 허위표시 또는 누락을 금지한다.

1114 金商法 제157조, 何人も、次に掲げる行為をしてはならない。
一 有価証券の売買その他の取引又はデリバティブ取引等について、不正の手段、計画又は技巧をすること。
二 有価証券の売買その他の取引又はデリバティブ取引等について、重要な事項について虚偽の表示があり、又は誤解を生じさせないために必要な重要な事実の表示が欠けている文書その他の表示を使用して金銭その他の財産を取得すること。
三 有価証券の売買その他の取引又はデリバティブ取引等を誘引する目的をもつて、虚偽の相場を利用すること

을 명확하게 규정하여야 한다는 죄형법정주의의 명확성의 원칙을 위반하는지 여부가 논의될 수 있을 것이다.

헌법상 내재하는 법치국가의 원리에서 파생되는 명확성의 원칙과 관련하여 헌법재판소는 다음과 같은 판단 기준을 제시하고 있다. 어떠한 법규범이 명확한지 여부는 그 법규범이 수범자에게 법규의 의미내용을 알 수 있도록 공정한 고지를 하여 예측가능성을 주고 있는지 여부 및 그 법규범이 법을 해석·집행하는 기관에게 충분한 의미내용을 규율하여 자의적인 법해석이나 법집행이 배제되는지 여부, 다시 말하면 예측가능성 및 자의적 법집행 배제가 확보되는지 여부에 따라 이를 판단할 수 있다.[1115]

그리고 법규범의 의미내용은 그 문언뿐만 아니라 입법목적이나 입법 취지, 입법 연혁, 그리고 법규범의 체계적 구조 등을 종합적으로 고려하는 해석방법에 의하여 구체화하게 되므로, 결국 법규범이 명확성 원칙에 위반되는지 여부는 위와 같은 해석 방법에 의하여 그 의미내용을 합리적으로 파악할 수 있는 해석 기준을 얻을 수 있는지 여부에 달려 있다고 할 것이다.[1116]

한편, 헌법재판소는 처벌법규의 구성요건이 명확하여야 한다고 하더라도 입법권자가 모든 구성요건을 단순한 의미의 서술적인 개념에 의하여 규정하여야 한다는 것은 아니고, 다소 광범위하여 법관의 보충적인 해석을 필요로 하는 개념을 사용하였다고 하더라도 통상의 해석방법에 의하여 건전한 상식과 통상적인 법 감정을 가진 사람이라면 해당 처벌법규의 보호법익과 금지된 행위 및 처벌의 종류와 정도를 알 수 있도록 규정하였다면 헌법이 요구하는 처벌법규의 명확성의 원칙에 배치되는 것이 아니라고 판시한 바 있다.[1117]

또한, 헌법재판소는 명확성의 원칙을 강조한 나머지 만일 모든 구성요건을 단순한 서술적 개념으로만 규정할 것을 요구한다면 처벌법규의 구성요건이 지나치게 구체적이고 정형적이 되어 부단히 변화하는 다양한 생활관계를 제대로 규율할 수 없게 될 것이기 때문에, 법규범이 불확정개념을 사용하는 경우라도 법률해석을 통하여 법원의 자의적인 적용을 배제하는 합리적이고 객관적인 기준을 얻는 것이 가능한 경우는 명확성의 원칙에 반하지 아니한다는 입장이다.[1118]

헌법재판소의 이러한 입장에 의하면 자본시장법 제178조제1항제1호의 규정이 다소 추상적이고 포괄적인 규정 형태를 지니고 있으나, 이를 위헌으로 단정하기는 어려울 것이다. 그러나 헌법재판소가 명확성의 원칙에 반하지 않는다는 근거로 설시한, "통상의 해석방법에 의하여 건전한

1115 헌법재판소 2001. 6. 28. 선고 99헌바34 결정, 헌법재판소 2002. 4. 25. 선고 2001헌가27 결정 등.

1116 대법원 2007. 12. 27. 선고 2005두9651 판결, 헌법재판소 2001. 6. 28. 선고 99헌바34 결정, 헌법재판소 2002. 4. 25. 선고 2001헌가27 결정, 대법원 2006. 5. 11. 선고 2006도920 판결 등.

1117 헌법재판소 2006. 11. 30.자 2006헌바53 결정.

1118 헌법재판소 2007. 10. 25.자 2006헌바50 결정.

상식과 통상적인 법 감정을 가진 사람이 해당 처벌법규의 보호법익과 금지된 행위 및 처벌의 종류와 정도를 알 수 있도록 규정하였다면"이라는 판시와, "법규범이 불확정개념을 사용하는 경우라도 법률해석을 통하여 법원의 자의적인 적용을 배제하는 합리적이고 객관적인 기준을 얻는 것이 가능한 경우"라는 판시에 비추어, 자본시장법 제178조제1항제1호는 매우 엄격한 기준에 의하여 해석하여야 할 것이다.[1119]

해당 부정거래행위 금지 포괄 규정은 금융투자상품의 거래와 관련한 부정행위는 다수의 시장 참여자에게 영향을 미치고 자본시장 전체를 불건전하게 할 수 있기 때문에 그러한 부정거래행위를 규제함으로써 개개 투자자의 이익을 보호함과 아울러 자본시장의 공정성과 신뢰성을 높이기 위한 것이다.[1120]

나. 규제 내용

자본시장법은 앞서 불공정거래 규제의 하나로서 설명한 바 있는 미공개정보이용행위와 시세조종행위와는 별도로 부정거래행위의 금지에 대한 일반적인 규정을 마련하고 있다. 즉, 자본시장법은 제178조제1항을 통해 금융투자상품의 매매 그 밖의 거래와 관련한 부정거래행위를 금지하고 있으며, 제2항은 금융투자상품의 매매, 그 밖의 거래를 할 목적이나 그 시세의 변동을 도모할 목적으로 풍문의 유포, 위계(僞計)의 사용, 폭행 또는 협박을 금지하고 있다.

먼저, 부정거래행위 일반 규정인 제1항을 살펴보자.

누구든지 금융투자상품의 매매(증권의 경우 모집·사모·매출을 포함한다. 이하 이 조 및 제179조에서 같다), 그 밖의 거래와 관련하여 다음 각 호의 어느 하나에 해당하는 행위를 하여서는 아니 된다(法 제178조제1항).

1. 부정한 수단, 계획 또는 기교를 사용하는 행위
2. 중요사항에 관하여 거짓의 기재 또는 표시를 하거나 타인에게 오해를 유발시키지 아니하기 위하여 필요한 중요사항의 기재 또는 표시가 누락된 문서, 그 밖의 기재 또는 표시를 사용하여 금전, 그 밖의 재산상의 이익을 얻고자 하는 행위
3. 금융투자상품의 매매, 그 밖의 거래를 유인할 목적으로 거짓의 시세를 이용하는 행위

제178조의 적용대상 상품은 제176조와 달리 "금융투자상품"이라고 규정하고 있으므로, 상장

1119 임재연(2018), 앞의 책, 1012면.
1120 대법원 2016. 3. 24. 선고 2013다2740 판결, 대법원 2001. 1. 19. 선고 2000도4444 판결 등.

여부를 불문하고 모든 금융투자상품은 동조에 따라 부정거래행위의 대상이 되며, 이에 따라 장외시장에서의 직접・대면거래도 포함하는 개념이다.[1121] 그리고 제178조는 유통시장뿐만 아니라 증권의 경우 모집・사모・매출을 포함한다고 규정하여 발행시장도 명시적으로 적용 범위에 포함시키고 있다. 이에 따라 증권신고서 상 기재사항과 별도의 공시 내용에 허위의 사실이 있는 경우에는 해당 조항이 적용될 수 있을 것이다.

1) 부정한 수단 등의 사용

제1호는 금융투자상품의 매매, 그 밖의 거래와 관련하여 '부정한 수단, 계획 또는 기교를 사용하는 행위'를 금지하고 있는데, 구성 요건이 추상적이며, 이에 대한 구체적인 정의는 존재하지 않는다. 결국 이에 대해서는 법원의 해석이 중요한데, 법원은 '부정한 수단, 계획 또는 기교'란 사회통념상 부정하다고 인정되는 일체의 수단, 계획 또는 기교를 말한다고 판시하고 있는 바,[1122] 매우 폭 넓은 개념이며, 미국의 Rule 10b-5와는 달리 기망을 요건으로 하고 있지도 않다.[1123]

다만, 부정거래를 금지하고 있는 다른 조문 즉, 제178조제1항제2호, 제3호 및 제2항이 기망을 요건으로 하고 있고, 상술한 바와 같이 죄형법정주의와의 조화를 고려할 때, 적어도 이에 준하는 정도의 불법성이 인정되는 행위에 적용되어야 한다. 또한, 자본시장법 상 여타의 조항에 의해 규제가 되더라도 법의 목적 달성에 지장을 초래하는 사안이 아니라면, 해당 조항의 법적 책임의 엄중함을 고려할 때, 해당 조항을 굳이 우선 적용할 필요는 없다고 볼 것이다.

어느 행위가 금융투자상품의 거래와 관련하여 자본시장법 제178조에서 금지하고 있는 부정행위에 해당하는지 여부는, 해당 금융투자상품의 구조와 거래방식 및 거래경위, 그 금융투자상품이 거래되는 시장의 특성, 그 금융투자상품으로부터 발생하는 투자자의 권리・의무 및 그 종료 시기, 투자자와 행위자와의 관계, 행위 전후의 제반 사정 등을 종합적으로 고려하여 판단하여야 한다.[1124]

1121 [대법원 2006. 4. 14. 선고 2003도6759 판결] 거래객체를 '상장유가증권 또는 협회중개시장에 등록된 유가증권'으로 한정하거나 거래장소를 '유가증권시장 또는 협회중개시장'으로 제한하고 있지 않으므로, 위 조항은 상장유가증권 또는 협회중개시장에 등록된 유가증권은 물론 같은 법 제2조 제1항 각 호와 제2항이 정의한 유가증권에 포함되는 모든 유가증권의 매매 기타 거래에 적용되며, 유가증권시장 또는 협회중개시장에서의 거래는 물론 장외시장에서의 직접・대면거래에 대하여도 마찬가지로 적용된다고 봄이 상당하다.

1122 대법원 2014. 1. 16. 선고 2013도9933 판결, 대법원 2011. 10. 27. 선고 2011도8109 판결 등; 판례는 나아가 어떠한 행위를 부정하다고 할지는 그 행위가 법령 등에서 금지된 것인지, 다른 투자자들로 하여금 잘못된 판단을 하게 함으로써 공정한 경쟁을 해치고 선의의 투자자에게 손해를 전가하여 자본시장의 공정성, 신뢰성 및 효율성을 해칠 위험이 있는지를 고려해야 할 것이라고 판시하고 있다.

1123 같은 취지로는 임재연(2018), 앞의 책, 1024면. 김건식・정순섭(2013), 앞의 책, 474면.

1124 대법원 2016. 3. 24. 선고 2013다2740 판결.

예를 들어, 투자자문업자, 증권분석가, 언론매체 종사자, 투자 관련 웹사이트 운영자 등(이하 '투자자문업자 등'이라고 한다)이 특정 증권을 장기투자로 추천하기 직전에 자신의 계산으로 그 증권을 매수한 다음, 추천 후 그 증권의 시장가격이 상승할 때에 즉시 차익을 남기고 매도하는 이른바 스캘핑(scalping) 행위를 하는 경우를 보면, 투자자문업자 등이 추천하는 증권을 자신이 선행매수하여 보유하고 있고 추천 후에 이를 매도할 수도 있다는 그 증권에 관한 자신의 이해관계를 표시하지 않은 채 그 증권의 매수를 추천하는 행위는 자본시장법 제178조제1항제1호에서 말하는 '부정한 수단, 계획, 기교를 사용하는 행위'에 해당하는 한편, 투자자들의 오해를 초래하지 않기 위하여 필요한 중요사항인 개인적인 이해관계의 표시를 누락함으로써 투자자들에게 객관적인 동기에서 그 증권을 추천한다는 인상을 주어 거래를 유인하려는 행위로서 같은 법 제178조제2항에서 정한 '위계의 사용'에도 해당한다.[1125]

또한 앞서 살펴본 주가연계증권의 사례에 대해서도 특정 시점의 기초자산가격 또는 그와 관련된 수치에 따라 권리행사 또는 조건성취의 여부가 결정되거나 금전등이 결제되는 구조로 되어 있는 금융투자상품의 경우에 그 금융투자상품의 기초자산인 증권의 가격을 고정시키는 시세조종행위를 비롯하여 사회통념상 부정하다고 인정되는 수단이나 기교 등을 사용하여 그

1125 [대법원 2017. 3. 30 선고 2014도6910 판결] 투자자문업자, 증권분석가, 언론매체 종사자, 투자 관련 웹사이트 운영자 등(이하 '투자자문업자 등'이라고 한다)이 특정 증권을 장기투자로 추천하기 직전에 자신의 계산으로 그 증권을 매수한 다음, 추천 후 그 증권의 시장가격이 상승할 때에 즉시 차익을 남기고 매도하는 이른바 스캘핑(scalping) 행위를 하는 경우, 그 행위가 명백하게 거짓인 정보를 시장에 흘리는 방법으로 특정 증권을 추천하는 것이라면 이는 정상적인 자본의 흐름을 왜곡시켜 자본시장의 공정성과 효율성을 해침은 물론이다. 또한 그 증권 자체에 관한 정보는 거짓이 아니어서 자본의 흐름을 왜곡시키는 것은 아니라도, 이러한 스캘핑 행위가 용인되면 자본시장에서의 공정한 경쟁에 대한 시장참여자들의 신뢰가 훼손되고 시장 내의 각종 투자 관련 조언행위가 평가절하됨으로써, 양질의 정보를 생산하고 소비하려는 유인이 감소하여 자본시장에서의 자원배분의 효율성을 해치고 투자자들이 자본시장으로부터 이탈하는 결과를 가져올 수 있다.

또한 특정 증권을 추천하기 직전에 그 증권을 매수한 투자자문업자 등은 장기적 가격상승의 잠재력이 아니라 추천으로 예상되는 투자자들의 행동에 따른 단기적 가격상승 가능성 때문에 의식적으로 또는 무의식적으로 그 증권을 추천할 유인이 생길 수 있고, 추천내용의 객관성에 영향을 미칠 수 있는 추천의 동기는 추천에 따라 투자 판단을 하려는 합리적인 투자자가 중요하게 고려할 상당한 개연성이 있는 사항에 해당하므로, 특정 증권을 추천하기 전에 자신의 계산으로 그 증권을 매수한 투자자문업자 등이 그 증권에 관한 자신의 이해관계를 공시하지 않고 추천하면 상대방에게 개인적인 이해관계 없이 객관적인 동기에서 그 증권을 추천한다는 오해를 초래할 수 있다.

위와 같은 제반 사정을 고려하면, 투자자문업자 등이 추천하는 증권을 자신이 선행매수하여 보유하고 있고 추천 후에 이를 매도할 수도 있다는 그 증권에 관한 자신의 이해관계를 표시하지 않은 채 그 증권의 매수를 추천하는 행위는 자본시장과 금융투자업에 관한 법률 제178조 제1항 제1호에서 말하는 '부정한 수단, 계획, 기교를 사용하는 행위'에 해당하는 한편, 투자자들의 오해를 초래하지 않기 위하여 필요한 중요사항인 개인적인 이해관계의 표시를 누락함으로써 투자자들에게 객관적인 동기에서 그 증권을 추천한다는 인상을 주어 거래를 유인하려는 행위로서 같은 법 제178조 제2항에서 정한 '위계의 사용'에도 해당한다.

금융투자상품에서 정한 권리행사나 조건성취에 영향을 주는 행위를 하였다면, 이는 그 금융투자상품의 거래와 관련하여 부정행위를 한 것으로서 자본시장법 제178조제1항제1호를 위반한 행위에 해당한다고 볼 수 있다.[1126]

2) 허위 또는 부실표시의 사용

제2호는 중요사항에 관하여 허위 또는 부실표시 문서 등의 사용을 통해 재산상의 이익을 얻고자 하는 행위를 금지한다. 따라서 제1호와 달리 '허위 또는 부실표시 문서 등의 사용 행위' 외에 '재산상의 이익 목적'의 주관적 요건을 필요로 한다. 다만, 재산상의 이익을 현실적으로 얻었을 것을 요구하는 것은 아니다.[1127] 또한 재산상의 이익의 범위와 관련하여서도 행위자가 증권의 매매를 통해 얻는 개인적이고 유형적인 경제적 이익에 한정된 개념은 아니며, 기업의 경영권 획득, 지배권 확보, 회사 내에서의 지위 상승 등 무형적 이익은 물론이고, 손실을 회피하는 경우와 같은 소극적 이득, 더 나아가 아직 현실화되지 않는 장래의 이득도 모두 포함하는 포괄적인 개념으로 해석하는 것이 상당할 것이다.[1128]

그리고 '중요사항'이란 제174조 미공개정보이용행위 금지조항에서 다루었던 바와 같이,'일반인에게 공개되지 아니한 중요한 정보'와 궤를 같이 하는 것으로서,[1129] 투자자의 투자판단에 영향을 미치는 중요한 정보라고 할 것이다. 구체적으로는 해당 법인의 재산·경영에 관하여 중대한 영향을 미치거나 특정 증권 등의 공정거래와 투자자 보호를 위하여 필요한 사항으로서 투자자의 투자판단에 영향을 미칠 수 있는 사항을 의미한다.[1130]

따라서 중요사항에 관하여 허위 또는 부실 표시된 재무제표가 구체적인 상황에서 투자자의 투자 판단에 영향을 미칠 수 있는 사항에 관하여 오해를 유발할 수 있음을 알면서도, 이를 금전, 그 밖의 재산상의 이익을 얻는 기회로 삼기 위하여 적극적으로 활용하는 행위는 자본시장법 제178조제1항제2호에서 정한 '문서의 사용행위'에 포함될 수 있다.

또한, 중요사항에 관하여 허위 또는 부실 표시된 문서를 거래소를 통하여 이미 공시한 상태에서 이를 단순히 시정하지 않고 방치하는 데 그치는 것이 아니라, 구체적인 상황에서 그 문서가 투자자의 투자판단에 영향을 미칠 수 있는 사항에 관하여 오해를 유발할 수 있는 상황임을 알면서도, 이를 금전 기타 재산상의 이익을 얻는 기회로 삼기 위해서 유사한 취지의 허위 또는 부실

1126 대법원 2016. 3. 24. 선고 2013다2740 판결.
1127 대법원 2006. 4. 14. 선고 2003도6759 판결, 대법원 2015. 1. 15. 선고 2014도9691 판결 등.
1128 대법원 2009. 7. 9. 선고 2009도1374 판결, 대법원 2002. 7. 22. 선고 2002도1696 판결 등.
1129 대법원 2009. 7. 9. 선고 2009도1374 판결.
1130 대법원 2011. 10. 27. 선고 2011도8109 판결, 대법원 2014. 1. 16. 선고 2013도9933 판결 등.

표시 문서를 계속 거래소에 보고하는 등의 방법으로 적극적으로 활용하는 행위는 위 조항에서 정한 문서의 이용행위에 포함될 수 있다.[1131]

그리고 만약 타인에게 오해를 유발하게 함으로써 금전, 그 밖의 재산상의 이익을 얻고자 중요 사항에 관하여 거짓의 기재 또는 표시를 한 문서를 사용한다면, 자본시장법 제178조제1항제2호의 문언 해석상 바로 위 조항 위반죄가 성립하고, 문서의 사용행위로 인하여 실제로 타인에게 오해를 유발하거나 금전, 그 밖의 재산상의 이익을 얻을 필요까지는 없다. 따라서 거짓의 기재 또는 표시를 한 문서의 사용행위와 타인의 오해 사이의 인과관계 유무는 위 조항 위반죄의 성립에 영향을 미치지 아니 한다.[1132]

아울러. 해당 조문의 전신격인 구 증권거래법 제188조의4제4항제2호는 "중요한 사항에 관하여 허위의 표시를 하거나 필요한 사실의 표시가 누락된 문서를 이용하여 타인에게 오해를 유발하게 함으로써 금전 기타 재산상의 이익을 얻고자 하는 행위"라고 규정하고 있기에 그 동안 대법원 판례들은 허위・부실 표시 문서를 이용한 불공정거래행위를 금지하는 구 증권거래법 제188조의4제4항제2호에서 그 오해유발행위의 매체가 '문서'에 국한되는 것으로 판단하였지만,[1133] 자본시장법은 이와 달리, '문서, 그 밖의 기재 또는 표시를 사용하여'라고 규정하고 있기에 종래와 같이 허위 또는 부실표시의 사용대상에 문서로 국한될 필요는 없을 것이다.

3) 허위시세의 이용

제3호는 금융투자상품의 매매, 그 밖의 거래를 유인할 목적으로 거짓의 시세를 이용하는 행위를 금지한다. 이는 매매 유인 목적의 제176조제2항과 유사하지만, 동 조항이 적용대상을 상장증권과 장내파생상품으로 제한하고 있는 것에 비하면, 제3호의 적용 폭은 더 넓고, 또한 시세조종행위는 거래 유인목적으로 허위의 시세를 만드는 행위를 하는 것인 반면, 해당 규정이 금지하는 것은 허위의 시세를 거래 유인 목적으로 이용하는 행위라는 점에서 차이가 있다.

1131 대법원 2009. 7. 9. 선고 2009도1374 판결 참조.

1132 대법원 2006. 4. 14. 선고 2003도6759 판결, 대법원 2015. 1. 15. 선고 2014도9691 판결 등.

1133 대법원 2010. 12. 9. 선고 2009도6411 판결, 대법원 2009. 7. 9. 선고 2009도1374 판결 등; 구체적인 예로는 피고인들이 주식의 대량보유보고 및 소유주식상황변동보고를 하지 않는 방법으로 일반투자자들로 하여금 외국인들의 정상적인 투자나 지분변동이 있는 것과 같은 오해를 유발하였다는 내용으로 기소된 사안에서, 위 행위가 '문서의 이용'에 관한 것이라 할 수 없는데도, 위 문서이용 오해유발에 의한 사기적 부정거래의 공소사실을 유죄로 인정한 원심판단에 법리오해의 위법이 있다고 한 사례(대법원 2010. 12. 9. 선고 2009도6411 판결)가 있다.

4) 풍문의 유포 등

자본시장법은 누구든지 금융투자상품의 매매, 그 밖의 거래를 할 목적이나 그 시세의 변동을 도모할 목적으로 풍문의 유포, 위계(僞計)의 사용, 폭행 또는 협박을 하여서는 아니 된다고 규정하고 있다(法 제178조제2항).

일본 金商法도 자본시장법과 동일하게 누구든지 유가증권의 모집, 매출 혹은 매매 기타 거래 혹은 파생상품거래 등을 위해, 또는 유가증권등(유가증권 혹은 옵션 또는 파생상품거래에 관계된 금융상품(유가증권을 제외) 혹은 금융지표를 말한다. 제168조제1항, 제173조제1항 및 제197조제2항에서 같음)의 시세 변동을 도모할 목적으로 풍설을 유포하고, 위계를 사용하거나 또는 폭행 혹은 협박을 하여서는 아니 된다고 규정하고 있다(金商法 제158조).[1134]

자본시장법은 상술한 시세조종에 대하여도 이와 유사한 금지 규정을 두고 있다. 즉, 시세가 자기 또는 타인의 시장 조작에 의하여 변동한다는 말을 유포하는 행위(法 제176조제2항제2호), 또는 중요한 사실에 관하여 거짓의 표시 또는 오해를 유발시키는 표시를 하는 행위를 금지한다(法 제176조제2항제3호).

하지만, 부정거래행위를 금지하는 자본시장법 제178조제2항은 상술한 바 있는 시세조종행위 규제와 유포하는 정보의 내용 및 적용범위 측면에서 상이하다. 먼저 이 규정은 금융투자상품의 매매, 그 밖의 거래 및 그 시세의 변동을 적용대상으로 함으로써 적용범위가 매우 넓다.[1135] 그리고 유포하는 정보의 내용과 관련하여서도 시세조종행위 규제에서는 시세가 조작에 의해 변동된다는 내용으로 그 내용이 한정되나, 동 조항은 그러하지 아니 한다.

동 조항이 금지하는 풍문의 유포와 관련하여 구 증권거래법은 '허위의 사실 기타 풍설을 유포하는 행위'를 금지대상으로 규정하였으므로, 규정 형식상 풍설도 일체의 거짓 소문으로 해석하고 있었다.[1136] 하지만, 자본시장법은 그 체계를 달리하여 단순히 '풍문'이라고 규정하고 있으므로 결과적으로 진위여부가 중요한 것은 아니고, 다만 풍문을 유포하는 자가 해당 풍문에 합리적

1134 金商法 제158조, 何人も、有価証券の募集、売出し若しくは売買その他の取引若しくはデリバティブ取引等のため、又は有価証券等（有価証券若しくはオプション又はデリバティブ取引に係る金融商品（有価証券を除く。）若しくは金融指標をいう。第百六十八条第一項、第百七十三条第一項及び第百九十七条第二項において同じ。）の相場の変動を図る目的をもつて、風説を流布し、偽計を用い、又は暴行若しくは脅迫をしてはならない

1135 자본시장법 제176조 시세조종행위 규제에서는 연계시세조종행위를 제외하고는 그 증권 또는 장내파생상품의 매매와 관련한 것을 규제의 대상으로 제한하고 있다.

1136 임재연(2018), 앞의 책, 1035면, 이와 관련하여 임재연 변호사는 구 증권거래법상 "허위"는 객관적 기준에 의하여 판단하여야 하므로 행위자가 허위사실이라고 믿었더라도 실제로는 진실이었다면 금지대상이 아니고, 실제로는 허위사실이었다 하더라도 행위자가 허위라는 사실을 몰랐다면 이것도 금지대상이 아니다. "고의로"라는 요건이 요구되기 때문이라고 설명하고 있다.

근거가 없다는 것을 인식하고 하는 행위일 필요는 있을 것이다.[1137][1138]

아울러 제178조제2항은 금융투자상품의 매매, 그 밖의 거래를 할 목적이나 그 시세의 변동을 도모할 목적으로 '위계의 사용'을 금지한다. 형법 상 위계는 행위자가 행위목적을 이루기 위하여 상대방에게 오인, 착각, 부지를 일으키게 하여 그 오인, 착각, 부지를 이용하는 것으로서 이해된다.[1139]

구 증권거래법 상 위계의 사용으로 인정된 사례를 보면, 상장법인 등이 재무구조에 변경을 초래하는 감자 또는 증자(이하 '감자 등'이라고 한다)에 관한 정보를 스스로 공표하는 경우, 그러한 정보는 주주의 지위 및 증권시장의 주가 변동에 직접적이고 중대한 영향을 미칠 뿐만 아니라 투자자들은 언론이나 투자분석가들이 예측 또는 전망을 한 경우와는 달리 정확성과 신뢰성이 훨씬 높다고 평가하는 것이 일반적이므로, 상장법인 등의 임직원으로서는 그러한 정보의 공표로 인하여 투자자들의 오인·착각을 유발하지 않도록 합리적인 근거에 기초하여 성실하게 정보를 공표하여야 한다. 만일 이와 달리 상장법인 등이 객관적으로 보아 감자 등을 할 법적 또는 경제적 여건을 갖추고 있지 아니하거나 또는 임직원이 감자 등을 진지하고 성실하게 검토·추진하려는 의사를 갖고 있지 않은데도, 감자 등의 검토계획을 공표하면 투자자들이 그 실현가능성이 높은 것으로 판단하여 주식거래에 나설 것이고 이로 인하여 주가의 변동이 초래될 것이라고 인식하면서도 그에 따른 이득을 취할 목적으로 검토계획의 공표에 나아간 경우에는, 이러한 행위는 투자자들의 오인·착각을 이용하여 부당한 이득을 취하려는 기망적인 수단, 계획 내지 기교로서 구 증권거래법 제188조의4제4항제1호에서 정한 '위계를 쓰는 행위'에 해당한다.[1140]

동 판결은 '위계를 쓰는 행위'에 대하여 거래 상대방이나 불특정 투자자들을 기망하여 일정한 행위를 유인할 목적으로 수단, 계획, 기교 등을 쓰는 행위를 말한다고 정의한다.[1141] 따라서 위계의 상대방이 반드시 거래의 상대방일 필요는 없으며, 불특정 다수를 대상으로 하는 위계도 여기에 해당할 수 있다. 그리고 여기서 기망이라 함은 객관적 사실과 다른 내용의 허위사실을 내세우는 등의 방법으로 타인을 속이는 것을 의미한다.[1142]

1137 일본 金商法 제158조의 풍설의 유포(風説を流布し)와 관련하여 행위자가 해당 풍설에 합리적 근거가 없는 것을 인식하고 있을 필요가 있다고 보는 견해가 다수설이다(川村正幸(2014), 앞의 책, 579면).

1138 이와는 달리 자본시장법이 허위내용을 요건으로 하지 않으므로 행위자가 진실이라고 믿었더라도 금지대상이 된다는 견해가 있다(임재연(2018), 앞의 책, 1035면).

1139 대법원 2009. 4. 23. 선고 2007도1554 판결; 위계의 경우, 상대방이 이에 따라 그릇된 행위나 처분을 하여야만 위 죄가 성립한다. 형법 제137조 위계에 의한 공무집행방해와 관련하여 "그러한 행위가 구체적인 직무집행을 저지하거나 현실적으로 곤란하게 하는 데까지는 이르지 않은 경우에는 위계에 의한 공무집행방해죄로 처벌할 수 없다"고 판시한 바 있다(동 판결).

1140 대법원 2011. 3. 10. 선고 2008도6335 판결.

1141 대법원 2011. 3. 10. 선고 2008도6335 판결.

다. 위반행위에 따른 책임

1) 형사책임

자본시장법 상 부정거래행위를 금지하는 법 제178조를 위반하는 경우에는 미공개정보이용행위의 위반의 경우와 마찬가지로 손해배상책임은 물론이고, 엄중한 형사책임(法 제443조)과 행정제재(法 제420조제1항제6호, 令 제373조제1항제21호)[1143]가 부과된다. 그 내용은 대동소이하다.

부정거래행위 역시 양벌규정이 적용되어, 법인(단체를 포함한다)의 대표자나 법인 또는 개인의 대리인, 사용인, 그 밖의 종업원이 그 법인 또는 개인의 업무에 관하여 부정거래행위에 해당하는 위반행위를 한 경우에는 그 행위자를 벌하는 것 외에 그 법인 또는 개인에게도 해당 조문의 벌금형이 부과된다(法 제448조).[1144]

여기서 사용인, 종업원에는 정식고용계약이 체결되지 않은 경우에도 직접 또는 간접으로 법인 또는 개인의 통제 감독 하에 있는 자도 포함되는 개념이다.[1145] 아울러, 해당 행위를 하여 취득한 재산은 몰수하며, 몰수할 수 없는 경우에는 그 가액을 추징한다(法 447조의2).

자본시장법은 제178조를 위반하여 부정거래행위를 한 자에 대해서 엄중한 처벌 규정을 두고 있다. 기본적으로는 다음 각 호의 자는 1년 이상의 유기징역 또는 그 위반행위로 얻은 이익 또는 회피한 손실액의 3배 이상 5배 이하에 상당하는 벌금에 처한다(法 제443조본문).

- 금융투자상품의 매매(증권의 경우 모집・사모・매출을 포함한다), 그 밖의 거래와 관련하여 제178조제1항 각 호의 어느 하나에 해당하는 행위를 한 자(法 제443조제8호)
- 제178조제2항을 위반하여 금융투자상품의 매매(증권의 경우 모집・사모・매출을 포함한다), 그 밖의 거래를 할 목적이나 그 시세의 변동을 도모할 목적으로 풍문의 유포, 위계의 사용, 폭행 또는 협박을 한 자(法 제443조제9호)

다만, 그 위반행위로 얻은 이익 또는 회피한 손실액이 없거나 산정하기 곤란한 경우 또는 그 위반행위로 얻은 이익 또는 회피한 손실액의 5배에 해당하는 금액이 5억원 이하인 경우에는 벌금의 상한액을 5억원으로 한다(法 제443조단서). 또한, 징역에 처하는 경우에는 벌금이 병과된

1142 대법원 2010. 12. 9. 선고 2009도6411 판결.

1143 자본시장법 제420조(금융투자업자에 대한 조치) ① 금융위원회는 금융투자업자가 다음 각 호의 어느 하나에 해당하는 경우에는 제12조에 따른 금융투자업인가 또는 제18조・제117조의4 및 제249조의3에 따른 금융투자업등록을 취소할 수 있다.

1144 다만, 법인 또는 개인이 그 위반행위를 방지하기 위하여 해당 업무에 관하여 상당한 주의와 감독을 게을리 하지 아니한 경우에는 그러하지 아니하다(法 제448조단서).

1145 대법원 1993. 5. 14. 선고 93도344 판결.

다(法 제447조제1항). 이는 법원이 재량으로 그 병과 여부를 정할 수 있는 것과는 다르다.[1146]

아울러, 위반행위로 인한 금액이 과다한 경우에는 가중 처벌한다.[1147] 위반행위로 얻은 이익 또는 회피한 손실액이 5억원 이상인 경우에는 제1항의 징역을 다음 각 호의 구분에 따라 가중한다(법 제443조제2항).

1. 이익 또는 회피한 손실액이 50억원 이상인 경우에는 무기 또는 5년 이상의 징역
2. 이익 또는 회피한 손실액이 5억원 이상 50억원 미만인 경우에는 3년 이상의 유기징역

그리고 제1항 또는 제2항에 따라 징역에 처하는 경우에는 10년 이하의 자격정지를 병과(竝科)할 수 있다(법 제443조제3항).

일본 金商法은 시세조종과 더불어 부정거래행위 역시 金商法 상 최고 가중한 형벌을 규정한다. 부정거래행위 등을 위반한 자는 10년 이하의 징역 혹은 천만엔 이하의 벌금 또는 이를 병과한다(金商法 제197조제1항제5호),[1148] 다만, 상품관련 시장파생상품거래의 경우에는 5년 이하의 징역 혹은 500만엔 이하의 벌금 또는 이를 병과한다(金商法 제197조의2제13호).[1149] 그리고 재산상의 이익을 얻을 목적으로 부정거래행위를 위반하여 유가증권 등의 시세를 변동시키거나 또는 고정・안정시키고, 그 변동시키거나 또는 고정・안정시킨 시세에 의하여 해당 유가증권등에 관계된 유가증권의 매매, 기타 거래 또는 파생상품거래등을 행한 자(상품관련 시장파생상품 거래에만 관계된 것인 경우는 제외)는 10년 이하의 징역 또는 3천만엔 이하의 벌금에 처한다(金商法 제197조제2항).[1150] 내부자 거래와 마찬가지로 법인(법인이 아닌 단체의 대표자 또는 관리인의 규정이 있는 것을 포함한다)의 대표자 또는 법인 혹은 사람의 대리인, 사용인 그 밖의 종업원이 내부자

1146 제444조부터 제446조까지의 규정에 해당하는 죄를 범한 자에게는 징역과 벌금을 병과할 수 있다(法 제447조제2항).

1147 책임과 형벌 간의 비례원칙과 관련해서는 미공개정보이용행위에서 설명한 내용을 참조.

1148 金商法 제197조제1항제5호, 次の各号のいずれかに該当する者は、十年以下の懲役若しくは千万円以下の罰金に処し、又はこれを併科する。
五 第百五十七条、第百五十八条又は第百五十九条の規定に違反した者（当該違反が商品関連市場デリバティブ取引のみに係るものである場合を除く。）

1149 金商法 제197조의2제13호, 次の各号のいずれかに該当する者は、五年以下の懲役若しくは五百万円以下の罰金に処し、又はこれを併科する。
十三 第百五十七条、第百五十八条若しくは第百五十九条の規定に違反した者（当該違反が商品関連市場デリバティブ取引のみに係るものである場合に限る。）又は第百六十六条第一項若しくは第三項若しくは第百六十七条第一項若しくは第三項の規定に違反した者

1150 金商法 제197조제2항, 財産上の利益を得る目的で、前項第五号の罪を犯して有価証券等の相場を変動させ、又はくぎ付けし、固定し、若しくは安定させ、当該変動させ、又はくぎ付けし、固定し、若しくは安定させた相場により当該有価証券等に係る有価証券の売買その他の取引又はデリバティブ取引等を行つた者（当該罪が商品関連市場デリバティブ取引のみに係るものである場合を除く。）は、十年以下の懲役及び三千万円以下の罰金に処する。

거래를 한 경우에는 그 행위자에게 벌칙을 부과하는 것 외에 양벌규정이 적용된다, 다만, 벌금액은 상향되어 법인에게도 7억엔 이하의 벌금형을 부과한다(金商法 제207조제1항제1호).[1151] 아울러 부정거래행위 위반으로 인해 얻은 재산은 몰수한다. 그러나 그 취득 상황, 손해배상의 이행 상황, 기타 사정에 비추어 해당 재산의 전부 또는 일부를 몰수함이 상당하지 아니한 때에는 이를 몰수하지 않을 수 있다(金商法 제198조의2제1항)[1152]고 하여 자본시장법 상 당연 몰수인 경우와 차이가 있다.

상술한 바대로, 자본시장법 제443조제1항단서 및 제2항은 '위반행위로 얻은 이익'을 범죄구성요건의 일부로 삼아 그 가액에 따라 그 죄에 대한 형벌을 가중하고 있으므로, 위반행위로 얻은 이익을 정확히 산정하는 것은 매우 중요한 기초가 되어야 한다.

위반행위로 얻은 이익의 가액을 엄격하고 신중하게 산정함으로써 범죄와 형벌 사이에 적정한 균형이 이루어져야 한다는 죄형균형원칙이나 형벌은 책임에 기초하고 책임에 비례하여야 한다는 책임주의원칙이 훼손되지 않도록 하여야 한다.[1153] 여기서, '위반행위로 얻은 이익'이란 그 위반행위와 관련된 거래로 인한 이익을 말하며, 위반행위로 인하여 발생한 위험과 인과관계가 인정되는 것을 의미한다. 통상적인 경우에 부정거래행위로 얻은 이익은 그 부정거래행위와 관련된 유가증권거래의 총 매도금액에서 총 매수금액 및 그 거래비용을 공제한 나머지 순 매매이익을 의미하며, 그와 같은 이익을 산정할 때에는 불공정거래행위 개시 후 종료 시점까지의 구체적 거래로 인한 이익 및 불공정거래행위 종료 시점 당시 보유 중이던 불공정거래 대상 주식의 평가이익 등이 모두 포함되어야 한다.[1154]

또한, 위반행위로 얻은 이익이 위반행위로 인하여 발생한 위험과 인과관계가 인정되는 이익을

1151 金商法 제207조제1항제1호, 法人（法人でない団体で代表者又は管理人の定めのあるものを含む。以下この項及び次項において同じ。）の代表者又は法人若しくは人の代理人、使用人その他の従業者が、その法人又は人の業務又は財産に関し、次の各号に掲げる規定の違反行為をしたときは、その行為者を罰するほか、その法人に対して当該各号に定める罰金刑を、その人に対して各本条の罰金刑を科する。

一　第百九十七条　七億円以下の罰金刑

1152 金商法 제198조의2제1항, 次に掲げる財産は、没収する。ただし、その取得の状況、損害賠償の履行の状況その他の事情に照らし、当該財産の全部又は一部を没収することが相当でないときは、これを没収しないことができる。

一 第百九十七条第一項第五号若しくは第二項又は第百九十七条の二第十三号の罪の犯罪行為により得た財産

二 前号に掲げる財産の対価として得た財産又は同号に掲げる財産がオプションその他の権利である場合における当該権利の行使により得た財産

1153 대법원 2011. 10. 27. 선고 2011도8109 판결.

1154 대법원 2016. 8. 29. 선고 2016도6297 판결, 대법원 2012. 6. 28. 선고 2012도3782 판결, 대법원 2013. 4. 11. 선고 2012도14446 판결 등.

의미하므로, 여러 사람이 공동으로 시세조종 등 불공정거래의 범행을 저지른 경우에는 그 범행으로 얻은 이익은 범행에 가담한 공범 전체가 취득한 이익으로 보아야 한다.[1155]

위반행위로 얻은 이익은 해당 위반행위로 행위자가 얻은 인과관계 있는 이익 전부를 의미하므로, 거기에는 부정거래행위 기간 중에 한 구체적 거래로 인하여 이미 발생한 실현이익 외에도 미실현 평가이익도 포함된다. 이를 평가하는 방법과 관련하여 논의가 있을 수 있는데, 이와 관련하여 법원은 그 기준을 제시한 바 있다.

법원은 미실현 평가이익을 산정함에 있어서는 특별한 사정이 없는 한 시세조종행위가 종료될 당시를 기준으로 산정할 것이고, 이는 처분을 전제로 하지 않고 보유하고 있는 주식의 가치를 평가하여 위반행위로 인하여 발생한 위험과 인과관계가 인정되는 이익을 산정하는 것이므로, 실현이익을 산정하는 경우 실제 처분 시 소요된 거래비용 등을 공제하여야 하는 것과 달리 장래 처분 시 예상되는 거래비용 등을 공제하여 산정할 것은 아니라고 판시하여 그 기준을 제시하였다.[1156]

또한, 구체적인 사안에서 위반행위로 얻은 이익의 가액을 위반행위와 관련된 거래로 인한 총수입에서 거래를 위한 총비용을 공제한 차액으로 인정하는 통상적 산출방법에 의하는 것이 부당하다고 볼 만한 사정이 있는 경우에는, 사기적 부정거래행위를 근절하려는 자본시장법 제443조의 입법 취지와 형사법의 대원칙인 책임주의를 염두에 두고 위반행위의 동기, 경위, 태양, 기간, 제3자 개입 여부, 증권시장 상황 및 그 밖에 주가에 중대한 영향을 미칠 수 있는 제반 요소들을 전체적·종합적으로 고려하여 인과관계가 인정되는 이익을 산정해야 하며, 그에 관한 증명책임은 검사가 부담한다.[1157]

그리고 범죄사실의 인정은 합리적인 의심이 없는 정도의 증명에 이르러야 하나(형사소송법 제307조 제2항), 사실 인정의 전제로 행하여지는 증거의 취사선택 및 증거의 증명력은 사실심 법원의 자유판단에 속한다(형사소송법 제308조).[1158]

부정거래행위 등 불공정거래행위는 근본적으로 자본시장에 참여하는 투자자를 보호하며 자본시장의 공정성·신뢰성 및 효율성을 높여 국민경제의 발전에 이바지하고자 하는 자본시장법의 목적을 크게 저해하게 하는 행위로서 사전에 방지하는 효과를 위해서라도 엄중한 처벌이 요구된다고 하겠다.

1155 대법원 2016. 8. 29. 선고 2016도6297 판결, 대법원 2011. 10. 27. 선고 2011도8109 판결, 대법원 2010. 12. 9. 선고 2009도6411 판결 등.

1156 대법원 2013. 7. 11. 선고 2011도15056 판결.

1157 대법원 2013. 7. 11. 선고 2011도15056 판결.

1158 대법원 2016. 8. 29. 선고 2016도6297 판결.

그리하여 위반행위로 얻은 이익 외에 불공정거래행위에 동원된 금액 또는 불공정거래행위와 관련하여 이루어진 총주문액을 자본시장법상 부당이득과 선택적 또는 병존적인 형벌 가중 기준으로서 도입할 필요가 있다는 견해도 있을 수 있으나,[1159] 위반행위로 얻은 이익이 범죄구성요건의 일부로 되어 그 가액에 따라 그 죄에 대한 형벌을 가중하고 있으므로, 그 가액은 엄격하고 신중하게 산정함으로써 범죄와 형벌 사이에 적정한 균형이 이루어져야 한다는 죄형균형원칙이나 형벌은 책임에 기초하고 책임에 비례하여야 한다는 책임주의원칙이 훼손되지 않도록 하여야 한다는 점 또한 상기할 필요가 있다고 하겠다.

2) 손해배상책임

자본시장법은 형사처벌 외에도 법 제179조에 손해배상책임 규정을 마련하고 있다. 즉, 제178조를 위반한 자는 그 위반행위로 인하여 금융투자상품의 매매, 그 밖의 거래를 한 자가 그 매매, 그 밖의 거래와 관련하여 입은 손해를 배상할 책임을 진다(法 제179조제1항).

이는 민법 제750조 불법행위에 기한 손해배상청구에 대한 특칙이라고 할 것이다. 자본시장법 제179조와 민법 제750조는 청구권경합의 관계에 있으므로 법원의 청구권경합설에 따라 선택적으로 청구권을 행사할 수 있다.

법 제179조는 그 위반행위로 인하여 금융투자상품의 매매, 그 밖의 거래를 한 자가 손해배상의 청구권자가 되며, 법 제178조를 위반한 자는 그 매매, 그 밖의 거래와 관련하여 입은 손해를 배상할 책임을 지도록 규정하고 있으므로, 미공개중요정보 이용행위 위반에 따른 손해배상청구(법 제175조) 또는 시세조종행위 위반에 따른 손해배상청구(법 제177조) 등과 달리, 법문의 해석상 거래인과관계와 손해인과관계를 동시에 입증할 필요가 있는 것처럼 보여 진다. 이렇게 될 경우 굳이 자본시장법에 별도의 손해배상 관련 특칙을 마련할 이유가 없어 입법상 미비라는 주장도 있으나, 대법원 판결에 비추어 볼 때,[1160] 불공정행위의 위반과 관련하여 위반행위와 거래 간의 인과관계가 요구되지 않는다고 해석하는 방향으로 정리되었으므로 이 부분에 대한 논의는 일단락되었다고 할 것이다.[1161] 다만, 포괄규정이라는 점을 감안할 때 적용에 있어 주의가 필요하며, 물론 피고가 거래인과 관계가 없음을 증명한 경우에는 당연히 손해배상청구는 기각될 것이다.

손해배상청구권자와 관련하여 위반행위로 인하여 금융투자상품의 매매, 그 밖의 거래한 자가 아님에도 불구하고, 거래를 한 시점이 위반행위와 관련이 없는 경우에도 위반행위로 인하여 금융

1159 김건식・정순섭(2013), 앞의 책, 486면.

1160 대법원 2015. 4. 9. 자 2013마1052,1053 결정.

1161 임재연(2018), 앞의 책, 1077면 참조.

투자상품 투자자의 권리·의무의 내용이 변경되거나 결제되는 금액이 달라져 투자자가 손해를 입었다면 투자자는 부정거래행위자에 대하여 자본시장법 제179조제1항에 따라 손해배상을 청구할 수 있다고 하여 청구권자의 범위를 넓게 해석한 판례가 있다.[1162]

또한, 부정거래행위 위반으로 인한 손해배상 책임자의 범위와 관련하여서도 법원은 최근 폭넓게 인정하는 견해를 밝힌 바 있다. 즉, 제178조제1항제1호, 제179조제1항에서 시세조종행위 등 사회통념상 부정하다고 인정되는 수단이나 기교 등을 사용한 자로서 금융투자상품의 거래와 관련하여 입은 손해를 배상할 책임을 지는 부정거래행위자와 관련하여 법원은 금융투자상품의 거래에 관여한 발행인이나 판매인뿐 아니라, 발행인과 스와프계약 등 금융투자상품과 연계된 다른 금융투자상품을 거래하여 권리행사나 조건성취와 관련하여 투자자와 대립되는 이해관계를 가지게 된 자도 포함되는 것으로 범위를 넓게 해석하였다.[1163]

부정거래행위 위반과 관련한 손해배상청구권은 청구권자가 제178조를 위반한 행위가 있었던 사실을 안 때부터 2년간 또는 그 행위가 있었던 때부터 5년간 이를 행사하지 아니한 경우에는 시효로 인하여 소멸한다(法 제179조제2항). 2018년 개정 전에는 행위가 있었던 사실을 안 때부터 1년간, 그 행위가 있었던 때부터 3년간으로 시효를 제한하고 있었으나, 기간을 연장하였다. 이와 같이 손해배상청구권의 소멸시효기간을 단기로 한 취지는 유가증권거래로 인한 분쟁을 빨리 끝냄으로써 유가증권 시장의 안정을 도모하고자 함에 있다.

여기서, 소멸시효의 기산점이 관련하여 다툼이 있는데, 법원은"위반행위가 있었던 사실을 안 때"라 함은 문언 그대로 피해자가 소정의 불공정거래행위가 있었다는 사실을 현실적으로 인식한 때라고 볼 것이고, 그 인식의 정도는 일반인이라면 불공정행위의 존재를 인식할 수 있는 정도면 족하다고 판시하고 있다.[1164] 즉, 불공정거래에 대한 법원의 확정 판결 등이 요건은 아니다.[1165]

1162 대법원 2015. 4. 9. 자 2013마1052,1053 결정.

1163 대법원 2016. 3. 24. 선고 2013다2740 판결.

1164 대법원 1993. 12. 21. 선고 93다30402 판결.

1165 [서울고등법원 2018. 2. 9. 선고 2017나2023996 판결] 시효의 기산점과 관련하여 형사소송에서 제1심 형사판결이 선고된 2016. 1. 25. 또는 관련 민사소송에서 피고들의 손해배상책임을 인정한 판결이 선고되기 시작한 2015. 11.경부터 시효가 기산된다는 원고측의 주장이 있었으나, 법원은 이 사건 시세조종 행위는 2010. 11. 11.에 있었고, 금융위원회 및 금융감독원이 2011. 2. 23. "증권선물위원회에서 피고들 직원들의 시세조종행위를 확인하고 검찰 고발, 정직요구, 영업정지 등의 제재를 부과하기로 결정하였다."는 내용의 공식발표를 한 사실이 인정되므로, 원고는 늦어도 위 금융위원회 및 금융감독원의 공식 발표 시점에 피고들이 자본시장법 제176조 위반행위를 하였음을 알았다고 봄이 상당하다고 하여 원고측의 주장을 기각하였다. 대법원에서도 심리불속행 기각 처리되어 동 사건의 소멸시효 기산일은 2011. 2. 23.일로 확정되었다.
그러나 동 사건과 관련하여 개인투자자가 원고가 되어 진행한 소송에서 기관투자자가 원고였던 위의 결과와 달리 대법원은 첫 민사판결이 나왔던 2015년 11월을 투자자들의 손해 인지시점으로 보고 파기

2. 시장질서 교란행위

가. 의의

불공정거래행위에 대해서는 매우 엄격한 책임이 부과된다. 형사처벌은 물론 손해배상에 대한 특칙도 자본시장법은 마련하고 있으며, 행정제재의 대상이 되기도 한다. 그러다 보니 범죄와 형벌 사이에 적정한 균형이 이루어져야 한다는 죄형균형원칙이나 형벌은 책임에 기초하고 책임에 비례하여야 한다는 책임주의원칙에 따라 그 요건도 엄격하여, 기존 불공정거래행위에 비하여 위법성의 정도는 낮으나 시장의 건전성을 훼손하는 시장질서 교란행위에 대해서는 적용이 어려운 점이 있었다.

따라서 시장질서 교란행위에 해당하는 경우에는 과징금을 부과하도록 함으로써 불공정거래 규제의 사각지대를 해소하고 투자자를 보호하고자 2014년 12월 30일(법률 제12947호) 자본시장법을 개정하여 시장질서 교란행위를 신설하고, 시장질서 교란행위에 대해서는 과징금을 부과하도록 하는 규정을 신설하였다(제178조의2 및 제429조의2 신설).

시장질서 교란행위에 대한 규제의 신설로 기존 불공정거래행위와 비교하여 미공개중요정보이용 및 시세조종 규제 범위가 확대되었다. 즉, 미공개정보이용행위 규제와 관련하여 2차 · 3차 정보수령자 등의 이용행위가 금지되며, 시세조종에 있어서도 목적성 없이 시세에 영향을 주는 행위 등을 규제의 대상으로 할 수 있게 되었다.

나. 규제 내용

1) 미공개중요정보이용

자본시장법은 다음의 제1호에 해당하는 자는 제2호에 해당하는 정보를 증권시장에 상장된 증권(제174조제1항에 따른 상장예정법인등이 발행한 증권을 포함한다)이나 장내파생상품 또는 이를 기초자산으로 하는 파생상품(이를 모두 포괄하여 이하 이 항에서 "지정 금융투자상품"이라 한다)의 매매, 그 밖의 거래(이하 이 조에서 "매매등"이라 한다)에 이용하거나 타인에게 이용하게

환송하는 판결을 내린 바 있다(대법원 2018. 7. 24. 선고 2018다 215664 판결). 이와 같이 동 사건에 대해 소멸시효의 기산시점을 기관투자자와 개인투자자 간에 달리 적용하는 것은 흥미롭다. 하지만 이에 대해서는 많은 논의가 필요할 것으로 보인다.

하는 행위를 하여서는 아니 된다 규정한다(法 제178조의2제1항).

[1호에 해당하는 자]

가. 제174조 각 항 각 호의 어느 하나에 해당하는 자로부터 나온 미공개중요정보 또는 미공개 정보인 정을 알면서 이를 받거나 전득(轉得)한 자

나. 자신의 직무와 관련하여 제2호에 해당하는 정보(이하 이 호에서 "정보"라 한다)를 생산하거나 알게 된 자

다. 해킹, 절취(竊取), 기망(欺罔), 협박, 그 밖의 부정한 방법으로 정보를 알게 된 자

라. 나목 또는 다목의 어느 하나에 해당하는 자로부터 나온 정보인 정을 알면서 이를 받거나 전득한 자

[2호에 해당하는 정보]

가. 그 정보가 지정 금융투자상품의 매매등 여부 또는 매매등의 조건에 중대한 영향을 줄 가능성이 있을 것

나. 그 정보가 투자자들이 알지 못하는 사실에 관한 정보로서 불특정 다수인이 알 수 있도록 공개되기 전일 것

따라서 미공개중요정보이용행위에 대한 규제(법 제174조)와 달리, 2차·3차 정보수령자 등도 규제 대상에 포함된다. 그리고 정보를 알게 된 자뿐만 아니라 생산한 자도 포함된다. 이는 그동안은 정보를 생산한 자는 규제 대상 행위자에 속하지 아니하여 즉, "해당 법인과 계약을 체결하고 있는 자" 또는 "해당 정보를 받은 자"모두에 해당하지 아니하여 처벌의 대상이 되지 아니하였으나, 시장질서 교란행위로는 처벌이 가능해 진 것이다.[1166]

규제 대상은 증권시장에 상장된 증권(제174조제1항에 따른 상장예정법인등이 발행한 증권을 포함한다)이나 장내파생상품 또는 이를 기초자산으로 하는 파생상품(이를 모두 포괄하여 이하 이 항에서 "지정 금융투자상품"이라 한다)으로 비상장증권을 제외한 모든 금융투자상품을 대상으로 하는 점에서 그 대상 또한 매우 넓다고 하겠다.

1166 이 사건 공소사실 기재 해당 정보인 "○○이 위 피고인에게 H 주식 290만 주를 양도하여 H 회사의 경영권을 양도한다"는 정보는 ○○이 그 소유의 주식을 위 피고인에게 처분함으로써 스스로 생산한 정보이지 직무와 관련하여 알게 된 정보가 아니고, 위 피고인은 해당 정보를 ○○으로부터 전달받은 자가 아니라 ○○과 이 사건 주식 양수계약을 체결한 계약 당사자로서 ○○과 공동으로 해당 정보를 생산한 자에 해당한다 할 것이므로, 원심이 위 피고인이 법 제188조의2 제1항 제4호의 "해당 법인과 계약을 체결하고 있는 자" 또는 법 제188조의2 제1항 소정의 "해당 정보를 받은 자"에 해당하지 아니 한다.

2) 배제 조항

앞서 살펴본 바대로 시장질서 교란행위 규제의 대상은 기존 불공정거래행위 규제와 비교한다면 그 대상이 매우 넓다고 할 것이다. 따라서 굳이 규제의 필요가 없는 투자자 보호 및 건전한 시장질서를 해할 우려가 없는 행위까지 포섭하는 문제를 극복하고자 자본시장법은 단서 조항 및 시행령을 통해 적용 배제하는 경우를 열거하고 있다(法 제178조의2단서).

첫째, 법 제174조 각 항 각 호의 어느 하나에 해당하는 자로부터 나온 미공개중요정보 또는 미공개정보인 정을 알면서 이를 받거나 전득(轉得)한 자(법 제178조의2제1항제1호가목)에 해당하는 자가 미공개중요정보 또는 미공개정보(법 제174조제2항 각 호 외의 부분 본문 또는 같은 조 제3항 각 호 외의 부분 본문에 따른 각 미공개정보를 말한다)를 알게 되기 전에 다음 각 목의 어느 하나에 해당하는 행위를 함으로써 그에 따른 권리를 행사하거나 의무를 이행하기 위하여 지정 금융투자상품(법 제178조의2제1항 각 호 외의 부분 본문에 따른 지정 금융투자상품을 말한다. 이하 이 조에서 같다)의 매매, 그 밖의 거래(이하 이 조에서 "매매등"이라 한다)를 하는 경우(令 제207조의2제1호)

가. 지정 금융투자상품에 관한 계약을 체결하는 행위

나. 투자매매업자 또는 투자중개업자에게 지정 금융투자상품의 매매등에 관한 청약 또는 주문을 제출하는 행위

다. 가목 또는 나목에 준하는 행위로서 금융위원회가 정하여 고시하는 행위,
여기서, "금융위원회가 정하여 고시하는 경우"란 「근로복지기본법」 제36조부터 제39조까지 또는 제44조에 따라 우리사주조합원이 우리사주조합을 통하여 회사의 주식을 청약하는 행위(그 취득한 주식을 같은 법 제43조에 따라 수탁기관에 예탁하는 경우만 해당한다)를 말한다(자본시장조사 업무규정 제55조제1항).

둘째, 법 제178조의2제1항제1호나목부터 라목까지의 규정에 해당하는 자가 법 제178조의2제1항제2호에 해당하는 정보를 생산하거나 그러한 정보를 알게 되기 전에 제1호 각 목에 해당하는 행위를 함으로써 그에 따른 권리를 행사하거나 의무를 이행하기 위하여 지정 금융투자상품의 매매등을 하는 경우(令 제207조의2제2호).

셋째, 법령 또는 정부의 시정명령·중지명령 등에 따라 불가피하게 지정 금융투자상품의 매매등을 하는 경우(令 제207조의2제3호).

넷째, 그 밖에 투자자 보호 및 건전한 거래질서를 저해할 우려가 없는 경우로서 금융위원회가 정하여 고시하는 경우(令 제207조의2제4호).

여기서, “금융위원회가 정하여 고시하는 경우”란 다음 각 호의 어느 하나에 해당하는 경우를 말한다(자본시장조사 업무규정 제55조제2항).

1. 법 제172조제1항제2호에 따른 증권예탁증권의 예탁계약 해지에 따라 법 제172조제1항제1호에 따른 증권을 취득하는 경우
2. 주식배당 또는 준비금의 자본금 전입에 의해 주식을 취득하는 경우
3. 증권시장과 파생상품시장 간의 가격 차이를 이용한 차익거래, 그 밖에 이에 준하는 거래로서 법 제178조의2제1항제2호에 해당하는 정보를 의도적으로 이용하지 아니하였다는 사실이 객관적으로 명백한 경우
4. 그 밖에 투자자보호 및 건전한 시장질서를 해할 우려가 없는 경우로서 증선위가 의결로써 인정하는 경우

3) 시세조종

누구든지 상장증권 또는 장내파생상품에 관한 매매등과 관련하여 다음 각 호의 어느 하나에 해당하는 행위를 하여서는 아니 된다. 다만, 그 행위가 제176조 또는 제178조에 해당하는 경우는 제외한다(法 제178조의2제2항).

1. 거래 성립 가능성이 희박한 호가를 대량으로 제출하거나 호가를 제출한 후 해당 호가를 반복적으로 정정・취소하여 시세에 부당한 영향을 주거나 줄 우려가 있는 행위
2. 권리의 이전을 목적으로 하지 아니함에도 불구하고 거짓으로 꾸민 매매를 하여 시세에 부당한 영향을 주거나 줄 우려가 있는 행위
3. 손익이전 또는 조세회피 목적으로 자기가 매매하는 것과 같은 시기에 그와 같은 가격 또는 약정수치로 타인이 그 상장증권 또는 장내파생상품을 매수할 것을 사전에 그 자와 서로 짠 후 매매를 하여 시세에 부당한 영향을 주거나 영향을 줄 우려가 있는 행위
4. 풍문을 유포하거나 거짓으로 계책을 꾸미는 등으로 상장증권 또는 장내파생상품의 수요・공급 상황이나 그 가격에 대하여 타인에게 잘못된 판단이나 오해를 유발하거나 상장증권 또는 장내파생상품의 가격을 왜곡할 우려가 있는 행위

시세조종과 관련한 시장질서 교란행위의 경우 상장증권 또는 장내파생상품을 대상으로 하는 것으로 미공개정보 이용행위 관련 시장질서 교란행위에 비해 그 대상이 좁은 편이다. 이는 ‘시장질서’와 ‘시세조종’ 두 가지 개념에 부합하는 대상은 시장에서 거래되는 증권 또는 파생상품이기에 이와 같이 정하였다고 보인다.

동 조항이 제176조 시세조종행위에 대한 규제와 다른 점은 거래성황오인목적이나 매매거래유

인목적 등이 요건이 아니라는 점이다. 따라서 이러한 목적을 증명하기 어려운 시세조종적 거래에는 시장질서 교란행위의 적용 여부가 검토될 수 있을 것이다.

아울러, 시장질서 교란행위는 기존 불공정거래행위인 176조(시세조종행위 등의 금지), 제178조(부정거래행위 등의 금지)와 양립해서 존재하지 않는다. 이러한 경우에 해당하는 경우에는 시장질서 교란행위에서 배제된다(法 제178조의2제2항단서). 즉, 동일사건에 대하여 형사처벌의 대상이 됨과 동시에 과징금 처벌의 대상이 되지는 않게 된다.

다. 위반행위에 따른 책임

금융위원회는 제178조의2를 위반한 자에 대하여 5억원 이하의 과징금을 부과할 수 있다. 다만, 그 위반행위와 관련된 거래로 얻은 이익(미실현 이익을 포함한다. 이하 이 조에서 같다) 또는 이로 인하여 회피한 손실액에 1.5배에 해당하는 금액이 5억원을 초과하는 경우에는 그 이익 또는 회피한 손실액의 1.5배에 상당하는 금액 이하의 과징금을 부과할 수 있다(法 제429의2).

과징금 부과의 주체는 금융위이나, 해당 위법행위에 대해 법 제173조의2제2항, 제174조, 제176조 또는 제178조 위반의 사유로 검찰 수사가 개시되거나 공소가 제기됨에 따라 각 급 검찰청의 장의 요청이 있을 때에는 법 제429조의2에 따른 과징금 부과를 유예할 수 있다. 이 경우 특별한 사정이 없는 한 금융위원회는 이에 협조하여야 한다(자본시장조사 업무규정 제25조제1항). 그리고 제1항의 경우에 금융위원회가 해당 위법행위에 대해 법 제173조의2제2항, 제174조, 제176조 또는 제178조 위반의 사유로 검찰수사가 개시되거나 공소가 제기된 사실을 확인한 때에도 이와 같다(자본시장조사 업무규정 제25조제2항).

이는 법 제173조의2제2항(장내파생상품의 대량보유 보고 등), 제174조(미공개중요정보 이용행위 금지), 제176조(시세조종행위 등의 금지), 제178조(부정거래행위 등의 금지)에 해당하는 기존의 불공정거래인 행위는 시장질서 교란행위 규제대상에서 제외된다(法 제178조의2단서). 즉, 시장질서 교란행위는 형사처벌의 대상이 아니며, 상기와 같은 불공정거래와 시장질서 교란행위는 양립하여 존재할 수 없다. 따라서 형사처벌의 대상으로 조사가 진행 중인 사안에 대해서는 과징금 부과를 유예하도록 하고 있는 것이다.

과징금 부과와 별도로, 시장질서 교란행위의 경우 여타의 불공정거래행위와 달리 형사처벌 규정을 두고 있지는 않다. 또한 손해배상책임과 관련해서도 자본시장법이 이와 관련한 별도의 특칙 조항을 마련하고 있지 않다. 하지만 이 역시 불법행위에 해당되므로, 민법 제750조 불법행위에 기한 손해배상청구는 가능하다고 하겠다. 다만, 이를 위해서는 손해를 입은 피해자가 거래인과 관계 및 손해인과관계를 입증할 책임이 있는데, 이에 대한 입증이 곤란한 경우가 많아 손해배상청구는 쉽지는 않을 것으로 예상된다.

제8장

시스템위험과 장외파생상품거래규제

제1절 의의

제2절 외국의 규제 동향

제3절 국내의 논의

제1절 의의

파생상품거래와 관련하여서는 상술한 파생상품의 레버리지 효과 및 상품구조의 복잡성과 다양성 등으로 인한 정보비대칭 문제 등 금융투자업자와 금융소비자 간에 이해 충돌의 여지가 있으므로, 투자판단의 의사결정 단계에서부터 이를 적절히 규제하기 위하여 다양한 영업행위 규칙을 규정하여 준수하도록 함으로써 불필요한 거래비용을 차단하여 사회 전체적인 효율성의 증대를 기하고자 하고 있다.

그런데, 파생상품은 여타의 금융투자상품과 달리 그의 가치가 기초자산에 의해 파생되고, 기초자산의 발행자가 아닌 제3자에 의해 손익구조가 생산되는 구조이므로, 불가피하게 파생상품을 생산하는 과정에서 끊임없이 기초자산의 시장에 영향을 미치게 된다. 이는 본질적으로 외부효과를 창출하고, 이로 인해 시장이 실패할 우려를 내포하게 한다. 더욱이 장외파생상품거래의 경우는 사적 계약에 의해 이루어짐에 따라 그 거래정보가 불투명한 것이 특징이다. 따라서 끊임없이 기초자산 시장과의 유기적인 연계를 필요로 하는 파생상품이 지닌 외부성 및 거래정보의 불투명성으로 인하여 파생상품의 거래행위와 관련한 별도의 규제방안이 요구된다.

이러한 논의로부터 사적 계약의 전형인 파생상품의 거래방식에 법질서가 개입하여 별도의 규제를 도입하는 것이 사회적 공공복리에 부합하다는 인식 하에 금융위기의 발발의 근원지였던 미국, 영국 등을 중심으로 장외파생상품의 표준화, 장내화 및 거래정보의 공개 등의 규제를 통해 거래의 투명화를 추구하고 있다. 그리고 이러한 파생상품거래에 대한 규제의 동향은 금융위기를 계기로 전 세계로 파급되었다.

이는 여타의 금융투자상품에 대한 투자권유와 관련한 금융소비자 보호 차원의 규제와는 달리 파생상품의 외부효과 및 거래정보의 불투명성으로 인한 금융시스템의 위험인자를 통제하고자 하는 목적에서 비롯된 파생상품거래와 관련한 규제로서 계약 방식의 자유를 제약하는 것을 말한다.[1167]

요약컨대, 금융위기를 계기로 파생상품에 대한 본질적인 이해를 기초로 하여, 파생상품의

1167 계약자유의 구체적인 내용은 계약을 체결할 것인지 여부에 관한 계약 체결의 자유, 누구와의 사이에 계약을 체결할 것인지에 대한 상대방 선택의 자유, 어떠한 내용을 계약을 맺을 것인지에 관한 내용결정의 자유, 그리고 어떠한 방식으로 계약을 맺을 것인가에 관한 방식의 자유가 있다(지원림, 앞의 책, 1272~1276면 참조). 이중 시스템위험과 관련하여 계약 방식에 대한 일정한 제약을 가하여 거래의 투명성을 확보하고, 거래정보를 저장하여 금융시스템의 안정을 기하고자 하고 있다.

특성인 기초자산과의 연계성 및 지속적인 신종의 다양한 파생상품이 생산되고 거래되어지는 것에 대한 관리의 불가능성, 그리고 이로 인한 금융시스템에의 부작용에 대한 염려 등이 종합적으로 고려되어, 특히 장외파생상품을 중심으로 거래의 투명성을 제고하려는 규제강화 입법 활동이 2008년 금융위기 이후 진행되고 있는 것이다.

금융위기와 관련하여 잘 알려진 사례가 AIG 사례1168이다. AIG 사례는 장외파생상품시장에 대한 두 가지 측면에서 문제점을 보여 주었고1169, 규제의 필요성을 제시하였다. 첫째는 한 회사가 너무 막대한 규모의 파생상품 포지션을 취하면, 불측의 손실이 발생하는 경우 전 금융시스템의 안정화를 위협하는 일이 발생할 수 있다는 점이고, 둘째는 장외파생상품의 거래와 관련한 정보들이 규제당국에 보고되지 않고 있어 당시 AIG와 관련하여 노출된 상대방의 정보 및 거래 규모 등을 파악할 수 없었다. 이에 따라 시장참여자들에 대한 불확실성은 커지고 급기야 신용시장이 얼어 붙는 악순환의 고리로 연결되었다.

따라서 금융규제 논의는 크게 청산소가 개입하여 적절한 증거금(margin)을 취함으로써 상대방 리스크를 사전에 줄이고자 하는 방향과 거래 정보에 대한 투명성을 제고하여 시장 시스템 안정성에 대한 잠재적인 위험을 모니터링 하는 것으로 모아졌다.1170

1168 2008년 당시, MBS(mortgage backed securities)가 부도(default)되거나 다른 신용사건이 발생하게 되면 지급의무를 지니는 신용연계스왑(credit default swap)을 무려 1.8조 달러 포지션을 가지고 있었다. AIG가 보유한 파생상품의 기초자산의 신용도가 처음 악화되었을 당시 기본적으로는 담보가 요구되었으나, AAA 등급의 AIG 신용도로 인해 초기 마진을 요구하지 않았다. 하지만, 서브프라임(subprime)위기가 더욱 악화되면서 AIG에 요구되는 마진콜(margin call)은 더욱 증가되고, 이를 감당할 수 없었다. AIG의 파산과 금융혼란을 방지하기 위하여 연방준비은행(Federal Reserve)과 재무부(Treasury)는 수십억달러의 구제금융을 지원하였고, 이 돈은 대부분 거래상대방에게 돌아갔다. 이와 관련한 상세한 설명은 Office of the Special Inspector General for the Troubled Asset Relief Program("SIGTARP"), "Factors Affecting Efforts to Limit Payments to AIG Counterparties", November 17, 2009 참조.

1169 당시 장외파생상품의 복잡성(complexity), 불투명성(opacity), 레버리지(leverage), 그리고 과도한 투기거래(excessive speculation) 등의 특징으로 인하여 2008년 금융위기가 초래되었다고 설명하는 학자도 있다. Mark Jickling & Rena S. Miller, "Derivatives Regulation in the 111th Congress", In *Derivatives Reform and Regulation,* edited by Warren Edwardes, Nova Science Publishers Inc., 2011

1170 그러나 일반법인들(예, 사우스웨스트 항공)이 사업의 리스크를 헤지하기 위하여 파생상품을 사용하는 경우에도 청산소를 통해 반드시 파생상품 계약을 청산하고 증거금을 납부하게 하는 행위는 비용을 과다 지출하게 하는 문제점이 있다고 지적하였다. 그리하여 후술하겠지만, 주요스왑참가자(major swap participant)에서 예외 규정으로 상업적 목적의 최종 거래자(commercial end user)는 상당부분 배제하였다. 다만, 최종 금융소비자로서의 장외파생상품 거래자에 대한 배제가 넓어 규제되지 않은 장외파생상품으로 인한 시스템 리스크가 여전히 남아 있을 수 있어 스왑 딜러(dealer)와 주요스왑참가자(major swap participant')들은 청산요구(clearing requirement)외에 청산소에서 강제로 거래되지 않는 스왑에 대하여도 건전한 자본요구(capital requirement)와 증거금요구(margin requirement)를 따르도록 하고 있다.

제2절 외국의 규제 동향

1. 미국

가. 미국 금융규제개혁법안 연역

파생상품거래로 인한 시스템위험을 차단하기 위한 노력이 전 세계적인 공조 하에 모색되었으나, 역시 금융위기의 발원지였던 미국에서의 논의가 가장 활발히 진행되었고, 이에 대한 구체적인 법률도 채택되었다.

미국은 금융시스템에 있어서 책임성과 투명성(accountability and transparency)을 강화하여 미국의 금융안정(financial stability)을 제고하고, 대마불사(too-big-to-fail)의 문제를 종식시키며, 구제금융(bailouts) 종식에 의해 미국 납세자를 보호하고, 부당한 금융서비스 관행으로부터 소비자를 보호하기 위하여 2010년 7월 21일 금융개혁법인 Dodd-Frank Act를 제정하게 되었다.[1171] 이하에서는 동 법률이 채택되기까지의 논의 과정을 먼저 살펴본다.

1) 행정부의 금융규제개혁안

Dodd-Frank Act가 성립하기까지 많은 논의가 있었다. 먼저 2009년 6월 오바마(Barack H. Obama) 행정부는 미국 금융시스템에 대한 전면적인 개혁에 대한 논의를 통해 금융회사에 대한 감독 및 규제의 강화(제1장), 금융시장에 대한 포괄적 규제방안의 확립(제2장), 금융남용행위(financial abuse)로부터 투자자와 소비자의 보호(제3장), 금융위기를 관리할 수 있도록 정부의 금융위기 대응수단의 강화(제4장), 국제적 규제기준의 강화와 국제협력의 개선(제5장) 등을 내용으로는 하는 금융규제개혁안(Financial Regulatory Reform)을 발표하였다.[1172]

1171 Dodd-Frank Act, "To promote the financial stability of the United States by improving accountability and transparency in the financial system, to end 'too-big-to-fail', to protect the American taxpayer by ending bailouts, to protect consumers from abusive financial services practices, and for other purposes," <https://www.congress.gov/111/plaws/publ203/PLAW-111publ203.pdf> (검색일: 2018.7.25.)

1172 이에 대한 구체적 내용은 <https://www.treasury.gov/initiatives/Documents/FinalReport_web.pdf> (검색일: 2018.7.25.) 참조.

그리고 2009년 8월 11일 재무부(Treasury Department)는 장외파생상품시장의 규제를 위한 입법안으로 OTCDM Act를 제안하였는데,[1173] 동 법안은 스왑거래 및 스왑시장의 참가자 모두에 대한 규제를 하는 것으로, CEA상의 정의규정을 개정하여 기존의 규제대상이었던 선물거래(a contract of sale of a commodity for future delivery)외에 스왑(swap)을 추가하는 것으로 파생상품(derivatives)에 대한 정의를 신설하였다.

파생상품에 해당되는 스왑거래에 대해서는 적격계약참가자(eligible contract participant)를 제외한 일반투자자는 계약시장(contract market)으로 지정된 거래소(board of trade)의 규정에 따른 스왑거래만 허용하고, 다음 요건을 충족하지 않는 표준화된 스왑[1174]의 거래는 위법한 것으로 간주되었다. 첫째, CEA법에 따라 등록된 파생상품 청산기관(Derivatives Clearing Organization; 이하 'DCO')에 의해 청산되어야 하고, 둘째, DCO의 규정에 의해 같은 조건(terms and conditions)을 가진 모든 스왑은 대체가능(fungible)하고 서로 상쇄될 수 있어야 한다. 또한 DCO가 청산하는 스왑은 표준화된 것으로 추정한다.

이 외에도 DCO 관련 규정을 개정하여 DCO의 준법감시인 지정을 의무화하였으며, DCO는 CFTC가 법에 의한 책임 이행에 필요하다고 인정되는 모든 정보를 CFTC에 제공하여야 한다는 스왑관련 보고의무를 신설하였다. 그리고 스왑거래량 및 포지션을 일반인들이 이용할 수 있게 공시하도록 하였으며, 스왑저장기관(swap repository)을 두고 이를 CFTC에 등록하도록 하고, 모든 스왑거래가 가능한 대체스왑체결시설(alternative swap execution facility)을 두고 이를 CFTC에 등록하도록 하였다.

2) 하원의 월가개혁 및 소비자보호법안

상술한 정부의 금융규제개혁안을 기초로 하여 2009년 12월 2일 미국 하원은 「월가개혁 및 소비자보호법안」(Wall Street Reform and Consumer Protection Act of 2009)을 제출하였고, 동 법안은 2009년 12월 11일 미국 하원을 통과하였다.[1175]

법안의 주요내용은 독립연방기구인 소비자금융보호청(Consumer Financial Protection

1173 장외파생상품시장법안(Over-the-Counter Derivatives Markets of Act of 2009)에 관한 상세한 자료는 기존에 <http://www.financialstability.gov/docs/regulatoryreform/titleVII.pdf>에서 검색되었으나, 현재 해당 사이트는 이동되었다. 법안의 내용은 TITLE VII—IMPROVEMENTS TO REGULATION OF OVER-THE-COUNTER DERIVATIVES MARKETS 으로 검색하면 살펴볼 수 있다.

1174 CFTC와 SEC는 공동으로 '표준화(standardized)'의 정의에 관한 규칙(rule)을 채택하도록 하였다(OTCDM Act §713(a)(3)).

1175 의안번호는 H.R. 4173이고, 동 법안은 미 하원 금융서비스위원회 위원장인 Barney Frank에 의해 발의되었다.

Agency)을 신설해 불공정하고 남용적인 금융상품 및 서비스로부터 소비자를 보호하도록 하고 있으며, 시스템위험(systemic risk)을 감시할 새로운 규제당국으로서 금융서비스감시위원회(Financial Services Oversight Council)를 설치하고, 금융서비스감시위원회가 금융의 안정성에 위협을 주는 금융회사 및 금융업무를 특정하고(identified financial holding company), 그것을 엄격한 건전성 감독규제 하에 두는 것으로 하였다.

특히, 파생상품과 관련하여서는 파생상품시장의 투명성과 책임성을 강화하기 위한「파생상품시장 투명성과 책임성 법안」(Derivative Markets Transparency and Accountability Act)[1176]이 제3장(Title III)에 마련되었는데, 동 법안은 시스템위험(systemic risk)을 제한하기 위하여 모든 표준화된 스왑계약은 청산소를 통해 청산하도록 하고,[1177] 스왑 포지션이 크거나 상대방에 대한 대규모 위험에 노출되는 큰 포지션을 가진 참여자 등에 대해서는 자본적정성과 보고의무와 같은 건전성 규제 및 감독의 대상이 되도록 하였다.[1178]

3) 상원의 금융안정회복법안

2010년 1월 21일 오바마 미국 대통령은 금융제도개혁안인 일명 볼커룰(Volcker rule)[1179]을 발표하였다. 이는 은행과 은행을 포함하고 있는 금융기관이 헤지펀드(Hedge Fund)와 사모투자전문회사(Private Equity Fund)에 대한 소유, 투자 및 지원(sponsor)을 금지하고, 대고객 업무와 무관하게(unrelated to serving their customers) 자신들의 이익을 얻기 위하여 행하는 고유자산운용업무(Proprietary Trading Operations)를 금지하는 것과 아울러 금융기관의 대규모화를 제한하기 위하여 예금[1180]이외에 부채 등에 의한 시장점유율의 규모를 제한하는 제도를 도입함으로서 금융기관

1176 하원에서 월가개혁 및 소비자보호법안을 발의한 당시에는 제명이 미국 재무부가 입안한 'Over-the-Counter Derivatives Markets Act'이었으나, 하원을 통과한 법률에서는 내용이 일부 변경되고, 법률명이 'Derivative Markets Transparency and Accountability Act'으로 바뀌었다.

1177 Wall Street Reform and Consumer Protection Act of 2009 §3103(swap market), §3203(security-based swaps).

1178 Wall Street Reform and Consumer Protection Act of 2009 §3107(swap market), §3204(security-based swaps).

1179 경제회복자문회의(Economic Recovery Advisory Board) 의장 폴 볼커(Paul Volcker)의 이름을 딴 것으로, 2010년 2월 27일 송도에서 열린 G20 재무차관·중앙은행 부총재 회의에서 볼커룰에 대한 논의도 있었으나, 투자은행을 육성해야 할 초기 발전단계인 신흥국들이 난색을 표했던 것으로 알려졌다(한국경제신문, 2010.2.27일자 기사 <http://www.hankyung.com/news/app/newsview.php?aid=2010022809071> 검색일: 2018.7.25).

1180 미국내의 부보예금기관들(insured depository institutions)의 예금총액의 10%를 넘을 수 없다는 제한이 이미 부과되어 있다.; 1956년 은행지주회사법(Bank Holding Company Act of 1956) §3(d)(2)(A) "The Board may not approve an application pursuant to paragraph (1)(A) if the applicant (including all insured depository institutions which are affiliates of the applicant) controls, or upon consummation of the acquisition for which such application is filed would control, more than 10 percent of the total

의 과도한 위험부담을 제한하고 납세자를 보호하고자 하는 것을 주요한 내용으로 하였다.[1181]

2010년 5월 20일 하원의 입법안에 볼커룰(Volcker rule) 등의 내용을 보완한 상원 입법안인「미국금융안정회복법안」(Restoring American Financial Stability Act of 2010)이 미국 상원을 통과하였다.[1182] 이 법안은 상술한 볼커룰(Volcker rule)과 함께 링컨 수정안(Lincoln Amendment)[1183]을 법제화하였으며, 이로 인해 상원의 금융개혁법안은 상업은행(commercial bank)의 장외파생상품 취급을 제한하게 된다.

또한, 동 법안은 연방준비제도이사회(Board of Governors of the Federal Reserve System, 이하 'FRB') 산하에 독립적인 소비자금융보호국(Consumer Financial Protection Bureau, 이하 'CFPB')을 신설하도록 하였으며, 금융시스템안정 책임을 새로 신설되는 금융안정감시위원회(Financial Stability Oversight Council)와 FRB에 부여하였다.

아울러 장외파생상품시장관련 법안인 제7장(Title Ⅶ: Wall Street Transparency and Accountability Act of 2010)에서는 SEC와 CFTC로 하여금 장외파생상품시장에 대해서 상호협력을 통해, 무책임한 거래관행 및 과도한 위험의 인수가 발생하지 않도록 관리・감독을 강화할 것을 요구하고 있다.

---

amount of deposits of insured depository institutions in the United States.

1181 The White House, "President Obama Calls for New Restrictions on Size and Scope of Financial Institutions to Rein in Excesses and Protect Taxpayers" (2010.1.21).

The proposal would:

1. Limit the Scope - The President and his economic team will work with Congress to ensure that no bank or financial institution that contains a bank will own, invest in or sponsor a hedge fund or a private equity fund, or proprietary trading operations unrelated to serving customers for its own profit.
2. Limit the Size - The President also announced a new proposal to limit the consolidation of our financial sector. The President's proposal will place broader limits on the excessive growth of the market share of liabilities at the largest financial firms, to supplement existing caps on the market share of deposits.

<https://obamawhitehouse.archives.gov/the-press-office/president-obama-calls-new-restrictions-size-and-scope-financial-institutions-rein-e> (검색일: 2018.7.25)

1182 의안번호는 S. 3217이고, 동 법안은 미상원은행위원회(the Senate Banking Committee) 위원장인 Christopher Dodd에 의해 발의되었다.

1183 농산물위원회 링컨 위원장의 장외파생상품 취급규제와 관련한 수정안을 최종 법안에 포함시켰다. 링컨 수정안은 장외파생상품 취급기관에 대한 연방정부의 각종 금융지원을 배제하는 것을 골자로 한다. 결국 예금을 기반으로 하는 일반 상업은행이 장외파생상품을 취급하는 것을 금지하도록 하고 있다.

4) Dodd-Frank Act

2010년 6월 25일 금융개혁법안에 대한 미국 상하양원의 단일안인 일명 도드-프랭크(Dodd-Frank)안이 도출되었고, 동 법안은 6월 30일 하원을 통과하고, 7월 15일 상원을 통과하여, 7월 21일 오바마 대통령의 서명에 의해 Dodd-Frank Act가 발효되었다.

Dodd-Frank Act의 주요 내용을 보면, 금융 시스템위험을 방지하고 금융안정을 달성하기 위하여 금융안정법(Financial Stability Act of 2010)에 의해 금융안정감시위원회(Financial Stability Oversight Council; 이하 'FSOC')를 설치하고, 이에 시스템위험 예방을 위한 주요 의사결정을 맡기고 있다.[1184] 또한 금융위기 과정에서 AIG등 대규모 금융기관들에 대한 청산의 어려움과 도덕적 해이 등으로 인하여 소위 '대마불사(too-big-to-fail)'의 문제를 해결하고자 강제청산절차(orderly liquidation authority)를 마련하였다.[1185] 이는 은행의 붕괴가 임박할 경우 연방정부가 개입하여 해당 기관의 실패가 나머지 금융시스템으로 확산되지 않도록 하기 위한 방책이다. 그리고 FRB 산하에 독립적인 기구로 소비자금융보호국(CFPB)을 설치하여 소비자금융상품[1186]의 제공에 대한 규제를 담당하도록 하여, 이에 대한 규정의 제정 및 관리업무를 수행하게 하였다.[1187]

아울러 파생상품과 관련하여 규제의 개선방안을 제7장(Title Ⅶ: Wall Street Transparency and Accountability)[1188]에 담고 있다. Dodd-Frank Act는 일정한 스왑에 대해서는 청산소를 통한 거래를 강제하고 있는데,[1189] 이는 장외파생상품거래의 표준화를 통해서 예측하기 어려운 신용위험의 발생을 가능하면 줄이고 결제의 안정성을 높이기 위한 것이다.[1190] 이 밖에도 Dodd-Frank Act는 보험규제의 개혁(제5장), 은행규제의 개혁(제6장), 증권규제의 개혁(제9장) 등 총 16장으로 구성되어 있다.[1191]

1184 Dodd-Frank Act §111(a)(설립근거) & §112(a)(1)(설립목적).

1185 Dodd-Frank Act, 'TITLE II-ORDERLY LIQUIDATION AUTHORITY'

1186 소비자금융상품(consumer financial product or service)이란 주로 개인, 가족 또는 가계를 위해 소비자가 이용하는 대출, 예금 등 금융상품 또는 서비스를 의미한다(Dodd-Frank Act §1002).

1187 Dodd-Frank Act §1011(a)(설립근거 및 목적) & §1021~§1029(권한).

1188 Title Ⅶ의 내용은 'Wall Street Transparency and Accountability Act of 2010'이다. 이에 대해서는 'Dodd-Frank Act상 장외파생상품거래규제'에서 후술한다.

1189 Dodd-Frank Act §723(a)(2), §723(a)(3).

1190 김홍기, "미국 도드-프랭크법의 주요 내용과 시사점", 「미국 금융개혁법과 우리의 과제(한국금융법학회 2010년 하계(제19회) 학술발표회 발표자료집)」(한국금융법학회, 2010), 13면.

1191 금융위기의 발발에 따른 후속조치로서 발효된 Dodd-Frank Act는 2017년 트럼프 정부 및 공화당에 의해 전면적인 도전을 받고 있다. 소위, 금융선택법(Financial Choice Act of 2017, 이하 'FC Act')으로서 전체 금융서비스 산업을 관장하는 국회 내 금융서비스위원회(House Financial Services Committee)의 의장인 Jeb Hensarling은 "우리가 강한 경제성장과 더 많은 자유를 원한다면 워싱턴 관료가 아닌 미국민들에게 권한을 부여하여야만 한다"라는 주장과 함께 2017년 제115차 미 의회에 기존 Dodd-Frank Act의 주요 조항을 철회하는 600페이지에 이르는 광대한 법안을 제출하였으며, 동 법안은 2017년 6월

나. Dodd-Frank Act상 장외파생상품거래규제

2008년 11월 14일 미국 대통령 직속 금융시장작업반(President's Working Group on Financial Markets)은 장외파생상품시장에 대한 4가지 정책목표를 제시하였는데, 그것은 첫째, CDS 시장의 투명성과 완결성(transparency and integrity)을 제고하고, 둘째, 장외파생상품의 위험관리를 강화하고, 셋째, 장외파생상품시장의 인프라(infrastructure)를 강화하고, 넷째, 규제당국 간 협력을 강화하는 것을 내용으로 하고 있다.[1192] 이러한 장외파생상품시장에 대한 정책목표는 Dodd-Frank

8일 하원을 지배하고 있는 공화당의 찬성으로 통과되었다. 하지만 민주당은 동 법안은 금융위기의 재발 방지를 위해 제정된 Dodd-Frank Act에 포함된 중요한 보호장치들을 제거하는 것이기에 찬성하기 어렵다는 입장이어서 상원에서 통과는 미지수 이다. 동 법안은 Dodd-Frank Act의 시행으로 오히려 미 행정부가 거대화 되고 있다고 주장하며, 특히 Dodd-Frank Act에 의해 창설된 CFPB의 권한을 대폭 축소하고, 소비자법률집행기관(Consumer Law Enforcement Agency)으로 명칭도 변경한다. 법안이 확정되면, CFPB는 소비자 금융(consumer finance)에서 더 이상 불공정, 기만, 또는 위반행위를 금지할 권한이 없으며, 소비자 보호법에서 직접 파생된 시행 조치(actions)와 규칙(rules)을 시행하는 것으로 제한된다(FC Act Title VII). 그리고 FSOC의 권한 또한 상당히 제약된다. 금융시장 유틸리티(즉 지불, 청산 및 결제 시스템)를 "시스템적으로 중요한(significantly important)"것으로 지정하는 FSOC의 권한이 철폐되고(FC Act §141), 비은행금융회사에 대한 경우도 철폐된다(FC Act §151). 현행법에 따르면 이렇게 지정된 기업들은 추가적인 규제를 받게 된다. 아울러 동 법안은 은행 붕괴가 임박할 경우 연방정부가 개입하여 해당 기관의 실패가 나머지 금융시스템 전반으로 확산되는 것을 차단하기 위한 강제청산권한(orderly liquidation authority)를 폐지한다(FC Act §111). 특히 연방금융규제당국은 규칙을 제정함에 있어 법률이 정하는 분석에 따라 비용편익분석(cost-benefit analysis)을 시행하여야 하고(FC Act §312), 웹사이트에 규제 분석을 위해 사용한 데이터, 방법론 그리고 가정 등에 대하여 공시하여야(FC Act §314) 하는 등 규칙의 제정과 관련한 다양한 준수사항을 규정하고 있다(FC Act Title III). 그리고 이렇게 제정된 규칙들은 국회의 검토를 받도록 강제하고 있는데(FC Act §331~338), 먼저 규칙이 발효되기 전에 국회에 보고되어야 하고(FC Act §331), 주요 규칙(major rule)의 경우 국회의 승인 절차를, 나머지 규칙의 경우는 국회의 거부 절차를 요하도록 하고 있으며(FC Act §332 & 333), 행위의 적정성에 대하여 국회의 감시를 받도록 하고 있다(FC Act §361). 또한 Dodd-Frank Act의 시행으로 오히려 월가의 금융기관들이 규모가 거대화되고, 지역 은행들은 경쟁심화로 더욱 어려워지고 있다고 주장하며 지역금융기관(community financial institutions)들의 규제완화를 도모한다(FC Act Title V). 그리고 일정 요건에 부합하는 은행들은 적격은행조직(qualifying banking organization)으로의 취급을 선택할 수 있으며, 이에 해당하는 경우 규제가 완화된다(FC Act Title VI). 자본시장에 대한 규제를 담당하는 SEC에 대하여도 권한 남용을 방지하기 위한 다양한 제약을 부과한다(FC Act Title VIII). 상업은행들의 자기자본투자에 제한이 있었던 볼커룰(Volker rule) 또한 철회된다(FC Act §901). 즉, FC Act는 Dodd-Frank Act 상 규정된 많은 조항들을 철폐하고자 하는 법안이라고 하겠다. 그러나 Dodd-Frank Act 상 규정된 파생상품 관련 조항들은 그대로 유효하며, 다만 파생상품 관련 규제기관인 SEC와 CFTC로 하여금 파생상품 규칙의 조화를 위하여 스왑 시장과 관련된 규칙들을 검토하도록 요구하고 있으며(FC Act §871), 계열사 간의 스왑거래를 SEC와 CFTC가 규정한 스왑 규칙으로부터 면제하는 등(FC Act §872) 2개의 조항만을 두고 있다. FC Act와 관련한 논의 자료로는 "Financial CHOICE Act of 2017", Harvard Law School Forum on Corporate Governance and Financial Regulation (June 15, 2017), Christopher L. Peterson, "Choosing Corporations over Consumer: The Financial Choice Act of 2017 and The CFPB", *Consumer Finance Law Quarterly Report,* 71 (2017) 등 참조.

1192 PWG Announces Initiatives to Strengthen OTC Derivatives Oversight and Infrastructure (2008.11.14.) The PWG has established the following policy objectives

Act의 제7장 '월가 투명성 및 책임성(Title Ⅶ: Wall Street Transparency and Accountability)'에 법제화되었다.

장외파생상품 관련 Dodd-Frank Act의 주요 내용을 살펴보면, 먼저 CFTC는 청산대상인 스왑거래의 범위와 종류를 결정할 권한을 지닌다. 이를 위해 파생상품 청산기관(DCO)은 그들이 청산할 수 있는 스왑거래(a group, category, type, or class of swaps)인지 여부를 사전에 승인받기 위해 모든 스왑거래의 목록을 CFTC에 제출하고 검토를 받아야 한다(Dodd-Frank Act §723(a)(3)). 만약 DCO에 의해 청산이 받아들여지지 못한 스왑의 경우에는 스왑정보저장소(swap data repository)에 보고되어야 한다(Dodd-Frank Act §729). 이와 같은 사항은 증권연계스왑에도 동일하게 적용된다(Dodd-Frank Act §763).[1193] 스왑정보저장소는 CFTC에 등록하여야 하며, DCO 또한 스왑정보저장소로 등록할 수 있다(Dodd-Frank Act §728).

의무청산대상으로 결정된 스왑거래는 관련 법령에서 계약시장(contract market)으로 지정된 거래소(board of trade) 또는 스왑체결시설(swap execution facility)에서만 거래되어야 하고, 이러한 스왑체결시설은 CFTC에 등록하여야만 한다(Dodd-Frank Act §733). 증권연계스왑의 경우에도 거래소 또는 증권연계스왑결제시설(security-based swap execution facility)를 통해서 거래되어야만 한다(Dodd-Frank Act §763). 만약, 이를 위반하여 그 밖의 거래당사자와 계약을 체결하는 경우에는 거래가격 2배의 범위 내에서 민사제제금(a civil money penalty)을 부과할 수 있도록 하고 있다(Dodd-Frank Act §773).

DCO는 등록을 요건으로 하고, 청산거래, 보고의무, 준법감시인 설치 등에 대한 규정을 제정하여야 하고, DCO는 적절한 위험관리시스템을 갖춘 경우에만 스왑거래를 청산할 수 있으며, CFTC는 DCO가 최초로 등록될 당시는 물론 이후에도 지속적으로 DCO가 원활한 청산기능을 수행할 수 있는 자격과 완전성을 갖추었는지 여부를 심사하여야 하므로, 필요한 규정을 정비하고 적절한 감독을 하여야 한다(Dodd-Frank Act §745). 또한 DCO는 모든 스왑거래의 규모 및 포지션에 대한 총괄적인 정보를 실시간 공개적으로(real-time public reporting) CFTC에 보고하여야 한다(Dodd-Frank Act §727).

아울러 '중대한 가격발견기능(Significant Price Discovery Function)'을 초래하는 대규모 스왑거래는 원칙적으로 금지된다. 중대한 가격발견기능의 기준 및 구체적인 세부규정은 CFTC가

---

1) improve the transparency and integrity of the credit default swaps market;
2) enhance risk management of OTC derivatives;
3) further strengthen the OTC derivatives market infrastructure;
4) strengthen cooperation among regulatory authorities.
<https://www.treasury.gov/press-center/press-releases/Pages/hp1272.aspx> (검색일: 2018.7.25).

1193 다만 이 경우에는 증권연계스왑의 규제기관이 SEC이므로, SEC에 등록한다.

정한다(Dodd-Frank Act §730). 또한 스왑딜러(swap dealers) 및 주요스왑참가자(major swap participants)는 CFTC에 등록하여야 하고, 이들에게는 자본금과 증거금 요건을 요구하고, 이들은 매일의 스왑거래 기록을 관리하여야 한다(Dodd-Frank Act §731).

다음으로 부보예금기관(insured depository institutions)이 스왑거래를 할 경우에는 FRB의 자금지원을 받을 수 없으며, 연방예금보험공사(Federal Deposit Insurance Corporation, 이하 'FDIC')의 보증을 받을 수 없는 등 연방정부 차원에서의 지원은 일체 금지하도록 규정하고 있다(Dodd-Frank Act §716(a), (b)).[1194] 다만, 부보예금기관이라 하더라도, 자회사를 통한 스왑거래, 위험회피(hedging) 또는 위험완화행위(risk mitigating activities)등 전통적인 목적으로 행하는 스왑거래, 연방은행법(National Bank Act)에서 투자를 허용하고 있는 자산들을 기초로 하는 스왑거래는 취급할 수 있도록 안전항(safe harbor)를 마련하고 있다(Dodd-Frank Act §716(d)). 이 외의 스왑거래를 하고자 하는 경우에는 부보예금기관은 파생상품 거래부문을 분할(spin-off)하여야 하고, CDS의 경우에는 등록된 청산소를 통한 거래는 예외로 허용되나, 그 밖의 CDS는 원칙적으로 금지된다(Dodd-Frank Act §716(d)).

그리고 부보예금기관이 취급할 수 있는 파생상품의 경우에도, Dodd-Frank Act Section 619(Volcker Rule)에 의해 파생상품에 대한 고유자산운용업무(proprietary trading)는 금지된다(Dodd-Frank Act §716(m)).

상술한 링컨조항의 본래 취지는 정부로부터 보증받고 있는 금융시스템과 상당한 위험을 감수하면서 투자업무를 수행할 수 있는 금융회사를 분리함으로써, 금융 시스템위험을 방지하고자 하는데 목적이 있었으나, 많은 논란 끝에 원안이 희석되어, 이자율스왑(IRS) 등 대부분의 스왑거래가 안전항(safe harbor)으로서 허용되었다. 하지만, 시스템위험을 방지하고자 하는 본래의 취지에 맞게 Dodd-Frank Act는 시스템위험이 가속화될 우려가 있는 경우에는 FSOC로 하여금 스왑거래를 하는 부보예금기관(swap entities)에 대한 FRB의 자금지원 및 FDIC의 보증 등 연방지원(federal assistance) 여부를 결정할 수 있는 권한을 부여하고 있다(Dodd-Frank Act §716(l)). 즉, 동법이 규정하고 있는 금지조항들이 시스템위험을 완화하거나 납세자(taxpayers)를 보호하는데 있어 불충분하다고 판단될 때에는 스왑거래를 하고 있는 부보예금기관들에게 FRB의 자금지원 등 연방지원을 중단할지 여부를 결정할 수 있는 권한을 FSOC에게 부여하고 있는 것이다. 다만, 이러한 연방지원금지에 대한 결정은 2/3 이상의 찬성에 의하도록 하고 있다(Dodd-Frank Act §716(l)).

이 외에도 Dodd-Frank Act는 CFTC로 하여금 공익에 반하는 선물 및 스왑거래를 금지할

1194 링컨(Lincoln) 상원의원이 발의하여, 흔히 링컨조항으로 불린다.

권한을 부여하여(Dodd-Frank Act §745), 무분별한 파생상품의 난립을 방지할 수 있는 장치를 마련하였다.

또한 SEC와 CFTC로 하여금 신규 파생상품에 대하여 적법성에 대한 인가 또는 면제조치를 할 수 있도록 규정하고 있다. SEC와 CFTC는 서로에 대하여 특정 파생상품이 SEC 관할에 속하는지 CFTC의 관할에 속하는지에 대한 해석을 요청할 수 있고, 요청이 있은 후 120일 이내에 조치를 취하도록 하여 특정 파생상품에 대한 규제의 공백을 해결하고자 하였다(Dodd-Frank Act §717, §718).

2. 영국

가. 금융개혁 연역

2009년 3월 구 금융감독청(FSA)은 금융감독의 문제점을 분석한 Turner 보고서를 발간하였다.[1195] 이 보고서에서 지적한 금융규제개혁과제로 CDS 청산에 대한 CCP와 관련한 규제의 개선을 담고 있다.

2010년 8월에는 영국 규제당국은 미국 증권예탁결제원(The Depository Trust & Clearing Corporation; 이하 'DTCC')과의 협의 하에 세계 장외파생상품거래에 관한 정보를 통합하여 관리할 수 있는 거래정보보관소의 설치를 승인하였다.[1196]

2009년 12월에는 FSA와 재무부의 공동보고서인 장외파생상품시장 개혁안(Reforming OTC Derivative Markets)을 발표하였는데, 장외파생상품의 광범위한 표준화, 거래상대방위험의 관리 강화, CCP에 대한 일관된 국제적 기준 마련, 청산적격기준에 대한 국제적 합의, 적절한 요구자본금 부과, 거래정보저장소의 활용, 시장 투명성 확대 등을 주요 내용으로 하고 있다.[1197]

1195 Financial Services Authority, "The Turner Review: A regulatory response to the global banking crisis" (March 2009).

1196 금융투자협회, "해외 파생상품시장 주간동향(25호)" (2010.8.13), 2면.

1197 남길남, "장외파생상품 규제의 국제적 동향 및 시사점", 「장외파생상품 인프라 개선 세미나 발표자료집」 (금융투자협회, 2010.2.17), 31면, 36면 참조.

나. EMIR

EU는 미국과 마찬가지로 장외파생상품에 대한 규제를 강화하기 위해 2012년 EMIR[1198]을 제정하였다. EMIR은 유럽경제구역(European Economic Area; EEA)에 있는 시장참여자는 물론이거니와 EEA내에 거래상대방이 있는 경우에는 역외 시장참여자에게도 적용되는 규제이다. EMIR은 유럽증권시장국(European Securities and Markets Authority; 이하 'ESMA')으로 하여금 상세한 기술적 기준(technical standards)을 마련할 것을 요구하며, 각 회원국의 규제의 적용 상황을 감시할 책임을 부여하고 있다.

EMIR에서 가장 중점을 두는 내용은 두 가지로 대별된다. 첫째, 규정된 장외파생상품들[1199]은 반드시 CCP(Central Counterparty)를 통해 청산하여야 하고, 둘째, 파생상품거래 내역에 대해서는 거래정보보관소(Trade Repository; 이하 'TR')에 보고되어 저장되어야 한다.

EMIR Article 4에 따른 CCP 의무 청산은 EMIR에 따른 EU 인가 청산소(EU authorised CCP)[1200] 또는 청산소로 인정받은 역외 지역 내의 청산소(Non-EU recognised CCP)[1201]에서 청산되어야 한다(EMIR Article 4(3)). 그리하여 영국 또한 2014년 3월 18일에 첫 번째 CCP가 EMIR 하에서 인가되었다.[1202]

CCP는 ESMA와 자국 내 규제당국에 의해 규제되며, CCP 인가는 자국 내 규제당국이 수행하되(EMIR Article 22(1)),[1203] 인가 즉시 ESMA에 그 인가 사항을 알려야 한다(EMIR Article 5(1)). CCP 최소 자본금은 7.5백만 EUR이며(EMIR Article 16(1)), EMIR이 정한 요건을 심각하게 침해한 경우에는 인가가 철회되어 진다(EMIR Article 20(1)).

CCP 청산 대상 상품을 정함에 있어서는 EMIR Article 5에 의거 ESMA가 그 권한을 갖고 있다. 다만, EMIR은 ESMA가 청산 대상 상품을 정함에 있어 고려하여야 할 요인을 정하고 있다. 시스템 위험(systemic risk)을 줄이려는 목표를 가지고, 대상 장외파생상품 계약의 조건 등의 표준

1198 장외파생상품(OTC derivatives), 중앙청산소(Central Counterparty), 거래정보보관소(Trade Repository)에 대한 유럽시장의 인프라규제(European Market Infrastucture Regulation)에 관한 법률로서 2012년 7월 4일 채택되고, 2012년 8월 16일 EU에 의해 법률로서 발효되었다. 하지만, 동 법률에서 규정한 바와 같이, ESMA에 의해 주요한 기술적인 기준(technical standards)들이 마련되어야 했고, 이러한 상세 기준은 2012년 12월 19일 완료되어, 전체적으로는 2013년 3월 15일 발효되었다.

1199 ESMA가 CCP 청산의무 대상이 되는 상품들을 정하도록 하고 있으며, 현재로는 IRS등의 이자율관련 파생상품과 CDS 등의 신용파생상품 등이 정해져 있다.

1200 EMIR Article 14에 의한 인가.

1201 EMIR Article 25에 의한 인정.

1202 EMIR 채택 일정은 FCA 홈페이지 참조. <https://www.fca.org.uk/markets/emir> (검색일: 2018.4.23.)

1203 인가는 EMIR Article 17에서 정한 절차를 따라야 한다.

화 정도(level of standardisation), 거래규모(volume), 유동성(liquidity) 그리고 가격정보의 접근가능성(availability of pricing information) 등의 요인을 고려하여 대상을 정하여야 한다.[1204]

CCP 의무청산은 금융회사는 물론이거니와 금융회사가 아니더라도 거래규모가 일정 규모(clearing threshold)[1205]를 초과하는 경우에는 대상으로 하고 있다. 다만, 회사의 일상적인 비즈니스의 위험을 직접적으로 감소시키는 것으로 객관적으로 측정될 수 있는 파생상품의 계약만을 체결하는 비금융거래상대방(Non-financial counterparties)은 EMIR이 요구하는 CCP 청산의무가 면제된다(EMIR Article 10). 즉 헤지거래로 인정되는 파생상품거래의 경우에는 파생상품거래 규모 산정에서 제외된다.[1206] 다만, 이 경우에는 별도로 비청산 장외파생상품 관련 리스크관리절차(risk management procedures)[1207]를 따라야 한다.

CCP 청산의무는 4개의 회사범주(firm categorisation) 및 파생상품의 종류에 따라 2016년 6월 21일부터 단계적으로 도입되는 것으로 하였다.[1208] EMIR은 파생상품의 거래 규모 등을 기준으로 4개의 범주로 파생상품거래 상대방을 나누고 있다.[1209] 첫 번째 범주(C1)는 CCP의 청산회원이다. 이러한 청산회원에 대한 정보는 CCP 웹사이트(web site)에서 공개적으로 구해질 수 있다. 둘째 범주(C2)는 C1에 해당되지 않는 회사로서 그룹의 총 장외파생상품 명목금액기준 월말 잔고가 80억 유로 이상인 회사이다. 셋째 범주(C3)는 C1과 C2가 아닌 회사로서, 그룹의 총 장외파생상품 명목금액기준 월말 잔고가 80억 유로 이하인 회사이다. 마지막으로 넷째 범주(C4)는 C1, C2, C3에 해당되지 않는 비금융회사이다.

EMIR 규제에 해당하는 파생상품거래를 체결한 당사자들은 거래정보보관소(TR)에 보고할

1204 EMIR Article 5(4), With the overarching aim of reducing systemic risk, the draft regulatory technical standards for the part referred to in paragraph 2(a) shall take into consideration the following criteria:
(a) the degree of standardisation of the contractual terms and operational processes of the relevant class of OTC derivatives;
(b) the volume and liquidity of the relevant class of OTC derivatives;
(c) the availability of fair, reliable and generally accepted pricing information in the relevant class of OTC derivatives.

1205 파생상품의 종류에 따라 다르게 정해져 있으며, 현재로서는 신용파생상품은 명목금액 기준 10억 유로, 이자율관련 파생상품은 30억 유로 등으로 정해져 있다. 이 거래규모는 기본적으로 그룹단위로 합산되어 산정된다.

1206 헤지거래의 기준과 관련하여서는 ESMA가 구체적인 기술적 기준을 마련하고 있다.

1207 EMIR Article 11(3)과 (15)에 의거 상세한 technical standards가 작성되었다. 해당 technical standard는 <https://eiopa.europa.eu/Publications/Technical%20Standards/ESAs_2016_23_Final_Draft_RTS_on_Risk_Mitigation_Techniques.pdf> 참조.

1208 회사범주 C1과 C1간의 IRS(대상 통화는 EUR, GBP, USD, JPY)가 가장 먼저 도입되었다. 상세한 내용은 COMMISSION DELEGATED REGULATION (EU) 2015/2205 Article 3 참조.

1209 이에 대한 내용은 COMMISSION DELEGATED REGULATION (EU) 2015/2205 Article 2 참조.

의무를 지닌다(EMIR Article 9(1)). 여기서 거래정보보관소란 파생상품의 기록을 수집하고 유지하는 법인으로서,[1210] 보고된 파생상품거래 정보는 5년간 보관되어야 한다(EMIR Article 9(2)). TR은 ESMA에 등록되어져야 하며(EMIR Article 55), ESMA는 Article 57 이하의 관련 규정들에 따라 등록을 거절할 수 있다.

영국 또한 2014년 2월 12일 모든 파생상품계약에 대한 상세 내용을 TR에 보고하도록 하였다.[1211]

3. 일본

가. 금융개혁 연역

일본의 장외파생상품시장은 미국 및 영국 등과 비교하면 상대적으로 그 규모가 작고, 금융위기 과정에서도 장외파생상품으로 인한 직접적인 위기를 겪지는 않았다. 그럼에도 불구하고 미국과 영국 등의 금융당국이 주도하는 장외파생상품규제의 강화 추세에 발맞춰 도쿄증권거래소(Tokyo Stock Exchange; 이하 'TSE')와 도쿄금융상품거래소(Tokyo Financial Exchange; 이하 'TFX') 등 서비스 제공자와 사용자로 구성된 민간그룹이 중심이 되어 2009년 3월과 4월에 각각 관련 보고서를 발표하였고,[1212] 이 보고서에 의하면 IRS와 CDS에 대하여 우선적으로 CCP 청산 서비스를 시작하기로 하였다.[1213]

1210 EMIR Article 2(2), 'trade repository' means a legal person that centrally collects and maintains the records of derivatives;

1211 EMIR 채택 일정은 FCA 홈페이지 참조. <https://www.fca.org.uk/markets/emir> (검색일: 2018.4.23.).

1212 鈴木利光, "清算集中を中心とするデリバティブ規制の動向", 「週刊 金融財政事情」2886호 (金融財政事情研究会, 2010.6.7), 47면 [도표 2] 참조.

1213 TSE 스터디 그룹은 2009년 3월 27일 "Report on Improvements of Post-Trade Processing of OTC Derivatives Trades in Japan"을 발표하였고, TFX은 2009년 4월 "Study Committee on Central Counterparty for OTC Derivatives Transactions"를 발표하였다. 이에 대한 상세자료는 다음 참조. <https://www.jpx.co.jp/jscc/en/information/news/n5ks8e0000000aoa-att/Final-Report040217303.pdf> <https://www.tfx.co.jp/news_data_en/clearing200904_e.pdf> (검색일: 2018.7.25.)

나. 금융상품거래법의 개정

일본은 2008년 금융위기 이후, 금융위기의 원인으로 지목된 장외파생상품거래에 대한 투명성과 거래정보의 취합을 위해 다양한 제도가 도입되는 국제적 흐름에 맞추어 일본도 2010년(平成22年) 金商法을 개정하였다.

2010년 개정 金商法은 당시 금융위기를 통해 국제적인 논의 및 일본의 실정을 감안하여, 금융시스템의 강화 및 투자가의 보호를 도모하고자, 장외파생상품거래등에 관한 청산기구의 이용의무를 부과하고, 금융상품거래업자의 그룹(group) 규제의 강화 등의 조치를 강구할 필요가 있어, 이를 위해 金商法 그 외의 관계 법률의 정비 등을 행하는 것으로 하였다.[1214] 구체적인 내용으로는 금융상품거래업자에 대한 주요주주 규제를 강화하고,[1215] 일정 규모 이상의 제1종 금융상품거래업자에 대한 연결규제・감독을 도입하고,[1216] 청산관련 기반정비에 관계된 제도들을 재검토하였으며,[1217] 재판소의 금지・정지명령에 위반한 경우의 양벌규정을 정비하였다.[1218]

2010년 金商法 의 가장 주요한 내용은 국제적 공조 하에 장외파생상품거래에 관한 청산기관 이용의 의무부과(金商法 제156조의62) 및 장외파생상품거래 등의 거래정보 보존・보고제도의 창설(金商法 제156조의63 및 제156조의64) 등의 제도를 마련한 것이다. 다만, 그 시행은 구체적인 「장외파생상품거래 등의 규제에 관한 내각부령」(店頭デリバティブ取引等の規制に関する内閣府令; 이하 '店頭デリバティブ取引府令')이 완성된 2012년 11월 1일 함께 시행되었다.

金商法은 금융상품거래업자등이 장외파생상품거래를 함에 있어 거래량, 기타 거래의 상황에 비추어 그 거래에 따른 채무의 불이행이 일본의 자본시장에 중대한 영향을 미칠 우려가 있는 것으로서 그 특성에 비추어 일본에서 청산해야 할 것으로 내각부령으로 정하는 거래에 대해서는 금융상품거래청산기관에서 자신과 상대방의 채무를 청산하도록 하고 있으며(金商法 제156조의

1214 일본 금융청 홈페이지내의 금융상품거래법등의 일부를 개정하는 법률의 개요(金融商品取引法等の一部を改正する法律の概要)에 관한 문서 1면 참조.

1215 제1종금융상품거래업자 및 투자운용업자의 특정주요주주(50%를 초과하는 의결권을 보유하고 있는 자)에 대하여, 내각총리대신에 신고의무를 부과하는 것과 함께, 특정주요주주에 대한 조치명령 그 밖의 감독에 관한 필요한 규정을 정비하는 것으로 한다(金商法 제32조~제32조의4).

1216 金商法 제57조의2~제57조의25.

1217 금융상품거래청산기구에 관한 규제의 재검토(金商法 제2조제28항, 제156조의4제1항, 제156조의5의2, 제156제156조의12의3, 제156조의5의3, 제156조의5의5~제156조의5의7, 제156조의5의8~제156조의5의10), 외국금융상품거래 청산기구제도의 창설(金商法 제156조의 20의2~제156조의20의15), 금융상품거래 청산기구와 외국금융상품거래 청산기구등과의 제휴제도의 정비(金商法 제156조의20의16~제156조의20의18, 제156조의20의22), 그리고 금융상품거래 청산기구등에 대한 처분을 행하기 위하여 필요한 경우에는 일본은행에 대해 의견을 구할 수 있도록 하고 있다(金商法 제156조의20의23).

1218 金商法 제207조.

62제1호), 아울러 일본 내에서 반드시 청산 할 필요가 없는 경우에는 외국금융상품거래청산기관도 활용할 수 있도록 하였다(金商法 제156조의62제2호).[1219] 이를 청산집중의무라 한다.

여기서, 금융상품거래청산기관이라 함은 내각총리대신의 면허[1220] 또는 승인[1221]을 받아 금융상품채무인수업무를 하는 자를 말하고, 청산기구로 인정되는 외국금융상품거래청산기관이란 내각총리대신의 면허[1222]를 받아 금융상품채무인수업무를 하는 자를 말한다(金商法 제2조제29항).[1223]

그리고 의무청산의 대상이 되는 장외파생상품은 「장외파생상품거래 등의 규제에 관한 내각부령」 및 이의 위임을 받은 금융청장의 고시로서 정하고 있다.[1224]

내각부령 제2조는 신용파생상품(제1항)[1225]과 금리스왑거래(제2항)[1226]을 기술하고 있다. 다

1219 金商法 제156조의62, 金融商品取引業者等は、次の各号に掲げる取引を行う場合には、当該取引に基づく自己及び相手方の債務をそれぞれ当該各号に定める者に負担させなければならない。

一 店頭デリバティブ取引その他の取引のうち、取引高その他の取引の状況に照らして、その取引に基づく債務の不履行が我が国の資本市場に重大な影響を及ぼすおそれがあるものであつて、その特性にかんがみ、我が国において清算する必要があるものとして内閣府令で定める取引 金融商品取引清算機関

二 店頭デリバティブ取引その他の取引のうち、取引高その他の取引の状況に照らして、その取引に基づく債務の不履行が我が国の資本市場に重大な影響を及ぼすおそれがあるものとして内閣府令で定める取引（前号に掲げる取引を除く。）金融商品取引清算機関（当該金融商品取引清算機関が連携金融商品債務引受業務を行う場合には、連携清算機関等を含む。）又は外国金融商品取引清算機関

1220 金商法 제156조의2, 金融商品債務引受業は、内閣総理大臣の免許を受けた者でなければ、行つてはならない

1221 金商法 제156조의19제1항, 金融商品取引所は、第八十七条の二第一項及び第百五十六条の二の規定にかかわらず、内閣府令で定めるところにより、内閣総理大臣の承認を受けて金融商品債務引受業等及びこれに附帯する業務を行うことができる。

1222 金商法 제156조의20의2, 外国の法令に準拠して設立された法人で外国において金融商品債務引受業と同種類の業務を行う者は、前節の規定にかかわらず、この節の定めるところにより、内閣総理大臣の免許を受けて金融商品債務引受業を行うことができる。면허 신청 절차 및 기준 그리고 가부 등에 대한 규정은 金商法 제156조의20의3~5 참조.

1223 金商法 제2조제29항, この法律において「金融商品取引清算機関」とは、第百五十六条の二又は第百五十六条の十九第一項の規定により内閣総理大臣の免許又は承認を受けて金融商品債務引受業を行う者をいい、「外国金融商品取引清算機関」とは、第百五十六条の二十の二の規定により内閣総理大臣の免許を受けて金融商品債務引受業を行う者をいう

1224 이에 관련하여 청산의무 대상으로 지정한 고시는 2012년 7월11일 금융청고시제60호(金融庁告示第六十号)이다.

1225 店頭デリバティブ取引府令 제2조제1항, 法第百五十六条の六十二第一号に規定する内閣府令で定める取引は、法第二条第二十二項第六号に掲げる取引であって、複数の内国法人（国内に本店又は主たる事務所を有する法人をいう。以下この項において同じ。）の信用状態に係る事由又は金融商品取引法第二条に規定する定義に関する内閣府令（平成五年大蔵省令第十四号）第二十条に規定する事由（複数の内国法人に係るものに限る。）を同号に規定する事由とするもののうち、金融庁長官が指定するものとする

1226 店頭デリバティブ取引府令 제2조제2항, 法第百五十六条の六十二第二号に規定する内閣府令で定め

만, 금리스왑거래의 경우 원본이 엔화인 경우로 제한하고 있다. 현재 금융청장의 고시에 의해 CDS 인덱스 중의 iTraxx Japan과 금리스왑(IRS)[1227]이 청산집중의무 상품으로 지정되었다. 이들은 주식회사 일본증권클리어링기구에서 청산을 담당한다. 아울러 내각부령 제2조는 거래 당사자 일방이 금융상품거래업자가 아닌 경우에는 청산집중의무에서 배제하도록 하는 등 청산집중의무의 적용대상에서 배제되는 경우를 규정(제3항과 제4항)하고 있다.

또한, 金商法 금융상품거래청산기관(금융상품거래청산기관 또는 외국 금융상품거래청산기관), 금융상품거래업자등(금융상품거래업자 또는 등록금융기관) 그리고 거래정보축적기관에 대하여 거래정보의 보존・보고를 의무화하고 있다(거래정보의 보존・보고 제도).[1228] 「장외파생상품거래 등의 규제에 관한 내각부령」제6조는 금융상품거래업자등 중 거래정보작성 대상업체[1229]가 수행하는 장외파생상품거래를 거래정보의 보존 및 보고 제도의 대상으로 하고 있다.[1230]

아울러 2012년 金商法 개정을 통해 장외파생상품거래에 관한 전자정보처리조직의 사용의무(金商法 제40조의7)를 부과하였다.[1231] 장외파생상품을 업으로 하는 금융상품거래업자는 장외파생상품거래 중 거래량 기타 거래의 상황에 비추어 거래의 공정성 확보를 위해 그 개요 정보의 신속한 공개가 필요하다고 인정되는 거래로서 내각 부령으로 정하는 특정 장외파생상품거래를

る取引は、法第二条第二十二項第五号に掲げる取引であって、当事者が元本（円建てのものに限る。）として定めた金額について当事者の一方が相手方と取り決めた利率又は市場金利の約定した期間における変化率（以下この項において「利率等」という。）に基づいて金銭（円建てのものに限る。以下この項において同じ。）を支払い、相手方が当事者の一方と取り決めた利率等に基づいて金銭を支払うことを相互に約するもののうち、金融庁長官が指定するものとする。

1227 변동금리가 3개월, 6개월 엔LIBOR 및 3개월, 6개월 유로엔TIBOR 등 4가지 변동금리 지표를 열거하고 있다.

1228 금융상품거래청산기관등은 金商法 제156조의63, 금융상품거래업자등은 제156조의64, 거래정보축적기관은 제156조의65 등에 기술됨.

1229 거래정보작성 대상업체란 제1종 금융상품거래업을 하는 금융상품거래업자 또는 등록금융기관인 은행, 주식회사 상공조합중앙금고, 주식회사 일본정책투자은행, 전국을 지구(地区)로 하는 신용금고연합회, 농림중앙금고 또는 보험회사 등을 말한다.

1230 이에 따라 금융청은 金商法 제156조의66제1항의 규정에 따라 집계된 장외파생상품 규모를 공표하고 있다. 최근(2017년 9월 5일) 공표된 자료를 보면, 2016년 9월말 장외파생상품거래 잔액(상정 원본 기준)은 약 4,158조엔이고, 같은 해 3월말 잔액 약 3,659 조원과 비교하면, 약 499 조엔 증가 하였다. 주요 요인은 금리관련 파생상품거래가 약 518조엔 증가한 것이다.
<https://www.fsa.go.jp/news/29/20170905-1.html> "店頭デリバティブ取引情報の公表について" 참조.

1231 해당 제도가 2010년 金商法 개정 시 도입되지 않고 2년 미루어진 것에 대해 금융청은 다음과 같이 밝히고 있다. "장외파생상품시장에 관한 규제는 G20 등 국제적 논의를 받아 각국의 대응이 요구되는 가운데, 2010년 개정 금융상품거래법에서 표준화 된 거래에 따른 청산집중 및 거래정보의 보존・보고 체계 등을 정비했지만, 표준화된 장외파생상품거래에 일정한 요건을 충족한 전자거래기반 등의 이용을 의무화하는 내용은 여러 나라 제도 정비에 대한 움직임과 국제적인 논의의 진전 상황, 당시의 일본의 거래 실태 등을 근거로 제도화는 보류되었다."(金融庁, "「店頭デリバティブ市場規制にかかる検討会」における議論の取りまとめ" (2011.12.26.), 1면).

하는 경우에는 해당 금융상품거래업자 등이 그 장외파생상품과 관련하여 거래 업무를 제공하는 전자정보처리조직을 사용하여 수행해야한다(金商法 제40조의7제1항). 그리고 전자정보처리조직은 그를 통해 수행된 장외파생상품거래에 관해 그 가격, 수량 기타 거래 개요를 나타내기 위해 필요한 사항을 공표하여야 한다(金商法 제40조의7제2항).[1232]

이러한 전자정보시스템의 이용의무부과의 목적에 대해 금융청은 다음과 같이 밝히고 있다.[1233]

첫째, 가격 형성의 공정성을 포함한 거래의 실정에 관한 당국의 모니터링

둘째, 사전에 정해진 규칙(rule)에 기초하여 신뢰성 높은 방법에 의한 거래를 통해 금융위기 시 시장 안정에 기여

셋째, 가격 투명성의 향상에 따른 장래 시장의 효율성 향상 및 시장 참가자의 확대에 대한 기대

넷째, 약정에서 결제까지 일련의 사무를 전자화하는 STP(Straight Through Processing)[1234]화의 촉진(운영 리스크 감소, 사무의 효율화)

1232 金商法 제40조의7, 金融商品取引業者等（店頭デリバティブ取引を業として行う者に限る。）は、特定店頭デリバティブ取引（店頭デリバティブ取引のうち、 取引高その他の取引の状況に照らして、取引の公正の確保のためその概要に関する情報の迅速な開示が必要であると認められる取引として内閣府令で定めるものをいう。 次項、 第五十八条の二及び第六十条の十四第一項において同じ。）を行う場合には、当該金融商品取引業者等がその店頭デリバティブ取引の業務の用に供する電子情報処理組織又は他の金融商品取引業者等（店頭デリバティブ取引等を業として行う者に限る。）若しくは同条第二項に規定する電子店頭デリバティブ取引等許可業者がその店頭デリバティブ取引等の業務の用に供する電子情報処理組織を使用して行わなければならない。

2　前項の規定により電子情報処理組織を使用に供した者は、 当該電子情報処理組織を使用して行われた特定店頭デリバティブ取引について、内閣府令で定めるところにより、その価格、数量その他取引の概要を明らかにするために必要な事項を公表しなければならない。

1233 金融庁, 「店頭デリバティブ市場規制にかかる検討会」における議論の取りまとめ（概 要), 1면.

1234 거래 약정에서 자금 결제까지 일련의 사무 처리를 사람의 손을 거치지 않고 자동으로 하는 것을 의미한다.

제3절 국내의 논의

1. 서설

2008년 금융위기 발발 이후 미국, 유럽 등을 중심으로 장외파생상품과 관련한 시스템 위험을 제거하고자 하는 노력이 이루어지고 있다. 미국의 금융규제개혁법인 Dodd-Frank Act가 미국 의회와 대통령의 승인을 거쳐 2010년 7월부터 시행되었고, 이 법은 적격거래자간의 장외파생상품 거래에 대한 표준화를 통한 장내 거래화 및 CCP 청산의 의무화, 거래정보에 대한 공개 등을 요구하고 있다. 이러한 파생상품에 대한 규제강화 움직임은 국제금융시장의 긴밀한 연계성을 기반으로 금융위기의 발원지였던 미국에 머무르지 않고 국제적 공조의 기치 아래 여러 국가로 파급되고 있다.

구체적으로 2009년 9월 25일 미국 피츠버그에서 개최된 G20 정상회의에서 2012년까지 표준화된 장외파생상품의 청산의무화 등 장외파생상품시장의 인프라 개선에 합의하였으며, 이런 합의를 바탕으로 금융안정위원회(Financial Stability Board; 이하 'FSB')와 관련 회원기구가 합의사항의 이행사항을 평가하고 있다.[1235]

G20를 중심으로 글로벌 금융위기의 재발을 방지하기 위한 방안으로서 국제적으로 논의되었던 주요 장외파생상품시장의 인프라 개선방안으로는 CCP에 의한 청산서비스,[1236] 거래정보저장

1235 우리나라는 금융위원회와 한국은행이 2009년 6월 FSB의 회원으로 공동 가입한 이래 총회, 운영위원회, 규제·감독 협력 상임위원회 등 고위급 회의를 비롯하여 ReSG(정리체계 실무 그룹), CBCM(국경간 위기관리그룹), FIN(금융혁신 네트워크) 등 실무논의에도 적극 참여 중이다. 금융안정위원회(FSB)는 G20 합의에 따라 글로벌 금융시스템 안정을 위한 금융규제 개혁을 추진하며, 국제기준 및 정책 권고안 개발, 합의사항 이행점검 및 국가간 협력 강화 등을 수행한다. 역사적으로는 1999년 G7을 주축으로 설립된 금융안정포럼(FSF)이 2008년 금융위기 극복과정에서 신흥국을 포함하는 G20 참여 기구로 개편되어 2009년 4월 출범한 기구로서, FSB는 모든 회원기관이 참여하는 총회와 주요 의사결정이 이루어지는 운영위원회, 분야별 4개 상임위원회로 구성되어 있다. 현재 회원은 24개국(G20+4개국)의 59개 회원기관(금융당국, 재무부, 중앙은행)과 10개의 국제기구가 참여 중이다(금융위원회, "금융위원회 김용범 부위원장 금융안정위원회(FSB) 총회 참석결과" (보도자료, 2018.6.26.), 5면 참조).

1236 CCP 청산서비스는 서비스 대상이 되는 계약에 CCP가 개입하여 모든 매도(수)자에게 매수(도)자가 됨으로써 양자 간 계약의 거래상대방위험을 경감하고, 다자간 차감에 의한 순포지션 관리 및 결제불이행으로 인한 위험 전이의 차단 등의 효과를 기대하는 서비스이다.

소(trade repository),[1237] 전자거래플랫폼(electronic trading platform),[1238] 거래확인자동화서비스(automated confirmation service),[1239] 잔존거래축약서비스(compression service)[1240] 등을 들 수 있다.[1241]

이에 따라 유럽에서는 유럽시장의 인프라규제(European Market Infrastructure Regulation, EMIR)가 시행되었고, 일본 역시 金商法 개정을 통해 장외파생상품거래의 투명성 제고 등을 위한 노력을 기울이고 있다. 한국도 국제적 합의안의 이행에 적극 참여하기로 하였고, 특히 CCP에서 청산되지 않는 상품에 대하여 높은 수준의 요구자본금을 부과하기로 한 G20 피츠버그 정상회의 합의사항[1242]을 고려한다면 국내에서도 응당 CCP 청산 등 장외파생상품 관련 인프라 개선 작업에 만전을 기해야 하는 상황이다.

그런데, 새로운 규제가 도입되게 되면 이에 대한 반응은 미시경제학에서 다루는 가격에 대한 경제주체들의 반응과 같은 맥락에서 작동한다. 가격이 오르면 해당 상품에 대한 수요를 줄이고 대체재를 찾게 되는 것과 마찬가지로, 규제는 가격의 상승효과와 비슷한 맥락으로 영향을 미치게 된다. 대체재로의 전환에 비용이 적게 발생하면 할수록 규제가 목적하는 소기의 효과는 기대하기 어렵게 된다.[1243] 또한 규제의 방식은 현재의 발생한 문제를 해결하기 위한 법적 판단만으로는 부족하고 미래지향적이어야 한다. 규제의 도입에 의해 미래의 시장 구성원들의 행동에 어떠한 영향을 미칠 것인가를 함께 고려하여야 한다. 즉, 법의 기본적 기능은 물론 현재의 분쟁을 해결하는 것이지만, 법의 또 다른 중요한 기능은 미래의 인간들의 행동을 규제하는 것이다[1244]

1237 거래정보저장소는 장외파생상품 계약내용을 보고 받아 기록을 수집하고 관리하는 주체로서, 장외파생상품의 상세계약정보를 집중적으로 보관하고 관리함으로써 장외파생상품시장의 투명성 증대와 운영의 효율성 제고를 도모하고 있다.

1238 전자거래플랫폼은 장외파생상품 거래의 매매체결의 효율화를 도모하기 위하여 자동화된 플랫폼에서 거래하도록 한 것으로 해외에서는 일부 표준화된 장외파생상품(CDS 지수, 통화파생상품, 이자율파생상품 등)의 거래에서 활용되고 있으나, 국제적으로 아직 개념정립이 미진한 상태이다.

1239 장외파생상품거래는 트레이더간 거래체결 이후에도 후선부서(back office)의 거래확인 절차가 필요한데, 이 과정에 나타나는 처리지연과 운영오류가 시장의 불안요인이 되었다. 거래확인자동화서비스는 거래확인 과정을 자동화함으로써 운영위험을 감소시키고 거래확인의 완료시점을 단축시킨다.

1240 잔존거래축약서비스는 참여하는 금융회사 간의 포지션을 정리하여 순포지션으로 바꿔줌으로써 관리의 효율성을 도모한다. 별도의 CCP를 통하지 않고도 다자간 차감효과를 얻을 수 있는 서비스라고 할 수 있다.

1241 장외파생상품 인프라 개선 협의회, “국내 장외파생상품시장 인프라 개선에 관한 보고서” (2009. 10), 2~3면 참조.

1242 금융감독원, “장외파생상품 인프라 도입관련 추진계획” (보도자료, 2010.2.10), 1면 참조.

1243 유럽집행위원회(European Commission)의 금융시장 담당위원인 Patrick Pearson은 유럽의 장외파생상품시장 규제방안이 미국과 매우 유사하여 투자자들이 규제차익을 획득할 가능성은 거의 없다고 언급한 바 있다(금융투자협회, “해외 파생상품시장 주간동향(34호)” (2010.10.15), 1면).

1244 신석훈, “회사법의 법경제학적 접근을 위한 방법론적 소고”, 「법학연구」Vol.17, No.4 (연세대학교 법학연구원, 2007), 187면; 법경제학의 진수는 바로 법조인들에게 어떠한 법원칙이 인간들의 행동에 어떠한

따라서 장외파생상품관련 규제의 도입을 함에 있어 국제적인 공조도 중요하지만 우리의 현실에 맞게 효과적인 도입이 되도록 현명한 추진이 필요할 것이다.[1245] 장외파생상품시장의 인프라 개선을 위해 국내에서 진행된 상황을 소개하고 자본시장법상 도입된 의무청산 규정에 대해 설명하고자 한다.

2. 장외파생상품시장의 인프라 개선

가. 장외파생상품 인프라 개선 협의회

글로벌 금융위기의 재발을 막고자 2009년 9월 피츠버그 G20 정상회의에서 합의된 장외파생상품시장에 대한 규제안에 따라 국내에서도 장외파생상품시장의 선진화와 글로벌 금융위기 극복을 위한 국제적 공조에 동참하기 위해서 장외파생상품시장에 대한 주요 인프라의 도입을 적극 고려하고 있다. 이에 따라 업계, 학계 및 관련 유관기관들은 이러한 장외파생상품시장의 규제강화에 대한 국제적 흐름에 동참하여, 2009년 5월 주요 시장참가자와 유관기관으로 구성된 "장외파생상품 인프라 개선 협의회"[1246]를 구성하였다. 이 협의회에서는 장외파생상품시장의 문제점을 살펴보고, G20의 핵심 개선방안인 'CCP 청산소'의 도입을 논의하기 위하여 2009년 10월까지 총 9차에 걸쳐 회의를 개최하였으며 업계를 대상으로 장외파생상품 매칭서비스 및 CCP 서비스

식으로 영향을 미치며 이들의 행동을 바람직한 방향으로 유도할 수 있을 것인가를 예측할 수 있는 체계적인 메커니즘을 제공해 주는데 있다(Stephen M. Bainbridge, *Corporation Law and Economics*, Foundation Press, 2002, p.19).

1245 장외파생상품 인프라 개선 협의회는 국내 장외파생상품은 거래규모가 시스템위험을 우려할 정도에 이르지 못하고 있으며, 장외파생상품에 대한 규제가 이미 존재하므로 시장의 활력을 불필요하게 저해하는 방향으로 도입이 추진되어서는 아니 된다는 원칙을 정하고 있다(엄영호, "장외파생상품 인프라 개선 협의회 최종보고서 주요내용", 「장외파생상품 인프라 개선 세미나 발표자료집」(금융투자협회, 2010.2.17.), 7면).

1246 협의회는 국민은행, 신한금융투자, 대우증권, 삼성증권, 신한은행, 우리은행, 우리투자증권, 외환은행, 한국산업은행, 한국투자증권, 한국씨티은행, 도이치은행서울지점, 한국스탠다드차타드제일은행 등 장외파생상품시장의 주요 참여자인 국내외 은행 및 증권사들이 대거 참여하여, 한국거래소, 한국예탁결제원, 한국은행, 전국은행연합회, 한국금융투자협회 등 유관기관 및 옵서버 자격으로 협의회에 참여한 금융위원회, 금융감독원, 기획재정부 G20 기획단 등과 함께 학계에서도 동참하여 많은 연구를 진행하였고, 2009년 10월에는 그 결과물로 장외파생상품시장의 인프라 개선을 위한 13개의 권고사항을 담은 "국내 장외파생상품시장 인프라 개선에 관한 보고서"를 발간하였다.

도입관련 수요조사를 실시한 바 있다.[1247]

장외파생상품 인프라 개선 협의회는 장외파생상품 CCP 청산서비스를 중심으로 장외파생상품 시장의 인프라 개선방향에 대해 집중적으로 논의하고, 합의내용을 정리하여 발표하였는데, 구체적인 권고사항은 다음과 같다.[1248]

권고사항 1: 국내 장외파생상품시장의 거래상대방리스크와 시스템리스크의 감소를 위하여 원칙적으로 모든 표준화된 장외파생상품이 CCP 청산서비스를 이용하도록 한다.

권고사항 2: 원칙적으로 모든 장외파생상품의 거래정보를 집중하여 관리하도록 한다.

권고사항 3: 장외파생상품 CCP 청산서비스 대상 상품을 중심으로 거래확인자동화시스템을 구축한다.

권고사항 4: 자본시장법등 관련 법률을 개정하여 장외파생상품 CCP 청산의 법률적 근거를 마련한다.

권고사항 5: 장외파생상품 CCP 청산의 접근성과 개방성을 보장하기 위하여 청산회원이 아닌 시장참가자가 CCP 청산서비스를 이용할 수 있도록 자본시장법등 관련 법률을 개정하여 장외파생상품 CCP 청산주선의 법률적 근거를 마련한다.

권고사항 6: 장외파생상품 CCP 운영주체는 서비스의 공익성을 확보할 수 있는 제도적 장치를 마련해야 한다.

권고사항 7: 장외파생상품에 대한 CCP 청산서비스는 모든 표준화된 상품(예를 들어 IRS)을 대상으로 하며, 그 밖의 장외파생상품(CDS, CRS 등)은 표준화를 통해 CCP 청산서비스가 가능하도록 공동 노력한다.

권고사항 8: 장외파생상품 CCP의 청산회원은 CCP의 안정성과 효율성의 균형 확보를 위하여 일정 요건 이상의 자본금, 신용도, 운용능력을 갖추어야 한다.

권고사항 9: 증거금과 일일정산은 청산서비스 이용자의 급격한 유동성 부담과 평가불일치에 따른 위험부담 가능성이 있으므로 시장참가자와의 협의에 기초한 평가모형의 구축을 전제로 설계되어야 한다.

권고사항 10: 장외파생상품 CCP 운영주체는 위험기금의 적립방식, 적립규모, 사용방법을 합리적이고 투명한 방법으로 산출하고 이를 공표하여야 한다.

권고사항 11: 장외파생상품 CCP 운영주체는 청산회원등으로 구성된 참가자대표기구(국제단체 포함가능)의 의견을 CCP 운영에 제도적으로 반영할 수 있도록 CCP 운영방

1247 장외파생상품 인프라 개선 협의회, 앞의 보고서, 7면 참조.

1248 위의 보고서, 4~19면 참조.

칙을 제정한다.

권고사항 12: 장외파생상품 CCP 운영주체는 서비스와 관련된 직·간접적인 비용체계를 투명하게 제시하여야 하며, 비용산정에 청산서비스 이용자의 이해를 반영할 수 있는 제도적인 장치를 마련한다.

권고사항 13: 장외파생상품 CCP 운영주체는 해외 장외파생상품 CCP와 연계 서비스가 가능하도록 적극적으로 준비한다.

나. 장외파생상품시장 인프라 도입방향 및 현황

장외파생상품 인프라 개선 협의회의 13개의 권고사항들을 종합적으로 살펴보면, G20 정상회의에서 합의한 5개의 장외파생상품시장 인프라 개선을 위한 방안 가운데서, 표준화된 장외파생상품의 CCP 청산서비스와 거래정보의 집중관리를 위한 거래정보저장소 및 거래확인자동화시스템의 구축에는 원칙적인 합의를 하고 있다. 하지만, 그 밖의 인프라 도입과 非CCP 상품에 대한 대응방안에 대해서는 권고사항을 도출하지 못하였다.

아울러 권고사항 7을 보면, 이자율스왑을 먼저 CCP 청산서비스의 대상으로 하고, 그 밖의 장외파생상품인 CRS와 CDS 등은 표준화를 통해 CCP 청산서비스의 대상으로 하는 순차적 접근방식을 취하고 있다. 이것은 장외파생상품에 대해 CCP 청산서비스가 가능하기 위해서는 표준화된 거래구조 및 풍부한 유동성이 전제되어야 하기 때문에 비교적 딜러마켓이 잘 정립된 이자율스왑상품을 우선 대상으로 하고, 국제적으로는 관심의 대상이지만, 국내에서는 거래가 거의 없는 CDS는 순차적으로 평가방법, 신용사건, 결제방법 등의 거래환경을 표준화하여 도입하는 방식을 택하고 있는 것으로 보인다.

그리고 장외파생상품 CCP의 청산회원인 CCP에 대한 자본금 및 신용도 요건의 요구와 함께, CCP 운용상 증거금과 일일정산제도를 도입하고,[1249] 위험기금을 마련하는 등 CCP의 안정성과 효율성의 균형 확보에 많은 노력을 경주하고 있다. 이 밖에도, 자동화된 정보전달체계 구축, 운영방식 및 비용의 투명화, 해외 CCP와의 연계를 통한 서비스 확장 등을 통해 CCP의 성공적인 운영을 담보하고자 하였다.

요약컨대, 국내에서도 상술한 바와 같이 장외파생상품 인프라 개선 협의회를 구성하여 장외파

1249 CCP는 잠재적 위험에 대비할 수 있는 충분한 규모의 증거금을 확보할 수 있어야 하는데, 증거금 산출을 위해서는 합리적인 평가모형을 갖고 있어야 한다. 그런데 국내 장외파생상품시장에서 상품의 가격평가는 각 딜러별로 수행되다 보니 공통적인 평가모형이 없는 상황이다(위의 보고서, 12면).

생상품 인프라 개선방안에 대한 논의를 전개하여 왔고, 그 결과 국내에서는 장외파생상품 인프라로서 CCP 청산서비스[1250], 거래정보저장소[1251] 및 거래확인자동화서비스[1252]를 도입하는 것으로 의견을 모아가고 있다.[1253]

현 시점에서는 금융투자상품청산회사를 도입하고 적격원화이자율스왑에 대한 의무청산을 시행하고 있으며,[1254] 2014년 9월 18일 누적 청산금액이 100조원에 도달하였고, 2015년 9월 30일 500조원을 넘어선 이후, 2016년 11월 18일 청산서비스 개시후 약 2년 9개월만에 1,002조원을 기록하며 1,000조원을 돌파하였다.[1255] 그리고 일평균청산금액은 약 1.6조원 내외의 수준을 보여 왔으나, 2016년 3분기 이후 2.5조원 수준으로 급증하고 있다. 이와 같은 증가세는 EU의 한국거래소에 대한 적격 CCP 인증[1256] 및 비청산 장외파생상품거래에 대한 증거금 규제 강화[1257] 등의 영향에 기인하는 것으로 보인다.[1258]

다만, 아직 거래정보저장소에 대한 입법은 이루어지지 못하고 있다. 거래정보저장소는 정보의

1250 CCP 청산은 청산대상거래에 대해 CCP가 개입하여 모든 매도(수)자에게 매수(도)자의 역할을 수행함으로써 양자간 계약의 거래상대방위험을 경감하고, 다자간 차감에 의한 순포지션 관리 및 결제불이행으로 인한 위험 전이의 차단 등을 효과로서 기대하는 제도이다(정순섭, "CCP등 장외파생상품 인프라 도입 필요성", 「장외파생상품 인프라 개선 세미나 발표자료집」(전국은행연합회 등 공동주관, 2010.8.17), 21면 참조).

1251 거래정보저장소란 장외파생상품거래 기록의 전자적 데이터베이스를 유지하는 중앙집중화된 등록기구이다(A TR for OTC derivatives is a centralised registry that maintains an electronic database of OTC derivatives transaction records), Financial Stability Board, "Implementing OTC Derivatives Markets Reforms"(25 October 2010), p.44; 거래정보저장소는 장외파생상품 계약내용을 보고 받아 기록을 수집하고 관리하는 주체로서, 장외파생상품의 상세계약정보를 집중적으로 보관하고 관리함으로써 장외파생상품시장의 투명성 증대와 운영의 효율성 제고를 도모하는 인프라이다(장외파생상품 인프라 개선 협의회, 앞의 보고서, 8면 참조).

1252 거래확인자동화서비스는 장외파생상품거래의 특성을 반영한 것으로 업무의 효율성을 기하고 운영위험을 감소시키고 거래확인의 완료시점을 단축시키기 위한 서비스이다. 장외파생상품거래는 일반적으로 트레이더간에 거래를 체결하면, 그 거래내용을 후선부서(back office)에서 거래체결 후에 확인하는 절차가 필요한데, 이 과정에서 나타나는 처리지연과 운영오류가 시장의 불안요인으로 작용할 수 있다(장외파생상품 인프라 개선 협의회, 앞의 보고서, 9면 참조).

1253 장외파생상품 인프라 개선 협의회가 발간한 "국내 장외파생상품시장 인프라 개선에 관한 보고서" 및 2010년 11월 19일 발표된 "장외파생상품 인프라 도입 공청회 발표자료-도입방안"를 살펴보면 국내에서는 상술한 3가지의 제도를 도입하는 것으로 되어 있다.

1254 장외파생상품 거래에 대한 CCP 청산은 원화 이자율스왑(IRS) 거래를 대상으로 2014년 3월 3일 개시하였으며, 2014년 6월 30일부터는 의무청산이 실시되었다.

1255 한국거래소, "장외파생상품 CCP 청산규모 급증" (보도자료, 2016.11.23.), 1면 참조.

1256 EU ESMA가 한국거래소(KRX)를 적격 CCP로 인증(2016.4.22)함에 따라 유럽 금융회사의 KRX를 통한 CCP 청산에 대한 제약 요인이 해소되었다(위 보도자료, 2면).

1257 2016년 9월부터 CCP를 통해 청산되지 않은 장외파생상품거래에 대해서 양 거래당사자간 증거금(margin) 수수가 미국 등에서 의무화되었다(위 보도자료, 2면).

1258 위 보도자료, 2면 참조.

수집, 저장 및 배포를 일관된 방식으로 집중함으로써, 장외파생상품거래의 믿을만한 정보의 원천으로서 금융당국자는 물론 거래참여자 및 대중들에게 중요한 기능을 수행할 수 있다.[1259] 이런 관점에서 한국에서도 금융투자상품청산회사로서 인가받은 한국거래소를 거래정보저장소로 실질적으로 내정하여 2015년 9월부터 한국거래소의 주도 하에 금융감독원, 한국은행 등과 함께 거래정보저장소와 관련한 법무 준비위원회(task force, TF), 보고시스템 TF, 그리고 IT TF 등 3개의 준비위원회를 가동하여 왔으나, 아직 이에 대한 입법이 이루어진 상황은 아니다.[1260]

그런데 G20 합의사항에 대한 이행사항을 평가하고 있는 금융안정위원회(FSB)는 그의 보고서에서 우리나라는 이미 거래정보저장소가 운영되고 있다고 평가하고 있다.[1261] 이는 한국은행이 외환전산망[1262]을 통해 금융기관의 장외파생상품거래 관련 정보를 수집하여 왔고, 금융감독원도 자본시장법상 요구되는 장외파생상품거래의 정보를 수집하여 온 것에 기인한 것으로 보인다.[1263] 아울러 한국은행은 2013년 7월 보도자료를 통해 FSB(Financial Stability Board)를 중심으로 추진되고 있는 장외파생상품 거래정보 등에 대한 글로벌 표준관리체계[1264]의 도입을 추진함으로써 외환정보 이용의 국제적 정합성을 제고하겠다고 발표하였다.[1265] 이런 점에서 비추어 본다면, 글로벌 금융위기의 산물로서 대두된 장외파생상품 인프라 개선 사항 특히 거래정보저장소와 관련된 국제적 합의사항과 관련하여 우리의 이행속도가 느린 부분은 일견 이해된다고 볼 것이다.[1266]

1259 Financial Stability Board(2010), *op. cit.*, p.44.

1260 이헌영, “장외파생상품 거래정보저장소의 도입과 관련된 법적 과제”, 「은행법연구」 제8권제2호 (은행법학회, 2015), 287면 참조.

1261 Financial Stability Board, “Sixth Progress Report on Implementation of OTC Derivatives Market Reforms” (2 September 2013), p.105.

1262 외환전산망은 1997년 외환위기 이후 외환거래 및 자본자유화 확대에 따라 대외 여건변화 및 과도한 외환유출입에 따른 충격을 완화하는 보완방안의 일환으로 「외국환거래법」 시행시기에 맞추어 가동되었다(1999. 4. 1일)(한국은행, “신외환전산망 구축 추진” (보도자료, 2013.7.16), 8면). 한국은행은 외환전산망을 통해 외환거래정보, 파생상품거래정보, BIS국제은행통계 등의 정보를 관리해 왔다(위 보도자료, 3면 참조).

1263 자본시장법 제166조의2제1항제5호에 따라 월별 장외파생상품(파생결합증권을 포함한다)의 매매, 그 중개・주선 또는 대리의 거래내역을 다음 달 10일까지 금융위원회에 보고하고 있어 그 거래실태를 규제당국이 파악하고 있으나, 미국 Dodd-Frank Act가 마련하고 있는 거래내역 보고제도 및 정보공개제도에는 미치지 못하고 있다.

1264 동 보도자료에서 LEI(Legal Entity Identifier, 법인식별자), UTI(Unique Transaction Identifier, 고유 거래식별자) 등을 글로벌 표준관리체계 예시로 설명하였다.

1265 한국은행(2013), 앞의 보도자료, 4면.

1266 거래정보저장소를 도입함에 있어 고려하여야 할 법적 쟁점에 대해 다룬 논문으로 이헌영, “장외파생상품 거래정보저장소의 도입과 관련된 법적 과제”, 「은행법연구」 제8권제2호 (은행법학회, 2015) 참조. 해당 논문에서는 장외파생상품 거래정보를 기존에 수집해 오던 내용과 별도로 거래정보저장소를 설치함에 따른 부담이 가중되지 않도록 관련 규정을 정비하여야 함을 주장하고 있다.

이 밖에 장외파생상품 인프라 개선사항으로 논의되었던 전자거래플랫폼을 비롯한 다른 사항들은 아직까지 우리나라에서는 별다른 추가 논의나 검토가 진행되고 있지 못한 상황이다.

다. 금융시장인프라 업무기준 마련

G20의 합의에 따라 BIS는 국제증권감독기구(International Organization of Securities Commissions; 이하 'IOSCO')와 함께 국가간 규제차익을 방지하기 위해 「금융시장인프라에 관한 원칙(Principles for Financial Market Infrastructures; 이하 'PFMIs')」[1267]을 마련하고, 이를 각국이 명시적 감독원칙으로 채택할 것을 권고하고 있다.[1268] 따라서 국내에서도 장외파생상품거래를 중심으로 시장인프라에 대한 감독을 강화하고 국제기준의 국내 이행을 위한 조치를 추진하고 있다. 그의 일환으로 국제기준(PFMIs)을 국내 시장인프라기관(한국거래소, 예약결제원 등)에 대한 명시적 감독원칙으로 채택하기 위하여 국내에서도 「금융시장인프라 업무기준」[1269]을 마련하여 2015년 3월 20일 금융위원회가 보도자료를 통해 이를 공표하였다.

주요내용으로 국제기준(PFMIs)에서 정한 24개 원칙의 핵심적인 내용을 국내 사정에 맞게 14개원칙으로 재분류하여 세부 준수사항을 서술하고 있다. 금융시장인프라에 적용되는 기준(14개 원칙)은 다음과 같다. ① 법적기반, ② 지배구조(적법하고 투명한 조직 및 절차를 갖출 것), ③ 위험관리, ④ 신용위험, ⑤ 유동성위험, ⑥ 담보(업무수행에 따른 제반위험을 관리하기 위한 위험관리체계를 갖출 것), ⑦ 결제, ⑧ 채무불이행(결제위험 축소 및 참가자의 채무불이행에 대처하기 위한 업무처리 절차를 갖출 것), ⑨ 일반사업위험, ⑩ 보관 및 투자위험, ⑪ 운영위험(주요업무(청산, 결제 등) 이외 제반업무상 발생가능한 위험을 관리할 것), ⑫ 참가제도(공정하고 투명한 참가자 선정 및 관리방안을 갖출 것), ⑬ 효율성 및 효과성, ⑭ 정보 제공 및 통신(제도의 채택・변

1267 PFMIs는 BIS 산하 지급결제위원회(CPSS, 현 CPMI)와 국제증권감독기구(IOSCO)가 G20 합의에 따라 2012년 4월 공동 마련・발표한 원칙으로 결제시스템(PS, SSS), 중앙예탁기구(CSD), 중앙청산소(CCP) 및 거래정보저장소(TR)에 대한 업무수행 기준을 제시하고 있다. PFMIs는 법적기반(Legal Basis), 지배구조(Governance), 위험관리(Framework for the comprehensive management of risks), 신용위험(Credit Risk)을 비롯한 총 24개의 원칙을 제시한다. PFMIs에 대한 상세 정보는 <https://www.bis.org/cpmi/publ/d101a.pdf> 참조.

1268 금융위원회, "「금융시장인프라 업무기준」 마련" (보도자료, 2015.3.20.), 1면 참조.

1269 금융위원회가 「자본시장과 금융투자업에 관한 법률」 및 하위규정(이하 "관계법령")에 따라 자본시장의 금융시장인프라를 관리・감독함에 있어 금융시장인프라의 업무가 국제기준[지급결제위원회(CPSS, 現 CPMI)와 국제증권관리위원회기구(IOSCO)가 2012년 4월 발표한 '금융시장인프라에 관한 원칙(Principles for Financial Market Infrastructures)'을 말한다.]에 따라 안정적이고 효율적으로 수행될 수 있도록 금융시장인프라가 준수해야 할 핵심적인 내용을 정리한 업무기준을 제시함을 목적으로 한다(금융시장인프라 업무기준, 1.목적).

경에 참가자의 편익・비용을 고려하고, 국제기준 준수여부 점검 및 공개할 것) 등이다.[1270]

금융당국은 이를 통해 시장인프라기관이 체계적이고 명확한 기준에 따라 업무를 수행토록 함으로써 시장인프라의 안정성을 제고하고, 국제기준(PFMIs)의 국내 감독원칙 채택을 분명히 하여 국내 시장인프라에 대한 대외 신뢰도의 향상을 도모하고자 하였다.[1271]

3. 자본시장법상 의무청산제도

가. 서설

자본시장법은 2013년 법률 개정을 통해 장외파생상품거래의 청산의무 규정 및 이를 위한 금융투자상품거래청산회사의 도입 규정을 마련하였다.[1272] 즉, 장외파생상품거래 등의 결제불이행 위험을 축소하기 위한 G20 정상회의의 합의사항을 국내에 수용하기 위하여 금융투자업자의 채무불이행이 국내 자본시장에 중대한 영향을 줄 우려가 있는 장외파생상품의 매매 등에 대해서는 금융투자상품거래청산회사에서 의무적으로 청산하도록 하였으며(法 제166조의3 신설), 금융투자상품거래청산회사를 설치하여 장외파생상품 등에 대한 청산을 담당하도록 하고 있다(法 제323조의2부터 제323조의20까지 신설).[1273]

나. 장외거래의 청산의무

금융투자업자는 다른 금융투자업자 및 대통령령으로 정하는 자[1274](이하 이 조에서 "거래상대

1270 금융시장인프라 업무기준에 대한 상세한 전문은 금융위원회, 위 보도자료(2015.3.20.) 참조.

1271 금융위원회, 위 보도자료(2015.3.20.), 3면 참조.

1272 우리나라에서는 G20 정상회의의 합의사항을 국내에 수용하기 위하여 2011년 11월 25일 '자본시장과 금융투자업에 관한 법률 일부개정법률안(의안번호 1813935)'이 제출되었으나, 제18대 국회의 임기 내에 통과되지 못하고 자동 폐기되었다가 그 이후 2013년 3월 5일 '금융투자상품거래청산회사'의 설립근거 조문을 신설한 자본시장과 금융투자업에 관한 법률 개정안이 국회를 통과하였고, 2013년 4월 5일에 정부가 동 법률안을 공포함에 따라 2013년 7월 6일부터 법에서 정한 장외파생상품에 대해 청산소를 통한 결제를 시행할 수 있는 근거를 마련하였다. 다만, 의무청산의 대상이 되는 장외파생상품의 범위를 정하는 금융투자업 규정의 시행이 2014년 6월 30일로 정해짐에 따라 장외파생상품거래의 의무청산은 실질적으로 2014년 6월 30일부터 시행되고 있다.

1273 자본시장법 법률 제11758호, 2013.4.5., 일부 개정 (시행 2013.7.6.) 제정・개정이유

방”이라 한다)와 대통령령으로 정하는 장외파생상품의 매매 및 그 밖의 장외거래[1275](그 거래에 따른 채무의 불이행이 국내 자본시장에 중대한 영향을 줄 우려가 있는 경우로 한정하며, 이하 이 조에서 “청산의무거래”라 한다)를 하는 경우 금융투자상품거래청산회사, 그 밖에 이에 준하는 자로서 대통령령으로 정하는 자[1276]에게 청산의무거래에 따른 자기와 거래상대방의 채무를 채무인수, 경개, 그 밖의 방법으로 부담하게 하여야 한다(法 제166조의3, 장외거래의 청산의무).

여기서, 금융투자업자란 투자매매업, 투자중개업, 집합투자업, 신탁업 등의 금융투자업에 대하여 금융위원회의 인가를 받거나 투자일임업, 투자자문업 등의 금융투자업에 대하여 금융위원회에 등록하여 이를 영위하는 자를 말하고(法 제9조제1항), 대통령령으로 정한 외국금융투자업자란 외국 법령에 따라 외국에서 금융투자업에 상당하는 영업을 영위하는 자를 말한다(法 제12조제2항 제1호나목).

자본시장법은 금융투자업자를 청산의무대상 거래와 관련하여 청산의무자로 지정하고 있다. 또한, 금융투자상품거래청산회사로 인가받은 한국거래소가 제정한 「장외파생상품 청산업무규정」(이하 ‘청산규정’)에 따르면, 청산회원 또는 청산위탁자인 경우에만 한국거래소를 통한 청산을 할 수 있도록 규정되어 있다(청산규정 제2조제1항제1호). 그리고 동 규정에서 거래소에 청산회원으로 가입할 수 있는 자는 장외파생상품에 관하여 투자매매업의 인가 또는 예비 인가를 받았거나

1274 자본시장법 시행령 제186조의3제1항, 법 제166조의3에서 “대통령령으로 정하는 자”란 외국 금융투자업자를 말한다.

1275 자본시장법 시행령 제186조의3제2항, 법 제166조의3에서 “대통령령으로 정하는 장외파생상품의 매매 및 그 밖의 장외거래”란 원화로 표시된 원본액에 대하여 일정한 기간 동안 고정이자와 변동이자를 장래의 특정 시점마다 원화로 교환할 것을 약정하는 거래로서 기초자산, 거래의 만기 등에 관하여 금융위원회가 정하여 고시하는 요건을 충족하는 장외파생상품거래를 말한다. 다만, 법 또는 법에 상응하는 외국의 법령 등에 따라 금융투자상품거래청산회사(법 제323조의3에 따라 금융투자상품거래청산업의 인가를 받은 자를 말한다. 이하 같다)를 통한 청산이 불가능한 경우로서 금융위원회가 정하여 고시하는 거래는 제외한다.

1276 자본시장법 시행령 제186조의3제3항, 법 제166조의3에서 “그 밖에 이에 준하는 자로서 대통령령으로 정하는 자”란 외국 법령에 따라 외국에서 금융투자상품거래청산업에 상당하는 업무를 하는 자(이하 “외국금융투자상품거래청산회사”라 한다)로서 다음 각 호의 요건을 모두 충족하는 자 중에서 금융위원회가 승인하는 자를 말한다.

1. 외국금융투자상품거래청산회사가 해당 금융투자상품거래청산업에 상당하는 업무를 하기 위하여 외국금융투자감독기관의 허가·인가 또는 승인 등을 받을 것
2. 외국금융투자상품거래청산회사가 외국금융투자감독기관으로부터 금융투자상품거래청산업에 상당하는 업무와 관련하여 적절한 감독을 받을 것
3. 금융위원회가 법 또는 법에 상응하는 외국의 법령을 위반한 외국금융투자상품거래청산회사의 행위에 대하여 법 또는 법에 상응하는 외국의 법령에서 정하는 방법에 따라 행하여진 조사 또는 검사자료를 상호주의의 원칙에 따라 외국금융투자감독기관으로부터 제공받을 수 있는 국가의 외국금융투자상품거래청산회사일 것
4. 금융위원회가 외국금융투자상품거래청산회사가 소재한 국가의 외국금융투자감독기관과 상호 정보교환 및 청산대상거래 등 금융위원회가 정하여 고시하는 사항에 관한 협력약정 등을 체결하고 있을 것

인가를 신청한 자로 한정하고 있으며(청산규정 제2조제1항제3호 및 제8조),[1277] 청산위탁자는 자본시장법 제12조제1항에 따라 금융투자업 인가를 받은 자 또는 법 제12조제2항제1호나목에 따른 외국금융투자업자 중 어느 하나에 해당하는 자로서 자기의 명의로 성립된 청산대상거래와 관련한 결제금액 및 청산위탁증거금의 수수, 그 밖의 결제업무를 청산회원에게 위탁한 자를 말한다(청산규정 제2조제1항제4호 및 제55조).[1278] 따라서 실질적으로 거래소에 청산을 의뢰하는 청산의무자는 청산회원인 장외파생상품거래에 관하여 투자매매업 인가를 받은 자가 될 것이다.[1279] 하지만 자본시장법상 청산의무는 단지 청산회원간의 거래에만 적용되는 것은 아니며, 청산회원이 아닌 청산위탁자와의 거래 또한 대상이 되므로 집합투자업 인가를 받은 자산운용사 또는 신탁업인가를 받은 보험회사 등과 장외파생상품인가를 받은 은행 또는 금융투자회사 간의 청산의무거래 또한 그 대상이 될 수 있다.

다. 청산의무 대상거래

자본시장법은 대통령령으로 정하는 장외파생상품의 매매 및 그 밖의 장외거래 중 그 거래에 따른 채무의 불이행이 국내 자본시장에 중대한 영향을 줄 우려가 있는 경우를 청산의무거래로 지정하고 있고(法 제166조의3), 동법 시행령에 의하면, 법 제166조의3에서 "대통령령으로 정하는 장외파생상품의 매매 및 그 밖의 장외거래"란 원화로 표시된 원본액에 대하여 일정한 기간 동안 고정이자와 변동이자를 장래의 특정 시점마다 원화로 교환할 것을 약정하는 거래로서 기초자산,

---

1277 이 밖에 청산회원이 되고자 하는 자는 동 규정 및 시행세칙이 정한 재무요건(자기자본, 자본비율), 전산설비, 인적요건 및 사회적 신용요건 등의 제반 사항에 부합되어야 한다(청산규정 제10조).
청산규정 제10조(청산회원의 가입요건, 심사 및 승인) ① 청산회원이 되고자 하는 자는 다음 각 호의 기준에 적합하여야 한다.
1. 제11조의 규정에 의한 재무요건을 충족할 것
2. 업무를 안정적이고 원활하게 수행할 수 있는 전산설비 등의 시설을 갖추고 있을 것
3. 업무를 안정적이고 원활하게 수행할 수 있는 인력을 확보하고 있을 것
4. 세칙이 정하는 사회적 신용이 충분할 것

1278 청산규정 제55조(청산위탁자의 요건) 청산대상거래의 채무부담신청을 일반청산회원에게 위탁하고자 하는 자는 다음 각 호의 요건을 충족하여야 한다.
1. 법 제12조제1항에 따라 금융투자업 인가를 받은 자 또는 법 제12조제2항제1호나목에 따른 외국 금융투자업자일 것
2. 청산위탁자로서의 업무를 안정적이고 원활하게 수행할 수 있는 전산설비 등의 시설을 갖출 것
3. 청산위탁자로서의 업무를 안정적이고 원활하게 수행할 수 있는 인력을 확보하고 있을 것

1279 한국거래소는 "IRS CCP청산 제도 및 IT개발 관련 설명회 자료" (보도자료, 2012.4.16)에서 의무청산대상이 원화 IRS로 한정되므로 의무청산자도 '이자율이 기초자산인 장외파생상품'에 대한 투자매매업 인가를 받은 자로 한정된다고 기술한 바 있다.

거래의 만기 등에 관하여 금융위원회가 정하여 고시하는 요건을 충족하는 장외파생상품거래를 말한다고 규정하고 있다(令 제186조의3제2항). 이를 받아 CCP로 인가받은 한국거래소는 금융투자상품거래청산업을 영위함에 있어서 거래소가 부담할 채무의 대상이 될 수 있는 거래를 적격원화이자율스왑거래로 한정하고 있다(청산규정 제5조). 여기서, 적격원화이자율스왑거래란 다음 각 호의 요건을 모두 충족하는 원화이자율스왑거래를 말한다(청산규정 제6조제1항).

1. ISDA 기본계약, ISDA정의에 의거하여 체결된 원화이자율스왑거래일 것
2. 계약금액에 대한 고정금리와 변동금리를 교환하는 거래일 것
3. 대한민국 원화를 계약금액 및 결제금액의 기준통화로 할 것
4. 변동금리가 이자산출대상기간 초일의 직전 영업일(이하 이 장에서"금리확정일"이라 한다)에 한국금융투자협회가 공시하는 세칙이 정하는 시간[1280]의 만기 91일 양도성예금증서의 연 수익률(이하 이 장에서"기준 CD금리"라 한다)일 것
5. 계약만기가 3개월 단위로서 10년 이내일 것
6. 계약금액이 10억원 이상 1조원 이하일 것
7. 그 밖에 세칙이 정하는 요건을 충족할 것[1281][1282]

1280 청산규정 시행세칙 제3조(적격원화이자율스왑거래의 요건 등) ① 규정 제6조제1항제4호에서 "세칙이 정하는 시간"은 15시 30분으로 한다.

1281 청산규정 시행세칙 제3조제2항, 규정 제6조제1항제7호에서 "그 밖에 세칙이 정하는 요건"이란 다음 각 호를 말한다.
1. 영업일 기준지역이 대한민국 서울일 것
2. 효력발생일(ISDA정의에 의한 "Effective Date"를 말한다. 이하 같다)이 거래체결일의 다음 영업일일 것
3. 이자금액의 산출주기 및 지급주기가 3개월일 것
4. 일수계산방식이 ISDA정의에 의한 Actual/365(Fixed)(365일로 이자금액 산출대상기간의 실제 일수를 나누는 방법을 말한다. 이하 같다)일 것
5. 영업일규칙이 ISDA정의에 의한 Modified Following(이자지급일 또는 계약만기일이 휴업일인 경우에는 직후 영업일을 이자지급일 또는 계약만기일로 하되 직후 영업일이 다음 월로 이월되는 경우에는 직전 영업일을 이자지급일 또는 계약만기일로 하는 방법을 말한다. 이하 같다)일 것
6. 이자금액 산출시 복리를 적용하지 아니 하고, 고정금리가 소수점 열째 자리 이내일 것
7. 고정금리와 변동금리에 대하여 동일한 일수계산방식 및 영업일 규칙을 적용할 것
8. 변동금리에 가산금리를 적용하지 않을 것
9. 이자산출기간 수정방법이 Adjusted(직전이자지급일부터 제5호에 따라 조정된 차기이자지급일까지의 일수를 이자산출기간으로 하는 방법을 말한다)일 것

1282 이 밖에 구체적인 기준으로 청산규정 시행세칙은 다음과 같은 내용을 기술하고 있다. 거래소는 금리확정일에 기준 CD금리가 없는 경우에는 당일 15시 30분 이전의 금리로서 15시 30분과 가장 가까운 시간에 산출된 금리를 기준 CD금리로 하되, 당일 중 금리가 없는 경우에는 기준 CD금리가 있는 이전 영업일 중 금리확정일에 가장 가까운 영업일의 기준 CD금리를 금리확정일의 기준 CD금리로 본다(청산규정 시행세칙 제3조제3항). ISDA정의에 의한 "KRW-CD-KSDA-Bloomberg" 및 "KRW-CD-3220"는 규정 제6조제1항에서 말하는 금리확정일의 기준 CD금리로 본다(청산규정 시행세칙 제3조제4항). 적격원화이자율스왑거래의 계약금액은 규정 제98조제1항에 따른 계약변경의 사유를 제외하고 계약만기까지 변경되어서는 아니 된다(청산규정 시행세칙 제3조제5항). 적격원화이자율스왑거래는 이자금액의 월말

따라서 장외파생상품인가를 받은 금융투자업자는 원화이자율스왑거래와 관련하여 거래상대방으로서 청산위탁자인 금융투자업자 및 외국금융투자업자와 해당 거래를 함에 있어 반드시 청산기관인 거래소를 통해 의무청산을 하여야만 한다. 그런데 만약 청산위탁자인 외국금융투자업자 등이 CCP 청산을 거부하게 될 경우, 청산의무자인 금융투자업자는 법을 위반할 수밖에 없는 상황에 처하게 되므로 자본시장법상 '거래상대방으로서 대통령령으로 정하는 자'도 청산의무자임을 명확히 하는 방향으로 조문을 수정할 필요가 있다는 견해가 있으나,[1283] 현실의 거래에서 적격원화이자율스왑거래가 청산의무대상 거래임을 알면서 CCP 청산을 거부하는 외국금융투자업자는 존재하기 어려울 것이며, 만의 하나 이런 경우가 발생한다면 금융투자업자는 이의 거래를 거부하여야 할 것이다.[1284]

라. 금융투자상품거래청산업자

"금융투자상품거래청산업"이란 금융투자업자 및 대통령령으로 정하는 자[1285](이하 "청산대상업자"라 한다)를 상대방으로 하여 청산대상업자가 대통령령으로 정하는 금융투자상품의 거래[1286](이하 "청산대상거래"라 한다)를 함에 따라 발생하는 채무를 채무인수, 경개(更改), 그 밖의

일 지급규칙(이하 "End of Month"라 한다)을 적용할 수 있다(청산규정 시행세칙 제3조제6항).

1283 이헌영, "장외파생상품 위탁청산의 현황과 과제", 「은행법연구」 제7권제2호 (은행법학회, 2014), 64면.

1284 한국거래소가 발표한 청산참가자 유형별 청산비중 추이를 보면, 유럽 금융회사의 청산이 크게 증가하면서 2016년 4분기에는 외국계 금융회사의 청산비중이 35.7%로 증권회사(36.7%) 다음으로 높은 비중을 차지하고 있다(한국거래소, 앞의 보도자료(2016.11.23.), 3면 참조.

1285 자본시장법 시행령 제14조의2(청산대상업자 및 청산대상거래) ① 법 제9조제25항에서 "대통령령으로 정하는 자"란 다음 각 호의 어느 하나에 해당하는 자를 말한다.

1. 국가
2. 한국은행
3. 제10조(전문투자자의 범위)제2항제1호부터 제7호까지(은행 등) 및 제9호(증권금융회사)의 어느 하나에 해당하는 자
4. 제10조제3항제1호・제2호(예금보험공사, 자산관리공사), 제10호부터 제12호까지(기금) 및 제18호가목부터 다목까지(외국정부, 국제기구, 중앙은행)의 어느 하나에 해당하는 자
5. 외국 금융투자업자
6. 그 밖에 금융투자상품 거래에 따른 결제위험 및 시장상황 등을 고려하여 총리령으로 정하는 자

1286 자본시장법 시행령 제14조의2제2항, 법 제9조제25항에서 "대통령령으로 정하는 금융투자상품의 거래"란 다음 각 호의 어느 하나에 해당하는 거래를 말한다.

1. 장외파생상품의 거래
2. 법 제166조에 따른 증권의 장외거래로서 다음 각 목의 어느 하나에 해당하는 거래
   가. 환매조건부매매
   나. 증권의 대차거래
   다. 채무증권의 거래(가목 및 나목에 따른 거래는 제외한다)

방법으로 부담하는 것을 영업으로 하는 것을 말한다(法 제9조제25항). 여기서, 금융투자상품거래청산업을 영위하려는 자는 청산대상거래 및 청산대상업자를 구성요소로 하여 대통령령으로 정하는 업무 단위[1287](이하 "청산업 인가업무 단위"라 한다)의 전부나 일부를 선택하여 금융위원회로부터 하나의 금융투자상품거래청산업인가를 받아야 한다(法 제323조의3제1항).[1288]

금융투자상품거래청산업인가를 받으려는 자는 다음 각 호의 요건을 모두 갖추어야 한다(法 제323조의3제2항). 그리고 인가요건에 관하여 필요한 사항은 대통령령으로 정한다(法 제323조의3제3항).

1. 「상법」에 따른 주식회사일 것
2. 청산업 인가업무 단위별로 200억원 이상으로서 대통령령으로 정하는 금액[1289] 이상의 자기자본을 갖출 것
3. 사업계획이 타당하고 건전할 것[1290]
4. 투자자의 보호가 가능하고 그 영위하려는 금융투자상품거래청산업을 수행하기에 충분한 인력과 전산설비, 그 밖의 물적 설비를 갖출 것[1291]

---

3. 수탁자인 투자중개업자와 위탁자인 금융투자업자 또는 제1항 각 호의 어느 하나에 해당하는 자(이하 "청산대상업자"라 한다) 간의 상장증권(채무증권은 제외한다)의 위탁매매거래

1287 자본시장법 시행령 제318조의2(청산업 인가업무 단위), 법 제323조의3제1항에서 "대통령령으로 정하는 업무 단위"란 청산대상업자를 대상으로 한 제14조의2제2항 각 호의 구분에 따른 업무 단위를 말한다. 시행령 제14조의2제2항은 위의 각주 참조.

1288 한국거래소가 2013년 9월 11일 금융위원회로부터 금융투자상품거래청산회사로 인가받아 현재 유일한 국내 장외파생상품 중앙청산기구로서 역할을 하고 있다.

1289 자본시장법 시행령 제318조의3(금융투자상품거래청산업인가 요건 등) ① 법 제323조의3제2항제2호에서 "대통령령으로 정하는 금액"이란 다음 각 호의 구분에 따른 금액을 말한다.
1. 제14조의2제2항제1호의 거래(장외파생상품거래)를 업무 단위로 하는 경우: 1천억원
2. 제14조의2제2항제2호 각 목의 거래(장외거래로서 환매조건부거래, 증권의 대차거래, 채무증권의 거래)를 업무 단위로 하는 경우: 2백억원
3. 제14조의2제2항제3호의 거래(수탁자인 투자중개업자와 위탁자인 금융투자업자 또는 제1항 각 호의 어느 하나에 해당하는 자(이하 "청산대상업자"라 한다) 간의 상장증권(채무증권은 제외한다)의 위탁매매거래)를 업무 단위로 하는 경우: 2백억원

1290 자본시장법 시행령 제318조의3제2항, 법 제323조의3제2항제3호에 따른 사업계획은 다음 각 호의 요건에 적합하여야 한다.
1. 금융투자상품거래청산업의 안정적인 영위가 가능할 것
2. 위험관리와 금융사고 예방 등을 위한 적절한 내부통제장치가 마련되어 있을 것
3. 투자자 보호에 적절한 업무방법을 갖출 것
4. 법령을 위반하지 아니하고 건전한 금융거래질서를 해칠 우려가 없을 것

1291 자본시장법 시행령 제318조의3제3항, 법 제323조의3제2항제4호에 따른 인력과 전산설비, 그 밖의 물적 설비는 다음 각 호의 요건에 적합하여야 한다.
1. 경영하려는 금융투자상품거래청산업에 관한 전문성과 건전성을 갖춘 인력과 업무를 수행하기 위한 전산요원 등 필요한 인력을 적절하게 갖출 것
2. 다음 각 목의 전산설비 등의 물적 설비를 갖출 것

5. 정관 및 청산업무규정이 법령에 적합하고 금융투자상품거래청산업을 수행하기에 충분할 것
6. 임원이 「금융회사의 지배구조에 관한 법률」 제5조에 적합할 것
7. 대주주(제12조제2항제6호가목의 대주주를 말한다)가 충분한 출자능력, 건전한 재무상태 및 사회적 신용을 갖출 것
8. 대통령령으로 정하는 사회적 신용을 갖출 것[1292]
9. 이해상충방지체계를 구축하고 있을 것[1293]

금융투자상품거래청산회사는 법 제323조의3에 따른 금융투자상품거래청산업인가를 받아 그 업무를 영위함에 있어서 같은 조 제2항 각 호의 인가요건(제8호는 제외한다)을 유지하여야 하고(法 제323조의6), 금융투자상품거래청산회사가 아닌 자는 "금융투자상품거래청산", "금융투자상품청산", "증권거래청산", "증권청산", "파생상품거래청산", "파생상품청산" 또는 이와 유사한 명칭을 사용하여서는 아니 된다(法 제323조의8).

금융투자상품거래청산회사는 정관으로 정하는 바에 따라 다음 각 호의 업무를 행한다(法

가. 경영하려는 금융투자상품거래청산업을 수행하기에 필요한 전산설비와 통신수단
나. 사무실 등 충분한 업무공간과 사무장비
다. 전산설비 등의 물적 설비를 안전하게 보호할 수 있는 보안설비
라. 정전・화재 등의 사고가 발생할 경우에 업무의 연속성을 유지하기 위하여 필요한 보완설비

1292 자본시장법 시행령 제318조의3제5항, 법 제323조의3제2항제8호에서 "대통령령으로 정하는 사회적 신용"이란 제16조제8항제2호의 요건을 말한다.
자본시장법 시행령 제16조제8항제2호, 사회적 신용: 다음 각 목의 모든 요건에 적합한 것. 다만, 그 위반 등의 정도가 경미하다고 인정되는 경우는 제외한다.
가. 최근 3년간 「금융회사의 지배구조에 관한 법률 시행령」 제5조에 따른 법령(이하 "금융관련법령"이라 한다), 「독점규제 및 공정거래에 관한 법률」 및 「조세범 처벌법」을 위반하여 벌금형 이상에 상당하는 형사처벌을 받은 사실이 없을 것. 다만, 법 제448조, 그 밖에 해당 법률의 양벌 규정에 따라 처벌을 받은 경우는 제외한다.
나. 최근 3년간 채무불이행 등으로 건전한 신용질서를 해친 사실이 없을 것
다. 최근 5년간 「금융산업의 구조개선에 관한 법률」에 따라 부실금융기관으로 지정되었거나 금융관련법령에 따라 영업의 허가・인가・등록 등이 취소된 자가 아닐 것
라. 금융관련법령이나 외국 금융관련법령(금융관련법령에 상당하는 외국 금융관련 법령을 말한다)에 따라 금융위원회, 외국 금융감독기관 등으로부터 지점, 그 밖의 영업소의 폐쇄 또는 그 업무의 전부나 일부의 정지 이상의 조치(이에 상당하는 행정처분을 포함한다. 이하 이 목에서 같다)를 받은 후 다음 구분에 따른 기간이 지났을 것
1) 업무의 전부정지: 업무정지가 끝난 날부터 3년
2) 업무의 일부정지: 업무정지가 끝난 날부터 2년
3) 지점, 그 밖의 영업소의 폐쇄 또는 그 업무의 전부나 일부의 정지: 해당 조치를 받은 날부터 1년

1293 자본시장법 시행령 제318조의3제6항, 법 제323조의3제2항제9호에 따른 이해상충방지체계는 금융투자상품거래청산업의 영위와 관련하여 금융투자상품거래청산회사와 청산대상업자 간의 이해상충이 발생할 가능성을 파악・평가하고, 금융투자상품거래청산회사의 내부통제기준으로 정하는 방법 및 절차에 따라 이를 적절히 관리하는 체계이어야 한다.

제323조의10제1항). 그리고 금융투자상품거래청산회사는 다음 각 호의 업무 외에 다른 업무를 할 수 없다(法 제323조의10제2항).[1294]

1. 청산대상거래의 확인업무
2. 청산대상거래에 따른 채무의 채무인수, 경개, 그 밖의 방법에 따른 채무부담업무
3. 청산대상거래에서 발생하는 다수의 채권 및 채무에 대한 차감업무
4. 결제목적물·결제금액의 확정 및 결제기관에 대한 결제지시업무
5. 결제불이행에 따른 처리업무
6. 제1호부터 제5호까지의 규정에 따른 업무에 수반되는 부수업무로서 금융위원회로부터 승인을 받은 업무

금융투자상품거래청산회사는 청산업무규정을 정하여야 한다. 이 경우 청산업무규정은 법 제303조의 결제업무규정, 제387조의 회원관리규정 및 제393조의 업무규정과 상충되어서는 아니된다(法 제323조의11제1항). 그리고 금융투자상품거래청산회사는 정관 및 제1항의 청산업무규정을 변경하려는 경우에는 금융위원회의 승인을 받아야 한다(法 제323조의11제2항). 또한, 청산업무규정에는 다음 각 호의 사항을 포함하여야 한다(法 제323조의11제3항).

1. 청산대상거래 및 그 거래대상이 되는 금융투자상품에 관한 사항
2. 청산대상업자의 요건에 관한 사항
3. 금융투자상품거래청산업으로서 행하는 채무의 채무인수, 경개, 그 밖의 방법에 의한 채무의 부담 및 그 이행에 관한 사항
4. 청산대상업자의 채무의 이행 확보에 관한 사항
5. 청산증거금 및 손해배상공동기금에 관한 사항
6. 청산대상업자가 아닌 자가 청산대상업자를 통하여 금융투자상품거래청산회사로 하여금 청산대상거래의 채무를 부담하게 하는 경우 그 금융투자상품거래청산의 중개·주선이나 대리에 관한 사항
7. 외국 금융투자상품거래청산회사(외국의 법령에 따라 외국에서 금융투자상품거래청산업무에 상당하는 업무를 수행하는 자를 말한다)와의 협력에 관한 사항
8. 그 밖에 금융투자상품거래청산업무의 수행을 위하여 필요한 사항으로서 금융위원회가 정

1294 다만, 다음 각 호의 어느 하나에 해당하는 경우에는 그러하지 아니하다(法 제323조의10제2항단서).
1. 이 법 또는 다른 법령에서 금융투자상품거래청산회사의 업무로 규정한 업무를 행하는 경우
2. 이 법 또는 다른 법률에서 정하는 바에 따라 거래소, 그 밖에 대통령령으로 정하는 금융투자업관계기관이 금융투자상품거래청산업무를 하는 경우, 여기서, "대통령령으로 정하는 금융투자업관계기관"이란 예탁결제원 및 증권금융회사를 말한다(자본시장법 시행령 제318조의7).

하여 고시하는 사항

청산대상업자는 금융투자상품거래청산회사에 대하여 부담하는 채무의 이행을 보증하기 위하여 청산업무규정으로 정하는 바에 따라 금융투자상품거래청산회사에 금전등으로 청산증거금을 예치하여야 한다. 다만, 금융투자상품거래청산회사가 인정하는 청산대상거래에 대하여는 그러하지 아니하다(法 제323조의13제1항). 그리고 금융투자상품거래청산회사는 청산대상업자가 금융투자상품거래청산회사에 대하여 청산대상거래에 따른 채무를 이행하지 아니하는 경우에는 그 청산대상업자의 청산증거금으로 그 채무의 변제에 충당할 수 있다(法 제323조의13제2항).

청산대상업자는 청산대상거래에 따른 채무의 불이행으로 인하여 발생하는 손해를 배상하기 위하여 청산업무규정으로 정하는 바에 따라 금융투자상품거래청산회사에 금전등으로 손해배상공동기금을 적립하여야 한다. 다만, 청산업무규정으로 정하는 청산대상업자에 대하여는 그러하지 아니하다(法 제323조의14제1항). 이에 따라 청산약정거래에 따른 청산회원의 결제불이행으로 인하여 발생하는 손해를 배상하기 위하여 청산회원이 공동으로 거래소에 적립하는 손해배상공동기금으로서의 “장외파생공동기금”제도를 운영하고 있다(청산규정 제26조).[1295] 금융투자상품거래청산회사는 제1항에 따른 손해배상공동기금을 청산대상거래의 유형별로 구분하여 적립하여야 하고(法 제323조의14제2항), 청산대상업자(제1항 단서에 따른 청산대상업자는 제외한다)는 제1항 및 제2항의 손해배상공동기금의 범위에서 청산대상거래에 따른 채무의 불이행으로 인하여 발생하는 손해배상에 관하여 연대책임을 진다(法 제323조의14제3항). 또한, 금융투자상품거래청산회사는 손해배상공동기금으로 제1항에 따른 손해를 보전한 경우에는 손해를 끼친 청산대상업

1295 청산규정 제26조(장외파생공동기금의 적립) ① 청산회원은 거래소에 장외파생공동기금을 적립하여야 한다.
② 장외파생공동기금총적립액은 매월 마지막 영업일을 기준일로 하여 극단적이지만 발생가능한 상황에서 최대 결제위험을 가진 2개 청산회원 및 세칙이 정하는 자의 결제불이행이 발생하는 경우 발생당일 적시에 결제를 이행하기 위하여 세칙으로 정하는 바에 따라 산출한 금액에서 거래소가 적립한 결제적립금을 차감한 금액으로 한다. 다만, 세칙으로 정하는 경우 일시적으로 그 금액을 초과하거나 미달할 수 있다.
③ 청산회원이 적립하여야 할 장외파생공동기금(이하 “장외파생공동기금적립필요액”이라 한다)은 거래소가 매월 제29조에 따라 산출하는 금액으로 한다.
④ 청산회원은 제3항의 금액과 직전월말 현재 해당 청산회원이 적립한 장외파생공동기금(이하 “장외파생공동기금적립액”이라 한다)과의 차액을 해당 월의 첫 영업일부터 기산하여 세칙이 정하는 기간 이내에 거래소와 수수하여야 한다. 이 경우 장외파생공동기금적립액은 거래소가 이미 발생한 결제불이행에 따른 손실을 보전하기 위하여 구분·관리하는 장외파생공동기금적립액을 제외하고, 제27조제3항의 규정에 의한 과실은 포함한다.
⑤ 제3항에도 불구하고 제116조의 부담제한기간 중에는 거래소는 장외파생공동기금총적립액 및 장외파생공동기금적립필요액을 산출하지 않는다.
⑥ 거래소는 장외파생공동기금총적립액 및 청산회원의 장외파생공동기금적립필요액을 산출하는 경우 청산회원에게 통보한다.

자에 대하여 그 보전한 금액과 이에 소요된 비용에 관하여 구상권을 가지며(法 제323조의14제4항), 금융투자상품거래청산회사는 제4항에 따라 추심된 금액을 손해배상공동기금에 충당한다(法 제323조의14제5항). 그리고 제1항의 손해배상공동기금의 총적립규모, 적립방법, 사용・관리・환급 및 제4항에 따른 구상권 행사 등에 관하여 필요한 사항은 대통령령으로 정한다(法 제323조의14제6항).1296

청산대상업자가 청산대상거래에 따른 채무를 이행하지 아니하여 금융투자상품거래청산회사 또는 다른 청산대상업자에게 손해를 끼친 경우 그 손해를 입은 금융투자상품거래청산회사 또는 다른 청산대상업자는 그 손해를 끼친 청산대상업자의 청산증거금 및 손해배상공동기금 지분에 대하여 다른 채권자보다 우선하여 변제받을 권리를 가지며(法 제323조의15제1항), 금융투자상품거래청산회사는 청산대상업자가 결제를 위하여 납부한 결제목적물 및 결제대금에 관하여 다른 채권자보다 우선하여 변제를 받을 권리가 있고(法 제323조의15제2항), 금융투자상품거래청산회

1296 자본시장법 시행령 제318조의8(손해배상공동기금의 적립 및 운용 등) ① 법 제323조의14제1항에 따른 손해배상공동기금(이하 "손해배상공동기금"이라 한다)의 총적립규모, 청산대상업자별 적립률 및 적립방법 등은 청산대상거래별 결제위험, 청산대상업자별 결제위험, 그 밖의 상황을 고려하여 청산업무규정(법 제323조의11에 따른 청산업무규정을 말한다. 이하 같다)으로 정한다.

② 금융투자상품거래청산회사는 법 제323조의14제1항에 따라 그 재산과 손해배상공동기금으로 다음 각 호의 순서와 방법에 따라 청산대상거래에 따른 채무의 불이행으로 인하여 발생하는 손해를 배상한다.

1. 채무를 불이행한 청산대상업자가 적립한 손해배상공동기금을 우선하여 사용할 것
2. 제1호에 따라 손해를 배상하고 나서 부족분이 있으면 금융투자상품거래청산회사의 재산 중 청산업무규정으로 정하는 금액을 우선하여 사용할 것
3. 제1호 및 제2호에 따라 손해를 배상하고 나서 부족분이 있으면 청산업무규정에서 정하는 순서와 방법에 따라 채무를 불이행한 청산대상업자 외의 청산대상업자가 적립한 손해배상공동기금과 금융투자상품거래청산회사의 재산을 사용할 것

③ 금융투자상품거래청산회사는 법 제323조의14제4항에 따라 손해를 끼친 청산대상업자에 대하여 구상권을 행사한 경우 다음 각 호의 순서와 방법에 따라 그 구상권 행사로 추심된 금액을 손해배상공동기금과 금융투자상품거래청산회사의 재산에 배분한다. 다만, 채무를 불이행한 청산대상업자 외의 청산대상업자가 청산업무규정에 따라 자기의 재산으로 제2항 각 호의 순서와 방법과 다르게 청산대상거래에 따른 채무의 불이행으로 인하여 발생하는 손해를 배상한 때에는 그 구상권 행사로 추심된 금액을 그 청산대상업자의 재산에 우선하여 배분한다.

1. 제2항제3호에 따라 사용된 금액이 있으면 청산업무규정에서 정하는 순서와 방법에 따라 손해를 끼친 청산대상업자 외의 청산대상업자가 적립한 손해배상공동기금과 금융투자상품거래청산회사의 재산에 우선하여 배분할 것
2. 제2항제2호에 따라 사용된 금액이 있으면 제1호에 따라 배분하고 남은 금액을 금융투자상품거래청산회사의 재산에 배분할 것
3. 제1호 및 제2호에 따라 배분하고 남은 것이 있으면 제2항제1호에 따라 사용된 금액 및 손해배상 등에 소요된 비용에 대하여 청산업무규정에서 정하는 바에 따라 배분할 것

④ 손해배상공동기금의 관리, 환급, 운용 및 그 밖에 구상권 행사에 관하여는 제362조제3항부터 제8항까지 및 제363조제1항을 준용한다. 이 경우 "회원"은 "청산대상업자"로, "회원관리규정"은 "청산업무규정"으로 본다.

사는 청산대상거래에 따른 결제의 완료 전에 결제목적물 또는 결제대금이 인도된 경우에 해당 청산대상업자가 그 결제를 이행하지 아니함으로써 금융투자상품거래청산회사에 손해를 끼친 때에는 그 청산대상업자의 재산에 관하여 다른 채권자보다 우선하여 변제를 받을 권리가 있다. 다만, 그 결제의 이행 기한이 도래하기 전에 설정된 전세권·질권·저당권 또는 「동산·채권 등의 담보에 관한 법률」에 따른 담보권에 의하여 담보된 채권에 대하여는 우선하여 변제를 받을 권리가 없다(法 제323조의15제3항).

이 밖에 금융투자상품거래청산회사에 대한 건전성 검사 등은 법 제419조에서 규정한 금융투자업자에 대한 검사를 준용하도록 되어 있어 금융투자상품청산회사의 경우에도 그 업무와 재산상황에 관하여 금융감독원장의 검사를 받아야 한다(法 제323조의19 및 제419조).

나. 채무부담의 방법

자본시장법은 금융투자상품거래청산회사 등에게 청산의무거래에 따른 자기와 거래상대방의 채무를 채무인수, 경개, 그 밖의 방법으로 부담하게 하여야 한다고 규정하고 있다(法 제166조의3). 아울러, 거래소의 청산규정에 의하면, 청산회원은 거래소에 자기 또는 청산위탁자의 청산대상거래에 대하여 채무부담의 신청(이하 "채무부담신청"이라 한다)을 할 수 있다(청산규정 제47조제1항). 여기서 채무부담이란 제52조[1297]의 규정에 의하여 거래소와 청산회원 간에 청산약정거

1297 청산규정 제52조(채무부담의 방법) ① 거래소는 제50조제1항의 규정에 의한 채무부담을 위하여 새로이 다음 각 호의 청산약정거래가 성립하는 것으로 한다. 이 경우 제47조제1항의 규정에 의한 채무부담신청은 청산약정거래가 성립하는 것을 조건으로 청산대상거래를 합의 해약하는 의사표시를 상대방 청산회원에게 행한 것으로 본다.

1. 청산대상거래의 일방 당사자인 청산회원과 거래소 간에 거래소의 지위가 해당 청산대상거래의 타방 당사자인 청산회원과 동일한 청산약정거래
2. 청산대상거래의 타방 당사자인 청산회원과 거래소 간에 거래소의 지위가 해당 청산대상거래의 일방 당사자인 청산회원과 동일한 청산약정거래

② 제1항의 규정에 의하여 청산약정거래가 성립한 경우에는 청산회원 간, 청산회원과 청산위탁자 간, 청산위탁자 간 성립한 청산대상거래 및 당해 거래에서 발생한 채무(다음 각 호의 것을 제외한다)는 당사자 간 합의해약의 성립에 의한 청산약정거래의 성립과 동시에 소멸한다. 이 경우 합의해약과 관련한 수수료, 손해배상금 기타 금전을 지급할 의무를 부담하지 아니하며, 당사자 간 합의가 이 규정과 상충하는 경우에는 이 규정이 우선한다.

1. 청산약정거래가 성립한 때에 이행기가 도래한 고정금리이자금액 및 변동금리이자금액의 지급채무
2. 제1호 외에 당해 청산약정거래가 성립한 때에 이미 발생한 채무

③ 위탁청산약정거래의 경우에는 그 거래의 성립과 동시에 일반청산회원과 그의 청산위탁자 간에는 새로이 적격원화이자율스왑거래가 성립하는 것으로 본다. 이 경우 일반청산회원은 거래소와 성립한 위탁청산약정거래와 반대인 당사자 지위로 청산위탁자와 적격원화이자율스왑거래를 성립시킨 것으로 본다.
④ 청산대상거래의 당사자는 제1항의 청산약정거래가 성립한 경우에는 청산대상거래 또는 이와 관련

래[1298]를 성립시키는 것을 말한다(청산규정 제2조제1항제8호).

CCP인 거래소는 청산규정 제50조제1항[1299]의 규정에 의한 채무부담을 위하여 새로이 다음 각 호의 청산약정거래가 성립하는 것으로 한다. 이 경우 제47조제1항의 규정에 의한 채무부담신청은 청산약정거래가 성립하는 것을 조건으로 청산대상거래를 합의 해약하는 의사표시를 상대방 청산회원에게 행한 것으로 본다(청산규정 제52조제1항).

1. 청산대상거래의 일방 당사자인 청산회원과 거래소 간에 거래소의 지위가 해당 청산대상거래의 타방 당사자인 청산회원과 동일한 청산약정거래
2. 청산대상거래의 타방 당사자인 청산회원과 거래소 간에 거래소의 지위가 해당 청산대상거래의 일방 당사자인 청산회원과 동일한 청산약정거래

그리고 상기 제1항의 규정에 의하여 청산약정거래가 성립한 경우에는 청산회원 간, 청산회원과 청산위탁자 간, 청산위탁자 간 성립한 청산대상거래 및 당해 거래에서 발생한 채무(다음 각 호의 것을 제외한다)는 당사자 간 합의해약의 성립에 의한 청산약정거래의 성립과 동시에 소멸한다. 이 경우 합의해약과 관련한 수수료, 손해배상금 기타 금전을 지급할 의무를 부담하지 아니하며, 당사자 간 합의가 이 규정과 상충하는 경우에는 이 규정이 우선한다(청산규정 제52조제2항).

1. 청산약정거래가 성립한 때에 이행기가 도래한 고정금리이자금액 및 변동금리이자금액의 지급채무
2. 제1호 외에 당해 청산약정거래가 성립한 때에 이미 발생한 채무

한 채권·채무에 관하여 상대방 당사자에게 대항할 수 있는 사유(당초거래의 존부, 의사표시의 하자 또는 흠결 그 밖의 모든 사유를 포함한다)가 있었더라도 거래소에 대하여 일체 대항할 수 없다.

⑤ 법 제323조의10제1항제2호에 따른 채무부담업무를 수행하는 거래소와 청산대상거래의 당사자에 대하여 회생절차가 개시된 경우 거래소 및 청산대상거래의 당사자와 관련된 청산대상물의 확정 및 결제금액의 수수 그 밖의 청산결제에 관하여는 「채무자 회생 및 파산에 관한 법률」 제120조제2항의 절차에 준하여 해제, 해지, 취소 및 부인의대상이 되지 아니한다.

1298 청산규정 제2조제1항제9호, "청산약정거래"란 다음 각 목의 어느 하나에 해당하는 거래로서 거래소의 채무부담에 의하여 성립하는 거래소와 청산회원 간의 적격원화이자율스왑거래를 말한다.

가. 청산회원이 자기의 계산으로 행하는 청산약정거래(이하 "자기청산약정거래"라 한다)

나. 청산위탁을 받은 청산회원이 당해 청산위탁자의 계산으로 행하는 청산약정거래(이하 "위탁청산약정거래"라 한다)

1299 청산규정 제50조(채무부담등록) ① 제48조제2항에 따라 접수한 채무부담신청의 대상인 청산대상거래의 쌍방 청산회원이 거래소가 채무부담을 하는 기준시점(이하 "채무부담기준시점"이라 한다)에 다음 각 호의 요건을 충족하는 경우 거래소는 청산회원이 채무부담신청을 한 모든 청산대상거래에 대하여 채무부담한다.

1. 제81조제3항에 따라 거래소가 청산대상거래의 채무부담등록을 하고자 하는 경우에 예탁하여야 하는 청산증거금을 예탁하였을 것
2. 제66조에 따른 차감결제현금을 납부하였을 것

또한 위탁청산약정거래의 경우에는 그 거래의 성립과 동시에 일반청산회원과 그의 청산위탁자 간에는 새로이 적격원화이자율스왑거래가 성립하는 것으로 본다. 이 경우 일반청산회원은 거래소와 성립한 위탁청산약정거래와 반대인 당사자 지위로 청산위탁자와 적격원화이자율스왑거래를 성립시킨 것으로 보며(청산규정 제52조제3항), 청산대상거래의 당사자는 제1항의 청산약정거래가 성립한 경우에는 청산대상거래 또는 이와 관련한 채권·채무에 관하여 상대방 당사자에게 대항할 수 있는 사유(당초거래의 존부, 의사표시의 하자 또는 흠결 그 밖의 모든 사유를 포함한다)가 있었더라도 거래소에 대하여 일체 대항할 수 없다(청산규정 제52조제4항).

아울러, 법 제323조의10제1항제2호에 따른 채무부담업무를 수행하는 거래소와 청산대상거래의 당사자에 대하여 회생절차가 개시된 경우 거래소 및 청산대상거래의 당사자와 관련된 청산대상물의 확정 및 결제금액의 수수 그 밖의 청산결제에 관하여는 「채무자 회생 및 파산에 관한 법률」 제120조제2항의 절차에 순하여 해제, 해시, 취소 및 부인의 대싱이 되지 아니한다(청산규정 제52조제5항).[1300]

다. 거래정보의 보고

자본시장법은 금융투자상품거래청산회사의 거래정보 보고에 관한 규정 또한 마련하고 있다. 금융투자상품거래청산회사는 법 제166조의3에 따른 청산의무거래, 그 밖에 대통령령으로 정하는 거래정보를 보관·관리하여야 한다(法 제323조의16제1항). 여기서 법 제323조의16제1항에서 "대통령령으로 정하는 거래정보"란 법 제9조제25항에 따른 청산대상거래(법 제166조의3에 따른 청산의무거래는 제외한다)에 관한 정보를 말하고(令 제318조의9제1항), 금융투자상품거래청산회사는 법 제323조의16제1항에 따른 거래정보를 10년 동안 보관·관리하여야 한다(令 제318조의9

1300 동 조항에 CCP 운영 주체인 거래소가 포함된 것은 CCP가 파산할 시에 「채무자 회생 및 파산에 관한 법률」상의 일괄정산(close-out netting)에 대한 특칙을 적용하기 위함으로 보인다. 자본시장법 제166조의3에서 정하고 있는 '금융투자상품거래청산회사'는 채무자 회생 및 파산에 관한 법률 제120조제2항의 '증권·파생금융거래의 청산결제업무를 수행하는 자'에 포함된다고 보는 것이 타당하고, 이에 따라 제2항을 CCP의 청산결제제도에 적용할 수 있으나, 제2항의 적용대상자가 '청산결제업무를 수행하는 자가 운영하는 청산결제제도의 참가자'에 국한되어 있어 CCP 자체에 대한 회생절차가 개시된 경우에는 본 조항을 적용할 수 없는 문제가 있다. 하지만, 본 법을 개정하지 아니하고, 청산규정에 이를 명시하는 것으로 법적 완결성이 이루어 진 것으로 볼 수 있는지는 의문이다. CCP 파산 시 일괄정산의 문제점을 제기한 논문으로 남희경, "금융투자상품거래청산회사를 통한 장외파생상품의 청산 및 결제", 「증권법연구」 제13권제2호 (한국증권법학회, 2012), 179~180면, 이헌영, "장외파생상품 중앙청산기구(Central Counterparty, "CCP") 도입에 따른 법적 과제", 「기업법연구」 제28권제2호 (한국기업법학회, 2014) 109~110면 참조. 현재는 거래소가 제정한 청산규정을 기본계약으로 간주하여 김장법률사무소로부터 제120조제3항에 따른 일괄정산의견서를 받아 게시하고 있다.

제2항).

금융투자상품거래청산회사는 제1항에 따라 보관·관리하는 거래정보를 금융위원회, 그 밖에 대통령령으로 정하는 자에게 보고하여야 하며(法 제323조의16제2항), 제1항 및 제2항에 따른 거래정보의 보관·관리 및 보고의 요령과 방법, 그 밖에 필요한 사항은 대통령령으로 정한다(法 제323조의16제3항).[1301] 법 제323조의16제3항에 따라 금융투자상품거래청산회사는 다음 각 호의 사항을 매월 금융위원회가 정하여 고시하는 서식 및 절차에 따라 금융위원회에 보고하여야 한다(令 제318조의9제3항).

1. 법 제9조제25항에 따른 청산대상거래 및 그 거래대상이 되는 금융투자상품에 관한 사항
2. 청산대상업자의 채무의 이행 등에 관한 사항
3. 청산증거금 및 손해배상공동기금의 관리·운용 현황
4. 그 밖에 국제적으로 인정되는 감독기준 등을 고려하여 총리령으로 정하는 사항

1301 자본시장법 시행령 제318조의9(보관·관리대상 거래정보 등) ① 법 제323조의16제1항에서 "대통령령으로 정하는 거래정보"란 법 제9조제25항에 따른 청산대상거래(법 제166조의3에 따른 청산의무거래는 제외한다)에 관한 정보를 말한다.
② 금융투자상품거래청산회사는 법 제323조의16제1항에 따른 거래정보를 10년 동안 보관·관리하여야 한다.

제9장

파생상품거래와 이사의 책임

제1절 서설

제2절 이사의 의무

제3절 이사의 책임과 경영판단원칙

제4절 파생상품거래와 경영판단원칙

제1절 서설

1. 의의

파생상품의 투자와 관련하여 손해를 입은 경우, 그 손해의 배상은 2가지로 대별된다. 먼저, 상술한 바와 같은 투자자 보호와 관련하여 권유받은 파생상품으로부터 투자자가 손실을 입은 경우, 그 손실이 투자를 권유한 금융회사의 불완전 판매 등이 원인이 되었다면, 이를 권유한 금융회사를 상대로 손해의 배상을 청구할 수 있다. 또는 회사의 이사가 파생상품의 투자 행위를 통해 회사에 손해를 입힌 경우, 이의 손해와 관련하여 주주들에 의해 이사들의 책임을 묻는 소송이 가능할 것이다. 전자와 관련하여서는 앞 장에서 이미 살펴보았으며, 본장에서는 파생상품거래와 관련한 이사들의 책임문제를 검토해 보고자 한다.[1302]

과거 국내 은행은 브라질 펀드에 투자하여 1,000억원에 이르는 손해를 야기한 책임을 물어 현지법인의 관련 임직원에 대한 징계 및 구상권 청구소송을 진행한 적이 있다.[1303] 특히, 파생상품은 기초자산(underlying asset)을 바탕으로 수익구조가 파생적으로 생산되는 금융상품이다 보니 그 구조가 매우 복잡하고 다양하여 업무를 집행한 이사가 불완전한 정보 하에서 의사결정을 내릴 가능성이 큰 까닭에 이와 관련한 책임의 존부에 대한 논란이 야기될 수 있다.

상법 제399조제1항은 "이사가 법령 또는 정관에 위반한 행위를 하거나 그 임무를 해태한 때에는 그 이사는 회사에 대하여 연대하여 손해를 배상할 책임이 있다"고 규정한다. 여기서 임무해태라 함은 이사가 직무수행과 관련하여 선량한 관리자로서의 주의의무를 게을리 하여 회사에 손해를 가하거나 손해를 방지하지 못한 경우를 의미한다.[1304]

상법 제399조에 기한 이사의 손해배상책임의 성질은 민법상의 위임계약 불이행으로 인한 채무불이행책임으로 보는 견해가 통설이나,[1305] 불법행위책임과 다른 상법이 인정하는 특수한

1302 이와 관련한 논문으로 류혁선·권재열, "파생상품거래에 있어서 이사의 의무에 관한 소고", 「증권법연구」 제12권제3호 (한국증권법학회, 2011) 참조. 본 장은 상기 논문을 기초로 그 내용을 업데이트 하였다.

1303 <http://www.edaily.co.kr/news/NewsRead.edy?SCD=DA22&newsid=02040166596409640&DCD=A01202&OutLnkChk=Y> (이데일리 2011년 10월 4일자).

1304 이철송, 「회사법강의」 제18판 (박영사, 2010), 617면.

1305 정찬형, 「상법강의(상)」 제12판 (박영사, 2009), 893면.

책임으로 보는 견해도 있다.[1306] 판례도 통설과 같은 입장으로, 이사의 회사에 대한 임무해태로 인한 손해배상책임을 위임관계로 인한 채무불이행 책임으로 보고, 그 소멸시효기간을 일반채무의 경우와 같이 10년이라고 본다.[1307]

과거 키코(KIKO)에 투자한 주식회사가 그 거래의 실패로 인해 거액의 손실을 입고 파산의 정도에 이르는 등 사회문제로 야기된 적이 있었다. 이와 같은 파생상품거래로 인하여 회사에 막대한 손해를 끼치게 된 경우, 이를 선관주의의무 위반으로 인한 채무불이행책임을 이사에게 부담시킬 수 있는지가 문제된다. 아울러, 이사의 주의의무는 작위의 업무집행에 대해서만 요구되는 것이 아니고 회사에 손해를 가하지 않아야 할 부작위의무 또는 손해를 방지할 의무도 포함되는 개념이라고 한다면, 회사가 당면하고 있는 시장위험을 적절한 파생상품거래를 통해 위험을 관리하지 못한 경우에도 이사의 의무 위반을 구성하는지도 검토해 볼 필요가 있다.

따라서 파생상품을 거래함으로써 회사에 손실이 발생한 경우에 이사에게 그 책임을 물을 수 있는지에 대한 판단을 위해서는 먼저, 해당 파생상품거래가 회사의 정관상 목적범위내의 거래인가를 판단하고,[1308] 해당 파생상품거래가 회사의 목적범위내의 거래라면, 거래에의 참여 또는 거부로 인하여 회사에 손실이 발생한 경우 이사에게 그 책임을 물을 수 있는가를 판단하여야 할 것이다.

2. 회사의 목적범위

파생상품거래가 회사의 목적범위내의 거래인가를 판단하기 위해서는 파생상품거래의 목적이 무엇인가를 우선적으로 파악할 필요가 있다.

1306 이철송, 앞의 책, 615면(상법이 이사의 책임을 규정한 것은 이사의 지위의 특수성을 감안하여 민법상의 채무불이행책임이나 불법행위책임과는 다른 특수한 책임을 인정한 것으로 볼 수 있다).

1307 [대법원 1985. 6. 25. 선고 84다카1954 판결] "주식회사의 이사 또는 감사의 회사에 대한 임무해태로 인한 손해배상책임은 일반불법행위 책임이 아니라 위임관계로 인한 채무불이행 책임이므로 그 소멸시효기간은 일반채무의 경우와 같이 10년이라고 보아야 한다."

1308 일본 야쿠르트본사 주주대표소송에서 항소인은 야쿠르트본사의 파생금융상품거래가 정관으로 정한 사업목적과 관련성을 갖지 않는 투기적 거래이므로 해당 파생금융상품거래는 정관을 위반한 것이라고 주장하였다(東京高判平成20年5月21日判タ1281号285頁).

가. 파생상품거래의 목적

파생상품의 본래 태생적 목적은 기초자산에 내재된 위험을 이전·교환·고정함으로써 자신이 보유하고 있거나, 장래에 보유할 기초자산에 수반되는 손실을 회피하거나, 이익을 확보하기 위한 것이지만, 파생상품은 그 거래자의 목적에 따라 위험회피목적거래, 투기목적거래, 차익목적거래로 구분할 수 있다.[1309]

위험회피목적거래는 특정자산을 소유하고 있거나 또는 소유하고자 하는 자, 즉 헤저(hedger)가 특정자산의 수요·공급변화에 따른 가격변동위험 등을 회피하기 위하여 행하는 파생상품거래이다. 예를 들어, 현재 주식을 소유하고 있는 자가 주가의 하락에 대비하여 해당 주식을 기초자산으로 하는 선물을 매도하는 행위가 이에 해당된다.

투기목적거래는 헤저와 달리 특정자산을 소유하지 않은 자가 대상자산의 장래가격을 예상하여, 대상자산의 직접보유에 소요되는 자금보다 소규모의 투자금액으로 대상자산의 가격변화에서 발생하는 이익을 얻는 것을 목적으로 파생상품을 이용하는 거래를 말한다. 파생상품은 일반적으로 레버리지효과가 존재하여 해당 주식을 직접 매수하는 것에 비해 상대적으로 적은 비용으로 동일한 효과를 얻을 수 있어 투기목적거래에 이용된다.[1310]

차익목적거래는 기초자산과 그로 인한 파생상품간의 가격괴리를 활용하여 수익을 창출하는 거래유형이다.[1311] 이러한 차익거래는 이론적으로는 무위험으로 행해질 수 있는 거래이지만, 실무에서는 지수를 추정하는 바스켓(basket)의 추정오차(tracking error)에 따른 위험 및 기초자산과 파생상품을 동시에 거래하는 차익거래의 특성으로 인한 체결위험(execution risk) 등이 발생할 수 있다.

1309 Alastair Hudson(2006), *op. cit.,* pp.18~23, 파생상품의 투자유형으로 Speculation, Hedging, Asset/Liability Management, Arbitrage 등으로 구분하고 있다.

1310 KOSPI200 주가지수의 경우를 예로 들면, 15%의 증거금을 요구하므로 약 7배의 레버리지효과가 있게 된다. 따라서 동일한 예산제약 하에서 만약 지수가 1% 상승한 경우, 현물에 투자한 경우에는 지수 상승분인 1%가 수익률이 되지만, 선물을 이용한 경우에는 약 7%의 수익률이 가능하게 되어 투기목적 수단으로 파생상품이 활용될 수 있는 것이다.

1311 상세한 차익거래의 구조는 파생상품의 생산 中 '차익거래' 부분에서 설명하였다. 이 외에도 파생상품의 차익거래의 구조에 관하여는 류혁선, "파생상품 과세방안에 대한 연구,"「증권법연구」 제11권 제1호(한국증권법학회, 2010), 247~250면 참조.

나. 회사의 권리능력

민법은 정관 소정의 목적이 법인의 권리능력을 제한하는 것으로 규정하고 있다(민법 제34조). 영리법인인 회사의 경우 정관에 목적을 기재하여야 하며(상법 제179조, 제270조, 제289조, 제543조), 이는 등기사항이다(상법 제180조제1항, 제271조, 제317조제2항, 제549조제2항제1호). 그러나 상법은 회사의 권리능력이 정관으로 정한 목적에 의하여 제한된다는 명문의 규정을 두고 있지 않다. 이에 주식회사에도 민법 제34조를 유추적용할 수 있는지가 문제된다. 이와 관련한 국내의 학설은 제한긍정설과 제한부정설로 나뉘어 있다.

제한긍정설은 회사는 특정의 목적을 위해서 설립된 법인이므로, 명시적으로 민법의 규정을 유추적용하는 것을 금지하는 규정이 없는 한 그 목적의 범위에서 권리능력을 가지고 있다는 견해이다.[1312] 제한긍정설의 근거를 좀 더 자세히 살펴보면 첫째, 민법 제34조는 법인 일반에 공통되는 기본원칙이다. 둘째, 회사재산이 특정한 설립목적을 위하여 사용될 것을 기대하는 사원(주주)의 이익을 보호할 필요가 있다. 셋째, 법인의 본질상 회사가 특정한 목적을 위하여 법인격이 부여된 이상 그 목적 범위 내에서만 권리의무의 주체가 되어야 한다. 넷째, 회사의 권리능력을 목적에 의해 제한하지 않는 경우 회사는 비영리사업도 할 수 있다는 것으로 되는데, 이는 민법이 채택하고 있는 비영리법인의 설립에 대한 허가주의(민법 제32조)의 취지를 몰각시키는 위험이 있다.[1313]

제한긍정설에 따르면 파생상품거래를 정관에 규정하고 있지 않은 이상 무효인 거래가 되며, 동 거래를 한 이사는 정관의 규정을 위반한 것이기 때문에 선관주의의무 및 충실의무를 판단할 여지없이 회사에 대하여 책임을 부담하게 된다.

제한부정설은 회사의 목적이 등기되어 있기는 하지만 제3자가 그것을 확인하고 판단하는 것이 곤란하므로 민법 제34조를 유추한다면 거래의 안전을 방해한다는 입장이다.[1314] 정관에 의한 권리능력의 제한은 회사의 본질과 무관하다고 보아, 거래안전보호 및 다양한 영리추구 기회 보장의 필요성 등을 이유로 회사의 권리능력은 정관의 목적범위에 제한되지 않는다는 입장으로 현재 통설이다. 그 구체적인 근거로서는 첫째, 민법상 법인의 권리능력에 관한 제34조는 공익법인에 관한 규정으로서 사법일반에 적용될 수 있는 것은 아니다. 둘째, 회사의 목적은 등기사항이지만 현실적으로 제3자가 거래할 때마다 이를 확인한다는 것을 기대하기 어려우므로 거래의 안전을 도모하기 위해 목적에 의한 권리능력의 제한은 부정되어야 한다. 셋째, 비교법적으로 볼 때에도

1312 이 견해를 취하는 것으로는 예컨대, 이병태, 「전정 상법(상)」 (법원사, 1988), 406~408면 등이 있다.

1313 류혁선 · 권재열, 앞의 논문, 120면.

1314 이 견해를 취하는 것으로는 이철송, 앞의 책, 70면 등 참조.

목적에 의해 회사의 권리능력이 제한되지 않는 경향이 뚜렷하다.[1315]

그러나 제한부정설이 대내적 관계에서까지 정관의 제한을 부정하는 것은 아니고, 다만 회사와 거래관계에 있는 제3자를 보호하기 위한 견해이기 때문에 회사가 정관외의 행위를 하더라도 거래상대방과의 관계에서는 유효하지만, 행위를 한 이사는 회사에 대하여 책임을 부담한다.

판례의 태도는 회사의 권리능력 제한 사유인 회사의 정관상의 목적의 의미와 판단기준에 관해 "회사의 권리능력은 회사의 설립 근거가 된 법률과 회사의 정관상의 목적에 의하여 제한되나 그 목적범위내의 행위라 함은 정관에 명시된 목적 자체에 국한되는 것이 아니라, 그 목적을 수행하는 데 있어 직접, 간접으로 필요한 행위는 모두 포함되고 목적수행에 필요한지의 여부는 행위의 객관적 성질에 따라 판단할 것이고 행위자의 주관적, 구체적 의사에 따라 판단할 것은 아니다."고 판시하여,[1316] 기본적으로는 제한긍정설의 입장을 유지하는 것으로 보인다. 다만, 목적 범위와 관련하여 반드시 정관 소정의 목적 자체에 한정하지 않고, 목적수행에 필요 또는 유익한 행위라면 모두 포함시키는 것으로 해석하고 있다. 즉, 거래의 안전차원에서 목적달성을 위한 현실상 필요가 있었는지 없었는지가 아니라, 행위의 객관적 성질에 입각하여 추상적으로 판단해야 한다고 해석하고 있다. 이와 같이 대법원은 거래안전을 다소나마 고려하기 위하여 목적의 범위를 매우 폭넓게 풀이하고 있어 실제적으로는 제한부정설과 거의 구별할 수 없을 정도이다.

정관에 의한 회사의 권리능력의 제한은 사원(주주)의 보호와 거래의 안전을 어떻게 조화할 것인지의 문제이다. 제한긍정설은 사원보호의 측면이 강조되는 반면에 제한부정설은 거래안전에 기여한다. 따라서 통설인 제한부정설과 대법원의 태도에 따르면, 회사가 참여하는 모든 파생상품 거래는 그 목적유무에 관계없이 유효하다. 그러나 정관의 목적범위에 제한이 없는 것은 대외적인 관계에 그칠 뿐이고, 대내적인 관계에서는 정관의 목적범위내로 제한된다. 그러므로 이사의 회사 내부적인 권한은 정관의 목적범위에 따른 제한을 받는다.[1317] 요컨대, 파생상품거래가 정관에서 정하고 있는 목적범위를 벗어나는 행위에 해당한다면 파생상품거래는 유효할지라도 이사는 그로 인하여 발생한 손해에 대해 책임을 부담할 수 있다.

문제는 어떠한 파생상품거래가 정관의 목적범위를 벗어나는가이다. 이는 회사의 유형 및 파생상품거래의 목적 등을 종합적으로 고려하여 판단하여야 할 것이다. 즉, 금융회사인 경우 수익창출의 수단이 금융상품의 거래이기 때문에 위험회피목적, 투기목적, 차익목적 등 거래목적에 관계없

1315 류혁선 · 권재열, 앞의 논문, 120면.

1316 대법원 1999. 10. 8. 선고 98다2488 판결, 대법원 1987. 9. 8. 선고 86다카1349 판결 등.

1317 이러한 정관목적의 회사내부적인 제한기능을 "내부적 의무설" 내지 "내부적 책임설"로 명하기도 한다. 이상원, "정관으로 정한 목적과 회사의 권리능력-대법원 1987. 10. 13. 선고, 86다카1522 판결-,"「상사판례연구」 제1권(한국상사판례학회, 1996), 325~326면.

이 모든 파생상품거래를 할 수 있다.

반면, 일반사업회사인 경우 파생상품거래가 사업상 목적을 달성하기 위한 위험관리의 수단인지, 자산 활용을 위한 것인지를 우선적으로 판단하여야 한다. 먼저 위험관리수단인 경우, 즉, 투기 또는 차익을 목적으로 하는 파생상품거래가 아닌 위험회피목적거래의 경우에는 정관상의 목적범위내의 거래로 허용된다고 보아야 한다. 예를 들어, 석유제품을 생산하는 회사가 원자재인 원유의 가격변동위험을 헤지하기 위하여 원유선물시장에서 매수포지션을 취하는 행위는 정관상 목적범위내의 거래라고 보아야 할 것이다.

하지만, 투기 및 차익목적의 파생상품거래가 모두 정관의 목적범위외의 거래로 단정될 수는 없을 것이다. 상법상 회사의 경우에는 영리를 목적으로 하는 법인이므로 정관에 직접적으로 규정하지 않은 목적 이외의 행위라 하더라도 그 목적의 수행에 직접 혹은 간접적으로 필요한 행위를 할 수 있다고 해석될 수 있고, 재무기반 강화목적으로 여유자금의 효율적인 운용의 수단으로 파생상품거래를 이용하는 것은 자금운용의 방법 중의 하나로서 영리목적의 수행에 필요한 행위에 포함될 수 있을 것이다.[1318] 다만, 이 경우에도 사업자금 등 필요자금을 제외한 여유자금만 사용할 수 있다고 보는 것이 타당하며, 따라서 회사의 제반 사정을 감안하여 투자금액의 규모에 대한 제한은 있어야 할 것이다.[1319]

1318 반면, 자금운용에 관한 사항도 정관에 기재하지 않았으면 위법할 수 있다는 주장으로는 清水俊彦, "デリバティブ 損失問題の深相(7)", 「NBL」 No.922 (商事法務, 2010.2.1), 78면 참조.

1319 일본 야쿠르트본사 판례(東京高裁平成20年5月21日判タ1281号274頁)에서도 동일한 취지를 표명하고 있다.

제2절 이사의 의무

1. 일반론

파생상품거래가 회사의 목적범위내의 거래인 경우에도, 그 거래로 인하여 손실이 발생하였고, 이사에게 요구되는 의무의 위반행위가 있는 경우에는 이사에게 책임을 물을 수 있다. 아울러, 손실회피의 의무까지 가정한다면, 회사의 경영상 수반되는 위험을 헤지하기 위하여 파생상품거래를 적절히 수행하지 않음으로써 위험관리에 실패하여 그 결과로서 회사에 손실이 발생한 경우에도 이사의 책임 문제가 대두될 수 있는지가 문제일 수 있다.

따라서 이사의 의무가 무엇인지에 대한 검토를 위해 일반론으로서 먼저 미국에서의 이사의 의무와 관련한 내용을 정리하고자 한다.

이사의 의무와 관련하여 미국의 판례는 회사의 이사(director) 및 임원(officer)은 회사 및 주주에 대하여 신인의무(fiduciary duty, 信認義務)을 부담한다고 본다.[1320] 이러한 신인의무는 주의의무(duty of care)와 충실의무(duty of loyalty)로 구성된다.[1321] 신인의무의 구성요소인 주의의무는 정보에 기반한 행위를 할 것을 요구하는 것인 반면, 충실의무는 이사가 신의성실(good faith)에 따라 자신들의 이익보다는 회사와 주주에게 최선의 이익이 되도록 행위 할 것을 요구하는 개념이다.[1322]

미국 각 주에서의 회사법 제정에 영향을 미치고 있는 회사법모범규준(Model Business Corporation Act; 이하 'MBCA')[1323]을 보면, 미국 제정법상 이사에게 요구되는 행위 기준을 살펴

1320 Guth v. Loft, Inc., 5 A.2d 503 (Del. 1939) at 510. 동 판결에서 델러웨어 주대법원은 회사의 이사 및 임원은 비록 기술적으로 수탁자(trustee)는 아니지만, 이사와 임원은 회사와 주주에 대하여 신인관계(fiduciary relationship)에 있다고 판시한 바 있다. 이밖에 Arnold v. Society for Sav. Bancorp, Inc., 678 A.2d 533 (Del. 1996) at 539, Shoen v. SAC Holding Corp., 137 P.3d 1171 (Nev. 2006) at 1178 등 다수의 판결에서 이사의 신인의무를 설시하고 있다.

1321 In re Walt Disney Co. Derivative Litigation, 906 A.2d 27 (Del. 2006) at 47, In re Greater Southeast Community Hospital Corp., 335 B.R. 506 (Bankr. D.D.C 2005) at 526 등.

1322 Shoen, 137 P.3d at 1178.

1323 미국의 회사법은 주법으로서 각주에서 제정된다. 이에 따라 주간 차이가 존재하게 되고 따라서 미국변호사협회(American Bar Association, ABA)는 이러한 차이를 극복하기 위하여 일종의 모범회사법전으

볼 수 있다. 즉, 이사회의 각 이사는 신의성실(good faith)에 따라 회사에 최선의 이익(the best interests of the corporation)을 위한 것이라고 합리적으로 믿는 방법에 의하여 자신의 임무를 수행하여야 한다고 규정하고 있다(MBCA §8.30(a)).[1324] 이러한 행위기준은 이사에게 요구되는 주의의무와 함께 각 주의 회사법에 명문의 규정으로 마련되고 있다.[1325] MBCA는 이사의 주의의무와 관련하여 이사회 또는 위원회의 구성원인 이사는 그들의 의사결정과 관련하여 정보를 수집하거나 감시기능에 주의를 기울이는 경우에는 동일한 지위에 있는 자(a person in a like position)[1326]가 유사한 상황(similar circumstances)에서 적절하다고 합리적(reasonably)으로 믿을 수 있는 주의를 가지고 의무를 이행하여야 한다고 규정하고 있다(MBCA §8.30(b)).[1327]

아울러 미국 델라웨어 주대법원은 Guth v. Loft 사건에서 회사의 이사(director)와 임원(officer)에 대하여 회사 및 주주에 대한 충실의무를 판시하고 있다. 회사의 이사와 임원은 기술적으로는 수탁자(trustee)는 아니라 할지라도, 이들은 회사 및 주주에 대하여 신인관계(fiduciary relationship)에 있다고 판시하면서 회사의 이사와 임원은 사적인 이익의 증진을 위해 자신의 지위를 이용하여서는 아니 되고, 책임을 다하여 회사의 이익을 보호하여야 할 뿐만 아니라 회사에 상해를 입히는 일을 하여서는 아니 되며, 자신의 기술과 능력이 회사에 적절하게 가져다 줄 이익을 박탈하는 행위를 하여서도 아니 되고, 자신에게 부여된 힘은 합리적이고 합법적으로 행사하여야

로서 MBCA를 제작하였다. MBCA는 미국의 많은 주에서 회사법의 제정을 함에 있어 참조되고 있으며, 1998년 MBCA는 수정되어 현재에 이르고 있다. 수정된 MBCA를 기존의 것과 구분하여 RMBCA라고 부르기도 한다. 본서에서는 현행의 모범규준을 MBCA로 기술하겠다.

1324 MBCA §8.30(a) Each member of the board of directors, when discharging the duties of a director, shall act: (1) in good faith, and (2) in a manner the director reasonably believes to be in the best interests of the corporation.

1325 Cal. Corp. Code §309, N.Y. Bus. Corp. Law §717, Pa. Cons. Stat. tit. 15, §1712. Utah Code Ann. §16-10a-840 등 다수. 특이한 점은 델라웨어 회사법에는 이와 같은 주의의무가 명시적으로 마련되어 있지 않다. 하지만, 이와 같이 이사의 주의의무가 명문의 규정으로 마련되지 않은 주에서도 법원의 판례를 통해 통상의 신중한 자의 주의의무를 이사에게 요구하고 있다. 예컨대, 일찍이 델라웨어 주대법원은 회사의 업무를 관리하는 회사의 이사들은 통상의 신중한 자(ordinarily careful and prudent)가 유사한 상황 하에서 사용할 수 있는 주의의 정도를 사용하여야 한다는 점을 판시한 바 있다(Graham v. Allis-Chalmers Mfg. Co., 188 A.2d 125 (Del. 1963) at 130). 따라서 이사에 대해 요구하는 주의의무는 주 제정법상 명문의 규정이 있든 없든 미국 내에서는 실질적으로는 준수하여야 할 이사의 의무이다.

1326 1998년 개정된 RMBCA에서는 "통상의 신중한 자(ordinarily prudent person)"을 더 이상 사용하지 않고 단순히 동일 지위에 있는 자로 적시하고 있다. 이와 관련하여 MBCA 공식 해설서(official comment tp RMBCA §8.30)에서는 통상의 신중한 자(ordinarily prudent person)는 과실 기준(negligence standard)을 판단하는 것으로, 이를 제거한 것은 과실(negligence)을 참조함으로써 야기되는 혼란과 오해를 피하기 위한 것이라고 밝히고 있다.

1327 MBCA §8.30(b) The members of the board of directors or a committee of the board, when becoming informed in connection with their decision-making function or devoting attention to their oversight function, shall discharge their duties with the care that a person in a like position would reasonably believe appropriate under similar circumstances.

한다고 판시하고 있다. 아울러 회사에 대하여 전적인 그리고 이기적이지 않은 충성(undivided and unselfish loyalty)을 요구하는 이러한 규칙은 의무와 자기이해(self-interest) 사이에 어떠한 충돌도 없어야 한다는 것을 요구한다.[1328] 즉, 회사의 이사와 임원은 회사에 대하여 전적인 충성(loyalty)을 다하여야 하며, 회사의 비용으로 개인적으로 이익을 얻기 위한 행위를 하여서는 아니되고, 회사의 이해와 충돌하는 개인의 이해는 허락되지 않는다.[1329] 이러한 충실의무는 본질적으로 회사와 주주에 대한 최선의 이익이 이사, 임원 그리고 지배주주(controlling shareholder)에게는 해당되나 일반적으로 주주들에게는 해당되지 않는 모든 이해(interest)보다 우선하여야 한다는 것을 강행규정으로 정하고 있는 것이다.[1330] 만약 이사의 의무로 규정된 MBCA §8.30(a) 상의 신의성실(good faith)에 따라 이사가 행위 하지 못한 경우에는 충실의무의 위반을 구성하여 이에 따른 책임을 부담한다.[1331]

미국에서는 이러한 이사의 의무에 대하여 일종의 안정항(safe harbor)을 마련하고 있다. 즉, 이사는 이사의 책임을 주장하는 자가 의무 위반 사실을 입증하지 못한다면, 이사로서 어떠한 행위를 하기로 결정하거나, 행위를 하지 않기로 결정하거나 또는 어떠한 행위도 하지 못한 것에 대하여 회사 및 주주에 대하여 책임을 지지 않는다(MBCA §8.31(a)).[1332] 이 경우, 이사의 책임을 주장하는 자가 이사의 행위가 다음의 어느 하나에 해당함을 입증하는 경우에는 안전항은 더 이상 유효하지 않게 된다. 즉, 이사의 행위가 첫째, 신의성실(good faith)에 따르지 않는 행위, 둘째, 이사가 회사에 최선의 이익(best interests of the corporation)이라고 합리적으로 믿지 않거나, 그 상황에서 적절하다고 합리적으로 믿을 수 있는 정도로 정보에 기반 하지 않은 의사결정, 셋째, 이사가 문제가 된 행위에 대해서 중요한 이해관계를 가지고 있는 타인과 가족적, 재정적, 사업적 관련성으로 인하여 객관성이 결여된 경우, 또는 그 타인이 이사를 지배하거나 통제하여 이사의 독립성이 결여된 경우, 넷째, 이사가 회사 업무에 대한 지속적인 감시의무를 해태하거나, 합리적으로 주의 깊은 이사(reasonably attentive director)가 필요성을 경고할만한 특정 사실과 상황이 발생한 경우에 이사가 적절한 조사를 함으로써 적시의 감시의무를 하여야 함에도 이를 해태한 경우, 다섯째, 이사가 받을 자격이 없는 재정적 혜택을 수령하거나, 법상 따라야 할 회사 및 주주와의

1328 Guth v. Loft, Inc., 5 A.2d 503 (Del. 1939) at 510.

1329 Foley v. D'Agostino, 248 N.Y.S.2d 121 (1964) at 128.

1330 Cede & Co. v. Technicolor, Inc., 634 A.2d 345 (Del. 1993) at 361.

1331 Stone v. Ritter, 911 A.2d 362 (Del. 2006) at 369~370.

1332 MBCA §8.31(a) A director shall not be liable to the corporation or its shareholders for any decision to take or not to take action, or any failure to take any action, as a director, unless the party asserting liability in a proceeding establishes that:; 다만, 법원은 경영상 의사결정이 있는 경우에는 경영판단원칙의 추정에 의해 보호되나, 부작위의 경우에는 경영판단원칙의 대상이 아님을 명확히 하고 있다(Aronson v. Lewis, 473 A.2d 805 (Del. 1984) at 813, Rales v. Blasband, 634 A.2d 927 (Del. 1993) at 933 등).

거래를 공정하게 할 이사의 의무를 위반하는 등의 이사의 의무 위반행위 등에 대하여 입증되는 경우, 안전항은 더 이상 유효하지 않다(MBCA §8.31(a)(2)).[1333]

이하에서는 우리나라의 상법상 이사의 의무인 선관주의의무와 충실의무에 대하여 살펴보도록 하겠다.

2. 선관주의의무

가. 개관

상법 제382조제2항에 따라 이사와 회사의 관계는 위임에 관한 민법 제681조가 준용되기 때문에 이사는 회사에 대하여 선량한 관리자의 주의로써 사무를 처리할 의무(선관주의의무)를 진다. 이는 고도의 인적신뢰를 기초로 하는 매우 높은 주의의무로서, 이사는 사용인과 달리 회사경영의 주체라는 지위의 중요성 때문에 요구되는 의무이다.[1334]

선관주의의무는 법률상 이사의 의무로 규정된 직무의 수행에만 미치는 것이 아니라 의결권행

1333 MBCA §8.31(a)(2) the challenged conduct consisted or was the result of:
(i) action not in good faith; or
(ii) a decision (A) which the director did not reasonably believe to be in the best interests of the corporation, or (B) as to which the director was not informed to an extent the director reasonably believed appropriate in the circumstances; or
(iii) a lack of objectivity due to the director's familial, financial or business relationship with, or a lack of independence due to the director's domination or control by, another person having a material interest in the challenged conduct (A) which relationship or which domination or control could reasonably be expected to have affected the director's judgment respecting the challenged conduct in a manner adverse to the corporation, and (B) after a reasonable expectation to such effect has been established, the director shall not have established that the challenged conduct was reasonably believed by the director to be in the best interests of the corporation; or
(iv) a sustained failure of the director to devote attention to ongoing oversight of the business and affairs of the corporation, or a failure to devote timely attention, by making (or causing to be made) appropriate inquiry, when particular facts and circumstances of significant concern materialize that would alert a reasonably attentive director to the need therefor;
(v) receipt of a financial benefit to which the director was not entitled or any other breach of the director's duties to deal fairly with the corporation and its shareholders that is actionable under applicable law.

1334 이철송, 앞의 책, 600면.

사, 소제기, 기타 법률상 명문화된 권한행사에도 미친다. 이사의 권한은 보수청구권 같은 채권적 권리 외에는 모두 회사조직의 운영을 위해서 주어지는 것이므로 권한의 행사 시 의무의 성격도 갖게 되는 양면성을 지니고 있다. 따라서 이사는 회사의 이익을 위해서 권한을 행사할 의무를 지니게 된다.

선관주의의무는 추상적인 의무이기 때문에 이사회출석의무, 영업비밀준수의무, 위험관리시스템구축의무, 감시의무 등 다양한 형태로 구체화 된다. 이러한 구체적인 의무 중 파생상품거래와 관련하여 중요한 것은 위험관리의무(위험관리시스템 구축 및 운용의무)와 감시의무이다.

나. 위험관리의무

위험관리는 회사의 경영이라는 측면에서 볼 때, 회사의 가치를 유지·증대시키기 위하여 회사가 경영활동을 하면서 노출되는 광범위한 불확실성에 따른 위험을 적절하게 관리하는 활동이라고 할 수 있다. 이러한 위험관리는 회사의 정관상 직접 규정되어 있는 목적상 행위는 아닐지라도, 회사가 목적수행에 필요한 직·간접적으로 필요한 행위를 할 수 있기 때문에 회사의 당연한 업무 중 하나라고 할 수 있다.

현재 상법에는 위험관리와 관련된 명시적인 규정은 존재하고 있지 않지만, 위험관리가 회사의 업무에 해당하는 이상, 이사는 적절한 위험관리를 위하여 발생 가능한 위험에 대한 대응책 마련과 감시활동 등을 효율적으로 수행할 수 있도록 이른바 내부통제시스템을 구축하고 운용할 의무를 부담한다고 볼 수 있다. 대법원도 합리적인 정보 및 보고시스템과 내부통제시스템을 구축하고 그것이 제대로 작동하도록 배려할 의무가 이사회를 구성하는 개개의 이사들에게 주어진다는 점을 판시하고 있다.[1335]

영리를 목적으로 하는 회사는 본질적으로 사업을 영위함에 있어 위험을 수반하게 된다. 즉, 이러한 위험의 대가로 영업이익을 창출하고 있는 것이다. 따라서 회사는 경영목표달성을 위협하는 위험에 대해서는 항상 주의를 하여야만 하고, 이러한 위험관리의무를 실현하기 위한 수단으로

1335 [대법원 2008. 9. 11. 선고 2006다68636 판결] 합리적인 정보 및 보고시스템과 내부통제시스템을 구축하고 그것이 제대로 작동하도록 배려할 의무가 이사회를 구성하는 개개의 이사들에게 주어진다는 점에 비추어 볼 때, 그러한 노력을 전혀 하지 아니하거나, 위와 같은 시스템이 구축되었다 하더라도 이를 이용한 회사 운영의 감시·감독을 의도적으로 외면한 결과 다른 이사의 위법하거나 부적절한 업무집행 등 이사들의 주의를 요하는 위험이나 문제점을 알지 못한 경우라면, 다른 이사의 위법하거나 부적절한 업무집행을 구체적으로 알지 못하였다는 이유만으로 책임을 면할 수는 없고, 위와 같은 지속적이거나 조직적인 감시 소홀의 결과로 발생한 다른 이사나 직원의 위법한 업무집행으로 인한 손해를 배상할 책임이 있다.

내부통제시스템을 효과적으로 구축하여야만 한다.

과거 발생한 파생상품거래에 관련한 대형스캔들 중에는 이러한 내부통제시스템이 제대로 구축되었더라면 적어도 그렇게 큰 규모까지는 손실이 발생하지 않았을 것으로 예상되는 경우가 있다. 즉, 위험관리에 대해 보다 구체적인 정책 및 시스템을 갖추고 정기적인 모니터링 과정을 거쳤다면 큰 손실을 피할 수 있었을 것이다. 만약 내부통제시스템의 정비에 소홀하여 그러한 사고가 발생하는 경우에는 해당 회사의 이사는 선관주의의무를 위반한 행위로 인정될 가능성이 높을 것이다.[1336] 따라서 회사의 이사는 위험회피목적이든 투기목적이든 파생상품거래를 이용함에 따라 수반되는 위험을 적절히 통제・관리하기 위하여 위험관리시스템이 포함된 내부통제시스템을 적절히 구축할 필요가 있게 된다.

회사가 위험관리를 적절히 수행하기 위해서는 필연적으로 비용이 발생하게 된다. 그러므로 모든 회사가 동일한 위험관리시스템에 기반한 내부통제시스템을 구축하는 것은 현실상 무리가 있다. 대규모 회사의 경우에는 업무가 분업화・전문화되어 있어, 이사들이 각자의 전문분야를 전담하여 처리하고 있기 때문에 파생상품거래가 빈번한 경우에는 파생상품거래를 전담하는 이사를 별도로 두고, 위험관리시스템을 구축하는 것이 비용 대비 효과 면에서 큰 부담은 아닐 것이지만, 파생상품거래가 빈번하지 않은 소규모 회사의 경우에는 업무의 대부분이 소수의 이사들에게 집중되어 있고, 업무가 전문분야로 분화되어 있지 않은 경우가 많아서, 소규모 회사가 파생상품거래를 위해서 대규모 회사의 경우와 동일한 수준으로 별도의 전문가를 영입하여 위험관리시스템을 구축하는 것은 소규모 회사에게 현실적인 부담으로 작용할 수 있다.

대법원이 감시의무와 관련하여 구체적인 내용은 회사의 규모나 조직, 업종, 법령의 규제, 영업상황 및 재무상태에 따라 크게 다를 수 있다고 판시한 것에 비추어 본다면,[1337] 위험을 감시・감독하기 위해 필요한 위험관리시스템의 구축 또한 회사의 규모나 조직, 업종, 영업상황 및 재무상태에 따라 그 규모를 판단하여 구축하는 것이 합당할 것이다.[1338]

위험관리의무와 관련하여 또 다른 문제는 이사에게 위험관리를 위해서 파생상품거래를 적극적으로 수행할 의무가 존재하는가이다. 즉, 파생상품거래를 통해 사업상 수반되는 위험을 적절히 통제하지 않아서 손실이 발생한 경우 이사에게 위험관리의무 위반의 책임을 물을 수 있는가가 문제이다.

근본적으로 이사의 위험회피의무 또는 위험관리의무는 선관주의의무의 내용으로 볼 수 있다.

1336 김건식・정순섭(2009), 앞의 책, 686~687면.

1337 대법원 2008. 9. 11. 선고 2006다68636 판결.

1338 상세히 후술하겠으나, 일본 야쿠르트본사의 판결(東京高裁平成20年5月21日判タ1281号274頁)에서도 그 회사의 내부통제시스템의 적절성 여부에 대한 판단에서 회사의 규모 및 특성 등을 감안하고 있다.

따라서 이사가 위험회피를 위한 파생상품거래를 하지 않은 것도 경우에 따라 선관주의의무 위반으로 평가될 수 있다.[1339] 특히, 은행과 같은 금융기관의 경우에는 더욱 그러할 수 있다. 대법원은 은행업무의 공공적 성격에 걸맞는 좀 더 높은 수준의 선관주의의무를 요구하고 있으므로, 이러한 취지를 고려할 때, 회사의 구체적인 업무의 성격에 따라서는 선관주의의무의 내용으로서 위험회피의무를 인정할 수 있는 여지가 있다고 하겠다.[1340]

그러나 회사차원의 위험 헤지 여부 및 헤지 범위에 대한 결정은 회사에 최선의 이익이 된다는 믿음 하에 신의성실하게 내려야 하는 여타의 결정과 같은 맥락에서 판단되어야 하는 대상이라는 점을 감안한다면, 헤지 결정도 경영판단의 요소인 것이지 무조건적으로 위험회피를 위해 파생상품을 이용할 의무를 이사에게 부과할 수는 없을 것이다. 왜냐하면, 영리를 목적으로 추구하는 회사는 필연적으로 위험을 감수하여야 하고, 이러한 위험을 감수한 대가로 영업이익이 창출되기 때문이다. 따라서 분산할 위험을 결정하는 것 또한 경영진에게 위임된 고유권한으로서 경영판단의 대상이라고 할 것이다.[1341]

파생상품을 이용한 헤지거래를 제대로 하지 않아 회사가 막대한 손실을 입었고, 이에 대해 주주들이 이사들을 상대로 손해배상책임을 제기한 Brane v. Roth 사건[1342]에서 이사들의 책임을 인정한 법원의 판결과 관련하여, 동 판결은 이사들이 헤지 가능한 회사의 위험에 대해 헤지 하지

1339 김건식 · 정순섭(2009), 앞의 책, 686~687면 참조; 예를 들면, 업무상 금리나 환율의 변동으로 인한 위험에 노출되는 정도가 큰 회사의 경영진은 그런 위험을 적절히 관리할 수 있는 체제를 갖출 필요가 있으므로, 금융기관은 물론이고 무역이나 금융면에서 국제적인 거래를 많이 행하는 대기업의 이사가 환율변동위험에 적절히 대처하지 않아서 손해를 입은 경우에는 책임이 발생할 수 있다는 견해를 피력하고 있다.

1340 [대법원 2002. 3. 15. 선고 2000다9086 판결] "금융기관인 은행은 주식회사로 운영되기는 하지만, 이윤추구만을 목표로 하는 영리법인인 일반의 주식회사와는 달리 예금자의 재산을 보호하고 신용질서 유지와 자금중개 기능의 효율성 유지를 통하여 금융시장의 안정 및 국민경제의 발전에 이바지해야 하는 공공적 역할을 담당하는 위치에 있는 것이기에, 은행의 그러한 업무의 집행에 임하는 이사는 일반의 주식회사 이사의 선관주의의무에서 더 나아가 은행의 그 공공적 성격에 걸맞는 내용의 선관주의의무까지 다할 것이 요구된다 할 것이고, 따라서 금융기관의 이사가 위와 같은 선량한 관리자의 주의의무에 위반하여 자신의 임무를 해태하였는지의 여부는 그 대출결정에 통상의 대출담당임원으로서 간과해서는 안 될 잘못이 있는지의 여부를 금융기관으로서의 공공적 역할의 관점에서 대출의 조건과 내용, 규모, 변제계획, 담보의 유무와 내용, 채무자의 재산 및 경영상황, 성장가능성 등 여러 가지 사항에 비추어 종합적으로 판정해야 한다."고 판시하였다.

1341 헤지를 하지 않기로 하는 의사결정은 경영판단의 대상이 될 수 있으나, 아무런 의사결정을 하지 않은 부작위의 경우에는 경영판단원칙에 의해 보호되지 않는다(Aronson v. Lewis, 473 A.2d 805 (Del. 1984) at 813, Rales v. Blasband, 634 A.2d 927 (Del. 1993) at 933 등 참조). 다만, 부작위의 경우에는 채무불이행에 기한 손해배상책임 법리상 부작위자에게 계약상 의무의 위반 또는 법익의 침해를 방지할 수 있는 가능성이 있었던 경우에만 손해배상의 객관적 구성요건을 충족시킨다고 보아야 할 것이다(지원림, 앞의 책, 1056면).

1342 Brane v. Roth, 590 N.E.2d 587 (Ind. Ct. App. 1992).

않은 것은 신인의무를 위반한 것으로 인정한 판례라고 해석하여 미국 법원이 이사들의 파생상품 이용에 대한 적극적 의무를 인정하려는 태도라고 분석하는 학자도 있다.[1343]

그러나 Brane v. Roth 판결에서 법원의 추리과정에 다소 불명확한 점은 있지만, Brane 판결이 지적하고 있는 것은 이사회에 헤지 의무를 부과 하고 있는 것이 아니라, 충분한 정보에 입각하고 일단 헤지에 착수했으면 직원을 적절히 감시할 의무를 부과한 것으로 이해하는 것이 바람직하다. 이는 경영판단원칙의 보호를 받기 위해서는 반드시 경영상의 판단을 내릴 때, 충분한 정보에 기해야 하며, 직원을 적절히 감시하고, 감시·감독에 있어서 엄중한 부주의를 범하지 말아야 한다는 원칙의 확장으로 볼 수 있다.[1344]

다. 감시의무

감시의무란 이사가 다른 이사의 업무집행을 감시할 의무를 뜻하는데, 이는 선관주의의무에서 파생된 의무로써 실정법상 개념은 아니다. 이사가 감시의무를 위반하면 임무해태를 구성하고 상법 제399조제1항에 기한 손해배상책임을 진다. 다만, 이사의 감시의무는 이사가 아무런 행동을 취하지 않았을 경우에 주로 문제가 되는 까닭에 그 책임의 범위를 정하는 것이 용이하지 않다.[1345]

대표이사는 모든 이사의 업무집행을 감시·감독할 의무를 부담하고, 회사의 직제에 의하여 업무를 담당하는 업무담당이사의 경우에도 실제 회사의 업무에 대한 접근성이 평이사 또는 사외이사보다 높기 때문에 다른 이사들을 감시할 기회가 보다 많이 주어지는 것을 이유로 적극적인 감시의무를 인정하고 있다.[1346]

1343 Jerry W. Markham, "Fiduciary Duties Under the Commodity Exchange Act", *Notre Dame Law Review,* 68 (1992) p.201 n8.

1344 Kimberly D. Krawiec, "Derivatives, Corporate Hedging, and Shareholder Wealth: Modigliani-Miller Forty Years later", *University of Illinois Law Review,* 1998, (1998), pp.1103~1104 (Brane 사건에 대한 판결을 한 법원은 이사회가 충분한 정보에 입각하지 아니 하였고 조심스럽지 못해서(informed and vigilant) 이사회에 책임을 부과한 것이지 기업의 위험노출을 충분히 헤지하지 못해서가 아님을 명확히 설명하지 아니하였기 때문에 판결에 대한 잘못된 이해를 초래하였다고 Brane 판결에 대해 설명하고 있다).

1345 최수정, "미국 판례법상 이사의 감시의무에 관한 연구－비즈니스 리스크를 중심으로－,"「법학논총」 제27집제4호(한양대학교, 2010), 217면.

1346 이철송, 앞의 책, 602면; [대법원 2004. 12. 10. 선고 2002다60467,60474 판결] 주식회사의 이사는 이사회의 일원으로서 이사회에 상정된 의안에 대하여 찬부의 의사표시를 하는 데에 그치지 않고, 담당업무는 물론 다른 업무담당이사의 업무집행을 전반적으로 감시할 의무가 있으므로; [대법원 2008. 9. 11. 선고 2007다31518 판결] 일정한 업무분장 하에 회사의 일상적인 업무를 집행하는 업무집행이사는 회사의 업무집행을 전혀 담당하지 아니하는 평이사에 비하여 보다 높은 주의의무를 부담한다고 보아야 한다.

평이사 및 사외이사는 이사회에 참석하여 결의사항에 대해 의결권을 행사하나, 평이사 등에게 대표이사 또는 업무담당이사와 같은 수준의 감시의무를 부여하는 것은 현실적으로 타당한가에 대해서는 의문이 있다. 현재 이에 관해서 통설은 평이사도 이사회의 구성원이라는 점, 이사의 일반적인 선관주의의무를 근거로 평이사에게도 능동적·적극적 감시의무를 긍정하고 있으며 판례도 같은 취지이다.[1347]

다만, 이러한 긍정설도 평이사의 감시활동범위에 관해 소극설과 적극설로 견해가 나뉘는데, 소극설에 따르면 평이사도 대표이사와 업무담당이사의 직무위반행위를 명백히 알게 된 경우에는 이사회의 상정 여부에 관계없이 회사의 손해를 방지하기 위한 적절한 행동을 하여야 하지만, 업무담당이사와는 달리 회사의 경영 전반에 관해 적극적으로 부단의 주의를 기울여야 할 정도의 임무까지는 부담하지 아니한다고 본다. 반면, 적극설에 따르면 평이사는 회사의 업무집행을 파악할 의무를 부담하므로, 평이사가 알지 못했던 직무위반행위에 대해서도 알지 못했다는 사실 자체가 감시의무 위반이 된다.[1348] 이와 관련하여 판례는 평이사가 업무담당이사 등의 부정을 의심할 만한 사유가 있었음에도 불구하고, 이를 방치한 때에는 감시의무를 위반한 것이라고 하여, 절충설을 취하고 있다.[1349]

파생상품거래와 관련된 감시의무는 그 의무의 내용상 파생상품거래를 담당한 이사가 아니라 그 외의 다른 이사들에게 적용되는 의무이다. 즉, 거래담당이사에게 선관주의의무 위반이 있는 경우 다른 이사들에게 거래담당이사의 선관주의의무 위반행위를 적절하게 감시하지 못한 것에 대하여 책임을 묻는 것이다.

대표이사와 업무담당이사에게는 적극적인 감시의무가 존재하기 때문에 거래담당이사의 의무위반행위를 몰랐더라도 감시의무의 해태에 따른 책임을 부담하게 된다. 하지만, 평이사 또는 사외이사의 경우에는 거래담당이사의 의무위반행위에 대해서 부정을 의심할 만한 사유가 있었음

1347 [대법원 2006. 7. 6. 선고 2004다8272 판결] 주식회사의 이사는 이사회의 일원으로서 이사회에 상정된 의안에 대하여 찬부의 의사표시를 하는 데에 그치지 않고, 담당업무는 물론 다른 업무담당이사의 업무집행을 전반적으로 감시할 의무가 있으므로, 주식회사의 이사가 다른 업무담당이사의 업무집행이 위법하다고 의심할 만한 사유가 있음에도 불구하고 이를 방치한 때에는 이사에게 요구되는 선관주의의무 내지 감시의무를 해태한 것이므로 이로 말미암아 회사가 입은 손해에 대하여 배상책임을 면할 수 없다.

1348 이철송, 앞의 책, 603~604면 참조.

1349 [대법원 2007. 12. 13. 선고 2007다60080 판결] ○○건설의 분식결산과 관련한 판결에서 법원은 "주식회사의 이사는 이사회의 일원으로서 이사회에 상정된 의안에 대하여 찬부의 의사표시를 하는 데 그치지 않고, 담당업무는 물론 다른 업무담당이사의 업무집행을 전반적으로 감시할 의무가 있으므로, 주식회사의 이사가 다른 업무담당이사의 업무집행이 위법하다고 의심할 만한 사유가 있음에도 불구하고 이를 방치한 때에는 그로 말미암아 회사가 입은 손해에 대하여 배상책임을 면할 수 없다."고 판시하였다. 같은 견해의 판례로는 대법원 2007. 9. 20. 선고 2007다25865 판결, 대법원 2006. 7. 6. 선고 2004다8272 판결, 대법원 2004. 12. 10. 선고 2002다60467, 60474 판결 등 참조.

에도 불구하고 이를 방치한 때에만 감시의무해태에 따른 책임을 부담하게 된다.

감시의무의 성격상 거래담당이사에게 의무위반행위가 없는 경우에는 다른 이사들에게 감시의무 위반의 책임을 물을 여지는 존재하지 않는다.

3. 충실의무

상술한 바와 같이, 이사와 회사와의 관계는 위임관계이므로(상법 제382조제2항), 이사는 일반적인 의무로서 회사에 대하여 선량한 관리자의 주의의무를 부담한다(민법 제681조). 그런데 1998년 개정상법은 이사의 책임강화를 통한 건전한 기업운영을 촉진한다는 목적으로 다시 이사의 충실의무를 도입하였다.[1350] 즉, 상법 제382조의3은 "이사는 법령과 정관의 규정에 따라 회사를 위하여 그 직무를 충실하게 수행하여야 한다."고 규정하고 있다. 동 규정은 일본이 1950년 개정상법이 신설한 충실의무규정(제254조의3)[1351]을 모델로 한 것으로서,[1352] 일본의 규정은 미국법의 영향 하에 마련된 것이다.[1353]

상법이 새로이 규정한 충실의무의 성격에 대해서는 선관주의의무가 구체화된 것에 불과하다는 동질설[1354]과 선관주의의무와 충실의무는 별개의 개념이라는 이질설[1355]이 대립한다. 동질설과 이질설의 견해 대립은 이사의 이익과 회사의 이익이 충돌하는 경우에 충실의무만의 위반으로 볼 수 있을지의 문제와 연계되어 있다. 그러므로 어떠한 학설에 따르더라도 회사의 업무와 이사가 이해관계가 없는 경우에는 단순히 충실의무만이 문제시 될 여지는 없다.

이질설은 원칙적으로 무보수인 민법상 수임인은 위임과 무관한 사항에 관하여 위임인의 이익을 우선시키고 자기의 이익을 무시해야 할 의무를 부담하지 않으므로 주식회사의 이사에 대해서 선관주의의무만으로는 이사의 권한남용을 제어하기는 부족하다는 것을 전제로 한다. 이에 상법은

1350 정찬형, 앞의 책, 871면.

1351 일본 구)상법 제254조의3은 "이사는 법령 및 정관에 따라 총회의 결의를 준수하고 회사를 위하여 충실히 그 직무를 수행할 의무를 부담한다"고 규정하였다. 동조는 2006년부터 시행된 일본 제정 회사법 제355조로 그 내용이 승계되었다.

1352 이철송, 앞의 책, 609면.

1353 吉本健一, "取締役の義務と責任", 「昭和商法学史 岩崎稜先生追悼論文集」 倉沢康一郎 · 奥島孝康 編集(日本評論社, 1996), 370면.

1354 이철송, 앞의 책, 609면, 정찬형, 앞의 책, 608면, 손주찬, 「상법(상)」 (박영사, 2004), 795면.

1355 정동윤, 「상법(상)」 제4판 (법문사, 2009), 610면, 정경영, 「상법학강의」 (박영사, 2009), 536면.

영미법상의 이사회제도를 도입하여 이사회의 권한을 강화하였으므로, 그에 권한강화로 인한 남용 가능성을 줄이기 위한 차원에서 충실의무를 인정하여야 한다는 것이다.[1356] 이밖에 다수의 주주의 이익과 회사의 이익을 보호한다는 측면에서도 회사경영과 관련하여 강력한 수권을 받은 이사에 대하여 회사의 이익을 더 우선하도록 요청을 하는 것은 무리가 아니라고 본다.[1357] 따라서 이 견해에 의하면 이사의 충실의무를 규정한 상법 제382조의3은 종래의 선관주의의무와는 전혀 다른 영미법상의 충실의무를 도입한 것으로 본다.

반면, 동질설에 의하면 이사의 선관주의의무도 단순한 주의의무가 아니라 항상 위임자의 이익을 위하여 행동하여야 할 의무라고 해석하면 양자는 크게 다르지 않다고 이해한다. 이에 1998년 개정상법이 신설한 이사의 충실의무는 이사의 회사에 대한 선관주의의무를 구체화한 것 내지 이사의 주의의무를 다시 강조한 선언적인 규정으로 풀이한다.[1358] 즉, 충실의무라고 표현한 별개의 규정이 생겼다고 하여 주의의무에 관한 민법의 규정과 다른 효과를 인정할 필요가 없다는 입장이다.[1359] 더 나아가 제382조의3에서 "이사는 ... 충실하게 수행하여야 한다."는 표현이 있다고 해서 영미법의 신인의무(fiduciary duty)를 수용하였다고 단정할 수 없어 상법상 선관주의의무 이상의 의미는 부여하기 어렵다는 것이다. 다만, 영미법상의 신인의무의 규범원리를 원용하는 해석근거로 삼을 여지는 있다고 본다.[1360]

상법 제382조의3의 모델이 된 일본 상법상의 충실의무에 관한 규정에 대하여 일본 최고재판소는 "민법 644조에 정한 선관의무를 부연하고, 또한 한층 더 명확하게 할 뿐이며, … 통상의 선관의무와 별개로 고도의 의무를 규정한 것으로 풀이할 수 없다"[1361]고 판시하고 있어 이사의 선관의무와 충실의무의 관계에 관하여 동질설의 입장을 취하고 있는 것으로 이해된다. 우리 대법원도 "이사가 제3자에 대하여 연대하여 손해배상 책임을 지는 고의 또는 중대한 과실로 인한 임무해태행위라 함은 이사의 직무상 충실 및 선관주의의무 위반의 행위로서 위법한 사정이 있어야 한다."[1362]고 판시하고 있으므로, 선관주의의무와 충실의무의 개념을 명확하게 구분하고 있지는 아니한 것으로 보인다.[1363] 또한 대법원은 이사의 이익과 회사의 이익이 충돌하는 거래를 하는 경우에

1356 정동윤 변호사는 선관주의의무는 이사가 고의・과실로 인해 이를 위반하면 손해배상책임을 지나, 충실의무의 위반에는 선관주의의무 위반에 원칙적으로 필요한 고의・과실이 요구되지 않고 그 위반시의 책임의 범위도 회사가 입은 손해의 배상에 그치지 않고 이사가 얻은 모든 이득의 회사에 대한 반환에 까지 미친다는 점에서 차이가 있다는 견해를 피력하고 있다(정동윤, 앞의 책, 610~611면).

1357 김영선, "이사의 충실의무", 「인천법학논총」 제2권 (인천대학교 법학연구소, 1999), 85면.

1358 정찬형, 앞의 책, 871면.

1359 손수찬, 앞의 책, 796면.

1360 이철승, 앞의 책, 609~610면 참조.

1361 最高裁判昭和45年6月24日民集24巻6号625頁.

1362 대법원 1985. 11. 12. 선고 84다카2490 판결.

1363 충실의무가 도입된 1998년 이후의 판결에서 선관주의의무와 충실의무를 특별히 구분하지 않고 사용하

도 주의의무위반으로 풀이하는 경우[1364]도 있어 충실의무를 주의의무의 구체적인 유형으로 판단하고 있는 것으로 보인다. 즉, 우리 대법원은 결과적으로 선관주의의무와 충실의무의 관계를 동질설의 입장에서 취급하고 있는 것으로 평가할 수 있다.

동질설과 이질설 중 어떠한 것을 따르더라도, 충실의무가 문제시 되는 경우는 이사의 이익과 회사의 이익이 충돌하는 때이다. 즉, 어떠한 학설에 따르더라도 회사의 업무와 이사가 이해관계가 없는 경우에는 충실의무가 문제시 될 여지가 존재하지 않는다. 이를 파생상품거래를 통한 위험관리에 적용하여 살펴본다면, 일반적인 경우에는 회사의 파생상품거래를 통해 회사와 이사의 이익 간에 충돌이 있을 개연성이 없기 때문에 충실의무의 위반여부를 판단할 필요는 없을 것이다. 다만, 예외적으로 파생상품거래 시 거래의 상대방, 즉 파생상품을 만들거나, 판매하는 금융기관으로부터 거래성사에 따른 금전 등을 받거나, 파생상품거래를 통한 위험관리를 외부업체에 위탁하는 경우 담당이사가 해당 외부업체의 이사・임직원・지배주주이거나 위탁계약의 대가로 금전 등을 받은 때에는 이사의 이익과 회사의 이익이 충돌할 수 있기 때문에 충실의무 위반의 책임을 물을 여지는 있을 것이다.

고 있다. 예컨대, 대법원 2002. 6. 14. 선고 2001다52407 판결에서 대법원은 "금융기관의 임원은 소속 금융기관에 대하여 선량한 관리자의 주의의무를 지므로, 그 의무를 충실히 한 때에야 임무를 다한 것으로 된다고 할 것이지만, 금융기관이 그 임원을 상대로 대출과 관련된 임무 해태를 내세워 채무불이행으로 인한 손해배상책임을 물음에 있어서는 임원이 한 대출이 결과적으로 회수곤란 또는 회수불능으로 되었다고 하더라도 그것만으로 바로 대출결정을 내린 임원에게 그러한 미회수금 손해 등의 결과가 전혀 발생하지 않도록 하여야 할 책임을 물어 그러한 대출결정을 내린 임원의 판단이 선량한 관리자로서의 주의의무 내지 충실의무를 위반한 것이라고 단정할 수 없다"고 판시하였다.

1364 [대법원 2002. 6. 14. 선고 2001다52407 판결] 금융기관의 임원, 특히 이 사건과 같이 새마을금고의 임원이 대출을 결정함에 있어서 임원이 법령이나 정관에 위반한 대출이었음을 알았거나 또는 어떤 부정한 청탁을 받거나 당해 대출에 관한 어떤 이해관계가 있어 자기 또는 제3자의 부정한 이익을 취득할 목적으로 대출을 감행한 경우 또는 조금만 주의를 기울였으면 임원으로서의 주의의무를 다 할 수 있었을 것임에도 그러한 주의를 현저히 게을리 하여 쉽게 알 수 있었던 사실을 알지 못하고 대출을 실행한 경우에는 고의 또는 중과실로 인한 책임을 진다.

제3절 이사의 책임과 경영판단원칙

1. 서설

이상에서는 회사의 위험관리를 위하여 파생상품거래를 한 이사와 관련된 의무로써 선관주의의무가 구체화된 위험관리의무와 감시의무 그리고 충실의무에 대하여 살펴보았고, 이러한 의무위반이 있는 경우 거래담당이사에게 책임을 물을 여지가 있음을 확인하였다.

이사가 파생상품거래를 잘못하거나 다른 이사나 직원의 위험한 거래에 대한 감시의무를 다하지 못하여 회사에 손해가 발생한 경우 그에 대한 책임을 부담하게 하는 것은 이사에게 부여된 권한을 고려할 때, 그리고 나태를 방지하기 위해서도 필요한 조치일 것이다. 그러나 경우에 따라서는 과도한 책임을 부담하게 함으로써 위험과 불확실성이 수반되는 경영활동이 위축되거나 위험회피를 위한 적절한 파생상품거래를 오히려 위축시킬 우려가 있다. 즉, 파생상품거래 뿐만 아니라, 모든 회사의 업무에 있어서 위험은 상존하기 마련인 바, 파생상품거래 이후 결과적으로 손실이 발생하였다는 결과만으로 이사에게 선관주의의무 위반 등과 같은 임무해태에 따른 책임을 묻는 것은 이사에 대하여 결과책임(Erfolgshaftung)을 부담시키는 것과 다를 바 없으므로 이는 평균적인 인간을 수범의 기준으로 하는 근대법의 기본입장에 비추어 볼 때 문제가 있다.

예를 들어, 수출업체가 원화절상에 따른 수출채산성의 악화와 수출대금의 변동위험을 관리하기 위하여 선물환시장에서 선물환을 매도하였는데, 금융시장의 불안으로 오히려 원화가 절하되었다면, 위험관리를 목적으로 한 파생상품거래로 인해 손실이 발생하여 해당 위험관리행위는 비효율적인 의사결정에 해당할 수도 있다. 하지만 이러한 비효율성은 사후적으로 판단된 것으로서 환율의 영역은 이사가 관리 불가능한 변수에 의하여 결정되어지는 것이다. 따라서 이 경우 이사의 임무해태가 있다고 본다면 이사에게 관리 불가능한 것에 대해서 책임을 묻게 되는 것이 된다. 업무집행의 효율성은 상기와 같이 상당한 시간이 경과한 후에야 판단되는 것이지만, 업무집행의 적합성은 행위 시에 판단되어져야 하는 것이다.

이사에 대한 결과책임을 배제하기 위하여 미국에서는 오랜 기간 판례를 통해 형성된 경영판단원칙(business judgment rule)에 따라 이사의 책임을 면제하거나 제한할 수 있도록 하고 있다. 미국법상 경영판단원칙이란 회사의 목적범위이내의 행위로서 이사의 권한 내인 사항에 관하여 이사가 내린 의사결정이 그와 같이 행위 할 합리적인 근거가 있고, 회사의 이익을 위한 것이라는 믿음 하에 어떤 다른 고려에 의해 영향을 받지 아니한 채 이사가 충분한 정보에 근거하여 독립적이고 합리적인 판단에 의해 회사에 최선의 이익이라고 생각되는 방법으로 임무를 수행하였다면 법원이 이에 개입하여 그 판단에 따른 거래를 무효로 하거나 그로 인한 회사의 손해에 관해 이사에게 책임을 묻지 아니한다는 원칙을 말한다.[1365]

이사의 경영판단에 대한 결과책임을 배제하는 경향은 미국에 국한된 현상은 아니다. 이는 이사의 경영판단에 대한 주의와 내용상 정도의 차이는 있을지라도 거의 세계적으로 공통된 사항이다.[1366]

우리 판례에서도 '경영판단'이라는 용어를 사용하거나 '허용된 재량의 범위'라는 표현을 사용하면서, 이사가 필요한 정보를 충분히 수집하고 이를 기초로 하여 신중하고 합리적인 판단을 거쳐 회사의 최대이익에 부합한다고 신뢰하고 경영상의 판단을 내렸다면 그 이사의 행위는 허용되는 경영판단의 재량범위 내에 있는 것이어서 회사에 대하여 손해배상책임을 부담한다고 할 수 없다고 판시하고 있다.[1367]

2. 경영판단원칙

경영판단원칙이란 미국의 판례법을 중심으로 발전해 온 이론으로서 이사가 경영판단의 대상에 대해 이해관계가 없이 독립적(independent)으로 주의의무(due care)를 다하여 신의성실(good faith)에 따라 회사에 최선의 이익이 된다는 믿음 하에 경영상의 결정을 내린 것이라면 사후에 그 결정이 잘못된 것으로 판명되더라도 이사의 경영상 판단이 사법심사의 대상이 되지 않는다는 이론이다. 즉, 이 원칙은 이사의 경영상의 과오 및 주의의무위반을 이유로 하는 손해배상을 청구하

1365 Aronson v. Lewis, 473 A.2d 805 (Del. 1984) at 809~811.

1366 권기범, 「현대회사법론」 제3판(삼지원, 2010), 675~678면, 김건식, "은행이사의 선관주의의무와 경영판단원칙", 「민사판례연구」 XXVI(민사판례연구회, 2004), 419면 등 참조.

1367 [대법원 2007. 10. 11. 선고 2006다33333 판결] 합리적으로 이용가능한 범위 내에서 필요한 정보를 충분히 수집·조사하고 검토하는 절차를 거친 다음, 이를 근거로 회사의 최대 이익에 부합한다고 합리적으로 신뢰하고 신의성실에 따라 경영상의 판단을 내렸고, 그 내용이 현저히 불합리하지 않은 것으로서 통상의 이사를 기준으로 할 때 합리적으로 선택할 수 있는 범위 안에 있는 것이라면, 비록 사후에 회사가 손해를 입게 되는 결과가 발생하였다 하더라도 그 이사의 행위는 허용되는 경영판단의 재량범위 내에 있는 것이어서 회사에 대하여 손해배상책임을 부담한다고 할 수 없다. 같은 견해로는 대법원 2008. 7. 10. 선고 2006다39935 판결, 대법원 2007. 9. 21. 선고 2005다34797 판결 등 다수가 있다.

는 것에 대해서 이사 및 임원의 책임을 감면하는 중요한 항변으로 기능한다.[1368]

경영판단원칙과 관련하여 미국 초기의 판례로는 1829년 Percy v. Millaudon 사건에서의 루이지애나(Louisiana) 주대법원의 판결을 들고 있다.[1369] 그 이후 1850년 로드아일랜드 주대법원(Supreme Court of Rhode Island)은 Hodges v. New England Screw Co. 사건[1370]에 대한 판결에서 이사들이 적절한 주의(proper care)를 다한 의사결정, 신의성실(good faith)에 따라 회사의 이익을 위해(for the benefit of the corporation) 경영상의 판단을 한 경우에는 책임을 부담하지 않는다고 판시하였다. 그리고 신의성실에 따라 합리적인 주의와 조사(resonable care and diligence)를 통해 이사들이 행동한 경우에는 설령 실수(mistake)가 있더라도 그러한 실수의 결과에 대해 책임을 지지 않는다고 판시하여 현재 경영판단원칙의 적용요건과 유사한 판단을 하고 있다.[1371] 이후 연방대법원의 1917년 United Copper Securities Co. v. Amalgamated Copper Co. 판결[1372]이 있고, 회사법에 특히 특화된 델라웨어 주대법원(supreme court of Delaware)의 1984년 Aronson v. Lewis 판결,[1373] 1985년 Smith v. Van Gorkom 판결[1374] 등의 판례에 따라 경영판단원칙의 개념이 정립되어 왔다.

경영판단원칙은 이사의 경영판단이 결과적으로 비효율적이어서 실패인 경우 사후적으로 이사에게 결과책임을 묻게 된다면, 이사는 항상 소극적으로만 경영판단을 할 수밖에 없고, 이는 회사의 발전에 장애가 된다는 사고를 내포하고 있다. 아울러, 기본적으로 회사의 이사회가 법원보다는 사업상 결정을 더 잘 할 수 있는 능력을 지니고 있다고 보는 것이 타당하고, 이사들이 충분한 정보에 근거(informed basis)하여 회사에 최선의 이익(best interests of the company)이 되도록 신의성실(good faith)에 따라 경영상의 의사결정을 하기 위해서는 사업상 수반되는 위험 또한 자유롭게 선택할 수 있도록 보장하여야만 한다는 인식에 바탕을 두고 있는 것이다.[1375]

1368 E. Norman Veasey, "The Defining Tension in Corporate Governance in America", *The Business Lawyer,* 52 (February 1997) pp.403~406 참조.

1369 Stephen A. Radin, *The Business Judgement Rule(Volume I)*, Aspen Publishers, 2009, p.26.

1370 Hodges v. New England Screw Co., 1 R.I. 312 (R.I. 1850).

1371 Hodges, 1 R.I. at 346.

1372 United Copper Securities Co. v. Amalgamated Copper Co., 244 U.S. 261 (1917).

1373 Aronson v. Lewis, 473 A.2d 805 (Del. 1984).

1374 Smith v. Van Gorkom 488 A.2d 858 (Del. 1985)

1375 우리 대법원도 같은 맥락에서 다음과 같이 판시하고 있다.
[대법원 2005. 5. 27. 선고 2004다8128 판결] 주식회사의 이사는 회사를 둘러싼 복잡하고 유동적인 여러 상황 아래에서 그 임무를 수행하기 위하여 전문적인 지식과 경험에 기초하여 여러 가지 사정들을 고려하여 경영상의 판단을 하여야 하고, 이와 같은 이사의 경영상 판단에는 그 성질상 폭넓은 재량이 인정되어야 하는 것이므로, 이사의 어떠한 판단이 결과적으로 회사에 대하여 손해를 초래하였다고 하더라도 그것만으로 곧바로 이사에게 선관주의의무 위반이 있었다고 단정할 수는 없는 것이고, 이사에 의한 직무수행이나 경영판단의 특수성을 충분히 배려하고 가혹한 책임의 위협에 의하여 회사경영을 부

미국은 경영판단원칙의 적용 근거로서 이사회의 구성원은 능력있는 자들로 구성된다는 점, 경영판단은 위험과 불확실성을 내포한다는 점, 복잡한 회사의 의사결정에 법원이 개입할 정도로 그러한 영역에 대한 전문성이 부족하다는 점, 주주보다는 이사가 회사를 경영한다는 점, 그리고 불만이 있는 주주는 투표권으로서 이사를 축출할 수 있다는 점 등을 들고 있다.[1376]

미국에서의 경영판단원칙은 실체법적(substantive rule of law) 의의뿐만 아니라 소송법적(procedural guide for litigants) 의의를 가지고 있다.[1377] 특히 소송에 있어서의 절차적 가이드로서 기능한다는 점은 동 원칙의 실효성을 증대시키는 요인이다. 경영판단원칙을 소송법적으로 정의하면 사익 또는 자기거래를 포함하지 않는 경영상 의사결정에 있어서 이사는 충분한 정보에 근거하여(주의의무, duty of care) 그러한 행위가 회사에 최선의 이익이 된다는 정직한 믿음으로 신의성실에 따라 행동한다는(충실의무, duty of loyalty) 추정(presumption)이다.[1378] 즉, 이사들은 그들에게 부여된 신인의무에 충실하다(faithful to their fiduciary duty)는 추정이다.[1379] 또한 델라웨어 주대법원은 경영판단원칙의 추정이 적용되는 경우에 이사회의 결정이 합리적인 경영목적(rational business purpose)[1380]에 기인하지 않는 것이 아니라면 이사회의 결정은 타당하다고 본다.[1381][1382]

당하게 위축시키지 않도록 하는 한편 이사가 적당한 견제를 받도록 하여 이사에게 경영자로서의 합리적인 재량을 확보할 수 있도록 구체적인 사안에서 회사의 규모, 사업내용, 문제가 된 거래나 사업계획의 내용과 필요성, 당해 이사의 지식경험과 담당업무, 당해 사업계획 등에 관여한 정도 그밖에 여러 가지 사정을 종합적으로 고려하여 이사에게 선관주의의무 위반이 있는지 여부를 개별적·구체적으로 판단하여야 한다.

1376 Stephen A. Radin, *op. cit.*, pp.28~40 참조.

1377 Cinerama, Inc. v. Technicolor, Inc., 663 A.2d 1156 (Del. 1995) at 1162, Emerald Partners v. Berlin, 787 A.2d 85 (Del. 2001) at 91.

1378 Edward S. Adams & David E. Runkle, "The Easy Case for Derivatives Use: Advocating a Corporate Fiduciary Duty to Use Derivatives", *William and Mary Law Review,* 41 (February 2000) p.638. 이에 대한 판례로는 Aronson v. Lewis, 473 A.2d 805 (Del. 1984) at 812, In re Walt Disney Co. Derivative Litigation, 906 A.2d 27 (Del. 2006) at 52 등 참조; Bryan A. Garner, ed. *Black's Law Dictionary*(8th), Thomson West, 2004, p.165("The presumption that in making business decisions not involving direct self-interest or self dealing, corporate directors act on an informed basis, in good faith, and in the honest belief that their actions are in the corporation's best interest").

1379 Beam v. Stewart, 845 A.2d 1040 (Del. 2004) at 1048.

1380 "reasonable"과 "rational"은 일반적으로 "합리적인"으로 통상 번역되며, 함께 통용되는 경우가 많다. 하지만, 엄밀히 두 용어의 의미에는 차이가 있으며, 이에 대한 이해를 위해서는 철학적인 이해가 필요하다. 논리의 규칙(rule of logic)에 따르는 것을 통상 rational deduction(합리적 추론)이라고 표현하지 이를 reasonable deduction이라고 말할지는 않는다. 반대로 reasonable compromise(합리적 타협)라고 표현하지 rational compromise라고 하지 않는다. 여기서는 단지 "a rational decision can be unreasonable"라는 문구를 생각해 보고자 한다. 즉, 범죄 행위를 고려해 볼 때, 범죄행위 자체는 rational 할 수 있지만, unreasonable한 것이다. 따라서 rational의 용어는 reasonable에 비해 완화된 개념이라고 할 수 있다. 본 책에서는 두 용어 모두 "합리적"으로 번역하고 원문이 rational에 해당하는 경우 이를 병기하도록 하겠다.

1381 Sinclair Oil Corp. v. Levien, 280 A.2d 717 (Del. 1971) at 720, Unocal Corp. v. mesa Petroleum Co., 493 A.2d 946 (Del. 1985) at 954, In re Walt Disney Co. Derivative Litigation, 906 A.2d 27 (Del.

요약컨대, 이사들의 의사결정이 사익을 추구하거나 독립성이 결여된 것이 아니고, 신의성실(good faith)에 따라 행동한 것이며, 합리적인(rational) 경영목적에 기인한 것으로서, 합리적으로(reasonably) 수집할 수 있는 모든 중요사실을 고려하지 못하는 등의 중과실(gross negligent)에 의해 의사결정이 된 경우가 아니라면 법원은 이사들의 결정을 존중하게 된다.[1383] 즉, 법원은 적절한 절차에 따라 이사들이 결정한 경영판단에 대해 존중하며 그 내용의 객관적인 타당성 검증(reasonability test)을 실시하지 아니한다.

결과적으로 경영판단원칙은 이사들로 하여금 책임에 대한 과도한 두려움 없이 정직하게 행동하는 범위 안에서는 상당한 자유를 부여하고 있는 것이다. 다만, 수많은 델라웨어주의 판결은 이와 같은 경영판단원칙의 추정은 번복 가능한 추정으로서 원고들이 이사의 주의의무(duty of care), 충실의무(duty of loyalty) 또는 신의성실(good faith)을 위반하였음을 증명함으로써 번복할 수 있다고 본다.[1384] 따라서 대표소송(derivative action)[1385]에서 주주가 이사의 책임을 묻고자 할 때에는 원고인 주주가 이러한 추정을 번복하는 사실을 주장 및 입증하여야 하고, 이러한 주장·증명이 성공하면 이사측이 문제된 거래의 공정성(fairness)[1386]을 증명할 책임을 지게 된다.[1387]

2006) at 74 등.

1382 경영판단원칙이 적용되는 경우, 이사는 그 결정이 합리적(rational)인 한, 결과적으로 회사에 손실을 가져다주는 결정(부당한(unreasonable) 결정도 포함)에 대해서 책임을 지지 않는다(William T. Allen, Jack B. Jacobs & Leo E. Strine, Jr., "Function over Form: A Reassessment of Standards of Review in Delaware Corporation Law", *The Business Lawyer*, 56 (August 2001), p.1296). 즉, 이사의 결정은 타당성(reasonability)에 의해서가 아니라 합리성(rationality)에 의해 심사되어 진다.

1383 Brehm v. Eisner, 746 A.2d 244 (Del. 2000), at 264, n.66.

1384 경영판단원칙의 추정을 번복하기 위해서는 이사의 책임을 추궁하고자 하는 주주는 신인의무의 3가지 요소(duty of care, duty of good faith, duty of loyalty) 중의 하나를 이사가 위반하였음을 증명하여야 한다(McMullin v. Beran, 765 A.2d 910 (Del. 2000) at 917). 기본적으로는 신인의무는 주의의무(duty of care)와 충실의무(duty of loyalty)로 구성되나, 경영판단원칙과 관련하여 신의성실의무(duty of good faith)를 또 하나의 구성요소로 설명하기도 한다. 즉, 신의성실의무를 경영판단원칙의 주요 구성요소(key ingredient of the business judgment rule)로 보는 판례도 있다(Brehm v. Eisner, 746 A.2d 244 (Del. 2000), at 264).

1385 미국은 대표소송을 제기하기에 앞서 이사회에 대한 제소청구(demand on the board)라는 사전절차를 거쳐야 한다. 그리하면 이사회 또는 특별소송위원회(Special Litigation Committee; 이하 'SLC')가 사안을 조사한 후 청구원인이 부당하거나 소송을 제기할 실익이 없을 경우에는 제소거부결정을 하기도 한다. 이러한 결정에 대해 법원은 일반적으로 제소청구 면제사유에 해당하지 않는 경우에는 이 또한 경영판단원칙으로 간주 이사회 및 SLC의 결정을 존중하고 있다(Untermeyer v. Fidelity Daily Income Trust, 580 F.2d 22 (1st Cir. 1978), Harhen v. Brown, 730 N.E.2d 859 (Mass. 2000)). 따라서 제소청구면제사유가 중요한데, 델라웨어 주대법원은 제소청구 면제사유인 무용성(futility)을 판단함에 있어, ① 이사들이 이해관계가 없고, 독립적일 것(disinterest and independent), ② 문제가 된 행위가 유효한 경영판단원칙의 결과라는 점 등에 대해서 합리적인 의심(reasonable doubt)이 있다는 사실에 대해 원고가 입증을 한다면 제소청구가 면제된다는 입장이다(Aronson v. Lewis, 473 A.2d 805 (Del. 1984), Levine v. Smith, 591 A.2d 194 (Del. 1991)); 미국의 대표소송제도에 대한 상세한 설명은 임재연, 「미국기업법」 (박영사, 2009) 298~397면 참조.

이사의 책임을 주장하는 원고인 주주가 이러한 추정을 번복하는데 실패하게 되고, 경영판단의 대상이 된 의사결정이 합리적인(rational) 경영목적이 있다면, 경영판단원칙에 의해 이사들은 책임이 면책된다.[1388] 또한 이러한 경영판단원칙은 요건에 따라 행위 한 이사를 책임으로부터 면책시키는 효과와 더불어 그가 행한 의사결정 자체를 보호하는 의미 또한 지닌다.[1389] 즉, 경영판단원칙은 거래안전에 기여한다.

우리나라에서도 경영판단원칙이 이사의 책임을 합리적으로 제한하는 법적 도구로 보고 이를 도입해야 한다는 주장도 있는 반면, 반대의 주장도 있다.[1390] 미국법상의 경영판단원칙은 이사의 책임을 제한한다는 실체법적 효과뿐만 아니라, 입증책임을 전환시키는 절차법적 효과도 동시에 가지고 있는 원칙으로, 미국과 같은 절차법적 뒷받침이 없는 우리나라에서 경영판단원칙을 그대로 수용할 수는 없다. 하지만, 동 원칙의 실체법적 측면의 이론은 우리나라에서 이사의 책임의 근거가 되는 수임인의 선관주의의무(민법 제681조)의 해석론에 의해서도 도출될 수 있다.[1391]

따라서 이사들이 그들에게 주어진 권한 내의 사항에 대해 합리적인 근거에 따라 회사의 이익을 위한 것이라는 믿음 하에 독립적인 판단을 통하여 신의성실하게 이루어졌다면, 이는 위임의 취지에 따라 선량한 관리자의 주의를 충분히 베푼 것으로서 그로 인한 손실은 불가항력적이므로, 이러한 행위는 상법 제399조제1항이 규정하는 임무해태에 해당하지 않는다고 볼 것이다.

1386 공정성 기준은 주주에 대해 전적으로 공정했는지 여부에 대한 판단이다(Paramount Communications Inc. v. QVC Network Inc. 637 A.2d 34 (Del. 1994) at 42 n.9). 이를 “entire fairness test”라고 한다(Nixon v. Blackwell, 626 A.2d 1366 (Del. 1993) at 1376). 구체적으로는 공정거래(fair dealing) 및 공정가격(fair price)에 의해 평가된다. 법원은 원고들의 입증에 의해 경영판단원칙의 추정이 더 이상 유효하지 않게 되었을 때, 비로소 공정성 기준을 검토하게 된다.

1387 In re Walt Disney Co. Derivative Litigation, 906 A.2d 27 (Del. 2006) at 52, McMullin v. Beran, 765 A.2d 910 (Del. 2000) at 917 등.

1388 Sinclair Oil Corp. v. Levien, 280 A.2d 717 (Del. 1971) at 721. 동 판결에서 델러웨어 주대법원은 1960년부터 1966년까지 동 기간의 이익(earning)을 초과하여 자회사로 하여금 배당을 지급하게 한 모기업에 대한 대표소송에서 이러한 배당이 공정하다는 것을 입증할 책임이 피고인 Sinclair에게 있지 아니 하고, 만약 이러한 배당이 합리적인 경영목적에 근거한 것이 아님을 원고가 입증할 수 있다면, 법원은 배당을 지급하고자 하는 이사회의 결정에 간섭할(interfere) 수 있다고 판시하고 있다.

1389 Cinerama, Inc. v. Technicolor, Inc., 663 A.2d 1156 (Del. 1995) at 1162, Emerald Partners v. Berlin, 787 A.2d 85 (Del. 2001) at 91 등.

1390 우리나라 다수의 견해는 경영판단원칙을 긍정한다. 이에 대한 견해로는 오성근, “경영판단의 적용기준의 법리에 관한 검토”, 「기업법연구」 제20권제1호 (한국기업법학회, 2006), 11면). 도입에 긍정인 논문으로는 이영봉, “경영판단의 법칙의 수용에 관한 검토”, 「상사법연구」 제19권제1호 (한국상사법학회, 2000), 양동석, “경영판단원칙의 수용가능성”, 「기업법연구」 제7집 (한국기업법학회, 2001), 송인방, “경영판단원칙의 도입가능성에 관한 검토”, 「법학연구」 제14권제1호 (충남대학교 법학연구소, 2003) 등이 있고, 반면 도입에 부정하는 견해로는 권재열, “경영판단원칙”, 「비교사법」 제6권제1호 (한국비교사법학회, 1999), 손영화, “미국법상의 경영판단원칙과 그 도입여부에 관한 일고찰”, 「상사법연구」 제18권제2호 (한국상사법학회, 1999) 등이 있다.

1391 이철송, 앞의 책, 620면.

3. 적용요건

미국변호사협회(ABA)의 회사법 위원회(committee on Corporate Laws)는 상술한 바와 같이 MBCA를 제정함에 있어 이사의 의무 및 책임과 관련한 안전항 조항도 마련하고 있으나, 별도로 경영판단원칙과 관련한 구체적 조항을 규정하고 있지는 않다.[1392] 따라서 제정법상 경영판단원칙의 적용요건이 구체적으로 정의되고 있는 것은 아니다. 하지만, 본래 경영판단원칙은 판례법을 통해 그 개념이 정립되고 발전되어 왔기에 미국 판례에서 경영판단원칙이 적용되거나 부인된 사례를 살펴봄으로써 경영판단원칙이 적용요건을 정리할 수 있을 것이다.

Aronson v. Lewis 사건[1393]에서 델라웨어 주대법원은 이사들이 경영판단을 한 사안에 대하여 자기거래 등 이해관계가 없어야 하고, 이사가 경영판단을 하는데 있어 합리적으로 이용가능한 모든 중요정보를 수집하여 충분한 정보에 근거하여(so informed) 판단하여야 한다고 판시하였다.[1394]

Smith v. Van Gorkom 사건[1395]에서는 델라웨어 주대법원은 주의의무(duty of care)를 충족하기 위해서는 이사들이 경영상 의사결정을 하기 전에 대안(alternatives)을 포함하여 그들이 획득할 수 있는 모든 중요정보(material information)에 대하여 충분히 알고 있어야 한다고 판시하였다.[1396]

Doyle v. Union Insurance Company 사건[1397]에서 네브라스카 주대법원은 이사들이 자신들의 이익(self-interest)에 따라 행동하여 신인의무(fiduciary duty)를 위반하였다고 판시하여,[1398] 경영

1392 이와 관련하여 위원회는 새로운 §8.30과 관련하여 경영판단원칙의 요소 및 적용요건에 대하여 많은 시간 논의가 있었으나 그의 공식 해설서(Official Comment to MBCA §8.30)를 통해 경영판단원칙의 요소와 적용 요건은 법원에 의하여 계속 발전하고 있으므로 제정법상 그 개념을 고정하는 것은 바람직하지 않아 현재로서는 그대로 놔두기로 하였다고 설명하고 있다.

1393 Aronson v. Lewis, 473 A.2d 805 (Del. 1984).

1394 Aronson, 473 A.2d at 812.

1395 Smith v. Van Gorkom 488 A.2d 858 (Del. 1985).

1396 Smith 488 A.2d at 888~889. 그리하여, Van Gorkom사건에서 델러웨어 주대법원은 이사회가 합병 권유에 합의하는데 있어서 충분한 정보에 입각한 합리적인 검토를 거치지 아니 한(failed to act with informed reasonable deliberation) 중과실이 있다고 판시하였다(at 881). 미국 법원은 이사들이 행한 경영판단이 충분한 정보에 입각하여 행해진 것인지 여부를 판단함에 있어 중과실(gross negligence) 기준을 채택하고 있다(at 873). 이와 유사한 판례로는, 이사는 경영상 의사결정을 함에 있어 대안(alternatives)에 대한 정보도 파악하어야 할 의무라고 적시한 Paramount Communications Inc. v. QVC Network Inc. 637 A.2d 34 (Del. 1994) at 51 등이 있다.

1397 Doyle v. Union Insurance Company, 277 N.W.2d 36 (Neb. 1979).

1398 Doyle, 277 N.W.2d at 38 & 44. 이사들이 회사의 자산을 공정가치(fair market value)보다 낮은 가격에 새로이 설립된 대상 회사에 처분하고 해당 회사의 사장(president)이 되는 등 해당 거래로부터 이익을

판단원칙의 적용을 위해서는 해당 행위가 사익을 위한 거래여서는 아니 됨을 밝히고 있다.

Geygan v. Queen City Grain Co. 사건[1399]에서 오하이오 항소법원은 이사들은 법령(statute)을 위반함으로써 신인의무를 위반하였고, 경영판단원칙은 법령을 위반하는 거래를 함으로써 불성실하게(in bad faith) 행위를 한 이사들에게 적용되지 않는다고 판시하고 있다.[1400]

Brehm v. Eisner 사건[1401]에서 델라웨어 주대법원은 독립성(independence), 신의성실(good faith), 합리적 경영목적(rational business purpose), 그리고 중요사실(material facts)에 대한 정보수집 행위 등 주의의무를 이행함에 있어 중과실(gross negligent)이 없는 경우에는 이사들의 경영상 의사결정에 대해서 법원이 존중함을 밝히고 있다.[1402]

또한 미국법률협회(American Law Institute, ALI)는 1993년 기업지배원칙(Principle of Corporate Governance: Analysis and Recommendations)을 제정하면서 다음과 같은 경영판단원칙의 적용요건 3가지를 제시하였다. 즉, 신의성실에 따라 경영판단을 한 이사나 임원은 다음과 같은 요건을 충족하는 경우 이사에게 부여된 의무를 이행한 것으로 본다. ① 이사 또는 임원이 경영판단의 대상에 대해 이해관계를 갖지 않아야 하며, ② 이사 또는 임원이 그 상황 하에서 적절하다고 합리적으로(reasonable) 믿을만한 정도로 경영판단의 대상에 관하여 충분한 정보에 근거하여야 하고, ③ 이사 또는 임원이 경영판단이 회사에 최선의 이익이라고 합리적으로(rationally)[1403] 믿을 수 있는 것이어야 한다.[1404]

얻은 사안에 대하여 사익을 추구한 행위로서 이는 충실의무를 위반한 것에 해당하여 경영판단원칙의 적용을 배제하였다.

1399 Geygan v. Queen City Grain Co., 593 N.E.2d 328 (Ohio Ct. App. 1991).

1400 Geygan, 593 N.E.2d at 328 & 332. 불건전하고(imprudent), 불법적으로(illegal) 곡물 투기거래를 행한 사안에 대하여 해당 거래는 불법행위에 기한 것으로서 거래로 인해 발생한 손해에 대하여 경영판단원칙을 적용할 수 없다고 판시하였다.

1401 Brehm v. Eisner, 746 A.2d 244 (Del. 2000).

1402 Brehm v. Eisner, 746 A.2d at 264, n.66.

1403 "reasonable"과 "rational"은 일반적으로 "합리적인"으로 통상 번역되며, 함께 통용되는 경우가 많다. 하지만, 엄밀히 두 용어의 의미에는 차이가 있으며, 이에 대한 이해를 위해서는 철학적인 이해가 필요하다. 논리의 규칙(rule of logic)에 따르는 것을 통상 rational deduction(합리적 추론)이라고 표현하지 이를 reasonable deduction이라고 말할지는 않는다. 반대로 reasonable compromise(합리적 타협)라고 표현하지 rational compromise라고 하지 않는다. 여기서는 단지 "a rational decision can be unreasonable" 라는 문구를 생각해 보고자 한다. 즉, 범죄 행위를 고려해 볼 때, 범죄행위 자체는 rational 할 수 있지만, unreasonable한 것이다. 따라서 rational의 용어는 reasonable에 비해 완화된 개념이라고 할 수 있다. 본 책에서는 두 용어 모두 "합리적"으로 번역하고, 원문이 rational에 해당하는 경우 이를 병기하도록 하겠다. 또한 경우에 따라서는 구분을 위해 reasonability을 "타당성"으로 번역하기도 한다.

1404 ALI, Principle of Corporate Governance: Analysis and Recommendations §4.01(c). A director or officer who makes a business judgement in good faith fulfills the duty under this Section if the director or officer: (1) is not interested(§1.23) in subject of the business judgement: (2) is informed with respect to the subject of business judgement to the extent the director or officer reasonably believes to be

상술한 미국의 판례와 미국법률협회의 기업지배원칙에서도 볼 수 있는 바와 같이, 이사의 경영상 의사결정은 다음과 같은 요건이 준수되는 경우에 경영판단원칙에 의해 보호된다고 하겠다.

첫째, 경영상의 의사결정을 대상으로 한다. 경영판단원칙의 사안에 있어서 본질적 요소는 경영상 의사결정(business decision)이 존재한다는 사실이다.[1405] 다만, 행위를 하지 않기로 하는 의식적인 결정(conscious decision)은 경영상 의사결정에 해당하고 이는 경영판단원칙의 보호를 받게 된다.[1406] 즉, 만약 이사들이 행위를 하거나 또는 행위를 안 하기로 하는 의식적인 결정(conscious decision)이 없다면, 경영판단원칙은 적용되지 않는다.[1407] 따라서 부작위는 경영판단원칙의 적용 대상이 아니다.

둘째, 경영상 의사결정은 이사의 사익 또는 자기거래를 위한 것이 아니어야 한다(disinterestedness & independence). 경영판단원칙의 추정은 경영판단의 대상에 대하여 이해관계를 가지고 있는 이사에 의한 행위 또는 이러한 이해관계가 있는 이사와 독립성이 결여된 이사에 의한 행위는 보호하지 않는다.[1408] 이는 이사가 경영판단의 대상이 되는 기초거래(underlying transaction)에 대하여 이해관계가 있는지 여부 및 이해관계가 없더라고 독립적인지 여부에 대한 분석을 하여야 한다는 것을 요구하는 것이다.[1409] 만약 이사가 경영판단의 대상이 된 거래에 대하여 이해관계를 가지고 있거나 해당 거래가 회사 또는 주주에게 최선의 이익을 위한 거래였는지 여부를 객관적으로 고려할 수 있는 독립성이 결여된 경우에는 이사가 충실하게 행위 하였을 것이라는 추정이 번복될 수 있다.[1410] 이해관계 또는 독립성의 결여에 따른 이사의 충실의무 위반에 의해 추정을 번복하고자 하는 원고인 주주는 이해관계 및 독립성 결여와 관련한 사실(facts)을 주장하여야 한다. 이렇게 추정이 번복되어지면 경영판단의 대상이 된 거래에 대한 사법심사 기준(standard of review)으로는 경영판단원칙이 아니라 공정성 검증(entire fairness test)이

---

appropriate under the circumstance and (3) rationally believes that the business judgment is in the best interests of the corporation; 이에 대한 규정은 Cuker v. Mikalauskas 사건에서 펜실베니아 주대법원이 판시한 내용과 유사하다(Cuker v. Mikalauskas, 692 A.2d 1042 (Pa. 1997) at 1045), 동 판결의 내용은 이후 American Society for Testing & Materials v. Corropro Companies, Inc., 478 F.3d 557 (3d Cir. 2007) at 572, Powell v. First Republic Bank, 274 F.Supp.2d 660 (E.D.Pa. 2003) at 668, Lemenestrel v. Warden, 964 A.2d 902 (Pa.Super.Ct. 2008) at 911 등 다수의 판결에서 인용되고 있다.

1405 Nixon v. Blackwell, 626 A.2d 1366 (Del. 1993) at 1376.

1406 Aronson v. Lewis, 473 A.2d 805 (Del. 1984) at 813.

1407 Rales v. Blasband, 634 A.2d 927 (Del. 1993) at 933.

1408 우리 상법 상 이사회의 승인 없이 회사와 거래를 하거나 불공정한 거래를 한 이사는 법령위반의 행위를 한 것이므로 회사에 대하여 손해배상책임을 지고(상법 제399조), 형사책임도 부담한다(대법원 1989. 1. 31. 선고 87누760 판결). 자기거래를 한 이사는 법령을 위반한 것이므로 경영판단원칙이 적용되지 않는다.

1409 Beam v. Stewart, 845 A.2d 1040 (Del. 2004) at 1049.

1410 Orman v. Cullman, 794 A.2d 5 (Del. Ch. 2002) at 22.

적절한 기준이 된다.

셋째, 경영판단을 함에 있어 합리적으로 이용가능한 모든 정보에 근거하여야 한다(informed basis, ie. due care). 정보에 근거하여 행위 하여야 할 이사의 의무는 경영판단원칙의 주의의무 요소를 구성한다.[1411] 그리하여 이사들은 경영상 의사결정을 하기 전에 합리적으로 수집 가능한(reasonably available) 모든 중요정보에 대하여 숙지하여야 한다.[1412] 이는 경영판단을 함에 있어 합리적인(reasonable) 의사결정 절차(process)를 이행하여야 한다는 것을 의미한다.[1413] 경영판단원칙은 이사 또는 임원이 정보에 기반한 의사결정을 하는 절차(process)에 초점을 두는 것이지 의사결정 내용의 실질(substance)이 아니다. 따라서 법원은 이사의 결정에 대하여 측정(measure)하거나 계량하거나(weigh) 또는 정량화(quantify)하지 않는다.[1414] 즉, 일반적으로 주의의무는 이사의 행위에 있어서의 절차적 요건이고, 경영판단원칙은 이러한 절차적 요건이 충족된 경우 경영판단의 실체적 요건도 충족된 것으로 본다는 것이다. 그러기에 법원은 이사회가 대안을 찾아내고 탐구할 때, 신중하고 풍부한 지식에 기반하여 행동하였는지 여부에 대한 증거에 의해 판단한다.[1415] 환언하면, 의사결정의 결과(result)가 아닌 의사결정에 도달하게 된 과정(process)을 평가하게 되는 것이다. 다만, 요구되는 기준은 이사회로 하여금 모든 정보(every fact)에 근거하여 의사결정을 할 것을 요구하는 것은 아니고, 이사회는 단지 중요정보(material information)와 합리적으로 수집 가능한(reasonably available) 정보를 고려하여야 할 책임이 요구되는 것이다.[1416] 여기서, 경영판단이 정보에 기한 의사결정인지 여부에 대한 판단 기준은 중과실(gross negligence)이다.[1417] 합리적인 절차를 준수하지 아니하여 합리적으로 수집 가능한 중요정보를 고려하지 못한 경우에는 중과실(gross negligence)로 인정되며, 이 경우 경영판단원칙이 적용되지 아니하고 이사는 경영판단에 대하여 책임을 지게 된다.

중요성이란 이사가 의사결정에서 자신의 주의의무를 이행하는데 있어 이사에게 중요한 정도를 의미하는 것으로 "합리적인 주주가 투표를 결정함에 있어 중요하다고 생각할 가능성이 높다고 한다면 누락된 정보는 중요하다"라는 주주에 대한 공시의무(disclosure to shareholders) 상에서의 중요성의 기준과는 차이가 있다.[1418] 이사의 주의의무의 결함을 주장하고자 하는 주주는 경영판

1411 Cede & Co. v. Technicolor, Inc., 634 A.2d 345 (Del. 1993) at 367.
1412 Smith v. Van Gorkom 488 A.2d 858 (Del. 1985) at 872.
1413 Melvin Aron Eisenberg, "The Divergence of Standards of Conduct and Standards of Review in Corporate Law", *Fordham Law Review*, 62 (1993), p.441.
1414 Brehm v. Eisner, 746 A.2d 244 (Del. 2000) at 264.
1415 Citron v. Fairchild Camera and Instrument Corp. 569 A.2d 53 (Del. 1989) at 66.
1416 Brehm v. Eisner, 746 A.2d 244 (Del. 2000) at 259.
1417 Citron v. Fairchild Camera and Instrument Corp. 569 A.2d 53 (Del. 1989) at 66, Smith v. Van Gorkom, 488 A.2d 858 (Del. 1985) at 873.

단의 대상에 대한 의사결정을 행한 이사회의 다수(majority)가 합리적으로 정보에 근거하지 못하였다는 것을 입증할 책임을 부담하게 된다.[1419]

넷째, 경영판단이 회사에 최선의 이익을 위한 것이라고 믿을만한 합리적인(rational) 이유를 가지고 신의성실에 따라 행위 된 것이어야 한다(good faith & best interests of the corporation). 일반적으로 이사의 신인의무를 구성하는 주의의무(duty of care) 및 충실의무(duty of loyalty)와 별도로 신의성실의무(duty of good faith)를 경영판단원칙의 주요 구성요소로 보기도 한다.[1420] 의도적인 직무유기(intentional dereliction of duty) 또는 책임에 대한 의식적인 무시(conscious disregard)는 불성실(bad faith)을 구성한다.[1421] 그리고 기본적으로 누군가에게 해를 가하겠다는 실질적인 의도를 가지고 행한 행위(subjective bad faith)는 당연 불성실(bad faith)한 것이 되지만, 고의가 없는 중과실(gross negligence without any malevolent intend)의 경우는 불성실(bad faith)을 구성하지 아니 한다.[1422] 이는 신의성실(good faith)에 따라 행위 하여야 한다는 것은 주의의무(duty of care)를 위반하는 행위(즉, 중과실)와 질적으로 다르며, 더 중한 행위를 요구하는 개념으로 보는 것이다.[1423] 아울러, 의사결정이 불법임을 알면서도 이사가 이를 행하였다면 이는 신의성실(good faith)에 따라 의사결정을 한 것이 아니게 된다. 즉, 경영판단이 위법행위 내지는 재량권 남용인 경우에는 경영판단원칙이 적용되지 아니 한다(no abuse of discretion & legality).

상술한 네 가지의 조건이 충족되는 경우에는 이사가 행한 의사결정의 내용(substance) 또는 질(quality)은 의사결정이 건전한지(prudent) 또는 합리적인지(reasonable)에 대해 결정하는 기본적인 행위 기준(standard of conduct)에 의해 검토되는 것이 아니라, 훨씬 더 제한된 사법 심사 기준(standard of review)에 의해 판단된다. 미국 법원이 채택한 경영판단원칙에 대한 심사 기준의 보편화된 공식(prevalent formulation)은 경영상 의사결정이 합리적(rational)이어야만 한다는 것이다. 이러한 합리성 기준(rationality standard)는 건전성 또는 타당성 기준(prudence or reasonability

---

1418 Brehm v. Eisner, 746 A.2d at 260 n.49.

1419 Levine v. Smith, 591 A.2d 194 (Del. 1991) at 206 참고.

1420 Brehm v. Eisner, 746 A.2d 244 (Del. 2000) at 264; 델라웨어 주대법원의 Stone v. Ritter 사건에 대한 판결이 있기 전에는 이사의 의무와 관련하여 신의성실의무가 주의의무와 충실의무 외에 별도로 독립적으로 존재하는 것인지 여부에 대하여 명백하지 아니하였으나, Stone v. Ritter의 판결(911 A.2d 362 (Del. 2006) at 370)에 따라 신의성실에 따라 행위 하지 못한 경우에는 충실의무를 위반한 것으로서 포섭함으로써 이러한 문제를 해결하였다(Ronald J. Colombo, *Law of Corporate Officers and Directors,* Thomson Reuters, 2017, p.85). 해당 판례 이후에는 신의성실에 따라 행위 하지 않으면 충실의무를 위반한 것으로 보는 판례가 다수이다(Ryan v. Gifford, 918 A.2d 341 (Del. Ch. 2007) at 357).

1421 In re Walt Disney Co. Derivative Litigation, 906 A.2d 27 (Del. 2006) at 62.

1422 Stephen A. Radin, *op. cit.*, p.346. 이와 관련한 판례로는 In re Walt Disney Co. Derivative Litigation, 906 A.2d at 65 참고.

1423 Stone v. Ritter, 911 A.2d 362 (Del. 2006) at 369.

standard) 보다 쉽게 만족되어지는 개념이다.[1424]

우리나라에서의 경영판단원칙의 적용요건에 관해서는 경영판단의 과정과 내용을 구별하여 정형화하자는 견해[1425]와 주관적 기준의 필요성을 주장하는 견해[1426] 등이 있다. 대법원은 경영판단원칙의 적용요건에 관해서, ① 합리적으로 이용 가능한 범위 내에서 필요한 정보를 충분히 수집·조사하고 검토하여야 하고, ② 회사의 최대이익에 부합한다고 신뢰하고 신의성실에 따라 경영상의 판단을 하여야 하며, ③ 경영상의 판단내용이 현저히 불합리하지 않은 것으로 통상의 이사를 기준으로 할 때 합리적으로 선택할 수 있는 범위 안에 있어야 한다고 판시하고 있다.[1427]

예컨대, 회사의 이사가 상술한 적용요건의 과정을 거쳐 이사회 결의를 통하여 자금지원을 의결한 것이 아니라, 단순히 회사의 경영상의 부담에도 불구하고 관계회사의 부도 등을 방지하는 것이 회사의 신인도를 유지하고 회사의 영업에 이익이 될 것이라는 일반적·추상적인 기대 하에 일방적으로 관계회사에 자금을 지원하게 하여 회사에 손해를 입게 한 경우에는, 이사의 경영판단이 회사의 이익에 근거한 것이라 할지라도 경영판단의 재량범위 내에 있는 것이라고 할 수 없다고 판시한 바 있다.[1428]

이사 또는 임원이 내린 경영판단이 위와 같은 경영판단의 허용된 재량범위 내에 있는 것인지, 아니면 선량한 관리자의 주의의무에 위반하여 자신의 임무를 게을리 한 것인지는, 그 경영상의 판단을 함에 있어 통상의 담당임원으로서 간과해서는 아니 될 잘못이 있는지 여부를 종합적으로

1424 Melvin Aron Eisenberg, *op. cit.*, pp.442~443. Eisenberg 교수는 법상 행위 기준(standard of conduct)은 행위자가 주어진 활동 또는 역할을 수행하는 방법을 명시하는 반면, 검토 기준(standard of review)는 법원이 책임을 부과할 것인지 금지명령 구제(injunctive relief)를 허용할 것인지 결정하기 위해 행위자의 행위를 검토할 때 법원이 적용해야 하는 테스트를 명시한다고 적시하고 그의 논문을 통해 회사법상에 어떻게 그리고 왜 두 기준상의 차이가 존재하는지를 설명하고 있다.

1425 김대연, "주주대표소송과 경영판단의 원칙", 「상사법연구」 제17권제3호 (한국상사법학회, 1999), 144면; 송인방, "이사의 책임제한과 경영판단의 원칙", 「법학연구」 제31집 (한국법학회, 2008), 282면.

1426 오성근, 앞의 논문(2006), 32~34면.

1427 [대법원 2007. 10. 11. 선고 2006다33333 판결], [대법원 2010. 1. 14. 선고 2007다35787 판결] 등. 회사의 이사가 법령에 위반됨이 없이 관계회사에게 자금을 대여하거나 관계회사의 유상증자에 참여하여 그 발행 신주를 인수함에 있어서, 관계회사의 회사 영업에 대한 기여도, 관계회사의 회생에 필요한 적정 지원자금의 액수 및 관계회사의 지원이 회사에 미치는 재정적 부담의 정도, 관계회사를 지원할 경우와 지원하지 아니할 경우 관계회사의 회생가능성 내지 도산가능성과 그로 인하여 회사에 미칠 것으로 예상되는 이익 및 불이익의 정도 등에 관하여 합리적으로 이용 가능한 범위 내에서 필요한 정보를 충분히 수집·조사하고 검토하는 절차를 거친 다음, 이를 근거로 회사의 최대 이익에 부합한다고 합리적으로 신뢰하고 신의성실에 따라 경영상의 판단을 내렸고, 그 내용이 현저히 불합리하지 않은 것으로서 통상의 이사를 기준으로 할 때 합리적으로 선택할 수 있는 범위 안에 있는 것이라면, 비록 사후에 회사가 손해를 입게 되는 결과가 발생하였다 하더라도 그 이사의 행위는 허용되는 경영판단의 재량범위 내에 있는 것이어서 회사에 대하여 손해배상책임을 부담한다고 할 수 없다.

1428 대법원 2007. 10. 11. 선고 2006다33333 판결.

고려하여 판정하여야 한다. 금융회사의 임원으로서 대출결정을 한 것과 관련하여 법원은 대출의 조건과 내용, 규모, 변제계획, 담보의 유무와 내용, 채무자의 재산 및 경영상황, 성장가능성 등 여러 가지 사항에 비추어 종합적으로 판정해야 한다고 판시하고 있다.[1429]

또한 대법원은 법령위반행위에 대해서는 일관되게 경영판단의 원칙의 적용을 배제하는 입장을 취하고 있다.[1430] 상법 제399조는 이사가 법령에 위반한 행위를 한 경우에 회사에 대하여 손해배상책임을 지도록 규정하고 있는데, 이사가 임무를 수행함에 있어서 위와 같이 법령에 위반한 행위를 한 때에는 그 행위 자체가 회사에 대하여 채무불이행에 해당하므로, 그로 인하여 회사에 손해가 발생한 이상 특별한 사정이 없는 한 손해배상책임을 면할 수 없다고 할 것이며, 위와 같은 법령에 위반한 행위에 대하여는 이사가 임무를 수행함에 있어서 선관주의의무를 위반하여 임무해태로 인한 손해배상책임이 문제되는 경우에 고려될 수 있는 경영판단의 원칙은 적용될 여지가 없다고 볼 것이다.[1431] 다만, 여기서 법령을 위반한 행위라고 할 때 말하는 '법령'은 일반적인 의미에서의 법령, 즉 법률과 그 밖의 법규명령으로서의 대통령령, 총리령, 부령 등을 의미하는 것인 바, 종합금융회사 업무운용지침, 외화자금거래취급요령, 외국환업무・외국환은행신설 및 대외환거래계약체결 인가공문, 외국환관리규정, 종합금융회사 내부의 심사관리규정 등은 이에 해당하지 않는다.[1432]

이사의 손해배상책임을 주장하는 자는 이사가 법령이나 정관에 위반한 사실 또는 선량한 관리자로서의 주의의무에 위반하는 등 그 임무해태의 사실 및 손해의 발생사실, 임무해태와 손해의 인과관계 등을 구체적으로 주장・입증하여야 한다.[1433] 이사가 손해배상책임을 면하기 위해서는 자신에게 귀책사유가 없음을 주장・입증하여야 한다.

1429 대법원 2002. 6. 14. 선고 2001다52407 판결, 대법원 2003. 7. 25. 선고 2003다7265 판결, 대법원 2004. 3. 26. 선고 2002다60177 판결, 대법원 2004. 8. 20. 선고 2004다19524 판결, 대법원 2005. 1. 14. 선고 2004다8951 판결, 대법원 2006. 6. 16. 선고 2005다31194 판결, 대법원 2006. 11. 9. 선고 2004다41651,41668 판결 등.

1430 법원은 위법행위와 관련하여 경영판단의 원칙이 적용되지 않음을 일관되게 판시하고 있다. ○○건설의 분식회계사건과 관련한 판결에서 분식결산은 외부감사에 관한 법률에 위반하므로 경영판단의 원칙이 적용될 여지가 없다고 판시하였다(대법원 2007. 12. 13. 선고 2007다60080 판결). 또한 은행의 대출관련 임무위반과 관련한 판결에서 법원은 "이사가 법령에 위반한 행위에 대하여는 원칙적으로 경영판단의 원칙이 적용되지 않는다."고 판시하였다(대법원 2007. 7. 26. 선고 2006다33609 판결).

1431 대법원 2005. 10. 28. 선고 2003다69638 판결, 대법원 2005. 7. 15. 선고 2004다34929 판결, 대법원 2005. 10. 28. 선고 2003다69638 판결, 대법원 2006. 7. 6. 선고 2004다8272 판결, 대법원 2006. 11. 9. 선고 2004다41651,41668 판결 등.

1432 대법원 2006. 11. 9. 선고 2004다41651, 41668 판결. ○○종합금융이 무담보어음매출을 하면서 업무운용지침을 위반하여 지급보증을 한 사실만으로 ○○종합금융의 대표이사인 피고 ooo 이 선량한 관리자의 주의의무를 위배하여 임무를 해태하였다고 인정할 수는 없다고 판시한 바 있다(대법원 2005. 1. 14. 선고 2004다34349 판결).

1433 대법원 2005. 1. 14. 선고 2004다34349 판결 참조.

4. 임원과 경영판단원칙

경영판단원칙이 이사(directors)뿐만 아니라 회사의 임원(officers)에게도 적용되는 것인지와 관련하여 미국에서 이견들이 있다.[1434] Gaillard v. Natomas Co. 사건에서 캘리포니아 항소법원은 캘리포니아의 경영판단원칙을 규정한 section 309는 단지 이사(directors)에만 적용되는 규정이지 임원(officer)으로서 행동한 개인을 보호하는 것이 아니라고 판시한 바 있고,[1435] 펜실베니아 법원[1436]은 Platt v. Richardson 사건에서 경영판단원칙은 이사(directors)에게 적용되는 것으로 임원(officers)에게는 적용되지 않는다고 판시하였다.[1437]

그러나 델라웨어 등 대부분 주의 법원들은 경영판단원칙은 이사뿐만 아니라 임원에게도 적용되는 것으로 일관되게 판시하고 있다. 또한 상술한 바와 같이, 미국법률협회(American Law Institute, ALI)는 기업지배원칙(Principle of Corporate Governance: Analysis and Recommendations) §4.01에서 이사와 함께 임원에 대해서도 동일하게 경영판단원칙의 적용요건을 적시하고 있으며, 회사법의 모범규준인 MBCA 역시 경영판단원칙은 일반적으로 임원(officer)의 재량권 안에서의 의사결정에 적용된다고 해설하고 있다.[1438]

따라서 미국에서 판례법으로 확고하게 확립된 것은 아니나, 일반적으로 경영판단원칙은 이사뿐만 아니라 임원에게도 적용되는 규칙으로 이해되고 있다.

1434 경영판단원칙이 이사에게 적용되는 것과 같이 동일하게 임원에게 적용될 수는 없다는 견해로는 다음 논문 참조. Lyman P.Q. Johnson, "Corporate Officers and the Business Judgement Rule", *The Business Lawyer,* 60 (February 2005).

1435 Gaillard v. Natomas Co., 208 Cal.App.3d 1250 (1980) at 1265.

1436 United States District Court for the Middle District of Pennsylvania.

1437 Platt v. Richardson, 1989 U.S. Dist. LEXIS 7933 (M.D.Pa. 1989) at 6.

1438 Model Business Corporate Act Annotated §8.42 Official Comment at 8-347 (4th ed. 2008).

제4절 파생상품거래와 경영판단원칙

1. 파생상품거래와 경영판단원칙의 적용

과거 사회문제가 되었던 키코(KIKO) 등의 사례를 보더라도 파생상품에 대한 적절한 위험관리 인식과 지식이 없는 상태에서 경험이 없는 투자자(이사)에 의해 운영되어 지는 것은 회사를 위험하게 할 수 있다. 반면, 다양한 경영상의 위험을 헤지하는데 파생상품을 적절히 사용할 수 있다면,[1439] 주주의 부를 증대시키는 일이 되고, 결국 이는 이사에게 부여된 선관주의의무를 성실히 이행하는 것이 된다고 할 것이다.[1440] 이런 관점에서 본다면, 회사의 경영상 위험을 관리하는데 있어 중요한 도구가 될 수 있는 파생상품의 활용 방안에 대하여 회사의 이사 및 임원은 사전에 정보 수집의 한 방편으로 이에 대한 교육을 이수할 의무도 창출된다고 볼 수 있다. 회사의 위험관리의무는 이사에게 요구되는 선관주의의무의 하나를 구성하기 때문이다.

경영판단원칙은 이사가 합리적인 정보에 입각하여 회사에 최선의 이익이 된다는 믿음 하에 신의성실에 따라 한 행위는 비록 그 결과가 잘못된 것으로 귀착된다고 하더라도 법령에 위반한 행위가 아닌 경우에는 이사에게 부여된 선관주의의무의 위반으로 간주되지 않는다는 것이다. 따라서 이러한 경영판단원칙을 파생상품거래에 적용하기 위해서는, 파생상품거래의 의사결정을 담당한 이사 또는 임원이 파생상품거래 시 경영판단원칙과 관련된 상기의 적용요건을 충족하고 있는가를 판단하여야 한다.

첫째, 파생상품거래가 경영판단원칙의 대상이 될 수 있는지 여부를 살펴보면, 파생상품거래로 인한 손익은 파생상품거래 성사 이후 기초자산의 가격 등의 영향에 의해 변동하는 것이기 때문에

1439 앞에서 설명한 사우스웨스트 항공(southwest airlines)의 파생상품을 활용한 에너지 가격 헤지 사례를 들 수 있다. 사우스웨스트 항공은 파생상품을 활용한 경영 위험을 헤지한 결과, 에너지 가격이 최고를 기록하던 2008년 그들이 사전에 구축한 헤지 포지션으로 인하여 낮은 가격으로 연료를 공급받을 수 있었다(Rena S. Miller, "Key Issues in Derivatives Reform", In *Derivatives Reform and Regulation,* edited by Aidan B. Lynch, Nova Science Publishers Inc., 2011, p.3).

1440 파생상품을 활용한 헤지를 통해 회사의 위험을 감소시키는 행위는 주주가치에 긍정적 영향을 미치게 되는 것을 분석함으로써 이와 같은 헤징과련 의사결정이 투자 및 다른 운용관련 의사결정과 마찬가지로 경영판단원칙의 적용을 통해 보호되어야 한다고 보고, 이에 대한 논의를 전개한 논문으로 Kimberly D. Krawiec, *op. cit.,* pp.1039~1104 참조.

거래담당이사가 관리 불가능한 변수에 의해 그 결과가 초래된다고 할 수 있다. 따라서 파생상품거래의 본질적인 특성상 경영판단원칙이 적용 가능한 거래라고 보아야 한다.

다만, 의식적인 의사결정을 행한 경우에 한한다. 충분한 정보에 입각하여 파생상품을 활용하겠다는 결정 또는 활용하지 않겠다는 결정이 이에 해당하고, 부작위로 인해 회사에 막대한 손해를 끼친 경우에는 경영판단원칙의 대상이 되지 못한다. 통상적인 신중한 이사 또는 임원이라면 충분히 헤아릴 수 있는 경영상 위험에 대하여 파생상품 등을 활용하여 제대로 위험에 대처하여 회사 및 주주에게 이익이 되도록 하여야 하는 것이 이사에게 부여된 선관주의의무를 다하는 것임에도 불구하고, 이에 대한 무능 또는 정보의 부재 등으로 인해 아무런 조치를 취하지 않아 회사에 막대한 손해가 발생한 경우(정보에 입각하여 파생상품을 활용하는 것이 불필요하다는 의사결정을 한 경우와는 다르다), 이는 부작위로서 경영판단원칙에 의해 보호되지 못함은 물론 주의의무를 게을리 하여 아무런 조치를 취하지 아니 한 행위는 주의위반을 구성할 가능성이 있다. 다만, 채무불이행에 기한 손해배상책임 법리상 부작위는 부작위자에게 계약상 의무의 위반 또는 법익의 침해를 방지할 수 있는 가능성이 있었던 경우에만 손해배상의 객관적 구성요건을 충족시킨다고 보아야 할 것이다.[1441]

그리고 파생상품에 대한 활용 여부에 대한 의사결정을 하였다 하더라도 구체적으로 경영판단원칙의 대상이 될 수 있기 위해서는 위법하거나, 정관목적범위 밖의 행위여서는 아니 된다. 즉, 이사의 파생상품거래가 경영판단원칙의 적용요건을 충족시킬 수 있는가를 검토하기 위해서는, 파생상품거래 시 그 목적성을 판단해 보아야 한다. 상술한 바와 같이, 위험관리의 측면에서 이사가 파생상품거래를 하고자 한 목적이 사업을 영위하는 과정에서 발생하는 위험을 관리하기 위한 수단으로 파생상품을 위험회피목적으로 사용한 거래라든지, 또는 자금운용의 측면에서 정관목적내의 거래의 경우에는 경영판단원칙의 대상이 될 수 있을 것이지만, 정관목적외의 과도한 투기목적거래는 경영판단원칙에 의해 보호될 여지가 없다고 하겠다. 요약컨대, 파생상품거래의 목적이 회사의 행위로 인정될 수 있는 범위내의 것이어야 경영판단원칙에 의해 보호된다.

둘째, 이사가 파생상품거래 여부에 대한 의사결정을 함에 있어서 합리적으로 이용 가능한 범위 내에서 필요한 정보를 충분히 수집・조사하고 검토하였는가를 판단하여야 한다. 이러한 정보 수집은 모든 사실에 대한 것을 의미하는 것은 아니지만, 적어도 의사결정에 영향을 미칠 수 있는 중요정보에 대해서는 합리적으로 수집 가능한 정도로 정보수집을 위한 노력을 기울여야 하고 해당 정보의 내용을 숙지하고 경영상 의사결정을 내려야 한다. 파생상품에 대한 지식이 부족하다면 전문가의 조언을 받는 것도 필요하다. 결국, 이는 최선의 경영상의 의사결정을 위해서

1441 지원림, 앞의 책, 1056면.

이사들이 의사결정의 절차를 얼마나 합리적으로 진행하였는지에 대한 판단이 될 것이다.

예컨대, 위험관리시스템을 회사 내에 자체적으로 구축하고, 이를 체계적으로 운용하면서 그 시스템을 통하여 충분한 정보를 습득하고 또한 필요한 정보를 추가적으로 수집하여 합리적인 경영판단을 하고 있고, 아울러 지속적으로 위험에 대한 모니터링을 체계적으로 진행하고 있다면 위험에 대한 합리적인 의사결정 절차를 진행하고 있다고 간주되어질 수 있을 것이다.[1442]

자체적인 위험관리시스템을 구축하지 못한 작은 규모의 회사의 경우에는 거래담당이사 및 이를 감시하는 이사 등이 해당 파생상품거래의 구조 및 그에 따른 손실가능성 등 거래내용에 관하여 충분히 이해할만한 지식을 보유하고 있는지, 만약 그렇지 않다면, 최소한 전문가로부터 충분한 설명을 청취하고 합리적인 의사결정을 하기 위하여 주의의무를 이행하였는지 등 제반 사정을 감안하여 경영판단원칙의 적용 여부가 판단될 것이다.

아울러, 파생상품거래와 관련한 의사결정을 함에 있어 충분한 정보를 수집・조사하고 검토하였는가에 대한 판단을 함에 있어서는 단순히 해당 상품의 구조에 대한 이해만으로는 부족하고, 여러 가지 대안에 대한 검토도 포함되어야 한다. 이는 해당 상품이 회사에 최선의 이익이 된다는 믿음을 갖기 위해서는 다양한 대안에 대한 검토가 요구되기 때문이다. 파생상품거래에 대한 판례는 아니지만, Van Gorkom 사건과 Paramount Communications Inc. 사건[1443]의 경우, 이사회가 합병권유에 합의하는데 있어 다른 대안을 포함하여 충분한 정보에 입각한 합리적인 검토를 거치지 않고 합의한 경우에는 선관주의의무를 위반한 중과실이 있다고 판시한 것은 파생상품거래를 결정하는데 있어서도 마찬가지 논리가 적용될 수 있을 것이다.[1444]

셋째, 해당 파생상품거래가 회사에 최선의 이익이 된다고 신뢰하고, 신의성실에 따라 경영판단을 하였는지를 판단하여야 한다. 상술한 바와 같이, 의도적인 직무유기(intentional dereliction of duty) 또는 책임에 대한 의식적인 무시(conscious disregard)는 불성실(bad faith)을 구성한다.[1445] 즉, 경영상의 위험을 파생상품을 통해 분명히 헤지하고 관리할 수 있음에도 불구하고 이를 의식적으로 기피하는 행위를 하였다면 이는 신의성실에 따라 회사에 최선의 이익을 위한 행위가 아닐 것이다. 파생상품을 활용한 헤지를 통해 회사의 위험을 감소시키는 행위는 주주가치에 긍정적 영향을 미치게 되는 것으로 이와 같은 헤징관련 의사결정은 투자 및 다른 운용관련 의사결정과 마찬가지로 당연 경영판단원칙의 대상이 된다.[1446] 다만, 파생상품거래 담당이사가

1442 같은 취지의 논문으로는 정대, "주식회사의 파생금융상품거래에 관한 이사의 책임에 관한 연구", 「상사판례연구」 제23집제1권 (한국상사판례학회, 2010), 564~568면 및 최수정, 앞의 논문, 233면 등 참조.

1443 Paramount Communications Inc. v. QVC Network Inc. 637 A.2d 34 (Del. 1994) at 51.

1444 Edward S. Adams & David E. Runkle, *op. cit.,* p.646 참조.

1445 In re Walt Disney Co. Derivative Litigation, 906 A.2d 27 (Del. 2006) at 62.

1446 Kimberly D. Krawiec, *op. cit.,* pp.1039~1104 참조.

해당 파생상품거래와 이해관계가 존재하거나, 제3자로부터 영향을 받아 독립성이 결여된다면 경영판단원칙에 의해 보호될 수 없다. 또한 법령을 위반하거나 재량권을 남용하는 등의 행위에 대해서도 경영판단원칙의 적용이 배제된다.[1447]

넷째, 파생상품거래에 관한 담당이사가 판단한 내용이 현저히 불합리하지 않은 것으로서, 통상의 이사를 기준으로 할 때 합리적으로 선택할 수 있는 것이어야 한다. 즉, 이사에게 요구되는 주의의무는 해당 이사의 개인적 능력이나 주관적 사정에 의해 판단되는 것이 아니라 객관적 기준에 의해 같은 지위에 있는 합리적인 사람을 기준으로 판단되어지는 것이다. 이는 미국에서 이러한 이사의 의무와 관련하여 규정한 MBCA의 "동일한 지위에 있는 자가 유사한 상황에서 적절하다고 합리적으로 믿는 정도의 주의를 가지고 수행하여야 한다"는 내용과 맥을 같이 한다.[1448] 따라서 해당 이사가 파생상품에 대한 지적수준이나 업무능력이 낮다는 이유 등은 고려대상이 될 수 없으며, 이러한 경우 전문가의 조언을 위한 장치 등의 마련을 통해 자신의 능력을 보충하려는 노력이 필요하다. 적어도 통상의 신중한 자라면 자신의 부족한 능력을 보충할 수 있도록 제도적으로 조언을 구할 수 있는 시스템을 미리 갖추어 놓을 것이기에 이러한 노력이 없다면 주의의무를 이행하였다고 볼 수 없을 것이다. 즉, 우리 법원에서 경영판단원칙의 요소로 적시하고 있는 통상의 이사를 기준으로 할 때 합리적으로 선택할 수 있는 것이란 미국의 동일 지위, 유사한 상황과 같은 기준이라고 판단되며, 이는 자신의 관점이 아닌 객관적 기준에 의한 주의의무의 이행을 요구하는 기준이라고 볼 것이다.

1447 상법이 개정되기 전의 사안에서 대법원은, "이사회의 승인결의에 있어서 이사회가 그에 관하여 충분한 정보를 수집·분석하고 정당한 절차를 거쳐 회사의 이익을 위하여 의사를 결정함으로써 경업을 승인하였다면 그 의사결정과정에 현저한 불합리가 없는 한 그와 같이 결의한 이사들의 경영판단은 존중되어야 할 것이므로, 이 경우에는 어느 이사가 그러한 사업기회를 이용하게 되었더라도 그 이사나 이사회의 승인 결의에 참여한 이사들이 이사로서 선량한 관리자의 주의의무 또는 충실의무를 위반하였다고 할 수 없다."라고 판시한 바 있다. 여기서 대법원은 "사업기회를 이용한 이사"도 선량한 관리자의 주의의무 또는 충실의무를 위반하였다고 할 수 없다고 판시하였으나, 2011년 상법개정에 의하여 제397조의2(회사의 기회 및 자산의 유용 금지)가 신설되었으므로 "사업기회를 이용한 이사"는 법령을 위반한 것에 해당되므로 경영판단원칙이 적용되지 않는다고 해석하는 것이 타당하다.

1448 MBCA §8.30(b) The members of the board of directors or a committee of the board, when becoming informed in connection with their decision-making function or devoting attention to their oversight function, shall discharge their duties with the care that a person in a like position would reasonably believe appropriate under similar circumstances.

2. 사례 분석

가. 서설

파생상품의 거래로 인하여 발생한 손실에 관한 이사의 책임이 문제된 사안과 관련하여 현재까지 우리나라에는 구체적인 판례가 존재하지 않는다. 그러나 파생상품의 역사가 깊고, 그 활용도가 매우 높은 미국에서는 이와 관련된 사례가 상당수 존재하고, 일본 또한 2008년에 야쿠르트본사가 스왑 및 옵션을 활용한 파생상품거래에서 발생한 손실에 대해 이사의 책임을 묻는 사례가 있었다. 이하에서는 미국의 Brane v. Roth사건[1449]과 일본의 야쿠르트본사 주주대표소송사건[1450]을 간략하게 분석하여 파생상품거래와 관련한 경영판단원칙의 기준으로서 우리나라에의 시사점을 찾아보고자 한다.

나. 미국 Brane v. Roth 사건

1) 사건의 개요

항소인(1심 피고)은 La-Fontaine Grain Co-op(이하 'Co-op')의 이사들인 Paul H. Brane, Kenneth Richison, Ralph Dawes, John Thompson 등이고, 피항소인(1심 원고)은 Porter Roth등 회사의 주주들이다.

원고(주주들)는 소장에서 Co-op(농촌의 한 대형곡물창고 협동조합)이 1980년에 엄청난 손실을 입었는데, 그 원인은 이사들이 곡물시장에서 곡물가격의 변동위험을 방지할 수 있도록 파생상품을 통해 충분히 헤지거래를 하지 않은 것에 원인이 있으므로, 피고가 회사의 손실에 책임을 져야 한다고 주장한 사건에서 1심 법원은 원고의 주장을 지지하여 피고이사들이 회사에 대한 주의의무를 위반하였으며, 회사가 입은 손실에 상당하는 $424,038.89 및 이자를 배상해야 한다고 판시하였고, 이에 피고(이사들)는 인디애나주 항소법원에 항소를 제기하였다.

Brane을 포함한 네 명의 피고들은 1980년 당시 Co-op의 이사였고, Eldon Richison은 당시 곡물의 구입과 판매를 책임진 관리자(manager)였고, Co-op의 업무 중 거의 90% 이상이 곡물의 구입과 판매였다. 이사회는 매달 한 번씩 회의를 열어 당시 회계장부담당자였던 Virginia Daihl가

1449 Brane v. Roth, 590 N.E.2d 587 (Ind. App. 1992).

1450 東京高裁平成20年5月21日判タ1281号274頁

제출하는 일반보고서와 재무보고서를 검토하였으며, 그 외에도 조합의 유지 및 개선 조치들을 검토하고 Co-op의 대출거래에 대한 수권을 진행하였다. 그러나 이사들은 보고서 이외의 부가적인 정보를 제시할 것을 요구하는 경우가 극히 적었고 소장에서 언급한 1980년 손실에 대해서도 별도의 특별조사를 진행하지 아니 하였다.

또한, Co-op은 1977년부터 4년 동안 연속하여 지속적으로 수익이 감소하였고, 1979년에는 Co-op의 공인회계사인 Michael Matchette는 이사들에게 Co-op의 곡물에 대해 헤지를 해서 미래의 손실을 방지할 것을 제안하였고, 이사들은 관리자(manager)에게 헤지업무를 맡겼다. 그러나 결과적으로 관리자는 아주 적은 양의 곡물에 대해서만 헤지를 하였는데 정확하게는 $20,050의 선물계약을 체결하였으며, 이는 당시 Co-op 곡물 총 판매액인 $7,300,000과 비교할 때 아주 적은 수치였다.

회계사인 Matchette는 1981년 2월 3일 1980년 재무제표를 제출하였는데, 순이익이 $68,684이라고 보고하였다. 그러나 그 다음해인 1982년에 회계사인 Matchette는 이사들에게 1980년도 수익계산이 잘못되었음을 보고하고, 1980년에는 실제로 수익이 아닌 총 $227,329의 손실이 있었다고 보고하였다. 그 후, 이사들이 다른 회계 법인을 고용해 회사의 재무상황을 검토한 결과, 공인회계사 Coulter은 1980년 재무제표에서 기타 오류들을 발견했고, Co-op의 실제 손실은 $424,038에 달하며 손실의 주요 원인은 헤지의 실패에 기인한다는 의견을 피력하였다.

2) 판결 요지

법원은 Co-op의 손실이 헤지의 실패에 기인한다는 증거에 의해, 법원은 이사들이 첫째, 헤징에 관한 경험이 없는 관리자에게 해당 업무를 계속 맡겼고, 둘째, 그에 대한 합리적인 감독업무를 소홀히 하였고, 셋째, 헤징행위를 지시하고 감독하기 위한 헤징이론에 대한 지식이 결여되었으며, 넷째, 완전히 불성실한 태도(inattentive manner)로 업무를 수행하여 결국 곡물 수익을 보호하는 조치를 취하지 못하여, $424,038.89의 손실을 초래하는 등의 원인으로 인해 법원은 이사들이 그들의 의무를 위반하였다고 판시하였다.[1451]

3) 판례 검토

원고들은 이사들이 가능한 모든 중요정보를 수집하지 못하였다는 점을 증명함으로써 경영판

1451 Brane v. Roth, 590 N.E.2d 587 (Ind. Ct. App. 1992) at 589~590, The court entered specific findings and conclusions determining that the directors breached their duties by retaining a manager inexperienced in hedging; failing to maintain reasonable supervision over him; and failing to attain knowledge of the basic fundamentals of hedging to be able to direct the hedging activities and supervise the manager properly; and that their gross inattention and failure to protect the grain profits caused the resultant loss of $424,038.89.

단원칙을 배척할 수 있었다. 본 사건은 이사들이 위험을 헤지함으로써 손실을 줄일 수 있다면, 사업상 위험(business risk)을 헤지할 의무가 있다는 것을 시사한다. 또한, 이사의 선관주의의무의 내용으로서 이사가 헤지전략에 대한 충분한 지식을 가지고 있어야 하며, 활용가능한 모든 대안을 고려해야 한다는 점을 들었다.[1452]

이사회가 합병권유에 합의하는데 있어 정보에 입각한 합리적인 검토를 거치지 않고 합의한 경우에는 선관주의의무를 위반한 중과실이 있다고 판시한 Van Gorkom 사건의 논리와 연관하여 살펴보면, 만약, 파생상품의 이용이 사업상 수반되는 위험을 헤지할 수 있는 좋은 도구라는 사실이 입증된 경우에는 이사들은 파생상품을 사업상 발생하는 위험을 줄일 수 있는 대안으로 이용을 검토할 의무를 지닌다고 볼 수 있다. 따라서 Brane v. Roth 판결은 이사들이 헤지 가능한 회사의 위험에 대해 헤지하지 않은 것은 신인의무의 위반으로 인정한 판례라는 해석도 있다[1453]

그러나 Brane 판결에서 법원의 추리과정에 다소 불명확한 점은 있지만, Brane 판례는 이사회에 헤지의무를 부과 하는 것이 아니라, 충분한 정보에 입각하고 일단 헤지에 착수했으면 직원을 적절히 감시할 의무를 부과한 것으로 이해하는 것이 바람직할 것이다. 이는 미국 판례법상 원칙인 경영판단원칙의 보호를 받기 위해서는 반드시 경영상의 판단을 내릴 때 충분한 정보에 기해야 하며 직원을 적절히 감시하고 엄중한 부주의를 범하지 말아야 한다는 원칙의 확장일 뿐이다.[1454]

결론적으로, 회사의 사업상 수반되는 위험에 대한 헤지여부 및 헤지범위에 대한 결정은 회사의 이사들이 주주이익의 최대화를 염두에 두고 내려야 할 여타의 의사결정과 같은 맥락에서 이루어져야 한다. 따라서 회사의 사업상 수반되는 위험에 대한 헤지결정은 통상적으로 경영진이 주주를 대신해 내리는 기타 많은 투자 및 사업 결정과 마찬가지로, 이해상충이 없고 충분한 정보를 취득한 상태에서, 각종 대안들을 총체적으로 잘 검토하여, 회사에 최선의 이익이 되는 방향으로 신의성실에 따라 의사결정을 한다면, 경영판단원칙에 의해 보호되어야 한다.[1455] 그러나 만약

1452 Edward S. Adams & David E. Runkle, "The Easy Case for Derivatives Use: Advocating a Corporate Fiduciary Duty to Use Derivatives", *William and Mary Law Review,* Vol. 41 (February, 2000), p.646.

1453 Jerry W. Markham, "Fiduciary Duties Under the Commodity Exchange Act", *Notre Dame Law. Review,* 68 (1992) p.201 n8.

1454 Brane 사건에 대한 판결을 한 법원은 이사회가 충분한 정보에 입각하지 않았고 조심스럽지 못해서(informed and vigilant) 이사회에 책임을 부과한 것이지 기업의 위험노출을 충분히 헤지하지 못해서가 아님을 명확히 설명하지 아니하였기 때문에 판결에 대한 잘못된 이해를 초래하였다고 Brane 판결에 대해 설명하고 있다(Kimberly D. Krawiec, *op.* cit., pp.1103~1104); 경영판단원칙과 관련한 판례로는 Joy v. North, 692 F.2d 880 (2d Cir. 1982) at 886 ("[The business judgment rule] does not apply in cases, e.g., in which the corporate decision results from an obvious and prolonged failure to exercise oversight or supervision."); Smith v. Van Gorkom, 488 A.2d 858 (Del. 1985) at 873 ("We think the concept of gross negligence is also the proper standard for determining whether a business judgement reached by a board of directors was an informed one.").

1455 Kimberly D. Krawiec, *op. cit.,* p.1104.

이사가 스스로 금융거래에 대한 전문적인 지식을 갖추지 못한 경우라면, 전문가의 조언을 통해 보충적 정보를 취득하는 노력을 기울인 뒤에야 비로소 경영판단원칙이 적용될 수 있을 것이다.[1456]

다. 일본 야쿠르트본사 사건

1) 사건의 개요

본 사건의 야쿠르트본사는 유산균 음료 등의 제조 및 판매를 주된 업무로 하는 회사로서, 도쿄증권거래소(Tokyo Stock Exchange) 제1부에 상장된 주식회사인데, 1991년 10월부터 1998년 3월까지의 기간 동안 투자은행, 증권회사 등의 금융기관과 주가지수스왑 및 옵션거래 등 파생금융상품거래를 행하였다. 그 결과 1998년 3월기에 특별 손실을 계상하고, 최종적으로는 553억2,046만8,179엔의 손실을 입게 되었다. 이에 야쿠르트본사의 주주들은 파생상품거래를 행한 당시의 이사 및 감사를 상대로 정관위반, 당시 商法 제260조제2항 위반, 선관주의의무 위반에 근거하여 회사에 대한 손해배상을 청구하는 주주대표소송을 제기하였다.

구체적으로 이 사건에서 원고들은 첫째, 이사들이 행한 파생상품거래는 당시 商法 제260조제2항[1457] 또는 정관을 위반한 것이며, 둘째, 거래담당이사(부사장)가 선관주의의무를 위반하였고, 셋째, 거래담당이사를 제외한 나머지 이사 및 감사는 감시의무를 위반하였다고 주장하였다.

이 사건의 제1심 법원인 도쿄지방법원은 야쿠르트본사가 사건의 파생상품거래를 한 것은 법령이나 정관에 위반한 것이 아니고, 또한 파생상품거래에 상응하는 위험관리시스템이 구비되어 있어서 거래담당이사 외의 나머지에 대해서는 선관주의의무 위반은 인정되지 않는다고 판시하였다. 하지만, 거래담당이사는 1997년 2월 이래로 다른 이사 및 감사에게 사실을 은폐하고, 위험관리시스템에서 정한 상정원본(想定元本)의 한도규제를 초과한 거래를 행한 것에 대해서는 선관주의의무를 위반한 것으로 판단하여, 회사에 67억542만9453엔 및 발생 이자를 지불할 것을 명하였다.[1458] 이에 주주인 원고들이 일부 인용에 불복하여 항소하였다.

1456 이사회 및 보수위원회가 외부전문가의 의견을 받아서 검토한 후 사장(Ovitz)을 고용하였으므로 중과실을 인정할 수 없다고 판시한 Brehm v. Eisner, 746 A.2d 244 (Del. 2000) 판례도 있다. 같은 취지로는 김건식・정순섭(2009), 앞의 책, 687면 참조.

1457 원고들은 본 건 파생상품거래는 실질상정원본이 25억엔에서 425억엔에 이르기에 2005년 개정전 商法 제260조제2항의 '중요한 재산의 처분', '중요한 업무집행'에 해당하는 것으로 개개의 거래에 대해 이사회 결의가 필요하다고 주장하였다.

1458 東京地裁平成16年12月16日判タ1174号150頁.

2) 판결 요지

본 사안에 대해 동경고등법원은 첫째, 법령 및 정관위반여부에 대한 판결에서 야쿠르트본사가 여유자금의 효율적인 운영을 꾀할 목적으로 파생상품거래를 한 것은 회사의 정관에 정해진 "앞의 각호에 부대 관련한 모든 사업"에 해당한다고 할 수 있으며 회사정관의 목적범위내의 행위라고 할 수 있다고 판시하였다. 또한 법원은 商法 제260조제2항과 관련하여서는 해당 파생상품거래에 수반되는 위험액(50억엔 이하)은 회사의 총자산액(2천억엔 초과)과 비교해 보면, '중요' 또는 '다액'에 해당한다고 말할 수 없다고 판시하였다.[1459]

둘째, 위험관리시스템의 불비에 기한 피공소인의 선관주의의무 위반에 관해서 법원은 야쿠르트본사는 금융기관조차도 아직 파생상품거래의 위험에 관한 일반적인 기법이 확립되어 있지 않아 관리기법을 모색하는 단계이고, 일반 사업회사에 대해서는 더욱 높은 기대를 할 수 없었던 당시에, 파생상품거래의 규모 및 위험성에 상응할 만한 위험관리시스템을 정비하고 있었다고 판시하였다.[1460]

셋째, 법원은 거래담당이사의 선관주의의무 위반과 그 외의 이사 및 감사의 감시의무 위반 유무를 구별하여 검토하였는데, 먼저, 거래담당이사 외의 이사들의 감시의무에 대해서는 거래담당이사의 직무집행이 위법하다고 의심할만한 특단의 사정이 존재하지 않는 한, 거래담당이사의 직무집행은 적법하다고 신뢰하는 것은 정당하다고 인정하였다. 또한 감사는 이사의 직무집행상황에 대해 감사할 권한이 있기에 위험관리체제의 구축 및 이에 근거한 감시상황에 대해 감사할 의무를 지니지만, 감사 자신이 개별거래를 면밀히 감사하는 것 까지는 요구되지 않고 의심할 만한 특단의 사정이 없는 한 하부조직을 신뢰할 수 있다. 따라서 이사회에 보고된 정보에 기해 거래담당이사가 한도규제를 이탈하였다는 행위로 의심할 만한 사정이 없었기에, 위법한 행위를 발견하지 못하였다고 하더라도 여타의 이사 및 감사에게 감시의무를 물어 선관주의의무 위반을 인정할 수는 없다고 판시하였다.[1461]

그러나 거래담당이사에 대해서는 위험관리시스템에서 정한 상정원본에 관한 한도규제를 위반한 행위, 즉 1997년 2월부터 행한 12건의 거래에 대해서는 피고가 상정원본 한도액에 관한 규제사항을 위반하였기에 선관주의의무를 위반한 위법한 거래라고 판시하였다.[1462]

1459 東京高裁平成20年5月21日判タ1281号274頁, 294~295면 참조.

1460 위의 판례, 296~300면 참조.

1461 위의 판례, 301면 참조.

1462 위의 판례, 301면 참조.

3) 판례 검토

야쿠르트본사 사건에 있어서, 비록 여유자금 범위내의 투자라고는 할 수 있지만 확인된 사실로부터 볼 때, 거래담당이사가 1회의 거래에 수십억엔을 단위로 다액의 자금을 사용하여 위험이 극히 높은 파생상품거래를 반복하였으므로, 이는 파생상품거래를 사업(영업)으로서 영위하였다고 볼 수는 없다. 따라서 동 판결과 같이 자금운용에 관한 사항은 정관에 기재하지 않았어도 위법하지 않다고 판시하는 것에 대해서는 의문의 여지도 있다.[1463] 하지만, 부단히 변화하는 경영환경 속에서 회사가 다양한 영리의 기회를 추구할 수 있도록 해야 할 필요성이 있다는 이유로 회사의 권리능력은 정관 소정의 목적에 제한을 받지 않는다고 보는 견해가 다수인 점을 감안하면,[1464] 아무리 사업회사라 할지라도 영리를 추구하는 주식회사의 경우에는 미리 정해진 내부통제기준에 의해 일정한 위험을 감수하는 자금운용은 가능하다고 하겠다.

결국, 회사의 여유자금의 운용에 있어서는 회사의 규모대비 그 금액의 많고 적음이 문제될 수는 있지만, 무엇보다도 운용될 자금의 성격 및 투자규모에 상응하는 위험관리체제를 구축하여 자금운용에 수반되는 위험에 대한 충분한 관리를 통해 자금운용의 목적에 부합되는 투자가 행해지고 있는지에 대한 모니터링체제를 구비하고 있느냐 하는 것이 중요할 것이다. 위험관리시스템을 통해 제공된 정보에 의해 만약 필요한 경우에는 해당 투자규모를 축소하거나 또는 중지하는 일련의 조치를 지속적으로 취함으로써 회사의 재무상황에 현저하게 악영향을 미치지 않도록 꾸준히 관리하는 것이 필요하고, 자금운용에 임하는 임원이 이를 해태하여 회사에 손실을 준 경우에는 그의 손실에 대하여 선관주의의무 위반에 기한 배상책임을 진다고 할 수 있다.

해당 파생상품거래가 이사회 결의를 요하는 사안인지에 대한 판단을 함에 있어 일본 동경고등법원은 회사의 총자산과 해당거래의 위험액을 비교하여 이사회 결의의 '다액' 또는 '중요성' 여부의 판단기준으로 삼고 있다. 하지만, 그 판단의 기준은 개별 회사마다 차이가 있어야 할 것이고, 그것은 결국 사전에 자금운용과 관련하여 회사 내부에 위험관리시스템을 구축하고 이를 이사회 결의로 승인하는 절차를 통해 정당화 될 수 있을 것이다. 따라서 이러한 자금운용과 관련하여 이사의 선관주의의무 위반을 피하기 위해서도 내부통제시스템의 정비가 필요할 것이다. 결국 야쿠르트본사 사건도 내부에 위험관리시스템을 갖추고 있었다는 점이 판결에 영향을 미치고 있다.

1463 清水俊彦, "デリバティブ 損失問題の深相(7)", 「NBL」 No.922 (商事法務, 2010.2.1), 78면.

1464 우리 대법원도 "회사의 권리능력은 회사의 설립 근거가 된 법률과 회사의 정관상의 목적에 의하여 제한되나 그 목적범위 내의 행위라 함은 정관에 명시된 목적 자체에 국한되는 것이 아니라, 그 목적을 수행하는 데 있어 직접, 간접으로 필요한 행위는 모두 포함되고 목적수행에 필요한지의 여부는 행위의 객관적 성질에 따라 판단할 것이고 행위자의 주관적, 구체적 의사에 따라 판단할 것은 아니다."고 판시하고 있다(대법원 1999. 10. 8. 선고 98다2488 판결, 대법원 1987. 9. 8. 선고 86다카1349 판결 등).

우리나라의 경우에도 일본과 마찬가지로 상법 제393조제1항에 의거 중요한 자산의 처분 및 양도, 대규모 재산의 차입 등은 이사회 결의를 요하고 있는데, 파생상품거래가 이사회의 결의를 요하는 사항인지 여부를 판단함에 있어, 일본 야쿠르트본사 판례가 좋은 시사점을 줄 수 있을 것이다.

위험관리시스템의 구축과 관련하여 그의 정도가 문제가 될 수 있다. 동 판결에서는 야쿠르트본사가 비교적 잘 갖추어진 위험관리시스템을 구축하고 있었다고 항소심 법원은 판단하여 거래담당이사를 제외한 나머지 이사들과 감사에게 선관주의의무 위반의 책임을 부정하고 있고, 거래담당이사의 경우에도 내부통제기준을 위반한 행위에 대해서만 선관주의의무 위반에 따른 손해배상책임을 인용하고 있다는 점에서 그 중요성이 크다고 하겠다. 위험관리시스템을 통해 내부통제기준을 마련해 놓는다면, 미연에 많은 위험을 회사가 부담함으로써 회사에 손해를 끼치게 되는 일을 사전에 방지할 수 있는 기능이 작동되어 결국 불필요한 사회적 비용을 줄이는 데도 일조를 하게 될 것이다. 우리 상법상 위험관리시스템의 구축이 명문으로 구체적으로 의무부과 되어 있지는 않지만, 이는 이사의 선관주의의무의 하나로서 파악될 수 있을 것이다.[1465]

3. 우리나라에의 시사점

파생상품거래와 관련하여 경영판단원칙이 적용되기 위해서는 최소한 상술한 적용요건이 구비된 상태에서의 의사결정 행위가 있어야 한다. 우리나라의 경우는 아직까지 파생상품거래와 관련하여 주주들이 회사의 이사들을 상대로 책임을 추궁하는 소송을 제기한 사례는 찾아보기 어렵다. 주주가 이사들을 상대로 소를 제기하기 위해서는 여러 가지 장애가 존재하는 것이 현실이다.

기본적으로는 이사가 경영판단을 함에 있어서 통상의 합리적인 이사로서 그 상황에서 합당한 정보를 가지고 적합한 절차에 따라 회사의 최대이익을 위하여 신의성실에 따라 결정한 것이라면 그 의사결정과정에 현저한 불합리가 없는 한 그 임원의 경영판단은 허용되는 재량의 범위 내의 것으로서 회사에 대한 선량한 관리자의 주의의무 내지 충실의무를 다한 것으로 본다.[1466] 즉,

---

1465 같은 취지의 논문으로는 정대, "미국의 주식회사의 내부통제와 이사의 의무에 관한 연구", 「비교사법」 제12권제4호 (한국비교사법학회, 2005), 415면; 정대, "주식회사 이사의 내부통제의무에 관한 연구", 「상사판례연구」 제21집제4권 (한국상사판례학회, 2008), 194면; 안수현, "내부통제의 회사법제 정비를 위한 검토", 「상사판례연구」 제20집제2권 (한국상사판례학회, 2007), 71면 등이 있다.

1466 [대법원 2017. 9. 12. 선고 2015다70044 판결] 이사는 회사에 대하여 선량한 관리자의 주의의무를 지므

주주는 이사들이나 경영자들이 자신들의 권한 내에서 충분한 정보에 입각하여 회사에 최선의 이익이 된다는 믿음 하에 신의성실하게 거래를 하였다면 '경영판단원칙(business judgement rule)'에 의해 보호되고 있기 때문에 이를 극복하기가 쉽지 않다.

또한, 주주는 자신이 소송에 질 경우 소송비용을 전부 부담해야 하기 때문에 이러한 유형의 소송을 제기할 개인적인 유인이 부족하며, 설사 승소하더라도 주주대표소송은 회사를 위하여 회사가 입은 손해에 대해 주주가 대신하여 소를 제기하는 것이기 때문에 주주입장에서는 직접적인 손해회복은 이루어지지 않는다.

아울러, 이사의 직무수행상의 채무는 회사에 손해의 결과가 전혀 발생하지 않도록 하여야 할 결과채무가 아니라, 회사의 이익을 위하여 선량한 관리자로서의 주의의무를 가지고 필요하고 적절한 조치를 다해야 할 채무이므로, 이사의 책임에 대한 증명책임은 원고가 부담한다는 입장을 보이고 있다.[1467]

로, 법령과 정관에 따라 회사를 위하여 그 의무를 충실히 수행한 때에야 이사로서의 임무를 다한 것이 된다. 이사는 이익이 될 여지가 있는 사업기회가 있으면 이를 회사에 제공하여 회사로 하여금 이를 이용할 수 있도록 하여야 하고, 회사의 승인 없이 이를 자기 또는 제3자의 이익을 위하여 이용하여서는 아니 된다. 그러나 회사의 이사회가 그에 관하여 충분한 정보를 수집・분석하고 정당한 절차를 거쳐 의사를 결정함으로써 그러한 사업기회를 포기하거나 어느 이사가 그것을 이용할 수 있도록 승인하였다면 의사결정과정에 현저한 불합리가 없는 한 그와 같이 결의한 이사들의 경영판단은 존중되어야 할 것이므로, 이 경우에는 어느 이사가 그러한 사업기회를 이용하게 되었더라도 그 이사나 이사회의 승인 결의에 참여한 이사들이 이사로서 선량한 관리자의 주의의무 또는 충실의무를 위반하였다고 할 수 없다.

[대법원 2006. 7. 6. 선고 2004다8272 판결] 금융기관의 임원은 소속 금융기관에 대하여 선량한 관리자의 주의의무를 지므로, 그 의무를 충실히 한 때에야 임원으로서의 임무를 다한 것으로 된다고 할 것이지만, 금융기관이 그 임원을 상대로 대출과 관련된 임무해태를 내세워 채무불이행으로 인한 손해배상책임을 물음에 있어서는 임원이 한 대출이 결과적으로 회수곤란 또는 회수불능으로 되었다고 하더라도 그것만으로 바로 대출결정을 내린 임원에게 그러한 미회수금 손해 등의 결과가 전혀 발생하지 않도록 하여야 할 책임을 물어 그러한 대출결정을 내린 임원의 판단이 선량한 관리자로서의 주의의무 내지 충실의무를 위반한 것이라고 단정할 수 없고, 대출과 관련된 경영판단을 함에 있어서 통상의 합리적인 금융기관 임원으로서 그 상황에서 합당한 정보를 가지고 적합한 절차에 따라 회사의 최대이익을 위하여 신의성실에 따라 대출심사를 한 것이라면 그 의사결정과정에 현저한 불합리가 없는 한 그 임원의 경영판단은 허용되는 재량의 범위 내의 것으로서 회사에 대한 선량한 관리자의 주의의무 내지 충실의무를 다한 것으로 볼 것이며, 금융기관의 임원이 위와 같은 선량한 관리자의 주의의무에 위반하여 자신의 임무를 해태하였는지의 여부는 그 대출결정에 통상의 대출담당임원으로서 간과해서는 안 될 잘못이 있는지의 여부를 대출의 조건과 내용, 규모, 변제계획, 담보의 유무와 내용, 채무자의 재산 및 경영상황, 성장가능성 등 여러 가지 사항에 비추어 종합적으로 판정해야 할 것이다.

1467 [대법원 1996. 12. 23. 선고 96다30465, 30472 판결] 주식회사가 대표이사를 상대로 주식회사에 대한 임무해태를 내세워 채무불이행으로 인한 손해배상책임을 물음에 있어서는 대표이사의 직무수행상의 채무는 미회수금 손해 등의 결과가 전혀 발생하지 않도록 하여야 할 결과채무가 아니라, 회사의 이익을 위하여 선량한 관리자로서의 주의의무를 가지고 필요하고 적절한 조치를 다해야 할 채무이므로, 회사에게 대출금 중 미회수금 손해가 발생하였다는 결과만을 가지고 곧바로 채무불이행사실을 추정할 수는 없다.

따라서 이사의 책임을 주장하는 자는 파생상품거래와 관련한 이사의 행위가 ① 파생상품거래와 이해관계 있거나, ② 합리적으로 이용 가능한 범위 내에서 필요한 정보를 충분히 수집・조사하고 검토한 행위에 중과실이 있거나, ③ 회사의 최대이익에 부합한다고 신뢰하고 신의성실에 따라 경영상의 판단을 하여야 할 의무를 해태하였다는 구체적 증거를 제시하거나, ④ 경영상의 판단내용이 현저히 불합리하지 않은 것으로 통상의 이사를 기준으로 할 때 합리적으로 선택할 수 있는 범위 안에 해당되지 않음 등 최소 한 가지에 대하여 입증하여야 한다. 그리고 이사는 이에 대한 귀책사유가 없음을 주장・입증하여야 한다.

그럼에도 불구하고 이사들은 복잡성・다양성을 특징으로 하는 파생상품거래와 관련하여 이사에게 요구되는 선관주의의무를 다하기 위해서는 사전에 위험관리시스템을 구축하는 등 파생상품거래에서 발생할 수 있는 제반 위험을 선제적으로 관리하기 위한 노력을 기울이는 것이 타당할 것이다.

미국의 Brane v. Roth 사건과 일본의 야쿠르트본사 사건은 우리에게 몇 가지 파생상품거래와 관련하여 시사점을 주고 있다.

첫째, 파생상품거래와 관련한 의사결정이 경영판단원칙에 의해 보호를 받기 위해서는 근본적으로 이사는 파생상품거래를 함에 있어, 해당 파생상품거래의 구조 및 위험에 관해 충분한 지식이 있어야 하고, 이를 하부조직에 위임할 경우에도 이를 체계적으로 감독할 위험관리시스템을 구축하여야 한다. 이사가 해당 상품에 대하여 지식이 충분하지 못한 경우에는 반드시 전문가의 조언에 의해 보충되어야 한다.[1468] 이는 해당 의사결정이 경영판단원칙의 적용을 받기 위해서는 충분한 정보에 입각하여 회사에 최선의 이익이 된다는 믿음 하에 신의성실에 따라 의사결정을 하여야 하므로 파생상품 투자에 대한 판단 능력이 부재한 상태에서 의사결정을 한 경우에는 경영판단을 졸속으로 한 경우로서 보호받지 못하게 됨은 자명하다고 할 것이다. 하지만, 파생상품거래가 빈번하지도 않는 소규모회사의 경우에는 파생상품거래와 같이 복잡성・전문성을 갖춘 금융투자상품에 대해 충분히 이해하고 있는 이사를 고용하여 이사회가 충분한 정보와 지식 속에서 회사에 최선의 이익이 되도록 의사결정을 하는 것은 현실적으로 어렵다. 이럴 경우, 충분한 지식이 없다는 이유만으로, 사업상 수반되는 위험을 헤지할 수 있는 수단이 있음에도 불구하고 이를 방치하여 막대한 가격변동위험을 초래하는 것 또한 이사의 선관주의의무에 비추어 바람직한 것은 아닐 것이다. 따라서 파생상품거래에 대한 전문지식을 보유한 인가된 전문자문기구를 통해 의사결정을 보충할 수 있는 제도적 장치를 마련해 주는 것도 사회적 비용을 감안할 때 고려될 수 있을 것이다.[1469]

1468 이사회 및 보수위원회가 외부전문가의 의견을 받아서 검토한 후 사장(Ovitz)을 고용하였으므로 중과실을 인정할 수 없다고 판시한 Brehm v. Eisner, 746 A.2d 244 (Del. 2000) 판례도 있다.

둘째, 파생상품거래를 수행함에 있어 해당 상품에 대한 충분한 정보를 수집하여야만 경영판단원칙의 보호를 받을 수 있는 최소한의 기준을 충족하게 된다. 아울러, 충분한 정보 수집은 해당상품의 구조에 대한 이해만으로는 부족하고, 여러 가지 대안(alternatives)에 대한 검토도 하여야 할 것을 요구한다고 볼 수 있다. 이는 해당 상품이 회사에 최선의 이익이 된다는 믿음을 갖기 위해서는 다양한 대안에 대한 검토가 필수적이기 때문이다. 파생상품거래에 대한 판례는 아니지만, Van Gorkom 사건[1470]의 경우, 이사회가 합병권유에 합의하는데 있어 다른 대안을 포함하여 충분한 정보에 입각한 합리적인 검토를 거치지 않고 합의한 경우에는 선관주의의무를 위반한 중과실이 있다고 판시한 것은 파생상품거래를 결정하는 데 있어서도 마찬가지 논리가 적용될 수 있을 것이다.

셋째, 파생상품거래가 금융회사가 아닌 일반사업회사의 정관의 목적범위에 속하는지 여부와 관련하여서는 해당 파생상품거래의 목적여부를 살펴볼 필요가 있다. 해당 파생상품거래의 목적이 사업상 수반되는 위험을 헤지하기 위한 위험회피목적 또는 여유자금을 운용하기 위한 자산활용의 목적이고, 그 운용자금의 범위가 목적제한 범위라면 정관목적범위 내의 거래라고 할 수 있을 것이지만, 일반사업회사가 투기목적으로 자금을 차입하거나 회사의 중요한 투자자금을 파생상품거래에 활용하였다면 이는 사안에 따라서는 정관목적범위를 벗어난 거래로 판단되어 이사에게 손해배상의 책임을 청구할 수 있는 여지가 있다. 그리고 정관의 목적에 부합한 거래라 할지라도 자금운용의 방식과 관련하여 사전에 이사회 결의사항 여부에 대한 기준을 마련하는 것이 필요하다. 사업상 수반되는 위험을 헤지하기 위한 위험회피목적거래의 경우에는 이사회 결의사항에 해당하지 않을 수 있다는 견해도 있지만,[1471] 회사는 본질적으로 사업상 수반되는 위험을 기반으로 수익을 창출한다는 점을 감안한다면 위험을 헤지한다는 명목만으로 그 규모의 대소를 묻지 않고 무조건 이사회 결의가 필요하지 않은 거래로 단정하는 것은 우리 상법 제393조제1항에서 규정하고 있는 이사회 결의요건인 '중요성' 기준에 부합하지 아니한 판단일 것이다.

따라서 파생상품거래의 목적여부에 관계없이 자산운용과 관련하여 위험을 수반하는 정도에 따라 이사회 결의사항 여부를 규정하는 구체적 기준을 마련하는 것이 필요하다. 이러한 기준이 불비한 상황 하에서 회사의 이사가 이러한 과정을 거쳐 이사회 결의를 한 것이 아니라, 단순히 회사의 영업에 이익이 될 것이라는 일반적·추상적인 기대 하에 일방적으로 파생상품거래를 수행

1469 공공, 민간을 구분할 필요는 없으나, 최소한 파생상품에 대한 이해를 전제로, 컨설팅을 수시로 실시하기 위한 전문 인력풀(pool)을 구성하고 있어야 하며, 여기에 더해 파생상품 실무경험 및 해당 파생상품 가치평가를 위한 시스템 구비 등을 요건으로 하여 실효적인 자문이 이루어지도록 하여야 할 것이다.

1470 Smith v. Van Gorkom, 488 A.2d 858 (Del. 1985).

1471 정대, "주식회사의 파생금융상품거래에 관한 이사의 책임에 관한 연구", 「상사판례연구」 제23집제1권 (한국상사판례학회, 2010), 546면.

하여 회사에 손해를 입힌 경우에는, 이러한 이사의 행위는 허용되는 경영판단의 재량범위 내에 있는 것이라고 할 수 없고,[1472] 따라서 이사의 선관주의의무 위반이 될 개연성이 높다고 할 것이다.

넷째, 회사는 파생상품의 손실과 관련하여 금융회사 등을 상대로 한 소를 제기함에 있어 주의가 필요하다. 회사의 파생상품거래담당자가 특정한 파생상품 거래를 할 권한을 가지고 있지 않다거나 능력이 안 된다고 하는 주장은 주주로 하여금 회사(이사)에 대한 소송을 할 수 있게 하는 좋은 무기가 될 수 있다.

키코(KIKO)관련 소송에서 원고인 회사들은 해당 파생상품을 이해하지 못한 상태에서 거래가 이루어졌다는 주장을 피력한 적이 있다.[1473] 이는 금융회사에 대한 설명의무 위반 또는 적합성원칙 위반을 주장하는 논거로서 활용될 수 있으나, 결국 충분한 정보에 입각하여 회사에 최선의 이익이 된다는 믿음 하에 신의성실에 따라 경영상의 의사결정을 하여야 하는 의무를 위반한 것을 스스로 인정하는 결과가 되어 손해배상책임의 근거가 될 수 있음에 주의가 필요하다.

1472 [대법원 2007. 10. 11. 선고 2006다33333 판결](페이퍼컴퍼니를 이용한 계열사 부당지원 사건) 회사의 이사가 이러한 과정을 거쳐 이사회결의를 통하여 자금지원을 의결한 것이 아니라, 단순히 회사의 경영상의 부담에도 불구하고 관계회사의 부도 등을 방지하는 것이 회사의 신인도를 유지하고 회사의 영업에 이익이 될 것이라는 일반적·추상적인 기대 하에 일방적으로 관계회사에 자금을 지원하게 하여 회사에 손해를 입게 한 경우 등에는 관계회사에 대한 자금지원에 필요한 정보를 충분히 수집·조사하고 검토하는 절차를 거친 다음 이를 근거로 회사의 최대 이익에 부합한다고 합리적으로 신뢰하고 신의성실에 따라 경영상의 판단을 내린 것이라고 볼 수 없으므로, 그와 같은 이사의 행위는 허용되는 경영판단의 재량범위 내에 있는 것이라고 할 수 없다(同旨: 대법원 2011. 10. 13. 선고 2009다80521 판결).

1473 [서울고법 2010. 4. 16. 자 2010라86 결정] 신청인은 이 사건 소송의 청구원인으로 다음과 같이 주장한다. 이 사건 키코계약은 넉아웃(Knock-Out) 조건이 성취되는 경우 신청인이 환위험 회피의 목적을 달성할 수 없고 넉인(Knock-In) 조건이 성취되는 경우 신청인에게 무제한의 현실적 손해가 발생할 수 있는 위험이 내포되어 있는 등 상품 자체의 손익구조가 신청인에게 일방적으로 불리하게 되어 있으며, 신청인의 환위험 회피 목적에 적합하지 않은 통화옵션상품이다.

참고문헌

Ⅰ. 국내문헌

A. 단행본

고동원, 「금융규제와 법」 (박영사, 2008)

권기범, 「현대회사법론」 제3판 (삼지원, 2010)

김건식 · 정순섭, 「자본시장법」 (두성사, 2009)

김건식 · 정순섭, 「자본시장법」 3판 (두성사, 2013)

김철수, 「헌법학개론」 제19전정신판 (박영사, 2007)

박준 · 정순섭, 「파생금융거래와 법」 BFL 총서 (소화, 2012)

변제호 · 홍성기 · 김종훈 · 엄세용 · 김유석, 「자본시장법」 (지원출판사, 2009)

양승규, 「보험법」 5판 (삼지원, 2004)

양창수 · 김재형, 「계약법」 (박영사, 2010)

이금호, 「신용파생금융거래법론」 (탐진, 2007)

이병태, 「전정 상법(상)」 (법원사, 1988)

이철송, 「회사법강의」 제18판 (박영사, 2010)

이철송, 「회사법강의」 제26판 (박영사, 2018)

이헌영, 「국제계약사례집」 (바른지식, 2004)

임재연, 「미국증권법」 (박영사, 2009)

임재연, 「미국기업법」 (박영사, 2009)

임재연, 「자본시장법」 제2판 (박영사, 2010)

임재연, 「자본시장법」 2018년판 (박영사, 2018)

정경영, 「상법학강의」 (박영사, 2009)

정경영, 「상법학쟁점」 (박영사, 2016)

정성근 · 박광민, 「형법각론」 제2판 (삼지원, 2006)

정운찬 · 김홍범, 「화폐와 금융시장」 (율곡출판사, 2009)

정찬형, 「상법강의(상)」 제12판 (박영사, 2009)

정찬형, 「상법강의(상)」 제21판 (박영사, 2018)

정찬형 · 최동준 · 김용재, 「금융법」 (박영사, 2009)

지원림, 「민법강의」 제8판 (홍문사, 2009)

지원림, 「민법강의」 제15판 (홍문사, 2017)

최영홍, 「가맹계약론」 (프랜차이즈시스템연구소, 2003)

최준선, 「보험법 · 해상법」 제5판 (삼영사, 2010)

한국증권법학회, 「자본시장법 주석서」 (박영사, 2009)

함귀용, 「금융상품의 법률관계」 (한국금융연구원, 2003)

B. 논문자료

고동원, "보험회사 파생금융상품 거래의 규제", 「상사법연구」 제25권제1호 (한국상사법학회, 2006)

고동원, "한국금융소비자학회 2017년 겨울학술대회 금융 4.0 시대와 금융감독체계의 개편 방향", 「한국금융소비자학회 학술발표논문집」 2017권1호 (한국금융소비자학회, 2017)

권순일, "증권투자권유자의 책임에 관한 연구", (서울대학교 박사학위논문, 2001)

권재열, "경영판단원칙", 「비교사법」 제6권제1호 (한국비교사법학회, 1999)

김건식, "스왑거래에 관한 법적 연구", (한국금융연구원 연구보고서, 1997)

김건식, "은행이사의 선관주의의무와 경영판단원칙", 「민사판례연구」 26 (민사판례연구회, 2004)

김인규 · 조성민 · 최준환, "미국 금융개혁법의 주요 내용", 「한은조사연구」 2010-7 (한국은행, 2010)

김인준 · 류혁선, "추계적 이자율과 암묵적 변동성: Scores를 이용한 실증 분석", 「재무연구」 제6권제1호 (한국재무학회, 1993)

김용재, "원칙중심규제의 도입을 위한 출발점으로서 자본시장법 제37조의 개정 필요성", 「금융법연구」 제14권제1호 (한국금융법학회, 2017)

김택주, "경영판단의 원칙의 적용요건", 「기업법연구」 제20권제1호 (한국기업법학회, 2006)

김홍기, "장외파생상품거래의 법적 규제에 관한 연구", (연세대학교 박사학위논문, 2006)

김홍기, "파생상품과 도박규제", 「비교사법」 제14권제1호 (한국비교사법학회, 2007)

김홍기, "자본시장통합법상 파생상품 규제의 내용과 제도적 개선과제", 「증권법연구」 제9권 제1호 (한국증권법학회, 2008)

김홍기, "미국 도드-프랭크법의 주요 내용과 시사점", 「미국 금융개혁법과 우리의 과제(한국

금융법학회 2010년 하계(제19회) 학술발표회 발표자료집)」 (한국금융법학회, 2010)
김홍기, "날씨파생상품의 도입 및 운용방안에 관한 연구", 「증권법연구」 제13권제3호 (한국증권법학회, 2012)
김홍배, "파생시장 규제와 시장기능의 변화", 「금융공학연구」 제17권제3호 (한국금융공학회, 2018)
김화진, "소수주식의 강제매수제도", 「서울대학교 법학」 제50권제1호 (서울대학교 법학연구소, 2009)
김희준, "개정 자본시장법상 장외파생상품 CCP 청산제도에 관한 소고", 「기업법연구」 제28권제1호 (한국기업법학회, 2014)
남길남, "장외파생상품 시장현황 및 전망", 「장외파생상품 시장동향 REPORT」 (금융투자협회, 2009)
남길남, "장외파생상품 규제의 국제적 동향 및 시사점", 「장외파생상품 인프라 개선 세미나 발표자료집」 (금융투자협회, 2010.2.17.)
남길남, "장외파생상품 규제의 국제적 논의동향", 「장외파생상품 인프라 개선 세미나 발표자료집」 (전국은행연합회 등 공동주관, 2010.8.17.)
남희경, "금융투자상품거래청산회사를 통한 장외파생상품의 청산 및 결제", 「증권법연구」 제13권제2호 (한국증권법학회, 2012)
류혁선, "파생상품 과세방안에 대한 연구", 「증권법연구」 제11권제1호 (한국증권법학회, 2010)
류혁선, "파생상품의 규제에 관한 법적 연구", (성균관대학교 박사논문, 2011)
류혁선, "파생상품의 법적 개념에 대한 소고", 「증권법연구」 제12권제1호 (한국증권법학회, 2011)
류혁선·권재열, "파생상품거래에 있어서 이사의 의무에 관한 소고", 「증권법연구」 제12권제3호 (한국증권법학회, 2011)
류혁선·임재연, "일본 금융상품거래법상의 유가증권 개념에 대한 연구", 「성균관법학」 제21권제2호 (성균관대학교 법학연구소, 2009)
성희활, "사기적 부정거래에서 "위계"의 적용 문제", 「증권법연구」 제8권제1호 (한국증권법학회, 2007)
성희활, "금융상품의 적합성원칙 관련 대법원 키코(KIKO) 판결의 분석과 평가", 「증권법연구」 제17권제1호 (한국증권법학회, 2016)
손영화, "미국법상의 경영판단원칙과 그 도입여부에 관한 일고찰", 「상사법연구」 제18권제2

호 (한국상사법학회, 1999)

송인방, “경영판단원칙의 도입가능성에 관한 검토”, 「법학연구」 제14권제1호 (충남대학교 법학연구소, 2003)

신석훈, “회사법의 법경제학적 접근을 위한 방법론적 소고”, 「법학연구」 제17권제4호 (연세대학교 법학연구원, 2007)

심영, “영국의 금융개혁과 그 시사점”, 「비교사법」 제16권제3호 (한국비교사법학회, 2009)

심인숙, “자본시장과 금융투자업에 관한 법률상 장외파생상품 개념에 관한 고찰”, 「상사법연구」 제27권제3호, (한국상사법학회, 2008)

심인숙, “ICO(Initial Coin Offering)에 대한 미국 연방증권법상 쟁점에 관한 고찰”, 「중앙법학」 제20권제4호 (중앙법학회, 2018)

안수현, “(가칭)자본시장통합법과 소비자보호법의 접점”, 「증권법연구」 제7권제2호 (한국증권법학회, 2006)

안수현, “내부통제의 회사법제 정비를 위한 검토”, 「상사판례연구」 제20집제2권 (한국상사판례학회, 2007)

안수현, “금융소비자 보호와 자본시장법의 과제”, 「기업법연구」 제22권제4호 (한국기업법학회, 2008)

안수현・이경주, “금융소비자보호체계 평가와 개선방안”, (한국금융소비자학회 정책세미나 발표자료, 2010.5.7.)

안수현, “금융투자회사의 금융소비자 보호실태 평가 및 몇가지 제안 - 금융소비자 지향성 관점에서”, 「금융소비자연구」 제8권제1호 (한국금융소비자학회, 2018)

양동석, “경영판단원칙의 수용가능성”, 「기업법연구」 제7집 (한국기업법학회, 2001)

양석완, “판례로 본 증권투자권유에 따른 적합성원칙”, 「기업법연구」 제12집 (한국기업법학회, 2003)

양철원, “선물・옵션 만기일의 주가조작 행위에 대한 실증분석”, 「한국증권학회지」 제47권제5호 (한국증권학회, 2018)

엄영호, “장외파생상품 인프라 개선 협의회 최종보고서 주요내용”, 「장외파생상품 인프라 개선 세미나 발표자료집」 (금융투자협회, 2010.2.17.)

윤석현・고동원・빈기범・양채열・원승연・전성인, “금융감독체계 개편: 어떻게 할 것인가?”, 「금융연구」 제27권제3호 (한국금융연구원, 2013)

임정하, “총수익스왑약정과 자본시장법상 대량보유보고규제”, 「증권법연구」 제18권제1호 (한국증권법학회, 2017)

오성근, “경영판단의 적용기준의 법리에 관한 검토”, 「기업법연구」 제20권제1호 (한국기업법학회, 2006)

오성근, “영국의 금융감독체계의 개혁 및 입법적 시사점”, 「증권법연구」 제15권제1호 (한국증권법학회, 2014)

윤선중, “구조화상품 시장의 성장과 내재변동성 왜곡현상에 대한 연구”, 「선물연구」 제22권제3호 (한국파생상품학회, 2014)

윤선중, “종가단일가에 기초한 파생상품 정산과 시세조종 유인에 대한 고찰”, 「선물연구」 제23권제3호 (한국파생상품학회, 2015)

윤선중 · 정재훈, “파생결합증권이 금융안정에 미치는 영향과 대응방안”, 「선물연구」 제26권제1호 (한국파생상품학회, 2018)

윤창현, “파생상품 과세정책의 문제점 및 개선방안”, 「파생상품과세에 관한 특별심포지엄」 (한국선물학회, 한국재무관리학회, 한국재무학회, 한국증권학회 공동 주관, 2004.11.5.)

이상원, “정관으로 정한 목적과 회사의 권리능력-대법원 1987. 10. 13. 선고, 86다카1522 판결-”, 「상사판례연구」 제1권 (한국상사판례학회, 1996)

이영봉, “경영판단의 법칙의 수용에 관한 검토”, 「상사법연구」 제19권제1호 (한국상사법학회, 2000)

이우백, “주식선물시장의 가격발견 효과 분석”, 「선물연구」 제26권제4호 (한국파생상품학회, 2018)

이헌영, “신용파생상품의 법적 성질”, 「산은조사월보」 제626호 (산은경제연구소, 2008.1.6.)

이헌영, “장외파생상품 중앙청산기구(Central Counterparty, “CCP”) 도입에 따른 법적 과제”, 「기업법연구」 제28권제2호 (한국기업법학회, 2014)

이헌영, “장외파생상품 위탁청산의 현황과 과제”, 「은행법연구」 제7권제2호 (은행법학회, 2014)

이헌영, “장외파생상품 의무청산의 현황과 법적 개선과제”, 「증권법연구」 제16권제3호 (한국증권법학회, 2015)

이헌영, “장외파생상품 거래정보저장소의 도입과 관련된 법적 과제”, 「은행법연구」 제8권제2호 (은행법학회, 2015)

장외파생상품 인프라 개선 협의회, “국내 장외파생상품시장 인프라 개선에 관한 보고서” (2009. 10)

장외파생상품 인프라 개선 협의회, “장외파생상품 인프라 개선 협의회 최종보고서” (2009. 10)

정대, “미국의 주식회사의 내부통제와 이사의 의무에 관한 연구”, 「비교사법」 제12권제4호 (한국비교사법학회, 2005)

정대, “주식회사 이사의 내부통제의무에 관한 연구”, 「상사판례연구」 제21집제4권 (한국상사판례학회, 2008)

정대, “주식회사의 파생금융상품거래에 관한 이사의 책임에 관한 연구”, 「상사판례연구」 제23집제1권 (한국상사판례학회, 2010)

정상근, “선물・옵션거래의 계약법적 발전”, 「경성법학」 제13권제1호 (경성대학교 법학연구소, 2004)

정순섭, “파생상품의 금융규제법상 문제점”, 「21세기 한국상사법학의 과제와 전망: 심당 송상현선생 화갑기념 논문집」 (박영사, 2002)

정순섭, “통합도산법상 금융거래의 특칙에 관한 연구”, 「증권법연구」 제6권제2호 (한국증권법학회, 2005)

정순섭, “자본시장통합법상 금융투자상품의 개념에 관한 연구”, 「Business Finance Law」 제18호 (서울대학교 금융법센터, 2006)

정순섭, “금융거래와 도박규제”, 「증권법연구」 제7권제2호 (한국증권법학회, 2006)

정순섭, “금융규제법상 포괄개념 도입의 가능성과 타당성”, 「서울대학교 법학」 제49권제1호 (서울대학교 법학연구소, 2008)

정순섭, “금융위기와 금융법제: 미국의 장외파생상품 규제를 중심으로”, 「Business Finance Law」 제34호 (서울대학교 금융법센터, 2009)

정순섭, “CCP등 장외파생상품 인프라 도입 필요성”, 「장외파생상품 인프라 개선 세미나 발표자료집」 (전국은행연합회 등 공동주관, 2010.8.17.)

정순섭, “장외파생상품 인프라 도입방안”, 「장외파생상품 인프라 도입 공청회 발표자료집」 (금융투자협회, 전국은행연합회 공동주관, 2010.11.19.)

정순섭, “주가연계증권 관련 소송의 유형별 분석과 법적 판단기준”, 「Business Finance Law」 제80호 (서울대학교 금융법센터, 2016)

정순섭, “금융소비자보호의 기본 법리 －금융소비자보호기본법 제정안을 중심으로－”, 「Business Finance Law」 제80호 (서울대학교 금융법센터, 2016)

정승화, “금융투자상품 장외거래 CCP에 관한 법적 연구”, 「금융법연구」 제11권제1호 (한국금융법학회, 2014)

최문희, “파생상품거래에서 계약의 해지와 재구조화”, 「증권법연구」 제15권제1호 (한국증권법학회, 2014)

최성근, “장외파생상품거래의 규제체계 개선방안 연구”, (한국법제연구원, 2007)

최성근, “자본시장법상 파생상품 시세조종행위의 ‘목적’ 요건에 관한 고찰”, 「법학연구」 제29권제2호 (충남대학교, 2018)

최수정, “미국 판례법상 이사의 감시의무에 관한 연구－비즈니스 리스크를 중심으로－”, 「법학논총」 제27집제4호 (한양대학교, 2010)

최승재, “2015년 하계학술대회 발표논문 : 최근 파생상품관련 주요 판례에 대한 소고”, 「상사판례연구」 제28권제3호 (한국상사판례학회, 2015)

최재영, “파생금융상품에 대한 이해-한국채택국제회계기준을 중심으로”, 「Business Finance Law」 제44호 (서울대학교 금융법센터, 2010)

최종범・류혁선, “KOSPI200 선물 및 옵션의 만기일 효과”, 「한국증권학회지」 제35권제1호 (한국증권학회, 2006)

하삼주, “금융투자상품에 관한 몇 가지 문제점과 보완대책”, 「고려법학」 제49권 (고려대학교 법학연구원, 2007)

한기정, “자본시장통합법 제정방안과 금융고객 보호제도의 선진화”, 「Business Finance Law」 제18호 (서울대학교 금융법센터, 2006)

황남석, “총수익교환스왑계약의 체결과 경영판단원칙의 적용: 수원지방법원 여주지원 2016. 8. 24. 선고 2014가합10051 판결”, 「상사판례연구」 제30권제2호 (한국상사판례학회, 2017)

Ⅱ. 영문문헌

A. 단행본

Aidan B. Lynch, ed. *Derivatives Reform and Regulation,* Nova Science Publishers Inc., 2011

Alan N. Rechtschaffen, *Capital markets, Derivatives and the Law*, Oxford University Press, 2009

Alastair Hudson, *The Law on Financial Derivatives(4th),* Thomson, 2006

Alastair Hudson, *The Law of Finance(2nd),* Thomson, 2013

Bryan A. Garner, ed. *Black's Law Dictionary*(8th), Thomson West, 2004

Eric Helleiner, Stefano Pagliari, & Hubert Zimmermann, *Global Finance in Crisis: The Politics of International Regulatory Change*, Routledge, 2010

James D. Hamilton, *Time Series Analysis,* Princeton University Press, 1994

John C, Cox & Mark Rubinstein, *Options Market*, Prentice-Hall, 1985

John C. Hull, *Options, Futures, and Other Derivatives(10th),* Pearson, 2018

John C. Hull, *Fundamentals of Futures and Options Market(8th),* Pearson Prentice Hall, 2014

John C. Hull, *Risk Management and Financial Institutions(4th)*, John Wiley & Sons, 2015

Larry D. Soderquist & Theresa A. Gabaldon, *Securities Law(5th)*, Foundation Press, 2014

Mark Rubinstein, *Derivatives: Futures, Options and Dynamic Strategies,* Risk Books, 1999

Michael Blair QC & George Walker, *Financial Markets and Exchanges Law,* Oxford University Press, 2007

Mike Buckle & John Thompson, *The UK Financial System: Theory and Practice(5th)*, Manchester University Press, 2016

Nassim Taleb, *Dynamic Hedging,* John Wiley & Sons, 1997

Paul H. schultz, ed. *Perspectives on Dodd-Frank and Finance*, MIT Press, 2014

Paul Wilmott, *Quantitative Finance(2nd) Vol. 2*, John Wiley & Sons, 2006

Philip M. Johnson & Thomas L. Hazen, *Derivatives Regulation,* Aspen Publishers, 2004

Rasiah Gengatharen, *Derivatives Law and Regulation,* Kluwer Law International, 2001

Ronald H. Filler & Jerry W. Markham, *Regulation of Derivative Financial Instruments – Case and Materials,* American Casebook Series, West Academic Publishing, 2014

Ronald J. Colombo, *Law of Corporate Officers and Directors,* Thomson Reuters, 2017

Robert W. Kolb & James A. Overdahl, *Financial Derivatives(3rd),* John Wiley & Sons, 2003

Sheldon Natenberg, *Option Volatility and Pricing: Advanced Trading Strategies and Techniques(2nd)*, McGraw-Hill, 2015

Stephen A. Radin, *The Business Judgement Rule(Volume I)*, Aspen Publishers, 2009

Stephen M. Bainbridge, *Corporation Law and Economics,* Foundation Press, 2002

Tomas Lee Hazen, *Principles of Securities Regulation(4th)*, West Academic Publishing, 2017

Tomas Lee Hazen, *The Law of Securities Regulation(7th),* West Academic Publishing, 2017

Tony Ciro, *Derivatives Regulation and Legal Risk: Managing Uncertainly in Derivatives Transactions,* Euromoney Books, 2004

Warren Edwardes, ed. *Key Financial Instruments: Understanding and Innovating in the World of Derivative,* Financial Times Prentice Hall, 2000

B. 논문자료

Andrea S. Kramer, Alton B. Harris, & Robert A. Ansehl, "The New York State Insurance Department and Credit Default Swaps: Good Intentions, Bad Idea", *Journal of Taxation and Regulation of Financial Institutions,* 22 (Jan/Feb. 2009)

Andrew Bary, "Black Monday", *Barron's,* 87 (2007)

Barbara Black & Jill I. Gross, "Economic Suicide: The Collision of Ethics and Risk in Securities Law", *University of Pittsburgh Law Review,* 64 (2003)

Cass R. Sunstein, "Financial Regulation and Cost-Benefit Analysis: A Comment", *The Harvard John M. Olin Discussion paper Series*, Discussion paper No. 785 (July 2017)

Christopher L. Peterson, "Choosing Corporations over Consumer: The Financial Choice Act of 2017 and The CFPB", *Consumer Finance Law Quarterly Report,* 71 (2017)

Colleen M Baker, "Regulatory reforms and unintended collisions: the case of the Volcker Rule and the over-the-counter derivative markets", *Capital Markets Law Journal,* 10(4) (2015)

David Walker, "A review of corporate governance in UK banks and other financial industry entities – Final recommendations" (November 26, 2009)

Derek Fischer, "Dodd-Frank's Failure to Address CFTC Oversight of Self-Regulatory

Organization Rulemaking", *Columbia Law Review*, 115 (January 2015)

Donald J. Smith, "Aggressive Corporate Finance: A Close Look at the Proctor and Gamble - Bankers Trust Leveraged Swap", *Journal of Derivatives*, 4 (Summer 1997)

E. Norman Veasey, "The Defining Tension in Corporate Governance in America", *The Business Lawyer*, 52 (February 1997)

Edward S. Adams & David E. Runkle, "The Easy Case for Derivatives Use: Advocating a Corporate Fiduciary Duty to Use Derivatives", *William and Mary Law Review*, 41 (February 2000)

Edward J. Schoen, "The 2007--2009 Financial Crisis: An Erosion of Ethics: A Case Study", *Journal of Business Ethics*, 146(4) (December 2017)

Eric A. Posner & E. Glen Weyl, "Benefit-Cost Paradigms in Financial Regulation", *The Journal of Legal Studies*, 43 (June 2014)

Eugene F. Fama, "The behavior of stock market prices", *Journal of Business,* 38 (1965)

Fischer Black & Myron Scholes, "The Pricing of Options and Corporate Liabilities", *Journal of Political Economy*, 81 (1973)

Financial Services Authority, "The Turner Review: A regulatory response to the global banking crisis" (March 2009)

Financial Stability Board, "Implementing OTC Derivatives Markets Reforms" (October 15, 2010)

Financial Stability Board, "OTC Derivatives Market Reforms Third Progress Report on Implementation" (June 15, 2012)

Financial Stability Board, "Sixth Progress Report on Implementation of OTC Derivatives Market Reforms" (September 2, 2013)

Frank Partnoy, "Financial Derivatives and the Costs of Regulatory Arbitrage", *The Journal of Corporate Law*, 22 (Winter 1997)

G. A. Walker, "U.K. Regulatory Revision - A New Blueprint for Reform", *The International Lawyer*, 46 (2012)

Hayne Leland & Mark Rubinstein, "Comments on the Market Crash: Six Months After", *Journal of Economic Perspectives*, 2 (Summer, 1988)

Husam Hourani, "Currency Futures Transactions Held Contrary to Islamic Sharia by the AbuDhabi Supreme Court", *Journal of International Banking Law*, 13 (1998)

Iona Levine, "Legal Risk Management", In *Key Financial Instruments: Understanding and Innovating in the World of Derivative*, edited by Warren Edwardes, Financial Times Prentice Hall, 2000

James B. Wiggins, "Option values under stochastic volatility: Theory and empirical estimates", *Journal of Financial Economics*, 19 (December 1987)

Jan Mossin, "Equilibrium in a Capital Asset Market", *Econometrica*, 34 (1966)

J. B. Chay, Sol Kim, & Hyeuk Sun Ryu, "Can the Indicative Price System Mitigate Expiration Day Effects?", *The Journal of Futures Markets*, 33 (2013)

Jerry W. Markham, "Fiduciary Duties Under the Commodity Exchange Act", *Notre Dame Law Review*, 68 (1992)

Jerry W. Markham, "Protecting the Institutional Investor-Jungle Predator or Shorn Lamb?", *Yale Journal on Regulation*, 12 (1995)

Jerry W. Markham, "Super Regulator: A Comparative Analysis of Securities and Derivatives Regulation in the United States, the United Kingdom, and Japan", *Brooklyn Journal of International Law*, 28 (2002)

Jerry W. Markham, "Merging the SEC and CFTC - A Clash of Cultures", *University of Cincinnati Law Review*, 78 (2009)

Jerry W. Markham & David J. Gilberg, "stock and commodity options – two regulatory approaches and their conflicts", *Albany Law Review*, 47 (1983)

Jerry W. Markham & Rita McCloy Stephanz, "The Stock Market Crash of 1987-The United States Looks at New Recommendations", *The Georgetown law Journal*, 76 (1988)

Jilin Zhang, Yongzeng Lai, & Jianghong Lin, "The day-of-the-Week effects of stock markets in different countries", *Finance Research Letters*, 20 (2017)

John C. Coates, "Cost-Benefit Analysis of Financial Regulation: Case Studies and Implications", *Yale Law Journal*, 124 (2015)

John C. Cox, Stephen A. Ross, & Mark Rubinstein, "Option pricing: A simplified approach", *Journal of Financial Economics*, 7 (1979)

John Hull & Alan White, "The Pricing of Options on Assets with Stochastic Volatilities", *The Journal of Finance*, 42 (June 1987)

John Lintner, "The valuation of risk assets and the selection of risky investments in stock portfolios and capital budgets", *Review of Economics and Statistics*. 47 (1965)

Josef Lakonishok & Maurice Levi, "Weekend Effects on Stock Returns: A Note", *The Journal of Finance*, 37 (June 1982)

Juliet P. Kostritsky, "Bargaining With Uncertainty, Moral Hazard, And Sunk Costs: A Default Rule For Precontractual Negotiation", *Hastings Law Journal*, 44 (March 1993)

Kenneth R. French, "Stock returns and the weekend effect", *Journal of Financial Economics*, 8 (1980)

Kimberly D. Krawiec, "Derivatives, Corporate Hedging, and Shareholder Wealth: Modigliani-Miller Forty Years later", *University of Illinois Law Review*, 1998 (1998)

Lyman P.Q. Johnson, "Corporate Officers and the Business Judgement Rule", *The Business Lawyer*, 60 (February 2005)

Louis O. Scott, "Option Pricing when the Variance Changes Randomly: Theory, Estimation, and an Application", *The Journal of Financial and Quantitative Analysis*, 22 (December 1987)

M. Holland West & Matthew K. Kerfoot, "The impact of Dodd-Frank on derivatives. (Symposium: Regulation of Over-the-Counter Derivatives)", *Fordham Journal of Corporate & Financial Law*, 18(2) (June, 2013)

Mark Jickling & Rena S. Miller, "Derivatives Regulation in the 111th Congress", In *Derivatives Reform and Regulation*, edited by Aidan B. Lynch, Nova Science Publishers Inc., 2011

Martin Neil Baily, Aaron Klein, & Justin Schardin, "The Impact of the Dodd-Frank Act on Financial Stability and Economic Growth", *The Russell Sage Foundation Journal of the Social Sciences*, 3(1) (January 2017)

Max Weber, "Central Counterparties in the OTC Derivatives Market from the Perspective of the Legal Theory of Finance, Financial Market Stability and the Public Good", *European Business Organization Law Review*, 17 (2016)

Melvin Aron Eisenberg, "The Divergence of Standards of Conduct and Standards of Review in Corporate Law", *Fordham Law Review*, 62 (1993)

Merton H. Miller, "Inside Financial Derivatives", *Taxes*, 72 (December 1994)

Michael R. Gibbons & Patrick Hess, "Day of the Week Effects and Asset Returns", *The Journal of Business*, 54 (1981)

Michael S. Bennett & Michael J. Mari, "The Casablanca Paradigm: Regulatory Risk in the Asian Financial Derivatives Markets", *Stanford Journal of Law, Business & Finance*, 5 (1999)

Office of the Special Inspector General for the Troubled Asset Relief Program("SIGTARP"), "Factors Affecting Efforts to Limit Payments to AIG Counterparties" (November 17, 2009)

Ramon Rabinovitch, "Pricing Stock and Bond Options when the Default-Free Rate is Stochastic", *Journal of Financial and Quantitative Analysis*, 24 (December 1989)

Rena S. Miller, "Key Issues in Derivatives Reform", In *Derivatives Reform and Regulation*, edited by Aidan B. Lynch, Nova Science Publishers Inc., 2011

Robert C. Merton, "Theory of Rational Option Pricing", *Bell Journal of Economics and Management Science*, 4 (1973)

Ronald H. Coase, "The Nature of the Firm", *Economica*, 4(16) (November 1937)

Saul S. Cohen, "The Challenge of Derivatives", *Fordham Law Review*, 63 (1995)

Stephen B. Cohen, "Suitability Rule and Economic Theory", *Yale Law Journal*, 80 (1971)

The Department of the Treasury, "The Department of the Treasury Blueprint for a Modernized Financial Regulatory Structure" (March, 2008)

Thomas L. Hazen, "Disparate Regulatory Schemes for Parallel Activities: Securities Regulation, Derivatives Regulation, Gambling, and Insurance", *Annual Review of Banking & Financial Law*, 24 (2005)

Tim Edmonds, "The Independent Commission on Banking: The Vickers Report & the Parliamentary Commission on banking standards", Commons Briefing papers SN06171(House of Commons Library), (December 30, 2013)

W. S. Duff & David Zaring, "New paradigms and familiar tools in the new derivatives regulation", *George Washington Law Review*, 81(3) (April 2013)

Walter C. Greenough, "The Limits of the Suitability Doctrine in Commodity Futures Trading", *The Business Lawyer*, 47 (1992)

Willa E. Gibson, "Investors, Look before You Leap: The Suitability Doctrine Is Not Suitable for OTC Derivatives Dealers", *Loyola University Chicago Law Journal*,

29 (1998)

William F. Sharpe, "Capital asset prices: A theory of market equilibrium under conditions of risk", *Journal of Finance,* 19 (1964)

William T. Allen, Jack B. Jacobs, & Leo E. Strine, Jr., "Function over Form: A Reassessment of Standards of Review in Delaware Corporation Law", *The Business Lawyer*, 56 (August 2001)

Ⅲ. 일본문헌

A. 단행본

上柳敏朗・石戸谷 豊・桜井健夫,「新 金融商品取引法ハンドブック」 第2版 (日本評論社, 2007)

原 義則 編著,「実務 金融商品取引法」(商事法務, 2008)

川村正幸,「金融商品取引法」 第2版 (中央経済社, 2008)

川村正幸,「金融商品取引法」 第5版 (中央経済社, 2014)

日野正晴,「詳解 金融商品取引法」(中央経済社, 2008)

倉沢康一郎・奥島孝康 編集,「昭和商法学史 岩崎稜先生追悼論文集」(日本評論社, 1996)

河本一郎・大武泰南,「金融商品取引法読本」(有斐閣, 2008)

藤井眞理子,「金融革新と市場危機」(日本経済新聞出版社, 2009)

B. 논문자료

金融庁, "「店頭デリバティブ市場規制にかかる検討会」における議論の取りまとめ" (2011. 12.26.)

金融庁, "情報伝達・取引推奨規制に関する Q&A" (2013.9.12.)

吉本健一, "取締役の義務と責任",「昭和商法学史 岩崎稜先生追悼論文集」 倉沢康一郎・奥島孝康 編集 (日本評論社, 1996)

笠原基和・白川剛士・芝 章浩, "「総合的な取引所」の実現に向けた制度整備",「旬刊 商事法務」 제1981호 (商事法務研究会, 2012.11.15.)

福島良治, "金融商品取引法令体制におけるデリバティブ取引の課題整理",「旬刊 金融法務事情」 제1817호 (金融財政事情研究会, 2007.10.25.)

福島良治, "プロ投資家にはどこまでデリバティブ取引を説明すべきか",「週刊 金融財政事情」 제2854호 (金融財政事情研究会, 2009.10.5.)

渡邉雅之, "有価証券店頭デリバティブ取引の規制強化とその論点",「週刊 金融財政事情」 제2863호 (金融財政事情研究会, 2009.12.7.)

鈴木利光, "清算集中を中心とするデリバティブ規制の動向",「週刊 金融財政事情」 제2886호 (金融財政事情研究会, 2010.6.7.)

松尾直彦, "金利スワップ取引の説明義務違反を認めた裁判例-東京地判平成21.3.31を契機として",「旬刊 金融法務事情」 제1868호 (金融財政事情研究会, 2009.6.5.)

清水俊彦, “デリバティブ 損失問題の深相(3)”, 「NBL」 No.917 (商事法務, 2009.11.15.)
清水俊彦, “デリバティブ 損失問題の深相(7)”, 「NBL」 No.922 (商事法務, 2010.2.1.)
清水俊彦, “デリバティブ 損失問題の深相(9)”, 「NBL」 No.924 (商事法務, 2010.3.1.)
池田和世, “金融商品販売法の改正”, 「旬刊 商事法務」 제1782호 (商事法務研究会, 2006.11.15.)
齊藤将彦・滝 琢磨・上島正道・山辺紘太郎, “公募増資に関連したインサイダー取引事案等を踏まえた対応”, 「旬刊 商事法務」 제2012호 (商事法務研究会, 2013.10.25.)
和仁亮裕・高林径子・宇波洋介, “投資家様と説明義務”, 「旬刊 金融法務事情」 제1873호 (金融財政事情研究会, 2009.7.25.)

찾아보기

Ⅰ. 국문 찾아보기

■ ㄱ

가격발견 기능 13
가장매매 425, 444
가치파생성 7
간판이론 282
감마 129, 189
감마 헤지 198
감마중립포지션 199
강세 스프레드 151
거래인과관계 420
거래정보보관소 498
경영상 의사결정 555
경영판단원칙 555
계약해제권 371
고객보호의무 268
고객숙지의무 274
고객이익 최선의 원칙 294
공개매수 411
권유수락의사확인의무 368
규제법정주의 216
금리스왑 20
금융공학 11, 18
금융규제 216
금융소비자 257, 259
금융안정 489
금융투자상품 35
금융파생상품 15
기관투자가 283, 328
기초자산 39, 112

■ ㄴ

내가격 옵션 113
내부 정보 397
내부자 거래 390, 400, 462
내재 변동성 138
내재가치 112

■ ㄷ

단기매매차익 376
단기매매차익반환 375
대표소송 551
델타 127, 180
델타의 한계 188
델타중립포지션 191
델타헤징 207
동태적 헤징 208
등가격 옵션 113

■ ㄹ

람다 134
레버리지 효과 12
레버리지스왑 23
로우 134
롱포지션 112

■ ㅁ

만기손익구조 117
만기일 17, 112
매매 유인 목적 426
무위험 포지션 197

무위험차익 부재조건 202
묵시적 사적소권 304
미공개중요정보 392, 421
미래 변동성 137
민감도 분석 127

■ ㅂ

방어적 콜 매도전략 146
베가 133, 195
변동성 왜곡 현상 139
보호적 풋 매수전략 147
볼커룰 491
부정거래행위 465
불초청권유 360, 367
비율 백스프레드 174
비율 스프레드 169

■ ㅅ

사적소권 450
사전서면교부의무 325, 339
상대방숙지의무 290
상품생산성 9, 51
상품선물거래위원회 29
상품파생상품 15
선도 4
선도가격 16
선도계약 16
선물 4
선물계약 16, 60
선행매매 462
설명의무 316, 320, 327, 332
세타 132
소멸시효 421, 450, 477
손해배상책임 318
손해배상청구 421
숏포지션 112
스왑 4, 20
스왑 딜러 290
스왑거래 61
스왑금리 21
스왑정보저장소 495
스왑체결시설 495
스트래들 160
스트랭글 163
시간가치 113
시세조종 443, 462
시스템위험 28, 216, 489, 491
시장남용 462
시장정보 398
시장조성 429
시장질서 교란행위 478
신용부도스왑 22
신용사건 22
신의성실의무 557
신인의무 289, 393, 535

■ ㅇ

아메리칸 옵션 113
안정조작 429
약세 스프레드 151
역사적 변동성 137
연계시세조종행위 439
옵션 4, 17
옵션계약 60
옵션복제 206
옵션프리미엄 18
외가격 옵션 113
우연성 68
위장거래 424

위험고지서 287
위험전가성 8, 50
유럽피언 옵션 113
이색옵션 18
일반투자자 26

■ ㅈ

자기책임원칙 261, 312
잔존만기 112
장내파생상품 40
장래결제성 8
장외거래 230
장외파생상품 42
재권유금지 363, 369
적정성원칙 353, 355
적합성원칙 268, 275, 280, 301, 304
전문투자자 26, 226, 231, 385
정보교류 329
정태적 헤징 206
조건부 청구권 3
주가연계증권 467
주식스왑 23
주요스왑참가자 291
주요주주 378
주의의무 535
준거기업 22
중요정보 404
증권거래위원회 29
진입규제 225

■ ㅊ

차액결제방식 59
차액정산방식 59
차익거래 201
채무부담 523
청산집중의무 502
총수익스왑 23
추가지급의무 44
충실의무 535

■ ㅋ

콜옵션 18, 111

■ ㅌ

통정매매 424
통화스왑 21
투기거래 12
투자권유 227, 353

■ ㅍ

파생결합증권 47
파생상품 3, 15, 37, 490
표준투자권유준칙 270
풋-콜 패리티 204
풋옵션 18, 111
풍문의 유포 470
프로그램매매 202
프리미엄 112

■ ㅎ

합성선물 143
합성증권 13, 142
행사가격 17, 112
헤지 12, 201
현물결제방식 59
현물계약 16
효율성 218

Ⅱ. 영문 찾아보기

■ A

American Option 18, 113
Appropriateness 355
Arbitrage 201
AT-THE-MONEY 113

■ B

Bear spread 151
Beneficial owner 379
Bull spread 151
Business decision 555
Business judgement rule 572

■ C

Call Option 18, 111
Central Counterparty 498
Commodity Futures Trading Commission 29
Communication 329
Conduct of Business Sourcebook 294
Contingent claims 3
Cooling off 371
Covered Call 146
Credit default swap 22
Credit event 22
Currency swap 21
Customer-specific obligation 282

■ D

Dealing in securities 396
Delta 127
Derivative action 551
Derivatives 3, 490
Dodd-Frank Act 493
Duty of care 535
Duty of good faith 557
Duty of loyalty 535
Dynamic hedging 208

■ E

Efficiency 218
Eligible counterparty 296
Equity swap 23
European option 18, 113
Exercise or Strike Price 17, 112
Exotic option 18
Expiration Date 112

■ F

Fiduciary duty 289, 393, 535
Financial engineering 11, 18
Financial stability 489
Fortuitousness 68
Forward 4
Forward contract 16
Forward price 16
Front running 462
Future volatility 137
Futures 4
Futures contract 16

■ G

Gamma 129
Gamma hedge 198

■ H

Hedge 12, 201
Historical volatility 137

■ I

Implied volatility 138
IN-THE-MONEY 113
Inside information 397
Insider trading 462
Institutional investor 283, 328
Insured depository institutions 496
Interest rate swap 20
Intrinsic Value 112

■ K

Key Features Document 334
Know Your Counterparty Rule 290
Know Your Customer Rule 293
Know your customer rule 274
Know Your Security 336

■ L

Lambda 134
Leverage effect 12
Leveraged swap 23
Long Position 112
Loss causation 420

■ M

Major swap participants 291
Manipulation 443, 462
Market abuse 462
Market information 398
Matched orders 444
Material nonpublic information 392
Maturity 17

■ N

No－arbitrage condition 202

■ O

Option 4
Option premium 18
Option replication 206
OUT OF-THE-MONEY 113

■ P

Premium 112
Price discovery 13
Private right of action 304, 450
Professional clients 296
Proprietary trading 496
Protective Put 147
Put Option 18, 111
Put-Call Parity 204

■ Q

Quantitative suitability 282

■ R

Ratio Backspread 174
Ratio Spread 169
Reference entity 22
Regulated market 394
Resonable basis obligation 282
Retail clients 296

Rho 134
Risk Disclosure Statement 287

■ S

Scalping 467
Scienter 289, 305, 393
Securities and Exchange Commission 29
Shingle theory 282
Short Position 112
Speculation 12
Spot contract 16
Static hedging 206
Straddle 160
Strangle 163
Suitability 280
Swap 4, 20
Swap data repository 495
Swap dealer 290
Swap execution facility 495
Swap rate 21
Synthetic Futures 143
Synthetic instrument 13
Synthetic securities 142
Systemic risk 28, 216, 491

■ T

The client's best interests 294
Theta 132
Time to Maturity 112
Time Value 113
Total Return Swap 23
Trade Repository 498
Transaction causation 420

■ U

Underlying asset 39, 112

■ V

Vega 133
Volatility Skewness 139
Volatility Smile 139
Volcker rule 491

■ W

Wash sales 444

| 저자소개 |

류혁선

- Visiting Research Faculty at the University of Utah S.J. Quinney College of Law
- 미래에셋대우 글로벌부문 대표
- 미래에셋증권 투자솔루션부문 대표
- 미래에셋증권 경영서비스부문 대표
- KAIST 금융전문대학원 겸직교수
- 서울대학교, 성균관대학교, 연세대학교, 금융투자교육원(금융투자협회), 사법연수원 등 학교 및 교육기관에서 파생상품운용 및 자본시장법 관련 강의

법률가와 금융실무자를 위한

파생상품의 이해와 규제

2019년 3월 15일 | 1판 1쇄 인쇄
2019년 3월 22일 | 1판 1쇄 발행

지 은 이 | 류혁선
발 행 인 | 김은중
발 행 처 | 서울경제경영출판사
북 디 자 인 | (주)우일미디어디지텍

주 소 | 03767 서울특별시 서대문구 신촌로 205, 506호
전 화 | 02)313-2682
팩 스 | 02)313-8860

등 록 | 1998년 1월 22일 제5-63호

ISBN 979-11-6282-044-5 93320 정가 35,000원